中国投资年鉴

（1993）

苏文川　主编

中国金融出版社

（京）新登字 142 号
责任编辑：李柏梅

图书在版编目（CIP）数据
中国投资年鉴：1993/苏文川主编—北京：中国金融出版社，1994.5
ISBN 7－5049－1232－8

Ⅰ.中…
Ⅱ.苏…
Ⅲ.投资—中国—1993—年鉴
Ⅳ.F832.48

出版发行：中国金融出版社
社址：北京广安门外小红庙南街 3 号
邮编：100055
经销：新华书店
印刷：外文印刷厂
开本：787 毫米×1092 毫米 1/16
印张：48.5
插页：1.5
字数：1821 千字
版次：1994 年 5 月第 1 版
印次：1994 年 5 月第 1 次印刷
印数：1－8500
定价：70.00 元

序

由中国投资学会组织编撰的首卷《中国投资年鉴》(1993)，在中央、地方有关部门及科研院校的大力支持、配合下，经过全体编撰人员一年多的辛勤劳作，现在终于与广大读者见面了！这是一本投资经济专业的大型史料性工具书。它以年刊的形式集中反映中国投资经济管理活动的历史概貌和发展历程。它的出版是一件有意义的事，是值得庆贺的！

《中国投资年鉴》的出版是中国投资建设事业迅速发展的历史性产物。新中国成立以来，投资建设事业取得了举世瞩目的成就，特别是党的十一届三中全会以来，随着全党中心工作的转移和改革开放政策的实施，投资建设事业的飞速发展不仅推动了我国经济建设的空前繁荣，而且使投资建设事业已经发展成为国民经济的一个重要综合经济领域。如果说，八十年代之前人们对“投资”这个经济学概念还相对生疏的话，那么在九十年代以来人们几乎都亲身感受到“投资”的现实含义意味着什么。国家、地区的经济发展靠投资，企业、事业单位的发展靠投资，居民个人财产的保值增值也需要投资；新的建设项目上马需要投资，原有企业生产能力的扩大也需要投资；生产经营性项目建设需要投资，基础设施、公共福利设施建设也需要投资。如此等等，不言而喻地说明了我国的投资建设事业已经发展到了一个崭新的阶段。然而，近年来反映投资建设事业发展的大量资料，主要在各种经济专业年鉴中以不同的侧面加以辑录。这些分散的、局部的、非系统性的资料，是远远不能全面展现投资经济领域的基本概貌的。如何既能从一个年度的横向比较中反映投资经济领域的综合情况，又能在若干年的纵向比较中回顾、总结中国投资建设的历史经验及其发展的客观规律性，就成为一种现实需要。《中国投资年鉴》的任务，就是要对投资建设领域的发展状况、建设成就、重大事件、主要文献、重要法规、重要统计资料，以及投资学科建设理论研究的最新成果，进行全面的、系统的、连续的整理、总结、汇辑，综合地反映投资经济领域的历史性成就。

《中国投资年鉴》的出版是中国投资理论研究蓬勃发展的现实需要。伴随着投资建设事业的迅速发展，我国的投资理论研究在近十多年来有了长足的发展，各种投资研究机构相继成立，各种投资书刊大量出版，投资理论及学术研究活动广泛开展，可以说中国投资理论界正呈现出一派生机勃勃的繁荣局面。但是，理论研究既要以丰富的实践活动为基础，又要以翔实的、系统的历史资料为依据。这样，才能用历史的眼光、发展的观点，在较大的历史跨度和广阔的空间内审视和探索投资管理工作的历史经验和带有规律性的东西。出版一本《中国投资年鉴》，正是适应这种形势发展的需要，满足各方面企盼的必然结果。

《中国投资年鉴》首卷本的出版，是全体编委及广大编辑、撰稿、人员集体智慧的结果，辛勤劳动的结晶，值得充分肯定和赞赏。但是，一本高质量大型史料性工具书的编撰出版问世，不仅取决于全体参与人员思想水平的高低，专业学识的深浅、文字能力的强弱，而且还取决于全体参与人员的工作作风是否严肃谨慎，工作态度是否认真细致。江泽民同志为1989年版的《辞海》题词时，提出了“发扬一丝不苟、字斟句酌、作风严谨的‘辞海精神’，为提高中华民族的文化素质而努力”的指示。我认为江泽民同志的这一指示，同样适用于《中国投资年鉴》的编辑出版工作。我们一定要按照江泽民同志的指示精神，把《中国投资年鉴》的编辑出版工作搞好、搞细、搞出特色来，努力为发展中国的投资建设事业服务，为繁荣中国的投资理论研究服务，并且使她真正成为投资经济领域广大管理工作者和理论工作者的良师益友。

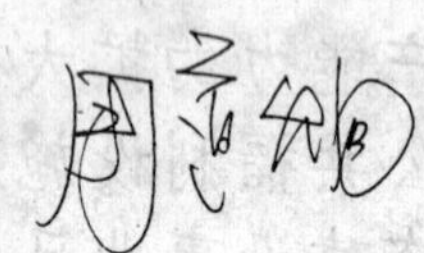

《中国投资年鉴》（1993）
编委员会名单

郎荣桑　孟祥忱　赵文忠　赵　林
赵宗仁　赵祖德　钟成勋　侯建杭
祝文灿　袁克兴　贾映楷　顾伟国
顾志斌　顾惠祥　夏红民　倪永康
倪　纯　倪翼丰　徐锡元　郭世坤
郭学恩　郭周祥　高永毅　席德炎
曹永琪　康学军　麻惠杰　韩双林
韩业端　韩学琦　董虎臣　景宗贺
谢祝龄　虞孝芸　熊兆祥　缪树群
暴学龙　黎以罗　薄堃敏　鞠秋荣
魏仕贵

编辑部名单

各地组稿编辑名单

组稿编辑

刘惠武（北京分行）
宋长俊（天津分行）
李德水（河北分行）
李秀昆（内蒙古分行）
霍建华（山西分行）
龙　飞（上海分行）
胡建中（江苏分行）
王尚琪（浙江分行）
顾纪良（宁波分行）
周国强（安徽分行）
钟友泉（福建分行）
杨建新（南京分行）
刘锦和（厦门分行）
王吉星（江西分行）
齐振奇（山东分行）
李少光（青岛分行）
载春年（辽宁分行）
范东刚（沈阳分行）
隽宗平（大连分行）
藏金贵（吉林分行）
陈　光（长春分行）
林野军（长春分行）
李玉广（黑龙江分行）

朱洪滨（哈尔滨分行）
王永福（陕西分行）
郝利缠（西安分行）
杨雨田（甘肃分行）
胡志均（甘肃分行）
朱陶钧（青海分行）
李荫和（宁夏分行）
谢福珍（新疆分行）
金仁序（河南分行）
王承僩（湖北分行）
谢建军（武汉分行）
杨家斌（湖南分行）
谭建生（广东分行）
邓友良（广州分行）
张　英（深圳分行）
黄筱传（广西分行）
林晓华（海南分行）
龙世厚（四川分行）
李　侠（成都市行）
沈晓钟（重庆分行）
朱　雷（贵州分行）
徐中文（云南分行）
杨忠明（西藏分行）

编 辑 说 明

一、《中国投资年鉴》是反映中国投资建设事业发展轨迹，收录投资事业历史性资料的多功能年刊。1993 年创刊，每年出版一期。1993 年刊主要反映 1992 年的情况，由于它是首卷，所以，某些综合性资料的业务发展历程作了总括性的简要回顾。

二、《中国投资年鉴》1993 年刊的内容，分为 10 个部分：

（一）投资概览。主要通过文章形式从不同侧面综合反映 1992 年我国投资建设的概貌。

（二）行业投资。主要反映电力、煤炭、铁路、公路、水运、通讯、钢铁、有色金属、化工、建筑、机械、轻工、纺织、城市市政、旅游、农业等行业 1992 年投资建设的情况。

（三）地区投资。主要反映我国各省、自治区、直辖市和计划单列市 1992 年投资建设的基本情况及其经验和问题。暂未包括台湾省和香港、澳门地区的投资建设情况。

（四）项目投资。主要介绍我国国民经济重要部门 1992 年开工或竣工的重点项目的建设情况。为弥补反映不全的缺陷，还编列了“基本建设全部建成投产”和“新开工大中型项目”等表格。

（五）证券投资。主要反映 1992 年我国证券发行和交易等综合性的情况；介绍部分证券登记监督、咨询及评级机构的简要情况；同时编列了部分证券公司、B 股境外证券商和股份公司的名录。

（六）投资法规。主要侧重从财务资金角度，同时兼顾设计、施工、预算、物资等管理方面，选编了 1992 年投资管理的重要法规、规章。为增强资料的实用价值，还编列了投资领域现行有效法规、规章的目录。

（七）投资大事记。为了记述新中国成立以来投资建设的重大事件，中国人民建设银行已组织编写并出版了 1949—1987 年投资大事记。本年鉴组编了 1988—1992 年投资大事记，是 1949—1987 年投资大事记的续篇。《中国投资年鉴》今后将继续刊登每年的投资大事记。

（八）经济与投资统计资料。主要从国民经济综合统计、固定资产投资统计、建筑业主要统计指标及投资专业银行业务统计等方面，比较系统地反映了我国投资建设的重要数据和资料。统计表中的空格，表示该项统计指标数据不详或无该项数据。

（九）中国人民建设银行与国家专业投资公司名录。主要从投资资金直接管理与运营业务角度，编列了中国人民建设银行与国家专业投资公司主要领导人及其中层以上机构的名录。为了增强实用性、检索性，本部分机构名称、地址、电话等内容，都截止到1993年底。

（十）投资理论研究与学科建设。主要综合反映了1992年我国投资理论研究的概况、中国投资学科建设的状况；介绍了1992年我国部分投资管理的著作；编列了1992年部分投资经济论文目录；简介了1992年大专院校投资学科专业及博士、硕士学位授予点的情况。

三、本年鉴在编辑出版过程中，蒙有关地区、部门的同志从各个方面给予大力支持和热情帮助，我们在此表示衷心的感谢。

四、本期年鉴的编辑，由于时间较紧，缺乏经验，必然存在不少缺点和不足，难免有疏漏、不准确和差错之处，欢迎读者批评指正。

《中国投资年鉴》编辑部

目　录

第一部分　投资概览

第二部分　行业投资

第三部分　地区投资

第四部分　项目投资

第五部分 证券投资

第六部分 投资法规

第七部分 投资大事记（1988—1992）

第八部分 经济与投资统计资料

第九部分 中国人民建设银行与国家专业投资公司机构名录

第十部分 投资理论研究与学科建设

第一部分

投资概览

1992年经济建设理论的重大突破

周道炯

1992年年初，邓小平同志到南方视察时关于社会主义经济中的计划与市场、经济增长与波动、发展速度与效益、引进外资、区域间发展不平衡与共同富裕以及判断姓“资”还是姓“社”的标准等问题的重要谈话，突破了传统理论的框框，填补了社会主义经济建设理论的许多空白，极大地丰富了社会主义经济理论，对我国的投资建设事业产生了极大影响，而且随着时间的推移，此种影响将越来越大。

一、发展才是硬道理

把发展生产力放在一切工作的首位，这是小平同志的一贯思想。1992年初，小平同志在武昌、深圳、珠海、上海等地巡视时，明确提出了发展才是硬道理的观点。小平同志提出：“抓住时机，发展自己，关键是发展经济。现在，周边一些国家和地区经济发展比我们快，如果我们不发展或发展得太慢，老百姓一比较就有问题了。”①“发展才是硬道理。这个问题要搞清楚。”② 小平同志的讲话言简意赅，用“老百姓一比较就有问题了”这句家常话揭示了深刻的道理。可以从理论和实践两个方面来看：

从理论上看，社会主义能够获得比资本主义更快的发展速度，这是马克思在对资本主义制度进行了深入细致的剖析后揭示的一个基本原理，也是社会主义制度能够产生、发展并日趋繁荣的根本原因。搞社会主义建设，是成功还是失败，最重要的标志就是是否获得了比资本主义更快的发展速度。我们要建设具有中国特色的社会主义，自然不能离开发展速度这个指标。在我们周边的一些国家和地区，有不少是实行资本主义制度的，这些国家和地区由于发展经济的起点较低，加上有利的国际环境等因素，其经济发展的速度较快。这就给出了老百姓进行比较的一个参照系，同时也给了我们加快建设速度的压力。不发展不行，发展太慢也不行，空洞的说教更不行，必须要有实实在在的发展速度，才能使老百姓感受到社会主义制度的优越性。

其实，早在改革开放初期，小平同志就提出了发展速度问题，并把此与社会主义制度和政治领导的成果联系起来。小平同志说：“我们是社会主义国家，社会主义制度优越性的根本表现，就是能够允许社会生产力以旧社会没有的速度迅速发展，使人民不断增长的物质文化生活需要能够逐步得到满足。按照历史唯物主义的观点来讲，正确政治领导的成果，归根结底要表现在社会生产力的发展和人民物质文化生活的改善上。如果在一个很长的历史时期内，社会主义国家生产力发展的速度比资本主义国家慢，还谈什么优越性？”③改革开放政策使我国的社会生产力得到了迅速的发展，但在高速发展中也出现了一些问题，有的是难以避免的。对此，理论界和实际工作部门存在着不同的看法，也有个别同志以发达资本主义国家只有2—3%的发展速度为依据来评判我国的发展速度问题。在这种情况下，小平同志以周边国家作比较，用“老百姓一比较就有问题了”这一最通俗的语言，强调了发展才是硬道理这一马克思主义的观点及其所蕴含的丰富的理论实质。

从实践来看。国际共产主义运动的实践证明，实行社会主义制度的国家要保持国内政治稳定并在国际舞台上获得重要的地位，经济发展速度及由此产生的综合国力是一个至关重要的因素。我国改革开放以来，由于经济发展速度快，综合国力明显增强，在国际地位显著提高。“从根本上说，手头东西多了，我们在处理各种矛盾和问题时就立于主动地位。”④但也应清楚地看到，我国的综合国力与发达国家相比仍有相当的差距。我国经济保持以7%的速度增长，也需要用70年左右的时间才能赶上美国和日本。在漫长的人类社会发展中，70年的时间虽然不算很长，一些老牌资本主义国家的经济也经历了漫长的发展过程，但在产业革命后，尤其是随着现代科学技术的进步，一些经济不发达的国家后来居上，跨跃式地赶超先进国家的不乏其例。更应值得我们注意的是，在60年代初期，日本的国内生产总值与我国处在同一水平线上，30年后却为我国的10倍。因此，我们应该有紧迫感，“我国的经济发展，总要力争隔几年上

① 《邓小平文选》第三卷，人民出版社1993年版，第375页。
② 《邓小平文选》第三卷，人民出版社1993年版，第377页。
③ 《邓小平文选》(1975—1982年)，人民出版社1983年版，第123页。
④ 《邓小平文选》第三卷，人民出版社1993年版，第377页。

一个台阶。”①

二、大胆试大胆闯

从发展才是硬道理这一基本思想出发，小平同志谈到了如何加快发展的若干想法。总的原则是：“改革开放胆子要大一些，敢于试验，不能像小脚女人一样。看准了的，就大胆地试，大胆地闯。没有一点闯的精神，没有一点‘冒’的精神，没有一股气呀、劲呀，就走不出一条好路，走不出一条新路，就干不出新的事业。”②具体地说，主要涉及以下几个方面：

首先，要加速经济发展，必须解决困扰我们多年的姓“资”还是姓“社”的思想认识问题。

社会生产的发展过程是生产力和生产关系相互促进的过程，生产力和适应生产力的生产关系都是保证社会生产发展的重要因素。虽然我国建立了优越的社会主义生产关系，然而要使经济增长有一个较高的速度，还必须要有先进的生产力。科学技术发展到今天，劳动资料、劳动对象中所凝结的科学技术的多少及与科学技术水平相适应的科学管理方式，对社会经济的发展有着至关重要的作用。由此，小平同志提出了科学技术是第一生产力的著名论断。我国的科学技术在某些领域处于领先地位，但从总体上看，与发达国家比较尚有较大差距。科学技术是人类的共同财富，是没有国界的。要加速发展我国经济，赶超国际水平，必须运用最先进的科学技术，而从发达国家引进科学技术及其载体——资金、设备、管理方式等，是发展我国经济的有效途径。由于这些发达国家实行的是资本主义制度，在引进先进科学技术的过程中，出现与国外资本家打交道、与资本家合资办厂、资本家独资来我国办厂、在有外资的企业内部实行有别于我们的管理方式等现象，一些人分不清这样做的方向对不对，疑虑是不是在走资本主义道路。对此，小平同志说：“改革开放迈不开步子，不敢闯，说来说去就是怕资本主义的东西多了，走了资本主义道路。”③“有的人认为，多一分外资，就多一分资本主义，‘三资’企业多了，就是资本主义的东西多了，就是发展了资本主义。这些人连基本常识都没有。”④对于这一重大思想认识问题，小平同志除了从一贯强调的社会主义的根本任务是发展生产力及科学技术是第一生产力这些基本原理上说明外，还强调了以下两点：一是从经济基础看，我国以公有制为主体，有国有大中型企业，有乡镇企业；二是从上层建筑看，政权在我们手中。此外，“我们还可以学习技术和管理，还可以得到信息、打开市场。”⑤为了统一思想认识，小平同志提出了关于判断姓“资”还是姓“社”的三条标准：“主要看是否有利于发展社会主义社会的生产力，是否有利于增强社会主义国家的综合国力，是否有利于提高人民的生活水平。”⑥

其次，要加速经济发展，应该充分运用市场这一资源配置机制。

在传统社会主义经济理论中，总是把社会主义同计划经济划上等号，把资本主义同市场经济划上等号。新中国成立后，按照这种理解和一些社会主义国家的模式，我国实行了高度集中的计划经济体制，最大限度地限制市场的作用，运用单一的计划手段对社会经济运行进行调节。应该说，这种高度集中的计划经济体制，在国民经济门类较少、产品品种不多、经济关系相对比较简单的新中国成立初期，曾发挥过重要的作用。但是，随着我国国民经济门类逐步齐全、各种经济联系日趋复杂，高度集中的计划经济体制以及单一的计划调节手段的弊端也明显地暴露出来。遵循经济发展的客观规律，发展社会主义商品经济，逐步成为进一步发展我国经济的一种必然要求。而在商品经济中，价值规律是最基本的规律，市场则是价值规律得以实现的必不可少的条件。因此，在发展商品经济的要求客观地摆在我们面前的时候，市场调节作用、市场经济体制等问题也就不可避免地提了出来。小平同志在改革开放初期就摆脱传统社会主义经济理论的束缚，进行了创造性的思考。1979年小平同志在会见美国《不列颠百科全书》副主编吉布尼时就指出：说市场经济只限于资本主义社会、资本主义的市场经济，这肯定是不正确的。市场经济，在封建社会时期就有了萌芽。社会主义也可以搞市场经济。1985年10月，小平同志在回答美国高级企业家代表团团长格隆瓦尔德关于社会主义与市场经济的关系的提问时说：“社会主义与市场经济之间不存在根本矛盾。”“我们过去一直搞计划经济，但多年的实践证明，在某种意义上说，只搞计划经济会束缚生产力的发展，把计划经济与市场经济结合起来，就更能解放生产力，加速经济发展。”⑦然而，由于传统的理论根深蒂固，以至在80年代末、90年代初，仍有人将提倡实行市场经济的观点视为资产阶级自由化的表现之一。1992年初，小平同志在南方视察时进一步明确指出：“计划经济不等于社会主义，资本主义也有计划；市场经济不等于资本主义，社

① 《邓小平文选》第三卷，人民出版社1993年版，第375页。
② 《邓小平文选》第三卷，人民出版社1993年版，第372页。
③ 《邓小平文选》第三卷，人民出版社1993年版，第372页。
④ 《邓小平文选》第三卷，人民出版社1993年版，第373页。
⑤ 《邓小平文选》第三卷，人民出版社1993年版，第373页。
⑥ 《邓小平文选》第三卷，人民出版社1993年版，第372页。
⑦ 《邓小平文选》第三卷，人民出版社1993年版，第148—149页。

会主义也有市场。计划和市场都是经济手段。”①这就彻底冲破了把社会主义同计划经济划等号的传统理论及由此而繁衍的种种束缚，为建立有利于经济发展的经济体制提供了理论依据。既然计划和市场都是经济手段，既然计划经济和市场经济不是区别社会制度的标志，并且，只搞计划经济会束缚生产力的发展，那么，要加速我国商品经济的发展，遵循商品经济运行的规律，发挥市场对资源配置的基础性调节作用，便是顺理成章的了。

第三，要加速经济发展，需要大胆地借鉴和运用现代融资手段和产权管理方法。

在当今世界，虽然各国的情况不同，实行的经济制度也各有差异，但是，社会化大生产、商品经济等共性决定了各国在发展经济过程中有着许多可以相互学习、相互借鉴的东西。而各国在探索本国经济发展中积累的适合社会化生产要求和商品经济规律的先进经验和做法，是人类社会创造的文明成果，是人类的共同财富。这些成果和财富，对加速我国的经济发展同样是十分有用的。所以，小平同志指出：“社会主义要赢得与资本主义相比较的优势，就必须大胆吸收和借鉴人类社会创造的一切文明成果，吸收和借鉴当今世界各国包括资本主义发达国家的一切反映现代社会化生产规律的先进经营方式、管理方法。”②反映现代社会化生产规律的先进经营方式、管理方法遍及社会生产的各个领域和各个环节，其中一些与科学技术联系较紧密的管理方式、方法，容易被人们接受，近年来已较少引起异议；而另一些与资产关系、企业制度等联系较紧密的方法、手段，如债券、股票等金融工具，则往往由于对此存有异议而不敢大胆地吸收和借鉴。但从世界经济发展的实践看，至今尚未创造出在商品经济条件下能比债券、股票更无副作用的融通资金、清晰产权的工具。并且，商品经济的进一步发展，也在客观上提出了运用证券、股票等工具融通资金、清晰产权的要求。这是因为，从经济、社会发展的一般规律来看，随着经济的发展和居民收入的增加，不仅由于恩格尔系数的降低而使居民手中暂时闲置的资金增加，需要一些中短期的、流动性好的投资工具，而且确实有一部分居民手中的资金，已经不是暂时闲置的消费基金，而将用作长期性投资。股票则是零星、小额资金的可行的投资工具。这种投资工具对于有效地融通资金，加速经济发展是十分必要的。另一方面，从企业组织形式看，现代企业制度是各国普遍采用的、符合商品经济发展要求的一种企业组织形式。而产权关系清晰，出资者按投入企业的资本额享有所有者的权益，企业拥有全部法人财产权，成为享有民事权利、承担民事责任的法人实体，正是现代企业制度的基本特征。股份制是现代企业制度的基本组织形式。所以，为了加速我国经济的发展，小平同志在人们对股票还存有疑心的时候，就明确地指出：“证券、股市，这些东西究竟好不好，有没有危险，是不是资本主义独有的东西，社会主义能不能用？允许看，但要坚决地试。”③

当然，从当前实际出发间接融资仍是我国的主要信用形式，直接融资要在试验中不断完善和发展。

三、正确看待波动与不平衡

要加速经济发展，必须正确地认识和对待发展中出现的各种问题。其中，加速发展与发展过程中的波动现象，在加速发展过程中区域间不平衡现象，是我国长期经济发展中存在的一个实际问题。小平同志从我国的国情出发，结合世界许多国家经济发展的经验，为我们指出了正确认识这些问题的方法和思路。

关于经济发展中的波动问题。

社会主义实践及理论研究表明，社会主义经济中也存在着经济波动现象。我国改革开放以来，经济取得了前所未有的高速发展，但同时也出现了较大幅度的波动现象。对此，小平同志提出了应抓住时机，允许波动，能发展就不要阻挡的观点。

社会经济的发展受制于经济、政治、自然等各种因素，在多种因素对经济发展有利，或者说，在各种因素对经济发展有正反两方面的作用，正作用较大时，经济就能以较快的速度发展；反之，如果正作用较小，经济也就难以获得较高的发展速度。从我国目前的情况看，政治体制改革、经济关系调整对我国经济发展都呈现出强大的推动力，科学技术的进步、先进工艺技术的引进及经济体制改革而焕发出的劳动者生产积极性，使我国的生产力水平有了迅速的提高，此外，国际环境也正是我们进行经济建设的大好时机。所以，小平同志说：“现在，我们国内条件具备，国际环境有利”，“要抓住机会，现在就是好机会。我就担心丧失机会。不抓呀，看到的机会就丢掉了，时间一晃就过去了。”“看起来我们的发展，总是要在某一个阶段，抓住时机，加速搞几年，发现问题及时加以治理，尔后继续前进。”“从国际经验来看，一些国家在发展过程中，都曾经有过高速发展时期，或若干高速发展阶段。日本、南朝鲜、东南亚一些国家和地区，就是如此。”④

小平同志的这一理论，有利于统一对经济增长速度问题的认识。在我国经济建设中，不少人认识不清经济发展受多种因素制约这一点，似乎我们可以自由地驾驭

① 同上，第373页。

② 《邓小平文选》第三卷，人民出版社1993年版，第373页。

③ 《邓小平文选》第三卷，人民出版社1993年版，第373页。

④ 《邓小平文选》第三卷，人民出版社1993年版，第377、375、377、377页。

经济发展速度，有的人甚至简单地以投资系数为依据，想通过调整投资率以实现预定的经济增长速度。必须指出，当能高速发展时不高速发展，结果必然是贻误发展时机，最终也实现不了平稳、协调发展。既然波动是经济发展中的经常现象，那么就应允许经济在加速发展中有一定的波动存在。当然，要避免大的波动。小平同志说："对于我们这样发展中的大国来说，经济要发展得快一点，不可能总是那么平平静静、稳稳当当。要注意经济稳定、协调地发展，但稳定和协调也是相对的，不是绝对的。发展才是硬道理。这个问题要搞清楚。如果分析不当，造成误解，就会变得谨小慎微，不敢解放思想，不敢放开手脚，结果是丧失时机，犹如逆水行舟，不进则退。"①从这段话中可以清楚地看出，小平同志把发展放在先于稳定、协调的位置，这是小平同志的社会主义根本任务就是发展生产力的一贯思想的具体化。

关于经济发展过程中区域间不平衡问题。我国经济理论界有过平衡发展理论、梯度发展理论及反梯度发展理论等。新中国成立初期，为了改变我国生产力布局极不合理的状况，我们曾把发达地区的大量资金抽到落后地区。此后，出于政治、国防等的需要，又有了一段时间把资金集中投向经济不发达的内地"三线"。这一切既与当时的政治、经济形势有关，又与高度集中的计划经济体制相联。

目前，整个形势已经发生了根本性的变化，冷战时代已经过去，和平与发展成了当今世界的两大主题；我国的经济体制已由高度集中的计划经济体制向市场经济体制转换，各种经济主体的经济利益得到了尊重和保护。由于我国幅员辽阔，各地的地理位置、技术力量、信息来源、现有资金实力、已有企业素质等等不尽相同，甚至相差十分悬殊。因而，在加速发展我国的商品经济时，不可避免地会出现不同地区、不同区域之间发展不平衡问题。

如何对待这一问题？无疑，社会主义制度最终要消除两极分化，实现共同富裕。但在我国现有条件下，若完全依赖"抽肥补瘦"的办法来实现地区间的平衡发展，结果只会伤害国民经济的整体发展速度。这是因为，一方面，不同地区间的差别是客观存在的，商品经济承认并允许差别的存在；另一方面，我国正处在经济高速发展时期，发达地区也存在着资金不足的问题，因此，根据全国一盘棋的原则，使有限的资金流向效益最好的地区，才能获得最好的总体效益。随着价格关系逐步理顺和经济的发展，各种优势会相互转换，并且当经济发展到一定水平后，资金短缺现象会逐渐减轻甚至消失。而一些落后地区具有资源优势，发展潜力很大，那时，在一定的政策措施下，大量资金会流向这些地区，从而达到共同富裕。所以，小平同志指出：一部分地区有条件先发展起来，一部分地区发展慢点，先发展起来的地区带动后发展的地区，最终达到共同富裕。现在不能削弱发达地区的活力，也不能鼓励吃"大锅饭"。什么时候突出地提出和解决这个问题，在什么基础上提出和解决这个问题，要研究。比如广东，要上几个台阶，力争用20年的时间赶上亚洲"四小龙"。比如江苏等发展比较好的地区，就应该比全国平均速度快。又比如上海，目前完全有条件搞得更快一点。

四、搞活金融全盘皆活

随着产品经济体制向商品经济体制的转换，社会再生产中的资金与物资的关系发生了根本的变化。在传统的产品经济中，是物资流带动资金流，资金、价值跟着物资走；而在商品经济中，则是资金流带动物资流，物资跟着资金、价值走。小平同志1991年到上海视察时曾指出："金融很重要，是现代经济的核心。金融搞活了，一着棋活，全盘皆活。"② 这一思想在1992年随着治理整顿阶段的结束化为我国各级政府和企事业单位的实践，推进了金融理论，取得突飞猛进的发展。

改革投资金融体制，使之与加速经济发展的要求相适应，核心在于建立能有效地动员资源和实现资源优化配置的投资金融体制。

这是因为，生产要素投入数量及其构成，是影响经济发展速度的重要因素，尤其是在有大量生产要素闲置且瓶颈制约严重的情况下，生产要素投入的数量及其构成，往往成为影响经济进一步发展的决定性因素。而在社会经济发展过程中，随着货币的出现而产生的商品的价值与使用价值相分离的社会性矛盾，使得怎样有效地消除这一矛盾，动员更多的社会资源并使之按照经济发展的内在要求投入到社会生产的各个领域，成为促进经济发展的一个长期存在的问题。在我国传统的计划经济体制下，尽管也存在着商品货币关系，但由于实行统收统支的全民所有制经济占绝对主导地位，在全民所有制内部，生产资料只是产品而不是商品，城乡居民的收入在维持基本生活消费后所剩无几，这样，通过国家计划的安排和调节，基本上就能使社会物资按照国家计划的要求投入到社会生产中。我国传统的投资金融体制是与这种产品经济模式相适应的。

经济体制改革以来，我国经济开始向有计划的商品经济转轨，全民所有制经济内部各个经济实体的经济利益得到承认和保护，中外合资经济、集体经济、私营经济、个体经济得到迅速发展，城乡居民的收入在维持基本生活消费后，出现大量剩余。这样，由价值持有者和使用价值拥有者不一致而产生的价值与使用价值相分

① 《邓小平文选》第三卷，人民出版社1993年版，第377页。

② 《邓小平文选》第三卷，人民出版社1993年版，第366页。

离的社会性矛盾开始显露，价值闲置与使用价值闲置在不同利益主体、不同区域、不同生产环节同时存在，相互交叉。传统的产品经济体制下的投资金融体制已无法适应这种新的经济形势。因此，需要按照商品经济的要求，对投资金融体制进行全方位的改革。

我国当前经济生活中的一个显著特点是，城乡居民收入结余大幅度增加，而能源、交通等基础产业投资资金严重不足，同时，施工力量及可用于投资建设的建筑材料、机器设备等也有不同程度的闲置。因此，如何将居民结余收入转化为基础产业投资，并使闲置资源得到充分运用，是加速经济发展中一个必须重视的问题，也是投资金融体制改革的一个重要课题。解决这一问题需要突破诸如积累基金与消费基金不能混用的界限、"短存长贷"等传统理论中的框框及目前流行的一些思想认识。对此，小平同志提出了负债建设的思想。他说："我赞成加强基础工业和农业。基础工业，无非是原材料工业、交通、能源等，要加强这方面的投资，要支持十到二十年，宁肯欠债，也要加强。这也是开放，在这方面，胆子要大一些，不会有大的失误。多搞一点电，多搞一点铁路、公路、航运，能办很多事情。钢，外国人判断我们将来需要一亿二千万吨，现在我们接近六千万吨，还差一半。如果在现有企业的基础上加以改造，增加两千万吨，就可少进口钢材。借点外债用在这些方面，也叫改革开放。"①

对基础产业实行负债建设，是为加速我国经济发展而进行的一种新的尝试。只要所建的项目不是无效项目，不是重复建设、盲目建设，而是建一项成一项，建成就能发挥作用，那么国家增加一点债务并不可怕。因为在这种情况下与债务增加相伴而行的是国家实物资产的相应增加，资能抵债。从理论上看，以负债方式建设公路、机场等公共设施，再通过向使用者收费的方式偿还负债，更能体现在商品经济条件下这些公共设施谁受益谁付款的原则。而如何发展多种金融资产，提供多种投资渠道和工具，解决基础产业投资回收期限长而债券偿还期限短的矛盾，以及负债建设中投资管理、风险承担等，则正是投资金融体制改革所要解决的问题。

1992年国家重点投资建设的新成就

苏文川

1992年，邓小平同志南巡谈话揿动了我国经济迅速发展的按钮，全国人民的生产和建设积极性高涨，国家改革开放和现代化建设步伐明显加快，全社会固定资产投资迅猛增长，国民经济进入了蓬勃发展的新时期。

1992年，全社会固定资产投资达到7855亿元，比上年增长2346亿元，增幅为42.6%，是建国以来投资增长最多的一年。在建项目工程进度普遍加快，不少建设项目提前建成投产，及时发挥了经济效益。全国基本建设建成投产50633个项目，其中大中型项目投产158个；更新改造建成投产40574个项目，其中限额以上项目建成投产172个，创造了历史最好纪录，并为国民经济注入了新的活力。建筑业完成总产值比上年增长39%，实现利润增长50%，上交税金增长34%，全员劳动生产率提高25.5%，是近10年来完成任务最多，经济效益最好的一年。为适应市场经济的发展，第三产业投资大幅度增长。在国有单位投资中，第三产业投资比上年增长61%，所占比重由上年的33.6%上升到38.3%，其中，运输邮电业投资比重由14.4%上升到16.4%。对国民经济发展具有战略意义的国家重点建设项目投资力度加大，全国162个国家重点建设项目完成基本建设投资511亿元，超额完成了年度计划，比上年182个国家重点建设项目还多完成61亿元，是国家建立重点项目制度10年来重点建设项目完成投资最多的一年。长期以来一直存在的"大基建、小更改"、"重外延、轻内涵"的情况有所改观，全民所有制单位更新改造投资的增长速度在本年度超过了基本建设投资的增长速度。

运输邮电投资建设取得长足进展

由于各级政府的重视和投资风险相对减少、投资效益越来越好，长期严重制约国民经济发展的"瓶颈"行业——运输邮电业，成为1992年投资的一大热点。该行业1992年固定资产投资达702亿元，比上年增加217亿元，增幅为45%，成为投资增长的高峰年。一批重大项目建成投产，大大改善了服务地区的投资环境。

在综合运输体系的建设中，铁路是近期的"重中之重"。铁道部门自"七五"期间实行"投入产出、以路养

① 《邓小平文选》第三卷，人民出版社1993年版，第307—308页。

路”经济包干责任制以后，活力增强，投资连年增长。1992年，铁道行业固定资产投资达233亿元，比上年增加65亿元。本年建成投产铁路新线476公里，复线601公里，电气化铁路895公里，自动闭塞铁路548公里，是历年来各类铁路投产最多的一年。重点和大中型项目有7个全部建成投产，8个部分投产。全长652公里的国家重点建设项目大秦线不但建设速度快，而且工程质量好，综合技术水平和运输能力均达到了国际水准，该线的建成，大大增加了晋煤外运能力，使铁路建设三大战役中的“北战大秦”胜利结束。西安至延安铁路新线于本年7月开始客、货运输，产生了巨大的政治和经济影响。贯通中国南北，具有重大政治和经济意义的最长大干线京九（北京至九龙）线，年内投资近20亿元，控制线段的大会战拉开了序幕。横贯中国南部，打开西南入海最近通道的南昆（南宁至昆明）线，为了“加快进度，提前工期”，正争分夺秒，由两头向中合击。北京西客站、兰新复线、成昆线电气化、宝成线电气化、京郑线电气化、成达线、漳泉线等一批重大项目相继开工，为以后年度铁路建设再掀高潮奠定了基础。

商品经济愈发展，具有灵活、便捷优势的公路运输愈受社会重视。1992年，公路运输行业投资剧增，完成固定资产投资达239亿元，比上年增长了100亿元，增幅高达72%，其中用于公路建设的投资达208亿元，比上年增长94亿元，增幅高达82%，成为公路建设史上投资增长之最。本年新建公路3056公里，比上年多建成861公里；改建公路14841公里，比上年多改建4536公里。在沿海经济发达地区和内地运输繁忙地带，一批高速公路和高等级公路的建设正如火如荼。

港口是对外开放的重要门户。1992年，港口建设步伐进一步加快，全国新建成码头泊位107个，比上年多建成49个，约为“七五”期间建成码头泊位总数的一半。港口实际新增吞吐能力5466万吨，比计划几乎增加一倍。宁波港北仑二期6个泊位和蛇口港二突堤7个泊位全部建成投产，大连、秦皇岛、天津、青岛、洋浦等重要港口在建码头部分泊位建成投产，使我国陆海交通咽喉的吞吐能力进一步扩大，沿海地区招商引资环境进一步改善。

以快捷见长的民用航空业继续加强基础设施建设。本年投资优先保证了昆明巫家坝机场、武汉天河机场、拉萨贡嘎机场3个国家重点项目和济南遥墙机场等3个年内建成投产的大中型项目的资金需要。

在强烈的社会需求压力和越来越好的企业经济效益驱动下，邮电通信建设飞速发展，不但企业自筹和社会集资增加，外资也纷至沓来。1992年，全行业完成固定资产投资163亿元，比上年增长88.7%，是全国投资增幅最大的行业。在综合通信体系的建设中，电信建设倍受青睐。重点城市市内电话网和长途电话电路及其自动化设施的建设双重并举。1992年是我国邮电通信重点项目建成投产最多的一年，北京法国贷款通信工程、广州电信枢纽、广州电信局一期瑞贷工程、沪闽光缆工程、榕穗光缆工程等陆续建成投产，使我国的通信现代化水平大为提高。以沪闽、榕穗光缆工程为主体的南沿海光缆工程，是我国距离最长、容量最大、技术领先，被誉为长途通信“高速公路”的特大电信工程，该工程仅用了13个月就高质量地完成了建设任务，创造了我国通信建设之最，也为国际通信史上所罕见。

能源工业投资建设健步向前

改革开放以来，我国一直把能源工业的建设作为发展国民经济的战略重点。特别是“七五”以来，国家对能源行业采取了一系列的改革措施，加强了行业管理，实行了投资倾斜、贷款利率优惠、产品价格逐步提高等扶持政策，使这一“瓶颈”行业活力不断增强，面貌不断改观。近5年来，能源基本建设投资占全国基本建设投资的比重一直保持在27%左右，是建国以来能源工业投资比重最高的时期。1992年，能源工业固定资产投资首次突破了1000亿元大关，比上年增加了208亿元。在能源工业项目中，国家重点建设项目有67个，占全国重点项目总数的41.4%，完成投资298亿元，占全国重点项目完成投资的58%，比上年能源工业72个国家重点项目还多完成71亿元。这表明，1992年国家投资进一步向能源重点项目倾斜。在建设银行1992年安排的300多亿元基本建设贷款中，近一半的贷款用于支持能源这一重点行业的建设。由于国家的重视，使我国能源工业已跻身于世界大国行列，煤炭产量近几年来稳居世界首位，原油产量1990年居世界第六位后1992年又跃居第五位，电力装机容量和发电量均居世界第四位。

煤炭是我国能源的基础，在一次能源构成中，煤炭占70%以上。1992年，煤炭采选业固定资产投资达194亿元，比上年增长26亿元。全年投资新增原煤开采能力2965万吨，洗煤能力1162万吨，焦碳能力102万吨。山西、陕西、内蒙西部三大煤炭基地正在大规模开发建设，本年仅用于晋煤开发的投资就占全国煤炭基本建设投资的1/5。在“三西”煤炭项目中，大同矿区新增采煤能力165万吨，阳泉固庄煤矿新增采煤能力105万吨，晋城矿区新增采煤能力120万吨，霍林河矿区新增采煤能力700万吨，蒲白矿区新增采煤能力54万吨。

石油天然气既是我国的重要能源，又是重要的化工原料。同时，石油还是我国出口创汇的重要产品。“七五”以来，国家批准征收了石油建设基金、储量有偿使用费和油田维护费，使石油行业逐步具备了自我发展、“滚动开发”的能力，投资和生产形成了良性循环。1992年，石油天然气开采业固定资产投资达到326亿元，比上年增长了53亿元。投资新增原油开采能力1452万吨，比上年多增加144万吨；新增天然气开采能力10.7亿立方米，比上年多增加3.5亿立方米。全年有6个项目全部建成投产，164个单项工程建成投产。大陆“稳住东部，发展西部”，海洋“开放深海”的油气投资战略正在抓紧实施。1992年，东部大庆、胜利、辽河、华北、中原等老油田投资稳中有升；西部新疆、青海地区的新油田投资进一步加大；渤海、南海油气合资开发已见效益，初具规模；东海油气勘探开发已开展对外招标工作。

电力是优质高效的二次能源，是我国能源开发建设的中心。“七五”以来，国家批准征收了电力建设基金，并实行了“谁投资、谁受益”的鼓励集资办电的政策，大大调动了中央、地方、企业投资办电的积极性，有力地促进了电力建设的发展。近5年来，新增的装机容量相当于改革开放前30年装机容量的总和。1992年，电力建设步伐进一步加快，全行业固定资产投资达到1536亿元，比上年增长了133亿元，增幅为33%，投资增长之多，为电力行业前所未有。本年投产机组新增装机容量1379万千瓦，比上年多增242万千瓦，建成投产大中型项目54个，比上年多投产25个。1992年，全国的发电量已达7541亿千瓦时，每两天的发电量就相当于解放初全国全年的发电量。我国水力资源居世界之首，水电是电力建设的战略重点。1992年，水电投资比上年增长了52%，有力地促进了水电项目的建设进度。陕西安康80万千瓦和吉林白山二期60万千瓦水电站的建成投产，将对东北和西北地区经济发展产生深远影响。火电建设的投资重点逐步向矿口电站转移。本年有一大批火电大中型项目建成投产，其中上海石洞口二电厂和山西神头二电厂在一年之内分别建成两台60万千瓦和50万千瓦机组，谱写了我国火电建设史上的新篇章。90年代初，我国实现了核电零的突破，为我国和平利用核能开辟了美好前景。1992年，广东大亚湾和浙江秦山核电站送出工程继续加速建设，力争使核电早日投入商业运行，充分发挥其经济效益。

原材料工业投资建设稳步发展

1992年，原材料工业固定资产投资为707亿元，比上年增长了102亿元，增幅为17%。受建筑市场对投资品需求大量增加的影响，钢铁、建材的投资增长在原材料工业投资增长中遥遥领先。本年原材料工业基本建设投资优先保证了投产和收尾项目的资金需要，使其尽快形成综合生产能力。基本建设建成投产原材料工业项目1265个，比上年多投产519个，是原材料工业投产项目最多的一年。

钢铁是原材料工业的骨干。在过去较长时期内，我国农业“以粮为纲”、工业“以钢为纲”，充分说明了国家对发展钢铁生产的高度重视。“七五”期间，国家批准钢铁工业实行了全行业投入产出承包经济责任制，使钢铁企业留利增加，活力增强。目前，钢铁工业建设已由过去的完全依靠国家投资搞外延扩大再生产转向主要依靠企业投资走挖潜、改造、配套扩建的路子。1992年，受建筑市场旺盛需求的影响，钢铁工业投资大幅度增长，全年完成固定资产投资222亿元，比上年增长62亿元，增幅达39%。其中基本建设投资为105亿元，比上年增长22亿元，增幅为26.5%；更新改造投资为117亿元，比上年增长40亿元，增幅达52%。更新改造投资绝对数和增长速度都超过了基本建设投资，使钢铁工业的投资结构发生了质的飞跃。本年钢铁工业基本建设建成投产100个项目，比上年多投产50个；更新改造建成投产1900个项目，比上年多投产1792个。投资新增炼钢能力388万吨，炼铁能力139万吨，钢材生产能力92万吨。基本建设建成投产7个大中型项目，其中，陕西汉江钢铁厂炼铁工程新增铁矿石开采能力80万吨，炼铁能力20万吨，成都无缝钢管厂新增连铸能力31.5万吨，热轧钢材能力20万吨；总投资30多亿元的攀枝花钢铁公司护建工程本年投资近10亿元，建成了100万吨热轧工程、10万千瓦发电机组，为该项目1993年全部建成投产打下了基础。

1992年，有色金属工业完成固定资产投资80亿元，比上年增长10亿元。基本建设建成投产104个项目，比上年多投产7个，更新改造建成投产660个项目，比上年多投产275个。投资新增铜原矿处理能力37万吨，铜采矿能力3万吨，铜选精矿能力6.63万吨；铅锌处理原矿能力70万吨，铅选精矿能力2.2万吨；电解铝能力7.46万吨，铝加工能力7.8万吨；黄金开采能力9746公斤。河南焦作铝厂、甘肃华西铝业公司陕西铝厂一期工程、河南中原黄金冶炼厂、内蒙古包头铝厂等大中型项目提前或按计划投产。河津山西铝厂二期工程、江西德兴铜矿三期工程、重庆西南铝加工厂二期工程、贵州铝厂二期和三期工程、甘肃西北铅锌冶炼厂、甘肃金川有色公司二期工程、青海铝厂二期工程等10多个国家重点和大中型项目建设进度加快，将于1993年全部建成投产。

化学工业在我国是一个比较落后但发展潜力很大的产业。1992年固定资产投资为242亿元，比上年增长了39亿元。基本建设建成投产419个项目，比上年多投产100个。基本建设新增硫铁矿开采能力63万吨，磷矿开采能力73万吨，硫酸生产能力12万吨，烧碱生产能力11.9万吨，纯碱生产能力5万吨，合成氨生产能力61万吨，氮磷钾化肥生产能力104万吨。福建三明化工总厂和宁夏化工厂等大化肥厂的建成投产，为解决当地化肥不足，促进农业增产增收提供了保证。北京怀化石灰石厂采矿和水泥工程、太原化学工业公司甲苯二异氰酸脂工程、四川816厂化肥工程、吉林化学工业公司丙烯酸脂工程等大中型项目都已基本建成，将很快发挥效益。

我国石化工业的真正起步是在80年代，特别是“七五”以来取得了重大的突破性进展。目前已基本建立起了完整的石化工业体系。1992年，石化工业固定资产投资为107亿元，比上年增长了11亿元。基本建设建成投产项目20个，更新改造项目建成投产502个，新增石油蒸馏能力713万吨，裂化能力197万吨，加氢精制能力202万吨。天津石化公司炼油厂和上海煤气公司吴淞煤气厂已正式投入生产，总投资为64亿元的上海30万吨乙烯扩建工程已全部建成投入试生产。本年基本建设在建大中型项目有20多个，大部分将于1993年建成投产。总投资在10亿元以上的在建项目有10多个，其中，总投资为57亿元的南京扬子石化公司和总投资为33亿元的大庆石化总厂扩建工程等重大项目都将于1993年建成投产。

第一次建设高潮的到来，无不将建材工业推向投资的高峰。1992年，建材行业完成固定资产投资达125亿元，比上年增长了49亿元，增幅高达64%。基本建设建成投产494个项目，比上年多投产239个，更新改造建成投产610个项目，比上年多投产500个。投产项目之多，雄居建材工业历年榜首。本年新增水泥生产能力1707万吨，比上年多增831万吨。本年建成投产重点和大中型项目11个，其中新疆水泥厂新增石灰石开采能力120万吨，辽宁大连华能小野田水泥有限公司新增水泥生产能力137万吨，上海平板玻璃厂新增平板玻璃生产能力108万重量箱，为本年国家的重点投资建设画上了圆满的句号。

1992年中国投资发展状况综述

刘　钧

1992年，随着前三年对经济治理整顿的结束，新的建设周期开始。特别是邓小平同志视察南方谈话发表之后，我国改革开放和经济建设进入新的发展阶段，固定资产投资需求呈现出较快的增长趋势，对推动整体经济高速增长，起了重要作用。但是，发展中也出现了一些值得重视的新情况和新问题，主要是各方面的积极性过高，新开工项目过多，在建总规模偏大，投资结构不尽合理。

一、投资规模

年度投资增长四成多，适应了加快经济发展的需要。但新铺摊子过多，在建总规模偏大，重现过热倾向。

根据正式年报统计，1992年，全社会完成固定资产投资7855亿元，比上年增加2346亿元，增长42.6%，成为80年代以来仅次于1985年的第二个高速增长率。扣除物价上涨因素，实际工作量增长23.4%，与经济增长形势大体适应。分不同投资主体看，除居民个人投资增幅较低外，其他经济成份投资都呈高速增长。国有单位投资5274亿元，比上年增加1646亿元，增长45.4%；城乡集体单位投资1359亿元，增加661亿元，增长94.7%；城乡居民投资1222亿元，增加39亿元，增长3.3%。在国有单位完成投资中，基本建设投资3013亿元，增长42.4%；现有企业更新改造步伐加快，完成投资达到1461亿元，增长42.8%，高于基本建设增幅，商品房建设增势较猛，完成投资506亿元，增长102.4%，为国有单位各类投资增幅之首。

（一）投资高速增长的特点及原因

1992年固定资产投资的高速增长，与过去比较，具有明显的新特点：

1. 全年各季之间投资增势趋同。新年伊始，固定资产投资即重现强劲的增长势头。国有单位一季度完成投资比上年同期增长36.6%，以后各季度的增幅都在30%以上，其中二季度增长33%，三季度增长39.2%，四季度增长44.9%，都是近些年所没有过的。

2. 全国各地普遍以较高速度增长。全国30个省（区、市）中，投资增幅在50%以上的有10个地区，即海南、广东、江苏、内蒙古、浙江、河北、新疆、广西、安徽、福建；增幅在30—50%之间的有8个地区，即湖南、湖北、北京、山东、辽宁、江西、吉林、四川；增幅在15—30%之间的有10个地区，即云南、河南、黑龙江、贵州、上海、天津、陕西、甘肃、青海、山西；宁夏增长31.8%，西藏下降1%。

3. 地方项目投资增幅明显高于中央项目。国有单位投资中（不含商品房建设投资），国务院各部委直属、直供项目完成投资1925亿元，比上年增长36.5%；地方项目完成投资2843亿元，增长51.8%，比中央项目投资增幅高出15.3个百分点。地方项目投资占全部投资比重由55.5%上升为60%。

上述投资形势和特点，反映了1992年全国上下在邓小平同志南巡重要谈话和党的十四大精神鼓舞下，为加快我国经济发展，再上一个新台阶，新的建设热潮正在兴起。

1992年固定资产投资出现高速增长态势，究其原因，除了加快改革开放和经济发展大气候的推动外，经济和社会环境也比前几年发生了较大变化，也就是说客观条件为投资高速增长带来了机遇。具体原因有三：

一是经过前三年的治理整顿，主要经济关系基本理顺，供需矛盾缓解：社会总供求的负差1988年为7.7%，1991年下降为4%，恢复到合理界限±5%之内，这就为投资增加投入提供了前提条件；

二是投资管理体制的进一步改革，审批权逐级下放，地方、企业自主权扩大。在1992年，各地区、各部门纷纷下放投资项目审批权限，简化审批程序，总投资在1000万元以下（有的放宽为3000万元以下）的建设项目，凡使用自有资金，符合国家产业政策，能自行解决建设和生产条件的，一般都下放到地市县审批，这就为发挥地方、企业建设的积极性提供了方便；

三是金融市场进一步开放，公众投资意识增强，形成资金多元化的新格局。1992年通过各项贷款和各种集资、股票、债券等手段筹集资金搞建设，已成为增加投资的重要来源。据统计，全年基本建设和更新改造拨入资金中，国内贷款增长65.3%，各种自筹资金增长56.6%，都大大高于全部资金增长42.5%的幅度，两项合计的资金增加额占全部拨入资金增加额的87%。

（二）投资高速增长的经济社会效应

投资需求高速增长必然带动相关产业的发展，从而带动整体经济的高速运行。具体表现在：

1. 影响经济增长六成左右。1992年，全年国内生产总值达到23938亿元，按现价计算比上年增加3793亿元。根据投入产出模型测算，全年增加的投资额可影响国内生产总值2500亿元，占全部增加额的六成左右。

2. 带动建筑业的全面回升。随着投资规模扩大，建筑业生产开始进入稳定增长时期。1992年，建筑业为适应社会主义市场经济的需要，乘投资高速增长的形势，积极开拓建筑市场，改善管理机制，建筑生产迅速增长，经济效益开始回升。一是施工任务增加。全年国有建筑施工企业完成建筑业总产值1432.1亿元，比上年增长34.8%；施工建筑面积25896.1万平方米，比上年增长21.0%，其中新开工面积近13294.1万平方米，增长33.5%，都是近10年来最多的。二是经济效益开始回升。国有建筑施工企业按施工产值计算的全员劳动生产率达到19760元，比上年提高25.5%，增幅也比上年多11.5个百分点；企业亏损面减少，由上年的15.9%下降为12.2%；实现利润增加9.6亿元，资金利税率由5.0%上升为6.6%。与此同时，产值工资率明显下降，由上年的17.3%下降为16.2%，是近几年来最低的。

3. 促进国内销售市场的平衡增长。1992年，生产资料与商品零售市场都出现购销两旺的势头。据测算，全年增加的投资需求，连锁反馈到国内销售市场，对建筑材料、设备的市场需求增加，相当于生产资料销售增加额的四成左右；对社会商品零售额需求增加，相当于全部商品零售增加额的五成左右。

从以上分析不难看出，经济发展对投资需求的依赖程度之大，是加快经济发展的主要推动力。但是投资需求扩大的额度，又紧密依靠现有的国力，增长过快，超过经济支撑能力，也会造成经济过热，带来社会总供求的不平衡，影响经济稳定、协调发展。因此，在加快经济发展过程中，寻找一个适度的投资规模就显得十分重要。

（三）对投资高速增长的评价

1992年，固定资产投资出现高速增长的态势，经济增长也明显加快。社会各界对其评价，各抒己见，说已经“过热”的有之，说刚刚起步的也大有人在。我们认为，经济总体运行处在正常范围，在某些方面也出现过热兆头。固定资产投资高速增长，是在结束三年治理整顿和加快改革开放步伐大潮推动下出现的，有经济周期性规律的作用，应当承认也有出现过热的兆头。主要根据是：

1. 从综合角度看，1992年投资增速带有一定的恢复性质，并适应了现阶段经济发展的需要。1989—1991年，在三年治理整顿期间，大力压缩和控制投资规模是中心任务，全社会投资规模年平均为4700亿元，同1988年相比，平均每年只增长7.1%，如果扣除物价因素，实际为负增长3%，而同期按现价计算的国内生产总值平均每年增长12%。前几年，一大批在建项目在治理整顿中被停缓建，许多应该上马的项目不能开工，积蓄了潜在的扩大投资需求的因素。加上目前我国人民生活正处在由温饱向小康过渡阶段，消费需求增长相对平稳，需求投资适当超前增长，两种合力，1992年的投资增长速度较高也就成为必然。

2. 从当年投资增长幅度看，显得偏快，出现热的征兆。根据历史经验数字测算，判断投资规模是否适度的宏观经济数量界限，一是当年投资规模占上年国内生产总值的比率以不高于35%为宜；二是当年投资规模占同年国内生产总值的比率（即通常所说的投资率）以不高于30%为宜。1992年的实际情况是，上述两个比率分别为38.8%和32.7%，都已超过限值，表明投资增长已出现过热兆头。但由于消费平稳增长，市场物价上涨不大，因而主要经济部门关系比较协调。

1992年固定资产投资出现过热兆头，主要是在加快改革和发展的形势下，宏观管理跟不上，新开工项目过多，在建总规模偏大，潜伏着投资膨胀因素。

1992年，全国国有单位新开工总投资5万元以上的基本建设和更新改造项目达10万个，比上年增加1.4万个；计划总投资3000亿元，增长73.3%，是近些年少有的。新开工项目投资规模占同口径全部施工项目总规模的比重由上年的11.7%上升为17.9%，也是投资高峰年才出现的高比例。由于新开工项目和其他项目的大量增加，全年施工项目为16.4万个，比上年增加1.6万个。包括国有、集体和个人投资在内的全社会固定资产投资在建总规模为27632亿元，比上年扩大8912亿元，增长47.6%。又据对国有单位在建项目分析，全年在建项目总规模扣除累计已经完成投资，结转的未完工程尚需投资10934亿元，比上年增长48.5%。上述统计数据表明1992年新铺的摊子过多，加大了年度投资需求，而年度投资直接受当前国力的制约，势必影响“八五”后三年新开项目的投资规模，否则在建总规模将继续扩大，造成恶性循环。从下半年的情况看，有些建设项目资金、建筑材料供应已经出现紧张。全年全国在建项目拖欠资金达298亿元，新的三角债又在发生；建筑材料价格上涨较高，如钢材每吨售价上涨到3000元以上，水泥每吨价格已上涨到300元以上，增幅高过八成到一倍。

出现上述情况的主要原因是经济体制转轨过程中，微观机制与宏观调控不配套，盲目扩大投资规模势头强劲，如1992年新开工项目中，80%是地方项目，据对100万元以上项目分析，新开工加工工业项目占第二产业的六成。有一部分新开工项目与国家产业政策导向相悖。年初下发的《国务院批转国家计委、国务院生产办关于控制若干长线产品和热点产品建设项目审批请示的通知》(国发〈1992〉17号）中规定：对生产能力已明显超过市场需求或超过原材料供应可能的产品，主要是棉纺、毛纺、卷烟、农膜、彩电、电冰箱和冰柜及压缩机、复印机等，不论投资规模大小，使用内资还是外资，新建、扩建还是技改，“八五”期间一律不再批新项目。但在实际新开工的项目中，仍有不少是这类项目，多数是以技改名义新开的。与此同时，各地兴起一股房地产、开发区热潮，省市地县及至乡逐级兴办，造成商品房建设投资成倍增长。由于缺乏管理，潜在高投入、低产出的风险。据统计，近三年商品房的出售率仅为60%，已经积压5000万平方米卖不出去。这些都不利于缩短建设周期，改善投资结构，提高投资效益，而且也为1993年投资保持稳定增长带来困难。

当前，微观机制和宏观管理不配套，主要表现在三个方面：(1）国家行政调控机制弱化，但与发展市场机制相适应的产业政策缺乏实施保证，利益导向手段不健全，必然产生建设的盲目性；(2）政府职能的转变刚刚起步，市场经济正在形成，宏观调控措施跟不上，发挥不出应有的作用；(3）地方保护主义还比较严重，统一市场难以形成，从而导致部分不合理重复建设；(4）投资体制改革进展缓慢，投资者的责权利尚未形成三位一体，投资行为缺乏有效地约束。

二、投资结构

中西部地区、第三产业投资增加，现有企事业更新改造加快，但基础工业投资比重下降，加工工业增加投资过多。投资结构有待进一步调整。

1992年，随着投资规模的扩大，投资结构也发生变化。从主要投资结构看，既有符合国家产业结构政策要求的方面，也有与之相悖的方面，喜忧参半。具体表现为：

（一）从地区结构看，内地投资有较大增长，但仍落后于沿海地区。国有单位投资中，9个中部地区省（区）投资1300亿元，比上年增长41.9%，9个西部地区省（区）投资817亿元，增长37.9%，都比前些年有较大幅度增长，说明改革开放的力度增强；12个东部地区省（市）投资2878亿元，比上年增长51.8%。增幅在50%以上的有：河北（56.6%)、内蒙古（57.7%)、江苏（64.3%)、浙江（60.6%)、安徽（51.2%)、福建(50.2%)、广东（76.1%)、广西（70.9%)、海南(95.6%)、新疆（61.5%）等10个省（区），其中东部沿海地区占8个，表明地区间的差距在逐步拉大。

（二）从内涵与外延结构看，重基建轻更改的倾向有所转变。一是更新改造投资增长高于基本建设。1992年现有企事业单位完成更新改造投资1461亿元，比上年增长42.8%，扭转了前几年下降或增幅很小的状况，比基建增幅还高出1.4个百分点，这是过去少有的；二是改建项目投资显著增加。在国有单位投资中，用于改建项目投资1099亿元，比上年增长43.9%，高于全部投资增长42.8%的幅度。这一局面的出现，有利于向以内涵为主扩大再生产方向发展。

（三）从产业结构看，第三产业建设加快，投资比重上升；但第一产业投资比重下降，第二产业中基础工业投资比重下降，加工业投资比重上升。1992年，国有单位投资中，第三产业投资1828亿元，比上年增长61.1%，所占比重由33.6%上升为38.3%，其中运输邮电通讯业投资增长44.6%，所占比重由14.4%上升为14.7%。这一形势的出现，将有利于第三产业的发展，是我国投资结构的重大变化。特别是交通运输投资增加，对于缓解我国“瓶颈”产业的滞后，加快经济发展，十分有利。第一产业投资132亿元，增幅不大，为30.6%，低于全国平均水平，所占比重由3.0%下降为2.8%。第二产业投资2808亿元，比上年增长31.1%，所占比重由63.4%下降为58.8%。其中能源、原材料工业投资2270亿元，增长25.4%，所占比重由53.6%下降为47.6%；加工工业投资469亿元，增长40.2，所占比重为9.8%。第二产业内部结构的变化，反映在投资使用上过于分散，基础工业建设未能得到保证，长此下去将会制约经济发展。

上述投资结构的变化，有好有坏，发展不协调。在向市场经济转换的条件下，调整投资结构十分重要，关键是制定合理的利益政策，使投资者有利可图，以此引导投资方向。投资结构又随经济发展阶段的要求而有所不同，必须随着产业结构的需要，调整投资结构。当前丞需制定一套科学的、有量化标准的产业投资结构目标，在此基础上制定投资主体的利益政策，把投资引导到国家急需的产业建设上去，发挥最大的经济效益和社会效益。

三、投资效果

重点建设有所加强，一批项目建成投产，为经济发展增添了物质基础。但由于建设规模偏大，未完工程增加过多，宏观效益下降。

搞好重点建设，对于加快我国改革开放和经济发展具有重要意义。1992年，各方支援重点建设，建设条件有所改善，取得新的成就。被列为国家重点建设的162个项目，全年完成基本建设投资511亿元，超额完成了年度计划，是自1982年建立重点项目投资管理制度以来完成投资最多的一年，实物工程量和新增生产能力也都完成了年计划。与前几年比较，1992年重点建设有三个明显特点：

第一，项目个头大，特大型项目多。162个项目计划总投资为2977亿元，平均每个项目18.4亿元，比“七五”期间多8.5亿元。计划总投资在10亿元以上的特大项目有100个，总规模为2611亿元，占全部项目的87%。

第二，建设环境有所改善。多年来，重点项目建设过程中常常有来自各方面的干扰，影响建设进度，建设环境差成为一个“老大难”。1992年，在新的形势下从上到下都有了新的认识，各方支援重点建设。如铁路建设中较长时间难以解决的征地拆迁、邮电线路迁改及施工用电等，得到了妥善安排；电力工程建设资金到位好于往年，有关部门积极为重点电力项目服务，在冶金、设备、材料、运输等方面给予大力支持；南沿海光缆干线工程的建设，得到了沿线各级政府和各界人士的支援，表现出宁可牺牲局部利益也要确保国家重点建设的顾全大局的精神。在各方同心协力下，各个行业重点建设齐头并进，一些项目和工程建成投产。

第三，涌现出一批工期短、质量好的优秀工程项目。1992年，重点建设战线进一步开展质量、品种、效益年活动，收到较好成效。全年已有54个项目和单项工程建成投产，并出现了一些工期短、质量好的工程。如煤炭工业的山东兖州矿区建设，获得了1992年度国家科技进步特等奖；电力工业建设的先进典型——上海石洞口二电厂和山西神州二电厂，一年内分别建成两台60万千瓦和两台50万千瓦机组，其水平上升到新的高度，谱写了我国电力建设史上的新篇章；铁路建设中的大同至秦皇岛电气化二期工程，综合技术水平和运输能力达到了国际水平；我国建设速度最快、距离最长、容量最大、技术最先进并被誉为长途通信“高速公路”的南沿海光缆工程，仅用了13个月就高质量建成，为国际通信建设史上所罕见。

1992年，国家重点建设和一般项目建设，都取得新的进展，一批项目建成投产。全年全国建成基本建设和更新改造项目7.8万个，其中全部建成投产大中型项目158个，大中型项目的单项工程120个，限额以上更新改造项目172个，都是近些年来比较多的。建成投产的重大项目和单项工程有：煤炭工业，内蒙古霍林河露天矿新增煤炭开采能力700万吨，淮南矿区潘三一号井新增煤炭开采能力300万吨；电力工业，吉林白山水电站二期总装机容量60万千瓦，上海石洞口二电厂总装机容量120万千瓦；石油工业，山东胜利油田、黑龙江大庆油田各新增石油开采能力400万吨和300万吨；铁路、交通建设，具有80年代国际水平的我国第一条双轨电气化重载单元列车全长652公里的大秦铁路全线开通，连接亚欧第二座大陆桥全长457公里的北疆铁路通过国家验收，年吞吐能力160万吨的宁波北仑港二期工程建成；原材料工业有成都无缝钢管厂、河南中原制药厂也建成投产。

全年国有单位通过投资新增固定资产3605亿元，比上年增加872亿元；竣工房屋建筑面积26576万平方米，增加4422万平方米，其中竣工住宅建筑面积13801万平方米，按目前人均居住水平计算，相当于750多万人搬进新居。加上集体和个人建成住宅面积，全社会竣工面积达到85017万平方米，进一步改善了人民的居住条件。

1992年，通过基本建设新增加了一大批生产能力，主要的有：煤炭开采2772万吨、发电装机1379万千瓦、石油开采1452万吨、天然气开采10.68亿立方米（含更新改造及其他投资新增），都是“七五”以来各年最多的，将为缓解能源紧张状况起到积极作用；交通运输建设又取得新的成绩，新建铁路主线正线交付运营里程1055.6公里、铁路复线交付运营569公里、电气化铁路交付运营895.1公里、增加港口吞吐能力6726万吨、新建公路4458公里。新增加的原材料工业生产能力有炼钢40.9万吨、三酸两碱各15万吨和17万吨、水泥393.8万吨、平板玻璃135万吨、木材采运30万立方米等。现有企业通过更新改造投资，为节约能源和原材料、提高产品质量、促进产品更新换代、三废治理等也发挥了一定作用。全年可节约物耗价值16亿元，新增产值1078亿元、利润税金227亿元，创汇30亿元。

但是，如前所述，由于新开工项目过多，在建总规模偏大，投资额中未完工程比重增加，使综合投资效果指标有所下降，不利于缩短建设周期，加快资金投入循环。与上年比较，国有单位的固定资产交付使用率（新增固定资产与投资完成额的比值）由75.4%下降为69.5%；房屋面积竣工率（竣工面积与施工面积的比值）由47.2%下降为47.1%。两个综合投资效果指标下降，表明建设速度放慢，相对投入多、产出少，建设周期拉长。

（作者单位：国家统计局固定资产投资司）

1992 年银行投资信贷状况

郦锡文

一、1992 年前银行投资信贷简况

我国银行固定资产投资信贷基本上是从 1979 年起开展起来的，在这之前，作为银行用吸收的存款去发放固定资产投资贷款还是一个“禁区”。当时，银行少量的信贷都是短期的、流动性的。

(一) 银行投资信贷从无到有，从小到大

党的十一届三中全会以后，我国的经济建设和政治生活拉开了改革开放的大幕，党的各项工作的重点开始转移到以经济建设为中心的轨道上来。在固定资产投资领域，继财政预算内投资开始了由拨款改为贷款的试点后，作为一种新的投资来源渠道的探索，利用存款发放固定资产投资贷款的改革也叩响了银行的大门。

银行基本建设投资信贷是从建设银行率先起步的。1979 年我国经济建设百废待兴，但由于长达 10 余年的“文革”政治浩劫，国家财力贫乏已难以支撑大规模经济建设的需要。为了弥补国家财力的不足，经国务院批准，同意对基本建设投资试行贷款办法。1979 年 10 月建设银行利用存款对辽阳化纤厂发放了基本建设贷款 3400 万元，开了我国银行用信贷资金发放长期基建贷款的先河。

1980 年，建设银行利用存款发放的基本建设贷款正式列入国家投资计划。当年发放的基本建设和更新改造措施贷款达 20 多亿元，重点支持了电力、建材、轻工等薄弱环节项目的建设和一大批短线产品的挖潜改造。同年；国务院批准人民银行发放轻工、纺织中短期专项贷款等，加快了银行贷款进入固定资产投资领域的步伐。银行在固定资产投资信贷中的作用逐渐增强。到 1991 年底止，国家银行运用信贷资金发放的固定资产贷款余额达到 3044.4 亿元，比 1979 年末的 7.90 亿元增长了 384 倍多。其中，银行基本建设贷款余额达 1260 亿元，技术改造贷款余额 1519 亿元。随着国家财政预算内投资在基本建设投资中的比重逐步下降，银行贷款投资的比重却不断提高，成为固定资产投资不可或缺的重要资金来源。1979 年—1991 年银行基本建设贷款投资在基本建设投资中的份额及比重见表 1。

(二)银行投资信贷为保证重点，调整结构发挥了积极作用

从 1979 年以来，银行固定资产投资贷款始终围绕着能源、交通、通信、重要原材料等重点行业的基本建设和技术改造而展开，广泛进入基础产业和基础设施的各行各业在煤矿、油田、铁路、港口、机场、钢铁、建材、化工、有色、石化、机械、电子、农业、水利、旅游等各个产业部门，都有建设银行的投资贷款。到 1991 年底，建设银行发放的基建贷款余额为 1092 亿元，其中，用于能源行业（煤、电、油）的基建贷款 440.4 亿元，占 40.3%；用于交通运输邮电行业的基建贷款 70.1 亿元，占 6.4%；用于原材料行业的基建贷款 275.80 亿元，占 25.3%。据不完全统计，从 1979—1991 年，建设银行向电力工业发放的基建贷款即达 230 亿元，先后支持了葛洲坝、龙羊峡等大型水电站和陡河电厂、平圩电厂等 200 余个电力项目的建设，新增发电装机容量 1000 多万千瓦，年增发电量 500 亿千瓦小时，为我国电力工业的持续、稳定增长作出了突出贡献。

由各专业银行发放的技术改造贷款首先从增产市场急需的短线产品起步，逐步扩大到冶金、电力、铁道、交通、机械、电子等行业或企业的技术改造，并从支持企业外延扩大再生产为主转移到以促进企业技术进步，搞内涵扩大再生产为主；支持企业通过引进、消化、吸收国外先进技术，上水平，上批量，上档次，促进产品升级换代，提高质量。技术改造贷款主要用于国家限上技改项目和国营大中型企业，并实行多收多贷、收回再贷的政策，逐年增加技改贷款总量。截至 1991 年末，银行技术改造贷款余额达 1519 亿元，比 1980 年末的 55.5 亿元增长了 26 倍。一大批国营大中型骨干企业通过技术改造，提高了企业的生产能力、技术水平、创汇能力和竞争能力，为进一步提高企业经济效益奠定了坚实的基础。

(三) 建设银行成为固定资产投资信贷的金融主力军

建设银行自 1954 年成立以来，长期以管理和经办国家预算内基建支出拨款为主，是我国最早涉足固定资产投资管理的专业银行。实行改革开放后，建设银行在巩固发展财政管理职能的同时，大力开拓和完善银行职能，增强资金实力，健全银行信用制度，深化投资管理改革，较好地发挥了建设银行在投资信贷领域的金融主力军作用。

国家预算内基本建设投资由无偿使用变为有偿使用的“拨改贷”制度，是建设银行参与倡导并积极推行

的。

利用银行吸收存款发放基建投资贷款的改革，是建设银行率先开始的，并由此为我国基本建设投资建立了一种稳定增长的资金来源。

建设项目的投资包干、招标投标、百元产值工资含量包干等经济责任制在建立和实施过程中，建设银行不仅是信用、咨询、审价结算等的中介，还是协调有关管理部门、建设单位和施工企业等的相互关系，协助解决有关困难和问题的纽带和桥梁；

我国经济发展的后劲——国家重点项目的财务资金管理是由建设银行“承包”的，“哪里有重点项目，哪里就有建设银行”不仅已成为建设银行的行动准则，而且自1982年实行重点项目管理制度以来，建设银行直接为重点项目发放的贷款就有上千亿元；

对贷款项目进行科学民主的评估，提高贷款决策的准确性，减少信贷风险，是建设银行借鉴世界银行的项目管理经验，在固定资产投资项目中广泛推开的。近几年建设银行又开展了贷款项目投产后评估工作，进一步完善了项目贷前、贷中、贷后的民主决策和科学管理制度，为提高信贷资金使用效益，促进贷款项目成功和资金回收奠定了基础。

建设银行以重点项目为依托的境外筹资业务虽然起步较晚，但发展很快，几乎年年有新突破。特别是为上海30万吨乙烯工程成功地组织了5亿多美元国际银团贷款的实践，标志着建设银行的境外筹资业务既创出了特色，也创出了信誉，被国外金融界、新闻界称为中国在国际金融市场筹资的“正在上升的一颗新星”。

建设银行最早办理商品住宅信贷业务，大力支持住房改革和房地产金融事业的发展，在金融界率先举起推动住房商品化的旗帜，现已形成以政策性房改金融业务为主体，经营性金融、中间性服务、投资开发业务等为补充的综合性房地产金融体系。到1991年底，全国已有10个省、自治区，27个直辖市、计划单列市、省辖中心城市，1687个县市的房改金融业务由政府委托建设银行承办。“要住房，找建行”成为时下流行较广的一个宣传口号。

到1991年底止，建设银行利用信贷资金发放的各种贷款余额（含外汇贷款余额）达2600亿元，其中用于固定资产投资的国内贷款占全国各家银行投资贷款的50%以上，基本建设贷款部分由建设银行发放的占87%。建设银行在1991年末资产总额达到6697亿元，总资本居当年世界500家大银行的第35位。建设银行已经成为以国家产业政策为导向，既管财政性资金，又管银行信贷资金；既管国内投资，又管境外筹融资；既管固定资产投资又办流动资金贷款等业务的国家长期投资信用银行，其在投资信贷领域的金融主力军地位是其他银行难以替代的。

二、1992年银行投资信贷工作取得的主要成效

（一）固定资产投资总量创历史最高水平

1992年全社会固定资产投资完成7581.5亿元（按

表1　1979—1991年银行基本建设贷款投资在基本建设投资中的比重

年份	全国基建投资（亿元）	预算内投资（亿元）	银行贷款（亿元）	%	
				预算内	银行贷款
1979	499.88	394.97	0.63*	79.0	0.1
1980	558.89	280.61	41.22	50.2	7.4
1981	442.91	207.60	44.60	46.9	10.1
1982	555.53	232.48	72.87	41.8	13.1
1983	594.13	295.97	53.74	49.8	9.0
1984	743.15	359.85	78.59	48.4	10.6
1985	1074.37	381.18	187.92	35.4	17.5
1986	1176.11	417.39	200.13	35.5	17.0
1987	1343.10	447.61	260.73	33.3	19.4
1988	1525.79	369.90	275.89	24.2	18.1
1989	1551.74	323.33	293.00	20.8	18.9
1990	1703.81	363.59	378.62	21.3	22.2
1991	2115.80	348.45	527.07	16.5	24.9

资料来源：国家统计局固定资产投资统计年报；银行贷款系建设银行年末基建贷款余额数

新的统计、计划口径为7278亿元),比1991年增加2073亿元,增长37.6%,是80年代以来仅次于1985年的第二个高速增长年(1985年增长为38.7%)。其中国有单位固定资产投资5106亿元,增长40.7%,按当年价格计算,此投资额相当于整个"六五"时期(1981——1985年)国有单位五年投资额的95.8%;集体所有制单位投资1233亿元,增长76.7%;居民个人投资1243亿元,增长5.1%。由于投资总量上了新水平,极大地推动了经济上新台阶的进程。据有关部门测算,1992年的经济增长速度中,有60%左右的速度归功于投资,表明在我国这样一个发展中的大国,投资仍是提高经济发展速度的第一推动力。

(二)国家重点项目全面完成年度计划

1992年国家计划安排的162个基本建设重点项目,克服了资金缺口大,特资供应紧张,征地拆迁困难,铁路运输不畅等外部不利因素,取得了新的成绩。在投资总量、实物工作量、新增生产能力等各个方面较好地完成了年度计划。随着一批重点建设项目按计划建成投产,新增生产能力也相应上了一个台阶。据统计,全年新增发电装机容量1223万千瓦,新增铁路新线、复线、电气化运营里程1738公里,新建公路里程增加2376公里,新增港口码头年吞吐能力5346万吨,煤炭、石油、天然气、"三材"等的新增生产能力也都有了相当数量的增长,表明基础产业和基础设施的后劲力量得到加强。

(三)信贷规模总量控制见到一定成效

在经过三年治理整顿的经济调整以后,银行的货币信贷政策相对比较宽松,资金市场比较活跃,客观上为1992年的经济发展加速提供了比较松的资金环境。为了避免因经济升温而出现信贷失控和货币超量发行,人民银行提出了"控制总量,调整结构,强化管理,盘活存量,提高效益"的20字货币信贷方针。年初确定1992年银行各项存款增长按16%,各项贷款增长按15.7%,货币发行增长按15.7%——18.9%安排信贷计划。其中银行固定资产贷款增加额计划为694亿元,增幅为22.8%。应该说,相对于原定6%的国民生产总值增长率和6%的物价上涨指数,这个信贷计划盘子还是比较符合实际的。在计划执行过程中,由于各地纷纷加快速度,原定计划已不能适应经济上新台阶的需要,国家将6%的国民生产总值增长率调增为9%以上,银行的信贷规模和货币发行量计划相应扩大。调整后全国银行的信贷规模为3500亿元,货币发行控制额为900亿元左右。针对1992年上半年银行贷款增长过快的问题,国家和人民银行从下半年起加强了对信贷规模总量控制和按季考核的调控力度。中共中央发出了8号文件《关于加强对固定资产投资和信贷规模进行宏观调控的通知》,人民银行紧接着发出关于认真贯彻执行8号文件精神的电报通知,引起了各级领导和专业银行的重视,纷纷采取各种措施压贷款进笼子,使一度增长过猛的贷款势头受到一些约束。最后执行结果,1992年全国银行贷款实际新增3547亿元,累计比上年同期增长22.5%,基本上把住了银行信贷规模控制这道闸门。

(四)直接融资发展较快,为投资的迅猛增长注入了资金活力

随着社会主义市场经济体制这一基本模式的确立,社会资本市场的活跃程度大大提高。许多地方、企业为加快经济发展,除了向银行申请贷款外,逐步把注意力转到向社会直接融资。以上海、深圳这两个建有证券交易所的开放城市为先导,1992年的股票、债券市场起宕轮回,十分引人注目。在社会信用总规模不断扩大的同时,各种形式、各种名目的集资广泛出现。据统计,全年经批准发行的债券、股票就有1270多亿元,加上各种计划外的集资,总计社会直接融资金额不少于2000亿元。这一相当于全国财政收入半数以上的直接融资,不仅为城乡居民提供了品目日益增多的金融资产,带来了银行居民储蓄存款向单位活期存款的部分流动,更为地方、企业等强烈的发展欲望提供了资金后盾。据有关部门估算,1992年全国各地用各种集资和发行股票、债券筹资资金用于投资的达600亿元,其对经济增长的推动作用令人不可小觑。

(五)第三产业投资比重明显上升,居民住房情况得到改善

1992年6月中共中央、国务院发出关于加快第三产业发展的决定,为过去一直处于供给不足的第三产业的发展提供了良好机遇。按照一、二、三次产业划分,1992年虽然社会投资总额及各次产业的投资额都是增长的,但一、二次产业的投资增长明显慢于第三产业投资的增长,并带来了各自投资比重的新变化。在国有单位投资中,第一产业投资完成133.83亿元,比1991年同期增长32.1%,但投资比重从上年的3%下降到2.9%;第二产业投资完成2721.54亿元,比1991年增长27%,投资比重由上年的63.5%下降到58.8%;第三产业投资完成1765.8亿元,比1991年增长约56%,投资比重从上年的33.5%,提高了4.8个百分点。

1992年是全国商品房投资大发展的一年。年初确定全年计划投资额为340亿元,实际执行结果达到485亿元,超计划完成投资42.6%。比1991年增加234亿元,增长93.5%;当年施工的商品房建筑面积达15413万平方米,比上年增长约53.6%;当年竣工面积5521万平方米,比上年增长约30%。据统计,到1992年底,全国城镇人均居住面积已达到7.2平方米,一些人均居住面积在3——4平方米以下的困难户的问题,开始得到解决,为本世界末实现城镇人口平均居住面积达到8平方米以上打下了基础。

(六)清理三角债取得阶段性成果

从1990年开始的清理三角债工作,在1992年转入以清理投资三角债为主攻方向的阶段,国家确立了"立

足于治本清源，从解决三角债源头入手，下大力气防止新的投资缺口，防止新的产成品积压，防止新的亏损，从而防止新的拖欠"的指导思想。经过中央和地方政府、企业的共同努力，全国共注入清欠资金555亿元（其中银行贷款520亿元，地方和企业自筹30亿元），用于固定资产投资清欠资金有427亿元（仅1992年用于国家重点建设项目投资清欠贷款就占300亿元），清理拖欠项目1.4万多个（其中基建项目5400多个，技改项目8700多个），除少数不符合产业政策和贷款条件的项目外，全国基建、技改项目在1991年底前形成的拖欠已基本清理完毕，共连环清理三角债1838亿元。虽然在清欠工作结束后前清后欠的情况仍有发生，但银行为治理经济环境，促进生产、建设顺利进行而在信贷工作上给予的大力支持，是功不可没的。

（七）投资信贷改革开始步入市场化取向的轨道

邓小平同志视察南方的重要谈话，大大加快了我国经济体制向适应社会主义市场机制转变的步伐。随着转换国有企业经营机制，把企业推向市场的改革引向深入，国务院于1992年7月发布了《全民所有制工业企业转换经营机制条例》，标志着企业改革进入了有章可循的阶段。《条例》赋予企业的14项自主权中，很重要的一项就是企业投资决策自主权。与此相联系，各级地方政府也采取了下放项目审批权限，简化项目审批程序等措施，为投资建设形成高潮提供了宽松环境。1992年全国完成的基建、更改投资中，各种自筹投资所占比重最高。达43.4%（其中企事业单位自筹占25%），在各项资金来源中高居第一。此外，在投资管理体制上推出了项目业主责任制和"拨改贷"回收资金不再返交财政的周转再用制，为解决传统体制下企业吃政府投资大锅饭的问题找到了新的突破口。

在金融信贷体制改革方面，在坚持信贷规模总量控制的前提下，继续试行资产负债比例管理和资产风险管理的改革，提出了组建国家政策性中长期投资银行的设想或先期进行政策性金融业务与商业性金融业务分帐管理的思路，把专业银行变成国有商业银行等改革构想，为寻求在社会主义市场经济下如何更好地发挥金融的宏观调节和杠杆作用破了题。

三、1992年投资信贷工作存在的主要问题

从总的看，1992年投资信贷工作成绩是巨大的，对经济增长速度上到两位数的台阶起了正向的推动作用。但是，也不能不看到在前进和改革过程中，投资信贷方面也还存在不少问题，有些问题对经济持续稳定协调发展已开始产生负作用，必须通过改革或调整进行解决。主要的问题有：

（一）投资规模增长速度过快，国力不堪承受

1992年全社会固定资产投资完成7582亿元，比年初计划确定的5700亿元超额完成1/3，比1991年增长37.6%。即使扣除涨价因素，投资规模增长速度也大大高于国民生产总值增长速度（12.8%）、工业总产值增长速度（20.8%），同时也高于同期银行信贷规模的增长速度（20.1）。问题还不仅仅是当年投资规模增长过快，在建总规模的急剧增长更令人堪忧。据统计，由于投资主体中地方政府和企业这两类投资主体的决策权、自主权扩大，1992年全国新开工项目上得很多，仅全民所有制新开工基建和更改项目就达8.85万个，比上年增加1.4万个；导致全年施工项目23.1万个，比1991年增加9.4万个。全社会固定资产投资项目在建总规模达到27900亿元，比1991年增加9180亿元，增长49%，比年度投资增幅还高出11.4个百分点。而且上述在建总规模还不包括已在1992年形成热点的几千个开发区的开发建设规模。无论是按我国现有的综合国力水平测算和未来可计量的正常的生产力增长水平预测，都是难以承受和继续维持的。勉强地去维持，至多再撑个一年半载就会把已经绷得很紧的经济之弦拉断，使好不容易形成的大好局面又失之一旦。

（二）投资结构变动不够合理，瓶颈制约更趋严重

虽然从总体上看，投资呈全方位增长，但其增长变动结构并不尽人意。有几个比较明显的特征，既显示了投资增长的不均衡性，也揭示了投资结构调整的艰巨性。首先是地方投资增长快于中央投资。在国有单位投资中，地方项目完成投资3214亿元，比上年增长52.2%，而中央项目完成投资1892亿元，只比上年增长24.7%，地方投资增长快于中央投资增长一倍以上。在当年新开工的项目中，有80%以上是地方项目。其次是东中部投资增长快于西部投资增长。据统计，东部地区的12个省、市完成投资占全国国有单位投资55%，增长为49.2%，高出全国平均增长速度8.5个百分点；中部地区的9个省、市，共完成投资1250亿元，只占24.5%，增长率为36.5%，接近全国平均水平；西部地区的9个省区完成投资775亿元，占全国15.2%，增长30.8%，比全国平均增长速度约低10个百分点。新开工项目的投资结构也是东重（60.1%）西轻（占13.3%）。由此形成西部地区与东中部地区的经济增长水平差距越发加大。第三，非生产性建设投资快于生产性建设投资。在国有单位1992年完成的投资4621亿元（不包括商品房投资）中，生产性建设投资增长幅度为35.2%，而非生产性建设投资增长42.4%，比生产性建设投资增长快7.2个百分点。一度被国家停缓建或控制建设的高标准的楼堂馆所以前所未有的规模和速度大干快上，在一些地方出现了大楼比高度，装饰竞豪华，规模赛宏大的攀比之风。尤其是许多地区争相竞建脱离国情民情的高级花园别墅，不仅占压了大批良田、资金、物资，还刮起了一阵阵投机逐利的炒买炒卖房地产歪风，使广大并不富裕而缺居少屋的工薪阶层和城镇居民面对越来越昂贵的商品房价格而"望房兴叹"。四是加工工业投资增长快于能源交通等基础工业投资增长。按产业投资分

类，第三产业的投资增长快于一、二产业，而在第二产业即工业中，能源工业、原材料工业投资增长分别为20%和29.9%，而轻纺工业投资增长为50.1%，其他加工工业更高达273.7%，国家曾经明令禁止上马的棉纺、毛纺、卷烟等长线加工项目还不断上新开工项目，导致投资的增长结构更加失衡，长线越长，短线越短，能源、原材料工业的投资比重由1991年的44%下降到39.8%，降低4.2个百分点，而加工工业投资则提高近2个百分点。能源、交通（尤其是铁路运输）在国民经济中的瓶颈制约越发突出。

（三）货币投放超量扩张，通货膨胀压力加大

在日益高涨的投资热的推动下，银行的货币信贷政策一度被迫放松。在财政无力扩张的情况下，银行贷款几乎成了第一位的投资资金来源。据有关部门测算，每完成100元固定资产投资，将有40元左右会转化为消费性的支出，投资项目越多，对货币、现金的需求量就越大。尽管国家从1992年下半年后就开始收紧银根，但强大的投资惯性和并非全面、正确地理解机遇内涵的思想，仍然紧逼着银行在货币投放上放松管制。因此，1992年的货币发行量达到创纪录的1158亿元（相当于建国以来到1991年末40多年累计货币发行量的36.4%）。由于流通中的货币量过多，对社会物资的需求急剧增长，前几年比较宽松的主要物资供大于求的环境发生逆转，出现了供不应求和供需差率不断扩大的紧张环境。钢材、木材、水泥等建筑“三材”的库存不断下降，如钢材库存年末比年初下降20%，水泥库存下降12.7%，木材库存下降22.2%。而生产资料价格却持续攀升，全年上涨13%。其中建筑用钢材中的线材、螺纹钢年初价格分别为1700元/吨和1800元/吨左右，到年底上涨至3150元/吨和3250元/吨，上涨了80%左右。与此同时，居民对物价上涨的心理预期也不断加强，尽管1992年社会商品零售物价指数控制在6%以内，但35个大中城市的居民生活费用价格指数已升到10.9%，越来越多的人都感受到潜在的通货膨胀压力不仅开始释放并逐渐趋于表面化。一些经济专家和权威人士甚至大声疾呼，要防止过热，警惕通胀。

（四）非银行贷款管理失控，金融秩序表现混乱

虽然从银行统计报表看，1992年由银行发放的各种贷款基本控制在国家调整计划以内，但从投资资金来源的银行贷款投资量看，却远远不是国家银行统计的那个贷款数量。二者的差额就是直到现在也未能引起足够重视的非银行金融机构发放的贷款数量。据有关部门统计，1992年国家银行各项贷款增长为20.1%，而由非银行金融机构发放的贷款却增长了1400多亿元（约占同期银行贷款增加额的40%），增长42.5%。其中，信托投资公司贷款增加589.2亿元，增长48.6%；城市信用社贷款增加171.1亿元，增长54.1%；农村信用社贷款增加644.2亿元，增长35.6%。这些非银行金融机构（包括各家银行的房地产信贷部）贷款的迅速增长，对1992年投资需求的加速上升和规模膨胀起了推波助澜的作用。

问题的严重性还在于，这些非银行金融机构发放贷款的资金来源，有相当数量或是用公开或变相抬高利率、给回扣等形式从国家专业银行“挖”出去的，或是各专业银行为绕过贷款规模控制以拆借资金或同业往来名义转出后被非银行金融机构长期占用的。这部分贷款的用途也有违国家规定，有的用于计划外的固定资产投资，有的以高利贷放给一些公司用于炒买炒卖房地产、股票，有的则直接参与房地产、股票的投机买卖或兴办各种经济实体，从事与金融工作无关的其他业务经营。这些行为，严重地扰乱了金融管理秩序，违反了金融政策法规，形成了大量银行信贷资金在银行体外循环，既为各种金融诈骗活动和以权谋私、权钱交易等非法行为提供了可乘之机，也为银行资金紧张、支付困难、重点难保局面的过早出现埋下了隐患。

（五）投资效益低下的局面未能改观，银行经营效益也趋下降

由于投资规模过大，新开工项目增加过多，投资结构也不尽合理，1992年的投资效益局面仍然处于低下状态。首先，超量的投资投入并未带来超量或相应的经济效益。1992年投资的增长大大高于同期国民生产总值和国内财政收入的增长，预算内国有工业企业虽然产值和销售收入有较快增长，但实现利润增加不多，减少企业亏损面和亏损额的工作成效不明显，国家财政仍然处于十分困难的境地，财政赤字比预算有所扩大。其次，新增固定资产比例比上年大幅下降。据统计，1992年国有单位新增固定资产（不含商品房，下同）2864亿元，只比上年同期增长12.4%。占同期固定资产投资完成额的比重为62%，比1991年下降了13.4个百分点。其中，基本建设新增固定资产完成率为56.7%，比1991年降低了14.1个百分点；更新改造新增固定资产完成率为70.3%，比1991年低13.6个百分点。新增房屋的施工面积和竣工面积增长率也都低于同时期的投资增长率。再次，由于年度投资缺口大，部分债券和专项资金到位差，加上“三乱”（即乱收费、乱摊派、乱罚款）现象严重，建材价格上涨较猛，设备供货不配套不及时等多方面的原因，1992年有一些重点项目未能完成年度投资计划，拉长了工期，影响了经济后劲，有一些行业和项目的新增生产能力也没有完成国家计划，制约了行业、企业经济效益的提高。

由于以上因素的综合影响，银行的贷款不能按期收回，逾期贷款增加，筹资成本上升，各种管理费用开支加大，银行经营效益出现下降。1992年国家银行结益比1991年减少约88亿元，而且几家专业银行（包括人民银行在内）的银行结益（即实现利润）水平都低于1991年。

四、正确认清形势，继续搞好投资信贷的宏观调控

对1992年宏观经济形势及其对以后年度投资信贷的影响，各方面还有一些不同的看法和认识，矛盾的焦点主要集中在1992年经济发展是否“过热”、1993年经济能否继续“爬坡”上。大体上有三种意见：

一种意见认为，1992年经济发展形势很好，投资运行也比较好。在经济大发展时期，投资率就是应当高一些，速度应当快一些。1992年是相对于前三年治理整顿时期经济“偏冷”，控制过紧后的复苏和松绑，基本上是前几年积存能量的释放。而且从某些行业和地方看，温度还远远不够，更谈不上“过热”的问题。

另一种意见认为，1992年经济发展速度偏高，投资规模过大是一个不争的事实。但从其运行结果看，正向效应是主导方面，也有一些“发热”的苗头，但在由计划经济向市场经济转轨初期，出现一些局部发热现象和不平衡问题是难以避免的，而且这种热度还在可以承受的范围内，从总体上看仍属于正常状态。

第三种意见认为，从1992年的经济、投资、信贷综合运行状态考察，经济发展已明显过热。对其有助于加快综合国力的提高，促进生产、建设、流通、外贸全面发展的好的一面虽不否认，但认为1992年在上项目、搞房地产、办开发区、建公司、炒股票、乱集资、乱拆借等方面热点过多，热度过高，其负面影响不仅表现在当年，更殃及来年。仅从当年看，似乎还可以承受，但这是用牺牲了宏观上“四大平衡”的代价换来的，为加速通货膨胀埋下了“危机”的种子。

以上几种意见都有一定的道理。但我国政府领导人和一些经济专家们似乎不隐讳1992年经济“过热”的事实，也更加清醒地看到了投资规模无约束扩大给国民经济稳定协调发展带来的危害。

1992年中国吸收外商投资状况

焦素芬

党的十一届三中全会以后，党中央适时地作出了对外开放的重大决策，明确了利用外资在社会主义现代化建设中的地位。全国人大、国务院制订了一系列有关利用外资的法律、规定和政策，利用外资工作开始全面展开，迅速发展。特别是1992年初邓小平同志南巡谈话后，我国利用外资的发展势头更猛，取得了令世人瞩目的成绩。

一、开放以来我国吸收外商投资的发展历程和概况

1979年至1983年是我国利用外资的起步阶段，这阶段国家着重进行立法和投资环境的改善。1979年7月第五届全国人民代表大会第二次会议通过并颁布了《中华人民共和国中外合资经营企业法》，之后又颁布了一批海外法规为外商来华投资提供了基本的法律保证。1979年8月，国务院设立了外国投资管理委员会，各地也相应建立了外商投资管理机构，吸收外商投资的社会服务体系基本形成。在此期间，为了发挥广东、福建毗邻港澳台的有利条件，党中央、国务院决定在那里实行特殊政策、灵活措施，并在深圳、珠海、汕头和厦门试办经济特区。4年内，全国共举办1300多个外商投资项目，使用外商投资18亿美元，外商投资企业在广东省和经济特区有了一定的发展。

1984年至1986年是我国利用外资普及发展阶段。这一时期，立法日趋完备，吸收外商投资取得了一定经验，国务院又决定进一步开放天津、上海等14个沿海大中港口城市和珠江、长江三角洲、闽南三角地区，利用外商投资工作在全国各地普遍开展起来，沿海省市有了较快的发展，内陆各省区也建起了一批外商投资企业。3年间，全国共举办61427个外商投资项目，使用外商投资47.9亿美元。

1987年至1991年是我国利用外资稳定发展阶段。1988年初，国务院决定海南建省并成为我国最大的经济特区。同年开放了山东半岛和辽东半岛，扩大了沿海开放地区。1990年，国务院又宣布加快上海浦东开发，以此为龙头，带动长江三角洲和长江沿线的经济发展。这一时期，我国利用外商投资的法律体系基本形成，投资环境越来越好，全国吸收外商投资工作稳步向前发展，来华投资的国家和地区已经达到70多个。5年间，全国共举办34208个外商投资项目，使用外商投资167.5亿美元。

1992年是我国利用外资迅猛增长阶段。邓小平同志南巡谈话以后，党中央国务院进一步采取了扩大吸收外资的政策措施，开放了内地省会城市和沿江、沿边地区，全国上下形成了积极参与支持利用外资的可喜局面，外商来华投资出现了前所未有的大幅度增长，1992年全年举办的外商投资项目数超过了前13年外商投资项目数的总和。历年我国利用外资的项目数和全额数参见图1、图2。

截至1992年底，全国累计举办外商直接投资项目90791个，协议利用外商投资11104.6亿美元，实际使用342.8亿美元。此外还通过补偿贸易和加工装配分别使用外资23.89亿美元、11.07亿美元；1987—1992年通过国际租赁使用外资3.26亿美元。1979—1992年全国累计举办外商直接投资项目情况参见图1。

我国吸收外商投资来自于100多个国家和地区，其中香港客商来大陆投资最为踊跃，其次是日本、美国、台湾等国家和地区的客商。1979—1992年外商直接投资国别（地区）前10名投资情况参见图2。

我国吸收的外商投资主要分布在东南沿海一带，截至1992年底，包括北京市在内的沿海省区市共举办外商直接投资项目77319个，占全国总数的85.16％，协议利用外资金额941.56亿美元，占全国的85.24％。广东省吸收外商投资遥遥领先于其它地区。福建、上海、江苏、浙江、北京、辽宁、山东等省市继广东之后也成为外商投资较为集中的地区。可喜的是，近年来外商对内陆地区的投资也日趋活跃起来。1979—1992年外商投资的地区分布情况参见表3。

我国吸收外商投资的产业结构不断改善、日趋合理。14年全国累计举办工农业生产型外商直接投资项目76223个，占项目总数的83.95％，其中工业项目72493个，占项目总数的79.85％。在工业项目中，外商投资依次集中在能源、电力、轻工、电子、机械、纺织、服装、化工、建材、医药等行业。在积极发展生产型项目的同时，第三产业的项目也有了相对均衡的发展。1979—1992年外商投资行业分布情况参见表4。

表1　1979—1992年吸收外商投资情况　　单位：亿美元

合作方式	项目个数	所占比例（％）	协议外资金额	所占比例（％）	使用外资金额	所占比例（％）
外商直接投资	90791	100	1104.62	100	342.83	100
其中：						
合资经营	59038	65.0	504.55	45.7	175.46	51.2
合作经营	16800	18.5	315.61	28.6	83.15	24.3
独资经营	14872	16.4	249.85	22.6	50.84	14.8
合作开发	81	0.1	34.59	3.1	33.37	9.7

表2　1979—1992年直接投资前10名国家（地区）情况　　单位：亿美元

国别（地区）	项目数	外资使用金额	占总额的比例（％）	国别（地区）	项目数	外资使用金额	占总额的比例（％）
香港	61078	208.42	60.8	法国	242	4.61	1.3
日本	3694	38.79	11.3	新加坡	1371	4.41	1.3
美国	5269	31.74	9.3	澳门	2201	4.00	1.2
台湾	10034	19.17	5.6	英国	268	3.57	1.0
德国	249	4.71	1.4	澳大利亚	541	2.28	0.7

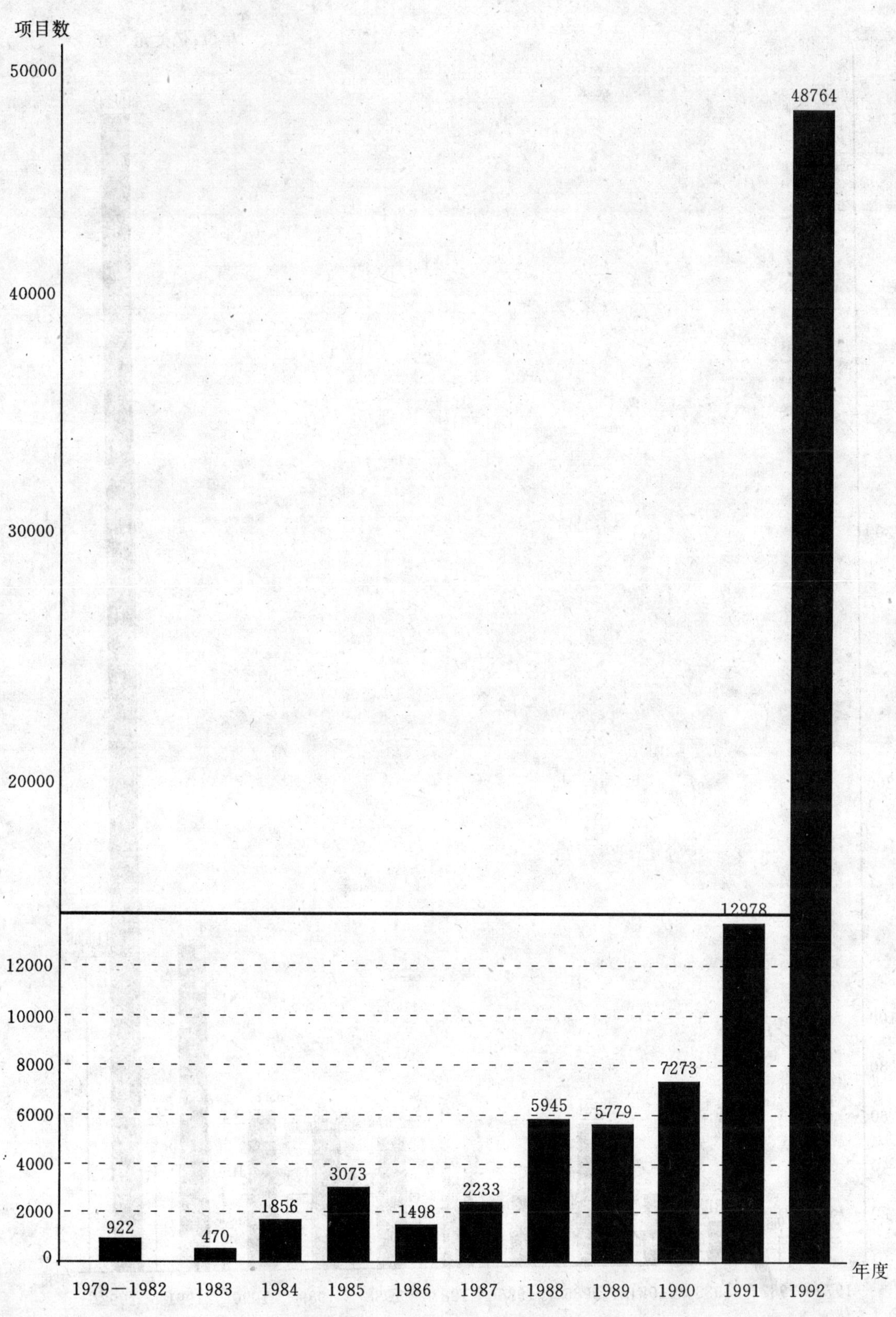

图 1　历年外商直接投资项目数

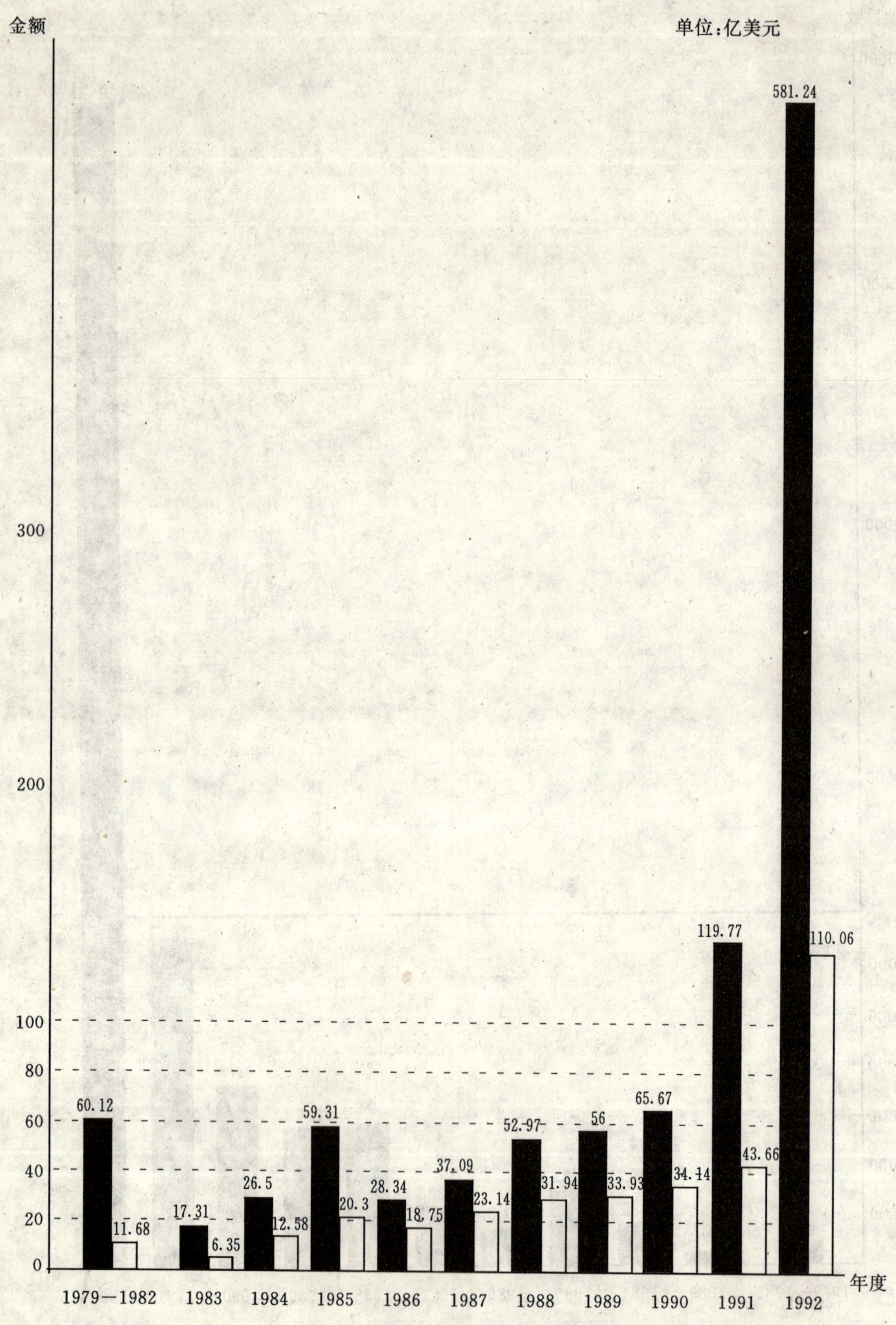

图2 历年外商直接投资金额数

表3 1979—1992年外商直接投资的地区分布情况

地区		项目个数	项目数占全国比例（%）	协议外资金额（亿美元）	协议金额占全国比例（%）
沿海省区	小 计	77319	85.16	941.56	85.24
	北京市	3761	4.14	36.84	3.34
	天津市	2616	2.88	20.28	1.84
	河北省	2084	2.30	22.45	2.03
	辽宁省	3861	4.25	39.25	3.55
	上海市	3304	3.64	63.63	5.76
	江苏省	10113	11.14	89.33	8.09
	浙江省	3705	4.08	36.59	3.31
	福建省	8080	8.90	111.81	10.12
	山东省	5856	6.45	54.90	4.97
	广西自治区	1951	2.15	17.55	1.59
	海南省	3368	3.71	33.21	3.01
	广东省	28620	31.52	415.72	37.63
内地省区		12454	13.72	99.92	9.05
国务院部门		1018	1.12	63.14	5.71

表4 1979—1992年外商直接投资按行业分类 单位：亿美元

行业类别	项目数	占总数的比例（%）	协议外资额	占总额的比例（%）
农林牧渔业	2601	2.9	20.47	1.9
工业	72497	79.9	659.12	59.7
建筑业	1777	2.0	27.04	2.4
交通运输业	1110	1.2	21.16	1.9
商业服务业	2886	3.2	33.02	3.0
房地产业	6659	7.3	285.45	25.8
卫生体育事业	192	0.2	6.19	0.6
教育、文化、艺术事业	273	0.3	3.00	0.3
科研和技术服务业	374	0.4	1.31	0.1
金融业	8		0.85	
其它行业	2414	2.7	47.02	4.3
合 计	90791		1104.62	

二、1992 年我国吸收外商投资取得了重大成绩

1992 年全国共举办外商投资项目 48764 个，协议利用外资金额 581.24 亿美元，实际使用外资金额 110.08 亿美元，分别比上年增长了 276%、385%和 152%，分别相当于前 13 年的 116%、110%和 47%。1992 年实际使用外资金额首次超过对外借款的使用额，是借款使用额的 1.39 倍，外商直接投资已成为我国最主要的外资来源。

在 1992 年举办的外商直接投资项目中，合资经营企业 34354 个，外资协议金额 291.28 亿美元；合作经营企业 5711 个，外资协议金额 132.55 亿美元；外商独资经营企业 8692 个，协议金额 156.96 亿美元；石油合作勘探开发合同 7 个、外资协议金额 0.43 亿美元。除石油合作勘探开发外，三资企业的项目数和外资额都呈数倍增长。详细情况参见表 5。

此外，1992 年全国还通过补偿贸易、加工装配和国际租赁方式协议利用外资分别为 4.15 亿美元、1.2 亿美元、0.77 亿美元，实际利用外资分别为 1.72 亿美元、0.67 亿美元、0.45 亿美元。

1992 年有 105 个国家和地区来中国大陆投资。其中协议投资额最多的国家和地区依次为：香港、台湾、美国、日本、澳门、新加坡、泰国、韩国、加拿大和法国。香港仍是最大的海外投资地区，协议投资额 400.4 亿美元，占全部来我国大陆投资金额的 68.88%，台湾对大陆协议投资 55.4 亿美元，已大大超过了美国、日本，连续 3 年位居第二位。美国和日本仍是最大的外国投资者。1992 年外商直接投资前 10 名国家（地区）情况表参见表 6。

从国内吸收外资的地区分布情况看，1992 年度外商投资仍集中在沿海地区，沿海省市共办外商投资企业 39 644 个，协议利国外资 515.57 亿美元，相当于全国的 88.7%。广东省吸收外资仍保持全国第一位，协议利用外资占全国的 32.4%。江苏省吸收外商投资增长迅速，已跃居全国第二位。其它如山东、浙江等中部沿海地区增长幅度也相当大。随着沿江沿边城市和内地省会城市的进一步开放，内地省区利用外资迅猛发展。1992 年内地省区协议利用外商投资额 62.98 亿美元，占全国的 10.8%，但其增长幅度却大大高于沿海省市。由此可见，随着全方位的对外开放，外商的投资区域范围越来越广。我国由南向北、由沿海向内地幅射的利用外资发展战略进一步显示出了成果。1992 年沿海省市利用外商直接投资情况参见表 7。

1992 年外商投资的产业结构更加合理。1992 年共举办工农业生产项目 40749 个，占项目总数的 83.6%，协议利用外资 351.86 亿美元，占协议外资总额的 60.5%。项目数和协议外资额分别比上年增长了 239% 和 253%。工业项目中仍以中小型项目为主，主要集中在轻工、服装、电子等行业。同时也建起了一批电力、机械、化工、电子、建材、交通等行业的技术先进、资金密集的大中型项目。如广州珠江电力有限公司、广合电力有限公司、金温铁道开发有限公司、神龙汽车有限公司、天津摩托罗拉公司、北京华纳齿轮有限公司等。

由于国家产业政策的引导和投资领域的扩大，1992 年外育投资第三产业有了很大的发展，全年共举办第三产业项目 6955 个，占项目总数的 14.3%，协议外资金额 216.29 亿美元，占总额的 37.2%，比上年提高了 21 个百分点。其中房地产项目增长最快。第三产业中一些原来限制或禁止外商投资的行业通过试点已有所突破。1992 年，有限制地批准了一些金融、保险、百货零售、保税区内外贸公司以及合资建设开发区等项目。外商投资股份公司也有了进一步的发展，为境外投资者提供了新的投资渠道。

三、外商投资对我国大陆国民经济的作用

对外开放 14 年来，我国吸收外商投资引进了资金、先进技术、设备和管理经验，培养了一大批人才，带动了企业经营机制的转变，有力地推动了国民经济的发展。

(一)吸收外商投资弥补了我国建设资金的不足，成为我国筹措建设资金的重要渠道之一

对外开放以来，利用外商投资为我国经济建设开辟了一个新的资金来源。截至 1992 年底，我国已实际使用外商直接投资 342.83 亿美元。特别是 1992 年实际使用外商直接投资额大幅度增加，全年共使用 110 亿美元，占同期全社会固定资产投资完成额的 10%以上。这样一大笔外汇资金，对于尚处于经济发展初级阶段的我国起到了十分重要的作用，在一些沿海地区，特别是经济特区外商直接投资已成为地方经济发展的主要资金来源。

(二)引进了先进的技术、设备和管理经验，带动了企业经营机制的转变

14 年来，我国通过吸收外商投资引进了大量的先进技术和设备，填补了一些技术空白，在机械、电子、仪器仪表、轻工、纺织、服装、食品、饲料和水产养殖等行业，不仅新建了一大批企业，而且还使大量的老企业得到了技术改造，产品实现了更新换代，质量和档次有了显著提高。目前，小轿车、电梯、彩色显像管、微电机、程控交换机、高档电器等产品已经主要由外商投资企业生产。外商投资企业生产的消费品也使人们耳目一新，带动了产品的升级。

吸收外商投资还引进了先进的管理经验。通过外方参加管理、专家咨询和国内外培训，我方管理人员在生产经营、质量监督、财务管理和产品销售等方面，学习到了许多经验和方法，不仅使外商投资企业的管理水平保持在较高的水准，而且还带动了全社会各种企业的管理水平的普遍提高。

外商投资企业的建立，不仅带进了新的经营方式，

表5 1992年批准外商投资 单位：亿美元

合作方式	项目个数	比上年增减（%）	协议外资金额	比上年增减（%）	使用外资金额	比上年增减（%）
外商直接投资	48764	275.7	581.24	385.3	110.08	152.1
其中：						
合资经营	34354	309.2	291.28	379.1	61.15	166.0
合作经营	5711	221.2	132.55	519.6	21.22	177.7
独资经营	8692	211.0	156.96	327.8	25.20	122.0
合作开发	7	—30.0	0.43	—53.3	2.50	48.0

表6 1992年外商投资前10名国家（地区）情况表 单位：亿美元

国别（地区）	项目数	外资协议金额	占协议外资总额的比例（%）	国别（地区）	项目数	外资协议金额	占协议外资总额的比例（%）
香港	30781	400.44	68.88	新加坡	742	9.97	1.72
台湾	6430	55.43	9.54	泰国	407	7.23	1.24
美国	3265	31.21	5.37	韩国	650	4.17	0.72
日本	1805	21.73	3.74	加拿大	394	3.16	0.54
澳门	1111	14.87	2.59	法国	140	2.89	0.50

表7 1992年沿海省市利用外商直接投资情况表

地区	项目数	协议外资金额（亿美元）	占总额的比例（%）
广东省	9769	188.59	32.4
江苏省	7854	71.62	12.3
福建省	3113	63.51	10.9
山东省	4109	39.20	6.7
上海市	1999	29.03	5.0
浙江省	2338	28.63	4.9
海南省	1830	22.61	3.9
辽宁省	2147	19.49	3.4
河北省	1420	16.22	2.8
北京市	2207	14.33	2.5
天津市	1702	12.20	2.1
广西壮族自治区	1156	10.14	1.7

而且它以商品经济的观念和方式从事经营，以国际市场标准从事生产，完全面向国内外市场，充分参与竞争，给我国的经济体制改革提供了经验，为国有企业转换经营机制起到了示范作用。

(三)外商投资企业产品进出口大幅度增长，促进了对外贸易的发展

吸收外商投资推动了产品的更新换代，使许多产品质量达到了世界先进水平，有力地提高了产品出口的竞争能力。近年来，外商投资企业产品出口不断扩大、增加了我国的出口创汇。1992年外商投资企业自营出口额173.6亿美元，比上年增长了44%，占出口商品总额的20.4%。广东、福建和其它沿海省市外商投资企业产品出口的增加尤为突出，出口额占外商投资企业出口总额的96%。

外商投资企业的产品出口提高了我国出口产品的档次，改善了我国出口商品的结构。1992年外商投资企业出口产品中，工业制成品占94%，大大高于全国平均水平。特别是其中的机电产品出口60.9亿美元，占外商投资企业出口总额的35.1%，占全国机电产品出口总额的31.1%。除机电产品外，服装、鞋类、纺织品、塑料制品、箱包、水产品等也是外商投资企业的大宗出口商品。

外商投资企业的进口增长也很快，1992年进口总额达263.9亿美元，比上年增长了56%，占全国进口商品总额的32.7%。

近几年来外商投资企业一直是总体上外汇收支平衡有余，企业外汇结存和在外汇调剂市场调出的外汇年年增长。1991年净调出外汇16.5亿美元，1992年净调出24.1亿美元。这些外汇均为国内其它企业所使用，有力地支援了国家的经济建设。

(四)社会效益不断提高

外商投资企业经济效益不断提高的同时，还带来了可观的社会效益。截至1992年底，已投产开业的外商投资企业达3.4万家，企业职工人数达到480万人，这些企业大部分经营状况良好，劳动生产率不断提高，盈利不断增加。1992年，主要来源于外商投资企业的涉外税收达1017亿元人民币(不包括关税)，连同土地出让费和使用费等，国家来源于外商投资企业的收入超过130亿元，比上一年增长了55%。

(五)外商投资极大地促进了地方经济的发展

自1979年对外开放以来，我国先后建立了5个经济特区、确定了14个沿海开放城市、开发了浦东、批准了27个经济技术开发区、53个高新技术产业开发区和11个国家旅游渡假区，最近又开放了所有内陆省会城市和一些沿江沿边城市、形成了从沿海到内地的全方位对外开放格局。这些地区投资环境优越，政策优惠，外商投资踊跃。通过吸收外商投资建起了一大批现代化企业，带动了相关工业和第三产业的发展，促进了地方经济的起飞。特别是经济特区及一些沿海省市，外商投资企业已成为地方经济发展和对外贸易的主要动力。通过14年来吸收外商投资的实践可以看到，吸收外商投资多的地区、其经济增长十分显著。

(作者单位：对外贸易经济合作部外资管理司)

表8 1992年外商直接投资按行业分类 单位：亿美元

行业类别	项目数	占总数的比例(%)	协议外资额	占总额的比例(%)
农林牧渔业	1017	2.1	6.78	1.2
工业	38607	79.2	326.69	56.2
建筑业	1125	2.3	18.39	3.2
交通运输业	470	1.0	15.43	2.7
商业服务业	1505	3.1	14.44	2.5
房地产业	4536	9.3	180.80	31.1
卫生体育事业	91	0.2	3.95	0.7
教育、文化、艺术事业	128	0.3	0.97	0.2
科研和技术服务业	223	0.5	0.62	0.1
金融业	2		0.08	
其它行业	1060	2.2	13.09	2.3
合　计	48764		581.24	

1992年中国证券市场发展概况

孙　鸿

1992年，在邓小平南巡讲话的推动下，我国加快了经济体制改革的步伐，确立了建立社会主义市场经济体制的战略目标，证券市场作为经济体制改革的重要组成部分也获得了长足的发展，对我国的社会经济生活产生了长久深远的影响。

一、股份制企业发展迅速

改革开放以来，为了探索企业体制改革的路子，我国许多企业进行了股份制改革的试点工作。通过对企业进行股份制改革，明晰了产权，实现了所有权与经营权的相对分离。企业所有者通过选出代表组成董事会，董事会只对企业的重大事项、长远发展方针负责，董事会通过选聘经理来管理企业的日常生产经营活动，经理对董事会负责。这样，企业的所有权与经营权就适当地分离了。实行股份制，能够实现政企分开，使企业摆脱政府的行政干预，形成自主经营、自负盈亏、自担风险、自我约束、自求发展的经营机制。1992年初，邓小平南巡讲话肯定了股份制改革与发展证券市场的试验工作，强有力地推动了企业股份制改革的进程。发行股票试点的地区由上海、深圳两市扩大到广东、福建、海南三省。到1992年底，全国实行股份制改革、公开发行股票和定向募集股份的企业累计已达5000多家。其中，上海公开发行股票的企业达53家，深圳为10家。

为了积极稳妥地推进企业股份制改革，使企业股份制改革逐步向规范化、法制化的方向发展，国家体改委会同有关部门共同制定并于1992年6月颁发了《股份有限公司规范意见》和《有限责任公司规范意见》两个法规性文件。

在《股份有限公司规范意见》中对股份有限公司作了明确的释义，对股份有限公司的设立，股份组成，股东和股东会的权利、义务和职责，董事会和经理的权力、义务和职责，监事会的职权，公司的财务会计与审计规程，公司章程的修改，公司的终止与清算，罚则和附则作了详尽明确的说明与规定。

《有限责任公司规范意见》对涉及有限责任公司的设立，直至终止，股东、股东会、董事会、监事会、经理的权利与职责等方面作了规定。

两个文件的颁布与实施，对于指导我国企业的股份制改造，促进股份制企业经营机制的转换，推进我国证券市场向纵深发展发挥了重要的指导作用；有利于纠正股份制改革中出现的诸如股票债券化、福利化、内部职工股社会化等一系列偏差，为以后企业的股份制改造规范化提供了准则。

二、股票发行成为社会热点

随着我国企业股份制改革步伐的逐渐加快，我国股份有限公司和股份有限公司发行股票的数量也逐渐增加。股份有限公司发行股票一般采取两种方式：一种是定向募集，定向募集公司发行的股份除由发起人认购外，其余股份可向其他法人发行，经批准也可以向本公司内部职工发行部分股份，但不向社会公众公开发行股份；另一种是社会募集，社会募集公司发行的股份除由发起人认购外，其余股份应向社会公众公开发行。

1992年我国成立的股份有限公司大多数是定向募集公司。定向募集公司发行股票采取定向募集方式，只有上海、深圳和广东、海南、福建被允许成立社会募集公司，进行公开发行股票的试点，而尤以上海、深圳两市向社会公开发行股票数量最多，发行方式具有新的特色。

1992年上海向社会公开发行股票采用新的办法——“认证摇号中签”认股方式。凡需认购1992年股票者可凭身份证购买“股票认购证”，一次性购买，全年使用。由证券公司根据上海市的股票发行情况，一年摇号若干次，如有多只股票在短期内发行，归并一次摇号，产生多只股票中签号码，供持证者对号，据此认购股票。如中号者对这期股票不感兴趣，也可不办手续自动放弃，“股票认购证”每份收费30元，不论中号与否不予退还。工商银行上海市分行受本市3家证券公司委托，作为财务代理具体负责“股票认购证”的发售工作。这次“股票认购证”的发售采用预约登记和柜面门售相结合的办法，于1月10日至2月1日办理预约登记和认购手续。

深圳市1992年新股发行采用买表抽签的方式认购。1992年度深圳发行国内公众股5亿股，发售新股认购抽签表500万张，一次性抽出50万张有效中签表，中签率约为10%，每张中签表可以认购本次发行的股票1000股。按每一家公司发行股票的先后及批准该公司发行股票的总数，再抽签确定该公司股票的号码区间，属于1992年发行规模的中签表，本年认购不完的，1993年继续有效。这次发售的认购抽签表，除抽签认购新股外，还抽签认购一些已上市公司发行的可转换股票的债券，没有中签认购新股的表格，还可以抽签认购这些上市公司的可转换股票的债券。认购抽签表的发售及回收时间为8月9日至10日两天上午8点至下午6点，直到表格售完为止。每张认购抽签表收费100元，每人一次最多可携带10张身份证购买10张认购抽签表。

由于深圳及内地一些投资者股票投资热情空前高涨，购表人数很多，造成认购抽签表供不应求，加之在组织工作中，存在一些缺点，致使在认购抽签表发售过程中出现一些混乱和违纪、违法现象，以致酿成了所谓的“8·10”事件。这一事件后来在深圳市委、市政府的指挥下得到了较为妥善的解决，但也暴露出了不少问题。

为解决新股认购抽签表严重供不应求的矛盾，深圳市政府于8月10日决定增发50万份新股认购抽签表兑换券。11日下午2点开始发售这批兑换券，兑换券每张收费1000元人民币，每人凭10个身份证购买1张兑换券，该券在9月换取新股认购抽签表10张，该表与8月9日—10日发售的抽签表一起抽签认购1992年度的新股。

1992年上海、深圳两市施行认购新股的方法，较好地体现了公平、公开、公正的原则和精神，为我国股票发行方式作出了有益的探索。

三、股票流通量迅速增大

改革开放后，随着企业股票发行的逐渐扩大，必须要求股票流通。股票流通有利于变现和投资主体资产结构的调整，实现资产的增值。股票能流通，可以促进股票发行市场的发展，有利于企业的股份制试点，有利于推动企业转换经营机制，实现生产要素的合理流动和资源的有效配置。1986年9月26日，工商银行上海市分行信托投资公司证券业务部在全国率先开办了股票挂牌买卖业务。从此以后，我国的股票流通试验工作逐步推开。1990年12月19日上海证券交易所的正式开业和1991年7月3日深圳证券交易所的正式开业，标志着中国的股票流通进入了一个全新的发展时期。1992年，在上海证券交易所上市的股票由年初的8种增加到年底的38只，上市股本总额达131亿元，市价总值为558亿元，成交量累计达497亿元。1992年初，上海证券交易所对股票价格实行涨（跌）停控制，当股票交易价格上涨或下跌超过一定幅度时，则当天停止交易。由于受涨（跌）停控制的限制，上海股市交易不太活跃。为了健全股市的市场机制，积极推动股市向前发展。1992年上半年，上海证券交易所分次分批逐步取消了对股票价格的涨（跌）停控制，股票价格最终完全由市场调节。2月18日，上海证券交易所首先放开延中、大飞乐股票的价格；5月21日，上海证券交易所全面放开股价，不再对股价进行控制，股价完全由市场调节。当日股价综合指数为1266点，较前日617点上涨105%。从此，上海股市一改以往沉寂的局面，交投日趋活跃，上海股市进入了一个新的发展阶段。

股价放开使上海股市价格波动幅度增大，股价指数从最高1400多点跌至390点，时间持续5个多月，总跌幅达72%，最高一天跌幅达13%左右。全年股价指数的基本走势是：1月至5月中旬在较低水平中缓慢上升，5月21日全面放开股价后，股价指数暴涨，进入6月后，股价指数趋跌，一直到11月中旬才趋向稳定，下旬开始上涨，直到12月份。

1992年，深圳证券交易所上市的股票由年初的6只增加到年底的33只，上市股本总额26亿元，市价总值为490亿元。1992年，深圳股市交投相当活跃，全年日平均成交金额为1.7亿元，最高日成交金额达5.14亿元，全年成交量达434亿元。1992年，深圳股市股票价格波动幅度较大，年初，深证股价综合指数为110点，5月下旬，综合指数劲升至全年最高点312点。其后，综合指数一直在310点至250点之间反复盘整，进入10月份，综合指数开始下跌，于11月下旬跌至167点的低谷。随后，综合指数开始反弹，经过整理后持续攀升，年底以241点的综合指数结束了全年的交易。

除了在上海和深圳两个证券交易所进行个人股流通试验之外，1992年7月1日全国证券交易自动报价系统（STAQ）开始了法人股内部流通试点，目的是试图通过公有法人股的流通促使企业之间相互控股、参股和转移股权，实现国有资产股份化经营，促使国有资产保值、增值，实现资源的合理流动和配置。到1992年底，在STAQ系统上市的法人股有恒通、玉柴、蜀都3只，股本总额1.4亿股，总成交量为9000多万股，金额达4.5亿元。

四、债券市场持续发展

我国的债券市场是从1981年开始发行国库券起步的。以后，国家为了适当集中各方面的财力，保证能源、交通、原材料等重点项目的资金需要，调整产业结构，稳定发展国民经济，国家又陆续发行了国家重点建设债券、财政债券、基本建设债券、保值公债、特种国债等。与此同时，企业、银行为了拓宽筹资渠道，调整负债结构，也陆续发行了企业债券和金融债券。随着我国债券发行市场的迅速发展，尤其是国债发行量逐年增长，我国国债交易为主的债券交易市场相应出现，到1990年，国债交易市场已全面开放，一些企业债券、金融债券也都进入交易市场交易。进入1992年后，我国的国债市场、企业债券和金融债券都有了新的发展。

1992年国内债券发行总计划为1077亿元，按债券期限划分，其中，中长期债券发行额为900亿元；企业短期融资券177亿元。按债券种类划分，国债410亿元，国家投资公司和中央部门企业债券170亿元，地方企业和公司中长期债券250亿元，金融债券70亿元，企业短期融资券177亿元。各类债券具体的发行情况是：

（一）国债。1992年国家财政部共发行472亿元国债，比上年增长68.6%。其中，国库券发行390亿元，比上年增长96%。1992年国库券首次采用了一年两次发行的办法，以解决国库券大量集中发行的问题。财政部首次在3月份发行5年期国库券100亿元，并通过几十家金融机构组成的承购包销团，顺利完成了发行任务。7月至10月，财政部发行了1992年第二期国库券290亿元，期限3年，也采取承购包销的方式发行。1992年发行财政债券52亿元，只限于对金融机构发行。1992年国债发行的特点主要有两点：一是全面采取承购包销的方式发行。由财政部为总发包方，发包给各地方财政厅（局），然后地方财政厅（局）再作为发包方同承销机构签订合同，由承销机构承购包销并向社会公开发售。二是券种少，频率高，发行周期短。1992年国债只有国库券，财政债券两种，比上年大大减少，往年都是一次发行，期限较长，到年底债券款才完全入库。而1992年分两次发行，债券款入库时间较早。

（二）企业债券。1992年是企业债券大发展的一年，所发行的企业债券额达571亿元，比上年增加1.28倍。其中，国家投资债券发行额为80亿元，国家投资公司债券为34.2亿元，中央企业债券54亿元，地方公司债券为13亿元，地方企业债券163亿元，企业内部债券10亿元，住房建设债券9亿元，企业短期融券资170亿元，信托受益债券12亿元，投资基金证券10亿元。另外，在证券管理上，上海、广东、海南、深圳、福建和厦门七个地区，实行特殊政策，在债券发行的额度控制上适当放宽，其规模没有列入证券计划。这七个地区实际发行企业债券74亿元。1992年，我国企业债券市场的一个显著特征是证券品种比上年明显增加，新的证券品种如投资基金证券、信托受益证券、可转换股票债券等不断出现，且非常畅销。

（三）金融债券。1992年工商银行、农业银行、中国银行、建设银行、交通银行五家全国性银行共发行金融债券70亿元，期限2—5年，年利率9.5—10.5%，发行比较顺利。广东发展银行、烟台住房银行等一些地方银行也首次发行了金融债券，拓宽了这些地方银行的筹资渠道。发行金融债券筹集的资金除了用于偿还到期金融债券款项外，剩下的用于发放贷款，支持国家重点建设。

1992年我国债券交易市场是以国债交易为主的市场，企业债券和金融债券交易量相对较小。1992年国债交易总额达351亿元，与上年基本持平。国债交易价格走势是：1—4月，价格稳步爬升，交投非常活跃；5月，价格处于盘整拉锯状态，买卖双方交投比较谨慎，进入6月以后，价格一路下跌，交投急剧下降，其间虽有数次小的反弹，但都因支撑乏力，挡不住下跌的趋势。造成国债价格下跌的主要原因是：经济升温，原来用于买卖国债的资金被分流用做实物投资；机构和个人投资者投资股票的热情空前高涨，冷落了债券；银根收紧，人民银行从严控制信贷规模，禁止用信贷资金拆借资金投资证券，在实施这些措施后，致使注入国债市场的资金减少；证券机构自营过多，中介不足，缺乏数量庞大的投资者做后盾；证券机构库存过大，一旦库存超过资金承受能力，资金普遍吃紧，不得不竞相抛售，从而造成价格下跌。

五、证券经营与监管机构长足发展

随着证券市场不断向纵深发展，证券业务领域不断扩大，这就必然要求证券经营机构和为证券业服务的其他服务机构也不断增加。到1992年底，可以经营证券业务的金融机构中，证券公司85家，信托投资公司386家，信托投资公司和综合性银行共设立证券部1200多家，银行和信用社的代办网点2000多个。为证券业提供服务的证券服务机构有500多家，这主要包括会计师事务所、审计事务所、律师事务所、资产评估事务所、信用评级公司、投资咨询公司等。为了保证和提高证券中介服务机构的服务质量，加强对它们的管理，新成立的中国证券监督委员会会同有关部门对从事与证券业有关事务的中介服务机构进行了资格认定。为了把上海、深圳两个证券交易所建成全国性的统一的市场，上海、深圳两个证券交易所不断吸收本地、异地会员，逐步使异地公民能通过本地的证券营业部买卖上海、深圳股市的股票。到1992年底，上海证券交易所拥有会员171家，深圳证券交易所拥有会员151家，为形成全国统一市场迈出了重要的一步。

1992年中国证券界的一件大事就是成立了国务院证券委员会（简称证券委）和中国证券监督管理委员会（简称证监委）专门行使对证券市场的管理和监督职能。证券委和证监委的成立标志着我国证券市场管理和监督体系初步形成。

证券委是国家对全国证券市场进行统一宏观管理的主管机关。设立的同的是为了加强证券市场的宏观管理，统一协调股票、债券等有关法规和政策，保护从事证券业务各方的利益，推动我国证券市场健康发展。其基本职责是：负责组织拟订有关证券市场的法律、法规草案；研究制定有关证券市场的方针、政策和规章；制定证券市场发展规划和提出计划建议；指导、协调、监督和检查各地区、各有关部门与证券市场有关的各项工作；归口管理证监委。除此之外，证券委还担任下述职责：统一安排和审批国内企业到海外公开发行股票和上市；审核证券交易场所设立的申请，报国务院批准，组织新的证券品种的试点工作等。试券委下设办公室，负责日常工作，办理日常事务，保证上述职责的履行。

证监委是国务院证券委员会对证券业和证券市场进行监督、管理的执行机构，接受国务院证券委员会的指导、监督、检查和归口管理。证监委依法对证券业、证券市场进行全过程、全方位的监督管理。其主要职责是：根据证券委授权起草或制定有关证券业和证券市场管理的规则和实施细则，起草证券法规；监督、管理证券的发行、上市和交易及其交易场所的业务活动；对证券经营机构；证券清算、保管、过户登记机构，投资基金经营机构和证券从业人员的业务活动进行监管；会同有关部门制定证券从业人员的资格标准和行为准则，并进行监管；会同有关部门审定从事证券业务的律师、会计师事务所，颁发证券从业许可证书；监管上市公司及其有关人员执行证券法规的行为；审查上市公司的有关报告；监管上市公司的收购，兼并活动；对境内企业直接或间接向境外发行股票和上市行为进行监管；对违反证券法规、实施细则和有关具体规则的行为进行调查，并进行仲裁；会同有关部门编制证券统计资料，研究分析证券市场形势，及时向证券委报告证券市场运行中的重大问题，提出建议。

除了证券委和证监委专门行使证券管理和监督职能外，国家有关主管部门和地方政府，也具有一定的证券管理职能。计委负责证券计划的编制和综合平衡；财政部负责国债事宜，并归口管理注册会计师和会计师事务所；人民银行负责证券经营机构的审批和管理[1]；地方政府归口管理证券交易所；另外还有中国证券业协会和中国国债协会两个证券行业自律性组织。这些机构和组织初步构成了我国证券市场的管理监督体系。

1992年投资体制改革概述

方　度

1992年投资体制改革，主要是围绕着推行项目业主责任制、扩大地方和企业投资决策权和积极进行建设项目股份制试点等方面来进行的。目的是改变投资责权利相脱节的局面，规范和约束投资主体的行为，建立起投资风险机制和责权利紧密结合的投资运行机制。

一、大力推行项目业主责任制

1992年8月31日至9月3日，国家计委在北京召开了全国基本建设项目管理座谈会，决定在投资领域推行项目业主责任制。国务院副总理邹家华出席了会议，就我国改革开放新形势下积极推行建设项目业主责任制的重要意义及工作部署作了重要讲话，部分重点建设项目的负责人介绍了推行项目业主责任制的经验。1992年11月，国家计委下达了《印发〈关于建设项目实行业主责任制的暂行规定〉的通知》，对实行业主责任制项目的范围、项目业主和业主组织形式，项目业主的主要职责、项目业主与有关方面的关系等作了原则规定。

《通知》要求，从1992年起，新开工和进行前期工作的全民所有制单位基本建设项目，原则上都要实行项目业主责任制。在建项目也应积极创造条件，实行项目业主责任制。项目业主由投资方派代表组成，从建设项目的筹划、筹资、设计、建设实施直至生产经营、归还贷款及债券本息等全面负责并承担投资风险。

项目业主可采取多种组织形式：(1)原有企业投资进行建设的项目，业主就是原有企业的领导班子。(2)不同投资方以合资方式投资的新建、扩建项目（鼓励有条件的项目组建符合规范的有限责任公司）成立董事会，董事会是业主。(3)单一由政府投资的新建项目，设立管理委员会，管委会是业主。(4)由投资各方协商组建的各类开发、联营公司的领导班子等也可以成为业主。

项目业主的主要职责是：负责筹集建设资金；提出项目的建设规模、产品方案、厂址选择和需要落实的建设条件；负责组织工程设计、监理、设备采购和施工的招标工作，审定招标方案，自主确定设计、监理、设备和施工的投、中标单位；按照国家有关规定，审查或审定工程设计、概算、集资计划和用款计划；审定项目（企业）年度投资和建设计划，审定项目（企业）财务预算、决算；按合同规定，审定归还贷款和其它债务的数额，审定利润分配方案；根据项目的具体情况，业主可自行聘任和解聘项目（企业）总经理，如需经政府有关部门批准的，可由业主推荐上报政府有关部门批准，总经理的职责范围由业主确定；根据国家的有关规定，确定企业的产品、劳务价格；审定项目（企业）机构编制、劳动用工及职工工资福利方案；批准项目（企业）总经理工作报告；处理工程建设中的重大问题；业主需决定的其它事项。

关于项目业主与各有关方面的关系，《通知》作了如下规定：

各投资方通过签定不同方式的投资合同，共同建设项目，共享利益，共担风险，并按投资比例分得相应的产权。属于国家统配的产品，交国家分配。

合资的建设项目，需要银行贷款和发行建设债券的，可由业主提出申请，按有关规定报批。由此形成的债务由业主承担。

业主通过招标确定的设计，监理、设备供应和施工等单位，与业主是经济合同关系，并为业主服务。

政府依法对项目（企业）进行监督、协调和管理，并对有政府投资的项目进行审批。项目业主的建设、生产和经营权受法律保护，业主有权拒绝摊派，对非法干预行为有权予以拒绝或提出诉讼。

各级政府要为项目（企业）建设和生产经营创造良

好的外部环境。帮助项目业主协调解决征地拆迁、移民安置和社会治安等问题，并搞好其它各项服务工作。

业主遵照国家产业政策和行业、地区发展规划，以自有和自行筹措的资金从事生产性建设，能够自行解决建设和生产条件的，在国家规定的审批权限以内由业主自主决定立项，报政府有关部门备案并接受监督。政府有关部门应当根据登记注册的会计师事务所或者审计事务所的验资证明，出具认可业主自行立项的文件。

业主从事建设，超过国家规定的审批权限以及不能自行解决建设和生产条件或者需要政府投资的，报政府有关部门批准。项目批准后，业主如果认为无法按审批部门要求的内容执行的，可通过主要投资方向审批部门陈述理由，提出修改意见或申请撤销该项目；业主未提出修改意见和未提出撤销申请的，将视为业主同意政府部门的意见，由项目业主自行承担责任。政府有关部门在审批文件中承诺安排的有关建设条件和生产条件，应按时负责安排和落实。超出政府审批文件承诺范围的，由项目业主自行负责解决。

近几年来，我国的一些部门（公司）、地方和建设项目，在实行项目业主责任制方面已经进行了积极的探索，并取得了初步成效。据了解，全国已有30多个大中型基本建设项目实行了多种形式的项目业主责任制。从实践看，实行项目业主责任制的项目，大都收到了较好的效果。

实行项目业主责任制，是适应发展社会主义市场经济体制，转换建设项目投资经营机制，提高投资效益的一项重要改革措施。我国是一个以公有制为主体、其它经济成分为补充的社会主义国家，从改革的方向看，就是要逐步建立起社会主义的市场经济体制，在国家的宏观调控下，更加重视和发挥市场在优化资源配置上的作用。投资建设领域要实现这一改革目标，除了要积极培育和建立建设资金市场、建设物资市场和建筑市场等以外，重要的一点就是要实行政企分开，把投资的所有权与经营权分离，由项目业主从建设项目的筹划、筹资、设计、建设实施直至生产经营、归还贷款本息以及国有资产的保值、增值实行全过程负责，承担投资风险，从而真正建立起一种各类投资主体自求发展、自觉协调、自我约束、讲求效益的微观运行机制。因而可以说，推行项目业主责任制，不仅是一种新的项目组织管理形式，而且是社会主义市场经济体制在投资建设领域实际运行的重要基础。

二、进一步扩大企业投资决策自主权

1992年7月23日，国务院发布了《全民所有制工业企业转换经营机制条例》，其目的在于推动全民所有制工业企业进入市场，增强企业活力，提高企业经济效益。该条例对企业享有的投资决策权作了如下规定：

企业依照法律和国务院有关规定，有权以留用资金、实物、土地使用权、工业产权和非专利技术等向国内各地区、各行业的企业、事业单位投资，购买和持有其他企业的股份。经政府有关部门批准，企业可以向境外投资或者在境外开办企业。

企业遵照国家产业政策和行业、地区发展规划，以留用资金和自行筹措的资金从事生产性建设，能够自行解决建设和生产条件的。由企业自主决定立项，报政府有关部门备案并接受监督。政府有关部门应当根据登记注册的会计师事务所或者审计事务所的验资证明，出具认可企业自行立项的文件。经土地管理、城市规划，城市建设、环境保护等部门依法办理有关手续，企业自主决定开工。

企业从事生产性建设，不能自行解决建设和生产条件或者需要政府投资的，报政府有关部门批准。

企业从事生产性建设，需要银行贷款或者向社会发行债券的，按照国家有关规定，报政府有关部门会同银行审批或者由银行审批。需要使用境外贷款的，报政府有关部门审批。

企业遵照国家产业政策，以留利安排生产性建设项目或者补充流动资金的，经企业申请，税务部门批准，可以退还企业再投资部分已缴的所得税的40%税款。

企业根据其经济效益和承受能力，可以增提新产品开发基金，报财政部门备案。按照国家统一制定的有关固定资产折旧的规定，企业有权选择具体的折旧办法，确定加速折旧的幅度。

此外，还扩大了首钢、中信等一些国有大型企业的投资决策权，如对首钢的投资决策权作了如下规定：

遵照国家产业政策的规定，根据行业、地区发展规划以及国内外市场的需要，首钢以留用资金和自行筹措的资金从事生产性和非生产性建设，能够自行解决建设和生产条件的，由企业自主决定立项，报政府有关部门备案并接受监督。外部条件自行协调有困难的，报请当地政府或国家有关部门综合平衡协调同意后，由首钢立项。

在境外投资1千万美元以下项目的立项和可行性研究报告，合同、章程，由首钢自主决定。同意首钢以自制设备在中国境外投资、参股办厂。

在国内总投资2亿元人民币以下的中外合资、合作经营项目的立项、可行性研究报告，凡不需要政府协调配套条件的，由首钢审定。

首钢批准的项目立项后，有权自行审批可行性研究报告，初步设计。经所在地政府同意征地并照章交纳税费后，简化施工证、开工证、投资许可证的发放手续。

赋予中国国际信托投资公司的投资审批权则是：

凡不需要国家综合平衡、投资额在2亿元人民币以下的国内投资项目，以及境外自筹资金、不需国内担保和国家综合平衡、不是投资于未建交国家和敏感地区、投资额在3千万美元以下的境外企业再投资项目，由中信公司自行审批。

1992年中共中央有关文件指出，当前经济体制改革的重点是企业改革，企业改革的关键是转换企业经营机制，转换经营机制的重点是落实企业的自主权。下放与扩大企业的投资决策自主权，既是转换企业经营机制、落实企业自主权在投资领域的具体体现，同时又是投资体制改革的继续与深化，是企业制度改革与投资体制改革的有机结合。

三、积极探讨建设项目股份制试点办法

在我国，股份制是在深化企业改革中继承包制后提出的一个新的模式。1992年，股份制试点工作在全国积极进行，国家有关管理部门出台了一系列关于股份制的政策性文件，如《股份有限公司规范意见》、《股份制试点企业财务管理若干问题的暂行规定》等。

随着我国投资领域中投资主体多元化，在进行项目建设中不同投资主体共同投资的情况越来越多，目前在基本建设大中型项目中，采取各种方式联合投资的项目约占2/3，这就为在投资领域推行股份制准备了条件。同时，推行股份制的投资方式，也可以消除合作投资方式的一些缺点和问题，如相互“钓鱼”、产权难以界定、经营管理上容易扯皮、收益分配不好确定等。

1992年，有关部门积极探讨建设项目试行股份制的原则与方法，提出了不少建议，如积极试行公有制单位法人持股的股份制、积极进行企业内部职工持股的股份制试点，积极而又慎重地进行公开发行股票的股份制试点等。有些项目已经在试行股份制，以投资主体为法人持股的股份制企业已显示出较大的优越性，这类企业实际上是借用股份制的产权划分、经营管理、收益分配等形式，以国有制经济的投资主体控股、参股方式来实现，因此，并不改变国有制经济的性质，同时又能保护不同投资主体的利益，加快重要基础产业的建设。

1992年6月15日，国家计委、国家体改委联合发布了《股份制试点企业宏观管理暂行规定》，对建设项目实行股份制作出了原则规定：

凡采取联合投资新建项目和国营企业扩、改建项目，经建设项目有权审批的计划部门会同体改部门批准后可以设立股份制企业。

按有关规定在提出建设项目建议书的同时，提出股份制企业的组建方案，经计划、体改部门批准后按规定程序设立。在建设过程中可以根据组建方案及有关规定申请发行股票筹集建设资金。董事会即建设项目的业主，负责编报建设项目可行性研究报告、组织项目建设以及企业的生产经营活动，实行全过程的业主责任制。

按政企分开的原则，中央和地方政府投资，可委托国家专业投资公司和地方投资公司作为投资主体，向建设项目股份制企业进行股份投资，并负责委派董事。

建设项目因故停建、缓建或撤销，应报经建设项目审批机构批准解散董事会或吊销执照。由此造成的一切损失由投资各方承担，有关善后事宜的处理由董事会负责。

根据“谁投资、谁受益”的原则，建设项目股份制企业投资各方按参股比例分享收益。

此外，有关部门正在起草《建设项目股份制试点暂行办法》，以规范建设项目设立股份制企业的具体实施办法。

建设项目试行股份制，目前还是刚刚起步，但却具有深远的意义。实行股份制，对于调动投资主体的积极性、增强企业活力、扩大建设资金来源，都将起到十分积极的作用，更重要的是，它为形成一种新的企业投资运行机制，强化投资主体的自我约束力，促进投资效益的根本好转，提供了一条好路子。

四、进一步扩大地方政府投资审批权限

扩大地方投资审批权限，是我国投资体制改革的一个重要内容。1992年，为了进一步开发开放浦东、促进海南省的对外开放和经济发展，国家相应制定了比较优惠的政策，其中包括扩大投资审批权限。

关于上海浦东的投资决策权是这样规定的：

对非生产性项目，总投资在限额以上的，项目建议书经国家计委或国务院批准后，项目可行性研究报告和开工报告由上海市自行审批，但需报国家计委备案。对生产性项目，总投资2亿元以下的大中型建设项目、符合国家产业政策、又不需要国家综合平衡的，项目建议书经国家计委审批后，可行性研究报告和开工可由上海市自行审批，并报国家计委备案，属技术改造项目报国务院生产办（现国家经贸委）备案；总投资2亿元以上的，仍需报国务院审批。

关于海南省固定资产投资规模和建设项目审批权问题，则作了如下规定：

海南省的固定资产投资规模，仍由国家计委核定，但可放宽。只要项目资金落实，符合国家产业政策，规模可以增加。

海南省的建设项目，总投资额在2亿元人民币或3千万美元以上的项目，仍应按规定报批；在此限额以下的项目，由海南省自行审批，其中原材料或产品市场需依靠国内综合平衡的，海南省在审批前要会商国家计委和国务院经贸办，国家计委和国务院经贸办应尽快提出意见。

1992年，各地经济迅速发展，为了适应这种情况，各级地方政府也纷纷下放自己手中的投资决策权，扩大下一级地方政府的决策权，有些地方甚至是“省有多大权，市有多大权；市有多大权，县有多大权”。投资决策权的层层下放，提高了项目审批效率，但也带来了投资规模难以控制等问题。

五、规范房地产投资管理

1992年，房地产业迅猛发展，但同时也出现了一些问题。为了推动房地产业的健康发展，国务院于11月4日颁发了《国务院关于发展房地产业若干问题的通知》，对房地产业发展中的一些问题作了原则规定。《通知》指出：

房地产开发建设投资是固定资产投资的一个组成部分，必须纳入国家固定资产投资总规模（外商投资除外）。在计划管理上，要适应改革开放的新形势，不断加以改进，做到既有利于宏观调控，又有利于微观搞活。为了促进房地产业的发展，今后，凡地方自筹资金用于房地产开发的项目，一律由省、自治区、直辖市及计划单列市人民政府自行审批。银行贷款规模、发行债券额度等要列入信贷计划、证券计划和投资计划，实行总量控制。

外商投资房地产开发经营可弥补我国投资的不足，并可引进竞争机制。要按照国务院《外商投资开发经营成片土地暂行管理办法》等规定，引导外商结合建设项目进行房地产开发，要正确引导投资方向，使其主要投向与我国规定的鼓励类引进项目相配套的房地产开发，以及高难度、高档次的房地产开发项目。

1992 年投资体制的改革措施，在实践中已取得了一定成效，为今后投资体制改革的进一步深化创造了条件。

（作者单位：国家计委投资司）

第二部分

行业投资

1992年中国电力工业的投资建设

一、电力工业发展概况

中国的电力工业从1882年在上海第一台发电机组发电以来，已经走过了111年的历程。在新中国成立前的近70年里，旧中国留下的只是装机容量185万千瓦，年发电量43亿千瓦时的乱摊子，人均发电量不足10千瓦时。

新中国成立40多年来，电力工业得到了党和国家的极大重视，提出电力要先行，电力工业得到了迅速发展。特别是改革开放以来，国务院制定了“能源发展要以电力为中心”的指导思想和提出了“政企分开，省为实体，联合电网，统一调度，集资办电”的方针，在这些正确方针指引下，我国电力工业的发展更是日新月异。1960年全国发电设备容量突破1000万千瓦，1987年突破10000万千瓦。于1987年全国发电量和装机容量跃居世界第四位，成为仅次于美国、苏联、日本而居世界前列的国家。到1992年底，全国发电装机容量已达到16500万千瓦，年发电量7447亿千瓦时，人均用电量近700千瓦时。同时，在技术上，我国电力工业已进入了大电网、大电厂、大机组、高电压、高自动化的发展新阶段。目前，全国已形成华北、东北、华东、华中、西北五大跨省电网和十个独立的省网。(其中华北、东北、华东、华中、西北已经国家批准组建电力企业集团)。其中，7个电网已初步形成500千伏和330千伏的骨干网架，并采用了具有80年代末期国际先进水平的调度自动化实用系统。全国已有25座装机容量超过百万千瓦的电厂（水电厂4座，火电厂21座）。它们分布于东北电网（白山、锦州、富拉尔基二厂、清河、辽宁电厂)、华东电网（谏壁、徐州、镇海、石洞口二厂、望亭、平圩)、华北电网（陡河、大同二厂、神头、漳泽、邢台)、华中电网（葛州坝、姚孟、焦作)、西北电网（秦岭、龙羊峡、刘家峡)、山东电网（邹县）和广东电网（黄埔)。同时我们还建成了两座核电站，即秦山(1992年已并网发电)和大亚湾(1993年可发电）核电站。

到1992年底，110千伏及以上输电线路总长度达216530公里，其中500千伏线路(包括直流)8855公里，330千伏线路3958公里，220千伏线路79062公里，110千伏线路124655公里。110千伏及以上变电设备容量达32115万千伏安。其中500千伏变电容量2919万千伏安，330千伏变电容量651万千伏安，220千伏变电容量13093万千伏安，110千伏变电容量15452万千伏安。

火力发电设备中，20万千瓦及以上发电机组共219台，总容量5412万千瓦，占全国火电装机总容量的43.76%。其中60万千瓦机组6台，50万千瓦机组1台，35万千瓦机组16台，33万千瓦机组2台，32万千瓦机组3台，30万千瓦机组44台，25万千瓦机组2台，21万千瓦机组10台，20万千瓦机组135台。

水力发电设备中，10万千瓦及以上发电机组共85台，总容量1352.25万千瓦，占全国水电装机总容量的33.82%。其中32万千瓦机组4台，30万千瓦机组6台，15万千瓦机组13台，12.5万千瓦机组23台，10万千瓦机组24台。

在原先的八五计划和后十年规划中，电力的年均增长速度为6%。小平同志南巡讲话后，国家调整了八五计划，八届人大一次会议确定“八五”期间国民生产总值年递增8-9%，按弹性系数为1考虑，今后每年装机容量需再上一个新台阶，达到1500万千瓦，1995年发电装机容量达到2亿千瓦以上，发电量达9200—9300亿千瓦时，2000年装电容量达到2.85—3亿千瓦，发电量1.3—1.5亿千瓦时，使全国缺电局面有所缓解。依靠改革和政策，依靠科技和管理，电力工业一定会实现超常规发展。

二、电力工业投资基本情况

电力工业在国家和地方政府的大力支持下，基本建设速度增长十分迅速。从新中国成立到1992年底，电力工业形成固定资产原值1816.05亿元，净值1262.54亿元。基本建设投资额年均增长速度达12%以上，即由1949年的2.63亿元到1992年的400.23亿元。

“七五”期间是我国电力工业发展史上的重要时期，经过这一时期，我国电力工业迈上了一个新台阶。“七五”期间电力行业新增500千瓦及以上装机总容量4188万千瓦。其中水电617万千瓦，火电3571万千瓦。平均年增长率为8.67%。“七五”期间电力行业大中型新增装机容量3931万千瓦。其中水电603万千瓦，火电3328万千瓦。大中型装机五年平均增长率为8.2%。新增大中型机组属国家投资的1659万千瓦，占投产容量的42.2%；地方集资及地方项目1053万千瓦，占26.8%；煤化油537万千瓦，占13.7%；节能项目110万千瓦，占2.8%；华能项目338万千瓦，占8.6%；其它项目234万千瓦，占6%。

“七五”期间按全口径计算，完成基本建设投资1039.26亿元。其中国家投资完成463亿元，占完成总投资的44.56%；华能完成107.84亿元，占10.38%；地方集资及地方项目完成301.97亿元，占完成总投资的29.05%；煤代油完成97.36亿元，占完成总投资的9.37%；节能完成17.19亿元，占完成总投资的1.65%；其它完成36.54亿元，占完成总投资的3.51%（详见表2-2)。“七五”期间共新开工项目5090万千瓦，其中水电956万千瓦，火电4124万千瓦。

1992年全口径电力工业固定资产投资完成额444.91亿元，其中基本建设投资完成400.23亿元，更新改造投资完成44.68亿元。在基本建设投资中，国家投资完成190.6亿元，占总投资的47.62%；地方项目投资133.31亿元，占33.3%；煤代油完成26.88亿元，占6.71%；节能项目完成2.65亿元，占0.6%；其它完成30.48亿元，占7.61%。当年新增固定资产289.11亿元，新增发电设备容量1215.79万千瓦，其中水电213.28万千瓦。火电1002.51万千瓦。

从资金来源看，1992年电力基本建设投资中，国家预算内投资18.35亿元，占4.58%；国内贷款89.27亿元，占22.3%；利用外资41.64亿元，占10.4%；集资86.41亿元，占21.59%；企业债券31.1亿元，占7.77%；自筹65.3亿元，占16.32%；煤代油26.88亿元，占6.72%（详见表2-2）。

1992年新开工规模1641.12万千瓦；上年结转规模5071.73万千瓦；当年建设规模7382.96万千瓦；年末建设规模5496.36万千瓦；建设规模和投产容量比为6：1（详见表2-1）。

三、存在的问题及建议

由于电力发展赶不上国民经济发展速度，全国仍是缺电局面。长时期的电力短缺使电力工业成为制约国民经济发展的“瓶颈”产业。从70年代以后，缺电问题一直困扰着我国经济的发展。工农业生产用电方面，电力短缺突出时表现为发电设备与用电设备比例失调和工农业生产用电设备利用小时下降。根据对大量统计资料的分析计算，发用电设备容量的正常比例应为1：2左右。1957年，我国的这一比例为1：1.6，那时一般不缺电。目前，一般年份这一比例为1：2.5左右。发电容量短缺，工业生产能力不能全部发挥，1988年据有关部门测算，全国缺装机2000万千瓦，缺发电量850亿千瓦时。我国缺电严重的另一表现是发电设备利用小时过高，我国大多数火力发电厂发电设备利用小时一般都在6000小时以上。高出发达国家2000小时。

电力是一种生产和消费同时进行同时完成的特殊商品，所以为了保证不断增减变动的电力需求，电力系统的装机容量对于负荷来说必须有一定的裕度作为备用容量，通常包括检修备用、事故备用、负载备用和国民经济增长备用容量。此外，考虑到大量季节性发电的水电站，还应有相应的重复容量或替代备用容量。根据国际标准，一个保持合理备用容量的电力系统，其发电设备利用小时应在5000小时以下。许多发达国家都在4000小时左右。

长期的电力短缺，已严重制约了国民经济的发展。由于缺电，使得现有生产设备能力得不到发挥，一些地方出现了停三开四的现象。据测算，我国目前生产能力约有20%得不到发挥。由此可见，电力的短缺使得电力工业成为制约国民经济发展的“瓶颈”产业。突出的问题有：电力工业没有形成一个拥有投资功能和自主经营、自负盈亏、自我发展、自我约束的完整的经营机制；电价不合理，没有形成科学合理的电价机制。电力建设资金严重不足，制约了电力建设速度。

电力工业的根本任务，就是向社会提供优质可靠的电力，以不断满足国民经济发展和提高人民物质文化生活水平的需要，电力工业应以发展和改革为基点，解放思想，实事求是。采取更加大胆，更加有力的改革开放措施，加大改革开放力度，缓解全国长期严重缺电局面。

主要思路是：企业转换经营机制，完善法规体系，调整经济政策，落实企业“四自”功能，推行规范化的股份制，加快电价改革，抓好利用外资，扩大筹资渠道，以实现电力“超常规”发展。

（一）落实“条例”，抓好企业经营机制转换

以《贯彻实施全民所有制工业企业转换经营机制条例》为中心转变政府职能，由对企业的直接管理转移到“规划、协调、监督、服务”的轨道上来，凡属应下放的权力应百分之百地放给企业，同时加强对全行业的宏观管理，帮助和支持企业落实各项自主权，使之尽快成为自主经营、自负盈亏、自我发展、自我约束的独立的商品生产者和经营者。特别要在电价改革和利用外资、进出口权等方面有新的突破。

（二）加快电价改革

制定符合我国国情的电价体制是加快电力发展的需要。为了鼓励集资办电，国家于1985年已实施了多种电价的政策。在此基础上，应加快电力价格改革：一是健全和完善电价与煤油运的价格联动机制，使电价随着煤运价格放开而同步调整，以保证电力企业生产成本的合理化和维持简单再生产。二是尽快对中央投资建设的电力项目实行还本付息电价，以增加电力企业还贷能力。三是从根本上建立科学合理的电价机制，按照电力建设8—9%的增长速度及还贷年限所需的投入，维持简单再生产的费用，应上缴的利税以及企业的合理利润水平等作价原则，确定电价计算公式并以此计价。

（三）推动规范化股份制

当前我国电力发展面临最迫切的问题是找到一条既符合“政企分开，省为实体，联合电网，统一调度，集资办电”20字方针和统一规划、统一管网、统一调度、产供销一体化的电力工业的特点，又符合社会主义市场经济规律的发展道路。既调动各方办电积极性，又不破坏电网（电厂和输变电一体化）统一性，真正体现网、省公司为实体，按科学规律办事，防止出现破坏电网整体性的倾向。这就是电力企业走规范化股份制的道路。这种规范化的股份制是适应市场经济发展的一种企业组织形式，有利于促进政企分开，转变企业经营机制和积聚社会资金，在电力行业推行股份制有利于理顺随着集资办电蓬勃发展，投资多元化利益多元化所造成的错综复杂的生产

表 2—1　建设规模与投产容量情况　　单位:万千瓦

项目＼年份	1986 年	1987 年	1988 年	1989 年	1990 年	1991 年	1992 年	"七五"合计
1. 上年结转规模	2704	3105	5280.22	4998.47	5120.12	5152.7	5071.73	21207.81
其中:水电	1124	1434	1947.82	1796.37	1831.72	1863.57	2340.07	8133.91
火电	1580	1672	3332.4	3202.1	3288.4	3289.13	2730.96	13074.9
2. 当年新开工规模	969	1103	659	963.75	886	971.4	1641.12	4580.75
其中:水电	425	160		127.75	96.5	531.5	115.95	809.25
火电	544	943	659	836	789.5	439.9	1525.2	3771.5
3. 当年建设规模	3673	4280	5939.22	6097.2	6875.87	6219.58	7382.96	26865.29
其中:水电	1483	1594	1947.82	1856.1	1972.9	2219.52	2328.85	8853.82
火电	2240	2615	3991.4	4241.1	4902.97	4000.06	5054.11	17990.47
4. 当年投产规模	543	603	946.75	842.1	843.42	1053.07	1215.79	3778.27
其中:水电	85	203	151.45	92.4	64.65	115	213.28	596.5
火电	458	400	789.3	749.7	778.77	938.07	1002.51	3175.77
5. 年末建设规模	3130	3605	4998.47	5120.12	5162.7	5071.03	5496.36	22016.29
其中:水电	1464	1391	1796.37	1831.72	1863.57	2280.07	2242.71	8346.66
火电	1666	2214	3202.1	3288.4	3299.13	2790.96	3253.65	13669.63
6. 建设规模与投产容量比	6.8∶1	7.1∶1	6.3∶1	7.2∶1	8.2∶1	5.9∶1	6∶1	
其中:水电	17.4∶1	7.9∶1	12.9∶1	20.1∶1	30.5∶1	19.3∶1	10.9∶1	
火电	4.9∶1	6.5∶1	5.1∶1	5.7∶1	6.3∶1	4.3∶1	5∶1	

表 2—2　电力工业基本建设投资完成情况(按资金来源分)　　单位:亿元

项目＼年份	1986 年	1987 年	1988 年	1989 年	1990 年	1991 年	1992 年	"七五"合计
总计	178.04	154.81	214.87	221.67	269.87	316.01	400.23	1039.26
1. 国家预算内	56.07	25.71	22.55	24.76	36.46	23.71	18.35	165.55
其中:拨款	1.92	2.39	1.93	1.98	1.27	1.47	1.6	9.49
经营基金	52.83	23.32	20.62	22.78	35.19	22.24	16.75	154.74
2. 特别贷款		15.72	7.52					23.24
3. 国内贷款	25.4	24.91	15.84	25.37	45.67	74.65	89.27	137.19
其中:建设银行	20.81	20.69	11.34	14.05	40.71	69.56	80.36	107.6
工商银行	4.57	3.48	2.48	2.44	4.12	3.98	6.71	17.09
4. 利用外资	5.72	7.83	22.41	22.23	36.76	34.36	41.64	94.95
5. 转地方			14.03	15	14.18	9.68	8.16	43.21
6. 集资	15.82	22.97	37.5	41.19	45.93	58.58	86.41	163.41
7. 债券		23.96	36.47	36.04	1.93	23.53	31.1	98.4
8. 自筹	5.79	11.88	24.1	24.33	46.12	49.63	65.3	112.22
其中:部自筹		3.66	4.64	3.38	5.19	8.76	10.24	16.87
9. 煤代油	15.28	15.91	22.14	21.28	22.75	14.72	26.88	97.36
10. 节能	2.7	2.84	3.49	3.76	4.4	3.39	2.65	17.19
11. 其它	1.26	3.08	8.82	7.71	15.67	23.77	30.48	36.54

关系。可以进一步调动各方面的积极性，拓宽融资渠道筹集电力建设资金，特别是利用外资，切实保证投资者经营者和电力用户的合法权益，促进电力企业从根本上转换经营机制，增强投资功能，实现“四自”功能，实现国有资产及其它资产的保值、增值，实现社会资源优化配置。电力工业“超常规”发展必须走规范化股份制道路，股份制道路必将推动电力工业的“超常规”发展。

（四）扩大利用外资

自改革开放以来，电力工业利用外资的工作有很大发展，截止到1992年电力工业已利用的外资达90亿美元，安装国外设备2500万千瓦容量。利用外资促进了电力的发展，随着电力建设规模的不断增大，资金的需求量越来越大，已经出台的政策筹措的资金已满足不了需要。再加上目前的设备供应非常紧张。为此在电力发展上必须加大利用外资的力度。电力利用外资主要要解决外汇平衡和电价问题，这些问题除国家支持外必须得到地方政府的支持。如山东省委、省政府决定今后8年拿出15亿美元外汇额度用于支持山东办电。利用外资要靠扎实的工作，不能一哄而起，没有一定的条件保证，将一事无成。要处理好利用外资和维护网、省电力公司为实体的关系，以及一个地区只能有一个管电机构的原则，防止分解电力内在规律的现象出现。总之，电力利用外资的前景很广阔，国外投资者看好中国的电力市场，只要政策得当，电力利用外资的工作一定会有新的起色。

（余维洲）

1992年中国煤炭工业的投资建设

我国是世界上主要的产煤国家之一，1992年生产原煤11.1亿吨，居世界第一位。煤炭是我国主要的一次能源，近些年国内煤炭用量一直占能源消费总量的75%以上，煤炭的生产总量占国内一次能源生产总量的74%以上，预计这个比例关系在本世纪内不会有大的变化。

在1992年召开的中国共产党第十四次代表大会上，党中央提出了我国国民经济在90年代要以8-9%的速度增长的目标。国民经济的高速增长对煤炭的需求将越来越大。但煤炭工业形成综合生产能力的周期比较长，因此，90年代初期煤炭工业的投资建设将对2000年煤炭规划产量有一定影响。

1992年煤炭建设系统的广大职工在建设工作中进一步推行业主负责制、项目法施工，实行招投标工作的分级管理，完善经营承包和工程监理制度，较好地完成了各项建设任务，投产项目、开工项目、井巷进尺、安全建设等四项主要指标都超额完成了国家计划。

一、1992年煤炭行业基本建设

1. 基本建设投资规模

煤炭行业完成投资130.3亿元，按资金来源分为：国家投资（非经营基金、经营基金、煤炭专项基金）48.8亿元，国内贷款投资48.9亿元，利用外资投资15.2亿元，煤代油拨改贷投资6.3亿元，企事业单位自筹投资9.4亿元，其它投资1.7亿元。

煤炭行业完成投资按项目隶属关系分为：中央项目11.1亿元，地方项目15亿元。按项目类型分为：大中型项目完成107.9亿元，其中国家重点建设项目完成投资63.2亿元，小型项目完成投资22.4亿元。按用向分为：矿井（露天）建设81.5亿元，洗煤厂建设6.4亿元，矿区附属工厂建设9.7亿元，矿区公用工程建设17亿元，矿区生活福利文教建设6.4亿元，矿区其它建设2.2亿元，煤炭基本建设施工基地建设1亿元，煤矿机械厂建设0.8亿元，煤炭设计单位建设0.25亿元，煤田地质勘探单位建设2亿元，煤炭其它单位建设30.5亿元。

1992年煤炭行业基本建设新增固定资产81.3亿元，占当年完成投资的62.4%。

中央安排投资项目完成投资115.3亿元，按资金来源分为：国家投资（非经营基金、经营基金、煤炭专项基金）45.7亿元，国内贷款投资46.4亿元，利用外资投资15.2亿元，煤代油拨改贷投资5.4亿元，企事业单位自筹投资2.5亿元，其它投资0.1亿元。

2. 矿井、洗煤厂建设规模

1992年煤炭行业基本建设安排3万吨以上矿井（露天）、项目388处，年生产洗煤能力为20006万吨，其中：新建矿井246处13354万吨，扩建矿井142处6652万吨。投产3万吨以上矿井42处2419万吨，其中：新建矿井27处1582万吨，扩建矿井15处837万吨。新开工3万吨以上矿井60处2736万吨，其中：新建矿井43处2251万吨，扩建矿井17处485万吨。

煤炭行业基本建设安排洗煤厂项目35处，年入洗原煤能力为7161万吨，其中：当年投产洗煤厂12处1890万吨，当年新开工洗煤厂8处2040万吨。

中央投资安排9万吨以上矿井（露天）项目107处，年生产原煤能力为14592万吨，其中：新建矿井57处10009万吨，扩建矿井50处4583万吨；当年投产矿井16处2131万吨，其中：新建矿井7处1351万吨，扩建矿井9处780万吨；当年新开工矿井25处2181万吨，其中：新建矿井19处1888万吨，扩建矿井6处293万吨。1992年煤炭中央投资安排洗煤厂29处，年入洗原煤能力为6891万吨，其中：当年投产洗煤厂10处1800万吨，当年新开工洗煤厂7处2010万吨。

中央投资的煤炭基本建设大中型项目有83个，其中国家重点安排建设的大中型项目为21个；小型项目256个；大中小型项目中能独立形成生产能力或效益的单项工程约754个。

3. 主要成就

煤炭行业投产3万吨以上矿井42处，新增原煤生产能力2419万吨，为计划投产能力的114.7%，这些矿井将成为我国2000年煤炭产量达到14-15亿吨的骨干矿井。新开工3万吨以上矿井60处2736万吨，若增加投入抓紧建设，这些矿井将在本世纪内陆续投产，为达到2000年全国煤炭规划产量作出贡献。投产洗煤厂12处，新增原煤入洗能力1890万吨，将为提高煤炭深加工能力和企业经济效益起到一定作用。

中央投资的新建矿井完成井巷进尺17.2万米，为全年计划的104.7%。煤炭基建施工企业的矿建队伍多次创出高井、斜井、平巷的单进新水平：鸡西矿务局建井处五工区红旗一队承建的滴道矿东风玄井，井筒净径5米，1992年5月创月成井201米的新成绩，刷新了1991年月成井187.1米的全国最高记录；大同矿务局四台沟工程处一区五队施工云岗矿主斜井井筒，掘进断面16.6平方米，坡度16度，1992年5月份创月成井310米的好成绩；淮南矿务局谢桥矿井，1992年实际完成井巷进尺11248米，成为当年全国唯一单个矿井实现成巷万米的矿井；淮北矿建公司30处猛虎掘进队1992年完成井巷进尺1325米，连续15年被评为国家甲级掘进队。

基本建设露天煤矿共完成剥离土石方4187万立方米，为年计划的102.8%。

煤炭行业竣工各类房屋469万平方米，其中住宅296万平方米，改善了一部分职工的居住条件。

煤田地质勘探队伍共探明煤炭储量44.2亿吨，另可供建井的储量53.8亿吨，全年共完成钻探进尺103万米，提交各类地质报告105部。

煤炭勘察设计单位共提交矿区总体可研报告或设计7部，8975万吨，提供矿井(露天)设计51部5508万吨，完成洗煤厂设计17部247万吨。

4. 存在的主要问题

(1) 煤炭地质勘探费投入不足，煤田地质勘探工作滞后，煤矿建设后备资源紧张。

“七五”期间国家对煤田地质工作投入严重不足，致使勘探规模缩小，地质钻探工作量逐年下降，已从“五五”时期年平均343万米下降到1991年78万米；提交可供矿井建设利用的精查储量从“六五”期间每年平均提交60亿吨以上，下降到1991年的28.8亿吨。地质勘探经费逐年增加的数额还不够支付煤田地质职工调资、劳保和落实工资政策所增加的费用。“七五”期间地勘费用年递增5.4%，而同期物价指数年递增13.5%，职工工资年递增10.4%。

到1991年末全国煤炭储量虽然高达9670亿吨，但尚未利用的精查储量仅有738亿吨，扣除需要补勘、煤质差、受水害威胁暂难利用和外部条件差的储量后，实际可供近期建设的精查储量不足300亿吨，与建井规划计算到2000年需储量800-900亿吨相比，缺口很大。为保证建井所需的精查储量及正常勘查后备资源，近20年内平均每年需完成钻探工作量95-100万米，按1992价格计算需地勘费10亿元左右，应比国家1992年安排的地勘费增加4亿元。

(2) 基本建设投入不足，矿井建设规模过小，煤炭发展后劲不足。

“七五”期间，考虑物价上涨因素，国家对统配煤矿的投资比计划少安排140亿元，致使矿井开工规模比计划少开1亿吨，结转到“八五”的建设规模仅有11592万吨，比计划少2408万吨。考虑到2000年及以后对煤炭的需求和煤炭工业的发展后劲，“八五”期间矿井开工规模1.8亿吨，平均每年开工矿井3600万吨。但1992年仅开工2736万吨，少开工864万吨。按照规划的建设规模，“八五”需投资900亿元(1991年价格)，平均每年180亿元。但1992年煤炭行业仅安排投资130亿元，比规划少安排50亿元。建议“八五”后三年加大煤炭投资幅度，增加矿井开工规模，以适应2000年及以后国民经济发展对煤炭的需求。

(3) 煤矿建设外部条件日趋复杂，影响基本建设投资效益。

煤矿基本建设工期长、投资高，是涉及供电、铁路运输、材料设备供应、地方关系等方面的系统工程。从1992年煤炭基本建设工作中反映的情况看，煤矿建设的外部环境日趋复杂，主要表现为：一些地方乡镇个体煤矿有法不依、有令不禁，乱采滥掘、超层越界，严重影响国有大矿的基本建设，有的已引发了重大恶性事故，打乱了矿井正常建设秩序，破坏了资源，影响了国有煤矿的服务年限；有些煤炭建设项目，甚至是国家重点建设项目，在建设期间无供电指标，需建设单位购买用电数，矿井投产后，无生产用电指标，需购买议价电，给煤矿建设和生产增加了负担；有些矿区或矿井外运铁路不能同步建设，外运能力不能同步形成，煤矿投产后不能正常生产，有的被迫又停产，国家花费巨额投资不能发挥效益。近年来，煤矿基本建设项目征购土地、矿井采煤造成土地塌陷赔偿和村庄搬迁的费用日益高涨，不少地方漫天要价，而且还附带许多过分的条件和要求。矿方无法承受，拖延了建设工期，影响了正常生产。

煤矿建设、生产必需的外部条件单靠煤炭行业自身是难以解决的，需请国家有关综合部门给以协调，并制定相应的政策和规定，规范行业、部门、地方政府、企业等单位的行为。

(4) 煤炭地质、教育、科研等基础专业的非经营性投入不足，不能适应矿区和整个煤炭工业的发展。

“七五”期间，国家安排用于煤炭地质、教育、科研等基础专业的非经营基建投资逐年以较大幅度减少，已从1986年的4.29亿元减少到

1992年的1.65亿元，减少了1.6倍。“八五”前二年在没有考虑物价上涨因素的情况下，仍保持在每年1.65亿元。同期国家安排用于煤炭矿区建设的经营性基建投资，已由1986年的59.7亿元增加到1992年的128.7亿元，增加了1.15倍。全国原煤产量则由1986年的8.94亿吨增加到1992年的11.1亿吨，增加了24.2%。煤炭非经营投资占煤炭总投资的比例已由1986年的6.7%减少到1992年的1.27%。再加上工程造价和设备价格上涨等因素，致使煤炭教育、地质、科研等基础专业的发展水平极不适应煤炭矿区生产和建设的发展。主要反映在以下几个方面：现有地质勘探、教学科研设备陈旧落后无力更新；基础专业单位职工住宅欠帐过多，人均住房面积大大低于全国城镇居民人均面积，形成不安定因素；基础专业在建项目工期拖长，停缓建工程增多。

煤炭非经营投资严重不足，给地质、科研、教育等基础专业的建设带来极大困难，从长远看必然会制约煤炭工业的发展，从近期看则直接影响这些单位的安定团结。

二、1992年煤炭行业的技术改造专项贷款

“七五”期间国家为支持煤炭行业提高商品煤质量，充分利用煤矿共伴生矿物，提高采煤、掘进、运输等煤矿机械制造质量，五年共开工技术改造专项贷款项目82项，项目总投资4.3亿元人民币，其中，使用中国工商银行贷款2.815亿元。五年共完成技术改造专项贷款项目59项，完成投资3.26亿元，其中，贷款2.36亿元结转“八五”继续改造的项目有23项，总投资1.04亿元，其中贷款0.455亿元。“七·五”期间完成的技术改造专项贷款项目，对促进煤矿机械产品质量和煤矿机械化水平的提高，改善煤炭产品结构和经济结构起到了一定的作用，并且取得了良好的经济效益和社会效益。

1. “八·五”计划安排情况

进入“八·五”以来，国家有关部门非常关心和支持煤炭行业的技术改造工作，1991年国家计委印发了“八·五”国家重点技术改造专项规划，煤炭行业列入该规划的技改专项有：煤炭的深度加工改造和提高煤矿采、掘、运机械制造质量两个专项，共152个项目，总投资12.664亿元，其中：中国工商银行专项贷款5.509亿元。为了保持计划投资的连贯性，在“八·五”规划的152个项目中，安排了“七·五”结转到“八·五”的续建项目23项，续建总投资1.04亿元，其中：续建贷款0.455亿元。煤炭行业“八·五”规划的两个技术改造专项的基本情况为：

（1）煤炭深度加工改造专项，“八·五”规划项目96个（其中：“七·五”结转的续建项目11项），规划总投资8.167亿元（其中：续建投资0.679亿元），其中：使用中国工商银行技术改造专项贷款3.32（其中：续建0.226）亿元。该专项的重点是抓提高洗精煤的产量和质量，提高煤矿资源的综合利用能力。本专项“八·五”规划的目标是：①对60年代以前投产的30座设备老化、效率低、运行事故多、污染环境的洗煤厂进行技术改造，改造后年增产洗精煤250万吨，精煤质量提高一级，增加产值1.5亿元。②为充分有效地利用1990年末积存已超过13亿吨，而且每年还以1.2亿吨的速度增加的煤矸石和每年500～600万吨煤泥以及瓦斯、高岭土、地下水、石灰岩等煤炭共生、伴生矿物资源，按规划完成“八·五”技术改造后，煤矸石发电装机容量增加100兆瓦；煤泥发电增加装机容量24兆瓦；年增发电量7.5亿千瓦小时；增产矸石水泥73万吨/年；新增产值8亿元；新增利税3亿元。

（2）提高煤矿采、掘、运机械制造质量专项，“八·五”规划项目56（其中：“七·五”结转的续建项目12项），规划的总投资4.507（其中：续建0.361）亿元，其中：使用中国工商银行技术改造半贴息贷款2.189（其中：续建0.229）亿元。该专项主要是对40家生产大型采煤机、大型掘进机、大功率运输机以及液压支架、煤矿安全检测设备的骨干企业进行技术改造。该专项的重点是解决煤矿三机一架一设备的关键零部件的质量问题，并形成批量生产能力，同时开发部分适应我国煤层特点的煤机新产品。该专项的“八·五”规划目标是：完成技术改造后，国产煤机制造水平达到国际80年代中期水平，每年增产大功率采煤机28台、大型掘进机60台、大功率刮板运输机85台、液压支架3000架、单体液压支柱25万根；年增产值5亿元，利税0.7亿元，全员劳动生产率由1.7万元提高到2万元。

2. 1992年煤炭行业技术改造专项贷款计划执行情况

1992年国家安排煤炭行业技术改造专项贷款项目共88项，项目总投资11040万元，当年投资31047万元，其中贷款22001万元。按项目建设性质分类，续建项目35项，项目总投资40711万元，其中贷款22520万元，当年投资12618万元，其中贷款8655万元。1992年新开工技术改造专项贷款项目53项，总投资70329万元，其中贷款47046万元，当年安排投资18429万元，当年贷款13346万元。截止1992年末，“八·五”规划技改项目累计完成投资53712万元，完成规划总投资的42%，1992年当年峻工项目22项，新增利税5032万元。各专项的计划执行情况分别为：

（1）煤炭深度加工改造专项。该专项1992年共安排43个项目，总投资57409万元，其中贷款29636万元，当年安排投资16174万元，其中贷款9941万元，在1992年安排的项目中，续建项目20项，当年投资8090万元，当年贷款6035万元，当年新开工项目23项，当年投资7194万元，当年贷款3906万元，1992年峻工项目13项，新增利税3658万元。随着国民经济的持续发展，为了满足冶金工业和城市气化及化工用

煤的需求，提高煤矿企业的经济效益、环境效益和社会效益，迫切需要加速选煤厂的改造步伐，扩大选煤厂的改造范围，加大对选煤厂技术改造的投入，原“八・五”规划匡算的投资规模已无法满足选煤厂技术改造投资急剧增加的需求，经原能源部、原中国统配煤矿总公司、原国务院经贸办、中国工商银行、财政部等部门的多方努力，在国务院领导同志的亲切关怀下，1992年又增列了选煤厂技术改造专题贴息贷款项目，为缓解选煤厂技术改造资金不足，起到了重要作用。

(2) 选煤厂技术改造专题技改贴息贷款项目。为了提高煤炭质量，改善企业经营效果，减轻铁路运输压力，方便用户，满足冶金工业、城市煤气、出口贸易对煤炭产品质量和产量的要求，提高环境效益和社会效益，加快选煤厂改造速度，原中国统配煤矿总公司以中煤总计字[1992]第257号文件报请原国务院生产办公室，要求在“八・五”期间对中国统配煤矿总公司所属40处选煤厂、30处筛选厂进行技术改造，使选煤厂的生产状况和装备水平有所改善，规划选煤厂技改总投资5.05亿元人民币，其中：银行贷款3.5亿元，自筹1.55亿元。按规划拟在“八・五”期间进行技术改造的70座选煤厂中，炼焦煤洗煤厂25座，改造所需贷款12300万元；洗动力煤厂15座，需贷款5000万元；筛分厂改洗选厂30座，需贷款17700万元。为使“八・五”规划更具有可操作性，对“八・五”选煤厂技术改造规划的贷款计划做了分年度安排，1992年先安排15座选煤厂，当年贷款3600万元，结转1993年续贷3100万元；1993年新开工28项，总贷款6604万元；1994年续建和新开工项目总贷款规模11000万元；1995年续建和新开工项目总贷款规模安排10696万元。按上述规划完成技术改造后，年增利润2.85亿元人民币；年增入洗原煤能力2680万吨；年洗出矸石370万吨；环境效益、社会效益和经济效益都会得到明显改善。考虑到工作进展情况和急需资金程度，1992年提出了优先对15座选煤厂进行技术改造的具体方案，经中国国际工程咨询公司咨询评估，原国务院生产办公室、财政部、中国工商银行等部门审查协调，1992年正式批准下达选煤厂专题技改项目9项，总投资8580万元，其中：中国工商银行贴息贷款6400万元，这笔投资将分别用于山西西山矿务局太原选煤厂、山西璐安矿务局石圪节选煤厂、河北邢台矿务局葛泉选煤厂、河南平顶山矿务局八矿选煤厂、河南平顶山矿务局田庄选煤厂、江苏徐州矿务局旗山矿选煤厂、四川芙蓉矿务局白皎矿选煤厂的技术改造。这些选煤厂1992年当年投资计划4150万元，其中：贴息贷款3450万元。

(3) 提高采、掘、运煤机质量专项。1992年共安排33个项目，总投资40593万元，其中：中国工商银行贴息贷款30020万元，1992年当年安排投资7643万元，其中：贴息贷款5800万元。当年贷款2620万元；新开工项目18项，当年投资4005万元，当年贷款3180万元；当年竣工项目8项，新增利税1289万元。

随着煤矿机械化水平的日益提高，煤矿企业对采煤机械的装备水平的要求也在提高，为了适应我国煤炭工业发展的需要，在有条件的矿井推广使用高产高效综采设备是十分必要的。但是，目前我国尚不具备自行制造高产高效综采设备的能力，为此，1992年原中国统配煤矿总公司提出了引进、消化、吸收日产万吨综采设备的总体方案，拟引进、消化、吸收大功率电牵引采煤机、大功率重型刮板输送机、转载机、大功率带式输送机、支架电液控制系统、3.3千伏供电系统等设计制造技术。经中国国际工程咨询公司评估论证，原国务院经贸办等综合部门审查协调，原国务院经贸办以国经贸科[1992]515号文件正式批复日产万吨综采设备消化吸收项目总体方案。批复要求力争在“八・五”末期或“九・五”初期，形成年产10套日产万吨综采设备的能力，综采设备的技术性能和质量指标，特别是设备的可靠性要达到80年代末90年代初的国际水平，国产化率达到80%。批复项目总投资控制额为4.36亿元（地方和企业自筹占10～20%）。其中：技术改造投资控制额为3.76亿元（包括建设期贷款利息）。资金来源：安排专项贷款1.76亿元，其余除按规定安排配汇人民币贷款外，由企业自筹；引进技术和设备用汇控制在2600万美元之内（含科技贷款和企业自筹，其中拨款1800万元）。具体项目的投资额及资金来源，在审批项目可行性研究报告时确定。该专项将从1993年起逐步实施。

(4) 开滦矿务局专题技改项目。为了搞活国有大中型企业，解决开滦矿务局技改资金不足的问题，1991年9月国务院召集国家有关综合部门在开滦矿务局现场办公，经过讨论，议定了扶持和搞活开滦矿务局的九条意见，其中第三条意见是“为了解决开滦煤矿技改资金不足的问题，同意给开滦矿务局贴息贷款，用于技术改造，项目和贷款数额由开滦矿务局提出计划报国务院生产办公室审定”。根据开滦矿务局提出的项目计划，1992年4月中国国际工程咨询公司对开滦矿务局提出的项目进行了评估论证，通过评估论证的6个项目总投资14889万元，其中：贴息贷款10110万元，自筹资金4779万元。这笔投资将分别用于马家沟矿选煤厂技改工程、范各庄矿煤气厂工程配套完善、开滦矿务局金属网厂技改工程、荆各庄马家沟两矿联合坑口热电站建设、开滦矿务局直属机关集中供热工程改造、开滦矿务局矾土矿劈裂砖厂建设。1992年已开工项目3项，总投资4458万元，其中：工商银行贴息贷款3510万元；1992年当年投资3080万元，其中：贷款2810万元，自筹270万元。1992年当年竣工的开滦矿务局金属网厂，年增利税85万元，安置待业青年199人。其它项目将在以后年度中逐步实施。

综合上述，1992年煤炭行业列入国家技术改造计划的专项共4个，它们是：煤炭深度加工改造专项，提高煤矿采、掘、运煤机制造质量专项，选煤厂专题技改专项，开滦矿务局技术改造专项。通过1992年做准备工作，1993年将新增引进、消化日产万吨综采设备技改专项。

3. 对技术改造专项贷款的分析

第一，国家投资政策的宏观指导是控制技术改造专项贷款项目选项和建设规模的有效手段。“八·五”以来，国家积极引导煤炭行业的技术改造专项贷款项目，在国家批准的专项范围内选项，在国家限定的投资规模内安排专项贷款和自筹资金，使煤炭行业的4个技改专项在国家投资政策的引导下得到了稳步发展。

第二，国家有关部门的平衡协调与地方有关部门的支持配合是技术改造专项贷款工作顺利进行的基本保证。

第三，借贷企业经营自主权的落实和经营意识的提高，是技改工程顺利进行和如期还贷的根本保证。

（姜庆俊　李德忠）

1992年中国铁路运输业的投资建设

中国铁路已有100多年的历史。从1876年在上海建成的长15公里的吴淞铁路，到1949年新中国成立前的73年里，共修筑了21000多公里铁路，这些铁路标准低，设备简陋，能够维持通车的只有1.1万公里，不但数量少，而且大都集中在东北和东部沿海地区。

新中国成立后，在百业待兴，财力物力都极端困难的情况下，国家集中了大笔资金，重点在西北、西南广大地区有计划地进行铁路建设，先后建成十几条铁路，使这两个地区的铁路里程由占全国的5%左右上升到将近25%。与此同时，按照国民经济发展的总体布局，在华东、华北和中南等地区，也修建了一些铁路。40多年来，共修建铁路30000多公里。到1992年末，国营铁路营业里程（除台湾省外）达到53565公里，其中复线13658公里，占营业里程的25.5%，电气化铁路8434公里，占营业里程的15.7%。此外，还有省市管理的地方铁路4500公里。随着运输发展的需要，铁路机车车辆工业，从无到有，由修到造，从生产蒸汽机车，发展到大批量生产内燃和电力机车，已逐步建成了比较完整的铁路工业体系。

中国铁路在全国交通运输体系中，处于主力和骨干地位，承担着全国大部分的客货运输任务。铁路对促进全国经济和社会发展，以及促进人民生活的改善都起着重要的作用，被誉为“国民经济的大动脉”。

一、1992年铁路运输成绩显著

1992年，随着全国改革开放和现代化建设步伐加快，铁路运输呈现全面紧张，与国民经济迅速发展的需要之间的矛盾更加突出。一年来，铁路广大干部职工的思想得到了进一步解放，改革开放迈出了新步伐。全路以运输为中心，切实加强运输组织调度，大力挖潜扩能提效，克服各种困难，全面提前超额完成了各项运输任务。

（一）旅客运输运量明显增长。由于全国加快改革，扩大开放，南下广东、沿海等地务工经商的人流大增，旅游热再度兴起，扭转了自1989年客票调价以来客流逐年下降的局面。全年旅客发送量完成98788万人，为年计划的104.9%，比上年多运4580万人，增长4.9%。其中，直通客流增长较明显，比上年增长11.7%，占总客运量的比重为17.4%，上升1.1个百分点。

（二）货物运输再创佳绩。货物运输实施旧线挖潜扩能，新线积极分流，货车重载，超轴运输。大秦线上开行了6000吨重载列车，京沪、京广线上试开行5000吨重载列车；首次开行了哈尔滨——广州北的定点定线集装箱快运直达专列，运输能力明显提高。全年货物发运量完成152317万吨，为年计划的103.6%，比上年多运4419万吨，增长3.0%。

（三）重点物资运输全面完成计划任务。各级运输部门从国民经济整体利益出发，始终坚持保煤炭、保重点物资运输，全年煤炭发送量完成64108万吨，为年计划的101.8%，比计划超运1108万吨，比上年多运1505万吨，增长2.4%。其中，晋煤外运（含内蒙、宁夏）完成20164万吨，为计划的105.0%，比计划超运964万吨，胜利完成国家要求增运800万吨的任务，比上年增长7.4%。冶炼物资、石油、水泥、木材、化肥、粮食等重点物资的发送量也都完成了计划。

（四）装车再创历史最好水平。各铁路局通力合作，狠抓装车组织，合理调配车辆，日均装车完成74109车，比计划日均多装1489车，为计划的102.1%，比上年日均多装1198车，增长1.6%。当年月最高日均装车为76099车，最高日装车达81046车。货车静载重达55.8吨，超额完成年计划，并比上年增加0.6吨。

（五）长途运输增加，客货周转量大幅度增长。换算周转量完成14697亿换算吨公里，为年计划的106.5%，比上年增长6.7%。其中，客运量9.88亿人次，旅客周转量完成3148亿人公里，为计划的110.8%，增长11.4%，占全国现代运输方式总周转量的46.6%；货物周转量完成11549亿吨公里，为计划的105.4%，增长5.4%。周转量指标增幅较大，除有发送量增加的原因之外，旅客平均行程和货物平均运程的继续延长也是重要原因。旅客平均行程、货物平均运程分别达到319公里和758公里，比上年分别延长19公里和18公里。铁路完成的货物周转量约占全国现代运输方式总周转量的70%。

（六）挖潜扩能提效成绩显著。各铁路局加强协作，互相支持，紧密配合，共同努力，提高分界口交接列车对数，尤其是主要干线限制口交接列车对数增幅较大，德州口增加3.4列，符离集口增加4.4列，牙屯堡口增加5.4列。同时，组织武九、商阜、枝柳、三茂等线分流，提高了去华东、广东方向的运输能力。1992年通过上述线路分流进广东运量386万吨，进华东运量728万吨，缓解了去华东、广东方向的运输紧张状况。

（七）机车、货车运用效率继续提高。全年货运机车运用效率指标均完成年计划。货运机车日产量达89.7万吨公里，为计划的103.1%，比上年提高2.1万吨公里，增长2.4%；货运机车日车公里完成422公里，为计划的101.2%，比上年增加3公里，增长0.7%。货物列车平均牵引总重达2483吨，为计划的101.3%，比上年增加39吨，增长1.6%。货车周转时间首次比上年缩短，全路货车周转时间完成4.15天，比计划缩短0.14天，比上年缩短0.05天，改变了历年来货车周转时间不断延长的状况。

（八）运输安全生产形势基本保持稳定。各铁路局加强对安全工作的领导，严格管理，强化基础，狠抓"三防"，在改善设备、落实责任等方面继续狠下功夫，取得较好效果。全年发生行车重大、大事故共39件，比上年增加5件，增长14.7%；险性事故174件，比上年减少39件，下降18.3%；一般事故发生2981件，比上年减少704件，下降19.1%；11个铁路局实现"安全百日"32局次，是历史上安全形势较好的一年。

以上成绩，是全路干部职工在邓小平同志南巡重要谈话和党的十四大精神的指引下，解放思想，更新观念，奋力开拓，克服铁路运输生产与建设的困难条件下取得的，为全国改革开放和现代化建设进入蓬勃发展的新阶段作出了积极贡献。但随着改革开放和现代化建设步伐加快，对铁路运输提出了更加紧迫的需求，本来就极不适应的铁路运输将更加全面紧张，铁路运输将继续成为制约国民经济迅速发展的"瓶颈"。

二、铁路运输的紧张状况

铁路是国民经济的基础设施。许多经济发达国家在工业化的初期都曾密集投资、优先建设铁路，形成四通八达的铁路网，促进国民经济发展。新中国成立以后在铁路建设方面尽管也作了很多努力，但与需求相比，仍然有很大差距，特别是改革开放以来，随着国民经济的加速发展，铁路的问题越来越突出，主要表现为"少、差、重、紧"。

（一）铁路数量少

到1992年底，我国铁路只有53565公里的营业里程。无论是国土面积还是人口占有比例，在世界上都是很落后的。从国土面积的占有比例看，我国每万平方公里只有55.8公里，这个指标在世界排在第70位之后。英国、法国、原西德以及日本等四国国土面积合计142万平方公里，其铁路营业里程达9.4万公里，每万平方公里拥有铁路664公里，是我国的11.9倍。美国每万平方公里拥有铁路219.2公里，是我国的3.9倍。印度也拥有6.2万公里铁路，按国土面积计算的路网密度为208.4公里，是我国的3.74倍。如果按每万人拥有铁路营业里程计算，美国为8.3公里，日本为7公里，前苏联5.2公里，而我国仅0.5公里，人均4.5厘米，只相当于一根火柴棍长，在世界上排在第100位之后。

（二）技术装备差

主要表现在：复线率、电化率低，行车速度慢，通讯信号设备落后。到1992年末，我国铁路复线率只有25.5%，电化率15.7%。而前苏联复线率36.7%，电化率36.5%；日本复线率39.5%，电化率57.6%；欧美发达国家铁路复线率和电化率都大大高于我国。蒸汽机车在发达国家早已被淘汰，而我国目前仍占机车总数的39%。高速、重载是当今世界铁路现代化的重要标志。日本1964年开始运行的新干线时速已达210公里，目前又提高到275公里；西欧高速列车时速已超过300公里；美国政府准备拨款7亿美元开发时速500公里的悬浮列车。而我国铁路目前客车最高时速只有105公里，尚未投入运行的广深铁路也只不过时速160公里。货物列车平均总重前苏联为3105吨，美国为4620吨。尽管我国在京广、京沪部分区段开行5000吨级列车，在大秦线开行6000吨级列车，但全路平均总重只有2483吨。我国铁路通讯信号设备也是落后的，自动闭塞区段只占营业里程的21.1%，调度集中仅占1.8%，明线通信占营业里程的63.3%。

（三）运输负荷重

我国铁路长期以来负荷过重，行车密度大，高强度运行，设备吃老本严重。1992年末，运输密度达到平均每公里2743.7万吨换算公里，是日本铁路的2.1倍，美国铁路的3.6倍，印度铁路的3.28倍，居世界第一。在运输强度（1美元国民生产总值的吨公里运输量）方面，美国为1.81，印度为1.67，巴西为1.40，日本和韩国为0.4，而我国则高达3.1。我国目前主要铁路干线列车平均间隔时间已由10分钟改为8分钟，不少区段6分钟就有一趟列车通过。由于行车密度的加大，牵引重量和速度的提高以及投入不足，导致许多设备换不下，修不了，超期服役，伤损疲劳严重。目前，我国铁路正线上轨道结构与运量不匹配的线路12000公里，60公斤以上的重型钢轨只占正线总长的30.4%，超过大修周期的线路有12000公里，带病使用的伤损钢轨68000多根，路基病害9万多处、1.1万公里，隧道衬砌严重裂损的598座。机车车辆中老旧杂型和超期使用的机车有533台，客车有1556辆，货车有35286辆。全路至今仍有不通电的车站70个，超期使用的供电设备1万公里。

（四）运输能力紧

目前，我国铁路的运输能力严重不足，与运输需求的矛盾十分尖锐。

货运全面紧张。1992年，我国工业总产值比上年增长20%，而铁路货物发送量只增长3%。全国请求要车数日均达到17万辆，实际满足率仅为43.6%；经审核的要车计划日均112424车，实际只装了72820车，满足率仅为64.8%。京广、京沪、京沈、陇海、浙赣、宝成、襄渝等干线和主要枢纽能力已经饱和，铁路限制口增加到24个，过限制口的物资满足率一般不到40%。截止到1992年底，全路列入运输计划的待运物资积压13700万吨，其中煤炭4986万吨。各省、市、自治区普遍反映，大量物资积压待运，严重制约了各地经济发展。由于铁路运输能力限制，“三西”（山西、陕西、内蒙古西部）煤炭基地大量煤炭积压待运，仅1992年第四季度，内蒙积压煤炭等物资近300万吨，山西省有4000多万吨煤炭积压风化自燃，其它待运物资750万吨，“黑”与“白”争运力的矛盾十分突出。黑龙江省计委反映，进关物资已积压300万吨。辽宁省反映，省内200万吨物资待运，限产压库，促销工作难以为继，严重影响大中型企业的经济效益。吉林省反映，申请通过“限制口”的运输计划仅批准25%，而实际发运的物资又只占批准计划的75%，严重制约省内工矿企业的正常生产。西北的宁夏、甘肃、青海、新疆等省区大量煤、糖、盐、油、棉等急待外运，都挤一个“天水口”，运力分配很难平衡。河北省四季度有200多个骨干企业价值20亿元的物资急待外运。西南地区运力更为紧张，云南、贵州的磷矿石运不出来，只好“以运定产”和“以运限产”，由此影响到各地化肥厂的生产，有些省的化工厅长、化肥厂长争相赴滇坐催。云南省统计，上半年铁路运力的缺口为46.5%，其中出省运力缺口高达68.1%。近年铁路出川物资运量徘徊在2000万吨左右，四川人说：“今日蜀道难，难在铁路进出川”。

客车严重超员。近年来，随着经济的快速发展，市场的活跃，人民生活水平的提高，铁路客流猛增，买票难、乘车难的矛盾越来越突出。特别是主要干线客车严重超员，有的超员已达150%。每逢春节运输，暑期旅游旺季，客运就更加紧张。春运期间，客运运量超常猛增，流向集中，持续时间长。湘、川、豫、鄂、皖等大量民工集中涌向广州、上海及东南沿海方向，铁路承受了前所未有的压力。春节前后40天内，全路共发送旅客11845.3万人次，日均296.1万人，比1991年同期日均多运9.7万人。全路除开行正常的客车外，增加临时客车5383列，比上年同期多开577列，少开货车8000多列，少运货物1600万吨。由于客车不足，只能用棚车来运送旅客，上海、广州、柳州、成都四个铁路局共使用棚车23725辆。许多车站旅客严重滞留，不少客车因超员负荷过重，压死弹簧，不得不停开。

上述情况表明，铁路发展滞后的状况是十分严重的，已成为国民经济中突出的薄弱环节，成为制约国民经济上新台阶的主要矛盾。

铁路发展严重滞后状况，党中央、国务院高度重视，明确提出对铁路建设要增强紧迫感、危机感和责任感。党的十四大把加快交通运输建设作为一项战略任务，摆在突出的重要位置。邓小平同志早在1975年就提出：当前的薄弱环节是铁路。1989年小平同志又强调：“多搞一点铁路、公路、航运，能办很多事情。”“宁肯欠债，也要加强。”① 中央领导同志对铁路工作非常关心，把铁路作为国民经济上新台阶的关键来抓。各省区市的领导同志也大力支持加快铁路建设，给铁路发展带来了新的转机。1992年6月，成渝铁路通车40周年，江泽民总书记和李鹏总理分别作了“人民铁路为人民，人民铁路人民建”和“四化建设，铁路先行”的重要题词，深刻阐明了铁路的宗旨和建设方针，指出了铁路在国民经济中的重要地位和作用，为铁路发展指明了方向。之后，国务院又决定提高铁路建设基金标准，明确了实行新路新价、优质优价的政策，批转了《关于发展中央和地方合资建设铁路的意见》，为大力推进铁路建设和发展创造了有利条件，7月份，朱镕基副总理亲临全国铁路领导干部会议，明确提出“全国经济上台阶，铁路怎么办？”要求全路干部职工增强紧迫感，危机感和责任感，提前完成铁路“八五”建设计划，尽快把铁路运输搞上去，并主动担任京九线建设的顾问。他还曾多次亲临铁路视察，对铁路工作给予指示，帮助解决存在的问题。邹家华副总理多次听取铁路工作汇报，对京九、南昆、兰新等铁路重点工程建设都给予指示，并要求铁路加快发展，加速建设，尽快缓解运输压力，党的十四大指出：“加快交通、通讯、能源、重要原材料和水利等基础设施和基础工业的开发和建设，是当前加快经济发展的迫切需要，也是增强经济发展后劲的重要条件”，把加快交通运输发展列为基础设施的第一位。所有这些，都充分体现了党和国家对铁路工作的关怀和重视，给全国铁路员工以巨大鼓舞和鞭策。

三、铁路基本建设

1992年，国家对铁路进一步实行倾斜政策，相继出台一系列重要改革措施，特别是建立铁路建设基金制，使长期困扰铁路建设的资金紧缺状况缓解有望。铁道部抓住机遇，作出加快铁路建设的战略决策。公路建设战线迅速落实会战部署，紧急动员，大干快上，施工进度明显加快。铁路建设呈现出前所未有的

① 《邓小平文选》第三卷，第366页。

强劲势头。

（一）完成投资首次突破百亿大关，铁路建设走出低谷

1992年增加了铁路建设专项基金和发行了铁路投资债券，全年基建投资（含省筹）完成120.1亿元，比上年增长39.2%。其中，铁道部计划内投资完成105.2亿元，为计划的94.5%，增长34.4%，比“七五”期间年均投资增长66.8%，年投资首次突破百亿大关。更新改造投资完成65.4亿元，为年计划的99.2%，增长59.0%。机车车辆购置投资完成42.4亿元，为计划的97.2%，比上年增长5.2%。

（二）投资结构得到了优化调整

1992年铁路基本建设投资在结构上进行了合理调整，本着加强路网建设，旧线改造与新线建设并重的方针，增加了新建铁路建设的投资比重。在计划内基建投资完成额中，既有铁路改造投资完成45.9亿元，比上年增长18.0%，占完成投资的比重为38.2%，比上年降低6.9个百分点；新建铁路投资完成58.3亿元，增长69.7%，比重为48.5%，比上年提高8.7个百分点；工业建设投资完成10.4亿元，增长20.6%，比重为8.7%，比上年降低1.3个百分点。生产性与非生产性建设投资保持合理比例，基建投资中生产性建设投资比重为81.1%，更新改造投资中为74.9%，与1991年相比，前者下降3.1个百分点，后者上升3.7个百分点。

（三）建设资金渠道拓宽，资金构成变化明显

1992年下半年国家调整了铁路运价，每吨公里增收1分钱铁路建设专项基金，接着铁道部又使用并向社会发行了投资债券30亿元，开始形成以专项基金为主体，充分利用外资和国内贷款以及多渠道吸收地方政府、企业和社会资金，加快铁路建设的新格局。在完成基建投资中，铁道部拨款25.3亿元，比上年减少34.2%，占完成投资比重为21.0%，比上年降低23.5个百分点；专项基金完成31.4亿元，增长95.8%，比重为26.1%，上升7.5个百分点；投资债券完成30.1亿元，增长294.6%，比重为25.1%，上升16.3个百分点。减少了预算内拨款的投入，增加了有偿占用资金的比重，同时体现了国家对铁路建设的政策倾斜。铁路建设资金构成及投资完成情况见表2—3。

（四）地方建路的积极性空前高涨，省筹资金增长迅猛

随着国家铁路建设高潮的兴起，地方、企业纷纷集资，大办铁路。合资铁路中由各省、区筹集资金达14.4亿元，比上年增长84.6%。铁道部与地方合资建设的铁路由上年的10项增至13项。

（五）能力形成加快，实物工程量和交付运营的铁路里程超额完成

各单位加强项目管理，注重提高投资效果。43个铁路建设大中型项目的实物工程量都完成较好，全年共完成新线铺轨770.2公里，复线铺轨330.7公里，分别为计划的149.3%和122.5%。交付运营新线475.6公里（大秦线242.2公里、商阜线173.4公里），复线601.5公里（胶济线2公里、淮南线24.1公里、浙赣线115.8公里、滨州线84.0公里、焦枝线88.6公里、钱塘江大桥26.7公里、商阜线6.4公里、大秦线二线253.9公里），电气化铁路895.1公里（湘黔线113.7公里、郑武电化信武段双线240.7公里、鹰厦线1.8公里、兰武电化281公里、大秦线单线4公里，双线253.9公里），分别为计划的132.8%、183.9%和141.9%，分别比上年增长140.8%、85.5%和5.4%。

（六）重点工程建设进展快、质量好

本着“大干、快上、提前”的精

表2—3　1992年铁路基本建设投资完成情况

款　　源	计划投资（亿元）	完成投资（亿元）	完成计划（%）
一、铁道部基建计划投资	111.2556	105.15	94.5
1. 铁道部拨款	25.9626	25.26	97.3
2. 银行贷款	7.68	7.72	100.5
3. 利用外资	3.6246	3.23	89.1
4. 煤代油资金	0.7	0.7	100
5. 专项基金	31.5653	31.4033	99.5
6. 企业自筹资金	11.3231	6.76	59.7
7. 发行债券	30.4	30.0764	98.9
二、省市及计划外自筹资金		14.99	
1. 省筹资金		14.44	
2. 计划外企业自筹资金		0.55	
合　　计		120.14	

神，1992年铁路建设狠抓重点工程，抓新开工项目，先后共安排了67个大中型项目计78.1亿元，占年投资计划的70.2%，完成投资91.7亿元，为计划的117.4%，占完成总投资的76.3%。其中，按合理工期安排的23个重点项目计划投资53.6亿元，占大中型项目年投资的68.6%，占全部基建投资计划的48%，完成投资(含省筹)57.6亿元，全部重点项目百分之百地完成计划。年内先后有京郑电化、兰新复线、大窑湾支线、北京西客站、成达线、漳泉线等一批大中型项目开工，续建工程进展顺利。“强攻京九、兰新，速战侯月、宝中，再取华东、西南，配套完善大秦”掀起高潮，会战态势已经形成，六大通路建设中的一批重点骨干工程进展快，成效显著。

1. 京九线是又一条纵贯南北的大动脉，采取统一规划、分段实施，分期建设、分期受益的建设方针，提出“决战三年，贯通京九”的目标。目前大部分工程已进入全面建设阶段，其中：

衡商线完成投资5亿元，为年计划的100%。三季度全线完成施工准备，10月份重点工程开工，年内已进入施工高潮，区间和站场土方开工率分别为43.6%和67.7%，特大桥和大桥的开工率分别为51.4%和44.4%，其中黄河特大桥正桥68个桥墩已开工30个，占44.1%，完成主孔沉井37节，占总数的25%。

商阜线完成投资0.7亿元，交付运营新线173.4公里、复线7.1公里。3月份通过国家验收。至此，商阜新线投产销号。

九江大桥完成投资0.5亿元，包括省筹0.45亿元。除公路桥外，其余工程完工。

向吉线完成投资1.1亿元(含省筹0.65亿元)，完成正线铺轨134.5公里，全线铺通。

京九线最南端的常平至龙川段219公里与广梅汕地方铁路共线，广梅汕线完成投资4.4亿元(含省筹2.4亿元)，实现了年内“运营到惠州，铺轨过仙塘，开工到兴宁”的奋斗目标，常平至惠州60公里7月1日交付使用，正式与全国办理货运业务，11月1日开行第一趟旅客列车。

2.“西煤外运”通路建设战绩卓著。其中：大秦线二期工程完成投资6.2亿元，全线于12月17日提前开通试运煤，并于12月21日在秦皇岛北站举行了开通典礼。经初验委员会验收，大秦二期工程的主要技术标准和设计原则符合开行重载列车的要求，各项装备按设计文件一次配套完整，系统合理、技术先进、性能稳定、运行可靠，综合技术水平和运输能力达到了国际水平，工程质量符合验收标准，创造了我国铁路建设的新水平。

侯月线完成投资6.4亿元，完成正线铺轨Ⅰ线21.1公里，Ⅱ线6公里。自开工累计完成的路基土石方(万立方米)、特大大中桥和隧道(折合米)分别为设计总量的85%、78%和82%，全线特大大中桥和小桥主体完成率达70%；50座隧道已贯通41座，占82%，其中8座重点隧道除云台山和桃坪外均已贯通。线下工程综合完成85%。

集通线建设继续按照“先通后备，固本简末”的方针，建设速度突飞猛进。全年完成投资4.4亿元(含省筹2.9亿元)，六万施工大军战酷暑、抗严寒，奋力拼搏，日均铺轨2公里多，林天区段创日铺轨4.3公里的纪录。全年完成正线铺轨373.4公里，超计划87%。1993年可望完成全线铺轨任务。

3. 继“七五”“中取华东”全面告捷之后，“八五”“再取华东”又拉开帷幕。1992年华东通路的几项主要工程都进展顺利。其中：

浙赣复线完成投资5.8亿元，复线铺轨100.1公里，为年铺轨计划的108.8%，交付运营115.8公里(萧山至金华22.8公里、金华至贵溪50.1公里、向西至老关42.9公里)。株洲枢纽上行系统7月份完成大规模的征地拆迁工作，计征地2千亩，拆房7万多平方米，8月份开始施工，年底进入全面施工阶段。

淮南复线完成投资1亿元。炯炀河站开通使用；炯炀河至巢湖24.1公里新单线土石方已完，开始铺轨；撮镇、巢宁、盛町立交桥交付使用，合肥至裕溪口通信电缆6月份建成。

钱塘江大桥完成投资0.95亿元，交付运营复线26.7公里，于9月份通过国家验收。至此，该项目投资已全部完成。

4. 西北通路建设格外引人注目。

新开工的兰新复线全长1622公里，要求两年拉通，“八五”交付运营，工期短，任务重，困难很大。工程一上马就摆开了会战态势，实现调遣快、进点快、施工快的“三快”要求，精兵强将上一线，在天寒地冻、气候恶劣的条件下，施工队伍餐风露宿，昼夜苦战，工程开工仅3个多月，就完成投资3.6亿元，完成路基土石方853万立方米，复线正线铺轨32.3公里，创下新开工项目当年完成投资和实物工程量的新纪录。

宝中线完成投资8.6亿元，完成正线铺轨Ⅰ线24.6公里，Ⅱ线2.4公里，线下工程综合完成80%以上。自开工累计完成路基土石方、特大大中桥和隧道占设计总量的比例分别为87%、68%和79%。特大大中桥主体完成176座，完成率为82%；隧道主体完成28座，完成率为42%。

兰武电化281公里全线开通，效益显著，提高了机车牵引定数，上行由1350吨提高到2300吨，下行由1300吨提高到1800吨；提高了货物列车的运行速度，兰(州)打(柴沟)段由时速20.6公里提高到30.2公里，打(柴沟)武(威)段由18.5公里提高到24.4公里；提高了输送能力，兰武线的限制区间打武段，电化前的输送能力为571万吨/年，电化后为888万吨/年。

5. 西南华中通路建设再次掀起

高潮。重点工程南昆线完成投资4.6亿元(含省筹),全线开工地段达597公里,占总里程的66.5%,其中正式工程全面施工的地段有南(宁)那(厘)段107公里和石施段65公里,南那段下部工程已基本结束,已铺轨51.2公里,站线10.2公里。三省(区)地方政府对南昆线建设给予积极支持,征用土地地价基本是按会商纪要的4000元/亩执行。

湘黔线完成投资1.5亿元,大龙至怀化104.2公里电气化铁路于8月18日正式投产通车,区段的输送能力由850万吨/年提高到1500万吨/年,对大西南的煤、磷、矿石和湘西山区木材等物资的东运起到重要作用。

此外,滨洲线完成投资1.85亿元,完成复线铺轨76.4公里,开通复线78.9公里(昂昂溪至喇嘛甸间两个区间20.8公里、富拉尔基至海满间五个区间52.7公里、卓山至牙克石5.4公里),昂昂溪至喇嘛甸间输送能力由1080万吨/年提高到3000万吨/年,富拉尔基至海满间输送能力由696万吨/年提高到2600万吨/年。

焦枝线完成投资3.5亿元,开通复线88.6公里(11个区间69.3公里、洛阳枢纽内11.5公里、襄樊枢纽内7.8公里)。

郑武电化完成投资1.9亿元,继1991年开通郑州至信阳313公里之后,1992年又开通信阳至武昌南238.1公里双线电化和孟庙至平顶山62.5公里单线电化,经过参建单位干部、职工3年零8个月的艰苦努力,郑武电化终于在12月23日全线开通。郑武段输送能力将提高2000万吨,旅客列车将由26对增加到36对;孟平段的输送能力将提高800万吨。

(七)为改善铁路职工居住状况,住宅建设投资大幅度增加

为实现铁路住宅建设"八五"规划,改变铁路职工人均居住面积低于全国1平方米的状况,1992年用于住宅建设的投资有较大幅度的提高。全年住宅建设投资完成31.6亿元。其中基建投资完成14.8亿元,比上年增长76.2%,占完成投资的比重为12.3%,比上年上升2.6个百分点。

在1992年施工的766万平方米房屋面积中,住宅有490万平方米,占64%;竣工面积259.3万平方米,其中住宅176.1平方米,占68%。

四、工业生产

1992年铁路工业部门为满足加快铁路改革和发展的要求,积极推进企业改革,加速转换经营机制,依靠科技进步,努力克服原材料短缺、能源供应不足、生产计划和产品结构调整较大等困难,开足马力,积极调整产品结构,大力开发新产品,坚持优化产品结构,勇于开拓国内、国际市场,努力生产更多更好的机车车辆等工业产品,较好地完成了全年工业生产任务,使铁路工业进入了蓬勃发展的新阶段。

(一)产销两旺,工业总产值和销售产值稳定增长

工业、工程、建筑、通号、物资五大总公司加强组织协调和服务工作,所属各工厂克服物资订货难,配件供应不足,运输、能源紧张等多重困难,优势互补,团结奋战,工业总产值(不变价)完成85.4亿元,为计划的117.4%,比上年增长6.7%。销售产值(现价)完成104.4亿元,实现产品销售率99.97%,比上年提高2.21个百分点。五大公司的工业总产值均超额完成年计划。

(二)大部分指令产品超额完成计划,新造电力机车、货车增幅显著

铁道部指令计划的11种主要产品中有9种产品超额完成计划。全年新造机床798台,完成计划111.5%,比上年多造机车92台,增长13.0%,其中,新造内燃机车563台,为计划的113.5%,比上年增长8.1%;新造电力机车200台,为计划的100%,增长15.6%;新造蒸汽机车35台,为计划的175%,增长191.7%;均比上年有较大增长。全年新造客车1652辆、货车21636辆,分别完成年计划101.5%和107.8%,新造客车比上年减少1.3%,但新造货车比上年多生产3158辆,增长17.1%;新造轨道吊车(100吨以上)8台,为计划的133.3%,比上年减少75%;修理内燃机车739台,为计划的103.4%,增长6.5%;修理电力机车56台,为计划的107.7%,比上年减少15.2%;修理蒸汽机车2050台,为计划的104.6%,比上年减少14.1%;修理客车2837辆,为计划的94.7%,增长7.3%;修理货车53717辆,为计划的102.9%,增长2.0%。

(三)依靠科技进步,新产品开发成果突出

机车车辆工业总公司提出"以科技为先导,依靠技术进步,振兴机车车辆工业"的指导思想,坚持以开发重载、高速技术为主攻目标,加快了产品更新换代的步伐。由戚墅堰厂试制的东风11型准高速(160公里/小时)内燃机车国家重点科技攻关项目和大同厂、株洲电力研究所、成都厂合力研制的具有80年代国际先进水平的国家级企业技术开发项目——韶山7型电力机车均研制成功,并完成东风7型重联内燃机车、23吨轴重通用敞车、准高速客车转向架等一批样车、关键部件的试制任务,为按时开通重载列车和广深准高速铁路奠定了基础。同时,积极推广应用了一大批"七五"重大科技成果,完成了韶山5型电力机车等8项新产品的技术鉴定,东风4C型内燃机车投入批量生产。

(四)开拓路外市场形势喜人

各工业企业在完成计划的同时,积极开发市场产品,不断增强路外市场品种多、批量小、交货期短的适应能力,初步形成多品种生产系统。五大总公司向路外销售产品产值10.4亿元,为工业总产值(现价)的10.0%。机车车辆工业向路外销售新造内燃机车50台,比上年增长51.5%;新造蒸汽机车35台,增

长191.7%；新造货车4794辆，增长55.1%。

(五)勇于跻身国际市场，产品出口开创新局面

各工业企业积极参与国际竞争，加入国际指标行列，有的还与国外企业合资、联营，增强出口创汇实力。五大总公司出口交货值共完成0.71亿元，向泰国、马来西亚出口内燃机车2台、货车118辆。

五、存在的问题

铁路投资建设具有投资大、周期长、环节多、涉及面广的特点，任何一项因素都可能对建设进度产生不良影响。铁路大发展所面临的主要矛盾依然是资金问题。

(一)1992年铁路基本建设中存在的问题

1. 项目前期工作滞后，影响工程进度。铁路建设大干快上，造成设计文件不能及时提交。兰新复线、南昆线、浙赣线、京九线、徐连线等项目都不同程度地存在这一问题，其中南昆线因设计部门交图时间不能兑现，已完成议标区段的施工图交付缓慢，造成施工队伍窝工严重。另有一些项目施工方案久议不决或多次变更设计而延误了工期。如浙赣线青山至灯芯桥技术设计方案至今未定，若1993年上半年仍不提交设计文件，1995年全线开通将受影响；贵溪信江大桥航道等级问题方案迟迟不定，已停了3年了。

2. 调整概算工作跟不上。由于物价上涨过猛，项目负担料差过重，使调整概算工作量增多，难度加大，不能满足工程进展要求，对物资供应、施工进度以及企业的经济效益产生了影响。如钢材的概算价为每吨1000多元，但目前市场价格已上涨到每吨3000元以上，各个建设项目普遍反映料差负担过重，概算包不住，建设资金很大一部分将被物价因素所吞蚀。

由于建设速度加快，材料供应跟不上，钢材、水泥、油料、钢轨、轨枕等供不应求，南昆线因钢轨和轨枕供应不足造成70公里铺轨计划未完成；兰新复线也反映材料紧缺。

3. 安全、质量发展不平衡。总的趋势是安全好转，质量上升。但不安全因素很多，工程质量不稳定，特别是在工期紧迫的情况下，有的单位出现了重视速度，忽视质量、安全的苗头。

4. 建路的外部环境仍待改善。有些地区对铁路建设支持不够，征地拆迁困难重重，要价过高，税费繁多。如武汉市强调电气化铁路对广播电视的干扰，经测并无影响，但市里仍提出要8000万元，后裁决为2000万元。焦枝复线龙门隧道工程扯了两年多，经测对龙门石窟并无影响，后按地方要求挪开700米，地方仍提出要建两座公路桥和监测点，由铁路出资2000万元。合资项目地方资金到位迟缓，兑现率低；如宝中线甘肃省计划筹资1亿元，仅到位1000万元，南昆线省筹资金到位情况分别为云南省74.3%、贵州省30%、广西壮族自治区74%。少数不法分子哄抢盗窃铁路物资器材情况非常严重。如商阜线因此损失300多万元。

(二)1992年铁路工业生产的主要问题

1. 物资供应渠道不畅，不能满足生产需求。由于钢材价格并轨，统配物资比重减少，一些供货厂家注销合同，有的工厂因供货不及时给生产组织调度带来很大困难，甚至造成停工待料，使生产处于被动局面。

2. 铁路运输紧张，使部分工厂原材料运进和产品运出困难，造成因产品压库和原材料短缺而停产的现象同时并存。

3. 流动资金紧张，制约企业的发展。随着铁路加快发展，大部分工厂生产任务饱和，但由于原材料(主要是钢材)、燃料等价格大幅度上涨，造成企业流动资金严重短缺，加之工业、工程、通号总公司应按销售收入1%提取的补充流动资金基本未提，使企业资金周转更为困难。

4. 一些产品的生产能力不足与生产能力虚糜并存。由于产品结构调整和市场的变化，部分工厂处于新老产品交替阶段，改扩建工程仍在继续，工艺不熟练，工装不配套，尚未形成大批量生产能力；而另一些工厂因产品需求减少，导致生产能力闲置。

国民经济继续上新台阶，铁路运输的“瓶颈”状态仍难缓解。为加快铁路建设，满足形势需要，除全国铁路部门干部职工继续努力工作，加快运输、生产和建设的步伐外，如何建立铁路市场经济新体制，改革运价，进一步解决铁路建设资金积累问题，和落实“人民铁路人民建”的方针，大力改善困扰铁路建设的征地拆迁、物资供应、治安保障等外部环境，是当前十分迫切需要解决的问题。

总之，加快铁路建设和发展，必须有国家和各级政府的大力支持，要有宏观管理手段和突出重点的倾斜政策，在确立铁路战略地位的同时，还应当对铁路进一步给予扶持，即在财政、物资、税收、信贷、物价、征地邮政拆迁等方面给予倾斜政策，推进铁路的历史性大发展。

(杨海长　林绍礼)

1992年中国公路业的投资建设

1992年我国公路业以贯彻邓小平同志南巡讲话为主线，加大改革开放力度，加快建设步伐，取得了较大发展。

1992年是公路建设速度最快的一年。1992年召开的党的十四大把交通放在基础设施和基础工业的首位优先发展。广大人民群众对加快公路建设表现出极大的积极性，“要想富，先修路”的口号已经发展为“小路小富，大路大富，无路不富，高

速公路快富”。各地政府为加快公路建设相继出台了许多政策，如征收土地开发公路建设费、公路两侧土地增值费、山区和贫困地区公路建设还贷基金等，特别是云南省在地方财政比较困难的情况下，仍下决心每年从省留成烟税中拿出5亿元修公路。这些多方筹集公路建设资金政策的特点是筹集资金的对象由车辆转向土地增值和流通，由交通行业内部转向全社会，由公路建设的直接受益者转向间接受益者，从而大大增加了地方用于公路建设的实际投入。另外，发行债券、集资入股、建立公路建设股份公司等新办法也不断出现，为公路建设开辟了新的比较稳定的资金来源，为加快公路建设创造了有利条件。1992年我国公路业完成固定资产投资239亿元，比上一年增加1.6倍，其中公路线路和桥梁的固定资产投资完成了207.8亿元，比上一年增加1.56倍；汽车客、货运站固定资产投资完成了9.9亿元，比上一年增加49%；公路部门运输车辆购置投资完成了14.4亿元，比上一年增加近14亿元。1992年全国公路通车总里程已达到105.7万公里，比上一年增加1.56万公里，其中高速公路里程达到652公里，比上一年增加78公里；一级公路里程达到3575公里，比上一年增加678公里；二级汽车专用公路里程达到2086公里，比上一年增加627公里；一般二级公路里程达到5.27万公里，比上一年增加6300公里；三级公路里程达到18.5万公里，比上一年增加7000公里；四级公路里程达到54.3万公里，比上一年增加7500公里；等外路则减少了6600公里，占公路总里程的比重比上一年下降了一个百分点。1992年建成的二级汽车专用公路以上的高等级公路里程是“七五”期间年均建成二级以上公路里程的1.57倍，建设速度明显加快。广州至汕头公路、哈尔滨至大庆公路、三元至铜川公路、合肥至南京公路、武汉至仙桃公路、天镇至走马驿公路、上海杨高路等一批重点项目已建成通车，兰州至敦煌千里国道改造全部竣工。全国民用汽车拥有量已近692万辆，比上一年增加85.6万辆，是“七五”期间年均增长量的1.86倍，其中货车已达441万辆，比上一年增加42.8万辆；客车已达226万辆，比上一年增加40.9万辆。

公路建设取得巨大进展的主要原因是广开建设资金渠道，鼓励各方面修路建桥，从而调动了全社会建设公路的积极性。在公路基础设施（公路线路与桥梁）投资中，国家预算内投资（全部用于国边防公路建设）所占比重已由“六五”期间的42.7%降低到“七五”期间的4.5%，1992年又进一步降到2.9%，97%以上的投资靠自筹、银行贷款、利用外资和其它渠道，其中养路费约占22%，车辆购置附加费约占27%，银行贷款约占11%，利用外资约占5%，其它资金约占32%，公路建设已经形成了主要靠地方多渠道筹集资金的局面。利用外资工作也取得了很大进展，我国公路建设从“六五”开始利用外资，到目前已利用世界银行、亚洲开发银行和日本海外协力基金贷款建设公路项目15个，已建成公路1500公里。在建的项目也将于1996年前后相继投产，再新增高等级公路里程2200公里，新、改建农村公路约3000公里。

1992年也是中外合资公路运输企业发展最快的一年。交通部批准立项的中外合资公路运输企业达74家，中外合资汽车维修企业达30家，分别为改革开放以来至1991年批准的同类合资企业数的2.5倍和6倍。

公路建设推动了公路运输的发展。1992年全社会公路客运量完成72亿人，旅客周转量完成3030亿人公里，均比上一年增长5.5%；公路货运量完成75亿吨，比上一年增长2.2%；货物周转量完成3500亿吨公里，比上一年增长2.1%；特别是公路专业运输部门已经结束了1988年以来客货运量连年下降的趋势，稳步回升，与上年相比，客运量增长了2%，旅客周转量增长了5.7%，货运量增长了1.2%，货物周转量增长了1.9%。公路运输在全社会客货运输中的作用日益显著。1992年与改革开放开始的1979年相比，在全社会旅客运输中，公路客运量所占比重由61.7%上升到84.7%，公路旅客周转量所占比重由30.7%上升到44.7%；在全社会货物运输中，公路货运量所占比重由69%上升到74.1%，公路货物周转量所占比重由6.5%上升到6.7%。公路运输平均运距也有较大延长，客运平均运距由1979年的33.8公里延长到1992年的42公里；货运平均运距则由1979年的20公里延长到1992年的46.7公里，13年间延长了1.3倍以上，表明随着高等级公路的发展，公路中长途客，货运输有了较快的增长。

我国公路业已经取得了很大成就，在综合运输体系中发挥着十分显著的作用。但同时也应该看到，公路交通能力的增长仍跟不上运输需求和交通量的增长，公路交通紧张状况仍未缓解。“七五”期间，虽然公路通行能力提高了50%，但旅客周转量、货物周转量和民用汽车保有量则分别增加了1倍、1.5倍和0.72倍，大大高于公路通行能力的提高幅度。全国公路网日均交通量已超过设计通行能力的20%，特别是国道中约3万公里的主要路段，交通量超过通过能力一倍以上。现有公路数量少，公路密度，只及印度的1/5，美国的1/7和日本的1/30，沿海东部地区公路密度较高，但仍比印度全国平均密度还要低得多。混合交通严重，汽车专用路仅6000多公里，99.4%的公路上人、畜、自行车、拖拉机等与汽车混行，使已超负荷的公路更加拥挤不堪。路况差，铺筑沥青和水泥路面的公路只占总里程的1/4左右，其中90%的公路是60年代搞的渣油表处路面，并且有危桥4000多座。由于路况差，混合交通严重，致使车速低，油耗大，平均车速仅30公里左右，干线公路也只有40公里，汽油车每百公里油耗比国外高出一倍多。现有公路失修失养严重，建路难，养路更难，现有25万黑色路面公路中，有60%超期服役使用，不仅路况日趋恶化，而且抗灾能力差，1984年以来平均每年公路水毁损失就达10亿元左右。公路站场设施不配套。客运站房陈旧，面积小，缺少停车场和站前广场。90%的零担货运站是利用旧仓库、旧车间改造而成，库房面积严重不足，许多货物不得不露天堆放。站点功能单一，不能发挥客货集散的枢纽作用。运输组织管理缺少现代化的计算机和通信手段，不能为货主和旅客提供大量运输信息，无法对货物运输实行跟踪管理，没有形成高效的联运网络，运输能力难以充分利用。公路运输企业营运车辆不足，车型落后，缺少大马力、低油耗的柴油客车和大吨位的载重货车；自卸车不敷需要，品种少，不配套；集装箱车尚处于试验阶段，远不能满足运输生产的需要；专业运输企业应报废的营运汽车约占现有营运汽车总数的1/6；目前大约还有400多万辆拖拉机在从事公路运输。

90年代国民经济加快发展使交通运输的压力更大。为了适应建立社会主义市场经济和加快改革开放及现代化建设的需要，我国公路业应当有更大的发展。我国公路业近年来发展得比较快，从根本上说，是客观经济规律的必然要求。在以农业经济为主的自然经济中，运输方式以肩扛畜驮、畜力车、人力车为主。而在工业化初期，由于对原材料的需求急剧增加，适合于长途大宗货物运输的铁路和水运则得到迅猛发展。随着经济的进一步发展，以第一产业为主转向以第二、第三产业为主，体积小、重量轻、价值高、时效要求高的产品在运输中所占比重越来越大，公路运输则以其机动灵活、安全舒适、快速便捷的特点而崛起。因此，西方发达国家目前交通运输结构基本上已进入水运、铁路运输相对衰落、公路运输迅速兴起并占主导地位的时代。这种发展规律不仅对西方发达国家适用，对我国也适用。我国目前正处于产业结构发生巨大变化的时期，一方面原材料等基础工业在国民经济中所占比重较大，仍需要继续发挥铁路和水运的作用，但另一方面，电子、轻纺等一些新兴工业和第三产业也在迅速发展，其产品更适合于公路运输，因而促进了公路运输的发展。而且，我国地域辽阔，人口、资源分布比较分散，山地面积占国土面积的70%，这也使得我国经济特别是农村经济的发展在很大程度上要依赖公路运输。在旅客运输中，公路运输业以其覆盖面广、方便舒适、安全迅速的特点，发挥着十分重要的作用。随着我国经济的继续发展和道路设施的进一步改善，公路运输将有更大的发展，而且，商品经济越发达，市场经济越发展，公路运输的作用也就越能显示出来。

但是，由于公路基础设施建设投资大，建设周期长，占用人力物力多，而我国又地域辽阔，公路交通基础设施需要量大，因此在国家经济实力有限的条件下，要从根本上改变公路基础设施薄弱落后的局面，必须靠几代人的努力，用几个五年计划的时间才能实现。根据党中央制定的我国社会主义现代化建设大体分三步走的战略目标和经济发展的战略部署，从我国交通运输发展的实际情况出发，交通部经过反复研究论证，提出了从“八五”开始，用几个五年计划的时间，在发展以综合运输体系为主轴的交通运输业总方针指导下，统筹规划，条块结合，分层负责，联合建网，建设公路主骨架、水运主通道、港站主枢纽和交通支持系统。公路主骨架的基本轮廓是重点建设“五纵七横”的3万公里由专供汽车行驶的高速公路和一、二级汽车专用路为主组成的国道主干线。公路主枢纽已初步确定了一批，将具有装卸、换装、多式联运、运输管理和运输代理，灵活的通信、信息，便利的生产生活服务功能。

为实现这一长远设想，90年代将按照“统一规划，分段建设，全线贯通”的原则，重点建设两纵两横的四条国道主干线公路，即北京至珠海、同江至三亚、上海至成都、连云港至新疆霍尔果斯的国道主干线公路，总长约1.45万公里，除部分交通量不太大的区段利用已有的一般二级公路外，将基本达到汽车专用公路标准，形成我国横贯东西、纵贯南北的快速公路运输通道。这四条快速通道建成后，平均车速将达到60公里以上，实现400公里以内当日往返，400-800公里当日到达，运输效率显著提高，运输质量明显改善，使公路运输所具有的快速、便利、灵活、经济、舒适、门到门的优势充分发挥出来，公路运输在国民经济和综合运输网中的地位和作用将会有显著的变化。除两纵两横外，其它国道主干线的重要路段也需加快建设，特别是西南内陆各省的公路出海通道，北京至上海、北京至沈阳等国道主干线也要争取在2000年前建成。

（董学博）

1992年中国水运业的投资建设

1992年中国水运业投资建设取得了新的发展，完成固定资产投资90.65亿元，比1991年增长33.4%，其中港口建设完成固定资产投资47.97亿元，比1991年增长33.2%；航道及航标建设完成固定资产投资5.25亿元，比1991年增长18.2%；水运部门购置运输船舶完成固定资产投资26.98亿元，比1991年增长50.2%。沿海港口建成深水泊位29个，中级泊位19个，小泊位37个，新增吞吐能力4500万吨，到1992年底沿海港口泊位数已达1007个，比1980年增加2.05倍，其中深水泊位312个，比1980年增加1.24倍，新增深水泊位数已由70年代前每年不到2个、“六五”期间每年10个、“七五”期间每年近20个，发展到1992年近30个。内河港口建成泊位21个，新增吞吐能力924万吨，到1992年底内河港口泊位数已达3311个，比1986年（1986年前无可比统计数据）增加1.3倍，其中深水泊位30个，比1986年增加0.5倍。内河航道里程达到10.97万公里，虽然仅比1980年增加1000多公里，但水深1米以上的航道里程达到6.14万公里，比1980年增加了6500公里。全国民用运输轮驳船已达37.4万艘，4066万吨，122.3万客位，虽然艘数比上年减少了5500艘，但载重量增加了235.6万吨，载客量增加了9.3万客位，增长速度分别为6.1%和8.2%，艘数和载重量分别比1980年增加1.01倍和1.17倍。

重点建设项目完成较好。大连港大窑湾一期工程、青岛港黄岛油二期工程、连云港庙岭二期工程、南通港狼山二期工程、张家港二期工程、宁波港北仑二期工程等国家重点建设工程均有部分码头建成投产，烟台港西港池二期工程、汕头港一期件杂货多用途深水码头开工建设，长江芜湖港裕溪口煤码头建成投产。

1992年我国水运业投资建设在改革开放方面也取得了新的进展。交通部根据邓小平同志南巡讲话精神，在扩大水运业建设投资来源方面提出了更开放的政策措施，在统一规划下，允许国内货主和航运企业自建、自营专用码头或租赁港务局码头，投资开挖专用航道；鼓励货主和航运企业与港务局合建公用码头及附属设施；继续支持地方自建码头，支持内陆省市到沿海沿江自建、合建并经营码头；支持航务航道部门结合航道疏浚营造土地和进行土地开发。在统一规划、双方互利的条件下，鼓励中外合资建设并经营公用码头泊位，允许合营企业经营装卸业务，经营货物堆存、拆装、包装以及相关的国内公路、水路客货运输。允许中外合资租赁码头，中方合营者以实物形式（包括水下基础设施）入股，经营码头装卸业务。允许中外合作经营码头装卸业务。允许外商独资建设货主专用码头和专用航道。外商投资开发经营成片土地时，可在地块范围内建设和经营专用港区和码头。这些政策有力地推动了合资建港和兴办水运业。从改革开放到1991年，经交通部批准成立的中外合资水运企业仅有2家，而1992年经交通部批准成立的中外合资水运企业就有6家。上海港务局与香港和记黄埔集团达成了合资经营上海港集装箱码头的协议。香港招商局集团联合中银集团等，按照蛇口模式开始开发福建漳州经济开发区。我国港口建设从“六五”开始利用外资，到目前为此，共利用世界银行、亚洲开发银行和日本海外协力基金贷款建设港口项目20个，已建成深水泊位13个，新增吞吐能力4300万吨。在建的项目也将于1996年前后相继投产，再新增深水泊位91个，新增吞吐能力7220万吨。

水运建设为水上运输的发展创造了有利条件。水上运输生产摆脱了1988年以来徘徊不前的局面，开始回升。与1991年相比，客运量增长了3.1%，达到2.69亿人；旅客周转量增长了11.3%，达到197亿人公里；货运量增长了4.3%，达到8.7亿吨；货物周转量增长了2.7%，达到13300亿吨公里。直属水运企业完成的重点物资运输任务有较大增长。其中煤炭增长了15.8%，原油增长了9%，粮食增长了3.8%。沿海主要港口吞吐量继续保持高速增长的势头，比上年增长13.5%，达到6.04亿吨，其中外贸吞吐量增长6.1%，达到2.08亿吨；国际集装箱吞吐量增长26.7%，达到240万标准箱。内河主要港口吞吐量比上年增长5.5%，达到2.6亿吨，其中外贸吞吐量增长19.5%，达到1300万吨。滚装运输、陆岛运输、江海直达运输和旅游运输也有了较大发展。

我国水运业当前存在的主要问题是运输能力的增长跟不上运输需求和运输量的增长，严重滞后于国民经济的发展。同时，内河水运的优势未得到充分利用。

目前沿海港口吞吐能力严重不足。“七五”期间沿海主要港口吞吐量增加了2亿吨，但吞吐能力仅增加1.5亿吨，而且1990年投产的泊位尚不能马上达到设计能力，实际上可使用的吞吐能力仅增加9000万吨。大连、秦皇岛、天津、青岛、连云港、上海、广州、湛江八大港口实际完成的吞吐量超过设计吞吐能力的20%以上，长期严重超负荷运转。大多数货种泊位能力均有较大缺口，特别是煤炭卸船能力、集装箱吞吐能力以及堆存、疏运能力严重不足。沿海港口作业船与待作业船比由1990年的1：0.86上升到1992年的1：1.2，日均待作业船高达近180艘，压船压货严重。

内河航运落后状况仍未改变，航道大部分处于自然状态，高等级航道极少，碍航闸坝多。到1990年底，通航300吨级以上船舶的航道里程仅占内河通航里程的11%，通航千吨级以上船舶的航道里程仅占内河通航里程的5%，并大部分集中在长江干线，80%以上的航道只能通航100吨级以下的船舶，干支不能直达，水系互不沟通，运输不能成网，增加了中转倒载环节，造成我国内河航运船舶吨位小，运输驳船平均吨位仅70吨，运距短，效率低，成本高。内河港口约有40%的岸线处于自然状态，泊位严重不足，库场缺乏，50%以上的内河港口没有装卸设备，完全靠人力装卸。大部分内河港口的客运设施相当落后，许多甚至露天候船、购票。内河航运企业几乎全面亏损，陷入严重困境。由于内河航运落后的状况仍未改变，使内河航运的优势难以发挥出来。

运力紧缺，船舶老旧。沿海水运企业煤船和油船运力严重不足。近年来沿海客运量以每年6%以上的速度递增，而客船运力却几乎没有增加，脱班断航情况也随时可能发生。沿海船队20年以上船龄的船舶已占全部运力的20%左右；远洋船队平均船龄已达15年；内河船舶中严重失修和不符合建造标准的约占40%左右。

水上安全监督和导航缺少现代化手段，船舶吨位小、航速慢；航标设施老旧、亮度不够；救助打捞缺少快速有效的救生设备；消防设施严重不足，长江水上消防基本上是空白；通信设备设施落后，相当多的通信设备还是四五十年代的老旧产品，通信不畅的问题极为突出。因此，一旦发生海事，难以组织有效的施救。运输组织管理也缺少现代化的计算机和通信手段，不能为货主和旅客提供大量运输信息，无法对货物运输实行跟踪管理，没有形成高效的联运网络，运输能力难以得到充分利用。

造成这些问题的原因是多方面的，主要有：

1. 在指导思想上，长期以来未把发展水运业提高到应有的位置，突出表现为对水运投资长期严重不足。水运业固定资产投资占全国全民所有制单位固定资产投资总额的比重，“四五”为3.3%，“五五”降低到2.8%，“六五”又进一步降低到2.3%，“七五”与“六五”一样，仍为2%左右，远低于“四五”3.3%的水平。投资不足是导致沿海港口能力严重不足和内河航运落后面貌迟迟不能改变的主要症结。

2. 水运运价过低，严重背离运输成本。1985年到1990年，水运企业的运输总成本上涨了1.04倍，年均上涨15%，而运价虽然几经调整，却抵不上因物价上涨引起的运输成本上涨幅度。1990年直属水运企业、下放港口和地方国营水运企业每百元固定资产原值实现的利税仅为9.67元、9.91元和5.85元，分别仅为同期全民所有制独立核算工业企业每百元固定资产原值实现利税的74.7%、78.5%和45.2%。运价过低，严重背离运输成本的状况极大地影响了水运业的发展，使水运业缺少自我维持和自我发展的能力，导致水运业资金利润率过低，无法吸引其它行业以及国外建设资金流入交通行业，严重限制了水运建设的资金来源，并且造成运输需求过度膨胀，使已经很紧张的运输能力更为紧张。

3. 国家在生产力布局上，长期以来忽视了沿江工业布局，未形成沿江工业走廊，致使水运优势难以发挥出来。我国发展内河水运业具有十分优越的自然条件，长江水系通航里程达7万多公里，覆盖全国16个省市，加上南方的珠江水系、北方的黑龙江水系和贯通南北的京杭运河，流域面积超过半个中国，几大水系直通太平洋。内河水运的优势在于运量大、能耗低、投资省、运输成本低、占地少，尤其适于特大、特长、特重的设备和大宗散货运输，而且不仅提供运输条件，并可满足沿江重工业大量用水的需要。因而世界上发达国家都非常重视发展沿江工业带。美国从1952年到1977年沿密西西比河新建和扩建企业1万多个，总投资约2000亿美元，使美国93%的冶金企业都布置在密西西比河沿岸，形成了钢铁走廊。前联邦德国在第二次世界大战后，沿莱茵河新建工厂450家。前联邦德国的92家大型钢铁企业中，有66个集中在莱茵河沿岸。我国在工业布局上长期以来则集中于铁路沿线，忽视了沿江设厂，致使内河运量不足，内河水运难以发展起来。运输比价也不合理，一些地区内河运价高于铁路运价，再加上水运时间长的弱点，就很难与铁路和公路竞争。

90年代国民经济加快发展使我国水运业面临着更严峻的形势。为尽快改变我国水运业薄弱落后的局面，从“八五”开始，要用几个五年计划的时间，重点强化海上南北运输大通道和内河通航千吨级船舶航道所组成的航道、港口、船舶相结合的水上运输通道，并建设包括大连大窑湾、宁波北仑、湄州湾和深圳大鹏湾4个国际中转深水港区在内的一批主枢纽港口。到2000年，沿海港口中级以上生产性泊位需达到1000多个，其中深水泊位约600多个，使外贸船在港作业比达到1：1，即，一条船作业的同时，锚地待作业一条船；主要货种装——卸——运的能力达到相互平衡。内河航运，需在长江、珠江、黑龙江、京杭运河和淮河建成300吨级以上航道1万多公里，基本形成以三级以上航道为骨架，以四五级航道为基础的内河航运网络，连通区域内省会、主要工矿基地、交通枢纽、主要城镇及发达的工农业经济区域，将目前只能通航50至100吨级船舶的干线和主要支流航道提高到通航500至千吨级顶推驳船队的标准，使干线和主要支流基本实现直达运输。全社会民用轮驳船保有量需有一个较大发展，使能源运输车船基本能满足能源运输需要，并加快建设集装箱、汽车滚装运输、散装水泥船和新型客船。需建成以卫星通信为主的全国交通专用长途通信网以及海上遇险和安全系统，解决交通通信不畅的问题，并能承担国际海事组织强制要求的全球海上遇险安全通信任务；需在我国沿海重要水域、港口辖区以及长江口、珠江口建立起较为完整的水上安全监督体系和不同等级的船舶交管系统，使沿海灯塔成链，沿海救助站点基本布齐，水上消防、救生和防污染的空白得到填补，并争取使我国航海教育迈入国际先进水平。

到2000年前沿海港口建设的重点是进一步完善海上煤炭运输系统，使装、卸船能力配套；加速建设和完善国际集装箱运输系统；建设滚装码头设施，发展滚装运输；相应建设其它主要货种的海上运输系统。内河航运建设重点是长江水系、珠江水系和京杭运河。

实现上述目标，任务十分艰巨。首先应增加国家对水运建设的投资；其次，要广开资金渠道，采取各种优惠政策，鼓励社会各方面向水运建设投资；第三，扩大利用外资渠道，吸引外商合资建设港口、码头；第四，加强建设前期工作；第五，在财力、物力有限的条件下，要突出重点，集中力量加快建成一批对国民经济发展具有重大意义的骨干项目。

（董学博）

1992年中国邮电通信业的投资建设

邮电通信业是社会的基础设施，是国民经济的先行产业，是社会生产力的重要组成部分。党的十一届三中全会以来，邮电部门坚持以通信建设为中心，把增强通信能力和发展通信业务放在重要位置。1992年全国邮电部门认真贯彻邓小平同志南巡谈话和党的十四大精神，进一步解放思想，转变观念，深化改革，积极探索在社会主义市场经济中加快通信发展的新路子，使邮电通信又跃上一个新的台阶，成为国民经济基础设施中发展最快的产业之一，为我国经济建设和对外开放提供了必要的条件。

一、邮电通信业投资规模和构成

1992年全行业固定资产投资完成162.49亿元，比上年增长88.8%。国家和部属重点工程项目进展顺利，全国邮电通信面貌发生了明显的变化，一个全方位、多层次加快通信发展的新格局正在形成。在1992年完成的162.49亿元中：

按资金来源划分，国内贷款、利用外资和自筹资金完成投资占95%，依资分别为6.7%、13.2%和75.1%，而国家预算内拨款仅占2.9%，与1978年国家预算内拨款完成数占完成总投资的89.9%相比，资金来源发生了显著的变化。

按基本建设和技术改造措施划分，前者完成47.87亿元，占29.5%，后者完成114.62亿元，占完成投资总额的70.5%。基本建设新增固定资产32.5亿元，建设项目投产1117个，竣工建筑面积190.1万平方米，房屋建筑面积竣工率为36.5%；技术改造措施新增固定资产79.9亿元，建设项目投产2565个，竣工建筑面积113.2万平方米，房屋建筑面积竣工率为51.4%。

按事业划分，邮电通信专业完成投资153.9亿元，占94.7%，教育占1.8%，工业占1.3%，其它占2.2%。邮电通信专业完成投资中，邮政占3.9%，电信占84.3%，邮电共同占6.5%。电信完成投资中，市话占49.9%；传输与交换占19.8%，其中光缆占7.1%，微波占4.7%；新兴业务的移动通信设备（含无线寻呼）占7%。

按地区划分，投资完成额所占比重依次为：中南区33.8%，华东区25.3%，华北区15.9%、东北区11.0%，西部区7.4%，西北区4.6%，部直属单位2.0%。在31个省（区、市）邮电管理局中，投资完成额占前十位的单位依次是：广东、江苏、北京（电）、辽宁、湖南、四川、上海、福建、湖北和黑龙江。完成投资额占总投资额的比重最高的广东为20.1%，占第5位的湖南为4.4%，占第10位的黑龙江为3.4%。完成投资较好的地区，既有东部沿海经济发达地区，亦有中部，西南和东北地区。

按用途划分，生产性建设完成投资152.3亿元占93.7%；非生产性建设完成投资10.2亿元，占6.3%，其中住宅投资占4.1%。

按建设性质划分，新建项目完成投资37.8亿元，占23.3%，扩建项目占51.9%，改建或更新改造项目占23.8%，其它占1%。

按投资构成划分，建筑安装工程完成投资72.2亿元，占44.4%，设备工具器具购置完成投资84.2亿元，占51.8%，其它占3.8%。

二、邮电通信业投资建设成就

随着邮电投资的不断增加，全国邮电通信能力不断增强，成果十分显著。

1. 邮政通信设备增加，服务水平改善。

1992年新增邮政生产用房57.3万平方米，比上年增加9.6%，达到651.4万平方米，邮电分支机构生产条件有了较大改善。邮电局所总数达到54891处。

邮路总长度，1992年末达497.87万公里，其中航空邮路42.39万公里，铁道邮路18.95万公里，自办汽车邮路43.23万公里，委办汽车邮路29.12万公里。邮政运输已基本形成由航空、铁路、汽车及水运紧密衔接、互相配合的干线运输网。为保证运邮的需要，邮运车辆进一步增加。1992年自备火车邮厢达到586辆，邮运汽车达到14078辆，比1978年分别增加214辆和7356辆。

邮政机械化设备增加，自动化水平提高。1992年底，全国邮政设备有了一定的规模，有报刊捆扎机686台，包裹分拣机163台，包件收寄机4248台，自动出售机57台，邮袋分拣系统71套。比上年增加最多的是报刊捆扎机，增加128.2%，增加最少的是自动出售机，增加83.8%。这些设备的大量配置，基本建立了邮件的传输、贮存、开拆、除尘降温、分拣封发系统布局和机械化处理体系。

邮政通信服务水平显著改善。到1992年底，邮电局所总数达到54891处，比上年增加885处。在局所总数中，自办局所39290处，代办所15601处。设在农村的44364处，占邮电局所总数的80.8%；报刊门市部和零售亭已达到9778处，邮票代售处已发展到93596处，邮政储蓄网点达到19913处，信箱信筒达到18万多个，农村信报站已发展到26万多个；全国有74.5%的乡（镇）设有邮电局所，通邮路的乡（镇）比重达99.2%，通邮路的行政村比重达96.4%；有20多个省会以上城市的住宅楼基本上实现了全部通邮。全国平均每人使用函件4.92件，比1978年增加1.56件，每百人订有报刊22份。

2. 国内长途自动电话骨干网基本形成。近几年来，干线网建设已全面铺开。1990年9月13日，西藏拉萨市长途自动电话对端设备正式开通，并进入全国长途自动电话网，它标志着中国长途自动电话骨干网基本形成。到1992年底，全国长途自动交换机容量为52.19万路端，比上年增加23.56万路端，其中长途程控交换机容量为50.59万路端，比上年增加22.98万路端，长途程控交换机容量占长途自动交换机容量的96.93%。长话业务电路总数为23.43万路，比上年增加8.25万路，其中一级电话3.57万路，比上年增加1.35万路。在业务话路中，自动电路数为19.25万路，自动、半自动电话共计20.3万路，占长话业务电路数的比重达86.45%。

3. 全国电话网总容量已接近3000万门。全国市内电话交换机总容量1992年已达1355.5万门，比上年增加322.35万门。在市内电话交换机总容量中，程控交换机容量1992年达945.15万门，占总容量的比重由上年的55.2%上升为69.73%。全国农话交换机总容量1992年已达559.56万门，比上年增加100.52万门。加上与公用网联网的小交换机，全国电话网总容量已接近3000万门。已进入世界公用网容量前10名。

4. 通信网的技术水平、自动化程度进一步提高。1992年开通程控电话的城市达到640个，进入国内直拨网的城市达到1497个，进入国际直拨网的城市达到917个；全国通过自动网疏通的长话业务的比重由上年的76%上升到86.4%，多数省实现了地市以上城市电话交换程控化和长途传输数字化。

5. 经济效益稳步提高

邮电通信企业在通信能力不断增强的有利条件下，转变观念，强化经营意识，面向市场，开拓市场，积极发展业务，努力改善服务，满足不同层次用户的需要，取得了较好的社会效益和企业效益。

1992年完成邮电业务总量290.9亿元，比上年增长42.3%。其中中央国营业务总量完成264.8亿元，比上年增长41.7%，地方国营业务总量完成26.1亿元，比上年增长48.8%。全年完成业务收入252亿元，比上年增长42.8%；实现利润74.1亿元，比上年增长37.5%；上交利税35.78亿元，是历年来最多的。全员劳动生产率达到32804元/人，比上年提高了37%。

三、几点体会

改革开放14年来邮电固定资产大幅度增长，累计完成投资521亿元，为前30年的11倍。1992年投资增长迅速，邮电事业发展达到新水平，是改革14年来邮电改革与发展的集中体现。成绩的取得，根本原因就是全国百万邮电干部职工坚持党的“一个中心、两个基本点”的基本路线，认真实践邓小平同志建设有中国特色社会主义理论，逐步探索和形成一条加快邮电通信发展的新路子。我们的体会是：

1. 坚持邮电通信是社会生产力的观点，明确邮电是经济发展的战略重点。是社会的的基础设施和对外开放的必要条件，必须予以优先发展、超前发展。

2. 坚持以通信为中心，加强综合平衡，搞好发展规划，把增强通信能力和发展通信业务放在首要位置，使各专业、各系统、各地区协调地发展，以适应国民经济发展的需要。

3. 坚持依靠政策多渠道筹集资金。坚持依靠各级政府的领导和支持，贯彻“统筹规划、条块结合、分层负责、联合建设”的方针，调动社会各方面的积极性；敢于负债经营，运用价值规律，不断增强自我积累和自我发展能力。

4. 坚持依靠科技进步，应用高新技术，加快通信现代化。牢固树立科技是第一生产力的观点，实施通信技术“三个层次”的发展战略。

5. 坚持因地制宜、突出重点、分步实施、协调发展的原则，结合不同地区经济和社会发展的具体情况，既超前于国民经济发展，又符合当地实际。

6. 坚持以内涵为主的扩大再生产，充分发挥现有企业、现有基础的潜力。积极采用新技术、新设备、花钱少、见效快，效益好。

随着改革开放进入一个新的发展阶段，邮电通信将面临再一次需求浪潮的冲击。这次需求浪潮与80年代初期和中期两次需求浪潮相比，来势更迅猛，范围更广泛，程度更迫切，对通信手段的要求更趋多样化和高科技化。市场经济对作为信息传播主轴的邮电通信提出了更大的需求，人民消费水平日益提高，家庭通信需求急剧增长；国民经济发展速度加快，要求邮电通信继续保持较高的增长势态。所有这些，要求邮电通信不仅要有量的增加，而且要有质的飞跃。但当前通信供需矛盾依然存在，邮电部门能提供的通信能力还不能完全满足改革开放的需要。这就要求邮电部门在今后的工作中，遵照邓小平同志的国民经济三步走的战略思想，进一步解放思想，转变观念，深化改革，抓住机遇，根据邮电部门实际，规划发展目标，加快超前发展。当前，邮电通信基本适应了国民经济发展的需要，这是贯彻邮电发展目标第一步取得的。“八五”和“九五”期间是走第二步，即向适应小康水平的通信需要迈进。21世纪的20至30年代将走第三步，那时电话普及率将提高到40%，通信普遍采用了新技术，开发了各种新业务，基本建成适应中等发达国家水平的现代化通信网，进一步适应国民经济发展的需要。

（王学勤　王常贵）

1992年中国钢铁工业的投资建设

一、新中国成立以来钢铁工业投资建设简况

新中国成立以后，经过40多年的建设，钢铁工业从小到大，已经形成了包括采矿，选矿、烧结（球团）、焦化、冶炼、轧钢以及相应的耐火材料、铁合金、炭素制品在内的、门类比较齐全的生产体系。钢产量从1949年仅15.8万吨提高到1991年的7100万吨。到1991年底止，全国共有钢铁企业1637个（包括铁合金、耐火材料、机修、矿山等），其中年产钢100万吨以上企业17个，1991年这17家企业产钢4471万吨，占当年全国钢产量的63%。宝钢、鞍钢、首钢、武钢已发展成为年产钢500万吨以上综合生产能力的特大型钢铁企业。本钢南芬铁矿、鞍钢齐大山矿、首钢水厂铁矿、攀矿等已成为年产铁矿石1000万吨级特大型矿山。包钢、本钢、太钢、攀钢、唐钢、马钢等企业正在向年产钢300万吨规模迈进。此外，一批重点特殊钢厂如齐齐哈尔、抚顺、大连、长城、贵阳、大冶、舞阳、西宁等都分别形成了年产优质特钢30～50万吨的生产能力；地方骨干钢铁企业经过有计划的技术改造，已发展成为一支重要的力量，其中邯郸、济南、安阳年产钢已超过100万吨，1991年地方骨干企业产钢1615.3万吨，占全国钢产量的22.8%；这些企业在国民经济发展中正在发挥着重要的作用。

据统计，从1949年到1991年底，钢铁工业固定资产投资总计约1811.34亿元，其中基本建设投资1141.49亿元，更新改造投资669.85亿元，固定资产原值1320亿元，各时期固定资产投资额及构成见图2—1。

改革开放以来，尤其是“七五”以来，钢铁工业在以前发展的基础上，投资重点转向对现有企业的改造、扩建，技改投资在固定资产投资中的比重逐年增加，“五五”为24.9%，“六五”为41.8%，“七五”增加到54.2%，超过基本建设规模。这期间，除新建宝钢外，其余大部分企业都进行了不同程度的现代化改造。在建设方针上，坚持走依靠老企业挖潜、改造、配套、扩建的发展道路，加快了钢铁工业的发展。“七五”期间在全行业完成的658亿元固定资产投资中，用于老企业改造、扩建的投资500多亿元，占77%。在新增2100多万吨炼钢能力中，除宝钢300多万吨外，其余1800万吨是通过老企业改造、扩建（包括自然增长）形成的。

在基本建设方面，相继建成了宝钢二期的热连轧、冷连轧、连铸工程及二号高炉系统的主体工程，同时完成了武钢“双五百”配套，本钢一米七轧机改造配套、攀钢和唐钢的两座1200立方米级的高炉系统以及包钢矿山配套工程等。这些新建项目技术水平都比较高，特别是代表着当代钢铁工业国际先进技术水平和管理水平的宝钢二期工程的基本建成，对我国钢铁工业将继续发挥引进、消化、吸收和跟踪先进技

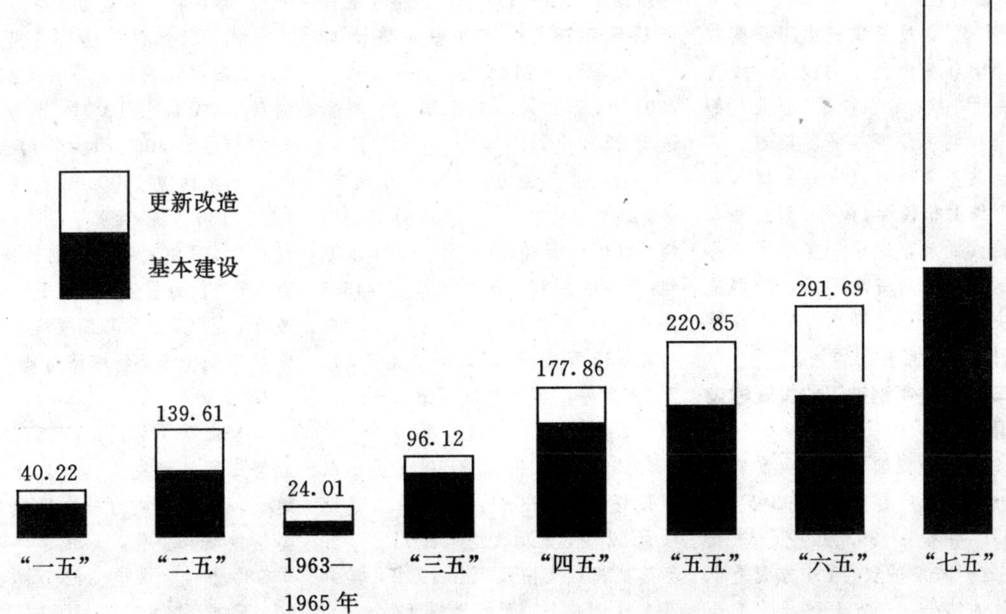

图2—1　钢铁工业各时期固定资产投资额及构成(亿元)

术的基地和样板作用。

在技术改造方面，一批重点企业和地方骨干企业进行了全厂的综合改造，通过配套、填平补齐等措施，充分发挥了企业的综合生产能力。如：鞍钢、首钢、包钢、马钢、重钢等重点企业，以及邯郸、安阳、昆明、柳州、通化等地方骨干企业都是在“七五”期间进行综合配套、改造，使企业经济效益有较大幅度提高。鞍钢对炼铁系统，包括烧结、球团和高炉进行了系统改造；马钢、酒钢、首钢、唐钢以及地方骨干企业的10多套高速线材轧机建成投产；宣钢、重钢和邯郸建成了1200立方米级的高炉系统；为了提高产品质量，冶金部组织重点企业的462个按“双标”组织生产的钢材品种生产线以及发展连铸、节能降耗等一系列技术改造项目，取得了老企业改造的经验。

国家投资体制发生了一系列重大改革，对钢铁工业来讲主要体现在两个方面，一是计划内经营性项目的投资由拨款改为银行贷款，建设资金有偿使用，同时钢铁工业固定资产投资中由国家计划安排的贷款比例逐年减少，企业自筹资金比例加大；二是随着收入分配体制的改革，由过去财政“统收统支”改为“分灶吃饭”，投资渠道由国家拨款的单渠道转变为预算内拨款、拨改贷、银行贷款、地方自筹、企业自筹及集资和利用外资等多种渠道。资金来源的多渠道可以充分发挥各方面办钢铁的积极性。此外，利用外资也有较大发展，这在一定程序上弥补了钢铁工业的资金不足，特别是对解决一些重点建设项目的资金缺口起到了十分重要的作用。

二、1992 年钢铁工业投资建设基本情况

1992 年是我国钢铁工业发展较快的一年，钢产量完成 8093 万吨，比 1991 年增加 993 万吨，增长 14%。这一成绩的取得，一方面是市场牵动的结果，一方面则是改革开放以来，钢铁工业累计完成固定资产投资达 1470 亿元，老企业改造及宝钢等新企业建设取得显著成绩，到 1992 年底全国已形成钢的综合生产能力达 8500 万吨，为生产发展打下了可靠物质基础。

1. 固定资产投资完成情况

1992 年是钢铁工业投资执行得比较好的一年，也是历史上投资额最高的一年，全行业完成固定资产投资 220.78 亿元，比 1991 年完成 163.39 亿元提高 35%，其中基本建设投资 108.52 亿元，更新改造投资 112.26 亿元，新增固定资产 140.91 亿元。

2. 建设资金来源及构成

在完成 220.78 亿元固定资产投资中，用于生产性建设投资完成 196.80 亿元，其中基本建设 99.28 亿元，技术改造 97.52 亿元，用于非生产性建设投资完成 23.98 亿元，其中基本建设 9.24 亿元，技术改造 14.74 亿元。资金来源：国内贷款 80.18 亿元，占 36.3%，利用外资 29.59 亿元，占 13.4%，自筹资金 98.92 亿元，占 44.8%，具体情况见表 2—4。

3. 施工项目及新增生产能力

1992 年钢铁工业共施工项目 3694 个，其中基本建设项目 258 个，更新改造项目 3436 个。当年建成投产项目 2178 个，其中基本建设 13 个，更新改造 2165 个。新开工项目 2301 个，其中基本建设 57 个，更新改造 2244 个。

新增生产能力：采矿 356 万吨/年，选矿（处理原矿）155 万吨/年，烧结 135.5 万吨/年，炼焦 101.3 万吨/年，生铁 107 万吨/年，钢 443.7 万吨/年，连铸 326.4 万吨/年，一次精轧 131 万吨/年，二次精轧 70.42 万吨/年等，具体情况见表 2—5。

4. 重点项目建设情况

1992 年钢铁工业 5000 万元以上投资项目 123 个，其中基本建设项目 52 个，更新改造项目 71 个。当年建成投产大中型项目 19 个，其中基本建设 6 个，更新改造 13 个。

（1）基本建设项目情况

列入国家合理工期项目的 5 个重点工程进展比较顺利：

攀枝花钢铁公司完成投资 9.52 亿元，超额完成年初计划。二期工程的 1450mm 热连轧板机组已进行负荷试车，该套轧机设计能力年产 100 万吨热轧板卷，是我国西南地区建设的第一套板带轧机，填补了西南地区不生产板材的空白局面。为热连轧机配套的 1350mm 板坯连铸机主体设备基本安完。自备电厂第一台 10 万 KW 机组建成发电。年设计能力 50 万吨的 1220mm 冷连轧工程已破土动工，年内完成土石方平整 45 万立方米。

太原钢铁公司尖山铁矿扩建工程（计划新增采矿、选矿能力各 400 万吨/年），克服了征地和矿山掘进中遇到的岩石破碎出水等问题，使主平峒、尾矿隧道掘进基本完成，主厂房完成土建，开始设备安装。

马鞍山钢铁公司 2500 立方米高炉及配套工程在施工中努力克服拆迁和部分设备基础构造复杂等困难，高炉主体及 300 平米烧结机、工业港码头等主体设备基本安装完，部分设备具备了单机调试条件，为 1993 年全面建成投产创造了有利条件，届时将新增炼铁生产能力 175 万吨/年，烧结矿能力 300 万吨/年。

武钢三炼钢工程已正式开工建设，主要建设内容有码头改扩建、原料厂扩建、铁水预处理、两台 250 吨转炉（能力 400 万吨/年）、钢水精炼、一机两流 1500mm 板坯连铸机（能力 180 万吨/年）等，该工程建成投产后，可使武钢由目前铁钢“双五百”万吨能力提高到“双七百”万吨。另外，与“双五百”工程配套的七号焦炉建成投产，新增炼焦能力 55 万吨/年。

宝山钢铁总厂二期工程收尾和配套工程已经完成。经过十几年的建设，宝钢已成为一个现代化的大型钢铁联合企业，形成了年产烧结矿 980 万吨、焦炭 342 万吨、生铁 650 万吨、钢 670 万吨、连铸坯 400 万吨、热连轧板 400 万吨、冷连轧板

210 万吨、无缝管 50 万吨的综合生产能力，为我国钢铁工业上现代化的新台阶起到了重要的样板作用。

一批重点建设项目如舞阳钢铁公司 90 吨超高功率电炉（能力 37 万吨/年）和 1900mm 板坯连铸机，成都无缝钢管厂 φ220～280mm 管坯连铸和 φ177 轧管机组等经过试生产情况良好。天津无缝钢管工程取得显著进展，目前我国最大的 150 吨超高功率电炉及连铸机已建成投产，φ250 限动芯棒连轧管机组完成了负荷试车，该机组设计年产 50 万吨无缝钢管，其中 35 万吨石油专用管，为缓解我国石油用管供需矛盾将起到十分重要的作用。梅山 1442mm 热连轧板机组自 1991 年末开工以来，1992 年基本完成了主厂房结构，该机组为引进日本二手设备，原设计能力 200 万吨/年左右，预计 1994 年建成。

计划新开工的 7 个项目全部实现了预定目标：

设计能力为 70 万吨/年的本溪

表 2—4　1992 年钢铁工业建设资金来源

单位：亿元

	全行业		基本建设		更新改造	
	小计	占比例	小计	占比例	小计	占比例
合计	220.78	100%	108.52	100%	112.26	100%
国内贷款	80.18	36.4%	48.29	44.5%	31.89	28.4%
利用外资	29.59	13.4%	27.84	25.6%	1.75	1.6%
自筹资金	98.92	44.8%	24.37	22.5%	74.55	66.4%
国家预算内拨款	2.01	0.9%	1.86	1.7%	0.15	0.1%
煤代油资金	0.97	0.4%	0.97	0.9%		
其它	9.11	4.1%	5.19	4.8%	3.92	3.5%

表 2—5　1992 年钢铁工业建设项目新增生产能力

单位：万吨/年

	全行业	基本建设	更新改造
采矿	356	162	194
选矿（处理原矿）	155	14283	13
选矿（精矿粉）	134.9	42.6	92.3
烧结矿	135.5	4	131.5
烧结球团矿	6		6
炼焦	101.3	55	46.3
生铁	107	10	97
钢	443.7	103	340.7
初轧	2		2
一次精轧	131	20	111
二次精轧	70.42	20.4	50.02
连铸	326.4	153.9	172.5
金属制品	1.1		1.1
铁合金	14.72	8.38	6.34
耐火材料	10.93	0.95	9.98

钢铁公司1700mm冷连轧机工程已破土动工。

成都无缝钢管厂电站用钢工程开始土建，1992年完成了“三通一平”和主厂房基础设施建设及钢结构立柱吊装，当年完成投资5000万元。该项目将新建90吨电炉车间，改造合金管加工热处理作业线，新增高压锅炉管能力3万吨/年。

唐山钢铁公司扩建炼铁二期工程将新建一座1260立米高炉，一台180平米烧结机及相应配套辅助设施，新增炼铁能力75万吨/年，烧结矿180万吨/年。1992年完成了高炉炉壳吊装，热风炉砌筑及烧结主厂房封闭。

天津第二钢丝绳厂中细钢丝扩建工程，新增钢丝绳生产能力4万吨/年，1992年开始进行设备安装。

太原钢铁公司年设计能力为160万吨的1549mm热连轧机组、武钢三炼钢工程及洛阳耐火优质镁铬砖工程已开工建设。

(2) 更新改造项目情况

为适应“八五”期间钢铁工业上现代化水平、工艺技术和装备水平、品种质量水平新台阶的需要，在“八五”技术改造专项规划中把发展品种、提高质量、节能降耗及加快连铸技术发展放在了突出重要的地位。在品种质量方面重点安排了增产国民经济各行业发展所需要的短缺品种方面的项目，如大型电站用钢、煤炭用钢、铁道用钢、汽车用钢、化工、化肥用钢以及农业、建筑、轻工、纺织等部门用钢。在发展连铸方面，新建和改造一批连铸机，建成10个全连铸车间，并抓好现有小方坯连铸机的配套改造。在节能降耗方面，推广系统节能经验，安排了一批高炉喷吹煤粉、煤气回收、余热利用、热电联产和废钢加工回收等方面的项目。这批项目根据前期工作和建设条件都有了不同程度的进展，1992年共实施项目70个，其中当年建成36个，新开工31个。

电站用钢方面重点安排了4个项目：

本溪钢铁公司汽轮机叶片钢项目，主要改造二炼钢、锻钢、一轧、二轧等车间，增产汽轮机用叶片钢3000吨/年，已于1991年开工建设，1992年完成投资1800万元，预计1993年建成投产。

上海钢管厂小口径高压锅炉管项目，主要建设内容是利用原有厂房，引进φ114无缝钢管轧机、保护气氛热处理炉、移动式光谱仪、油墨喷射打印机、无损探伤等技术设备，对现行工艺进行改造，增产小口径高压锅炉管2.5万吨/年。1992年新开工，当年完成投资5800万元。

齐齐哈尔钢厂高压锅炉管项目，引进φ114无缝钢管轧机和张力减径机等技术设备，增产高压锅炉管2万吨/年。1992年完成投资2200万元。

衡阳钢管厂高压锅炉管项目，引进锥形穿孔机、半浮芯棒连轧机和张力减径机等技术设备，新增高压锅炉管能力2.5万吨/年，1992年完成“三通一平”，计划1993年全面开工建设。

铁道用钢方面，马鞍山钢铁公司车轮轮箍系统改造，主要内容是改善钢质，引进SKF炉，扩建整模车间，改进车轮轮箍质量，引进加工机床及检测设备，新增车轮轮箍5万吨。1990年开工建设，1992年主要进行了炼钢改造，环形加热炉土建等，预计1993年投产。

石油用钢方面，成都无缝钢管厂石油管二期改造工程，引进关键设备改造石油管加工车间，石油管能力由6万吨/年提高到10.5万吨/年，1989年开工建设，1992年全部建成。贵州钢绳厂改造现有生产线，增产石油用超长绳3000吨，于1992年建成。

煤炭用钢方面，石嘴山钢铁厂增产7000吨/年矿用钢丝绳项目于1992年建成。鞍山钢铁公司中型厂轻轨生产线改造，增产22公斤/米轻轨5万吨/年，于1992年建成。

汽车用钢方面，长春钢厂和下陆钢铁厂增产汽车用含硫易切钢共1.4万吨/年，于1992年开工建设。

机械用钢方面，抚顺钢厂模具钢生产线改造，新增模具钢2000吨/年，于1992年开工建设。

在发展连铸生产方面，10个全连铸车间于1992年全部建成，它们是天津钢厂二炼钢、唐山钢铁公司一炼钢、邯郸钢铁总厂二炼钢、南京钢铁厂、马鞍山钢铁公司二炼钢、安阳钢铁公司二炼钢、涟源钢铁厂、韶关钢铁厂、江西新余钢铁总厂及上钢三厂，共新增连铸生产能力237万吨/年。

节能降耗方面当年新开工建设了包头钢铁稀土公司和本溪钢铁公司高炉喷煤粉、陕西钢厂和贵阳钢厂废钢加工等项目。

另外，在地方及企业自筹安排的限额以上项目中，攀枝花钢铁公司巴关河渣场，建接替渣场，可弃渣45年；河北石家庄焦化厂建30孔、43孔焦炉各一座，年增产焦炭47万吨；鞍山钢铁公司引进3.5万立米制氧机；抚顺钢厂按钢35万吨、材28万吨配套改造；上钢五厂引进30万吨合金钢棒线材轧机一套，增产棒线材23万吨；无锡钢厂炼钢改造，新增炼钢能力16万吨/年，等均已建成投产。河北邯郸钢铁总厂按钢100万吨、铁120万吨、材93万吨配套改造；河北涞源支家庄铁矿配套改造，采选能力由40万吨提高到160万吨；合肥钢铁公司按钢60万吨、铁50万吨、材40万吨配套改造；安阳钢铁公司按钢90万吨、铁94万吨、材78万吨配套改造；重庆钢铁公司转炉车间改造，新增炼钢能力80万吨/年；这些项目建设都取得了较大进展，预计在今后一、两年内将建成投产。

三、主要经验及存在问题

1992年钢铁工业投资建设继续坚持了走依靠老企业挖潜、改造、配套、扩建的发展道路，并把品种、质量、节能降耗、提高效益放到了突出重要的地位。投资建设体现了以满足国民经济各部门急需的短缺钢材品种为重点，切实提高产品质量，把企业改造到提高技术装备水平、适应市场需求的品种和质量水平上来。在具体的建设项目上，以生产高质量产品为宗旨，把优化产品、优化工艺、优化设备做为一项系统工程来抓。同样是改造、配套完善生产线，过去我们以“双标”组织生产，取得了较好的效果，在总结经验的基础上，现在我们以产品为龙头，以真正适应用户要求为目的，以提高工艺、技术装备水平为保证，投资建设具有了更加明确的针对性。

在资金筹措方面，进一步加强了利用外资工作。初步统计，1992年钢铁工业共签定利用外资合同75976.55万美元，比1991年增长40.71%，其中签定对外借款69599.7万美元，比1991年增长57.84%，外商直接投资“三资”企业40家，投资额为5569.69万美元，比1991年多16家。在抓紧大中型项目利用外资工作的同时，一些企业的限额以下项目也积极争取外资贷款，如重庆特殊钢厂热电站工程和通化钢铁公司高炉除尘、煤气回收工程都分别从亚行争取到部分贷款。外资渠道不断拓宽，项目不断增多，建设内容也在不断扩大。

从1992年具体项目实施情况看，在重点项目的组织实施方面也有一些比较好的经验和体会：

一是建设项目前期工作抓的比较紧，部领导十分重视这项工作，亲自主持会议进行研究。纳入“八五”计划的重大基建、技改项目（不包括“七五”结转项目）85项，其中基建51项，技改34项，到1992年底已审批可行性研究36项，其余49个项目的可研与项目建议书初审、上报催批及有关协调工作也都有具体进度要求，落实到人。经过努力，“八五”计划安排的一些关系到钢铁工业发展全局的重大建设项目，基本上可以在1993年前全部开工。

二是年初定期召开“五对口”工作会议，落实年度投资计划，协调安排重点工程的资金筹措、设计、施工、设备订货、材料供应等方面的工作，有问题及早暴露，及早安排解决，以保证当年投资计划的顺利进行。

三是在建设任务重的钢铁企业不定期召开现场办公会，实地协调解决重点工程建设中遇到的各种问题和困难，如由部领导亲自参加的攀枝花钢铁公司二期工程现场办公会、鞍山钢铁公司现场办公会、重庆钢铁公司现场办公会等，对这些企业建设项目的实施起到了积极的推动作用。

四是建设、施工、设计、设备制造等单位通力合作，这几年成立了以建设单位为主、甲乙丙丁各方密切组织在一起的联合指挥部形式的班子，各方密切配合，互相支持，这是完成年计划和形象进度的一个关键。

1992年投资建设总的来说完成得比较好，但也有一些问题。一是有些大中型项目前期工作不理想，这里既有企业自身抓得不紧的原因，也有上级审批部门程序繁杂的原因，目前有些项目审批在行业部初审后，往往要经过咨询公司、银行、海关、机电产品进口协调办、原材料投资公司及计委、经贸委内部有关司局等单位和部门，需要做大量协调工作。二是在完成年度投资上仍有前松后紧的现象，一季度完成10%，二季度完成20%，三季度完成30%，四季度完成40%。另外有些重点项目特别是矿山项目，新开辟一个基地，与地方的关系、与当地农民的关系一直是个大问题。这些问题都有待于我们在今后的工作中进一步克服和改善。

（王晓齐　段永生）

1992年中国有色金属工业的投资建设

一、新中国成立以来有色金属工业投资建设简况

有色金属工业是国家重要原材料工业之一，新中国成立以来经过40多年的建设，在过去支离破碎，以卖矿砂原料为主的半殖民地性质工业的基础上，从无到有，从小到大，建成了具有一定规模的从教育、科研、勘察、设计、施工到生产经营、技术管理，门类齐全的比较完整的有色金属工业体系。有色金属工业战线职工达到130多万人，直属企事业单位发展到1195个。

新中国成立前，中国只能生产铜、铝、铅、锌、锡、锑、汞、金、银、铝、镁等有色金属和一些钨砂。新中国成立以后，有色金属工业不断向深度和广度发展，品种不断增加，到1992年底，我国已做到64种有色金属都能生产，为尖端科学和国防现代化提供了新型材料。10种常用有色金属（铜、铝、铅、锌、镍、锡、锑、汞、镁、钛）的年产量，从新中国成立初期的1.3万吨，发展到1992年的299.2万吨，仅次于美、苏、日三国，居世界第四位。

据统计，从1949年到1992年底有色金属工业固定资产投资总计完成608.7亿元，其中，基本建设424.7亿元，更新改造184亿元。基本建设新增生产能力10种常用有色金属矿的原料含金属量213万吨，最终金属184万吨。陆续扩建、改造和新建了十几个大基地，即山西铝厂、江西铜业公司、金川有色金属公司、白银有色金属公司、长城铝业公司、贵州铝厂、山东铝厂、青海铝厂、西南铝加工厂、葫芦岛锌厂、株州冶炼厂和凡口铅锌矿等。

有色金属工业投资建设管理体

制经历了两个阶段，1983年之前，隶属冶金部进行管理，这一阶段主要是计划经济和产品经济，投资主要以拨款为主，建设单位不需要偿还。1983年国务院决定把有色金属工业从冶金部划分出来自成体系，并成立经济实体性总公司，兼管全行业。中国有色金属工业总公司成立后，坚持改革开放，进行经济体制改革，大力推进有色金属工业投资建设，主要有以下几方面特点：

1. 固定资产投资大幅度增长，投资结构发生了显著变化。

1992年完成基本建设投资30.58亿元，相当于“六五”期间基本建设投资总和。在投资大幅度增长的基础上，品种结构向符合产业方针的方向转变，在有色总公司成立后不久，提出了有色金属工业坚持优先发展铝，积极发展铅锌，有条件地发展铜和有选择地发展有出口优势的锡和其它短线产品的方针。从1983年到1992年向铝工业投资110.68亿元，占同期基建总投资的51.3%；铅锌已由进口变成出口，1992年出口11万吨。

2. 投资无偿使用逐步变为有偿使用，投资渠道趋于多元化。

随着经济体制改革进行，有色投资的资金渠道发生很大变化，一是投资渠道增多，年度计划内投资渠道从“六五”初期4种，增加到“七五”时期的13种。二是投资中的无息或低息贷款投资逐年减少，而利息高的银行贷款投资逐年增加。不需偿还本息的拨款投资从1985年的1.68亿元，占年度计划10%，下降到1990年的4030万元，占年计划1.6%。低息的拨改贷投资，从1985年的4.32亿元，占年计划25%，下降到1990年的1.6亿元，占年计划7%，而利息高达10%以上的银行贷款，从1983年3亿元，占年计划17%，上升到1990年的12.2亿元，占年计划51%。面对投资渠道和结构变化，投资的无偿使用变为有偿使用，企业普遍开始增强还贷观念，增强了投入产出和经济效益观念。

3. 坚持走以内涵为主与外延相结合扩大再生产的道路。

新中国成立以来，经过40多年建设，有色金属工业已经有了一个相当坚实的基础，为了满足国民经济加快发展和市场需要，使有色产量和综合经济效益再上一个新的台阶，在生产增加同时，要确保一批调整结构、产品延伸，生产高质量、短缺品种的项目建设。并要以现有大中型企业技术改造和扩建为重点，要十分慎重地有选择地建设新的有色金属基地。同时，要深化投资体制改革，着手建立责任明、效率高、效益好的投资管理体制和运行机制。

二、1992年有色金属工业投资建设基本情况

1992年有色金属工业的固定资产投资，在认真贯彻国家关于加强和改善对投资总量和结构的宏观调控，加大投资结构调整力度，提高投资效益的总的精神指导下，投资安排上，优先保证重点投产和收尾项目，在固定资产投资和新增能力方面，全面完成了计划。

1. 固定资产投资及构成。

1992年有色金属工业完成固定资产投资水平，是历史上最高的一年。共完成固定资产投资55.096亿元，其中基本建设投资32.57亿元，更新改造投资22.4796亿元。

基本建设投资完成32.57亿元中，国家预算内拨款2.0148亿元，国家预算内拨改贷0.6454亿元，国内贷款20.3582亿元，利用外资1.4503亿元，煤代油0.0397亿元，自筹投资5.4815亿元，其它投资3.2341亿元。

更新改造投资完成22.4796亿元中，按用途分，生产性投资17.5291亿元，非生产性投资4.826亿元。

2. 新增生产能力。

1992年有色基本建设计划到建成投产项目5个，已全部建成投产。山西铝厂氧化铝二期一步工程，于1992年12月生产出氧化铝，上报新增生产能力为年产氧化铝50万吨；贵州铝厂三期电解铝一系列，于1992年11月通电出铝，上报新增生产能力为年产铝锭4万吨；西北铅锌冶炼厂锌系统一个系列，于1992年8月份通电生产出锌锭，上报新增生产能力年产电锌5万吨；铜陵公司安庆铜矿，于1992年12月建成投产，上报新增生产能力为年处理矿石量为115.5万吨，精矿含铜0.98万吨；西南铝加工厂铝箔工程于1992年5月试车投产，上报新增生产能力为年产铝箔0.6万吨。

1992年有色金属工业技术改造项目中，葫芦岛锌厂20万吨改造，柳州锌品厂高级氧化锌，水口山矿名局康家湾铅锌金矿，宝鸡有色加工厂宽板轧机，贵溪冶炼厂氧化砷，湘乡铝厂干法氟化铝，山东铝厂矿石予均化及平樵矿务局人造金刚石等项目建成投产。新增生产能力，锌2.5万吨，铅锌含量2.2万吨，氟化铝1.5万吨，并可生产高级氧化锌、人造金刚石等市场急需的深加工产品。

3. 重点项目工程进展迅速。

德兴铜矿是我国最大铜矿山，德兴铜矿三期二步工程，露天采场完成基建剥离340万立方米，原设计的剥离总量1259万立方米已全部完成，选厂进入设备安装阶段，为采选工程全面建成奠定了基础。

金川公司是我国最大镍生产基地，金川有色金属公司的二期工程，在投资安排上，首先保证矿山工程，月掘进进尺，连续突破10万立方米大关，同时，重点安排了冷炼车间闪速炉工程，闪速炉于11月份正式投料运行，其它辅助工程也都完成了形象进度计划。

平果铝业公司一期30万吨氧化铝和10万吨电解铝工程，1992年进入土建施工高峰，氧化铝系统和电解铝系统主厂房均已按计划要求建成。

中州铝厂一期20万吨氧化铝工程，自1987年11月开始，经过五年的建设，到1992年底已打通氢氧

化铝生产流程，并于10月28日生产出氢氧化铝。

1992年有色金属工业技术改造项目中，已进入收尾阶段的有3项，即郑州铝厂氧化铝改造、西南铝加工厂板带系统及凡口铅锌矿15万吨改造。抚顺铝厂镁车间改造及洛阳铜加工厂管棒系统改造主要进行土建工程施工及引进设备技术签约工作。

三、主要经验及存在问题

有色总公司是把施工企业推向市场，引入竞争机制，进行招投标和投资包干较早的单位，投资体制也进行了相应的改革。

1.深化投资体制改革。

按照国家颁发《关于建设实行业主责任制的暂行规定》，结合有色金属工业情况进行了贯彻，一是实行建设项目业主责任制。1992年新开工和进行前期工作的项目，原则上都要实行业主责任制，一律不再设建设指挥部，现有建设指挥部逐步过渡为业主责任制，以保证业主地位确立。项目业主对项目筹划、筹资、设计、建设施工，直至生产经营、偿还债务等全面进行自主经营并承担风险。二是将设计、勘察、施工和设备材料供应全面推向市场，业主有权自主选定设计、施工、监理和设备制造单位。三是建设项目实行监理制，受业主委托，对项目的工程质量、工期和造价进行控制，使项目顺利建成投产，及时发挥投资效益。

2.进一步落实建厂新模式，实行新厂新办，新矿新办。

建厂新模式，即技术起点高，人员少而精，生产效率高，生产辅助设施协作化，生活服务设施社会化。矿山以安庆铜矿为试点，工厂以平果铝业公司为试点。这两个单位试点进展良好。拟定的劳动生产率都相当于现有同类型单位的5到6倍。

技术改造项目实行老厂分办，老厂可以划出一个分厂、一个车间，参照三资企业、乡镇企业的机制，参照新厂新办的模式实行新办。沈阳有色金属加工厂做了试点，该厂选择8个分厂进行老厂新办。用新的机制去运行，效果很好。

（刘剑华）

1992年中国化学工业的投资建设

一、前进中的化学工业

化学工业是一门新兴工业，门类较多，配套性强，服务面广，同国民经济各个部门以及人民生活有着密切的关系，在国民经济中占有重要地位。在当代，化学工业的发展水平，是衡量一个国家经济实力的重要标志之一。解放前，我国化学工业品种极少，产量很低，有机化工等基本上是空白，基础十分薄弱。新中国的建立，为化学工业开辟了广阔发展的道路，43年来特别是近14年改革开放以来，通过新建，扩建，迁建和更新改造老厂等途径，采用国内外先进技术和装备，建成了上海、北京、天津、南京、吉林、大连、广州、武汉、兰州、茂名、荆门、岳阳、四川、安庆、石家庄、衢州、太原、锦西等一批具有现代化水平综合性化工基地，化工系统有1435个大中型化工企业，4902个多类小型化工厂，拥有固定资产1150亿元（原值），实现利税47亿元，化工产品达到4万多个。1992年全国500家最大工业企业中，化工行业占42个，占8.4%，目前化工系统已经形成了化肥、有机原料、石油加工、基本化工原料、化学纤维、炼焦化学、化学药品、合成材料、日用化工、橡胶加工、化学矿山、塑料加工、化学农药、化工机械等门类比较齐全的化工行业。

随着技术进步，高科技发展和人民生活水平的提高，化学工业不断完善其内涵，开发新产品和新的领域，以满足市场不断出现的新的需求，特别是近些年来，化学工业已开发和形成了不少新产业门类，如粘合剂，信息用化学品（感光材料、磁带、磁盘、光盘等），工业用表面活性剂，混聚、共聚的改性高分子聚合物，纤维增强的复合工程塑料（用于汽车车身和飞机的面板，取代通用的钢板、铝合金板材），"菜篮子"工程需要的饲料添加剂，以及各类专用化学品的应市，等等。

经过43年的发展，我国化学工业已经成为国民经济发展的重要原材料工业。

二、化学工业1992年投资规模及建设成就

1992年，化工战线贯彻邓小平同志视察南方重要谈话和党的十四大精神，加快了改革开放和现代化建设的步伐，固定资产投资规模明显增大，取得了显著的成就。

1.在建项目情况

1992年施工在建项目达到4772个，其中续建项目2153个，建成投产2578个，建成投产率为54.0%。在建项目中，基本建设650项，其中续建439项，新开工211项，建成投产162项，建成投产率为24.9%。其中大中型项目建成投产6项，建成投产率为9.2%；技术改造4122项，其中续建1714项，新开工2408项。建成投产项目2416项，建成投产率为58.6%。其中限额以上技改项目建成投产8项，建成投产率为32.0%。

2.投资规模及构成

化学工业1992年固定资产投资达到206.35亿元，比上年增长26.2%。基本建设投资98.97亿元，技术改造投资107.38亿元，各占总计的47.9%和52.1%。基本建设投资中，大中型项目投资60.80亿元，技术改造投资中限额以上项目投资11.13亿元。

化学工业1992年投资构成的情况，一是从建筑安装设备购置上看，在1992年完成投资中，建筑安装工程为80.80亿元，设备工器具购置82.53亿元，其它43.02亿元，各占39.2%，40.0%和20.8%。其

中基本建设投资中建筑安装工程为39.60亿元，设备工器具购置28.98亿元，其它30.39亿元，各占40.0%、29.3%和30.7%。技术改造投资中，建筑安装工程为41.20亿元，设备工器具为53.55亿元，其它12.63亿元，各占38.4%、49.90%和11.70%。

化学工业内部各主要行投资比重为(见表2—6)：化学矿开采13.97亿元，占6.77%；基本化学原料33.47亿元，占16.22%，化学肥料62.13亿元，占30.10%；化学农药6.79亿元，占3.29%；有机化工原料41.51亿元，占20.09%；涂料及颜料4.18亿元，占2.03%；染料及中间体4.69亿元，占2.27%；感光材料0.72亿元，占0.25%；橡胶制品15.38亿元，占7.45%；化工机械1.96亿元，占0.95%。

3. 资金来源

化学工业1992年固定资产投资中，属国家预算内资金为6.33亿元，占投资总额的3.06%，国内贷款96.62亿元，占投资总额46.75%，利用外资21.14亿元，占投资总额10.23%，煤代油资金0.54亿元，占投资总额0.26%，自筹资金66.67亿元，占投资总额32.26%，其它资金15.37亿元，占投资总额7.44%。(见表2—7)。

1992年化工系统在基本建设和技术改造方面进行了大量的工作，

表2—6 1992年化工主要行业固定资产投资构成 单位：亿元

	投资额	构成比重(%)	其中：	
			基本建设	技术改造
总计	206.35	100.00	98.97	107.38
化学矿开采	13.97	6.77	12.70	1.27
基本化学原料	33.47	16.22	11.09	22.38
化学肥料	62.13	30.10	33.72	28.41
其中：氮肥	50.62	24.53	26.19	24.43
磷肥	9.97	4.82	6.77	3.2
化学农药	6.79	3.29	0.87	5.92
有机化工原料	41.51	20.09	24.24	17.29
涂料及颜料	4.18	2.03	1.45	2.73
染料及中间体	4.69	2.27	0.48	4.21
感光材料	0.72	0.35	0.06	0.66
橡胶制品	15.38	7.45	1.98	13.40
化工机械	1.96	0.95	0.33	1.63

表2—7 1992年化工固定资产投资资金来源表 单位：亿元

	投资额	资金来源各占比重(%)	其中：	
			基本建设	技术改造
总计	206.67	100.00	98.97	107.70
国家预算内金额	6.33	3.06	5.65	0.68
国内贷款	96.62	46.75	35.57	61.11
利用外资	21.14	10.23	18.48	2.66
煤代油资金	0.54	0.26	0.54	—
自筹资金	66.67	32.26	30.46	36.21
其它资金	15.37	7.44	8.33	7.04

取得了显著的成就，主要表现在：

1. 新增固定资产137亿元，其中：化学矿开采7.6亿元，占5.6%，基本化学原料25.23亿元，占18.4%，化学肥料47.46亿元，占34.7%，化学农药5.57亿元，占4.1%，有机化工原料18.12亿元，占13.2%，涂料及颜料1.90亿元，占1.4%，染料及中间体1.66亿元，占1.2%，感光材料0.91亿元，占0.7%，橡胶制品14.9亿元，占10.9%，化工机械1.87亿元，占1.4%。

2. 新增了一批关系国计民生的化工产品生产能力，主要有：硫铁矿石开采91.7万吨，磷矿石开采58万吨，天然碱矿开采50万吨，石灰石开采170万吨，硫酸91.37万吨，磷酸19.2万吨，烧碱38.88万吨，纯碱17万吨，合成氨87.18万吨，化肥（折100%）170.7万吨，化学农药（原药）3.63万吨，轮胎外胎188.95万条，轮胎内胎231.4万条等（见表2—8）。

3. 一批大中型项目和限额以上技术改造项目竣工投产，其中包括：大中型项目全部竣工投产项目有：北京怀北石灰石矿，石灰石170万吨，水泥25万吨，内蒙古查干诺尔碱矿天然矿开采50吨，上海大中华橡胶厂子午线轮胎30万套，上海钢丝帘线0.25万吨，江西贵溪化肥厂、磷酸12万吨，磷铵24万吨，部分投产的有武汉葛店化工厂4万吨烧碱。限额以上技术改造项目竣工投产的有：北京化工实验厂和山西原平化肥厂福建三明化工厂碳铵改尿素各13.2万吨，合成氨2万吨，永新……沈阳化工厂聚氯乙烯糊树脂1万吨，吉林化学工业公司丙烯酸树脂0.5万吨，丙烯酸甲酯1万吨，丙烯酸乙酯0.5万吨，丙烯酸丁酯1.5万吨，无锡电影胶片厂Ⅰ光胶片440万平方米。

4. 1992年通过技术改造，增加品种107个，其中主要有机种类34个，染料9种，涂料（含油墨，塑料油墨）10种，无机和有机颜料9种，催化剂3种，各类助剂20种，填补了国内空白。

三、存在的主要问题

1992年化工行业投资中存在的主要问题有：

1. 地区之间完成投资差距较大。1992年完成投资在10亿元以上的主要集中在辽宁、吉林、上海、江苏、山东、河南、湖北、四川等8个省市，完成最少的海南省仅900万元。

2. 投资结构有所调整，但经济效益好的精细化工所占比重较低。1992年基本化工原料和有机化工原料完成投资，占固定资产投资比重由上年的31%上升为36.2%；农用化工（含矿山）完成投资，占固定资产投资比重由上年的44.8%下降为40.2%；涂料、染料等精细化工投资增幅最大，完成投资额很低，仅9.42亿元，比上年增长77.7%，所占比重

表2—8　化学工业1992年固定投资新增主要化工产品生产能力　　单位：万吨

	合　计	基　本　建　设	技　术　改　造
硫铁矿开采	91.7	56.20	35.5
磷矿开采	58.0	43.0	15.0
天然碱矿开采	50.0	50.0	—
石灰石矿开采	170.0	170.0	—
硫　酸	91.37	37.5	53.87
磷　酸	19.20	15.0	4.2
烧　碱	38.88	9.0	29.88
纯　碱	17.0	—	17.0
合成氨	87.18	25.5	61.68
化肥（折100%）	170.7	94.9	75.8
其中：氮肥（折100%）	112.75	52.46	60.29
磷肥（折100%）	57.95	42.44	15.51
化学农药（原药）	3.63	0.56	3.07
轮胎外胎（万条）	188.95	30.0	158.95
轮胎内胎（万条）	231.4	30.0	201.4

由上年的3.2%上升为4.6%，还要进一步调整。

3. 国家预算内资金投入逐年减少，应引起重视。在投资中，国内贷款投资增长较快，比上年增长33.8%。所占比重由上年的44.2%上升为46.8%；利用外资比上年增长32.1%，所占比重由上年的9.8%上升为10.2%；而国家预算内资金1992年比上年减少31.9%，比重由上年的5.7%降为3.1%。化学工业作为国民经济的重要原材料工业，特别是担负支援农业的重大任务，国家投资减少制约着化学工业发展，特别是农用化工的发展，值得重视。

（马 竞）

1992年中国机械工业的投资建设

一、1992年中国机械工业全行业固定资产投资概况

中国机械工业经过40多年的建设有了巨大的发展，现在已经成为一个门类比较齐全、具有一定技术基础和相当规模的工业部门，它的专业多、品种多、要求高、能力大。中国机械工业实行的是多部门、多层次的管理体制，不仅包括专业的机械制造力量，而且还包括使用部门、军工部门以及地方的机械制造能力。按照1985年国家工农业产品行业分类标准(GB7635－87)所采用的行业分类，本文所述的机械工业包括五大行业：金属制品业、一般机械工业、交通运输设备制造业、电气机械及器材制造业、仪器仪表及其它计量器具制造业。按建设项目性质包括全民所有制单位和城镇集体所有制单位，本文机械工业如无外加限定词，均指五大行业的全社会投资内容。

改革开放以来，机械工业固定资产投资工作，认真贯彻党和国家关于改革开放的各项基本政策和机电部各个时期提出的指导方针，坚持走技术进步的道路，通过基本建设、更新改造，使一大批企业增强了技术装备条件，提高了工艺水平、科研开发水平、产品质量水平和企业管理水平，增强了机械工业为国民经济各行各业提供先进成套技术装备的能力，促进了机电产品出口创汇逐年持续增长。在固定资产投资方面，总的看，这段时期机械工业发展比较平稳。（近几年机械工业固定资产投资情况见表2—9）80年代以来，由于国民经济着重发展能源、交通等基础工业，对机械工业的投资减少，机械工业固定资产原值在整个工业固定资产原值中的比重逐年下降，1992年机械工业固定资产原值3250.63亿元，在全国工业中的比重由1980年的24.26%下降到16.28%。

（一）固定资产投资情况

1992年机械工业固定资产投资372.41亿元，比上年236.95亿元增长57.1%，高于全国37.6%的固定资产投资增长幅度，其中全民所有制单位投资302.93亿元，比上年增长51.8%，集体所有制单位投资69.48亿元，比上年增长85.6%，是机械工业投资增长速度较高的一年。1992年机械工业投资及比上年增长情况参见表2—10，表2—11。

（二）固定资产投资项目个数

1992年机械工业施工项目17359个，其中：基本建设项目2331个，更新改造项目9562个，城镇集体所有制单位建设项目5466个。机械工业总投资占全国全社会固定资产总投资的4.9%，施工项目个数占全国全民和集体单位施工项目总个数的8.7%。项目数所占比重大于投资数所占比重的原因是机械项目一般规模小。机械工业施工项目个数及构成见表2—12。

（三）固定资产投资总规模及尚需投资

1992年机械工业在建项目投资总规模2211.43亿元。这些项目自开始建设至本年底累计完成投资938.83亿元，全部建成尚需投资1272.60亿元，按本年的投资水平，完成这些工程需3.42年。由于这些项目批复的总投资大部分未考虑物价上涨、汇率变动等动态投资，因此，实际剩余工作量比以上数字要大。其中城镇集体所有制企业在建项目总规模1120.19亿元，全部建成尚需投资992.92亿元，按本年投资水平仅69.48亿元，全部建成尚需14.2年，建设战线长，摊子大。固定资产投资总规模及尚需投资参见表2—13。

二、1992年机械部系统机械工业固定资产投资情况

机械工业部系统是指各级机械工业管理部门归口管理的工业企业，其中汽车行业固定资产投资工作由中国汽车工业总公司归口管理，本文除外加注明外，所述内容均不包括汽车行业。机械工业部系统的固定资产投资主要包括基本建设投资、更新改造投资和各种专项投资。年度资金安排主要是由机械工业部、国家机电轻纺投资公司等部门下达的中央计划投资和由地方下达的地方计划投资组成。（本部分数据主要来源于机械部经济信息中心的统计资料）

1992年机械工业部系统职工认真贯彻中央关于加快改革开放步伐的精神，在固定资产投资建设上，按照部提出的“缩短战线、突出重点、合理工期、资金到位、加强管理、提高效益”的要求，认真做好建设项目的安排、管理，在建设工作上取得了一定的成绩。

（一）坚持以“内涵为主”，充分体现技术进步的方针

机械工业固定资产投资建设，不是追求一般产品能力的扩大，而是着力于提高企业技术装备水平，为提高本行业产品质量和档次，积极开发新产品、搞好引进技术的消化吸收和国产化、降低能源、原材料消耗等方面提供必需的物质条件。

在固定资产投资安排上，基本上是对企业现有基础进行改造，不搞新建项目。1992年机械工业部系统固定资产投资233.89亿元（含汽车64.74亿元），其中：基本建设103.22亿元（含汽车27.35亿元），占总投资的44.13%，更新改造投资130.67（含汽车37.39亿元），占总投资的55.87%。机械工业部系统更新改造投资占固定资产投资合计的比例高于全国工农业全民所有制单位更新改造投资占全民所有制单位投资合计的29.2%的比例。

1992年机械工业部系统（不含汽车）固定资产投资169.16亿元，其中：地方投资130.48亿元，占总投资的77.1%（全国全民所有制单位固定资产投资中，地方投资占总

表2—9　机械工业固定资产投资情况①　单位：亿元

年份	合计	全民所有制单位			城镇集体所有制单位
		小计	基本建设	更新改造	
1985	122.91	102.75	38.44	63.28	20.16
1986	154.30	129.68	36.08	86.30	24.62
1987	182.31	152.35	43.95	106.98	29.96
1988	213.03	173.09	45.88	125.67	39.94
1989	162.39	136.55	43.58	92.97	25.84
1990	152.75	122.75	37.48	85.27	30.00
1991	236.95	199.52	59.83	139.69	37.43
1992	372.41	302.93	83.91	219.02	69.48
其中：					
机械部	38.68	38.68	7.06	31.62	/
中央投资计划					

①1. 城乡集体所有制单位投资包括城镇集体所有制单位和农村集体所有制单位的固定资产投资。城镇集体所有制单位固定资产投资是指各城市、县和有关部门批准建制的镇所领导的集体所有制单位（不含乡镇企业局管理的集体单位）在建造和购置固定资产过程中完成的以货币形式表示的工作量。

2. 由机械工业部主管安排的投资占机械工业总投资的比重很小，以1992年为例，机械工业部固定资产投资（不含汽车）只占整个机械工业投资的10.4%，其中：基本建设占总投资的1.9%，更新改造占总投资的8.5%。

表2—10　1992年机械工业固定资产投资情况　单位：万元

项目	合计	全民所有制单位					城镇集体所有制单位
		小计	基本建设	其中：大中型项目	更新改造	其中：限上项目	
机械工业固定资产投资总计	372.41	302.93	83.91	30.70	219.02	40.10	69.48
1. 金属制品业	30.73	15.86	5.71	1.65	10.15	1.42	14.87
2. 一般机械工业	164.58	142.53	30.82	6.47	111.71	14.33	22.05
3. 交通运输设备制造业	110.86	98.23	37.77	21.51	60.46	20.97	12.63
4. 电气机械及器材制造业	55.33	37.05	7.10	0.91	29.95	3.38	18.28
5. 仪器仪表及其它计量器具制造业	10.91	9.26	2.51	0.16	6.75	/	1.65

表 2—11　1992 年机械工业固定资产投资增长情况　　单位：万元

行业	合计			全民所有制单位			集体所有制单位		
	1992 年	1991 年	增长率(%)	1992 年	1991 年	增长率(%)	1992 年	1991 年	增长率(%)
全国总计	7582	5508.80	37.6	5106	3628.11	40.7	1233	697.80	76.7
机械工业合计	372.41	236.95	57.1	302.93	199.52	51.8	69.48	37.43	85.6
1. 金属制品业	30.73	20.30	51.3	15.86	11.72	35.30	14.87	8.58	73.3
2. 一般机械工业	164.58	103.65	58.7	142.53	91.49	55.7	22.05	12.16	81.3
3. 交通运输设备制造业	110.86	73.32	51.2	98.23	67.58	45.3	12.63	5.74	120.0
4. 电气机械及器材制造业	55.33	32.30	71.3	37.05	22.55	64.3	18.28	9.75	87.4
5. 仪器仪表及其它计量器具制造业	10.91	7.38	47.8	9.26	6.18	49.8	1.65	1.20	37.5

表 2—12　1992 年机械工业施工项目个数及构成①　　单位：个

项目	合计	全民所有制单位					城镇集体所有制单位
		小计	基本建设	大中型项目	更新改造	限上项目	
机械工业施工项目个数总计	17359	11893	2331	72	9562	181	5466
1. 金属制品业	2033	782	164	5	618	10	1251
2. 一般机械工业	8741	6556	1257	22	5299	83	2185
3. 交通运输设备制造业	3254	2530	507	40	2023	67	724
4. 电气机械及器材制造业	2664	1541	304	4	1237	21	1123
5. 仪器仪表及其它计量器具制造业	667	484	99	1	385	/	183

①总计中列入机械部中央投资计划(不含汽车)的在建项目 908 个，占机械工业总项目个数的 5.2%。

表 2—13　1992 年机械工业固定资产投资总规模及尚需投资①　　单位：亿元

行业	合计			全民所有制单位			集体所有制单位		
	固定资产投资总规模	开始建设至本年底累计完成	全部建成尚需投资	固定资产投资总规模	开始建设至年底完成	全部建成尚需投资	固定资产投资总规模	开始建设至年底完成	全部建成尚需投资
机械工业总计	2211.43	938.83	1272.60	1091.24	811.56	279.68	1120.19	127.27	992.92
1. 金属制品业	75.81	67.00	8.81	45.20	40.57	4.63	30.61	26.43	4.18
2. 一般机械工业	1473.69	390.99	1082.7	459.85	350.92	108.93	1013.84	40.07	973.77
3. 交通运输设备制造业	469.41	332.01	137.40	440.17	310.02	130.15	29.24	21.99	7.25
4. 电气机械及器材制造业	159.19	121.28	37.91	116.28	86.58	29.70	42.91	34.70	8.21
5. 仪器仪表及其它计量器具制造业	33.33	27.55	6.27	29.74	23.47	6.27	3.59	4.08	—0.49

①总计中列入机械部中央投资计划(不含汽车)的在建项目全部建成尚需投资 69.10 亿元，占机械工业全部项目建成尚需投资的 5.4%。

投资68.6%），中央安排的投资只有38.68亿元，只占总投资的22.9%。

1992年机械工业部系统固定资产投资情况见表2—14，表2—15，机械工业部系统中央固定资产投资及构成情况见表2—16，表2—17。

表2—14　1992年机械工业部系统（含汽车）固定资产按行业分投资情况　单位：万元

行业	本年完成投资合计	其中：中央投资	基本建设	其中：投资公司	机械部	更新改造	其中：中央投资
合计	2338972		1032227			1306745	
一、一般机械合计	1691598	386758	758743	56813	13719	932855	316226
1. 重型矿山机械	81519	30524	32345	8760	360	49174	21404
2. 石油化工通用机械	149269	35369	72288	4519	568	75981	30282
3. 工程机械	69934	29649	35853	4600	93	34081	24956
4. 农业机械	475307	48205	208479	8258	792	266828	39155
5. 电工机械	366828	60367	150772	17650	1691	216056	41026
6. 机床工具	195266	81951	80089	4759	1030	115177	76162
7. 仪器仪表	91155	20716	46713	2527	940	44442	17249
8. 机械基础件	190576	39956	102397	3196	190	88179	36570
9. 食品包装机械	17026	2232	9008			8018	2232
10. 其它民用机械行业	34835	27106				34835	27106
11. 科研教育、设计勘察及其它非生产单位	20883	10683				84	84
二、汽车	647374		273484			373890	

表2—15　1992年机械工业部系统（含汽车）按地区分投资情况　单位：万元

地区	本年完成投资合计	基本建设	其中：汽车	更新改造	其中：汽车
全国总计	2338972	1032227	273484	1306745	373890
北京市	93886	16431	1478	77455	33951
天津市	56415	861	266	55554	29327
河北省	93681	45455	5584	58226	17706
山西省	19936	9640	780	10296	99
内蒙古自治区	12390	5958	171	6432	1062
辽宁省	194999	68027	7280	126972	37847
吉林省	160325	105705	89936	54620	39214
黑龙江省	69301	34329	5315	34972	5381

续表

地区	本年完成投资合计	基本建设	其中：汽车	更新改造	其中：汽车
上海市	168882	28814	2673	140068	57931
江苏省	245737	142798	33047	102939	6779
浙江省	118452	50035	14035	68417	17999
安徽省	73034	27101	4484	45933	7851
福建省	25178	9471	103	15707	236
江西省	93695	55802	4758	37893	12544
山东省	179904	93661	12272	86243	13595
河南省	95597	49294	3628	46303	6882
湖北省	126961	61491	38696	65470	40685
湖南省	72308	34974	5388	37334	5339
广东省	134070	82363	17879	51707	12667
广西壮族自治区	64010	19965	3112	44045	7043
海南省	4240	2207	/	2033	/
四川省	106754	38387	9998	68367	13629
贵州省	11505	3418	71	8087	65
云南省	26813	9523	685	17290	4117
西藏自治区					
陕西省	37386	21054	7540	16332	890
甘肃省	22254	12435	2168	9819	399
青海省	8854	3677	727	5177	301
宁夏回族自治区	11522	3403	/	8119	/
新疆维吾尔自治区	10883	5948	1410	4935	351

表 2—16　1992 年机械工业部系统（不含汽车）基本建设投资构成情况　单位：万元

资金来源	1991 年实际完成投资	1992 年计划投资	1992 年实际完成投资
一般机械工业合计	64774	70265	70532
一、非经营性投资	13513	12030	13719
国家预算内资金	11480	10530	10680
自筹投资	2033	1500	3039
二、经营性投资	51261	58235	56813
经营基金	12920	12100	11199
建行贷款	21800	29235	28885
工商行贷款	1200	500	500
交行贷款	800	500	500
投资债券	2000	1000	1000
利用外资	1232	1000	1000
自筹资金	11309	13900	13729
另：地方自筹资金	6309	12617	11310

表 2—17　1992 年机械工业部系统（不含汽车）更新改造投资构成情况　单位：万元

项目构成	本年实际完成投资	本年财务拨款情况					
		合计	国家预算内资金	国内贷款	其中：专项贷款	利用外资	自筹资金
总计	932885	964490	3072	667759	220363	27635	265824
一、中央投资合计	316226	347925	765	250804	169238	13364	82992
其中：军工专项	2831	2141	100	1519	1290		522
扩大机电产品出口专项	45041	45043	200	32172	24993	390	12281
工艺专业化项目	9531	10782		7701	6230		3081
印机专项	2348	4219	90	3044	2600		1085
数控专项	32630	39617		31962	19696		7655
节能专项	13588	13584	165	9632	6492		3787
二、地方投资项目合计	616659	616565	2307	416955	51125	14271	182832

(二)确保为国民经济各部门提供重大技术装备的重点建设项目

机械工业是为国民经济提供技术装备的行业，各部门的生产技术进步，很大程度上取决于机械工业提供的装备水平。1992 年机械工业投资安排上，按照缩短战线，确保重点的原则，集中资金，安排好大中型基本建设及限额以上更新改造项目，这些项目主要是为能源、交通、原材料等部门提供重大成套装备以及加强基础机械、基础件，努力扩大机电产品出口的建设项目。1992 年机械工业企业共安排大中型项目 73 项，投资合计 11.5 亿元，占 1992 年中央投资 38.68 亿元的 29.7%，其中：基本建设大中型项目 10 项，总投资 2.80 亿元，占中央安排基本建设投资 7.05 亿元的 39.7%，更新改造限上项目 63 项（其中企业更新改造项目 58 项，国家计划单列机械集团项目 5 项），总投资 8.70 亿元，占中央安排更新改造投资 31.12 亿元的 27.5%。1992 年机械工业部系统

(不含汽车)中央投资大中型项目情况见表2—18。

(三)保续建、保投产、严格控制在建项目总规模

1992年中央安排的机械工业企业固定资产投资验收项目165个,其中基本建设验收项目33个,更新改造验收项目132个。建成投产的主要项目有上海机床工业利用世界银行贷款1.25亿美元引进发达国家先进制造技术和工艺设备对上海机床厂及上海机床公司所属20家企业进行更新改造的项目、第一重机厂与美国莱克公司合作制造国内首台80吨电弧炉及配套的8000平米排尘系统、第一拖拉机工程机械公司100系列柴油机及微型泵项目、洛阳轴承工业联营公司发展品种扩大出口的改造项目等。

1992年新增加的主要生产能力有拖拉机21036台,其中大中型拖拉机140台,柴油机52万千瓦,微型泵4.5万台,高精度机床378台,数控机床668台,轴承1176万套,铸锻件6560吨以及为电力、石油、化工、冶金、矿山等部门配套的关键品种。1992年机械工业部系统(不含汽车)中央投资竣工项目情况见表2—19。

表2—18 1992年机械工业部系统(不含汽车)中央投资大中型项目情况 单位:万元

类别	项目个数(个)		投资			大中型项目占中央安排投资%
	合计	其中:大中型项目	机械工业部系统合计	其中:中央安排投资	大中型项目	
机械工业企业合计	908	73	1691598	386758	115004	29.7
一、基本建设	118	10	758743	70532	28006	39.7
其中:非经营项目	90		13719	13719		
二、更新改造	790	63	932855	316226	86998	27.5

表2—19 1992年机械工业部系统(不含汽车)中央投资竣工项目情况 单位:万元

项目名称	竣工项目合计(项)	开工时间	竣工时间	计划总投资	累计完成投资	本年实际完成投资	建设目标
合计	165			294450	268266	74575	
一、基本建设	33			63932	62874	10468	
其中:大中型项目	4			39724	40973	5954	
1. 中国第一拖拉机工程机械公司		1987.10	1992.11	7650	7999	2370	微型泵4万台
2. 第一重型机器厂		1986.8	1992.8	7337	8091	1060	火电设备铸锻件
3. 洛阳轴承工业联营公司		1987.4	1992.4	21414	21630	1429	发展新品种,提高质量
4. 北京油泵油嘴厂		1985.1	1992.12	3323	3253	595	A型泵1.5万台
二、更新改造项目	132			230518	205392	64107	

续表

项　目　名　称	竣工项目合计(项)	开工时间	竣工时间	计划总投资	累计完成投资	本年实际完成投资	建设目标
其中:限上项目	11			128676	133954	32960	
1. 天津拖拉机厂		1986.5	1992.10	3695	2855	695	消化引进迪尔40系列拖拉机制造技术
2. 沈阳重机厂		1986.1	1992.12	7650	8900	1894	提高产品制造水平
3. 沈阳蓄电池厂		1987.8	1992.6	3000	3313	423	引进免维护汽车用蓄电池和废铅回收设备
4. 哈尔滨轴承厂		1986.1	1992.2	18119	18156	3337	产品质量达国际80年代水平
5. 上海大隆机器厂		1988.6	1992.12	4050	3903	1797	开发出口新品种,开发新钢种
6. 上海机床厂		1988.7	1992.11	21010	22455	7967	引进国外磨床、锻压设备设计制造技术
7. 上海机床总公司		1987.10	1992.11	37817	41023	12453	引进数控机床、锻压设备、工具、模具等设计制造技术
8. 上海电缆厂		1989.11	1992.12	3300	3488	285	引进幅照交联电缆制造技术
9. 南京机床厂		1988.10	1992.12	3215	3215	993	年产数控车床700台
10. 洛阳矿山机器厂		1986.1	1992.12	5406	5016	687	发展大型矿山提升机提高产品质量
11. 洛阳轴承工业联营公司		1987.4	1992.4	21414	21630	1429	改造208球轴承生产线提高出口产品档次

1992年机械工业部系统中央投资项目建设规模154.73亿元，至本年已完成85.63亿元，全部建成尚需投资69.10亿元，按当年投资水平，完成建设规模需1.79年，其中：基本建设项目建设总规模30.35亿元，至本年末完成26.17亿元，按当年水平，完成全部投资需0.6年，更新改造项目投资总规模124.37亿元，至本年末完成59.46亿元，全部建成尚需投资64.91亿元，按当年投资水平需2.1年建成。从在建项目总规模看，余下的工作量按批准投资计不到二年的投资额（如考虑价差等因素，则实际工作量要大一些），战线不算太长，但安排不够平衡，基本建设项目中央投资计划的项目在建规模只相当0.6年投资量，规模偏小，影响当年度投资的安排。形成的主要原因是“八五”前二年主要安排“七五”结转的大中型项目，“八五”新开的大中型项目只开了一个，现“七五”结转项目陆续竣工验收，而新的项目没有衔接上。1992年机械工业部系统（不含汽车）固定资产投资总规模及尚需投资见表2—20。

（四）地方安排的投资增幅远高于中央，中央安排的国家重点项目投资比重进一步降低

1992年我国全社会固定资产总投资比上年增长37.6%，是改革开放以来出现的第二个高峰。国民经济的高速增长，也带动了机械工业固定资产投资的大幅度增加。1992年机械工业部系统完成固定资产投资合计169.16亿元，比上年投资85亿元增长99%，其中：中央安排的固定资产投资38.68亿元，比上年增长29.5%，低于全国固定资产投资增长37.6%的水平，地方项目完成130.48亿元，较上年增长136.7%。中央安排的国家重点项目投资比重进一步降低，为使投资安排与行业长远发展密切结合，在今后建设工作中，应继续加强和改进宏观调控，按国家产业政策导向，防止建设规模失控和不合理的重复建设，要严格按基本建设程序办事，努力提高投资效果。1992年机械工业部系统（不含汽车）投资增长情况见表2—21。

表2—20 1992年机械工业部系统（不含汽车）中央固定资产投资项目总规模单位：万元

类别	固定资产投资总规模	自开始建设至本年底累计完成	其中：本年实际完成	按批准投资计全部建成尚需投资	按本年投资水平建成尚需年数
中央固定资产投资合计	1547274	856300	386758	690974	1.79
一、基本建设	303525	261652	70532	41873	0.6
其中：经营性	193628	170715	56813	22913	0.4
非经营性	109897	90937	13719	18960	1.4
二、更新改造	1243749	594648	316226	649101	2.1

表2—21 1992年机械工业部系统（不含汽车）固定资产投资增长情况 单位：亿元

类别	1992年	1991年	增长率（%）
机械工业中系统投资（不含汽车）合计	169.16	85.00	99.0
其中：中央计划	38.68	29.88	29.5
地方计划	130.48	55.12	136.72
一、基本建设	75.87	23.89	217.6
其中：中央计划	7.05	6.48	8.8
地方计划	68.82	17.41	295.3
二、更新改造	93.29	61.11	52.6
其中：中央计划	31.63	23.40	35.2
地方计划	61.66	37.71	63.5

（五）科研、教育等非经营单位投资缺口大

机械工业行业面较宽，服务范围广，企业下放后，100多个事业单位仍归部直属，其中高等院校22所，科研院所64所。直属非经营单位建设项目过去主要靠基本建设拨款安排，随着投资体制改革的深入，基本建设拨款越来越少，1992年实际完成投资13680万元，只相当最高年份1987年27114万元的一半，这些单位由于是非经营性单位，自筹能力低，按目前投资体制，无法通过技术改造或建设银行贷款等渠道安排。在这种情况下，许多单位连维持现有状况都十分困难，更无法发展提高。对这类非经营项目，结合投资体制改革，如何增加一些投资渠道，制定一些优惠政策，体现对科技、教育工作的支持，是一个急待研究解决的问题。

（刘德毅）

1992年中国农业的投资建设

1992年是邓小平同志视察南方发表重要谈话，党的第十四次全国代表大会召开的具有历史意义的一年，是改革开放步伐加快，经济高速增长的一年。农业作为国民经济的基础产业越发受到各级领导的重视，国务院于同年作出了发展优质、高产、高效农业的决定。宽松的大环境有利地促进了农业生产的发展，取得了可喜的成就。下面分三个部分对1992年农业投资建设情况作一总结和分析，并提出“八五”后三年农业上新台阶的政策措施。

一、1992年农业固定资产投资完成情况

1992年全国完成农业全社会固定资产投资377.99亿元，比去年增长11.8%，其中国家132.24亿元、农村集体90.5亿元，分别比上年增长了30.43%、16.96%，农民个人完成155.25亿元，比上年下降了5%。

农业固定资产投资的增加及其它投入要素的共同作用，促进了农村经济的发展，1992年全年农业增加值5808亿元，比上年增长3.7%，占国内生产总值的24.2%。农作物结构有所调整，优质粮比重提高，主要农产品产量中粮食总产量44258万吨，比上年增产740万吨，为历史上第二个丰收年；棉花生产受干旱、虫害的严重影响，减产较多；油料产量基本持平；甘蔗、烤烟产量创新纪录；蔬菜、水果生产再获丰收。畜牧业生产全面增长，主要畜产品产量和牲畜存栏头数皆比上年有较大幅度增长。渔业生产再创历史纪录，全年水产品产量1546万吨，比上年增长14.5%。农业生产条件继续改善，1992年末拥有农业机械总动力3.02亿千瓦，比上年末增长2.6%；全年化肥施用量(折纯)29747万吨，增长5%；农村用电量1107亿千瓦小时，增长15%。农田水利建设得到加强，有效灌溉面积继续扩大。农村经济持续全面发展，1992年，乡镇企业迅速发展。全年农村工业、建筑业、运输业和商业、饮食业等非农产业经济比上年增长36.9%，占农村经济的比重进一步上升。

从各行业投资的完成情况看，1992年中央农林水气基本建设投资计划64.98亿元，其中水利30.95亿元，重点用于大江大河大湖治理；农业16.505亿元，主要用于国家商品粮棉糖生产基地建设、农业社会化服务体系等农业基础设施建设；林业6.21亿元，主要用于防护林工程建设和用材林基地的建设；气象1.45亿元，主要用于完善农业气象信息采集、传输、加工、服务体系建设；新疆生产建设兵团2.935亿元。

(一) 国家农业固定资产投资完成情况及投向

1992年国家农业固定资产投资完成额为132.24亿元。按使用用途分，基本建设投资112.7亿元，技术改造投资19.54亿元。这里我们重点来分析一下中央农业基本建设投资部分的完成情况及投向。

1992年中央农业基本建设投资实际完成18.195亿元，比计划增长了10.2%，其中中央预算内投资(包括非经营性基金和经营性基金)14.095亿元。其中非经营性基金主要用于农业商品基地建设、草原建设、国家一级群众渔港建设，农牧渔业社会化服务体系建设（包括良种繁育、技术推广、植物保护、土壤肥料等）及流通领域基础设施建设；农业科研教育建设，为科技兴农创造条件；口岸动植物检疫系统建设等。经营性基金一是保证农牧渔业经营性基础设施的建设，增强农业发展后劲；二是有重点地（大中城市和重点工矿区）建设商品基地和出口基地，增加农副产品的有效供给，扩大出口创汇；三是利用科技进步，实施科技兴农，注意向产品的深加工、高增值和贸工农一条龙方向发展。按行业来划分，主要投向如下：

1. 种植业方面

1992年完成中央预算内投资31440万元，其中非经营性基金23100万元，经营性基金8340万元，重点进行以下重点项目建设：

(1) 1992年，于1991年开始实施的“八五”第一批125个商品基地的续建投资，中央预算内投资安排了1.65亿元，其中商品粮基地投资1.25亿元，其中新建商品粮基地88个，投资1.15亿元，对“六五”、“七五”已建成的274商品粮基地中的50个进行完善配套，投资1000万元；优质棉基地投资3500万元，建设32个优质棉基地；糖料基地投资500万元，建设糖料基地5个。按中央与地方1：1配套的原则，商品基地总投资为3.3亿元。加上“八五”第二批即将建设的商品粮基地117个，商品棉基地32个及商品糖基地11个，全国共有商品基地670个，其中商品粮基地479个，优质棉生产基地175个，糖料基地16个。

(2) 中央预算内投资安排农作物良种繁育基地投资4500万元，其中非经营性基金3000万元，经营性基金1500万元，另外中央农业发展基金每年安排1500万元，重点抓两个体系建设，即种子生产加工体系建设及种子质量监督体系建设。建设了一批农作物原原种、原种及商品种子生产基地。1992年全国农作物良种覆盖率达到了80%以上。

(3) 按每年2000万元的中央预算内非经营性基金安排农业综合服务体系建设，继续对全国1/3左右尚未建立起的农技推广中心进行建设，并对先期建成的部分中心进行完善配套。

(4) 拿出部分资金用于农业植保建设，主要建设全国农作物重大病虫监测预警网络、农药抗性监测项目及农药质量监测项目。土壤肥料方面在健全省级土壤肥料化验室的同时，重点建设肥料质量区域监测中心。

2. 畜牧业方面

1992年完成中央预算内投资16885万元，其中，非经营性投资9005万元，经营性投资7880万元，主要进行以下方面的建设：

(1) 完善畜禽良种繁育体系，选择了一批国家级重点原种场进行改造和扩建，提高其繁育优良种畜禽的能力。继续调整省、地、县的良种繁育场，建立畜禽良种测定站，形成自上而下的良种繁育体系。续建国家家禽育种中心。

(2) 建设畜牧兽医技术服务体系，对700个已建成的县级畜牧兽医技术服务中心进行完善，同时新建了一批。

(3) 建设全国畜禽疫情监测网络和兽医生物制品冷链体系。对现有老厂进行技术改造及为利用外资建设动物保健品工程作准备。

(4) 草原建设，安排非经营性投资2000万元，再加上从农业发展基金中安排的1500万元育草基金，主要用于新增人工草场及对原有草场进行改良。

3. 水产业方面

1992年完成中央预算内投资20160万元，其中非经营性投资7600万元，经营性投资12560万元，重点建设以下项目：

(1) 水产良种繁育体系建设，按

“八五”规划的要求，在整顿、巩固、配套现有的水产原种场的同时，新建四大家鱼、鲮鱼、银鲫、罗非鱼等重点鱼种的原种场及一些其它品种的良种场。

(2)水产技术推广中心建设，主要用于计划单列市及重点地市的技术推广网络建设。

(3)国家一级群众渔港建设，优先安排了一批几省共用、常有外籍渔船停靠、年卸港量在两万吨以上的国家一级群众渔港建设。

(4)渔政管理体系建设，在保证三大海区渔政管理机构的前提下，适当安排全国渔政渔港管理、监督体系，渔业安全救助体系、渔业资源监测体系的建设。

(5)科研教育项目，主要用于中国水产科学研究院及部属四所水产大学的建设。

(6)继续扶持远洋渔业的发展，安排车船飞机购置贷款1亿元、经营性基金4700万元及其它建设银行贷款等资金，主要用于渔轮购置。

4. 农垦方面

1992年完成中央预算内投资30446万元，其中非经营性基金8130万元，经营性基金22316万元。

重点用于农业部直属直供的国家五大垦区（包括黑龙江、内蒙古、广东、云南、海南）建设，建设农垦商品基地，扶持国营贫困农场建设等。另外，农垦的基本建设投资开始用于绿色食品开发。

5. 农业科研教育建设

1992年中央预算内非经营性基金对科研、教育的投资即达7700万元，主要用于农业部直属的8所农业院校及中国农业科学院的基础设施建设。对改善农业院校办学及科研条件，为广大农业教育、科研人员创造更好的工作和生活条件起到了很好的作用。

1992年，加强了动植物检疫系统的建设，加强了省级乡镇企业培训中心及产品质量检测中心的建设等。

另外，经营性基金继续为大中城市和重点工矿区服务的“菜蓝子工程”项目，主要用于建设肉、禽、蛋、奶、鱼、菜、果商品生产基地和加工设施；随着社会主义市场经济理论的确立，流通领域的基础设施建设愈来愈受到人们的重视。1992年中央预算内投资中也开始逐步加大用于农产品批发市场建设的比重。

为提高农牧渔产品及其加工品在国际市场上出口创汇的竞争能力，安排经营性基金用于农产品出口基地建设项目，主要建设优质茶叶、蚕茧、速冻菜、果品及其加工、食用菌、瘦肉型猪、海珍品养殖及加工、淡水养殖和特种水产等。

6. 农办工业技术改造方面

1992年完成投资14.06亿元，其中银行贷款7.8亿元。主要用于：农业基础设施改造，包括直接为农牧渔业生产服务的各种良种、种禽、种苗、兽药、农用生物制品、各种饲料、药物添加剂，以及必要的冷藏、贮藏、保鲜生产加工企业改造和重点骨干农机、牧机、渔机（渔轮）等修造企业的改造；农业资源综合利用，主要是有重点地提高粮食、肉类、食用油类、粮类、乳品等生产企业的农业资源综合利用程度；采用农产品生产、加工、保鲜等新工艺和新技术，改进包装，提高农产品加工质量，发展名特优产品生产，增加出口创汇，节能降耗。1992年新增产值32.8亿元，新增利润7.5亿元，出口创汇4000万美元。

（二）1992年农村集体和农民个人固定资产投资的完成情况及主要特点：

1992年农村固定资产投资完成1145.6亿元，其中集体为861.7亿元，比上年增长1.2倍，生产性固定资产投资完成额的比重为75.2%，比上年提高14个百分点；农户为283.9亿元，比上年增长16.2%，占生产性固定资产投资完成额的比重为24.8%，比上年降低14个百分点。

农村生产性固定资产投资完成额中第一产业（即农业）投资完成额为245.75亿元，比上年增长3.4%，占生产性固定资产投资的比重为21.2%，比上年降低15.7个百分点。其中集体为90.5亿元，比上年增长22%，占农业固定资产投资完成额的比重为36.1%，比上年提高5.4个百分点。农户为155.25亿元，比上年降低了5%。从中可以看出农业生产性固定资产投资虽然比上年有所增长，主要是由于集体对农业固定资产投资增长的结果，而占农业固定资产投资比重最高的农户，其固定资产投资完成额却下降了。

1992年农村固定资产投资的主要特点是：投资渠道进一步多元化，农村集体的固定资产投资增幅大，比重上升，从而推动了整个农村固定资产投资总量的增长；而农户的固定资产投资则低徊不前，比重下降。

究其原因，农村集体固定资产投资增长的主要原因是农业社会化服务体系逐步健全并开始发挥作用的结果。而农民个人投资的下降则主要是比较效益的驱使，使农户把对农业投入的相当一部分拿出来从事第二、三产业的投资。1992年农户在第二、三产业的固定资产投资分别比上年增长43.4%和61.3%。

二、农业固定资产投资暴露出的突出问题

1. 总量不足。近年来农业固定资产投资在党中央重视的大环境下，有了稳步的增长。1991、1992年农业基本建设投资总额分别为85亿元和112.7亿元，占全国基本建设投资的比重分别为4%和3.7%。仅比“七五”占全国基本建设投资的比重为3.3%的比重有所上升，但仍未达到“六五”时期5%的平均水平，更未达到“八五”计划中要达到的6.3%的比重（见表2—22）。农业投入不足造成农业综合生产能力不高。现在全国范围内存在着耕地面积减少、地力下降，水利设施老化、抗灾能力减弱，农业机械超期服役，化肥、农药、农业用油、用电紧张的

状况，直接导致农业发展后劲的不足。

2. 从资金运行的结果看，我国固定资产投资与流动资金投资的比例逐年下降，已由1980年的6.42:1下降为1.45：1，年平均下降0.4个百分点，这反映了农田基本建设、水利灌溉设施、大型农机具配置等农业固定资产方面的投入增长过慢，而化肥、农药、燃料、动力等当年消耗性要素投入增长过快。这也从另一方面体现了农业生产中的短期行为。

3. 比较效益下降，利益诱导和激励的农业投资机制并没有形成，影响了农村集体和农民个人的投入积极性。农业生产资料价格的上涨等因素，农民负担问题，打白条等问题及从1992年开始出现的乱占耕地上开发区等新问题使农业面临着从未有过的危险境地。

4. 由于农业与工业及其它经济部门一道实行市场经济，必然造成通过价值规律的作用，把资源配置到经济效益最好的部门和环节中去。结果是农业生产要素（土地、劳力、资本）的流失。尤其是资本的流失，由农村流向城市，由中西部地区流向东部发达地区，由第一产业流向第二、三产业，这对本来就比较薄弱的农业产业来说无疑于釜底抽薪。所以中国的农业不可能与其它行业一刀切，实行完全的市场经济，主要农产品的计划及政策保护是必要的。

5. 地区之间对农业投资的绝对数差距仍在拉大。1992年从全国各省完成的农业固定资产投资统计来看，东部地区在资金投入增长的绝对值上仍居领先地位，中部地区1992年农业投资基本上与1991年持平，西部地区“八五”前两年则对农业表现出了很高的投资热情，1991年和1992年两年分别比上年度增长了33.1%和26.63%，高于东部和中部地区（见表2—23)。

6. 国家对农业的投入来自各个部门，不同渠道，缺乏相互配合，影响使用效果。各级计委、财政、银行及农业主管部门、投资公司都承担着不同程度的农业投入职能，但相互之间由于缺乏沟通及各自所具有的相对独立性，很难做到相互配合、协调统一，也就不可避免地影响投资的效果。包括中央预算内投资，由于国家农业、林业投资公司的成立，使经营性基金这一本来也是国家政策性投资，应主要用于社会效益巨大而经济效益并不高的农业基础设施建设的资金，由于投资公司经济利益（比一般的农业基础设施项目相比投资收益率较高）的驱使和收回再贷的压力而改变了其原有使用

表2—22　1991—1992年农业基本建设投资占全国投资的比重与前两个五年计划及“八五”计划的比较

单位：亿元

年度	全国基本建设投资总额	全国农业基本建设投资	占全国投资的比重(%)
“六五”时期	3410.09	171.81	5
“七五”时期	7348	242.5	3.3
“八五”时期	6032	380	6.3
1991年	2131.17	85	4
1992年	3012.65	112.7	3.7

表2—23　1991—1992年农业固定资产投资分区域比较

单位：亿元

区域	1990年固定资产投资	1991年固定资产投资	1992年固定资产投资
东部	134.90	167.39	189.12
中部	88.59	102.02	104.32
西部	47.59	63.34	80.21
不分地区	2.02	5.48	4.34
合计	273.10	338.23	377.99

用途。造成了“政策性”与“经营性”的矛盾，削弱了国家行业主管部分对农业固定资产投资的宏观调控职能。

7. 水利投资主要用于大江大河大湖的治理，受益的重点主要是城市及工业。把水利投资只视为农业投资而纳入农业投资统计范围与农业的实际受益并不统一，这样有从主观上夸大农业投入之嫌。

8. 农业产前产中产后三个环节中有两个不在农业部门，所以很难保证部门之间的相互配合，也就很难保证农业生产这一环节的顺利进行，也无法使农业参与到产后效益分配中去，从而摆脱农产品作为初级产品的效益低下的状况。

三、“八五”计划的农业生产目标及后三年农业固定资产投资的主要政策措施

按照《中华人民共和国国民经济和社会发展十年规划和第八个五年计划纲要》，“八五”期间要进一步加强农业，全面发展农村经济，主要农产品的产量指标如下：

粮食按五年二丰两欠一平考虑，年平均产量达到4.47亿吨，棉花平均产量464万吨，油料年均产量1726万吨，糖料年均产量7372万吨，肉类总产量1995年要达到3000万吨，水产品产量1995年要达到1450万吨。乡镇企业总产值1995年要达到14000亿元。1995年农业总产值要达到8780亿元，平均每年增长3.5%。达到2000年迈上两个新台阶的目标依然十分艰巨。

要实现上述目标一靠政策、二靠科学、三要靠投入。政策和科学属于软件的范畴，投入则是实实在在的硬件。现在《中华人民共和国农业法》已经八届全国人民代表大会第二次常务委员会讨论通过，对国家对农业投入的数额及投资重点都提出了明确、具体的要求，指出，国家财政每年对农业总投入的增长幅度应当高于国家财政经常性收入的增长幅度。国家对农业的投入用于下列基础设施和工程建设：治理大江大河大湖的骨干工程，防洪、治涝、引水、灌溉等大型水利工程，农业生产和农产品流通重点基础设施，商品粮棉生产基地，用材林生产基地和防护林工程，农业教育、农业科研、技术推广和气象基础设施等。《九十年代农业发展纲要》也已经国务院常务会议讨论通过，初步测算，要完成90年代的农业建设任务，农业投资需求将达到15500亿元，其中国家安排的投资为8000亿元（中央4300亿元，地方3700亿元），需农村集体和农民个人筹集资金为7500亿元。“八五”计划中确定，中央农林水利的基本建设投资计划安排380亿元，比“七五”计划增长159%，占中央基本建设投资的比重由“七五”期间的3.9%提高到“八五”的6.3%。要保证以上投资的落实必须有以下措施：

1. 各级领导要重视农业，把农业生产放在各项工作的首位。要由各级党政机关的一把手来抓。“八五”计划指出：“解决十一亿人口的吃饭问题是头等大事，是经济发展、社会安定、国家自立的基础”。对于我国这样一个人口超过世界1/4，耕地仅占世界1/7，农业承受着任何国家无法比拟的压力，而人口还在以每年1500—1700万人的速度增长，主要农产品的供应既要补偿人口增长的需求，又要使人民生活逐步有所提高，而且，农业还承担着为国家建设积累财富、为工业生产提供原料、为出口创汇增加货源的繁重任务，农村又是市场经济中最广阔的市场，占我国人口80%的农村，农民的收入状况直接决定着我国平均生活水平的高低。历史已经证明，农业的基础地位任何时候都不能动摇，任何时候都不能放松对农业的领导。要认真落实中央、国务院有关减轻农民负担的具体措施，杜绝打白条的现象发生，禁止各种名目的开发区乱占耕地。对于国家有关政策措施要做到令行禁止。

2. 继续完善统分结合的双层经营轨制。以家庭联产承包经营为主的责任制作为农村集体经济的一项基本制度长期稳定下来并加以完善，这对于稳定农民种粮的积极性及加大对农业的投入（包括资金投入和劳动投入）至关重要，因为农民个人投资占全社会农业固定资产投资的份额从1984年以来一直在50%以上，构成了农业固定资产投资的主体，如果轻易地忽视这一主体，将会付出惨重的代价；统一经营部分需要进一步加强，逐步建设集体经济的积累制度，这是农业生产稳定发展的重点保证。农村集体对农业的投入在今后将充当越来越重要的角色。

3. 大量的数据和事实证明，农业的产出与投入呈正相关的比例关系。国家要继续增加对农业的投入，以此带动、引导农村集体和农民个人对农业投入的积极性。农业投资在所有基础产业中应当排在第一位，即应当首先满足农业的需要，这样才能使农业投资总量保持持续稳定的增长。近两年来对农业投资的增加是一件好事，但是这一幅度还不够，二是国家对农业的投资在政策上一定要有连续性，以防止农业投资的大起大落对农业生产所造成的滞后影响。在国家对农业的投资使用上，集中统一运作比现在的投资分权制效果要好得多。能够做到农业主管部门宏观调控手段与其职责和压力的统一。这一问题应在近期内的投资体制改革中给予解决。即国家农业、林业投资公司应划归农业和林业主管部门领导。向政策性投资银行的方向发展还是继续作为投资公司存在下去是具体细节的问题。

4. 农业固定资产投资的增加要靠行政和经济的手段双管齐下，除国家每年安排的投资外，要综合运用物价、税收、信贷、财政、物资等经济手段引导各种渠道的投资用于农业。另外要把固定资产投资和流动资金投资的比例调整至一个合理的水平，现阶段争取恢复至2:1。

5. 加强农用工业，包括化肥工

业、农药、农膜、农机等农用工业的建设，以保证农业生产的需要。

6. 农产品的购销逐步实行市场调节，但国家对农业宏观调控的职能不能削弱。以市场经济最为发达的美国为例，其农业从本世纪30年代罗斯福新政起至现在，已基本上变成了一个“被管理的部门”，制定价格和分配资源的决定因素已不再是供求关系的市场力量，而是政府。并且国家对农业实行高额财政补贴。对于我国来说，国情不允许拿出过多的资金补贴农业，但国家对关系国计民生的重要农产品的购销必须实行保护价收购制度，设立风险基金。同时实行多级储备制度，设立储备基金。这样做有利于平抑市场价格，保护农民的利益不受侵害。

搞好农产品购销体系建设的关键是抓好农产品市场体系的基础设施建设，包括农产品期货市场。流通领域的基础设施建设，如仓储设施、运输工具、批发市场及农产品市场信息系统的建设等有利于将农产品尽快转化为商品，有利于农民的增产增收，调动农民的生产积极性，减少中间环节、缩短流通时间、避免损失。

7. 继续搞好农业区域开发，加大农业资源开发的深度和广度，尤其是农业的深度开发，走内涵扩大再生产的道路。我国现有14.3亿亩耕地，其中60%中低产田。我国尚有大量未被开发的资源，全国有可垦荒地5亿亩，近中期可开发利用的有2亿亩；全国有滩涂面积5000多万亩，尚未开发利用的有3000多万亩；淡水可养水面7500万亩，近一半没有养殖利用；海水可养水面700多万亩，已养水面只占1/3；我国还有草地面积60亿亩，其中可利用的有53亿亩，相当于全国现有耕地的3倍多。新上两项的开发潜力很大。“八五”期间，全国农业综合开发区分为国家立项开发区和各省、自治区、直辖市及计划单列市自行开发区两类。国家立项的开发区中，又分为重点开发区和一般开发区。拟将东北平原、黄淮海平原、长江中下游地区等三大片列为重点开发区；将西北、西南等粮食调入省、区及部分计划单列市等20片列为一般开发区。国家每年拿出60亿元的专项资金用于以上项目。

8. 积极利用外资，广拓各种资金渠道。除世界银行贷款外，其它外资渠道如亚洲开发银行贷款、日本海外协力基金等双边政府贷款也要力争多用于农业项目。利用外资的同时，也引入了外国先进的技术、设备和管理经验，对我国尽早实现农业现代化很有帮助。

9. 抓紧农业科研工作及迅速推广农业适用新技术。为科研、教育工作者创造更好的生活和工作条件，以利于其多出成果及多培养出合格的农业人才。

10. 要重视投资效果，把农业建设投资的重点转到以提高经济效益为中心的轨道上来，克服农业部门盲目上项目、争投资、铺摊子的作法。要注重项目的可行性研究，做好项目的国民经济评价及财务评价。严格按基本建设程序办事，逐步实现项目的业主负责制，很好地利用项目建设监理来提高工程质量，把农业项目管理提高到一个新水平。

11. 在中国，农业固定资产投资的稳定增长国家一定要行使其政府行为，对弱质产业给予保护。从根本上考虑，则应通过建立明晰的产权制度和合理利益分配制度，使投资者有利可图。要让农民个人投入到市场经济的大潮中去，在生产领域要逐步向高产、优质、高效的方向发展。另外，要积极参与到农产品流通和农产品的深加工等各个领域中去，作到相互渗透、利益均沾，走贸工农、农工商一体化的道路。只有这样，中国农业才能真正从只享受初级产品的利润中解放出来，才能真正走上自我积累、健康发展的道路，才能真正实现农业发展的目标。

（郭红宇）

1992年中国轻工业的投资建设

轻工业主要是消费品工业，现拥有制浆造纸、日用化学制品、日用硅酸盐、塑料制品、文教体育用品、家用电器、日用机械、电光源及照明器具、食品饮料、制糖、制盐、皮革毛皮及制品、工艺美术品等44个行业和6.3万个企业。党的十一届三中全会以来，在中央改革开放政策指导下，中国轻工业的投资建设成绩显著，仅“六五”和“七五”期间完成固定资产投资1022亿元。轻工业的投资建设是轻工业长足发展的强劲动力，对解决消费品供求矛盾、改善人民生活，丰富城乡市场和扩大出口创汇起了重大作用。1992年中国轻工业又获新的发展，总产值达3831.7亿元，固定资产净值达1269.9亿元，出口创汇186.5亿美元。目前，中国轻工业已形成具有相当规模和一定水平、门类齐全、能够基本满足国内需求又有一定国际竞争能力、市场化程度较高的生产体系，成为国民经济的重要产业部门之一。

一、全国轻工业固定资产投资结构及规模

1992年，轻工业系统全年完成固定资产投资220.83亿元，比上年增长29%，比上年增长6.2个百分点，低于全国投资增长37.6%的速度。其中，基本建设完成投资52.09亿元，比上年增长12.9%，增幅比上年增加10.6个百分点；更新改造完成投资168.74亿元，比上年增长35%，增幅比上年增加2.4个百分点。

从投资规模性质看：(1)国有工业完成投资144.76亿元，比上年增长19.6%，速度与上年相同；集体所有制工业完成投资76.07亿元，比上年增长51.6%，比上年增加20.4个百分点。(2)大中型及限额以上项

目完成投资53.63亿元，比上年增长19.2%,小型项目完成投资167.2亿元，比上年增长32.5%。

从资金来源看：增加投资的主要来源是国内贷款和自筹资金。系统内在实际完成投资额中，国内贷款投资127.64亿元，比上年增长36.3%，比重由上年的54.7%上升到57.8%；自筹资金投资69.12亿元，增长32.4%，比重占31.3%，略有上升；国家预算内资金投资1.99亿元，占0.9%，比上年减少；利用外资投资14.13亿元，比重由8%下降到6.4%；其它投资7.95亿元，比上年减少8.9%，比重由5.1%下降到3.6%。按计划资金管理部门分，国有企业基建投资中，国家专业投资公司为10.95亿元，占91%；部门投资为1.06亿元，占9%。

从投资构成看：(1)生产性建设完成投资206.27亿元，增长29.1%，比重为93.4%；非生产性建设完成投资14.56亿元，增长28.3%，比重为6.6%。(2)建筑安装和设备及工、器具购置比重略有下降。建筑安装完成投资78.22亿元，占35.4%；设备及工、器具完成投资117.86亿元，占53.4%。(3)扩建、改建项目比重上升，新项目比重略有下降。新项目投资31.47亿元，比重由上年的16.7%下降到14.3%；扩建项目投资120.32亿元，比重由52.4%上升到54.5%；改建项目投资52.74亿元，比重占23.9%，上升1.4个百分点。

从行业看：食品、造纸、塑料制品、日用硅酸盐、日用化学、家用电器、五金制品、制盐、日用机械、皮革、工艺美术品、轻工机械等12个主要行业投资完成173.9亿元，占78.8%，比上年略有下降。在23个行业中，与上年比投资有所增长的有灯具（86.7%）、家用电器（75.9%）、衡器（64.5%）、文教体育用品（62.5%）、灯泡（57%）、塑料制品（53.9%）、造纸（44.4%）、轻工机械（43.4%）、工艺美术品（39.2%）、五金制品（34.7%）、日用机械（32.6%）、皮革（21.5%）、制盐（18.5%）、家具（15.1%）、日用硅酸盐（13.6%）、食品（7.3%）、日用杂品（6.8%）等18个，下降的有设计（—43.8%）、科研（—25%）、教育（—14.8%）、日用化学（—9.5%）、木竹藤棕草柳制品（—5.1%）等。

从地区看，山东省仍占首位，完成投资为32.23亿元，占14.6%，第二是广东省，第三是浙江省，以下顺序为上海市、四川省、福建省、江苏省、辽宁省、湖北省，吉林省和广西壮族自治区并列第10位，共11个地区，投资完成156.94亿元，比上年增加41.36亿元，增长35.8%，比重由上年的67.5%上升到71.1%。从投资速度看，30个省市（区）（除西藏外）中，与上年比增长的有23个，其中增长幅度在1倍以上的有云南省、福建省，增长在20%以上的有江西省、浙江省、安徽省、陕西省、上海市、江苏省、湖北省、山东省、河南省、湖南省、山西省、吉林省、甘肃省、青海省、四川省等；下降的有宁夏回族自治区、北京市、新疆维吾尔自治区、海南省、内蒙古自治区、天津市等六个地区。在10个计划单列市中，广州市占首位，完成投资4.44亿元，其次是宁波市（3.36亿)、沈阳市(2.77亿)、青岛市(2.66亿元)；投资在1亿元以上的还有西安市、南京市、成都市、大连市、武汉市、重庆市、深圳市、长春市等，与上年比增长的有10个市，其中增长在1倍以上的是南京市，下降的有深圳、厦门两市。

二、全国轻工业固定资产投资建设成就

全年轻工业固定资产投资新增固定资产为170.23亿元，比上年增长16.8%。从投资效果看，固定资产交付使用率为77.1%，比上年减少8.1个百分点，房屋建筑面积竣工率为50%，比上年减少3个百分点，建设项目建成投产率为58.3%，比上年减少0.6个百分点，未完工程资金占用率为65.3%，比上年减少7.4个百分点，以投资完成额计算的建设周期为3.1年，比上年缩短3个多月，投资效果不够理想。

1992年，全国轻工业系统建设项目建成投产的有5801个（基本建设项目856个，更新改造项目4945个），其中，大中型和限额以上项目66个（基本建设项目26个，更新改造项目40个）。轻工业36种可比产品新增生产能力与上年比，增长的有18种，其中电冰箱增长9倍，肥皂7.68倍，灯具6.41倍，增长在1倍以上的还有自行车、合成洗涤剂原料、糖果等共7种，增长在50%以上的还有文教体育用品、洗衣机、塑料制品、白酒、其它酒、工艺美术品等6种。比上年下降的18种，下降在10%以上的有保温瓶、手表、塑料原料、灯泡、日用精铝制品、饼干、干电池、家具、奶粉、制糖、罐头、香精香料、其他乳制品、啤酒、原盐、机制纸及纸板、缝纫机等17种，电风扇略有下降。轻工企业更新改造建成投产项目全年可增加经济效益：产值290.31亿元（其中国有企业130.67亿元，集体所有制企业159.64亿元），比上年增长25.4%；利税56.76亿元（其中，国有企业30.88亿元，集体企业25.88亿元)，增长19.4%；创汇8.40亿美元（其中国有企业2.60亿美元，集体企业5.80亿美元），比上年减少8%。

三、轻工业中央固定资产投资情况

（一）中央基本建设投资

1992年轻工业中央基本建设投资总的原则是，按照国家产业政策，进一步调整投资结构，优先安排好对轻工业发展有重大影响的洗涤剂原料、纸及纸浆等建设项目，并确保国家重点建设项目的投资。

1992年轻工业中央基本建设投资规模为11.381亿元，其构成为：非经营性投资(即拨款)0.671亿元、经营性基金投资1亿元、银行贷款7.26亿元、利用外资2.2亿元、债券0.1亿元、自筹0.15亿元。轻工业中央基建投资在建规模中的经营性投

资部分，安排的建设项目绝大部分属于中央补助投资的地方基建项目；非经营性投资部分安排的全部是原部直属有关单位的基建项目。因此，在建规模分为两部分。其中，经营性投资部分的在建规模为10.67亿元，实际下达投资计划为10.4096亿元。即(1)制浆造纸：安排各种浆（棉、木、竹、草）27.55亿吨，各种纸（纸板、新闻纸、书刊纸）24.65万吨，回收碱2万吨、造林120万亩等，共安排中央投资规模2.69亿元。(2)轻化工：安排玻璃瓶罐41.7万吨、脂肪醇5万吨、烷基苯7.2万吨、分子筛脱蜡14万吨、醇醚7万吨、醇醚硫酸盐2.14万吨、液洗4万吨、香精45吨、炻瓷1400万件、兰晶石0.6万吨、紫砂砖25万平方米、皮革50万件等，共安排中央投资规模4.626亿元。(3)耐用消费品：安排空调压缩机20万台、节能灯300万只等，共安排中央投资规模0.09亿元。(4)轻工机械：安排加工能力塑料模具100付、调速电机5万千瓦等，共安排中央投资规模0.141亿元。(5)制糖：安排制糖10万吨，共安排中央投资规模0.945亿元。(6)制盐：安排原盐320.5万吨、真空盐110万吨、无水硝3.5万吨，共安排中央投资规模1.227亿元。(7)食品：安排淀粉15万吨、果葡糖浆（干基）1万吨、酶制剂1.8万吨、营养食品0.4万吨、山楂原浆0.4万吨，共安排中央投资规模0.519亿元。(8)其它：安排加工兰宝石10万克拉、少数民数用品、旅游用品、芦苇种植、工艺美术等的项目，共安排中央投资规模0.1751亿元。此外，中央未分配规模0.2569亿元(含外资和自筹)非经营性投资部分的在建规模为7110万元（含拨款6710万元、自筹400万元）。这部分投资主要安排原部机关及直属单位的职工住宅、办公用房项目和中国工艺美术馆的验收遗留问题。其中：教育：2630万元（拨款2580万元、自筹50万元)；科研：440万元拨款；设计：533万元拨款；原部机关：1788万元（拨款1708万元、自筹80万元)；其它：1429万元拨款；未分配：270万元自筹。

中央经营性投资共安排项目85个，其中大型项目29个，安排中央投资规模8.58亿元，占年度国家投资的82%；小型项目56个，安排中央投资1.83亿元，占年度国家投资的18%。非经营性投资共安排项目31个，其中大中型项目1个，其余为小型项目。据统计，截止到1992年12月底，中央经营性投资累计完成额102854万元，占年度投资计划的99%。非经营性投资完成年度计划的96%。

1992年在中央、省、市各级有关部门、投资公司、银行、设计、施工单位和建设单位的大力协作，共同努力下，项目的建设取得了很好的成绩。在建的85个经营性项目中，全部建成投产25项，单项投产3项。新增主要产品生产能为：烷基苯7.2万吨、纸和纸浆6.25万吨、回收碱1.5万吨、盐120万吨、糖2.8万吨、果葡糖1万吨、淀粉和变性淀粉17.2万吨、酶制剂1.3万吨、玻璃瓶1.5万吨、4A沸石2万吨、优质硅砖0.7万吨、紫砂砖25万平方米。从而缓解一些轻工短线产品的需求矛盾，增加了有效供给。在建的31个非经营性项目中，当年新增竣工面积为8.9万平方米，其中住宅4.8万平方米，其余为教学楼、实习工厂、中试车间、办公楼加层等工程。

（二）中央技术改造投资

1992年中央技术改造投资安排的指导思想是：重点安排符合国家产业政策的续建项目，特别是当年能够建成投产的项目；新开项目中重点安排“八五”规划内的限额以上项目，尽可能按进度及时开工；限额以下的新开工项目，重点安排少数民族用品项目、小商品项目、陶瓷行业改组改造中标项目、轻工装备、模具项目、出口创汇项目以及贫困、受灾地区的项目。

全年轻工系统技术改造专项贷款项目共安排448项，投资总规模337022万元，专项贷款163337万元，地方和企业自筹173685万元。其中：工商银行贷款425项，当年投资规模318202万元，专项贷款153370万元；建设银行贷款5项，当年投资规模12718万元，专项贷款3967万元，农业银行贷款18项，当年投资规模10862万元，专项贷款6000万元。

1992年共安排限额以上项目28项，其中续建项目20项，新开28项。限上项目当年投资规模为73970万元，工商银行专项贷款19020万元，建设银行专贷3290万元。至1992年底有10项基本建成，它们是：沈阳味精厂、沈阳双喜压力锅工业公司、吉林四平油脂化学厂、吉林石岘造纸厂、江苏盐业公司、江苏镇江大东造纸厂、浙江舟山水产食品厂、武汉汉阳造纸厂、四川宜宾造纸厂、四川乐山造纸厂。这些项目达产后，将新增生产能力，低定量新闻纸2万吨，高档铜版纸2.5万吨，胶印书刊纸5万吨，电器绝缘纸850吨，原盐100万吨，压力锅150万口，洗衣粉3.5万吨，味精5000吨，鱼粉5000吨，冷冻制品及鱼片4100吨。新增产值69598万元，利税14348万元，创汇3788万美元。

上述轻工技改专项贷款项目安排的特点是：(1)以续建项目为主。为了使在建项目尽快峻工投产，发挥效益，在资金安排上体现了以续建为主。448个在建项目中，新开工项目仅52项，仅占项目数的11.6%，新开工项目用专项贷款17170万元，仅占专贷总额的10.5%。(2)新开工项目以限上项目为主。新开工52项中，限上项目为8项，占新开工项目数的15.4%，而续建项目中限上项目仅占5.1%。

四、主要经验和问题

（一）主要经验

1992年轻工业投资与建设的主要经验总结起来有以下两点：

1. 坚持以市场需求为导向、国家产业政策为依据，调整投资结构，保证重点建设，是轻工业投资安排的主要指导思想。轻工业是市场化程度较高的产业，其产品结构必须随消费结构的变化而变化。因此，投资结构也拟在国家产业政策指导下，根据市场需求的变化而不断作动态调整。轻工业在投资安排上对那些市场前景不好、不符合国家产业政策、规模经济效益差、污染环境严重、资金及建设条件不落实的项目，一般不立项审批或压缩和不予投资，而是集中资金投向那些符合国家产业政策、市场前景广阔、经济效益好、技术水平高、资金及其它建设条件相对比较落实、行业发展中起带动作用的重点建设项目。为此，其投资效果是显著的。

2. 有关部门大力支持和协调，建设、设计、施工单位密切配合，是工程建设成功的关键一环。例如，抚顺洗涤剂化学厂引进美国、西班牙等国烷基苯、脂肪醇技术和设备，经过29个月的艰苦工作，于1992年9月试产成功，其产品质量指标已全面达到和部分超过美国UOP标准，并获得用户好评。

（二）存在的主要问题

1. 资金使用分散，盲目攀比速度，新开工项目增多。小平同志南巡讲话后，各地发展经济的热情高涨。但是，必须看到的问题是，在一些轻工业部门及企业，出现了不顾实际，不研究市场，不考虑经济效益，盲目攀比速度，竞相争上项目的倾向，致使1992年新开工项目达6403个，占本年施工项目的64.4%。一些地方出现低水平的重复建设，资金使用分散，加剧了地区布局的不合理性，投资效果不好。

2. 物价上涨迅猛，项目超支严重，影响投资效益。特别是生产资料价格，如钢材、水泥等建筑材料，几乎成倍上涨，机电设备涨价幅度也在30%以上，因而造成建设项目普遍超支惊人。一些大中型项目和限上项目资金概算一般要超过原概算一倍以上，无法控制。致使一些项目资金缺口增大、工期拉长，无法按期完工，严重影响投资效益。

轻工业部门及企业今后应更加注意研究市场发展趋势和消费结构的变化，讲究投资效益，调整投资结构，不要盲目攀上项目，追求高速度，同时要继续控制新开工项目，避免拉长战线，把资金集中在重点建设项目和竣工投产项目上，要不断增强大中型基建和限上技改项目的投资强度，发挥规模效益，努力缩短建设周期，提高投资效益。

（王力争）

1992年中国纺织工业的投资建设

一、纺织工业发展概况

纺织工业是我国历史悠久的工业部门之一，在旧中国的经济中就占有相当的地位。新中国成立以来，在党的领导下，有了飞速的发展，解决了人类近1/5人口的穿衣问题，为世界文明与进步，为我国的经济发展做出了应有的贡献。

纺织工业从1950年至1992年累计完成固定资产投资总计1335亿元（包括1983年以前金山、辽化等四大化纤基地的投资），占全国同期固定资产投资总额的2.67%。经过40多年的建设，已经形成了从化纤原料、纺、织、印染后整理、服装全过程，由全民、集体、个体及外资组成的，以适应国内、国外两个市场需要的工业体系，初步满足了人们日益增长的需要。并为国家积累以及出口创汇做出了应有的贡献。从1950年至1992年累计出口创汇1348.4亿美元，为全国同期出口创汇额的23.35%。仅1978年至1991年17年间纺织工业实现利税累计达2538亿元，是新中国成立以来到1992年纺织工业累计固定资产投资的1.9倍。

70年代，党中央、国务院为了解决全国人民的穿衣问题，下决心利用石油资源大规模发展化纤。开始建设了金山、辽化、天津、川维四大化纤基地。从1973年开始大量投资，其中1975年达到最高峰，当年完成投资24.37亿元，相当于前四年投资的总和，占当年全国固定资产投资的4.47%，比重是历史上除“一五”计划以前三年外最高的。1983年，国家将四大化纤项目由纺织划归中国石化总公司以后，1984年的投资就有所下降，由1983年的49.27亿元，降为44.36亿元，占全国固定资产投资的比重也由3.45%降为2.42%，以后就一直未超过此数，并呈逐年下降趋势。在此期间，为解决纺织原料问题还建设了河北、山西、江西、福建、安徽、湖南、广西、云南、兰州9个维尼纶厂，总规模为年产6.4万吨维纶短纤，总投资约11.1亿元。到70年后期，开始酝酿准备建设仪征项目（当时称江苏化纤总厂），并建设了平顶山锦纶帘子布厂一期工程（规模为年产浸胶帘子布1.3万吨，1982年上半年投产。后建设二期工程，1987年8月建成投产，形成年产2.6万吨的生产能力，在世界同类企业中占有相当的位置。总计投资90224万元）。

在全国各主要工业部门中纺织工业是投入量少，产出最多的部门之一，各地都把纺织企业看作“摇钱树”，纷纷投资建设。至1983年底，我国棉纺织已达2140.56万锭、毛纺100.5万锭、麻纺31.23万锭、缫丝124.9万锭、印染91.2亿米/年。化纤工业更是从无到有，达到77万吨/年的生产能力。这些都是经过30多年的建设取得的丰硕成果，是基本靠我们自己的力量建设起来的，为我国经济的发展，为整个经济体制的改革创造了好条件。

十一届三中全会以来，纺织工业同全国的经济一起高速度发展。由于纺织工业吸收就业人员多，传统工业，其工艺技术相对较易掌握，各地都已有一定的基础，在效益驱动下，各地、各行业都大规模兴建纺织企业，乡镇企业崛起，使作为国家支柱产业之一的纺织工业发展的速度更快。从1978年到1992年共完成固定资产投资1165.21亿元，占全国同期固定资产投资总额的2.88%，出口创汇1194.69亿美元，占全国同期出口创汇额的23.8%。从1988年起纺织工业出口创汇占全国出口创汇的比重就超过25%。近几年一直发展较快，基本上同步增长，所占比重没有下降，是国家的重要创汇行业。从1984年至1992年末新增化纤生产能力168.41万吨，比1983年末能力增长了2.19倍，棉纺织新增了2049万锭，增长了95.7%，毛纺锭新增228.72万锭，增长了2.28倍，麻纺锭增加了76.61万锭，增长2.45倍，桑缫丝增长了134.6万绪，印染31.16倍。生产能力的迅速增长，也随之带来了一些新的课题，需要研究解决。

纺织工业同全国其它工业部门一样，新中国成立以来，对固定资产投资的管理经历了高度集中统一管理和中央、地方分级管理的实践，经历从产品经济模式向社会主义市场经济新体制转换的过程。目前基本建设项目除国家安排投资由国家计委、纺织工业部、国家机电轻纺投资公司及有关银行审定，并参与建设管理外，其余的项目及投资都由地方和其它部门组织筹集解决。技术改造项目同样除国家安排投资的项目，由国家经贸委、纺织工业部及有关银行审定并参与建设管理外，其余的都由地方和其它部门安排。

二、1992年纺织工业固定资产投资完成情况

1992年纺织工业全社会固定资产投资完成162.2亿元，比上年123.21亿元增加38.99亿元；增长31.6%，小于全国的增长幅度(37.6%)。完成投资中，基本建设为44.1亿元，更新改造为118.3亿元，分别比上年增加1.56亿元和37.43亿元。为适应市场经济的需要，企业引进新技术、新工艺，为开发新产品进行技术更新改造的投资增加，增长幅度达46.4%。

在完成投资中，全民所有制单位为137.78亿元，比上年增长30.35%，低于全国的平均增长水平，而城镇集体所有制单位为24.43亿元，比上年增长39.52%。因此在完成投资中城镇集体所有制单位所占比重由上年的14%提高为15%。

1992年纺织工业建设施工项目共4555个，其中基本建设813个，更新改造3742个，分别比上年减少118个和217个。当年建成投产项目共2308个，其中基本建设310个，更新改造2043个，分别比上年减少158个和64个。从统计资料看，纺织工业1992年固定资产投资总规模仍然偏大，并增长幅度较大，批准的计划总投资为509.9亿元，比上年424.22亿元增加了85.68亿元，增长20.2%，实际需要总投资为512.18亿元。除去累计完成投资外，全部建成还需要投资为197.5亿元，比上年147.13亿元增加50.37亿元，增长34.2%。

1992年化纤生产新增能力19.38万吨，比上年增加8.57%，其中合成纤维增加18.62万吨，增加9.2%，粘胶纤维增加0.76万吨，增加3.32%。在合纤中增长最快的主要是涤纶与锦纶，分别增加了16.81万吨和2.24万吨，增长幅度为12%和11.7%。其中涤纶长丝增加了13.54万吨，达65.05万吨，增长幅度为26.29%。涤纶长短纤维的比例达到46.6:58.4。接近世界这一比例的平均水平。

1992年纺织工业大中型建设项目共11个，计划总投资为144072万元，实际完成投资157062.14万元，为年计划的109%。

仪征化纤工业联合公司二期工程。厂址在江苏仪征胥浦，建设规模为涤纶短纤维12万吨，商品切片18.9万吨，批准调整概算为188323万元，1992年计划投资6056万元，实际完成6060万元，累计完成投资184728万元。二期工程从1985年开始建设，分两个阶段进行。第一阶段以涤纶二厂为主，1985年1月开工，1987年9月至1990年1月分线投料试车成功，形成年产聚酯切片6.3万吨，涤纶短纤维12万吨的生产能力。第二阶段以涤纶三厂为主，1987年7月开工，1989年底至1990年10月分线投料试车成功，形成年产聚酯切片12.6万吨的生产能力。与主体厂配套的公用工程，辅助生产设施，行政生活设施的新建、扩建工程也同步进行，于1990年以前陆续建成投入使用。1991年二期工程进行全面试生产。并开始竣工验收准备工作。1992年6月国家计委正式下达竣工验收计划，于1992年11月8日至9日正式验收通过。

济南涤纶工程（现中国济南化纤总公司)。厂址在山东济南东郊丁家庄北，建设规模为年产涤纶短纤1.5万吨，涤纶长丝1万吨，商品切片3.8万吨。1989年正式开工建设，1991年建成投产。批准调整概算122145万元，1992年计划投资3726万元，工程收尾。实际完成投资2315万元（包括新规定的贷款利息，则为17228万元）自开始建设累计完成投资115688万元（包括利息则为130601万元)。该项目4套主生产装置均已建成投产，除涤纶长丝后加工部分设备，因引进设备要1993年到货，1993年三季度可投产外，其余工程都已完工，计划于1993年下半年竣工验收。

淄博腈纶工程（现山东淄博化学纤维总厂)。厂址在山东淄博市张店区，建设规模为年产腈纶短纤维4.5万吨，其中毛涤2万吨，是国家“七五”计划采用引进技术技贸结合方式建设5个腈纶项目中规模最大的一个。批准调整概算为110459万元。1992年计划投资为26440万元，实际完成26450万元。自1989年国务院批准开工建设起到1992年底累计完成投资97430万元。

原计划1992年底投料试车，后根据抚顺、秦皇岛两个同类项目投料试车中，在国外设计、设备及我方对引进工艺技术、设备掌握等方面还暴露出一些问题的情况，考虑稳妥可靠，减少试车损失，确保一次开

车成功，做了较充分的单机及联动试车准备工作，将正式投料试车时间推迟到1993年。

浙江腈纶厂。浙江省、宁波市联合投资建设的省属新建大中型化纤原料项目。1990年7月7日浙江省计经委以(1990)37号文批准该项目初步设计。厂区占地约21公顷，建筑面积12万平方米，总投资38360万元。

1991年5月3日，经国务院批准，国家计委以计投资（1991）578号将浙江腈纶厂列入当年新开工大中型建设项目计划，10月3日主生产装置正式开工兴建。

该项目由纺织工业部设计院承担总体和主生产装置的设计，浙江省轻纺设计院、宁波市建筑工程设计院等单位承担配套工程设计。在项目管理上，采取以建设单位为主联合浙江省建设工程总承包公司、浙江省机械设备成套局、浙江省基建物资配套公司三家省属专业公司，各自抽调专业人员组成工程建设指挥部，统一指挥、统一管理，代表业主对工程建设全过程进行管理，对工程质量、安全、工期、投产和投资进行控制，并承担相应责任。指挥部设置相应的职能处室，分别就工程的招投标、设计、设备供应，材料供应、资金筹措、施工安排实施全面管理。同时，经上级主管部门批准在指挥部内设计建安工程质量监督站，对建安工程实行全过程质量监督、检验、验收。是一种新的管理模式。

由于是由各方面有经验的人员组成，编制了详尽的总体进度网络计划，对人员、设备及资金的运用做到了较科学、合理的组织，因此工程实际进度基本能按计划进度进行，10个月时间基本完成了近12万平方米的土建施工任务。1992年10月起已全面转入安装工程。

青岛国棉工厂扩建锦纶帘子布工程。厂址位于青岛市海岸路，建设规模为年产4000吨锦纶6浸胶帘子布，系列用亚洲发展银行贷款引进技术设备的项目，与青岛轮胎项目相配套。批准调整概算为31052万元。1992年计划投资7465万元，实际完成8354万元，自1990年国务院批准开工建设以来累计到1992年底共完成投资25156万元。

该项目原计划1992年底投料试车，后因工程进度，外方设计、设备多方面的问题，推迟到1993年一季度。1992年三季度公用工程全部开工，12月底捻线机、织布机及纺丝部分开工生产。

湖北化纤厂（位于襄樊市太平店）。建设规模为年产粘胶短纤维1万吨。由于经历1988年后经济调整整顿阶段，拖至1991年底方经国务院批准开工建设。概算投资12377万元，1992年计划投资5200万元，实际完成4251万元，自开工累计完成投资4651万元。主要处于厂房土建阶段，该项目一直存在资金到位困难问题。

上海纺织涤纶总厂（位于奉贤县星火工业区）。建设规模为聚酯7万吨，总投资29125万元，是上海市“九四专项”，资金由上海久事公司负责筹集。1992年12月14日经国务院批准国家计委下达开工通知，正式开工建设，当年投资计划8100万元，实际完成6781万元。目前土建基本完成，已开始转向设备安装阶段。

广州亚美聚酯公司（位于广州市黄浦开发区）。是由中、美、日三方合资建设的化纤原料项目，建设规模为年产聚酯切片6万吨，总投资35450万元。1992年12月14日经国务院批准国家计委下达开工通知，同意正式开工建设，当年投资计划3611万元，实际完成6619万元。累计完成投资8170万元。

1992年国家安排纺织工业基本建设投资共88212万元（包括基金10535万元，银行贷款56000万元，投资债券5000万元）。其中通过国家机电轻纺投资公司安排的为80347万元。共安排了68个项目，其中大中型11个，小型项目57个。在资金安排上贯彻了“保投产、保收尾、保重点项目，控制新开工项目”的方针，优先安排保证了大中型续建项目，特别是投产项目的需要，适当安排了出口创汇、产品开发及技术装备项目。

在国家安排纺织工业基本建设投资中，大中型项目占75.8%，小型项目24.2%。按行业划分，化纤项目为72087万元，占89.2%，纺机纺器4980万元，占6.2%；丝绸（包括工、贸）2670万元，占3.3%，毛麻纺织印染服装975万元，占1.2%，民族、旅游用品135万元，占0.1%。

在这些项目中，除国家安排投资外，各地方共安排投资109149万元，合计189996万元，国家安排投资占42.6%，其中大中型项目国家投资占45.5%。国家投资重点在化纤大中型项目建设上。

1992年国家安排纺织工业技术改造银行贷款233434万元，其中贴息贷款127039万元。共安排了623个项目。包括：纺织新产品专项与“深、精、高”出口专项458项。

纺织机械引进消化吸收专项56项，压锭专项91项，纺织机械重中之重专项18项。

安排投资中：工商银行有605个项目，项目总投资97.086亿元，其中贷款需61.9838亿元，到1992年底累计完成投资25.8625亿元。其中1992年计划投资46.6775亿元，银行贷款21.0259亿元。建设银行有183个项目，项目总投资13.65亿元，其中贷款需要6.78亿元。1992年完成投资3.7亿元，其中银行贷款1.68亿元。中国银行对压贷挂钩专项与纺机重中之重专项以每1美元配套人民币0.375元贷款。共计1.7亿美元约配套贷款6375万元人民币。

纺织工业部领导对建设工作一贯非常重视，近年来还建立了重点建设项目例会制度，每年在现场召开两次工作会议，通报工作情况，协调解决建设中遇到的问题，促进工程进度，交流项目建设管理经验等。

部领导还在年初、年终专门召开部务会听取建设工作汇报，布置工作。

（张其伟）

1992年中国建筑业的投资建设

建筑业是国民经济重要的物质生产部门，是我国经济建设的支柱产业之一。新中国建立以来，为了满足经济建设和提高人民生活水平的需要，国家采取了一系列政策措施组织引导建筑业发展，使建筑业由1949年的不足20万职工，发展到目前已成为拥有建筑职工1036万，技术力量雄厚，能够完成各种大型和复杂项目施工的强大产业部门。

一、建筑业发展的历史回顾

新中国建立伊始就面临着医治战争创伤，恢复生产的艰巨任务。为了满足经济建设的需要，国家迅速组建了一批国营建筑企业，作为骨干力量投入到经济建设中。同时，集体建筑业也有较大发展。到1952年底，国营建筑企业职工已达到99.5万人，勘察设计人员达到2.3万人，3年累计完成建安工作量54.7亿元，完成各类房屋建筑面积4659万平方米。“一五”时期我国提出了建筑业逐步实现工厂化、机械化和专业化的目标。国家对建筑业的投资主要向实现这一目标倾斜，这一时期建筑业基本建设投资21.54亿元，建筑工程部先后在洛阳、西安、武汉等地建起了73个构件预制厂和木材加工厂。到1957年底建筑业工人人均技术装备投资达到278元，工人人均动力装备为1.3千瓦。“一五”时期建成投产大中型项目595个，竣工各类房屋26640万平方米。“二五”时期建筑业由膨胀到调整进而压缩，是一段急剧变动的时期，建筑业基本建设投资减少，共完成投资16.30亿元。这一时期的投资成果主要反映在装备水平的提高上。1962年全民所有制施工企业自有机械设备净值为52229万元，比“一五”期末增长了3.3倍。工人技术装备率比“一五”期末提高了2.4倍，工人动力装备率提高了92.3%。1963年到1965年继续贯彻调整政策，3年中建筑业累计完成投资8.91亿元。进入1966年以后，开始了长达10年的动乱时期，政治、经济生活遭到了极大的破坏。这一时期建筑业的投资主要用于建筑业开展内地建设的需要，共完成基本建设投资45.95亿元。十年动乱的结束使我国进入了新的发展时期，特别是十一届三中全会以后，经济发展速度明显加快，建设领域出现了前所未有的繁荣局面。这一时期建筑业队伍规模急剧壮大，投资需求激增，1978年至1991年共完成基本建设投资180.59亿元，比“一五”时期以来的28年多完成投资44.55亿元，增长32.7%。

二、1992年建筑业投资建设情况

进入1992年以后，改革开放的步伐进一步加快，市场运行机制下的新形势给建筑业带来了难得的发展契机，建筑业的建设发展速度跃上了一个新的台阶。

（一）投资规模创历史最高水平

1992年长期困扰建筑业的施工任务不足、拖欠工程款等症结得到了缓解，经济形势的好转为建筑业扩大规模、增强生产能力，加大资金投入创造了条件。建筑业在完成各行业建设任务的同时，自身的投资规模也达到了历史最高水平。全年共完成固定资产投资67.95亿元，比上年增长了一倍，其中国有建筑业当年完成投资37.45亿元，比上年增长77.4%，累计新增固定资产55.03亿元，比上年增长28.2%。城镇集体建筑业完成投资6.06亿元，比上年增长1.22倍，累计新增固定资产4.89亿元，比上年增长1.19倍。1992年国有建筑业投资建设施工面积870.81万平方米，其中新开工房屋建筑面积439.74万平方米，分别比上年增长19.9%和32.6%。城镇集体建筑业投资建设施工面积为184.28万平方米，其中新开工房屋建筑面积131.45万平方米，分别比上年增长49.9%和64.4%。国有建筑业竣工房屋面积372.27万平方米，城镇集体建筑业竣工房屋面积96.7万平方米，分别比上年增长24.5%和48.5%。

（二）1992年建筑业投资的主要特点

1. 投资完成额全面增长。1992年建筑业投资完成额全面增长，国有建筑业单位完成基本建设投资23.25亿元，比上年增长84.5%，完成更新改造投资14.20亿元，比上年增长66.9%。从各地建筑业完成投资情况看，除江西省与去年持平外，其余各地区均比上年有所增长。其中完成投资比上年增长50%以上的地区有北京市、天津市、山东省、云南省等20个地区，完成投资比上年增长一倍以上的有辽宁省、黑龙江省、江苏省、浙江省、安徽省、福建省、广东省、广西壮族自治区、甘肃省、青海省、宁夏回族自治区，其中福建省、广东省、广西壮族自治区投资增长均在两倍以上。

2. 建筑业投资增长速度快于其它部门。1992年随着投资形势的好转，建筑业的投资需求在一定程度上得以实现，投资增长速度明显高于其它行业。1992年建筑业全行业固定资产投资67.95亿元，比上年增长100.6%，高出全社会固定资产投资58个百分点。比农、林、牧、渔、水利业快88.8个百分点，比工业快54.5个百分点，比交通运输、邮电通讯业快54.3个百分点，比商业、公共饮食业、物资供销和仓储业快19.7个百分点。

3. 集体建筑业投资偏低。在我国集体建筑业已是一支不可忽视的建设力量，到1992年底城镇集体企业职工已有415万人，占建筑业全部职工总数的40.1%。但从投资完成情况看，却明显偏低。1992年城镇集体建筑业完成投资6.06亿元，占全行业投资的8.9%，施工面积只相

当于国有建筑业的21.2%，当年新开工面积只相当于国有建筑业的29.9%。

4.交付使用率高。1992年建筑业投资的项目具有投资少，建设周期短，交付使用率高的特点。国有建筑业全年固定资产交付使用率为89.9%，集体建筑业为77.3%。国有建筑业同工业相比，固定资产交付使用率高31.1个百分点，同全国国有单位平均水平相比高20.4个百分点。

（三）建筑业投资建设的主要成果

1.提高了行业整体实力。1992年国家投资形势好转，建筑业投资有较大的增长，特别是“八五”专项技术改造计划的实施，对建筑业的发展起了积极的促进作用。1992年国有及城镇集体建筑施工企业固定资产原值达到861.4亿元，比上年提高了15.4%，固定资产净值达到599.2亿元，比上年提高了15.2%；国有及城镇集体建筑施工企业年末自有机械设备原值为482.3亿元，比上年提高了14.2%，年末自有机械设备净值为314.7亿元，比上年增长了15.6%，其中国有建筑施工企业年末自有机械设备原值为386.4亿元，比上年增长了10.8%，年末自有机械设备净值为246.5亿元，比上年增长了11.3%，城镇集体建筑施工企业年末自有机械设备原值为95.9亿元，比上年增长了30.5%，年末自有机械设备净值为68.2亿元，比上年增长了34.0%；国有及城镇集体建筑施工企业年末自有机械设备总功率为4431.9万千瓦，其中施工机械总功率为3006.5千瓦，分别比上年增长4.3%和8.1%；国有及城镇集体建筑施工企业技术装备率为2719元/人，比上年提高5.7%；其中国有建筑施工企业技术装备率为3618元/人，城镇集体建筑施工企业技术装备率为1433元/人，分别比上年增长4.4%和18.1%。

1992年为了帮助建筑施工企业更新设备，推动技术进步，国家对施工企业安排了5000万元专项贴息贷款，加上企业配合贷款投入的自筹资金，形成了一股较大的资金投入。这部分资金主要用于两个方面，一是企业承接重点建设项目急需设备的购置与更新；二是用于改善城市环境，提高施工质量，减轻工人劳动强度的商品混凝土生产。从挑选的二十几个试点企业情况看，已取得了较好的效果。如内蒙古自治区第二建筑公司是一个有着丰富电厂施工经验的企业，但由于装备落后，在1991年的一项电厂建设投标中未能中标。1992年该公司的“重点工程泵送砼站”技术改造项目被列入建设部“八五”计划，总投资586万元，其中450万元由国家和地方分两年拨贷款给企业，其余由施工企业自筹。为了尽快完成这一技术改造项目，该公司在1992年仅得到国家贷款140万元，地方贷款40万元的情况下，紧缩流动资金，自筹投入354万元，当年共完成投资494万元，购置砼泵送车一台、托式泵一台、砼搅拌运输车4台、组合式砼搅拌站一套，在国家重点工程达拉特电厂建设中发挥了作用，当年完成了1.3万立方米的砼浇灌任务。这一技术改造项目实施后所浇筑的砼质量强度均匀，内部密实，表面光滑，全部达到部颁质量标准，按完成的工作量统计，新增产值340万元，利润24万元，税金19万元。湖南省机械化施工公司在“八五”专项技术改造中计划总投资2000万元，1992年计划投资500万元，已全部完成计划。该公司技术改造着重于施工机械的购置。购置了500马力大功率推土机、200马力液压推土产运机、汽车起重机等施工机械。这些设备已于1992年7月份起陆续到位，大部分已投入到施工中。这一技改项目的实施使企业对基础及土石方工程的施工能力有较大增长，该公司在1992年中共完成产值2745万元，比上年提高了15.8%。

2.生产经营有较大发展。1992年建筑业生产迅速增长，经济效益进一步提高。全年国有及城镇集体建筑施工企业共完成总产值2174.4亿元，比上年增长39.0%，国有建筑施工企业完成1432.1亿元，城镇集体建筑施工企业完成742.3亿元，分别比上年增长34.8%和47.9%；国有及城镇集体建筑施工企业完成净产值628.4亿元，比上年增长33.3%，完成增加值614.6亿元，比上年增长32.3%；国有及城镇集体建筑施工企业1992年房屋建筑施工面积为51885.4万平方米，比上年增长26.4%，其中国有建筑施工企业房屋建筑施工面积为25896.1万平方米，城镇集体建筑施工企业房屋建筑施工面积为25989.3万平方米，分别比上年增长21%和32.2%；国有及城镇集体建筑施工企业房屋建筑竣工面积为24045.8万平方米，比上年增长18.7%；1992年国有及城镇集体建筑施工企业实现利税总额为102.9亿元，比上年增长44.7%，是近年来增长最快的一年，其中国有建筑施工企业实现利税61.1亿元，城镇集体建筑施工企业实现利税41.8亿元，分别比上年增长39.5%和53.1%；国有及城镇集体建筑施工企业工程质量优良品率为32.6%，比上年提高了1.1个百分点。1992年建筑业经济效益在连续几年徘徊不前的基础上有所提高。国有及城镇集体建筑施工企业总产值全员劳动生产率为18238元/人，比上年增长23.7%；产值利税率为4.7%，工程成本降低率为1.0%，均比上年提高0.2个百分点。其中国有建筑施工企业产值利税率为4.3%，工程成本降低率为0.8%，分别比上年降低0.2和0.4个百分点。

3.进一步提高了在国民经济中的支柱产业地位。作为国民经济重要物质生产部门和支柱产业的建筑业不仅承担着全社会固定资产建设的重任，而且为国家创造了大量的产值和收入。1992年在包括投资增长因素在内的诸多因素影响下，建筑业得到了较快的发展，在国民经济中的地位进一步提高。1992年在社会总产值中建筑业完成4443亿元，比上年增长了22.4%，增长速度在五大物质生产部门中排第二位；创造国民收入1311亿元，比上年增长了29.9%，增长速度在五大物质生产部门中居首位，在国民收入中的比重亦由上年的6.1%上升到6.7%。1992年全国建筑业职工人数已达1036万，比上年增长了5.7%，在全社会职工人数中的比重由上年的6.8%上升到7.0%。

三、建筑业投资中的主要问题

1992年是建筑业投资增长较多，效果较显著的一年，但同建筑业在国民经济中所处的地位和所起的作用相比，仍有很大差距。特别是长期以来形成的“欠帐”过多的局面，在一定程度上制约了建筑业的发展。

（一）投资规模偏小，投资水平远远低于其它支柱产业

1992年建筑业固定资产投资为67.95亿元，仅占全社会固定资产投资的0.9%，远远低于建筑业所创造的产值和收入在国民经济中的比重。从职工人均固定资产投资看，建筑业仅有656元，而工业人均投资为5654元，是建筑业的8.6倍。同为国民经济支柱产业的机械电子、石油化工和汽车制造部门，人均固定资产投资却远远高于建筑业。根据1986年以来的资料测算，其它三个支柱产业的年人均投资分别是建筑业的几倍到几十倍。由于投资不足，建筑业特别是国有施工企业出现了技术装备老化，生产方式落后的局面。据统计，建筑业现有技术装备中，老旧机械比重过大，性能比较先进的约占10—20%，相当于国外五、六十年代的约占50%，急需更新的约占30—40%。经济建设形势的发展，对建筑业提出了更高的要求，进一步增加对建筑业的投资，提高技术装备水平，对于建筑业逐步由劳动密集型向资金密集型转变，实行集约式经营，提高经济效益有着十分重要的意义。

（二）投资渠道比较单一

1992年建筑业固定资产投资中自筹部分所占比重较大，其它渠道投入的资金却相对不足。在全年国有建筑业投资中国家预算内投资为5.18亿元，占全部投资的13.8%，国内贷款3.96亿元，占全部投资的10.6%，利用外资0.7亿元，占全部投资的1.9%，自筹资金25.65亿元，占全部资金来源的68.5%。在城镇集体建筑业投资中，自筹资金占全部资金来源的72.1%，其余部分仅占27.9%。国有建筑业与工业相比国内贷款所占比重低27.1个百分点，利用外资低8.5个百分点，自筹资金比重高30.1个百分点。同全国国有单位投资比国内贷款所占比重低20个百分点，利用外资低6.4个百分点，自筹资金所占比重高22个百分点。出现以上状况主要有这样几个原因：一是国家计划内安排的投资和贷款主要用于重点工程和大中型建设项目，而建筑业投资项目一般较小，在国家投资中往往排不上队，投资必然有限；二是建筑业仍是微利企业，缺少对外来资金的吸引力；三是建筑业生产占用流动资金较多，贷款要以维持生产为主，无暇顾及投资建设。

（三）部分项目投资落实晚，影响效益

投资的时效性直接影响着投资效果。1992年建筑业固定资产投资虽然总体效果较好，但仍有部分项目开工后资金不足或计划投入的资金迟迟不能到位，影响了正常的投资建设。如广西壮族自治区某施工企业由于专项技改项目贴息贷款没有到位，使原订的设备订货合同全部落空，预计造成损失100多万元。广西另一施工企业的技改项目——组合钢模板生产线，1992年初立项，计划投资150万元，其中国家贷款120万元，企业自筹30万元，立项后一直拖到8月份资金才到位。该企业产品具有较好的市场前景，预计1993年的出口量能达到4000吨。但由于投资到位晚，购进设备价格提高，材料涨价，出现资金缺口60万元，影响了项目建设，给企业造成了生产和效益上的损失。

（丁蒙）

1992年中国城市市政公用设施的投资建设

城市市政公用设施建设是国民经济和社会发展的组成部分，也是保持经济持续、稳定、协调发展的重要条件。党的十一届三中全会以来，特别是1984年开始的城市经济体制改革以后，在经济稳步发展的同时，城市市政公用设施建设固定资产投资增势较快，城市市政公用设施建设领域也发生了许多新的变化。

一、城市市政公用设施投资建设的新变化

1. 国内资金渠道拓宽

党的十一届三中全会以后，在“人民城市人民建、公用事业大家办”的方针指引下，城市市政公用设施建设投资体制作了一些改革，取得了一定的成效，出现资金来源多源化的格局。1992年与1980年相比，在城市市政公用设施建设固定资产投资中，预算外资金由57.7%上升到96.5%。在预算外资金中，资金来源渠道较多。1984年以来为加强城市市政公用设施建设，按有关规定开辟了一些城建资金渠道。据《城市建设统计年报》资料，1992年城市维护建设资金及经营性收入393.5亿元，其中城市维护建设税收入78亿元，占总收入的19.8%；公用事业附加收入31.1亿元，占7.9%；国家预算内投资9.1亿元，占2.3%；中央财政专项拨款4.3亿元，占1.1%；地方财政拨款57.6亿元，占14.6%；水资源费收入4.3亿元，占1.1%，国内贷款32.3亿元，

占8.2%；利用外资7.3亿元，占1.8%；经营性收入（房租、园林、环卫收入）36.9亿元，占9.4%；其它收入132.6亿元，占33.8%。其它收入的主要来源是，国家或地方人民政府批准征收用于城市建设的市政公用设施增容补助费，市政公用设施配套费，市政设施有偿使用费，土地使用开发费，港口城市配套费，旅游城市床位附加费和集资收入等。在资金收入上已形成多渠道趋势。

2. 利用外资迅速发展

改革开放以来，各地方努力改善投资环境，不断增强吸引外资的能力，使我国城市市政公用设施建设借用外国政府贷款、国际金融组织贷款、外国银行商业贷款等发展迅速。1981年至1992年，城市建设固定资产投资完成利用外资投资23.3亿元，占同期城市建设固定资产投资完成额的2%，其中1992年利用外资投资最多的一年，完成的外资投资额达10.4亿元，占当年城市市政公用设施建设固定资产投资完成额的3.7%，相当于前十年的80.6%。大量的利用外资对我国的城市建设，特别是城市供排水、城市公共交通、城市燃气等市政公用设施建设起了积极的作用。

3. 更新改造比重增大

新中国成立后相当长的一段时期内，我国城市建设面临的首要任务是进行大规模的市政公用设施建设。党的十一届三中全会以来，在进行新建的同时，城市市政公用设施建设注重了对现有设施的更新改造。1981年至1992年，我国城市市政公用设施建设用于现有市政公用设施的更新改造投资达396.3亿元，平均以每年27.4%速度增长，高于同期基本建设投资平均增长23.2%的速度。在完成投资中，基本建设与更新改造的比重"六五"时期为67.5：32.5；"七五"时期为59.6：40.4；1992年为72.7：27.3。1992年与1981年相比。除1992年基本建设投资增势较快，其余年份，更新改造投资增长速度均高于基本建设。11年间，通过更新改造新增加的生产能力或效益是：自来水日供水能力1003万吨，人工煤气日供气能力143.6万立方米，公共汽车32780辆，城市道路扩建长度5128公里，城市道路扩建面积7727万平方米，污水日处理能力52.4万吨，防洪堤长度241公里。分别占同期城市市政公用设施建设固定资产投资新增生产能力或效益的27.7%、12.4%、66.1%、41.6%、40.1%、15.3%和30%。上述情况表明，我国城市市政公用设施建设更新改造投资效果显著。也应该看到在全国城市现有的市政公用设施中，解放前和五六十年代建设的占较大比重。设备陈旧、设施老化、能力下降，急需更新改造，因此，市政公用设施面临着大规模更新改造的任务。今后，我国城市市政公用设施建设的投资方针应在新建的同时，必须注重现有设施的更新改造，以现有的市政公用设施为基础，走以内涵扩大再生产的道路。

二、1992年城市市政公用设施投资建设

1992年，城市市政公用设施投资建设，在邓小平同志南巡重要讲话和党的十四大精神鼓舞下，进一步加快改革开放和建设步伐，振奋精神，努力工作，克服了资金、物资供应紧张、征地拆迁等困难，较好地完成了全年各项设施建设任务，城市市政公用设施建设又取得新的成就。

1992年，全国经济建设在结束三年治理整顿之后，开始进入了一个新的发展阶段，固定资产投资也呈高速增长态势，与整体经济运行基本适应。各级政府在此期间，合理的安排了城市市政公用设施建设，使市政公用设施紧张状况不同程度得到缓解，城市脏、乱、差的面貌也有明显好转。人民的生活环境得到了显著改善，城市市政公用设施建设发展出现了好的势头。

（一）城市市政公用设施投资规模与成就

1992年，全国城市市政公用设施建设完成固定资产投资283.2亿元，比上年增加112.3亿元，增长65.7%。占同期全国全民所有制单位固定资产投资的5.5%，为新中国成立以来最高水平。在完成的城市市政公用建设投资中，基本建设投资205.9亿元，更新改造投资完成77.3亿元。基本建设与更新改造投资之比从上年的68.6：31.4转为72.7：27.3，更新改造投资比重下降，基本建设投资比重有所提高。

1992年新建扩建了一批基础设施，使市政公用设施紧张状况不同程度得到缓解。全年新增生产能力或效益是：自来水日供水能力593.6万吨，人工煤气日供气能力146.9万立方米，公共汽、电车6961辆，道路长度1790.3公里，污水日处理能力75万吨，防洪堤长度157公里。经过投资建设，城市的承载能力增强，各项设施水平提高，表现为：

供水能力增加。1992年底，城市自来水生产能力达到16036.4万吨，全年供水总量429.8亿吨。自来水普及率达到92.5%，比上年提高1.4个百分点。人均日生活用水量186升。

煤气发展迅速。1992年底，人工煤气日生产能力达到1312.6万立方米，全年供气总量达149.6亿立方米。天然气全年供气总量62.9亿立方米，液化石油气全年供气总量299.7万吨。全国已有406个城市8096.7万居民用上了燃气，用气普及率由上年的47.1%上升到52.4%。集中供热面积达到32832万平方米，"三北"地区城市集中供热率为16.6%。对节约能源，改善城市环境起到了一定作用。

公共交通事业得到发展。1992年底，城市公共车辆已达77093辆，每万人拥有公共交通车辆5.9标台；运营线路长度15.8万公里，全年客运总量291亿人次。另外，城市拥有出租汽车190345辆，轮渡1199艘。各种交通工具比上年都有较大发展。

市政建设发展较快。1992年底，城市道路长度达96689公里，面积95171万平方米，人均拥有道路面积6.2平方米。城市桥梁24085座，路灯188.9万盏。排水管道长度67672公里，排水管道为每平方公里4.5公里。污水日处理率为21%。

绿化面积扩大，公园增加。1992年底，城市绿化覆盖面积达533816公顷，其中：公共绿地面积65512公顷，建成区绿化覆盖率已达21%，人均公共绿地面积4.2平方米。城市各类公园2405个，平均每百万人拥有15.6个公园。

环境卫生状况好转。1992年清扫道路面积达85987万平方米，全年清运垃圾粪便11264万吨。垃圾粪便无害化日处理能力7.2万吨，无害化处理率为25.1%。城市公厕数量已达95136座，每万人拥有公厕6.2座。许多城市环境卫生质量有较大改善。

（二）城市市政公用设施投资的主要特点

1. 国家投资比重下降，自筹和其它投资大幅度增加。要改变城市基础设施的落后状况，必须同时发挥国家、地区、企业、个人各方面的积极性。1992年国家预算内投资完成9.9亿元，所占比重由上年的5%下降到3.5%，自筹和其它投资则完成219.3亿元，所占比重由上年的76.1%上升到77.4%。在自筹和其它投资中，地方财力投资和按规定征收的各项城建资金及有偿使用费的比重较大。还有国内贷款完成42.9亿元，利用外资10.4亿元，煤代油投资0.7亿元。除煤代油投资外其余投资与上年相比都有不同程度的增长。

2. 全国各地投资普遍增长，沿海地区增长大大高于内地。1992年，城市市政公用设施投资建设，12个东部地区完成投资209.8亿元，增长76%，比全国平均增长速度高10.3个百分点，占全国总投资的74.1%；9个中部地区完成投资49.6亿元，增长48.1%；9个西部地区完成投资23.8亿元，增长30.8%。投资增幅50%以上的有海南、广东、江西、吉林、江苏、青海、广西、山西、浙江、四川、天津、上海、河南、安徽、湖南等15个地区；增幅在30%—50%之间的有辽宁、湖北、宁夏、河北、福建、北京、贵州、新疆等8个地区；增幅15%—30%的有甘肃、陕西、内蒙古3个地区；山东增幅为7.9%，西藏与上年持平，黑龙江、云南为负增长。

3. 投资结构有所调整。1992年自来水完成投资47.5亿元，投资比重为16.8%；煤气（含集中供热）完成投资36.9亿元，比上年增长5.6亿元，投资比重为13%；道路完成投资66亿元，比上年增长28.1亿元，投资比重为23.3%；公共交通完成投资14.9亿元，比上年增长5.1亿元，投资比重为5.3%；排水、桥梁、防洪、园林、环境卫生投资分别完成投资20.9、24.6、2、9、7.2、和6.5亿元，投资比重分别为7.3%、8.9%、1.0%、2.5%和2.3%，基本与上年持平和不同程度的增长。从投资结构看，重点在道路和自来水的建设。

（三）存在的问题和建议

1992年城市市政公用设施建设在“人民城市人民建”的方针指引下，城市建设投资体制进行了一些改革，取得了一定的成效。但从宏观上看，由于现行的管理体制与改革、开放的形势还不相适应，当前城市市政公用设施投资建设中存在的主要问题是：

1. 交付使用率偏低。据统计，1992年城市市政公用设施建设固定资产投资交付使用率为54.7%，比上年同期下降7.8个百分点，更低于“七五”时期64.1%的水平。产生上述问题的主要原因，是由于投资安排分散，对国家预算外投资缺乏有效的管理和调控；另一方面是投资法规不健全，管理机制不完善等。

2. 城市非市政公用设施建设投资比重较高。如办公设施、科研教育、招待所及零星投资，占全部投资的19.6%，比同期公共交通、防洪、园林绿化、环境卫生四项的投资合计还要高8.5个百分点。

针对上述问题，要进一步改革城市市政公用设施建设投资管理体制，加强投资管理，完善投资机制，强化决策程序，大力提高投资效益。城市市政公用设施要适应经济和社会发展的需要，合理规划、保证同步或力争超前发展，在投资安排上应贯彻《国务院关于当前产业政策要点的决定》精神，重点支持城市市政公用设施建设，合理安排投资比重，压缩非基础设施投资。并充分发挥各方面的积极性，广开资金渠道，加快城市市政公用设施建设。

目前城市市政公用设施建设的投资规模，还无力做到“还清旧帐，不欠新帐”。1992年城市市政公用设施固定资产投资占全国全民所有制固定资产投资的比重虽然已提高为5.5%，但据联合国向发展中国家推荐的经验，市政公用设施的投资应占全国总投资10%以上较为合适，相比之下相差甚大。为改变市政公用设施落后面貌，还需适当提高城市市政公用设施投资比重。

（刘东建）

1992年中国旅游业的投资建设

一、我国旅游业的发展概况

党的十一届三中全会以来，在改革开放政策的推动下，我国旅游业迅速崛起，逐步走上持续、稳定和协调发展的道路。旅游业的发展，不但增加了我国的非贸易外汇收入，增进了我国人民同世界各国人民的交往和友谊，促进了对外开放，而且对于缓解社会就业压力，增加资金积累，活跃城乡经济，促进经济结构的调整，提高人民生活质量也都有积极作用。实践证明：在旅游业稳定发展的当今世界，在旅游资源十分丰富的中国，大力发展旅游业是促进资源优化配置的一项正确的产业政策，旅游业有着广阔的发展前景。

1985年底，国务院常务会议决定把旅游业纳入我国国民经济和社会发展计划，确定了旅游业在国民经济中的产业地位；1986年初，国务院又原则通过了国家旅游局编制的旅游业发展“七五”计划，并作出了扶持旅游业发展的一系列决策，为旅游业的发展创造了良好环境。

1986年至1991年，国家计划共安排旅游基建投资（含单列给中旅集团的投资）33.25亿元，其中：预算内拨款和基建基金拨款3.83亿元；预算内拨改贷和基建基金贷款6.82亿元；银行贷款10.32亿元；利用外资指标11.28亿元；自筹资金指标1.00亿元。由国家旅游局安排落实的各类投资共22.48亿元，主要用于旅游宾馆、饭店建设、风景区旅游设施建设、旅游院校及培训基地、旅游商品开发、旅游交通等项目近600余项。到1991年底，已竣工481项，并开始发挥效益。“七五”期间，国家还安排利用国际商业贷款指标0.78亿美元。

“七五”期间，由地方计划安排和企业自筹用于旅游基础设施建设方面的投资共58.83亿元，全国各地利用外商直接投资兴建旅游饭店的利用外资额约28亿美元。以上合计，“七五”期间全国旅游基建投资的总规模约190亿元人民币。在这个总规模中，直接利用外商投资的比例占53.3%；国内银行贷款和由国内银行筹资解决的利用外资指标合计占30.8%，国家和地方预算内投资共占8.4%。（拨款占4.9%，拨改贷占3.5%）；企业自筹和社会集资占7.5%。

由于旅游基本建设在促进我国旅游业长期持续、稳定、协调发展中具有重要作用，而且政策性强，涉及面广，工作难度大，管理程序非常严格。为了加强旅游基本建设各个环节上的管理，使之逐步走上科学化、制度化、正规化的轨道，国家旅游局在认真总结前些年旅游基本建设工作的经验基础上，根据国家关于基本建设和基建财务工作的有关法规条例，研究起草了《旅游基本建设管理暂行办法》以及《编报旅游基建财务报表和旅游基建计划执行情况报表的实施办法》、《旅游基建财务和计划执行情况报表评比办法》等3个法规性文件，在广泛征求旅游系统和有关部门意见，反复进行修改后，于1990年4月20日正式发文下达施行。

《旅游基本建设管理暂行办法》等3个法规性文件的下达施行，在加强旅游基本建设宏观管理方面迈出了重要的一步。这是国家旅游局加强全行业宏观管理的重要措施，受到旅游系统内外各方面的重视和支持。为大力加强旅游基本建设各个环节上的管理，进一步提高旅游基本建设各个项目和总体上的质量和探索一条适合我国旅游业具体情况、对我国旅游业的发展促进和保障作用大、对地方经济的繁荣富强和带动功能强的旅游基本建设路子做出了贡献。

从“七五”期间和“八五”前两年国家旅游局安排的投资项目的经济效益和社会效益看，总的来说是良好的。在国家和地方的共同努力下，目前我国的旅游基础设施状况，已较“六五”末期有很大改善，旅游活动组织和节目安排在广度和深度上都有较大进步，使我国旅游资源的知名度和吸引力越来越大。全国已经具备一年接待五六百万人次海外旅游者的综合接待能力，已经具备一年创汇四五十亿美元的产业规模。“七五”期间，我国旅游业的投入产出比为1∶4.6，即国家（含利用外资）对旅游业及其紧密相关产业（含民航业）投入1元人民币，可获得4.6元人民币的效益。旅游业作为对外开放中的一个先导性产业，作为第三产业中的一个带头性产业，在促进对外开放、发展对外经济贸易、促进地方经济的繁荣以及对人民进行爱国主义教育等方面所发挥的作用则更为明显。

二、1992年旅游业投资规模及构成

1992年，国家计划安排的旅游基本建设投资总额为4.68亿元，其中由国家旅游局直接安排的有3.685亿元，包括：基建基金拨款0.41亿元，基建基金贷款0.90亿元，国内银行贷款1.45亿元，中国银行外汇贷款1500万美元（按折合成0.925亿元人民币框算）。国家旅游局共安排建设项目232个。按项目隶属关系划分，国家旅游局直属项目28个，包干补助地方项目204个。资金使用构成如表2—24。

表 2—24　1992 年国家计划内旅游投资使用构成表　单位：万元

资金投向	项目个数	金额	比重（%）
合计	232	46800	100
1. 宾馆、饭店	72	27660	59.10
2. 旅游景区、景点	78	4765	10.18
3. 旅游教育	17	1875	4.01
4. 旅游商品开发	41	8430	18.01
5. 旅游交通	16	2490	5.32
6. 其它	8	1580	3.38

表中反映出 1992 年计划内的旅游投资结构，仍是以饭店投资为主体，占当年总投资额的 59.1%，其次是旅游商品开发和旅游景区、景点的建设，分别占总投资额的 18.01%和 10.18%。与"七五"时期相比，1992 年的旅游投资结构正向合理化方向变化，其标志就是饭店投资比例有所下降，而旅游商品开发的投资和旅游景区、景点建设投资所占比例有明显上升。

1992 年度，旅游基本建设完成计划内投资 44179.2 万元，占年度投资计划的 94.4%（不含利息完成）。当年归还基建拨改贷借款和部门基建基金贷款 1726 万元。

在 1992 年内交付使用的旅游基本建设项目有 59 个，其中旅游教育项目 4 个，旅游景区、景点项目 22 个，旅游住宿设施续建和更新改造项目 30 个，旅游交通项目 3 个。

1992 年，也是我国旅游业利用外资取得突破性进展的一年。为配合实施扩大沿海、沿江、沿边开放战略，改变投资环境，全年经国家主管部门批准立项建设的中外合资、中外合作饭店项目共 66 个，总投资额 10.51 亿美元，其中外商投资额 5.14 亿美元。利用外资建设旅游景区、景点等方面的工作也有较大进展。

截至 1992 年底，我国共有旅游涉外饭店 2354 座，比上年增加 224 座，新增客房 2.99 万间，床位 5.82 万张。据 1992 年最新统计资料，每间客房年平均接待 254 人次，客房出租率按 66.2%测算，新形成约 800 万人次的接待能力。旅游涉外饭店设施的稳定增长，为我国旅游业的更大发展提供了重要的物质基础。

到 1992 年末，旅游产业规模不断扩大，全国旅游业共有各类旅游企事业单位 6499 个，比上年末增长 30.5%；直接从业人员 79.59 万人（仅指国外旅游业），比上年增长 12.4%。旅游高中等院校及开设旅游专业的普通院校共 258 所，在校学生共计 61449 人。

三、试办国家旅游度假区

为了进一步扩大对外开放，开发利用我国丰富的旅游资源，促进我国旅游业由观光型向观光度假型转变，加强旅游事业发展，1992 年 8 月，国务院以国发[1992]46 号文件《国务院关于代办国家旅游度假区有关问题的通知》作出了关于试办国家旅游度假区的决策，赋予国家旅游度假区在吸收利用外资方面的一系列优惠政策：

1. 在区内兴办的外商投资企业，其所得税减按 24%的税率征收；其中生产性外商投资企业，经营期在十年以上的，从企业获利年度起，第一年和第二年免征企业所得税，第三年至第五年减半征收企业所得税。

2. 区内的外商投资企业在投资总额内进口自用的建筑材料、生产经营设备、交通工具和办公用品；常驻的境外客商和技职人员进口的安家物品和自用交通工具，在合理数量范围内，免征关税和进口工商统一税。为生产出口旅游商品而进口的原材料、零部件、元器件、配套件、辅料、包装物料，海关按保税货物的有关规定办理。

3. 建设度假区基础设施所需进口的机器、设备和其他基建物资，免征进口关税和产品税（增值税）。

4. 区内可开办外汇商店，具体审批按国家有关规定办理。

5. 区内可开办使用国产车的中外合资经营的旅游汽车公司。对其购置的国产车，在核定的数量内，国家免征横向配套费、车辆购置附加费和特别消费税。对国内企业在区内开办的旅游汽车公司，可以照上述政策执行。这些车辆限于区内旅游汽车公司自用，不得转售。具体由国家计委会同有关部门办理。

6. 区内可开办中外合资经营的第一类旅行社，经营区内的海外旅游业务。具体由国家旅游局负责审批和管理。

7. 区内的开发建设用地，按《中华人民共和国城镇国有土地使用权出让和转让暂行条例》（国务院[1990]第55号令）办理。土地出让金从该区批准兴办之日起，五年内留在区内用于基础设施建设。

8. 区内的旅游外汇收入，从该区批准兴办之日起，外汇额度五年内全额留成，用于区内自我滚动发展。

10月4日，国务院又正式批准建立大连金石滩、青岛石老人、江苏太湖、上海横沙岛、杭州之江、福建武夷山、福建湄洲岛、广州南湖、昆明滇池、海南五龙湾、广西北海银滩11个国家旅游度假区。国家旅游度假区的兴办，是我国旅游业深化改革、扩大开放、优化产品结构、增强发展后劲和国际竞争力的一项重要部署，也是我国在第三产业扩大利用外资，进一步改善投资环境的新举措，是实现我国旅游业到2000年年创汇100亿美元目标的重要保证措施。各国家旅游度假区在1992年里，主要进行了建立机构、细化规划和项目论证工作，同时也积极开展了招商引资工作。据不完全统计，短短几个月时间内，11个国家旅游度假区与外商签定的协议投资金额共26亿美元，基础设施建设项目已全面铺开。

四、我国旅游投资领域存在的主要问题及其对策建议

（一）主要问题

1. 国家对旅游投资严重不足，利用外资工作面太小，仅限于合资建设宾馆饭店。

以“七五”期间为例，5年间全国旅游基建投资总规模约190亿元人民币，其中国家投资规模为21.426亿元，约占11.28%；而同期利用外资约28亿美元（按当时外汇率折合人民币约101.27亿元），约占53.3%。

1992年，国家对旅游业投资4.68亿元，当年利用外资金额为5.14亿美元（按1：5）汇率折合人民币29.4亿元），国家对旅游业投资只占到同期利用外资金额的15.92%。

由于国家对旅游业投资所占比重太小，中央投资的导向性作用不明显，旅游业“行、游、住、吃、购、娱”六大要素不配套，某些地区旅游业的发展便出现了不协调、不配套的状况。具体表现为交通短线制约积景点建设、购物设施不配套，或者是有些已建成的饭店等住宿设施利用不足。

我国旅游业大规模引进和利用外资，一方面说明了我国旅游业的客观吸引力，另一方面也充分说明了旅游业作为国家全面开放的“窗口”的先导作用。我国旅游业利用外资成绩引人注目，作用也是巨大的，尤其是在旅游业开创时期，大量补充了所需建设资金，带来了世界一流的管理，同时也带来了相应的建筑技术、饭店设备设施、现代化的游乐设施等等，对我国旅游业的发展影响举足轻重。但是，也有其不利的一面，首先是外汇流失的严重性和长期性，其次是旅游投资规模不断膨胀。由于外资的急剧膨胀，一方面需要项目本身国内配套资金的增加；另一方面，加剧了对交通、市政基础设施和游览点的投资需求，而在这点上，恰恰又是国家投入不足的结果。因为这方面投资的短缺，则扩大了服务设施与基础设施不平衡的距离，使短线制约更加突出。

2. 旅游投资不断膨胀与老饭店更新改造资金不足的矛盾更加突出。

旅游业发展的前几年，由于供给的极度短缺而在一定时期内形成了旅游饭店高额的垄断利润。这一因素产生了极大的诱惑力，也影响了投资决策者的判断。包括许多外商在内，普遍认为在这一领域投资是万无一失的。而外商的判断和积极性又反过来成为我们许多人判断决策的依据。二者相互影响，相互促进，形成投资热潮。而且数量庞大的国内旅游者和港澳旅游者的存在和扩大，产生了巨大的需求拉力，刺激旅游饭店投资规模总量的增长。

需求刺激了规模，又进一步刺激了饭店档次的升级。实际上，需求刺激所产生的最主要的连带效应是各地不论什么情况，都可以以“发展国际旅游业”的招牌堂而皇之地进行楼堂馆所的建设。这又与国家综合经济管理部门不区分具体情况，把旅游建设一律视为“楼堂馆所建设”并课以总投资额30%的投资方向调节税而“一刀切”的情景形成两极。

一般说来，为了保证饭店的标准，5年左右就需要进行重新装修和设备更新，这是正常的经营需要。另外，由于旅游客源平均需求的数量升级和消费档次升级的要求，原有的部分老饭店在追求更大利润动机驱使下，借更新改造而升级，提高星级标准和服务质量。同时，有许多原来的社会旅馆和内部招待所也在这一过程中更新升级而进入旅游饭店行列。这一大批饭店进行更新改造所需的大量资金，由于没有特定的资金来源渠道而难以落实，只得纷纷寻求外资渠道，造成外汇大量流失和地区间的不平衡。

3. 旅游投资结构需要调整。这表现在两个方面，即旅游投资的行业结构和地区分布。

旅游业是综合性经济产业，旅游过程可以分解为“行、游、住、吃、购、娱”六大要素，每一要素还可以进行再次或多次分解。旅游投资结构决定旅游业的内部结构。从总体看来，我国旅游投资倾斜于饭店业，成为引人瞩目的热点，以此为中心形成旅游投资的行业结构。这主要是价值规律在起作用。几年来，在旅游业的各个投资领域中，能够同时满足利润动机和创汇动机的领域只有一个，即饭店建设，而过去饭店的严重不足，也使饭店业成为利润率最高的行业，这是“饭店热”的根本原因。相对而言，投资于其他几大要素的资金则少得多，故在投资时总体结构上有失均衡。

在旅游投资的地区分布上，同样由于价值规律的作用，社会资金和外资受利润的驱使，大量流入沿海热点旅游城市和对外开放地区，又主要流入其中的饭店业。

旅游业发展“六大要素”（行、游、住、吃、购、娱）的配套程度在总体上仍然较低，综合接待和创汇能力就相应较低，与周边一些旅游业比较发达的国家和地区相比差距较大。

（二）对策建议

为了较好地解决旅游投资领域中出现的问题，达到优化结构，提高效益的同时，我们提出三个方面的对策性建议：

1. 希望国家今后在组织专项安排旅游基本建设投资基础上，在资金投资总量上有较大幅度的增加，以体现国家对旅游业的扶持，以便进一步调动地方投资办旅游的积极性，保证国家和地方对旅游业的导向性投资，进一步有计划地加强全国的旅游基础设施建设，保证我国旅游业长期持续、稳定、协调地发展。

目前是我国旅游业发展中承前启后的重要时期，鉴于我国旅游基础设施建设从总体上说仍很薄弱，一批很有吸引力的景区和线路亟待更新，尤其是重点旅游城市和重点旅游线路上“行、游、住、吃、购、娱”六大要素的配套建设，亟待加强，以进一步提高其综合接待能力和创汇水平，因此，旅游基础设施建设的任务仍很繁重，需要继续投入一定资金。1992年国家计划安排的旅游投资规模4.68亿元，低于“七五”期间5.75亿元的年平均水平如果考虑到物价上涨因素，则实际投资平均大大低于“七五”期间。这一情况，需引起有关部门重视并予以尽快解决。

为了解决旅游建设资金的严重不足，必须开辟扶持我国旅游业发展的新的稳定的资金渠道。希望国家同意开征《旅游税》，以建立稳定的旅游发展基金；组织旅游投资公司，实行招标投标，这是对投资决策体制、投资资金体制和投资实施体制的全方位配套改革，基调是建立基建基金，目的是建立责权利相统一、具有竞争活力的体制。

2. 积极利用外资，扩大利用外资的工作面，不仅局限于合资建设宾馆饭店，而要拓展新的领域，进一步加强、开拓和弥补建设资金的不足。

对于引进外资，目前已形成了一些新的认识和对策，即原则上不采用直接投资，鼓励使用间接投资，并提出了相应的配套对策建议。间接投资属于债权式经营，和股权式经营，可以解决发展中所面临的最大问题即资金短缺问题，而且可以保障中方权益。

在拓展利用外资工作面方面，国务院曾明确指出，可以在国家旅游度假区内开办中外合资经营的第一类旅行社。为我国旅游业各领域利用外资迈出了可喜的一步。

（三）在旅游饭店建设方面，要严格限制建设新饭店，加强对现有饭店的技术改造，注意饭店的合理布局和档次结构。

目前，从全国来看，饭店供需状况基本平衡。1992年全国2354座旅游涉外饭店全年平均客房出租率达66.2%，是比较适度和理想的。但具体分析每一个接待城市，则有的供大于求，有的大体平衡，有的仍然不足。国家旅游局在《中国旅游业发展十年规划和第八个五年计划》中提出，“八五”期间饭店建设的重点，主要是填平补齐和老饭店的更新改造。对于供大于求的城市，要严格限制饭店建设，近期不准再铺新摊子；对于饭店不足的地方，还需实事求是，按计划建一点中低档饭店；中外合资建饭店问题，要严格按照国家(1986)101号文件从严审批，但也不是把门关死。对饭店明显不足、开放层次高、客源大量增长的地方（如厦门、杭州、南京等），可以适当灵活掌握；对旅游发展潜力较大，但目前连一家合资饭店也没有、服务质量长期搞不上去的地方，如果外方合作条件优惠，当地饭店床位不足，也可批准建中小规模的中低档合资饭店作为示范，以促进当地饭店管理和服务水平的提高。

加强对现有饭店的技术改造，希望在近期内能将旅游业的更新改造和旅游用车的更新改造正式纳入国家计划。由于旅游业在我国是个新兴产业，老企业的更新改造问题在以前不太突出，所以“七五”期间没有纳入。随着我国旅游业的产业规模日益扩大，今后老企业的更新改造任务日益繁重，老旧汽车的更新改造则更是迫在眉睫，必须将这一项任务正式纳入国家计划。否则，象目前这样，连企业设施的小修小改都从固定资产投资这一个口子走，既不合理，资金又很难得到落实。

3. 认真进行旅游投资结构的调整。按照“行、游、住、吃、购、娱”六大要素配套发展，以有效地提高综合接待能力和创汇能力的要求，把投资重点放在重点旅游城市和旅游线路的配套建设、旅游教育培训基地建设、旅游商品生产开发、旅游晚间娱乐设施建设方面，大力压缩饭店建设投资。沿海地区饭店建设应以更新改造老饭店为主，严格控制新建饭店。一些发展前景看好，可望成为新的国外旅游热点的城市或线路，如饭店设施不足，仍需有计划地安排建设一部分中低档饭店。与此同时，要继续扶持国外旅行社集团、中国旅游服务公司、康群旅行社集团等骨干企业的发展，使它们更好地为全旅游系统提供服务，并为中央财政收入的增收多做贡献。

4. 规范投资行为，整顿建设程

序。提高投资效益。要按照国家关于基本建设的有关规定和国家旅游局颁发的《旅游基本建设管理暂行办法》，切实加强旅游基建项目，从前期准备、立项到施工、竣工验收等各个环节上的管理，杜绝旅游基本建设中的盲目性和随意性，努力提高旅游投资效益，促进我国旅游业持续、稳定、协调地发展。

（徐杰）

第三部分

地区投资

北京市

一、1992年北京市投资建设基本情况

(一) 固定资产投资完成情况

1. 投资规模适度，投资结构合理

1992年，北京市全社会固定资产投资完成265.9亿元，比1991年增长38.5%。其中：地方全社会固定资产投资完成184.4亿元（含商品房），比1991年增长36.4%；中央完成投资81.6亿元，比1991年增长43.7%。全市全年开复工面积2108.6万平方米，比1991年增长5.3%；竣工面积769.6万平方米，比1991年增长1.1%。

1992年资金主要投向城市基础设施、老企业技术改造项目、危旧房改造以及农田水利设施建设。1992年全市城市基础设施建设完成投资58.0亿元，比1991年增长64.8%，占全部投资的比重为29%，比1991年高4.6个百分点；工业完成投资80.2亿元，比1991年增长62.7%，占全部投资的比重为39.9%，比1991年高5.7个百分点；危旧房改造完成投资7.1亿元，比1991年增长77.5%，占全部投资的3.5%，比1991年高0.8个百分点；农田水利完成投资2.8亿元，比1991年增长70%，占全部投资的1.4%，比1991年高0.3个百分点。

2. 重点工程硕果累累，城市面貌明显改善

1992年全市共安排37项重点工程。年内竣工7项，二环路改造建成通车，其中11座立交桥，从设计到建成仅用5个多月的时间，创我国建筑史上的奇迹，完成了市委、市政府提出的“打通两厢，缓解中央”的战略部署，开创了我国大城市市内长达33公里环行路上无红绿灯的先例；地铁复兴门到西单段建成通车；京石公路阎村至窦店8公里路段，提前两个月通车，天安门、长安街地下过街设施、紫竹院立交桥等设施的建成大大改善了首都交通状况；新增供热能力1000万平方米的石景山发电厂供热主干线工程建成。

到1992年底，进入收尾阶段的项目10项，它们是：北京轻汽一期工程、738大程控、彩管二期、城贸中心、景山学校、新建电视台、友谊医院、市消防中心、市检察院、华北油田第二条燃气管线。

另外其它17项工程也全部达到计划进度部位要求，年底高碑店污水处理厂完成总工作量的2/3；首都机场高速公路完成工作量的1/2；琉璃河水泥厂结构完成1/3，安装完成1/2；首钢NEC大规模集成电路工程，后序厂房结构基本完工；北京乙烯工程年底进入主装置安装；北京水泥厂有14个单项工程开工建设；西客站莲花河改造基本完工，其它工程也都完成计划进度部位。

3. 开发区及工业小区建设进展顺利。1992年全市经国家和市政府正式批准的开发区及工业小区共计31个。其中，高新技术类7个，工业类16个，旅游、房地产类2个，综合类6个，开发区建设主要有以下几个特点：

(1) 基础设施建设进展较快。到1992年底，15个开发区及工业小区已陆续进入市政基础设施建设阶段，截止1992年底共完成投资4亿元。其中北京经济技术开发区基础设施建设已初具规模，截止1992年底完成投资近2亿元。

(2) 入区项目总量多，结构比较合理。全年入区外商投资项目达443个，项目总投资5.8亿美元，其中外商投资2.7亿美元。开发区引进了一批上档次上水平的骨干项目。在入区的443个外商投资项目中，行业门类比较广泛，其中工业生产型项目占主导地位，共计339个，项目总投资3.6亿美元，占入区项目总投资的62.3%。涉及电子、机械、纺织、化工、高新技术等20多个行业门类，其中日本松下、美国通用和英国联合利华等一批国际著名大公司参与了投资规模较大，档次较高的技术密集型项目。第三产业外商投资也占一定比例，占总投资的比重为37.7%，主要分布在房地产、旅游设施、餐饮、信息咨询和综合技术服务等行业。

(二) 1992年固定资产投资的经验和体会

1. 把城市基础设施建设放在城市建设的首位。城市基础设施是城市赖以生存和发展的基本条件，城市基础设施建设跟不上，不但影响到广大市民生活水平的提高，而且会制约经济的发展，对扩大对外开放，引进外资也会产生不良的影响。为此市委、市政府始终将城市基础设施建设放在城市建设的首位，1992年完成投资创历史最高水平，使城市基础设施建设取得了明显进展，为首都今后经济发展打下了一定的基础。

2. 采取多种方式筹集建设资金，支持重点工程建设。北京是祖国的首都，是全国政治、文化、科学和国际交往的中心，要把北京建设成为现代化的国际性城市，需要大量的建设资金，但我市财政资金有限，资金不足已成为制约首都建设最主要的因素，因此，必须开辟多种渠道，广泛筹集建设资金，解决首都建设资金的需要。1992年我们的具体做法是：

(1) 积极地、有计划地推进土地使用权有偿出让、转让，使土地批租收入用于城市基础设施建设。

(2) 扩大对外开放，积极大胆地利用外资。除大力兴办“三资”企业外，在国际金融市场上努力争取世界银行、亚行、外国政府及国外商业银行的贷款。

(3) 扩大社会融资的范围。城市基础设施和效益好的项目经国家批准争取发行建设债券。

(4) 积极向银行争取多安排一些信贷投资规模，支持首都建设。

3. 围绕着首都城市性质，发展适合首都特点的经济这一总体原则

来调整投资结构。首都是全国政治中心、文化中心、大城市小郊区，建设用地有限，水资源匮乏。因此，必须结合首都特点搞好产业结构调整，发展具有北京特色的产业，优化投资结构，优化产业结构。因此，1992年我市的投资重点是：效益高，耗能少，耗水少，占地少，污染少，附加值高的产业，即主要投向第三产业，投向电子、汽车等重点技术密集型工业和高新技术产业等。

（张 阳）

二、1992年北京市利用外资投资建设基本情况

（一）利用外资基本情况

1. 利用外资签约情况

1992年北京市利用外资签约合同2220个，合同外资金额17.1亿美元，分别比上年增长2倍和2.6倍。其中对外借款合同12个，合同外资金额2.4亿美元，分别比上年增长0.5倍和0.3倍；外商直接投资合同2208个，合同外资金额14.7亿美元，分别是上年的2.05倍和4.3倍，外商直接投资合同数比前13年总和多639家，平均每月批准184家企业，每天批准6.1家企业。外商投资企业中合资经营企业1730家，合同总金额24亿美元，外资金额11.6亿美元，分别占项目数、合同总金额、外资金额的比重为78.4%、85.7%、78.9%；合作经营企业87家，合同总金额2.5亿美元，外资金额1.4亿美元，分别占总项目数、合同总金额、外资金额的比重为3.9%、8.9%、9.5%；独资经营企业391家，合同总金额1.7亿美元，外资金额1.6亿美元。外商投资企业中生产性企业2044家，合同总金额20.1亿美元，外资金额10.2亿美元，分别比上年增加1.98倍、3倍、2.9倍；非生产性企业164家，合同总金额8亿美元，外资金额4.5亿美元，分别比上年增加3.3倍、15倍、15.7倍。外商主要来自美国、日本及我国的台湾、香港地区：与日商签约项目149个，合同总金额3.3亿美元，外资金额1.4亿美元；与美商签约项目328个，合同总金额3.6亿美元，外资金额1.8亿美元；与港商签约项目1109个，合同总金额15.4亿美元，外资金额8.4亿美元；与台商签约项目252个，合同总金额2.2亿美元，外资金额1.2亿美元。

2. 实际利用外资情况

1992年北京市实际利用外资额5.3亿美元，外商投资企业利用外资3.5亿美元，对外借款和其它形式利用外资1.8亿美元，在外商投资企业利用外资中，外商实际投资2.8亿美元，企业对外借款投资0.7亿美元。在利用外资企业中合资经营企业利用外资3亿美元，外商实际投资2.4亿美元，企业对外借款投资0.6亿美元；合作经营企业利用外资0.2亿美元，外商实际投资0.2亿美元；独资经营企业利用外资0.3亿美元，外商实际投资0.3亿美元。

3. 外商投资企业生产经营、投产开业情况

1992年外商投资企业投产开业1011家，占全年签约外商投资企业数的45.9%。其中，合资经营企业投产开业924家，合作经营企业投产开业37家，独资经营企业投产开业50家，分别占签约的合资、合作、独资经营企业的百分比为53.4%、42.5%、12.8%。1992年外商投资企业总产值117.1亿美元，实现利润总额3亿美元，交纳税金17.4亿美元，外商投资收益2亿美元。其中，合资经营企业总产值114.3亿美元，实现利润总额2.6亿美元，交纳税金17亿美元，合资经营企业所占比例远远超过合作经营企业和独资经营企业。

（二）加强基础设施，改善投资环境，以利于吸引外资

1. 通讯条件长足进步。1992年北京地区新增市内装机容量18.7万门。年末全市电话交换机容量已达80.3万门，增长30.4%；市内电话用户47.8万户，增长21.6%。年内郊区县已全部实现程控交换机电话联网。邮电业务总量达21.57亿元，比上年增长37.6%；发送函件4.3亿件，比上年增长26.1%。

2. 城市建设成就显著。1992年是北京市历史上完成市政基础设施建设投资最多的一年。年内城市基础设施的建设周期短、见效快，城市面貌变化大。南厢工程、西北二环路建成通车，实现了市政府提出的“打通两厢，缓解中央”的战略部署。其中南厢工程全长5.2公里，有4座立交桥、10座人行通道，前后仅用了9个月时间；二环路改造工程共建设6座立交桥和7座人行天桥，仅用了4个半月时间，并由此实现了二环路33公里无红绿灯管理。地铁西单站按时建成通车；全长8.1公里的京石高速公路阎村至窦店路段，提前两个月建成投入使用。这些工程进一步改善了首都交通状况。石景山热电厂进京供热工程、埋设管线总长22公里，已于年内全部建成，可新增供热能力210百万大卡，增加供热面积350万平方米。首钢—石景山煤气储配厂4.3公里输气管线工程、华北天然气进京管道工程北京地区段30公里预埋管线已完成。第九水厂二期工程、现代化的首都机场路、高碑店污水处理厂等工程进展顺利，均超额完成施工计划。

（三）存在的问题

1. 实际利用外资额与协议投资额比率偏低

据统计，1992年北京市外商投资企业签约合同外资总金额14.7亿美元，实际利用外资额为3.5亿美元，实际投入资金仅占协议外资的23.8%。外资企业中合资企业外资到位率为26.5%，独资企业外资到位率为15.2%，而合作企业外资到位率仅为11.4%。从国别来看，资金到位率最高的国家是德国和日本。德国协议外资额0.03亿美元，实际到位0.68亿美元；日本资金到位率为76.6%。

2. 部分企业经营效益不尽理想

据对1992年北京地区外商所有投资企业生产经营状况资料统计，盈利总额为10.85亿元，亏损额

7.85亿元，亏损面接近42%。从效益比较来看，一是合资、合作企业效益好于独资企业；二是日本、美国、香港的企业效益较好，德国、加拿大、澳门企业效益较差。

（张　阳）

三、1992年北京市旅游业投资建设基本情况

1992年北京旅游业发展迅速，全年接待海外旅游者174.8万人次，比上年增长32.3%；旅游创汇58.7亿元外汇人民币，比上年增长30.7%，均超过历史最好水平。全市旅游事业的蓬勃发展与各级政府对旅游行业的重视并在每年均给予比较稳定的投入有着直接关系。据统计，1992年全市旅游业固定资产投资额为21547万元，其中，地方单位投资9162万元，中央单位投资12385万元，地方投资比上年增长32%。

投资中，其中建设投资为17042万元，比上年略有减少；更新改造投资为4505万元，较上年有较大幅度的增长。1992年，全市旅游业新增固定资产35988万元，比1991年增长238%。

中央单位投资中，属于国家旅游局直接投资安排的基本建设投资约为8310万元，占全市旅游基建投资额的48%。上述投资按资金渠道划分，其中：基建基金拨款2180万元，主要用于国家旅游局信息中心购置计算机主机及辅助设备；北京第二外国语学院的续建工程；旅游出版社等部门购置职工宿舍。基建基金贷款1100万元，主要用于西苑饭店新楼主体建设；北京国际饭店、北京兆龙饭店收尾等工程。银行贷款约5030万元，主要安排了北京中国电影娱乐城、国旅美食购物中心、北京新兴大厦等项目。

地方基建投资中，由北京旅游局安排的项目主要有新世界饭店、新侨饭店等建设工程。

1992年，北京市旅游行业投资完成情况较好，主要表现在：

1. 投资方向符合行业发展规划。北京市旅游业在以前年度的固定资产投资中，主要安排3部分高中档宾馆、饭店建设，解决了来华旅游的国外宾客的基本居住条件。但是，由于种种原因致使高中级宾馆建造过量，客房出租率较低，经济效益欠佳。为此，国家旅游局在制订今后一段时间的发展规划中，安排北京市“八五”期间不再新建饭店，但需改造1.2万间老饭店客房，1995年客房总数控制在4.2万间左右。因此旅游投资主要用于老饭店的改造和配套设施的完善方面。1992年，北京旅游投资项目安排体现了这一精神，绝大部分投资用于老饭店的更新改造或已建成项目的竣工决算工程款，投资方向正在按照规划进行调整。

2. 新建项目朝着综合性配套方向发展。1992年由国家旅游局投资新建的北京新兴大厦是集住、购、娱乐为一体的综合性设施，过去曾经有人称来中国旅游是“白天看庙，晚上睡觉”，比较形象的说明我国旅游业发展“六大要素”（行、游、住、吃、购、娱乐）的配套程度总体上仍然较低，在具备了行、游、住这三项旅游的基本条件后，就要向更高层次发展。兴建综合性旅游设施是逐步解决这一问题的一个有效途径。1992年，由国家旅游局投资建成的国旅美食购物中心也在不同程度上满足了国内外宾客的吃、购需求。

3. 开放新的旅游景点，满足国内外旅游宾客的不同要求。1992年4月由丰台花乡农工商联合总公司与北京世界公园公司合作在丰台区花乡公园内动工兴建“北京世界公园”，工程总投资1.5亿元人民币，景区内拟安置100个世界名胜建筑的微缩模型，同时建设一条国际街，以中、外国传统风格的小型街道与广场组成娱乐、购物及餐饮等游乐服务性街区。北京世界公园的建设为人们提供了解人类、观察世界、增长知识的好场所。

在看到成绩的同时还应看到北京旅游业在投资建设中尚存在不足：

1. 旅游业亟待加强行业管理。目前，随着经济体制改革带来投资主体多元化，资金来源多渠道等发展变化，为旅游行业大发展带来了生机，但同时也带来了行业管理的难度。

根据1992年对本市旅游业调查，近3年来市平均每年用于旅游业的固定资产投资约在4—5亿元人民币，而北京市统计部门的统计数字只有2亿多元，这说明有相当一部分投资不是直接由旅游部门安排，而且项目隶属行业在划分上尚不十分明确，这样一方面带来统计数据会与实际产生一定差距，而且在拟建项目上已经显露出重复建设与盲目建设的倾向。因此，加强行业管理已属当务之急。

2. 旅游购物，旅游娱乐项目特色不够鲜明。目前，已建成的旅游购物中心展示的纪念品只停留在珠宝首饰、笔墨字画、丝织绢绣等传统工艺品上，没有体现出鲜明的民族特色，因此提高旅游纪念品档次，突出其特色应是今后旅游投资的一个方向。

旅游娱乐项目还不够新颖，因此进一步提高旅游娱乐项目的趣味性，效益性也是今后选择投资项目的一个值得研究的课题。

（耿之明）

天津市

一、1992年天津市投资建设基本情况

（一）投资规模比上年有较大地增长

1992年全市固定资产投资（不含城乡个人和农村集体投资）完成139.43亿元，比上年增长25.6%，比该市同期国民生产总值增长（按现价计算）高12个百分点，是改革开放以来我市的第三个高投入年。

全市国有单位1992年完成投资137.8亿元，比上年增长25.6%，

其中，基本建设投资完成80.14亿元，增长24.9%；更新改造投资完成45.72亿元，增长39.8%，更新改造增长超过基建增长近15个百分点，国有其它投资（指油田维护、开发及公路养路费等）完成7.36亿元，比上年减少29.9%；商品房投资完成4.58亿元，比上年增长41.4%。我市城镇集体单位全年完成投资1.62亿元，比上年增长20.9%，低于国有单位增长4.7个百分点。

（二）第三产业投资大幅度增长，投资结构继续得到改善

按三次产业分类，全市第一产业全年累计完成投资1.51亿元，比上年减少21.2%，占全市投资总额的比重比上年下降了0.5个百分点；第二产业累计完成投资100.10亿元，比上年增长16.6%，占全市投资的比重比上年下降了5.5个百分点。其中，工业完成投资98.73亿元，增长16.2%；建筑业完成投资1.37亿元，增长63.1%。工业行业中，投资增长较快的是：石油加工业增长2.1倍，交通运输设备制造业增长1.6倍，化学工业增长1.1倍，纺织业增长62%，金属制品业增长53.5%，电子及通信设备制造业增长45.5%，自来水生产和供应业增长1.4倍，家俱制造业增长4.2倍，缝纫业增长85.7%，饮料制造业增长58.5%。但原材料、能源工业投资增长较慢，分别只有11.1%和22.9%，低于全市投资平均增长水平，另外，印刷、造纸及纸制品、化学纤维、有色金属冶炼及压延加工、电器机械及器材制造、采盐、建筑材料等行业投资都不同程度地比上年有所减少。

天津市第三产业累计完成投资37.83亿元，比上年增长61.9%，占全市投资总额的27.1%，比上年提高了6个百分点。其中，城市公用事业投资增长最多，全年完成3.60亿元，比上年增长2.5倍；商业完成投资5.38亿元，比上年增长2.4倍；公共饮食业完成投资833万元，比上年增长2.3倍；体育事业完成投资0.49亿元，比上年增长2.2倍；邮电通讯业完成投资3.49亿元，比上年增长1倍多。但是，交通运输业和房地产业两个行业投资增长较慢，分别只有5.4%和19.5%。物资供销、卫生、广播电视、科学研究、金融保险等行业投资比上年降低幅度较大。

投资重点继续向能源、原材料工业、运输邮电业、城市基础设施和老工业企业改造倾斜。1992年全市国有工业完成投资97.70亿元，比上年增长16.2%，其中冶金、化工、石油、电力等基础原材料、能源工业当年完成投资76.24亿元，比上年增长13.5%，占工业投资的比重为78%；1992年全市工业技改投资27.20亿元，比上年增长17.5%；城市基础设施投资27.63亿元，增长36.4%；交通邮电业投资10.76亿元，增长24.8%。

（三）重点项目建设进展顺利，新增一批生产能力

1992年年内共建成投产项目1301个，建成投产率为54.5%，形成了一批生产能力，为我市国民经济发展增添了新的血液。1992年投资新增能力主要有：原油54.4万吨；火力发电装机容量52千万瓦；扩建港口码头3个泊位、300万吨年吞吐量及货场8518平方米；轿车1.4万辆；摩托车5.8万辆；钢质标准集装箱2万标箱；化学农药1050吨；油漆1300吨；化学原料药527.5吨；中成药781吨；普及型录像机15万部；黑白电视机8万部；复印机1000台；人造板2万立方米；合成纤维599吨；棉印染600万米；合成洗涤剂原料1000吨；输电线路199公里；市内电话自动交换机99144门；学生席位15195个；医院病床1021个。当年全部建成投产的555个国有工业更新改造项目，累计完成投资10.09亿元，全年可增加产值31.24亿元，可增加利税8.53亿元，可增加创汇0.73亿美元。

市重点项目建设进展顺利。1992年市政府确定的63个市重点项目全年累计完成投资近60亿元，顺利完成全年计划。军粮城电厂20万千瓦火力发电、大港电厂两台64万千瓦发电机组、石化公司炼油厂蒸馏60万吨、富源食品有限公司1000万只肉鸡、达仁堂制药厂601吨中成药、中美史克150吨西药等基建项目、第二煤制气厂29.3万立方米煤气、天津铁厂炼铁50万吨、汽车制造厂1.4万辆汽车、万达食品厂1000万只西装鸡等技术改造项目都已建成投产或交付使用。蓟县电厂、天津钢厂高速线材和板坯连铸工程、通广公司引进插件线、天津化工厂氮氨酸工程、轧钢一厂冷轧薄板及铰联电缆、汽车公司夏利轿车增产项目、第一钢丝绳厂5000吨出口钢丝项目、电缆总厂700公里电缆、天津港东突堤码头、市内电话局三批日贷程控交换机项目、大吉里商厦等项目工程进展迅速，都已达到计划部位。全市瞩目的无缝钢管工程已累计完成投资69.0亿元，三大系统中的炼钢，连铸系统及相关配套工程已安装调试完毕并进入热负荷试车阶段。14万吨乙烯工程已完成前期工作，土建工程正全面展开，全年累计完成投资3亿元。

1992年天津市投资建设取得的显著成绩，对全市国民经济发展起到了巨大的推动作用。

（四）问题和对策

1992年天津市投资建设中存在的主要问题：一是资金严重短缺，一些项目由于资金不足，或者不能按计划开工，或者建建停停，耽误了进度，影响了建设项目按合理工期建成和发挥效益；二是原材料、能源工业、交通运输和金融保险等行业投资增长较慢，投资比重偏低，投资结构尚需进一步调整。

（武军定）

表 3－1　1992 开工的主要地方项目　　单位：百万元

项目名称	总投资额	当年投资额	计划竣工日期（年、月）	新增生产能力
天津乙烯工程	4005	299	1995 年	14 万吨乙烯
天津钢厂高速线材	296	15	1994 年	35 万吨线材
预应力钢丝一厂引进低松弛钢铰线	51	0.2	1996 年	1 万吨钢铰线
统泰食品有限公司饼干生产线	39	14	1993 年	6000 吨饼干
棉一引进喷气织机 76 台	34	24	1993 年	喷气织机 76 台
棉一引进喷气织机 88 台	33	27	1993 年	喷气织机 88 台
棉三引进喷气织机 80 台	35	18	1994 年	喷气织机 80 台
天碱高压电站二期工程	52	30	1993 年	0.94 万千瓦火力发电
内燃机厂夏利轿车 5 万辆配套工程	314	29	1994 年	5 万辆夏利轿车配套
三峰客车有限公司中外合作项目	55	24	1994 年	1 万辆客车

表 3－2　1992 竣工的主要地方项目　　单位：百万元

项目名称	总投资额	当年投资额	开工日期（年、月）	新增生产能力
富源食品有限公司	1.1	27	1990. 3	13520 吨肉鸡
中美史克扩建二期工程	0.5	15	1990. 7	150 吨 6－APA
国际海运货柜工程有限公司集装箱工程	1.2	47	1990. 7	20000 标箱
达仁堂制药厂扩建新剂型车间	0.3	18	1990. 12	601 吨中成药
石化公司炼油厂“七五”扩建工程	0.2	62	1987. 8	110.1 吨石油加工产品
大港电厂二期扩建工程	16	112	1988. 4	2×32 万千瓦火力发电
军粮城电厂四期工程	0.2	111	1990. 9	20 万火力发电
肉鸡总厂食品加工	0.3	0.9	1989. 10	1.5 万吨肉鸡
天津铁厂 50 万吨生铁改扩建	82	7.7	1987. 1	50 万吨生铁
天津动力机厂 6130 柴油机项目	30	2.3	1988. 11	5000 台柴油机

二、1992年天津市利用外资投资建设基本情况

(一) 利用外资取得新的突破

1992年天津市新建"三资"企业1702家,比上年增长3.8倍。外商协议投资额12.19亿美元,增长5.2倍,其中外商独资企业806家,协议外资金额6.16亿美元,分别比上年增长5.8倍和6.3倍。全年实际利用外资8.31亿美元,比上年增长72.7%,其中外商直接投资2.31亿美元,增长1.5倍。截止1992年底,天津已累计签约"三资"企业2600家,协议外资金额20.15亿美元,外商实际投资6.77亿美元。投资重点集中在工业、房地产开发、商业等方面,外商投资主要来自香港、日本、台湾、美国、南朝鲜和新加坡等国家和地区。

1992年投资总额在1000万美元以上的"三资"项目有34个。摩托罗拉(中国)电子有限公司投资总额1.2亿美元,是天津市迄今为止投资规模最大的外资项目;日电电子通信工业有限公司投资总额6400万美元;三峰客车有限公司、扎努西电气机械天津压缩机有限公司、吉利大厦有限公司、中台精密机械(天津)有限公司、天正房地产招商有限公司、远东房地产联合开发有限公司、美国德利国际实业(天津)有限公司、康地万达(天津)有限公司、汉高洗涤剂有限公司、本田摩托车有限公司等投资总额都在3000万美元左右。

据调查,1992年全市"三资"企业实际投资总额中一半以上是用现金投入的,中方和外方现金投入和技术投入的比重基本相同。从外商履约情况看,大部分企业外方已按协议投资额投齐,还有23%的企业没有投齐。从生产设备技术水平看,属于80年代技术水平的企业占6成,达到90年代技术水平的占3成,约有一成的企业设备属于70年代末期水平。从注册资本回收情况看,企业注册资本全部回收的占23%,一部分收回的占27%,另有一半企业注册资本尚未进入回收期。

(二) 开发区、保税区、新技术产业园区建设发展加快

1992年天津经济技术开发区签约"三资"企业462家,协议外资金额2.64亿美元,分别比上年增长2.8倍和2.5倍,当年开发区工业总产值32.08亿元,出口创汇1.6亿美元,分别比上年增长71.5%和41.2%。天津港保税区面积由1.2平方公里扩大到5平方公里,截止1992年底已签约"三资"企业444个,协议外资金额2.91亿美元。新技术产业园区已累计批准高新技术企业571家,有经营活动的430家,1992年全年技工贸总收入9.02亿元,总产值7.62亿元,实现利税1.29亿元。特别是1992年天津新辟的12个区县开发小区发展势头强劲,当年已出让土地3746亩,签约"三资"企业项目131个,协议外资金额1.68亿美元。

1992年34个投资总额在1000万美元以上的"三资"企业项目中,有20个座落在开发区和天津港保税区。摩托罗拉(中国)电子有限公司、天津统一企业食品有限公司、美国德林国际实业(天津)有限公司、康地万达(天津)有限公司、中台精密机械(天津)有限公司、华娜国际渡假村有限公司等座落在开发区的企业投资总额都在2500万美元以上;天正房地产招商有限公司、亚新太(天津)投资发展有限公司、福懋(天津)投资有限公司等座落在天津港保税区的企业投资总额都在2000万美元以上。

(三)"三资"企业在天津经济发展中起着越来越重要的作用

据1992年对全市606家有生产、经营活动的"三资"企业统计,当年实现总产值72.27亿元,销售收入71.31亿元,盈亏相抵后实现利润6.01亿元,上缴国家税金5.66亿元,出口创汇2.20亿美元。其中工业生产型企业的人均产值达11.07万元,人均创利润1.06万元,人均出口创汇2906美元,与全市工业企业相比,人均劳动生产率高出1.38倍,人均创利润高出6.91倍。

为改善天津市的投资环境,1992年天津市政府加大了城市基础设施的投资力度,全市城市基础设施投资27.63亿元,比上年增长36.4%,交通邮电业投资10.76亿元,增长24.8%。被列入当年天津市重点项目的新开河污水处理厂二期工程进展顺利,大港电厂4号机组、军粮城电厂7号机组已建成并网发电。大规模的基础设施建设使天津城市道路、公共交通、邮政通信、能源供应等方面都得到了很大的改善。

(四) 存在的问题

1. 外商实际投资与协议投资之比率偏低

据统计,自1979年—1992年的14年中,外商在津共签订"三资"企业的协议投资额达20.15亿美元,而同期外商实际投资金额仅为5.6亿美元,实际投入资金仅占协议外资的27.9%,即外商在津每签约出资3.59美元,实际才投入了1美元。而同期全国的资金到位率为31.4%,北京为58.6%,大连为46.4%,上海为32.1%,分别比天津高出3.4、30.7、18.5和7.2个百分点。从位居来天津协议投资前5位国家(地区)的资金到位率看,香港为25.2%,美国19.2%,日本49.2%,台湾16.4%,新加坡51.1%。

2. 部分有生产经营活动的企业经营效益不尽理想

据对1992年全市有生产(经营)活动的606家"三资"企业经营状况资料统计,盈利的有209家,占47.9%,盈利额达9.27亿元。但同期帐面亏损的企业有253家,占41.7%,亏损额为3.26亿元。从效益比较来看,一是合资、合作企业效益好于独资企业;二是日本、新加坡、美国的企业效益较好,台湾、韩国企业的效益较差;三是房地产服务业、汽车运输业效益要好于其它行业。调查结果表明:独资企业亏损

面较大，这当中确有部分企业因管理不善或产品滞销所致，但有相当部分企业是外商转移利润，人为造成帐面亏损，以达到逃避税收的目的。

3. 相当部分企业的外汇收支难以平衡

据对1992年天津市440家有外汇收支业务的企业统计，当年出口产品外汇2.2亿美元，而同期进口原材料用汇额却为2.5亿美元，创用外汇比例为1：1.14。进口用汇超过出口创汇的企业有113家，占全部企业数的25.7%。为了维持企业的正常经营，不得不靠大量的调剂外汇来弥补外汇收支的不平衡。据统计，这些企业全年需调剂外汇总额达1.45亿美元，由于汇率上调因素，保守地估计约使这部分企业损失2亿元人民币以上。按国家（地区）比较，24个来津投资国家（地区）中，美国、法国、意大利、德国、澳大利亚等8个国家的企业外汇有盈余；菲律宾、马来西亚、约旦、比利时、挪威5个国家的企业外汇收支持平；而日本、香港、韩国、新加坡、澳门等11个国家（地区）的企业则进口大于出口，外汇入不敷出。

根据以上情况，一方面要加强对天津市"三资"企业长期发展战略问题的研究，结合天津市特点和经济发展总目标，制定鼓励、引导和有效管理的政策法规，以控制少数外商钻政策空子，另一方面要尽快建立健全天津市"三资"企业运营跟踪系统，解决目前对外商资金到位的失控问题，及时把握外商资金到位的动态，"对症下药"，加强管理。

（武军定）

三、1992年天津市城市基础设施投资建设基本情况

1992年天津市城市基础设施固定资产投资27.63亿元，比上年增加36.4%。城市基础设施投资占全市地方固定资产投资的20%。

市政公用设施建设继续得到加强。京津塘高速公路建成了宜兴埠至跃进路段，延伸至天津机场。建成塘沽港区8.15公里的高速公路连接线和塘沽四号路立交桥，进一步形成了塘沽区、经济技术开发区、保税区的交通优势。拓宽了津淄公路、程林庄路，建成了刘庄桥，提前完成了地方铁路津南支线，继续完善了我市的道路交通体系。城市道路总长度2963公里，人均拥有道路面积7平方米。完成了第二煤制气厂的扩建改造工程，铺设和投产使用了大港至柳林45公里天然气复线，提高了安全供气程度。人工煤气和天然气气化率达到87.6%。人工煤气综合生产能力为日产101万立方米，供气能力达到113万立方米。加快了新开河水厂二期续建和东郊污水处理厂工程。自来水生产综合能力达到日产168.6万吨，人均日生活用水量达到124升，自来水普及率为100%。全市污水年排放量96864万吨，年污水处理量33948万吨，污水处理率35%。基本完成了开发区1.8平方公里二期工程的"三通一平"，保税区的起步区内道路排水工程，武清产业园区和12个经济小区的"五通一平"。这些都使我市的投资环境进一步改善。

房地产综合开发有了良好起步。按照市政府的统一部署，住房制度和土地使用制度改革进展顺利。全市有1.47万个单位232万职工建立住房公积金，缴存额达2.7亿元，全市4500万平方米公产住房按房改要求调整了租金。土地出让批租和房地产开发开始纳入市场轨道。1992年出让土地148块，3.97平方公里，其中市区11块，0.15平方公里。放开了房地产二级市场，允许国内外经营者进市从事房地产开发与经营。取得经营执照的房地产开发企业从1991年的73家增至175家。商品房投资6.5亿元，建筑面积337万平方米。在开发范围上，扩大到大型商贸设施、公寓、写字楼、工业厂房等项目，并注意了新区开发和旧区改造结合，提高整体配套功能。

为人民办实事水平有了新的提高。新建和翻建住宅205万平方米，完成维修危陋房屋159万平方米，抗震加固25.9万平方米。新增供热面积164.7万平方米，比上年增加112万平方米，是我市历史上新增供热面积最多的一年。全市供热面积913.9万平方米，其中住宅供热面积788.8万平方米。翻修里巷道路1248条21.42万平方米。铺设排水管道6028米，改造了杨桥大街等三个积水片，解除了7.8万居民的淹泡之苦。改造了254处供水低压片。更新市区部分煤气旧管网和4万户的煤气表，增加了4万煤气用户。完成庭院绿化43片，新增绿地73万平方米。全市绿化覆盖面积5043公顷，人均公共绿地2.47平方米。

城市基础设施固定资产资金来源主要是，城市维护建设税和公用事业附加税3.2亿元、地方财政拨款0.4亿元、水资源费0.09亿元、国内贷款0.5亿元、利用外资0.3亿元、房租收入1.2亿元、园林收入0.2亿元、环卫收入0.1亿元、市政公用设施配套费和有偿使用费4.2亿元。城市维护建设资金主要用于：房产1.5亿元、自来水0.5亿元、煤气0.8亿元、公共交通0.4亿元、市政工程3.4亿元、园林绿化0.6亿元、环境卫生0.9亿元。

投资结构合理。在1992年城市基础设施固定资产投资中，交通运输、邮电通讯完成10.6亿元。其中，铁路1.7亿元、，公路0.6亿元、水运4.3亿元、航空0.2亿元、管道0.3亿元、邮电通讯3.5亿元。电力、蒸气、热水生产和供应完成13.3亿元，公用事业完成3.6亿元。

城市建设和管理开始走向法制轨道。提请市人大常委会审议通过了《天津市土地管理条例》、《天津市城市规化条例》、《天津市城市燃气管理条例》三项重要的地方性法规，颁布了《天津市国有土地使用权出让和转让暂行办法》、《天津市外商投资开发经营成片土地管理暂行办法》等11项行政规章。根据工作需

要还拟定了一批规章草案。积极开展法制教育和培训，努力提高执法人员素质，为实现依法建设和管理城市，促进建设市场体系的发育提供了法制保障。

主要经验：一是善于把握机遇乘势而上，这是城建事业发展的一条成功经验。去年，市政府领导几次组织研究加大城建改革力度的招法，推出了一批新政策新措施，在不到一年的时间内，干成了许多过去按常规办不成的事情。例如，住房制度改革、土地使用制度改革、房地产综合开发这些大的举措，都是借助大环境的变化，及时出台实施的，为城建事业的发展开辟了新的领域。同时带动了各项工作的深化，使1992年的工作取得了比预想要好的成果。二是敢于引进市场机制大胆改革。近几年，市场机制已经在建设领域起着一定的作用。比如，液化气在计划经济的条件下发展缓慢，近年来一直在22万户徘徊。去年放开液化气市场，允许多家经营，价格由市场调节，一年多的时间新增20多万用户。再比如住宅供热化，由于价格不合理，企业缺乏积极性，推行十分困难，年新增供热面积很少。去年我们本着新建不欠帐，逐年还旧帐的原则加强对供热工作的领导，依靠社会力量，并按照市场规律适时调整了热价，让企业获得一定的效益，调动了积极性。同时打破行业垄断的体制，形成了多家办热的格局，实现了天津市住宅供热工作的突破。尽管这只是刚刚开始，但已看到了市场机制的巨大能量。三是勇于打破单一封闭的管理模式形成多元化开放的建设格局。城建系统受计划经济影响较深，长期以来，在资金来源、项目实施、管理体制等诸多方面都按照单一封闭的模式运作，明显地制约了行业的发展。1992年在突破这种模式上进行了新的探索。例如采取引进外资、合资合作、基础设施有偿使用、发行股票等方式拓宽了基础设施建设的资金渠道。在气化建设上由于建立了煤气发展基金，在没有专项拨款的情况下，建成了45公里高压复线、扩建了二煤气厂，基本建成了煤气指挥调度中心，增加了煤气用户，保证了安全稳定供气。用发行股票的方式筹集了资金，增强了城市综合开发的实力。

1992年天津市城市基础建设遇到的主要问题是，项目建设普遍存在建设资金紧张问题，用于城市基础设施建设的资金与城市发展的需求不相适应。

（徐　澜）

四、1992年天津市农村集体单位投资建设基本情况

近年来，天津市农村集体经济发展很快，农村集体固定资产投资在全社会投资中的比重不断提高。与国有和城镇集体单位相比，它具有投资增长快，投资方向集中，平均每个项目投资规模小，建设周期短，投资效益好等特点。农村集体单位固定资产投资已成为全市投资建设领域一支新的生力军。

（一）农村集体单位固定资产投资的特点

1. 投资规模增长迅猛。1992年全市农村集体单位完成投资23.6亿元，比上年增长1.2倍，占同期全社会固定资产投资的13.9%，比上年提高了5.7个百分点。其中，乡（镇）所属项目完成投资8.5亿元，比上年增长0.8倍，占农村集体投资的36%，比上年降低9个百分点；村属项目完成投资15.1亿元，比上年增长1.6倍，占农村集体投资的64%，比上年提高9个百分点。

2. 投资集中于第二产业。1992年全市农村集体投资集中在乡镇工业，工业投资中尤以金属制铝业、黑色金属冶炼及压延加工业、纺织工业、化学工业、机械工业、缝纫业等行业投资最多。

1992年全市农村集体单位固定资产投资中，第一产业完成投资1.85亿元，占7.8%，比同期国有及城镇集体单位第一产业投资比重高6.7个百分点，其中，农业投资0.94亿元，占第一产业投资的50.8%，渔业0.75亿元，占40.5%，农林牧渔水利服务业0.15亿元，占8.1%。第二产业完成投资21.11亿元，占农村集体投资总额的89.5%，其中工业投资21.10亿元，占农村集体投资的89.4%，比同期国有和城镇集体单位工业投资比重高18.6个百分点。在工业投资中，金属制品、黑色金属冶炼及压延加工、纺织、化工、机械、缝纫等六个行业投资占工业投资总额的56.7%，其中：金属制品业投资2.68亿元，占工业投资的12.7%；黑色金属冶炼及压延加工业投资2.07亿元，占9.8%；纺织业投资2.01亿元，占9.5%；化学工业投资1.93亿元，占9.1%；机械工业投资1.65亿元，占7.8%；缝纫业投资1.64亿元，占7.8%。第三产业完成投资0.64亿元，占农村集体投资总额的2.7%，比同期国有和城镇集体单位第三产业投资低24.4个百分点，比全国农村集体第三产业投资平均水平低近20个百分点，其中，交通运输、邮电通讯业投资0.39亿元，占第三产业投资的60.9%；教育、文化艺术和广播电视事业投资0.14亿元，占第三产业投资的21.9%。

3. 投资资金来源以银行、信用社贷款及自筹资金为主。在全市农村集体单位投资中，银行、信用社贷款10.53亿元，占44.6%；自筹投资8.42亿元，占35.7%；两项占全部投资资金来源的80.3%。另外，国家及主管部门下拨资金1.48亿元，占6.3%；从市外、国外引进资金1.50亿元，占6.4%；其它投资1.67亿元，占7.1%。

4. 平均每个项目投资规模较小。1992年全市农村集体单位固定资产投资施工项目个数2791个，计划总投资28.23亿元，平均每个项目投资101万元，只相当于国有单位项目平均投资的1/30，在全部农村集体单位施工项目中，500万元以下的施工项目占95%以上。

5. 生产经营灵活，投资效益较

好。与国有和城镇集体单位相比，农村集体所有制单位固定资产投资上级管理部门少，行政干预少，生产经营、福利工资等政策灵活，市场竞争意识强，因此经济效益较好。如1992年全市农村集体单位建成投产项目2647个，项目建成投产率94.8%，新增固定资产21.26亿元，固定资产交付使用率90.1%，都大大高于同期全市国有和城镇集体单位。投资效益以1991年全部建成投产项目为例，全市农村集体项目建设周期为1年零4个月，比同期国有单位投产项目建设周期缩短了1年；全部建成投产项目年创产值47.30亿元，年创利润4.76亿元，创汇0.89亿美元。同时，投产项目还新增加了一大批生产能力和效益。与全国兄弟省市相比，天津市农村集体单位固定资产投资各项效益指标均处于领先地位。

（二）问题和措施

天津市农村集体所有制单位固定资产投资已成为全社会投资的重要组成部分。但由于宏观管理及信息不灵等原因，在发展中还存在着盲目投资、重复建设，项目建设规模偏小，投资结构不尽合理等问题。为此，应采取如下措施：

1. 加强宏观指导，提高第三产业投资比重。1992年天津市农村集体所有制单位固定资产投资中，用于第三产业的比重只有2.7%，大大低于全国平均水平。这种状况与加快发展第三产业的形势很不适应，因此，应对农村集体投资加强宏观调控和政策引导，增加对第三产业的投资，为农村经济的进一步发展创造条件。

2. 各级政府部门应主动为企业提供信息咨询，避免盲目投资和重复建设。各级政府部门应转变职能，变行政管理为主动服务，为企业提供有关政策和市场信息方面的咨询，正确引导投资方向，使农村集体投资符合国家产业政策的规定，沿着健康的轨道发展。

（武军定）

河北省

一、1992年河北省投资建设基本情况

1992年，全省认真贯彻落实邓小平同志南巡讲话和党的十四大精神，固定资产投资取得突破性进展，创历史最高水平，为建设经济强省，增强经济发展后劲，奠定了基础。

（一）投资规模及特点

1992年，河北省全社会固定资产投资达335.79亿元，比上年增长39.7%，创历史最高水平。扣除价格因素实际增长8.1%。全社会投资率为29%，比上年提高4个百分点，比"七五"时期提高2.1个百分点，比"六五"时期提高2个百分点。

国有单位投资突破200亿元。1992年，国有单位完成200.39亿元，比上年增长56.6%，占全社会总投资的59.7%，比上年提高6.5个百分点，主导地位进一步加强。

国有单位投资中各种形式投资全面增长。基本建设完成投资113.31亿元，比上年增长55.4%；更新改造完成投资71.69亿元，比上年增长53.8%；其它固定资产投资4.07亿元，比上年增长35.9%；商品房投资11.32亿元，比上年增长1.1倍。

地方项目投资增长速度高于中央项目。1992年全省国有地方项目完成投资131.51亿元，比上年增长68.2%；中央项目完成投资68.89亿元，比上年增长38.4%。地方项目投资增速高于中央项目29.8个百分点。其中地方基本建设投资完成62.0亿元，比上年增长76.8%；地方更新改造投资完成55.02亿元，比上年增长56.2%。

城乡集体投资成倍增长，个人投资下降。1992年城乡集体投资共完成76.39亿元，比上年增长1.3倍，占全社会投资的22.7%，比上年提高8.9个百分点。由于大力发展乡镇企业，农村集体投资是历史上投入最多、增长最快的一年。全省农村集体完成投资63.24亿元，比上年增长1.5倍，其中乡镇工业投资完成46.62亿元，比上年增长2.9倍。全省城镇集体完成投资13.14亿元，比上年增长63.7%。1992年由于农民建房和购买生产性固定资产投资减少，使农民个人投资大幅度下降，全省城乡个人投资完成59.01亿元，比上年下降25.6%。其中城镇工矿区非农业户私人建房完成投资4.40亿元，增长65.5%；农村个人投资54.61亿元，下降28.8%。

秦唐沧沿海开放区和省会的建设明显加快。秦唐沧沿海开放区国有单位完成投资70.62亿元，比上年增长61.3%。高出全省4.7个百分点，比1988年增长80.1%。省会石家庄市是全省政治、经济、文化的中心，对全省各地市有较强的辐射作用。1988年以来通过建设，5年国有单位累计完成投资已达94.04亿元，1992年国有完成投资27.65亿元，比上年增长64.3%。

（二）投资结构

1. 生产性建设投资比重上升，非生产性建设投资比重下降。1992年，全社会投资用于生产性建设的投资229.94亿元，比上年增长62.1%，比重为68.5%，比上年高9.5%；非生产性建设投资105.85亿元，比上年增长7.4%，比重为31.5%，比上年低9.5%，其中住宅投资68.99亿元，比上年下降6.3%，比重由上年的30.6%下降到20.5%。

2. 第二产业投资大幅度增长，第一产业投资下降。在全社会完成投资中，第一产业投资17.90亿元，比上年下降0.8%，比重由上年8%下降到5.3%；第二产业投资达185.91亿元，增长78.6%，比重由上年45%上升到55.4%，占第一位；第三产业投资131.98亿元，增长10.4%，比重由上年47%下降到39.3%。

3. 投资向能源、原材料工业和

交通运输、邮电通讯业倾斜。1992年国有、城镇集体单位用于原材料工业的投资42.34亿元，比上年增长93.6%，比重为19.8%，提高3.7个百分点。用于能源工业的投资46.44亿元，增长29.6%，比重为21.7%，下降4.6个百分点。用于交通运输、邮电通讯业的投资16.55亿元，比上年增长28.7%。用于能源、原材料工业、交通运输、邮电通讯业的投资已占国有、城镇集体投资的49.3%。

4. 重工业投资比重上升，农业、轻工业投资比重下降。1992年国有、城镇集体投资中，重工业投资101.62亿元，比上年增长54.3%，占农轻重投资额的比重达72.8%，上升1.5个百分点；农业投资3.02亿元，增长37.3%，比重2.2%，下降0.3个百分点，轻工业投资34.88亿元，增长43.9%，比重25%，下降1.2个百分点。

5. 全社会投资建设中用于设备工器具购置的投资增长快于建筑安装工程。全省用于设备工器具购置的投资113.71亿元，比上年增长53.0%，比重为33.9%，提高3个百分点。用于建筑安装工程的投资190.39亿元，比上年增长32.5%，比重为56.7%，下降2个百分点。

6. 全省工业企业技术改造投资中用于内涵扩大再生产的投资增加。1992年全省国有更新改造用于节约能源、提高产品质量、增加品种的投资23.67亿元，比重为33%，比上年高2.4个百分点；用于增产投资30.09亿元，比重为42.0%，下降3个百分点。从建设性质看，用于内涵扩大再生产的投资37.92亿元，比重为52.9%，比上年高3.2个百分点；用于外延扩大再生产的投资32.28亿元，比重45%，比上年下降4.7个百分点。

(三) 投资效果

从建设阶段投资效果指标看，国有和城镇集体项目投产率60.0%，比上年高3个百分点。国有单位投资建设周期3年4个月，比上年缩短4个月，其中基本建设周期由5年缩短到4年2个月，更新改造由2年5个月缩短到2年4个月。未完工程占用率72%，比上年下降9.4个百分点。但全社会固定资产交付使用率80%，比上年低11.4个百分点；房屋面积竣工率80.4%，比上年低6.4个百分点。

总结全省80年代的投资规律，90年代要跃入全国强省行列，必须进一步加大投资力度，增强经济发展后劲。"七五"时期以来，河北省全社会投资率偏低，全社会投资率平均为27%，比全国低2.5个百分点。根据河北经济振兴大纲要求，到2000年国民生产总值翻两番半到三番，使河北省跃入全国强省行列，这就要求90年代国民生产总值保持年递增11%以上的速度，因此加大投资力度是关键。因为增加固定资产投资可以增加社会需求，启动并推动经济的发展。调查结果表明，全省每增加1元投资，可拉动社会总产值1.86元，国内生产总值0.79元。全省80年代全社会固定资产投资效果系数平均为0.48元，即每增加1元投资可增国民收入0.48元。根据经济发展规律和价格因素影响，为保证全省国民生产总值翻两番半到三番的要求，"八五"后三年全社会固定资产投资规模平均每年需增长30%左右，全社会投资率需保持28—30%左右。

在加大投资力度的同时，要注重提高投资效果。据对全省742个项目的跟踪调查，投资效果不理想。这些项目实际投资产值率平均为72%，比设计的98.3%低26.3个百分点；实际投资利税率为16.3%，比设计24.5%低8.2个百分点；项目的达产率不到一半，平均仅为48.4%；还贷率也很差，平均仅为34.6%。造成投资效果不理想的因素很多，如建设资金不到位，低水平的重复建设和盲目建设，缺乏投资责任制等。这些问题需在今后深化改革中逐步解决。

(四)1992年河北省利用外资投资建设基本情况

1992年，河北省利用外资取得新突破。全省实际利用外资2.8亿美元，其中外商直接投资1.8亿美元，占实际利用外资的62%，成为吸收外资的主要方式。1992年新签"三资"企业协议2005项，合同总金额58.5亿美元，合同外资额25.3亿美元，外商实际投入资金1.8亿美元，分别比1991年增长4倍、1.66倍、12倍和3倍。当年注册登记1301家，外方注册资本9.3亿美元，当年建成投产"三资"企业238家，累计投产507家。从投资结构上看，吸引外资的主要项目分布在20多个行业，工业和房地产占总投资的60%。从投资来源上看，外商投资来自40个国家和地区，香港、台湾、日本、美国占外商投资的86.5%。1992年外商投资规模进一步扩大，"三资"企业平均每户吸引外资98万美元，比1991年增加32万美元，重大项目明显增加，1992年总投资400万美元以上的项目208家，"三资"企业正朝着引进高新技术、大项目方向发展。

目前存在的问题是：实际利用外资和"三资"企业投产率低。全省实际利用外资仅有2.8亿美元，在沿海省份中数额是最小的；到1992年底，累计建成投产的"三资"企业仅占签约数的11.87%。因此，签约后各环节的落实工作应为我省今后外资工作的重点。

(五) 河北省改善投资环境基本情况

为加快对外开放，吸引外资，我省在改善投资环境，加强基础建设方面采取了一系列的政策、措施，对外开放工作取得了令人欣喜的成效。

1. 制定各项优惠政策。1987年以来，我省先后制定了《关于鼓励外商投资的若干规定》、《鼓励台湾同胞投资的若干规定》、《关于鼓励外商投资和秦—唐—沧渤海湾经济开发区对外开放的若干规定》、《外商直接投资改造现有企业的暂行规定》、《外商投资企业管理暂行规定》、《涉外税收优惠规定》、《城镇国有土地使用权出让和转让实施办法》等政策规定。1992年上半年又提出了进一步对外开放的十二条措施。这些政策规定对外商投资创造了良好的环境。

2. 改善软环境，提高办事效率。直接利用外资项目的立项，可行性研究报告下放到各地市计委审批。除国家限制和涉及配额许可证管理的以外，直接利用外资项目合同批准证书和营业执照委托秦、唐、沧、石、廊、邯、保6市及沧州地区代省办理。省审批权限内的乡镇企业合资合作项目下放到县审批。为提高办事效率，省建立由开放办主持，各主管部门派人参加的联席会议制度，每周三、六联合办公，审批报省的利用外资项目，解决对外开放中跨地市和部门难以解决的重大问题。秦、唐、沧、石、廊及需要的地市也建立相应制度，对利用外资项目实行"全程一站式"管理。同时还建立了"外商投资企业服务中心"负责项目的对外联络、咨询、组织洽谈等工作。出国审批简化手续、减少环节，全过程要确保20天内完成，其中地市不超过13天，省里不超过7天。

3. 加强基础设施建设。河北省交通便利，是首都连通全国的重要交通枢纽地带。境内有京广、京沪、京沈、大秦等国家铁路干线14条和15条支线，营业长度2770公里，居全国第五位。京九铁路北京至衡水段、神黄铁路河北段都已开工建设。全省公路已初步形成了以国、省级干线为主干，县、乡公路为经络，纵横交错、四通八达的公路网络系统，全省公路通车里程共达47464公里，其中投资15亿元的连通省会石家庄和首都北京的京深高速公路已于1992年建成通车。海上运输能力较强，秦皇岛港是我国重点的能源输出港，共有26个泊位，年吞吐能力已达9235万吨，成为我国第二大港口和最大的煤炭输出港。唐山港已建成2个1.5万吨级的泊位，3.5万吨级泊位也已开工建设。黄骅港3000吨级泊位已开港运营，总投资24亿元的黄骅大港一期工程正在抓紧进行。民航事业方兴未艾，投资2.5亿元的石家庄正定大型民航机场已于1992年开工建设，预计1994年投入运营。秦皇岛山海关机场正在扩建，将于1993年7月交付使用。全省邮电通信事业发展迅速，各市、县邮电局长途通讯全部进入全国自动网，全省中心城市和一些县可通过国际自动电路直拨150多个国家和地区。正在建设中的京汉广高架电缆、京沪数字微波、京宁光缆以及各地市移动通讯开通后，全省的通讯会更加完善。河北省电力供应充足，装机总容量达731万千瓦，居全国第7位，年发电量为407.3亿千瓦时，能够满足生产和生活的需求。

（六）河北省国家级开发区基本情况

河北省经国务院批准的国家级开发区有3个：秦皇岛经济技术开发区、石家庄市高新技术开发区和保定市高新技术开发区。

1. 秦皇岛经济技术开发区。秦皇岛经济技术开发区是1984年经国务院批准，1985年4月开工建设的。开发区第一期起步工业区内建成了比较完善的基础设施，建成主干道公路8公里，程控电话6000部，供水能力20000吨/日，供电能力20000千伏安。第一期开发的土地1.9平方公里，已全部为各企业占满，第二期5平方公里的开发正在加紧展开。截止到1992年底，开发区共批准各类工业企业102家，外商投资总额共计2.95亿美元。

1992年开发区共批准三资企业62家，利用外资出现了新特点：

(1) 投资规模大。投资在500万美元以上的有20家，超过1000万元的有10家。如总投资1亿美元的泰国正大集团粮食加工项目、总投资3000万美元的香港建荣公司商品住宅楼项目都已开工建设。

(2) 技术水平愈来愈先进。近两年开发区高技术产业发展较快，先后批准了生产电脑软磁盘项目的华美磁电有限公司、中美合资华福电子有限公司生产电话信件机等一批电子项目，同时还批准了普达电子研究所、海湾信息公司、亚太信息公司等一批高新技术及信息咨询内联项目，使开发区项目的工业技术档次进一步提高。

(3) 项目投资领域不断拓宽。在开发区投资的项目，包括电子、机械、金属加工、建筑、纺织、粮食加工等25个行业，使开发区在产业结构上出现多样化。

(4) 房地产开发利用外资巨大，1992年建立了9家房地产公司，总投资达23亿美元，其中大部分为外商独资。

秦皇岛开发区1992年的喜人形势，是完善投资环境的结果，在硬环境方面，一期规划已基本完善，二期水电工程正加紧进行，道路开始修建。在软环境方面，实行公开招聘，公开竞争，初步形成了人才流动竞争机制。开发区内各有关管理部门和服务机构，实现工作作风和工作效益的转变，提高了办事效率和服务水平。同时，加强了对外宣传工作，积极与外界联络洽谈，扩大开发区的知名度，增加了利用外资的吸引力。

2. 石家庄高新技术开发区

石家庄高新技术开发区是1991年3月经国务院批准成立的。目前区内企业已达286家，认定高新技术企业38家，认定高新技术产品179项。

建区两年来共投入建设资金14813万元，其中自筹10813万元，贷款1100万元，发行建设债券2900万元。两年来房屋开工面积19.8万平方米，竣工面积7.9万平方米，道路开工30万平方米，竣工23万平方米。1992年开发区完成1220亩土地的征地工作，修路3.84公里，铺设引水管线7.1公里。1992年兴办"三资"企业28家，总投资3.37亿元，直接利用外资1908万美元。

3. 保定市市高新技术开发区。保定市高新技术开发区1992年12月列入国家级开发区。开发区规划面积6平方公里，辟有工业园区、科技园区、服务管理园区、金融贸易园区、住宅公寓园区、第一期开发面积1.5平方公里，1993年陆续进行开发。 （刘彩云 孙树檀 李德水）

二、河北省能源、原材料开发投资建设基本情况

河北省是我国矿产资源大省之一。长期以来，河北省一直作为原材料和能源输出省，形成了以生产原材料、能源和初级产品为主的偏重型工业结构。1992年，国有单位和城镇集体单位用于资源开发的投资100亿元，占总投资的40%，投资重点是能源工业和原材料工业。

（一）河北省能源投资建设基本

表3—3 1992年开工的主要地方项目 单位：百万元

项目名称	总投资额	当年投资额	计划竣工日期（年、月）	新增生产能力
桃林口水库	860.0	54.0	1997	库容8.36亿立方米
石家庄正定机场	230.0	35.9	1994	
石家庄化肥厂	198.0	13.4	1994	尿素6万吨/年
唐山市齿轮厂技改	132.5	2.2	1994	锻件5368吨/年
华北制药厂技改	105.5	5.7	1994	青霉素原粉1000吨/年
唐山钢铁公司二期炼铁工程	935.7	22.7	1994	炼铁87.5万吨/年
邯郸马头电厂改大机组	410.0	20.0	1994	火力发电20万千瓦机组

表3—4 1992年竣工的主要地方项目 单位：百万元

项目名称	总投资额	当年投资额	开工日期（年、月）	新增生产能力
燕美特种建材工业总公司	88.7	19.6	1990.1	白水泥6.7万吨/年
万全县柠檬酸厂	46.8	11.3	1989.10	柠檬酸3000吨/年
石家庄电机厂技改	49.3	10.3	1986.11	分马力电机48万千瓦/年
唐山陶瓷公司第一瓷厂技改	47.1	4.7	1988.5	日用陶瓷500万件/年
冀乐阿塞依国际集装箱公司	92.0	7.5	1991.5	集装箱2.4万个/年
唐山市邦力实业总公司尿素工程	71.0	71.0	1992.5	尿素2万吨/年

情况

1992年，河北省国有基本建设投资中，用于能源建设的投资为35.58亿元，比上年增长33.4%，占当年国有单位基本建设投资总额的31.4%；在国有单位更新改造投资中，用于能源建设的投资为10.36亿元，比上年增长20.7%，占当年国有单位更新改造投资总额的14.5%。在国有单位基建和更新改造投资中，煤炭工业完成投资10.8亿元，电力工业完成投资25.3亿元，石油工业完成投资5.87亿元，分别比上年增长9.9%、40%和13%。1992年国有单位基建和更新改造形成主要能源工业新增生产能力有发电装机容量101.95万千瓦、煤炭开采131.07万吨、原油开采10万吨。邢台电厂五期扩建工程、张家口沙岭子电厂、秦皇岛热电厂、石家庄热电厂。潘家口抽水蓄能电站、石家庄炼油厂、冀东石油勘探开发公司、邯郸矿务局云驾岭矿、邢台矿务局章村三井等一批能源大中型项目建成投产。

（二）河北省原材料工业投资建设基本情况

1992年，河北省国有单位和城镇集体单位投资中，用于原材料工业的投资达55.67亿元，比上年增长64.03%。其中，国有基本建设单位投资中，用于原材料工业的投资为32.62亿元，比上年增长54.01%，占当年全部国有基本建设单位投资总额的28.8%，比重与上年基本持平；在国有更新改造单位投资中，用于原材料工业的投资21.97亿元，比上年增长81.9%，占当年国有更新改造单位投资总额的30.7%，比重比上年提高4.8个百分点。1992年，国有基本建设单位和更新改造单位累计新增生产能力有：水泥169.5万吨/年、炼铁92万吨/年、炼钢6.4万吨/年、合成氨3.43万吨/年、烧碱0.7万吨/年、石油二次加工40万吨/年、邯郸钢铁总厂炼铁工程改造、深县化肥厂、唐山市第二水泥厂等一批较大原材料项目建成投产。

长期以来，河北省认真贯彻国家产业政策，原材料工业投资明显增加，生产规模不断扩大，原材料工业得到迅速发展，为整个国民经济的快速发展做出了突出贡献。

经过大规模的投资建设，促进了我省原材料工业的快速发展，原材料工业总产值大幅度增长，1992年全省乡及乡以上原材料工业产值达到250.73亿元（1990年不变价计算，下同），比1978年的54.93亿元增加195.8亿元，增长3.56倍，占重工业总产值的比重也由1978年的24.1%上升到1992年的34.9%。原材料工业企业固定资产原值也成倍增长。1992年全省国有独立核算企业年末固定资产原值303.6亿元，比1978年的40.2亿元，增加263.4亿元，增长7.55倍。

河北省原材料工业主要分布在以下几个工业部门：

冶金工业：80年代以来的12年间，国有单位和城镇集体单位累计完成固定资产投资56.71亿元，占同期重工业总投资的比重为10.7%，年均投资达4.72亿元，平均每年投资相当于1978年的2倍。其中：1992年冶金工业完成投资13.01亿元，分别相当于1978年的5.49倍和12年平均水平的2.76倍。占1992年重工业投资的比重为12.85%。

建筑材料工业：80年代以来的12年间全省国有单位和城镇集体单位累计完成固定资产投资48.31亿元，占同期重工业投资的比重为9.1%，平均每年投资4.03亿元，平均每年投资相当于1978年的5倍。其中1992年建材工业完成投资10.93亿元，分别相当于1978年的13.66倍和12年平均水平的2.7倍，占1992年重工业投资的比重为10.8%。

化学工业：80年代以来的12年间，全省国有单位和城镇集体单位累计完成固定资产投资57.02亿元，占同期重工业投资的比重为10.73%，平均每年投资4.75亿元，相当于1978年的2.5倍。其中1992年化学工业完成投资12.29亿元，分别相当于1978年的6.43倍和12年平均水平的2.6倍，占1992年重工业投资的比重为12.1%。

河北省能源和原材料工业投资建设虽然取得了很大成就，但也存在一些问题，突出地表现在以下两个方面：

(1) 原材料工业产品结构初级化严重。原材料工业初级产品多，深加工、精加工的产品少。如冶金工业采矿、炼铁多，生产优质钢材少；水泥工业生产的水泥多，水泥制品少；石油加工的燃料油多，化工产品少；煤炭工业洗煤多，焦炭少、煤化工产品少等等。初级化的投资结构，在很大程度上伴生着初级化的产业结构和产品结构，以致河北省的经济长期处于低水平和低效益。

(2) 建设资金严重不足。能源、原材料工业项目所需资金多，建设周期长，加之产品价格低，积累资金能力明显不足，造成建设资金紧张。“七五”时期我省工业百元投资实现的总产值为51元，而其中煤炭不足5元，电力工业不足20元，均大大低于其它工业部门。由于原材料工业处于低水平、低效益，积累建设资金非常困难。

（王银官　刘建中）

三、以医药工业为龙头带动全县经济发展
——栾城县1992年固定资产投资情况

栾城县地处河北省南部，过去以农业经济为主，近年来在积极发展农业生产的同时，以农产品深加工为投资重点，大力发展医药工业，促进了全县经济的发展。自1985年以来，建设并完善以制药业为龙头的栾城县医药工业基地，多渠道筹集资金10亿元，新建医药工业项目14个，项目全部竣工投产后，每年可新增产值4.5亿元，创利税1.9亿元，部分产品出口可创外汇3000万美元。

1992年是栾城医药基地建设的高潮期，当年兴建的基本建设项目共有8个，概算总投资32947万元，建设面积达9.8万平方米，引进和购置国内外设备65台(套)，设备投资额6600万元，占固定资产投资总额的20%。其中当年新开工项目4个，投资额23375万元，建筑面积8.4万平方米，设备投资5600万元；在建项目2个，投资额4330万元，建筑面积14000平方米，设备投额1080万元；竣工项目2个，完成投资5000万元。全年累计固定资产投资支出27705万元，累计完成投资25647万元，投资完成率为92.7%，办理固定资产交付10224万元，交付使用建筑面积3.2万平方米，设备38台（套)。

栾城县医药工业基地建设的特点：

（一）在指导思想上，把医药基地的建设作为栾城经济发展的战略重点，确定并实现了经济发展的一个基本思路：充分发挥粮食产量高的优势，发展以玉米为原料的医药工业，让廉价的玉米资源就地增值几倍，十几倍，彻底改变栾城“高产穷县”的面貌。

（二）在投资规模上建设项目多，投资比重大为其主要特点。1992年累计固定资产投入2.77亿元，是栾城县历年投资的最高水平，在建和竣工建设项目共有4个，属中型以上的医药企业有2个。

（三）投资结构充分体现了地方经济的特点。全县工业以医药工业为龙头，以全国最大的制药企业——华北制药厂为依托，投资6400万元，建成了华北制药厂栾城分厂洁霉素车间；投资1.6亿元，建设居省内一流的年产1万吨无水葡萄糖的河北葡萄糖厂；投资5000万元，建设生产国内紧缺的酪酸酐产品的栾城县医药化工厂；利用玉米废谬液年产396万吨玉米沼气工程，并配套建成了栾城县热电厂及11万伏变电站等工程项目，使医药产品的品种多、质量高、规模大，为打入和占领国内外市场打下了坚实的基础。

（四）在投资来源上，坚持两条腿走路的方针实行多渠道多元化的投资方式，1992年争取国家和银行贷款2.7亿元，部门、县、企业自筹投资3000万元，为医药基地建设奠定了雄厚的资金基础。

（五）在经济方式上采取联营、自营、中外合资、补偿贸易等多种形式，不仅能够适应经济体制改革的需要，也探索出一条内引外联发展经济之路。

栾城医药基地的规划和发展，是合理运用农业系统工程方法理论进行工业经济建设的创举，医药基地的兴建使栾城县农工牧三位一体走上良性循环的路子。医药工业的发展，改变了本县工业结构单一的状况，使全县经济发展形成工业、农业相互依托，流通领域搭船前进的良性发展格局，彻底改变了栾城县以农业为主的经济结构，带动了农业的稳定发展，形成了以医药工业为龙头，带动全县县办工业、乡镇企业为之服务相配套的经济体系。在工程建设和项目管理中，注重以提高投资效益为前提，合理安排和供应建设资金，使投资效益得到充分发挥。1992年资金利用率达95%，投资完成率达92%，新建项目基本实现项目建设的合理工期，没有一个项目形成不正常在建工程。

在社会效益和投资效益得以充分实现的同时，医药基地的建设也取得了十分显著的经济效益。至1992年竣工投产的6个建设项目，累计实现产值8.5亿元，创利税2.8亿元，较1985年工业产值增加4亿元，利税增加1.3亿元。1985年栾城县工业产值占工农业产值的37%，至1992年栾城县工业产值占工农业总产值的72%，工业产值比重比1985年提高35个百分点，栾城医药基地的建设，不仅为缓解全国医药供求矛盾起到积极的作用，而且全面带动了全县经济的发展，为栾城经济的腾飞奠定了良好的基础。

（付克宁、吕书锁、尹建辉）

内蒙古自治区

一、1992年内蒙古投资建设基本情况

（一）固定资产投资增长速度加快

随着国家经济战略重点的逐步西移和自治区自身发展的客观要求，内蒙古加快推进以能源、原材料工业和交通运输、邮电通讯等基础产业和基础设施为重点的开发建设，使固定资产投资速度明显加快。

1. 全社会固定资产投资呈高速增长态势。1992年，内蒙古全社会固定资产投资达149.24亿元，再创历史最高水平，在上年增长42.4%的较高基础上又增长48.3%，高于全国增长37.6%的平均水平，是内蒙古改革开放以来最高的增幅。各种经济成分投资均大幅度增长。

国有单位固定资产投资123.61亿元，比上年增长51.4%，高于全国平均增长40.7%的速度，占全社会固定资产投资的比重为83.8%，比上年提高1.7个百分点。其中，基本建设投资91.33亿元，是自治区成立45年来投资最多的一年，比上年增加31.33亿元，增长52.8%；更新改造投资25.94亿元，比上年增长42.9%，扭转了近几年低速发展的局面；商品房建设步伐加快，完成投资4.21亿元，比上年增长95.8%；国有其它投资2.13亿元，比上年增长35.7%。

城乡集体单位固定资产投资6.52亿元，比上年增长38.1%；城乡个人固定资产投资19.11亿元，比上年增长33.5%，大大高于全国平均增长5.1%的速度。

2. 地方投资增长快于中央投资，比重上升。全社会固定资产投资中，地方项目完成投资86.73亿元，比上年增长52.4%，占全社会固定资产投资的比重由56.8%上升到58.1%。在地方项目完成投资中，基

本建设投资37.76亿元，更新改造投资17.54亿元，分别比上年增长68.2%和46.3%。中央项目完成投资62.51亿元，比上年增长42.9%，低于地方项目投资增长速度，占全社会固定资产投资的比重为41.9%，仍是内蒙古固定资产投资的重要组成部分。其中中央项目基本建设投资53.57亿元，比上年增长43.6%，占基本建设投资总额的58.7%。主要投向能源、原材料工业和交通运输、邮电通讯业的开发建设。

3. 利用外资高速增长。1992年，内蒙古固定资产投资中利用国外资金额达21.78亿元，在上年增长1.3倍的基础上又增长68.4%，是自治区成立以来利用外资进行固定资产投资最多的一年。其中基本建设利用外资20.98亿元，比上年增长64.3%，占基本建设投资总额的23%。这些资金主要用于准格尔煤田、二连油田、集通铁路、河套灌区和吉兰泰碱厂等一批重点项目的建设。

（二）投资结构继续改善

1992年，内蒙古固定资产投资在继续向基础产业和基础设施倾斜的同时，重点加强了产业结构调整，产品质量提高和节能降耗，以及大中型工业企业的技术改造，适当增加了非生产性建设投资。

1. 能源工业、重要原材料工业投资稳步增长，比重提高。国有单位用于能源工业的固定资产投资48.77亿元，比上年增长55.2%，占国有单位固定资产投资总额的比重由38.5%上升到39.5%，居全区各行业之首。其中，煤炭工业投资25.56亿元，在上年增长61.2%的较高基础上又增长38.4%，占能源工业投资比重的52.4%，成为内蒙古能源工业投资的主体；电力工业投资15.51亿元，比上年增长96.3%，占能源工业投资的比重由25.1%上升到31.8%，进一步加快了利用煤炭资源优势大力发展电力工业的步伐；石油工业投资3.93亿元，占能源工业投资的比重为8.1%。

国有单位国家资产投资中，钢铁、有色金属、化工、森工和建材等重要原材料工业固定资产投资18.67亿元，比上年增长49.4%，占国有单位固定资产投资比重为15.1%。能源、原材料工业投资的大幅度增长，体现了内蒙古作为全国重要能源、原材料工业基地的建设步伐进一步加快。

2. 第三产业投资增速加快，比重提高。国有单位固定资产投资中，第一产业投资2.57亿元，比上年减少6.5%，投资比重由3.3%降为2.1%；第二产业投资77.79亿元，比上年增长51.2%，投资比重为62.9%；第三产业投资43.25亿元，比上年增长57.5%，增速快于第一、二产业，高于全国平均增长55.7%的水平，投资比重由33.6%提高到35%。第三产业投资大幅度增长的原因：

一是交通运输、邮电通讯投资稳步增长。国有单位用于交通运输、邮电通讯业的固定资产投资19.78亿元，比上年增长32.8%，占第三产业投资的比重为45.7%。交通运输建设重点主要是铁路建设工程集通线、丰准线、滨州复线；公路建设工程110、301、111国道等重要干线；民航建设工程满洲里国际机场、乌兰浩特、通辽和锡林浩特机场等项目的新扩建和改造；邮电通讯建设在重点发展城市自动电话和程控电话的同时，开始向以光缆、微波、卫星地面站为主要传输手段的长途通讯干线网络建设迈进。

二是商业、公用事业、文教卫生、广播电视、房地产业和金融保险等投资大幅度增长。国有单位用于商业饮食、物资供销仓储业投资5.99亿元，比上年增长1.2倍；房地产管理公用事业和居民服务业投资3.62亿元，比上年增长81%；文教卫生社会福利和广播电视事业投资3.54亿元，比上年增长55.3%；金融保险业投资1.35亿元，比上年增长45.2%；商品房建设投资4.21亿元，比上年增长近1倍。进一步加快了市场设施、社会化服务体系，文教卫生广播电视、金融保险和房地产业建设步伐。

3. 技术改造投资重点向调整产业结构，增加产品品种，提高产品质量，节能降耗和国营大中型企业倾斜。国有单位技术改造投资在继续向能源、运输邮电产业倾斜的同时，适应市场变化，增加了适销对路产品的投资，其中：建材工业投资1.93亿元，比上年增长1.7倍；钢铁工业3.92亿元，增长近1倍；有色金属工业1.17亿元，增长45.1%；机械工业1.84亿元，增长39.4%；食品饮料2.37亿元，增长28.3%，加快了产业结构的调整步伐。

国有工业企业技术改造投资中用于增加产品品种和提高产品质量的投资4.79亿元，在上年增长较快的基础上又增长27.1%；节约能源投资2.08亿元，比上年增长2.4倍，投资比重提高了5个百分点；国有大中型工业企业技术改造步伐明显加快，全年完成更新改造投资10.8亿元，比上年增长22.6%，占全区工业企业更新改造投资总额的55%。

4. 非生产性建设投资比重上升，增长速度快于生产性建设投资。国有单位用于生产性建设投资93.96亿元，比上年增长49.7%，投资比重降为76%；非生产性建设投资29.65亿元，比上年增长57.1%，投资比重为24%，提高1个百分点。其中住宅投资14.88亿元，比上年增长53.4%，正在逐步改变近几年生产性建设投资比重偏高，非生产性建设投资比重下降的状况，使投资建设中“骨头”与“肉”的关系得到合理调整。

（三）重点建设进一步加强

1992年，国家和自治区为加速内蒙古资源优势向经济优势的转变，进一步加强以能源、原材料工业和交通运输为主的重点项目建设，安排的重点项目增多，建设规模及当年完成投资额也是空前的。

1. 投资大幅度增长，工程进展顺利。1992年是内蒙古重点项目投资最多的一年，全年在建重点项目63个，比上年增加5个。重点项目在建总规模达461亿元，占国有单位在建总规模的76.5%。重点项目全年完成固定资产投资63.85亿元，比上年增长43.4%，占国有单位固定资产投资总额的54.4%。其中，在建的44个基本建设大中型项目完成投资60.26亿元，比上年增长41.1%，在建的19个限额以上更新改造项目完成投资3.59亿元，比上年增长1倍多。

2. 能源、交通项目建设形势喜人。举世瞩目的准格尔、霍林河、伊敏煤电联营、元宝山四大露天煤矿和华能东胜煤田建设进度加快。其中全国最大的集煤、电、运于一体的集团项目——准格尔煤田一期工程取得突破性进展，当年完成投资13.89亿元。作为准格尔项目主体工程的黑岱沟露天矿已完成90%以上的剥离工程，年设计能力1200万吨的亚洲最大洗煤厂完成投资过半，坑口电厂一号机组已并网发电，丰准电气化铁路正线辅轨178公里。神府东胜煤田年内又增加原煤开采能力30万吨。电力工业又有4个大中型电厂相继开工，分别是亚洲最大的火力发电厂装机总容量500万千瓦的达拉特电厂一期工程、装机容量120万千瓦的元宝山电厂三期扩建工程、内蒙古首家股份制电厂装机容量50万千瓦的海勃湾电厂和装机容量3.7万千瓦的锡林浩特二电厂。石油工业二连油田在已建成100万吨原油开采能力的基础上又加紧投资建设96万吨扩建工程，呼和浩特炼油厂仅用两年时间就建成年处理100万吨原油的一期工程。交通运输全国最长的地方铁路——集通铁路已完成正线铺轨755公里，完成全长的80%。滨洲复线累计完成投资总额的80%以上，包兰线技改工程已全部完成。

（四）建设成就显著

1992年，内蒙古大规模的开发建设掀起新的高潮，开发资源优势和改变“瓶颈”制约的建设同步推进，国家投资大幅度增长，建设规模和当年完成投资均是自治区成立以来最多的一年，固定资产投资取得显著效果。全年全社会新增固定资产112.06亿元，比上年增长52.2%，固定资产交付使用率由73.6%提高到75%。其中，国有单位建成投资项目2364个，比上年多投356个；新增固定资产86.66亿元，固定资产交付使率由65.6%上升以70.1%；全年竣工房屋面积582.8万平方米，房屋面积竣工率高达70%。

1992年，内蒙古投资建设领域取得的主要成就有：能源工业新增原煤开采890吨，洗煤7.5万吨，焦炭6万吨；发电机组容量42.58万千瓦；原油开采19.7万吨；石油加工：蒸馏设备100万吨、裂化设备60万吨、加氢精制设备52万吨；原材料工业新增铁矿开采20万吨、炼钢2.6万吨、钢材4.7万吨、铝加工3000吨、水泥36万吨、木材采运10万立方米、硫酸2万吨、烧碱6万吨、纯碱5万吨；化学肥料新增氮肥2万吨；轻纺工业新增棉纺1.6万锭，机制糖4500吨，饮料酒1.8万吨，鞣制皮革30万张，皮鞋45万双，服装51万件；运输邮电新建公路378公里，改建公路359.7公里，新建独立公路桥梁48座，新建民航机场跑道3条，候机楼1座，新建微波电路451公里，新增市内电话自动交换机7.8万门，长途电话自动交换设备2645路端；商业服务新增网点282处，营业面积44万平方米，宾馆招待所新增客房897间；文教卫生新增中等学校学生席位3.3万个，小学校学生席位2.9万个，公共图书馆新增藏书量30万册，医院病床1388张；城市建设新增自来水能力9.9万吨，城市供热能力：蒸汽56吨/小时，热水18兆瓦/小时，城市道路扩建长度43公里。

（五）投资建设的主要经验和问题

1. 内蒙古的投资建设是根据国家的总体部署，以资源优势为依托，大力发展煤电两大先导产业，加快以电促煤的建设步伐，尤其是突出煤——电——路——线的同步建设。加速资源优势向经济优势的转化，继续强化钢铁、有色金属、建材、森工、机械和轻纺等支柱产业的投资建设。通过能源、原材料的开发，积极改善运输通讯条件。

2. 下大力气改善内蒙古的投资环境，多渠道吸引建设资金。在重点改善内蒙古交通不便、通讯落后、信息不灵等投资硬环境的同时，抓紧投资软环境建设，自治区及各地区根据中央有关精神，制定并实施了一系列符合内蒙古实际的优惠政策，采取多种办法和渠道吸引和利用国内外投资，加快内蒙古经济的发展。

3. 技术改造投资主要向增加产量，提高质量，增加品种，节能降耗和扩大出口创汇倾斜。内蒙古始终把大中型工业企业技术改造摆到突出地位，同时注意发展技术含量高，附加值高的项目，应用先进技术装备改造内蒙古传统产业和现有企业，推进工业化和现代化进程。

4. 齐心协力提供优质、高效服务，确保国家重点建设项目顺利完成。在保证重点项目建设同时，继续做好地质矿产和水资源的勘查工作，搞好可行性研究，积极争取国家再上一批重点工程。

5. 加快两大中心城市（呼和浩特和包头市）、两个国务院批准的经济体制改革实验区（乌海市和呼伦贝尔盟），以及两个全国最大的陆路口岸（满洲里市和二连浩特市）的投资建设步伐，形成以重点城市和地区为中心的各具特色的经济辐射区和对外开放区，以此来带动内蒙古“北开南联、双向推进”的经济发展，从整体上增强内蒙古经济实力和加快对外开放的步伐。

6. 加强地方宏观调控作用。深化投资体制改革，加强产业政策的导向作用，提高自治区财力用于固定资产的比重，做好建设资金的统筹安排，保证重点建设，推进产业结构和产品结构的优化，提高投资效益。

1992年，内蒙古投资建设存在的主要问题：

1. 农业投资减少，比重下降。进一步加大对农牧业固定资产投入，从根本上摆脱内蒙古农牧业靠天吃饭的传统，是建设高产、优质、高效农牧业的重要保证。

2. 技术改造投资比重偏低，占固定资产投资总额的比重低于全国平均水平7个百分点，占全国投资总量不足2%，因此，必须加大技术改造投资力度，为实现内蒙古经济再上新台阶积蓄后劲。

3. 从严审批新开工项目，控制一些低水平重复建设、不符合产业政策和资金不到位项目的开工，集中财力、物力确保重点建设项目按期建成投产。

4. 加快投资体制改革，逐步建立适应社会主义市场经济的投资约束机制，切实解决目前一些地方和企业只管争投资上项目，不考虑投资有无效益，效益高低的问题。

（史润林）

表3－5　1992年开工的主要地方项目　单位：百万元

项目名称	总投资额	当年投资额	计划竣工日期（年、月）	新增生产能力
内蒙古乌海市焦化厂	70.84	38.08	1993	焦炭20万吨/年
内蒙古海勃湾电力股份有限公司	540.00	19.32	1994	火力发电20万千瓦
锡林浩特二电厂	63.62	28.00	1993	火力发电3—7万千瓦
赤峰冶炼厂锌冶炼	200.00	22.20	1994	锌冶炼2.1万吨/年
包头市奶酪厂	46.90	14.87		其他乳制品1500吨/年
立达国际商场	100.00	4.30	1994	建筑面积3.9万平方米
包头自来水公司画匠营子水源地	210.00	5.00		自来水供水能力70万吨/日
通辽玻璃厂浮法生产线节能技术改造	76.50	74.06	1993	平板玻璃81万重量箱/年
赤峰市啤酒厂扩建	34.00	0.30		啤酒1.5万吨/年

表3－6　1992年竣工的主要地方项目　单位：百万元

项目名称	总投资额	当年投资额	项目开工日期（年、月）	新增生产能力
包头铝厂铝加工分厂	43.58	2.53	1988	铝加工3000吨/年
内蒙古查干诺尔碱矿	323.14	82.74	1971	烧碱5万吨、纯碱5万吨、天然碱50万吨

续表

项目名称	总投资额	当年投资额	计划竣工日期（年、月）	新增生产能力
牙克石热电厂扩建工程	60.74	21.68	1987	火力发电 2.1万千瓦
丰镇一呼市送变电工程	36.60	26.97	1990	输电线路长度（11万伏及以上）150公里
准格尔送变电工程	25.51	18.51	1991	变电设备能力（11万伏及以上）6.3万千伏安
乌兰浩特钢铁厂技改	65.00	0.12	1988	炼铁7万吨、转炉炼钢6万吨、初轧12万吨，热轧4万吨
内蒙乌拉山化肥厂尿素合成铵改造	39.41	0.97	1988	尿素18000吨/年
内蒙古宁城磷肥厂改造	48.82	7.13	1989	磷酸铵3万吨/年，硫酸4万吨/年

二、1992年内蒙古利用外资投资建设基本情况

内蒙古对外开放有着得天独厚的优势，不仅有二连、满洲里两个边境城市，还有与俄、蒙接壤的4200公里边境线、18个边境旗县，全区进一步对外开放、吸引外资具有良好的自然条件。随着改革开放的深入进行以及投资环境的逐步改善，内蒙古对外商投资的吸引力不断加强，三资企业发展很快，使全区引进外资进入新的发展时期。

（一）投资格局发生了新变化

进入90年代，我国进入了改革开放的新阶段，1992年进一步实行全方位开放，新开辟内陆所有省会、沿长江五个城市、沿边境13个城市为开放区，享受沿海开放城市的优惠政策。

内蒙古抓住这一有利时机迅速行动，果断提出“管理上放权，政策上放宽，经营上放开，试验中放胆”，先后制定了25项对外开放的政策措施和外商投资的8条优惠政策，将沿边18个旗县全部对外开放，与蒙古、独联体的通商口岸和过货点由原来的2个增加到13个，形成一个沿边开放带，作为全区对外开放的前沿阵地。铁路干线周围选择呼和浩特、包头、乌海、赤峰、通辽、集宁等一批重点城市，建设出口加工生产基地，兴办高科技和经济技术开发区，广泛吸引国内外资金、技术、人才，逐步形成一个沿线经济技术开发带，成为对外开放的依托力量，为全区的经济发展充当“龙头”。在农牧林水和矿产资源富集的地区，加速资源开发和转换，建成若干个各具特色的资源开发区，从而逐步形成了内蒙古的对外开放的战略布局。

以满洲里和二连浩特为中心两个陆地口岸同独联体、美国、法国、日本、港澳台等23个国家和地区建立了贸易关系，客户总数达400多家。开发建设是以建立高新技术开发区为主，正在建设的有如意、金川、金河和国务院批准的包头稀土四个高新技术开发区。截止到1992年底，如意和包头稀土两个高新技术开发区已分别投入资金2800万元和780万元，如意高新技术开发区完成了首开区0.52平方公里的道路、给排水、供热、工业蒸汽、电信基础设施建设工程，并已形成供电7000千瓦，供热60000平方米，日供水2500吨的综合配套能力，建成1100平方米办公楼，完成了总面积1.45万平方米标准厂房主体结构和部分装修工程，引进项目52个，资金2.5亿元。其中：中外合资企业14家，外国独资企业1家，涉及到的主要行业有电子、服装、机械、科技服务等，基本上是高起点、高科技、高速度、高效益的产业结构布局。海拉尔、平庄、通辽等经济技术开发区，也正在加紧基础设施建设，吸引着国内外客商和资金，成为内蒙古的投资热点。

（二）吸引外商投资有了突破性进展

投资政策的优惠，投资环境的改善，促进了内蒙古引进外商投资步伐的进一步加快。

1992年全区固定资产投资引进外资金额共达21.78亿元，比上年增长68.4%，比1986—1990年五年

利用外资总额增长56.7%，达到历史最高水平。其中：国有单位利用外资21.76亿元，国家统建统还15.28亿元，占70.2%。

1992年，内蒙古新批准利用外资项目299项，合同金额4.53亿美元，比上年增长232.8%。其中，对外借款合同金额2.74亿美元，比上年增长178%；实际利用外资金额为8997万美元，比上年增长3.7倍。全区"三资"企业已由1989年的27家增加到391家，仅1992年新签"三资"企业达276家，协议外资额为1.61亿美元，比上年增长4.6倍，比1985年—1991年六年"三资"企业协议外资额增加4522万美元。其中，合资和合作经营企业分别占75.6%和22.2%。外资渠道也不断扩大，过去仅限于港澳台地区，如今扩展到美、英、法、日、加拿大、新加坡、荷兰、蒙古、独联体等国家。外商投资领域日益广泛，产品技术、质量档次不断提高，一些企业引进外资后大幅度追加投资，扩大了规模，焕发了勃勃生机。

（三）外资投向趋于合理

内蒙古在吸引外商投资的同时，注重外资的合理投向。

首先，引导外资投向基础产业，使引进的外资有力地推动了能源、化工、冶金、建材、轻纺、电子和农业等基础产业的建设和发展，加快了全区大中型重点项目的建设步伐。1992年内蒙古利用外资20.98亿元进行基本建设，占当年全区引进外资的96.3%，比上年增8.21亿元，增长64.3%。其中96.8%用于大中型重点建设项目，主要有准格尔煤田利用外资9.52亿元、河套灌区4200万元、集（宁）通（辽）铁路2亿元、吉兰太碱厂7100万元等。

其次，引导外资投向企业技术改造。为缓解自治区技改资金短缺的矛盾，把国外的资金、先进技术和管理及时引进来，内蒙古继续大力发展合资、合作、租赁和"三来一补"等利用外资形式。1992年更新改造安排利用外资项目39项，外资额2.68亿元，实际利用外资7105万元，比上年增长4倍，占"七五"时期利用外资总额的77.8%。其中，用于限额以上技术改造项目的外资达3298万元，占46.4%。我区第一个引进项目伊盟羊绒衫厂，1992年总投资1200万元和86万美元，目前已形成年产无毛绒500吨，羊绒衫60万件的生产能力，成为亚洲最大的山羊绒制品加工企业之一。

再次，引导外资投向乡镇企业和房地产业，1992年全区城镇和农村集体企业引进外资300多万元。鼓励外资用于房地产等基础设施的建设，1992年商品房建设利用外资700万元。

（四）外商投资企业的经济和社会效益显著

1992年内蒙古外商投资企业进出口总额再创最好水平。"三资"企业进出口总额达3236万美元，占全区贸易进出口总额的3.5%。其中，出口2503万美元，比上年增长68.7%，占全区出口总额的4.3%，比上年提高0.7个百分点；进口733万美元，占全部进口总额的2.1%，也比上年有所提高。

1992年以外商投资企业为主的涉外税收达183万美元，比上年增长30.4%。

已开业的"三资"企业填补了一些行业的空白，促进了内蒙古企业技术更新，产品升级换代，缩短了与国际、国内先进水平的差距，提高了产品质量，开发了名优适销对路的新产品，优化了产品结构，使企业竞争能力增强，经济效益提高。1983—1990年，仅通过技术引进全区累计开发新产品1000余种，近300多种产品填补了我区空白。引进项目中生产产品的原辅材料国产化率已达90%，组装产品的国产化率可达85%以上。

外商投资不但给内蒙古带来资金和先进的技术，而且带来了按市场经济规律运营的经营管理方式，进一步推动了全区企业经营机制的转换。

（五）投资环境进一步改善

改革开放以来，内蒙古投资环境得到进一步改善：一是随着改革的不断深入，处在西部沿边地带的内蒙古，其资源优势正好与国家对农业、能源、交通、原材料等重点产业实行倾斜的发展方向相一致，这不仅为内蒙古的经济发展创造了最现实的机遇，也为国内外客商来内蒙古投资办企业提供了难得的机会；二是内蒙古为民族区域自治地区，具有比其它省市相对优惠的特殊政策和灵活措施。1992年又发布了五条比沿海开放区更为优惠的政策，为简化对外开放审批程序，提高办事效率，自治区还对各盟市下放了十二项权力；三是有适合改革开放的新一轮正在建设的基础设施。贯通内蒙古东西部的全国最长的地方铁路集通线正在加紧施工，已累计完成投资9.73亿元，正线铺轨已达755公里，全线将于1993年开通。大包复线也已交付运营。滨洲复线正在建设中，新建铁路复线交付运营里程249.2公里。资源开发区主要运输干线丰准电气化铁路已进入建设高潮阶段，目前，全区铁路通车里程已达5034公里。全区公路网基本沟通广大城镇和农村牧区，1992年又新建公路377.99公里，改建359.72公里。民用航空事业近几年发展很快，先后完成了呼和浩特市白塔、海拉尔东山、包头、赤峰等机场的改建和锡林浩特机场的迁建工程，开辟了呼和浩特市至北京、广州、上海、西安等区内外城市共35条航线，年客运10万多人次，还开通了呼和浩特至乌兰巴托国际航线。邮电通讯条件良好，1992年全区用于邮电通讯业投资3.5亿元，共150多个项目，到年底全区又有3个盟市、18个旗县进入全国自动交换网，使进入全国自动网的盟市累计达到10个，旗县累计达26个，年内新增市内电话自动交换机78110门，长途自动电话交换设备2645路端，主要城市已开通国际电传、图文传真、长途直拨等业务。此外边境经济合作区的国贸大厦、文化大楼、联检大楼、宾馆等配套设施拔地而起。

内蒙古吸收外资、外商直接投资已进入新的发展时期，如何进行引导和调控使其继续健康发展，今后还要着重处理好下列问题：

1. 必须搞好项目可行性论证。引进利用外资项目做到科学慎密，有利于调整产业产品结构，注意项目的质量，克服盲目引进的倾向。

2. 以优化产业结构为中心目标，采取有效措施积极引导外资投向，根据内蒙古的实际情况，采取相应的优惠政策，优先发展能源、交通通讯和短缺的原材料工业，特别应注重与此有关的加工工业的配置，并使全区的主导工业技术水平发展到领先地位。重点投向先进技术型企业和产品出口型企业以及替代进口项目建设。

3. 吸收部分外资继续用于改善投资环境，同时利用外资也不能只停留在借款上，应调整利用外资的结构，提高直接投资的比重。

4. 加快对中方管理人员的培训工作，提高管理人员的业务素质和管理水平，注重吸收消化一切有效的管理措施，管理方法，提高外资企业经济效益。

（包利军）

三、1992 年内蒙古交通邮电业投资建设基本情况

（一）交通运输建设步伐加快

1992 年，全区国有单位和城镇集体单位用于交通运输业的固定资产投资 17.32 亿元，比上年增长 28.1%，占“七五”时期交通运输累计投资的 59.5%。其中，基本建设投资 14.05 亿元，比上年增长 13.9%；更新改造投资 2.70 亿元，比上年增长 24.4%。由于全区固定资产投资的大幅度增长，从而使全区全社会客货运输量各项指标均比上年增长，全年各种运输工具完成货运量 2.92 亿吨，比上年增长 13.4%；客运量完成 9506 万元，比上年增长 3.9%；货物周转量完成 655.9 亿吨公里，比上年增长 7.3%；旅客周转量完成 113.6 亿人公里，比上年增长 8.3%。其主要做法和成就如下。

1. 努力争取国家支持，充分发挥地方积极性，在加快现有铁路干线改扩建的同时，发展地方铁路和电气化铁路。1992 年全区用于铁路的固定资产投资达 13.83 亿元，比 1990 年增长 67.8%，占“七五”时期铁路累计投资的 37.8%。其中，基本建设投资 11.48 亿元，更新改造投资 2.34 亿元，均比上年有较大增长。铁路的建设继续向复线和电气化方向发展，同时对原有铁路进行较大规模的技术改造，重点进行了大包复线、滨洲复线、集通线、丰准线的基本建设。

历时 12 年的滨洲复线建设工程，1992 年投资 1.11 亿元，累计完成投资 7.64 亿元，累计新增固定资产 6.98 亿元，新增铁路第二线交付运营里程 249.2 公里。其中 1992 年新增第二线交付运营里程 58.1 公里；被称之为全国最长的地方铁路集通铁路，全长 943 公里，计划总投资 18.06 亿元，自 1990 年开工以来，已累计完成投资 9.23 亿元，1992 年完成投资 4.39 亿元，正线辅轨即将完成，正在进行全线贯通的准备工作。丰准铁路的建设标志着内蒙古境内电气化铁路的诞生，该项目是准格尔煤田煤炭外运的主要通道，正线全长 178.72 公里，计划总投资 13.07 亿元，已累计完成投资 10.76 亿元，其中 1992 年投资 4.41 亿元。此外，现有铁路的技术改造也取得重大进展，包（头）兰（州）铁路、包（头）白（城）铁路的技术改造步伐加快运输能力得到较大提高。

截止到 1992 年底，全区铁路通车里程已达 5034 公里，比上年增加 58.1 公里；货运量达到 7198 万吨，客运量达到 2801 万人次，旅客周转量 69.24 亿人公里、货物周转量 515.14 亿吨公里，分别比上年增长 9.2%、14.18%、2.46%、2%。铁路系统拥有机车 661 台，拥有客车 1473 辆，新增加货车 45 辆。

2. 重要干线公路、断头路段以及通往口岸公路的建设步伐加快。1992 年，内蒙古用于公路建设的固定资产投资达 2.84 亿元（指国有单位和城镇集体单位），比 1990 年增长 219.1%，占“七五”时期投资比重的 51.8%。

截止 1992 年底，自治区公路通车里程已达到 4.37 万公里，比上年末延长 308 公里。其中，有路面公路 3.39 万公里，比上年末延长 450 公里。年内新建改建等级公路 810 公里，其中，改造公路 360 公里，新建公路 378 公里，新建改建公路桥梁 136 座，新建独立公路桥梁 2793 延长米。根据抽样调查资料推算，1992 年社会公路货运量完成 21928 万吨，货物周转量完成 137.56 亿吨公里，分别比上年增长 17.56%和 33.64%。全社会公路客运量完成 7567 万人，旅客周转量完成 4026 亿人公里，分别比上年增长 15.65%和 0.52%。另外公路运输部门还对现有运输方式进行改进。积极调整车型结构，增加吨位货车，发展集装箱和短途运输，扩大联合运输能力等，年内通过固定资产投资新购置汽挂车 903 辆，其中载货汽车 375 辆。

3. 继续改造和扩建现有机场，筹建新机场，增加航线和航班。1992 年，民航系统完成固定资产投资 0.64 亿元，比 1990 年增长 5.8 倍，接近“七五”时期民航系统全部投资。自治区机场和海拉尔东山机场，经过扩建和改建已能够起降中型客机；年内锡林浩特机场迁建完工后，已投入运营，新增机场跑道 1 条；乌兰浩特、通辽机场对现有设施进行了改造，对原有土跑道进行了硬化，各新增跑道一条；新建候机楼 1 座共 2260 平方米；对包头、赤峰机场现有设施进行了配套建设，为乌海机场满洲里机场新建做准备。全区民航飞机拥有量达到 20 架，新开辟了北京到乌兰巴托，呼和浩特到乌兰巴托两条国际航线，通航里程 2.25 万公里，客运量 37.8 万人次。大大拓宽了内蒙古对外开放的空中

通道。

（二）邮电通讯事业飞速发展

1992年，内蒙古邮电通讯业完成固定资产投资2.5亿元，比上年增长168.7%，其中，基本建设投资1.06亿元，更新改造投资1.41亿元，分别比1990年增加1.94倍、3.7倍，占“七五”时期基本建设投资的72.1%，更新改造投资的151.6%。重点投资建设了呼和浩特邮政枢纽工程，新增长途程控交换机2000线，市话程控交换机18000门；包头市邮件处理中心；海拉尔至呼和浩特卫星长途通信工程；乌兰浩特至白城34MB数字微波工程；海拉尔卫星地面站扩容工程；赤峰市市话程控交换机1600门等工程。邮电通讯能力显著增加，1992年，全区新增市内电话自动交换机78110门，比上年增长195.6%。长话业务电路总数已达3191路，比上年增长35.8%，其中，光缆电路达611路，比上年增长74.1%，卫星电路208路，比上年增长1.74倍。新开通微波电路60路451公里。自治区长途自动交换机容量达到5342路端，年内新增2645路端，分别比上年增长137.5%、11.54倍。其中，程控交换机容量3440路端，比上年增长27.2%。农话交换机容量达85万门，比上年增长10.2%。1992年自治区有11个盟市局开办了无线寻呼业务，净增用户4447户，达到8246户，净增移动电话用户566户，达到636户。今后我区的邮电通讯业将继续重点发展城市自动电话和程控电话，大力发展光缆、数字微波和卫星地面站的传输手段，实现长途通讯干线网络化，逐步实现盟市所在地国际国内长途直拨和旗县所在地国内长话直拨，邮政通信向自动化发展。

内蒙古交通邮电事业的迅速发展和逐步改善，将对自治区经济发展，对外开放拓宽信息起到积极作用，是进一步激活市场经济的要素，是自治区经济建设能否向更高层次高速度协调发展的导向。由于长期以来，自治区基础建设较为薄弱，因而交通运输滞后于经济发展，制约着市场的需求，如公路线路少、等级差；铁路严重存在“瓶颈”制约；邮电通讯业还不能满足瞬息万变的市场经济等问题，都是亟待需要逐步解决的问题。

（郭晓玲）

四、1992年内蒙古能源工业投资建设基本情况

党的十一届三中全会以来，随着改革、开放的不断深入，内蒙古能源工业得到迅猛发展。从投资情况看，“六五”时期国有单位用于能源工业的固定资产投资46.4亿元，“七五”时期为84.9亿元，比“六五”增长83%。进入“八五”时期以来，在国家统筹安排下，内蒙古进一步调动各方面的积极性，多方筹集资金，加快了对能源工业的开发建设步伐。“八五”前两年，对能源工业的固定资产投资达80.2亿元，接近整个“七五”时期能源工业投资总额。

1992年，内蒙古国有单位用于能源工业的固定资产投资达48.8亿元，比上年增长55.2%，占国有单位固定资产投资总额的39.5%。其中基本建设投资44.1亿元，占90.5%，比上年增长60.6%，占“七五”时期能源基本建设投资总和的64.9%，一年相当于改革前29年能源工业基本建设投资的1.6倍，占同期基本建设投资总额的比重也由改革前29年平均的16.9%，上升到1992年的48.3%。从隶属关系看，内蒙古能源工业建设以中央项目投资建设为主，地方项目投资建设为辅。1992年，全区施工的能源工业项目263个，在建总规模255.2亿元，其中，中央在我区建设的能源工业项目86个，建设规模达224.2亿元，占能源工业投资总规模的87.9%，当年完成投资40.9亿元，占83.9%；地方项目177个，在建规模31亿元，年度完成投资7.9亿元，占16.1%。中央项目平均在建总规模比地方项目高出2.4亿元，能源工业项目平均在建规模比其它项目高出近亿元，说明能源项目投资大，建设周期长，大部分都是重点建设项目。从能源工业投资资金来看，国家能源投资公司向我区能源项目拨贷款21亿元，其中利用外资占5.71%；国家能源部拨贷款13.6亿元，其中国内贷款和煤代油资金分别占42.7%和29.8%；中国石油天燃气总公司拨贷款4.1亿元，另外通过其它渠道筹集资金达10亿元以上，这些资金的落实，有力地推动了我区能源工业的建设。

（一）煤炭工业建设新增生产能力890万吨

1992年，国有单位煤炭工业总投资25.6亿元，占同期能源工业投资的52.4%，比上年增长38.4%。其中基本建设投资22.6亿元，占88.3%，比上年增长43.4%，占“七五”时期煤炭工业基本建设投资的64.8%，比改革前29年煤炭工业基本建设累计投资增长48.9%。占同期基本建设投资总额的比重也由9.4%上升到24.8%。在对煤炭工业进行大规模基本建设的同时，原有煤矿的技术改造进一步加强。1992年，全区煤炭工业完成技术改造投资2.6亿元，比上年增长13.4%，为“七五”时期煤炭工业技术改造投资总额的38.8%。与此同时，利用矿山开拓延伸资金完成的投资也有较大幅度增长，大大增强了原有煤矿的生机和后劲。

1992年，全区施工的大中型煤炭基本建设项目共有八个，其中，国家在“七五”期间计划开采的五大露天煤矿到“八五”时期已进入全面建设阶段，这些项目当年完成基本建设投资17.5亿元，占煤炭基本建设投资总额的77.3%，是煤炭建设的重点工程。标志着内蒙古煤炭建设重点西移的两大露天煤矿伊盟准格尔和东胜两大煤田，在本年度工程有突破性进展，全年完成基本建设投资9.9亿元（准格尔煤田为煤矿建设部分投资数），占当年煤炭大中

型项目的56.6%。准格尔煤田黑岱沟露天矿到本年底已完成剥离工程的93.8%，可望在1993年建成年产1200万吨的设计采煤能力。东胜煤田现已建成年产90万吨的生产能力，目前正在向年产780万吨的设计能力迈进。到1992年底，八个煤炭大中型项目累计完成投资95.5亿元，占计划总投资的82.6%，已有相当一部分单项工程投产，成为全区煤炭生产的骨干企业。

1992年，由于煤炭建设步伐的加快，资金的及时到位，投资效果明显。全区新增原煤开采能力890万吨，比上年增加484万吨，比整个“七五”时期新增原煤开采能力还多20万吨。在新增的煤炭生产能力中，大中型项目占82%，这些项目新增固定资产3.8亿元。投产的单项工程有：霍林河矿区年产700万吨南露天矿，神府东胜煤田30万吨，进而使我区煤炭产量由1978年的年产2194万吨增加到1992年的5038万吨，大大增强了内蒙古煤炭工业的发展后劲。

（二）电力工业建设又现高潮，新增发电机组42.6万千瓦。

1992年，内蒙古国有单位用于电力工业的固定资产投资达15.5亿元，比投资较多的1991年增长96.2%，占能源工业投资的31.8%。其中基本建设投资14亿元，占90.3%，比上年增长一倍多，占“七五”时期电力工业基本建设投资的46.5%，一年比改革前29年用于电力工业基本建设投资总额还多16.3%，占同期基本建设投资总额的比重也由7.5%上升到15.3%。扭转了电力工业建设滞后于煤炭工业的局面，基本形成了与煤炭工业投资同步增长的趋势。电力工业更新改造和其它措施投资1.5亿元，也有较大幅度的增长。

1992年，全区施工的10个电力工业大中型项目，计划总投资83.2亿元，累计完成计划总投资的39.6%，当年完成基本建设投资11.6亿元，占同期电力工业基本建设投资的82.9%，本年新增固定资产8.7亿元，年度固定资产交付使用率达75.5%。1992年又有4个大中型电厂开工建设，标志着内蒙古电力建设又进入一个新的高潮。这些电厂分别是装机容量为4台33万千瓦的亚洲最大的火力发电厂达拉特电厂一期工程、装机容量120万千瓦的元宝山电厂三期工程、装机容量为50万千瓦的区内首家股分制电力企业海勃湾电厂和装机容量为3.7万千瓦的锡盟二电厂。1992年的电力建设项目开工之多、装机容量之大，在内蒙古历史上尚属首次。

1992年，全区新增发电机组容量42.6万千瓦，比上年多增装机容量38.3万千瓦，比改革前的1978年增长3.1倍，大大高于同期煤炭开采能力的增长幅度，煤——电的转化速度进一步加快。年发电量也由1978年的37.8亿度增加到1992年的222.3亿度，14年净增加180多亿度。与此同时，输电线路、变电设备（均为11万伏以上）也有很大发展，1992年架设输电线路620多公里，安装变电设备21.2万千伏安。此外，还有分布在全区广大农村，牧区的农电线路，小型变电设备等。

在新增的发电机组容量中，大中型项目占84.3%，这些项目新增的固定资产达11.7亿元，投产的发电机组主要有：内蒙古丰镇电厂3号机组20万千瓦、准格尔煤田坑口电厂一期工程10万千瓦、牙克石汇流河电厂5万千瓦。还有内蒙古送变电的丰镇——呼市线路、准格尔送变电、海拉尔变电站、薛家湾——沙圪堵送变电、拉布达林——黑山头送变电和凉城送变电等工程也相继建成投入使用，为自治区国民经济正常运行，人民生活水平逐步提高，打下坚实基础。随着今年丰镇电厂3号20万千瓦机组和汇流河电厂一台5万千瓦机组投产发电，以及“八五”后三年和“九五”期间新上和扩建的大中型电力工业项目的建成投产，东北、华北地区用电紧张状况将会得到彻底改善。

（三）石油工业稳步发展，新增原油开采能力19.7万吨

内蒙古石油工业自1991年以来该项工程已累计投资6.4亿元，其中1992年投资4.1亿元，新增固定资产3.5亿元，本年新增原油开采能力19.7万吨。与该项目配套建设的位于呼和浩特市南郊的100万吨炼油厂工程，自1990年开工以来，累计完成投资6亿元，占计划总投资的95.8%，其中1992年完成投资2.8亿元，通过本年度建设该项目已接近尾声，主要生产能力蒸馏设备、裂化设备、加氢精制设备均已形成，1993年即可正式竣工投产，结束了内蒙古没有炼油企业的历史。

（四）内蒙古能源工业建设的主要经验与问题

内蒙古能源工业建设起源于煤炭和电力工业，建国初期的建设规模较小，较大规模的建设从70年代初开始，从东部大雁煤田开工建设至今，已经形成了煤炭、电力、石油等遍布全区较齐全的能源工业体系。20多年能源工业建设的实践证明，有成功的经验，也存在不利条件和问题。

首先，煤质差不能够持续发展。内蒙古较早建设的东部煤田大雁、伊敏两大煤田，自70年代开工建设以来，大雁形成设计规模的一半，伊敏只形成设计规模年产2000万吨的100万吨，其主要原因是煤质差，前景不乐观，曾被国家计委在未完成设计建设规模的情况下列为收尾项目。

其次，煤炭向电力转化不够，制约能源工业全面发展。煤炭的消耗途径有两种方式，一是成煤外运，二是转化为电力向外输送，可见电力工业的发展将是促进煤炭工业发展的重要途径。尽管近两年内蒙古电力建设势头强劲，但远不及煤炭发展对电力的要求。

第三，交通紧张制约煤炭的开发。随着经济的搞活，铁路、公路货运量逐年加大，煤炭作为货运大户

对交通的需求尤为突出，内蒙古目前建设的集通铁路、丰准电汽化铁路等项目其重要使命就是煤炭外运。

第四，资金紧张，不能确保重点能源项目的顺利进行。由于资金不能及时到位影响工程进度，影响年度计划任务的完成，直至项目整个设计建设工期的推迟，这种例子在内蒙古能源建设中屡见不鲜。

第五，能源产品价格偏低，不能形成能源建设的良性循环。能源开发投资大，而产出产品价格偏低，严重影响能源的再投资、再开发。

第六，煤电路建设齐头并进是内蒙古能源工业建设的总体模式。由于内蒙古基础设施条件较差，要使现有的能源尽快得到开发利用，围绕煤炭消化的两条途径，走出一条煤电路建设同步进行，协调发展的能源建设模式，准格尔煤炭工业公司就是一个值得效仿的煤电路一体化建设的典范。

（刚布和）

山西省

1992年山西省投资建设基本情况

（一）山西省投资建设的状况及特点

1. 固定资产投资稳步增长，投资规模可观。1992年全省全社会固定资产投资达172.79亿元，比上年增加23.27亿元，增长15.6%，其中，基本建设投资额为95.38亿元，比上年增加19.6亿元，增长25.8%，在全部投资中占67.4%，基本建设投资增长速度为1991年的125.8%。更新改造投资为37.17亿元，比上年增长22.3%，1992年更新改造投资增长速度为1991年的122.3%。

2. 国有单位投资占主导地位。1992年山西省国有单位投资仍占绝对优势，全年完成投资141.6亿元，比上年净增29.01亿元，增长25.8%，占全社会投资总额的比重由上年的75.3%上升为82%。集体单位完成投资15.82亿元，比上年增长16.7%，其中城镇集体单位投资完成3.97亿元，比上年增长28.6%；农村集体价值在200元以上的固定资产投资完成11.85亿元，比上年增长12.8%；农村集体投资中5万元以上的项目投资9.93亿元，比上年增长8.8%。城乡个人完成投资15.37亿元，比去年下降34.3%，其特点是国有单位投资速度高于集体，集体又高于个人。

3. 在建总规模与投资同步增长。1992年全省国有单位基本建设和更改项目共有3702个，全部建成实际需要总投资681.8亿元，比上年在建总规模增长28.6%，以当年投资额计算的建设周期为5年零1个月，与上年大体持平。从新开工项目看，基建和更改项目1931个，比上年增加200个，其中：基本建设项目减少26个，更新改造项目增加226个。1992年全省的投资使用较为集中，全部基建和更改新开工项目的计划总投资比上年增长20%，平均每个项目计划总投资由上年的1414万元提高到1724万元。前些年那种项目小型化、投资分散化的现象有年改善。

4. 产业结构分布合理，投向进一步向能源、建材基础产业倾斜。1992年全省加大改革力度，调整和优化产业结构，取得明显效果。第一产业（农林牧渔水利）完成投资7.17亿元，为历史上最高年份，比上年增长1.3%；第二产业（工业、建筑业）完成投资107.9亿元，比上年增长14.8%；第三产业完成投资57.71亿元，比上年增长19.2%。在重工业投资中，用于能源、重化工建设的投资继续保持了较大的增长势头，有力地支持了基础产业的发展。在电力等六个行业中，煤炭工业投资40.2亿元，居六行业之首。煤炭、煤炭加工、冶金、建材、化工五个行业投资均高于上年同期水平（见表3—7）。

5. 利用外资步伐加快，创历史最好水平。1992年，我省实际利用外资总额达2.85亿美元，比去年同期增长1.2倍。其中：对外借款（包括各种贷款）2.12亿美元，增长91.4%；外商直接投资5384万美元，增长11.8倍；外商其它投资1851万美元，增长26.3%。

（二）投资建设取得显著成就

1. 投资总量成倍增长，经济实力明显增强。80年代初党中央国务院决定建设山西能源重化工基地，

表3—7　1992年国有单位投资分行业情况表

行业	投资（亿元）	增长率（%）	占全部工业投资（%）
煤炭	40.2	7.9	41.07
电力	20.04	—2.7	20.47
煤炭加工	3.06	72.9	3.13
冶金	14.71	57.01	15.03
建材	3.30	35.10	3.37
化工	7.15	1.25	7.30

一批批国家和地方的能源、化工、交通运输项目竣工投产，全省的产业结构和生产力布局发生了新的变化，重型经济结构更为突出。“六五”时期全省国有单位的固定资产投资达191.5亿元，年平均投资38.3亿元，平均增长速度23.4%。这个时期是山西省投资的高峰，也是能源投资的黄金时代。“七五”时期全省在继续加强煤炭开采外运、大力发展电力工业的同时，注重煤炭加工、转化增殖，狠抓原材料工业，促进资源优势向经济优势转变，使能源重化工基地建设步入了协调发展的新阶段。1992年全省固定资产投资完成172.79亿元，比上年增长15.6%，其中国有单位投资141.6亿元，比上年增长25.8%，固定资产投资进入了正常增长轨道。

2. 投资效益较好，新增固定资产稳步上升。1992年全社会新增固定资产126.11亿元，固定资产交付使用率为73%。其中，基本建设新增固定资产58.37亿元，交付使用率为61.2%；更新改造项目新增固定资产31.3亿元，交付使用率为84.1%。全社会竣工的房屋面积1412万平方米，竣工率为61%，是1978年的5.59倍。

3. 基础产业所占比重较大，重型结构尤为突出。能源重化工基地建设是为更好地发挥山西省资源优势，支援国家建设。多年来，山西省的投资一直向煤炭、电力等能源和原材料工业倾斜，这些行业的投资在全省全部投资中占到80%左右。1992年全省能源和重要原材料工业投资共达88.1亿元，占全部工业投资的90%，从而使资源配置更趋合理，促进了消费品工业的稳步发展。

1992年生产原煤29687万吨，其中20557万吨输往省外，占全国同期原煤产量的26.7%。随着中央将山西能源基地建设到为全国发展的重点，山西煤炭工业以每年8.98%的速度递增，原煤产量从1亿吨起步，连续登上2亿吨（1985年）和近3亿吨两个大台阶。近年来，在基地建设战略规划原有基础上，山西省又开发了古交、平朔等大型矿区，地方煤矿特别是乡镇煤矿有了突飞猛进的发展，煤炭工业面貌发生了巨大变化。

电力工业发展迅速，标志着山西建设步入了新的阶段。在建国初期，全省发电装机容量只有4.1万千瓦，年发电量6393万千瓦小时，输电线路只有35千伏线路20公里。基地建设开始以来，全省新建了百万千瓦规模的神头一电厂、二电厂、大同二电厂，漳泽电厂等坑口大电站，并对原有的电厂进行扩改建，到1992年总装机容量达到92.75万千瓦，是新中国成立初期的22.62倍。

冶金建设成绩斐然，重型结构更为突出。在冶金建设方面，山西省建成了以太钢为中心的中国最大的特殊钢生产基地和以河津山西铝厂为中心的中国最大的铝工业基地。

4. 优化产业结构，减缓“瓶颈”制约。从全省经济发展格局来看，交通运输仍然是制约全省经济腾飞不可忽视的重要因素。从经济发展和社会生活的需求满足程度来看，交通产业的规模、结构、水平都难以适应社会经济迅速增长的需要，是全省经济发展中的“瓶颈”产业。为解决这一矛盾，1979年以来，山西省全社会交通运输投资13年达到106亿元，平均每年投资8.2亿元，是改革前1978年的3倍。新建和扩改建了南北同蒲、大秦、阳涉、武墨、沁沁、神朔、孝柳、侯月等铁路交通线。1992年全省新增铁路交付营业里程33公里。公路建设也有很大发展，1992年全省新建公路277公里交付使用，改建公路527公里。

（三）当前投资领域中存在的主要问题

1992年借邓小平同志视察南方重要谈话的东风，山西省的改革开放和经济建设进入了一个新的时期，全年经济11%的增长速度更是为全省人民所瞩目。与此同时，经济高增长所伴生的各种矛盾也在积累，特别是投资缺口大等现象较为普遍，应引起重视。主要表现在以下几个方面：

1. 概算投资缺口大，资金到位不及时，建设工期延长。近年来，建设项目超概算现象普遍，超概算金额成倍上涨，导致项目不能按期建成投产，工程成本不断提高。阳泉市阳胜煤矿从1984年开始建设，原设计概算755万元，建设期为3年，到1992年初累计下达资金却只有290万元，仅占原概算投资的38.41%。目前，概算已修改为3000多万元，投资成倍增加，由于资金不能及时到位，致使建设工期一拖再拖。

2. 资金占用周期长，制约着全省经济的发展。山西矿产丰富，素誉煤铁之乡，尤其是煤炭资源，储量大、煤种全、质量高、埋藏浅、开采方便，具有得天独厚能源资源优势，所以历年来是国家投资重点。然而长期以来，山西省的煤炭价格受国家的控制，企业在成本较高的情况下经营，致使90%以上的地方煤矿长期亏损，企业难以为继，根本没有能力还贷，大量的投资长期被占用，无法周转使用。

3. 建筑材料价格涨幅较大，加剧了资金供需矛盾。目前，山西省建设资金仍趋偏紧。建筑材料价格不断攀升，是加剧资金供求矛盾的重要因素之一。据统计，钢材每吨价格已达3600元，水泥每吨价格已上涨到300元，增长幅度为1.5——2倍。1992年，仅地方基本建设投资因价格上涨的投资就比上年增长了36.5%。

（霍建华）

表 3—8　1992 年开工的主要地方项目　单位：百万元

项目名称	总投资额	当年投资额	计划竣工日期（年、月）	新增生产能力
榆庄电厂	465	55	1995	2×10 万千瓦
柳林电厂	609	70	1995	2×10 万千瓦
22 万伏输变电线路	99	59	1993	
吕梁、忻州程控电话	19	8	1993	11000 门/800 线
临钢焦炉	158	17	1993	21 万吨焦炭/年
山西水泥厂	535	202	1994	75 万吨/年
草峪岭隧道工程	173.85	10		

表 3—9　1992 年竣工的主要地方项目　单位：百万元

项目名称	总投资额	当年投资额	开工日期（年、月）	新增生产能力
太原一电厂 2 号机	690	160	1987	30 万千瓦
五四一电厂 1 号机	60	39	1991	5 万千瓦
大同一电厂 1 号机	189	58	1990	5 万千瓦
河坡电厂 2 号机	206	25	1989	5 万千瓦
和顺化肥厂	71	12	1989	尿素 4 万吨/年
永济化肥厂	35	7	1990	尿素 4 万吨/年
平定娘子关提水工程	44			10450 千瓦

辽宁省

1992 年
辽宁省投资
建设基本情况

（一）投资概况

1992 年，全省固定资产投资管理体制进行了一系列的重大改革，适度下放了项目审批权限，投资建设出现了起点高、增幅大、建房热和涉外项目多等新变化。全年全社会固定资产完成 436.8 亿元，比上年增长 37.4%，是“七五”时期以来增长幅度最大的一年。

按城乡分：城镇 387.9 亿元，比上年增长 88.8%；农村 48.9 亿元，比上年增长 11.2%。

按所有制分：国有单位 362.9 亿元，比上年增长 83.1%；其中：基本建设 170.9 亿元，比上年增长 39.1%，更新改造 115.3 亿元，比上年增长 115.3%，商品房 45.7 亿元，比上年增长 10.5%，其它 31.0 亿元，比上年增长 7.1%；集体单位 43.2 亿元，比上年增长 9.9%，其中：城镇 17.3 亿元，比上年增长 4.0%，农村 25.9 亿元，比上年增长 5.9%；个人建房 30.8 亿元，其中：城镇 7.8 亿元，比上年增长 1.8%，农村 23.0 亿元，比上年增长 5.2%。

（二）投资结构和特点

1. 投资结构。全省固定资产投资结构出现了一些新变化。第三产业的投资比重明显提高，第一、二产业的投资比重下降。全省国有单位固定资产投资中，第三产业 141.1 亿元，比上年增长 71.9%，占国有单位的投资比重 38.9%，提高 7.5 个百分点，投资比重房地公用事业由上年的 3.2%提高到 4.5%。交通运输邮电通讯业由上年的 7.5%提高到 8.3%；第一产业由 1.6%下降到 1.4%，比全国平均水平低 1.5 个百分点；第二产业由 67%下降到 59.7%，在第二产业中能源等基础工业的投资，比重由 21.6%下降到 21.2%；原材料工业比重比上年下降 2.8 个百分点。非生产性建设的投资比重上升，生产性建设投资比重下降。在全社会固定资产投资中，生产性建设完成投资 285.7 亿元，比上年增长 32.9%，投资比重为 65.4%下降 2.2 个百分点；用于非生产性建设的投资 151.1 亿元，比上年增长 46.6%，投资比重相应下降 2.2 个百分点。以内涵为主扩大再生产的更新改造投资比重下降，在国有单位的更新改造投资中，设备、工器具购置投资比重下降 5.7 个百分点，其中，用于更新的设备投资比重下降 0.6 个百分点，在生产建设投资中，用于增加产量的投资比重由上年的 33.3%上升到 33.7%；用于增加产品品种和提高产品质量的投资比重仅占20.2%，下降1.9个百分点。外延化投资建设的倾向又有扩大。

2.特点。(1)各种经济类型投资有增有减。省国有单位完成投资362.9亿元，比上年增长39%，其中，基本建设170.9亿元，增长33.5%，总量在全国各省市、区中排第二位。更新改造完成投资115.3亿元，增长33.3%，总量在全国排第三位。商品房建设投资完成45.7亿元，增长10.5倍。全省城乡集体单位完成固定资产投资43.2亿元，增长一倍，一改上年负增长的形势，其中，城乡集体完成17.3亿元，增长91.9%；农村集体投资25.9亿元，增长1.06倍。全省城乡私人投资30.8亿元，比上年减少12.5%。原因是农村私人用于住房建设的投资减少，人均住房支出由上年的108.25元，降到93.99元。农村私人投资23亿元，比上年减少21.2%；城镇私人投资7.8亿元，增长29.2%。(2)地方项目投资增长速度快于中央项目。全社会固定资产投资中，地方项目306.5亿元，增长40.7%，中央项目130.3亿元，增长30.2%。(3)预算外投资迅速增长，比重继续扩大。在全社会固定资产投资中，国家预算内17.1亿元，增长1.8%，投资比重由上年的5.3%下降到3.9%；国家预算外投资419.7亿元，增长39.3%，投资比重96.1%，比上年提高1.4个百分点。在预算外投资中，国内贷款113亿元，增长46.2%；利用外资23.9亿元，减少20.9%，煤代油投资5.5亿元，减少1.8%；自筹投资236亿元，增长55.9%；其它投资41.3亿元，增长12。5%。

(三) 投资效果

投资规模的迅速扩大，对投资效果产生一些不利影响。1992年，全省全社会固定资产投资建成投产5万元以上项目9676个，项目建成投产率为65.6%，比上年提高7.4个百分点。竣工各类房屋建筑面积3772.8万平方米，房屋竣工率61.6%，比上年下降7.5个百分点，其中竣工住宅面积2531.6万平方米，竣工率为68.6%，下降7.4个百分点。新增固定资产315.7亿元。固定资产交付使用率为72.3%，比上年下降8.2个百分点。增加了一些主要生产能力或效益，工业方面主要有：原煤开采174万吨，天然原油开采210万吨、石油加工36万吨、炼钢29万吨、钢材26万吨，矿山成品金110公斤、硼矿开采5万吨、火力发电34.54万千瓦、11万伏以及以上输电线路93公里、11万伏及以上变电设备98.57万千伏安、水泥204万吨、硫酸8万吨、烧碱2万吨、合成氨7.5万吨、氮肥7.23万吨、磷肥3000吨、化学农药170万吨、乙烯2万吨、塑料树脂及共聚物5.34万吨、合成纤维单体1292吨、合成纤维聚合物841万吨、轮胎外胎1215万条、化学原料药4150吨、医药中间体7190吨、中成药1488吨、汽轮机制造54千瓦、交流由机制造40.66千瓦、柴油机制造10万台127万千瓦、内燃机制造3万台190.9万千瓦、金属切削机床制造4850台、载货汽车制造2万台、黑白显像管30万支、化学纤维1.58万吨、棉纺锭3万锭、机制纸及纸板3.61万吨、合成洗涤剂原料2.3万吨、皮鞋6万双、服装493万件、家用空气调节器200万台；交通运输邮电方面的有：新(扩)建沿海港口码头4个泊位年吞吐量260万吨、新(扩)建客运站2个15450平方米、长途电缆226延长公里、市内电话自动交换机25万门、长途自动电话交换设备7600路端；城市建设方面有：城市自来水日供水能力50万吨、城市煤气日生产能力12万立方米、城市天燃气日储气力2012万立方米、城市液化石油气储气能力580万吨等等。从上述的投产后新增的经修效果看，大大地强化了辽宁省经修发展的实力。

(四) 大中型项目建设

1992年省安排的国有单位基本建设大中型项目74个(其中筹建3个，施工71个)，计划总投资580.6亿元，比上年增长42.7%，累计完成投资278.1亿元，占计划总投资的47.9%，其中当年完成投资77.7亿元，比上年增长8.7%，完成年计划的98.7%，投资占同期国有单位基本建设的45.5%，比上年低10.4个百分点。重点加强了能源、原材料等基础产业和水库等基础设施建设。1992年，能源、原材料、运输、邮电项目45个，计划总投资437.4亿元，占75.3%，当年完成投资54.2亿元，比上年减少5.1%，占68.9%。其中能源建设项目19个、原材料建设项目20个、运输邮电项目6个、水库、水源建设项目7个，计划总投资30.1亿元，占5.2%，年内完成投资5.9亿元，比上年增长68.6%；轻工业项目8个，计划总投资42.9亿元，占7.4%，年内完成投资8.6亿元，比上年增长168.8%；加工业等其它行业14个，计划总投资70.2亿元，占12.1%，年内完成9亿元，比上年增长16.9%。到年底全年先后有4个项目全部建成投产，6个单项工程交付使用。4个全部建成投产项目是：沈阳热电厂、大连大华电子有限公司、大连华能小冷田水泥有限公司、凌源钢铁厂“七五”改造工程。

1992年162个国家重点项目辽宁省有8个，计划总投资124.7亿。由于重点项目所需资金和物资国家都给予优先保证，大部分工程都能按正常进度进行，实物工程和新增生产能力完成了年度计划。全年完成投资19.5亿元，完成年计划的96.8%。

辽河油田勘探及开发，本年完成投资4.77亿元，完成计划100%，新增原油开采能力38万吨/年，钻井100口，钻井进尺151万米。铁法矿区，全国重点建设的10大煤碳基地之一，本年完成投资2.23亿元，完成年计划的100%。1992年12月大隆矿投产年新增原煤开采能力99万吨。年内开工正式兴建的小青矿，建成后设计能力将达到180万吨/

年。铁岭电厂，国家"八五"期间重点工程建设项目，计划总投资19亿元，装机4台30万千瓦火力发电机组，预计1995年全部建成投产。自1990年12月正式开工已累计完成投资10.7亿元，其中当年完成投资5.6亿元，完成计划的90.3%。1号机组进入整套启动试运前的调试阶段；2号、3号、4号机组正按施工计划组织施工。大连港大窑湾一期工程，大连港主要项目之一大窑湾码头一期工程前4个泊位竣工，并于1992年3月开始试生产，累计完成投资7.7亿元，1992年完成2.3亿元，新增吞吐能力260万吨/年，回填土石方862万立方米，形成117万平方米的陆城，目前仅剩防坡堤上部结构等另星工程需跨年收尾。营口鲅鱼圈港，到本年末累计完成投资2.3亿元，完成概算投资100%。由于国家交通投资公司按工程进度及时将建设资金拨付到位，充分发挥了当年建设资金作用。一期工程散杂泊位收尾四突堤7000平方米仓库和砼堆场港池挖泥18.2万平方米，全部交工验收，二期工程前期准备正顺利进行。大连造船新厂，建设工程"七五"部分已全部完成并于1992年12月底通过验收，全年投资全部到位，完成投资1.1亿元，占年计划的98.5%。新增民用船舶制造能力一艘、载重量10万吨。抚顺丙烯晴纶工程，已经进入试生产阶段的丙烯晴、晴纶装量，计划总投资15.7亿元，年内完成投资1.14亿元，完成计划的100%。抚顺洗涤剂化学厂：计划总投资14.7亿元，规模为年产合成洗涤剂原料12.2万吨，已累计完成投资13.0亿元。两大主要生产产品系统装置中，烷基苯装置已于9月正式进入试生产阶段，脂肪醇产品装置也基本完工，年末前已进行试产保运、检修、调试等项工作。

(五) 利用外资投资建设基本情况

1. 概况

1992年利用外资投资项目2223个来自30多个国家和地区，总投资438796万美元，项目数比上年增长162%，投资增长317%。其中：(1) 外商直接投资2148个项目，增长273%，投资436.334万美元，增长321%；在外商直接投资中合资经营企业1795个，增长310%，投资额376586万美元，增长440%；合作经营企业157个，增长145%，投资额34113万美元，增长334%；独资企业196个，增长165%，投资25635万美元，增长1%。(2) 商品贷款。其中：补偿贸易15个项目，总投资2455万美元；加工装配60个项目，总投资7万美元。

2. 外商投资结构有了新的变化

外商投资企业改变了过分集中于第二产业的状况，第三产业发展迅速，比上年有较大增长。大项目和高新项目比重增大。500万到1000万美元项目296个，总投资额19.7亿美元，占11.7%；1000万至3000万美元项目259个总投资额45.9亿美元，占27.2%；3000万美元以上项目20个，总投资额15.9亿美元，占9.4%。几个发达国家的大财团、跨国公司争相来我省投资，其中：德国、英国、美国、韩国、日本投资者均有很大增加。

(六) 省内经济技术开发区建设情况

1. 大连经济技术开发区

大连开发区经过8年的开发建设，共占地面积、"三资"企业、投资总额、协议外资额，实际利用外资及出口创汇等项指标，在沿海开发区中名列前茅；1992年全区的国内生产总值近22.5亿元，比上年增长近1.2倍。各项工作又上新台阶。

利用外资规模。全年批准"三资"企业192家，比上年增加105家，增长1.2倍，当年投资总额达8亿多美元，比上年增长5.05亿美元，增幅为1.7倍。是1985年以来的最高峰。实际利用外资2.5亿美元，比上年增长66.7%，共有22家企业增资2.78亿美元。到1992年底，有22个国家和地区前来投资，累计批准内引外联项目594个，总投资额25亿美元，其中"三资"企业456个，总投资额23亿美元，实际利用外资6.25亿美元。全区投资额在1000万美元以上的项目有23个，投资额在2000万美元以上的项目有24个。

全区已有236家工业企业试投产，1992年工业产值、出口创汇、利润、税等指标均接近或大体相当于前7年的总和。1992年，全区实现工业总产值达37.1亿元，比上年增长65.7%，其中"三资"企业工业总产值30.3亿元，内联企业为4.1亿元，分别增长66.2%、39.1%。实现产品销售收入36.1亿元，比上年增长60.2%；产销率为97.4%。完成出品产值24.6亿元，比上年增长66.8%，占全部工业产值比重，由上年的65.8%提高到66.3%，实现利税为1.5亿元，增长237.1%。

2. 沈阳经济技术开发区

沈阳开发区创建于1988年6月，是以高新技术和出口创汇为导向，以工业为主体，二、三产业协调发展的国际化、现代化的新型经济区。开发区位于沈阳的西南部、总规划面积32平方公里，以横贯开发区的沈大高速公路为界，东部一期开发4.48平方公里，西部二、三期开发27.5平方公里。

开发区在1992年沈阳国际经济技术合作洽谈会期间，共招商项目43个，合同投资总额1.1亿美元，合同利用外资额5724万美元。1992年开发区实现社会总产值8.4亿元，比上年增长2.8倍，实现利税1.1亿元，增长4.4倍；出口创汇1508.7万美元，增长2.7倍。

沈阳开发区经过4年的开发建设，取得了很大进展，已经初具规模。一期基础建设一步完善，二期基础设施全面开展。4年来，基础设施累计完成投资2.1亿元，在一期开发的4.48平方公里内，供水、排水、供热、供电、煤气、通讯、公路、铁路和土地平整已基本完成，水、电、气等24小时不间断供应。程控电话装机容量2万门，可与世界100多个国家和地区进行通话、电传、传真联系。外商综合服务楼已投入使用，20栋外商别墅和17栋商业用楼多数已基本完成，部分已投产使用。邮电大楼、通讯大楼、消防大楼也将在1993年陆续交付使用，3栋标准厂房已摆满项目。另外8栋标准厂房已开工建设，外商办公楼主体工程基本完成，完全具备了接纳项目进区，开工建设和正常生产经营的条件。

管理服务体系初步形成。开发区经修技术开发集团公司是集开发建设、投资入股、金融、留易、咨询、服务为一体的经济实体，下属14个直属公司，可为投资者提供全方位的生产和生活的社会服务。开发区外商投资服务中心，可为投资者提供信息咨询、政策咨询、寻求合作伙伴、代理起草各种法律文件、代行办理从立项到颁发证书全部审批手续一条龙服务。

外国外商投资踊跃，经济效益稳步上升。4年来，已有日本、韩国、美国、台湾、新加坡、泰国、意大利、芬兰、以色列、香港等十几个国家和地区的客商进区投资建设。到1992年12月末，进区项目达129个，协议投资总额35.9亿元，进区“三资”企业98个，协议利用外资额1.9亿美元，开发区全年实现社会总产值8.4亿元，比上年增长2.8倍；实现利税1.1亿元，增长4.4倍；出口创汇1508.7万美元，增长2.7倍。在引进外资项目的同时，土地包片开发也取得了较大进展，香港裕芳公司包片开发15.1万平方米已开工建设，两栋主体厂房接近完成。开发区与中化海南公司包片开发31.3万平方米已开始建设。

3. 营口经济技术开发区概况

营口出口加工区创建于1988年5月，国务院于1992年10月21日正式批准成立营口经济技术开发区。4年间，他们仅仅凭借1450万元的建设费，在5.6平方公里的土地上基本实现了“五通一平”，完成固定资产3.1亿元。到1992年，营口经济技术开发区共引进外商投资企业120家，投资总额2亿美元，其中仅1992年引进项目就达87个。开发区现有20家“三资”企业投入生产，在建项目15个，正在筹建项目76个。这些企业全部达产后可形成每年27亿美元的生产能力，年创汇可达3.5亿美元。除了引进外资项目外，4年来开发区还引进内联企业261家，投资总额6.1亿元。开发区以机械加工、服装加工、橡胶工业、石化产品除加工为支柱产业的生产体系正在形成，同时，高技术、高附加值项目也在日益增加。

（刘世华）

表3—10 1992年本地区固定资产投资当年开工的主要地方项目

	项目名称	总投资额（百万元）	当年投资额（百万元）	计划竣工日期（年）	新增生产能力
1	鞍山商业大厦	89	46.33	93	营业面积5万平方米
2	营口第二热电厂	97.3	12.12	94	3台75吨/小时锅炉 2台1.2万千瓦发电机组
3	锦州汽轮机厂	24.5	30	94	24台1日万千瓦汽轮机
4	抚顺醇醚及合成洗涤剂厂	336.14	98.54	94	醇醚5万吨 液体洗涤剂4万吨
5	沈阳石蜡化工建设项目	673.11	328.00	94	原油加工50万吨 烯烃13万吨
6	大连东风水库	106.50	90	94	库容1.26亿立方米
7	北海头热电厂二期工程	131.45	180	94	装机5万千瓦

表 3—11　1992 年本地区固定资产投资当年竣工的主要地方项目

	项目名称	总投资额（百万元）	当年投资额（百万元）	项目开工日期（年）	新增生产能力
1	抚顺大伙房引水工程	339.51	140	91	日供水 20 万吨
2	锦州东西出口工程	23.95	24.18	92	公路 7 公里 公铁立交桥 2 座
3					
4					
5					
6					
7					

沈阳市

一、1992 年沈阳市投资建设基本情况

1992 年，沈阳市坚持以经济建设为中心，深化改革开放，努力筹措资金，固定资产投资大幅度增长，重点工程和基础设施建设，以及教育、卫生、住宅等关系人民生活方面的建设成效显著。

（一）固定资产投资大幅度增长

1992 年，沈阳市固定资产投资具有总量大、速度快等特点。全年完成固定资产投资 68.6 亿元（不含农村集体、个人），比上年增加 22.4 亿元，增长 48.5%。国有投资完成 65.2 亿元，增长 46.2%；集体投资完成 3.4 亿元，增长 1.2 倍。投资高速增长，与前几年治理整顿，投资萎缩，1992 年又适逢全国经济跳跃发展，因而带动沈阳投资反弹式增长有极大关系。全年完成基本建设投资 41.1 亿元，比上年增长 54.3%。完成更新改造投资 23.6 亿元，比上年增长 33.3%。全年完成生产性投资 36.9 亿元，增长 38.3%；完成非生产性投资 31.7 亿元，增长 61.7%，非生产性投资占全部投资比重由上年的 42.5%上升到 46.2%。

（二）投资向基础产业和主导产业倾斜

1992 年，沈阳市工业部门完成投资 32.3 亿元，占投资总量的 46.8%。其中：能源、原材料等基础工业完成投资 8.2 亿元，占工业投资的 25.4%，比上年提高 1.8 个百分点。8 个主导产业投资达 11.8 亿元，占工业投资的 36.5%，比上年多投入 7.3 亿元。基础工业和主导产业投入的增长，促进了沈阳市产业结构向健康、合理方向发展。

（三）重点工程建设进展顺利

1992 年，全市大中型基本建设项目、限额以上技术改造重点项目完成投资 8.4 亿元。大伙房引水工程、免维护蓄电池制造等 7 个重点项目竣工投产。市属重点项目完成投资 25854 万元，占基建完成投资的 6.1%。其中沈海集中供热网二期工程告捷，新增供暖面积 210 万平方米。限额以上更改重点项目共完成投资 49981 万元，占更改投资的 19%。其中永新——沈阳化工厂“七五”重点技改项目、沈阳重型机器厂“七五”总体技术改造、沈阳第一制药厂“七五”总体技改等 7 个技改项目竣工投产。这些骨干项目的相继投产，以及石蜡化工总厂和东北耐火材料厂等国家大中型项目的陆续开工，将为沈阳市工业经济发展增强后劲。

（四）城市基础设施得到加强，环境状况进一步改善

年内大伙房引水一期工程完工并正式供水，使沈阳市市政供水能力提高了 20%。为改善大气环境的沈海热网二期工程圆满完成。共改、扩建主要道路 5 条：二环路续建工程东段、西段建成通车，环城高速公路南段完工并投入使用，新建 6 座平台桥及跨线桥，实现了交叉路口机动车与非机动车分流。全市电信建设投资 2.8 亿元，新增程控电话 8 万门，发展用户 4 万户。煤气用户发展到 76.7 万户，气化普及率提高到 66.2%。全年完成环境污染治理项目 34 项，完成三废治理投资 1313.9 万元，市区环境质量有所提高。

（五）注重教育、卫生投资

1992 年，沈阳市在加强工业建设的同时，注意把教育、卫生建设投资放在重要位置，一大批社会事业

项目和与人民群众生活密切相关的项目投入使用。如全年开发建设和竣工交付使用市中心医院门诊楼、第五医院门诊楼、市急救中心和口腔医院等6个卫生医疗建设项目。投入8000万元资金用于中小学建设，共有43所中小学新、扩建工程竣工，新增学生座位2万个，基本解决了困扰多年的中小学二部制问题。此外，1.14万平方米的市交通指挥中心也已建成。这些项目的投入使用，将进一步解决和改善教育、医疗环境和条件，提高城市居民的生活质量。

（六）住宅建设速度加快

1992年，全市共完成住宅建设投资19.7亿元，比上年增长了76.6%。建成并交付使用城镇住宅244.4万平方米，增长8.6%。有1.3万户居民迁入新居，使城市居民人均居住面积增加到6平方米。从住宅完成情况看，商品房投资一直是住宅建设投资的主要增长因素。1992年1—11月份完成投资89539万元，比上年同期增长1.59倍，占全市同期住宅投资的58.8%。商品房施工面积305.5万平方米，比上年同期多施工51.7万平方米。

（七）新增一批主要工业生产能力

1992年全市有2025个项目施工建设，建成投产1078项，比上年多投产250个，建成投产率为53.2%，比上年提高3.7个百分点。新增固定资产53亿元。随着项目的建成投产，新增一批生产能力：供水能力22.6万吨/日、钢材5万吨/年、铜加工1006吨/年、铝加工1760吨/年、水泥1.2万吨/年、耐火材料制品1.3万吨/年、金属切削机床制造4650台/年、载重汽车2万辆/年、化学原料药3100吨/年，等等。这些能力的形成，将为沈阳的经济发展起到积极的推动作用。

1992年沈阳市投资建设存在的主要问题是，投资向非生产性建设倾斜，生产性投资比重下降。由于住宅建设及房地产开发的迅猛发展，生产性建设项目相对减少，生产性投资比重随之下降。全年完成的固定资产投资额中，生产性投资增长38.3%，而非生产性投资增长61.7%；生产性投资所占比重由上年的57.5%下降到53.8%，是近3年来最低的。非生产性投资比重过高，将会影响经济发展后劲。

（吴立高）

二、1992年沈阳市利用外资投资建设基本情况

（一）1992年沈阳市利用外资情况综述

1992年，沈阳市对外开放、利用外资工作取得了显著成果，全年签订利用外资合同822项，合同外资额11.6亿美元。其中，已获批准的利用外资项目706项，比上年增长2.8倍，合同外资额9.4亿美元，增长1.4倍，实际利用外资额3.8亿美元，增长51.5%。

1.对外开放、利用外资的特点。1992年沈阳市对外开放，利用外资工作，具有以下特点：

(1)发展速度加快。全年新注册“三资”企业601家，使全市注册“三资”企业达到940家。1992年注册企业是1991年的4倍。

(2)投资领域拓宽。沈阳的“三资”企业在行业分布上，已拓宽发展到今天的工业、农业、建筑业、交通运输业、商饮业、房地产公用服务业、卫生福利、教育文艺、科研技术服务、娱乐、土地包片开发等十二大行业。基本形成了以生产型企业为主，布局合理，全方位发展的格局。

(3)高科技项目和服务型项目发展迅速。在生产型项目中，以化学、机械、电子通讯行业居多，占生产型项目的40%以上，这些项目中高科技项目多，技术含量高。此外，咨询服务、房地产业也有较快发展。

(4)来沈阳投资的国家和地区不断增多。1991年底，来沈投资的国家和地区只有17个，到1992年底已发展到30余个。范围由原来的美国、日本、香港、台湾等国家和地区扩大到马来西亚、泰国、赞比亚、巴拿马、玻利维亚、哈萨克斯坦、新西兰等。

(5)投资的方式构成也向多元化发展。1991年以前，“三资”企业中合作项目有8家，现已发展到50余家；外商独资企业1991年以前有16家，现已发展到100余家。

(6)国际跨国集团公司来沈投资大量增加。一年来，来沈洽谈合资、合作的大型国际跨国集团公司大量增加。如美国通用汽车公司、香港华晨集团、新加坡温氏兄弟集团、泰国正大集团、日本普利司通公司、美国丹碧兰公司、香港香格里拉国际集团等先后来沈投资。外商投资规模也在不断扩大。1991年以前，外商投资额超过1000万美元的只有1家，现在已发展到13家。

2.“三资”企业经济效益初见成效。1992年是沈阳的改革开放进一步深入的一年，也是“三资”企业经济效益初见成效的一年。在1992年的生产经营中，沈阳市“三资”企业在完成工业总产值、利润、出口创汇、交纳税金方面，发展迅速，取得了较好的经济效益。据统计，1992年“三资”企业共完成工业总产值38.5亿元，比上年增长208%，占沈阳工业总产值的8%；销售收入36.8亿元，比上年增长197%；盈亏相抵，实现利润3亿元，比上年增长203%，产值利润率为7.7%；人均利润超万元的“三资”企业有37家，共实现利税5.5亿元，在省内名列榜首；自营出口创汇3564万美元，比上年增长204%，占沈阳市全年出口创汇额的7.7%。出口创汇超百万美元的企业有15家。从整体的生产经营形势看，“三资”企业已经形成了一批效益稳步增长的骨干企业。沈阳飞龙保健品有限公司实现人均利润30多万元，在沈阳“三资”企业中名列前茅。沈阳金杯客车制造有限公司实现利税1.8亿元，在1992年沈阳市工业企业中名列榜首。

3.“三资”企业带来明显的社会效益。“三资”企业在带来较大的经

济效益的同时，还明显地显示出社会效益。“三资”企业带动了沈阳市方方面面的对外开放，加快了沈阳改革开放步伐，起到了先导型、示范型作用。首先，“三资”企业的出现，使沈阳的老工业企业得到了明显的改造。如沈阳雪花啤酒有限公司、永新——沈阳化工有限公司、金杯客车制造有限公司都先后追加投资，使原来老企业的设备得到更新，扩大了生产规模。“三资”企业在促使沈阳市的汽车工业、化工工业、纺织工业、橡胶制品工业的改造上取得了较大成就。其次，“三资”企业为沈阳市安置了大量的待业人员，据初步统计，在“三资”企业中就业的中方人员近5万人。第三，“三资”企业不但引进了外资、先进的技术和科学的管理方法，同时也造就了大批的中方管理人员，培养了大量的科技人才和管理人才。第四，开发区、宾馆、餐饮、俱乐部、写字楼的出现，装点了城市，美化了市容，进一步改善了沈阳的投资环境，使沈阳市的对外开放、吸引外资工作进入了良性循环。最后，“三资”企业也是沈阳连结世界的一只最活跃的队伍。每年“三资”企业组团到国外进行展销、洽谈、培训、考察及举行会议等，为沈阳走向世界，世界走进沈阳做出了较大贡献。

4. 存在问题。沈阳市“三资”企业存在的问题主要是：

(1) 开业户数少。截止到1992年底，批准注册的“三资”企业达到940家，而开业投产的企业只有262家，不到注册企业的30%。其原因主要是企业筹建开业的速度没有因审批速度的加快而加快，审批速度与筹建开业速度有很大的差距。另外，资金不到位也是造成不能按期开业的一个重要原因。

(2) 出口创汇少。沈阳市“三资”企业从1987年以来自营出口创汇纵向比较每年都有很大幅度增长。1987年为97万美元，1988年为99万美元，1989年为175万美元，1990年为826万美元，1991年为1173万美元，1992年为3564万美元。有15家“三资”企业实现了出口创汇超百万美元。出口的商品有6大类，100多个品种，分别出口到20个国家和地区。1992年出口创汇额占全市出口创汇额的7.7%，成为沈阳市自营出口创汇的第三大户。但沈阳市“三资”企业自营出口创汇还不能与沿海城市或其它大城市相比，1992年出口创汇额仅相当于大连市的6%。经分析，沈阳市“三资”企业自营出口创汇少的原因，一是开业“三资”企业中非出口创汇企业比例较大，如在咨询、服务、宾馆、餐饮、房地产等方面开业的“三资”企业很难实现出口创汇。二是从地域上看，沈阳没有大批海产品、土特产品出口，而1992年大连“三资”企业的海产品出口占全部出口的50%以上。三是沈阳市“三资”企业的大部分出口，仍然是靠委托代理等促销渠道来实现，不能实现自营，还有些“三资”企业转向大连、天津等口岸，创汇额也就不能算在沈阳名下。四是沈阳市“三资”企业对国家给予的出口创汇政策用得不足不活。

(二) 改善投资环境和基础设施建设的主要成就

1992年，沈阳在改善投资环境和基础设施建设方面的主要成就是：

1. 大伙房引水一期工程完工。该工程从1990年末开始施工，1992年完成第一期工程，使沈阳市市政供水能力提高了20%，日供水能力增加22.6万吨。工程全部预算折合3.6亿人民币，其中世界银行提供贷款2782万单位特别提款权，其余为国内人民币配套资金。

2. 城市封闭式交通走廊工程完工。其中包括：全部建成青年大街、三好街、新华广场、兴工街等6座平台桥和跨线桥，实现了交叉路口机动车和非机动车分流；改、扩建市府大路、黄河大街等5条主要道路。全部投资折合人民币5500万元，其中世界银行贷款折合人民币3200万元，国内配套人民币2300万元。

3. 全年电信建设投资2.8亿元，新增程控电话8万门，发展市话用户4万户。截止到1992年末，市话交换机总容量达21万门，其中程控电话交换机总容量19万多门。

(三) 开发区建设情况

1. 沈阳开发区一期基础设施工程基本建成。1992年末进区项目已达129个，协议投资总额35.9亿元。进区“三资”项目达98个，协议利用外资额1.9亿美元，已经投产35个。开发区1992年实现社会总产值8.4亿元，比上年增长2.8倍；实现利税1.1亿元，增长4.4倍；出口创汇1508.7万美元，增长2.7倍。

2. 1992年批准建立的南湖科技开发区正在加紧建设。到1992年末，全区共创办高新技术企业733家，其中“三资”企业93家，承担传统产业改造项目432项，开发高科技产品1100多种，其中条形码产品占全国的70%，并打入23个国家和地区的市场。全年科工贸总收入达10.3亿元。

(吴立高)

大连市

一、1992年大连市投资建设基本情况

1992年大连市经济在总体上呈现良好地发展态势，整个地区投资建设得到快速增长，大中型项目进展顺利，为全市经济上新台阶发挥了作用。

(一) 投资建设基本情况和特点

1. 固定资产投资呈高速增长趋势。1992年大连市全社会固定资产投资完成89.1亿元，比上年增长47.4%，投资额及增幅均为改革开放以来最高年份。其中：基本建设投资60.2亿元，比去年增长56.2%；更新改造投资18.9亿元，比去年增长23.2%。全年建成投产的更新改造项目487个，建成投产率为65.2%，当年新增固定资产14.1亿

元。

2. 投资结构明显改善，基础建设加强，大中型重点项目投资效果良好。自1984年以来，大连市基础设施建设不断加强，8年累计投资100亿元用于能源、交通、通讯、机场、港口和宾馆等基础设施建设。沈大高速公路大连段、华能大连电厂、碧流河二期引水工程、大化磷铵、和尚岛码头、50万伏送变电等工程竣工投产或试生产。1992年大中型项目建设进度进一步加快，全市47个重点项目完成投资额27.3亿元，比上年增长33.5%。重点项目的固定资产交付使用率高达109.2%，其中大窑湾码头一期工程前4个泊位已建成投产，新增固定资产7.6亿元，新增年吞吐能力260万吨，缓解了大连港压船压港矛盾；大连华能小野田水泥有限公司全部建成投产，可形成年产137万吨水泥的生产能力；于年底竣工的石化公司聚丙烯工程，年新增4万吨塑料树脂的生产能力；投资7亿美元的西太平洋石油化工有限公司500万吨炼油项目建设进展顺利；为缓解城市中心区域交通拥挤的状况，投资42.8万元开通2.6公里长的胜利路东段工程已交付使用。

3. 投资格局向多元化发展。1992年，大连市投资建设主体多元化趋势更加明显，格局形态初见层次。国有单位完成投资66.6亿元，比去年增长40.5%，结构比重达74.7%；城镇集体单位完成2.8亿元，比去年增长65.1%；农村集体单位完成9.8亿元，比去年增长53.1%；独资企业完成9.9亿元，比去年增长99.8%。

4. 生产性投资增长快于非生产性投资，工业重点行业投入增长快。1992年，大连市生产性投资与非生产性投资结构比重分别为67.1%和32.9%。在工业投资中，原材料工业完成11.3亿元，增长18.9%。其中：能源工业完成5亿元，增长49.5%；机械工业完成10亿元，增长45.6%；电子工业完成2亿元，增长2.8倍；轻纺工业完成3亿多元，增长18.5%。

5. 地方项目投资增长快于中央项目。1992年，大连市地方项目共完成投资43.9亿元，比上年增长69.3%，而中央项目仅增长29.2%。

6. 第三产业投资增长明显。1992年，大连市第三产业投资额达38.6亿元，比上年增长75.7%，结构比重达48.7%，比去年提高8个百分点。其中：商饮服务、供销、仓储业完成5.2亿元，增长62.2%；房地产公用服务咨询业完成5.2亿元，增长128.2%；科研增长了138.5%。

7. 住宅建设成就显著。1992年，大连市住宅建设投资14.6亿元，增长72.8%，结构比重为18.46%，上升2.7个百点。住宅施工面积388.1万平方米，增长24.5%，住宅竣工面积216.9万平方米，增长29.2%，为历史最好水平。其中，商品房住宅建设完成投资额10.7亿元，比去年增长105.8%，占全部住宅建设投资的75.7%。

（二）投资建设的主要成就

1. 改革投资管理体制，充分发挥企业投资在经济建设中的作用。1992年大连市在贯彻《全民所有制工业企业转换经营机制条例》过程中，为进一步转换企业经营机制，转变政府职能，充分尊重企业的投资决策权，使企业真正成为技改投资主体，下放了技改项目的审批权限。500万元以下的技改项目审批权下放到县、区和部分企业；1000万元以下的投资概算由县计委批复；3000万元以下的投资概算由市计委批复。并且市建委做出了简政放权的13项规定，下放了建设工程扩初设计审查、大修项目管理、投招标管理、建设市场管理、建筑队伍资审、勘察设计队伍资审等13项权限。

2. 广开投资建设资金渠道。1992年经济体制步入到以市场经济为取向和目标的新阶段，投资建设也由计划型向市场型转变。为此，大连市树立市场观念，开始把企业投资建设和基础设施建设推向市场，积极利用社会资金，大胆引进国外资金，改变收费标准，允许以合资、入股、发行债券等方式拓展资金渠道。

3. 重视改善投资环境。大连市是北方重要的开放城市，基础设施投资环境的好坏对发展外向型经济十分重要。1992年大连市全年新增供热面积130万平方米；新发展煤气用户2万户；完成新建住宅小区100万平方米上水配套任务；改造市区供水管网和煤气管网各11万米；更新公共车辆72台。

4. 启动房地产开发市场，以房地产带动城市投资建设。1992年大连市确定以房地产带动经济建设的行动方案。新审批房地产开发企业86家，与外商洽谈立项28项。首批推出五幅24.4万平方米地块招商，通过招标已出让给香港奔德置业有限公司民寿商场地块，面积1.6万平方米，综合地价每平方米1.13万元，共收1.8亿元；胜利广场改造工程已与台商正式签订协议，成立了大连胜利广场工程股份有限公司。这项工程占地面积2.7万平方米，计划建筑面积10万平方米（含地下3层），总投资8亿元人民币。1992年计划出让10个地块吸引50亿元外资搞项目建设。

5. 环境保护工作成效显著。1992年全市完成“污染物总量削减工程”16项，完成投资1700万元，年可削减各种污染物6500吨，同时在老污染源治理工作中投资7000万元治理环境。工业废水、废气、废渣、粉尘四项指标综合治理率达83%。1992年大连城市环境综合整治定量考核得分，继续在全国32个重点城市中处于领先地位，名列国家城市环境综合“十佳城市”榜首。

（三）存在的问题

1. 更新改造投资结构不够合理。1992年更新改造按建设性质划分，新扩建投资额为8.4亿元，占总投资44.3%，比上年下降了2.7个百分点；改建投资额为10.2亿元，比重上升了4个百分点。但是，按构成分，建筑工程达8.1亿元，投资比重为42.8%，超出去年7.1个百分点。超出国家有关土建资金比例的规定要求，设备工器具投资的比重由上年的52.7%下降到44.3%。投资有机构成显得不够合理，效益投资比重过低。

2. 投资效果不够理想。根据资料计算，1992年建设项目投产率为65.2%，高于去年4.2个百分点，但固定资产交付使用率为74.8%，低于去年79.1%的水平，房屋建筑面积竣工率仅40%，低于去年54.4%的水平。

3. 更新改造投资的比重下降。1992年相对基本建设投资56.2%的增长速度，更新改造投资23.2%的增长速度过低，且更新改造投资和基本建设投资之比由1991年的39.9：100减少到31.4：100。

4. 固定资产投资特别是基本建设投资增长过快，新开工项目过多，财、物的需求和供给失衡，特别是有些重点工程投资缺口较大，资金不到位影响工程进度和投资效果的发挥。

5. 建筑产品价格大幅度上升，工程造价上升到历史的最高水平，工程投资普遍超计划和概算。建筑三大材料的价格成倍上涨，加大了工程成本，这是投资过热，规模过大带来的结果。由于基建物资价格大幅度上升，推动了非生产资料价格的上涨，促使消费品物价指数上升。

（隽宗平）

表3—12　1992年开工的主要地方项目　　单位：百万元

项目名称	总投资额	当年投资额	计划竣工日期（年、月）	新增生产能力
胜利路车段改造	42.78	42.78	1992.12	2.6公里
普兰店热电厂	128.77	8.61	1994.3	新增1.25亿度/年
疏港公路	197.00	19.54	1993.12	缓解东西交通
瓦房店热电厂	113.85	24.89	1994.2	新增1.44亿度/年
春海热电厂	142.97	12.58	1994.6	新增1.46亿度/年热324万大卡
辽宁商检局检验设施楼	100.90	50.73	1994.7	新增面积4.6万平方米
星海高新技术中心工程	71.83	2.00	1994.12	新增面积3.7万平方米

表3—13　1992年竣工的主要地方项目　　单位：百万元

项目名称	总投资额	当年投资额	开工日期（年、月）	新增生产能力
胜利路车段改造	42.78	42.78	1992.6	2.6公里
旅顺新港	83.05	15.99	1987.8	吞吐能力30吨/年
华能小野田水泥有限公司	983.10	8.00	1989.12	年产水泥137万吨

续表

项目名称	总投资额	当年投资额	开工日期（年、月）	新增生产能力
辉瑞制药有限公司	302.40	30.00	1990.5	针剂900万支 片剂4亿片
华能化工厂脂肪醇工程	233.66	7.46	1988	1.5万吨/年
大窑湾港一期4个泊位	570.00	80.00	1988	吞吐能力 260万吨/年
大连石化公司聚丙烯工程	249.02	10.00	1988.10	4万吨/年 塑料树脂
全州热电厂	103.06	87.43	1991	新增1.44亿度/年 供热240万大卡

二、1992年大连市利用外资投资建设基本情况

（一）利用外资的基本情况及特点

1992年，大连市认真贯彻邓小平同志南巡重要谈话的精神，进一步解放思想，加大对外开放的步伐，并采取措施，创造条件，为现有的外商投资企业提供方便服务，使利用外资工作出现了前所未有的好势头。自1984年到1991年，大连市共批准直接利用外资项目770项，合同金额与协议外资金额分别为20.5亿美元和11.8亿美元，而1992年全市共批准利用外资项目852项，协议外资金额11.9亿美元，分别比上年增加494项和增长2倍，截止1992年末，大连市实有外商投资企业1539家。大连市利用外资出现了新特点：

1. 直接利用外资速度明显加快。1992年兴办外商投资企业785家，超过前8年的总和，协议外资金额9.95亿美元，实际利用外资3.1亿美元，分别比上年增长2.1倍和19%，平均每天批准两个外商投资企业。其中兴办金融、房地产等第三产业企业，分别占新批准外商投资项目和协议外资金额的25%和36%，均比上年增加7.7倍。

2. 县（市）区吸引外资工作活跃。1992年，各县区积极利用各自的自然与经济优势吸引外资，自行审批立项，到海外举行招商洽谈会等，兴办外商投资企业238家。

3. 利用外资积极发展第三产业。1992年，新批利用外资兴办金融、房地产、商业、综合娱乐、旅游、信息咨询等第三产业项目达到200项，协议外资金额3.55亿美元，分别占当年新批准外商投资项目和金额总数的25%和36%，比上年提高了7.7倍和7.66倍。其中房地产项目61项，协议外资金额2.26亿美元，超过前8年的总和。两家外资银行——日本东京银行大连分行和兴业银行大连分行相继挂牌开业，使引进外资工作深化。集海滨游乐、海上活动、森林狩猎、地质景观游览和高尔夫球场等多功能为一体的金石滩国家旅游度假区起步兴建，美国、香港等投资者纷纷前来洽谈建设项目。

4. 投资踊跃，渠道增多。1992年，大连市招商投资渠道增多，且效果良好。日本投资兴办158家企业，协议外资金额2.5亿美元；香港投资兴办371个项目，协议外资金额3.6亿美元；台商投资势头较猛，台湾76个项目，协议外资金额6311万美元，分别比1991年增长2.6倍和7.1倍；韩国投资兴办40个项目，协议外资金额5226万美元，为前8年总和的1.7倍和3.2倍；美国投资项目81个，协议外资金额7900万美元。

5. 先期投资已开工投产的外商投资企业已进入新一轮投资。佳能、东芝、岩谷、辉瑞制药、西太平洋炼油及富丽华二期工程等64家外商的踊跃增资，扩大生产规模，使外方去年共追加投资达到6亿美元，外商驻地机构也迅速增加，去年新增外国驻大连商社272家，总数达到606家。其中港澳地区306家；日本139家；美国68家；其它国家和地区93家，是我国大陆外商最集中的5个城市之一。

6. 外商包片开发有新进展。继1992年10月开发区包片开发项目——大连日本工业团地开工建设，大连市又与台商合资兴办了大连振鹏工业城有限公司。

7. 对外承包工程和劳务出口稳定发展。1992年大连市与28个国家和地区签定对外工程承包和劳务合作合同160项，合同金额6613万美元，营业额3247万美元。当年外派各类劳务4843人，比1991年增加近2000人。全市兴办海外非贸易型企业8家，是上年的1.3倍，累计兴办海外非贸易型企业26家。

8. 开业投产的外商投资企业取得良好的经济效益。到1992年末，全市已有624家外商投资企业投产

或营业。当年实现产值61.2亿元，增长65%，实现利税3亿元，出口创汇6.38亿美元，增长54.4%。

（二）改善基础设施与投资环境的建设情况

1992年大连市的投资重点是改善基础设施与投资环境，加快能源、引水、交通、通讯的发展。同时，加快支柱产业的重大项目建设，增强经济发展后劲。主要建设项目有：华能大连电厂二期工程、引碧入连工程、北海头热电厂二期工程、东风水库工程、大窑湾一期工程、金窑线铁路、当年开通11.4万门电话、引进无线传呼系统20万条、续建大连机场新候机楼等项目。城市交通方面有：疏港路工程、打通西南和西北路、拓宽改造胜利路东段及市区立交桥、重点工程华录电子公司录像机关键件项目建设、500万吨炼油工程以及石化公司的扩建工程、20万吨船坞工程、大连机车厂的扩建工程和浮法玻璃生产线工程等。

1992年大连的国内国际航线增至32条；大连港已拥有6000万吨的吞吐能力；总长375公里的沈大公路已发挥作用；引进开通18万门程控电话，直接电话业务已趋普及。

（三）国家级经济技术开发区、高新技术产业园区和保税区的基本建设情况

1. 大连经济技术开发区于1984年经国家批准设立，截止1992年已完成起步区域10平方公里的基础设施建设。第二个10平方公里的基础设施建设已动工，现已拥有外资企业近500家，协议外资金额累计13.6亿美元，2/3的企业已经投产或试生产，实现工业总产值10亿元。1992年投产企业32家，试产33家，开工在建18家。目前大连经济技术开发区在滚动发展，引进项目，引进外资，出口创汇等诸多指标均在全国各开发区中名列前茅。

2. 大连高新技术产业园区是1991年3月经国务院批准的。总体规划面积为13平方公里，由凌水科技产业园区和经济技术开发区科技园两部分组成。

凌水园区位于市区西南部，面积12.6平方公里，是大连高新技术产业园区的主体。区内有大学7所、大中专院校8所、独立科研机构7个、大中型企业13个。截止1992年，园区高新技术企业已发展到了150多家，职工1万多人。拥有大连市高新技术创业服务中心以孵化高新技术成果，进行风险投资及其管理等一批高精尖企业，1992年产值约为3亿元。

根据园区总体规划，将建设5个功能小区和高新技术产业一条街。产业一条街位于市区西部商业密集区，占地10公顷。1992年开工建设，将建设15万平方米的科技公共建筑，其中包括科技大厦、光机电一体化、电子信息、新材料、新能源和高效节能、海洋和生物工程等。产业一条街将成为大连高新技术产业园区对外开放、中外高新技术企业管理和经营、新技术开发、信息集散、科技贸易、资金融通和服务的窗口。

五个功能小区分别为凌水小区、黑石礁小区、星海小区、西山小区和七贤岭小区。

经济技术开发区科技园位于市区东北部，占地0.4平方公里。目前已进入科技园的企业有51家，科技园规划总建筑面积为38万平方米，总投资5.5亿元。

进驻园区投资经贸企业，享有基本建设、物价、进出口、关税、税收、折旧等多方面的优惠政策。

3. 大连大窑湾保税区1992年5月经国务院批准，当年10月投资6000万元，完成“七通一平”和封关，业经海关总署验收通过开埠招商，现已批准55家三资企业进区。大连大窑湾保税区规划建设面积1.25平方公里，是中国东北亚地区开放度最高的自由贸易区，实行比现有特区、开发区更加灵活优惠的特殊政策。

大窑湾保税区是融出口加工、转口贸易、仓储运输、金融保险于一体，具有多功能、综合性的开放区域，它采用在海关监管下，重点发展出口转口、对外贸易、转口贸易、仓储运输、金融服务等业务的国际通行的自由贸易区模式，国内外的公司、企业、其它经济组织和个人均可在区内设立企业和经营机构，从事多种业务。

（隽宗平）

三、大连经济技术开发区投资建设综述

（一）开发区投资建设基本情况

大连经济技术开发区是1984年经国务院正式批准设立的。经过8年开发建设，目前已完成首期开发面积10平方公里，其中3/5为工业区，第二期10平方公里的开发建设已经起步。截至1992年末，已累计完成投资额68.3亿元，其中，用于生产性建设47.8亿元，非生产性建设20.5亿元。建设资金的主要来源为：地方财政投入11.3亿元、银行贷款13亿元、引进外资32亿元、企业自筹12亿元。已建成53公里长的区内公路和12.5公里直通大连市区的振兴路；6.3万千伏安的中心变电所；年供气能力5200吨液化气站；日供水量5万吨的净水厂；污水处理厂设计规模6万吨，已建成1.5万吨；热电厂一期工程两机两炉已经竣工，装炉二台总容量150吨，装机二台总容量2.4万千瓦；通讯6000门程控交换机直接承担国际、国内的电报、电话、电传、传真等通讯业务；区内还建成15万平方米的居民住宅、12万平方米商业旅游中心和两个生活服务中心。其中集购物、旅游、饮食、娱乐为一体的工商业旅游中心——五彩城，内有近700家商业企业。区内还兴建了4所小学、2所中学、1所职业高中、3所医院。占地面积50470平方米，拥有23栋别墅小楼及设施完备的服务大楼的外国人生活区，海滨花园一期工作已经投入使用。

在进行基础设施建设的同时，大连经济技术开发区还在招商工作

效率上下功夫，成立“集权式”的办事机构——项目推进中心，让外商在一个窗口办完所有审批手续。

目前，大连经济技术开发区已初具规模，已具备外向型经济运转所必须的各种物质条件，使大连对外开放的窗口作用越来越明显，对形成东北地区乃至北方城市最有效的国际转口贸易基地创造了可靠基础，被外商称赞为比较理想的投资环境。

（二）投资建设成就

1. 投资势头旺盛。1992年完成投资规模29.4亿元，比上年增长116.3%。其中基础设施投资6亿元，投改投资20亿元，商品房投资3.4亿元。

2. 利用外资成效显著。1992年新批准的“三资”企业192个，累计已达456个，当年投资额8.26亿美元，累计已达23.32亿美元，当年的投资额为上年的3倍。目前大连经济技术开发区在吸引外资项目、合同金额和实际利用外资方面，据国内13个经济技术开发区第一位。

3. 项目选择上已开始上水平，上档次，不仅规模大、技术水平高，而且在经营管理，技术进步方面具有较大的示范作用。仅投资额在1000万美元以上的项目就达12个，投资的国家和地区由年初的16个增至23个。小野田水泥有限公司、辉瑞制药有限公司、三洋制冷、万宝至马达有限公司等一批具有先进技术装备的项目使开发区项目水平有明显提高。

4. 工业生产有较大发展，投试产企业已达236家。1992年实现工业产值37.1亿元，比上年增长65.6%。其中“三资”企业实现产值30.3亿元，比上年增长66.5%；内联企业实现产值4.1亿元，比上年增长41.4%。

5. 成本优势已经显出。开发区已投产的250多家企业劳务费用仅占产品成本的6%，是世界上劳务费用构成较低的地区。工业生产性项目的产品中，土地成本含量仅占0.8～1.2%，低于国际平均含量。

6. 工业企业效益实现了正值增长。1992年开发区工业企业实现利润总额10500万元，实现了正值增长，而去年同期亏损1195万元。特别是“三资”企业更为突出，1992年实现利润6400万元，而1991年亏损3348万元，这说明部分“三资”企业已转入正常经营，生产企业的税收年增长6%左右，对稳定全区税源起到了主导作用。

7. 外贸继续保持着增长势头。全区出口商品总值可达4.7亿美元，比上年增长49%。其中工业创汇4亿美元、外贸创汇0.7亿美元。

8. 第三产业有较大发展。1992年批复第三产业600多家，使第三产业项目总数超过2000家，其门类之多、行业之广，是建区以来少见的。第三产业中，“三资”企业已由年初26家增至56家。房地产市场已开始形成，1992年辟出40万平方米土地搞房地产开发，土地资源已成为开发区一项主要资源。此外，区内娱乐设施日趋丰富。

（三）发展前景日趋明朗

经过8年开发建设的大连经济技术开发区已经从打基础发展到了抓生产，上水平，求效益的发展阶段。1992年在邓小平同志南巡谈话鼓舞下，开发区建设加大了发展速度和提高了发展档次，主要表现以下几方面。

1. 包片开发成绩显著。1992年大连市经济技术开发区通过批租土地形式，利用外资、合资包片开发，提高综合开发能力。主要有1992年5月开工建设的日本大连工业团地、振鹏工业城有限公司、TDK大连有限公司和中信华美工程公司等。其中，日本大连工业团地，日方20余家有影响的银行、商社、企业和日本ECF均参与了投资，在今后两三年内将引进20至100家企业，投资5至6亿美元。

2. 项目的整体水平上升。引进日本松下技术的中国华录电子有限公司，已在1992年8月全面开工兴建，将成为我国最大的录像机生产基地；由中、美、日三国5家企业合资，采用世界先进技术的大连浮法玻璃有限公司，1992年11月正式开工；大连与法国道达尔公司合资兴建的大连西太平洋石油化工有限公司，投资7亿美元，也正在建设之中。

3. 大连保税区已开埠招商。1992年5月，经国务院批准，完成“七通一平”，当年10月封关，经海关总署验收通过，已具备出口加工、转口贸易、仓储运输、金融保险的营运条件。现已批准55家三资企业进区设点经营。

4. 大窑湾港已经投入使用。做为我国北方最大的港口——大窑湾港一期工程四个泊位已经投入使用，其中30000吨集装箱泊位2个、25000吨多用途泊位2个，年吞吐能力260万吨，这为大连经济技术发展提供了有利的竞争基础。

（隽宗平）

吉林省

一、1992年 吉林省投资建设基本情况

（一）投资建设概况

1992年，吉林省为适应改革开放和经济发展上新台阶的需要，进行了一系列重大改革，进一步简政放权并适度下放了建设项目的管理权限，从而，调动了多方投资建设的积极性，形成了多元化、多形式、多层次投资建设的新格局。

1992年，吉林省全社会完成地方级固定资产投资额达78.6亿元（不含长春市，下同），其中，国有单位投资57.6亿元；城乡集体投资7.8亿元；城乡个人投资13.2亿元。在国有单位的57.6亿元中，基本建设投资20.3亿元，比1991年增长45.0%；更新改造投资18.8亿元，比1991年增长39.3%；商品房投资8.2亿元，比1991年增长86.4%，其

它固定资产投资10.2亿元，比1991年下降8.1%。

（二）投资结构

1992年，吉林省认真贯彻国家产业政策，引导投资方向，使全省的投资结构更趋合理。通过投资结构调整，基础产业和基础设施建设得到加强，生产性建设和非生产性建设的投资比例更趋合理，第三产业得到发展，为吉林省经济上新台阶奠定了一定的物质基础。

1. 能源、交通、邮电业的投资。能源工业一直是制约吉林省经济发展的重要因素，也是几年来全省投资的重点。1992年，全省用于能源工业基本建设和更新改造的投资4.1亿元，比1991年增长121.7%；用于交通、邮电业的投资1.2亿元，比1991年下降26.1%。

2. 企业技术改造投资额大幅度增加。全年用于增加品种的投资7.0亿元，比1991年增长28.5%；用于提高产品质量，节约能源，"三废"治理的投资3.6亿元，比1991年增长1.5倍。

3. 第三产业投资大幅度增长。1992年，全省国有单位第三产业完成投资额28.8亿元，比1991年增长73.1%。其中，城市公用事业等投资2.5亿元；文教、卫生、体育等投资2.8亿元；商业饮食、供销仓储业等投资3.9亿元。

4. 生产性投资与非生产性投资比例安排趋于适度。1992年，全省国有单位用于生产性建设的投资达33.0亿元，比1991年下降0.9%；用于非生产性建设的投资20.0亿元，比1991年增长52.9%。在非生产性建设投资中，重点安排了文教、卫生、科研等部门的投资2.5亿元，比1991年增长37.4%。其中，教育投资1.8亿元，比1991年增长39.0%。

（三）支持重点建设项目

为确保重点项目的建设，吉林省积极采取得力措施，在组织领导上加强对重点建设项目的管理和调度。在资金紧张，建设物资短缺的情况下，积极发行重点建设债券筹集资金，从多方面保证重点建设项目。

（四）宏观经济效益有所提高

1992年，全省国有单位建成投产和交付使用的建设项目，共1023个，建设项目投产率为63.6%，比1991年上升了3.6个百分点，新增固定资产48.8亿元，比1991年上升了44.8个百分点。1992年，在国有单位中，通过基本建设投资建成投产和交付使用的建设项目649个，比1991年增加101个，建设项目投产率为65.4%，比1991年提高了1.7个百分点，新增固定资产17.6亿元，固定资产交付使用率为86.5%，比1991年上升了25.1个百分点。通过更新改造投资建成投产和交付使用的建设项目374个，建设项目投产率为60.7%，比1991年上升了6.5个百分点，新增固定资产10.0亿元，固定资产交付使用率为86.3%，比1991年下降了12.3个百分点。国有单位其它固定资产投资，新增固定资产1.7亿元，固定资产交付使用率为16.3%，比1991年下降了62.1个百分点。

（五）住宅建设迅猛增长

1992年，全省城乡用于住宅建设的投资达30.6亿元，比1991年增长30.8%，是新中国成立以后，住宅建设投资最多的一年。全年共建成住宅面积958.1万平方米，全省有近15万户居民喜迁新居。在30.6亿元的住宅建设投资中，国有单位完成投资16.4亿元，比1991年增长69.9%，竣工住宅面积330.5万平方米，比1991年增加135.3万平方米，增长69.4%；集体所有制单位完成投资2.5亿元，比1991年增长7.7倍，竣工住宅面积38.8万平方米，比1991年增长5.6倍；全省城乡个人用于住宅建设方面的投资11.7亿元，比1991年下降12.7%，竣工住宅面积594万平方米，比1991年下降21.7%。

此外，据全省上报的59家商品房开发公司统计，共开发商品住宅157.1万平方米，比1991年增长47.8%，年开发量为9.7亿元，比1991年增长59.0%，占全部住宅投资的31.7%。由于商品住宅建设的迅猛增长，对缓解全省城镇居民住房紧张有利。到1992年末，城镇人均居住面积，已由1991年的5.7平方米，增加到1992年的6.0平方米；农村人均居住面积，由1991年的13.9平方米，增加到1992年的14.2平方米，使城乡居民的居住条件有所改善。

（六）1992年固定资产投资特点

1. 自筹基建投资明显增长。随着国家和省对固定资产投资项目审批权限相继下放，各级政府和企事业单位，对基本建设和更新改造投资的决策自主权，也相应扩大。1992年在基本建设和更新改造投资中，各级政府和企事业单位自筹资金占61.9%，比1991年增长61.8%。

2. 利用外资逐年增加。1992年全省利用外资完成的投资达7.8亿元，比1991年增长35.8%，也是吉林省改革开放以后，利用外资最多的一年。

（七）投资建设的主要问题

1. 地方级基本建设项目概算超支，影响竣工投产。近年来由于设备、材料价格上涨，原来编制的概算，已起不到控制投资的作用。仅据全省6个即将收尾的大中型项目统计，原概算投资为31.1亿元，调整后概算投资为52.4亿元，概算调增21.3亿元，占原概算的68.3%。

2. 地方级自筹基本建设资金不落实。随着计划、财政、投资等，经济体制改革的深入，特别是投资管理权限的下放，使一些建设单位没有资金或资金不足，也下达了自筹资金基建计划。据1992年全省下达部门自筹资金基建计划6.2亿元，存入建设银行的资金为5.6亿元，占计划的90.8%，尚有0.6亿元的资金，没有到位。

3. 在建工程规模过大。1992年，吉林省国民生产总值增长12.9%，国民收入增长13.3%，而

表 3—14　1992 年开工的主要地方项目　　单位：百万元

项目名称	总投资额	当年投资额	计划竣工日期（年、月）	新增生产能力
察尔森水库洮河灌区	253	4		

表 3—15　1992 年竣工的主要地方项目　　单位：百万元

项目名称	总投资额	当年投资额	开工日期（年、月）	新增生产能力
新源玉米开发有限公司	290	87	1989.11	淀粉 10 万吨/年
四平油脂化工总厂	505	160	1990.9	
吉林市半导体厂	73	4	1989.4	晶体管 500 万支/年
延吉铝厂	75	10	1988.3	电解铝 7448 吨
延边自治州农药厂	46	230	1991.10	
石岘造纸厂	69	12	1989.8	机制纸及纸板 2 万吨/年

1992 年结转未完工程尚需投资增长 32.9%，高出国民生产总值 20 个百分点，在建工程规模已经有膨胀的先兆。表明摊子已经铺得过大，这势必影响“八五”后 3 年新开工项目的投资规模。

二、1992 年吉林省利用外资投资建设基本情况

（一）利用外资投资建设基本情况

1. 利用外资规模及资金来源。1992 年，吉林省（不含长春市）全年利用外资项目 649 项，合同外资金额 70861 万美元，分别是 1991 年的 4.3 倍和 2.9 倍。其中，外商直接投资 605 项，外资金额 39718 万美元；对外借款 25 项，合同金额 29079 万美元；外商其它投资（国际租赁、补偿贸易）19 项，金额 2064 万美元。

对外借款 25 个项目中，外国政府贷款 3 项，2641 万美元；国际金融组织贷款 12 项，3377 万美元；出口信贷 2 项，16299.05 万美元；外国银行商业贷款 8 项，6761.95 万美元。(1) 外国政府贷款项目：使用加拿大政府贷款 490 万美元，引进数字微波通信设备，建设长春市——珲春市、吉林市——浑江市两条长途通讯线路；使用挪威政府贷款 711 万美元，引进程控交换机 3 万门；使用日本政府贷款 1440 万美元，引进市话程控交换机 4 万门及其配套设备。上述项目均在年内安装完毕，投入使用；(2) 国际金额组织贷款项目：使用瑞士银团贷款 581 万美元，

建设吉林造纸厂纸浆生产线；使用联合国能源专项贷款2610万美元，用于吉林省油田管理局的油田改造工程。(3)出口信贷项目：使用德国、韩国出口信贷16299.05万美元，用于吉林化学工业公司的30万吨乙烯成套设备项目。此项目正在建设中，预计“八五”计划期间内竣工投产；(4)外国银行商业贷款项目：使用日本兴业银行500万美元贷款，用于吉林市自来水公司第二水厂建设。

外商其它投资的19个项目中，国际租赁1项，263万美元；补偿贸易18项，1801万美元。

2. 外商直接投资结构。(1)1992年，吉林省外商直接投资企业共605家，合同金额39718万美元。其中合资企业497家、合作企业39家、外商独资企业69家。生产型企业432家、非生产型企业173家。按行业划分，加工工业389家、建筑装潢业35家、农林牧渔水利业6家、交通运输业2家、其它文教卫生和商业饮食业等173家。(2)1992年，到吉林省投资的国家和地区为：香港292家，投资金额19766.6万美元；韩国89家，3845.6万美元；台湾57家，7154万美元；美国51家，5158万美元；日本43家，1598.3万美元；新加坡13家，1017.5万美元；泰国3家，1178万美元。

3. 外商直接投资特点。(1)与1991年相比，不仅投资家数和金额成倍增长，而且项目规模进一步扩大。平均每一项合同外资额65.6万美元，500万美元以上的项目50个，1000万美元以上的项目10个；(2)外资投向呈多层次、多元化、全方位趋势。在基础设施、基础产业和企业的技术改造吸收外资较快增长的同时，投资向第三产业拓展，增加了许多新的吸收外资行业。第三产业吸收外资增长迅速，其企业家数占新批企业总数的近三成；(3)房地产投资成为热点。新批房地产合资企业57家，合同外资金额9848.6万美元，分别是1991年的14.3倍和40.3倍；(4)合作国家与地区达25个。

4. 接受外援和引进技术设备。1992年，吉林省共接受国外多边，双边援助款12项，691.1万美元。主要是联合国援助项目，分别是玉米综合加工、利用研究与开发项目(援助金额159.5万美元)；玉米育种研究与开发项目（援助金额52.8万美元)；图们江地区开发可行性研究项目（援助金额450万美元)，以及德国、加拿大援助的人才开发项目。

技术和设备引进共签合同30项，合同金额2.19亿美元。技术引进项目软件费用占项目合同金额的42.4%。项目涉及石油化工、机械、纺织、轻工等行业，来自德、美、英、日、韩、俄、丹麦、加拿大和香港等9个国家和地区。

5. 经验与教训。吉林省利用外资，促进了经济建设和出口创汇。尤其是占全年利用外资金额54.66%的外商直接投资，不但引进了资金、先进技术和管理方法，而且还培养了人才，密切了与国际市场的联系，促进了企业经营机制的转变。由于外商直接投资无须还本付息，因而大大减轻了外债负担。但是，由于外商投资房地产开发业过猛，造成建设资金相对紧张，同时还存在个别外资资金不到位和高估外方资产的问题。

（二）改善投资环境，加强基础设施建设

1. 多方筹资，进行铁路、口岸和内河港口建设。为实现“开边通海”，1992年，吉林省加强了图珲铁路、大安港内河码头的建设以及中俄、中朝陆路边境口岸的功能完善等工作。(1)图们至珲春铁路，全长约65公里，1987年9月开始建设，计划投资1.6亿元人民币，于1993年6月建成。该项目1.6亿元总投资中，煤炭部、建设银行贷款、林业部、铁道部和吉林省分别投资和贷款9000万、3500万、500万、1000万和2000万。实际已投入2.8亿，超过部分1.2亿元由吉林省自筹；(2)中俄珲春口岸是吉林省对俄唯一陆路口岸，于1992年10月全部建成并投入使用，由国家口岸办公室和吉林省共同投资2400万元人民币；(3)位于吉林省西北部嫩江边的大安市大安港码头是吉林省目前经嫩江、黑龙江通往俄罗斯的唯一水上通道，由吉林省投资220万元人民币进行扩建改造后，年货运吞吐量已达200万吨；(4)对朝边境口岸共有9个，由国家口岸办投资100万，吉林省投资2960万元人民币，有重点地进行了改造建设，进一步完善了口岸功能。

2. 利用外资，完善通讯设施，加快能源、电力、供水等基础设施建设。(1)1992年，吉林省电力局投资4808万元人民币（包括加拿大贷款490万美元)，建设了长春市至珲春市514公里、吉林市至浑江市330公里的两条长途数字微波通讯线路；(2)吉林省邮电管理局投资6200万元人民币（包括挪威贷款711万美元)，为长春、梅河口、白城、四平、安图5市县引进程控交换机3万门，并已安装使用。该局还投资9810万元人民币(包括日本1440万美元贷款)，改造了长春市电话通讯网工程；(3)省电力局从瑞士银团借款112万美元，用于珲春电厂的二期工程建设，年内已开工；(4)省油田管理局利用联合国贷款2610万美元，进行油田改造；吉林市自来水公司利用日本兴业银行500万美元贷款，建设第二自来水厂。以上项目年内开始建设，计划“八五”计划期间内完工。

上述基础设施工程，均有较好的经济和社会效益，但其中个别工程（如图珲铁路）在建工期长，其间由于国家经济政策几经调整，再加上受通货膨胀影响，工程投资被迫不断追加，地方筹资困难，使工程不能按期完成。

（三）经济技术开发区投资建设情况

1. 珲春边境开放城市。(1)基础设施建设日趋完善。1992年3月9

日，国务院批准珲春市为进一步对外开放的边境城市。1987年以来，中央、省、州共投资达10多亿元人民币进行基础设施建设。1992年，设计年产450万吨煤炭的珲春矿区，已形成年产180万吨的生产能力；设计总装机容量140万千瓦的珲春电厂，已有2台10万千瓦的机组并网发电，年发电13亿千瓦时；全长65公里的图珲铁路将于1993年下半年竣工通车；珲春至长春的120路长途微波通讯线路已经开通，6000门程控电话并网使用；城区上下水主干线网络已经形成，人均日生活供水量可达100公斤；市区内新修水泥路面50742平方米；保税仓库已部分投入使用。来珲春注册的办事处301家，各类公司或经销处1298家，注册资金达10亿元人民币，外商意向性投资60亿元人民币；(2)房地产市场已经启动。1992年立项249个，总建筑面积291.8万平方米，计划投资19.4亿元人民币，其中148项、70万平方米的工程已于当年完工。香港科道有限公司投资3000万元人民币，建筑面积12000平方米的三星级宾馆于1992年破土动工，预计1994年9月建成；(3)中俄铁路接轨工程即将完成。由珲春站至俄罗斯马哈林诺站共44公里（其中我方境内20公里）。中俄双方达成协议，分别建设，于1993年9月在国境线接轨。目前，我方一侧工程进展顺利。一旦实现接轨，我方可通过这条铁路直达俄罗斯的扎鲁比诺港，年货运量大约300万吨。此项工程我方投资3.8万元人民币，主要由吉林省自筹。

由于国务院刚批准珲春市对外开放，所以，建设项目仍以基础设施为主，高新技术和加工工业尚无较大动作。

2. 吉林市高新技术产业开发区。(1)依托老城区进行彻底改造。该区在市内，面积11平方公里，现有26家高新技术企业，固定资产15100万元人民币。除利用现有基础设施外，1992年，吉林市投资7000万元人民币，修建一条长1.7公里的园区干道；投资8000万元，在0.3平方公里内实现了“七通一平”，并修建了10000平方米的高新技术创业大楼、科技一条街、标准厂房和停车场。区内开发项目近百个，1992年重点抓新材料和精细化工开发，首先确定了5项国家级和5项省级火炬项目，总投资3597万元人民币；(2)广泛动员各方力量，进行投资建设。吉林市政府1992年向开发区投入人民币15000万元，资金来源为：社会集资3100万元；财政拨款2000万元；城市维护费900万元；吉化公司购地费1500万元；市内人民银行和各专业银行各划出500万元贷款额度，计2500万元；发行债券2000万元；市经济技术协作总公司投入1000万元；市投资总公司投入2000万元。

（蔡铁军）

长春市

一、1992年 长春市投资建设 基本情况

（一）1992年投资建设情况综述

1992年，长春市对投资规模和投资方向进行有效的调整和控制，全市共投资基本建设项目706项，新开工项目510项，全市施工面积474.1万平方米，竣工面积237.3平方米。竣工项目271项，基本建设计划投资为47.18亿元，本年完成投资45.08亿元。全年更新改造投资完成9.3亿元，比上年增长32.9%，在全部更新改造投资完成中，用于增加产品产量的更新改造投资完成2.5亿元，用于增加品种和提高产品质量的更新改造投资4.7亿元。一批新的建设项目和技改项目完工交付使用。本年新增固定资产24.47亿元，比上年增长15.6%，形成的主要生产能力（效益）有钢材4.2万吨/年、新增发电量21.67万度、增加煤炭开采量44.5万吨、水泥2万吨/年、汽车制造6000辆/年、汽车和挂车购置417辆、水库容量5.6亿立方米、粮食仓储1201.1万公斤。商业网点102处，面积10.6万平方米，医院新增床位287张。热电二厂、西解放立交桥、东郊煤气厂等一批项目建成，市话机容量已达10.1万门。整个城市综合开发有较大进展，开发小区23个，全年竣工面积达120万平方米，10500户居民喜迁新居。城市绿化覆盖率达到36.7%，环境保护综合整治跨入了全国“十佳”城市行列，整体卫生水平显著提高，成为全国卫生城市。在抓重点项目的同时，本着量力而行的原则，解决影响生产和人民生活突出问题，使基本建设投资结构和产业结构趋于合理。

（二）投资规模和投资结构

1992年，长春市以国家产业政策和市场需求为导向，努力控制投资规模，调整投资结构。以提高经济效益为重点，抓好投资项目的投产工作，收到良好效果。该市确定的固定资产投资计划为47.18亿元，其中，确定国有单位投资规模为39.18亿元，用于基本建设投资规模为21.44亿元，更新改造规模12.19亿元，其它建设投资规模为5743万元，商品房建设投资规模为4.93亿元。基本建设完成投资45.08亿元，比上年增加13.4亿元，增长54%，其中国有单位完成投资36.92亿元，比上年增长53.1%，集体单位完成投资1.3亿元，比上年增长85.7%。投资结构和投资方向又发生了新的变化。在注重投资效益的同时，注意重点加强了能源、交通、城建等方向的投资，1992年在全部固定资产投资中，用于生产性建设投资完成26.1亿元，比上年增长50.9%，占全部固定资产投资比重由上年的69.8%下降到68.3%，用于非生产建设投资完成12.1亿元，比上年增长61.3%，占全部固定资金投资比重由上年30.2%上升到31.7%。更新改造步伐进一步加快，扩大了企业技术改造规模，全市实

施127项技改项目，完成投资9.26亿元，比上年增长32.9%，用于增加品种和提高产品质量的更改完成比上年下降21.9%，用于增加品种和提高产品质量更新改造投资完成比上年增长1.1倍，使15户重点技改项目保证投产达效，并进行了大面积的产品开发，更改项目达2455项，提高了产品的竞争能力。对事关城市投资环境和人民生活质量的能源、交通、邮电、通讯、市政设施、公用事业等重点工程，建设大规模展开，城市负载能力加强，重点设施建设加快，使长春市“引松入长”工程、铁路客运站工程、伊通河中段改造、小区开发、电信枢纽、公路客运、供热管网建设进入了新的建设时期，城市面貌明显改观，城市居民人均居住面积提高到6.3平方米，整个长春地区呈现出欣欣向荣的现代化建设场面。

（三）投资建设特点

1992年，长春市根据“建设现代化国际性城市”的战略目标，确定1992年投资规模和投资结构，围绕城市总体规划展开了大规模的投资建设，基建投资形成了许多新的特点：

1. 固定资产投资比往年大幅度增加，生产性投资完成量大，更改步伐加快。1992年长春市全社会固定资产投资完成额45.08亿元，比上年增长13.4亿元，增长54%，更新改造投资完成9.3亿元，比上年增长32.9%。用于生产性投资比上年增长50.9%，非生产性投资比上年增长53.1%。使长春市新建项目增加，更新、翻建、扩建项目齐头并进，各项事业正在振兴的局面。

2. 重点工程建设突飞猛进，新开工的国家、省、市大中型重点项目增加。1992年长春新开工建设项目510项，其中新开工国家重点工程一项，大中型项目一项，市重点项目10项。引松入长工程、火车站站前改造工程、热电一厂扩建、一汽——大众汽车公司工程都是典型的大中型重点项目。新开工项目计划总投资占固定资产投资67%。由于重点项目计划下达早，资金打足。有关部门对重点项目实行目标管理、各部门对重点项目优先给予投资政策上的倾斜等，使长春市重点项目完成率达100%。

3. 交付使用固定资产增加，各项基础设施及城市面貌明显改观。1992年长春市交付使用固定资产价值24.47万元，比上年增长15.6%，其中生产性固定资产17.72亿元，非生产性资产7.09亿元，全市新增固定资产比上年增长3.67亿元。交付使用固定资产的增加，为长春市社会效益和经济效益的增加奠定了基础，使长春市整体布局趋于合理，基础设施配套，服务功能得到完善，交通、通讯、能源、市政、综合服务设施建设得到了改善，加大了城市承载能力。

4. 资金重点投放于工业、交通运输、文化教育、商业饮食服务性行业和基础设施等城市发展的薄弱环节。长春市全民所有制1992年投资完成36.92亿元，其中用于汽车、轿车、摩托车、能源工业及建材等工业性投资23.67亿元；用于增加铁路、客运、邮政、电信等交通邮电业投资1.65亿元，商业、饮食业等服务业完成投资2.52亿元，用于文化、广播等事业投资1.69亿元。其它用于强化农业基础设施及其它公用设施上，使长春市工业、农业产品结构得到调整，社会各项事业和国民经济得到新的发展。

（四）投资建设的主要经验

1. 固定资产投资管理必须紧密围绕国家经济建设中心，严格按照国家有关固定资产投资的方针、政策、制度办事，才能做到有目标、有重点，才能达到预期目的。1992年，长春市按照邓小平同志南巡讲话和中央政治局全体会议精神，按照深化改革，扩大开放，促进经济更好地上新台阶的工作重点，抓住结构不合理，技术改造水平低，经济效益差等经济发展的突出问题，大规模进行基建投资和更新改造投资，增强经济发展实力和后劲，使投资管理进入一个新的历史时期。

2. 固定资产投资必须依靠科学的决策，加强投资宏观调控，抑制通货膨胀。多年来，长春市固定资产投资都依靠科学管理，做到从项目的初步设计、可行性研究到交付使用，立项到项目竣工等一系列工作从企业效益、国民经济效益开发，不做盲目建设、重复建设、无效建设，提高投资决策性，使投资更好地发挥效益，做到投资宏观调控，抑制投资规模膨胀。充分发挥了职能部门作用，使固定资产投资全方位综合治理得到实现。

3. 固定资产投资必须把指令性计划与指导性计划有机结合起来。坚持实事求是，量力而行，循序渐进，讲求实效的原则，做到按基建程度办事。树立全国一盘棋、全市一盘棋的思想，并以提高效益为中心，力求速度与效益的统一，才能按期完成计划。

4. 必须加强对施工企业、开发企业、建设单位内部进行科学的管理，从而提高项目管理水平，降低工程造价，提高工程质量。

5. 固定资产投资方向必须向重点项目倾斜，以重点建设带动一般建设。因为重点项目都是国家和地方的骨干工程，也是一个地区经济发展的命脉，所以集中资金搞重点建设，使重点项目建设在人力、财力、物力上得到保证，才能使经济发展更快。

（五）投资建设中存在的问题

1992年，长春市基本建设投资虽然在各个方面取得了很大的成绩。但在投资管理工作中存在着不少差距和不足。投资体制还不适应经济发展要求，经济结构不尽合理，农业、大中型企业后劲不足，城市基础设施滞后于改革开放和经济的发展，城市功能亟等完善和提高，这些问题都需要在投资过程中综合平衡，认真加以解决。

（陈永福）

表 3—16 1992 年本地区开工的主要地方项目 单位：百万元

项目名称	总投资额	当年投资额	计划竣工日期（年、月）	新增生产能力
伊通河城区两岸改造工程	940	220	1994.10	建筑面积 92 万 m^2
长春火车站改造建筑工程	200	140	1994.12	建筑面积 22.5 万 m_2
长春电信枢纽工程	49.5	10	1995.6	长途线路 6 万条 电话 12 万门
长春南岭体育场工程	61.4	1	1994.6	建筑面积 4.3 万 m^2
长春商业城建设工程	390	240	1993.12	北部超级性商贸中心，南部综合性乐园
长春热电一厂扩建工程	408	200.2	1995.5	电 10 万千瓦 热 145.22 百万大卡

表 3—17 1992 年本地区固定资产投资当年竣工的主要地方项目 单位：百万元

项目名称	总投资额	当年投资额	项目开工日期（年、月）	新增生产能力
长春热电二厂	889.4	249	1988.6	电 22 亿度 热 720 万 m^2

二、长春市高新技术产业开发区投资建设基本情况

（一）开发区概况

长春市高新技术产业开发区1988年经省政府批准开始建设，1991年3月初被国务院、国家科委正式批准为国家级开发区。开发区总面积为19.11平方公里，其中政策区16.11平方公里；集中新建区3平方公里。基本建设的大量投入从1992年开始，且主要都在新建区。目前经开发区管委会认定的高新技术企业有248家。截止到1992年底，高新技术产业开发区共投入基本建设资金11969万元，实现工贸总收入37800万元，实现利税6390万元，分别比1991年增长2.2倍和2.7倍，进入快速发展时期，在全市、全省经济发展中占有重要地位。

（二）开发区基础设施投资情况

1992年长春市高新技术产业开发区投入基础设施建设资金3396万元。其中，供热工程投资855万元，电力、电信等工程投资1265.9万元，征地投资1275万元。在新建区全面展开的“七通一平”基础设施及配套工程按计划完成了设计和施工任务。征用土地0.43平方公里(645亩)，生产用房、业务用房、公建用房已竣工面积为37788平方米。

（三）开发区内高科技投资情况

长春市高新技术产业开发区1992年新认定高新技术企业163家，使认定的高新技术企业累计达

到225家；拥有高新技术项目530项，其中实现商品化的249项，产业化的39项；累计向高新技术企业注入建设资金3948万元；企业实现总产值3.98亿元，实现技工贸总收入3.78亿元，利税6390万元，使开发区企业的发展在一年内迈上了一个新台阶。

（四）开发区内引外联投资情况

1992年高新技术产业开发区已建立包括5家独资企业在内的“三资”企业35家，其中已投产的10家，筹备建设的25家；项目总投资6545万美元，其中外商投资2145万美元。同时还有18家“三资”企业达成了建设意向，协议投资总额达1.8亿美元，吸引来开发区投资建厂的有美、日、德以及港台等十几个国家和地区的客商。1992年高新技术企业出口创汇185万美元，节汇1000万元人民币，分别比上年提高了7.2倍和31%。

（五）开发区当年开工及竣工主要项目投资

长春市高新技术产业开发区1992年完成投资11969万元，施工面积183534平方米，竣工面积37788平方米。其中，开发区自建标准厂房投资2250万元，竣工面积15000平方米；集中新建区企业建厂房投资3058万元，竣工面积7900平方米；创业中心大楼建设投资1670万元，竣工面积9865.6平方米；技术市场大楼建设投资850万元，竣工面积4023平方米；新区服务楼建设投资72.96万元，竣工面积1000平方米；基础设施（供热工程、电力、电信等工程、征地）及住宅（新区公寓）完成投资4068万元。

（六）开发区投资规模、投资结构

截止到1992年底，长春市高新技术产业开发区共投入基本建设资金11969.75万元。建筑工程开工总面积近400000平方米，竣工面积37800平方米。生产用房投资5308万元；业务用房投资2520万元；公建用房投资72.96万元；基础设施投资3396.79万元；住宅投资672万元。

（七）开发区投资资金来源

开发区为缓解资金紧张状况，多渠道筹集资金。1992年投入基建的10942.25万元资金，其中有国家贷款450万元、省政府投资150万元、市政府投资200万元、退税500万元，其余为地方金融部门贷款和管委会自筹资金。

（八）开发区投资建设主要经验和问题

1. 主要经验（1）取得省、市有关部门的帮助和配合，是开发区建设取得成效的重要因素。开发区有许多利益关系通过部门来沟通和理顺。在省、市领导的高度重视和有关部门的大力支持下，金融、保险、税务、工商部门积极与开发区合作，进开发区设立机构，开办业务，为开发区企业提供了有效服务。

（2）采取管委会职能处室与开发区建设开发公司共同管理的方式，简化手续，提高工作效率。到开发区建厂，只需由开发区管委会核准，建设公司就放行。

（3）广泛拓宽资金筹措渠道，为开发区建设资金的投入提供了保障。开发区通过争取贷款、发行债券、吸引合作投资和募股等多种渠道筹集资金，1992年通过银团贷款和发行内部集资债券解决了2500万元资金短缺。

（4）在对外开放中，广泛利用传媒，扩大信息交流，提高开发区的知名度和对外开放程度。开发区录制了有中、英、日、韩4个语种的开发区专题录像片、编制了招商手册和新区房地产招商手册；在各级报刊、书籍、广播、电视上宣传介绍开发区的文章，节目达90多次，近30万字，一年来，共接待了14个国家和地区的20个外商考察团组，以及30多个到新区考察的单位，总人数450多人次，达到了招商引资的目的。

2. 存在的主要问题

（1）同国内先进开发区相比，长春市高新技术产业开发区企业发展的速度还不够快、规模还不够大。（2）高新技术产品的国际化水平还比较低，出口创汇能力较差。（3）开发区自身发展的经济实力和效益水平有待于提高，特别是资金紧张仍是开发区面临的突出矛盾。

（陈光）

黑龙江省

1992年 黑龙江省投资建设基本情况

（一）固定资产投资概况

1. 固定资产投资规模

1992年黑龙江省固定资产投资总额为244.22亿元，较上年增长28.8%。其中国有单位投资215.87亿元，较上年增长32.8%；集体单位投资6.8亿元，较上年增长5.94%；个人投资21.55亿元，较上年增长1.7%。国有单位投资中基本建设项目完成124.23亿元，较上年增长46.3%；更新改造项目完成44.36亿元，较上年增长13.2%；其它固定资产投资完成47.3亿元，较上年增长23%。1992年全社会固定资产投资总额中地方项目完成126.17亿元，中央项目完成118.05亿元，分别比上年增长31.3%和26.2%

2. 主要资金来源

1992年固定资产投资的主要来源由下列因素组成：国家预算内投资为15.46亿元，占总投资的6.3%；国内贷款49.97亿元，占总投资的20.5%；利用外资12.7亿元，占总投资的5.2%；煤代油投资4.7亿元，占总投资的1.9%；自筹及其它投资161.44亿元，占总投资的66.1%。

（二）资金的主要投向

1992年完成的固定资产投资用于生产性建设项目169.98亿元，占投资总额的69.6%；用于非生产性建设项目74.25亿元，占30.4%，其中住宅投资41.19亿元，占16.9%。

1992年本省固定资产投资的主

要投向：(1) 农、林、牧、渔、水利等行业投资7.74亿元，占总投资的3.5%；(2) 工业投资138.19亿元，占63.2%，其中轻工业投资16.8亿元，占工业总投资中的比重为12.2%。重工业投资121.39亿元，占工业总投资的87.8%，重工业中的能源工业投资为95.27亿元，在重工业投资中所占的比重为78.5%；(3) 交通运输、邮电通讯业投资18.89亿元，占固定资产总投资的8.6%；(4) 商饮、仓储业投资10.5亿元，占总投资额的4.8%；(5) 机关、团体等事业单位投资为8.22亿元，占总投资的3.8%；(6) 其它行业投资35.6亿元，占总投资的16.1%。

（三）在建项目情况

1992年全省5万元以上的在建项目共有4434个，接近"七五"后两年的总和。其中当年开工项目3288个，比1991年增加405个，本年新开工项目个数高于"七五"任何一年的在建项目总个数。在建规模总投资为758.31亿元，比上年增长30%，超过了当年投资增长的幅度。建设周期也趋向拖长，其中大中型项目平均建设周期比上年拖长0.8年。

（四）固定资产投资效果

1992年本地区国有单位基建固定资产交付使用率为78.4%，未完工程投资占用率为65.4%，大中型项目建成投产率为19%，大中型项目平均建设周期为5.5年。

基本建设投资新增主要生产能力：煤碳开采125.0万吨、石油开采27万吨、发电机组装机容量29.7万千瓦、木材采运5.5万立方米、水泥34.0万吨、新建公路101.0公里、自来水供水能力18.5万吨/日、微波电路1578公里、市内电话自动交换机24.6万门。

更新改造投资新增主要生产能力：炼钢1.04万吨、煤炭开采21.0万吨、石油加工100.0万吨、水泥24.2万吨、化学纤维1.72万吨、合成纤维1.72万吨、棉纺锭3.5万锭、酒4.84万吨。

（五）本地区固定资产投资结构

1. 重工业投资平稳下降。1991年重工业投资比1990年降低4.53个百分点，1992年比1991年又降低5.88个百分点。使全省重工业投资比重一直高高居上的局面正在得到改善，为调整投资结构提高整体经济效益打下了基础。

2. 国有单位固定资产投资中，农业、轻工业、能源工业、交通运输业投资和技术改造投资所占比重虽有回升，但仍有波动。

（李玉广）

表3—18 1992年开工的主要地方项目 单位：百万元

项目名称	总投资额	当年投资额	计划竣工日期（年、月）	新增生产能力
哈尔滨西泉眼水库	115.5	44.33	1994	蓄水 4.78亿 m³
黑龙江省双阳河水库	90.24	18.0	1994	蓄水2.97亿 m³
黑龙江大桥（黑河——俄布齐）	60.0	1.9		1146延米

表3—19 1992年竣工的主要地方项目 单位：百万元

项目名称	总投资额	当年投资额	项目开工日期（年、月）	新增生产能力
哈尔滨自来水公司供水工程	412.52	62.23	87.2	33.2万 T/日

续表

项目名称	总投资额	当年投资额	项目开工日期（年、月）	新增生产能力
哈尔滨啤酒厂	112.5	4.52	87.4	5万T/年
牡丹江热电厂	279.19	5.49	87.4	7.5万千瓦

表3—20　1992年哈尔滨市外商投资来源构成

序号	国家（或地区）	投资总额（万美元）	外方投资总额（万美元）	外资占投资总额比例（%）
1	香港	38449.22	19206.49	49.93
2	韩国	2994.57	1195.00	39.91
3	美国	2290.85	871.73	38.05
4	台湾	5459.61	2387.12	43.72
5	前苏联	1710.87	691.43	40.41
6	日本	1670.91	847.49	51.11
7	澳门	1438.30	595.60	41.55
8	新加坡	1071.60	381.50	35.60
9	澳大利亚	302.01	23.01	7.62
10	玻利维亚	193.53	65.31	33.75
11	加拿大	230.11	72.82	31.65
12	意大利	49.48	31.98	64.63
13	西班牙	70.00	25.00	35.71
14	新西兰	40.30	10.00	24.81
15	泰国	56.00	49.00	87.50
16	朝鲜	72.72	24.43	33.59
17	印尼	84.70	39.70	46.87
18	菲律滨	28.00	12.00	42.86
19	多米尼加	100.00	100.00	100.00
20	莱索托	18.00	18.00	100.00
	合计	56325.78	26674.61	47.36

哈尔滨市

一、1992 年哈尔滨市投资建设基本情况

哈尔滨市 1992 年投资的重点是加强农业、电力、交通、能源、生产急需的原材料工业和城市基础设施，兼顾社会公用事业建设。技术改造方面的重点是降低能源、原材料消耗，上品种，上质量，上档次，开发新产品，依靠科技进步，搞好引进技术的消化吸收和国产化工作。

1992 年国家下达给哈尔滨市固定资产投资总规模为 29.17 亿元，其中，地方投资 20.92 亿元；国家各部委划转地方投资规模 0.48 亿元；国家部委直接下达中直单位投资规模 6.29 亿元；省计委下达投资规模 1.28 亿元。在总投资规模中，国有单位投资 27.27 亿元；集体 0.7 亿元；个体 1.2 亿元。全民所有制单位中，基本建设投资 16.17 亿元；更新改造投资 7.5 亿元；商品房投资 5.5 亿元。

1992 年固定资产投资，在项目安排上优先安排收尾项目、有条件建成投产的项目以及“八五”期间计划投产的续建项目。

1992 年投资建设注意了投资结构的调整，严格控制新开工项目。根据国家产业政策的要求，1992 年除了农业、水利、能源、交通、重要原材料、重要轻纺原料、电子教育、卫生、科技、城市基础设施、粮库、住宅、少数必要的非生产性项目以及已签合同急需的涉外项目外，没开新项目。

加强重点建设。为了提高投资效益，集中有限资金用于重点建设，根据国家关于重点建设项目管理的有关规定，1992 年确定了 22 个市重点建设项目。其中，国家重点项目：三电厂二期，铁路枢纽；省重点项目：哈依（依兰）煤气、热电厂改造、省经贸洽谈会动迁楼、师大艺术学院教学楼、医大综合教学楼、西泉眼水库；市重点项目；天然气引进、城市供水、南直路立交桥、哈同公路第二出路口、站前广场改造、公路客运枢纽、邮政枢纽、中小学校舍、广播电视中心、高新技术开发区、经济技术开发区、水泥厂技改及城市建设综合开发工程。重点项目 1992 年度投资规模为 18.03 亿元。占总规模的 61.8%。

1992 年全市实际完成固定资产投资 32.5 亿元，在完成的投资中，国有单位完成 30.3 亿元、集体单位完成 0.6 亿元、个体完成 1.6 亿元。国有单位中，基本建设投资完成 12.5 亿元，更新改造投资完成 7.1 亿元，商品房完成 10.6 亿元，其它固定资产完成 0.14 亿元。重点项目完成投资 18.80 亿元。

1992 年哈尔滨市竣工项目 30 项，新增经济效益：产值 2.66 亿元，利润 0.19 亿元，税金 0.11 亿元。

（史俊奎）

二、哈尔滨市利用外资投资建设基本情况

哈尔滨市外商投资开始于 1984 年，但截止到 1990 年底，全市三资企业仅有 80 户，协议外资额 4000 万美元。1991 年 5 月哈尔滨市召开了全市第一次利用外资工作会议，并认真贯彻黑龙江省委、省政府“南联北开，全方位对外开放”的方针，紧紧抓住国家开放东北 4 个边境城市和对哈尔滨市实行沿海开放城市政策等历史性机遇，制订并实施了一系列深化改革、扩大开放的政策和措施，改善投资环境，大力招商引资，使哈尔滨市 1992 年引进、吸收外资工作有了突破性进展。据统计，1992 年末，全市共有“三资”企业 587 家，当年新批外商投资企业 403 家，投资总额、协议外资额分别是 1991 年的 3.9 倍和 4.6 倍，平均每个企业的协议外资额由 1991 年的 55 万美元提高到 66 万美元。在新批的项目中，投资额 500 万美元以上大项目 33 个，其中有 14 个超过 1000 万美元。哈尔滨市 1992 年引进外资有如下一些特点。

（一）外资来源和投资领域不断扩大

1990 年到哈尔滨市投资的国家和地区仅有 10 个，投资领域主要集中在轻工、纺织、电子、饮食几个方面。到 1992 年底，到哈尔滨市投资的国家和地区已达到 20 个，除香港、台湾、韩国、日本、美国等发达国家和地区外，东南亚、拉美等发展中国家的投资也不断增加。1992 年到哈尔滨市投资的国家（或地区）情况见表 3-18。

从表 3-18 的统计数据可以看到，1992 年到哈尔滨市投资的国家和地区共有 20 个，合资企业投资总额 5.632 亿美元，其中外方投资总额 2.667 亿美元，占整个“三资”企业投资总额的 47.36%。从国家或地区来看，外方投资额最多的依次为香港、占外资总额的 72%；台湾、占外资总额的 8.95%；韩国、占投资总额的 4.48%；日本、占投资总额的 3.27%。

外商在哈尔滨市投资的领域，从电子、机械、纺织、化工、食品、轻工、医药等第二产业，扩展到房地产、饮食服务、商业、信息咨询、科技开发等第三产业。生产型、高科技型和出口创汇型项目，在新批投资项目中的比重占 68.5%。1992 年外商到哈尔滨市投资的具体情况见表 3-19。

根据表 3-19 的统计数据，1992 年外商到哈尔滨市投资共分布在轻工、化工等 11 个行业上，其中外资投入额较大的行业分别是房地产 9796.17 万美元，占整个外资投入额的 36.72%；服务业 5129.63 万元，占 19.23%；电子 1982.30 万美元，占 7.43%；建筑 1961.45 万美元，占 7.43%。外资占整个行业投资比重较高的行业依次是：农业 89.50%、轻工 69.23%、食品 68.79%、电子 58.85%、服务 56.59%。

表 3－21　1992 年外商到哈尔滨市投资行业情况表　单位：万美元

序号	行业	投资总额	外资投入额	外资所占比例
1	轻工	4758.08	3169.20	69.23％
2	食品	2095.15	1441.18	68.79％
3	化工	909.67	428.91	47.18％
4	电子	3367.78	1982.30	58.85％
5	农业	319.78	286.20	89.50％
6	纺织	1943.47	1084.96	55.83％
7	服务	9064.57	5129.63	56.59％
8	建筑	3567.77	1961.45	54.98％
9	机械	1441.63	762.64	52.90％
10	房地产	27322.66	9796.17	35.85％
11	医药	1715.22	631.97	36.84％
合计		56325.78	26674.61	47.36％

这说明在哈尔滨市投资的外商在农业、轻工、食品等投资少、见效快、风险小的行业投入资金比重较大，而在房地产等投资大、风险大的行业上投入的资金比重较小。

（二）投资结构特点

1.1992 年外商在哈尔滨市投资总额为 26674.61 万美元，其中非生产性投资为 1295.78 万美元，占投资总额的 4.86％；生产性投资为 25378.83 万美元，占投资总额的 95.14％，可见外商几乎将全部的资金都投在了生产性投资上。

2.1992 年外商在哈尔滨市投资，从物质生产领域看，农业投资为 286.20 万美元，占外商投资总额 1.07％；工业 15924.91 万美元，占 59.70％；商业 8456.43，占 31.71％；建筑业 1961.45 万美元，占 7.35％。非物质生产领域只有城市公用一项，投资额为 45.62 万美元，占 0.17％。

（三）外资投入的方式发生了新的变化

哈尔滨大中型企业引进外资是从进行“嫁接”改造开始起步的，哈尔滨第三电厂引进香港新时代投资有限公司 5217 万美元进行技术改造，标志着哈尔滨市大中型企业利用外资已经取得突破。同时，越来越多的外商不再满足于单项投资，开始创办跨地区、跨行业的控股公司，现已经成立了联通集团公司、哈克森集团公司等。

（四）投资环境有了明显改善

1992 年，哈尔滨市在税收、融资、用汇、土地开发、以及引资奖励等方面制定并实行了一系列优惠政策，增强了对外资的吸引力。外资管理部门积极试行外商投资项目“一竿到底”式的联合审批办法，提高了办事效率，使一般外资项目审批的速度由过去平均 1 个月减少到 14 天。他们还编制了 4 种文本的项目库和投资指南，加强了对外商的投资导向。同时，向各区、县（市）政府和有关委办局下放了总投资 200 万美元以下项目建议书和可行性研究报告审批权，明确了各区政府在各自工业小区内兴办的外商投资项目，享有一级审批权。哈尔滨市政府还坚持每月召开一次“三资”企业协调例会，并为“三资”企业解决了 200 多个难点问题。此外，哈尔滨市成立了外商投资企业协会，建立起企业与政府，企业与企业间的联系。与此同时，哈尔滨市还加强了能源、交通、通讯等城市基础设施建设，使投资“软”、“硬”环境都得到明显改善。

（五）引进外资在哈尔滨市经济社会发展中发挥越来越大的作用

据统计，1992 年与 1991 年相比，哈尔滨市外商投资企业产值由 1.76 亿元增加到 3.38 亿元，增长 92％。涉外税收由 1450 万元增加到 2500 万元，增长 72％。“三资”企业出口创汇由 700 万美元增加到 1500 万美元，增长 114％。外商投资企业不但为哈尔滨市经济发展做出了贡献，而且在促进国有企业转换经营机制，解决劳动就业，丰富人们的文化生活等方面起到了积极的作用。

（六）哈尔滨市利用外资存在的主要问题

一是利用外资的总体规模还比较小，“三资”企业的总产值仅占全市的 1.5％，对整个哈尔滨市经济发展的影响和牵动作用还比较小；二是大项目和高新技术项目少，老企业技术改造和基础设施建设项目利用外资不多，动作不大；三是涉外法规不健全，管理不规范，中外双方都有违约问题；四是发展不平衡，部门之间、区县之间差距较大；五是资金到位率不高，“三资”企业资金到位率只有16.9%，比全国平均水平低2.5个百分点，影响了企业的正常生产和经营。

（谷国良　李畅泳）

上海市

一、1992年上海市投资建设基本情况

1992年，在邓小平同志视察南方重要谈话指导下，上海固定投资领域加快改革步伐，在加强宏观调控的同时，进一步下放项目审批权限，扩大企业投资自主权；致力于改善上海投资环境，加快城市基础设施建设；以上海社会经济发展“三、二、一”产业结构调整为目标，调整了投资结构；提高了投资效果，取得了较为显著的成就。

（一）投资规模适度增长

1992年，随着上海经济的发展和社会财力的增加，固定资产投资也呈较快的增长势头。全年全社会固定资产投资325亿元，比1991年增长25.7%，其中，基本建设投资完成128亿元，增长17.5%；更新改造投资完成128亿元，增长34.4%。国有单位投资274.3亿元，增长27.2%；集体单位投资完成33亿元，增长18.1%；商品房建设完成投资11.79亿元，增长55.3%；国有其它投资完成6.52亿元，增长67.1%。

在1992年上海固定资产投资总量中，地方投资大幅度增加，浦东新区建设呈现高潮。全年地方项目完成固定资产投资252亿元，比1991年增长37.7%，增长速度高于中央投资45.8个百分点，高于全市平均水平16.4个百分点。全年浦东新区建设完成固定资产投资75亿元，占全市国有和城镇集体单位固定资产投资总额的1/4多。新区内的三个重点开发小区建设都明显加快，其中陆家嘴金融贸易区完成投资1.14亿元，比1991年增长15.2%；外高桥开发区完成投资1.82亿元，增长1.3倍；金桥开发区完成投资2.63亿元，增长3.5倍。

1992年，上海全市固定资产投资在建施工项目5848个，其中地方项目4839个，全市全年新开工项目3164个，新开工项目计划总投资246.68亿元。

（二）第三产业投资比重有显著提高

1992年，上海第三产业投资发展迅速。第三产业的投资完成额首次超过第二产业。在国有和城镇集体完成投资中，1992年第三产业完成投资139.54亿元，比1991年增长55.3%，所占比重也由1991年的40.9%上升至49.5%；相比之下，第二产业投资增长趋于缓慢，全年完成投资132.87亿元，增长5.1%，所占比重也由1991年的57.5%下降到47.1%。（见表3-22）

（三）城市基础设施建设总规模与相对比重均创历史最高水平

1992年，上海城市基础设施建设突出以解决城市交通为重点，努力抓好电力、煤气等薄弱环节，组织建设了一大批重大骨干工程。在工程建设中，坚决贯彻“集中施工、快速施工、文明施工”的方针，保证了项目建设的顺利推进。全市全年完成城市基础设施建设投资84.35亿元，比1991年增长37.4%，占国有和城镇集体单位全部固定资产投资的比重也由1991年的27.9%上升到29.7%，这一比重较“六五”、“七五”两个时期的平均比重19.1%提高了10.6个百分点。1992年一年完成的城市基础设施建设投资比自上海解放到1978年30年全部完成城市基础设施建设投资总和60.08亿元还多1/3，也相当于自改革开放的1979年到1990年12年完成投资总和243.76亿元的1/3强。这一年，城市基础设施建设无论是总量还是所占比重都创下了历史最高水平（见表3-23）。城市基础设施投资的大幅度增加，使城市建设步伐显著加快，极大地改善了上海的投资环境。

表3—22　1992年上海国有和城镇集体单位固定资产投资产业分布

	完成投资额（亿元）	比1991年增长（%）	比重（%）	其中：地方		
				完成投资额（亿元）	比1991年增长（%）	比重（%）
总计	282.07	28.3	100	209.80	44.9	100
第一产业	9.67	170	3.4	9.67	180	4.6
第二产业	132.87	5.1	47.1	86.62	15.5	41.3
第三产业	139.54	55.3	49.5	113.52	71.2	54.1

表 3—23　历年上海城市基础设施投资　单位：亿元

年份	合计	电力建设	交通运输	邮电	公用事业	市政建设
1979	3.10	0.82	1.11	0.16	0.56	0.45
1980	7.23	3.97	2.03	0.28	0.47	0.48
1981	7.84	3.48	2.36	0.42	0.62	0.94
1982	7.22	1.84	2.86	0.36	0.72	1.44
1983	7.62	1.30	3.01	0.53	1.11	1.66
1984	9.77	1.65	3.35	0.71	1.40	2.67
1985	23.17	3.97	5.32	1.23	7.88	4.77
1986	24.78	5.68	6.56	1.84	5.67	5.03
1987	32.64	9.32	10.02	2.37	5.36	5.58
1988	37.08	14.18	8.80	3.55	3.96	6.58
1989	36.09	11.69	6.16	3.80	6.84	7.60
1990	47.22	17.53	7.16	2.90	10.83	8.80
1991	61.38	19.79	14.49	4.58	9.15	13.37
1992	84.35	19.70	15.01	6.43	13.65	29.56

在 1992 年完成的城市基础设施投资中，构成城市基础设施的几个行业建设全面发展。其中，电力建设投资完成 19.7 亿元，仍保持 1991 年 19.79 亿元的较高水平；交通运输建设投资完成 15.01 亿元，比 1991 年增长 3.6%；邮电通讯业建设投资完成 6.43 亿元，增长 40.4%；煤气、自来水、市内公共交通设施等城市公用事业建设投资完成 13.65 亿元，增长 49.2%；城市道路、雨污水排放管道敷设、园林环卫等市政建设投资完成 29.56 亿元，增长 1.21 倍。从各行业完成投资和增长速度看，充分体现出了以突出解决城市交通为重点，抓好煤气、电力等薄弱环节的原则。全年不仅城市基础设施建设投资总规模达到历史最高水平，而且构成城市基础设施各个行业完成的投资全面达到历史最高水平。

（四）建设资金充足是项目建设顺利进行的保证

1992 年，上海国有单位基本建设和更新改造投资总额为 304.04 亿元，比 1991 年增长 24.4%。其中，地方项目的资金到位情况更好，是近几年来投入资金最多的一年。从增量来源分析，投入资金的增量主要来源于国内贷款和企事业单位自筹。统计结果显示，1992 年，上海地方建设项目，国家预算内资金投入 3.11 亿元，比 1991 年减少 16.4%，所占比重由 1991 年的 2.4%下降为 1.4%；利用外资 18.55 亿元，增长 7.4%，所占比重由 11%下降为 8.2%；企事业单位自筹资金投入 123 亿元，增长 58.1%，所占比重由 49.2%上升为 54.3%；国内贷款 70.89 亿元，增长 35.5%。企业自筹资金的大幅度增加，有力地保证了建设资金及时到位，促进了投资建设项目的顺利进展。

（五）投资效果有新提高

1992 年，上海建成投产了 3145 个项目，项目建成投产率达到 53.8%，是近年来建成投产项目最多的一年。其中一大批与上海产业结构调整密切相关的大中型项目和重点项目的建设进展加快，建成投产的有：上海大中华橡胶厂、飞利浦半导体公司、有色金属板带厂、杜邦农化有限公司等 42 个基本建设大中型项目和更新改造限额以上项目。一年中，上海国有单位和城镇集体单位新增固定资产价值达 224.53 亿元，固定资产交付使用率达到 78.9%，是近年来交付使用率较高的一年。一年内，建成竣工房屋建筑面积 1012.92 万平方米，其中居民住宅 543.48 万平方米。

大批项目的建成投产，使上海新增了一大批主要产品生产能力和效益，主要有：火力发电能力 162.50 万千瓦；变电设备能力（11 万伏及以上）264.9 万千伏安；输电线路长度（11 万伏及以上）156.64 公里；平板玻璃 108 万重量箱；轮胎外胎 40 万条；彩色显像管 100 万只；石油化工蒸馏设备 250 万吨；钢材热轧 59.41 万吨；铜加工 3.95 万吨；棉纺锭 2.18 万锭；合成纤维 6000 吨；新（扩）建港口码头增加年吞吐能力

250万吨。

（六）矛盾与问题

1992年，上海固定资产投资以较高速度增长，是伴随加快浦东新区开发开放和适应加快改革发展步伐的新形势出现的，从总体上看是好的。投资需求推动和促进了社会再生产的扩大，使整体经济形势进一步朝好的方向发展，对宏观经济运行进入高速发展时期起了重要作用。但发展中也出现了一些值得重视的新情况和新问题。一是更新改造投资向“外延化”倾斜没有改观。1992年，上海更新改造投资虽然有较多增加，但部分企业用于“外延”扩大再生产的投资依然较多。从建设性质看，新扩建项目占30%；改建项目占49.4%。更新改造投资用于新建项目投资增长91.8%，大大高于改建项目投资增长38.4%的速度。从投资用途看，更新改造投资用于增加产品产量的投资比重占28.1%，用于增加品种，提高产品质量和三废治理投资比重却仅为23%。二是结余在建投资总规模庞大。1992年，全市3164个新开工项目，虽然项目个数比1991年有所减少，但在这些新开工项目中，计划总投资在百万元以上项目就有664个。三是下放项目审批权与加强宏观管理尚有些不同步。主要表现在“三边”工程开始多起步，某些国家控制的长线产品和热点产品建设项目仍在新开工。随着投资项目审批权限的逐步下放，全市区、县、局，各个层次要求上项目的呼声都很高。但倘若现在不加选择地一轰而上，必然会导致以往投资建设的“胡子”工程增多，影响投资效益。当然，出现这些问题的主要根源在于当前的投资机制包括投资行为，投资取向，投资规范以及投资管理等都还不能适应社会主义市场经济的需要，特别是宏观调控能力有所减弱，为解决这些问题带来一定难度，需要通过进一步深化改革来加以解决。

（龚梅华　朱章海）

表3—24　1992年开工的主要地方项目　　单位：万元

项目名称	总投资额	当年完成投资额	新增生产能力
邮电通信工程日贷12万门	5163	8500	市内电话自动交换机12万门
上海有色金属加工总厂东风厂迁建	4638	826	铜加工12300吨/年
印刷包装机械总公司	17667	74	复印机械76台/年
上海彭浦机器厂	3430	42	推土机1187台/年
上无十九厂	5908	3202	大中规模半导体集成电路8200万块/年
永新彩色显像管	5895	5895	彩色显像管100万只/年
上海录音器材厂	7064	4851	普及型录音机30万部/年
轮胎橡胶公司轿车轮胎	29906	6816	轮胎外胎140万条/年
医药工业公司	10700	110	化学药制剂130吨/年
第二印染厂扩建3200特阔染整线	3440	631	
中南纺织有限公司	8442	2160	棉布织机108台　气流纺1632头
冰箱压缩机公司	73361	3630	
家用空调器总厂	14524	4186	家用空气调节器25万台/年
上海大众汽车公司	195807	29839	轿车制造60000辆/年

续表

项目名称	计划总投资	本年完成	新增能力
汽车研究所技术中心八五技改	10099	1249	
上海阳光镀膜玻璃	8200	499	
自来水公司闸北水厂扩建	4242	773	城市自来水供水能力10万吨/日
永新彩色管公司	53953	1120	70万只/年彩色显像管
焦化总厂三联供	94380	9800	城市煤气生产能力100万立方米/日
吴淞化工厂甲苯二异氰酸脂	27603	15005	
表面活性剂厂3万吨非离子表面活性剂	8042	5172	合成洗涤原料3万吨/年
纺织涤纶总厂3.7万吨聚脂	29125	2689	合成洗纤维聚合物　7万吨/年
凌桥水厂	21538	427	城市供水能力　20万吨/日
石洞口煤气厂	47386	406	城市煤气生产能力　210万立方米/日

表3—25　1992年竣工的主要地方项目　单位：万元

项目名称	计划总投资	当年完成投资	开工日期	新增生产能力
上海飞利浦半导体公司	25433	1	89.11	
轮胎橡胶集团公司30万子午线轮胎	31860	6960	90.5	轮胎外胎　30万条/年
新风色织厂引进剑杆织机	4244	395	89.3	棉布织机　160台
吴淞煤气厂扩建	23483	12258	90.12	城市煤气生产能力　60万立方米/日
平板玻璃厂	7012	150	88.12	平板玻璃　108万重量箱/年
邮电通讯西贷11.8万门及配套	19200	14200	91.9	市内电话自动交换机　11.8万门
上钢三厂中厚板轧机	25104	310	89.3	热轧钢材　35万吨/年
上钢五厂30万吨合金钢棒材	23967	3240	88.10	热轧钢材　30万吨/年
上海跃龙有色金属公司	6084	2694	90.8	

续表

项目名称	计划总投资	当年完成投资	开工日期	新增生产能力
沪江铜厂	5192	1985	89.12	铜加工 2510吨/年
有色金属板带厂	27288	12005	90.10	铜加工 39500吨/年
上海机床总公司	41023	12453	87.10	金属切削机床制造 1361台/年铸铁件3.7吨/年 锻件 4000吨/年
上海电缆厂“七五”改造	3488	1285	88.10	
重型机器厂“七五”改造	7931	4205	86.7	
上海机床厂	22455	7967	87.10	金属切削机床制造 120台/年
永新彩色显像管公司	5895	5895	92.10	彩色显像管 100万只/年
氯碱总厂电化厂聚四氟乙烯	5782	5117	90.12	塑料树脂及共聚物吨/年
卡博特化工有限公司	10923	1532	88.5	炭黑 2.8万吨/年
杜邦农化有限公司	11997	4052	91.2	化学农药 100吨/年
吴淞化肥厂硝酸	5512	4962	91.8	浓硝酸 2万吨/年
十二制药厂抗肿瘤项目	3084	1384	89.12	化学药制剂 12.4吨/年
三十四棉扩建21840锭	4294	6956	88.10	棉纺锭 2.18万锭
色织十八厂“94”专项	3497	155	88.8	
第一绸缎炼染厂	6980	735	90.10	
拖内公司菲亚特项目	8867	786	88.4	小型拖拉机制造 1万台/年
耀华玻璃厂弯钢化	5559	2218	87.12	

二、1992年上海市利用外资投资建设基本情况

上海利用外资项目主要有三部分构成，一是外商直接投资（“三资”）项目；二是外国政府和国际金融组织贷款项目；三是国际商业贷款项目。到1992年底，上海共批准各类利用外资项目4196项，利用外资协议金额115.82亿美元，其中，外商直接投资项目3289项。

（一）上海利用外资发展的几个阶段

上海利用外资的发展，经历了探索试验、快速发展、巩固提高、稳步持续发展和高速发展的几个阶段。

1979—1983年的探索试验阶段。这期间上海利用外资的最大特点是“二少一高”，即：项目数量少，5年中只兴办外商投资企业20家；外商投资金额少，5年累计不到1亿美元；质量高，在兴办的外商投资企业中，迅达电梯、联合毛纺、福克斯波罗等都先后被国家评为全国最佳企业。

1984—1985年的快速发展阶段。这期间，上海批准建立了139家外商投资企业，吸收外商投资10.6亿美元。分别比前5年增长近7倍和10.6倍，上海外商投资企业初步形成规模。

1986—1987年的巩固提高阶段。这一阶段，上海进一步完善了利用外资管理和服务体制，加强宏观调控，对上海外商投资项目产业结构进行了合理的宏观调整。一是适当控制了宾馆、大楼项目；二是提高了工业生产性项目比重，使这类项目外商投资金额占总金额的比重从1985年的5%提高到1986年的16%，1987年继续升至25.7%；三是重点发展了产品出口型和先进技术型项目，两年共建立了这两类企业36家，占历年来这两类企业累计总数的42.4%。

1988—1991年的稳步持续发展阶段。这一阶段，上海利用外资工作在改善投资环境和调整外资投向上下功夫，1988年成立上海市外国投资工作委员会，“一个图章”对外，下放项目审批权限，采取外资委与区、县、局二级管理体制等有力措施，收到明显效果，实现了“稳步持续发展”的目标，其主要表现在：利用外资项目明显增加；利用外资金额明显上升；利用外资产业结构明显变

化，明显向生产性项目倾斜。国际著名跨国公司投资的大项目明显增多，到1991年底，上海利用外资项目总投资在500万美元以上的项目累计有197个，其中1989—1991年的3年中就批准建立了58家。

1992年的高速发展阶段。1992年，邓小平同志南巡重要谈话发表，党的十四大胜利召开，促使上海利用外资的发展势头更为强劲。一年中，上海签订利用外资项目突破2000大关，比1991年增长5倍，协议外资金额达33.57亿美元，比1991年增长6.5倍，利用外资项目数和协议金额数均超过改革开放以来前13年的总和。

(二)1992年上海利用外资的显著特点

1. 工业项目多。1992年新批外商投资工业项目1600个，协议投资28亿美元，分别占总数的80%和53%。

2. 大项目多。1992年新批外商投资大项目143个，协议投资20多亿美元，平均每个项目1440万美元，其中协议投资1000万美元以上项目100个，协议投资19亿美元。

3. 跨国公司多。1992年有36个国际著名跨国公司在上海投资，协议投资金额7.88亿美元。

4. 先进技术型和产品出口型企业多。1992年外商投资企业中，被认定为先进技术型项目24个，产品出口型项目513个，占总数的35%。

5. 投资的国家和地区多。目前在上海投资的外商分别来自世界38个国家和地区，其中11个国家和地区是1992年新到上海的投资者。

6. 产业结构变化明显。1992年来上海的外商投资，遍布工业、金融、房地产、商业、外贸、咨询、服务等各个领域，更适合上海调整产业结构，大力发展第三产业的要求。外商投资的产业分布，第三产业比重明显上升（见表3—26）。

表3—26　外商投资产业分布情况　　比重：%

	1992年		1991年	
	项目个数	投资金额	项目个数	投资金额
第一产业	0.3	0.1	1.1	2.2
第二产业	83.3	53.8	91.2	75.2
第三产业	16.4	46.1	7.7	22.6

表3—27　上海外商投资企业生产经营情况

	单位	1992年	1991年	1992年比1991年增长（%）
工业总产值	亿元	302.12	155.8	93.9
销售产值	亿元	279.0	176.58	58.0
企业所得税	亿元	19.96	11.0	81.5
出口商品总值	亿美元	10.43	4.97	109.9

表3—28　虹桥经济开发区用地性质分类　　单位：万平方米

用地性质	原规划面积	调整后面积	已建成面积
办公楼	22.5	30	13
宾　馆	46	30	24
公　寓	22	30	22.6
展览展销	—	10—12	2.3
商品住房	11.2	12	
商　场	1.4	5	
领馆用地	独立式15块	10—12块	已签约6块

外商投资结构出现四个明显变化：(1)从以轻纺产品为主逐步向机电仪表与轻纺并重的格局变化；(2)从以原材料、低附加值的初级加工产品为主向深加工型、高附加值的制成品转变；(3)从以劳动密集型产品为主向劳动、技术、资金密集型相结合的格局转变；(4)从以工业为主向金融、房地产、商贸、信息、服务等第三产业转变。

（三）上海外商投资企业生产经营效益

上海外商投资企业生产经营情况普遍良好，1982家已开业或投产的外商投资企业，90%以上已进入盈利期，1992年上海外商投资企业生产经营效益又比1991年全面增长。(见表3—25)

（四）开发区的建设欣欣向荣

上海除浦东新区外，还有虹桥经济技术开发区、闵行经济技术开发区和漕河泾新技术开发区3个国家级的经济技术开发区。进入90年代，特别是邓小平同志南巡谈话发表以后，更给开发区带来了第二次外商投资热潮。建设和生产呈现出欣欣向荣的景象。

1.引进外资步伐加快

1992年，3个开发区的外商投资企业保持稳步增长的好势头。全年新增“三资”企业61家，协议总投资额2.61亿美元，其中外商协议投资1.95亿美元，占74.7%。漕河泾开发区全年新增“三资”企业31家，外商协议投资额5721万美元；闵行和虹桥开发区分别新增“三资”企业18家和12家，外商协议投资额分别为7423万美元和6313万美元。

至1992年底累计，已批准进入3个开发区的“三资”企业共201家，合同总投资额为19.33亿美元，其中外商协议投资额达11.23亿美元，占协议投资总额的58.1%。在201家企业中，合资企业131家，外商协议投资5.3亿美元；合作和独资企业分别为9家和61家，外商协议投资额分别为0.85亿美元和5.08亿美元。

2.投资环境日趋完善

闵行开发区目前首期2.13平方公里的开发范围内已基本布满。新扩大的1.07平方公里二期开发区域，正在顺利地加速开发。二期开发吸取了第一期开发的成功经验，实行滚动式的边开发、边引进项目的办法。目前二期开发范围内已有50%的土地被预订。

虹桥开发区经过几年的开发建设，投资环境已逐步完善，一个高楼林立，环境优美，服务设施基本配套的现代化开发区已初具规模。根据大力发展上海第三产业的要求，同时为进一步强化虹桥开发区以外贸为特征的功能，围绕“总量平衡、体现功能、远近结合、配套完善”的指导思想，对虹桥开发区的规划进行了局部调整。(见表3—26)

漕河泾开发区虽然起步较晚，但5年多来加快了开发步伐，1992年又提前2年启动虹桥路西规划区2平方公里的开发。目前区内已竣工的8.3万平方米的标准厂房全部售出，正在施工的50万平方米的标准厂房也多被预购。当前招商工作正热火朝天、紧锣密鼓地进行，被称为第六次产业革命的生物工程的外商投资项目也已进区落户。

（五）问题与措施

近年来上海利用外资工作虽然有了较大进展，但与上海经济发展规模相比较，与开发开放浦东战略要求相比较，特别是与作为国际大城市的形象要求相比较，应该说还是很不相称的。根据“八五”计划和十年规划，以及产业结构调整方向，全面规划利用外资工作做得不够；对一些大项目利用外资的前期工作抓得还不够得力；从引进的外资项目分析，有些引进项目的水平尚不高，大中型的、高技术的、高出口创汇的，以及国内短缺急需的生产性项目还不多；对现有外商投资企业的管理、监督还有不少薄弱环节，尚没有建立一套完整配套的管理措施和方法；在利用外资的渠道和方式上，路子还不够宽，特别在基础设施建设项目中，直接利用外资尚没有成功的经验。

为此，上海的利用外资工作，一是要进一步加强基础设施建设，从根本上改善投资环境；二是要进一步拓宽利用外资的领域，加强对利用外资企业投向的引导，鼓励向第三产业延伸，根据上海“三、二、一”产业结构调整的要求，逐步提高外商投资第三产业的比重；三是要集中力量抓好利用外资的备选项目，并做好项目的前期工作，重点抓好项目的可行性研究，慎重选择合作伙伴；四是利用各种渠道和方式，积极开展招商工作，改变过去等客上门的消极做法；五是加强对国际金融市场动态研究，抓住时机，调整对外债务结构，积极争取政府间和国际金融组织的中长期贷款，降低借款成本，减轻债务负担；六是继续抓好国外贷款项目的信息管理工作，从宏观上加强运筹，从微观上加强管理，实现“借、用、还”的良性循环。

（龚梅华　朱章海）

三、1992年浦东新区投资建设情况

1990年4月18日，国务院总理李鹏代表党中央、国务院在上海宣布了开发、开放浦东的战略决策，宣告了浦东新区的诞生。1990年5月3日，上海市人民政府浦东开发办公室成立，承担起协调、组织浦东新区的开发建设工作。1993年1月1日，中共上海市浦东新区工作委员会，上海市浦东新区管理委员会成立，标志着浦东新区行政管理体制实现了相对独立，也标志着浦东新区的开发建设由启动阶段进入全面发展阶段。

（一）投资政策的引导

浦东新区的早期开发建设，吸取了国内各开发区的成功经验，结合浦东新区的实际情况，依据国家给予的优惠政策和上海经济发展战

略，采取了基础铺路、金融先行、商贸兴市、项目联动的发展举措，特别是优先推进第三产业的发展，使浦东新区能在短期内迅速启动，并呈现快速发展的态势。

金融业的发展是浦东新区的成功之作。根据国家给予浦东的发展金融的有关政策，在3年时间内，黄浦江两岸已成立了30多家新的中外资金融机构，其中国内各大金融机构均在浦东开设了分支机构，截止1992年底，这些中资金融机构的存贷规模已达238.76亿元。而外资金融机构的存贷规模已达8亿美元。新的中外资金融机构的建立，不仅为浦东新区的早期开发注入了活力，而且切实减轻了开发建设中的基础设施的资金紧张问题。中资金融机构先后组织银团，对建设中的杨浦大桥、东方明珠电视塔等大型工程提供贷款，各家金融机构还对新区的中资企业的改造、“三资”企业的起步提供了贷款。

与此同时，商业贸易依靠优惠政策，也得到了迅速发展。仅陆家嘴地区，已有60万平方米商业设施投入建设，其中日本八佰伴集团与上海第一百货商店合资兴建的新世纪商厦面积达12万平方米，投资规模为1.2亿美元。此外，一大批期货市场、交易中心纷纷建立，成为国家级和地区级的交易场所。100多家专业外贸公司在浦东开设分公司，数千家国内贸易公司在浦东注册开业，外高桥保税区内的国际贸易公司超过150家。商业贸易迅速发展，对商业贸易设施和基础条件的改善不断提出更高要求，推动着城市基础建设的展开。

房地产业迅速发展，第三产业异军突起。至1992年底，浦东新区已批租土地130多幅，面积达30平方公里。已经签约和正在洽谈的楼宇项目有150多项，总面积达400多万平方米，计划总投资额达240多亿元人民币。其中，在陆家嘴金融贸易区内，中外投资20多亿美元开发40公顷土地，建造的150万平方米的“富都世界”楼群是迄今浦东新区最大的房地产项目和最大的投资项目。房地产业的发展，已经大大增强了浦东新区建筑市场的活力，对城市化建设起到了推进作用。

（二）投资环境的改善

为不断改善浦东新区的投资环境，适应各行业投资建设和未来发展的需要，浦东新区在3年时间里通过各种渠道筹措资金，加快城市基础设施的建设，并把建设重点放在“大项目，小环境”的施工上，从而为全区基础设施的大面积改善和重点开发区域的启动开发创造了条件。

浦东新区的建设资金来源广泛。除中央政府给予拨款贷款外，上海市财政有较大的投入，特别是对重点工程，市政府将浦东新区内的项目也列为全市建设重点，给予财力上的保证。同时，浦东新区的一些重点工程还获得了亚洲开发银行的贷款。对重点区域基础设施的建设，除骨干和与全区配套项目由新区统一安排外，其余“七通一平”建设费用均由开发区内主管开发公司承担。这样既减轻了政府负担，同时又加快了重点区域的开发速度，保证了开发质量。

浦东新区的投资环境改善是抓大项目入手，取得了显著的开发成效。总投资8.2亿元的上海市区内第一座跨江大桥——南浦大桥仅用3年时间建成通车，日通车达4万辆以上，大大改善了浦东浦西越江交通压力。紧随其后投资13.5亿元兴建的杨浦大桥以二年半时间的工期，将在1993年10月通车，并成为世界上同类型大桥的“冠军”。连接浦东浦西全长45公里的城市快速环线干道——内环线，在浦西部分加快建设的同时，浦东部分已显雏型。这项工程将耗资37亿元。浦东新区南北主干道——杨高路，全长24.5公里，工程投资近9亿元，仅用10个月时间就全线贯通，实现了“当年动迁、当年开工、当年通车、当年绿化”，创下了我国公路建设史上又一个奇迹。年吞吐能力为240万吨，辟有4个万吨级深水泊位的外高桥新港区仅用2年不到的时间就已建成并投入使用。毗邻的外高桥电厂一期工程建设4台30万千瓦国产引进型燃煤机组，工程投资32亿元，预计1994年第一台机组将投入运转。日产煤气100万立方米的浦东煤气厂二期工程已于1991年6月竣工投产，加上一期工程日产煤气100万立万米，浦东新区将在1993年实现煤气普及率100%。凌桥水厂工程经国家计委批准，于1992年开工，一期工程日供水20万立方米。此外污水处理工程也在加紧建设。浦东新区到1992年已有电话装机容量10万门。上述项目被称为浦东新区“八五”期间的十大工程。与这十大工程相配套的各种规模的道路、电力、供水、排水、通讯等项工程也在抓紧建设。

在十大工程建设同时，各重点开发区域的“七通一平”建设也在进行，并已取得实质性进展，为吸引外资，实行先行启动创造了条件。陆家嘴金融贸易区在抓紧旧区改造的动迁工程同时，对所在区域的道路、供电、供水、排污条件进行改善，并在1992年内为区内20多幢大厦的打桩开工，提供了“七通一平”条件。金桥出口加工区实现了开发范围内各类公用管线与市政道路同步建设，并已开始向各工业地块提供配套服务。同时，还在兴建3座变电站，1座雨水泵站，电话装机容量达6000门。外高桥保税区内已开工的市政道路达18条。并已建成日供水达3000吨的深水井一座，开始兴建若干座变电站，已建成3000门新电话局。张江高科技园区2平方公里首期开发地块的动迁及市政配套工程已全面展开。目前，浦东新区上述4个重点开发小区已成功地完成了首期开发区域内的基础设施建设，开发面积近10平方公里，并已集中了500多个内外资项目。

在基础设施等“硬环境”不断完善的同时，浦东新区投资的“软环境”也在不断改善。浦东新区已大幅度地简化项目审批程序，全方位地提供投资服务，并开始形成“高效、精干、优质”的浦东风格。

（三）投资项目的增加

随着浦东新区投资环境的日益改善，世界各国和地区以及国内各省市自治区、中央各部门纷纷看好浦东新区的发展前景，外商投资和国内投资不断增加。

至1992年底，浦东新区外商投资企业已达704家，总投资34.2亿美元，分别是浦东新区开发开放前的19倍和15.4倍。协议吸收外资15.4亿美元。中央各部门和内地各省市开办的企业已达1255个，总投资90.2亿元人民币，其中吸收外地资金80.1亿元人民币，分别是浦东新区开发开放前的23倍、36倍和71倍。

1992年，浦东新区批准外商投资企业534个，比1991年增长5.6倍。投资总额达到28.6亿美元，协议吸收外资12.9亿美元，均比1991年增长10倍左右。其中外商投资的项目数占上海市全市1/4强，协议吸收外资已超过全市的1/3。

浦东新区外商投资项目，已呈现以下特征：

1. 投资的国家和地区主要集中在港台地区和美、英、日等国家。按投资项目数多少排列，依次是香港、台湾、美国、日本；按投资项目的利用外资金额大小排列，依次是香港、美国、日本、英国。

2. 投资结构正趋于合理。浦东新区现有生产性外商投资企业508家，其中机电、仪表等项目仍占主导地位，但吸收外资仅为8.3亿美元，只占全区协议吸收外资总数的54%。而第三产业异军突起，外商在第三产业领域的投资不断扩大，第三产业项目比重不断上升。到1992年底，浦东新区第三产业外商投资企业只有196家，仅占全区外商投资项目总数的27.8%，但协议吸收外资已达7.1亿美元，占全区协议吸收外资的46%，近乎一半。外商投资领域已从少量的餐饮、娱乐、咨询拓宽到房地产、零售商业、信息服务、广告、运输、高尔夫球场、大型文娱设施，以及为建设服务的诸如建筑装饰、设计、施工、安装、维修成套设备等。其中，尤以房地产投资最多，虽只有33家企业，但协议吸收外资却达6.6亿美元，已占全区协议吸收外资总额 的43%。

3. 大项目成为外商投资企业的生力军。1992年底，浦东新区已有投资总额在500万美元以上的外商投资项目87个，投资总额达27亿美元，占全区总投资额的78%。

4. 一批国际著名的跨国公司已落户浦东。如美国的杜邦公司、3M公司、庄臣公司；日本的伊藤、三井、三菱、夏普、日立、八佰伴；德国的巴斯夫；比利时的贝尔；英国的英之杰、斯米克、皮尔金顿；台湾的汤臣集团，泰国的正大集团，香港的新鸿基集团等。

1992年，浦东新区共批准内联企业1093项，总投资88.5亿元人民币，吸收内资78.7亿元人民币。内联项目中，第三产业项目超过工业项目，已占内联项目总数的85%，其中，大多数是综合性商贸公司。主要内联企业按项目数和投资额排列，主要来自中央各部委直属公司、浙江省、江苏省、北京市和深圳市。

（四）重点小区投资开发带动全区域的开发

浦东新区开发面积大，投资规模大，为加快开发开放进程，以重点区域开发带动全区开发，以功能区域的建立促进全区经济结构的调整和完善，浦东新区着重于4个重点小区的开发启动。

1. 采用自由贸易和出口加工相结合的模式，目前国内占地面积最大，开放度最大的自由贸易区——外高桥保税区，占地面积10平方公里，已全部完成隔离设施的建设，其中首期开发地域已正式封关营运。截止1992年底，区内开工建设的总长14公里的道路、30万平方米的厂房、仓库、办公用房、住宅，大部分已竣工。区内已转让土地71块，面积59.7万平方米，另有近100个土地转让意向书和合同已签定。同时，区内已批准开业企业274家，其中，依据外高桥保税区特殊政策而建立的贸易公司占161家。

2. 与上海市外滩隔江相望的陆家嘴金融贸易区以发展金融、贸易、商业等第三产业为主要功能。占地面积5.47平方公里内的大规模动迁和基础设施建设已展开。目前，这一区域已成为吸引内地和国外房地产投资者的“黄金宝地”，已签订建楼意向、协议和项目近百个，其中20多幢大楼已打桩开工。位于该区域内的文登路商业一条街兴建成功，近百家新店开张营业。黄浦江东岸的“东方明珠”——上海广播电视塔建设高度已超过200米，并将于1994年以其460米高度成为亚洲第一高塔。

3. 位于浦东新区中部，原有市政基础条件较好的金桥出口加工区占地面积8.9平方公里，首期开发4平方公里的区域内市政配套设施基本完备，已进入大规模投资兴建各类企业阶段。1992年底已有124个企业落户，总投资14亿美元。进区项目大都技术较先进、产品档次较高、出口比例较高、经济效益较好。同时，也有相当一批高校和科研项目落户这一区域。

4. 属于国家级高新技术产业开发区的张江高科技园区于1992年正式启动。目前，已开始首期开发的2平方公里区域的基础设施建设，并有30多个项目签订了用地协议。

除上述4个重点开发区域外，由各方面投资建设的六里工业区、王桥出口工业开发区、华夏文化商业旅游开发区等一批开发小区也在浦东新区范围内加快发展，并以其不断完善的投资环境吸引了一批中外资项目，形成了开发“小气候”。

由于浦东开发的强劲推动，

浦东新区1992年国民生产总值达91.46亿元，比上年增长21.2%；第三产业增加值为22.02亿元，比上年增长20.3%；工业销售产值为300.65亿元，比上年增长25.3%；社会商品零售总额为23.80亿元，比上年增长32.3%；固定资产投资额为75亿元，比上年增长158.6%。

（黄新农）

江苏省

一、1992年江苏省投资建设基本情况

（一）1992年投资建设成就综述

1992年，江苏全社会完成投资711.70亿元，比上年同期增长61.8%。按投资主体分，国有单位投资288.0亿元，比上年增长67.4%；城镇集体单位完成55.23亿元，比上年增长1倍；农村集体投资完成220.0亿元，增长1.7倍；城乡个体投资完成147.54亿元；减少6.6%。

在国有单位投资中，基本建设投资完成155.84亿元，增长69.2%；更新改造投资完成93.73亿元，增长59.1%；其它投资完成8.01亿元，增长1.1倍；商品房投资完成30.42亿元，增长76.7%。

1992年江苏固定资产投资价格指数为112.1%，扣除价格上涨因素，全社会固定资产投资完成工作量为625.6亿元，比上年增长42.2%。

1992年，江苏国有和城镇集体单位新开工的地方项目共8238个，比上年增长93.2%。全年地方项目共完成投资273.12亿元，比上年增长37.4%。全省全部竣工投产的地方项目7973个，比上年增长1.1倍。

1992年固定资产投资发展变化的特点主要有：

1. 从投资主体看，农村集体投资发展速度快于城镇集体，城镇集体快于国有企业；在国有单位中，其它投资快于更新改造，更新改造快于商品房投资，商品房投资快于基本建设投资。

2. 从中央和地方看，地方项目的投资速度明显高于中央项目。1992年全省国有和城镇集体单位共完成投资343.23亿元，比上年增长72.0%，其中地方项目完成273.12亿元，比上年增长90.6%，增幅明显超过中央项目。

3. 生产性建设投资增速快于非生产性建设。1992年，全省国有和城镇集体单位完成的投资中，生产性建设投资258.19亿元，比上年增长74.2%；非生产性建设投资完成85.04亿元，增长65.7%。

4. 投资的资金来源继续向多渠道方向发展。在全年拨入资金中，国家预算内资金比重下降，预算外资金比重逐步上升。1992年，江苏国有和城镇集体单位的投资中，国家预算内资金14.19亿元，国家预算外资金为329.04亿元，分别比上年增长3.1%和77.1%。预算外资金所占比重由上年的93.1%上升为去年的95.9%。预算外资金中，银行贷款和自筹资金占了绝大部分。

（二）1992年利用外资投资建设基本情况

在邓小平同志南巡讲话和党的十四大精神鼓舞下，江苏省进一步改善投资环境，加快对外开放步伐，全省直接利用外资和举办“三资企业”出现跨越式、超常规发展。全年新批“三资企业”8194家，实际利用外资17.22亿美元，分别比前11年的总和增长3.6倍和2.6倍，“三资企业”已跃居全国第二（见表3—27）。

为进一步改善江苏投资环境，扩大对外开放，1992年全省加强了对基础设施的投资。城镇集体以上用于能源、运输和邮电行业的固定资产投资为87.8亿元，占总投资25.6%。其中，能源投资42.9亿元，占12.5%；运输邮电投资44.9亿元，占13.1%。1992年全省新增发电机组装机容量47.3万千瓦；输电线路615.1公里；煤炭年洗原煤60万吨；万吨级泊位9个，港口吞吐能力1100万吨；一级公路112.8公里，

表3—29　江苏三资企业与利用外资增长情况

	1986	1988	1990	1992	年均增长
批准三资企业数（家）	48	244	392	8194	135.6%
实际利用外资（亿$）	1.82	2.64	4.37	17.22	45.4%

二级公路26.6公里，航道里程26.3公里；市话程控交换机30万门，农话交换机11.2万门，长途电话1万条；城市自来水日供水量83.1万吨。

江苏是全国兴办自费开发区起步较早，进展较快的省份之一。至1992年底，全省11个省辖市有9个对外开放，64个县（市）有40个对外开放，还有1250多个重点工业卫星镇对外开放。经国家批准的各类开发区包括：南通、连云港、昆山经济技术开发区；张家港保税区；南京、苏州、无锡（含锡南高技术园和宜兴环保科技园两片），常州高新技术开发区；太湖旅游度假区（含苏州胥口片和无锡马山片）。另有对外国籍船舶开放的一类港口：连云港、南通港、张家港港、江阴港、扬州港（包括高港港）、镇江港、南京港等。由市县各级政府兴办的各类自费开发区89个。其中，工业经济开发区82个，旅游经济开发区4个（昆山淀山湖、吴江汾湖、溧阳天目湖、南京珍珠泉），港口开发区4个（太仓浏河港、启东吕泗港、如皋港）。

至1992年底，全省开发区已累计投入基础设施建设资金61.7亿元。已批准进区项目4178个（其中，外商投资项目1542个，占37%，合同利用外资39.78亿美元；内资项目2515个，占63%）。已建成投产项目1324个（其中外商投资项目462个）。1992年，开发区实现工业产值135.41亿元，出口创汇8.4亿美元，实现利税近10亿元。其中，89个市县办的自费开发区已累计投入基础设施建设资金约46亿元，已批准进区项目2720个（其中，外商投资项目1103个，合同利用外资约25亿美元）。

江苏在开发区建设中坚持从实际需要和客观条件出发，统筹规划，合理布局，做到开发一片，建成一片，收益一片。1992年，江苏一些办得较早、且初具规模的开发区已初步显示出示范导向作用。一是推动了改革开放，一些新的经济运行体制和模式率先在开发区进行探索和实验，使开发区成为各地改革开放的“试验区”；二是扩大了引进和利用外资规模，提高了经济的外向度；三是促进了地区经济结构的调整和优化，从整体上提高了地区经济素质；四是加快了城镇建设步伐，尤其是老城镇的建设与改革步伐；五是促进了第三产业的形成与发展；六是促进了生产力合理布局和区域经济整体优势的形成。

开发区建设中存在主要问题有：一是在布局上缺乏统一规划。不少开发区在布点上明显违背经济资源的空间配置原则，难以形成合理的城镇布局体系，致使城镇经济区域的整体功能难以发挥；二是在建设规模上缺乏严格的可行性论证。有的开发区中方配套资金不落实，从而影响到外资的到位。个别开发区摊子过大，占地过多。有的甚至只插牌子，没有项目，造成土地资源的闲置浪费。

（李长华　阎浩）

（三）取得上述成就的主要原因

形成1992年固定资产投资高速增长的主要原因，除了政治动因外，经济和社会环境的变化也不失为其重要因素。

1. 随着经济体制改革的逐步深入，新经济运行机制逐步形成并日臻成熟，旧体制作用的范围越来越小，经过前几年经济结构、投资结构和产业结构的调整，经济关系进一步理顺，这些都为固定资产投资快速发展提供了较好的外部环境。

2. 资金来源渠道多样化，预算外资金到位情况良好，为投资高速发展提供了资金保证。全省建设资金的筹集方式逐步向资金市场化模式倾斜。随着金融体制和投资体制改革的深入，金融市场逐步扩大，投资的资金多元化格局也逐步形成。通过贷款、债券、股票和集资的形式筹集资金，已成为去年投资资金来源的重要渠道。1992年全省国有和城镇集体单位投入资金比上年增长50%以上，国内贷款增长90%以上，自筹资金增长超过50%。

3. 投资审批权限下放，政府职能开始转变，为投资发展开辟了更为广阔的境地。1992年，全国和各地相继下放投资审批权限，地方和企业的自主权有所扩大。国家把总投资在2亿元以下的项目由地方审批，国家不再直接审批项目，江苏省也相应作出规定，凡使用自有资金，符合国家产业政策，能解决建设和生产条件的一般项目都下放到市或县审批。这些措施，都为推动投资建设起到了推波助澜的作用。

（四）投资建设特点

1. 投资增长速度快于往年。前几年，由于大力压缩投资规模，一大批在建项目停缓建，许多应该上的项目受政策控制不能开工，因而积蓄了潜在的投资需求，因此，1992年投资增长速度明显高于前两年整顿时期的投资增长。

2. 投资与经济增长基本适应。1992年，江苏国民生产总值比上年增长34.0%，高于全国增长12.8%的平均水平。工业生产快速增长，全省乡及乡以上工业总产值增长42.7%，投资类工业产品大幅度增长，成品钢材增长56.4%；水泥增长24.8%；平板玻璃增长15.1%，而同期固定资产投资增长61.8%，表明去年投资的增长既符合超前规律，又与经济增长基本相适应。

3. 投资规模比正常年略高，但与地方经济增长速度相比，仍属适度增长范围。根据历史经验，结合当前经济发展处于特殊时期的情况，判断一个地区投资规模是否适度的宏观经济界定指标，一般是以投资率为标准。1992年江苏投资率为36.1%，时滞一年的投资率为48.3%（正常年一般为30～35%），比例虽偏高，可是各主要经济部门的关系仍然比较协调，国民经济运转正常。

（五）投资领域的问题

1992年江苏固定资产投资领域出现的新问题主要是总规模偏大，能源工业和基础设施建设赶不上整个经济形势发展的需要，重点建设速度不快，建设资金日趋紧张，投资类物资价格上扬，与资金适成相互推动的锁锁反映。

（陆斐雄 李长华 阎浩）

表 3—30 1992 年本地区固定资产投资当年开工的主要地方项目情况

	项目名称	总投资额（百万元）	当年投资额（百万元）	计划竣工日期（年）	新增生产能力
1	沪宁高速公路	4697.12	612.02	1996 年	258 公里
2	射阳电厂一期工程	604.96	50	1995 年	25 万千瓦
3	无锡锡润轧钢有限公司合金钢车间	206.66	74.89		热轧钢材 15 万吨/年
4	扬中长江大桥	60	12.54	1994 年	公路大桥 1172 米
5	盐城汽车总厂	65.65	11		汽车制造 2200 辆/年
6	无锡新苑公司	62	62	当年	化学纤维 4000 吨/年
7	南通玻璃一厂	60.22	3.1	1994 年	20 亿支易折曲颈安瓿

表 3—31 1992 年本地区固定资产投资当年竣工的主要地方项目情况

	项目名称	总投资额（百万元）	当年投资额（百万元）	项目开工日期（年）	新增生产能力
1	南京第二热电厂	292.9	12.87	1986 年	10 万千瓦
2	南京北河口水厂	214.95	127.31	1988 年	日供水 40 万吨
3	无锡水厂扩建	188.58	81.14	1987 年	日供水 30 万吨
4	南京钢铁厂高速线材项目	158.22	90.60	1988 年	线材 20 万吨/年
5	无锡市钢厂	157.44	54.94	1986 年	电炉钢 16 万吨/年
6	无锡市焦化厂	142.55	0.03	1989 年	煤气 32 万立方/日
7	镇江市大东造纸厂	119.62	11.37	1990 年	机制纸及纸板 2.5 万吨/年

二、1992年江苏省乡镇企业投资建设基本情况

乡镇企业是江苏国民经济发展重要支柱。1992年，随着我国改革开放步伐的进一步加快，江苏的乡镇企业又上新台阶。全省农村工业实现总产值2637.1亿元(1990年不变价)，比上年增加72.9%，以固定资产投资为主要内容的经济建设也呈现出超常轨、大发展的增长态势。这必将为进一步繁荣江苏经济，壮大全省农村经济实力，对改善农村人口生活水平起重要的推动和促进作用。

(一)乡镇企业投资规模发展及结构特征

1. 投资规模明显扩大，工业投资超过城市。1992年，江苏乡镇企业在5万元以上的建设项目完成的固定资产投资220.9亿元，比上年增加1.7倍，相当于“七五”期间5年总和的89.5%。当年建成各类项目1.99万个，交付固定资产价值175.5亿元。工业生产性投资是全省乡镇企业投资的主体，在1992年全省乡镇企业投资中，工业生产性投资达193.8亿元，比上年增长1.75倍，已超过当年全省城市国有工业和城镇以上集体工业投资总量，城乡工业投资比例由上年的63.6∶36变为49.9∶50.1。

2. 自我积累能力进一步提高，利用外资步伐明显加快。统计数据显示，江苏乡镇企业大量增加的固定资产投资，主要是建立在自我积累基础上的，在1992年全省乡镇企业筹集的建设资金中，自筹资金达111.2亿元，占总额的49.5%，比同期国有单位自筹资金比重高4个百分点；银行贷款72.5亿元，占32.3%，比国有单位高3.9个百分点；引进资金30.1亿元，占13.4%，

江苏乡镇企业利用外资也呈现加快发展的势头。1992年，全省乡镇企业实际利用外资达5.8亿美元。利用外资完成的投资是上年的4.8倍。当年新办三资企业4100多家，是1992年以前累计数的4倍。

3. 投资结构得到改善，原材料工业和高新技术投资大量增加。江苏乡镇企业主要起步于轻纺、机械等一般性的加工工业，在多年的建设发展中，建设项目一直存在着投资偏小，技术偏低，结构偏轻，第三产业薄弱等问题。近年来，随着乡镇企业经济实力的壮大和国家宏观调控措施的加强，全省乡镇企业投资结构已得到改善，其表现是：(1)项目平均投资明显增大，改扩建比重提高。1992年，全省乡镇企业在建的23851个建设项目平均投资达123.4万元，每个项目平均比上年净增加64.5万元，其中，苏锡常地区项目平均投资176万元。这些在建项目中，总投资超千万元的占有相当比重。据张家港市统计，1992年该市在建的乡镇企业建设项目中总投资超1千万元的有61个，当年完成投资12.5亿元，占全市乡镇企业当年完成投资总额的55.4%，其中，张家港市德积镇长丝厂和扬舍镇中港纺织(集团)公司当年完成投资分别达1.5亿元和1.03亿元。(2)依托现有企业基础建设发展已成为江苏当前乡镇企业投资的主流。1992年，全省乡镇企业投资中，改扩建项目投资大幅度增加，实际完成投资达151.2亿元，是1991年全省乡镇企业全部投资的1.9倍。改扩建投资占当年全部投资的比重高达68.4%。(3)原材料工业投资有较多的增加。随着原材料工业产品价格市场的放开，其产品的附加值也呈现增大的趋势，江苏乡镇企业向原材料工业的投资明显增加。1991年和1992年全省乡镇企业用于原材料工业的投资有69.8亿元，占同期全部乡镇工业投资的26.4%，其中：1992年用于原材料工业的投资就有49.9亿元，是1991年的2.5倍。冶金、建材、化学纤维工业当年投资已分别达到12.7亿元、11.6亿元、5.5亿元。(4)高新技术投资取得较快的进展。用高新技术武装乡镇企业，实现高新技术产业化，是乡镇企业经济持续、稳定、高速发展的重要保证。近年来，江苏乡镇企业在高新技术投入和实行高新技术产业化方面有了较快的进展。据苏州、无锡、常州三市有关部门统计，该地区1992年乡镇企业的技术改造投资中，用于购置和引进国内外先进技术和设备的投资达70%，仅常熟市乡镇企业引进国外技术设备建设的项目就有67项。具备高新技术产业特征的电子通讯和电气机械行业投资在江苏乡镇企业已有相当规模，仅1992年这方面投资就达11.3亿元。(5)第三产业建设速度加快。1992年，江苏全省乡镇企业用于第三产业的投资20.8亿元，比上年增加2.8倍，增长速度比同期乡镇工业投资高102个百分点，投资比重由上年的6.8%提高到9.4%，其中商业物资供销业投资4.1亿元，比上年增加2.9倍；文化教育卫生福利事业投资2.8亿元，比上年增加55%；房地产及公用事业投资2.2亿元，比上年增加2.5倍。

(二)乡镇企业投资中值得注意的几个问题

1. 农田水利建设投资偏小，占用耕地大幅度增加。“八五”前两年，江苏乡镇企业固定资产投资中，用于农业、水利业投资只占总额的2.7%，在1992年投资大幅度增加的情况下，水利业投资还比上年减少近$\frac{1}{3}$，实际投入只有9500多万元，占全部投资的0.4%。与此同时，乡镇企业建设占用农业耕地都呈现大幅度增加的势头。据统计，两年已占耕地30.5万亩。其中，1992年就占耕地23.3万亩，是1991年的3.3倍。形成当前农业水利投资偏小，占用耕地过多的直接原因，一是农村资金投入明显向工业倾斜；二是乡镇各种开发区建设的广泛兴起。但其症结还是农业和工业投资的比较利益悬殊所致。

2. 能源交通建设投资比重很小，规模也不够合理。1992年，江苏乡镇企业固定资产投资中，用于能

源和交通建设的投资分别为2.1亿元和1.7亿元，仅占当年投资的0.95%和0.78%，两项投资合计还不足同期机械工业投资的$\frac{1}{6}$，建设规模明显偏小。电力建设项目平均投资只有117.7万元，交通建设项目平均投资90万元，分别比同期建设的工业生产性项目投资少11.7%和32.6%。由于乡镇企业投资大幅度增长，能源交通建设投资很小，致使1992年全省全社会能源工业和交通运输、邮电投资所占比重由上年的20.6%降为16.6%。其中，能源工业投资比重由上年的12.2%降为8.2%。在当前能源、交通已显得紧张的情况下，随着大批项目建成投产矛盾将更加突出。如何引导社会资金（特别是农村乡镇企业资金）加强能源、交通重点建设已成为当前江苏迫切需要解决的问题。

3. 地区投资差距悬殊，“南高北低”现象明显。江苏的乡镇企业投资从地区分布情况看，主要集中在苏南及沿江经济发达和较发达地区，而苏北等经济欠发达地区因经济实力较弱，投资规模也小。在1992年江苏全省乡镇企业完成的投资中，苏州、无锡、常州三市占73.2%。南京、扬州、镇江、南通四市占17.6%，徐州、淮阴、盐城、连云港只占9.2%。按农业人口计算，苏锡常三市人均高达1702元，宁镇扬通为220元，而徐淮盐连只有81元。江苏乡镇企业固定资产投资地区差距的形成，基本上是由各地区的经济发展水平所决定的。但从各地区经济发展过程观察不难看出，在投资规模大的苏南经济发达地区也明显存在着超越自身实力，片面追求发展速度，不惜利用高利率盲目融资与集资的现象。在项目实施上，低水平重复建设、规模不经济仍占有相当比重。而投资规模小的苏北地区则存在着支持乡镇企业发展措施不够奏效的问题。

（三）改善乡镇企业投资的措施

为使江苏乡镇企业固定资产投资继续健康发展，进一步提高农村经济乃至国民经济的整体效益，使江苏经济在90年代实现新的跨越，必须重视并采取措施解决乡镇企业投资发展中存在的问题。

1. 加强对农村乡镇企业固定资产投资的宏观管理，特别要加强对乡镇企业建设占用耕地的管理。首先，对乡镇企业的投资规模和方向要严格按照国家产业政策和地区发展规划的要求加以引导和控制，防止投资规模的过度扩张和投资结构的轻型化。特别要充分发挥银行在资金管理上的职能，对投资方向合理、经济效益好的建设项目择优进行扶持。对重复建设、效益不明显的建设项目在资金上进行截流，以保证投资规模的合理发展，促进产业结构的合理化。在耕地的使用上，实行法律、经济、行政手段并举的方针，严格用地审批制度，对已经占用耕地和需要占用耕地的企业和建设项目，征收耕地占用费。建立农业发展基金，以达到增加农业投入，减少耕地使用的目的。同时也要加快村、镇建设规划和建立农田保护区的步伐。

2. 大力支持苏北地区乡镇企业发展。苏北乡镇企业不发达，是苏北经济落后于苏南的主要原因。大力发展苏北的乡镇企业，全面提高苏北农村经济发展水平，对全省的经济发展具有重要意义。苏北乡镇企业的发展，除依靠其自身的努力之外，要加大外援的强度，省里在资金的调度上要进行适当的倾斜；同时还要加强对苏北地区的对口支援，动员和组织苏南经济发达地区的国有大中型企业，科技院所、大专院校带技术、资金、人才到苏北乡镇投资办厂或联合办厂，并在税收等政策上给予足够的优惠，帮助苏北乡镇培训人才，发展生产，增强经济实力。

4. 征收乡镇企业投资能源、交通建设配套资金。能源、交通建设投资大，回收期长，乡镇企业受其本身经济实力的限制，客观上也难以直接进行投资，为使江苏能源、交通得到协调发展，建议在全省乡镇企业建设时征收能源、交通建设配套资金，扩大能源、交通建设资金的筹集范围。在能源交通建设的安排上，也要本着“收之于民，用之于民”的原则进行，以调动地方、企业支援能源、交通建设的积极性。

（李罗庚）

南京市

一、1992年南京市投资建设基本情况

南京市1992年固定资产投资取得较好的成果，投资总量增加，投资效果明显。全年全社会固定资产投资完成额73亿元，比1991年增长46.9%，其中市属固定资产投资33.9亿元，增长87.6%；全年固定资产投资项目1661个，比上年增加222个；国有单位新开工项目762个，增加306个。

技术改造比重继续增长，在国有及城镇集体固定资产投资完成数额中，基本建设完成投资38.8亿元，比上年增长36.6%，占固定资产投资的比重由上年的64.8%下降为61.4%。技术改造投资16.85亿元，增长52.8%，占固定资产投资比重由上年的25.3%上升到26.9%。从建设性质上分析，用于新建项目完成投资13.04亿元，下降16%；扩建项目完成投资31.39亿元，增长17.1%；改建项目完成投资12.55亿元，增长51.8%。比重由上年的35.7%、43.2%、19%变为20.8%、50.1%和20%。全年房屋施工面积772.88万平方米，比上年增长24%，房屋竣工面积316.84万平方米，增长21.6%。

12个国家重点工程和大中型项目全年完成投资18.55亿元，占国有基本建设投资完成额的48.2%。其中华能国际电力开发公司南京分公司、扬子石油化工公司、南京汽车

制造厂、北河口水厂、金陵玻璃厂、东方化工有限公司等6个项目完成了年度投资计划。

全年固定资产投资建设项目建成投产率59.7%，比上年提高6.7个百分点。全市新增固定资产48.57亿元，固定资产交付使用率77.6%。新增的主要生产能力有：金陵石化热电厂和第二热电厂火电15万千瓦、煤气公司液化气储气能力9000吨、自来水公司生产能力40万吨、飞东照明公司飞东利蒲高效灯管540万只、金陵石化丙烯8800吨和聚丙烯5000吨、裂化设备处理重油能力100万吨、南京电信局长途自动电话交换机设备480路端、市内电话自动交换机42000门、南京钢铁厂高速线材20万吨、南京轧钢厂线材1.2万吨、大连山水泥厂14.8万吨、714厂录相机24万部、南京钢铁公司冷加工钢材5万吨、矿山机械厂微型汽车3000辆、南京制药厂和第二制药厂化学原料药1210吨、合成纤维厂合成纤维1500吨、西岗呆牧场商品蛋30万公斤。

住宅建设发展势头良好，全年完成住宅投资9.18亿元，比上年增长45.1%。累计施工面积367.4万平方米，竣工面积176.9万平方米，分别比上年增长17.3%和22.6%。新建了雨花二区、南湖东伸片、五马街片、北四卫头片、西石鼓片等城市住宅小区。南京市城镇居民人均居住面积达到了7.45平方米。

道路建设取得了重大进展，1992年全市用于公路建设的投资达2.4亿元，相当于整个"七五"期间投资的总和。浦合公路(南京段)、宁扬公路葛塘立交桥等工程建成通车。绕城公路、宁连公路、沪宁高速公路扩建开工。在城区建成大桥南路高架桥、雨花西路、洪武北路、南路、进香河路、机场路等一批市内骨干公路。

全市金融机构固定资产投资贷款34.47亿元，较上年净增8.19亿元，全年发行各类债券4.9亿元，其中企业中长期债券3.82亿元，构成了1992年南京市固定资产投资资金的主要来源。

南京市的固定资产投资表现了以下几个特点：第一，集中解决制约南京市经济发展的"瓶颈"如能源、交通、通讯投资问题，仅全年用于城市基础设施建设投资就达65395万元，比上年增长66.7%。以道路、桥梁为先导的一批市政公路设施项目相继建成并发挥效益。第二，围绕南京的拳头产品"电、汽、化、特"展开技术改造，提高南京电子工业、化工工业、汽车工业等技术档次，努力扩大国产化水平，使一批企业的装备、工艺有了进步。第三，加快城市建设，优化投资环境，改善人民生活，进一步完善了城市功能。

存在的主要问题是固定资产投资价格上涨幅度较大，其中建筑安装工程费用涨幅是近几年最猛的一年。1992年，钢材价格上涨25%左右，木材价格上涨近13%，水泥价格上涨16%，地方材料和其它材料上涨幅度也均超过10个百分点。人工费用较去年上涨16.4%，另外部分设备价格也有相当程度的增长，这直接影响南京市的1992年的固定资产投资效果。

（杨建新）

二、1992年南京市利用外资投资建设基本情况

（一）利用外资投资建设情况综述

南京市在全国对外开放的格局中，以龙喉的位置，向东呼应龙头上海，向西幅射中下游省区，有苏皖赣18个地市介入其中的南京经济区域覆盖了上海、武汉之间15.6万平方公里的经济谷区。1992年，南京市在邓小平同志南巡谈话发表之后，迅即作出了以利用外资为突破口，大力发展外向型经济，通过对外开放，实现城市经济、文化和社会高起点，超常规，跨越式发展的决策。全年共批准外资项目865个，是前8年总和的2.5倍，投资总额14.39亿美元。合同外资额7.33亿美元，与1991年相比增长约7倍，促进了产业产品结构的优化和大中型企业技术进步，推动了高科技潜能的利用和开发，提高了城乡基础设施和第三产业发展的规模和速度，使生产力发生水平和城市综合实力上升到一个新高度。

（二）南京市利用外资的特点

1. 以大中型国有企业为主干，以国际知名大公司为合作伙伴，以"电、汽、化、特"为重头戏，使利用外资成为大工业进步发展的新的支撑点。

经过40多年建设，南京已成为国家新兴工业、基础工业重要基地，仅近10年，国家每年有近30亿元的投入。1992年固定资产投入超过70亿元，在电子、汽车、化工、建材、食品等方面有10多家企业跻身全国最大企业之列。为了迎接"复关"挑战，把企业推向国际市场，南京先后与美国可口可乐公司、古尔兹公司、泛太平洋公司、德国BSF公司、西门子公司、鲁奇公司，英国48家集团、太古公司、ICI公司，瑞典爱立信公司、阿克苏公司，日本富士通公司、荷兰菲利蒲公司等建立了合资合作联系，其中荷兰菲利蒲公司在南京已连续投资3个千万美元以上电子项目，总投资1.87亿美元的华飞彩色显示系统有限公司成为全国同行业最大合资项目之一；利用意大利政府1.7亿美元贷款引进的"依维柯"轻型车整车生产技术，使南京成为全国排名第四的汽车工业基地，"依维柯"客车及多用车1992年生产量已突破50万辆，并且带动了汽车仪表板、车灯、防水隔垫内饰件，轮胎及双层客车、特种改装车等相关行业110多家企业的合资合作；由南京化学工业公司与英国太古公司等合资1.9亿美元的东方化工有限公司，是国内化工行业最大合资项目之一。南化公司通过对外合资合作，不仅使这个50多年的老企业焕发青春，而且在国际化工装备市场上多次击败对手，在外经、外贸、外资上都取得了可喜进展。金陵

石化公司与德国合资的不饱和树脂项目，所产多种产品在西欧也很走俏。新的大规模合资项目正在筹备之中。1992年，南京市已有80多家国有大中型企业兴办了100多家中外合资、合作企业，投资总额达7亿美元。它不仅为南京1992年工业总产值和国民生产总值均上升25%，达到495亿元和242亿元起到了主导作用，而且加快了企业技术进步，促进了产业结构优化，仅南京古尔兹制泵有限公司就对中方老企业进行了从铸造、机加工到计算机辅助管理10大方面的技术改造。这家合资企业32种规格的产品行销几十个国家和地区，有些产品在质量和功能上已超过美国总公司。

2. 以我市现有高新技术成果为基础，以外方资金投入为促媒，以城乡企业为载体，使利用外资成为高科技走向产业化、市场化的生长点。南京现有高等院校48所，科研院所数百家，各类科研和专业技术人员35万人，中科院学部委员8%集中在南京。每年有1000多项成果获国家和部、省以上奖。但长期以来，科研与生产脱节，生产与市场脱节，为此，南京除在改革上加以引导和倾斜，集中很大的力量抓住三个阵地，调动六路大军，走向三合一模式，通过利用外资加快科技产业发展。一是凭借大企业科技力量和生产要素，直接开发现成技术，形成规模经营，南京无线电厂开发广播电视产品打进美国市场后，以境外投资方式，利用当地先进的辅助设计和检测手段及广泛的科技信息交往，再以较低生产价格参与国际竞争，又以不断提高的海外知名度和企业实力引进先进技术。与瑞典爱立信公司合资生产的蜂窝式集成通信系统也已投入生产。南京电子工业企业已相继与日本富士通、英国48集团、美国、以色列等国在雷达、光纤、元器件、光电显示等领域进行合资合作，不仅有效地避开了某些地区的技术限制、贸易限制，而且正在推进国有企业的技术创汇，跨国经营；二是努力把高技术项目引伸到县、区、乡、镇，让“老外”与“老乡”走到一起。1992年，南京市委、市政府继续向区、县政府下放利用外资项目审批权限，区县利用外资兴办高新技术企业积极性十分高涨。继中国药科大学与六合县以现有成果与外商合资兴办L—苹果酸大获成功之后，南京市所属的区县，先后在生化、制药、航空设备、船舶通信、激光应用、化工及医药中间体生产等方面，以区县和乡镇企业出生产要素，大学和科研机构出技术成果，外商出资金的“三合一”模式，兴办了一批高新技术项目，其中高淳县一家村办企业，经过与中科院上海生化所合作，在干粉灭火剂新法生产上取得成功，成为公安部定点厂家，中外合资后，当年已出口创汇60多万美元。

3. 以第三产业为广阔舞台，以主导产业带动延伸开发项目，以构造社会的市场体系和改善开放环境为目的，使第三产业成为利用外资的热点。1992年，全市兴办“三资企业”中，有12个项目投向第三企业，占全年“三资企业”的36%，其中房地产项目137家，合资量5.1亿美元，在加快旧城改造，促进新区开发，提高社会规划到位率及管理功能的同时，带动了次生项目的开发。在建材、建筑、装潢、灯具、餐饮、娱乐、广告、消防、出租车、清洗等行业，都办成了一批合资、合作企业。在此基础上，南京市引导外资向大交通、大流通方向投入、现南京至香港集装箱公路货运已经开通，通往日本、香港的近海水运已进入国家核心班轮序列，中美合资的集装箱装卸运输，1992年吞吐量达7.3万标准箱，进入全国六强。利用外资新建大型机场和高速公路，中外合资、合作建长江公路大桥、城市地铁、火力电厂、自来水厂等，有的已经通过国家立项，有的正在建设、有的已经受益。第一家外资银行——标准渣打银行已在南京开设分支机构，第一家合资兴办的国际学校也已招收学生。中外合资办医疗、科研、工程设计、旅游开发、航运开发、仓储、文化艺术等，都已取得进展。到1992年底，全市第三产业占国民生产总值的比重已上升到38%，不断发育的第三产业使投资环境不断得到改善。

到1992年底，已有34个国家和地区的外商来南京投资，其中除港、澳、台地区以及相对集中的美、加、西欧、日本、澳州资本外，北欧的丹麦、瑞典、爱尔兰，东南亚的新、马、泰，东欧的俄罗斯、匈牙利、波兰，经济欠发达的汤加、马达加斯加、斐济、菲律宾，以及最近不断升温的韩国、以色列等都在南京兴办了“三资企业”。

到1992年底，南京市利用外资项目已达到1168家，累计投资总额23.4亿美元，合同外资11.2亿美元，平均项目投资规模在200万美元以上，为城市综合实力居全国第5位起到了积极作用。

（杨建新）

三、南京高新技术产业开发区投资建设情况

南京高新技术产业开发区（以下简称开发区）建于1988年4月，由江苏省人民政府和南京市人民政府联合兴办。1991年3月被国务院批准为国家高新技术产业开发区。

1992年是高新技术产业开发区由起步阶段进入大发展时期的一年。邓小平同志南巡讲话发表以来，市委、市政府把加快开发区建设列为我市加快改革开放的13项重大决策和“科技兴市”十件大事之一，授予开发区市一级经济管理权限，开发区的建设发展跃上了一个新台阶。1992年，产业投资规模超过了前3年的总和；竣工建筑面积增加了一倍；新增进区企业是前3年的两倍，其中外商投资企业数翻了两番；产业区技工贸总收入比去年增加两倍。开发区呈现出一派生机勃勃的兴旺景象。

（一）开发区基本建设投资情况

到目前为止，开发区基本建设总投资累计已达2.95亿元，其中1992年投资1.78亿元，超过前3年总和的一倍半。累计征地3.2平方公里，其中1992年完成的占$\frac{2}{3}$；平整土地1668亩，完成土方量340万方；累计竣工建筑面积15万平方米，其中1992年竣工8万平方米；区内道路建设总长8公里，其中1992年建设的火炬南路、纬三、纬四、径一北路等5.4公里道路已竣工通车，同时进一步向西推进，延伸到创业路的道路已经开挖，部分管网铺设已完成。开发区的基础设施累计已投入1.54亿元，浦口水厂技改工程供水从5万吨扩大到10万吨，110KV变电站、4000门光纤程控交换机电信分局等建设项目的前期准备工作已完成，进入实施阶段，至1993年底可望全面建成开通，其中电信分局明年一季度即可投入使用。

(二) 开发区企业增长情况

1992年进区企业数量迅速增加，年末已达105家，其中从事高新技术产品开发、生产的企业占90%以上。产业门类集中在电子信息、新材料、生物工程等三大领域，其中电子信息产业和机电一体化项目占60%以上。内资企业中由高等院校、科研院所、大中型企业兴办或联办的超过80%；区内企业计划投资额累计达9亿多元，其中内资企业投入为3.7亿元，外商投资企业投入8929万美元，全年完成技工贸总收入2.6亿元，创税利4093万元。

进区企业表现出两个较显著的特点：一是投资强度加大，出现了金宁精密机械制造公司、三乐灯具有限公司、爱立信通讯有限公司等一批投资规模超过5000万元的骨干企业。南京油泵油嘴厂在区内投资7000多万元，成立金宁精密机械制造公司，生产为依维柯汽车(引进意大利轻型汽车技术)配套的V—E分配泵，目前引进的设备已安装调试完毕，进入试产阶段。南京电子管厂成立三乐灯具有限公司，投资5000万元，在区生产汽车配套灯具，建成后将达到年产40万套汽车灯具能力。二是经济效益提高，出现了一批劳动生产率十几万到几十万元的企业。由开发区股份有限公司与解放军陆军指挥学院合资兴办的南京创新计算机公司，依靠科技进步和市场开发并举的法宝，在创建短短的一年里，销售收入就高达3490万元，创利润120多万元，人均销售收入和利润分别达到74万元和3.75万元。1993年销售收入将超过1亿元，实现利润300万元。东南大学放电管厂进区3年来，销售收入、利税以超过50%的速度递增，人均销售收入和利税分别达到13.5万元和6.25万元。南京大方股份有限公司为首批进区的企业之一，几年来产量、产值、销售收入逐年翻番，1992年生产经济型机床数控系统3000套，完成产值3000万元，实现销售收入2600万元，利税650万元，人均产值、利税分别达到15万元和3.25万元。1992年该公司作为开发区股份制改革试点单位之一，在坚持高新技术产品为主体的基础上，又开展了房地产开发等多种经营。

(三) 开发区内组建了一批企业集团

1992年，大院、大所、大厂兴办高新技术产业的热情进一步提高，纷纷在原有企业的基础上扩大规模，企业往大型化、集团化方向发展。能源部南京自动化研究所，根据“一所两制”的改革设想，以区内的南瑞通用电气工程公司、南瑞国际系统工程公司为基础，组建了南瑞自动化总公司，下设11个专业分公司，使科研和产业有机的结合为一体，实现科研单位向产业集团转化的战略跨越，“八五”末年总产值将超过5亿元。东南大学实行内部运行机制改革，将教学科研、后勤服务、生产经营“三大块”分开，生产经营这一块成立了东大科技实业(集团)总公司，进入开发区，注册资金3700万元，集团下属20多家企业，分别从事电子工程、通信、机电一体化等领域的高新技术产品的研究、开发、生产和销售，同时开展高新技术成果转化和技术咨询服务。目前首期4家花园型工厂已动工建设。集团公司今年销售收入达3700万元，利税732万元。网络了省内数十家单位的江苏电子信息产业集团公司投资2240万元，在区内租用土地2万平方米，建立集团公司JEC软件工厂，自建厂房1450平方米，开展计算机软件、硬件、系列化应用产品的开发、生产、销售和服务，3年即可收回投资。以该软件工厂为骨干，将在开发区逐步发展形成江苏省的计算机软件基地。

(四) 开发区内形成“一街两区”发展格局

开发区初创时期，就提出了“一体两翼”的设想。即坚持高新技术产业为主体，服务和流通两个侧翼协同发展。根据这一构想，开发区在功能上进一步加强，地域上进一步拓展。

为了加快高新技术开发与经济技术开发，高新技术与传统产业区的南面新辟5平方公里的台商投资区，面向台(外)商，从事高新技术产业和一般技术加工业；房地产开发、服务业及其它第三产业，使开发区和台资区互为补充和支撑。台资区在开发区的统一领导下，已进行开发建设，开工建筑面积5.2万平方米，入区企业35家，总投资6000多万美元。

与此同时，为了使产业和流通更紧密地结合，又在南京市区设立了长约8公里的“科技一条街”。鼓励进区企业在一条街上设“窗口”，兴办工贸一体化的高新技术企业。一条街在产业方向上以电子信息化为主体。位于“一条街”东西两端的南京航空学院、机电部55所、南京大学等“破墙开店”已进入实施阶段，中段已聚集了80多家从事电子信息业等开发经营的科技型企业，开发区已正式批准22家企业进入一条街，享受开发区的各项优惠政策。

（五）拓宽资金渠道，加快开发区建设

1992年，开发区多渠道筹集资金，取得较好的效果，其中通过发行债券筹集5000万元，利用国家科委的科技贷款2100万元，以及各家银行贷款1亿元。其中南京建设银行的各类贷款5000多万元，同时与各家金融机构联建各类厂房、建筑物20万平方米，同时改变以往独家经营房地产的做法，在土地使用权有偿出让方面取得突破，仅香港华材投资公司就独资购地2万平方米，兴办一幢高层综合楼，随后又在区内购地918亩进行生活区内配套设施的开发和建设，成为目前区内最大的境外投资者。

（六）开发区内服务体系日趋完善

综合管理体系、金融支撑体系、后勤保障体系构成开发区服务体系。根据市政府颁布的《关于加强建设南京高新技术产业开发区的若干意见》授予开发区市一级经济管理权限。在项目审批、规划和土地审批、劳动用工、出国人员审批等13个方面松绑放权。在区内先后成立工商分局、财政分局、税务分局、公安分局、会计师事务所、公证处等机构，实现从项目审批，企业进区，工商、税务管理等手续在区内一整套办法，简化了工作程序，提高了办事效率。

南京市建设银行、工商银行、交通银行、中国银行、保险公司等金融机构相继进区，开办拨款、贷款、工程预决算审查、证券交易、房改信贷、项目评估、咨询、保险等业务，对区内技术含量高，经济效益好，有出口创汇能力的高新技术项目的开发和生产在信贷资金和金融业务上给予支持，一个金融支撑体系初步形成。

区内除兴建宾馆、食堂等设施外，6幢单身职工宿舍和职工公寓即将竣工、火炬小学已改建完成、一座中学在筹建中、市区大型商场纷纷来区内办商业网点、大型企业的职工医院纷纷申请进区开办门诊服务、铁路分局在区内建立了综合性服务机构、为企业代办铁路货运业务，为企业办理进出口业务的区进出口公司已得到国家经贸部的原则同意，保税仓库亦将完工，一个功能齐全，设施完善的后勤服务体系初具规模。

（杨建新）

四、南京房地产开发投资建设情况

1992年，南京市房地产开发市场在邓小平同志南巡讲话之后得到迅速发展，这对改善城市面貌，完善城市功能，优化投资环境，提高人民生活水平，起到良好的作用。全年全市房地产开发企业（不含五县四郊）已累计完成投资额8亿元人民币，施工面积320万平方米，竣工建筑面积117万平方米，其中住宅竣工面积为105万平方米，全年完成投资额6.13亿元，全年出售商品房68万平方米，比上年增长242%。全市（含五县）竣工住宅面积176.9万平方米，比上年增长242%，年末城镇居民人均居民面积为7.47平方米。

一年来，房地产开发公司的发展势头迅猛。南京市打破行业界限，扩大经营范围，走开放之路，全市各类房地产开发公司由24家发展到222家，比上年增长455%，涉外房地产开发公司由16家发展到141家（其中外商独资公司10家），比上年增长725%。涉外房地产企业注册资金总额为10833万美元、8000万元人民币，其中外方注册资金为5232.2万美元，3050万元人民币。

国有土地使用制度的改革，促进了南京市房地产市场的发育，提高土地利用价值的问题日益受到重视。自1992年5月28日出让第一块土地使用权，至1992年底南京市区共出让34幅土地的使用权，总面积308287平方米，其中协议出让23幅，面积为194446平方米；招标出让9幅，面积为107271平方米；拍卖出让2幅，面积为6570平方米。按用途划分，房地产开发用地为280787平方米、工业用地为27500平方米。出让使用权的土地中，外商投资企业占16幅，面积为187961平方米，最高毛地价达12500元/平方米，国有土地出让工作对促进南京开放，吸引外资，加快城市经济建设发挥了较大的推动作用。

南京市房地产业的开放改革的步伐不断加快，房地产的商品化社会化程度不断加深，随着住房制度改革和土地有偿使用，房地产开发逐步推向市场。从南京市的市场需求看，经济的高速发展，产业结构的调整，特别是第三产业的迅猛发展，商业、服务业、金融业用房和写字楼等高档企业办公用房及涉外用房的需求量日益增加，市场的前景较好，但竞争也相当激烈。从目前非住宅商品房源紧缺，供不应求到市场饱合还会有一个相当的过程，这对南京市房地产开发是十分有益的。

南京市房地产开发市场目前尚处于发育的初级阶段，存在许多问题，主要表现在：

1. 房地产开发的各类价格、费用迅速上升，迫使商品房价格暴涨，南京市中心商品房价格已达3800—4000元/平方米以上，近郊新开发的商品房价格已达1800—2000元/平方米以上，商业用房、涉外公寓、写字楼售价更高，有的预售价已达每平方米为1088—1210美元，高涨的价格遏制需求，房地产境外销售和国内销售都有较大难度。

2. 房地产开发是高投入的产业，由于国内经济的变化，国家信贷政策有所调整，资金紧张会影响一些即将开工或在建项目的建设，近斯建材价格的飞涨已使部分项目感到难以承受。

3. 投资结构不甚合理。南京市房地产开发近期投资偏重于高档写字楼、涉外公寓等，中低档的适合广大企事业单位和居民的商品房住宅偏少，偏离了南京市当前的市场状况，也对今后的房地产开发产生不良后果。

4. 南京市的房地产开发起步较迟，市场发育不很成熟，需要有一个规范化、法治化的过程，有关方面也需正确的引导和管理，例如各类税费、摊派等等有必要认真梳理。某些急功近利、政出多门的做法，已对境外投资者及部分开发企业产生负作用，这些都有待进一步解决。

（杨建新）

浙江省

一、1992年浙江省投资建设基本情况

（一）1992年全省投资建设概况

1992年固定资产投资在1991年增长27.5%的基础上，呈现出加速扩张的势头。全年完成全社会固定资产投资285.25亿元，比上年增加96.91亿元，增长51.5%。投资增长主要有以下几个特点：

1. 投资起点高、增长势头快。以国有单位投资为例，1992年从一季度开始就出现高速增长的势头，一改往年一季度投资增长慢的常规，投资增幅达36.9%，并逐渐加快，一至二季度增长35.5%，一至三季度增长44.4%，全年平均达到59.1%，比1991年高出33.9个百分点。

2. 商品房建设发展迅猛，更新改造投资增加较多。1992年商品房建设完成投资16.87亿元，比上年增长93.2%，大大快于1991年增长22.9%的速度。完成更新改造投资40.41亿元，比上年增长59.3%，改变了前几年投资滑坡的局面。

3. 集体单位投资又有大的发展。集体单位1992年投资大幅度增长，全年完成99.19亿元，增长87.5%。其中：城镇集体单位完成28.87亿元，增长68.4%；农村集体单位完成70.32亿元，增长96.7%。

4. 各地投资增长普遍加快。全省除宁波以外的10个市地投资增长明显快于上年，增长率最高的湖州市达87.6%，最低的台州地区也达32.6%。从区域看，浙东北5个地区完成投资188.86亿元，增长57.5%；浙西南5个地区完成97.45亿元，增长45.0%。

1992年浙江固定资产投资高速增长主要是以下因素共同推动的结果：(1)邓小平同志年初南巡重要谈话及党的“十四大”召开，成为加快经济改革和发展的重要政治动因，各地掀起了改革和发展的新高潮；(2)宏观经济政策和环境相对宽松，使投资高速增长的物质基础更为坚实；(3)中央明确提出建立社会主义市场经济体制的目标，并且推出比以往更具有实质性内容的改革开放举措。主要表现为进一步下放投资决策权，简化项目审批程序，使地方、企业的投资决策权得到极大增强；能源、交通等基础产业建设加快；在“八五”计划基础上，1992年又提出了一批加快发展的新的重大基本建设项目，加快企业的更新改造，1992年全省确定了73家重点企业200个项目和丝绸全行业作为更新改造的重点，安排总投资80亿元，同时财政、银行对更新改造项目实行倾斜政策，重点扶持，投资比往年有较大增长；1992年举行两次重大的投资洽谈会，在对外开放、利用外资方面取得了突破性进展；建立和发展证券市场、资金拆借市场，使项目资金的筹措更趋多元化、市场化。

（二）投资建设的主要特点和成就

1. 投资结构进一步改善，国有单位投资比重上升。在全社会投资中，属国有单位投资115.76亿元，比上年增长59.1%，所占比重由上年的38.6%上升到40.6%；城乡集体单位投资99.19亿元，增长87.5%，所占比重由28.1%上升为34.8%；个体投资70.29亿元，增长11.9%，所占比重由33.3%下降到24.6%。

2. 重点建设项目投资大，进度快。全省45项重点建设项目完成34.3亿元，为年计划的101.4%，占全省基本建设投资的43%，钱江二桥、长兴电厂、舟山老塘山码头二期等年初确定的22个投产或部分投产项目到年底已基本完成。1992年是历年来重点建设项目完成投资和实现投产项目最多的一年。

3. 第三产业投资有较大增长，比重上升。1992年在国有单位基本建设和更新改造投资中，用于第三产业的投资为44.42亿元，比上年增长72.8%，大大快于第一产业、第二产业的投资增长速度，分别高出48.7个和16.7个百分点。所占比重由上年的42.7%上升到46.1%，其中运输邮电通讯业投资13.41亿元，增长65.7%；商业饮食供销仓储业投资7.96亿元，增长1.2倍；房产公用服务咨询业投资6.12亿元，增长1.7倍。投资比重均有所提高。

4. 用于“内涵”建设投资增加，比重上升。在更新改造投资中，用于降低消耗，增加产品品种，提高产品质量和“三废”治理工程等投资有明显增多，1992年完成18.24亿元，增长74.9%，所占比重由上年的34.5%上升到37.8%；用于增加产量的“外延”性投资比重由36.9%下降到33.9%。

5. 建设资金投入出现新格局：一是建设资金及时到位。1992年国有单位拨入建设资金74.87亿元，比上年增长71.0%，资金供给较为充裕，资金到位情况良好，从而保证了建设进度。二是资金构成发生变化，国家预算内资金减少，预算外资金大量增加。1992年拨入的国家预算内资金3.56亿元，比上年减少9.5%。预算外资金拨入124.49亿元，比上年增长76.7%，所占比重由上年的94.0%上升到97.2%，其中国内贷款35.73亿元，增长65.4%，自筹资金68.58亿元，增长82.1%，两者占全部预算外资金的84%。由此可见，浙江的投资增长主要依靠银行贷款和自筹资金。

6. 固定资产投资的成果。全年国有和城镇集体单位新增固定资产99.36亿元；建成投产或交付使用的

项目5764个；竣工房屋建筑面积925万平方米，其中住宅面积366万平方米，均比去年有较大的增长。通过投资形成了一大批生产能力，主要有：发电机组容量46.78万千瓦、输电线路（11万伏及以上）433公里、新增水泥年生产能力20.6万吨、合成氨2.85万吨、化学纤维0.77万吨、机制纸及纸板22.82万吨、新（扩）建港口码头年吞吐量107万吨、新建改建公路1526公里、新增市内电话自动交换机15万门、商业石油库32万立方米、商业饮食服务网点1064处、城市自来水日供水能力40万吨等。这些成果对推动浙江经济高速发展，增强后续发展能力，调整产业结构具有重要的作用，对改善人民居住条件，提高人民物质文化水平也具有十分重要的意义。

（三）存在的主要问题

1992年固定资产投资形势总体是好的，但也存在一些新的问题和矛盾，主要有两个方面：一是如何在下放投资审批权限，真正落实投资主体自主权的同时，按照责权利三者相统一的原则，有效地规范和约束投资者的行为，建立起强有力的宏观调控机制。从1992年的情况看，地方企业投资行为缺乏约束机制，而宏观调控弱化，造成新开工项目大量增加。1992年全省新上基建更改项目4420个，由此引发在建总规模进一步扩大，计划总投资达到303.87亿元，比上年增长53.3%，投资规模潜伏着膨胀因素。二是增加投资总量的同时，如何有效地引导和保证投资的合理流向。1992年投资结构不合理状况仍无根本好转，突出表现为基础产业和基础设施投入相对不足，而加工工业和非生产性建设投资急剧上升。1992年国有单位用于能源、原材料工业的投资仅增长24.0%，大大低于平均增长速度，所占比重由上年的31.6%下降到24.5%，而非生产性建设投资增长了71.4%。因此，如果在经济体制转轨过程中不能及时解决好微观机制与宏观调控相匹配的问题，则投资规模失控、结构不合理和效益下降等现象仍可能在新的环境下重现。为此，要尽快深化投资体制改革，加快投资立法进程，建立起与社会主义市场经济体制相适应的宏观调控机制，加速推广和尽快全面实施建设项目“业主负责制”，真正使投资的责、权、利三位一体，有效地规范投资行为，从根本上保证整个投资活动的正常运行。

（沈　毅）

表3—32　1992年浙江开工的主要地方项目　单位：百万元

项目名称	总投资额	当年投资额	计划竣工日期（年、月）	新增生产能力
肖山电厂	396	98	1994.2	2×12.5万千瓦
嘉兴电厂	1319	120	1995.8	2×30万千瓦
杭甬高速公路	2318	178.76	1996.12	145公里
金温铁路	1.72亿美元		1996.12	251.5公里
民航候机楼	33.58	15	1993.12	

表3—33　1992年竣工的主要地方项目　单位：百万元

项目名称	总投资额	当年投资额	开工日期（年、月）	新增生产能力
秦山核电一期	1332		1984.2	一台30万千瓦
乍浦码头	81.2	5.3	1986.12	外海万千吨级泊位各一个，内河百吨泊位12个
温州电厂一期	425.99	50	1989.12	212.5万千瓦

续表

项目名称	总投资额	当年投资额	开工日期（年、月）	新增生产能力
富阳大桥	33.77		1989.10	公路大桥889米
沪闽光缆浙江段	110.42	51.91	1991.11	通迅光缆801公里
扬府山码头	24.98		1989.11	新增吞吐能力35万吨
杭州邮电枢纽	48.59	8	1988.7	25440平方米

二、1992年浙江省利用外资投资建设情况

（一）浙江省利用外资的基本情况

1992年，在邓小平同志南巡重要谈话和党的十四大精神鼓舞下，浙江全省上下解放思想、锐意进取，加快了改革开放和经济建设的步伐，利用外资取得突破性进展。全年利用外资协议（合同）总额达到32.39亿美元，比1991年增长7.6倍；实际利用外资4.09亿美元，比1991年增长1.4倍；特别是外商直接投资蓬勃发展，全年批准成立外商直接投资企业2338家，合同利用外资29.09亿美元，分别比1991年增长3倍和8.1倍。这一年共签订的协议项目数及协议金额均大大超过了1979～1991年13年的总和。到1992年底止，全省累计批准成立“三资”企业3708家，协议利用外资37.3亿美元，已建成投产的“三资”企业1039家，外资实际投入5.8亿美元。利用外资的大规模增加对于促进浙江经济发展和科技进步，提高企业管理水平，增强经济竞争力和出口创汇能力乃至转变企业经营机制都发挥了重要的作用。

浙江省外商投资企业的性质以中外合资经营为主。1992年2338家新批“三资”企业中，中外合资企业达2004家。协议利用外资14.79亿美元，增长7.3倍，占外商直接投资协议总额的50.9%。在合资企业中60%以上是嫁接式合资企业，嫁接领域包括轻纺、机械、电子等，嫁接对象也由中小企业向国营大企业发展，杭州第二中药厂、杭州橡胶厂、杭州啤酒厂等一批知名度大、产品质量高、经济效益好的国营大中型企业先后与外资嫁接改造成为中外合资企业。由于国内政治经济稳定，政策优惠，外商独资企业发展很快，1992年批准成立外商独资企业264家，协议利用外资13.86亿美元，增长9.5倍，外商独资企业占全部引进外资量的比重由上年的41.7%提高到47.7%。

浙江省利用外资资金来源以港台地区为主，但范围有所扩大。1992年来浙投资的国家和地区达到48个，其中投资额占第一位的是香港，协议外资金额22.2亿美元，占协议外资总额的76%；台湾居第二位，2.98亿美元；美国居第三位，1.2亿美元；协议外资金额超过1千万美元的还有日本、澳门、新加坡、泰国、澳大利亚、意大利和加拿大等国家。

从资金投向看，工业项目是投资的主要方向。1992年工业项目协议外资金额达到22亿美元，占直接投资协议总额的75.6%；房地产、公用事业和服务业发展迅速并成为外商投资的热点，1992年签订协议109项，协议外资4.6亿美元，占15.8%；运输邮电业也受到外商青睐，签订协议16项，协议外资1.7亿美元，占5.9%，全国首条中外合资建设的铁路——金温铁路投资开工。

此外，外商投资项目平均规模明显扩大。1992年前浙江平均每个“三资”企业吸收协议外资金额仅为66万美元，规模比较小。1992年在小项目继续快速发展的同时，还出现一批上规模的大中型项目，一些境外大型集团、公司如香港中策投资有限公司、一洲集团有限公司、泰国正大集团投入巨资在浙举办合资企业，台湾华昌国际集团公司、香港董氏集团有限公司及美国协和集团公司等也在积极进行投资考察。全年平均每个项目的协议外资规模达124.4万美元。

外商投资企业普遍获得了较好的经济效益。1992年已开业的1039家中外合资、中外合作和外商独资的工业企业实现工业总产值90.0亿元，增长91.7%；产品销售收入77.10亿元，增长70.40%；实现利税8.04亿元，增长120.5%；其中实现利润5.19亿元，增长152%。根据浙江省工业企业经济效益综合评价考核结果显示，以“三资”企业为主体的“其它经济类型”工业经济效益总体水平已经跃居各种经济类型之首，综合得分比全省工业企业平均值高出17.7%，特别是产销衔接、投

入产出效益、生产技术水平等指标完成情况较好。“三资”企业在浙江经济中地位越来越重要，它占乡以上工业总产值的比重已达到5.2%，不仅是浙江工业整体组成部分之一，而且还在很多方面如产品技术、管理水平、经营机制、市场观念等已成为浙江工业企业的榜样。

（二）浙江省扩大利用外资的主要做法

1992年新年伊始，邓小平同志南巡重要谈话发表以后，全省上下加快发展外向型经济的认识更加统一，把扩大利用外资作为经济工作的重中之重来抓，确立了“三市（杭州、宁波、温州）率先、突出重点，依托港口、两线拓展，梯型推进，全面开放”的对外开放布局。主要做法是：

1. 扩大对外开放领域。在原有的宁波、温州经济技术开发区、杭州高新技术开发区的基础上，国家又批准建立宁波保税区、杭州西湖之江旅游度假区和钱江投资开发区。省里正式批准设立嘉兴、湖州、绍兴、舟山、椒江等5个经济开发区，初步实现了沪杭甬沿线和浙东南沿海的成片开发开放。将金华、衢州、丽水等3市列为开放城市，使开放地带由沿海向浙中、浙西内地推进。积极鼓励境外投资者在基础设施、基础产业以及土地成片开发、金融、商业、旅游、房地产等领域的投资，进一步扩大利用外资的范围。

2. 加强基础设施建设，改善投资硬环境。为了彻底改变浙江基础设施落后的状况，近年来浙江省充分依托港口优势，开展了大规模的基础设施建设。在上年沪杭复线、杭宣铁路、钱江二桥、北仑港二期集装箱码头等重点工程胜利建成，秦山核电站一期、北仑电厂一号机组、长兴电厂三期一号机组等骨干能源项目投入运行的基础上，1992年全省能源、交通通讯建设的基本建设投资达到31亿元，比上年再增26%，全省人民瞩目的杭甬高速公路、萧山电厂等也开始兴建，进展较快。浙赣复线、枫树岭水电站、舟山老塘山码头二期、沪浙闽和杭金光缆工程等重点工程基本建成，使得过去浙江“路不平、电不足”、“进不来、出不去”的情形大为改观，投资环境日臻完善。

3. 改革涉外投资管理制度，改善外商投资软环境。为此拟定了外债管理、项目审批和登记、国有土地使用权出让和转让、涉外房地产开发与管理、现有企业嫁接改造、外商投资企业外汇管理等12个方面的政策法规性文件，完善涉外投资法规，简化审批程序，减少中间环节，建立外商投资项目审批联合办公会议制度。有条件的地区实行一个窗口对外，一条龙服务，不搞重复审批。地方投资审批权限明显扩大，1000万美元以下全部由县市审批，沿海市地审批权限扩大到3000万美元。省级有关部门主要负责制订利用外资的规划和政策，引导外资投向，加强协调和监督，涉外投资管理制度趋向完善，办事效率明显提高。

4. 利用各种渠道开展对外招商工作。在继续发挥浙江藉港、澳、台同胞和海外侨胞多，人缘关系好的优势进行经常性的宣传招商工作外，省里开展了大规模集团战役，先后在杭州和香港两次举办投资、贸易洽谈会，广泛宣传浙江、积极开展对外招商工作，收效显著。仅在杭州举办的利用外资洽谈合就签订意向合同472项，协议利用外资21.5亿美元。为浙江利用外资的突破性进展起到了关键作用。

5. 鼓励举办“嫁接”式中外合资经营企业。推出了一批大中型企业与外资“嫁接”。杭州中药二厂、杭州橡胶厂、杭州啤酒厂等一批省内外著名大中型企业先后与外资嫁接改造成为中外合资企业，利用外资进行技术改造，取得明显的效果。

6. 办好现有“三资”企业。一方面继续执行国家给予“三资”企业的优惠待遇，建立省外商投资服务中心，为“三资企业”提供一条龙服务。协助外商投资企业及有关机构获得场地、资金、物资、技术、人才、水电、通讯、运输、保险等各项服务；另一方面尊重他们的经营管理自主权。与此同时，依法加强管理、解决存在问题，对于有困难的“三资”企业，真心诚意、满腔热忱地帮助解决。通过办好现有“三资”企业，起到样板和示范作用，吸引更多的外资到浙江来。

（张旭伟）

三、1992年浙江省旅游投资建设情况

（一）浙江省是我国旅游业发达的省份之一

浙江省地处东南沿海文化经济发达的上海经济区，风光秀丽，物产丰富，人文荟萃，是我国旅游业较为发达的省份之一。80年代以后，浙江省旅游业基本上保持着持续、稳定发展的趋势。1984年接待112个国家和地区的外宾、外国旅游者，华侨和港、澳、台同胞18.8万人次，结汇收入2089万美元。国内旅游发展也十分迅猛，1984年以来到杭州旅游的已达到1400万人次。1992年全省有组织地接待海外旅游者68.54万人次，其中接待外国人23.43万人次；旅游外汇收入9359万美元，旅游结汇6809万美元；接待国内游客2823万人次，回笼货币27.75亿元。

随着旅游业的发展，旅游经济部门已经形成。从1985年起国家已把旅游业正式列入了国民经济计划。随着旅游业的发展，旅游基础设施和景点不足的矛盾日益突出，为此，国家和浙江省加强了旅游投资。从1985年—1991年的7年中，全省国有旅游业基建投资达1.35亿元，国有旅馆业投资4.6亿元（包括旅游宾馆），国有旅游业更新改造投资3585万元，国有旅馆业更新改造投资（包括旅游宾馆）9080万元；城镇集体旅游业投资2540万元，城镇集体旅馆业投资11824万元；吸收外资1.13亿美元。由于大量的旅游投

资，新建和改扩建了一些饭店、宾馆，如杭州饭店、黄龙饭店、望湖饭店、友好饭店、新侨饭店等，至1990年全省涉外饭店达到54家，其中12家星级饭店，拥有标准客房6926间；建造了茶叶、丝绸等四个博物馆；购买了接待国际旅游的汽车900余辆、游船27艘、用于国内旅游的汽车1100余辆、游船800余艘。另外用于投资风景建设的资金达到1.39亿元，仅1986—1990年维修建设景点477处，修建景区公路干线209公里；游道300余公里；搬迁侵占风景区和有污染单位73个；建成自然保护区9处；森林公园14处。这些旅游基础设施的建设，景点的修建和旅游交通工具的增添，大大增强了全省旅游接待能力，改善了旅游环境，提高了旅游业的经济效益，使全省的旅游业上了一个新的台阶。同时，通过人流、物流、信息流，促进了社会经济的繁荣和发展，起到了旅游先导的作用，也为全省旅游业今后持续稳定发展创造了重要条件。

（二）旅游投资规模直接影响到旅游业发展的速度

1992年全省安排的国有旅游业投资1.34亿元（包括基建、更改的投资和旅游业、旅馆业的投资）；城镇集体旅游业、旅馆业投资714万元，其中省旅游系统用财政反馈资金安排饭店、景点修改建资金214万元；1992年国家旅游局安排我省旅游基建资金1700万元；1992年全省旅游系统引进外资项目93个，总投资达50932万美元，其中协议外资30696.42万美元，占60%。从投资项目看，从单一的宾馆建设向资源开发、景点建设、房地产开发、旅游商品生产开发以及娱乐设施建设等方面发展。其中1992年开工的19个项目，总投资15679.72万美元，协议外资6807.65万美元，外方资金一般按年30%到位，1992年外方资金约到位2042.3万美元。

1992年竣工的项目不多，开工兴建的多，这与前几年投资少有关。竣工的项目地方安排的有3个，如瑶琳仙境景点的扩建工程，投资690万元，是由当地和工商银行信托公司投资的，该项目取得了较好的效益，已有200多万利润；奉化徐凫岩景点建设，已竣工开业；省里一次性补助的11个项目中，绝大多数也已竣工，或已购买了船只，如楠溪江漂流探险配套工程，总投资100万元，搞了码头建设和购置了橡皮船；又如桐庐白云源景区建设项目，省补助15万元，地方自筹70万元，搞了钓鱼设施建设；地方安排的温州饭店，总投资需2000多万元，建设银行已贷款1000多万元，该项目已基本建成，1993年竣工开业；1992年国家旅游局安排的五个投资项目也都先后开工建设，如绍兴鲁镇风坡园项目，总投资886万元，分年实施，到1992年底已完成征地拆迁。该项目到位资金630万元，其中省设备贷款200万元、中央建贷1992年50万元、1993年300万元、中央拨改贷30万元、绍兴建设银行贷50万元。温州湖滨饭店，是1992年下达计划的，总投资1200万元，中国银行贷了一部分，该项目如资金全部落实，1993年底可以竣工；杭州国际大酒店，1992年获国家批准，现由省中旅社、香港中旅（集团）有限公司和法国、西班牙两家公司合资建设的，中方股份30%，其它三方70%，该项目已于1992年底完成打桩工程。建成后可缓解杭州旅游设施的不足，促进旅游业的发展和投资环境的进一步完善；千岛湖快速旅游船项目投资400万元，基建贷款30万元，中国银行人民币贷款70万元，外币贷款30万美元。

1992年引进外资的19个项目，绝大多数都于下半年开工，如杭州国际大酒店、绍兴咸亨大酒店、绍兴国际大酒店、绍兴越都大酒店、浙江莫干山大酒店、湖州普陀莲花洋大酒店、台州宝冠大酒店、温州中国大酒店、瑞安国际宾馆、桐乡华美大酒店等，其余项目，如总规模达16000平方米的杭州金龙宾馆、湖州浙北大厦、宁波饭店扩建、丽水德丽大酒店等，1992年底基本上完成了前期准备工作，1993年都在紧张的施工中。

（三）浙江省旅游业作为一项产业得到了重视，但是也存在着一些不可忽视的问题。

1. 有的地方政府对发展旅游业还重视不够，还没有把旅游业纳入当地的经济计划。我省旅游投资总的来说还是很少的，占全社会总投资（包括全社会旅馆业）不足2%；对旅游投资结构状况研究不够，投资有盲目性。旅游投资管理不顺，缺少宏观调控手段，在社会办旅游，投资多渠道的情况下，对建设项目的管理薄弱，尤其是拼盘项目，往往不管。

2.1992年中央和地方安排的投资项目，投资资金没有完全落实。有些在建工程由于建筑材料上涨幅度大，原来的概算大大超过，如温州饭店，投资1200万元，现在估计要1800万元，超概算600万元；绍兴鲁镇风坡园，总投资886万元，1992年底征地拆迁两项已用去700多万元，尚需一半资金，还没有落实；1992年引进外资动工兴建、扩建的项目，中方资金除土地价作入股外，其余资金没有落实，如杭州国际大酒店、舟山华侨饭店等都是除银行贷款部分外，没有落实其它资金，有的项目甚至连银行贷款也无着落，有的外方资金也没有按时到位。

3. 旅游投资结构不尽合理，仍偏重饭店的建设和改造。旅游饭店投资多元化十分明显，许多行业都以培训中心名义造饭店，一些老的商业饭店或招待所也以改扩建名义建成旅游饭店，提高饭店档次。1992年引进外资的19个项目，都是用于扩建旅游饭店的，有些房地产开发公司在旅游度假区、经济开发区建造的房子，有些就是饭店宾馆，这样难免造成规模失控，也会降低现有饭店的利用率。饭店建设膨胀苗头应引起重视，应加强协调和宏观调控。交通条件差和运力不足，仍然是制约旅游业持续稳定发展的主要因素，而这方面的投资显得不足，旅游资源的开发和重点的建设，旅游商品的开发和生产，在旅游投资中的比重都很少。

为了减少损失，避免浪费，应加强摸底排队，分轻重缓急尽快落实资金，并注意旅游结构的配套。同时，不要轻易再上新的饭店项目，对新建的旅游饭店项目要严加控制，使旅游业协调稳步发展。

（徐崇云）

宁波市

一、1992年宁波市投资建设基本情况

（一）全社会固定资产投资高速增长

1992年，宁波市全社会固定资产投资完成79.96亿元，比上年增长49.7%。其中国有单位投资39.75亿元，增长57.5%；集体单位投资24.75亿元，增长68.7%；私人投资12.46亿元，增长8.7%；商品房投资7.36亿元，增长1.45倍。在国有单位投资中，地方项目投资26.57亿元，增长98.1%；中央项目投资13.18亿，增长11.4%。1992年固定资产投资高速增长，是在结束三年治理整顿和加快改革开放步伐的大潮推动下形成的，从宁波经济发展的战略眼光看，在90年代围绕“以港兴市，以市促港”的发展方针，通过本世纪最后十年和更长时间的努力，把宁波建设成为华东重要工业城市、对外贸易口岸和浙江经济中心，上述发展速度应该统属于正常发展范围。

（二）投资结构出现新变化

在投资结构中，用于第三产业和能源原材料的投资比重上升。在国有单位固定资产投资中，第三产业投资16.57亿元，比上年增长2倍。能源、原材料工业投资14.64亿元，增长63.6%。仅据由建设银行经办的14个重点项目投资情况分析，1992年计划投资133728万元，其中能源、原材料项目投资114734万元，占年度投资85.79%；交通、港口、邮电项目投资11022万元，占8.25%；围垦工程投资2354万元，占1.76%；教育、卫生投资1355万元，占1.1%，其它项目投资4263万元，占3.19%。可见，改革开放促进了投资结构的调整，逐步转向以国际市场需求为导向，充分利用国际国内两个市场和国际国内两种资源，大力投资发展能源、原材料和交通、港口、邮电等重点行业，投资结构日趋合理。

（三）投资特点

根据宁波经济发展战略，1992年是宁波进一步扩大改革开放，加快经济建设的重要时期。其主要特点：一是推进北仑港港口、交通建设，建设港口和扩大港口功能，把宁波港作为长江三角洲及长江沿海地区的重点深水港和上海港群重要组成部分，港口、交通建设投资达10007万元，占年度投资7.48%；二是根据国务院召开长江三角洲及沿江地区经济规划座谈会的精神，把北仑港区域确定为长江三角洲沿海重要化工工业基地，为加速该地区产业结构的调整，建设了北仑港发电厂、镇海石化总厂等，年度投资达114734万元（其中国家投资87134万元），占年度总投资85.74%，居第一位；三是商品房投资增多，一年中商品房投资达7.36亿元，比上年增长1.45倍，新建城镇住宅91.23万平方米，是改革开放14年来新建住宅最多的一年；四是第三产业投资比重上升，在国有单位固定资产投资中，第三产业投资16.57亿元，比上年增长2倍，所占比重由上年的34.3%上升为41.7%，符合党中央、国务院关于加快发展第三产业的方针政策。

（四）主要经验

首先，紧紧围绕调整投资结构，提高经济效益这个中心，在基本建设中重点加强基础产业和基础设施，适当兼顾社会事业建设，加工工业主要依靠技术改造。在技术改造中，重点是降低能源、原材料消耗，努力提高产品质量和档次，积极开发新产品，搞好引进技术消化吸收和国产化。全市在基本建设和技术改造中，还普遍注意保证重点，防止重复建设，禁止搞低水平的、产品没有市场的项目，从而使调整投资结构落到了实处，提高投资效益得到了保证。

其次，坚持量力而行、尽力而为的原则，优先安排好大中型及主要建设项目，确保“八五”计划纲要所提出的目标和任务的实施。为此，全市在投资分配上，统筹考虑工农业生产、社会事业及与人民生活直接相关的建设需要，对水利、农业、能源、交通、重要原材料及电子工业实行适度倾斜。对列入计划的项目，要求按已批准的工程内容和建设进度打足投资，不留缺口，并安排落实项目建成投产后的铺底流动资金，使项目建成一个，见效一个。

再次，加强和改善对集体和个体投资的管理。全市各级计划部门以认真贯彻国务院关于计划要覆盖全社会的精神，对国家下达的集体、个体投资规模实行严格监控，认真审核资金来源，引导投资使用方向，尽可能地加强和改进对集体投资项目特别是农村集体投资项目的专项审查。

第四，树立全国“一盘棋”思想，千方百计确保重点项目建设。全市各级政府及计划、财政、金融有关部门，针对该地区重点建设项目多，资金需求量大的特点，统筹兼顾，合理安排，集中人力、财力、物力确保重点建设项目顺利进展。一些县（市、区）政府还自觉服从大局需要，在征地、拆迁等难度较大的前期工作中，勇于承担责任，乐于落实任务，善于做好工作，保证了有关重点建设项目的建设进程。

（五）存在问题

1. 投资增长速度过快，造成建筑材料供应偏紧，尤其是建筑用的钢材、水泥等价格上涨较多。建筑钢

材每吨比年初上涨千元以上，造成投资概算一超再超，对投资项目压力较大。

2. 金融形势趋紧，压力增大。由于信贷资金的过多投放，对银行压力加大。各建设单位尤其是乡镇企业要求增加贷款的呼声很高，但实际可用资金很少，给生产建设带来一定的影响。

3. 地方国有工业企业投入不力，后劲不足。全市基本建设投资中的地方项目仅占10%左右，比上年下降17个百分点，且规模较小，平均每个项目投放仅180万元，比上年450万元减少2/3。

4. 技术改造进展缓慢，效益下降。全市国有单位技术改造投资5.5亿元，增长12.2%，低于全社会固定资产投资增长幅度，且项目投产率也只有20%，投资效益下降。

（建设银行宁波市分行）

表3—34 1992年本地区开工的主要地方项目 单位：百万元

项目名称	总投资额	当年投资额	计划竣工日期（年、月）	新增生产能力
杭甬高速公路	1000.00	380.00	1996	宁波段
余姚至慈溪铁路	6.74	20.00	1995	220万—300万T
粉磨水泥熟料60万T/年	135.82	10.73	1995	60万吨/年
象山平缧水库860万方	16.4	4.00	1995	860万方/年
新增液化气1.5万吨/年	76.0	5.67	1994	1.5万吨/年
鄞县石碶轻纺城	11.65	10.00	1993	29906m^2
集装箱堆存38.8万箱	5.47	3.00	1993	38.8万箱

表3—35 1992年本地区竣工的主要地方项目 单位：百万元

项目名称	总投资额	当年投资额	项目开工日期（年、月）	新增生产能力
宁波港北仑港区二期	389.71	53.56	1989年5月	350万吨/年
宁波甬江大桥	40.00	15.16	1991年2月	
宁波电讯枢纽楼	25.00	10.15	1991年3月	业务通讯用房
象山大目涂围垦工程	77.45	23.54	1988年10月	围海1.5万亩造虾塘8000亩
奉化横山水库	87.00	12.00	1984年7月	1.118亿立方米

二、1992年宁波市利用外资投资建设基本情况

（一）本市利用外资投资建设情况综述

1992年，宁波市进一步解放思想，加快利用外资的步伐，使全市利用外资，兴办外商投资企业出现前所未有的好势头。全市批准外商投资企业636家，比上年增加463家，增长2.5倍；总投资20.3亿美元，比上年增加17.7亿美元，增长7倍。利用外资贷款项目26个，贷款总额80401万美元，有力地推动了地方经济发展。1992年经国务院正式批准宁波经济技术开发区由原来的2.38平方公里扩大到29.6平方公里，批准设立的宁波保税区，已进入大规模开发建设阶段，外商投资速度加快，领域拓宽，规模增大。在建、已批准待建和洽谈中的千万美元以上的大型外商投资项目已达30多项，总投资达40多亿美元。到1992年共兴办外商投资企业221家，总投资7亿多美元，协议利用外资4.3亿美元。已有68家“三资”企业试生产，完成工业总产值8亿元。1992年无论是外商投资、利用外商贷款和经济技术开发区建设，还是投资总额，都超过历年投资的总和，取得了令人瞩目的成绩。

（二）利用外资投资建设的主要特点

1. 总量增长，规模增大。全市1992年批准外商投资企业636家，总投资达20.3亿美元，比上年增长7倍。到年底全市累计批准“三资”企业已突破千家，达到1076家，总投资27.8亿美元，协议利用外资19.6亿美元。项目规模也不断增大，在新批准的项目中，总投资在400万美元以上的有53家，其中总投资在1000万美元以上的外商投资企业有21家，总投资额和协议外资金额占全市68.5%和78.7%，1992年外商投资项目总量之多，规模之大为历年来所少见。

2. 项目层次提高，产业结构得到调整。中央和浙江省把宁波市作为90年代的重点投资地区之一，一大批交通、邮电、城市基础设施等重点项目相继投入，以石化、电力、化工为主的能源、原材料项目得到加强，产业结构不断得到优化，仅据利用外资贷款项目统计，利用澳大利亚、加拿大政府和世界银行贷款就有69525万美元，其中建成和在建的15万门程控交换机、60万千瓦发电机组、北仑港区二期工程以及杭甬高速公路和69万吨525#硅酸盐水泥等，对调整产业结构，增强经济发展后劲起了重要作用。

3. 投资领域不断拓宽，第三产业利用外资有重大突破。1992年新批准的外商投资企业中，属于第三产业的项目有89家，占企业总数的16.2%，协议利用外资金额2.1亿美元，占总数的40.3%，其中属于房地产业的49家，协议利用外资1.6亿美元，还有餐饮、娱乐业20家。

4. 老企业“嫁接”迈出大步。一批大中型企业实行中外合资，有100多家国营和大集体企业与外资“嫁接”改造。如宁波白板纸厂、宁波动力机厂、宁波拖拉机厂、东风无线电厂等企业与香港中策集团合资后，增加了投入，着手进行较大规模的技术改造；宁波和丰纺织厂、宁波酒厂、余姚东风棉纺厂等一批骨干企业也兴办了合资企业，改变了过去嫁接式企业以乡镇企业为主的局面。

5. 海外“宁波帮”开始由捐赠转向投资办实业。年初陆章铨先生独资开发小山工业区，在余姚合资开发“远东工业城”，按着王剑伟先生等投资开发香港村，水铭章先生投资食品一条街，邹星培先生联合日本商社投资搞针织项目，应昌期先生连续投资兴办了现代建材和利华羊毛公司两个大项目，总投资达4000万美元。

6. 已投资的外商企业经济效益良好。1992年新增外商投资企业118家，据已投产的328家外商投资企业统计，年总产值27.73亿元，销售额27.2亿元，利润2.57亿元，分别比上年增长82%和85%；直接出口创汇1.4亿美元，向外贸部门供货6711万美元，分别比上年增长186%和82%。

（三）对外开拓投资建设的主要经验

1. 解放思想，用好用活政策。利用外资，必须解放思想，用好用活国家给宁波市优惠政策。宁波市相继出台了诸如允许外商购买现有企业股份搞合资；允许投资大，技术高设在非开发区的合资企业享受经济技术开发区的待遇；允许外商独资搞第三产业；放宽一些合资企业的出口比例，加工深度方面的控制。只要质量好，有销路，外汇能自行平衡，产品允许内销等一系列优惠政策，并根据实际情况，放宽一些限制项目，拓宽外商投资领域，促进外商兴办更多的企业。

2. 简政放权，调动各方积极性。加快利用外资步伐，必须简政放权，宁波市政府和有关部门联系实际，研究下放外资项目审批权限，简化工作程序，提出将各县（市、区）合同、章程的审批权限从50万美元提高到200万美元（补偿贸易审批权限同步同额下放），并将200万美元以下项目包括生产设备，原辅材料的审批权限下放给各县（市、区），将1000万美元以下项目立项审批权限下放给各县（市、区）和市属有关部门，还相应地简化了有关程序。这些措施实行后，调动了各地、各部门积极性，促进了各地、各部门利用外资，引进外资的迅猛发展。

3. 全面开放，全方位招商。市委、市政府针对吸收外资，兴办外资企业步子慢，项目小，等客上门等问题，提出了做好工作，创造条件，使外商由“拉”进来变为“涌”进来，把招商重点转向国际大财团，国内大集团公司，并下发了关于进行全方位招商的文件等，取得了较好的效果。与此同时，集中搞了几次大的招商洽谈活动，均取得了丰硕成果。如年初利用参加在香港举办的长江

中下游地区投资洽谈会，签订了19个合同，协议外资金额3832万美元，9月初在杭州举行的1992年浙江省利用外资洽谈会上，又签订合同46项，协议外资金额112419万美元，意向书42项，意向外资达35228万美元，共计成交88项，总投资18亿美元，居各地区之首。同时还召开1992年浙江省投资暨贸易(香港)洽谈会，澳门展销会等，都取得了好成绩。

4. 拓展国际金融业务，促进外资业务发展。宁波市在发展金融业务机构中，有意识地支持建立了一些外汇指定银行，既注意发挥中国银行外汇专业银行的主体作用，又注意发展各专业银行的国际金融业务，使我市初步形成了服务功能逐步齐全，服务手段不断改进，服务网络日益完善的外汇指定银行群体。

(四) 主要问题

1992年利用外资工作虽然成绩斐然，但与上级部门要求差距还比较大，特别与苏南等地相比，尚有很大差距。1992年宁波市利用外资总量只有苏州市的1/4，说明对外开放投资建设还不够放手，步子还迈得不够大，还没有真正形成多层次的招商网络。同时在利用外资贷款中，配套资金不足，给利用国外贷款拖了后腿。此外，在外汇汇率上升，人民币汇率下降，成本提高，也给“三资”企业增加了还贷的困难。

(建设银行宁波市分行)

三、1992年宁波市基础设施投资建设基本情况

(一) 本市1992年基础设施投资建设情况综述

1992年，宁波市作为浙江省对外开放层次最高的地区，在邓小平同志南巡谈话和党的十四大精神指引下，充分利用政策优势，发挥中央和地方两个积极性，在加快港口建设，带动内外贸易的同时，进一步加大对基础设施的资金投入，为全面改善投资环境，深化改革和开发开放，创造了良好的先决条件。据不完全统计，全市全年基础设施投资共计102809万元，占全市全年全社会固定资产投资额769600万元的13.36%。其中，用于交通、邮电部门投资37400万元，比上年增长37%。全市在建14个国家、省、市重点工程项目中的北仑港区二期、甬江大桥、程控电话等三大工程先后建成投产使用，有力地推动了全市的经济建设。特别值得一提的是，基础设施建设中的城市建设步伐加快。1992年，仅宁波市海曙、江东、江北三区用于城市建设的资金就达10060万元，重点建设了“六路一桥”为主的33个市政项目。完成了桃渡路、芝兰巷、彩虹南路改造工作；环城北路改造顺利进行；孔浦桥以东地段路面建设如期完成；中兴北路改造完成计划的70%；甬江大桥建成通车。还有一批诸如城市供水工程、宁波大桥、横山水库引水工程和人民路、药行街、百丈街、解放路等“四路”工程，或完成同世界银行谈判工作，或完成选址，或进入可行性研究阶段，为新一年的基础设施建设作好了充分准备。

宁波市1992年固定资产投资计划显示：当年用于基础设施的投资为102809万元，其中：公路30552万元，铁路2000万元、港口6326万元、通讯1325万元、发电设施49939万元、供排水5613万元、市场建设5695万元、原小港经济技术开发区基础设施建设1359万元。投资结构基本合理，突出了交通、通讯、供排水和市场建设，有利于社会主义市场经济的迅速发展，有利于改善投资环境和人民群众的生活环境。这些基础设施建设的投资资金，除列入国家重点建设项目的通过由建设银行建贷、发行投资债券、利用外资等渠道筹措资金外，其余项目大多通过省、市、县各级政府自行筹集、发行企业债券等途径予以解决。其中，全市境内专业公路改建和场站建设资金，除少量由部、省、市、县补助和地方自筹外，基本上来源于养路费，做到了“以路养路，以养促建”，实现了基础设施建设中的良性循环。

从宁波市1992年基础设施建设的进展情况看，当年开工的主要基础设施项目有：杭甬高速公路，全线年度计划投资38000万元，其中余姚、鄞县段完成拆迁征地等前期工作达6347万元；余姚至慈溪铁路专用线，征地、土建2000万元。当年竣工投产的主要基础设施项目有：北仑港区二期工程，当年投资5356万元；甬江大桥工程，当年投资1516万元；程控电话（电讯枢纽楼）工程，当年投资1015万元。还有一批城镇（包括县城和农村小集镇）供排水工程和公路（包括专业公路和城区道路）改建工程，也是当年投资当年建成投入使用，取得了较好的投资效益，缓和了城乡居民的供水矛盾，改善了路况路貌。

(二)1992年全市基础设施投资建设特点

1. 充分发挥两个积极性，为投资基础设施建设创造了良好的先决条件。改革开放以来经济建设中正反两方面的经验使得宁波市各级领导深深懂得：基础设施建设好坏与否，是衡量投资环境好坏的主要标准之一，什么地方基础设施搞得好，什么地方的投资环境相对来说就比较优越，就能吸引外资，也就能最终形成一个集中投资区域，产生规模效益，从而推动本地区的经济建设；反之，很难吸引外资，最终拖本地区经济建设的后腿。因此，只有扎扎实实地把基础设施建设搞好，才能筑巢引鸟，给本地区经济建设带来有力的后劲。全市各级领导普遍高度重视基础设施这一“硬件”建设，纷纷从抓道路、供排水、通讯、电力建设等入手，做到道路、通讯畅通，供水、供电充足，为大规模开发建设奠定了牢固的基础。

2. 正确处理局部利益与整体利益的关系，在确保国家重点建设项目的前提下，尽力而为，量力而行地开展地方基础设施建设。1992年，全市当年开工及在建或竣工投产的国

家、省、市重点建设项目中，有8个项目是交通、通讯、发电设施、供排水设施等基础设施建设工程，年度投资77654万元，为全年基础设施建设投资中的大头。为此，在人力、物力、财力等方面全力予以保证。例如，在杭甬高速公路建设中，余姚市和鄞县的两县（市），制定政策，组织专门班子，逐乡逐村做好群众的工作，落实征地、拆迁任务，年内完成工作量6347万元，基本上保证了高速公路余姚、鄞县段工地清场工作的顺利进行，为高速公路1993年全面进入施工阶段创造了良好的条件。

3.各部门密切配合，同舟共济，各显其能，在基础设施建设中争作贡献。宁波市从扩大改革开放和发展社会主义市场经济的大局出发，引导各部门把注意力集中到加强基础设施建设上来。土地管理、城市规划、财政、银行等部门，都从自身职能特点出发，千方百计为基础设施建设提供优质服务和资金保证。如全市不少县（市、区）把土地批租收入的钱集中起来，投向当地主要基础设施建设项目，有效地改变了道路、通讯、供水、供电等方面的滞后状况；有的则集中力量搞好工业小区的基础设施建设，为引进外资提供优越的投资环境条件；有的集中力量解决道路问题，如此等等。通过政府发号召，财政拨一点，银行贷一点，集资集一点，政策让一点，从各个方面保证基础设施建设稳妥健康地进行。

（三）1992年全市基础设施投资建设存在的主要问题

1.缺乏总体规划。目前进行的基础设施建设项目，不少是急来抱佛脚的应急项目，有的纯属零敲碎打的短期行为，特别是城市建设中更是如此，缺乏较长远的总体规划。

2.发展仍不平衡。沿海平原地区基础设施建设搞得较快较好，偏远山区仍停留在争上项目上，缺乏长远发展眼光，急功近利，给日后经济的迅速发展留下了障碍。

3.个别县存在一定程度的本位主义。在投资建设公路、水库、铁路等基础设施项目过程中，个别地方未能从经济建设的大局出发，抓住本地区的局部利益不放，严重影响了项目的顺利发展。

4.资金缺口严重。据宁波市计委有关负责同志介绍，凡列入1992年计划的项目，资金应该是基本落实的，少量也存在缺口。但是，1992年上半年开始，各地自行开工的基础设施建设特别是道路改建工程，远非计划所列的规模，实际铺开的摊子要大得多，而且又不向上级计划部门报告情况。恰恰正是这些计划以外的项目，资金缺口十分严重，有的工程刚开始就面临停工的危险。反过来，这种混乱现象也打乱了宏观规划，不可避免地出现一些重复建设和盲目建设，造成不必要的浪费。

（建设银行宁波市分行）

安徽省

1992年安徽省投资建设基本情况

（一）投资建设基本情况综述

1992年安徽全省国有单位基本建设投资完成71.47亿元（不包括商品房开发），比上年增长48.6%，其中中央项目38.9亿元，地方项目32.57亿元。分别比上年增长47.3%和50.0%。大中型项目完成43.85亿元，占61.4%；小型项目完成27.62亿元，占38.6%。预算内投资增长较少，预算外投资增幅较大。国家预算内投资完成11.85亿元，比上年增长2.7%，其中中央项目8.78亿元，地方项目3.07亿元，分别增长3.8%和基本持平；预算外投资完成59.62亿元，增长63.0%，其中中央项目30.12亿元，地方项目29.5亿元，分别增长67.9%和58.3%。

城镇集体单位建设投资成倍增长，个体建设投资增加亦较快。全省集体单位基本建设投资完成25.39亿元，比上年增长104.4%。其中，城镇集体7.82亿元，比上年增长77.7%，乡村集体17.57亿元，比上年增长119.6%。全省个体基本建设投资完成61.85亿元，比上年增长45.3%。其中城镇个体5.13亿元，乡村个体56.72亿元，分别比上年增长55.5%和44.5%。

商品房开发建设良好，开发方向正确，生产与销售基本平衡。全省开发建设投资完成7.20亿元，比上年增长67.1%；其中住宅投资5.27亿元，占73.2%，比上年增长50.6%。开发房屋面积437.54万平方米，增加154.67万平方米；竣工面积141.5万平方米，其中住宅118.7万平方米，占83.9%。商品房销售额6.76亿元，占当年投资的93.9%；销售面积110.1万平方米，占当年竣工面积的77.8%。

全省国有单位施工项目2776个，比上年增加321个，其中新开工项目1504个，增加238个；到年底建成投产的项目1510个，比上年增加372个。施工的房屋建筑面积832.43万平方米，比上年增加139.04万平方米；当年竣工379.27万平方米，比上年增加85.98万平方米，其中住宅施工面积334.81万平方米，竣工面积179.38万平方米，分别比上年增加41.36万平方米和53.75万平方米。

（二）投资效果及主要成就

1992年全省国有单位基本建设投资，新增固定资产49.18亿元，比上年的26.49亿元增加85.7%，固定资产交付使用率由上年的55.1%上长到68.8%。

全省集体单位建设投资，新增固定资产投资22.78亿元，比上年增加4.84倍，固定资产交付使用率由上年的88.6%上升到89.7%。

项目投产率由上年的46.4%上升到54.4%；房屋竣工率由上年的42.3%上升到45.6%，其中住宅竣工率由42.8%上升到53.6%。

当年建成的一批项目，新增主要生产能力有，原煤开采309万吨；铁矿石原矿开采7.0万吨；铜选原矿115.5万吨，铜精矿3.7万吨；硫铁矿开采12.0万吨；磷矿开采10.0万吨；水力发电13.16万千瓦；火力发电82.5万千瓦；11万伏及以上输电线路607.5公里，11万伏及以上变电设备131.0万千伏等；水泥9.0万吨；硫酸4万吨，电石2.5万吨；尿素4万吨；中成药465吨，柴油机3350台，2000万千瓦；金属切削机床939台；棉纺锭1万锭；白酒2200吨；港口码头泊位4个，吞吐量40万吨；船舶购置9艘；载重量1.28万吨；6200平方米汽车站1个；市内电话自动交换机7000门；50万公斤商品蛋鸡场；造林6.15万亩；0.18亿立方米库容水库，有效灌溉面积24.2万亩，除涝面积120.88万亩，排灌装机0.77万千瓦；库容4176.24万公斤粮食仓库；饮服网点184处，10.16万平方米；高等院校5277席位，1.54万平方米；中等学校5.01万席位，12.13万平方米；小学及其它学校7.46万席位，21.1万平方米；图书馆藏书422万册，6605平方米；医院病床2021张；城市自来水7.48万吨；城市煤气7.4万立方米。

投资结构。在国有单位基本建设完成的71.47亿元投资中，生产性建设投资53.66亿元，比上年增长45.7%，投资比重由上年的76.6%下降到75.1%；非生产性建设投资17.81亿元，比上年增长58.0%，比重由23.4%上升到24.9%，其中住宅投资6.14亿元，增长42.1%，比重由9.0%下降到8.6%。

农轻重部门投资44.62亿元，比上年增长61.4%，占投资总额由上年的57.5%上升到62.4%。其中农业投资6.23亿元，增长61.4%，占全省投资比重由上年的8.0%上升到8.7%；轻工业投资4.31亿元，重工业投资34.08亿元，分别比上年增长1.42倍和31.7%，比重分别由上年的3.7%和53.8%上升到6.0%和下降到47.7%。在工业内部，能源工业投资21.32亿元，比上年增长14.6%，比重由上年的38.7%下降到29.8%；交通运输业投资11.25亿元，原材料工业投资8.32亿元，分别比上年增长67.7%和减少35.2%，比重分别由上年的13.9%和26.7%上升到15.7%和下降到11.6%。文教卫生和科研投资5.64亿元，城市建设投资3.91亿元，分别比上年增长78.5%和57.7%，比重分别由上年的6.6%和5.1%上升到7.9%和5.5%。

当年开工及竣工投产的主要地方项目投资。全省新开工的主要项目有4个（1000万元以上项目），投资23548万元。

竣工投产的主要项目1个，投资2801万元。

1992年，安徽全省加大改革力度，加快安徽经济建设，减少基本建设审批环节，增加地市计委和主管部门的管理强度，放宽了审批权限和调整了部分部门投资管理职能。

1. 除需上报国家审批的项目外，凡符合国家产业政策，资金自筹和材料落实的基本建设项目，全部下放给地市或省主管部门审批。并对集体单位和个体基本建设投资，不再下达控制规模指标。

2. 吸收外商投资的项目，地市审批权放宽到500万美元，其中合肥市和沿江四市放宽到1000万美元。

3.5万元以下的固定资产投资免征投资方向调节税。

4. 天长、亳州、宣州、桐城、繁昌、当涂6个县（市）和合肥市郊区，凡能自行解决原材料资金，产品又有销售市场的小型生产性基建项目，可以自主审批，报省、地市有关部门备案；并允许企业自筹资金和物资，进行小型基建，报计划、统计和主管部门备案后即可开工。吸收外商投资项目，资金（包括外汇和配套人民币）、原材料、产品销售以及其它生产建设条件不需要省统一平衡的，县（市）有权审批投资额200万元以下项目。建设项目征用土地，其计划由地市审批的委托县代为审批。

5. 马鞍山钢铁公司、合肥钢铁公司、铜陵化学工业集团、省汽车工贸集团、省叉车集团、杨子电气集团5个试点企业以及合肥高新技术产业开发区，享受所在地市同等审批吸收外商投资项目权限，并经批准同意，可以先发行债券以及股票，用于补充建设资金。

其它大中型企业可自行审批总投资100万美元以内的外商投资项目。限制性的“三资”企业，300万美元以下的项目由地市审批，其中合肥市和沿江四市的审批权放宽到500万美元。

省有关部门同时配套下放银行贷款，合同章程、工商登记和进出口业务结算等审批权限。

（三）1992年安徽省利用外资投资建设基本情况

1992年，安徽省认真贯彻邓小平同志南巡讲话精神，进一步深化改革开放，全省利用外资工作出现了可喜局面。到1992年底，协议利用外资总额达15亿美元，实际利用外资近5亿美元。

1. 吸引外商直接投资有较大发展。

截止1992年底，经批准累计兴办“三资”企业989家，协议利用外资4.9亿美元，实际利用外资近1亿美元。

（1）利用外资总量明显增加。1992年全省新批“三资”企业710家，项目总投资11.2亿美元，合同引进外资3.87亿美元，分别是1991年的6.7倍、10倍和9.5倍，相当于前10多年累计数的2.4倍、3.4倍和3.5倍。外资企业已遍及全省各地市，企业数已超两位数，还有不少合资合作项目正在洽谈中，在74个县（市）中，“三资”企业空白县已减至6个。

（2）规模明显增大。1991年以前，“三资”企业每家平均引进外资仅有38万美元，1992年新办“三资”企业每家平均引资56万美元，增长48%。其中协议外资金额1000万美元以上的有两家，即润安国际发展有限公司，总投资3888万美元，协议外资2100万美元。铜陵金隆有限公司，总投资14亿美元，一期建设协议外资2000万美元。协议外资500—1000万美元的外资企业有合肥荣事达有限公司、合肥ABB变压器有限公司、黄山第二索道、安合国际信托公司和合肥汉钢塑胶等5家。

(3) 高新技术“三资”企业明显增多。如芜湖经济技术开发区引进外资的项目有液晶显示、数控机床、精密模具、无线电话、商用电脑、激光照相、微机智能抄表、激光打印、辐照电缆、免疫调节剂、皖泰碳膜电阻等。合肥高新技术开发区也有20多个经过认定的高新技术项目。

(4) 投资领域明显扩大。除了加工工业外，1992年全省第三产业合资合作项目明显增多，其中房地产业全省已达58家，协议外资金额4030万美元，土地成片开发批租60万平方米，餐饮业、娱乐业、运输业、咨询业、旅馆业、养殖业有长足发展，商业、金融业也开始起步。

(5) 前来投资的国家和地区明显增多。1991年前外商投资主要来自港、澳、台、美、日等少数几个国家和地区。1992年来皖投资的国家已扩展到西欧、大洋洲、东南亚许多国家。

(6) 外资所占比例明显提高。1992年全省新批“三资”企业协议外资金额是投资总额的34.6%，比上年提高3—6个百分点。

(7) 到位资金明显增加。以往“三资”企业当年到位资金仅占1/4，1992年到位资金已增为1/3。

(8) 大中型企业办嫁接型“三资”企业明显增加。1992年乡镇企业骨干厂都先后与外商合资合作经营。一批国营大中型企业也拿出厂房、设备、技术和人员，与外商合资兴办嫁接型“三资”企业，如合肥美菱集团、滁州杨子电器公司等，通过办嫁接型合资企业，引进境外资金、先进技术，增强了企业竞争能力。

(9)效益普遍提高，主要反映在出口创汇和涉外税收明显增长。1992年全省“三资”企业出口额为5035万美元，比上年增长72.4%，1991年的“三资”企业出口额仅占全省出口总额4%，1992年提高到5.6%。涉外税收3000万元(不包括减免税部分)，比上年增长50%，占全省工商税比重由1986年的1.17‰提高到1992年的5‰。

(10)“三资”企业在全国所占份额也在增加。1991年以前，全省外资企业数、协议外资额分别占全国的6.64‰和4.55‰，1992年已上升到13.95‰和6.68‰。

1992年，全省投资环境的改善，有利于吸引外商来皖投资，芜湖、合肥两市经国务院批准实行沿海开放城市政策，芜湖、安庆、马鞍山水运口岸和合肥机场口岸为一类对外开放口岸，铜陵水运口岸为二类对外开放口岸，新建成的屯溪机场已被批准直航香港。全省对外开放县(市)已达51个。

2. 利用国外贷款有较大发展

全省利用国外贷款经历了徘徊、发展的过程。从1982年利用第一笔国外贷款开始，经历10年艰难发展，已增加到65项，贷款协议总额达97367万美元，实际利用国外贷款35930万美元。其中已建成投产交付使用的34项，实际使用国外贷款26435万美元。已签约正在实施的11项，总额46039万美元，已使用贷款9495万美元。被国家列为备选或国家有关部门承诺安排国外贷款20项，批准使用国外贷款24893万美元。1992年新签约利用国外贷款项目5个，协议金额3亿多美元，是近几年发展最快的一年，基本上扭转了多年徘徊的局面。

总的看，安徽省引进外资水平较低，总量不到全国的1%，与邻近省份相比差距较大。同时在利用外资，兴办“三资”企业中还存在一些应引起注意的问题。吸引外商直接投资方面存在的主要问题：

(1) 项目技术层次偏低，以劳动密集型项目居多，引进先进技术尤其是高科技项目偏少。

(2)项目规模偏小。1992年新批准兴办的项目平均外资总额只有56万美元，虽比去年有所增长，但仍然偏低。如省直单位兴办的“三资”企业80%左右的投资是50万美元以下的小项目。这说明来皖投资大都是中、小外商，真正有实力的公司、财团不多。

(3) 国营大中型企业兴办嫁接型“三资”企业者不多，目前与外商举办和洽谈兴办合资合作项目多为中小型企业，吸引力不强，导致外商投资项目偏小、技术档次低，一些经营状况欠佳的企业，想利用外资解脱困境就更困难。

(4) 有些“三资”项目前期工作不够扎实，存在着不顾客观条件盲目攀比的情况，重数量、轻质量、重签约、轻实施、轻管理的问题，在一些部门和企业中不同程度的存在。在合资过程中，中方被外商“砍三刀”的事时有发生，受骗上当的情况也是存在的。

(5) 随着外商涉足第三产业领域，有关的管理工作急待加强。1991年，外商投资房地产业已成为热点，然而由于缺乏这方面的经验，一些规章制度、法规政策也不配套，在实际操作中问题不少。如在一些房地产开发的外资主要是合资企业中，所开发的资金主要靠国内银行贷款和预收房款经营活动，外方有可能利用合资这一形式搞“无本生意”。有些地方竞相以土地等方面的资源优惠吸引外商，甚至将小区配套费也作为“利”让给外商。

(6)各类“开发区”建设急需加强规划，现在各地各级热衷于兴办各类“开发区”、“投资区”。据初步统计全省各类投资开发区达200多个，大多数是县办，甚至是乡镇办的，造成两大突出问题：一是由于受客观环境影响，吸引力低，外商投资

表 3—36 1992 年开工的主要地方项目 单位：百万元

项目名称	总投资额	当年投资额	计划竣工日期（年、月）	新增生产能力
安庆丙烯腈/腈纶工程	2287.2	123	1995.11	腈纶 5 万吨
铜陵水泥厂	779.7	44	1995.12	水泥 69 万吨 塑料 60 万吨
铜陵磷胺厂硫酸工程	110	68.5	1993.12	硫酸 20 万吨

表 3—37 1992 年竣工的主要地方项目 单位：百万元

项目名称	总投资额	当年投资额	开工日期（年、月）	新增生产能力
蚌埠市西区热电厂	177.9	28	1987.7	5 万千瓦

极少。二是土地大片浪费荒芜，相当一部分开发小区还是空白。

（武哲、吴中尧）

福建省

一、1992 年福建省投资建设基本情况

1992 年在邓小平同志视察南方重要谈话和党的十四大指引下，福建改革开放的步伐进一步加快，经济建设进入了一个新的快速发展阶段，按照发展社会主义市场经济的要求，经济体制改革和对外开放向前所未有的广度和深度推进，有力地推动了全省经济的高速增长，固定资产投资取得了令人瞩目的成就。

（一）投资规模适度增长，投资结构日趋合理

1992 年全省固定资产投资完成 196 亿元，比上年增长 47.8%，大大高于“七五”期间年均递增 14.6% 的水平，其中：国有单位投资完成 123.3 亿元，（基本建设完成 70.17 亿元，更新改造完成 29.22 亿元）增长 49.1%；集体单位投资完成 22.69 亿元，增长 45.5%；个体投资完成 50 亿元，增长 45.5%。国有单位基建施工项目 3126 个，计划总投资 346.5 亿元，分别比上年增长 11.44% 和 74.56%；全年新开工项

目1799个，比上年增加451个，增长33.46%；当年全部建成投产项目1561个，比上年增加184个，增长13.36%；当年竣工面积350.25万平方米，比上年增加62.21万平方米，增长21.6%。

改革开放以来，随着投资体制改革的不断深化，投资主体多元化、投资来源多渠道的新格局业已形成。固定资产投资主体也由以国有单位为主，逐步发展成为国有、集体、个体三大主体。同时，三者的投资比重也在不断地发生变化。国有、集体和个体在固定资产投资中所占比重从1981年的67.7%.18.6%和13.7%演变为1992年的63%、11.6%和25.4%。三大投资主体的上述变化表明在固定资产投资中国有单位所占比重逐年下降，集体、个体所占比重逐年上升已成为投资结构调整的基本态势，这与我国由原来单一公有制，改变为以公有制为主体、多种经济成分并存的所有制结构也是相一致的。

（二）大中型及重点建设项目取得突破性进展

1992年全省在建大中型项目49个，占全省在建项目总数3126个的2%，其中当年新开工项目18个，当年全部建成投产项目7个。49个项目计划总投资211.62亿元，累计完成投资85.21亿元，其中当年完成29.66亿元，占全省当年完成数的15%。2%的项目完成15%的投资额，这表明1992年全省大中型项目投资完成还是比较理想的。

1992年全省18个重点项目完成投资26.99亿元，占年度计划27.02亿元的99.51%。比上年增长35.29%。除了省图书馆、三明钢铁厂第二烧结车间和福州长途电信枢纽等中小项目完成不够理想外，大部分项目完成很好，甚至超额完成。水口水电站、鹰厦铁路电气化工程、青州造纸厂扩建工程和沪闽（榕）穗光缆等4个国家重点项目实际完成投资15.36亿元，占18个项目的57%。除了水口水电站因遭受特大洪灾以及设备延期交货，工程进度略有影响外，其它三个项目全面完成了年度计划。

1992年全省重点建设结出了累累硕果。三明化工厂尿素工程、福建炼油厂前五套装置、沪闽（榕）穗光缆、福州西区水厂扩建第一阶段等4个项目已正式投产（或部分投产），且工期都比计划要求有所缩短。新增生产能力：尿素11万吨/年、合成氨4万吨/年、炼油粗加工原油250万吨/年、邮电长途话路3.3万条、供水15万吨/日、220KV变电容量54万千伏安、220KV送电线路75公里。此外，福州煤气工程2号炉和南一水库都已具备投产条件，但因客观原因限制尚未投产。还有福州新港区和厦门东渡港二期的集装箱泊位也都形成了简易投产条件。

（三）固定资产投资领域的问题

1992年，我省固定资产投资领域仍存在着一些问题，突出表现在：

1．资金供需缺口大，重点建设筹资难

根据调整后的福建省“八五”计划，“八五”期间全省全社会固定资产投资1000亿元，要完成上述奋斗目标，关键在于建设资金的筹措。然而，目前省级建设资金财力有限，且分散掌握在各部门手中，难以集中统一安排使用，资金筹措的难度很大。尤其是各种预算外资金、社会闲散资金，至今仍缺乏具体可供操作的筹资政策。目前，由于受民间信贷、农村基金会高利率的干扰，集资热、股票热、养鳗热、投资热、外汇热以及购物热的冲击，筹措建设资金更加困难。银行贷款由于信贷规模不足、资金头寸趋紧，近期内不可能大幅度增加。因此，只有在多渠道筹集建设资金方面有大的突破，在资金的管理、使用方面有大的改进，才能如期完成“八五”计划提出的固定资产投资任务。

2．项目多头审批管理，宏观调控难度加大

目前，我省基建项目、技改项目、房地产开发项目、外资项目、乡镇企业项目分别由计委、经委、建委、经贸委和乡镇企业局负责审批管理。由于建设项目审批管理政出多门，加上缺乏适当的产业政策和行业规划的指导，周期性地出现项目建设一轰而上、重复布点的现象，致使区域投资结构趋同，项目投资效益低下或根本没有效益。乡镇项目建设的问题尤为突出。由于缺乏宏观引导，近年我省投产的许多小棉纺厂、小糖厂、小罐头厂，原料供应不足或产品质次价高，缺乏竞争能力，销售困难，产品积压，生产能力大量闲置。小啤酒厂、小茶厂、小纸厂盲目建设，流费非常惊人。

3．投资体制不够完善，决策者不承担风险

现行的投资体制还很不完善，突出表现在投资决策者对投资的经济效益不负经济责任。在投资的全过程中，投资成功者与失败者在经济上没有差别。这样一来，经济杠杆就失去了调节作用。长期亏损的企业照样生存，甚至可以贷款发放奖金。另一方面，从企业本身来看，国有企业的所有权属于国家，如果企业由于经营不当引起倒闭清理或关停并转，不伤企业法人代表一根毫毛，企业的债务和人员的安排等“包袱”仍然由国家去背。不少地方乱上项目的根本原因就在于投资决策者不承担风险责任。由于这些原因，加上物价上涨的影响，预算超概算，决算超预算已习以为常，其直接后果就是投资效益低下，投资贷款回收难。

90年代是福建省经济发展的重要十年。为使全省经济在提高质量，优化结构，增进效益的基础上保持较快的发展速度，应把交通、通信、能源、水利、重要原材料等基础设施和基础工业建设作为固定资产投资的重点。要把这一重点突出抓好，抓出成效，必须采取以下措施：一是切实保证重点建设的资金需要，按计划加以落实；二是集中有限的信贷规模和信贷资金，实行信贷倾斜，确保重点；三是采取联合投资、参股投资等方式，引导社会各方面资金用于交通、通信、能源和重要原材料建设；四是采取优惠政策和灵活措施，吸引外资参与基础设施和基础工业建设；五是“压一般，保重点”，严格控制一般项目的审批，杜绝低水平、小而全的重复建设，集中力量逐步改变基础设施和基础工业严重滞后的状况，使之与经济发展要求相适应。

（吴炳康　钟友泉）

表 3—38　1992 年开工的主要地方项目　　单位：百万元

项目名称	总投资额	当年投资额	计划竣工日期（年、月）	新增生产能力
福州新港区二期	166.60	11	1994	万吨级泊位 2 个 年吞吐能力 92 万吨
漳泉肖铁路	804.85	130	1995	三级铁路 150 公里

表 3—39　1992 年竣工的主要地方项目　　单位：百万元

项目名称	总投资额	当年投资额	开工日期（年、月）	新增生产能力
三化尿素工程	144.72	10.74	1990	尿素 11 万吨/年
沪闽（榕）穗光缆	115.41	50.45	1991	长途话路 3.3 万条
福州煤气工程	372	32	1987	日供气 30 万 M^3

二、1992年泉州市投资建设基本情况

（一）1992年泉州市投资建设情况综述

泉州是国务院批准的闽南金三角经济开发区重要组成部分，也是福建省确定的改革开放综合试验区。改革开放以来，泉州市努力用好国家和省赋予的特殊政策和灵活措施，坚持多种所有制经济成份并存，以外向型经济为主，发展具有侨乡特色的泉州经济，综合经济实力显著增强。1992年，全市国民生产总值118.2亿元，比上年增长46.6%，提前8年实现了第二个翻番的目标。

1992年，全市完成固定资产投资31.02亿元，比上年增长30.02%，大大高于“七·五”期间年平均递增9.5%的水平。重点项目建设得到进一步加强，16个市重点建设项目完成投资9.65亿元，完成全年计划的100.21%。福建炼油厂前五套装置、龙门滩二级电站、惠安埔头220KV输变电工程、惠安南埔围垦主体工程和晋江下游防洪堤加固一期工程已完成；漳泉肖铁路、福厦高速公路晋江2.7KM试验路段和鲤城地段的公路改造已开工；7.2万门程控电话和万门移动电话已开通；深沪码头等工程按计划实施，进展顺利。近几年来，泉州市投入大量资金致力于交通、能源、通讯等基础设施建设，投资环境有较大改善，1992年被评为全国首批“城市投资硬环境40优”之一。

（二）投资规模与投资结构

1992年，全市固定资产投资计划23.45亿元，比上年增长64.33%，其中，国有单位投资14.15亿元（基建10.63亿元，技改3.02亿元，商品房0.5亿元），集体单位投资1.8亿元，个体投资7.5亿元。计划执行结果，全社会实际完成固定资产投资31.02亿元，占年度计划的132.28%。从计划执行结果分析，全社会固定资产投资完成额突破计划规模。究其原因，主要是由于集体企业，特别是乡镇企业固定资产投资完成额大幅度突破计划规模。固定资产投资超规模完成是泉州市多年来客观存在的事实，这与泉州市以市场经济，外向型经济为主，多种所有制经济成份并存密切相关的。长期以来，泉州市国有企业较为薄弱，但乡镇企业一直比较发达。特别是：1992年市直41家国有工业企业与外商合资经营，推动了国有企业的改造和产业结构的优化，加速了泉州经济向市场经济的转化。乡镇企业、“三资”企业、私营企业的迅速发展，在全市国民经济中乡镇企业已经是“四分天下有其三”，成为重要的经济支柱。在全社会固定资产投资中乡镇企业所占的比重逐年大幅度递增，伴随着项目投资审批权限的下放，投资管理体制没有配套改革，许多乡镇企业超规模，无规模上项目，这是造成全市固定资产投资突破规模的最根本原因。再从固定资产投资资金来源分析，在全社会31.02亿元中，中央、省预算内投资占1.52%、银行贷款占19.14%、外资占19.73%、自筹占50.84%、企业债券占4.13%、其它资金占4.8%。由此可见，社会集资、吸引外资等预算外资金逐年提高并趋于上升，是固定资产投资的重要组成部分，而预算内资金在固定资产投资比重中逐年下降，银行固定资产投资贷款在引导调节社会固定资产投资的作用逐步加强。

（三）基本经验

党的十一届三中全会以来，泉州市固定资产投资逐年大幅度增长，产业结构得到进一步调整，基础设施得到初步改善，促进了全市国民经济和社会事业的高速发展，这些成就的取得得益于以下基本经验。

1. 发挥侨乡优势，努力吸引和用好外资

改革开放以来，泉州市充分运用中央和省赋予的特殊政策，采取灵活措施，立足本市情况，发挥“侨、台、文”的独特优势，不断推进各个领域的改革，认真做好侨务工作，广泛开展同海外华侨、华人和港澳同胞的联系，理解侨心，掌握侨情，拓宽海外客商来泉投资的领域。尤其是做好华侨财团和重点客户的联络和招商工作，充分发挥他们在引进资金、技术和开拓国外市场等方面的作用，努力用好外资，并取得显著成绩。至1992年底，全市累计批准三资企业2398家，总投资126.2亿元，合同外资18.9亿美元，开业投产1241家，实际利用外资5.81亿美元。

2. 大力发展乡镇企业，推进综合改革试验

多年来，泉州市努力推进综合改革试验，结合本地区的特点，大力发展乡镇企业，使其成为全市最重要的经济支柱之一。随着改革开放的进一步深化，泉州市乡镇企业已向高层次发展，已由原来个体为主体逐步转向集体为龙头的企业集团发展，增加其产品的竞争力，同时也提高乡镇企业总产值在工农业总产值的比重，1992年全市工农业总产值184.98亿元，其中乡镇企业总产值达到135.2亿元，占73.09%。

3. 对外开放已转向多层次、全方位深度拓展

泉州沿海地区的乡大都改为镇并实行重点工业卫星镇的开放政策。其中：以仰恩工程为龙头的马甲农畜试验区，总投资6亿元，引进禽畜良种，实行教育、科研、生产相结合，饲养、饲料、加工“一条龙”的综合系列开放区；大力发展以推广科技成果和引进消化吸收先进技术，改造传统产业为主攻方向的高科技产业，鲤城——晋江——石狮高科技走廊正在建设中。全市已形成多层次、全方位深度拓展的格局，资源开发区、农业开发区、工业开发区和高科技开发区等各类开发区遍布全市，这些开发区的建设推动着泉州市投资的发展。

4. 实行投资主体多元化、多渠道筹集重点项目建设资金

多年来，泉州市积极利用外资

和国外贷款，努力争取中央和省有关部门支持投资；实行以业建业、以业养业，征集专项资金；发行债券，向社会直接融资；鼓励社会团体、企事业单位和个人投资、捐资建设；结合房地产开发，以地生财；财政增收多投，适当收取城市增容费等办法，并贯彻“控制规模、调整结构、保证重点、提高效益”的方针，集中力量把泉州市的骨干项目搞上去。优先安排农业、水利、能源、交通、通信、城建等基础设施项目，主要技改项目和科教文卫等社会事业建设项目。

(四) 存在的问题

近年来，泉州市固定资产投资取得健康、迅猛的发展和令人瞩目的成绩，但同时也应该清醒地看到在固定资产投资领域中还存在薄弱环节。

1. 基础设施建设滞后，制约经济高速发展

近年来，泉州市在中央和省的大力支持下，投入大量人力、物力、财力进行基础设施建设，使原先十分落后的基础设施得到了初步的改善。但是伴随经济的高速发展，现有的基础设施已显得越来越不适应经济发展的需要，成为制约经济发展的“瓶颈”，突出表现在供水、供电和公路等方面。

2. 基础工业较为薄弱，产业结构有待进一步调整

泉州市地处在福建省东南沿海，与台湾隔海相望，由于历史的原因，改革开放以前，国家在该地区基本上没有什么投资，造成基础工业较为薄弱，产业结构不尽合理的状况。“七·五”期间国家投入巨资兴建年产加工原油250万吨的福建炼油厂，使泉州市薄弱的基础工业得到初步改善，但基础工业薄弱、产业结构不尽合理的状况仍未彻底改变。

3. 积累水平较低，发展资金短缺

随着泉州市经济高速发展，各地区各部门上项目的积极性很高，建设摊子铺得很大，但是普遍感到资金吃紧，特别是基础设施项目资金缺口更大。近期虽引进外资较多，但外资投入的重点主要是各类开发区和房地产开发项目，基础设施项目则主要由地方政府出资和银行贷款解决。泉州市积累水平较低，可用于建设的财力十分有限，而专业银行又面临贷款规模不足，资金头寸趋紧的难题，难以满足众多建设项目的资金需求。同时，由于建筑材料价格大幅度上涨，造成大量项目投资突破概算，出现投资缺口，更增加了筹措建设资金的难度。

(林锋　徐韵秋)

厦门市

一、1992 年厦门市投资建设基本情况

(一) 1992 年投资建设情况

1992 年，厦门市全社会固定资产投资总额为 33.15 亿元，比 1991 年增长 55.81%，高于 20% 的地区国民经济增长速度；1992 年的投资率为 42.4%，比 1991 年增加近 10 个百分点。可见，去年厦门市的经济高增长主要得益于投资的高位拉动。

1992 年国有单位完成投资 26.63 亿元，占总投资的 80.6%。与 1991 年相比，集体单位投资增长 28.95%，外引内联投资增长 66.11%，皆高于国有单位 21.05% 的投资增幅，私人建房投资在 1992 年亦达到 1.85 亿元。

最近几年厦门市不断进行大规模的基础设施和基础产业建设，逐步改善了投资环境，1992 年国家基本建设投资达 14.23 亿元，分别占国有、全社会投资总额的 53.4% 和 42.9%，比 1991 年增长 65.46%、5.63 亿元，增加的幅度和数量都是最高的。另外，城镇集体和商品房投资增长亦快于全社会投资增长速度，分别为 65.21% 和 59.93%，这是与特区市场经济的不断发展相适应的。

(二) 1992 年厦门市投资效益指标评价

1. 交付使用财产大幅增加，固定资产交付使用率提高

1992 年国有单位交付使用财产 71575.62 万元，比 1991 年增加 35692.23 万元，增长了近一倍。固定资产交付使用率为 81.01%，比 1991 年上升了 22.92 个百分点。本年新增生产能力有：新增房屋建筑 574710.2m²，其中校舍 32140m²，医院 4829m²；新增年产 800 吨毛条生产线一条；年产 200 万米的印染布生产线一条；新增港口吞吐能力 1030 吨/年；新增公路里程 33.56km。主要项目有：厦门大桥、石油公司码头、蔬菜铁路专用线、同安 11 万伏输变电二期工程，工商银行大楼，对外图书交流中心，厦门毛纺厂、罐头厂 2000 吨冷库、厦门印染厂、汀洲贸易公司。交付使用财产率为历年最高水平，其中有的项目以前年度已完成，但由于决算等手续未办妥，1991 年才转为交付，如毛纺厂和印染厂，分别交付 3394 万元和 7160 万元。这样不仅压缩在建规模，同时形成固定资产计提折旧，能够比较准确地核查生产成本，测算经济效益。

2. 在建工程率明显下降，建设资金占用减少，建设速度加快

厦门市 1992 年末在建工程为 168218 万元，比 1991 年增加 23123.96 万元，增长 13.76%，增幅较小，在建工程率为 190.4%，为历年最低水平。

3. 投资效果系数不甚理想

投资效果系数反映单位投资所能增加的国民收入。厦门市 1992 年投资效果系数为 29.4%，为 1980 年以来的较低水平，亦低于全国平均水平。

4. 项目建成投产率提高，而房屋建筑面积竣工率下降

1992 年基建和技改项目建成投产率分别为 37.5% 及 61.2%，高于

1981——1991年间的32.43%及45.80%的平均水平；而房屋建筑面积竣工率则各下降了4个百分点和18个百分点。技改项目较多地受到资金限制、建材市场影响和房地产投资热的冲击，房屋建筑面积竣工率大幅下降。

（三）1992年厦门市固定资产投资建设的主要特点

1. 大中型新项目投资尚未形成高潮

由于基建手续较繁琐，再加上有的项目计划与资金脱节，以及上半年雨季等原因，使厦门市的基建投资完成额未能有较大的增幅，原有的一批大中型项目，如客运码头等已进入扫尾阶段。新的项目如机场二期扩建工程、嵩屿电厂、特区供水工程、利恒涤纶长丝和金龙塑料金属公司等正处在前期准备阶段，尚未形成投资高峰期。

2. 当年投资概算成本突破较多

1992年建材市场价格涨幅较大，钢材从每吨1850元上涨到每吨3450元，涨幅达187%。预算价格指数调整，要增加投资30%左右，致使一些建设单位在规模没有超过的情况下，超计划完成投资。如厦门武夷工贸公司本年计划770万元，实际完成1890万元，超计划1128万元，除前期费用300万元未列入计划外，还有828万元，主要是受建材市场的价格影响。另外，建材价格超预算太多，亦造成一些项目出现较大的投资缺口，成本超概算较多。

（四）主要存在的问题

1. 在建工程率虽降低，但在建规模仍较大。主要是以下几个方面的原因：(1)大中型建设项目，目前仍处于施工阶段，未能形成生产能力。如东渡港二期工程，整个项目要到1994年底才能全部竣工；(2)城建系统，需待全部配套工程完工后方能办理交付，期末在建规模高达4.04亿元；(3)已投入使用的项目未办理交付，如外贸大厦现已全部竣工并搬进办公，但由于多种原因，未能如期办理交付，期末挤占在建规模5421万元；(4)部分工业项目，因市场、技术、设备等原因，建成后无法形成生产能力如期投产。如涂塑纸厂、华厦生活纸厂、新华玻璃厂；(5)结算原因。煤气公司在建工程7468.4万元，是几年来的老问题。其中管道煤气工程，1990年12月已点火通气，因三材价格涨幅太大，乙方难以接受，提出补差价要求，虽经建设银行等有关部门多次协调和大量工作，仍无法解决。现施工单位已离开，资料不全，交付工作更难于进行。

2. 更新改造的倾斜政策运用不够充分。加强技术改造，增加内涵扩大再生产，是促使企业产品升级换代，增加产品竞争力和企业活力的最有效途径。600多家老企业是厦门特区经济发展的瓶颈所在，政府这几年对老企业的技术改造投入了不少资金，但远不及商品房及基建投资。许多技改项目有计划无资金，有市场无资金。1992年，厦门市更改投资总额为40110万元，在全社会投资项目增长中，增幅最小，只及国有基建投资的28.1%和商品房投资的48.2%。更新改造所增加的固定资产1992年为32107万元，仅为前两者所新增固定资产的45.6%和61%；1992年技术改造施工项目有186个，而国有基建施工项目达304个，两者比例为3∶5，当年技术改造财政拨、贷款总计为41182万元，亦只有基建拨、贷款总和的25.9%。

3. 投资中直接增加生产能力的设备投资比重偏低，建筑安装工程比重偏高，它与技术进步条件下资本有机构成不断提高的客观趋势不相适应。一般说来，实现生产能力产业效益的是设备工器具购置，1992年厦门市国有基建、技改投资总额中，设备、工器具购置投资仅占18.6%，远低于1981——1992年间的平均水平。

从投资用途上看，技改投资绝大部分能用于生产性投资，占93%；但国有基建投资中非生产性建设偏多，非生产性投资比例（37.3%）高于国家提出的应低于35%的目标。

（刘海堂）

表3—40 1992年当年开工的主要地方项目 单位：百万元

项目名称	总投资额	当年投资额	计划竣工日期（年、月）	新增生产能力
利洹涤纶有限公司扩建工程	36.00（＋1820万美元）	7.4（＋900万美元）	1993	
新华玻璃厂	178.3	10	1994	
中鹭植物油有限公司	80.00	19.45	1993	
电容厂多层厂房	13.00	6.0	1994	
商业批发综合楼	35.66	5.0	1994	

续表

项目名称	总投资额	当年投资额	计划竣工日期（年、月）	新增生产能力
第一医院病房楼	17.40	13.90	1993	
松柏小区H区	79.20	10.00	1993	

表3—41 1992年当年竣工的主要地方项目 单位：百万元

项目名称	总投资额	当年投资额	项目开工日期（年、月）	新增生产能力
高集海峡大桥	168.60	22.11	1987.10	
邮电局江头ESK电话机房	22.50	22.50	1992	
江头蔬菜批发市场	12.02	4.50	1991	

二、1992年厦门市利用外资投资建设情况

（一）厦门市利用外资的基本情况

1992年厦门市共签约批准利用外资合同466项，比上年增加150项；签约合同金额17.99亿美元，比上年增长211.79%；实际利用外资6.31亿美元，比上年增长244.81%。

1. 外商直接投资

1992年共批准外商直接投资合同443项，投资总额18.91亿美元，其中利用外资16.97亿美元，分别比上年增长107.98%、225.77%和226.68%。外商实际投资5.63亿美元，比上年增长323.31%。全年外商直接投资的主要特点是：(1)投资形式仍以独资企业为主，但比重比上年呈下降趋势。1992年独资企业项目254个，占外商投资项目总数57%，比上年下降两个百分点；投资金额8.5亿美元，占50%，比上年下降一个百分点。合资企业126个，投资金额2亿美元；合作经营企业63个，投资金额6.4亿美元；(2)投资行业与领域仍以工业和房地产项目居多。工业项目338项，占批准项目总数的76.29%；投资额6.57亿美元，占外商直接投资总额38.71%；房地产投资项目64个，虽仅占总数14.44%，但合同投资额为9亿多美元，占全部外商直接投资总额一半以上。在投资项目中，高新技术项目明显增多，达20多项。主要有生物技术工程制品、集成电路、液晶显示器及模块、激光防伪标贴、传感器等。外商投资还涉及交通运输、农业、商业和饮食服务业等。(3) 1992年全市批准外商投资首次突破10亿美元大关，大项目比往年明显增加，单项投资1000万美元以上的多达50项，其中5000万美元以上项目有五项，它们是厦门世界贸易中心建设有限公司、厦门商城、厦门华侨城商品房、厦门SM商业城有限公司、厦门国际大酒店有限公司；(4) 投资者仍以港澳投资者和台商为主，分别占投资项目总数的50.33%和37.92%。其余按合同外资金额大小顺序排列依次是英国、新加坡、菲律宾、美国、日本、南韩、澳大利亚、加拿大、马来西亚、印度尼西亚等。

2. 对外借款

1992年全市共签约批准对外借款合同23项，合同借款金额为10183.99万美元，占全市利用外资合同金额5.67%；实际借入6690.13万美元，占实际利用外资总额的10.62%。主要特点如下：(1) 借款期限以长期为主。1992年末，借用长

期外债余额为17537.51万美元，短期外债余额为4817.22万美元；(2)借款用途以长期为主，主要用于交通运输、轻纺、建筑、采掘、机械、化学等工业项目上，短期借款主要用于商业、居民服务业等。

(二)横向经济联合情况

1992年全市新增内联企业348个，新增注册资金4.46亿元，其中引进内地资金4.38亿元。全年完成内联工业产值5.1亿元。1992年内联工作主要有以下几个特点：

1. 加强与全国各地区、中央各部委的横向经济联合和协作。中央20个部委在厦门设立的经济实体已有201家，其中机电部在厦设立研究分所19家，内联企业43家；航天航空部设立内联企业23家；中国有色金属总公司在厦门设立内联企业12家。

2. 重视与内地科研单位，包括三线科研机构和大专院校的联合。目前在厦门建立研究机构有28家，科研开发企业40家，设计院71家。全市实施的30项火炬计划项目中有1/3是属内联科技开发企业，全市列入国家级火炬计划的8个项目全部是内联项目。

3. 通过横向联合渠道，促进内地一批技术管理先进的企业进入特区，加快了特区老企业的改造步伐，促进了产品的升级换代。1992年162家内联工业企业中，与本市老企业改造相结合的有50多家，其中10家企业产值超过千万元。

4. 利用特区窗口，共同开拓国际市场。1992年，全市内联企业自营组织出口创汇达2.5亿美元；厦门也有80家企业到内地投资兴办企业，投资金额达1.1亿元人民币和114万美元。

5. 加强物资交流协作，带进大量的商贸活动，对支持和加快特区建设，繁荣特区经济作出了贡献。

(三)改善投资环境建设情况

厦门市为了进一步改善投资环境，更好地吸引外商和内联企业来厦投资，1992年加强对港口码头、市政道路、供水供电、土地成片开发等基础设施的建设。全年用于城市基础设施建设投资达9.5亿元，比上年增长1.63倍，占基本建设总投资比重由上年的41.83%上升到66.45%。更新改造方面，1992年电力部门完成投资6370万元，比上年增长97%。交通运输、邮电部门完成投资7326万元，比上年增长1.25倍。

(陈勇鹏)

三、正在崛起的厦门市杏林、海沧、集美台商投资区

厦门市的杏林、海沧、集美三区在市辖区内位于大陆与厦门本岛一水之隔的地方，形成半月形而拱托着厦门岛，是厦门市规划中的卫星城镇。1984年，国务院批准建立厦门经济特区只限于厦门本岛和鼓浪屿，面积仅131平方公里，除了山地之外，真正可开发建设的用地不多。随着特区的建设，以及两岸关系的和缓，大量台商涌入厦门特区投资办企业。为了适应形势发展，国务院于1989年5月20日批准厦门市的杏林、海沧辟为台商投资区，1992年11月国务院又批准集美区辟为台商投资区，并享受特区的各种优惠待遇。

(一)创办杏林台商投资区，基础基地重焕青春

杏林台商投资区总面积65.41平方公里，人口6万余人。1958年，厦门市就在杏林开辟新工业区，先后兴建了玻璃、纺织、制糖、化纤、化肥、建材等10多家中小型工厂。在轻化、纺织工业方面，有一定的技术力量和基础。区内交通方便，有二个千吨级海运码头。陆运则有穿境而过的厦漳公路及鹰厦铁路。有4条公路与郊区相接，还有杏林、前场两个火车站，距厦门国际机场5公里。全区有贮水十万立方以上水库12座以及2座火力电厂和电站，供水供电条件较佳。

设置台商投资区后，吸收台资、外资取得较大进展，1992年全年共签外资项目74项，投资总额42460万美元，分别比上年增长2.43倍和1.49倍，成为创立台商投资区以来最有成效的一年。截止1992年底，杏林台商投资区共引进外资项目174项，投资总额95775万美元，其中外商独资152项，投资额79845万美元，占83.33%；中外合资17项，投资额13980万美元，占14.6%；中外合作5项，投资额1950万美元，占2%。全部项目中台资就有109项，投资额55337万美元。继上年区属28家三资企业投产后，1992年又有信华机电等6家外商企业建成投产，另有4家已基本建成，即将投产。此外，正在基建、筹建的有28家，其余项目正在办理各种报批手续。

1992年杏林台商投资区外商投资有6个突出特点：一是台商、港商投资持续增长，其中台商投资36项，总投资1.9亿美元；港商投资30项，投资额20980万美元；二是投资项目规模大，平均每个项目投资达到570万美元以上，总投资1000万美元以上的大项目有10个，最高达5500万美元以上；三是投资领域拓宽，第三产业特别是房地产开发倍受外商瞩目，形成投资新热点；四是外商投资成片开发意愿强烈，外商开办的"中亚工业城"成片开发区成为厦门市首创；五是技术性较强的电子项目投入杏林。这些项目的引进，标志着杏林台商投资区已开始进入一个上规模、上档次的新阶段；六是通过合资，合作改造国营老企业。

1992年，杏林区共完成工业总产值178496万元，比上年同期增长40.34%，外资(合资)企业已成工业生产主力军。区属34家外资企业工业总产值占区属全部工业总产值的比重达80.67%，产值超过千万元以上的企业有13家。在中国500家投资最大的外资企业评比中，有义芳鞋业有限公司、进雄企业有限公司榜上有名。另外目前该区还拥有

台商在大陆投资最大的独资工业企业——厦门正新橡胶工业有限公司。

（二）海沧投资区为厦门发展描绘宏伟的蓝图

海沧投资区地处九龙江出海口北岸，东与厦门岛隔海相望，西与龙海市接壤，北临马銮湾和福厦漳高速公路，面积100平方公里。投资区地处闽南三角区，腹地广阔，对外交通便捷。距鹰厦铁路角美站仅18公里，到厦门机场仅10公里。投资区三面临海，港湾水域辽阔，全长13海里，宽3海里，水深在10米以上的深水岸线长达5公里，是建设深水泊位的理想港湾。由青屿水道与台湾海峡相连，东距台湾高雄165海里，南距香港287海里，北距上海564海里，位置适中，航道冲淤基本平衡。

投资区依地势条件和功能要求初步划分为海沧石化分区，嵩屿分区、海沧新市区、排头分区、新阳工业分区和东孚分区等六个相对独立的综合分区。其中：海沧新市区、主要发展金融、贸易、商业、房地产业以及高新技术产业。新阳工业分区，主要发展机械、电子、仪器仪表、化纤、塑料、化工等工业。海沧石化分区，以石化工业为主，相应发展港口运输业。嵩屿分区，主要发展能源工业和港口仓储保税业。东孚分区，作为新阳工业分区的延伸，主要发展机械、电子、仪器仪表、化纤、塑料、化工等工业。近期投资区开发建设将沿翁角路、马青路、海新路这一环线，重点开发新阳工业分区、海沧新市区、海沧农场和嵩屿分区，同时，积极创造条件，促进海沧石化分区尽快开工建设，以形成各具特色的功能性产业发展中心，发挥扩散效应。

为满足开发区初期施工建厂所必要的各项基础工程配套建设，包括道路、供水、供电和通讯设施等，已全面动工，主要运用自筹资金和人民银行开发性贷款，完成投资近4亿元，预计1993年8月底可全面建成。其中，道路工程，规划7条交通干道，总长88.5公里，均为一级公路。目前已动工6条，其中疏港路和杏林西环城路、海新路已建成通车，其它路段已实现半幅通车。这样，区内有两个通道分别与厦门本岛和324国道及筹建中的福厦漳高速公路连接，形成便捷通畅的交通网络，使区域交通条件得到根本改善。供水工程，包括扩建杏林水厂和新建马銮水厂两个系统。近期用水主要依靠杏林水厂。目前杏林水厂8万吨/日的扩建工程正在抓紧施工，杏林至海沧供水管道已完成大半，1993年8月底可实现对海沧地区的直接供水，在新建马銮水厂设计规模为日产40万吨，已完成初步设计。供电方面，杏林变电站12万KVA贞庵变电站工程已完成主控楼，开关室等基础部分，进入设备安装与线路架设阶段。通讯方面，首期装机容量2万门的邮电大楼已完成主楼基础和宿舍楼建设，4000门程控电话将于1993年9月开通。码头方面，海沧地区一期工程2个万吨级泊位（包括2万吨级杂货码头和3万吨级集装箱码头）已完成可行性研究，初步设计工作正抓紧进行，预计1995年上半年建成。生活区，一期工程66公顷范围内的市政设施建设已大部分完成。建设银行大楼、派出所等已经完成，总建筑面积6万多平方米的19幢宿舍楼已交付使用。此外，正在建设中的终期装机容量可达180万千瓦——240万千瓦，一期装机容量2×30万千瓦的嵩屿电厂，将于1995年建成发电，可以满足投资区中远期用电需求。可以说海沧台商投资区是一个以“筑巢引凤”为特色的大规模投资开发区。大规模的基本设施建设已紧锣密鼓进行。同时，投资数亿美元的翔鹭聚酯工程进展顺利，年产9万吨涤纶长丝和年产9万吨涤纶短丝两条生产线可望于1994年投产。

（三）集美台商投资开发区为旅游胜地注入活力

集美台商投资区是国务院1992年11月批准设立，辖集美、后溪两镇，规划面积78平方公里。集美北部工业区首期0.48平方公里已于1992年3月破土动工，现已初步具备三通一平条件，并排满集装箱、食品、服装、针织、电子和运动器材等24个外商投资项目，总投资8225万美元；二期工程3.04平方公里已完成了征地任务，现已有38家客商表示了投资办厂的意向，拟投资1.7575亿美元。灌口、后溪和集美三个镇的工业小区完成了部分平整和基建。集美东海岸围海造地工程拉开了序幕，该工程造地46.6万平方米，其中可提供建筑用地33万平方米，完工后的东海造地与区、镇、村三级工业小区为扩大招商、发展外向型企业提供了良好的空间。水电、通讯等基础设施，得到进一步改善。其中，北部工业区11万伏双回路变电站、日处理污水3.5万吨的污水厂和日供水6万吨的自来水厂已批准立项，目前正加紧前期准备工作，集美镇1000门程控电话和灌口镇800门程控电话已投入使用；东孚和后溪两镇筹集了90万元资金，进行程控电话建设。

旅游业是集美台商投资区的投资热点之一，集美8号路商业街街景设计方案，集美东海商住区控制性详细规划和集美旅游商城详细规划已经过专家论证；龙舟池南畔填海造地60亩基本完成；中农信工业园正在兴建。

1992年，全区新获准开办的“三资”企业16家，引进外资5676万美元，比1991年增长68.4%；协议外资34家，金额1.6亿美元。“三资”企业工业产值达1.2954亿元，占全区工业总产值50.19%。全区累计已批准“三资”企业77家，引进外资1.66亿美元，已开工的有39家。

（梁小强）

江西省

一、1992年江西省投资建设基本情况

(一)1992年江西投资建设情况综述

1.投资总量

1992年全省全社会固定资产投资完成125.4亿元，比上年增加34.3亿元，增长37.7%。其中，国有单位投资82.3亿元，比上年增加23.4亿元，增长39.7%；城乡集体投资13.6亿元，比上年增加3.9亿元，增长40.2%；城乡个人投资29.4亿元，比上年增加6.9亿元，增长30.7%。

在国有单位投资中，基本建设投资44.3亿元，比上年增长40.4%；更新改造投资30.4亿元，比上年增长47.6%；房地产投资7.6亿元，比上年增长43.4%。更新改造投资增长幅度明显高于基本建设投资增长幅度，高出7.2个百分点，体现了注重内涵的固定资再生产的投资战略。房地产投资增幅呈现出了较为迅猛的发展势头。

2.投资结构特征

(1)生产性投资比重有所下降，非生产性投资比重有所上升。1992年国有单位投资中，生产性投资达57.5亿元，比上年增长30.2%，投资比重为71%，比上年下降4个百分点。其中，基本建设生产性投资比重为70.9%，更新改造生产性投资比重为84.3%；非生产性建设投资23.4亿元，比上年增长59.2%，投资比重为29%，比上年提高4个百分点，非生产性投资中，住宅投资12.1亿元，比上年增长42.2%。

(2)能源、交通、邮电通信、农业及原材料等基础产业的建设继续得到加强，各行业投资均有较高的增长。1992年国有单位投资中，能源工业投资11.1亿元，比上年增长24.6%。其中，电力工业投资8.8亿元，比上年增长32.6%；运输邮电业投资8.6亿元，比上年增长62.9%；原材料工业投资17亿元，比上年增长28.5%，原材料工业投资中，除有色工业投资有所下降外，其他行业投资均有较大幅度的增长。其中，冶金工业投资增长71.3%、化学工业投资增长19%、石油加工业投资增长2.3倍、森林工业投资增长81.8%、建材工业投资增长99.4%、农业投资2.9亿元，比上年增长36.3%。

(3)第三产业投资大幅度增长。1992年是国家明确提出加快第三产业发展的第一年，全省第三产业在国家大力推进政策影响下，投资大幅度增长。1992年全省第三产业完成投资29.1亿元，比上年增长62.9%。其中，城市基础设施投资4.2亿元，比上年增长2倍；文教、卫生、体育、广播电视事业投资3.6亿元，比上年增长24.1%；科技、金融投资0.8亿元，比上年增长40.6%；商业、饮食、供销仓储业投资2.4亿元，比上年增长72.2%。

(二)1992年开工及竣工重点项目建设情况

1992年全省共确定基建重点工程35项，建设总规模133亿元，主要是能源、交通、农田水利、支农工业和重要原材料等基础设施及基础产业，该类项目占整个基建重点工程投资86.6%。1992年全省35项基建重点工程完成投资21.6亿元，比上年增长27.3%，是近几年全省重点工程完成投资增长幅度最大的一年。

1992年全省计划建成投产的项目有7项，实际建成投产的有8项，全面完成了建设任务。国家重点建设项目万安水电站3号、4号两台10万千瓦机组建设，总投资14.8亿元，分别于1992年5月、12月正式并网发电，投产工期提前，至此，万安水电站4×10万千瓦机组，现已全部建成投产，它的投产将成为全省电网调峰、调频、调相的主要电源；九江电厂二期扩建工程第二台20万千瓦机组，总投资5.4亿元，于1992年11月正式并网发电，使九江电厂装机容量达到65万千瓦，成为全省目前最大的火力发电厂；南昌——九江一级汽车专用公路是江西省第一条利用世界银行贷款修建的全封闭、全立交现代化的高等级公路，第一幅113公里已于1992年12月全线贯通，总投资3.1亿元，其中利用世界银行贷款3120万美元；丰城赣江大桥仅用了19个月，于1992年11月建成通车，这项工程总投资3240万元，主要靠集资兴建；目前国内最大的引进国际80年代先进技术装备的九江化纤厂二万吨粘胶短丝样板工程，总投资3.5亿元，经过两年多的奋战，11月生产出第一批合格粘胶短丝；江西第二化肥厂8万吨合成氨扩建工程，总投资1.3亿元，年底已按设计建成投产；向塘化肥厂2.5万吨合成氨工程总投资5600万元，已于12月投料试产；井冈冲水电站，总投资6668万元，装机4×3000千瓦，原计划1993年投产发电，第一台机组提前在1992年10月并网发电。这8个建成投产的重点项目都是长期以来制约江西省经济发展的电力、交通、原材料和支农工业项目。这8个项目的投产，进一步增强了全省经济整体实力，为江西省经济的持续增长增添了后劲。其中3个电力项目新增装机40.3万千瓦，占全省现有发电装机总量的12.3%，是建国以来新增装机最多的一年。

1992年全省新开工的重点基建项目有13个，其中，国家大中型项目5个。南车水库是以灌溉为主，兼有发电、防洪等综合效益的大型水利骨干工程，总投资7915万元，于1992年9月开工建设；九江化工厂环氧丙烷工程是我省利用加拿大政府贷款，引进国外先进设备的重要原材料项目，总投资2.59亿元，于1992年9月破土动工；江西盐矿30万吨精制盐扩建工程，总投资1.37亿元，于1992年10月开工建设；信江航运界牌枢纽工程总投资3.79亿元，其船闸开挖及大坝围堰工程

于1992年11月开始施工；经国家批准90年代兴建的我国第四套大型化肥装置工程——九江大化肥工程是我省与中国石化总公司合资建设的项目，总投资15.3亿元，其中利用日本协力基金贷款197亿日元，该工程也已于1992年正式动工兴建；东津水电站、斗宴电站、省人民银行发行库、赣南制药厂生物制剂扩建工程、九九九厂扩建工程、景德镇电厂扩建工程、赣州黄金机场扩建工程相继于1992年开工建设；新余电厂两台20万千瓦机组扩建工程也于1992年12月提前开工建设。

（三）1992年投资建设改革

1992年面对进一步加快改革开放和经济发展的新形势，为深化我省固定资产投资管理体制的改革，按照微观放开搞活，宏观管住管好的改革思路，抓住投资决策体制改革这一整个投资体制改革的核心内容，循着下放投资决策权限，简化投资决策程序两条主线，进一步扩大了地方和企业的投资决策权，极大地简化了项目审批手续，较为充分地改善和加强了固定资产投资的宏观调控，为塑造我省多元投资主体，调动多方投资积极性，提高各级办事效率等方面，发挥了积极作用。

1. 下放投资决策权限。1992年鉴于投资领域的投资决策权还控制过多，全省改变了过去总投资五万元以上的项目均由省集中审批下达的做法。(1)凡在国家产业政策和行业规划的指导下，能源、原材料供应和运输等建设条件能自行平衡或自行设法解决的，企业有权用自有资金或自筹资金从事生产性及非生产性的各项建设，这类项目不再报各级计委和政府主管部门审批，只需报同级计委备案。(2)在国家产业政策和全省统一规划下，凡资金、能源、原材料、运输、外汇等能自求平衡或自行设法解决的，区分不同地市可自行审批所属总投资3000万元以下或1500万元以下的生产性项目，总投资1000万元以下或500万元以下的非生产性项目，以及总投资1000万美元或500万美元以下的外商直接投资项目。(3)各县(市)可自行审批总投资500万元以下生产性项目以及总投资300万美元以下的外商直接投资项目。对非生产性项目的审批权限由各地市作进一步规定，对集体和个人的固定资产投资项目审批权限，由各地市县自行审批。(4)对技术改造投资项目，其决策权限规定，凡符合国家和省制定的产业政策，投资方向，且项目全部投资自筹，区分不同地市可自行审批总投资3000万元以下或1500万元的建设项目，以及总投资在500万美元以下的技术改造利用外资项目，除此之外的其它项目报省经委审批。

2.1992年江西省的基建管理程序，具体规定如下：(1)凡是由地市县、企业自行审批的项目，其项目管理的各道手续，省不再审批，均由地市县企业自行决定审批。(2)对自有资金不足或自筹不足，需国家和省安排投资及银行贷款，其项目管理程序简化为可行性研究报告，扩初设计审查，年度计划三道手续。(3)技术改造项目按总投资限额，对总投资在300万元以下的项目，以及没有房屋建筑工程的单纯设备购置在500万元以下的项目，只审批技术改造方案、即可列入年度计划组织实施。对总投资在300——1000万元和没有房屋建筑工程的单纯设备购置的总投资在500——3000万元的技术改造项目，可免报项目建议书，只审批可行性研究报告及扩初设计。总投资在1000万元以上及单纯设备购置总投资在3000万元以上的技术改造项目，具体审批项目建议书、可行性研究报告、扩初设计、列入年度计划等四道手续。(4)为跟进上海浦东的开放开发，策应国家开发长江流域的发展战略，在投资决策方面，省规定，对走廊内的南昌、九江两市，可自行审批总投资3000万元以下的生产性基建项目和1000万元以下的非生产性基建项目，以及总投资1500万元以下的技术改造项目。对走廊内的五县及各单位可审批总投资500万元以下的生产性基建项目及技改项目。在利用外资方面，南昌、九江及五县可分别审批总投资1000万美元以下和500万美元以下的外商直接投资项目，其项目建议书、可行性研究报告、合同和章程均由市、县自行审批。

（张重新、王平、唐先卿）

表3—42 1992年开工的主要地方项目 单位：百万元

项目名称	总投资额	当年投资额	计划竣工日期（年、月）	新增生产能力
南车水库	79.15	29.00		总库容1.53亿M^3 装机1.2万千瓦
九江化工厂	259.24	72.50		环氧丙烷2万吨
江西盐矿	136.72	17.00		精盐30万吨 无水芒硝2万吨

续表

项目名称	总投资额	当年投资额	计划竣工日期（年、月）	新增生产能力
信江航运工程	379.36	25.00		三级航道 344 公里
九江大化肥工程	1530.00	159.35		合成氨 30 万吨 尿素 52 万吨
东津水电站	179.00	38.00		装机 2×3 万千瓦

表 3—43　**1992 年竣工的主要地方项目**　单位：百万元

项目名称	总投资额	当年投资额	开工日期（年、月）	新增生产能力
万安水电站	1480.00	330.00		新增装机 20 万千瓦
九江电厂二期	540.00	218.00		新增装机 40 万千瓦
南九公路	310.00			高等级公路 113 公里
丰城赣江大桥	32.40	19.00		
九江化纤厂	350.00	132.50		粘胶短纤维 2 万吨
江西第二化肥厂	130.00	40.22		合成氨 8 万吨
向塘化肥厂	56.00	24.00		合成氨 2.5 万吨
井岗冲电站	66.68			装机 4×3000 千瓦

二、1992 年江西省利用外资投资建设基本情况

（一）江西省利用外资基本情况

从 1984 年举办第一家中外合资企业到 1992 年底，全省累计批准利用外资项目 1922 项，签约外资额为 14.45 亿美元，实际利用外资 4.98 亿美元。其中：1992 年当年，全省共批准利用外资项目 963 项，为前八年累计利用外资项目总数的 100.4%；签约外资 7.52 亿美元，为前八年累计额的 108.6%；实际利用外资 2 亿美元，为前八年累计额的 67%。1992 年全省批准“三资企业”906 家，是前八年累计批准三资企业数的 2.62 倍；签约外资 5.9 亿美元，实际利用外资 0.97 亿美元，分别是前八年累计额的 3.2 倍和 1.8 倍。

此外，横向经济联合进展明显。1992 年，全省签订省际、省内经济技术协作项目合同 3550 个，实际吸引资金 5.36 亿元，其中省际 3.88 亿元。

（二）江西省利用外资结构及主要项目

1. 外资结构

江西省利用外资以举办“三资企业”和借用国外贷款为主要形式。截止 1992 年底，全省通过兴办“三资企业”和借用国外贷款两种形式所吸收的外资签约金额和实际利用外资金额分别达 13.56 亿美元和 4.83 亿美元，分别占同期总额的 93.8%和 97%。其中：“三资”项目签约外资额为 7.73 亿美元，实际利用外资 1.73 亿美元，分别占总额的 53.5%和 34.7%；利用国外贷款项目签约外资额为 5.83 亿美元，实际利用外资 3.1 亿美元，分别占总额的 40.3%和 62.2%。

从外资来源看，截止 1992 年底来赣投资的外商已发展到 24 个国家和地区，其中港澳台地区 1992 年的投资占当年外资总投资 79%；从

外资投向看，项目遍布一、二、三产业的绝大部分领域。1992年第三产业项目中仅房地产项目就达到107家，占项目总数的11.8%。生产性项目的比重由上年占项目总数的92%降到67%。从外资的地域分布看，1992年的外商投资主要向昌九工业走廊开发区集中，区内“三资企业”的项目数和外资额均占全省的50%以上。

到1992年底，全省签约并实施的国外贷款项目有48个，其来源为：世界银行贷款，日本、加拿大、瑞士、法国、澳大利亚、科威特、芬兰、西班牙等八个国家的政府贷款，及国际商业贷款。其中：世界银行贷款2.61亿美元，占国外贷款总额的44.76%；外国政府贷款2.54亿美元，占43.57%；国际商业贷款0.68亿美元，占11.67%；这48个项目，分布在农业、工业和能源、交通、通讯以及教育卫生等领域，其中农业、交通、通讯业是投资重点，约占外国贷款总额的64%。

2. 主要外资项目

(1) 到1992年底建成投产或交付使用的外资项目34个。主要有：八个地市的程控电话项目，利用加拿大政府贷款1682万美元，引进程控交换机6.4万门及配套电缆；九江化纤厂粘胶短纤项目，利用瑞士政府贷款3184万美元，年产粘胶短纤2万吨；高档日用瓷项目，利用日本政府“黑字还流”贷款465万美元，年产600万件高档日用瓷；红壤土改造项目，利用世界银行贷款3000万美元，开发红壤土地2万公顷；南九公路项目，利用世界银行贷款3100万美元，修建南昌至九江125公里汽车专用公路；江西五十铃NHR车型开发项目，利用商业贷款509万美元，引进日本五十铃轻型汽车驾驶室装配线和原配件。

(2) 正在实施的项目14个，主要有：九江大化肥项目，利用日本海外协力基金贷款19400万美元，引进年产52万吨尿素、30万吨合成氨生产装置；吉湖农业综合开发项目，利用世界银行贷款6000万美元，建立农、牧、副、渔、林、茶、禽、果生产加工基地；景德镇华意电冰箱压缩机项目，利用澳大利亚政府贷款3675万美元引进年产100万台无氟压缩机生产技术及设备；景德镇罗家机场和赣州黄金机场项目，利用科威特政府贷款共1200万美元，建设（扩建）4C级机场；还有利用瑞士、加拿大、比利时等国政府贷款共约5000万美元的程控电话建设（扩容）项目，利用世界银行贷款3000万美元的南昌大桥项目等。

（三）江西省利用外资投资建设的主要经验和问题

1. 成功的经验

江西在借用国外贷款方面有一些成功的做法尤其值的肯定：(1) 贷款投向合理。投资重点突出了省内需要优先发展的能源、交通、通讯等基础设施项目和农业、基础原材料工业项目。如南九汽车专用公路和南昌大桥项目的建设，对促进昌九工业走廊的开发具有重要的意义；景德镇、赣州两机场的建设有利于进一步拓宽江西的空中通道；程控电话的建设已使江西通讯水平跻身全国先进行列等。所有这些大大地改善了江西的基础设施和投资环境状况。又如，红壤改造、吉湖开发、农村中间信贷所支持的几个农业开发项目的实施，对于江西农业生产条件的改善和农业生产结构的优化，对于江西出口创汇农业的发展和向农业现代化迈进，都将产生积极深远的影响。(2) 债务结构较好。首先是注意了合理安排债务期限，有效地避免了因偿债时间集中形成偿债高峰。据初步测算，江西偿债高峰年的偿债率控制在15%左右，距离国际公认20～25%的警戒线有较大的余地。其次是中长期优惠贷款占绝大比重，为全省贷款总额的88%。

2. 存在的问题

(1)“三资”项目的质量有待进一步提高。“三资”项目质量不高，主要表现为：一是投资规模偏小，1992年新批“三资”项目投资平均为168.5万美元，其中总投资低于500万美元的项目数占91%，低于100万美元的项目占68%，总投资低于10万美元的项目有22个，超过1000万美元的项目只有8个；二是外资比例偏低。1992年新批准的合资、合作项目中，外资占总投资的比例平均只有22%，占注册资本的平均比例只达31%；三是起点不高，资金、技术密集型项目和产品上规模、上档次的项目少，而低水平重复建设项目较多。1992年仅服装加工项目就达82项，占总数的9%；四是投向不合理，1992年生产性项目比重下降较大，而第三产业项目发展虽然较快，结构却不合理。(2) 配套资金严重不足。仅1992年新批准的“三资”项目，就需中方配套9亿多美元，除部分以现有土地、厂房、设备等投入外，需投入的资金仍需数亿美元。据调查，70%的新批项目配套资金均未能及时足额到位。一些正在执行的国外贷款项目，也由于配套资金不足，延误工期，不能按期建成投产，进而造成还贷困难，影响到全省的对外信誉。可以说，配套资金的严重短缺，已成为江西利用外资事业进一步发展的重要制约因素。(3) 投资环境仍需继续改善。从硬环境看，全省仍较普遍的存在电力紧张、交通受阻、通讯不畅、接待条件较差的问题，对此，有的外商反应相当强烈；从软环境看，一些优惠政策和措施迟迟得不到落实和兑现。有关部门之间衔接不好，推诿扯皮，办事效率不高，乱收费、乱罚款、乱摊派现象也比较严重。

（赖南京）

三、1992年昌九工业走廊投资建设基本情况

为跟进上海浦东的开发开放，策应长江三角洲和沿江地区的发展战略，加快江西经济发展步伐，1992年2月，江西省委、省人民政府决定用30年的时间，把昌九工业走廊建设成为起点高、外向型、综合开放、

环境优美的新型产业带。

昌九工业走廊位处江西北部，东临鄱阳湖，西抵柘林风景区，南起省会南昌，北连长江重要港口城市九江，全长150多公里。走廊地带气候温和、日照充裕、雨水丰沛、四季分明，具有良好的农业生产条件；沿线铜、金、银、钨、锑、花岗石、萤石、石灰石等矿产资源丰富；旅游资源得天独厚，集匡庐之奇、云山之秀、鄱阳湖之美、滕王阁之雄，有大小景点230多处；交通通讯条件已初步形成水、陆、空协调发展的综合运输网络，有模拟和数字技术兼容的微波电路、光缆通信线路，拥有移动电话、无线传呼、传真等数据通信设施，已经形成了以南昌和九江为中心的信息传输网络，并已进入国际自动交换网；电力方面，昌九工业走廊属南昌电网的负荷中心，拥有两个大型火力发电厂和一个大型水电站。

1992年是走廊建设的第一年，在邓小平南巡重要讲话和十四大精神鼓舞下，从南到北，走廊沿线各项建设工作全面启动，呈现出一片热气腾腾景象。突出表现在以下几个方面：

（一）基础设施建设取得重大进展

开发建设走廊必须全面改善走廊投资硬环境。一年来在统筹兼顾全省的情况下，投资的重点向走廊倾斜，使走廊基础设施建设在第一年就取得了重大进展：涉及全走廊的昌九汽车专用公路第一幅、九江长江大桥公路桥、九江电厂二期扩建、南昌机场候机楼改造等重点工程项目都已建成投入使用；南昌大桥、昌九汽车专用公路第二幅、九江电厂三期工程、南浔铁路复线改造等建设工作也已全面展开；南昌新机场、南昌和九江新火车站等前期准备工作也已开始。同时，与重点项目配套的52个基础设施项目，总投资7亿元，通过多方努力，资金全部到位，工程进展顺利。其中公路专线改道工程12项合计120公里，已完成9项；邮电通讯项目37项，主要包括程控电话6.9万门、建架光缆300公里、移动通信用户1200户、长途电路771条、长途增容3480线，均已完成一半的工作量，其余1993年6月底全部完成；电力建设包括22万伏变电站一座、11万伏变电站两座正在抓紧施工。预计到1993年底随着走廊大批基础建设项目的完成投入使用，整个走廊的投资硬环境将有一个大的改观。

（二）主要开发区投资建设进展快

昌北开发区于1992年6月开始挂牌工作，半年多的时间里，开发区6条主干道路完成了土石方任务，并开始铺设水泥或柏油路面，区内120万千瓦的火力发电厂、日产40万吨的水厂已经完成前期准备工作，邮电通讯改善工作正在加紧进行。来开发区洽谈项目的外商络绎不绝。到1992年底全区已批准发照及签订合同的项目达77个，总投资10亿元。一批房地产项目也在区内兴起。

九江开发区经过半年多的努力，区内三通条件基本具备，并正在抓紧完善基础设施建设。1992年已签外资合同项目53个，项目总投资8.94亿元，其中15家企业已开工建设并有2家外资企业正式投产。

共青开发区位于走廊中部，建区初始就建设宽百米的十里大道、22万伏输变电站以及2000门程控电话工程，预计1993年上半年可全部完成。1992进入区内落户的外资项目4个，筹建中的外资项目有30个。

（三）一批外资企业正在加紧建设

随着走廊投资的软硬环境不断改善和对外宣传的加强，昌九工业走廊的知名度不断提高，吸引了一大批外商前来投资建厂。1992年昌九工业走廊批准的利用外资合同金额4.8亿美元，占全省的64%。批准外商投资项目487个，外资合同金额3.54亿美元，分别占全省的53%和50%。走廊内外商实际投资0.5亿美元，占全省的61%。全省总投资1000万美元以上的外资项目大都在走廊内兴建。一大批综合性的房地产项目在南昌、九江老城区及昌北、九江两开发区内悄然兴起，如九江开发区总投资2000万元人民币的利江花园房地产项目，包括13栋商品房和一栋综合大楼主体工程正在紧张施工。总投资1600万元的利达花苑也于年底破土动工。昌北开发区推出的黄家湖住宅基地共340块，已出让大部，并正在建设之中。到年底为止，昌北开发区已出让土地6200多亩，九江开发区已出让土地3800多亩，都已开工建设。除已投产的30多个中小外资项目外，东诚木业有限公司、正大畜禽有限公司、意特利建材有限公司、高级纺丝棉有限公司和嘉宝电脑针织有限公司等一批大中型项目也即将峻工。短短的一年时间，昌九工业走廊已经成为外商投资的热点。

（四）主要工业建设成就

加快走廊的工业建设是工业走廊的主要任务，1992年昌九工业走廊共有300多个工业项目安排建设，其中建成投产的150项，仅走廊内八个开发区建成投产的30多个工业项目，就增加产值10亿元，利税1500万元。主要项目有：江西氨厂3万吨合成氨、5万吨尿素工程；江西棉纺织印染厂生产改造工程；江西手扶拖拉机厂手拖与农运车；江西制药厂小诺霉素工程；九棉一厂更新1.5万纱绽；云山企业集团医用玻璃制品厂曲颈安焙瓶生产线；桑海企业集团江西气门蕊厂汽车用管生产线等。

（王　威）

四、1992年江西省电力投资建设基本情况

1992年江西省电力工业基本建设成绩显著。一是全年新增装机容量42.7万千瓦，其中：火电20万千瓦，水电22.7万千瓦。预计年新增发电量18.75亿度；二是建设工期

长达30多年的国家重点建设项目万安水电站第三、四号十万千瓦机组并网发电。至此该项目初期工程4×10万千瓦机组全部建成投产；三是我省第一个大机组（2×20万千瓦）火电扩建工程建成投产。

1992年电力工业在建项目38个，批准概算总投资543800万元。当年计划投资100923万元，其中：建行基建贷款34868万元、投资债券2000万元、电力债券5800万元、经营基金2900万元、省投资公司委托贷款38638.5万元、其他银行贷款2984.3万元、自筹资金10512万元、其他投资3220.2万元。本年实际完成投资88440万元，完成计划87.63%。本年交付使用财产39566.1万元，交付使用率为44.7%。

1992年竣工投产电力项目9个，其中大中型项目2个，即万安水电站和九江电厂二期工程。

万安水电站是1960年冬开工建设的，设计总装机容量为58万千瓦（8台7.25万千瓦机组），工程总投资约2.6亿元。经历了“二下三上”，到1986年列为国家“七五”期间重点建设项目后，才真正步入正轨。通过广大建设者们的辛勤劳动，第一、二号10万千瓦机组终于分别于1990年11月16日和1991年10月建成并网发电。第三、四号10万千瓦机组分别于1992年5月和12月建成并网发电。

万安水电站1992年计划投资31000万元。其中：企业债券资金2000万元、国家专业投资公司基建基金贷款1000万元、建设银行基建贷款20000万元、省投资公司委托借款7000万元、其它投资借款1000万元。本年实际完成投资32227.23万元，完成计划103.96%。自开始建设起到1992年底止累计拨借款160735.49万元，累计完成投资159489.17万元，完成计划的99.22%。

九江电厂二期工程于1989年11月份开工建设，设计装机容量为二台20万千瓦，批准概算总投资为67375.5万元。第一台20万千瓦机组于1991年12月建成并网发电，第二台20万千瓦机组于1992年9月并网发电。使九江电厂总装容量达到65万千瓦。

1992年计划电力建设投资20000万元，其中：建设银行基建贷款4000万元，电力企业债券3000万元，投资债券2000万元，省投资公司委托贷款11000万元，实际到位资金19250万元，除了省投资公司委托贷款750万元未到外，其余全部到位。1992年实际完成投资22964.38万元，完成计划的114.8%。

1992年新开工电力项目19个，其中：火电厂1个，输变电工程4个，水电站14个。总装机容量76.8万千瓦。1992年计划投资14814万元。其中省定重点项目2个，计划投资6590万元。

1992年9月新开工的景德镇电厂扩建工程，设计装机容量为2×12.5万千瓦。批准概算总投资50804万元，1992年计划投资5000万元，其中：省投资公司2500万元，省电力局自筹2500万元，实际完成投资2585.34万元，完成计划的51.71%。

1992年新开工建设的省定重点建设项目寻乌斗晏水电站，设计总装机容量为3×1.25万千瓦，批准概算总投资12433万元。工程于9月开工，本年计划投资1589.6万元，其中：建设银行贷款800万元，省投资公司委托贷款370万、部门基建基金借款70万元、自筹资金拨款73万元、其它投资拨款76.6万元、其它投资借款200万元，本年实际完成投资1030.5万元。完成计划的64.83%。

1992年正在进行前期准备工作的新余火力发电厂，设计总装机容量为2×20万千瓦，批准概算总投资为69800万元，1992年计划投资2500万元，资金来源为省投资公司委托贷款，实际完成投资2000万元，完成计划的80%。

为加快电力建设，全省各地通过多种渠道、多种手段，千方百计筹集资金，打破了长期以来国家电力部门独家办电的格局，走出了一条国家投资和地方集资相结合的办电新路。1992年全省发行电力建设债券6000万元。电源点所在地市办电积极性高涨，景德镇市、新余市将分别筹集7500万元和9000万元，同时，通过争取国家支持，以参股入股或贷款等方式增加资金投入。全省上下已经出现前所未有的“办电热”。

（黄焕忠）

五、1992年 九江市投资建设 基本情况

（一）固定资产投资建设基本情况和主要成就

1992年国家安排全市固定资产投资计划157860万元，其中地方项目投资8594.5万元、自筹项目投资36120万元、中央在九江市项目投资66141.5万元、商品住宅投资3700万元、外商投资项目22278.83万元、更改项目投资21026万元。全年完成投资106373万元，占全部计划投资的67%。全年交付使用财产价值90733万元，占全年完成投资的85%。主要新增生产能力或设施有：啤酒12000吨/年，发电机组20万千瓦/年、铜精矿16.5万吨/年、原煤开采2.02万吨/年、35千伏输电线路120公里、房屋竣工面积39.23万平方米（其中学校教学楼58710平方米、医院门诊部1210平方米、住院部200平方米）、竣工住宅面积16.98万平方米。生产性项目由此可增加产值129578万元，增加利润16787万元，增加税收5226万元，可创汇1418万美元。除此之外，还有可同时停靠两艘5000吨级海轮的外贸码头已通过国家口岸办联合验收；九江客运码头，客运大楼试营运；我国目前跨越长江最长的公路铁路两用桥——九江大桥1992年完成了三大钢拱合拢和公路工程，

九江至南昌的专用一级公路的年底通车。

（二）投资特点和投资结构

1. 投资特点。(1)投资总量明显上升。年度计划投资较上年增长27%，本年实际完成投资比上年增长20%，完成投资与计划投资几乎是同比率增长，且高于全省平均水平。(2)更新改造投资回升加快。1992年全市更新改造计划21026万元，较1991年增长61%。完成投资23760万元，较1991年增长30%，增长率高于基本建设投资增长率。(3)外商投资成倍增长。1992年外商在全市投资22278.83万元，比1991年增长99%。(4)投资向“昌九工业走廊”倾斜。“昌九工业走廊”在全市境内有九江县、德安县、永修县，1992年各县固定资产投资迅猛增长，其中九江县较1991年增长98%。

2. 投资结构。(1)行业投资趋于合理。1992年结合国家产业政策和九江市开放开发的实际情况，固定资产投资主要向能源、原材料工业倾斜。根据不完全统计，全市投资分布大致是：农、林、牧、渔投资分别占总投资0.9%；饮料工业投资占总投资3.4%；塑料家具工业占总投资1.1%；商业投资占总投资2.4%；纺织工业占总投资4.8%；基础原材料工业中，电力工业占总投资的26%、石油化工占总投资7.8%、化学工业占总投资14%、化学纤维占总投资17.5%、建材业占总投资的6.5%、邮电占总投资的0.3%、卫生占总投资1.7%、教育占总投资1.6%。农、轻重比例分别为1.2%、33.5%、65.3%。(2)企业扩大再生产投资比重逐步上升。1992年全市生产性投资比重为85.8%，与全国平均水平相差不大，较1991年的82.2%上升了3.6个百分点。(3)投资向重点项目倾斜。1992年全市大中型重点项目8个，比1991年增加2个，年度计划投资63.158万元，占全市年计划投资40%。重点项目投资完成率为96%，比一般项目高出29个百分点。

（三）当年开工的主要地方项目情况

1992年全市当年开工的主要地方项目2个（均列入省重点项目），一是九江化工厂环氧炳烷工程；二是九江炼油厂大化肥工程。两项计划总投资178563万元，占全部重点项目总投资的55%；1992年度计划投资23525万元，占全部重点项目年度计划投资38%。九江化工厂环氧炳烷工程总投资25924万元，其中：利用外资6957万元，国家建贷5000万元，地方自筹13967万元。1992年计划投资7590万元，其中：建贷2000万元、利用外资1300万元、江西自筹4290万元，该项目1992年9月开工，累计完成投资1686万元。九江大化肥工程总投资152639万元，其中：利用外资76887万元、中国石化总公司30301万元（建贷27001万元，集资3300万元）、江西自筹45451万元。1992年计划投资15935万元，其中建贷2920万元、地方债券4000万元、省经营资金500万元、利用外资8515万元。项目于1992年12月开工，累计完成投资3564万元。

（四）投资建设的主要经验

1. 加强组织领导是搞好工程建设的重要组织保证

固定资产投资建设是一项十分复杂的工作，工作量大涉及面广，既涉及到许门部门和单位、行业，又涉及到资金、土地、材料，因此必须加强领导，统筹规划，通力协作才能顺利完成。有鉴于此，市政府对大、中型和重点项目十分重视，都成立了重点项目领导小组，直接领导参与工程建设，调动有关部门密切配合，全力支持，解决、协调工程建设中的矛盾和问题，使工程建设有良好的外部环境。九江港、九江化工厂、九江化纤厂、九江二电厂、炼油厂等项目均成立了以省政府、市政府直接领导的班子。九江化工厂环氧炳烷工程是与外商合资项目，原定自合同签定到设备调试最多不能超过43个月，但因前期工作中的种种原因，待批准该项目开工时，已经过了25个月，离竣工调试只有18个月，如果不能按时竣工调试，国家便要蒙受巨大损失。在时间紧、任务重、困难多、压力大的情况下，省政府与市政府组织了强有力的领导班子，决心背水一战，在18个月内把失去的工期补回来，多次召开办公会商量办法，研究对策，使工程建设能够在有限的时间内，顺利建设。

2. 加强计划管理是工程顺利建设的根本

建设产品不同于其它工业产品，它具有建设过程的综合性，建设周期的长期性，建设产品的单一性等诸多特点，具有一定的规律性。因此我市各建设单位对工程建设均实行计划管理，由于实施了计划管理使项目建设能够在千头万绪中做到有条不紊，井然有序地进行，能够顺利建设，并取得预期效果。这是工程建设的根本所在。

3. 坚持质量第一是工程建设的生命

建设产品花费巨额投资，耗费大量人力、物力，若稍有不慎则损失严重，因此我市各建设项目始终坚持“百年大计，质量第一”的思想并将此贯穿在工程建设始末，从不含糊。质量是速度的保证，有质量才有速度。质量是工程建设的生命，各建设单位深切地体会到只有科学地认识质量与速度的关系，才能保证工程优质高速地建设，否则欲速而不达。

（五）建设中存在的问题

1. 项目投资资金不落实，资金到位率低

随着金融改革的深入，工程建设一些深层的矛盾，如概算超支，规模失控，比例失调等需要逐步得到解决，资金缺口和资金不落实的问题时常存在，1992年表现得尤为突出和尖锐。1992年二季度全市重点项目落实投资时资金到位率仅为42.5%，时间过半，资金到位率不到50%，对工程建设影响极大。九江大化肥工程1992年计划投资15935万元，因资金不落实，二季度仅到位500万元，到位率仅为6.75%。

2. 投资结构还有待进一步完善

(1) 农业投资比重偏低且呈下滑趋势。1992年全市农业投资767万元，占1992年全部投资0.9%，低于去年同期水平的0.4个百分点。低于全国平均水平0.5个百分点。

(2)教育投资仍然偏低。1992年全市教育投资1247万元，占全部投资1.6%，较1991年的2.1%下降0.5个百分点。

(吴新文)

六、加速开发铜资源振兴江西铜工业

(一) 中国最大的铜基地

据地质勘探部门提供的资料，截止1985年末，江西境内7个较大的铜矿山占全国总储量的五分之一，其中工业储量占全国的1/3。在全国21个铜储量在50万吨以上的大型矿山中，江西就有六个，而且大部份可以露天开采，尤其是德兴的两个矿区，是世界上少有的特大型斑岩铜矿。此外，矿石中还伴生有大量金、银、钨、钼等稀贵金属和大量的硫。开发江西铜资源，不但建设了一个大型铜基地，还等于同时建设了一个化工原料硫基地、一个大型金矿、大型银矿、中型钼矿和钨矿，具有综合经济效益好的优势。同时也是改变我国铜工业发展缓慢的局面，提高自给率，满足国民经济发展需要的重要举措。

党的十一届三中全会以后，国务院决定开发江西铜基地，投资以建设银行组织贷款为主，并列入国家重点建设项目予以确保。经冶金工业部和江西省批准，于1979年7月1日正式成立了江西铜基地总指挥部（江西铜业公司)，统一领导六矿一厂的开发建设和生产经营。

江西铜基地的总体发展规划，经过多年的反复研究和论证，确定在2000年建成总规模为20万吨铜的生产能力。第一步，在“六五”期间引进具有80年代世界先进水平的采、选、冶炼技术，建成7万吨综合生产能力。第二步，从1986年开始，用七、八年时间，在原有基础上，累计建成15万吨铜的生产能力。第三步，到本世纪末(2000年)总规模达到20万吨铜的生产能力。

经过十几年的努力，第一步规划的目标已经圆满实现。以贵溪冶炼厂为主的三矿（德兴、永平、武山）一厂共六项工程，于1986年全部投产，完成投资17.5亿元，实现了七万吨铜采、选、冶、电解的综合生产能力。第二步，以日处理六万吨原矿的德兴铜矿三期工程为重点的两项（德兴三期、武山南矿带）矿山工程，预计在1993年能基本完成。

为了确保开发江西铜基地的资金需要，10多年来，通过各种渠道筹措资金20多亿元投入工程建设，保证了资金供应，使整个建设进程能按计划顺利进行。现在，一个中国最大的铜基地已经在江西崛起并初具规模。

从1979年到1991年的13年中，累计完成投资29.9亿元。主要产品的生产能力，实现了规划要求的目标。采矿能力（铜含量）达到10.86万吨/年，选矿能力（含铜量）达到13.71万吨/年，矿产粗铜冶炼能力达到8.5～12.5万吨/年，铜电解能力达到7.5万吨/年，硫酸(100%)达到44～46万吨/年。

1991年矿产铜的产量达到7.23万吨。占全国矿产铜总产量的比重，由1979年的6.7%上升到1991年的23.79%，充分显示了江西铜基地雄厚的矿山实力和十几年开发建设的巨大成就。

(二)1992年的各项指标实现计划要求

1992年是实现总体规划第二步目标的重要的一年。第二步规划有两项工程，一是德兴铜矿三期工程，总规模为日处理原矿6万吨，总投资18.8亿元，资金来源除企业自筹15%外，其余由以建设银行贷款为主的各项贷款解决。这项工程已于1991年建成3万吨规模并投入了生产。1992年安排投资2.4亿元，要求完成后3万吨工程的大部分工作量，为在1993年基本全面建成6万吨总规模创造条件。第二项工程是武山铜矿南矿带，规模为日处理原矿1500吨，总投资1.2亿元，资金来源是拨改贷和国家原材料投资公司经营基金借款。1991年末累计完成投资7034万元。1992年计划安排投资2000万元。一年来在各方面的大力支持配合下，主要计划指标都完成得比较好。

1. 1992年计划投资2.6亿元，实际完成2.39亿元，其中：建筑工程1.05亿元，安装工程0.09亿元，设备购置0.91亿元，其它费用0.34亿元。自开工累计完成投资14.7亿元，占计划总投资20.08亿元的73.2%。

2. 全年计划安排资金2.6亿元，年末实际到位2.39亿元，其中：建设银行贷款0.7亿元、投资债券0.7亿元、金银专项贷款0.6亿元、原材料投资公司委托借款0.19亿元、黄金发展基金0.1亿元、自筹资金0.1亿元。

3. 全年完成基建剥离340万立方米，累计完成1277万立方米，超额完成了原设计核定的（1259万立方米）剥离总量。

4. 德兴三期选矿工业场地的8台大型球磨机，1991年已交付使用4台，另外4台中今年有2台基础全完，还有2台的基础大部份工作量已完，为1993年全部完成安装创造了条件。

5. 全公司铜采矿能力(含铜量)达到11.6万吨/年，铜选矿处理能力（含铜量）达到13.7万吨/年。武山铜矿南矿带已部份投产，新增出矿能力500吨/日。

6. 城门山铜硫矿建设前期科技攻关已完成，可行性研究报告编制完毕并已上报总公司审批。

7. 矿产铜产量实际完成8.41万吨，比开始建设时（1979年）的1.45万吨增长近五倍。

(三) 建设中的主要经验

1. 有一个坚强有力的领导班子是保证工程按期完成的重要一环。国务院决定开发江西铜基地以后，立即抽调冶金部两位副部长和几位司局级领导同志组成江西铜基地总指挥部，从组织上保证了各方面在建设过程中的行动一致、步调一致。

2. 有一支政治和业务素质好，技术精，能打硬仗的施工队伍。为了加快建设步伐，冶金部决定将所属第四、第十五冶金建设公司和江西省冶金建设公司调集赣东北，会战江西铜基地，分别承担矿山、冶炼和发电厂工程的施工任务。

3. 有一套科学的，行得通能落实的管理制度。为了保质保量完成建设任务，总指挥部借鉴冶金系统其它项目的管理经验，制定了计划、设计、施工管理、工程验收、质量监督、价款结算等一系列管理制度。有效地调动了各参战单位和全体职工的积极性，保证了各项工作顺利进行。

4. 有一个领导重视，各方通力合作的良好的工作条件。为了建设好中国最大的铜基地，中央和江西省各有关部门，都把支援铜基地建设当作自己责无旁贷的任务来执行，要人给人，要物给物，要地给地，要电给电，及时帮助解决建设中的困难。国家计委、有色总公司、江西省委、省政府的领导还不定期地率领有关部门负责同志到基地来开办公会议，专门研究解决建设中的有关问题，大大减少了工作环节，提高了办事效率，加快了建设进度。

（四）建设中存在的主要问题

1. 建设中量力而行不够。从财务角度来看，铜基地的建设步伐还稍快了一些。尤其在一期工程投产后，经济效益尚未发挥出来。当年(1986年）的全部利润仅1793万元，在这种情况下，马上开建二期工程，而且总投资比一期工程还要大，显然是无能为力的。工程开工后前债未还后债又借，造成负债比重过大，导致近几年每年实现的利润还不敷偿还贷款利息。

2. 德兴铜矿三期工程原设计包括铜厂和富家坞两个矿区，经国家批准的工业储量，铜厂矿区为436万吨，富家坞矿区为237.9万吨。现在富家坞矿区已经开始单独开采，事实上它也不再是德兴铜矿的接续矿山，因此，三期工程如果只是为了开采铜厂一个矿区，就没有必要仍按原设计建成，建议从速调整，以减少浪费。

（罗尧卿）

山东省

一、1992年 山东省投资建设基本情况

（一）投资概况

自党的十一届三中全会以来，山东省社会经济得到迅速发展，取得了一系列引人瞩目的成绩。经过三年治理整顿，投资建设的速度进一步加快。1991年全省投资总额为395.5亿元，恢复并超过了1988年369.8亿元的总水平。1992年投资增长幅度加大，全社会共完成固定资产投资570.28亿元，比1991年增长38.4%。国有单位完成投资343.17亿元，比上年增长46.6%。其中基本建设投资174.71亿元，比上年增长56%；更新改造投资85.84亿元，比上年增长37.2%；集体所有制投资完成155.21亿元，比上年增长101.4%；个体投资完成71.9亿元，比上年下降了28.9%。

在全民所有制基本建设和更新改造投资中，中央项目投资完成67.2亿元，比上年增长18.94%；地方项目完成投资193.4亿元，比上年增长63.78%。

（二）投资建设成就

1. 一批项目的建成投产，增强了我省社会经济实力。据统计，1992年我省城镇以上投资共建成投产6132个项目，新增固定资产价值597.6亿元，新增主要社会生产能力有化学肥料26.59万吨，化学农药0.65万吨，合成纤维单体1.26万吨，新增发电装机容量31.7万千瓦、11万伏及以上输电线路159公里、水泥212.7万吨、化学纤维1.29万吨、原盐60.5万吨、机制纸及纸板10.5万吨、长途通迅电缆200公里、市内自动电话8.09万门、高中等学校学生席位10.35万个、医院病床4806张，合成洗涤剂0.5万吨等。

2. 已建成投产的项目行业分布趋于合理，增强了我省“瓶颈”行业的物质基础。在当年建成投产的项目中，属于能源、交通、邮电、原材料行业的项目占192个，建成增加的固定资产价值为138.7亿元，占全省新增固定资产的比重为56.4%。

3. 投资效果比较理想。从一般反映投资效果的几个主要指标看，1992年全民基建、更改建成投产的项目4652个，项目建成投产率为57.9%，比去年同期的52.9%提高了5个百分点；竣工各类房屋面积1247.1万平方米，竣工率为49.9%，比去年同期的51.4%略有下降；本年累计新增固定资产178.4亿元，固定资产交付使用率为68.4%，比去年同期下降19.2个百分点。分类型看，更新改造项目投产率、房屋面积竣工率和固定资产交付使用率分别68.2%、55.4%和75.3%。其中项目投产率、房屋面积竣工率分别比去年同期提高了4.4个和2.4个百分点，固定资产交付使用率比去年同期降低9.8个百分点。更新改造投资项目“三率”与基本建设投资项目相比，分别高出7.6个、7.3个和10.3个百分点，更新改造项目“三率”好于基本建设项目的主要原因在于，更新改造项目是在原有基础上的建设，基础与条件好于平地起家的基本建设项目。另一方面，更新改造项目一般工期较短，投资数额相对较小，加上资金供应落实，较利于集中建成，这必然要比基本建设项目的“三率”高。投资项目的相继建成投产，增加了我省国

民经济腾飞的物质基础。1992年，我省国民生产总值增长19.5%，投资拉动起了很大作用，这是投资宏观效果的集中表现。

（三）投资结构及特点

我省认真贯彻国家产业政策，投资重点不断加强，投资结构渐趋合理，资金逐渐流向制约我省经济发展的“瓶颈”行业和基础产业，推动着我省经济结构调整朝着合理化、科学化方向发展。1992年山东省建设投资结构状况及特点如下：

1. 地方投资增长快于中央投资增长。在国有单位基本建设和更新改造投资中，中央投资完成67.2亿元，比上年同期增长18.94%；地方投资完成193.4亿元，比上年同期增长63.78%，从增幅看，地方投资比中央投资高近45个百分点。

2. 集体单位投资增长快于其它所有制投资增长。1992年国有单位建设项目完成投资比去年同期增长46.6%；集体单位完成投资比去年同期增长101.4%；个体投资完成比去年同期下降28.9%。

3. 商品房建设投资增长较快。1992年在国有单位投资中，商品房建设投资为37.48亿元，比去年同期增长1.3倍。

4. 农村、集体投资增幅快于城镇集体投资。在集体单位投资中，城镇集体投资为42.27亿元，比去年同期增长68.7%；农村集体投资112.94亿元，比去年同期增长117.2%。

5. 资金来源多样化，利用外资和银行贷款增长较大。1992年国有单位项目完成的财务拨款表明，去年总计财务拨款支出331.3亿元，比上年增长39.6%，其中国家财政拨款13.5亿元，比上年降低12.9%；国内贷款90.3亿元，比上年增长52.7%；利用外资30.8亿元，比上年增长37.8%。不同资金所占的比重为：国家财政拨款占4.1%，国内贷款占27.3%，利用外资占9.3%，自筹资金占53.6%。

另外，在投资建设中，实行了改革新举措，对部分重点工程项目进行了业主责任制试点；对新开工的大中型及省定重点工程项目基本上都实行了招标投标，把市场机制和竞争机制引入固定资产投资领域。

（四）主要经验

1. 各级政府对投资建设的高度重视，是投资建设迅速发展的可靠保证。

1992年为抓住有利时机，实现山东经济跳跃式发展，进一步扩大对外开放，省政府提出了投资建设中的重点建设要有新突破，并时刻关注重点工程建设的进展，通过现场办公，及时解决了济南飞机场、济青高速公路、京九线山东段、淄博腈纶、鲁南化肥厂、齐河造纸厂、桃威铁路、莱芜钢铁厂扩建等工程的一些重大问题，保证了工程建设的顺利进行。

2. 集中力量保证重点项目建设，是推动我省经济迅速发展的关键。我省每年在国家安排的按合理工期组织建设的项目基础上，对关系全省经济发展全局的重点项目再逐一排队，集中力量，保证建设。在这方面主要采取了以下措施：(1)健全组织机构，成立了重点工程项目领导小组，由省至下逐级成立重点项目办公室，负责组织、协调重点工程建设。(2)对重点项目所在的市地、部门，实行项目责任制，明确各自应承担的责任、义务。对重点工程项目实行“五确保”的办法。即确保资金的及时供应，确保项目合理用地需要；用招标投标的办法，保证把最好的施工队伍用在重点工程建设上，确保省内物资的及时供应和运输服务；确保重点工程建设有良好的环境。(3)对重点工程项目实行了监理制，保证了工程质量。

3. 必要的计划约束和强有力的宏观调控是引导投资趋向合理，减少损失浪费的重要环节。

（五）应重视的问题

1. 新开工项目小型化，以至出现重复建设的问题。1992年山东省新开工建设的基本建设和更新改造项目有4074个，平均每个项目的总投资只有351万元，投资在百万元以内的项目约占1/3，投资在千万元以上的项目较少。这主要由于下放了一部分项目的计划审批权后，由于地方利益的驱动，由地方自主决定的投资项目，多是小额、见效快的项目。争上项目，难免重复建设，形成客观上投资项目的小型化。

2. 投资更加依赖于银行贷款或社会举债。对银行严格执行国家信贷政策带来困难，也对银行信贷实行资产负债管理造成负担。

3. 房地产开发以及开发区建设的热度较高，在一定程度上占压了资金，影响了投资效益的发挥。

（张　鹏）

表 3－44　1992 年竣工的主要地方项目　单位：百万元

项目名称	总投资额	当年投资额	开工日期（年、月）	新增生产能力
德州华鲁电厂一期	874.80	207.55	1988.4	装机 60 万千瓦
临沂电厂	225.00	19.55	1990.8	装机 5 万千瓦
菏泽电厂	402.43	211.79	1990.7	装机 12.5 万千瓦
寿光化肥厂	32.66	6.00	1989.7	4 万吨尿素
淄博石油化工厂	231.95	6.93	1988.9	2.5 万吨丙烯腈
济南遥墙飞机场	257.09	147.10	1990.11	超降 MD－82 飞机
山东财政学院	143.00	31.38	1988.6	在校学生 5000 人
山东省博物馆新馆	29.91	23	1991.8	1.94 万平方米
金岭角矿侯庄矿区	81.50	19.05	1985	铁矿石 50 万吨
青烟威数字微波工程	38.50	23.32	19991.3	140Mb/S 422.3 公里

表 3－45　1992 年开工的主要地方项目　单位：百万元

项目名称	总投资额	当年投资额	竣工日期（年、月）	新增生产能力
环胶州湾公路	1125.68	310.00	1995	一级汽车专用公路 85 公里
莱洲渤海盐场	307.29	101.00	1994	原盐 100 万吨
潍坊寒亭盐场	216.15	59.00	1994	原盐 100 万吨
济南第二机床厂	50.00	12.00	1995	重型精密压力机增至 1.4 万吨
德州华鲁电厂二期	1152.00	188.24	1994	装机 60 万千瓦

表 3—46　山东省利用外资情况　　单位：万美元

年份	签订利用外资协议（合同）				实际利用外资额			
	合计	对外借款	外商直接投资	外商其他投资	合计	对外借款	外商直接投资	外商其他投资
1984	10470	—	9392	1078	1642	—	40	1602
1985	10994	2811	4926	3257	6231	2011	559	2861
1986	12887	3813	5927	3147	11679	5177	1939	4563
1987	30520	21590	3890	5040	10219	3722	2381	4116
1988	59553	8017	26020	25516	14231	3076	3908	7247
1989	91504	55701	17855	17948	31498	9938	13132	8428
1990	64374	22442	23283	18649	34237	13823	15084	5330
1991	102358	21979	65481	14898	46789	24703	17950	4136
1992	471994	67970	391961	12063	137684	32323	97335	8026

资料来源：《全国各省、自治区、直辖市历史统计资料汇编（1949—1989）等资料

表 3—47　1979——1992 年累计批准外商投资企业分行业情况表　　单位：万美元

企业 / 行业	合计		合资企业		合作企业		独资企业	
	项目数	合同外资金额	项目数	合同外资金额	项目数	合同外资金额	项目数	合同外资金额
总计	5844	539990	4903	391804	367	51041	574	97151
一、农林牧渔水利业类	267	13553	247	9908	15	976	5	2669
二、工业类	4573	362642	3894	279606	259	31203	420	51832
其中：纺织工业	381	33443	337	27695	23	2137	21	3611
化学工业	352	34977	303	28747	21	4550	28	1653
机械工业	324	23318	279	16050	23	1462	22	5806
电气制造	150	11319	119	8926	7	352	24	2681
电子通信	241	15768	178	12704	12	531	51	2534
仪器仪表	50	2376	32	1850	7	250	11	575

续表

行业＼企业	合计		合资企业		合作企业		独资企业	
	项目数	合同外资金额	项目数	合同外资金额	项目数	合同外资金额	项目数	合同外资金额
其他工业	13	3486	12	3469	—	—	1	17
三、建筑业	186	17538	154	11047	6	693	26	5799
四、交通运输邮电业	106	9156	89	7059	25	1892	2	305
五、商业饮食供销、仓储业	193	15305	150	9611	13	1988	30	3706
六、房地产公用服务业	417	111182	303	69608	31	9944	73	31630
其中：旅馆业	54	8325	39	4469	11	3305	4	551
七、科、教文体卫生业	7	169	4	68	2	96	1	5

二、1992年山东省利用外资投资建设基本情况

(一)1992年利用外资基本情况

1. 投资规模急剧扩大，东西部地区竞相发展。1992年，全省新批准利用外资项目4651个，合同外资额47.2亿美元，实际利用外资13.7亿美元，分别比上年增长2.9倍、3.6倍和1.9倍，新批项目数和合同外资额一年超过了前13年的总和（见表3—46)，从地区来看，东部沿海经济开放区七市，新批准利用外资项目3537项，合同外资额34.09亿美元。

其中，青岛新批项目1088个、烟台728个、济南425个、威海434个、潍坊和淄博均为400个；这些市地合同外资额都超过3亿美元，青岛市高达12.1亿美元，烟台市达到了8.4亿美元。同时，西部欠发达地区利用外资也成倍增长，泰安、济宁等市地合同外资额均超过1亿美元，枣庄、临沂等市地合同外资额超过5000万美元。呈现出东西部地区竞相发展的崭新格局。

2. 利用外资领域拓宽，投资结构趋于合理。1991年以前，山东省兴办的外商投资企业95%是生产性项目，其它仅占5%。1992年随着对外开放的进一步扩大已逐步向房地产、商业、旅游、信息、运输、金融等第三产业扩展，全年新批准第三产业外商投资企业846家，合同外资额14.4亿美元，分别占总数的20.6%和36.7%，房地产和土地成片开发已成热点。1989年外商投资企业批准个数的构成为：农林水7.5%；工业88%；建筑业0.42%；运输邮电业1.25%；商业、饮食、物资、供销业0.83%；公用事业、服务业0.83%。1992年构成是：农林水3.5%；工业75.5%；建筑业4.1%；交通运输邮电业22%；商业、物资供销业3.8%；房地产、公用事业、服务业10.6%。外国政府贷款用于供水、邮电、环保等行业的项目数比重达到50%以上。国际金融组织贷款1992年签约额4.6亿美元，均用于电力、钢铁、教育、卫生项目。改革开放以来，吸引外商投资行业结构详见表3—47。

3. 资金来源渠道增加，外商投资中台资、韩资增长迅速。1992年山东省全方位、多渠道利用外资取得明显成效。在吸收外商直接投资迅猛增长的同时，积极争取外国政府和国际金融组织优惠贷款，国际商业贷款也迈出新步伐，1992年，全省对外借款项目75个，合同外资额6.8亿美元，实际利用3.23亿美元；吸收外商直接投资企业4109家，合同外资额39.2亿美元，实际利用9.7亿美元；外商其它投资项目467个，合同外资额1.2亿美元，实际利用外资0.8亿美元。到鲁投资的国家和地区也发生了较大变化，1991年以前，到山东省投资的国家和地区只有38个，1992年增加到53个。

1992年，港澳地区仍是到山东投资的主要地区，有2293家，合同外资额22.4亿美元，分别占全省总数的55.8%和56.9%，其次是台湾，全年共批准570家，合同投资额4.2亿美元，分别占全省总数的13.9%和10.6%，从上年的第四位跃居到第二位。第三是美国，441家，合同外资额5.4亿美元，分别占全省的10.7%和13%，名列第五位的韩国，批准188家，合同外资额1.3亿美元，分别比上年增长1.4倍和1.8倍。

4. 利用外资项目的质量和水平有较大提高，1992年利用外资大项目增多，项目的技术含量较高。1991年以前，全省批准的总投资1000万美元以上的外商投资项目只有31个，合同外资金额3.2亿美元。1992年新批准的总投资1000万美元以上的项目增加到152个，合同外资额17.3亿美元，项目数只占总数的3.7%，而合同外资额占44.1%。出现了烟台三菱水泥，青岛化纤、日照黄海木浆等投资过亿美元的大项目。国际金融组织贷款的邹县电厂三期工程和莱钢扩建改造项目利用外资都在2亿美元以上。

5. 利用外资项目的经济效益和出口创汇额大幅度提高。1992年全省投资经营的外商投资企业1436个，使全省投产外商投资企业达到12064个。全年共完成产值100多亿元，比上年增加60亿元，实现利税7.7亿元，比上年增加4.7亿元；出口创汇8.3亿美元，比上年增加4.7亿美元。出口额在全省出口总值中所占比重由1990年的9.4%提高到17.7%。1992年创汇超过100万美元的外商投资企业达277家，比上年增加118家，超过200万美元的109家，增加57家。在创汇增加的同时，外商投资企业的整体经济效益也显著提高，利税超500万元的企业已达26家。

6. 山东对外开放投资建设存在的主要问题：一是外商投资企业项目批得多，落实的少，外商投资资金到位率低。到1992年底，外商投资企业的实际使用额仅占合同额的28.5%。二是项目建设进度慢，竣工开业率低。在已批准的5844家外商投资企业中，投产营业的只有2064家，仅占35.3%。投产企业中，有的效益也不理想。三是资产评估质量低，国有资产流失严重，由于中方合资心切，资产评价不够科学合理，以及其它因素影响，原有资产投资入股或租赁使用，较为普遍地存在着评价过低，随意性较大等问题，使国家蒙受了损失。四是产业政策倾斜不够，由于产业政策未能与税收、金融、价格等经济杠杆密切配合，缺乏实际约束力，以致低水平重复建设现象仍有发生，影响了产业结构的优化调整。五是国内配套资金严重短缺。半岛开放区6市的外商投资项目配套人民币缺口达20亿元。致使一批已批准的大项目难以开工建设。

(二) 基础设施建设情况

为加快对外开放步伐，吸引外资，1992年山东省进一步改善了投资环境，重点加强了交通、通迅、供电、供水等基础设施建设。全年实施交通运输、邮电通讯业项目726个，完成投资43.2亿元，其中地方投资26.1亿元。实施房地产、公用事业等项目351个，完成投资7.3亿元，其中地方7.2亿元。全省新增公路通车里程1197公里，港口吞吐量达6793万吨，比上年增长11.5%；航空事业发展迅速，1992年底，拥有通往22个城市航线41条，投资2.53亿元的华东第二大机场济南机场投入运营。邮电通信重点建设了主要通信干线和设施。截止1992年底，全省有88个县市区开通了直拔国内长途电话业务，其中有60个市县可以直拔国际长途电话，年末城市电话交换机容量达71.4万门，比上年增长32%，其中市话程控交换机容量47.2万门，增长75.5%。

(三) 国家级开发区建设情况

1. 经济技术开发区

青岛、烟台、威海经济技术开发区成为山东省对外开放的重要“窗口”和发展外向型经济的示范基地，成为国内外客商投资的热点地区。青岛、烟台经过八年多发展，已初具规模，步入了快速发展的新时期；威海开发区1992年10月设立后，各项工作进展也十分迅速。

在基本建设方面，1992年青岛、烟台两个经济技术开发区开工面积达181万平方米，竣工面积44.6万平方米，固定资产投资13.5亿元。威海开发区开工面积5.5万平方米，投入资金2000万元。

项目引进方面，在不断改善投资环境的基础上，各开发区依托老市区的产业优势和技术力量，利用开发区的优惠政策，多方招商引资，使项目引进呈现出跳跃式发展。1992年，青岛、烟台两个经济技术开发区批准外引内联项目599个，合同金额48亿元，其中外商投资企业219家，合同外资额2.73亿美元。威海经济技术开发区批准项目93个，合同投资额6亿元，其中外商投资企业5个，合同外资额2639万美元。

1992年，青岛、烟台两个经济技术开发区共有92家企业投产经营，全年完成产值15.6亿元，实现利税2.17亿元，出口创汇1.13亿美元。威海经济技术开发区由于成立较晚，1992年没有项目竣工投产。

2. 高新技术产业开发区

1992年，山东省把发展高新技术产业做为振兴经济的战略任务来抓，高新技术产业开发区呈现迅猛发展的好势头。截止到1992年底，全省有威海、济南、青岛、潍坊、淄博五个国家级高新技术开发区，总规划面积47平方公里，起步区面积9平方公里。

威海高新技术产业开发区1991年3月经国务院批准以来，经过两年的开发建设已进入全面发展时期。到1992年底，基础设施完成投资1.5亿元，开通七条总长9.9公里的区间公路，1.17万平方公里的起步区实现了“七通一平”。基本建设方面，完成投资5.2亿元，建筑开工面积71万平方米，竣工20万平方米。在招商引资方面，累计批准进区项目335项，总投资42.5亿元，其中投资额在3000万元以上的有22项。进区企业306家，其中外资企业58家，总投资1.45亿美元，合同外资额6149万美元，1992年完成产值5亿元，其中工业产值2.6亿元，建筑业产值2.05万元，创汇850万美元。感热记录头、光纤光缆等一批高新技术产业项目已经投产或试投产。

济南高新技术产业开发区，1992年，基础设施和基本建设投资9800万元，其中：财政拨款200万元，银行贷款6100万元，发行建设债券3500万元。建成了5.3公里的三条主要干道，敷设各种管线4.6万米，热源厂、变电站工程开始开工建设。当年全区新开工建筑面积5.2万平方米，竣工厂房及附属设施16.6万平方米。在招商引资方面，批准进区企业48家，进区项目116个，项目总投资22.5亿元，其中利用外资1.7亿美元。1992年全区完成产值4.8亿元，利税4000万元，创汇850万美元。总投资3900万元的利用啤酒渣生产单位细胞蛋白项目开发建设。

青岛高新技术产业开发区1992年投入建设资金8.7亿元，协议开发面积4平方公里，签约建设面积140万平方米，开工建设面积42万平方米，竣工厂房和附属设施5.6万平方米，引进高新技术企业27家，批准项目70个，开发高新技术产品100项，全年实现产值1.2亿元，利税0.17亿元，创汇70万美万。

潍坊、淄博两个高新技术产业开发区是在省级开发区的基础上设立的，成立时间不长，但仍有较大发展，1992年两区投入建设资金5.1亿元，签约建筑面积43.8万平方米，开工建筑面积21.9万平方米，建成厂房及附属设施9.44万平方米，引进高新技术企业18个，高新技术项目61个，开发高科技产品81个，全年实现产值8.3亿元，利税1.53亿元，创汇830万美元。

（赵海涛）

三、1992年山东省乡镇企业投资建设基本情况

改革开放以来，特别是1984年以来，山东省乡镇企业如春潮般迅速发展。到1992年底，山东省乡镇企业发展到162.8万家，拥有固定资产原值536.21亿元，职工人数1120万人，形成了以农业、工业、建筑业、交通运输业和商业饮食服务业五大行业部门为主体的门类齐全的乡镇企业体系，能够生产黄金、水泥、机电产品、纺织品等16大类近万种产品。全年乡镇企业实现总产值2344亿元，比上年增长58.1%，占农村社会总产值的70%以上，其中乡镇工业总产值1793亿元，增长54.8%，占全省工业总产值的51%，成为山东经济发展的半壁河山。

十几年来，山东省乡镇企业投资建设立足于不断调整产业、产品结构，突出发展重点，提高效益，使投资结构日趋合理，投资效益不断提高。其投资特点一是立足于山东农牧渔业资源丰富的实际，重点发展以农副渔产品为原料的加工业，增加投入，使之成为农村脱贫致富的主要途径；二是大力发展以建材、铝材、陶瓷等为主体的建筑材料工业；三是加快发展机械工业，把主要生产通用机械转向生产轻纺机械和日用建设用品为主，并努力实现规模经济效益；四是积极发展出口创汇生产，培育一大批名、优、特、新产品。

1992年，山东乡镇企业认真贯彻落实邓小平南巡讲话和十四大精神，紧紧围绕加快发展这一主题，进一步解放思想，加快改革开放步伐。把增加投资，特别是增加对企业技术改造的投资作为加快乡镇企业发展的重要措施之一。

全省乡镇村企业实际投资额112.6亿元，比上年增长1.4倍，建设项目30404个，增加54.6%。

在乡村企业全部投资项目中，以工业企业为主，占项目总数的79.4%，其中又以建材工业和机械工业居多，分别占工业企业投资项目数的16.5%和18.5%；基本建设项目和更新改造项目分别占全部投资项目的58.6%和41.4%。

到1992年底，在30404个投资项目中，完工项目为25066个，占82.4%，比上年增长62.1%，其中投产项目22589个，达产率为74.3%。

乡镇企业投资按资金来源大体可分为：乡村投资、国有单位投资、集体单位投资、个人投资、企业积累、国外投资、银行贷款、其它借款等，其中以乡村投资、企业自我积累和银行贷款为主，在乡村企业实际完成的投资额中，这三项分别占19.9%、22.5%和34.5%

1992年，是山东乡镇企业高速发展、全面提高的一年，也是乡镇企业发展史上最好的年份之一，在投资建设方面有以下四个特点：

1. 投资规模增大。从投资总量上看，全省乡村企业建设项目与实际投资额分别比上年增加54.6%和1.4倍；从建设项目平均投资额上看，平均每个项目投资额为53.17万元，比上年增长56.7%。

2. 投资效益不断提高。全省乡村企业新增固定资产原值89.3亿元，比上年增长128.2%，并已产生明显的经济效益，已投产项目实现产值165.2亿元，比上年增长143.9%；实现利润12.7亿元，增长157.5%；实现税金7.6亿元，增长197.6%，利润、税金增长幅度明显高于产值增长幅度。

3. 科技进步投入成效显著。全年乡镇企业系统完成技术开发和技术改造项目5900项，总投资75亿元，乡（镇）村工业经省立项开发新产品2032项，其中达到国内先进水平和填补省内空白的134项。

4. 利用外资有新的突破。突出表现在：一是利用外资额增加，全省“三资”企业累计已达2054家，利用

外资11.82亿美元，其中仅1992年就新增合资、合作企业1554家，合同利用外资8.7亿美元，分别是前10年总和的3倍和2.8倍；二是外商投资规模增大，在利用外资项目中，合同外资额超过100万美元的约占1/4，仅青岛、潍坊、泰安三市的乡镇外商投资企业，合同外资额超过200万美元的就有37个，其中青岛市有5个项目合同外资额均在1000万美元以上；三是投资领域已从原料性、初加工的劳动密集型行业，扩展到机械、电子、塑料、服装、建材、化工、医药保健、建筑、房地产开发、文化娱乐及旅游等各行各业。

1992年，全省乡镇企业根据省委、省政府提出的“只要是质量好、效益好的速度能搞多快搞多快”的要求，围绕加大投入，提高投资效益，重点抓了三项工作：

一是强化投入意识，优化投资结构。近几年来，山东乡镇企业固定资产投资增长幅度较大。同时，强化效益观念，注意优化投资结构。首先把重点放在技术改造和发展高新技术产品上，重视引进、消化、吸收国内外先进技术；积极开展与国营工业、大专院校和科研单位的经济技术协作，充分利用其先进技术和人才优势，集中力量开发了一批高技术含量、高附加值、高创汇、高效益的产品，加快了产品的更新换代；充分运用高新技术和先进的工艺设备，集中财力、物力，抓住优势行业、骨干企业和拳头产品，加快技术改造步伐，改造传统产业，使现有企业的整体素质不断提高。其次把重点放在大力兴办第三产业，充分调动乡（镇）、村、联合体、个体各方面的积极性，鼓励建立和发展各种类型的批发市场、专业市场，并在巩固发展传统第三产业的同时，大力兴办第三产业，不断解决全省乡镇企业第三产业发展滞后的问题。第三，把重点放在发展外向型经济上，放开手脚，大规模地引进和利用外资，并重点培植了一批出口创汇支柱行业和重点企业，使外向型经济有了突破性发展。

二是多形式、多渠道筹集资金。增加投入的关键是解决资金来源问题。乡镇企业系统坚持：“两条腿”走路，一方面积极争取国家扶持和有关部门的大力支持；另一方面把立足点放在自力更生上。(1)进一步增强企业自我积累、自我发展的意识，引导教育企业严格执行国家有关规定，加强财务管理，保证税后利润用于扩大再生产部分不低于50%。(2)在全省乡镇企业中全面推行股份合作制，并鼓励和帮助规模大、效益好的企业发行融资债券、企业债券、内部股票，吸收社会闲散资金。山东乡镇企业最早实行股份合作制的淄博市，目前全市实行股份合作制的乡镇企业已达6000多家，其中乡村两级集体企业有1/4以上办成了股份合作制企业。(3)通过改善投资环境和扩大对外宣传、交流，吸引国外资金和引进外地资金。(4)总结推广建立乡镇企业发展基金的典型，通过基金会等筹资机构筹集资金。临沂市在人民银行的帮助下，几年来，先后建立了21家农村金融服务社和城市信用社，到1992年底，已累计向乡镇企业投入4亿多元。

三是加强项目的管理工作。充分做好项目的考察论证工作，选好、选准项目，努力做到上一个成一个，用尽可能小的投入获得尽可能大的产出；同时，认真落实项目责任制，精心安排，精心组织，从而缩短了投入周期，提高了项目达产率，全系统出现了不少高速度、高质量建设的企业。兖州市大安镇西北店村与济宁第二制药厂联合，投资兴建兖州新华精细化工厂，创出按常规需要一年才能完成的工程，仅用105天就建成投产的奇迹，而且生产的双氯灭痛粗产品，经药检部门化验，合格率达100%。

1992年山东乡镇企业投资建设方面存在的突出问题是资金紧张和东西部地区发展不平衡。据统计全省乡镇企业计划投资总额为161.7亿元，资金缺口为15.3亿元，占9.4%。从东西部地区的投放情况看，1992年德州、滨州、聊城、菏泽、东营五地市乡村企业固定资产投入只有东部青岛、烟台、潍坊、威海、淄博五市的20.2%，东西部差距在进一步拉大。

（宋秋玲）

青岛市

一、1992年 青岛市投资建设 基本情况

（一）青岛市固定资产投资基本情况

据统计，青岛市1992年县以上固定资产投资（包括国有单位基本建设、更新改造、其它投资、商品房投资和城镇集体单位投资）完成58.3亿元，比上年增加23.4亿元，增长67.1%，扣除价格因素，实际增长52.1%。

1. 从建设类型看，国有单位完成投资52亿元，比上年增长65.1%，其中，基本建设投资24.2亿元，增长52.9%；更新改造投资19.6亿元，增长67.3%；其它投资0.12亿元，下降76.9%；商品房投资8.6亿元，比上年增长139.2%。城镇集体单位完成投资6.3亿元，比上年增长82.9%。

2. 从隶属关系看，地方项目投资增长快于中央项目投资。在投资总额中，中央单位完成16.7亿元，比上年增长62.2%，地方单位完成47.6亿元，增长68.2%。

3. 从资金来源看，预算外资金完成投资上升，预算内投资下降。1992年预算内投资完成2.3亿元，比上年下降2.4%，占投资总额的比重在上年下降2.2个百分点的基础上又下降2.6个百分点，仅占3.9%。预算外投资完成56亿元，增长71.8%，占投资总额的比重高达96.1%，其中：国内贷款21.3亿元，增长61.4%；利用外资8.9亿元，增

长134.2%；自筹及其它完成25.8亿元，增长65.4%。

4.从时间序列看，县级以上投资呈逐季加快的增长势头。1991年底增长22.6%，1992年3月份累计比上年同期增长64.9%；二季度累计增长66.5%；三季度上升67.7%；四季度一直保持在65%增长速度以上，全年累计完成58.3亿元，增长67.5%。

（二）投资结构继续得到调整

1992年，青岛市固定资产投资在适度增加需求的同时，不失时机地抓好结构调整，主要表现在：

1.生产性投资比重适宜，在投资总额中，生产性投资完成42.1亿元，比上年增长63.9%，比重为72.2%，但所占比重比上年略有下降。非生产性投资完成16.2亿元，增长61.6%，占投资总额的14.4%。

2.内涵扩大再生产投资比重上升；在投资总额中，以内涵扩大再生产为主的更新改造和城镇集体单位投资共完成25.9亿元，比上年增长71.1%，所占比重为44.3%，比上年提高1个百分点。在更新改造投资中，用于节约能源，增加品种和提高产品质量的投资3.15亿元，比上年增长21.6%。

3.农业、交通运输邮电业、商业投资增加。在县以上投资中，用于农林水利业的投资0.18亿元，比上年增长16.1%；交通运输邮电业投资14.25亿元，比上年增长176.9%；商业饮食业投资完成4.1亿元，比上年增长115.8%。

4.工业投资上升，但能源、原材料工业投资下降。全市县以上工业投资完成23.14亿元，比上年增长22.9%，由于黄岛电厂和青岛碱厂两项目已收尾，工作量大幅度减少，致使能源、原材料投资比重下降。此外，轻工业投资比重由47.1%上升到49.8%，重工业投资比重由52.9%下降为50.2%。

5.重点项目投资加强。1992年贯彻国家有关方针，积极创造条件，保证重点建设，全市大中型基建项目，限额以上更新改造项目和市属重点工程共25项，完成投资20亿元，占投资总额的34.3%，其中：大中型基建项目16项，1992年新开工3项，完成投资12.6亿元，完成年计划的104.8%；限额以上项目5项，完成投资2.7亿元，完成年计划的84.2%；其它重点工程4项，完成投资4.7亿元，完成年计划的155.6%。

（三）投资效果有所提高

从1992年反映宏观投资效果的几个主要指标看，青岛市投资效果有所提高，全年全市固定资产投资投产项目739个，项目投产率为52.7%，比上年增加0.8个百分点；新增固定资产41.2亿元，固定资产交付使用率为70.6%，与上年基本持平；全年竣工房屋面积259.7万平方米，房屋竣工率为39.8%，住宅竣工面积139.3万平方米，住宅竣工率为47.4%。

本年新增加的生产能力和效益主要有：纯碱10万吨、农用尿素4.8万吨、化学农药700吨、内燃机25000台/年、合成纤维3350吨、啤酒24000吨、港口吞吐量1900万吨、万吨级泊位5个、市内电话43000门、长途自动电话交换设备2200路、商业网点9万余平方米、高等院校席位1113个，中学席位2658个、小学席位5490个、医院病床位292张。

（四）存在的主要问题

1992年，青岛市建设领域坚持总量控制，加强重点建设，改善投资结构，取得了新的成就，但也产生了一些问题：

1.新开工项目大量增加。1992年县以上投资施工项目1403个，在建项目投资总规模过大。1992年在建项目的投资总规模高达189.2亿元，比上年增加36.4亿元，增长32.3%。增长速度比上年提高0.3个百分点。其中：新开工项目的投资总规模高达54.2亿元，比上年增加20亿元，在建项目和新开工项目规模之大，增长速度之快是1986年以来所未有的。在建项目总规模中，累计完成投资113.3亿元，结转到1993年的投资总规模为25.9亿元、总规模过大，使在建项目的建设周期加长，按投资额计算的建设周期由上年的4.4年增加到1992年的5.2年。

2.部分项目资金缺口大。据统计，1992年县以上投资项目的计划总投资为177.8亿元，需要的投资为190.8亿元，资金缺口高达13亿元，若用全市1403个施工项目平均，每个项目缺口92.7万元。

（丁正钧　孙昭信）

表3—48　1992年开工的主要地方项目　　单位：百万元

项目名称	总投资额	当年投资额	计划竣工日期（年、月）	新增生产能力
火车站广场改造	68.9	25	1994.12	
错埠岭热电站	120	50	1994.6	3台75吨锅炉 1.2万千瓦，6000千瓦机各一台

续表

项目名称	总投资额	当年投资额	计划竣工日期（年、月）	新增生产能力
青岛电视发射塔	52.19	10	1994.10	新增6套电视节目、4套调频广播节目

表3—49 1992年竣工的主要地方项目 单位：百万元

项目名称	总投资额	当年投资额	开工日期（年、月）	新增生产能力
青岛油码头二期	2704.1		1986.5	1700万吨/年原油输出
黄岛电厂二期	691.25	35.92	1987.12	新增21万千瓦机组2台

二、1992年青岛市基础设施投资建设基本情况

(一)1992年基础设施投资建设主要成就

1992年全市用于基础设施的投资达61.6亿元，全年完成基础设施投资16.3亿元，比上年增长141%。1992年的基础设施工程进展速度加快，全市瞩目的黄岛电厂扩建工程经过4年的建设，于1992年12月全部建成投入使用。青岛油码头工程也于12月份正式交付使用。一些已开工的项目如西环海公路、海泊河污水处理厂、8万门程控交换机等重点工程建设进度明显加快。随着一批项目的交付使用或部分交付使用，青岛市的基础设施供给能力也有了明显提高，一定程度上缓解了基础设施对经济和社会发展的“瓶颈”制约。截止1992年年底，全市新增改建公路里程122公里；通过扩建港口码头新增泊位4个，新增吞吐能力1900万吨；新增市内电话机43000门；新增长途自动电话交换设备2200路端；新增城市供水能力100吨/日；城市道路扩建长度和面积分别达11.12公里和22.5万平方米。

(二) 投资结构的改善

1. 基础设施和基础产业投资

1992年全市基础设施投资规模为61.6亿元，占全社会固定资产投资规模的34.6%。基础设施投资完成额为16.3亿元，占全社会固定资产投资完成额的27.9%，比上年上升

了8.6个百分点。1992年交通项目和能源项目分别占固定资产投资的17.7%和16.9%，投资完成额分别占24.4%和3.5%。

2.1992年基建项目计划投资55.69亿元，更新改造项目5.9亿元，分别占投资规模的90.4%和9.6%。在完成投资中，基建项目投资12.05亿元，更新改造项目投资4.3亿元，分别占73.8%和26.2%。说明当年新开工基建项目较多，而通过内部挖潜的更新改造项目较少。产生这种状况的原因是青岛市基础设施从历史上看欠帐较多，要缓解或从根本上解决基础设施滞后问题，必须加大投资，新上一批起点高、规模大的基础设施项目。

（三）投资来源趋向多元化

从投资来源看，凡属国家计划项目，国家预算内拨款较多，其它资金来源较少。在地方项目中，其投资来源多为地方和部门自筹及其它来源。从全市情况看，在所有基础设施项目的投资来源中，国家预算内拨款占7%；国内银行贷款占4.7%；利用外资占31.9%；自筹占12.6%；其它占43.8%。需要指出的是，在所有投资来源中，利用外资所占的比重有较大上升，几乎占所有投资的1/3，这也是促成我市基础设施投资增长较快的重要原因。尤其是一批交通项目如环胶州湾公路，济青公路等都有相当比重的外资，这些外资的利用，有力地支持了项目的上马和建设。

（四）几点经验

1.解放思想，更新观念，加快基础设施建设步伐。相对于国民经济而言，基础设施建设必须超前发展。为此，市委市政府通过进一步解放思想，更新观念，采取了若干重大举措：在交通建设方面，围绕着港口建设，兴建了环胶州湾公路、胶黄铁路，进一步加强了与黄岛经济技术开发区的联系；在能源建设方面，采取得力措施，多方筹集建设资金保证了黄岛电厂二期工程的顺利建成投产，全市第一座热电联产的错埠岭热电站也初具规模；在市政建设方面，加快了给排水、煤制气管网及城市立交桥的建设与改造。这些措施有力地促进了我市基础设施的建设。

2.加强重点工程建设。1992年青岛地区有5项国家、省重点工程，分别是胶黄铁路、胶济复线二期工程、环胶州湾公路、济青公路青和前湾港。国家交通投资公司、铁道部和省领导根据工程进度多次进行现场办公，检查指导工作。5项国家、省重点工程除胶黄铁路2000万元外资未能兑现到位，年度计划只完成85%外，其余均完成了国家、省下达的目标要求。青岛市有关部门也把基础设施建设视为经济发展和社会进步的重要物质基础因素，不断强化对基础设施建设的领导，使胶黄铁路、环胶州湾公路、济青公路青岛段、地铁火车站广场改造、海泊河污水处理厂等工程得到顺利建设。

3.有关单位通力合作，为基础设施创造了良好外部建设条件。1992年青岛市基础设施建设普遍出现了资金短缺、材料紧张、规划设计、征地拆迁跟不上，施工企业任务超负荷，有的出现顾此失彼等现象。市有关部门通力合作，积极为工程排忧解难。一是会同计委和金融部门为环胶州湾公路海域段工程发行了5000万元建设债券，为海泊河污水处理厂、错埠岭热电站、地铁火车站广场等工程解决了资金不足困难。二是同公安部门和有关市区政府解决了济青公路青岛段、环胶州湾公路和胶黄铁路施工中的有关问题。

三是为稳定地方材料供应价格，保证供应，同建材部门、物价部门、工程所在市区和施工单位协商解决了统一价格，稳定建材供应渠道，保证了工程所需材料的正常供应。四是同有关部门协调解决了地铁火车站广场拆迁住户的安置工作。

4.坚持实行目标责任管理，搞好综合协调，加强宏观调控。1992年的实践表明，实行目标责任管理制度，不失为一条成功的经验。首先有利于调动主管部门、建设单位、施工单位独立自主地完成各项目标的主动性、积极性和创造性，使其有职、有责、有权，能够及时解决建设中的问题；二是有利于工程指挥部门集中精力，通盘考虑，抓大事，抓关键，进行宏观调控决策和调查、指导、服务。如1992年将重点工程按在国民经济和社会进步中所占的地位及工程进度情况，划分为1#、2#、3#重点工程，突出重点，兼顾一般，统一指挥，协调服务。

（五）存在的主要问题

青岛市的基础设施建设虽然在1992年里取得了很大成绩，但与需求相比，仍然存在不少差距，主要表现是基础设施供给能力薄弱，交通、能源仍然制约着地方经济的发展。造成这一问题的主要原因是：

1.建设资金不足。在1992年全市没有完成年度计划的基础设施项目中，有3项是因资金不足造成的。胶黄铁路2000万元外资没有兑现；错埠岭热电站集资政策未出台，2600万元集资资金不到位，虽然在第四季度采取了补救措施，但为时已晚。铁路两侧为东部开发指挥部和地铁火车站广场拓宽建的安置房，应收7000多万元，实际仅收3000万元，而且相当一部分是年底收到的，严重影响了年度计划的如期完成。

2.概算超支严重。1992年对四个基础设施项目的概算进行了调整，四个项目分别是海泊河污水处理厂、环胶州湾公路、错埠岭热电站和火车站客运站改造。这四个项目原概算投资为102014万元，调整后增加到150728万元，概算超支率为47.8%。其中海泊河污水处理为39.5%，环胶州湾公路为40%，错埠岭热电站为96.6%，火车站客站改造为116%。

3.前期准备工作不足，建设工期拖长。地铁火车站客运站、胶济复线二期、胶黄铁路等项目由于工程前期准备工作不足，设计频繁变更，给基础设施建设项目建设带来很大困难，延误了建设进程，如海泊河污水处理厂计划1992年单机试车，但由于土建工程拖长，只进行到设备安装，影响了经济效益和社会效益的发挥。

（李少光）

河南省

一、1992年河南省投资建设基本情况

（一）投资建设基本情况和主要成就

1. 投资规模有较大的增长。1992年，全省固定资产投资出现了一个较快增长的好势头，建设步伐明显加快，重点项目进展顺利，行业结构更加合理，取得了较为显著的成绩。全年完成全社会固定资产投资318.83亿元，比上年增长24.3%。其中：国有单位完成189.15亿元，比上年增长31.1%；集体单位完成47.62亿元，比上年增长97.0%；个体完成82.06亿元，比上年下降6.8%。在国有单位完成投资中，基本建设投资102.56亿元，比上年增长23.3%；更新改造投资57.58亿元，增长43.2%；其它投资20.54亿元，增长1.2%；商品房建设开发投资8.48亿元，增长108.1%。

2. 投资结构得到调整。1992年，投资结构进一步调整，基础产业得到加强。全年国有单位用于农林牧渔水利业的投资10.51亿元，比上年增加4.72亿元，增长81.5%，比重由上年的4%上升到5.5%；能源工业完成投资53.89亿元，比上年增长3.6%；原材料工业完成投资31.39亿元，比上年增长12.4%；运输邮电业完成投资16.13亿元，比上年增长66.3%，比重由6.7%上升到8.5%。

3. 利用外资发展迅速

1992年全省利用外资开创了前所未有的新局面。全年新签利用外资项目1064个，合同外资金额10.52亿美元，实际利用外资2.65亿美元，分别比上年增长5.8倍和3.5倍。其中，新签外商直接投资项目1053个，合同利用外资金额8.83亿元，实际利用外资额1.07亿美元，分别比上年增长5.8倍和6.0倍，高于同期全国增加2.8倍、3.8倍的水平。1992年来豫投资的国家和地区26个，比上年增加17个，其中，首次来豫投资的国家13个，占50%，如：澳大利亚、加拿大、奥地利、罗马尼亚等。同时，大项目、高技术项目增多。在新签项目中外商投资在100万美元以上的项目有115个，为上年的7.5倍，1992年批准的“三资”企业中外商投资额上千万美元项目有2个，即中泰合资洛阳北方易初摩托有限公司，总投资6950万美元，外商投资额3822.5万美元；中港合资开封中谊电力碳化硅有限公司，总投4560万美元，外商投资额2280万美元，此外，还有25家外商出资在100万美元以上的项目。

4. 新增一批生产能力。

1992年，全省共建成投产基本建设和技术改造项目3609个，新增主要能力有：水库库容13.25亿立方米、灌溉面积63万亩、聚丙烯6万吨、刨花板3万立方米、发电装机75万千瓦、钢41万吨、氧化铝20万吨、水泥34万吨、化肥（实物）50万吨、维生素C5000吨、拖拉机1万台、煤炭165万吨、准轨铁路46公里、公路243公里、城市电话交换机13.5万门、病床700张、城市供水18.74万吨。

5. 重点建设成就斐然。国家和省27个续建重点工程，年计划投资36.4亿元（其中：国家重点20.4亿元，省重点16亿元），到年底累计完成投资39.8亿元，完成年计划的109%。其中国家重点完成21.4亿元，为年计划的105%。省重点完成18.4亿元，为年计划的115%。18个投产项目完成投资20.2亿元，为年计划的109%。除平禹运煤铁路因资金不落实未投运外，其它17个项目都陆续建成投产（试产）。

全省上下关注的十大基础项目、二十大振兴工程进展顺利。郑州民用机场已经国务院和中央军委批准立项，前期工作进展较快；黄河小浪底水利枢纽工程1992年10月已通过世界银行预评估，大部分前期工作已完成，国家要求1993年开工；洛阳化纤工程可行性研究报告已经评审，待报国家计委立项；义马煤气化工程的可行性评估已经进行；平顶山市尼龙66盐可行性研究报告已通过国家评审，报国家计委待批；鸭河口电厂、沁北电厂、安阳电厂等项目正抓紧“立体作业，交叉进行”。一大批前期工作项目有望1993年开工建设。

（二）投资特点

1. 地方项目投资高速增长。1992年，河南国有单位地方项目一直保持较高增长态势。一季度比上年同期增长141.7%，上半年增长63.5%，三季度增长61.6%。全年地方项目投资107.20亿元，比上年增长69.1%，比全部投资增幅高38个百分点，比全国平均增幅还高24.2个百分点，其投资比重由上年的43.9%上升到54.4%。

2. 更新改造投资增势较猛。全年国有单位更新改造投资增长43.2%，增幅比上年增加22个百分点。更新改造投资中，用于节约能源、增加品种、提高产品质量的投资比重比上一年都有所上升。

3. 投资环境明显改善。1992年河南省大大改善了投资的环境，加强了基础设施的建设。首先，公路建设取得了突破性发展，通车里程达4.51万公里，每百平方公里拥有26.51公里公路，居全国第8位，县乡道路等级普遍提高。全长201.4公里的郑汴洛高速公路已全面开工。正在建设中的三门峡黄河大桥是209国道上一座特大型桥梁，全长1306米，1992年已完成合同工作

量50%以上，整个工程可在1993年交付使用。我国内陆省第一个二类公路口岸——郑州公路港已开通并投入运营，打通了河南扩大与世界经济联系的公海联运，有效地加快出口物资流通速度，为组建河南与边境口岸及附近区域的公路货运代理网络，优化运输组织创造了条件。其次，1992年全省邮电通讯各项指标呈全面增长势态，经济效益明显提高。全省邮电业务量完成80685.3万元，较上年增长36%，也是1978年以来增长最快的一年。市内电话用户年末达到303345户，较上年增长39.7%，全年净增86260户。全省长途业务电路达到7655路，较上年增长2104路。其中：全自动电路增加2172路，全年净增长途自动交换机容量2279路端，使总量达到11365路端。全年净增市话交换机93974门，使总容量达到474495门，其中：程控交换机达到232295门，占总容量的48.96%，较上年净增61874门。全省农话交换机容量达到185880门，较上年净增21839门。

4. 重点项目建设成就巨大。1992年，由于各级领导重视重点建设，我省大部分重点项目在计划、资金、物资等方面都能得到较好保证，工程进展顺利，成就巨大。全省施工的73个基本建设大中型项目和更新改造限额以上项目完成投资56.04亿元，完成年计划的100.7%。其中：焦作电厂、鹤壁电厂、南阳机场、中原黄金冶炼厂、板桥水库、平顶山电厂、平顶山炼焦化学公司等基建大中型项目和开封啤酒厂、陕县化肥厂、洛阳矿山机器厂、洛阳轴承厂、中洛输油管线等更新改造限额以上项目已全部建成投产；中原油田、义马矿务局、河南送变电工程、舞阳钢铁公司炼钢工程等已实现单项投资，新增了一批生产能力。

（三）投资建设的主要经验和问题

1992年，我省固定资产投资增势较猛，在投资安排中，突出重点，统筹兼顾，优化结构，提高效益，把有限的资金用到经济建设最需要的地方，在投资建设中取得了不少好的经验，主要有：

1. 集中力量，加快能源、交通通讯等基础产业的发展，缓解了经济增长的“瓶颈”制约。努力抓好四个当年投产电厂的建设，确保了新增发电装机的实现。新开工的三门峡火电厂和首阳山电厂二期是我省“八五”重点建设项目。煤炭行业抓了重点煤矿的扩建和技术改造，提高了采煤工艺，改善了采掘条件，减少了积压，扩大了调运。南阳机场投入营运，促进了南阳和河南省的对外开放的发展。

2. 扎扎实实做好项目的前期工作。前期工作对项目建设进程影响很大，我省各有关部门和地市有关部门积极配合，拧成一股绳，形成合力，促进了项目前期工作的顺利进行。

3. 多渠道筹措建设资金，加强重点建设。资金不足特别是建设资金紧张是影响我省经济持续高速发展的主要制约因素。1992年，全省调动各方面的积极性，下大力气筹集建设资金，除了积极争取国家投资外，还在债券融资、清收欠款、强化各项建设基金管理和征收出售用电权等工作中，做了大量工作，为重点建设的资金筹集起到了积极作用。

4. 加强协调服务。根据建设项目的轻重缓急，实行分类指导，明确分工，责任到人，从头至尾跟踪服务；对项目建设中出现的重大问题，现场办公协调解决；金融、物资、铁路、土地管理等有关部门积极配合，保证重点建设；项目所在地在各方面支持重点建设，积极主动到项目现场协调服务。项目主管厅局选派责任心强的同志担任项目联络员，经常驻工地，及时帮助解决问题，反映问题。

总的来看，1992年河南省固定资产投资建设高速增长的态势正常，但是，投资建设运行中也存在着一些矛盾和问题，直接困扰和影响着河南的投资建设。1992年，从纵向比，河南省固定资产总投资增长较快，但横向比，与全国平均水平和兄弟省市比较，无论投资规模和增长速度都有较大的差距。全省国有投资占全国投资总额的3.62%，增长速度低于全国增幅12.5个百分点，列全国第22位。交通、电力紧张的矛盾正在加剧，其制约经济发展的“瓶颈”效应更趋突出，基础产业的发展更加紧迫。资金短缺，投入不足，仍是制约我省经济高速发展的主要矛盾之一。

就全省投资建设来说，最首要的是资金问题。一是资金到位晚。投产项目和续建项目都不同程度地存在着到位时间差问题，往往是计划下达早，资金到位晚，年初到位少，年底到位多，形成某些项目停停打打，打打停停，影响了工期。二是超概算严重。去年以来，由于固定资产投资规模的大幅度增长，旺盛的需求拉动了生产资料市场购销的猛烈回升，使投资类生产资料价格大幅度上涨，再加上设计漏项、费用调整、设计变更等因素，工程超支较往年更为严重，甚至有的项目要求多次重复调整概算。三是设备、材料储备资金少，周转困难。很多项目开工前和开工后要支付大量的设备订金和材料资金，由于储备款少无法周转，时有顾此失彼的情况。四是流动资金不落实。对新建项目，由于概算内没有计列流动资金，投产时垫底30%的自有资金不落实，造成70%银行贷款无法解决，影响了项目的按期投产。五是自筹资金不落实。随着投资主体的多元化，项目资金渠道很多，这本是件好事，但也带来了一些新的问题。往往中央和省投资部分都落实了，有的甚至超给了，而市地和企业自筹资金不落实，造成投资缺口。

其次是物资供应问题。由于市场的变化，重点项目的物资供应，主要是钢材和油料，省下达的指标大部分落实不了，形成了有指标订不上货，拿钱买不来材料的局面，影响了重点建设施工的顺利进行。

再次是外部环境问题。总的来说，我省大多数市地在为主要地方项目建设服务上是比较好的，创造了良好的建设环境，使项目建设得以顺利进行。但也确有个别地方或多或少还存在一些问题，协调、服务不力。如在征地问题上，有些地方在项目未定前表示土地补偿费用很低，一但项目定了，开始建设了，就漫天要价，就高不就低；甚至有个别地方村民到施工现场闹事，直接影响了工程施工。有些地方还出现了强行装卸，有些是想乘机捞一把，敲竹杠，视国家和省法令、条例于不顾，人为地制造障碍，影响了工程的顺利进行。

(张惠敏　刘心明
梁秀娥　秦红娟)
(薛志军　尹　豫　李鲁新)

二、1992年河南省能源投资建设基本情况

(一)能源建设基本情况和主要成就

河南省是我国的能源大省，是国家的能源基地之一，煤炭产量居全国第三，发电设备装机容量居全国四大电网之一的华中电网榜首。1992年是全省能源建设投资最多的一年，煤炭行业总投资110017万元(含统配煤矿92910万元)，比上一年增加了36.3%；电力行业计划总投资113000万元，比上年增加了39.5%，能源投资扣除物价上涨因素后的增幅仍是很大，这是我省调整投资结构、产业结构的标志。

1992年，全省煤炭产量9193.97万吨，比去年增加了219.62万吨，递增2.4%。其中地方矿4880.31万吨，比去年增加了37万吨，递增0.9%。产量在全国仍排名第三。1992年地方国营煤矿改扩建矿井2对，新增生产能力18万吨，投产了鹤壁矿区四矿、义马矿区耿村矿，分别新增原煤开采能力45万吨和120万吨，全省共新增原煤开采能力229.2万吨。

电力行业，到1992年底全省500千瓦以上发电设备总容量为749.8万千瓦，其中省网统调电厂装机容量552.2万千瓦，地方及企业自备电厂197.6万千瓦，较上年度有较大的增长。1992年，全省新增发电装机容量79.6万千瓦，其中省统调电厂65万千瓦，创历史上新增装机容量的最高水平，受到能源部、省政府的嘉奖。地方和企业自备电厂14.6万千瓦，全年新增输变电线路

表3—50　1992年开工的主要地方项目　单位：百万元

项目名称	总投资额	当年投资额	计划竣工日期(年、月)	新增生产能力
三门峡火电厂	1374.04	160.00	1995	
郑州大学扩建	130.00	26.00	1995	
首阳山电厂	1130.00	96.00	1995	
平顶山盐厂	149.32	61.00	1995	
新峰矿务局梁北矿	255.60	20.00	1997	

表3—51　1992年竣工的主要地方项目　单位：百万元

项目名称	总投资额	当年投资额	开工日期(年、月)	新增生产能力
焦作电厂	522.48	118.00	1989.12	2×20万千瓦
鹤壁电厂	819.72	132.17	1988.10	2×20万千瓦
南阳机场	49.997	25.00	1990	4C级机场
郑州热电厂	428.90	210.70	1990.6	1×20万千瓦
濮阳热电厂	139.00	80.50	1990.3	1×5万千瓦

(11万伏以上) 199.4公里、变电设备能力75.15万千伏安。

石油行业，我省有中原油田、河南油田二大油田，其中中源油田一直被列为国家重点项目进行勘探开发。“八五”计划二大油田总投资84.49亿元，1992年完成投资22.16亿元，分别占能源工业计划总投资的27.1%和完成投资的41.1%。全年新增原油开采能力85.02万吨，天然气开采能力0.2亿立方米。

(二) 投资规模、投资结构及资金来源

1. 煤炭行业。1992年，全省地方煤矿在建矿井23对，预计新增生产能力516万吨/年。其中：基建井10对，可新增生产能力321万吨/年；改扩建井13对，设计新增生产能力195万吨/年；水平接替矿井5对，新增生产能力180万吨/年，统配煤矿在建规模为年采煤805万吨。

1992年，全省地方煤矿投资17107万元，其中国家投资3199万元、国内贷款1100万元、煤代油2200万元、省内各种资金10608万元 (含省发展基金2438万元、出省煤补贴1000万元、电厂转新庄2673万元、平禹铁路2200万元、企业自筹2297万元)。投资方向是：基本建设7578万元、技术改造3097万元、矿井配套2027万元、其它投资4405万元。

1992年统配煤矿投资92910万元，主要资金来源是：经营基金40529万元、专项基金2511万元、建设银行贷款34890万元、煤代油投资377万元、企业自筹14603万元。

2. 电力行业。1992年，全省电力行业计划总投资113000万元。其中：省统调电厂投资83400万元，地方和企业自备电厂项目投资29600万元。在建电厂主要有鹤壁电厂1×20万千瓦、焦作三期1×20万千瓦、郑州热电厂1×20万千瓦、首阳山电厂2×30万千瓦、三门峡电厂2×30万千瓦及其配套输变电工程，地方电厂合计在建规模为26.4万千瓦。投资来源主要为：国家建贷11600万元、国家债券8860万元、省集资26869万元、省自筹23444万元、省内其它资金40800万元。

(三) 当年开工项目和竣工项目

1. 煤炭行业。1992年，全省地方矿项目新开工三个。其中技改项目一个，为郏县景家洼煤矿21万吨扩建30万吨项目，总投资774万元；新建项目二个，其中梁北矿井设计生产能力90万吨/年，项目总投资25559万元，当年投入煤代油资金2000万元；禹州李楼矿井设计生产能力15万吨/年，项目总投资1650万元，1992年安排资金20万元。1992年，全省地方煤矿竣工项目10个，其中技改项目2个，它们是安阳果元煤矿3万吨扩建15万吨，总投资1045万元，新增原煤生产能力12万吨；信阳固始杨山煤矿6万吨扩建12万吨，实际新增生产能力6万吨，项目总投资489万元。

2. 电力行业。1992年，全省电力行业新开工项目2个，其中三门峡电厂2×30万千瓦项目，国家批准为1991年底新开工项目，实际于1992年9月25日正式开工，概算总投资156868万元 (含送出配套17910万元)，当年计划投资16000万元。其中建贷5000万元、企业债券3000万元、河南集资8000万元，预计1994年底投运一台机组，1995年投运一台机组；首阳山电厂2×30万千瓦项目，国家批准为1992年新开工项目，于12月15日开工奠基，该项目为世界银行投资项目，总投资168124万元，当年计划投资8000万元，国家建贷和河南集资各4000万元，根据河南省提出的在“八五”期间新增装机350万千瓦的战略目标，该项目要求1995年底全部投入运行。

1992年，我省狠抓竣工投产项目，力争早投产，早见效益，年底实现装机79.6万千瓦，创历史最好水平。当年竣工项目15个，其中省网统调项目4个，总装机容量65万千瓦：郑州热电厂1×20万千瓦，当年投资21077万元；焦作电厂1×20万千瓦，当年投资11800万元；鹤壁电厂1×20万千瓦，当年投资12400万元；平顶山电厂1×5万千瓦，总投资10550万元，当年计划投资2700万元。地方和企业自备电厂11个，总装机容量14.6万千瓦：濮阳市热电厂1×5万千瓦，总投资13900万元，当年投资8050万元；焦作市热电厂1×1.2万千瓦，总投资9840万元，当年投资5400万元；漯河市、伊川、淇县、孟县、沁阳、渑池各一台1.2万千瓦机组，汝阳一台0.6万千瓦，项城、太康各一台0.3万千瓦机组。

(四) 投资建设主要经验和问题

1. 投资建设经验

1992年，煤炭行业普遍推广了永夏矿区以设计为龙头进行项目建设总承包和工程监理制的经验。(1) 确立了“五个轮子一起转”即：国家、省、市 (地)、企业、行业办电一起上的方针，“八五”期间确保投产350万千瓦，并积极做好各项前期工作，“九五”争取投产650万千瓦。对于资金不足的问题，采取了国家、省、行业一起办电的政策，并给予优惠政策，利用债券、股票、外资多方筹集建设资金，还允许用参股的方式多家办电，“五分一拥有”即分电、分利、分税、分折旧、分产值、拥有产权，以调动各方面的积极性。(2) 地方小火电及企业自备电厂的发展，减轻了统调电网的压力，使煤电得到很好的结合，特别是一大批坑口电厂的建成投产，结束了有煤运不出去的历史。实行“热电联产”，既节约了能源，方便了人民生活，也减轻了城市污染，经济效益、社会效益明显提高。

2. 存在的主要问题

(1) 无论是煤炭行业或是电力行业，项目投资超概算都比较严重，既有物价上涨的因素，也有设计、施工管理方面的主观原因。主要是发电机组价格上浮幅度过大，三大主材价格更是无法控制。(2) 煤炭行业新增原煤开采能力及竣工项目较少，并且由于受国家政策性影响，原煤不但价格偏低，还积压严重，致使煤炭行业还贷压力大，积累少，自我发展能力不足，抑制了煤炭行业的长足发展。(3)1992年河南电力建设项目前期准备工作做得不是很好。焦作、鹤壁、郑热投产后出现了断档现象，上半年没有新开工项目，直到9月底、12月底才有三门峡、首阳山相继开工。(4)电力建设的机组订货矛盾比较突出，"八五"全国的生产能力仅1000万千瓦，而我省就需350万千瓦。(5)小火电建设资金浪费严重，达不到规模效益，管理亟待加强。(6)供热机组由于受季节、工日制的影响，加之热用户不落实，有时为了发电，被迫对空排放，浪费严重，大部分热电厂效益低下，还贷周期拉长。(7)我省油田开采时间长，开采难度大，开采成本大幅度增加，亏损严重，天然气开采量与需求差距较大，很难满足当前经济发展的需要。

(王大锋　王举　韩连伟)

湖北省

一、1992年湖北省投资建设基本情况

(一) 投资建设的情况综述

1.1992年全省各类投资增长快于往年

1992年邓小平同志南巡讲话和中共十四大确定的加速发展经济的方针，为投资建设事业的发展创造了一个有利的大环境。1992年湖北省固定资产投资大幅度增长，投资规模达历年之最高水平。全省投资增长的主要特点是：(1)全省全社会完成投资172.45亿元，比上年净增48.06亿元，增长38.6%，是改革开放以来投资净增额最多、增幅最高的一年；(2)中央、地方投资均以较大幅度增长，1992年中央在鄂单位完成投资34.61亿元，比上年增长39.3%。地方单位完成投资137.84亿元，比上年增长29.6%；(3)各种所有制投资均呈增长态势，尤以国有单位投资增长最为迅速。在全省投资中，国有单位完成投资121.54亿元，比上年增长50.2%，高于全社会投资增幅11.6个百分点。其中基本建设完成投资79.10亿元，比上年增长57.3%，更新改造完成投资29.89亿元，增长39.2%，商品房建设投资6.97亿元，增长56.6%。全省城乡集体单位完成投资19.50亿元，比上年增长112%。城乡私营完成投资31.41亿元，比上年增长21.2%。

2.资金来源结构有很大变化

伴随全省投资的大幅度增长，资金来源结构也发生了一些明显的变化。全省完成投资中，国家预算内投资为8.44亿元，比上年略有减少，占全省投资比重继续呈下降趋势。由于银行扩大固定资产投资贷款，利用国内贷款完成的投资达46.85亿元，比上年增长56.1%，净增16.83亿元，占全省投资净增额的35%，是投资增长的主要资金来源。全省利用外资完成的投资达10.42亿元，比上年增长2倍，占全省投资的比重由上年的3%提高到6%，对促进全省投资增长发挥了积极作用。

3.投资结构有明显改善

1992年湖北省在努力促进投资增长的同时，通过引导新开工项目投资方向和加大技术改造投入，从增量和存量两个方面进行投资结构的调整，取得了比较明显的成效。一是保证生产性建设投资需要，使生产性建设投资的增长与全省投资总规模的增长保持同步。全社会完成生产性投资115.21亿元，比上年增长66.4%。生产性建设投资占全省投资的比重达66.8%。全省完成非生产性建设投资57.24亿元，比上年增长43.3%。二是继续对能源、重要原材料工业实行投资倾斜，调整基础工业与加工工业的比例。全省国有单位采掘和原料工业完成投资41.52亿元，比上年增长70.8%，其中电力工业完成投资18.69亿元，比上年增长96.1%；化学工业完成投资6.44亿元，增长41.9%；冶金工业完成投资6.55亿元，增长1.3倍。全省加工工业完成投资29.13亿元，比上年增长40.5%。加工工业采掘和原料工业的投资比例由上年的1：1.18调整为1：1.43。三是加强交通运输邮电业的投资，确保基础设施建设先行一步。全省全社会完成交通运输邮电建设投资16.33亿元，比上年增长21.2%。四是适应大力发展第三产业的需要，全省商业、饮食服务业、物资供销和仓储业发展较快，合计完成投资8.75亿元，比上年增长47.6%。

4.一批骨干重点项目建成投产，投资效益优于往年

1992年湖北在建施工的重点建设项目有35项。这些项目主要是国家鼓励发展的基础产业基础设施项目、地方传统优势产业项目以及重要的社会发展项目，是全省固定资产建设的核心和骨干，对全省经济社会发展具有举足轻重的作用。按国民经济行业划分，在35个重点项目中，冶金工业项目4个；能源工业项目6个；交通运输邮电项目9个；农业项目4个；轻重加工工业项目9个；大专院校等社会发展项目3个。35项重点项目合计完成投资47.74亿元，占年计划投资的129.8%。其中8项国家重点项目完成投资24.75亿元，比上年增长64.1%，占年计划投资的137.2%，27项地方重点项目完成投资22.99亿元，比上年增长1倍，完成年计划投资的122.7%。由于建设进度加快，重点项目建设工期缩短。按1992年完成投资水平计算的平均建设工期由上年的5.6年缩短到3.8年。在这些重点项目之外，1992年还开工了黄石华新水泥厂干法工艺生产线、湖北化纤厂粘胶短纤维工程、咸丰朝阳寺水电站、黄石轴承厂、枣阳石台寺泵站二期工程、沙市机场扩建等一大批重大建设项目。

由于投资大幅度增长、建设进

展快，1992年湖北固定资产建设取得显著成效。全省国有单位在建施工项目为6765个。其中全部建成投产4062个项目，项目建成投产率为60%。这些投产项目中有宜昌磷矿112万吨/年（标）小矿群、襄樊汉江大桥等大中型项目，以及宜昌红旗电缆厂、老河口市清泉沟泵站等一批重要建设项目，对湖北今后的经济发展有切实的推动作用。全省通过投资建设，新增固定资产72.59亿元，固定资产交付使用率为59.7%。新增各类房屋竣工面积991.77万平方米，其中住宅面积468.22万平方米。

随着上述项目的建成投资，全省新增一批重要的生产能力（或工程效益），进一步充实了湖北的经济实力。这些新增生产能力主要包括磷矿开采83万吨，化肥（折合量）13.21万吨、输电线路（11万伏及以上）221.64公里、汽车制造5200辆、水泥56.2万吨、新建、扩建港口码头吞吐能力321万吨等。

（二）利用外资的发展新阶段

1. 前来湖北投资的外商大幅度增加，外商直接投资额首次超过对外借款额，全省利用外资取得突破性进展。1992年全省实际利用外资22686万美元，比上年增长57%，创历史最高水平。全省总计批准外商投资协议828个，超过过去13年批准“三资”企业的总和。其中外商独资经营企业59家、中外合资经营企业746家、中外合作经营企业23家。截至1992年底全省共有“三资”企业1142家，“三资”企业数占全国总数的比例由上年的1%上升为2.5%。全省“三资”企业以沿江为轴心向四周扩散，鄂州、宜昌、黄石、荆州等地市发展成外商投资热点地区、拥有“三资”企业数都已超过百家；鄂西、鄂西北的山区县也实现了“三资”企业“零的突破”。新批准的828家“三资”企业外商协议投资额为50109万美元，当年实际投入资金13170万美元。全省对外借款（包括外国政府贷款、国际金融组织贷款，外国商业银行贷款，出口信贷）额8653万美元，外商其他投资863万美元。过去湖北吸收利用外资一直以对外借款为主，1992年外商直接投资实际使用额超过对外借款实际使用额，占全省实际利用外资额的58.1%，这个变化标志着湖北外资来源已主要来自外商直接投资。

2. 外商投资领域进一步拓宽，按照国家产业政策和湖北的实际情况，1992年湖北在引导外资投向结构上，比较重视使外资投向基础产业、基础设施建设，使外资参与湖北大中型企业的技术改造，并适当扩大外资投向第三产业的比重。随着国家对外商投资范围的放宽，湖北吸收的外资遍及各行各业，在基础产业方面，1992年利用日本协力基金开始全面施工建设的有鄂州电厂、黄石长江公路桥等重大项目。在技术改造方面，有湖北第二变压器厂与加拿大ABB公司达成合资生产变压器（22万伏以上）协议。黄石煤矿设备厂和美国大陆传送带设备公司通过技术转让达成合资生产高倾角皮带运输机协议。在第三产业方面，有马来西亚成功集团通过有偿转让形式，在葛店经济技术开发区成片开发工业用地四块、商业用地二块等等。

3. 外商投资企业规模扩大，技术层次提高，出现由传统的劳动密集型的加工制造业向新兴工业、高新技术产业、服务业发展的趋势。外商投资者除中小企业外，一些海外实力雄厚的财团、大公司如香港九龙仓集团、泰国正大集团、美国协和集团、日本NEC、英国卜内门集团、印尼林氏集团等也纷纷来湖北寻求合作，投资兴办各类产业。从投资规模看，全省投资超过千万美元的“三资”企业已有数家。1992年新批“三资”企业平均规模比上年扩大20%以上。在技术层次上，出现了一批新兴产业、高新技术企业，如光纤光缆、通讯设备、自动化仪表仪器、新材料等企业，推动了湖北企业技术进步，缩短了与国际先进水平的差距。

4. 按国别或地区分。1992年湖北新批“三资”企业中，香港占第1位，580家，协议投资额为33663万美元，分别占全省总数的42.8%和67.2%。台湾占第2位，达133家，协议投资额为8276万美元，分别占全省总数的22.9%和16.5%。美国占第3位达34家，协议投资额为1490万美元，分别占全省总数的9.3%和3.0%。澳门占第4位，为23家、日本占第5位，为14家。泰国占第6位为10家，其它国家如英、法、德、加拿大、澳大利亚、新加坡、西班牙、奥地利在湖北都有新的投资。

5. 外商直接投资的行业分布。工业项目为595个，占总数的71.9%，协议投资额28325万美元，占总数的56.5%，仍居绝对优势地位。其次是第三产业投资显著增加。其中房地产、公用事业、服务业项目93个，占总数的11.2%，协议投资额14642万美元，占总数的29.2%。运输邮电业项目38个，协议投资2237万美元，都比上年增长数倍。

（三）建设中有待改进的问题

1992年湖北省固定资产投资建设在取得成就的同时，仍存在一些明显的问题。全省投资宏观管理仍不能适应发展社会主义市场经济的需要，在取消投资规模考核指标之后，对全省投资规模的适度界限胸中无数。技术改造起色不大，技术进步速度不快。适应市场机制需要的投资调控手段仍没有建立和完善，对投资方向缺乏有效的引导和控制。因此全省难免出现了一些盲目建设、重复建设的项目，这都有待于在未来加以改善和克服。

（谢长淮）

表 3—52 1992 年开工的主要地方项目 单位：百万元

项目名称	计划总投资	当年投资额	计划竣工日期（年、月）	新增生产能力
黄石市华新水泥厂	291.87	18.21	1995	水泥生产 67.5 万吨/年
沙市市自来水公司东区水厂	63.55	4.80	1994	供水 15 万吨/日
湖北化纤厂（襄樊）	123.76	46.51	1994	粘胶短纤维 1 万吨/年
咸丰县朝阳寺电站	139.35	24.63	1996	水电机组装机容量 4.5 万千瓦
黄石市轴承厂	56.00	6.52		轴承 330 万套/年
枣阳石台寺泵站二期	72.19	18.55		5 座泵站装机 8240 千瓦
沙市市机场扩建	41.00	3.00		跑道 1800 米/条
宜昌化工厂尿素工程	285.00	5.00	1994	尿素 13 万吨/年、合成氨 8 万吨/年
湖北鸡笼山金矿	187.00	10.87	1995	采选矿石 1200 吨/日
鄂州市常鑫建材有限公司	55.50	44.54		仿花岗石地板砖 100 万平方米/每年

表 3—53 1992 年竣工的主要地方项目 单位：百万元

项目名称	计划总投资	当年投资额	开工日期（年、月）	新增生产能力
宜昌磷矿 112 万吨/年（标）小矿群	191.00	28.35	1989.1	磷矿开采 116 万吨/年
襄樊汉江大桥	129.11	32.57	1987.12	全长 2187 米/1 座
宜昌红旗电缆厂	44.00	3.13	1986.12	电缆 1000 公里/年
襄樊江山机械厂	68.73	2.50	1988.9	变速箱 1 万台/年
应城化工厂	51.00	16.21	1989.10	纯碱 3 万吨/年
襄樊清泉沟泵站	69.80	11.37	1978.3	排灌装机容量 1.5 万千瓦
荆州放马山磷矿	26.25	3.29	1989.7	采矿 20 万吨/年，选矿 13 万吨/年
黄风地区制药厂	41.00	16.53	1991.4	原料药 1500 吨/年

续表

项目名称	计划总投资	当年投资额	开工日期（年、月）	新增生产能力
黄石鸡冠嘴金矿	39.68	3.79	1989.1	采矿9万吨/年，选矿7万吨/年
黄石第一造纸厂	33.33	11.97	1984.11	机制纸及纸板1.2万吨/年

二、1992年湖北省重工业投资与建设综述

新中国成立40多年来，湖北工业经过大规模的投资建设，取得了伟大的成就，已成为华中地区最大的重工业基地。43年来，累计投资达604.44亿元，占全省工业总投资的82.5%。由于国家在“七五”以前对我省的大量投入，加之湖北的丰富资源条件，使冶金、能源、机械、化工等行业成为湖北工业的四大支柱行业。但是自“七五”后国家对湖北的投入大大减少，加之受先前国家工业布局和优先发展重工业的经济战略影响，经过多年的工业生产运行，湖北的产业技术普遍老化，资产损耗大，受“左”的影响，在经济发展的指导思想上重基本建设，轻技术改造，使众多的国有大中型企业严重老化，生产难以正常运转，制约了湖北经济的快速发展。

1992年，在邓小平同志南巡讲话及十四大确定的社会主义市场经济为主的战略方针指引下，我省利用湖北在全国经济格局的中转地位和位于全国前列的科技优势，利用浦东开发和三峡工程即将大规模上马的契机，按照国家产业政策要求和湖北经济发展的实际需要，采取一系列措施及时调整产业结构，优先发展能源、化学、重要原材料等一些制约我省经济发展的“瓶颈”工业。同时加快对国有大中型企业的技术改造步伐，把有限的资金重点投入到机械、汽车、化工、电力、钢铁等传统优势产业中去，使重工业投资增长明显大于轻工业。1992年全省国有单位完成重工业投资84.92亿元，比上年增长36.1%，其中基本建设完成投资55.84亿元，增长46%，技术改造完成投资29.08亿元，增长24.3%；在重工业投资中，电力工业投资增长较快，1992年完成投资25.69亿元，比上年增长48.3%；化学工业完成投资7.41亿元，比上年增长30.5%；煤炭工业终于扭转连续两年投资下降的局面，当年完成投资0.29亿元，比上年增长11.5%。从隶属关系看，全省地方重工业投资增长较快。1992年完成投资52.44亿元，比上年增长39.1%，其中基本建设完成投资31.37亿元，比上年增长48.68%；更新改造完成投资21.07亿元，比上年增长24.8%。

1992年，在固定资产投资规模全面增长的情况下，我省按照巩固提高第一产业，优化第二产业，大力发展第三产业的要求，对工业结构进行了大的调整。在建设的工业项目中，重工业为204项，投资规模为55.84亿元，占工业总投资的89.8%。其中，能源、原材料等工业项目109项，投资规模为52.2亿元，占重工业投资规模的93.5%。在这些项目中，有一些是关系到湖北经济发展后劲的重工业基地项目，如清江隔河岩水电站、二汽轿车试装厂、大峪口矿肥结合工程、黄石电厂扩建工程、华新水泥厂工程等由于得到重点支持，大部分建设项目投资计划完成情况较好，建设进度加快，建设工期缩短。1992年，全省35项重点项目中，重工业项目16项，其中冶金4项、能源6项、原材料工业等项目6项，完成投资31.12亿元，占年计划投资的102.6%。在这些重点项目中，有的已建成投产并交付使用，有的已完成单项主体工程。这些投产项目或单项工程是：二汽富康轿车试装厂、隔河岩电站、大冶钢厂、田镇水泥厂及鄂西高磷铁转炉工程等。

1992年，随着全省投资总量的增长，特别是第二产业的投资力度增强，一批以能源、原材料为主的建设项目建成投产进一步充实了全省国民经济的物质技术基础，增强了全省经济实力。这些新增生产能力主要有：炼钢6.3万吨、化肥13.2万吨、水泥58.2万吨、汽车制造5200辆（其中载重汽车3300辆）、发电6.05万千瓦等。不仅如此，我省还通过技术改造建成一批投产项目424个，新增固定资产17.71亿元，其中，全部建成投产的工业更改项目年增加产值42.17亿元，新增利税7.76亿元，新增出口创汇0.76亿元，使一批老企业技术装备水平得到提高，生产规模不断扩大，充满生机和活力，又渐露昔日湖北老工业基地的风采。

然而，1992年在取得成就的同时，我们不应忽视所面临的问题：(1) 固定资产严重老化、技术水平低、产品性能差的问题没有根本扭转。我省约70%的工业企业多数建于70年代以前，随着多年的生产运行，这些企业已超期服役，带病运转现象严重，但由于经济工作中的重基建，轻更改的现象，致使许多国有大中型企业得不到应有的更新改造，造成企业发展能力日趋萎缩，市场竞争能力日趋减弱，经济效益日趋低下；(2) 更新改造投资仍然不足。增加更新改造投入是推动技术进步的一个重要因素，湖北省作为全国重点的老工业基地，其设备老化程度在全国各省市表现尤为突

出。1992年全国国有单位更新改造投资平均增长36.9%，而湖北只增长27.1%，低于全国水平。就工业行业更新改造投资看，1992年，全社会重工业更新改造投资完成26.84亿元，虽比上年增长22%，但能源、采掘等基础产业的投资完成率分别比上年下降20.7%和11.2%。原材料工业与上年比较，虽完成投资12.27亿元，增长10.6%，但远低于同行业基建投资56.6%的增长幅度；(3)技术改造资金投向偏重"外延"化扩张。一是在更新改造中用于新建和扩建工程的投资比重过大，1992年全省新扩建工程投资比重达50%以上。二是用于增加产品产量，单纯扩大生产能力的投资比重过大。全年用于扩大生产能力的投资比重达37.9%。三是土建工程投资比重过大，在全省技术改造的投资问题中，建安工程的投资比重高达40.3%，远远超过国家规定的20%的标准。

要实现湖北工业经济的持续，健康，高速发展，必须采取超常措施，对国有大中型企业机制实施全面的转换，实行有效合理的经济结构，重点抓好三个方面工作：第一，加强资金筹措，把利用外资的重点放在国有老企业的更新改造上，改变我省技术改造规模与固定资产存量规模不相适应的状况；第二，强化技改项目的管理。一要严格控制借技改之名，行基建之实的工程，真正走"内涵"为主扩大再生产的路子；二要着力提高重点行业和重点骨干企业的技改投资比重；第三，继续对以能源、原材料为主的行业实行投资倾斜政策、提高投资使用效益，防止能源、原材料投资的"大而散"。

(林淳　李继伟)

三、三峡工程移民与移民投资的筹措及使用

举世瞩目的长江三峡水利枢纽，是一项跨省、跨世纪的关系到我国四化建设战略大局的特大型工程。三峡工程移民是三峡工程建设中最艰巨的任务和重要的制约因素，也是工程成败的关键之一。三峡工程移民的艰巨性主要表现在：

1. 三峡水库库区淹没涉及范围之广，移民人数之多，迁建任务之重，都是我国水利工程建设史上所罕见的。按照三峡工程正常蓄水位175m建设方案，库区淹没涉及川、鄂两省的19个县(市)，124个城镇，356个乡，1711个村，1602个工厂。1992年的淹没实物指标是：

淹没区人口	84.46万人
其中：城镇	43.23万人
农村	34.97万人
淹没耕地	25.73万亩
其中：水田	12.61万亩
旱地	10.86万亩
淹没柑桔地	9.88万亩
淹没房屋	3472.03万平方米
其中：城镇	1609.01万平方米
农村	1081.47万平方米
淹没电站	116处
其装机总容量	9.5万千瓦
淹没公路	1107.44公里

考虑到工程从开工到建成这个期间内的人口自然和机械增长，以及城镇迁建征地等多种因素，规划最终(到2008年)需要搬迁安置的人口约为113.38万人。

2. 三峡库区人多耕地少，人均耕地仅1.1亩，水利设施差，抗灾能力弱，粮食产量不高，人均粮食产量仅350公斤左右。该区域又是老、少、边、穷地区，经济基础薄弱，属于贫困地区，多数县靠吃财政补贴。这些是安置移民的不利条件。

3. 库区教育不发达，科技知识(包括经营管理知识)水平不高，信息闭塞，人才奇缺，这种状况，更增加了移民安置的难度。

4. 三峡移民还有个心理因素。由于过去有些水库移民没有安置好，一提到移民就顾虑重重，对三峡的有利条件和其它水库的许多不同点不了解，而等同看待。这种心理状况，也给三峡移民带来一定的障碍。

上述情况说明，三峡移民确是一项十分艰巨复杂的任务。但是，还应看到，三峡工程的移民搬迁总量虽然很大，但它的单位平均指标同全国已建工程比起来还是比较低的。根据三峡工程可行性报告提供的资料：全国在建的十个大型水电工程平均每亿千瓦时淹没耕地1464亩，三峡工程为513亩，处于中等偏低的水平。又据有关资料统计，建国以来全国已建水库库容平均每亿立方米淹没耕地2240亩，三峡工程为1097亩；全国平均每亿千瓦时淹没耕地5550亩，三峡工程为513亩；全国平均每亿千瓦时迁移人口3720人，三峡工程为1347人。全国平均数量分别比三峡工程高1.04、9.82、

1.76倍。

新中国成立以来的40多年间，全国共建设水利水电工程8.6万多座，淹没耕地2000多万亩，搬迁移民1000多万人，其中大部分移民的生产生活得到了较为妥善的安置，但是也存在很多教训。1984年，党中央，国务院在审查三峡工程150m方案的可行性报告时，对三峡移民提出了要利用三峡的资源优势，探索开发型移民的新路子。随后，进一步提出，水库移民工作必须从单纯安置补偿的传统中解脱出来，改消极赠偿为积极创业，变救济生活为扶助生产，要使移民安置与库区建设结合起来，合理使用移民经费，提高投资效益，走开发性移民的路子。开发性移民方针的实质，就是开发经济安置移民，即在国家的统一领导组织下，利用移民投资作为开发资金，运用现代科学技术，依靠库区群众的力量，因地制宜合理开发本地的资源，广辟生产安置门路，发展生产力，提高经济水平，努力拓展环境容量，给移民安置一个稳定的生产生活出路。首先要保证移民的生产生活不低于原有水平，并且要为逐步达到小康和发家致富创造条件，使之在新的环境下安居乐业。

为了探索贯彻开发性移民方针的经验，1985年以来，国务院三峡地区经济开发办公室，会同川、鄂两省有关地、县（市）广泛进行了开发性移民工作试点。1985至1992年，湖北三峡库区四县利用国家安排的1.3亿元资金，用于开发性移民试点工作。共开荒造田5.58万亩，其中定值3万多亩；修蓄水池120个，可蓄水8.5万立方米，开挖排水沟397条，长4.5公里，架设灌溉管道15.79公里，修石梯路71.8公里，机耕路12.4公里。同时还进行了巴东新城区“三通一平”建设，以及工厂、行政、企事业单位和居民迁建安置。开发性移民是水库移民工作的重大改革，经过试点，取得了移民安置、城镇及工厂搬迁和人才培训等方面的宝贵经验，受到库区干部和群众的欢迎与支持。

1992年，是三峡工程开发性移民试点工作的最后一年。三峡工程移民工作量很大，不仅是经济行为，而且也是政府行为。但是，移民投资经费包括在三峡工程建设总投资之中。移民投资的偿还，与三峡的枢纽工程投资、输变电工程投资一样，是要通过将来三峡电站的发电收入来偿还的。以1992年价格计算的工程建设静态总投资就达750亿元，其中移民投资237亿元，约占工程总投资的31.6%。三峡工程的巨额投资主要从五个方面筹措，一是国家设立三峡工程建设基金，包括从1992年开始，全国每千瓦时电涨价3厘钱，平均每年可增收20亿元左右；葛州坝电厂上缴财政的利润，平均每年可筹7亿元；三峡水电站在开工后的第9年开始发电，至18年，预计发电4300亿千瓦时，共计收入为400亿元。二是国家财政每年将拨款2亿元。三是除建设银行每年发放贷款10亿元外，还将与各专业银行和商业银行及非银行金融机构协作，组织银团为三峡工程发放中长期贷款。四是必要时，将有计划、有步骤地向社会团体、个人发行三峡工程股票和建设债券；五是国内捐款。除此之外，国家也不排除利用很少量的外资，主要用购买大型施工机械等。鉴于三峡工程移民是一项政策性、社会性和政府行为很强的工作，移民工作实行国家统一领导，分省负责，县为基础，责任在县的原则。移民投资年度计划，属国家下达的指令性计划，不能随意自行调项，更不能挪用搞非三峡移民建设的其它事项。

三峡工程正处于前期施工准备阶段，移民及移民投资的安排，必须与工程建设协调进行。移民投资使用与安排总的方向是，坚定不移地贯彻执行中央提出的开发性移民方针，按照“先淹先搬”的精神，优先安排90米水位以下的移民和受滑坡、泥石流威胁的城镇搬迁，适当为135米水位以下的移民作准备，并兼顾原开发性移民试点阶段的在建项目等后续工作。

（耿克祥）

武汉市

一、1992年武汉投资建设基本情况

（一）投资建设概况

1992年是武汉市改革开放和国民经济发展迈上新台阶的一年。投资建设规模随着经济的高速增长进一步扩大。1992年全社会固定资产投资完成68.02亿元，比上年增长55.3%。其中，国有单位完成投资61.08亿元，增长61.2%；集体单位完成投资2.80亿元，增长44.3%。在国有单位固定资产投资中，基本建设投资32.39亿元，增长82.1%，更新改造投资22.91亿元，增长41.1%。

1992年初，在邓小平同志南巡重要谈话精神的鼓舞下，武汉市紧紧地抓住机遇，出台了一系列深化改革和扩大开放的重大举措，利用外资呈现出前所未有的新局面，全市形成了以“三区两港”（东湖新技术开发区、武汉经济技术开发区、武汉阳逻经济技术开发区和武汉水运港、武汉航空港）为主要特征的全方位对外开放新局面。

1992年，全市签订利用外资项目499项，合同总金额16.8亿美元，协议外资额8.9亿美元。全年新批准外商投资企业458家，合同投资总额13亿美元，协议外资额5.2亿美元，分别是1985年武汉市计划单列以来8年总和的2.6倍、4.1倍和3.2倍，外商投资企业总数已近700家。特别是大公司、大财团看好武汉，纷纷前来投资。如香港九龙仓集团、新世界发展集团、沿海物业、美国太平协和集团、可口可乐、大陆谷物、日本NEC、住友商社、泰国正大集团、英国卜内门公司、德国林德公司以及台湾丰辟集团、统一集团等

都对武汉进行了投资或正在进行洽谈。武汉市在与21个大财团洽谈的49个大项目中已有25个签订了合同，如与香港新世界签订了10个项目，包括高速公路、机场扩建、星级宾馆、投资公司等。同时外商投资领域进一步拓宽。过去，外商在武汉投资大多从事一些娱乐业、服装加工等小型项目。1992年以来，外商投资在一、二、三产业全面展开，交通、能源、房地产开发等三产业和高新技术产业成为投资热点。据对前述50个大项目的分析，城市基础设施4项、交通运输3项、能源2项、工业20项、房地产12项、畜牧饲养2项、宾馆2项、投资公司2项，仓储、电视、旅游各1项。四是利用外资改造老企业取得较大进展。1992年6月，武汉市第二印染厂通过出让51%的股权与港商合资，实现整厂嫁接改造，为武汉市国有大中型企业利用外资进行改造探索了路子。截止年底，全市已兴办生产型外商投资企业100多家。

（二）投资建设主要成就

1. 重点工程项目进展顺利

1992年，列入市政府目标管理的18个重点建设项目，全都达到计划进度要求，完成投资25.95亿元，占国有单位投资的42.5%。其中，武钢“双五百”改造工作基本结束，武汉杂技厅已交付使用，长江公路桥17个桥墩施工全面展开，阳逻电厂第一台30万千瓦机组已经点火，可望在1993年一季度并网发电。武汉机场建设已经初具规模，飞行区主跑道、滑行道及联通道混凝土跑道面已经完成，航站楼、航管楼进入内外装修和设备安装，准备迎接国家验收。总投资78亿元的中法合资神龙汽车有限公司一期工程已经动工。

2. 国家级开发区基础设施建设投资情况良好

市国家级开发区东湖高新技术开发区和武汉经济技术开发区1992年完成投资3.91亿元。中港合资兴建的东湖高新技术开发区的标志性建筑——火炬大厦，总投资1.9亿元，已经动工；关东科技工业园已开发第一期403亩土地，建成标准厂房3.8万平方米；拥有800多个科技企业门点的长7公里，宽70米的洪山科技一条街已经建成。武汉经济技术开发区配合神龙汽车有限公司一期工程的正式动工，抓紧开发区基础设施建设，已完成8平方公里土地的征地拆迁与场地平整工程，开发区专用铁路线、供电、供水、排水、程控电话、道路等基础设施建设进展良好。

3. 基础设施投资建设迈上新台阶。青山外贸码头投入使用；国家“七五”重点工程郑（州）武（昌）铁路电气化技术改造工程全线通车；107国道武昌段20公里改造及山坡公铁立交桥工程完工；汉施公路9米宽混凝土路面已经形成；新增程控电话2.6万门，市电话自动交换机总量达到12.5万门，市话普及率由1991年的4.9%提高到5.6%，移动电话已发展2，013户，无线寻呼用户已达4.2万多户；新建、扩建水厂三家，净增日供水能力22.5万吨；发展民用管道煤气1.5万户；改造轮渡码头3座；新增主要道路4公里；完成防洪达标堤3.17公里，新建防浪墙3.2公里。

4. 房地产业发展速度很快

1992年底，全市已有房地产开发公司322家，比上年增加279家，其中“三资”企业166家，内资企业156家，注册资本总数43.06亿元。完成开发工作量12亿元，施工面积245万平方米，竣工面积91万平方米，分别比上年增长64.7%、38%、18%。

（三）投资建设的主要特点

1. 投资增长幅度拉大，发展速度明显加快

1992年，全市固定资产投资规模比上年增加24.56亿元，比上年增长56.08%。

2. 投资结构明显优化，注意向“瓶颈”行业倾斜。

1992年，在国有单位固定资产投资中，生产性投资43.3亿元，比上年增长71.3%，所占比重由上年的66.5%上升到70.7%；非生产性投资18.09亿元，比上年增长41%，所占比重由上年的33.5%下降到29.3%；原材料、能源、运输等“瓶颈”行业完成投资30.36亿元，占生产性投资的70.1%。从再生产形式来分析，1992年基本建设投资32.39%亿元，所占比重58.57%，更新改造投资22.91亿元，所占比重41.43%，基建投资比重超过更改投资17个百分点。

3. 投资主体多元化，投资来源多样化趋势加强

随着改革开发的深入进行，投资主体已从国家为主，变为国家、企业（含外地企业）、外商、个人多方投资，投资来源也发生很大变化。在1992年投资资金来源中，中央财政3.4亿元、地方财政1.05亿元．中央部门自筹1.88亿元、地方部门自筹3.97亿元、企业自筹21.88亿元，银行贷款15.77亿元，利用外资5.96亿元，财政和银行贷款呈下降趋势，企业自筹和利用外资呈上升趋势。

4. 投资项目决策和投资管理向科学化方向发展

近年来，按照社会主义市场经济的要求，投资项目的决策和投资管理不断向科学化发展，既避免在投资上的重大失误，又节约了大量的投资支出。在投资实施管理上，除继续推行投资包干，招标投标等方式外，进行了项目业主责任制和董事会责任制的试点。阳逻电厂由武汉市政府、华能公司、华中电网局三方共同投资兴建，并同建设银行阳逻电厂专业支行一起组成董事会，对阳逻电厂的施工建设、资金筹措运用、试生产及投产后生产运行管理实行全过程负责。

（四）投资建设中存在的主要问题

1. 固定资产投资需求过大与资金组织供应的矛盾

为实现武汉市90年代的发展

规划，保持武汉市固定资产投资持续快速增长，仅城市建设今后几年的十大工程就需投资120亿元。东湖开发区的关东、关南两个工业园还未成形，武汉经济技术开发区基础设施完成计划不到一半，阳逻开发区没有起步。待批准新建项目数百个，需要大量资金投入，因此，固定资产投资总需求过大，是资金组织供应困难的首要原因。其二，钢材、水泥、设备等资本消费品价格上涨幅度过大，致使投资支出增加，实物投资增加却不大。其三，现行投资计划管理体制存在投资计划与资金到位不能同步的矛盾，直接影响重点建设工程进行，增加固定资产投资资金组织供应的困难。

2. 基本建设项目同更新改造项目争规模争资金的矛盾

进一步搞好国有大中型企业，是经济发展能否继续快速增长的关键。国有大中型企业应重点抓更新改造，以较少的资金、较短的时间、较快的速度，改变现有的资本与技术构成状况，按照市场要求组织生产适销产品。但是，当前新建项目投资比重远远大于更改项目投资。

3. 开发区大气候未形成，面临着招商的困难

从我市几个开发区的总体情况看来，大气候尚未形成，现有的投资环境还难以吸引广大客商进区投资。原因在于：第一，国家改革开发由沿海向沿江、沿边推进的战略止在实施，一时还难以见效。外商、外地企业来开发区考察、洽谈的多，签合同、办实业的少。第二，东湖、武汉开发区的投资环境还有待进一步改善，城市基础设施建设不成龙配套，外商与外地企业不愿进区落户。

4. 高档商品住房预售情况不理想，房地产业面临资金来源紧张的困难。在全市目前524家各类房地产公司中，仅有62家135个项目在建设。房地产是一个高投入高风险高收益的行业，开发公司投资往往只能满足项目前期工程需要，大量建设资金要依靠向客户预收房款和银行贷款。在开工的135个项目中，55.2%属于高档商住房，这类房屋预售受各种因素制约，情况不理想，估计很难达到工程顺利进行对资金的要求。

（聂海洲　谢建军　席丹）

表3—54　1992年开工的主要地方项目情况　　单位：百万元

项目名称	总投资额	当年投资额	计划竣工日期（年）	新增生产能力
汉口煤气厂二期工程	87.00	15.00	1994	供煤气20万立方米/日
汉口金家墩长途汽车客运站	27.57	9.00	1994	日发送1.2万人次 建筑面积13498m^2

表 3—55 1992 年竣工的主要地方项目情况 单位：百万元

项目名称	总投资额	当年投资额	开工日期（年）	新增生产能力
武钢“双五百”改造工程	2200.00	336.00	1986	炼铁、炼钢各由400万吨/年扩建到500万吨/年
杂技厅	27.95	4.21	1987	2500座位，建筑面积11354平方米
武汉商场	26.85	15.00	1991	扩建商场面积16997平方米

二、1992 年武汉地区城市基础设施投资建设情况

（一）1992 年城市基础设施建设概述

1992 年全市城市基础建设共 66 项，投入资金 62410.5 万元，完成投资 81036 万元。其中，基本建设完成投资 71606 万元；更新改造完成 9430 万元；竣工投产共 8 项，新增固定资产 23547 万元。

（二）投资效果及成就

1992 年市政府确定城市基础设施建设管理目标 64 项，其中一级管理目标 24 项，二级管理目标 40 项，在有关各方面积极配合和共同努力下，已经全面完成，取得了丰硕成果。主要体现在以下几个方面：

1. 重点基础设施进展顺利

（1）长江公路桥：该桥是为改变武汉“三镇交通一线牵”的交通紧张状况而新建的一座具有国内、国际先进技术水平的桥梁，被列为省、市重点工程，项目批准总投资 5.37 亿元。拟建正桥长 1877 米，宽 26.5—29.4 米，两岸引桥长 1370.4 米，主跨 400 米的双塔双索面预应力混凝土斜拉桥。该项目自 1991 年 5 月 3 日经国务院批准开工以来，截至 1992 年底止，累计完成投资 27662 万元，其中 1992 年安排年度计划投资 13700 万元，实际完成投资 13765 万元。正桥桥墩已全部开工，建成 3 个桥墩（1 号、2 号、15 号）；钻孔桩 208 根已完 162 根；还建房开工 8 万平方米，竣工 4 万平方米。预计工程可按要求于 1994 年底合扰，1995 年 1 季度建成通车。

（2）武汉机场：国家重点项目，总投资为 6.55 亿元，建设规模为年旅客吞吐量 420 万人次，货运量 3.3 万吨，年飞行架次 39420 次。它的建成对改善武汉地区的投资环境，促进改革开放、实现“中部崛起”有着重要的战略意义。该项目自 1990 年 12 月开工以来，截至 1992 年底，累计完成投资 45370 万元，其中 1992 年底安排年度计划 24209 万元，实际完成投资 37191 万元。主跑道基本完成、滑行道完成 60%，航站楼、航管楼；、气管楼主体结构已完工，机场办公楼、招待所、仓库、特种车库、两个变电所及水泵房等正加紧收尾。根据市机场建设计划，1993 年底建成能航。

2. 公用事业有长足发展

全年更新公共汽车 30 台、电车 20 台、招标发展小公共汽车 58 辆、专线车 200 余台、出租车 3500 余台；新增 1200 客位渡轮一艘；完成武昌中华路、汉阳门；黄鹤楼三座轮渡码头主体工程；提前完成汉阳琴断口水厂扩建工程新增供水能力 10 万吨/日，新建成白鹤嘴水厂一期工程，新增供水能力 125 吨/日，解决了武汉经济技术开发区用水问题及汉口地区用水紧张状况得以缓解；发展民用管道煤气用户 1.5 万户；完成防洪达标堤 3.17 公里，新建防浪墙 3.2 公里。

3. 城市综合开发发展迅速

全年综合开发房屋竣工面积

355.69万平方米，解决人均住房面积3平方米以下的特困住房户2000户。改造危房10万立方米，使2008户危破房居民乔迁新居。房地产交易市场异常活跃，商品房销售10万平方米，房源得以落实，住房制度改革顺利出台实施。

4. 城市交通设施逐步改善

全年共新建、扩、改造道路70.5公里，完成改造扩建汉口解放大道下延线道路工程（黄浦路至二七路)、汉阳鹦鹉大道（钟家村至腰路堤)、栏江路（晴川至汉阳大道)、武昌中北路、洪山珞瑜路等主干道路段建设。新华路至航空路立交桥8月建成通车，缓和了城市交通堵塞状况，改善投资环境，促进武汉地区经济发展。汉口、汉西、五干道、内沙湖、钟家村、解放大道下延线等排水工程相继建成或开工，缓解了部分地区渍灾问题。

5. 城市基础设施硬件不断更新，城市环境进一步优化

全年共投入资金2700万元改造公厕430座；改造垃圾处理场5座；改造密封式垃圾转运台5座，对垃圾无害化处理由上年的2.9%提高到29%；治理老污染源20项；在城区植树66.49万株，新增绿地面积144万平方米。1992年武汉市在全国32个重点城市环境综合整治定量考核评比中荣获“十佳城市”。

（三）主要经验

1. 推行“人民城市人民建”的方针，积极动员社会力量，支持城市基础设施建设

1992年武汉市针对城市基础设施“先天不足，后天失调、维护不善、资金紧缺”的现状，提出“谁投资、谁受益”的口号，广泛动员社会各界力量，集聚了大量人力、物力、财力，有力支持了城市基础设施建设。1992年共动员社会力量集资2700万元改造了公厕和部分环卫设施。打通和翻修了10条道路；治理了城区内的污水明渠；清理和拆除了近3万平方米的违章建筑；绿化了百亩江滩，解决了与群众生活密切相关的147个难点问题，有力促进了该区基础设施建设。

2. 多渠道利用外资，加快城市建设，提高城市建设水平

1992年为扩大对外开放、促进武汉经济上新台阶，在大力推进城市建设与加强城市管理的同时，武汉市把多渠道利用外资与加快城市建设和提高城市建设水平紧密联系起来，积极引进外资直接投资重大基础设施项目建设，取得了较好效果。1992年全市已经签署合同利用外国政府贷款和外商直接投资兴建的基础设施重大工程共72项，约含人民币9亿元。其中长江公路桥、武汉机场、白鹤嘴水厂、东湖截污工程，煤制气等5项工程利用外资约合人民币6.1亿元，实际已用外资12400万元。不但缓解了全市建设资金不足矛盾，而且有效地加快了建设速度和提高了建设水平。白鹤嘴水厂利用加拿大混合贷款639万加元，折合人民币2400万元，由加拿大BCA公司供资，截止1992年8月所有合同设备器材运抵现场，安装投产后，情况甚佳。

3. 加大改革力度，坚持有偿服务，逐步实现城市基础设施社会效益和经济效益的统一

城市基础设施长期以来，只注重社会效益，忽视经济效益，无偿使用多，形成了投入多，产出少，为了改变这种状况，1992年积极作了一些探索：一是推行垃圾清运保洁的代办服务和园林绿化等行业提供劳务的社会化有偿服务。二是征收过桥、排水费，让征收效益转化为城市基础设施再生产资金。1992年全年共征收“两费”4796万元，其中排水费2818万元，过桥费1978万元，经市建委统一安排，用于市政建设和偿还银行贷款及利息。“两费”征收弥补了市政建设资金紧张，征收效益当年转化为城市基础设施的再生产资金。三是开展土地批租。自1992年6月市人民政府发布实施《武汉市城镇国有土地使用权出让和转让实施办法》以来，市规化土地管理部门与“三资”企业和部分内资房地产开发公司签订土地批租合同155项，批租土地面积549万平方米。根据市政府规定收取土地使用费的70%用于城市建设。开展土地批租不仅从根本上改变了全市长期以来无偿使用土地的状况，遏制了不合理用土地现象，而且在一定程度上缓解了城建资金极度紧张的矛盾。

（四）存在问题

1. 建设资金不足，缺口较大

一是城市基础设施建设资金收支不平衡，1992年武汉城建收入共计35738万元。其中用于城市基础设施正常维护经费7642万元，用于城市基础设施小型单项工程5561万元，用于城市重点基础设施建设项目21732万元，用于其它支出5590万元，1992年资金缺口4787万元，全靠银行给予贷款解决。二是在建重点基础设施项目建设资金缺口较大。目前尚在建设中的长江公路桥、武汉机场等项目，由于概算超支较多，地方财力有限等原因，均存在较大资金缺口，其中长江公路桥预计资金缺口5.6亿元，武汉机场预计资金缺口3.9亿元。这部分缺口如不妥善解决，将影响项目按期顺利建成。三是建设与可供资金问题矛盾突出。多年来，武汉地区城市基础设施建设欠帐较多，近年为适应对外开放需要，创造优越的投资环境，根据城市建设后五年建设目标确定的10大工程建设，仅市政基础设施建设部分总投资就需120多亿元，而每年可用城建资金及市能交基金不足5亿元，资金不足将成为首要问题。

2. 市政公用事业产品价格和服务收费比价仍不合理

近年来，武汉地区为促进市政公用事业发展，在大力推行市政设施有偿使用和公用事业有偿服务的同时，加快了公用事业产品和服务的价格改革。对自来水、煤气、公共汽车等普遍进行了价格调整，在一定程度上增强了公用企业活力，促进了公用事业的发展，但由于汽油、

电力和其它一些生产资料价格不断上涨，导致公用事业产品和服务成本增加，原来存在的不合理比价进一步拉大，不少公用企业又陷入困境。行业发展缺乏应有的活力。

（蒋秀玉）

湖南省

一、1992年湖南省投资建设基本情况

（一）投资总量创历史最高水平

1992年湖南全社会固定资产投资达233.39亿元，分别比1990年和1991年净增109.22亿元和76.32亿元，比上年增长48.59%，增幅比上年提高22.09个百分点，比全国当年平均增幅高11个百分点。

1. 各种所有制投资规模均超过往年

(1) 投资总规模超过往年。全年建设项目计划总投资达632.15亿元，比上年增长31.16%，其中国有单位由403.63亿元增加到533.89亿元，增长32.27%；按实际需要的项目建设总投资673.19亿元（国有单位571.38亿元，集体单位48.25亿元），比上年增长12.58%。

(2) 年度投资规模超过往年。国有单位投资149.72亿元、集体单位投资30.11亿元(其中农村20.06亿元)、个体投资53.56亿元（其中农民建房投资47.77亿元），分别比上年增长48.01%、70.98%和27.06%。

2. 在建项目数量规模空前

全年国有单位和集体单位施工项目总数达22741个，比上年净增6597个，增长40.86%。其中国有单位8230个（基本建设5783个、更新改造2155个）、集体单位14511个(城镇1380个、农村13131个)，分别净增1215个和5382个。这主要是由于新开工项目规模增大。国有和集体单位共有新开工项目16715个，比上年净增5546个，建设项目新开工率达73.50%

3. 房屋建筑规模宏大

全年施工的房屋建筑面积达7739.88万平方米（国有单位2103.23万平方米、集体单位903.86万平方米、个体4732.79万平方米)，比上年净增788.92万平方米，增长11.35%（国有单位增长45.60%、集体单位增长17.38%、个体增长3.47%）。许多高层建筑在城市拔地而起，新建房屋也使农村面貌大为改观。

（二）投资结构有所调整

1. 资金来源以预算外投资为主流

在全年完成投资中，国家预算内拨贷款投资9.85亿元，仅占4.22%，比上年又降低1.22个百分点；国家预算外投资223.54亿元，占95.78%，比上年提高1.22个百分点，其中自筹资金139.30亿元，占59.69%，国内贷款61.45亿元，占26.33%；利用外资6.31亿元，占2.7%；煤代油投资0.47亿元，占0.20%；其它投资16.01亿元，占6.86%。

2. 工程构成中，建筑工程所占比重偏高

在完成投资中，用于房屋、构筑物等建筑工程投资达148.01亿元，占63.42%；其次是设备工器具购置投资50.85亿元，占21.79%；征地拆迁，工程管理等其它费用21.46亿元，占9.20%；而设备安装工程投资最少，仅13.07亿元，占5.6%。

3. 投资构成中，国有单位占主导地位

国有单位全年完成投资所占比重由上年60.39%提高到64.15%；集体单位投资由11.21%提高到12.90%（其中农村由6.95%提高到8.59%）；个体投资由28.40%降低到22.95%（其中农村由25.49%降至20.47%）。

4. 建设用途侧重非生产性建设

在1992年的投资中，生产性建设投资131.99亿元，占全年投资比重由上年58.09%降至56.56%；非生产性建设投资101.40亿元，占43.44%，其中住宅建设投资72.67亿元，比重由32.23%降至31.13%。

5. 地方项目投资大大超过中央项目

全年投资中，地方项目投资为176.87亿元，占75.78%，分别超出中央项目投资额120.35亿元和51.56个百分点，在地方项目中又以对县属及县以下项目比重最大。

6. 建设性质仍以新建扩建改建为主

仅以国有单位投资为例，新建工程投资由上年占20.77%提高到27.69%；扩、改建比重有所下降，分别占37.20%和26.15%，而单纯建造生活设施、迁建、恢复.单纯购置性投资则分别只占5.65%、2.07%、0.88%.1.17%。

7. 行业结构上，第三产业投资比重有较大提高

以国有单位为例，第一产业农林牧渔水利业全年投资5.78亿元，比上年增长1.41倍，所占比重由上年2.48%提高到3.79%。第二产业投资86.22亿元，比上年增长33.98%，比重由63.31%下降到53.74%。其中工业投资79.30亿元，所占比重由上年的62.55%下降至52.96%；地质普查和勘探业投资0.23亿元，由0.07%上升到0.15%；建筑业投资0.94亿元，由0.70%降至0.63%。在工业建设中能源工业投资25.88亿元，由19.14%降至17.28%。原材料工业投资41.08亿元，比重由31.32%下降到27..44%。第三产业投资63.59亿元，比上年增长95.99%，比重由上年34.21%提高到42.47%。其中，交通运输邮电通讯业投资20.98亿元，比上年增长1.18倍，所占全年投资比重由上年10.14%提高到14.01%；房地产、公用事业、居民服务咨询服务业投资7.08亿元，增长2.35倍，比重由2.23%提高到4.73%；教育、文化艺术、广播电视事业投资6.42亿元，比重由4.24%上升到4.29%；金融保险业投资

1.90亿元，比重由1.21%上升到1.27%；国家机关和社会团体投资6.92亿元，比重由4.54%提高到4.62%；房地产开发等其它行业投资8.30亿元，比重由3.49%提高到5.54%。商业公共饮食业、物资供销仓储业（投资8.96亿元）和卫生体育社会福利事业（投资2.34亿元）投资比重有所下降或持平，前者由6.20%降为5.98%，后者仍为0.40%。

（三）投资成就和问题

(1) 新增固定资产增加较快

全年新增固定资产195.04亿元，比上年增长42.15%，固定资产交付使用率达83.57%，比上年降低3.29个百分点。其中国有单位新增固定资产117.07亿元、集体单位新增固定资产24.41亿元，固定资产交付使用率分别为78.20%和81.06%。

2. 建成投产项目增多

全年国有和集体单位全部建成投产项目共16077个，比上年净增5683个，增长54.68%。其中国有单位4308个，集体单位11769个，分别净增554个和5129个。建设项目投产率由上年64.98%提高到70.70%，其中国有单位由53.51%降至52.35%、集体单位由72.73%提高到81.10%。城乡居民建房户也由上年338039户增加到369482户，净增11443户。全省28个重点项目有临湘农药厂叶蝉散工程、泸溪县铁山河沅水公路大桥等6个项目（含千个大中型项目）全部建成；48个大中型基本建设项目有衡阳烧碱厂等5个项目全部建成投产、39个限额以上的更新改造项目有13个全部建成投产。

3. 房屋建筑竣工面积增大

全年房屋建筑竣工面积达6311.72万平方米（国有单位1034.92万平方米、集体单位544.01万平方米、个体4732.79万平方米），比上年增长6.98%。其中住宅建筑竣工面积5047.64万平方米，增长9.81%。房屋建筑面积竣工率由上年84.60%下降到81.55%。

4. 新增生产能力

全年仅国有单位和城镇集体单位即增加134种主要生产能力或工程效益。其中有原煤开采30万吨、钢材23万吨、电解铅5000吨、发电机组容量47万千瓦、11万及以上输电线路201公里、水泥133.03万吨、农用氮磷钾化学肥料12.25万吨、柴油机制造2万台（10万千瓦）、化学纤维3870吨、棉纺锭3.29万锭．酒71010吨、卷烟46万箱、机制纸及纸板3.46万吨、日用陶瓷器7867万件、新建公路185.33公里、市内电话自动交换机182296门、鸡场商品蛋35万公斤、造林798.5万亩、有效灌溉面积64.83万亩、粮食仓库14.43万平方米（储藏量32002万公斤）、商业饮食服务网点533处（53.65万平方米）、高等学校5.23万平方米（学生席位6282个）、影剧院4750平方米（座席2736个），医院病床5137张、城市自来水日供水能力69.91万吨、城市液化石油气储气能力10150吨等。全部建成投产的工业更新改造项目全年可增加产值35.93亿元，利润8.75亿元、创汇4881万美元，全部建成投产的更新改造节约项目全年节约原材料动力的价值达4216万元。

湖南省固定资产投资1992年有了新的发展，但宏观调控还需要加强，一些地方还存在盲目建设、重复建设的现象，还有一些项目资金存在缺口或到位不及时或资金外流，影响项目的及时建成投产发挥效益。另外就是固定资产外延性扩大再生产有扩大之势，更新改造投资的比重还不高，有待于进一步提高。

（罗　凯）

表3—56　1992年开工的主要地方项目　单位：百万元

项目名称	总投资额	当年投资额	计划竣工日期（年、月）	新增生产能力
湖南湘江子午轮胎有限公司株洲轮胎厂	91.16	6.00		钢丝子午轮胎外胎年产10万套
株洲电厂技改	509.73	53.14		25万千瓦火力发电机组
株洲玻璃厂浮法生产线	89.36	14.95		平板玻璃160万重量箱
湘潭电厂节能技改	124.47	21.1	1993.12	火力机组6万千瓦
衡阳钢管厂电站高压锅炉管工程	340.00	30.03		无缝钢管8万吨/年
巴陵石化公司复合肥工程	422.85	2.35		复合肥3.02万吨/年

续表

项目名称	总投资额	当年投资额	计划竣工日期（年、月）	新增生产能力
岳阳常鑫陶瓷有限公司石英硅生产线	42.00	39.00		石英砖100万吨/年
岳阳市二水厂	94.40	6.98		日供自来水40万吨
石门电厂一期工程	1521.18	50.00	1996	火力机组60万千瓦
江垭水库	1612.00	21.5		总库容17.45亿立方米灌溉面积80万亩

表3—57　1992年竣工的主要地方项目　　单位：百万元

项目名称	总投资额	当年投资额	开工日期（年、月）	新增生产能力
巴陵石油化工公司热电二厂	277.58	142.03	1991.4	火力发电、装机3.7万千瓦
华能岳阳电厂	1902.24	97.92	1988.8	火力发电．装机72.4万千瓦
衡阳烧碱厂烧碱精卤工程	89.13	60.53	1991.6	烧碱2万吨/年 精卤15万立方米/年
衡阳啤酒厂	86.08	0.01	1985.12	啤酒5万吨/年
永州市南津渡水电站	244.23	110.46	1986.10	水力发电、装机6万千瓦
临湘农药厂叶蝉散工程	60.49	12.94	1988.9	农药叶蝉散2000吨/年
湖南建湘瓷厂白瓷样板车间	48.03	4.35	1987.9	日用瓷器816万件/年
常德卷烟厂二期工程	87.84	29.84	1989.10	卷烟10万箱/年
衡阳钢管厂30吨电炉	221.11	15.10	1989.8	电炉钢10万吨/年

二、1992年湖南省利用外资投资建设基本情况

（一）对外开放，吸引外资投资建设情况

1. 利用外资取得的成就

(1)新签项目合同大量增加，全年新签利用外资项目达到782个，比上年增加628个，增长4.08倍。按合作形式分：合资项目由上年124个增加到646个；独资由13个增加到71个；合作经营由16个增加到65个。按行业分：工业项目537个，比上年增加394个；房地产开发项目192个，增加191个；运输邮电业、商业公共饮食物资供销仓储业项目分别为8和12个；农业、建筑业、其它行业项目也由上年一个没有，分别增加到5个、14个、14个。就地域来说：主要来自香港、．台湾地区和美国，与香港所签项目由上年105个增加到533个、与台湾所签项目由25个增加到124个，与美国所签项目由5个增加到36个。由驻外机构、澳门、日本所签项目分别为27个、17个、9个，签项目合同的国家和地区由上年14个增加到22个。

(2)外商投资额大增。全年新签项目合同利用外资投资量由上年8010万美元增加到52164万美元，净增5.51倍。其中独资由188万美元增加到8686万美元；合资由4124万美元增加到35571万美元；合作经营由728万美元增加到7907万美元。按国别或地区看，香港由3281万美元增加到37786万美元、台湾由536万美元、增到加5252万美元。驻外机构由213万美元增加到3116万美元，澳门由29万美元增加到

2536万美元，美国由70万美元增加到1378万美元、日本由70万美元增加到180万美元。

(3)实际利用外资成倍增长。全年实际利用外资由上年2276万美元增加到12853万美元，净增4.65倍。其中合资由1748万美元增加到7271万美元、合作经营由395万美元、独资由133万美元增加到1930万美元。外商实际投入资金向工业部门倾斜，外资在工业部门投资占投资总额的比重为63%；外资向房地产开发投入资金由占6%跃增到22.6%；在商业、农业牧渔水利业、运输邮电业、旅游业、建筑业和其它行业投资比重较小，分别为5%、2.2%、2%、1.95%、1.4%和3.7%。实际投入资金位居前六名的地区和国家是香港（8223万美元）、台湾(1587万美元)、澳门（1128万美元)、驻外机构（845万美元)、美国(379万美元)、日本(64万美元)。到1992年底利用外资的企业已达1024个，其中投产或开业的企业473个，分别比上年增加702个和333个。在经营方式上，外资独资企业81个(投产31个)、合资企业838个(投产377个)、合作经营企业105个（投产65个)。行业分布依次为：工业725个（投产318个)、房地产开发152个(投产82个)商业51个(投产20个)农林牧渔水利业23个(投产12个)、运输邮电业21个(投产15个)、旅游业20个（投产16个)、建筑业14个（投产8个)、其它行业38个（投产18个)。按客户地区分布依次是：香港700家企业(投产315家)、台湾148家企业(投产51家)、美国56家（投产29家)、澳门20家(投产12家)、日本18家(投产15家)。

(4) 固定资产投资利用外资接近上年水平。全年全省固定资产投资中利用外资达6.31亿元，接近上年6.45亿元的水平，占全省固定资产投资的2.7%。其中国有单位投资额为5.66亿元，占89.7%；集体单位0.64亿元，占10.3%（城镇占7.6%、农村占2.7%)。在固定资产投资利用外资中，国家统借统还的有1600多万元。全省49个大中型基本建设项目利用外资的有巴陵石油化工公司已内酰胺工程、华能岳阳电厂、常鑫陶瓷有限公司、永州市南津渡水电站、.五强溪水电站等5个项目，华能岳阳电厂和永州市南津渡水电站等2个建成投产。上述5个项目利用外资2.56亿元，其中五强溪水电站多达1.14亿元、巴陵石油化工公司已内酰胺工程亦达0.8亿元。全省39个限额以上更新改造项目有株洲、湘潭、衡阳、岳阳等4市邮电局程控电话工程，利用外资1.28亿元，并建成株洲市法国程控电话引进工程，投产的这些项目情况如下表3—58。

(5)技术引进开拓了新局面。全省全年共成交技术引进项目55个，成交金额10666万美元，成交额比上年增长2.96倍。技术引进力求起点高，使引进的技术先进、适用。如引进的华达机械总厂汽车空调压缩机生产技术、株洲火花塞厂火花塞制造技术、湘潭钢铁厂高速线材轧机生产技术等，均属于国际80年代甚至90年代先进水平。成交的技术引进项目主要集中在机械、冶金、邮电、纺织、轻工等行业，其中前三个行业分别占20%、37%、22%。全省列入国家15亿美元技术改造专项结存外汇引进项目计划的12个项目，总投资2.72亿元（国家安排结存外汇2292万美元)，大部分项目已经成交，工程进展顺利。到1992年末，全省已批准引进外资项目1879个，外资额17.79亿美元(包括工缴费收入)，实际使用10.95亿美元。其中批准“三资”企业1139家，合同外资金额7.34亿美元。仅1992年即批准“三资”企业782家，合同外资金额5.2亿美元，有力地推动了对外开放，技术引进和外向型经济的发展。

（二）加强基础设施建设，改善投资环境

为了改善投资环境，增强对外开放、利用外资的吸引力，湖南除了对政策调整补充完善，实行不少优惠政策，改善对外开放、利用外资的软环境外，还大力进行能源交通和城市公用设施等基础设施建设。

1. 加强能源工业投资

表3—58

序号	利用外资投产项目名称	总投资额（万元）	当年投资额（万元）	开工日期	新增生产能力
1	华能岳阳电厂	190224	9792	1988.8	发电机组72.4万千瓦
2	永洲市南津渡水电站	24423	11048	1986.10	发电机组6万千瓦
3	株洲市邮电局程控电话工程	7913	6708	1991.9	市内电话自动交换机37700门长途自动电话交换设备1000路端

全年仅国有和城镇集体单位能源工业投资即达26.09亿元，比上年增长42.4%，其中国有单位投资25.88亿元，增长42.6%；城镇集体单位投资2100万元，增长22.1%。投资的行业是电力、供汽、热水供应(21.17亿元)；煤炭采选业(2.23亿元)；石油加工业(1.58亿元)；炼焦、煤气及煤制品业(1.1亿元)。正在兴建，或全部或部分建成投产。电力、煤炭大中型项目18个，电力限额以上更新改造项目2个。新增固定资产25.65亿元，新增生产能力有原煤开采30万吨、洗煤10万吨、焦炭10.14万吨、发电机组容量47万千瓦、11万伏及以上输电线路201公里、发电设备能力133万千伏安、城市煤气日生产能力11万立方米等。

2. 交通运输、邮电通讯设施建设明显加强

长期以来，交通运输、邮电通讯业和能源工业一样，是制约湖南经济发展和扩大对外开放的瓶颈产业。1992年，湖南交通运输、邮电通讯业建设出现了一个飞跃，全年固定资产投资达22.14亿元，比上年净增7.03亿元，增长46.5%，占全社会固定资产投资的比重为9.5%。其中国有单位投资20.98亿元、城镇集体单位投资2793万元、农村集体和个人投资0.88亿元，前二者分别增长1.18倍和66.2%，后者则下降83.5%。主要兴建了连接107国道的湘潭湘江第二公路大桥、连接319国道的益阳资江第二公路大桥、泸溪铁山河沅水公路大桥、320国道莲易公路、浙赣铁路复线湖南段、湘黔线铁路电气化工程湖南段、株洲和湘潭等四市程控电话工程、长沙和衡阳两个铁路地区改造、岳阳火车站搬迁工程、岳阳城陵矶外贸码头建设等工程，新增固定资产12.78亿元。形成的主要生产能力或工程效益有汽车和挂车购置969辆、新建公路185.33公里、改建公路794.19公里、新建独立公路桥梁13座2310延长米、船舶购置40艘（载重量2325万吨、载客量585个客位、拖轮功率1044.8千瓦）、改善内河航道里程176公里、新（扩）建客货运站5个(13668平方米)、长途电缆126延长公里、新建微波电路2939公里、市内电话自动交换机182296门、长途自动电话交换设备2527路端等，使运输邮电设施有了明显改善，交通通讯条件大为改观。

3. 城市基础设施建设取得新的突破

全年湖南用于房地产开发、公用事业、居民服务和咨询服务业等城市基础设施建设的固定资产投资达7.57亿元，比上年净增5.37亿元，增长2.44倍，占国有单位和城镇集体单位全部投资的比重由上年的2.2%提高到4.7%。长沙正在兴建贯通南北的主干道芙蓉路、沟通东西的解放中路以及成片的旧城改造工程、株洲市新建长江路、扩建天台路和沿江南路，其它城市进行城市基础设施建设的，如怀化市湖天路、吉首市人民南路、永州市黄古山路、冷水滩市凤凰路等工程建设，全年新增固定资产2.85亿元，建成了宾馆旅馆招待所客房900间、城市自来水日供水能力69.91万吨、城市液化石油气储气能力10150吨、城市永久性桥梁3座、城市防洪堤2公里、购置城市公共交通车辆196辆、铺设城市排水管道6.96公里、扩建城市道路10.68公里(13.02万平方米）等，使城市建设面貌一新，增强了对外开放的吸引力。

（三）开发区投资建设情况

几年来全省经国务院和省批准的高新技术产业开发区、经济开发区共43个，开发区建设由小到大逐步发展，扩大了辐射面和吸引力，取得了可喜的成绩。

1. 开发区建设初具规模

1992年湖南有711个国有和城镇集体单位在开发区兴建了777个项目，总投资达83.69亿元，分别占同口径指标总量的8.1%和14.1%。其中新开工项目529个，是开发区续建项目的2.13倍。全年上述项目完成投资20.40亿元，占同口径指标总量的12.8%。是此前各年开发区完成投资总量的1.08倍。开发区建设分布集中，项目平均建设规模大（平均每个项目总投资1077.14万元）。

2. 开发区建设着眼高新技术开发、利用资源优势和发展经济规模

长沙高新技术产业开发区发挥省会科研人才集中的优势，重点开发高新技术产业，已发展到企业178家，高新技术项目260项。起步三年来共计完成产值2.9亿多元，上交税金900多万元。株洲、岳阳、湘潭、衡阳的高新技术开发区建设已逐步转入成片开发，启动高新技术项目建设。洪江市在1990年怀化地区被国务院批准为山区开放开发试验区后，围绕“山”字做文章，深度开发山区资源。张家界、南岳、桃花源旅游经济开发区利用旅游资源优势，重点开发旅游资源，发展旅游文化、旅游工业、旅游商业、旅游农业、旅游交通等。

3. 开发区建设初见成效

1992年开发区有350个项目全部建成投产，形成固定资产14.7亿元，竣工家属宿舍8633套，分别占同口径指标总量的6.75%、11.82%和10.2%。建设项目年投资计划完成率达89.4%，建设项目投产率45.05%，固定资产交付使用率72.08%，平均建设周期4.1年，未完工程占用率65.43%，投资效果尚好。

湖南对外开放建设虽然取得了成绩，但仍远远落后于沿海和内陆发达地区，资金到位慢，有的地方办开发区带有盲目性，规划未落实就圈地，有的建设项目品质低，开发有名无实。

（罗　凯）

三、1992年湖南省旅游投资建设基本情况

湖南境内丰富的旅游资源使该省自50年代就一直注重旅游投资，逐渐成为全国旅游投资的热点，该省旅游投资始于1950年韶山景点的恢复及配套建设，1972年，长沙发掘马王堆汉墓后，省市政府对长沙进行了部分旅游投资，用于西汉古墓出土文物及女尸的保护和博物馆的建设。改革开放以后，旅游投资开始走上轨道，投资额不断扩大，1978——1991年，湖南省旅游投资达6亿多元。其中，“七五”期间，旅游投资累计完成4.44亿元，含基本建设投资3.14亿元，更新改造投资1.3亿元。在基本建设投资中，用于旅游资源开发及景点建设的投资为0.31亿元；用于旅游宾馆，其它基本建设的投资2.83亿元，分别占总投资的9.87%，90.13%；在更新改造投资中，用于涉外宾馆改造的投资0.8亿元，用于购置旅游车船及其它设备的投资0.5亿元，分别占更新改造投资总额的61.5%，38.5%。全部旅游固定资产投资中，列入国家旅游局和省旅游局计划安排的旅游基本建设投资项目分别为20个和33个，投资额分别为2744.5万元和1333.5万元。到1991年底止，湖南省累计新开发景点1580处；新建旅游车队14个；旅游车船300多车艘；涉外旅游饭店57座，客房1.1万间；新建公园36个，公园面积1533公顷，各类游览性建筑面积达10万多平方米，游船400多条。初步形成了以韶山、南岳、岳阳、张家界、索溪峪、天子山、猛洞河、长沙、韶山、桃花源10个旅游区为中心，分布全省各地的旅游网络，从1979——1991年，湖南共接待境外旅游者55万人次，创汇5832万美元，接待国内旅游者5364万人次，货币收入13.8亿元。

1992年是湖南省旅游投资稳步发展的一年，全省旅游投资总额3840万元，投资比上年略有增长。其中：基本建设的投资2720万元，更新改造投资1120万元，分别占旅游投资总额的70.83%，29.17%。全省共有旅游投资项目19个，当年竣工的17个，总投资3150万元，项目竣工率89.47%，投资竣工率81.77%。

全省全年旅游投资的资金来源如下：(1)中央级基本建设基金拨款50万元；(2)部门基建基金贷款（中央拨改贷）190万元；(3)建设银行贷款460万元；(4)建设银行收回再贷100万元；(5)省级预算拨款215万元；(6)省财政专项（水利）拨款320万元；(7)旅游系统自筹30万元；(8)地方各部门自筹2475万元。

1992年，全省旅游固定资产投资主要用于原有景点的完善及旅游区基础设施配套建设，其次用于旅游新景点和旅游产品的开发。其中，完善景点投资775万元；基础设施配套建设投资2515万元；新景点开发投资350万元；旅游产品开发投资200万元，分别占当年旅游投资总额的20.18%、65.50%、9.11%、5.21%。

据统计，1992年全省共完善原有景点11个，改造旅游宾馆、招待所4家；改造旅游工艺品厂1家；修建游区大坝一座（未完工）；彻底改造景区的游路5000平方米；改造进入旅游区的公路33公里。

湖南对旅游的多渠道，多方向，高效益的投资，不仅大大改善了全省的旅游环境，同时极大地激发了海内外游客对该省旅游业的兴趣，吸引了巨额的外来投资。到1992年底，南岳、岳阳、张家界、长沙、桃花源的五个旅游经济开发区投资开发进展顺利。张家界旅游开发区成立仅5个月，已接待海内外70多家企业和集团，并与43家达成投资意向和协议，协议利用外资总额达7亿美元。投资300万美元的独资企业台湾山庄已动工兴建；投资1.5亿元的索溪峪“天际大观图”即将兴建；由武汉造船厂与香港合资2000万元人民币的武陵源科技服务中心已奠基；投资1.38亿元的大庸一级机场将于1993年底竣工；韶山市首家合资企业——韶峰景区旅游开发有限公司宣告成立，投资1200万元的韶峰景区开发计划正在实施。

1992年，全省先后成功地举办了岳阳国际龙舟节、株洲烟花节、张家界森林保护节、南岳庙会暨商品经贸会、益阳食品交易会、长沙服装艺术节；、省旅游成果展暨旅游产品交易会。仅此几项，1992年累计经贸成交总额89.59亿元，签约或协议投资项目281个，总投资达85.98亿元，其中，利用外资4.81亿美元。

湖南旅游投资的增长，旅游环境的改善使全省旅游行业收入迅猛增长。1992年，全省共接待境外旅客11万多人。创汇1500多万美元，接待国内游客1200多万人次，货币收入3亿多元。

旅游投资的稳步增长，除有效地提高了旅游行业的经济效益外，重要的还在于对全省其它行业发展的推动作用：(1)扩大了湖南的对外开放，加速了利用外资的步伐。以投资合作为例：合作领域逐渐从旅游业扩展到交通、能源、纺织、加工、机械、电子等行业。全年全省新批利用外资项目782项，合同利用外资金额为1991年的6.51倍，“三资”企业数由去年底的322家猛增到1024家，仅风景旅游区就新增281家。(2)扩大了社会就业机会。到1992年底，全省直接从事旅游业的人员达1.5万多人，而旅游业投资所导致的间接就业人员在7万人以上。(3)促进了旅游商品生产和第三产业的发展。1992年，境外旅游者约11万人次，旅游外汇收入1554万美元，商业性收入763万美元。(4)增强了全省的经济实力，促进了地方经济的发展和人民生活水平的提高。据估算，1992年，全省旅游的间接收入在12——15亿元之间，以大庸、索溪峪为例，这两个地区原是湖南的贫困地区，由于旅游的发展，景区农业人口收入陡增，有的乡村人均年收入已超过1000元。(5)有利于美化自然环境，促进城市建设。如

株洲市为了办好1992年烟花节，全市主要街道装饰一新，市政建设速度加快。

湖南旅游投资建设几点经验：(1)旅游投资的景区建设要突出重点，开发一个，完善一个，不宜全面撒网。(2)旅游投资要加强统一管理，加强景点间的联系，形成旅游线路。(3)要注意旅游投资的综合配套。加强旅游的交通、通讯、旅游商品、专业人才的开发建设。(4)要加大旅游宣传投资。旅游资源大都深藏在边远的山区，一般的流动人员很难发现，如果不加强宣传，湖南的丰富旅游资源很难真正全面走向世界。因此，做好旅游宣传工作，把广大游客请进来是旅游业发展的关键。

（叶振泉）

四、湖南“五区一廊”投资建设基本情况

1992年湖南省为了推动全省国民经济的发展，决定以毗邻长江的岳阳为龙头，以省会长沙为重点，加强长沙、株洲、湘潭、衡阳、岳阳等五个省辖市的“五区”和京广铁路沿线一带的“五区一廊”的建设。

（一）“五区一廊”投资规模超过全省的一半

1992年“五区一廊”国有单位、集体单位和城乡私人固定资产投资都有很大发展，其中国有和城乡集体单位固定资产投资达93.37亿元，占同口径指标全省总量的51.92%，在全省14个地州市中居大头，五市排列位次依次为长沙(30.7亿元，占17.07%)、岳阳(23.79亿元，占13.23%)、株洲(16.26亿元，占9.04%)、衡阳(13.62亿元，占7.57%)、湘潭(9.01亿元，占5.01%)。“五区一廊”全年投资，国有单位为77.24亿元，占51.59%；集体单位为16.13亿元（城镇集体5.77亿元农村集体10.36亿元)，占53.56%。以下仅就国有单位建设情况加以分述。

“五区一廊”施工项目为3352个，仅占全省40.73%，但计划总投资却达262.05亿元，占49.08%，如按实际需要的总投资计算为306.61亿元，则占53.66%。

（二）投资结构较为合理

1. 生产性建设投资与非生产性建设投资

“五区一廊”全年生产性建设投资50.63亿元，非生产性建设投资26.61亿元，两者之比为1.9：1，比例基本上是合理的。在非生产性建设中，住宅建设投资13.37亿元，占全部投资的17.3%。

2. 投资技术构成

“五区一廊”用于建筑工程的投资39.08亿元，比重为50.59%，比全省平均水平低3.28个百分点；用于安装工程的投资6.6亿元，比重为8.54%，比全省水平高1.24个百分点；用于设备工器具购置的投资20.02亿元，比重为25.92%，比全省水平高0.24个百分点；用于征地拆迁，建设管理等其它费用的投资11.74亿元，比重为15.20%，比全省水平高2.05个百分点。

3. 更新改造投资结构

“五区一廊”用于外延性更新改造投资46.31亿元，占全部更新改造投资的62.44%，比全省平均水平低3.22个百分点；用于内涵性建设的投资29亿元，比重为37.56%，比全省平均水平高3.22个百分点，表明“五区一廊”建设重在对原有设施进行更新改造补充完善，逐步向内涵性建设转化。

4. 工业、房地产开发、运输邮电业为投资的主要产业

“五区一廊”第二、三产业较为发达，第一产业农林牧渔水利业投资1.23亿元，占全省同口径指标的21.7%。第二产业投资30.19亿元，占全省同口径指标的37.52%，其中又以工业建设投资最多，达29.32亿元；建筑业和地区普查勘探业建设投资分别为0.73亿元和0.14亿元。第三产业投资45.83亿元，占全省同口径指标的72.1%，使运输邮电、城市基础设施和其它社会服务设施进一步改善，有助于增强“五区一廊”的吸引力，辐射力和发展后劲。在第三产业投资中，交通运输、邮电通讯业投资10.41亿元；商业公共饮食物资供销仓储业为4.61亿元；房地产开发等行业为6.85亿元；教育文艺广播电视事业为3.49亿元等。

（三）资金到位和运用状况

“五区一廊”全年计划投资81.45亿元，除上年末结余资金9.84亿元外，1992年资金到位78.73亿元，占全省同口径指标的52.2%，资金到位率达96.7%，比全省同口径指标高1.4个百分点。到位的资金有自筹资金38.89亿元(其中企业事业单位自筹27.40亿元)、国内贷款25.02亿元、国家预算内投资3.45亿元、利用外资3.39亿元、煤代油资金0.46亿元、其它资金7.53亿元。应付未付的工程款、设备器材款等投资款4.05亿元，仅占全年计划投资的4.97%，由于资金到位状况较好，加之其它资金来源3.76亿元，所以全年完成投资较好。

本年投资资金主要运用到在建工程支出(56.18亿元)、转为交付使用财产(22.94亿元)、转出投资支出(1.25亿元)、其它投资支出(3.3亿元)以及各项应收未收款(2.76亿元)，年末结余资金10.22亿元，略高于上年，为续建项目的建设作了资金准备。

（四）投资建设主要成就

“五区一廊”全年共有施工项目3352个(其中新开工项目1813个)，全部建成投产项目1756个，均占全省同口径指标的40%左右。建设项目投产率达52.39%，比全省同口径指标高0.04个百分点。

全年新增固定资产69.50亿元，占全省同口径指标的59.36%。固定资产交付使用率为89.96%，比全省平均水平高11.76个百分点。在新增固定资产中，生产性为51.78亿元，占全省同口径指标的61.1%，生产性固定资产交付使用率达

102.27%，比全省平均水平高21.46个百分点。

全年新开工房屋建筑面积592.9万平方米；占全省同口径指标48.3%；在建房屋建筑施工面积达1120.28万平方米，占全省同口径指标的53.3%；竣工面积479.93万平方米，占全省同口径指标的46.37%。虽然房屋建筑面积竣工率仅为42.84%，比全省平均水平低7.16个百分点。住宅施工面积539.71平方米，竣工面积252.43万平方米。另外竣工家属宿舍40802套，使16万人迁入新居。

建设周期高于全省水平。由于"五区一廊"建设项目平均投资高于其它地方，而且建筑工期长的大中项目较多，因此平均建设周期达3.97年，比全省平均水平高1.8个月。

（罗　凯）

广东省

一、1992年广东省投资建设基本情况

（一）情况综述

1992年，在邓小平同志南巡讲话精神鼓舞下，广东省进一步加快改革开放步伐。随着三年治理整顿结束，中央和地方相继出台了一系列支持经济发展的政策，广东省在较稳定的基础上，下放了部分投资项目的审批权，全省各地抓紧有利时机，利用各种渠道筹集的资金，使全省固定资产投资高速增长。

1992年广东省全社会固定资产投资完成921.75亿元，① 比上年增长92.8%。国有单位固定资产投资完成603.29亿元，增长75.9%，其中：基本建设投资完成338.69亿元，增长57.7%；技术改造投资完成128.57亿元，增长71.7%；商品房屋投资完成127.57亿元，增长1.5倍；其它固定资产投资完成10.46亿元，增长1.9倍。集体单位投资完成209.32亿元，比上年增长1.9倍，个体投资完成109.14亿元，比上年增长70.6%。各类主体投资呈全面增长的态势，以集体单位投资增幅最大。

（二）投资建设特点

1. 投资的资金来源有所改变，自筹及其它投资比重大幅度上升

国有单位完成投资中，预算内资金11.66亿元，比重继续下降，所占比重由上年的3.4%降为1.9%；国内贷款投资156.73亿元，比上年增长76.5%，所占比重与上年大体持平；利用外资83.15亿元，比上年增长55.6%，所占比重由上年的15.6%下降为13.8%，略有下降；自筹及其它投资351.75亿元，比上年增长86.1%，所占比重由上年的55.1%上升为58.3%。

2. 投资的产业结构继续向合理化方向发展，基础设施投资有所增长，但重点建设资金仍然不足

运输、邮电通讯业1992年国有单位投资149.99亿元，比上年增长1.3倍，比重由上年的22.5%提高到31.4%，达到了历史最高水平，加强了全省运输、邮电通讯业的实力。但是，运输、邮电通讯业由于长期以来欠帐较多，投资不足，与经济发展需要相比，仍是瓶颈部门。

原材料工业投资36.43亿元，比上年增长1.3倍，所占比重由上年的5.4%上升到7.6%。原材料工业投资增长较快，比重提高，是广东省近几年来向原材料工业投资政策倾斜的结果。

能源工业投资81.45亿元，增长21.5%，所占比重由上年的22.9%下降到17%。能源工业投资在"七五"时期获得了迅猛发展，其比重由1986年的16.8%上升到1991年的22.9%，上升了6.1个百分点，从5年多的情况看，1992年是其比重连年上升后的首次回落，但其绝对值增幅还是比较大的。

3. 第三产业投资比重上升，第一、二产业投资比重下降，是1992年投资的特点

1992年国有单位投资额（含商品房屋）中，第一产业投资8.15亿元，比上年下降11%，所占比重由上年的2.7%下降为1.4%；第二产业投资213.06亿元，增长43%，所占比重由上年的43.4%下降为35.3%；第三产业投资382.08亿元，增长1.1倍，所占比重由上年的53.9%上升至63.3%。

广东省虽然从政策和资金上对第一产业有较大的投入，但与高速增长的投资总量相比，仍然有很大差距，原因是政府投资逐年增长，其它渠道资金投入较少；第二产业投资在"七五"期间其投资比重有较大提高，由1986年的27.1%上升到1990年的50.1%，提高23个百分点，尽管1992年投资比重有所下降，但仍高于"七五"期间的平均水平，第二产业内部结构主要向电力等基础设施倾斜；第三产业投资大幅度增长，投资比重迅猛提高，就其内部结构来讲，主要是运输、邮电通讯业，特别是房地产业投资增长幅度大，各种资金渠道投入到第三产业的资金相对较多。随着国民经济的不断发展，第三产业将日益发挥巨大的作用，其投资比重将继续提高，这是一个大趋势。

（三）保持高速增长的原因和投资效果

1. 社会总供给与总需求基本平衡

从经济增长需求拉动看，1992年以投资需求拉动为主，消费需求还较平稳。在投资需求高增长的情况下，除了电力和运力较紧张，部分建筑材料货紧价扬以外，其余生产要素紧而不缺。全省国民经济各部门能协调发展，没有出现过去由于投资高增长所带来的供求严重失衡的局面。这是因为前几年需求不足所造成的库存积压缓解了需求增长的压力，而且经过改革开放14年的不断调整完善，广东省已基本具备

---

① 所用数字均包括深圳、汕头、珠海和广州市在内。

了高速增长的主、客观条件。

2. 从投资率水平看，1992年投资率估计在40%左右，高于历史最高年份1986年的33.9%，是广东省历史最高水平。从国际经验看，发展中国家保持较高投资率是其经济起飞的前提，如日本和原西德第二次世界大战后其经济增长黄金时代的投资率水平就是证明。适当提高投资率水平是广东省当前经济增长的需要。

3. 资金和物资比较充裕，为固定资产投资的扩大，提供了前提条件

从资金来源看，1992年全省实际利用外资达48.6亿美元，比上年增长89.9%，对全省的固定资产投资建设起了重要作用；银行资金存量大幅度上升，1992年全省金融机构存款余额达到3281.65亿元，为银行扩大固定资产贷款投资提供了保证。另外，银行信贷规模有所增加，年中政策比较宽松，银行信贷有力地支持了全省固定资产投资的增长。1992年年末固定资产贷款余额253.81亿元，比上年增长38.01%，银行存大于贷，差额继续扩大；直接融资手段筹集建设资金对投资高速增长构成了较强影响，除电力发展基金、公路基金等专项基金外，还发行企业债券、融资券、股份制企业试点的募集和非银行金融机构的筹集等等，这些较为充裕的资金来源为扩大固定资产投资提供了前提条件。

从原材料增长情况看，1992年国有单位消费水泥、钢材分别比上年增长51.8%和36.8%。在正常情况下，基建投资对基建材料弹性系数在2—1.4之间，也就是说，基建材料增长1%，投资额可以增长2—1.4%。与1992年基建投资增长速度相比，虽然原材料供应状况较紧且价格比较高，但通过市场作用，从省外调入和境外进口，加之上年库存，供给与需求基本保持平衡。

4. 宏观投资效益有所提高，重点项目继续得到加强。全省在建项目总规模2545.31亿元，建设周期2.76年，比上年缩短0.3年，宏观投资效益有所提高。

全省37个重点建设项目进展顺利，一批骨干工程建成投产。主要项目有：68万吨云浮水泥厂正式投产、榕穗光缆工程通话、利用加拿大贷款的数字微波工程全线开通、沙角A电厂4#机调试运行、广汕公路改造工程全线交付使用、广花汽车专用公路全线通车等。

（四）存在的主要问题和经验

1992年广东省投资完成额大幅度增加，宏观投资效益有所提高，但是，也存在着一些急待解决的问题。

1. 投资结构仍需继续调整。交通、通讯、电力供应仍然跟不上经济的高速发展，基础设施薄弱问题未能根本解决，农业、能源和文教卫生三大行业投资增长缓慢。因此，投资结构的调整仍然是今后相当长时期内的重要任务，需继续加强基础设施建设。

2. 开发区建设和房地产热不断升温。1992年除国务院、广东省批准的开发区外，各市、县还自行审批了一些开发区，有些因国内配套资金缺口较大，基础设施没跟上，尽管出台一些优惠政策，但投资环境未能形成，实际兴办的企业不多。开发区建设须按经济规律办事，应集中力量办好国务院、省政府批准的开发区的基础设施建设，对未经批准的开发区要进行清理，对已开工又符合条件的须按程序报批。对确不符合条件的开发区，有关市县要自行撤销，不准大量占耕地，要还地于农。另外，在一些大中城市，商品房屋需求仍然很旺，但也有些地方出现了有价无市的现象，特别是高级别墅，商品房屋建设应主要面向国内市场，控制高级别墅建设。要正确引导外资投资房地产，在房地产开发上，“三资”企业和国内企业在税费上应一视同仁，公平竞争。

3. 重点建设项目资金不足。1992年资金需求弹性偏高，投资领域内资金来源分散和重点建设资金矛盾突出。按照加快重点建设项目建设进度的要求，有些重点项目要提前完成或提前建设，但重点项目投资来源中，银行贷款和对外借款占有相当大的比重，重点建设资金越来越紧。因此，在信贷方面，要用足用活中央所给予的政策，同时，积极培育长期资金市场，大力发展直接融资手段，把居民更多的剩余资金直接投入到重点项目建设上。

（关志伟　王志雄）

二、1992年广东省利用外资投资建设基本情况①

（一）情况综述

广东省是我国南方最大的省份，自古以来就是我国重要的对外通商口岸，商品经济比较发达。自1979年我国实行改革开放政策以来，广东省国民经济持续高速发展，1979年到1990年13年间，国民生产总值、国民收入、工农业总产值平均年增长率分别为12.4%、11.6%和15.8%，1990年至1992年发展速度为17%、18%、19%。1992年全省进出口总值296亿美元，其中：出口184.4亿美元，进口111.6亿美元，连续7年居全国首位。

广东十多年来在利用外资方面取得了令人注目的成就。到1992年底，广东累计实际吸收外资190多亿美元，批准外商投资企业2.65万家，已有1.5万家投产开业，其中大部分经营状况良好。

1992年广东利用外资形成了一个历史性的新高潮。其投资方式，投资结构、投资规模和资金进入的速度，均是改革开放以来罕见的，呈现出全省整体扩大开放的新格局。全省1992年新签项目12916个，比去年同期增长51.8%；合同外资金额198.6亿美元，比去年同期增长242%；实际使用外资达48.6亿美元，比去年同期增长88%，创历史最高水平。

---

① 所用数字均包括深圳、汕头、珠海和广州市。

（二）外商投资区域从珠江三角洲向粤东粤西两翼和粤北山区延伸，大型投资项目增多

1992年外商直接投资新签企业9669个，合同金额188亿美元，实际使用35.5亿美元，比历史上发展较快的1991年分别增长114%、284%和94%。珠江三角洲热气腾腾，山区“追龙赶虎”，不少市县仅1992年的合同外资金额就等于改革开放以来至1991年的总和，如广州、珠海、汕头等市。韶关、河源、梅州、肇庆四个山区市比1991年新签订合同企业数，依次增长320%、248%、240%和150%；合同外资金额依次增长274%、410%、478%和318%；实际使用外资金额依次增长205%、147%、185%和253%。合同外资资金额大，大型投资项目增多。以“三资”企业计算，1992年平均每个合同外资金额达192万美元（1988年仅为81万美元，1991年为107万美元）；合同外资金额超1000万美元的项目达410个；香港的大财团接连在几个特区和珠江三角洲办大型项目，印度尼西亚大财团也在梅州举办多个大型项目。

（三）投资结构进一步优化，多个项目开工建设

外资投向基础设施、交通、能源建设，改善了投资硬环境。广深珠（广深段）高速公路全面动工，多条高速公路利用外资加紧兴建；深圳盐田港、珠海高栏港等港口，分别利用外国政府贷款和外商直接投资加紧建设；珠海继1991年利用外资建设珠海大桥后，1992年又相继利用外资建设前山大桥、鸡啼门大桥等六座大桥；东莞虎门大桥、汕头南澳大桥等也是与外商合资兴建的。利用外资加强基础设施建设，促进了广东的外向型经济的发展。行业投资结构发生变化，以往几年外资投向生产性项目均占95%—98%之间，1992年投向第三产业的外资发展很快，已占32%，生产性项目下降为68%。投向变化，主要是对基础设施的投资，如港口、码头、道路、以及房地产业的增加，并逐步涉及金融、商业、咨询等领域。生产性项目也发生了新的变化，出现了上中下游产业配套发展，投资主体不断扩大，高新科技项目增加的喜人景象。

（四）外资来源的国家和地区不断扩大

以往来广东投资的国家和地区在30多个左右，1992年达到43个国家和地区以及3个国际金融组织。其中：外资来源欧美等国家有所提高，合同外资金额占12%，港澳地区占88%。

（五）房地产投资增长较快

1992年全省房地产外资投资项目143个，合同外资金额达24.8亿美元，房地产业主要是成片土地开发以及厂房建设出租、成片老城区改造、高级住宅三个部分。广州市利用外资进行成片老城区改造，同时亦是高级商住楼和高级别墅建设为主的房地产业，项目的合同外资金额占当年直接投资的合同外资金额54%。广东省房地产业合同外资金额占直接投资总数的13%。

（六）1992年引进外资中存在的问题

1. 房地产的开发有过热的趋势。在结构方面豪华高档的楼房别墅较多，与需求有矛盾。因此，今后在审批房地产开发项目时，应注意加以限制和引导，使房地产开发更适合市场的需求。

2. 海外大财团来粤投资的大项目还不多。从项目的总投资看，项目投资金额增大，而大型的项目海外大财团投入不多，还是以港澳投资为主，这方面与上海、辽宁、山东有一定差距。从广东经济的发展要求讲，应当上一批关系到经济发展后劲的大项目。因此，要采取相应措施，吸引海外大财团来广东投资大项目。

3. 高科技和技术档次较高的项目偏少。广东应在今后利用外资中，多上高科技和技术档次较高的项目，适当减少简单加工项目，或者引导简单加工项目向山区转移。

4. 要注意引进外资中数量与质量的关系。1992年引进外资的数量比1991年翻了一番，应在此基础上加强质方面的选择和提高，以有利于经济结构的调整。

（关志伟　王志雄）

广州市

1992年
广州市投资建设
基本情况

1992年广州市固定资产投资领域加快改革步伐，进一步调整投资结构，在加强宏观调控的同时，加快城市基础设施、重点项目和商品房建设，投资环境明显改善。

（一）投资增幅明显

1992年，全市全社会完成固定资产投资188.14亿元，比上年增长81.35%。房屋建筑施工面积2364.62万平方米，竣工面积1057.47万平方米，分别比上年增长40.81%和28.22%。投资呈现以下几个特点。

1. 国有和集体单位投资增长迅速。全社会投资中，国有单位投资152.05亿元，比上年增长78.82%。其中，基本建设投资72.42亿元，比上年增长64.97%；更新改造投资39.76亿元，增长56.60%；商品房建设投资39.74亿元，增长1.54倍。集体单位投资23.03亿元，增长1.32倍。其中，城镇集体和农村集体分别完成4.89亿元和18.14亿元，分别增长36.16%和1.87倍。居民个人投资13.06亿元，增长48.41%。其中，城镇个人投资增长8.40%；农村个人投资增长59.43%。

2. 市属项目投资增势强劲。全社会投资中，市属项目完成投资132.67亿元，比上年增长88.31%，增幅高于全市水平。其中，市属国有单位投资96.59亿元，增长86.49%。

3. 基础建设投入明显增加。国

有单位投资中：(1) 能源工业投资 17.86 亿元，比上年增长 26.60%。其中电力工业投资 15.23 亿元，增长 47.98%。(2) 农业投资 1.12 亿元，增长 74.59%。(3) 运输邮电业投资 32.89 亿元，增长 1.24 倍。(4) 市政基础建设投资 13.78 亿元，增长 68.51%。

4. 房地产开发加速发展。1992 年我市房地产市场加速发展，主要表现在：(1) 房地产开发公司发展迅猛。至 1992 年末，全市已登记并具有资格的房地产开发公司 269 家，比上年增加 159 家，其中外资公司增至 64 家。(2) 房地产开发工作量成倍增加。全市房地产开发工作量 45.16 亿元，增长 1.87 倍。(3) 全年房屋施工面积 871.9 万平方米，增长 53.92%；房屋竣工面积 225.1 万平方米，增长 53.97%。(4) 商品房销售大幅度增加。全年销售商品房面积 167.27 万平方米，销售收入 23.30 亿元，分别比上年增长 38% 和 43.56%。

5. 利用外资项目投资不断增加。随着投资环境不断改善，进一步增加了外商来穗投资的信心。1992 年在建外资项目完成投资 59.17 亿元，其中利用外资 37.54 亿元，比上年增长 1.67 倍；引进设备投资 7.70 亿元，比上年增长 53.69%。主要项目有：广州箭牌口香糖有限公司、广州恒运发电厂、广州乙稀工程、广州石油化工总厂、广州标致汽车有限公司、京光房地产实业有限公司、珠江发电厂等项目。

6. 住宅建设进一步发展。1992 年全市国有单位住宅建设投资 39.49 亿元，比上年增长 1.20 倍。其中：商品房住宅投资 31.16 亿元，增长 1.79 倍，占国有单位住宅投资比重由上年的 66.11% 提高到 78.92%。住宅房屋施工面积 988.22 万平方米，竣工面积 284.02 万平方米，分别比上年增长 51.33% 和 26.23%。住宅建设的发展，使市区人均居住水平稳步提高，1992 年末市区人均居住面积由上年的 8.23 平方米提高到 8.51 平方米。

7. 重点工程建设步伐加快。1992 年全市大中型、重点基本建设项目和限额以上更新改造项目完成投资 34.82 亿元，为年计划的 109.63%，投资额占国有单位投资 22.9%。建成投产和部分建成投产的项目有：广州市电信局枢纽工程及第一期加贷工程、广州——花县高速公路、华南橡胶轮胎有限公司子午线轮胎工程、广州发电厂、广东国际大厦、广州世界贸易中心、广州国际金融大厦、广信江湾新城、广东电视中心、机场路扩建及立交、东风路道路改造工程。

（二）投资结构改善

1. 生产性建设和非生产性建设比例较为合理。1992 年国有单位固定资产投资中，生产性建设完成投资 87.73 亿元，比上年增长 77.51%，占国有单位投资 57.70%；非生产性完成投资 64.32 亿元，比上年增长 80.63%，投资比重为 42.30%，其中住宅投资比重由上年的 21.11% 提高到 25.97%。生产性建设与非生产性建设的比例与上年基本持平，比较合理。

2. 第三产业投资比重明显增加。1992 年全市国有单位第三产业完成固定资产投资 101.55 亿元，比上年增长 1.06 倍，所占比重由上年的 58.07% 上升到 66.78%，其中运输邮电业投资比重由 17.28% 上升为 21.63%；房地产投资比重由上年 18.38% 上升到 26.14%。

3. 农轻重投资有所加强。1992 年我市国有单位农业、轻工业、重工业完成固定资产投资分别为 1.12 亿元、13.35 亿元；35.19 亿元，分别比上年增长 74.59%、32.11%、43.5%。农业和重工业投资比重分别上升 0.44、1.33 个百分点，轻工业比重则下降 1.77 个百分点。在重工业中，原料工业的投资比重由上年的 74.63% 提高到 77.94%。

（三）投资效益良好

1. 主要投资考核指标不低于上年水平。1992 年全市国有单位固定资产投资主要指标考核情况：(1) 本年施工项目 2731 个，全部建成投产 1244 个，施工项目投产率 45.55%；(2) 计划总投资 589.85 亿元，建设周期 3.88 年，比上年缩短 0.48 年；(3) 新增固定资产 109.62 亿元，固定资产交付使用率 72.10%；(4) 未完工程累计完成投资 147.28 亿元，未完工程占用率为 96.86%，比上年减少 14.95 个百分点；(5) 房屋施工面积 1666.73 万平方米，竣工面积 555.21 万平方米；房屋面积竣工率 33.3%。在投资增速较快的情况下，五个考核指标基本达到或超过上年水平，说明我市投资既重速度，也重效益。

2. 增强了经济实力。1992 年我市建设主要新增生产能力（或效益）：年产烧结铁矿 7 万吨、炼铁 4 万吨、摩托车 6 万辆、卷烟 4 万箱、机制纸 3.4 万吨、皮鞋 48 万箱、服装 621 万件、缝纫机 5.8 万架、磁带 500 万米、发电机组装机容量 43.4 万千瓦、输电线路 83.24 公里、变电设备能力 45.5 万千伏安、新建公路 73.8 公里（其中高速公路 22.60 公里）、新建独立公路桥梁 8 座（长 3488 米）、飞机购置 24 架、市内电话自动交换机 16.66 万门、长途自动交换设备 10450 路端、商业服务网点 829 处（22.98 万平方米）。增加学生座席：高等院校 1670 位、中等学校 1.18 万位、中小学校 1.95 万位。宾馆和旅馆房间 2596 间、城市自来水日供应能力 24.4 万立方米、自来水管长度 40.16 公里、城市公共交通车辆购置 361 辆、城市道路扩建长度 18.6 公里和面积 49.28 万平方米、城市永久性桥梁 13 座（其中立交桥 6 座）。这些能力（或效益）的建成投产，为今后城市经济的发展打下了良好的基础。

3. 引进技术，提高效益。1992 年全市在建的引进技术项目完成投资 17.34 亿元，比上年增长 12.96%，其中利用外资引进技术设备 2.26 亿美元，增长 5.3 倍。引进设备器材实际到货 5.24 亿美元，增长4.45倍。在建成投产的49个项目中，计划每年可增产值20.38亿元，可创利税4.74亿元，产值利税率23.26%，比上年高8.59个百分点。年可创外汇1.05亿美元，平均每百元产值创外汇5.15美元，比上年多3.38美元。

（四）问题和措施

1.价格上升幅度大。1992年建筑安装工程价格指数为130%，直接影响投资额增幅20.52%；设备、器具、工具价格指数为118%，直接影响投资额升幅8.99%；其它费用升幅约8%。三项合计直接影响投资额上升34.34%。扣除价格指数的影响，1992年全市全社会投资额实际增长47.01%。

2.市政公用事业、教育事业的建设仍需加强。(1)继续加强市政基础建设。广州市政建设虽有较大的发展，但与经济发展和人民生活水平的需求仍有差距。交通方面为根除“广州无处不塞车”的状况，除加强交通整治外，还应该在交通要道多建立交桥和人行天桥，加快建成珠江隧道、环市高速公路、地下铁路等交通设施，从根本上解决我市交通问题。供水方面全市供水缺口日益增大，影响了全市人民生活和经济发展，应加快新水源（南部）的开发以缓解全市用水紧缺的问题。(2)重视教育事业的投入。搞现代化建设，要依靠科学技术的进步和广大劳动者素质的提高，这些都离不开教育。全市的教育事业近几年来虽有了很大发展，但同改革开放和现代化建设的要求相比，仍然是个薄弱环节。1992年全市教育投资3.20亿元，占国有单位投资比重从上年的0.95%提高到1.99%，比重仍然较低。望有关方面采取有效措施，加快教育事业的发展。

（顿友良）

表3—59　1992年开工的主要地方项目　　单位：百万元

项目名称	总投资额	当年投资额	计划竣工日期（年、月）	新增生产能力
广州东亚磁性制品有限公司	107.3	6.44		磁粉3000吨/年
广州亚美聚酯工程	354.5	81.7		聚酯切片6万吨/年
广州园村热电厂	250	30		装机7.5万千瓦

表3—60　1992年竣工的主要地方项目　　单位：百万元

项目名称	总投资额	当年投资额	开工日期（年、月）	新增生产能力
广州长途电信枢纽	97.7	25.75		长途交换线路2000条
榕穗光缆工程（广东段）	102.16	54.39		长途线路26314条
加贷数字微波	144.34	24.32		4条微波线
广州石化Ⅰ期扩建	1913.12	96.12		250万吨/年

续表

项目名称	总投资额	当年投资额	开工日期（年、月）	新增生产能力
广州发电厂	191.0	83.0		10万千瓦机组
广州车辆厂	277.19	24.0		年修车1900辆

深圳市

一、1992年深圳市投资建设基本情况

（一）1992年深圳市固定资产投资情况

邓小平同志视察南方重要谈话发表和党的十四大胜利召开，推动深圳的改革开放和经济建设步伐进一步加快，投资热潮进一步高涨。全年共实现全社会固定资产投资141.01亿元，房屋竣工面积957.63万平方米，分别比上年增长77.7%和104.2%。其中，生产性投资58.97亿元，占41.8%，非生产性投资82.04亿元，占58.15%。主要特点：

1. 投资需求增长较猛

经市人大批准的全年固定资产投资规模为100亿元，其中国家下达的笼子规模仅47.8亿元。实际执行时，有关主管部门共下达固定资产投资项目2732项，其中，续建项目1250项，新开工项目和前期项目1482项，投资规模135.06亿元，考核指标65.7亿元，分别超过年初计划的35.06%和37.45%。

2. 全社会固定资产投资中，以基本建设和城乡集体投资为主

全年基建投资和城乡集体投资分别占全社会固定资产投资总额的76.9%和15.84%，其它和更新改造投资占3.16%，城乡个体投资占4.1%，分别比上年同期增长62.9%、20.9%、27.4%和84.5%。

3. 国有单位基本建设投资来源以企业自筹、银行贷款和利用外商投资资金为主

在国有单位基建108.43亿元投资中，企业自筹投资37.52亿元，占34.6%；国内贷款投资32.76亿元，占34.6%；利用外资12.57亿元，占11.59%；另外，国家财政投资486万元、中央各部各省市投资1.44亿元、市财政投资9.58亿元、内联投资1.84亿元，分别占基建投资总额的0.04%、1.33%、8.84%；其它投资12.67亿元，占11.68%。

4. 国有单位基本建设投资投向以工业、交通邮电业等项目为主

在国有单位基建108.43亿元投资中，工业28.38亿元，占26.17%；交通邮电18.85亿元，占17.39%；房地产、旅游居民服务业9.5亿元，占8.73%；商贸业2.43亿元，占2.24%；农林水利1.5亿元，占1.4%；文教卫体3.34亿元，占3.07%；其它行业44.43亿元，占41%。在完成的投资中，供水、供电、港口、码头、道路、教育、科技和市场网点建设占总投资的50%强，体现了以工业、交通、市政设施和农副商品基地建设为主的投资结构特点。

5. 全市重点项目建设投资较大

为了进一步改善深圳投资硬环境，全年新上重点建设项目较多，列为市重点的建设项目达37项，完成投资29.2亿元，占全市固定资产投资总额的20.7%。盐田港口岸已于11月11日实现正式对外开放。平南铁路和深南大道拓宽工程、布吉联检站、东深三期供配水工程、妈湾电厂等项目建设都顺利地完成了投资计划。

（二）1979—1992年深圳国有单位基建投资情况

从深圳建市前的1979年到1992年国有单位累计完成基建投资406.28亿元，年均递增51.28%；累计完成房屋竣工面积3072.12万平方米，年均递增28.54%。在406.28亿基建投资中，国家财政投资3.86亿元，占0.95%；国内贷款9.99亿元，占2.46%；利用外资82.85亿元，占20.4%；市财政投资4.49亿元，占11.06%；中央各部、各省市自筹22.86亿元，占5.6%；企业自筹112.91亿元，占27.79%；内联及其它投资38.93亿元，占9.6%。从中看出，深圳基建投资主要来源于三大方面，即利用外资、深圳本身自筹（包括市财政投资和企业自筹）和银行贷款，合计共340.63亿元，占总投资的83.84%。

（三）1992年深圳固定资产投资的问题

1. 商品房及高层综合楼宇开发建设步伐过快

1992年以来，要求建设的高层综合楼宇项目（指建筑面积在30000平方米以上的高层综合楼宇）、商品房项目较多，成为我市投资的热点。至10月底，市有关主管部门已下达高层综合楼宇、商品房投资计划48亿元，占总投资的36.3%，建筑面积1200万平方米，占总建筑面积的55.6%。其中商品房投资33.03亿元，占24.9%，建筑面积936.49万平方米，占43.4%。在完成投资中，商品房投资23.5亿元，其施工建筑面积551.88万平方米，占全市已施

工面积1057.86万平方米的52.2%。深圳投资商品房和高层楼宇资金相对偏大，特别是一些企业超越自身能力，脱离市场需求，甚至把银行贷款以自筹形式投入房地产尤其是涉外商品房的开发，并且有些企业动用自有资金和挪用流动资金投资，挤占了正常的资金。在建的商品房及高层综合楼宇占的比重较大，已出现过热的趋势。目前仍有不少开发公司要求上商品房及综合楼宇，房地产市场已潜伏供过于求、出现滞销的苗头。据有关部门不完全统计，空置待售商品房面积达24.65万平方米（不包括宝安县）。

2. 投资行为出现了一定的盲目性

一些企业和单位对深圳投资环境及一些政策条件已发生了变化的情况认识不足，忽视全国全方位开放的形势以及各地已掀起的投资热潮，仍抱着以前的观念，到全国各地去拉项目、集资金。急切要求上高水平，第一流的超高层大厦等，出现盲目追求以高大为荣的倾向。一些项目没有资金保障，对投资效益的估计过于乐观，同城市交通，供配水电等综合配套设施衔接不够，与深圳的需要和实际有很大差距。

3. 房地产开发与城市设施规划不配套

在房地产发展过猛，随意性较大的情况下，迫使城市规划跟着项目走的情况时有发生，加上有些改革配套措施跟不上，有的房地产项目冲击政府的宏观规划，一大批高层建筑都由房地产公司介入开发，一方出地，房地产公司出钱合作建设，迫使原项目改变功能，提高容积率，增加商品房楼层和面积。特别是高层楼宇不断地挤插在较繁华的罗湖商业区内，给城市的交通、水、电、中小学、医疗等基础设施配套增加了很大压力。商品房及住宅比重偏大，挤压城市建设用地，对城市规划和经济发展也造成一些不利的影响。

4. 经济环境日渐趋紧

由于投资热，建筑材料紧缺，牵动了价格暴涨，钢材由年初的2000元—3000元/吨，上涨到目前3500—3800元/吨，水泥由250元/吨上涨到500—600元/吨。地方材料如红砖、砂、石也上涨了0.5—1倍。建材市场紧张，建筑市场环境恶化，物价上涨过高，给生产生活带来压力。

（储怀涛）

表3—61 深圳市1991—1992年国有单位基建投资来源及增长速度表

来源类别	1991年	比重	1992年	比重	年递增
总计	665621	100.00	1084279	100.00	62.90
国家财政投资	1804	0.27	482	0.04	−73.28
中央各部各省市	13224	1.99	14452	1.33	9.29
市财政投资	52298	7.86	95810	8.84	83.20
市企业自筹	180308	27.09	375210	34.61	108.09
利用外资	151635	22.78	125664	11.59	−17.13
国内贷款	198965	29.89	327574	30.21	64.64
内联投资	2451	0.37	18402	1.70	650.80
其它	64936	9.75	126685	11.68	95.09

表3—62 深圳市1991—1992年国有单位基建投资用向及增长速度表 单位：万元%

用向类别	1991年	比重	1992年	比重	年递增
总计	665621	100.00	1084279	100.00	62.90
农林牧渔水利业	7098	1.07	15158	1.40	113.55
工业	198261	29.79	283790	26.17	43.14
地质普查勘探业			290	0.03	
建筑业	3334	0.50	8758	0.81	162.69

续表

用向类别	1991年	比重	1992年	比重	年递增
交通邮电业	112950	16.97	188533	17.39	66.92
商业、饮食业、物资供应、仓储业	17061	2.56	24305	2.24	42.46
房产、公用、居民服务、咨询业	91271	13.71	94694	8.73	3.75
卫生、体育、社会福利事业	6497	0.98	14145	1.30	117.72
教育、文艺、广播电视业	17296	2.60	19238	1.77	11.23
科研和综合技术服务			313	0.03	
金融保险业	602	0.09	510	0.05	−15.28
国家、党政机关、社会团体	18207	2.73	7880	0.73	−56.72
其他行业	193044	29.00	426665	39.35	121.02

单位：万元%

表3—63 1992年开工的主要地方项目

单位：百万元

项目名称	总投资额	当年投资额	计划竣工日期（年、月）	新增生产能力
中国长城计算机集团(深圳）公司计算机系列	150.00	20.00	1993.12	高档显示器5万台/年 微机20万台/年
深大电话有限公司市话工程	460.00	248.85	1993	新增市话29.3万门
世界之窗有限公司	300.00	39.57	1994	景点数155个
太阳管道有限公司	150.00	6.00	1994	2万平方米厂房
深南大道中心区	282.00	77.12	1994	2.53公里立交桥4座
梅龙公路	151.15	3.99	1994	3.8公里
蛇口港污水处理厂	1200.00	54		污水处理能力2万吨/日
梅兰公路	368.00	20.00	1994	15.4公里

表 3－64　1992 年竣工的主要地方项目　　单位：百万元

项目名称	总投资额	当年投资额	开工日期（年、月）	新增生产能力
国际展览中心	297.00	70.05	1992.12	12926 平方米展览酒店用房
中华自行车二厂	150.00	53.42	1992.8	年产 140 万辆
深南大道拓宽	160.00	136.88	1992.12	5.4 公里
南山热电厂二、三期	492.80	103.50	1992.8	火电 3.73 万千瓦
蛇口港二突堤	250.00	35.66	1992.12	7.5 万吨泊位 7 个
福电燃机电力公司	218.03	15.76	1992.10	火车 6.27 万千瓦
康传电子公司综合厂房	109.97	34.20	1992.12	40471 平方米厂房

二、1992 年深圳市利用外资投资建设基本情况

（一）概述

1992 年，深圳市在利用外资投资建设方面取得了较大的进展，其主要特点有：

1. 利用外资总额大幅度增加。1992 年是深圳市历年来引进外商投资项目、协议利用外资及外商实际投资数额最多的一年。全年新批准外商投资项目 1561 项，比上年增长 58.3%；协议利用外资 25.2 亿美元，比上年增长 118.6%；实际利用外资 7.2 亿美元，比上年增长 23.4%。至 1992 年底，共签约了利用外资协议 10233 个，协议利用外资 98.5 亿美元，实际利用外资 45.5 亿美元，在全国沿海开放城市和经济特区中一直处于领先地位。1992 年新增外商投资企业 1734 家，比上年增加 790 家，增长 83%；其中中外合资企业 905 家，中外合作企业 269 家，外商独资企业 560 家。注册资本总额为 26.82 亿美元，比上年增长 1.9 倍；其中外商认缴出资 20.14 亿美元，增长近 2 倍。年内“三资”企业达 5757 个，投资总额 168.44 亿美元，注册资金 95 亿美元，外商认缴出资 64.62 亿美元。

2. 外商投资领域扩大，结构有明显调整。外商投资由过去主要集中在电子、轻工、纺织、石化等工业扩展到交通、能源、仓储、房地产、金融保险、旅游和咨询服务等众多行业。从其结构看，劳动密集型的项目有所减少，高科技项目有所增加，如印尼的苏山多集团、香港的星岛集团、日本理光、美国田纳西精细化工等都投资于高科技项目。投资于第三产业的比重亦呈上升趋势，1992 年第三产业引进外资占总体比重的 44.9%，比上年增加 35 个百分点。如香港达鸿投资有限公司投资 2.3 亿港元，建立福安仓储有限公司，计划兴建大型现代化仓储中心；香港的大家乐饮食有限公司，大快活快餐有限公司、“百佳”、“华润”、“八百伴”超级市场、“七·一一”便利店等国际著名企业也都纷纷来深设立机构，投资于第三产业。

3. 外资来源范围继续扩大。1992 年深圳市外资的来源达 23 个国家和地区，比上年外资来源范围又有扩大，新增的有利比里亚、玻利维亚、马来西亚、印尼、汤加、西萨摩亚、百慕大等国家和地区。尤其值得一提的是，1992 年深圳继续发挥毗邻香港的地理优势，在引进港资方面取得了长足进展。全年签订利用港资协议 1320 个，协议引进港资 20.4 亿美元，相当于过去 8 年总和的 38%；实际引进港资 4.6 亿美元，相当于过去 11 年总和的 19%。其中，引进技术设备的价值为 1.8 亿美元。另外，台商投资深圳也极为活跃，全年新签投资协议 88 个，协议利用台资 1.1 亿美元，分别比上年增长 144.4%和 307.8%，成为仅次于香港的第二大外资来源。历年累计，共有 29 个国家和地区来深圳进行直接投资、设立企业，其中香港 5013 家，占 87%；台湾 304 家，占 5.2%；美国 154 家，占 2.6%；日本 90 家，占 1.56%；新加坡 58 家，占 1%，其它 138 家，占 2.4%。

4. 投资规模大，一业多营的大中型项目增多，投资趋于长期化、稳定化。全市新注册的外商投资企业，投资规模和出资比例均有较大扩大，平均每个项目协议投资 161.2 万美元，比上年增长 40 多万美元，投资额在 500—1000 万美元的项目占投资总额的 25%，1000 万美元以上的项目占投资总额的 43%。同时，不少外商因投资效益良好而纷纷延长投资年限，追加投资额，扩大生产

经营规模，产业开发逐步走向集团化。来深投资的外商中，国际财团和跨国公司明显增多。如香港长江实业（集团）有限公司、和记黄浦有限公司、加拿大怡东集团等5家合资创建“深圳长和实业有限公司”，签订了投资140亿元填海兴建高级海滨住宅区的意向书，还与中国外运深圳开发公司合资29亿元兴建88层的“中国深圳对外贸易中心”。此外，香港的八百伴、香格里拉、新鸿基、佳宁娜集团，加拿大的德仕、刘城、凯特港、卡塔特，美国的杜邦、日本的理光、佳能、西武等，在深圳的投资都具有规模大、经营范围广、综合开发能力强等特点。

（二）改善投资环境，进一步扩大引进外资

1992年，深圳市为进一步吸引外资，搞好对外开放，在改善投资环境方面做了大量努力。首先，改革了政府机构，转变政府经济管理职能，提高政府部门办事效率，以创造一个更有利于企业发展的市场环境。例如，“三资”企业进口的生产设备、原材料和其它非许可管理的自用物质，现已完全放开，可直接到海关申报进口，无须经过审批；出口出港审批手续亦已简化，归口管理，逐级负责。同时，为了创造更高层次的对外开放环境，特区内实现了农村城市化，4.5万农民转为城市居民；撤了原宝安县建制，设立了宝安、龙岗两个市辖区，形成了全市统一规划的新格局，吸引了大量外商直接投资，全年新签项目484个，项目投资额为69359万美元，实际利用外资12957万美元，分别比上年增长92.1%、168.5%和92.4%，大大快于全市总的增长速度。另外，还放宽了外商投资领域，在商业零售等方面大胆引进外资；扩大了保税生产资料市场，允许外商参与经营，其覆盖面由特区扩大到了全市。

其次，进行了大规模的基础设施建设。基建投资较上年大幅度增长。全年共完成基本建设投资108.43亿元，比上年增长62.9%，基建重点在供水、供电、交通和邮电的建设上。

1. 供水方面。1992年度全市共投入资金近2亿元（含东深供水第三期扩建工程），其中市、区投资1.3亿元，镇村自筹6千多万元，群众集资近1千万元。已动工水利工程11项，续建工程3项；提引水工程3项，地下水开发1项，排洪除涝工程5项，河道整治4项，共长11.5公里。培修堤围长23.5公里，建成水闸9座，乡镇供水配套工程2项。全市水利重点工程普遍进展顺利。西部茅洲河引水系统第二期工程已于4月竣工并投入使用；秋冬提水2500万立方米进入石岩一钢铁水库，较好地缓解了深圳市西部供水紧张的状况。扩容12万吨的笔架山水厂开始供水；东湖至红岭路口输山管道全线贯通。另外，梅林水库扩建工程完成土方150万立方米；扩容23万吨的大冲水厂扩建工程已进入调试阶段；东深洪配水工程完成投资2.37亿元。1992年全年供水2.18亿立方米，比上年增长了21.7%。

2. 供电方面。全年供电量60.4亿度，比上年增长27.3%。妈湾电厂全年共计完成投资7.2亿多元，结束了一期工程2×30万千瓦设计，进入主机安装阶段；其二期工程及东部电厂、抽水蓄能电站的前期工作也取得了顺利进展。进入建设第7年的广东大亚湾核电站，其各项工程建设取得了新的进展，工程设计、设备制造和土建施工接近完成，生产准备进入新的阶段。装机容量共15万千瓦的5个小电厂已并网发电。由26家企业与13家外商，共筹资20多亿元人民币，先后建成了11家燃油电厂，总装机容量达73万千瓦，在用电高峰期发挥了重要作用。另外，为提高供电可靠率，深圳500KV变电站、莲塘、红岭、新安、坪地4座110KV变电站相继投入运行；建成和改造了数条输电线路，引进和采用了世界上最先进的Becos32调度自动化系统。

3. 交通方面。我国第一条准高速铁路—广深准高速铁路进入全面施工阶段，全年完成投资2.7亿元；广深铁路配套设施建设取得了新进展；平南铁路由招商局蛇口工业区、香港招商发展有限公司等6家中外企业合资组建的平南铁路有限公司负责修建和经营；部分路段已开始铺轨；盐田港疏港铁路也在顺利建设中。公路部门投入改建工程资金1.36亿元，改建公路21.2公里。深南大道拓宽工程按计划完成；银湖客运总站提前竣工投入使用；广深线长31.5公里的一级公路（107国道）改（扩）建工程竣工并全线通车。港口方面，年吞吐量280万吨的盐田港一期工程5个泊位码头已建成，并于11月正式对外开港；赤湾港区9号泊位通过验收。全年新增船舶运力22.56万吨，比上年增长86%。深圳机场二期扩建工程已开始动工；航空业务量以跳跃式的高速度向航空大港的方向发展。

4. 邮电建设方面。全年完成固定资产投资4.62亿元，比上年增长53%。长途交换机扩容2900线，总容量达9000线；完成15万门程控电话交换机设备的安装任务，电话号码由6位升至7位；全年放号6.7万户，移动电话放号10413户；无线寻呼业引进竞争机制，在短时间内取得了迅速发展，用户增加48898个。到1992年底，邮电通信工程固定资产达4.62亿元，比上年增长52%。已完成的主要工程项目有：粤港第2光纤、榕穗光缆工程、第1长途局扩容工程、用户电报扩容工程、移动电话扩容工程、CT－2无线电话工程等。

通过一年的建设，深圳市基础设施进一步完善，基本能满足生产、生活需要，为吸引外资创造了良好的环境。

（陈小芬　许卫东）

广西壮族自治区

一、1992年广西壮族自治区投资建设基本情况

（一）固定资产投资大幅增长

全年全社会固定资产投资完成额141.05亿元，比上年增长57.3%。其中国有单位投资92.68亿元，增长70.9%。在国有单位投资中基本建设投资52.21亿元，增长80.7%，更新改造投资34.17亿元，增长54.8%，商品房投资4.54亿元，增长94.8%，国有其它固定资产投资1.76亿元，增长87.2%；集体单位投资15.54亿元，增长1.4倍；个体投资32.83亿元，增长13.1%。建设规模之大和投资增长幅度之高是广西建设史上少有的。

（二）新开工项目多，建设规模扩大

1992年4月以后，在邓小平同志南巡重要谈话精神推动下，广西改革开放力度加大，地市级审批项目的决策权扩大，一些开放地区和企业获得了项目的投资决策权。金融系统的各家银行贷款权力也进一步下放，建设资金来源渠道扩大，新开工项目明显增多。1992年全区国有单位（下同）新开工项目4892项，比上年增加1290项，增长35.8%。新开工项目占施工项目的比重由上年的62%提高到67.2%。其中新开工的大中型项目6项，占在建大中型项目的20.7%。这些项目分别是：装机容量40万千瓦的柳州电厂；5.4万千瓦的融安浮石电站；梧州长洲岛飞机场；年产5万吨的横县白水泥厂；年产1.2万吨的露糖造纸厂和年冶炼3500吨的贵港市镁厂。此外正在筹建的大中型项目还有柳州、桂林两江两个飞机场和柳州大埔电站、苍梧高南水利枢纽工程、鹿寨化肥厂磷铵工程。由于新开工项目增多，在建项目计划总投资达305.68亿元，比上年增长40.3%，是投资额的3.3倍。

（三）投资重点突出，结构趋向合理

在国有单位投资完成额中，用于交通、邮电通讯和能源、原材料的投资趋多。交通运输、邮电业投资13.86亿元，比上年增长1.1倍，占总投资的14.2%，高于上年2个百分点。能源投资12.29亿元，比上年增长46.1%，其中电力投资11.24亿元，增长47.7%，能源工业投资在前几年出现较大增长的基础上持续增长。原材料工业投资16.81亿元，增长53.5%，其中有色金属工业投资5.20亿元，增长1倍，比重上升高达17%。以上三大产业投资达42.96亿元，比重达44.5%，如果加上跨省区项目的天生桥水电站、广西与贵州合建的盘县电站和南昆铁路广西段及西江航道整治工程的投资，以上三大产业投资比重将大大超过50%的水平。从生产性投资和非生产性投资比例分析，大体趋于合理。其生产性投资为62.60亿元，比上年增长61.9%，非生产性投资30.08亿元，增长93.1%，其中住宅投资13.33亿元，增长71.1%。生产性投资占总投资的比重为67.5%，非生产性投资比重为32.5%，大体趋于合理。投资的主要特点：一是桂东南投资增幅快于桂北和桂中南地区。如北海市投资5.41亿元，增长1.7倍；玉林地区投资8.99亿元，增长1.4倍；钦州地区投资4.12亿元，增长1倍；梧州市投资3.96亿元，梧州地区5.93亿元，分别增长85.4%和83.7%，既高于全区平均增长水平，也高于桂中和桂北地区。此外，百色地区由于受平果铝业公司的投资影响投资较多，增幅也较大，投资额达7.59亿元，增长1倍。再次是桂林地区投资4.53亿元，增长92.8%。除此之外其余地市增幅都相对低于全区平均水平。二是中央项目投资增幅大于地方项目。在完成的投资额中，地方项目投资69.69亿元，比上年增长68.2%；中央项目投资22.99亿元，比上年增长79.6%，增长幅度比地方项目高11.4个百分点，主要是为建设大西南出海通道项目及岩滩电站、平果铝业公司等中央项目投资增多所致。三是建筑工程投资增幅高于安装和设备投资的增幅。其建筑工程投资为50.33亿元占总投资的比重为54.3%，比上年增长76.2%，大大高于安装投资（4.09亿元）增长33.2%和设备投资（26.64亿元）增长67.7%的幅度。

（四）预算外资金仍是投资的主要来源

从财务拨款情况看，1992年广西用于国有单位的国家预算内资金为4.69亿元，比上年减少16.6%，所占比重由上年的10.2%降为4.7%，下降了5.5个百分点；而预算外资金为87.99亿元，比上年增长78.8%，所占比重则由上年89.8%上升到94.9%。在预算外资金中，国内贷款42.88亿元，比上年增长1.1倍，比重由上年的37.4%提高到43.3%；利用外资4.5亿元，增长1.3倍，比重由上年的3.5%提高到4.6%；自筹和其它资金为46.91亿元，比上年增长75.2%，比重为47.4%，低于上年1个百分点。无论从现在还是发展的趋势看，预算外投资已成为了我区投资的主体。

（五）新增生产能力一批，但总体投资效益下降

经过一年来的投资建设，已逐步见到一些成效，一部分项目先后建成投产或交付使用，并形成了一批新的生产能力，这些能力主要有：煤炭开采年产12万吨；铁合金1万吨；铅锌选矿3.4万吨；铝加工1200吨；锌冶炼5600吨；锡冶炼770吨；铅加工3600吨；发电机组容量37.04万千瓦；11万伏输电线路297.02公里；水泥117.62万吨；硫酸5.5万吨；合成氨20000吨；农用氮磷钾化肥10080吨；化学农药1750吨；柴油机制造50460台；汽车60000辆；机制糖17.16万吨；新建

公路474公里；新扩建港口码头11个泊位，吞吐量198万吨；长途电缆80公里；新建微波电路209公里；市内程控电话交换机85608门，长话交换设备3980路端；造林55.7万亩；商业、饮食服务网点181处；各类学校席位19.8万多个，为广西经济发展又增添了新的实力。但从总的投资效益看仍是不够理想。1992年全区国有单位全部建成投产或交付使用的项目4065项，项目投产率由上年的57.2%降为55.8%。全年竣工的房屋面积708.91万平方米，房屋面积竣工率为47.6%，比上年低5.4个百分点。累计新增固定资产60.96亿元，固定资产交付使用率由上年的77.3%降为65.8%，降低了11.5个百分点。投资效益呈下降之势。

1992年广西投资所以大幅度增长，有建设项目增多，建设规模扩大的原因，同时近两年建筑材料价格上扬，单位工程预算造价提高等因素的影响，所以说1992年广西固定资产投资规模仍控制在较为合理的范围之内。但投资结构仍有待继续调整，在加快第二、第三产业的同时应注意加强第一产业的投入。从1992年三次产业投资看，第三产业发展较快，投资40.74亿元，比上年增长1倍，大大高于全区平均增长速度，其投资占总投资比重由上年37.2%上升到44%，主要是交通运输、邮电业投资增长和房地产业增长所致。据统计，1992年房地产业投资4.41亿元，增长1.4倍，比重由上年3.4%提高到4.8%。第二产业投资49.03亿元，比上年增长53.2%，增幅低于全区平均水平17.7个百分点，比重由上年59%降至52.9%，下降6.1个百分点，但比重依然是比较高的。第一产业即农业投资2.91亿元，增长40.6%，增幅低于全区平均水平38.3个百分点，比重为3.1%低于上年3.8%的水平。第一产业投资少比重低的状况没有多少改变，这对于改变农业的生产条件十分不利。此外，一些地方还出现不顾客观条件的限制，在项目、资金尚未落实的情况下大兴新的经济开发区，结果造成土地撂荒。同时，由于建设项目多，投资分散，导致效益下降，对此应引起重视。

（李美才）

表3—65 1992年开工的主要地方项目

单位：万元

项目名称	总投资额	当年投资额	计划竣工日期（年、月）	新增生产能力
百色复烤厂	500	613	1992.6	
广西罗城变电工程	175	175	1992.12	
钦州市供电公司	394	394	1992.12	
防城县东兴湘桂华兴实业公司	100	100	1992.9	
防城县化肥厂	100	100	1992.10	
浦北县粮食局	168	168	1992.11	

表3—66 1992年竣工的主要地方项目

单位：万元

项目名称	总投资额	当年投资额	开工日期（年、月）	新增生产能力
柳州市柳城农村电气化工程	278	278	1992.12	
柳州市柳城县铁合金厂	297	297	1992.6	

续表

项目名称	总投资额	当年投资额	开工日期（年、月）	新增生产能力
北海市面粉厂	292（计划）	320	1992.12	
合浦县南康糖厂	217	217	1992.12	
贺县裕真纸业公司	249	249	1992.12	
陆川马坡粮所	1000	30	1992.12	
博白县食品总公司饲料厂	256	173	1992.11	

二、1992年广西壮族自治区利用外资投资建设基本情况

在邓小平同志南巡讲话和党的十四大精神推动下，广西进一步解放思想，深化改革，充分发挥独特的区位优势，大力实施沿海、沿边、沿江“三沿”系统开放战略，全面加快对内、对外开放步伐，取得了较大进展。

(一) 利用外资投资建设基本情况

1992年广西新签订利用外商直接投资项目1338个，比上年增加1148个，比前12年签约总数多548个。合同外资额14.5亿美元，比上年增长14.6倍，是前12年总和的2倍多。全区实际利用外资2.4亿美元，比上年增长2.6倍，其中外商直接实际投入1.8亿美元，年末实有中外合资经营、合作经营和外商独资企业1870家，比上年增加1311家，其中已建成投产452个，比上年增加17个。1992年“三资”企业出口额达10746万美元，首次突破1亿美元大关，比上年增长99.5%，占广西出口总额9.9%，涉外税收为7700万元人民币。

1992年到广西投资的客商由上年来自亚欧美10多个国家和地区，进一步扩大到来自世界五大洲的31个国家和地区。其中：香港1034项，外资额103552万美元；台湾129项，13957万美元，澳门53项，5086万美元；美国37项，3376万美元；日本17项，2166万美元；泰国15项，5473万美元；加拿大10项，758万美元；新加坡9项，7147万美元；澳大利亚11项，748万美元；马来西亚4项，381万美元；波兰3项，353万美元；阿根廷2项，250万美元；几内亚2项，62万美元；匈牙利1项，198万美元；英国1项，185万美元；德国1项，303万美元；芬兰1项，138万美元；其它8项，1171万美元。按投资地区分：南宁市84项，外资额8290.2万美元；柳州市65项，5509.5万美元；梧州市118项，7701.2万美元；桂林市72项，10540.5万美元；北海市133项，24824.2万美元；防城港18项，1142.8万美元；南宁地区23项，1793.7万美元；柳州地区9项，1613.9万美元；梧州地区121项，10904.1万美元；桂林地区65项，5191.1万美元；玉林地区361项，17778万美元；钦州地区33项，1784.9万美元；河池地区1项，6.1万美元；区直单位52项，5425.3万美元。按投资行业分：(1)农林牧渔业46项，外资额1951.8万美元；(2)工业873项，外资额44175.4万美元（其中轻工业618项、纺织36项、石油加工7项、机械设备制造84项、化工55项、电子37项）；(3)交通运输工业14项，外资额1457.3万美元；(4)建筑业35项，外资额5834.8万美元；(5)商业饮食供销仓储业23项，6491.2万美元（其中宾馆12项，金额5902万美元）；(6)房地产公用服务业190项，39772.6万美元；(7)卫生体育福利事业6项，2564.1万美元；(8)科研技术服务业7项，135.6万美元；(9)教育文艺广播电视6项，2324万美元；(10)其它行业1项，6.2万美元。

1992年，广西利用外国银行商业贷款2项，实际利用外资1480万美元；利用国际金融组织贷款2项，金额5116.46万美元；利用国外政府贷款7项，金额6087万美元，1992年全区偿还境外贷款6570万美元，其中：中长期贷款股本金2350万美元，利息502万美元；短期贷款3664万美元，利息54万美元，至1992年底止，全区境外欠债余额13621.09万美元（不包括国家转贷部分）。

(二) 利用外资的特点

1992年广西三资企业的发展，有以下特点：(1)数量多，规模增大。全年三资项目签约1338个，月平均111.5个，平均每个项目外资额108.4万美元，比上年平均49万美元的规模明显增大。合同外资额在500万美元以上的项目有56个，其中1000万美元以上的项目有22个；(2)第三产业利用外资迅猛发展，房地产项目投资势头较猛。从外资签约项目的投向看，第一产业项目44个，合同外资额1512万美元，分别占总数的3.3%和1%。第二产

业项目887个,合同外资额59452万美元,占总数的64.3%和39.8%。第三产业迅速崛起,成为外商投资的热门产业,共签约407个合同,外资额84037万美元,占总额30.4%和58%,比重分别比上年上升22个百分点和35.2个百分点。房地产开发业占第三产业投资额比重最大,1992年共新增项目293个,新签协议合同外资额73278万美元,占全年新签协议合同外资总额的50.55%;(3)投资来源区域进一步扩大。1992年到广西投资的客商由上年来自亚欧美10多个国家和地区,进一步扩大到来自世界五大洲的31个国家和地区;(4)除开放城市北海市大量引进外资外,许多县(市)和乡(镇)企业都抓住有利时机,引进外资,如玉林地区引进三资项目246个,比上年增长9.7倍;(5)三资企业经济效益明显提高。据有关部门对409家已投产开业的三资企业经营情况统计,有165家盈利,103家持平,141家亏损,亏损面比上年减少17个百分点。

1992年广西利用外资建设取得了较大发展,但也存在一些问题,如引进先进技术密集型的企业少;签约的三资企业多,外商实际投入率低;三资企业出口产品的档次不高;管理水平低造成不应有的亏损等。

(三)改善投资环境,加强基础设施建设情况

为改善投资环境,加快对外开放和经济发展步伐,广西把交通基础设施纳入重点发展行业。全年完成固定资产投资13.9亿元,比上年增长52%,占广西固定资产投资总额的15%。全长874公里的南宁——昆明铁路东段南宁至平果段9月份开始铺轨;钦州至北海铁路进展顺利;中越国际铁路广西段修复通车;黎湛铁路复线黎塘至贵港市根竹段动工兴建;玉林至梧州铁路开工前准备工作基本就序;南宁至梧州二级公路路基全线贯通,部分路段已投入使用;钦州港进港一级公路,防城至边贸重镇东兴的二级公路进入施工高潮;柳州至桂林一级汽车专用公路加快前期工作;年吞吐能力98万吨的防城第八泊位已竣工交付使用,北海港又有2个万吨级泊位前期工作正紧张进行;西江航道整治工程中桂平枢扭已施工完毕;梧州集装箱装御码头竣工投产;贵港市中转码头即将竣工;桂平至梧州航道正在疏通;总投资9亿元,年吞吐能力500万人次的桂林两江国际机场已动工兴建;梧州长岛机场正紧张施工,新开辟了10多条航线。1992年全区交通运输货物周转量比上年增长11.3%,旅客周转量增长21.9%,邮电服务量增长38.7%。

(叶远箭 蔡文联)

三、1992年 广西壮族自治区能源工业投资建设基本情况

(一)计划执行情况

1992年,国家下达给广西的电力年度基建投资计划83333万元,比上年增加108%,其中,中央投资计划67561万元,地方投资计划15772万元,比上年增加84%。另外,还有贵州盘县电厂广西投资4500万元,天生桥一级水电站广西投资4700万元、叶茂水电站广西投资2750万元。如加上这三项,投资计划达95283万元。全年共完成固定资产投资70830万元,比上年增84%。中央、地方本年投资计划、资金到位和投资完成情况详见表3—67(表中数字均未含天生桥一级水电站、贵州盘县电厂和叶茂水电站的数据)。

本年实际到位资金74977万元,为计划投资的90%。其中,中央部分59843万元,为计划的88.5%,地方部分15134万元,为计划的96%。中央投资没有到位的资金有:电力企业债券7500万元,利用外资192万元,部自筹26万元;地方投资部分中电力建设基金和地方自筹各有600万元和38万元没有到位。中央投资部分资金到位较差是影响本年投资计划完成的主要原因。

(二)主要建设成就

1992年,全区各部门通力合作,电力建设取得了较好的成绩,出现了新的突破。

1.国家重点建设项目岩滩水电站1#机组提前九个半月投产发电,为我国电力基本建设树立了榜样。天广线(天生桥——广东750万输电线路,平果、来宾两个50万伏变电站相继投产,使全区电力部门迈进了大机组、大电厂、大电网、高电压、高自动化管理的新阶段,实现了与贵州联网运行,成为继全国五大电网之后又一个跨省(区)的联合电网,粤、桂、黔、滇南方四省(区)电力联网的新格局已经形成。

2、区电力局局属发电量首次突破100亿千瓦时大关,比上年增7.94%,为我区1992年国民生产总

表3—67 单位:万元

	合计	中央	地方
本年计划	83333	67561	15772
本年完成	70830	57532	13298
资金到位	74977	59843	15134

值增长18.2%提供了电力保证。

3、集资办电闯出了新路子。本年由区电力局牵头创立了“广西桂冠电力股份有限公司”。以股份制形式集资兴建水电站在全国尚属首家。

（三）主要投产项目——岩滩水电站

岩滩水电站位于珠江水系红水河的上游，是国家“七五”和“八五”期间的重点建设项目，一期装机容量121万千瓦（4×30.25万千瓦）。原概算投资16.32亿元。工程于1984年开始施工准备，1987年截流，1992年9月16日提前9个半月投产发电。

该电站是实行项目业主负责制的投资包干建设项目，其业主是广西区电力局，由建设单位——广西岩滩水电站工程建设公司具体组织项目的建设和管理。该项目按单项工程进行公开招标选择施工单位。从开工到1992年底止，前后共有来自区内外的五个施工单位参加了该项目的施工。该电站是我国目前在建的“双百”电站（百米坝高、百万千瓦）之一，几年来，项目的业主、建设及施工单位精心组织项目建设的管理，不断采用新技术，新材料，使电站的建设取得了“三高一低”（即高速度、高效益、高质量、低消耗）的好成绩。

该电站1992年计划投资47000万元，实际完成投资46476万元；到年底新增生产能力30.25万千瓦，1#机组共发电4.5亿千瓦时，在一定程度上缓解了广西严重缺电的局面。

（四）主要经验

1.解放思想，更新观念。

遵照上级领导部门的指示，我区电力部门大胆试验，进入市场，由区电力局牵头，和广西建设投资开发公司、广西工商银行信托投资公司、南宁交通银行等单位一起筹建了“广西桂冠电力股份有限公司”，第一次在全国同行中采取股份制形式集资兴建水电站。

2.抓关键，促投产

岩滩1#机组1992年第三季度投产发电是国家下达的指令性计划。为配合岩滩发电，其配套送出工程（岩滩——平果500KV线路、平果——南宁220KV线路）必须同步建成投产。为确保这两项重点投产项目按时完工，区电力局将这两项工程作为头等大事来抓。面对岩滩电站土建与安装交叉作业的复杂情况和主机设备到货晚、到货设备不配套，电气设备、辅机设备催交、运输难度大的严峻局面，区电力部门及时解决建设过程中出现的各个难题。

为了促成岩滩水电站的提前投产发电，我区建设银行对其实行倾斜政策，优先保证资金供应。1992年共向该项目发放建贷30000万元。自开始建设至1992年底止已累计发放建贷84150万元，有力地支持了重点项目的建设。

（五）投资建设特点

1.投资大，增长速度快。

1992年我区电力局电力基建计划83333万元，比上年增长108%，占当年我区固定资产投资计划的26%，是历年来投入最多的一年，无论是中央还是地方投资，均比上年有较大地增长。

2.投资来源渠道多

本年电力基本建设资金来源多达十几种，主要有预算内的经营基金（即中央拨改贷）、建贷、利用外资、电力企业债券、国家投资债券、部门基金、部门自筹、地方集资以及地方自筹等。国家预算内投资比例小，只占3%，预算外资金占整个投资来源的97%。

3.在建项目多，新增生产能力多

1992年电力在建项目24个（包括与贵州合资建设的盘县电厂、天生桥一、二级水电站、叶茂水电站，这几个项目不在广西电力局统计范围内），其中新开工项目达8个。新开工项目主要有柳州电厂扩建工程、岩滩送出工程等。本年全部投产项目5个，部分投产项目2个。部分投产的项目是岩滩水电站，新增30.25万千瓦；天生桥——来宾500KV输电线路493.654公里。全部投产的项目是：岩滩——平果500KV输电线路94.946公里（临时降压220KV运行）、平果——南宁220KV输电线路100.341公里，来宾——黎塘220KV输电线路64.715公里，黎塘220千伏变电站扩建9万千伏安一台，北海220千伏变电站9万千伏安一台。

（六）存在问题

1.部分资金没到位，影响了工程的建设。本年基建投资计划83333万元，但是实际到位资金74977万元，有8356万元没有到位，尤其是中央投资部分没完全到位。电力企业债券有7500万元没有到位，占整个中央投资计划的11%。地方投资部分资金到位稍好一些，但全年仍有600多万元没有到位。由于资金不到位，影响了年度投资计划的完成。

2.设备供货严重拖后，影响了工程进度。岩滩2#机组原计划1993年上半年投产，由于机组供货一拖再拖，致使计划排到第三季度。设备供货拖后的主要原因：一是设备制造厂家生产任务重，顾不及该机组的生产任务，二是建设资金不到位，引起连锁反应，生产厂家资金困难，所以无法按期把设备生产出来。要解决以上问题，国家在安排基本建设计划时，除了要综合考虑整个国家的财力、物力外，还要考虑到我国目前机械设备生产企业特别是大型发电设备生产企业的生产能力，只有这样才能确保设备供货及时以及基本建设任务按期完成。

（龙　斌）

表3—68 1992年主要地方能源项目投资情况表 单位：百万元

开工项目名称	总投资额	当年投资额	计划竣工日期（年）	新增生产能力
柳州电厂扩建工程	769.78	80.00	1995年	2×20万千瓦
河池地区叶茂水电站	91.35	34.5	1995年	3×1.25万千瓦
岩滩～柳州50万伏线路的变电站	300.45	86.79	1994年	500千伏线路2234米 500千伏750兆伏安

竣工项目名称	总投资额	当年投资额	开工日期	新增生产能力
岩滩平果50万伏线路	129.59	79.27	1991年	50万伏输电线路94.946千米
岩滩水电站1#机组	1632(原概算)	515	1984年	30.25万千瓦（当年投产）

海南省

一、1992年海南省投资建设基本情况

(一)1992年海南投资建设基本情况和主要成就综述

1992年邓小平南巡谈话发表和党的十四大召开，使海南掀起了投资建设的热潮。全省全年固定资产投资总额达87.04亿元，比建省前的1987年增长4.43倍，分别比建省后的1988、1989、1990、1991年增长3.32倍、2倍、1.45倍、90.8%，是海南投资建设超常规发展的一年。

1992年，全省全年安排大中型项目28个，其中，续建工程9个、新开工项目9个、前期准备项目10个。在交通方面：海口港一期工程已全部完工，投资额2500万元，建成2个万吨级泊位；海南环岛公路（东线）工程已完成投资5.61亿元，占计划总投资的53.1%，其中，高速公路府城至黄竹段已完工通车，全长65.3公里，黄竹至陵水路段也进入了施工高潮，结束了海南没有高等级公路的历史；海南西环铁路扩建工程计划总投资2.3亿元，已完成投资2000万元，占计划总投资的8.7%；三亚凤凰机场跑道工程基本完成，候机楼、航管楼等配套设施正在全面施工，已完成投资1.73亿元，占计划总投资的16.8%。在工业方面：海南聚脂切片厂已完成投资5028万元，占计划总投资的25.3%；海南汽车制造厂已完成投资2.4亿元，是计划总投资的1.2倍；海南轧钢厂已完成投资1.59亿元，是计划总投资的1.06倍；海南金宝钢铝制品厂已完成投资2429万元，是计划总投资的1.15倍；海南钢铁厂已完成投资3640万元，占计划总投资的2.3%；海南显示管厂已完成投资3437万元，占计划总投资的57.3%；海南琼州饲料厂已完成投资1826万元，占计划总投资的91.3%；海南国际科技工业园已完成投资7027万元，占计划总投资的53.5%；海南彩电中心已完成投资4615万元，占计划总投资的46.2%。另外，大广坝水利水电枢纽工程已完成投资3.9亿元，占计划总投资的55.8%；三亚东田水库供水灌溉工程已完成投资1792万元，占计划总投资的15.4%。这些工程项目的建成投产，对优化产业结构，改善投资环境，增强经济发展后劲，促进海南经济持续高速发展将起重要作用。

1992年，全省基本建设和更新改造新增主要生产能力有：钢材7.25万吨/年、变电设备能力12.6万千伏安、市内电话自动交换机1.95万门、新建微波电路240公里、轮胎外胎5万条/年、化学纤维3000吨/年、棉印染600万米/年、家用空气调节器12万台/年。

(二)投资规模、投资结构、投资特点

1.投资规模和投资结构

1992年，海南固定资产投资创历史最高纪录，投资总额达87.04

亿元，其中，基本建设投资43.36亿元，占49.8%，比上年增长72.8%；更新改造投资5.31亿元，占6.1%，比上年增长15.3%。按用途分，生产性建设投资28.05亿元，占投资总额的32.2%，比上年增长41.4%；非生产性建设投资58.99亿元，占67.8%，比上年增长1.3倍，其中，商品房投资30.2亿元，占51.2%，比上年增长1.78倍。按资金来源分：国家预算内投资3.71亿元，占4.3%；国内贷款22亿元，占25.3%；利用外资11.53亿元，占13.2%；自筹投资41.86亿元，占48.1%；其它投资7.94亿元，占9.1%。自筹资金和国内贷款所占比例较大。

2.1992年海南省固定资产投资特点

(1)房地产成了主要投资热点。1992年全省商品房建设投资30.2亿元，占固定资产投资总额的34.7%，比1989至1991年三年房地产投资总和还多12亿元，投资额居各行业之首。房地产业成为海南国民经济发展的新兴支柱产业。

(2)工业基本建设和技术改造资金的投入增加。1992年全省工业固定资产投资14.77亿元，比上年增长34.8%。其中，基本建设投资11.37亿元，更新改造投资3.4亿元，分别比上年增长48.3%和3.3%。投资的增加，促进了工业生产的发展，1992年全省工业总产值达71.71亿元，比上年增长33.4%，比建省前的1987年增长1.45倍，创历史最高水平。

(3)交通邮电业基础设施投资加大。1992年全省交通、邮电业投资高达7.78亿元，比上年增长89%，使交通运输、通讯能力大为增强。1992年海南万吨级以上泊位达9个，港口吞吐能力达1170万吨。公路通车里程达1.3万公里，公路密度排全国第3。海口机场成了国内十大航空港之一。市话装机容量达10.98万门，有11个市县进入全国程控电话直拨网。

(4)旅游等第三产业投资明显增加。1992年全省旅游、商业、金融保险业等第三产业共投资15.48亿元，比上年增长52%。1992年全省涉外宾馆达80家，接待国内外游客达247.4万人次，比上年增加75.9%。全年旅游外汇收入3.11亿元，比上年增长53.9%。商业、金融保险业等第三产业也有了较大发展。

(三)投资建设的主要经验和问题

1.主要经验。

(1)灵活运用优惠政策，努力改善投资软环境。1992年海南省坚持“大开放”的方针，按国际惯例办事，实行落地签证，试行“先登记公司，后办项目”的国际通行做法。省投资委员会还批准成立了省外引内联投资项目联审办公室，简化了审批手续，方便了投资者，提高了办事效率。在落实中央优惠政策的同时，还根据省情制定了一系列投资优惠政策，如《海南经济特区外商投资条例》、《海南经济特区鼓励投资政策》和《洋浦经济开发区条例》等。同时还大力抓好社会治安，创造安定的生活环境。投资软环境的改善，使来海南考察投资的外商猛增。1992年，海南利用内资15.93亿元，利用外资5.32亿美元，利用外资比上年增长1.4倍。

(2)狠抓基础设施建设，改善投资硬环境。海南省始终把能源、交通、通讯等基础设施建设作为重点来抓。1992年，全省能源投资3.1亿元，比上年增长60.2%，电力装机容量达80多万千瓦，比建省前增加一倍多，发电量近20亿千瓦小时，比建省前增加1.4倍。公路、铁路交通条件大为改善。68个天然港湾已开辟20个，港口吞吐量大增。全省通讯设施已形成完整体系。

(3)以项目为中心，以成片开发大规模吸引国内外投资。1992年，海南仍以抓项目为中心，带动投资工作的开展。如储备并筛选外引内联重点项目，开展对外招商。利用海南国际椰子节和“海交会”时机，大力促成重点投资项目。以成片开发的形式大规模吸引国内外资金，是海南从建省后几年投资建设的实践中得到的一条比较成功的经验，它实现了从过去一个一个项目的引进，向由国内外客商招商、批量的引进项目和资金的转变。1992年国内外客商在全省设立了38个开发区。首期投资额4.82亿美元。

2.存在的主要问题

(1)办事效率有待提高。在运用政策方面，没有真正体现出海南的“特”来，开拓精神与广东相比还有一定差距。有些相关部门由于互通情况不够，彼此产生这样那样的误会而扯皮，影响办事效率，这些都给投资工作带来不良影响。

(2)投资结构不够合理。从发展速度看，生产性建设投资增长幅度小，非生产性建设投资增长幅度大。1992年全省固定资产投资中，生产性建设投资比上年增长41.4%；非生产性建设投资比上年增长1.3倍。后者增长幅度大大高于前者。以构成看，生产性建设投资占投资总额的32.2%，非生产性建设投资占67.8%。

(3)商品房建设结构不甚合理。从投资情况看，商品房建设总投资30.2亿元。其中，生产性建设投资0.37亿元，占1.2%，非生产性建设投资29.85亿元，占98.8%。在非生产性建设投资中，商品住宅建设投资17.33亿元，占58%。从建设情况看，1992年新开工商品房建设面积345.88万平方米，其中，仓库用房1.53万平方米，占0.5%。商业营业用房46.14万平方米，占13.3%。服务业用房5.87万平方米，占1.7%。办公用房58.17万平方米，占16.8%。住宅用房211.77万平方米，占61.2%。其它用房22.4万平方米，占6.5%。1992年商品房竣工面积106.11万平方米，其中，商业营业用房2.46万平方米，占2.3%。办公用房15.32万平方米，占14.4%。住宅用房77.3万平方米，占72.8%。其它用房6.96万平方米，占6.5%。可见，海南商品房建设主要集中于商品住宅和办公用房，而生产性和商业营业的用房很少。

(4)房地产市场发展失调。突出表现在四个方面：一是市场供给和需求结构失衡，中低价位的商居楼(多层住宅楼2000元/m²，办公写字楼3200元/m²)供给不足，而高价位的别墅(4100元/m²)由于售价高而出现相对过剩。二是海南的房地产市场主要是由投机需求所激活，其市况及走势在很大程度上是由投机需求而不是由最终需求所左右，市场需求结构性失衡。三是高赢利性房地产投资与社会公益性房地产投资比例严重失衡，在向商业营业用房、商住楼和高级别墅投入巨资的同时，向教育、体育、卫生等社会公益性基本建设投资则很少。前者占85%，后者占15%。四是房地产业的大跨度超前发展缺乏其它产业基础结构的支撑。由于海南工业基础十分薄弱，农业基础仍然较差，旅游业又尚未真正发展起来，所以，房地产在某种意义上的孤军奋进，显然缺乏其它产业的强劲支撑，而带有先天的脆弱性，缺乏发展后劲。

(5)投资项目的管理有待加强，效率有待提高。突出表现为项目投资超概算比较普遍，有浪费现象存在，影响投资效益。今后应加强项目管理，杜绝浪费现象，提高投资效益。

(韦吉东)

表3—69　1992年开工的主要地方项目　　单位：百万元

项目名称	总投资额	当年投资额	计划竣工日期(年、月)	新增生产能力
海南聚脂切片厂	198.6	42.5	1994.9	切片6万吨/年
海南显示管厂	60	30.3		显示管70万支/年，电子管80万支/年，偏转线圈80万支/年
海南冷轧薄板厂	382.5	13.2	1994.12	冷轧薄板10万吨/年
海南西环铁路扩建工程	230	20	1994.12	
海南农业开发综合项目	270	90	1994.12	
海南邮电系统工程	333.8	0.17	1994.12	
海南钢铁厂	1549	36.4	1995.12	

表3—70　1992竣工的主要地方项目　　单位：百万元

项目名称	总投资额	当年投资额	开工日期(年、月)	新增生产能力
海口港一期工程	99.8	25	1990.1	2个万吨级泊位
海南鞍钢分厂	150	70	1991.8	钢材7.25万吨/年、电焊钢管4万吨/年、镀锌焊管4万吨/年

续表

项目名称	总投资额	当年投资额	开工日期（年、月）	新增生产能力
海南东线高速公路	259.9	33.87	1988.6	半幅65.3公里
府城至黄竹				
海南省农业综合开发项目第一期工程	270	54.5	1989、6	改造中低产田150万亩，造防护林24.9万亩

二、1992年海南省利用外资投资建设基本情况

（一）利用外资投资建设基本情况

1. 外资投资建设基本情况和主要成就

海南建省办大特区以来，充分利用外资投资建设方面取得了令人瞩目的成就。截至1992年底，已有港、澳、台湾、日、美、法等42个国家和地区来海南投资，共创办外资企业3393家，投资领域遍及农、工、商、交通运输、房地产、金融等行业，合同外商投资34.64亿美元，外商实际投资9.51亿美元，加上其它形式投资3.04亿美元，实际利用外资12.55亿美元。其中，1988年实际利用外资1.28亿美元，首次突破1亿美元，1989、1990、1991三年实际利用外资分别为1.6、1.9、2.22亿美元，是建省前历史最高峰的4.94、5.82、6.82倍。

1992年，是海南省利用外资取得突破进展的一年。全省批准境内外投资企业4720家，合同协议外资金额共45.53亿美元，实际利用境内外资金7.95亿美元，外资企业出口创汇3.3亿美元。

2. 外资投资规模、投资结构、资金来源

(1) 投资规模增长幅度大。1992年，全省批准成立外商投资企业1830家，比上年的470家增加2.89倍，相当于（1980至1991）12年的总和。合同外资金额22.6亿美元，比上年3.9亿美元，增加4.74倍，超过（1980—1991）12年总和14.2亿美元的59%。实际利用外商投资4.53亿美元，比上年1.76亿美元增长1.57倍，相当于（1980—1991）12年总和5.7亿美元的79%。

(2) 投资结构向第三产业倾斜。按用途分：生产性建设投资项目3634个，投资19.58亿美元，分别比上年增长3.4、2.8倍，占投资总额的43%。非生产性建设投资项目1086个，投资25.96亿美元，分别比上年增长4.8、10.6倍，占57%。按行业分：房地产公用服务业投资236321万美元，比上年增长11.8倍，占投资总额51.8%。商饮供销仓储业投资84081万美元，增长12.1倍，占18.4%。工业投资70886万美元，增长84.32%，占15.4%。农业投资19531万美元，增长4.5倍，占4.4%。建筑业投资15019万美元，增长5.7倍，占3.3%。金融、保险业投资12358万美元，增长20.9倍，占2.6%。交通运输和邮电业投资5959万美元，增长3.6倍，占1.3%。科研综合技术业投资4440万美元，增长3.4倍，占0.97%。文教卫生广播业投资217万美元，增长9.9倍，占0.05%。其它行业投资6167万美元，增长2.7倍，占1.3%。

(3) 资金来源多渠道。第一对外借款。1992年，全省协议借用国外贷款33223万美元，实际借款8000万美元，比上年增加71.5%，其中：借用国外政府贷款3300万美元、国际金融组织贷款1500万美元，分别比上年增加2.93、12.3倍。国际商业银行贷款3200万美元，比上年（含流动资金贷款）减少11.7%。第二，外商直接投资。1992年，在外商直接投资中，合资企业协议投资7.21亿美元，实际完成1.88亿美元，分别比上年增长3.33倍、3.57倍。合作企业协议投资1.72亿美元，实际完成0.53亿美元，分别比上年增长

1.51倍、1.07倍。独资企业协议投资13.68亿美元，实际完成2.12亿美元，分别比上年增长7.87倍、94%。第三，外省投资。1992年，协议外省投资141.54亿元，实际投资19.53亿元，分别比上年增加5.18倍、64%。其中，独资企业投资107.14亿元，比上年增加8.57倍。联营企业投资34.4亿元，比上年增加1.93倍。

3. 当年开工及竣工投产的主要地方项目投资情况

1992年，海南省新开工的主要地方项目9个，总投资33.34亿元，其中：国家投资2.84亿元、省筹10.12亿元、外资10.08亿元、银行贷款10.25亿元。在这新开工的9个项目中，外商投资项目6个，其中：交通、邮电项目3个，海南程控电话工程（10.5万门），海南岛东光缆工程和海南数字微波工程（扩建），分别利用日元贷款（折人民币）为1.25、0.12、0.28亿元。工业项目3个：海南聚脂切片厂、电脑显示管厂和天然气化肥厂，分别利用外资为0.15、0.054、8.2亿元人民币。1992年竣工的主要地方项目：海南鞍钢小型轧钢厂和钢管厂，总投资15000万元，其中：鞍钢自筹4500万元、汇通公司500万元、贷款10000万元。

（二）加强基础设施投资，改善投资环境

1. 改善投资环境，加强基础设施建设方面情况和主要成就

海南建省办大特区后，为对外开放，吸引外资，在加强物质和精神文明建设软环境的同时，重点加强能源、交通、通讯、供水等基础设施建设，取得了很大成绩，改变了基础设施落后的面貌，使海南基本上具备了大量吸引国内外资金，进行大规模投资建设的条件。电力超前发展，至1992年，海南电力装机容量已达80万千瓦，比建省前增长了一倍多，发电量由1987年的8.32亿千瓦时上升到16.5亿千瓦时，成为全国电力发展超前，电力富余的省份之一。立体交通初具规模，海南港口吞吐能力由建省前的740万吨/年增加到1170万吨/年，新增旅客吞吐能力12万人次/年，各种船舶运力由建省前的4万吨增加到26万吨。全省公路通车里程达1.4万公里，通车密度为38%，为全国平均密度的4倍，名列全国前茅。空中航线由建省前的4条发展到26条，海口机场旅客发运量由建省前7万人次/年增加到94万人次/年，已进入全国十大航空港的行列。通讯落后局面迅速改观，长话从建省前的388条增加到1247条，市话装机容量从建省前的1.9万门，增加到10.98万门。海口、三亚、通什等11个市县用户可直拨全国513个大中城市和100多个国家和地区，还新建成了3个地面卫星通讯站。

2. 基础设施建设投资规模、资金来源

1992年，海南省重点、大中型基础设施建设项目（含续建、新开工项目）共计8个，计划总投资27.6亿元人民币，累计完成投资14亿元。资金来源：国家投资5.98亿元、省筹9.33亿元、银行贷款5.14亿元、利用外资9.01亿元。

3. 基础设施建设当年开工及竣工投产的主要项目投资情况

1992年，海南省基础设施建设新开工的主要项目：海南通信系统工程（含程控电话、数字微波站、岛东光缆），总投资33377万元人民币，当年完成投资170万元；海南西环铁路扩建工程（叉河至那大段79公里），总投资23000万元，当年完成投资2000万元。1992年，海南省基础设施建设竣工投产的主要项目：海口港一期工程一万吨级泊位2个，总投资9984万元人民币。其中，1992年投资2561万元；环岛东线高速公路，总投资10.56亿元，累计完成投资5.09亿元，完成并通车府城至黄竹段65公里，全程269.3公里，计划1994年竣工通车。

（三）海南省经济技术开发区投资建设情况

1. 国家级经济技术开发区、高科技开发区基础设施投资情况

海南国际科技工业园是海南唯一的经国务院批准设立的国家级经济技术开发区、高科技开发区，由国家科委、海南省政府、四川省政府和海南港澳国际有限公司四方共同创办。规划用地面积1780亩，从1991年到2000年大体分开发、发展、成熟三个阶段实施，其中，基础设施建设总投资12亿元。1992年，基础设施及项目施工已全面铺开，场地平整工程已基本完成，主干道径三路已辅设完毕，并已开通；已建成首期900亩土地的“六通一平”和25000平方米的工业大厦；园区配套公寓也全面开工。

2. 投资规模、投资结构、资金来源

海南国际科技工业园在加紧进行基础设施建设，投资环境日趋完善的同时，广泛向国内外招商，加紧兴建。至1992年，已审定进园高新技术项目31个，总投资31439万元、外汇2152.38万美元，其中，外商独资2项，投资1000万元人民币、100万美元；中外合资15项，投资18329万元人民币、2052.38万美元；内联12项，投资11825万元；国营1项，投资50万元；民办1项，投资235万元。投资领域涉及新材料、微电子与信息技术、机电一体化、生物工程等方面。生物技术10项，投资12440万元人民币，占总投资的39.6%，100万美元，占外汇总投资的4.6%；新材料9项，投资8789万元人民币，占28%，1105万美元，占51.3%；新技术5项，投资4830万元人民币，占15.4%，300万美元，占13.9%；电子、微电子7项，投资5380万元人民币，占17.1%，647.38万美元，占30%。资金来源：自有资金累计23545万元人民币、720万美元、银行贷款累计10599万元人民币。

3. 当年开工及竣工投产的主要项目投资情况

1992年，高科技，外引内联进园当年开工的主要项目7个，总投资

14354万元人民币、607万美元。这些项目是：无糖浓缩颗粒冲剂，投资2000万元；芫花萜及芫花萜膜，投资1500万元；"901"植物增长素，投资1540万元；真空磁控镀膜玻璃，投资4634万元人民币、485万美元；金属膜电阻器生产线，投资980万元人民币、122万美元；营养液、血液制品，投资2500万元；生物制品，投资1200万元。以上7个项目计划于1993年内竣工。

（四）投资建设的主要经验和问题

1.1992年，海南省利用外资投资建设的主要经验：一是按照社会主义市场经济的要求，充分解放思想，扩大对外开放的深度和广度。在邓小平同志南巡重要谈话发表后，海南抓住有利时机，大胆采用国际上行之有效的作法和成功的管理经验，放宽外商投资企业经营范围，允许企业灵法经营，并适当扩大产品内销比例，以市场换技术、换投资等；二是以项目为中心，以成片开发作为大规模吸引国内外资金的重要形式，推动外引内联工作的发展。1992年，国务院批准在海南兴建洋浦经济开发区、海口市金盘保税区和三亚市亚龙湾国际旅游渡假区项目后，海南省还批准了6个外商投资成片开发项目，规划面积16.1平方公里，首期投资4.82亿美元；三是制定有效措施，调整投资结构。在大力发展第三产业的同时，制定一些相应的倾斜政策，鼓励和吸引国内外资金向工业、农业、高科技等方面投入，促进产业结构的合理布局；四是采取灵活多样的方法，发展海南高新科技。海南国际科技工业园在推进规范化股份制改组，拓展多种融资渠道的同时，按照"筑巢引鸟"、"引鸟筑巢"，"从小到大，逐步发展，成熟一片，开发一片"的方针进行建设。

2.存在主要问题。投资结构不够合理。利用外资投资高度集中在房地产等第三产业；投资层次不高。外引内联投资项目额仍然偏小，技术先进型项目不多；投资地域不平衡。外引内联投资主要集中沿海市县，腹地尤其是少数民族地区投资不多；投资项目不够落实。对外引内联企业的资信、融资能力缺乏足够的了解，对项目跟踪管理不力等，项目审批多，真正动工少，难免出现圈地现象；对已建企业在生产，经营中出现的问题研究不够。

（陈光美）

三、1992年洋浦经济开发区投资建设基本情况

（一）1992年洋浦经济开发区投资建设基本情况和主要成就综述

1988年，海南省政府根据海南实际，拟将洋浦30平方公里土地使用权出让给香港熊谷组开发经营，租期70年。1992年3月国务院正式批准把洋浦建成以技术先进的工业为主导，第三产业相应发展的外向型经济开发区，实行封闭隔离管理，区内实行比国内现有特区，开发区更加优惠政策，洋浦开始了开发建设的新里程。

1992年是洋浦开始基础设施建设，进入实质性启动的第一年。熊谷组（香港）有限公司计划投资25亿港元建设区内基础设施，土地平整，水、电、道路、隔离带等基础设施，首期工程于1992年6月26日破土动工。开发区的依托港——洋浦港，总体规划兴建万吨级以上泊位26个，其中10万吨泊位1个，2—3万吨泊位18个，至2005年后吞吐量为2845万吨。该港自1987年1月动工建设以来，国家投资1.8亿元，建成了3个2万吨级多用途深水泊位和1个3000吨级工作泊位码头。1991年2月1日正式投入使用至年底，共接待中外货轮35船次，完成货物吞吐量16.5万吨。1992年投资1045.8万元增建的一座仓库和购买一批40T门机等设备后，年吞吐量达到100万吨的要求，全年港口接待大型船泊59船次，吞吐量25.5万吨，营业收入991.8万元，实现利润105.6万元，分别比上年增长63%、59.3%和34倍。交通部投资3000万元于1989年建成了一条长59.2公里那大至洋浦的二级公路，开发区内主干大道，隔离带封闭线巡逻道和港口至电厂道路的建设已全面铺开；通讯部门投资1340万元兴建面积为3704平方米的两座通讯大楼，1992年4月已开通100部程控电话；电力部门投资建成两座35千伏变电站，向开发区输电。由熊谷组（香港）有限公司等组建成的一家合资公司兴建的一座容量为130万千瓦、发电量为450兆瓦的燃油发电厂已破土动工，第一期投资为20亿港元；交通部、长沙矿山设计院和海南水文地质工程勘查院对洋浦地区水文地质进行勘查后，打出了5口深170米的深水自流井。此外，海关检查站土建工程已开始，海南洋浦开发区管理局办公宿舍楼正加紧施工，熊谷组洋浦开发区展览馆及洽谈室已建成使用。

1992年，洋浦经济开发区利用外商投资开发建设，其基础设施建设已初具规模，辐射了儋县经济建设的迅速发展。这一年，儋县成了投资热点，全年外引内联企业登记注册283家，注册资金6.69亿元，分别比上年增长6倍和23倍。立项471个，协议投资总额人民币19亿元，港币1.713亿元和5484万美元，实际利用资金1亿多元，比上年增长11倍多。

（二）投资规模、投资结构、投资特点

1.投资规模和投资结构

洋浦开发区是目前我国利用外资成片开发的最大项目。熊谷组（香港）有限公司等7家海内外企业组成的海南洋浦土地开发有限公司，洋浦开发计划用15年分三期完成，总投资180亿港元，工程包括地基、水、电、公路、排水、房屋及医疗设施建设，计划吸收二、三产业投资1364亿港元。首5年投资额达100亿港元。在30平方公里面积中，发展重、轻工业和第三产业规划面积占60%。住宅、社区设施等规划面积

占40%。1992年11月22日海南洋浦土地开发有限公司经海南省经济合作厅核准登记注册，投资总额为30亿元港币。该公司股东由熊谷组(香港)有限公司(占30%股权)、香港荣高贸易有限公司(占20%股权)、台湾大中华集团有限公司(占5%股权)、香港长江实业集团有限公司(占10%股权)、中国工商银行海南省信托投资公司(占16%股权)、中国银行海口信托咨询公司(占14%股权)、交通银行海南分行(占5%股权)等7家组成。总投资30亿港元外资累计为19.5亿港元，占65%。

2. 投资特点

1992年洋浦经济开发区投资特点是，重点放在以基础设施建设为主的区内道路、通讯、水、电、土地平整、封关隔离铁丝网等的建设工程，为今后重点发展重轻工业和第三产业打基础。

(三) 开工竣工投产的主要项目投资

1992年洋浦经济开发区按照统一规划、综合开发、配套建设、基础设施先行的原则，扎扎实实地做好基础设施工程的前期建设。投入建设中的4.5公里长，40米宽的区内主干道的土地平整和路基工程已全部完成；9.6公里长的隔离带，7.6公里长、10米宽的封闭线巡逻道和巡逻道旁20米宽的绿化带土地平整已大部分完成；设置4条通道的4个关卡检查站建设工程已投入施工，计划在1993年4月底全部交付使用；电厂旁一条4.7公里长，9.5米宽的由钢筋和碎石修筑的公路75%已完成了路基工程。由熊谷组(香港)有限公司、香港荣高贸易有限公司、德国西门子公司、日本前田建设株式会社组建的一家合资公司兴建一座设计容量为130万千瓦，第一期发电量为450兆瓦，首期工程投资20亿港元的燃油发电厂，土地平整和地质勘察也已完成；利用无息贷款1300万元兴建总面积2800平方米的通讯大楼土建工程已竣工，240路数字微波和2200门/90线程控电话集装箱等设备已到位安装，计划1993年初可开通使用。

(四) 主要经验和存在问题

1. 主要经验

(1) 制定更优惠更特殊的政策吸引境内外投资者。根据洋浦经济开发区的发展规划，制定了《海南省洋浦经济开发区条例》，给予洋浦经济开发区封闭式隔离管理，比保税区更加开放的政策。开发区的土地使用权一次性出让给外商，期限为70年。开发区内的企业免缴地方所得税。企业生产的产品在开发区内市场销售除国家另有规定外，免征产品税或增值税。从境外进入开发区的货物、物品、运输工具、免领进口许可证。除国家另有规定外免征进口关税、产品税或增值税。开发区内的企业生产的产品运出境外的以及转口出境的货物，免征关税。除国家另有规定外，免征产品税或增值税，免领出口许可证。经人民银行批准，可在开发区设立外资、中外合资和中资金融机构。境外人员凭护照可在开发区洋浦口岸办理入境登记手续后，直接往返于开发区和境外。目前，这种优惠政策在国内尚无先例，在国际上为数不多。

(2) 利用外资成片开发是建设和发展洋浦的唯一出路。洋浦是一个有2.5万多人口，人均收入300多元的贫困地方。海南要按中央的要求到本世纪末赶上国内发达地区的经济发展水平，达到台湾80年代初的经济发展水平，15年内需投入2000亿元，每年要投入130亿元。洋浦按国际通行的开发标准搞“七通一平”，每亩土地要投资220万元，1平方公里的开发费即3亿多元，国家拿不出这么多的资金，海南本身也没有办法。在这种情况下，利用外商成片开发才是洋浦发展的唯一选择。

(3) 灵活运用政策，创造洋浦模式，是开发洋浦，建设海南的重要举措。海南建省办全国最大的经济特区，中央给予海南优惠的政策，搞好洋浦经济开发区建设是海南用活中央政策的又一体现。如果经过15年的建设，洋浦开发区真正成为一个技术先进、重轻工业为主导，第三产业相应发展，技工贸相结合，热带风光与新型经济相协调的外向型综合性港湾城市，它的工业总产值即可达到135亿元，可以安排25万人就业。这样，国家不但可获得开发建设的一次性税收26—32亿元，每年的正常收入8.2亿元。洋浦发展了，海南和国家都从中受益。

2. 存在问题

(1) 洋浦立法工作进展不快。洋浦开发区是海南经济特区中的“特区”，实行一系列比特区更特更灵活的政策，其特殊的性质和模式，决定了其管理体制和管理规范，必须修改国内现行管理体制和法律，结合国际惯例的某些具体规定抓紧洋浦立法。洋浦经济开发区已经破土动工了，但洋浦货物、人员、资金进出，以及国土、城建、环保、海洋、港口、劳动管理和产业政策、税收等13个法规，才出笼《海南省洋浦经济开发区条例》等2个法规。在一定程度上影响洋浦经济开发区的建设。

(2) 开发区基础设施建设工程进展缓慢。电厂土建工程和土地平整还未动工。人力、物力、资金等方面没有到位。人们担心的是5年内建设项目能否填满洋浦30平方公里土地。

(3) 洋浦招商效果没有预期的那么好，影响了建设进度；

(4) 宣传不够。对洋浦开发区的各项优惠政策应广泛向国外宣传，让外商了解洋浦，来洋浦投资。

(王孔现)

四川省

1992年四川省投资建设基本情况

(一) 投资建设基本情况和主要成就综述

1992年在邓小平同志南巡重要

谈话和党的十四大精神指导下，四川省改革开放迈出了较大步伐，国民经济进入新的发展阶段，生产、建设、流通、消费全面增长，经济运行态势基本顺畅。全年全省国民生产总值1481.22亿元，比上年增长12.3%；国民收入1263.85亿元，增长12.4%；工农业总产值2594.61亿元，增长16.4%。与国民经济的高速发展相适应，1992年全省投资总额继1991年创历史最高水平之后，又有较大突破。由于大量建设资金的投入，促使全省投资结构进一步改善，更新改造步伐加快，重点建设和基础产业、基础设施建设进一步得到加强，年内按计划建成的项目工程质量有所提高。据统计，年内建成投产项目4442个，比上年增加585个，其中“小四川”(不含成都、重庆，以下同)3759个，占全省的84.6%；全年基本建设新增固定资产105.3亿元，比上年增加21.18亿元，增长25.3%，其中“小四川”新增固定资产61.79亿元。基本建设新增的主要生产能力和效益有：发电机组容量61万千瓦，煤炭开采4万吨，石油开采23万吨，天燃气5.18亿立方米，汽车制造3000辆，水泥4万吨，合成氨2.5万吨，化肥8.3万吨。

(二) 投资规模

1992年，全省全社会固定资产投资总额为405.40亿元，比上年增加122.88亿元，增长43.5%，其中“小四川”投资总额为253.75亿元，比上年同口径增长44.2%。

在全社会固定资产投资中，国有单位完成投资281.79亿元，比上年增长37.2%，其中“小四川”为178.63亿元，增长41.6%；集体单位完成投资62.42亿元，比上年增长1.08倍，其中“小四川”为36.3亿元，增长89.7%；城乡个人完成投资61.18亿元，比上年增长30.0%，其中“小四川”为38.49亿元，增长26.1%。从投资用途看，生产性建设完成投资253.30亿元，比上年增加73.35亿元，增长40.8%；非生产性建设完成投资152.10亿元，比上年增加49.53亿元，增长48.3%。

在国有单位投资中，基本建设完成投资161.06亿元，比上年增长31.7%，其中“小四川”113.81亿元，增长43.5%；更新改造完成投资84.53亿元，比上年增长38.9%，其中“小四川”为42.91亿元，增长37.2%；其它建设完成投资18.54亿元，比上年增长29.7%，其中“小四川”为16.75亿元，增长35.5%；商品房建设完成投资17.66亿元，比上年增长1.2倍，其中“小四川”为5.18亿元，增长61.4%。

(三) 投资结构

1. 从所有制看，在全社会固定资产投资中，国有集体、个体所占投资比重分别为69.5%、15.4%、15.1%，1991年则为72.7%、10.6%、16.7%。国有和个体投资所占比重均比上年有所下降，集体投资比重相对提高。

2. 从行业看，在基本建设投资中，第一产业受到进一步重视，第三产业投资在上台阶、上档次、上水平方面迈出了一大步，保持了较高的增长速度。农、林、牧、渔、水利等第一产业建设完成投资6.94亿元，比上年增长54.9%，占基建投资总额的比重由1991年的3.7%提高到1992年的4.3%；工业建设完成投资84.99亿元，增长16%，所占比重由1991年的59.9%下降为52.8%；运输、邮电、通讯业完成投资15.62亿元，分别比上年增长1.4倍、81.5%、69.0%，所占比重分别由3.9%、1.6%、7.6%改变为7.1%、1.3%、9.7%。

3. 从用途看，在全社会固定资产投资中，非生产性投资所占比重较上年提高1.2个百分点，生产性投资相对下降，生产性和非生产性投资所占比重分别由上年63.7%、36.3%改变为62.5%、37.5%；在基本建设投资中，生产性和非生产性投资所占比重分别为上年的68.5%、31.5%改变为65.3%、34.7%；在更新改造投资中，生产性和非生产性投资所占比重分别由上年的85.4%、14.6%改变为87.4%、12.6%。

4. 从性质看，在国有单位投资中，基本建设投资所占比重由1991年的59.5%下降为57.2%、更新改造投资所占比重由29.6%提高为30.0%、其它建设投资比重由6.9%下降到6.6%、商品房建设投资比重由4%提高到6.2%。

(四) 利用外资投资建设情况

1. 基本情况。1992年，四川共批准利用外资兴建企业1070家，合同外资金额8.6亿美元，分别为1983～1991年总合的2倍和3.6倍。其中：“小四川”共批准利用外资企业335家，合同外资金额2.3亿美元；成都、重庆两市共批准利用外资企业735家，合同外资金额6.3亿美元。截至年底，全省累计批准利用外资企业1582家，其中：“小四川”累计912家，合同金额14.14亿美元。从全年利用外资的方式看，“小四川”利用外资方式还比较单一，主要采取合资经营、合作经营和外商独立投资第三种方式，其它引资方式还未得到发展。其中，合资经营项目275家，合同外资额1.57亿美元；合作经营项目5家，合同外资额561万美元；外商独资项目55家，合同金额6737万美元。从投资来源看，利用外资主要来自香港、台湾、澳门三地，利用这三地资金兴建的“三资”企业共有271项，合同金额1.72亿美元，分别是“小四川”总数的80.9%和74.8%。除此之外，美国、日本、新加坡、西欧等国的投资也在逐渐增加。从投资结构看，利用外资主要用于机械、纺织、电子、服务、缝纫等行业，共有197个项目，合同外资额为1.09亿美元，分别是“小四川”总数的58.8%和47.4%，这五个行业合同外资额均在1000万美元以上。

(五) 投资特点

1. 投资高速增长，新开工基本建设项目小而多。1992年，全社会固定资产投资增幅为43.5%，比1991

年高19.2个百分点，其中“小四川”增幅为44.2%，也比上年高15.6个百分点。全年全省共有基本建设施工项目8066个，比上年增加879个，其中小型项目7978个，增加872个，分别是项目总数和增加项目数的98.9%和99%。

2. 多渠道筹措的资金增长较快，国家预算内拨款所占比重下降。1992年多渠道筹措的资金完成投资总额382.36亿元，比上年增加118.98亿元，增长45.2%。国家预算内投资完成23.04亿元，增加3.9亿元，增长20.4%，占投资总额的比重比上年下降1.1个百分点。多渠道筹措的资金增速比国家预算内投资高24.8个百分点。

3. 更新改造投资增长快于基本建设。1992年更新改造投资比上年增长38.9%，比基本建设投资增幅高出7.2个百分点，这是更新改造投资增幅自1989年以来首次超过基建投资增长幅度。

4. 地方项目投资增长快于中央项目投资。1992年，在基本建设投资中，地方项目投资大幅度增长，全年完成投资96.34亿元，比上年增加30.40亿元，增长46.1%，比中央项目投资增幅高31.2个百分点。

（六）重点建设项目成绩显著

1. 重点建设投资完成情况。1992年，四川基本建设的重点是，继续加强水利、农业、交通邮电、能源、原材料工业和国防工业以及教育事业的建设。当年重点建设项目41项（续建35项、新建6项），计划投资61.4亿元。其中，国家重点项目13项，计划投资32.5亿元；省重点项目28项，计划投资28.9亿元。41个重点项目中，要求全部建成投产项目5个，单项投产项目9个。当年重点建设项目投资计划完成良好，省重点项目增幅喜人。到年底，共计完成投资60.1亿元，为年计划的97.9%，比上年提高6.2个百分点，增长25.2%。其中省重点项目完成26.7亿元，为年计划的92.4%，比上年增长83%。

2. 重点项目建成投产情况。全年计划全投和单投的项目已分别按期或提前建成投产。5个全部投产项目是：珞璜电厂、开县电厂、816厂大化肥工程、川东盐厂、长山盐矿等。9个单投项目是：隆（昌）泸（州）铁路、成渝高等级公路成都至简阳段、十七城市数网通讯工程开通9个城市、铜街子水电站1号机组、攀钢二期工程热轧区1450热轧和自备电厂1号机组、西南铝加工厂两台1700毫米铝箔机、泸州天然气化工厂脂肪酸装置、升钟水库车龙和占山二斗渠、成都印钞厂热电分厂等。

二滩电站左右导流洞开挖进度顺利，至年底完成开挖90%左右，预计1993年2月底，两导流洞可按计划贯通；太平驿电站战胜了6至7月的特大洪灾，于11月8日截流，比计划提前17天；东西关水电站于12月19日完成闸坝一期围堰施工，为坝基开挖创造了条件；成达铁路的漏米垭隧道、南充车站、涪江特大桥、沱江大桥的施工进度较快；武都引水工程总干渠9座隧洞已贯通8座，3座渡槽已建成；川天化大化肥工程厂区地下管网施工顺利，合榕公路改造基本建成；雅安纸浆厂主要车间土建工程基本完成并陆续交付安装；839扩建工程进展顺利，达到了年计划的要求。

3. 1992年四川省重点建设工程质量有所提高。已竣工投产项目经质监部门检查评定，工程合格率为100%，其中单项工程优良率有明显提高。川东盐厂的工程质量，受到有关部门的好评。铜街子水电站1号机组启动调试顺利，计算机数控系统一次投入成功。成渝高等级公路的质量，经交通部工程质量抽查组10月抽查，路基、路面、桥涵、隧道等工程的质量较好。西南铝加工厂改扩建工程设备安装优良率逐年上升，达到87.1%，其中1850毫米冷轧机，在4月被国家有色金属总公司评为“样板工程”。

（七）投资建设中存在的问题

1. 在建摊子大，投资效益较差。1992年全省基本建设和更新改造施工项目12601个，其中基本建设项目8066个，更新改造项目4535个，据估计，在建项目投资总规模在600亿元以上。由于摊子大，建设项目普遍缺乏资金、物资等，基本建设固定资产交付使用率仅为65.2%，比上年下降了2.8个百分点；房屋建筑竣工率为47.1%比上年低5.4个百分点；项目竣工投产率为55.1%。

2. 建设资金到位差，影响工程建设进度。1992年由于新开工项目大量增加，而且小而分散，加上项目资金来源渠道多，缺口大，很多项目一开工就遇到资金短缺问题，只好边找钱边修建，使工程建设无法顺利进行。

3. 盲目建设、重复建设现象突出，不按正规的审批程序和越权上项目的情况与往年比较显得更为严重。

（宋兰　吴成科）

表 3—71　1992 年开工的主要地方项目　　单位：百万元

	项目名称	总投资额	当年投资额	计划竣工日期（年、月）	新增生产能力
1	重庆渝港钛白粉有限公司	307.80	89.17		
2	重庆市公用事业局基建工程处	437.54	24.94		
3	四川泸州沱江二桥	55.00	19.29		
4	乐山市槽渔滩水电站	197.00	37.89		
5	黄丹电站	188.37	22.07		
6	万县长江大桥	109.83	1.47		
7					

表 3—72　1992 年竣工的主要地方项目　　单位：百万元

	项目名称	总投资额	当年投资额	项目开工日期（年、月）	新增生产能力
1	成都市纸浆厂	69.17	21.00	85.3	
2	铜梁县安居电站	170.56	24.36	87.12	
3	遂宁文峰电航工程	138.50	19.27	87.12	
4	射洪电航工程	159.17	16.00	87.10	
5	广安四九滩电站	122.49	32.27	87.11	
6	四川江口电站	179.67	40.61	87.11	
7					

成都市

1992 年成都地区投资建设基本情况

（一）成都地区投资建设基本情况和主要成就综述

据统计，1992 年全市全社会固定资产投资额完成 78.8 亿元，比上年增长 62.4%。其中，国有单位完成投资额 52.35 亿元，比上年增长 49.6%（其中：基本建设投资完成额 26.98 亿元，比上年增长 23.3%；技术改造投资完成额 15.19 亿元，比上年增长 58.4%），集体单位完成投资额 15.04 亿元，比上年增长 1.7 倍，个体完成 11.41 亿元，比上年增长 44.5%。

1992 年成都地区通过投资建设，全地区新增固定资产 55.44 亿元（其中：国有单位新增固定资产 33.15 亿元），比上年增长 82.2%，固定资产交付使用率为70.4%，比上年增加7.7个百分点。

年内建成交付使用的投资建设项目达380个，建设项目投产率31.5%。新增的主要生产能力（或效益）有：发电机组容量2.89万千瓦；天然气日供气10万立方米，天然气输气管道6公里，液化气储气能力200吨；年产热轧钢材20万吨，连铸能力31.5万吨；年产机制纸及纸浆2万吨；日处理污水能力10万吨/座；程控电话5万门；铺设输电线路（11万伏及以上）42公里；城市自来水日供水20万吨，1.6米直径的自来水输水管道25公里；年产肉食加工品3400吨；新、改扩建公路141.95公里（过境路6.6公里，机场路13公里）；建成一批商业饮食服务网点，新增建筑面积42万平方米；城市综合开发和住宅小区及配套设施建设竣工面积88.08万平方米，全市房屋建设竣工面积1010万平方米，其中：住宅建设竣工面积788万平方米，城市人均住房居住面积8.5平方米。这既增加了全市经济实力、美化了城市，又改变了城市面貌和投资环境，改善了城市人民的居住条件，增强城市的吸引力。

（二）投资规模

据成都市统计年报资料，全地区在建项目固定资产投资规模（不含城乡个体在建项目投资）为191.5亿元，比上年增长39.92%，其中，国有单位投资规模为184.3亿元，比上年增长38.38%（其中：基本建设114.95亿元，比上年增加24.05%，含大中型项目53.7亿元，比上年增长21.01%；更新改造44.4亿元，比上年增长32.07%，含大中型项目4.7亿元，比上年降低25.04%）；国有其它投资15亿元，比上年增长44.5%；商品房屋投资23.45亿元，比上年增长135.02%；城镇集体单位7.22亿元，比上年增长96%。

（三）投资结构

1992年成都地区国有单位固定资产投资完成额52.35亿元，生产性建设投资完成26.82亿元，占全年完成数的51.23%，比上年同期增长39%；非生产性建设投资完成25.25亿元，占全年完成数的48.77%，比上年同期下降23.9%。在国有单位基本建设投资完成额26.98亿元中，生产性建设投资完成11.92亿元，为当年完成投资额的44.18%；非生产性建设投资额完成15.06亿元，占当年完成额的55.82%。

在国有更新改造投资完成的15.19亿元中，生产性建设投资完成13.78亿元，占当年的90.7%，比上年同期增长70.4%；非生产性投资完成1.41亿元，占当年的9.3%，比上年同期下降5.9%。

从投资建设的行业看，在全地区的在建项目投资规模中，农业投资20.07亿元，占全地区的10.48%；工业投资83.17亿元，占全地区的43.42%，其中：原燃材料12.06亿元，占全地区的6.29%，占工业投资的12.95%；交通运输、邮电通讯投资6.02亿元，占全地区的3.14%；商业、公共饮食、物资供销、仓储业投资10.83亿元，占全地区的5.66%；房地产业投资17.06亿元，占全地区的8.91%；其它54.35亿元，占全地区的28.38%。

（四）投资特点

1992年全市固定资产投资按照“控制总量，调整结构，提高效益”的方针，在投资建设的安排上，基本建设的重点是加强基础产业、基础设施以及社会公益事业的建设；技术改造的重点是安排降低能源、原材料消耗，提高产品质量和档次，以及开发新产品的建设项目。其投资建设的主要特点是：

1. 基础产业和基础设施建设投资步伐加快。在全地区投资规模中，基础产业和基础设施建设投资规模为38.16亿元，占全地区总规模的19.92%。其中，农业建设规模为20.07亿元、交通运输和邮电通讯的投资规模为6.02亿元、原燃材料的投资总规模为12.06亿元，均比上年有较大幅度增加。在当年完成的投资中，基础产业和基础设施投资完成59828万元，占全地区基础产业和基础设施投资规模38.16亿元的15.68%。其中，农业投资完成4952万元；交通运输和邮电通讯投资完成2.95亿元，比上年同期增长41.7%；原燃材料等基础产业投资完成2.53亿元，其中，能源投资完成1.03亿元。这对增强全市经济实力，改善投资环境提供了重要条件。

2. 第三产业，特别是市场设施建设投资进一步增强。按照我市第三产业发展规划，以流通为先导，带动城市经济的发展，把成都建设成为西部商贸中心城市的战略构想，加快了市场设施的建设。1992年全地区共安排市场设施投资规模10.83亿元，占全地区总规模的5.66%，当年完成投资3.87亿元，占计划总投资的35.74%。全地区共有235个市场设施项目开工建设，总建筑面积80多万平方米，当年就有一批项目竣工投产，其建筑面积达42万多平方米。从而进一步增强了流通功能。

3. 加快高新技术开发区和市级工业开发区的建设。1992年，经国家批准的成都市高新技术开发区已进区建设项目148项，均已开工建设。计划总投资9.4亿元，其中：“三资”企业项目45个，计划总投资7151万元。预计进区项目建成投产后，可新增产值19亿元；经省、市批准的龙泉驿市级工业开发区，当年投入基础设施建设资金1亿多元，建成三条交通干道12.6公里，并形成通车能力。同时，区内已引进建设项目76个动工建设，计划总投资18.26亿元，其中：“三资”企业项目32个，计划投资5.65亿元。当年区内就有19个项目建成投产。另外还有省、市政府批准的温江台商工业区、新都卫星城工业区和西南航空港经济开发区，正在抓紧各项基础设施的建设和引进项目建设。这对全市工业布局的调整，发展经济，改善城市环境将起到积极作用。

4. 房地产业发展迅猛。1992年

初全市房地产开发公司仅30多家，到年底已发展到127家（指已注册，取得了资格等级的公司），其中，“三资”房地产开发公司6家。当年全地区房地产开发投资规模为23.45亿元，占全地区总规模的12.45%。全地区商品房屋投资完成8.48亿元，比上年同期增长2.7倍，施工面积293.9万平方米，比上年同期增加82.5%；竣工面积75.9万平方米，销售面积59.4万平方米，分别比上年同期增长50.9%和109.1%。

5. 乡镇企业向“上水平”和“外向型”方向发展。1992年全地区乡镇企业投资建设总规模为21.65亿元，占全地区总规模的11.31%。当年完成投资11.73亿元，比上年同期增长2.1倍。在投资建设方向上，乡镇企业注重了工业性投入，总投资达9.98亿元，主要用于机械电子工业、冶金工业和建材工业，其投资分别为2.69亿元、1.38亿元和1.07亿元。在这些投入中又以更新设备和引进先进设备技术为主，其投入的建设资金占70%，建成了一批设备工艺先进、具有较大规模的生产企业，并取得了较好的经济效益，促进和带动了全地区乡镇企业的发展。

（五）当年开工及竣工投产的主要地方项目投资

1992年全地区固定资产投资建设施工项目1720个，比上年增加8.71%。其中，国有单位施工项目1391个（基本建设项目792个，更新改造项目497个），国有其它项目55个，商品房屋项目47个，城镇集体单位329个。

（六）投资建设的主要问题

1. 随着改革力度加大，固定资产投资管理权限的下放，宏观调控的能力相对减弱，各级政府大上开发区，争投资上项目的势头大增，从而使投资建设的战线明显拉长。由于投资决策多元化，建设资金多渠道，造成的摊子铺得过大，非生产性建设投资成倍增长，低水平的重复建设现象已明显地表现出来，项目的建设程序难于操作。

2. 建设资金严重缺乏。由于固定资产投资热点猛增，非生产性和重复建设项目增大，形成与国家和省市重点建设项目争资金、争材料和“三材”价格上涨，使重点建设的资金难于保证。据初步统计，成都地区39个国家、省、市重点项目，建设资金缺口约5.8亿元，已直接影响这些工程的建设进度和国民经济发展后劲。

3. 投资结构不够合理。由于全地区交通运输、能源和基础设施的“瓶颈”严重制约我市经济的发展。在全地区的投资建设中，交通运输、邮电通讯和能源等基础产业的投资仅13.32亿元，占全地区规模的6.96%，当年的投资建设完成额4.09亿元，占全地区完成额的5.20%，虽比上年有所增加，但随着生产的高速发展，交通运输、邮电通讯和能源发展的滞后，“瓶颈”制约仍未得到缓解。

（尹显伦　高燕）

表3—73　1992年开工的主要地方项目　　单位：百万元

项目名称	总投资额	当年投资额	计划竣工日期（年、月）	新增生产能力
成都无缝钢管厂	272.38			钢13.7万吨/年连铸坯13.2万吨/年钢管11.3万吨/年
成都顺城街扩建	301.00		1993.6	道路1.7公里地下工程1.2公里
成都电信局西城分局电话工程	19.70			10万门建筑面积13500平方米
成都彭县凤鸣桥水电站	110.00			3×1.25万千瓦
成都涤纶厂技改	78.12			仿真丝1000吨/年

续表

项目名称	总投资额	当年投资额	计划竣工日期（年、月）	新增生产能力
成都全兴酒厂技改	28.00			新增2000吨/年
成都自来水六厂新建工程	120.00			20万吨/日 Φ1600管25公里

表3—74　1992年竣工的主要地方项目　单位：百万元

项目名称	总投资额	当年投资额	开工日期（年、月）	新增生产能力
成都机场路扩建	33.00			11.8公里×24米 1.2公里×40米
成都市泳青树市场	22.00			建筑面积13820平方米
成都无缝钢管厂连铸车间	642.16			连铸坯31.5万吨/年 钢管20万吨/年
成都市棕北试点住宅小区	90.35			建筑面积172300平方米

重庆市

1992年重庆市投资建设基本情况

1992年重庆市固定资产投资共完成79.24亿元，比上年增长26.7%，其中国有单位完成基本建设投资22.41亿元，比上年下降4.4%，国有单位技术改造投资完成26.67亿元，比上年增长31.5%，房地产开发投资完成3.5亿元，增长40%。集体单位投资完成10.76亿元，增长111%。个体投资完成11.70亿元，增长35.9%。

1992年全市国有单位固定资产投资完成56.78亿元，增长15.1%，投资结构进一步合理，生产性投资所占比重为74.4%。从行业结构来看，能源工业投资比上年增长8.5%，交通、通讯业投资增长38.6%，城市基础设施投资增长24.9%。

1992年重庆和全国各大中城市及沿海地区一样，房地产开发投资迅猛增加，外商投资也越来越多。至1992年底止全市共批准成立房地产开发公司162家，其中中外合资61家，外商独资11家，外商注册资本达1.5亿美元。1992年全市在建的商品房项目施工面积达126万平方米，其中住宅为72万平方米；1992年竣工面积33万平方米，其中住宅为20万平方米。

1992年6月国务院批准重庆市为沿江开放城市，进一步扩大对外开放。市政府特别制定了“关于进一步扩大对外开放的若干政策的通知”，调动各方面力量积极吸引外资，1992年全年新签利用外资项目481个，协议外资金额4.6亿美元，其中新批“三资”企业443家，协议外资金额3.8亿美元，分别是前13年总和的2.3倍和2倍。并且大力改善投资环境，加强基础设施的建设，如珞璜电厂、安居水电站、渭沱水电站、和尚山水厂一期工程、微波通信及移动电话工程等项目竣工投产，使我市供水、供电和通讯面貌根本改观。同时还抓紧了成渝公路、地下轻轨、滨江公路、莱元坝立交、长江二桥等项目的建设。

1992年，经国家批准成立的石桥铺高新技术开发区和南坪经济技术开发区建设加快，在约11平方公里的范围内，采取优惠政策招商引资，并花大力气进行了土地整治、基础设施建设，七通一平等工作，出让土地达700多亩。进入开发区的企业约有700多家，其中1992年新批“三资”企业94家，协议外资金额近8000万美元。

（沈晓钟）

贵州省

一、1992年贵州省投资建设基本情况

（一）固定资产投资完成情况

1992年，贵州有固定资产投资增长幅度较大，成为推动经济加速发展的重要因素。当年，全省全社会固定资产投资完成78.83亿元，比上年实际增长34.9%，净增加20.39亿元，是近几年来增长最多的一年。

按所有制划分，国有单位固定资产完成投资58.82亿元，比上年增长36.9%，净增加15.85亿元；集体单位完成投资3.59亿元，比上年增长2%；城乡个人完成投资16.41亿元，比上年增长39.1%，净增加4.61亿元。在国有单位完成投资中，地方项目完成投资21.45亿元，比上年增长30.5%；中央项目完成投资14.08亿元，比上年增长21.4%，地方项目完成投资增幅高于中央项目9.1个百分点。在国有单位投资中，基本建设投资完成34.36亿元，更新改造投资完成19.99亿元，商品房投资完成2.28亿元，分别比上年净增加9.12亿元、6.31亿元、0.99亿元，分别比上年增长36.2%、46.2%、76.7%。

按用途划分，在全部投资中，生产性建设完成投资50.94亿元，比上年净增加12.49亿元，增长32.5%；非生产性建设完成投资27.89亿元，比上年净增加7.90亿元，增长39.5%。其中，住宅建设完成投资19.16亿元，比上年净增加5.23亿元，增长37.6%。

（二）1992年新开工建设的大中型项目

1. 新开工的基本建设项目

经国家计委、交通部、能源部等有关部委批准，贵州省1992年新开工的大中型基本建设项目有4个：(1)贵遵公路。由贵阳市至遵义市的高等级公路，全长161.24公里，实际建设里程159.77公里，概算总投资为7.64亿元，建设工期为5年。(2)云贵响水电站。总库容830万立方米，装机容量10万千瓦，年发电量60200万千瓦时。概算总投资1.99亿元，其中，由水利部安排贷款0.70亿元，贵州省和云南省各负担0.65亿元。(3)大湾煤矿。建设规模为90万吨/年，概算总投资1.44亿元，建设工期为4年。(4)苦竹岭煤矿。建设规模为30万吨/年，概算总投资0.43亿元，建设工期为4年。

2. 新开工的更新改造项目

经国家计委、能源部、国务院经贸办等部委批准，贵州省1992年新开工的大中型更新改造项目有6个：(1)赤水天燃气化肥厂。对年产30万吨合成氨生产系统进行节能改造，使吨氨综合能耗由880万大卡降至780万大卡；计划新增合成氨6万吨、尿素13万吨。概算总投资1.5亿元，其中，建设银行贷款0.56亿元，利用外资0.94亿元，建设工期为4年。(2)水城钢铁公司炼钢厂。建3、4号连铸机，活性石灰窑及相应的配套设施，可新增连铸坯27万吨。概算总投资0.9亿元，其中，企业自筹0.5亿元，工商银行贷款0.4亿元，建设工期为4年。(3)贵阳钢厂。30万吨钢色精炼炉技术改造，计划新增新品种钢3425吨，其中，供出口3000吨，可创汇1200万美元，新增利税3853万元。项目概算总投资0.75亿元，其中，企业自筹0.55亿元，工商银行贷款0.2亿元，建设工期为4年。(4)贵州振华公司。建设片式元件出口基地，形成年产片式元器件12.3亿只。项目总概算0.4亿元，其中，企业自筹0.2亿元，工商银行贷款0.2亿元，建设工期4年。(5)长征电器公司。增加有载分接开关试验设备和生产能力，增加板金加工设备和低压电器120万件，有载分接开关1400台。项目总概算0.32亿元，其中，企业自筹0.16亿元，工商银行贷款0.16亿元，建设工期为4年。(6)贵州轴承公司。发展园锥轴承、微小型轴承，为重点主机配套及扩大出口。项目总概算0.3亿元，其中，企业自筹0.15亿元，工商银行贷款0.15亿元，建设工期为4年。

（三）新开工的三线调整企业基本建设项目

经国家计委、国务院三线办批准，贵州省1992年有5个三线调整企业基本建设项目开工。

1. 安顺一五〇厂。建设规模为3.7万平方米，其中，工业生产面积1.8万平方米，生活福利面积1.9万平方米，概算总投资0.3亿元。

2. 遵义三五三二厂。建设规模为5万平方米，其中，工业生产面积2.7万平方米，生活福利面积2.3万平方米，概算总投资0.3亿元，建设工期3年。

3. 平坝三〇五七厂。建设规模为2.3万平方米，其中，工业生产面积1.6万平方米，生活福利面积0.7万平方米，概算总投资0.23亿元，建设工期3年。

4. 贵阳朝晖机械厂。建设规模

为2.84万平方米，其中，工业生产面积2.14万平方米，生活福利面积0.7万平方米，概算总投资为0.22亿元，建设工期2年。

5. 安顺〇一一基地第一设计所。建设规模为2.34万平方米，其中，工业生产面积0.87万平方米，生活福利面积1.47万平方米，概算总投资为0.16亿元。

（四）新开工的部分地方重点建设项目

经贵州省计委批准，1992年新开工的地方重点建设项目主要有4项。

1. 凯里氧化铝厂。建设规模为氧化铝45万吨/年，概算总投资为0.84亿元。

2. 毕节头步火电站。建设规模为装机2×1.2万千瓦，概算总投资为0.74亿元。

3. 安顺合成洗涤剂厂。建设规模为洗衣粉5万吨/年，概算总投资为0.71亿元。

4. 罗甸雷公滩水电站。建设规模为装机2×4200千瓦，概算总投资为0.32亿元。

（五）投资建设特征分析

1. 资金来源情况分析

（1）国家预算内投资大幅度减少。1991年，在全省42.97亿元的国有单位固定资产投资中国家预算内投资为5.02亿元，所占比例为11.7%。1992年，在全省58.82亿元的国有单位固定资产投资中，国家预算内投资为4.36亿元，所占比例为7.4%，比上年降低4.3个百分点，并且净减少0.66亿元，减少比例达13.1%。

（2）国内贷款和自筹资金增加幅度较大。1991年，全省的国内贷款为13.13亿元，占全省国有单位固定资产投资的比例为30.5%，而1992年，全省国内贷款额达21.72亿元，所占比例为36.1%，比上年提高5.6个百分点，而且净增加8.59亿元，增长65.4%。自筹资金1991年为19.46亿元，在全省国有单位固定资产投资中占到45.3%，而1992年自筹资金达27.14亿元，占全省国有单位固定资产投资的46.1%，比上年提高0.8个百分点，而且净增加7.68亿元，增长39.4%；

（3）利用外资的数额仍然不大。1992年，全省国有单位固定资产投资中，利用外资仅达2.68亿元，虽然比1991年的1.82亿元净增加0.86亿元，增长47.6%，但数额仍然较小。

从上述分析中可以看出，在固定资产投资的资金来源中，国家预算内投资的绝对额和所占比重仍然呈现出减少和下降的趋势。由于贯彻改革开放的方针，搞活了经济，地方和企业有可能并且也能够筹措到更多的资金用于固定资产投资，较好地调动了积极性。国内贷款在固定资产投资中的数额和比重的增加和提高，进一步显示出银行信贷在国民经济中的重要性，也表明了市场经济在投资领域开始产生的重大影响和作用。

2. 投资结构继续得到调整

1992年，贵州的投资结构进一步得到调整，继续向基础设施和基础产业倾斜。在国有单位固定资产投资中，用于交通运输、邮电通讯的投资比上年净增加1.06亿元，增长38.4%；用于农、林、牧、渔、水利的投资比上年净增加0.22亿元，增长29.2%；用于能源工业的投资比上年净增加3.38亿元，增长32.3%。在整个投资中，用于增加产品品种，提高产品质量和降低能耗的投资比上年增长38.3%。

3. 重点建设项目得到加强

由于计划、财政、银行、物资、施工、建设等部门的共同努力，1992年，全省重点建设项目工作进展顺利，据贵州铝厂、贵州省龙洞堡机场、第七砂轮厂、水城矿区、盘江矿区、六枝矿区、盘县火电厂、瓮福磷矿、马场坪重钙厂、东风水电站、遵义火电厂扩建工程、普定水电站、贵阳市煤气工程、贵州茅台酒厂1千吨扩建工程、贵州送变电工程、天柱鱼塘水库等22个国有大中型基本建设项目资料统计，全年完成投资达18.83亿元，占全省国有单位完成固定资产投资总额的32%，无论是完成的绝对值和所占比重都是近年来比较高的，而且这22个项目在该年交付使用新增的固定资产达5.82亿元。其中，遵义火电厂扩建工程的第二台12.5万千瓦机组和第七砂轮厂的4万吨棕钢玉项目建成投产，天生桥至贵阳50万伏输变电工程建成并投入运行，贵州铝厂三期8万吨电解铝能力初步形成。其它项目进度加快，工程建设进展顺利。因此，既确保了国家计划的完成，加快了能源、原材料和基础工程的建设，又促进了本省投资开发建设的步伐。

4. 投资效益有所提高

1992年，贵州国有单位基本建设项目新增固定资产达17.92亿元，是本省历史上新增固定资产最高的年份，比上年净增加1.14亿元，增长6.8%。国有单位更新改造投资新增固定资产15.55亿元，也是历史上最高的年份，比上年净增加4.55亿元，增长41.4%。

国有单位固定资产投资新增的生产能力主要有：电解铝4万吨/年、发电机组容量16万千瓦、炼钢5万吨/年、钢材5万吨/年、硫酸2万吨/年、合成氨0.5万吨/年、化肥3.83万吨/年、水泥7万吨/年、棉纺锭1万锭、汽车制造1万辆/年、改扩建公路134公里、市内电话自动交换3.71万门、卷烟4万箱/年、酒340吨/年、学校学生席位10.22万个、水库容量0.47亿立方米等。

国有单位基本建设竣工房屋造价，1992年平均为308元/平方米，比上年的273元/平方米增加35元，提高12.8%。

（周衡祥　朱雷）

表 3—75　1992 年开工的主要地方项目　单位：百万元

项目名称	总投资额	当年投资额	计划竣工日期（年、月）	新增生产能力
凯里氧化铝厂	83.7	8.4	95 年 12 月	氧化铝 45 万吨/年
毕节头步火电厂	74		93 年 12 月	装机 2×1.2 万千瓦
罗甸雷公滩水电站	31.6	2.2	94 年 7 月	装机 2×4200 千瓦
遵义卷烟厂烟叶醇化库	15.4	3.8	94 年 12 月	库房面积 3 万平方米

表 3—76　1992 年竣工的主要地方项目　单位：百万元

项目名称	总投资额	当年投资额	项目开工日期（年、月）	新增生产能力
安顺关脚水电站	58.3	16.4	87 年 10 月	发电能力 4.8 万千瓦

二、1992年贵州省利用外资投资建设基本情况

1992年，贵州省在扩大对外开放，加强与国内外其它地区经济合作方面取得了较大的进展，引进外资用于省内的投资建设有了较大幅度的增加。

1992年，经省人民政府批准，签订了利用外资合同212项，比上年增加181项，合同外资金额19079万美元，比上年净增加16654万美元，增长547.62%。其中：外商直接投资210项，合同外资金额18738万美元，比上年净增加16324万美元，增长676.22%（包括：合资经营企业155个，合同外资金额10446万美元；合作经营企业18个，合同外资金额3751万美元；外商独资企业37个，合同外资金额4541万美元）。外商其它投资补偿贸易2项，合同外资金额341万美元。

1992年，实际利用外资金额4024万美元，比上年净增加1704万美元，增长25.62%。其中，外国政府和国际金融机构贷款1595万美元，比上年净增加875万美元，增长135.4%；外商直接投资1979万美元，比上年净增加1245万美元，增长170%（包括：合资经营企业投资611万美元，比上年净增加454万美元，增长290%；合作经营投资1270万美元，比上年净增加813万美元，增长178%；独资经营投资98万美元，比上年减少22万美元）。外商其它投资，即国际租赁450万美元，比上年净增加259万美元，增长135.7%。

在新批准的212个利用外资项目中，工业类140家，合同外资金额9286万美元，占总额的48.67%；公用事业、服务业15家；商业、饮食、物资供销业5家；养殖业、种植业2家；交通邮电业1家；其它15家。

210项外商直接投资项目按国别和地区划分，分别是：港澳地区148项，1.36亿美元，占投资总额的71.37%；台湾地区37项，2264万美元，占投资总额的11.87%；美国11项，1073万美元，占5.62%；泰国2项，943万美元，占4.94%；菲律宾1项，208万美元，占1.09%；马来西亚1项，184万美元，占0.96%；日本4项，171万美元，占0.9%；新加坡2项，112万美元，占0.59%；澳大利亚1项，92万美元，占0.48%；印度尼西亚1项，18万美元，占0.09%；英国1项，9万美元，占0.05%；外商独资企业与国内企业再合资1项，46万美元，占0.24%。

1990年到1992年的3年间，全省共计批准外商投资企业合同266项，合同外资金额23961万美元，实际利用外资9327万美元。其中，合资经营企业投资1183万美元、合作经营企业投资1752万美元、外商独资企业投资246万美元、外国政府贷款3507万美元、国际金融机构贷款733万美元、外商其它投资1906万美元。

在大力吸引外资的同时，贵州省按照优势互补、共同发展的原则，加强了与国内特别是周边省、区的经济技术合作。1992年全省共完成技术引进和技术协作项目150项，引进省外资金3.69亿元。通过认真落实，贵州省与周边省区达成的一批交通、能源、农业、冶金、化工、金融等重大项目已经实施。如西藏与贵州联合投资建设的贵州铝厂第三电解铝厂，西藏方已分到铝锭。成都市投资2000万元在贵州开发焦炭生产，从1993年起，投产后每年可获得10万吨焦炭的补偿，在20年内可满足需要。广西、贵州和国家能源投资公司合资兴建的盘县火电厂（60万千瓦），是我国第一个省际间合资建设的大型电力建设项目，1992年完成投资1.8亿元，首台机组（20万千瓦）计划1993年底前建成。由国家能源公司和贵州、云南两省联合投资兴建的响水电站（2×5万千瓦），已经完成前期准备工作，即将正式开工。由广东、广西、贵州三省（区）和国家能源投资公司联合开发新建的天生桥水电站已投入1.2亿元进行前期工作，1993年有一台机组投产，1994年可建成。

为达到“筑巢引凤”的效果，1992年2月省委、省政府认真学习邓小平同志视察南方的重要谈话，结合贵州实际，制定了《关于加快改革开放步伐加速经济发展若干问题的通知》，决定在贵阳、遵义、安顺三市建立省级开发区。5月28日，省政府办公厅发出《贵州省经济技术开发区试行办法》，明确兴办省级开发区以军工企业为依托，加强军民结合，加快改革开放，开展外引内联，加大投资强度，推进科技进步，重点培植对全省经济发展带动性大、竞争性强的汽车、电子等后续支柱产业的成长。按照高起点、高标准、高速度的要求，把开发区率先建成城市现代化小区，还在工商登记、税收管理、土地开发等方面，比照沿海经济特区制定了开发区的优惠政策，鼓励港、澳、台地区及国内外的公司、企业、其它经济组织或个人到开发区投资建设。对省内贫困地区按照“当地注册、异地办厂、利益返还”原则到开发区兴办企业，除享受开发区的优惠待遇外，还可按规定，分回产值、税收、利润、劳动指标等。1992年11月，国务院批准贵阳高新技术产业开发区为国家高新技术产业开发区。

贵阳高新技术产业开发区，位于贵阳东北部9公里的新添寨镇。开发区内现有中国振华电子工业公司所属10个企业、新添精密光学仪器公司、贵阳肉联厂等国有大中型企业。主要基础设施有程控电话500门；日供水能力4万吨；两座110千伏变电站，总容量达5.15兆伏安。在“八五”期间，贵阳高新技术产业开发区计划建立高新技术企业50家，创办有开发高新技术产品能力的科技企业100家，发展“三资”企业10至20家，高新技术产品达到200项以上。其中，60%应形成规模生产，20%以上具有出口创汇能力。开发区总收入预计可达8.5亿元。

到1992年底，贵阳高新技术产业开发区已搬进振华公司及其下属企业共10家，投入资金1.3亿元，生产自动贴片设备等近10项具有80年代末国际先进水平的技术产品。据年底统计，贵阳高新技术产业开发区签约项目有106个，合同金额3亿元，征拨土地644亩。

（周衡祥　朱　雷）

云南省

1992年云南省投资建设基本情况

（一）投资建设基本情况、主要成就和特点

云南省1992年全社会固定资产投资完成142.39亿元，比上年增长44.8%。

1. 投资结构得到调整。全省投资向基础产业倾斜，为云南省经济进一步发展奠定了良好的基础，全省国有单位用于基础产业的投资比上年增长30.6%。其中：农业投资比上年增长23.9%；能源工业增长24.0%；交通邮电增长77.1%；原材料工业增长1.7%。

2. 重点工程投资完成情况较好。全省34个大中型项目完成投资26.1亿元，占全省国有单位投资的25.1%，18个限额以上技改项目完成投资5.9亿元，占5.7%。建成投产了小龙洋二电厂6号机、腊庄水电站、昆钢2×30吨炼钢厂，昆明烟厂及玉溪烟厂名优烟翻番等19项重点建设项目及单项工程。新增发电容量16万千瓦、11万伏以上输电线路63公里、连铸66万吨/年、棉布织机280台、卷烟48.9万箱/年、市内电话4.96万门、原煤开采6万吨、水泥26万吨、新建公路206公里、改建公路517公里、新增库容0.43亿立方。

3. 投资效益有所提高。全省国有单位新增固定资产68.6亿元，比上年增长56.7%，固定资产交付使用率由上年的61.5%上升到66.0%，上升了4.5个百分点。投资效益的提高及全省新增的一批生产能力，为我省的经济发展增添了后劲。

（二）投资规模和投资结构

1. 投资规模。1992年国家下达云南省地方全社会固定资产投资规模54.21亿元，其中：国有单位投资29.21亿元（基本建设10.4亿元、更新改造13亿元、其它固定资产投资1.8亿元、商品房4亿元）、集体单位投资12亿元、个体投资13亿元，加上地震灾区和战区恢复建设，中小型建设，以及列入国家计划的大中型项目国家补助投资规模在内，全社会固定资产投资实际完成142.39亿元，比上年增长44.8%，其中：地方全社会固定资产投资完成114.49亿元，增长52.4%。国有单位固定资产投资完成76.1亿元，增长58.6%（基本建设完成投资45.34亿元，增长73.9%；更新改造投资完成23.71亿元，增长49%；房地产开发投资完成4.51亿元，增长34.4%）；集体单位完成20.3亿元，增长43.1%；个体投资完成18.1亿元，增长40.5%。

2. 投资结构。能源、交通、原材料工业投资，占国有单位投资总量的57.8%。全省生产性建设投资72亿元，非生产性建设投资32亿元。

由省平衡安排的投资共7.37亿元，其中：安排农业1.45亿元，占19.6%；能源工业1.36亿元，占18.4%；交通邮电1.64亿元，占22.2%；原材料工业0.53亿元，占7.2%；文教卫生0.46亿元，占6.2%；商贸供销0.28亿元，占3.8%；城建环保0.23亿元，占3.1%。在省平衡安排的投资中，安排重点工程项目18项，投资3.5亿元，占47%。一般项目安排3.87亿元。占53%，主要是收尾投产和续建项目。

3. 1992年，全省国有单位新开工项目5310个，比上年增20%，占全部施工项目的64.3%，比上年升了3.1个百分点。

（三）地区投资建设的主要经验和问题

云南省1992年全社会固定资产投资是80年代以来的第二个高速增长年份，经过认真分析，云南省投资建设增长主要是交通、能源、重要原材料工业项目。

1. 交通邮电、能源及农业投资建设比重上升，增长幅度较大。国有单位用于基础产业的投资48.9亿元，其中：交通、邮电投资18.07亿元，比上年增长77.1%；能源工业投资14.4亿元，比上年增24.0%；农业投资3.8亿元，比上年增23.9%。

2. 城市基础设施及房地产投资有较大增长。全年房地产投资完成4.5亿元，比上年增长34.4%，全省已有200多家房地产开发公司，其中昆明市就有100多家。

3. 地区之间投资规模不平衡，全省17个地州中，投资增长较大的主要是滇中、滇西及边境地区。1992年完成的固定资产投资中，昆明完成37.2亿元，占全省的26%；曲靖地区完成14.6亿元，占10.2%；玉溪地区完成12.2亿元，占8.5%；红河州完成10.5亿元，占7.3%；大理完成7.2亿元，占5%。其它12个地州比重均在5%以下。

上述情况表明、云南省投资建设规模绝对数虽然不大，投资结构基本合理，但也确实存在投资规模增长过猛的趋势，特别是审批权限下放后，新开工项目难以控制，以及资金分散，重点建设项目资金不足，建筑材料供应短缺，价格大幅上涨等问题。

（黎尚志）

西藏自治区

1992年西藏自治区投资建设基本情况

1992年是西藏改革开放大见成效的一年，在邓小平同志南巡重要谈话精神的指导下，全区各族人民意气风发，团结一致，锐意进取，加快建设社会主义新西藏，使全区经济建设事业取得显著成就。

（一）投资建设基本情况综述

1992年全区基本建设投资计划87621万元，实际完成投资额85441万元，占当年基建投资计划的97.5%，其中，中央级基本建设投资完成47937万元，为年度计划的99.4%；地方级基本建设投资完成37504万元，为年度计划的95.2%。全年新建项目469个，续建项目190个。竣工交付使用项目501个，占项目总数的76%。新增房屋面积37.48万平方米；新增装机容量1.3万千瓦；新增公路里程61公里；新增居民饮水量1000立方米。年内全区重点工程建设项目计14个，投资总额达71398万元，占全区基本建设投资总额的80%以上。截止年底，重点工程项目实际完成投资额62765万元，为重点工程总投资额的88%。

其中，总投资10亿元的“一江两河”中部流域综合开发项目年内完成投资1560万元，已经形成一定的社会效益和经济效益。农田草场建设收效显著，农业机械化水平不断提高，生产条件不断改善，扩大了耕地、草场的有效灌溉面积。属于“八五”计划国家重点工程的青藏、川藏公路和中尼公路改造（铺设沥青路面）项目年内完成投资总额为16045万元，完成年度计划工程量的100%。分段改造的青藏、川藏公路发挥了明显的社会经济效益，承担和保证了80%以上进藏物资运输任务．年内交付竣工的中尼公路正式通车，从根本上解决了进出口物资运输紧张的矛盾，成为我区通往境外的主要公路干线，为发展双边文化、经济交流与合作提供了有利条件。总投资2.68亿元的拉萨贡嘎机场扩建工程已基本完工，并部分交付使用，扩建后的贡嘎机场，可起降各种型号的大型客机，波音757大型客机已经完全替代了波音707、伊尔18型等小型客机，并开辟了拉萨至成都、北京的国内直达航班，拥有拉萨至加德满都的国际航线。“八五”期间投资1.65亿元的邮电通讯建设项目年内投资完成7386万元，占年度计划的100%，增加5000门国际程控电话项目已经交付使用，长途电话进入了国际、国内自动电话交换网，标志着拉萨的邮电通信已进入现代化阶段。年内建成交付使用的拉萨市水网建设及纳金路改造等市政建设项目，极大程度上缓解了用水紧张，交通拥挤的矛盾，改善了职工工作条件和生活条件，增强了城市综合服务功能。

（二）投资结构与特点

1．投资结构

随着我区社会经济的不断发展，国民经济综合实力有了大幅度增强，以农牧业为主体的落后的经济结构逐步得到调整，经济结构，产业结构不断趋向合理。在重视发展现代农牧业的前提下，对发展现代工业，包括重工业、轻工业、轻纺、民族手工业及旅游业给予了极大重视，使其得到迅速发展。

1992年全区完成基本建设投资额85441.6万元，比1991年下降1.4个百分点，基本建设在建规模增长速度减慢，建设周期缩短，含上年度部分结转工程，工程项目交付使用率有所提高。从结构上看：

(1)经济类型上，国有单位投资仍占主导地位，集体、个体投资增长趋势减缓。1992年，国有单位基本建设投资占投资总量的90.47%，比上年增长7.7%。集体、个体基本建设投资占投资总量的9.53%，比上年减少30.2%。

(2)投资来源构成上，预算内资金逐年下降，1992年预算内资金占基建投资总额的比重为26.95%，比1991年下降6.6%。自筹资金呈上升趋势，1992年比1991年上升43.9%，说明了近几年我区深化改革，扩大开放对社会经济发展的良好促进作用，出现国营企业经营效益逐年好转的好势头。

(3)投资用途上，1992年全区基本建设投资的使用结构中，生产性投资所占的比重，比1991年上升80个百分点；非生产性投资所占比重比1991年下降27.1个百分点。

(4)投资方向上，能源、交通、邮电通讯及农业等基础产业和基础设施的投资仍然相对不足。1992年全区对农业的投资比重为13.63%，比1991年下降2.5个百分点；工业的比重下降7.1个百分点；运输邮电1992年占基建投资总额的31.4%，比1991年上升5.5个百分点，发展较快。

2．投资特点

(1)建设周期缩短，进度加快。1992年在全区基本建设投资过程中，不断加强工程项目的管理，严格把好工程的质量关和进度关，合理使用建设资金，努力促进资金到位，使大部分在建工程加快了施工进度，保证了工程质量，缩短了建设周期。

(2)项目规模增大。随着我区改革开放的深入发展，在项目规模上，大中型项目投资得到保证。1992年，全区重点工程14个，投资达71398万元，占全区基本建设投资总额的60%以上，相对抑制了“撒胡椒面”的做法，保证了基础产业和重点产业的发展。

(3)投资倾斜政策加强。从1992年全区基本建设投资，针对西藏区情，结合我区经济发展中心和重点，加强了能源、交通、邮电通讯、农业等基础产业的投资和基础设施的建设。1992年全区农业基本建设投资达11645万元，占总投资的13.63%；能源、交通、邮电通讯等基础产业的投资达30038.8万元，占基建总投资的35.2%，大大增强了我区地方经济发展后劲。

（三）存在的问题

1.部分建设项目计划下达较晚，资金到位困难，致使不能按期拨付工程款，延误了工期，影响了工程进度，积压了建设资金。

2.在建规模有所上升，主要因为几个大中型建设项目建设工期长，建设项目前期工作准备不够充分，设计漏项多，设计变更频繁，投资留有缺口，影响工程进度，致使在建规模上升。

3.由于西藏地质复杂，水文、气象、工程资料缺乏，许多项目存在设计变更，建设项目超概算现象普遍。

（辛建华）

表3—77　1992年开工的主要地方项目　单位：万元

项目名称	总投资额	当年投资额	计划竣工日期（年、月）	新增生产能力
林芝国家粮食储备	489.0	489.0	1992.9	
市政工程建设	485.4	485.4	1992.8	
藏医院住院部	282.6	282.6	1993.9	
山南罗布莎铬矿	230.4	230.4	1992.10	
自治区图书馆	235.2	235.2	1992.11	
人行区分行外汇调节处	754.9	754.9	1993.9	

表3—78　1992年竣工的主要地方项目　单位：万元

项目名称	总投资额	当年投资额	开工日期（年、月）	新增生产能力
自治区工商局	236.8	236.8	1992.5	
林芝国家粮食储备	489.0	489.0	1992.3	
市政工程建设	485.4	485.4	1992.5	
区佛教协会	210.0	210.0	1992.6	
山南罗布莎铬矿	230.4	230.4	1992.6	
自治区图书馆	235.2	235.2	1992.6	

陕西省

一、1992年陕西省投资建设基本情况

（一）投资增长大大加快

1992年，陕西省全社会投资142.47亿元，比上年增长14.03%。其中，国有单位投资108.71亿元，增长27.35%，集体单位投资7.56亿元，下降24.21%，城乡个人投资26.2亿元，下降15.21%。在国有单位投资中，基本建设投资64.74亿元，比上年增长27.9%；更新改造投资33.59亿元，增长38.4%，均是改革开放14年来增长较快的一年。

近年来，国家投资建设重点向能源、原材料、交通等瓶颈行业转移，陕西是能源资源富省，被国家列为重点开发的能源后续建设基地，投资规模不断增加。全社全投资1991年比1990年增长20.5%，1992年又比1991年增长14.03%。其中，国有投资由1990年的73.85亿元增加到1992年的108.71亿元；集体单位投资由6.94亿元增加到7.56亿元；城乡个人投资由22.9亿元增加到26.2亿元；在国有单位投资中，基本建设投资由1990年的42.76亿元增加到1992年的64.74亿元；更新改造投资由23.19亿元增加到33.59亿元，年均增长20%以上，是改革开放后陕西投资增长最快的时期。

（二）投资结构趋于合理

1.年度投资结构有所改善。一是国内贷款和利用外资比重增加。1992年陕西省全社会投资中，国内贷款占32.3%，利用外资占4.4%，比上年增长了2.4个百分点和2.5个百分点。二是生产性建设比重提高。1992年，生产性投资比重占67.4%，比上年增加6.8个百分点；非生产性投资比重下降，其中住宅投资比重下降较多。三是基础产业投资比重上升。1992年，农业、能源工业、交通通讯投资比重为5%，20.5%和13.13%，分别比上年增加0.82、4.47和3.88个百分点，有力地支持了神府煤田、黄陵煤田和神府运煤专线等重点项目建设。

2.在建项目结构发生变化。1992年，陕西基本建设在建项目计划总规模为381.75亿元，由于一批“兴陕工程”开工建设，使在建项目结构剧变。第一，中央在建项目总规模增加，其比重上升到63.36%；地方在建项目总规模降到了36.64%。第二，新建项目比重大，占66.08%，比上年增加了4.51个百分点；改建项目占8.04%；扩建项目比重下降。第三，在建项目的项目规模变化大。1992年，中小项目投资比重普遍下降，大中型项目投资比重增加（见表3—79），项目规模水平大幅提高。

基本建设重点开始向陕北、陕南资源富区倾斜。1992年陕北投资比重占8.3%，陕南投资比重占12.4%，增长幅度较大，如加上华能精煤公司在陕北投资和国家在安康水电站投资，陕北、陕南投资比重更高。

关中是更新改造投资的重点，1992年，更新改造投资4/5以上集中投到了大中型企业密集的关中大中城市，有力地推动了大中型企业技术改造和产品升级换代。

（三）投资效益显著提高

1992年，全省基本建设施工项目2573个，建成投产项目1216个，项目建成投产率47.3%；新增固定资产63.04亿元，固定资产交付使用率达97.4%，是近年交付最多的一年。更新改造施工项目2054个，建成投产项目1005个，项目建成投产率48.9%；新增固定资产26.1亿元，固定资产交付使用率77.9%。

基本建设和更新改造新增主要生产能力：煤炭开采41.5万吨、石油开采7.29万吨、铁矿开采40万吨、发电机组容量104.68万千瓦、化学纤维850吨、毛纺锭1996锭、合成氨5.1万吨、化肥5.3万吨、新建公路119公里、新建微波电路1.16万公里、市内电话自动交换机4.13万门、长途电话自动交换机71路、农田有效灌溉面积22.5万么。全社会新增房屋建筑面积2349万平方米，建成投产大中型项目5个。神府煤田年产600万吨的大矿首采工作面建成，西延铁路通车并继续向北延伸，西康铁路开工建设，陕西南北大动脉贯通指日可待。投资建设为陕西经济腾飞奠定了坚实的基础。

投入的增加，促使陕西现代化建设步伐明显加快。1992年国内生产总值突破了500亿元，比上年增长10.6%。第一产业增加值128亿元，比上年增长3.4%；第二产业增加值226亿元，增长17.1%；第三产业增加值146亿元，增长7.1%。农业、工业、建筑业、交通通讯、商贸、金融、科学、教育、文化、旅游得到全面发展。

陕西投资建设的特点：一是把能源交通列为建设重点。集中力量，投资开发神府煤田、黄陵煤田、陕北气田和石油，修建宝中、神朔、西包和西康铁路。二是不断探索投资建设的新路子，采取企业集团模式开发神府煤田已见成效，铁路建设不拘一格。例如，以国家补助陕西为主投资建成西延铁路；企业与陕蒙合资建成了包神铁路；企业与陕西合资建设神榆线和西康铁路等，谱写了陕西铁路建设的新篇章。

陕西投资建设中的突出问题是建设资金短缺，集中表现在：大中型企业技术改造滞后；铁路建设投资不足；全国八大城市之一的西安市，14年来投资建设一直在低谷运行。西部地区投资不足导致东西部差距拉大，对21世纪国民经济发展的负面影响，不容忽视。

（王志斌）

表 3—79

项目规模	1991 年比重%	1992 年比重%	1992 年比 1991 年增长 %
500 万元以下	5.71	5.25	—0.46
500 万元至 1000 万元	2.78	2.25	—0.53
1000 万元至 3000 万元	6.68	5.56	—1.09
3000 万元至 5000 万元	4.46	4.17	—0.29
5000 万元至 1 亿元	7.45	7.67	0.22
1 亿元至 5 亿元	23.37	18.57	—4.8
5 亿元至 10 亿元	17.47	19.16	1.69
10 亿元以上	32.11	37.38	5.27

表 3—80　1992 年开工的主要地方项目　　单位：百万元

项目名称	总投资额	当年投资额	计划竣工日期（年、月）	新增生产能力
西宝一级公路	1169	143	1994.12	145.7 公里
神榆铁路	548	14	1995.12	136 公里
汉钢 2 号炉	97	2	1994.6	生铁 25 万吨
海红轴承厂	132	8	1994.11	迁建

表 3—81　1992 年竣工的主要地方项目　　单位：百万元

项目名称	总投资额	当年投资额	开工日期（年、月）	新增生产能力
略阳电厂扩建	192	25	1988.7	装机 10 万千瓦
陕西化肥厂扩建	48	3	1989.8	合成氨 5—8 万吨尿素 8—13 万吨
安康水电站	2460	313	1978	装机 80 万千瓦
西延铁路	1025	95	1973	334 公里
耀县水泥厂	361	24	1987.12	425、525 水泥 70 万吨

续表

项目名称	总投资额	当年投资额	开工日期（年、月）	新增生产能力
三铜公路	395	195	1990.5	高等级公路66公里
咸阳石油助剂厂	64	45	1990.7	常压重油7万吨
渭河电厂一期	1005	206.6	1990	装机60万千瓦

二、1992年陕西省利用外资投资建设基本情况

1992年，陕西省在吸收利用外资工作中，坚持大、中、小项目一起上，省、地、市、县一起上，一、二、三产业一起上的方针，使利用外资工作得以迅速发展，取得了显著成效。全年全省共批准成立外商投资企业424家，总投资94585万美元，合同外资额52290万美元。分别比1991年增长6.85倍、22.79倍和24.29倍。新批外商投资企业相当于历年累计批准总和的1.48倍。在新批的“三资”企业中，中外合资336家，合同外资额36752万美元；中外合作42家，合同外资额8639万美元；外商独资46家，合同外资额6899万美元。

新批的“三资”企业项目中，工农业基础项目314个，占项目总数的74%；500万美元以上项目54个，占项目总数的12.7%。

由于国家扩大外商投资领域和鼓励发展第三产业的政策，全省以居民服务、咨询服务、餐饮服务等为主的“三资”企业发展迅速，呈不断增长的趋势。大、中型生产型企业也有所增加。房地产业异军突起。从1992年6月陕西批准成立第一家房地产开发合资企业起，到1992年底，全省已批准设立外商投资房地产企业54家，占当年批准企业数的12.7%，总投资额16408.4万美元，协议合同外资额11347.1万美元。分别占当年投资总额和协议外资额的17.3%和21.7%。

外商独资企业增长迅速。1992年一些新的国家客商首次来陕西投资。这些新增投资的国家是：韩国、泰国、巴西、俄罗斯联邦等。

从省内吸取外资地区看，外商投资举办企业已经遍布全省各个地市，达到了全省各地市都有“三资”企业的目标。其中：延安、商洛、铜川、榆林实现了零的突破。

1992年新批的424家“三资”企业中，有71家在年内开业投产。

为了招商引资，振兴陕西经济，全省上下紧密配合，互相协作，不断改善投资环境，扩大对外宣传，加快招商引资的步伐。1992年陕西省联系西北5省7方与联合国工业发展组织等国际组织，成功地举办了西北5省经济技术洽谈会，激发了外商来陕投资的积极性。签订了外商直接投资合同334项。总投资114376万美元，协议外资64644万美元。与此同时，省政府重新制订了陕西省鼓励外商投资的若干规定，给予投资者更多更优惠的政策，下放了外商投资的审批权，下放“三资”企业批准证书的颁发权、营业执照的颁发权。

截止1992年底，全省已建成41家中高档涉外宾馆，修建了11条铁路干线，建成了西临、西三等高速公路，形成了辐射县乡的318万公里的公路网。全省发电装机容量已达368万千瓦，开通了西安至香港、日本、新加坡等航线，国内外空中航线已达45条。70%以上地市县实现了电话程控化。投资环境的改善，激发了外商投资的热情。吸引了大批客商来陕投资。1992年来陕西投资的外商国别和地区已达20余个。主要来自日本、香港、美国、台湾、韩国、泰国、巴西、俄罗斯等国家和地区。

（陕西省对外经济贸易委员会外资处）

三、1992年陕西省旅游业投资建设基本情况

（一）陕西省旅游业投资现状

据省旅游部门的初步估算，陕西旅游业从1979年至1992年14年间，用于“吃、住、行、玩、买、看、娱乐”等方面的项目总投资约为35.19亿元，其中：民航交通（包括旅游车辆）投资为11.18亿元；旅游资源开发建设2.4亿元；旅游宾馆饭店建设19.5亿元；旅游商品生产开发1.4亿元；人才培训投资1500万元；市场促销开发近1000万元（用于旅游发展的邮电、通讯、市政建设以及相关的配套产业投资均未计算在内）。另据省有关部门的调查统计，自1986年到1991年5年间（是陕西旅游投资最多的阶段），全省共安排各种旅游投资项目197个，批准项目总投资为17.89亿元，累计完成投资16.07亿元。其中：宾馆饭店建设80个，投资额15.07亿元，占总投资的84.2%；娱乐场所建设14个，投资额0.6亿元，占总投资的3.35%；旅游景点开发投资2.21亿元，占总投资的12.35%。

（二）陕西旅游业“八五”发展目标

陕西旅游业发展近期目标，从1991年到1995年总的任务是打基础、抓配套，即继续搞好旅游资源开发建设、旅游产品生产销售及相应的旅游基础配套设施建设；抓好软

件（人才、信息）和硬件（交通、通讯）系统工程的建设，与全国兄弟省区建立多层次、多元化的横向联系和全面合作，形成以西安为中心向四周辐射的旅游新格局。主要发展目标是：1995年接待外国旅游者65～70万人次，国内旅游者2100万人次，旅游外汇收入5亿元，并力争达到5.5亿元外汇人民币。要实现这个目标，需要进一步完善各种旅游设施、交通运输、旅游景点的配套建设，提高综合接待能力；要开发一批新的旅游线路，推出新的旅游产品，增强旅游业的发展后劲。据初步估算，“八五”期间旅游业投资共需33280万元（不包括交通、道路、民航和通讯）。其中主要风景区游览点建设2930万元，占8.8%；旅游基建投资7000万元，占总投资21%；旅游车辆购置投资23350万元，占总投资70.2%。其它与旅游发展相关的投资，民航为1.6亿元，公路建设3.77亿元，市政建设5.37亿元。

（三）旅游业投资发展对策

1.深化改革，加大对旅游业的资金投入

陕西旅游投资方面最大的制约因素是资金严重短缺。要靠政府以及旅游业自身力量来负担旅游开发的巨额投资是不可能的。对此，一是要想方设法多渠道筹集资金，努力拓宽资金来源渠道，政府在政策上给予支持，同时也适当给安排一部分启动资金。应允许发行股票和债券集资办旅游交通，同时进一步扩大利用外资的规模。二是旅游业的发展实行全方位的对外开放，采取国家、集体、个人共同投资，共享收益。允许外商以各种方式参与旅游业的发展，包括以合资、合作、独资等方式从事旅游服务业。建设同旅游业相配套的城市基础设施项目，政府应在税收上给予优惠。建立旅游发展基金，给旅游行业返还税金统一使用，集中用于建设一批旅游项目。三是改善旅游投资环境。坚持盈利共享，风险同担的原则，划出一定的旅游区，在批准的旅游区内可出租或转让土地使用权，由外商或国内集团企业联合成片开发。

2.理顺关系，改善旅游业投资的内外部条件

要理顺旅游管理体制方面的各种关系，强化旅游行业管理功能。一是进一步改革与旅游相关的投资体制，建立投资主体多元化，利益风险共担的机制，形成国家、地方、企业、个人、外商多元投资兴办旅游的格局。也可以通过实行股份制和发行债券面向社会筹资来改造旅游企业，创办旅游新项目。二是建立旅游业有偿投资体制。对于旅游资源开发来说，体现“谁投资，谁受益”。旅游资源是旅游业赖以生存和发展的基础，开发旅游资源可以吸引众多的旅游者，从而会给当地饭店、交通、旅行社、商店以及商品生产者带来经济效益，所以对这些企业应通过税收的办法收取一部分资源开发费用于旅游资源的开发建设。对于旅游设施和娱乐配套建设而言，也应体现“谁投资，谁受益”的原则。

3.加强投资宏观控制，避免重复建设，提高投资经济效益

旅游业投资应切实加强宏观控制，特别是要完善行业管理的宏观调控机制。采取行政手段、经济手段并用，辅之以必要的法制措施来保证实施。根据政府职能的转变，今后旅游局主要负责全省旅游业的规划和管理，所以对于旅游业的投资项目，应由省旅游局根据旅游业总体发展情况提出投资项目和审批项目。目前应调整结构档次，发展中档饭店，控制外资饭店的建设。

（颜宗岳）

西安市

一、1992年西安市投资建设基本情况

1992年，在邓小平南巡讲话和中共十四大精神的鼓舞下，国民经济运行速度加快。受经济增长需求的强力拉动，全市固定资产投资一改几年来低速增长状态，增长势头强劲，且发展态势较好。能源、原材料工业、交通运输业、邮电业及第三产业都获得了较快发展，现有企业的技术改造、利用外资的步伐也大大加快，生产性与非生产性投资的比例关系进一步合理。

（一）投资总量增加，增长速度加快

1987年以来，全市固定资产投资平均增长速度只有7.2%。1992年，全市共完成固定资产投资33.49亿元，较上年增长了31%，创历史最高水平。从隶属关系看，市属项目完成投资17.05亿元，较上年增长了57%，增长最猛；部属项目次之，完成投资11.64亿元，较上年增长了25.6%；省属项目完成投资4.79亿元，较上年下降了11.6%。从投资类型看，商品房投资增长幅度最大，完成投资3.32亿元，较上年增长了65.2%；其次是更新改造投资，完成13.75亿元，较上年增长了41.9%；基本建设完成投资14.75亿元，较上年增长了21.1%。其余类型投资较上年下降。城镇集体单位完成投资81.75万元，下降了28%；农村集体单位完成投资6312万元，下降了44.3%；国有单位其它投资2226万元，下降了59.5%。1992年全市施工的建设项目1298个，较上年减少了0.1%；其中当年新开工项目648个，较上年减少了2.8%。房屋建筑面积较上年只增长了11.9%，并没有随着投资额较高的增长而相应地增长。

（二）投资结构继续得到调整

1992年，全市在投资加速增长的情况下，注意调整投资结构。表现为以下几点：

1.从用途看，固定资产投资明显向生产性建设倾斜。与上年相比，生产性投资增长幅度大于非生产性投资。1992年，全市完成生产性投资20.48亿元，较上年增长了33.6%，完成非生产性投资13.01亿元，较上年增长了27.2%。生产性投资占

全部投资的比重为61.2%，较上年增加了1.2个百分点；非生产性投资占全部投资的比重为38.8%，较上年减少了1.2个百分点。二者的比例为1∶0.64。经过持续几年的调整，非生产性投资比重很长一段时间内居高不下的局面有所改善。

2. 内涵型扩大再生产投资进一步增加，其投资增幅大大高于外延性投资。从两个方面看：一是从建设性质看，改、扩建项目投资增长幅度远远大于新建项目。1992年，改、扩建项目完成投资18.77亿元，较上年增长了32%，而新建项目完成投资5.03亿元，较上年只增长了17%。新建项目在全部投资中所占比重也由上年的17.6%下降为15.3%。二是更新改造投资增长快于基本建设投资，其所占比重也有所提高。1992年，全市现有企业完成更新改造投资13.75亿元，较上年增长了41.9%，而基本建设完成投资14.75亿元。较上年只增长了21.1%。更新改造占全部投资的比重也由上年的37.9%上升到41.1%。

3. 在更新改造投资内部安排上，逐步由重速度向重质量、重效益转变。1992年用于增加产品产量的投资2.65亿元，比上年减少了7874万元，减少了23%；用于提高产品质量的投资1.58亿元，较上年增长了3921万元，增长了33.1%；用于增加产品品种的投资2.91亿元，较上年增加了1.53亿元，增长了110.5%。

4. 原材料和能源、电力工业投资增长速度较快。原材料和能源电力工业是西安市的短线，长期以来，制约着城市经济的发展，1992年西安市注意从增量上进行调整。1992年，全市原材料和能源、电力工业完成投资2.59亿元，已占到全市工业投资的17%，完成投资较上年增长73.6%。其中原材料工业完成投资1.58亿元，较上年增长了1.3倍；能源、电力工业完成投资1.01亿元，较上年增长了42.3%。

5. 从投资产业分布看，第一产业投资减少；第二产业投资增加；第三产业投资猛增。

1992年，全市第一产业完成投资1603万元，比上年减少了56.7%；第二产业完成投资16.09亿元，较上年增长了22.9%，但低于全市31%的增长幅度；第三产业完成投资17.24亿元，较上年增长了42.6%，并且在投资总量与比重(51.5%)上第一次超过了第二产业(48%)，占了投资额的大头。

从第三产业内部安排上看，商业投资增长最猛，全年完成投资3.05亿元，较上年增长了1.4倍。其次是交通运输邮电业，完成投资2.59亿元，较上年增长了56%。上年末投入建设的西安电话网工程(市话扩容30万门以上)待“八五”末建成投产后，全市电讯通话能力将大大提高，“安电话难”的局面将会彻底改观。第三是卫生事业，全年完成投资4545万元，较上年增长了44.4%。科研事业完成投资2.71亿元，较上年增长了33.7%。房地产和公用事业完成投资1.69亿元，较上年增长了6.3%。

(三) 利用外资步伐加快

1992年，随着改革开放的进一步深化和思想观念的更新，全市在吸引外资工作上表现出一种更加积极，更加灵活的态态。使得利用外资额有较大的增加。全年到位外资完成投资7662万元，较上年增长了72.8%。其中国有和城镇集体利用外资7643万元，较上年增长了90.6%，乡村集体项目利用外资28万元，较上年减少了93.5%。从外资投向上看，主要集中于邮电业和工业部门，前几年主要集中于旅馆业的现象得到了改变。目前，市政府已将今后西安大规模的建设将更多地依赖外资作为战略重点。

(四) 商品房开发增长势头猛

1992年，全市旧城改造以低洼地危房改造为突破口，使商品房开发获得了较快的发展。全年完成商品房投资3.32亿元，较上年增长了65.2%，其在投资额中所占比重也由上年的7.9%提高到9.9%。商品房施工面积达到87.67万平方米。较上年增长了136.4%。商品房销售额达到1.57亿元，较上年增长了62.3%。当前，商品房开发比较活跃，成为城市建设的主力军。但是，在商品房开发中也出现了只征地不建设等现象，引起群众不满。商品房开发的投资效果指标也较上年有所下降。因此，对商品房的开发要作出适当的引导，防止过热和其它问题带来投资效益的下降。

(五) 投资效益较好，形成一批生产能力

1992年全市全部建成投产项目623个，建设项目投产率为48%，较上年提高了3.4个百分点。项目建设周期由上年的4.3年降低为3.8年。房屋竣工面积204.75万平方米，竣工率为35.9%，较上年略有提高。新增固定资产22.93亿元，固定资产交付使用率为68.6%，比上年有所下降。

全年新增生产能力或效益主要有石油加工17万吨/年、输变电线路长度3.2公里、变电设备能力6.3万千伏安、石墨及炭素制品3000万吨/年、合成氨5000吨/年、化学原料药280吨/年、化学药制剂25.36吨/年、冶金设备制造354吨/年、彩色电视机9万台/年、毛纺锭3496锭、气流纺1200头、机制纸及纸版1.86万吨/年、日用玻璃制品1.46万吨/年、市内电话自动交换机3万门、增加有效灌概面积16万亩、大中小学生席位27276个、城市自来水供水能力1万吨/日、城市道路扩建面积26万平方米、竣工家属宿舍套数24150套等。

(六)1992年全市固定资产投资存在问题

1. 农业投入过少，仅1603万元，较上年下降了57%。应增加农田水利、农村道路、粮食、蔬菜付食基地和农业科研的投资，以缓解我市农业基础薄弱，设施老化，发展后劲不足的矛盾。

2. 城市基础设施的投资急待加强。城市基础设施是投资环境中的硬指标，经济的发展对城市经济的制约作用越来越明显。1992年全市房地产、城市公用事业完成投资1.69亿元，仅较上年增长了6.3%。城市基础设施建设关键是城建资金的筹集问题。要广开筹资渠道，例如吸引外资，采取股份制等。

3. 乡镇企业的投入不足。稳定农村经济，积累农业建设资金，安置农村多余劳动人口具有重大作用。1992年，全市乡村集体企业完成投资6312万元，在全市固定资产投资中所占比重仅为1.9%，处于微不足道的地位，与沿海城市及郑州、太原等内陆城市相比差距都很大。

（何秋和）

表3—82　1992年开工的主要地方项目　单位：万元

项目名称	总投资额	当年投资额	计划竣工日期（年、月）	新增生产能力
第五砂轮厂	2800	457		节能高级碳化硅制品1300吨/年
西安市中心医院	1290	73	1994	病床100张门诊2500人次/日
西安旅游食品厂	1252	152		锅巴32000吨/年
西安衡器厂	1655	1010	1993.12	电子衡品及显示器20800台/年
西北影城	2472	548		面积12737m^2
陕西第十棉纺厂	5699	30		细目涤长丝1000吨/年
西安电话网工程	17962	4248		市内电话交换机6万门长途交换机1000门
胡家庙蔬菜批发市场	3000	1642	1993	交易厅32351M^2
西安带钢厂	4900	500		钢带1.5万吨/年

表3—83　1992年竣工的主要地方项目　单位：万元

项目名称	总投资额	当年投资额	开工日期（年、月）	新增生产能力
长乐中路轻工批发市场	1500	1500	1992.1	交易厅2500m^2
万寿路药材批发市场	1285	1285	1992.1	交易厅14200M^2

续表

项目名称	总投资额	当年投资额	开工日期（年、月）	新增生产能力
太华路立交桥	2385	531	1991.3	长1.17公里
草滩路道路拓宽	2905	1965	1991.6	长4.95公里 面积19.79万M^2
西安民生股份有限公司营业楼	9566	6480	1988.9	31570M^2
唐城百货大厦改造	2698	2017	1991.9	新增面积1200M^2
段村应急水源工程	2000	1618	1992.4	供水3万吨/日 水管长10.11公里
西安长乐毛纺厂	2798	422	1989.1	毛纺锭3384锭
西安石油化工油田助剂分厂	11150	6632	1991.6	加工原油10万吨/年、蒸馏设备10万吨、裂化设备7万吨/年
陕西印刷厂彩印生产线	4100	23	1991	印刷40万色令

二、西安高新技术产业开发区的投资建设

古城西安，以其悠久的历史被誉为中华文化的“天然博物馆”，更以其雄厚的现代科技和工业而享誉全国，随着改革开放的前进步伐，一个现代工业园区——西安高新技术产业开发区正在按照定向建设，滚动发展的方针迅速崛起。

（一）优越的地理位置

西安高新技术产业开发区创办于1988年5月，1991年3月经国务院批准，成为国家级高新技术产业开发区。西安开发区规划总面积22.35平方公里，其中集中新建区3.2平方公里。开发区紧靠市中心区，基础设施完善，通讯手段齐全，“二环”主干公路横贯而过，交通十分方便。开发区距离西安航空港——咸阳机场仅30公里，数十条航线连接全国各主要城市，已经开通了香港、日本、新加坡等国际航线。铁路运输四通八达，陇海铁路自连云港经过西安通往欧洲，连接欧亚大陆桥。西安又是“丝绸之路”的起点，公路运输源远流长，经过多年的建设，已形成了由多条高等级公路构成直通毗邻各省的公路网，是中国中西部的交通枢纽。开发区距市中心区仅2公里，距拟建中的草堂寺跑马场、高尔夫球场、周至狩猎公园、终南度假村均在20——40公里之间，著名的旅游景点四周星罗棋布，使西安高新技术产业开发区处在一个得天独厚的优越环境之中。

（二）雄厚的科技实力

西安开发区内有著名的西安交通大学、西北工业大学、电子科技大学等大专院校22所，中央部委、省市级以上的科研院所49家，有13个国家级重点实验室，200多个大型专业实验室，拥有国内一流水平的实验、检测设备，这些已分别成为国家有关专业技术开发中心，为我国尖端科技的发展和科技进步做出了显著的贡献。

区内拥有各类专业技术人才50400余名，其中高级职称4384名，属于全国名列前茅的智力、技术高度密集区。每年有百项国家级科技成果，近千项发明专利问世，仅此在全国新增经济效益数十亿元。

区内原有大中型企业20余家，这些企业技术门类较全，拥有精良的大中型加工设备、光电设备、通讯遥控遥测设备、化工类和航空航天类精加工设备，其中少数具有国际先进水平。几年的发展区内已有高新技术企业277家，科技开发企业1361家，还有诸如西京公司、康纳高技术公司、敏感高技术集团以及高校高技术开发集团等近十个高技术产业集团。从而形成了强大的工业支撑能力，为高新技术商品化，产业化乃至国际化提供了良好的智力、

技术依托。

开发区内捷足先登的电子工业园区——电子城，经过8年的建设，已投入资金12亿元，完成建设任务的70%，有6个中央部委所属的研究所，7个电子行业的骨干企业入区并部分投产，在微电子、半导体材料、通讯导航及计算机四大领域将成为主导产业，1995年全部建成后年产值将达10亿元以上，将成为我国电子工业的璀灿瑰宝。

大专院校、科研院所、大中型企业以及其众多的科技人才，科技项目，为高新技术及其产业奠定了坚实的基础。

(三) 定向建设，滚动发展

在财政收入较低，建设举步维艰的西安，要建设现代化的开发区，无疑是一个艰巨的任务。经过认真分析，开发区管理委员会确定了政策区改建、插建和集中新建区重点建设的方针，而在集中新建区，则采取定向建设，滚动发展的原则。集中新建区3.2平方公里，按1992年度的实际价格计算，市政基础设施投入以1.5亿元/km^2的标准，约需4.8亿元。按照规划建成25万平方米的各类建筑，以每平方米投入1000元计则需要25亿元，合计约投入资金30亿元左右，根据逐步发展的原则，开发区首先开工建设1平方公里。采取了建成一片，出租、出售一片，回收资金滚动发展的办法。

1991年5月，开发区管委会成立，市政府给予10万元的启动资金，管委会向国家科委申请基建规模额度，国家划拨了7000万元，向银行借贷9000万元，至年底完成了7900万元的基建规模，开工面积达16.4万平方米，同年12月份6栋标准厂房已经封顶，综合办公楼建至两层。短短的几个月，西安开发区开工面积和建设速度跃居全国27个开发区前列，1992年4月份在全国开发区基建工作会议上成为介绍经验的开发区。

1992年开发区投入建设资金计2.11亿元，开工面积40万平方米，竣工面积8.6万平方米，交付使用6万平方米，至年底已有6家企业进入标准厂房投产运行。按照定向建设，滚动发展的原则，已有63家企业与管委会签订了购买厂房、土地使用权转让合同，总金额1.4亿元，已回收资金0.82亿元，回收的资金很快用于滚动再发展。同时，13项按投资者要求施工的项目（多为投资者自建，管委会统一规划设计）正在抓紧施工，这些项目，由投资者负责投资，有利于缓解开发区的建设资金。

1992年，西安开发区已批准入区项目304个，西安开发区基建规模，建设速度在全国52个开发区中排在前列。国家科委几次来开发区视察，充分肯定了该区定向建设，滚动发展的基本经验。目前，除大规模建设的各类厂房外，金融大楼、综合办公楼、公寓大楼即将竣工，区内路网已部分建成，2030亩的七通一平正在抓紧扫尾工作。拟建和在建的项目还有：服务大楼、商贸大厦、供热中心、配电中心，培训中心、宾馆、学校、医院、文化娱乐中心、别墅风景区等等。一个以技、工、贸为一体，各种文化娱乐、生活服务设施配套齐全的现代高科技工业园区已具雏形。

(四) 全新的运行机制

开发区管理执行机构为开发区管理委员会，根据服务需要，下设行政管理部、策划部、规划建设部、企业经营管理部、项目部、人事部、财务部、涉外部和征地办公室，组成了一支精干，高效的管理队伍。同时设立了支撑服务体系，与各部门一幢楼办公，实行原派出部门与管委会双重领导。目前已入区的 事机构有工商、税务、外贸、银行、海关、公安、会计事务所、律师事务所等部门。过去申办企业，关卡很多，手续繁杂，现在一幢楼内办公，各部门协调，极大地提高了办事效率。

高效的管理服务使兴办企业的审批手续大为简化，时间缩短。外商投资兴办企业，从其立项审批到可行性研究报告及合同章程审批不超过7天，工商执照办理不超过3天，基本做到了“外资企业不过旬，内资企业不过周”，赢得了海内外广大投资者的赞誉。

(五) 宽松的投资环境

西安高新技术产业开发区享有国家赋予沿海经济特区的一切优惠政策。西安市人民政府根据国家颁发的国家级高新技术产业开发区优惠政策，结合西安地处内陆的实际制定了在某些方面比国家政策更加优惠的配套政策：1991年市政府发布了16项配套政策，去年又发布了有关补充规定，赋予开发区管委会市一级经济管理权限，归结起来主要有以下几方面。

1. 税收：经营期在10年以上的高新技术企业，从取得销售收入的月份起（外商投资企业从获利年度起）3年内免征企业所得税，第4年到第6年按15%税率减半征收企业所得税；在减免期间同时免征国家重点能源建设基金，预算内调节基金和陕西省农业发展基金；出口产品产值达到当年产值50%的高新技术企业，减按10%的税率征收企业所得税；外商投资企业可免征城市房地产税、车船使用牌照税和城市配套税；高新技术企业和科技开发企业可免征奖金税，个人收入调节税起征点为月收入600元；原企业从其在开发区创办的高新技术企业中所分得的税后利润，不再回当地交纳所得税；进区新办的高新技术企业自用或为履行出口合同而进口的设备和材料，免征进口关税和工商统一税；区内可设保税工厂、保税仓库和保税小区。

2. 金融：外商投资企业和生产替代进口产品所需外汇优先调剂；企业和银行存贷业务双向选择；企业所需贷款优先满足，利率优惠。

3. 人事劳动用工：企业用工自主，工资随效益浮动；出国人员手续一次办理，多次出国，3年有效；对于外商投资、外地投资一定额度和持有好项目的高技术人员可解决若干入城户口。

4. 其它:企业产品自行定价;外商合法收入自由汇出境外;对介绍外商来我开发区投资的中介人,一次性支付中介人外商投资额0.5——2%的酬金,免征奖金税;对推荐内联项目的单位和个人,按获利第一年纯利润10——15%给予奖励。

(六) 良好的投资势头

西安开发区以其巨大的科技潜力,高效的管理服务及宽松的投资环境,吸引着众多的投资者。今年以来海内外投资者纷止沓来,出现了空前的投资热。

高新技术企业有了喜人的发展,全国著名的黄河集团公司、长岭机器厂、秦川机械厂、庆安机械制造公司等60余家大中企业先后进入开发区,兴办高新技术企业或集团;北京、上海、深圳、海南、德州等数十家外省企业集团也竞相进入新建区驻足落户。

外商投资也出现了良好的势头,美国、加拿大、俄罗斯、日本、新加坡、瑞典、比利时以及港、台、澳等国家和地区的集团公司纷纷入区办企业。西安雄厚的科技实力、众多的科技成果为创办科技开发企业和入区项目的筛选提供了极为有利的条件。一批高起点,高水平的项目相继入区,例如:庆安宇航设备制造公司的国家级科技攻关项目——涡旋式高效节能型转子压缩机,其产品性能属国际先进水平,国外也只有美、日能生产。该项目总投资1亿元,达产后年产值6亿元,年利税6500万元。西安四佳公司同美国一家国际集团公司洽谈高纯度半导体材料的项目,总投资1.5亿美元,现已在开发区签订了购地建厂意向书。

外商踊跃投资房地产业开发。已接待多批洽谈的外商或财团。香港太阳汽车有限公司、香港美诺国际有限公司,分别投资1000万美元、500万美元与开发区房地产开发公司创建新汇与科诺房地产开发有限公司,从而加快了开发区建设的速度。

(王润鼎)

甘肃省

一、1992年甘肃省投资建设基本情况

(一)1992年甘肃省投资建设情况综述

1992年全省固定资产投资完成723202万元,比上年增长24.28%,国有单位完成投资710876万元,比上年增长24.72%,城镇集体单位完成投资12326万元,比上年增长3.58%。在国有单位完成投资中,完成基本建设投资395142万元,比上年增长15.21%;技术改造投资216126万元,比上年增长35.25%;国有其它项目投资70084万元,比上年增长3.73%;商品房建设投资29524万元,基本与上年持平。本年新增固定资产542193万元,其中生产性固定资产383317万元。

1992年在建的基本建设项目1629个,比1991年增加86个,当年建成投产或交付使用项目844个,项目投产率51.81%,新增固定资产276664万元。全省基本建设施工面积579.03万平方米,比上年增加58.64万平方米,当年房屋竣工面积243.28万平方米,房屋竣工率达42.02%,竣工价值40347万元。当年新开工面积125.34万平方米,开工率达到21.65%。1992年全省在建技术改造项目1461个,比上年减少220个,当年建成投产或交付使用的项目919个,竣工率达到62.09%,新增固定资产173515万元;技术改造施工面积189.92万平方米,比上年增加24.02万平方米。房屋竣工面积为93.95万平方米,竣工率达到49.47%,竣工房屋价值13242万元,当年房屋新开工面积43.96万平方米,开工率达到23.15%。

(二) 投资结构及投资特点

1992年完成固定资产投资中,按构成划分:建筑工程完成投资369109万元,安装工程完成投资73976万元,设备、工器具购置完成投资201235万元,其它费用完成投资74448万元。按用途划分:生产性建设完成投资540574万元,所占比重74.75%。非生产性建设完成投资182628万元(包括房屋建设完成投资98488万元),所占比重为25.25%,与上年大体持平,基本上符合国家规定的标准界限。

按隶属关系划分,中央项目814个,完成投资387466万元,其中:基本建设项目232个,完成投资达213456万元;技术改造项目558个,完成投资达105924万元;国有其它项目15个,完成投资66577万元;商品房项目1个,完成投资110万元;城镇集体单位项目8个,完成投资1399万元。地方项目2679个,完成投资335736万元。其中:基本建设项目1397个,完成投资181686万元;技术改造项目903个,完成投资110202万元;国有其它项目51个,完成投资3507万元;商品房屋项目182个,完成投资29414万元;城镇集体单位项目146个,完成投资10927万元。

按国民经济行业划分,共3491个项目,总投资722788万元,农、林、牧、渔、水利项目178个,完成投资38998万元;工业项目1375个,完成投资495797万元;地质普查和勘探业项目3个,完成投资234万元;建筑业项目51个,完成投资9151万元;交通运输和邮电通讯业项目363个,完成投资60656万元;商业、公共饮食业、物资供销和仓储业项目348个,完成投资19497万元;房地产管理,公用事业、居民服务和咨询服务业项目80个,完成投资18019万元;卫生体育和社会福利事业项目107个,完成投资3998万元;教育、文化艺术和广播电视业项目270个,完成投资17581万元;科研和综合技术服务事业项目40

个，完成投资5382万元；金融保险业项目116个，完成投资5243万元；国家机关、党政机关和社会团体项目332个，完成投资15536万元；其它行业项目228个，完成投资32696万元。

1992年甘肃固定资产投资特点突出表现在以下几个方面：一是投资结构进一步调整，重点倾斜的政策得到落实，用于基础产业基础行业和第三产业的投资明显上升。在基本建设投资中，用于农业的投资3.8亿元，增长11.6%；用于能源工业投资11.8%亿元，增长5.6%；用于有色金属工业的投资6亿元，基本保持上年水平；用于第三产业的投资11.1亿元，增长55%；用于住宅投资4.4亿元，增长16.5%。在更新改造投资中，用于第三产业的投资3.9亿元，增长144.7%；用于增产的投资4.8亿元，增长26.8%；用于增加产品品种的投资3.6亿元，增长18.2%；用于提高产品质量的投资2亿元，增长30.9%。二是重点项目建设得到重视。1992年全省25个重点项目完成投资17.33亿元（不含宝中铁路），占计划17.26亿元的100.44%，完成投资比1991年增长16.25%，其中：5个国家重点项目完成投资7.05亿元，占计划7.04亿元的100.7%，完成投资比1991年下降15.8%；15个省列重点项目完成投资9.16亿元，占计划9.21亿元的99.57%，完成投资比1991年增长60.87%；5个重点技改项目完成投资1.13亿元，占计划0.99亿元的112.92%。在25个重点项目中全部投产或部分投产的15个项目，完成投资10.21亿元，占计划9.86亿元的103.58%。三是地方项目投资增长较快。1992年地方基本建设投资完成181686亿元，比上年增长20%；技术改造投资完成110202万元，比上年87810万元增长25.5%，这是建国以来所没有过的。四是商品房开发增长迅速。1992年正在施工的商品房项目183个，完成投资虽然与上年持平，但施工项目个数增长1倍以上，大量铺了摊子，留下了潜在的资金压力。五是与全国相比在投资规模和投资力度上仍有差距。1992年全国固定资产总投资完成增长37.6%，高于甘肃23个百分点。全国基本建设投资比上年增长37.6%，也高于甘肃22.4个百分点；全国技术改造投资比上年增长38.6%，高于甘肃3.35个百分点；全国城镇集体所有制单位投资比上年增长76.7%，高于甘肃73个百分点。

1992年全省固定资产投资需求旺盛，在建总规模迅速扩大、新开工项目大量增加。全年新开工各类项目2016个，主要的项目有：(1)兰新铁路复线计划总投资44.73亿元，甘肃17亿元；(2)兰州生物制品研究所疫苗生产线，总投资5577万元；(3)甘肃省物资交易大厦总投资3000万元；(4)陇西铝厂二期工程，总投资7358万元；(5)临洮三甲电站总投资7917万元；(6)金昌化工总厂磷二铵合成氨工程总投资7882万元；(7)312国道改建柳园——星星峡段，总投资6700万元；(8)凉州曲酒厂扩建工程总投资5577万元；(9)靖远陶瓷厂总投资4725万元。

1992年全省投产项目1987个，在25个重点项目中，有17项已建成、部分建成和基本建成，其中有15项已全部或部分建成投产，即靖远电厂四号机、西北铅锌冶炼厂、兰州至武威电气铁路打柴沟到武威段、景泰电力提灌二期（新增灌溉地9.27万亩）、武山水泥厂扩建、兰州正大饲料厂、永昌电厂扩建一号机、靖远煤矿王家山一号井、兰州电信枢纽工程（1000门移动电话）、省教育学院、312号国道兰州至馋口段、兰州煤制气、庆阳卷烟厂扩建、七七八厂改造、盐锅峡化工厂敌敌畏改造。2项基本建成即甘肃电石厂、刘家峡化肥厂改造工程，设备全部安装完，单机试车完。

新增生产能力：发电总装机量为30万千瓦、铝5万吨、锌10万吨、电气化铁路127公里，大窑水泥30万吨、灌溉面积9.27万亩、全价饲料18万吨、原煤45万吨、移动电话1000门、改造公路78公里、煤气用户5万户、教学楼10617平方米、农药1250吨。新增产值106982万元，新增利税23480万元。

（徐雪峰　杨雨田）

表3－84　1992年开工的主要地方项目　　单位：百万元

项目名称	总投资额	当年投资额	计划竣工日期（年、月）	新增生产能力
兰新铁路复线	4473.00	1600.00	1995	铁路1622公里
兰州生物所疫苗生产线	164.53	57.00	1995	疫苗3千万支
甘肃物资交易大厦	30.00	5.00	1995	30448平方米

续表

项目名称	总投资额	当年投资额	计划竣工日期（年、月）	新增生产能力
陇西铝厂二期	73.58	68.50	1994	电解铝 1.2 万吨
临洮三甲电站	79.17	4.00	1994	发电装机 2.5 万千瓦
金昌化工总厂	78.82	50.00	1994	合成氨 3 万吨
312 国道柳园至星星峡段	87.00	4.00	1993	二级公路 90 公里
凉州曲酒厂	55.77	2.40	1994	白酒 3000 吨
靖远陶瓷厂	47.25	3.00	1994	彩釉地砖 100 万平方米
甘肃棉纺厂	13.78	5.20	1993	精纱 1 万锭
兰州卷烟厂	23.00	12.00	1993	卷烟 5 万箱

表 3—85　1992 年竣工的主要地方项目　　单位：百万元

项目名称	总投资额（百万元）	当年投资额（百万元）	开工日期（年、月）	新增生产能力
靖远电厂四号机	1062.28	139.58	1986	发电装置 20 万千瓦
西北铅锌冶炼厂	940.00	130.00	1986	铅、锌 15 万吨
兰武电气化铁路打柴沟至武威段	206.75	40.00	1989	电气化铁路 127 公里
景泰电力提灌二期	455.91	69.00	1984	部分投产，9.27 万亩
武山水泥厂	162.62	38.00	1987	水泥 30 万吨
永昌电厂	283.20	45.00	1991	新增发电装机 10 万千瓦
靖远煤矿王家山一号井	67.50	39.29	1989	原煤 45 万吨

续表

项目名称	总投资额（百万元）	当年投资额（百万元）	开工日期（年、月）	新增生产能力
兰州电信枢纽工程	26.65	8.97	1990	移动电话1000门
甘肃省教育学院	16.49	2.11	1989	10617平方米
兰州煤制气	409.15	45.00	1987	煤气用户5万户
庆阳卷烟厂	39.78	8.68	1990	卷涸5万箱
312国道兰州至馋口段	121.24	20.00	1991	二级公路78公里
七七八厂改造	57.12	14.62	1991	波磁控管60万只
盐锅峡化工厂改造	16.32	7.10	1991	敌敌畏1250吨
兰州正大饲料厂	39.59	32.19	1991	全价饲料18万吨

二、1992年甘肃省利用外资投资建设基本情况

（一）利用外资投资建设的基本情况

甘肃省地处西北腹地，1992年以前的10年间，利用外资主要是债务性借款，如世界银行贷款和少量外国政府贷款、租赁业务等，利用外资总额仅有3亿美元。全省外商投资39家，总投资8000万美元，外商直接投资3000万美元，内配资金5000万美元。投资领域仅限于饮食、服务、初级产品加工。

1992年邓小平同志南巡谈话发表以后，对外开放工作出现崭新局面。截止1992年底全省利用外资项目已达到366家，利用外资合同总金额为74465万美元。其中1992年新增4.02亿美元，超过前10年的总和。全省利用外资可分为对外借款和外商直接投资。对外借款，截止1992年底已签约和进入实施的项目已达到110家，借款合同额已达到5.8亿美元。主要有世界银行贷款2.29亿美元（当年新增2040万美元）、黑字环流935万美元、亚洲银行贷款200万美元、外国政府贷款2297万美元等。外商直接投资，截止1992年年底，全省累计批准外商投资企业256家，合同总投资38900万美元，协议利用外资16465万美元。其中当年新批准外商投资企业217家，合同总投资30831万美元，协议利用外资13465万美元，分别是过去10年的3.85倍和4.49倍。投资领域扩展到冶金、交通运输，机械、电子、房地产开发、中草药加工等方面。

近几年来全省工业靠引进外资开发新产品2800多项，其中有150项填补了国内空白，有140项产品达到国际80年代先进水平，特别是电子行业引进新技术，使电子行业少走了50年弯路。利用外资和引进先进技术及管理经验从而使甘肃在许多领域处领先地位。有色金属生产全国第一，农业有全国先进的灌溉示范项目，科研机构多次受联合国委托为第三世界和少数发达国家举办治沙、太阳能利用培训班。

从1992年外商投资构成和特点来看，呈现出一些新的趋势和动向。一是与上年相比开始有了投资规模较大的项目。1992年以前的39个项目中，最大的外商投资项目为兰州飞天大酒店。项目投资总额为2000万美元，占全部外商投资的25%，除此以外其它38个项目投资规模平均不到155万美元，其中外商投资不到60万美元。1992年投资额在500万美元的就有19家，项目投资总额为20235万美元，约占全部外商投资项目的65.7%。较大的项目有兰州华兴铝业公司扩建工程，总投资2757万美元，外资1173万美元；甘肃陇明型材有限公司，总投资1856万美元，外资740万美元；兰州云峰房地产开发公司，总投资636万美元，外资267万美元；甘肃华伟建材有限公司，总投资800万美元，外资168万美元；驼铃客车有限公司，总投资1863万美元，外资440万美元。二是外商介入房地产开发业，目前全省有18家合资房地产公司。三是前来投资的国家和地区明显增加，投资区域扩大。1992年以前我省外商投资绝大多数为港澳厂商，在1992年审批的项目中，西欧、北美、日本、东南亚、加拿大等22个国家和地区的厂商来我省投资。投资的地域由省会城市向全省各地区扩展，1992年以前的“三资”企业92%在兰州，70%以上的地区没有

外商投资企业。1992年以来，每个地区至少都有一个外资企业。四是现阶段外商投资均属试探性投资，表现在以下几个方面：第一，投资规模普遍较小，有80%左右的企业投资在100万元以下；第二，看的多、投的少，去年来我省考察投资环境的外商人数急剧增加，考察范围广泛，但真正下决心投资的很少；第三，知名度高，实力雄厚的国外企业来我省很少，除了泰国正大集团在我省投资外，其它外商投资企业基本上没有知名度。

（二）改善投资条件，加强基础设施建设创造良好的吸引外资环境

根据党的十四大精神，甘肃省确定了90年代对外开放的基本思路，明确了利用外资的具体目标：到本世纪末，借用国外贷款等债务性外资达到10亿美元；吸引外商投资实际投入达到10亿美元；出口额平均每年递增20%以上，1995年达到6.2亿美元，2000年达到15亿美元；"三资"企业1993年达到400户，本世纪末达到1500户。

1992年甘肃省着重抓了几件事：一是制定《甘肃省鼓励外商投资优惠办法》，外商投资企业在土地使用方面给予5项优惠政策，在国家控制的固定资产投资规模内优先安排包括水、暖、电、气、煤、油等能源供应；流动资金贷款、原材料供应、交通运输安排、通讯设备安装使用、基建施工、劳力人力选配7个方面优先。保证外资企业享有充分的自主权，保证收益，优先解决外汇平衡，给外商投资者提供各种方便。二是加快发展交通、邮电等基础设施建设，改善硬环境。加紧宝中铁路和兰新复线建设以及包兰铁路电气化改造步伐，提前完成了兰武铁路电气化改造；重点抓了以国道为主的东西通道和南北通道的改造，提高等级标准和通过能力；正在建设兰州至中川机场和天水至北道的高速公路；加快兰州、敦煌机场改扩建工程，已开通了兰州至香港的航线，争取开通日本、哈萨克斯坦等国际航线；已建成1000门移动电话，继续抓好四条光缆和兰州邮电枢纽项目建设，尽快实施13.5万门程控交换机项目建设，争取1995年全省程控电话达到48万门，以交通、邮电的超前发展带动全省的对外开放。三是大力发展以煤炭和电力为主的能源工业。加快靖远、华亭、窑待三个煤矿基地建设；加紧平凉电厂的前期工作和连城电厂、西固电厂的扩建准备工作；充分发挥水电资源优势，重点抓好大峡、小峡、乌金矿、九甸峡等电站的开发建设；与青海省合作，加快了李家峡电站的建设进度，为全面开放提供坚实的物质保障。四是下放投资审批权限，简化审批手续，进一步放宽大中型企业利用外资的投资决策权。凡符合国家产业政策，配套条件不需国家平衡解决的项目，开发区可审批1000万美元以下项目，500万美元以下项目省级主管部门或地州市审批。计划单列企业集团和大型企业利用自身现有条件和自筹资金直接吸收外商投资的项目建设决策权放宽到500万美元，中型企业放宽到200万美元。简化审批手续，调动了各方面的积极性，加快了立项审批速度，提高了办事效率。五是由省计委牵头组织各地区、各部门进行项目前期工作。甘肃地处内陆，外界对其了解甚少，基层也不了解利用外资项目的基本要求。从1992年初开始，在各地区及省厅局密切配合下，在近千个申请利用外资项目中筛选400多个项目，分别在北京、香港、汉堡、西安、哈尔滨、天津、乌鲁木齐等地的对外经济贸易洽谈会和新闻发布会上广为宣传，收到了较好的效果，有40多个项目找到了合资伙伴。六是开展咨询服务。1992年由省计委组织成立了甘肃省利用外资项目咨询服务公司，聘请各方面的专家，对外资项目进行法律、经济、技术等方面的咨询，减少了盲目性，提高了合作的成功率，开拓了对外合作渠道为引进外资的项目提供全过程服务。

（三）兰州高新技术开发区投资建设情况

近3年来，甘肃积极开发区域经济，变资源优势为经济发展优势。1991年3月6日，兰州高新技术产业开发区被国务院批准晋升为全国首批27家国家高新技术产业开发区之一，享受国家减免税收、对外经济技术交流、进出口贸易和基本建设等一系列优惠政策。经过3年的建设，高新技术产业开发区初具规模，现有高新技术企业230家，其中，"三资"企业28家，已开发和正在开发的高新技术300余项，高新技术产品100余种，242项高新技术成果转化为商品。开发区根据甘肃资源特点，把新材料、精细化工、中医药开发等列为区内支持企业。据统计，1992年开发区总产值达3亿元，年技工贸总收入2.59亿元，年技术性收入1.62亿元，年利税总额4600万元，出口创汇837.5万元。

（徐雪峰　杨雨田）

青海省

一、1992年青海省投资建设基本情况

（一）1992年计划完成情况

青海省1992年地方级基本建设计划48618万元，比上年增加2976万元，增长6.5%。从资金来源结构看：国家预算内12852万元，比上年增加320万元，增长2.5%，占当年地方级投资计划的26.4%。自筹投资21365万元，比上年增加3266万元，增长18%，占当年地方投资计划的43.9%。建贷投资6532万元，比上年减少2179万元，减少24%。占当年地方投资计划的13.4%；其它投资7824万元，比上年增加1526万元，增长24%，占当年地方投资计划的16%。

1992年实际完成投资额44600万元，为年度计划的92%，比上年同期增长17.3%。扣除借款利息1465

万元，实际完成投资43135万元，比上年同期增长17.8%，并控制在国家计划之内。投资计划完成较好的原因：一是认真贯彻了国家提出的控制总量，调整结构，突出重点，提高效益的方针。在年度计划安排上，实行了保竣工项目，保重点续建项目，原则上不开新项目的要求。二是重点突出。1992年全省安排基础设施投资近5000万元，占年计划的10.4%，重点突出了交通运输、城镇供水、民航等基础设施建设。1992年我省地方重点建设项目7个，全年投资计划6687万元，占全年全部基建投资完成额的13.8%。有西宁市话扩容8000门工程，总投资1363万元，当年投资1200万元，已完成投资1100万元，计划到1993年3月底已开通3000门，剩余5000门预计1993年下半年全部开通。青海有色冶炼厂当年投资1600万元，上半年设备安装完毕，10月底开始生产，目前已生产出部分产品，初步见效。省第二化肥厂磷铵工程，当年投资1005万元，全部完成，现处于设备安装阶段，预计1993年三季度建成投产。三是年度计划投资规模比去年增加。1992年地方基建投资计划比上年增加2977万元，增长6.5%。在增加的计划中，主要是自筹投资和其它投资增加较多，而国家预算内投资与去年基本持平，建贷投资有所减少。见表3—86

1992年全省共交付使用财产项目435个，交付使用财产价值为33200万元，比上年增加5.046万元，增长17.9%。当年交付使用率为74.4%，比上年增长0.4个百分点。不论是绝对值还是增长率均比往年有所提高，并扩大了生产能力，较好地发挥了投资效益和社会效益。据不完全统计，新增房屋面积450839平方米（其中校舍95978平方米，职工住宅60855平方米）；新增公路里程680.8公里；新增水库容量1664立方米；新增原煤开采能力18万吨；新增灌溉面积54500亩；新增粮仓70300立方米；建桥12座；新增造林面积33389亩；新增长途电路960路等。

（二）投资建设的主要经验

1.积极与财政、计委等有关部门保持密切联系，保证基建计划的及时下达及预算资金的及时到位。

2.重点工程所需资金优先到位，使建设项目保质、保量如期完成。

3.积极落实建设资金，促使建设项目早日建成交付使用。

（三）存在的主要问题

虽然青海省1992年投资完成和交付使用好于往年，但还存在一些问题：

1.自筹资金不落实，影响了计划的完成。一些项目自筹计划虽已列上，但因资金迟迟不能到位，影响了整个投资的完成。部分自筹规模下达较晚，影响了投资的完成。另外，国家补助地方部分投资的预算下达较晚，当年未能及时支出，以致800多万元的预算只有结转下年继续使用。

2.超概算所形成的投资缺口影响了工程收尾配套，拖延了工期，使建设项目不能按期交付验收。如：海西黑石山水库，1987年开工建设，计划1990年竣工，原概算为2500万元，但由于设计变更、漏项、“三材”涨价等因素影响，已超概算429万元，使计划竣工工期落空。海西德令哈纯碱厂1988年开工建设，计划1990年竣工投产，由于原概算偏低，经过几年建设，投资层层加码，由4950万元调整为11200万元，影响了工程进度，致使该项目不能按期交付投产。据统计，仅海西州因超概算，影响工程按期交付的建设项目价值就达17103万元。

3.设计存在问题，施工质量差，造成建设项目不能按期正常发挥效益。如青海锌冶炼厂1992年8月建成投产，在试生产过程中，出现设备选型及设计上的不合理等问题，试生产过程中运行不稳定，使项目不能尽快交付使用并正常生产。海西柴旦化工厂盐湖中试项目，虽已建成投产，却因施工质量差，经多次试生产达不到设计生产能力，拖延了交付工期，影响了效益的发挥。

4.由于其它客观因素的影响，使已建成的项目不能尽快办理竣工决算。如西宁市曹家堡机场，虽已通过国家正式验收，也发挥了一定的社会效益，但因配套工程未完工，加之其它因素的影响，决算工作迟迟不能进行，使6700多万元的地方投资完成额不能及时转入交付使用财产。青海绒毯厂项目经建设银行多次与其主管部门及建设单位协商，使该项目通过正式验收，但因帐务未及时处理，虽已验收，却仍挂在建价值达5143.5万元。

5.投资结构不尽合理，在计划的安排上非生产性投资比重较高。我省为老、少、边、穷地区，经济落后，企业效益不佳，财力匮乏，每年地方财政安排的国家预算内投资仅9500万元，地方重点项目及工业性建设项目所需投资很难全部保证，只有撒胡椒面；而较大部分投资又都安排给行政事业单位。从1992年国家预算内安排情况看，用于工业建设投资占预算内投资总额的15.8%；用于交通、邮电、民航建设投资占9.6%；用于农业、牧业占17.7%；教育占10.9%；卫生占8%；城镇建设占6%；用于行政部门投资占18.4%，所交付使用的财产大多为行政事业单位的住宅楼、办公楼等非生产性项目，而基础工业项目投资的资金来源则主要靠银行贷款解决，加之各种客观因素的影响，形成在建工程大，建设周期长，资金缺口大，不能尽早发挥效益。

（苏晓刚）

表 3－86

年份	基建投资计划（万元）				
	小计	国家预算内	自筹投资	建贷	其它投资
1991	45640	12532	18099	8711	6298
1992	48618	12852	21365	6532	7824
1992 比 1991±%	6.5	2.5	18	－24	24

表 3－87 1992 年开工的重要地方项目 单位：百万元

项目名称	总投资额	当年投资额	计划竣工日期（年、月）	新增生产能力
青海造纸厂造纸车间	40.12	4.60	1994	新增造纸能力 1.02 万吨
西宁市小桥商场	23.65	8.00	1993	营业用房 9894m²、仓库 9966m²
班玛县吉卡水电站	17.027	11.05	1993	水电装机容量：4×500KW
科多县科马水电站	15.22	7.50	1993	装机容量：2×630KW
省粮食储备库	17.70	6.40	1994	储粮：4000 万公斤
西宁市话扩容	13.63	12.00	1993	程控交换机 8000 门
雪龙滩水电站	84.9718	16.72	1995	水电装机容量：4×5000KW
青海汽车厂改造工程	29.00	4.56	1994	年产 CA151K6 吨柴油载重车、前后桥总成各 1.2 万
康乐新村、虎台小区、宏园小区住宅建设	146.50	1.50	1995	新增商品房：115100m²

表 3－88 1992 年竣工的主要地方项目 单位：百万元

项目名称	总投资额	当年投资额	项目开工日期（年、月）	新增生产能力
海西纯碱厂	92.51	3.98	1989	年产纯碱 4 万吨
格尔木市钾镁厂	14.135	9.13	1991	年产钾肥 3 万吨
青海有色冶炼厂	77.10	16.00	1989	锌锭 1 万吨、硫酸 2 万吨
第二化肥厂磷铵工程	28.50	12.05	1989	年产磷铵 3 万吨

续表

项目名称	总投资额	当年投资额	项目开工日期（年、月）	新增生产能力
海东地区供电局	19.66	7.86	1991	调度楼：8828m²、营业楼：3000m²
西宁曹家堡机场	185.00	5.22	1984	二级民用机场
青海电化厂电石工程	89.31	27.23	1989	电石5.2万吨/年产

二、1992年青海省资源开发投资情况

青海蕴藏着丰富的资源，尤以黄河的水力、柴达木的盐湖和石油资源而著称。自改革开放以来，在青海的投资重点主要集中在这三种资源的开发利用上。

1992年，青海在资源和能源方面的投资总计为145319万元。其中：按投资级别分，中央级投资为123581万元，占85.0%；地方级投资为21738万元，占15.0%；按投资用途分，基本建设为88926万元，占61.2%；用于技术改造为2546万元，占1.8%；用于地勘事业为53847万元，占37.0%；按投资规模分，用于大中型项目为77720万元，占53.5%；用于一般项目为67599万元，占46.5%；按投入行业分，用于石油建设为77440万元，占53.3%；用于电力建设为48199万元，占33.2%；用于盐湖建设为15651万元，占10.8%；用于煤炭建设为3124万元，占2.1%；用于其它建设为905万元，占0.6%。

在国家和青海各级政府的领导下，各建设部门、施工、设计单位以及建设银行的密切协作，共同努力，近几年来青海已建成了年产100万吨原油的尕斯库勒油田、340公里的输油管道、装机128万千瓦的龙羊峡水电站、年产20万吨氯化钾的青海钾肥厂、年产130万吨氯化钠的茶卡盐场等。正在建设的有装机200万千瓦的李家峡水电站、年产100万吨成品油的格尔木炼油厂等。这些项目的建成极大地推动了青海经济的发展。但是，由于青海地处我国西北腹地，交通不发达，经济基础薄弱，改革开放起步较晚，在开发利用资源方面受到很大的制约：一是交通运输卡住了青海经济发展的咽喉。青海对外主要交通干线只有一条兰青铁路和一条兰青公路，年运力不能满足资源工业生产的要求，限制了青海资源工业的发展。二是资金不足长期困扰着青海资源的开发。黄河上游水能资源利用，近期已有公伯峡、尼那、直岗拉卡3个水电站，共装机容量181万千瓦，已通过初设审查，还有年产80万吨氯化钾的青海钾肥二期工程等等，都因资金无着而待建。三是青海的改革开放与沿海地区或其它省比较，尚有一定的差距，因此尽管省内有丰富的资源、有低价的能源和劳力，还是不能大量吸引省外和国外的资金。

为加快青海资源和能源开发，当务之急是必须尽快打开交通运输这个“瓶颈”。因此青海今后投资的重点是：抓住国家建设欧亚大陆桥复线的机遇，在国家支持下集中力量改造现有的兰青铁路为复线，修建由格尔木向北接通兰新大动脉的第二条铁路干线，这是青海经济腾飞的希望所在。

（吴广权）

宁夏回族自治区

一、1992年宁夏自治区投资建设基本情况

1992年宁夏投资建设按照深化改革、调整结构、提高效益的要求，继续加强水利、农业、能源、交通、邮电等基础产业、基础设施的建设，突出重点并适当兼顾其它方面，取得了可喜成就。

（一）基本情况

1992年宁夏全社会完成固定资产投资32.7亿元，比1991年增长28.2%。其中，国有单位完成投资23.0亿元，比1991年增长12.4%；集体单位完成投资3.0亿元，比上年增长70.5%；城乡个人投资6.7亿元，比上年增长104.3%。在国有单位完成投资中，基本建设投资完成14.2亿元，占国有单位总投资61.7%；更新改造投资7.2亿元，占31.3%。基本建设和更新改造投资分别比1991年增长3.1%、33.1%。1992年全区基本建设共安排建设项目806个（其中：中央项目114个，地方项目692个），比1991年增加19.2%。其中：续建项目240个，新开工项目566个，建成投产和交付使用的项目503个，分别比1991年增长22.4%、17.9%、31.3%，项目建成投产率达到62.4%，比1991年提高5.7个百分点；上述综合指标说明，宁夏1992年基本建设完成投资比1991年有较大幅度增长，在建规模增加，新开工项目增加较快，投资结构进一步改善。

（二）全区基本建设投资结构趋于合理

1. 大力发展农、林、水、牧业。加大农业投资是发展国民经济的基础，是提高综合农业生产的重要手段。1992年完成投资1.48亿元，占全区基本建设项目完成投资的8.89%，占地方项目完成投资

(11.93亿元)的12.40%。

2. 工业投资重点向能源工业倾斜。工业完成投资8.23亿元,占全区基本建设完成投资的49.39%。其中:地方项目完成投资4.38亿元,占地方项目完成投资的36.68%,能源工业完成投资5亿元,占工业项目完成投资的55.85%。

3. 交通运输、邮电通讯业完成2.3亿元,占13.77%。其中,地方项目完成投资2.05亿元,占地方项目完成投资总额17.16%。

4. 科学、教育、文化、卫生方面完成投资9516万元,占5.71%。

5. 列入我区1992年基本建设重点建设项目的大坝电厂一期工程,盐环定扬水工程等10项重点工程,1992年共完成投资5.54亿元,占全区基本建设投资的33.26%。

(三)主要建设成就和问题

农业方面,河套农业综合开发一期工程顺利完成,通过验收。盐环定扬水工程共用部分基本完成,并进行了一至八泵站联合负载试运行。农田水利建设持续发展,新增灌溉面积8.25万亩;改善排灌面积112.5万亩;改造中低产田30万亩;黄河整治工程完成土方347万立米;堤防加固265.6公里;架设农田线路92公里。工业方面,大坝电厂一期工程完工,第二台30万千瓦发电机组开工建设;石嘴山电厂五期工程(第10号机组5万千瓦)建成。公路建设完成投资近5亿元,比上年增长18%,六盘山隧道、银川黄河特大桥、银古一级公路、银平石营公路和汝西运煤专线等工程进度快,质量好。全区新建公路350公里,改建公路112公里。邮电通讯能力大大提高,新增市话7000多门,全区市县实现了市话自动化,程控电话已占市话总容量的52.9%。

1992年建成交付使用的主要项目还有:冯纪沟煤矿(原煤15万吨/年);泾河清真肉联厂(年产分割牛肉1290吨,罐头548吨);城市供水能力3.8万吨/日;城市液化气储存能力2400吨;医院病床416床;全区新建、改建市场8个,新增营业面积5.56万平方米;竣工住宅6769套等等。

另外,一批关系宁夏经济发展后劲的大中型建设项目前期工作取得较大进展。宁夏制浆纸厂(年产高中档书写胶印书刊纸1.8万吨)在1992年完成了设计、征地、“三通一平”工作,具备了1993年开工建设的条件;宁夏化工厂二期扩建工程(合成氮由30万吨扩至60万吨,尿素由52万吨扩至104万吨),总投资10亿元,1992年完成了关键设备引进工程;大坝电厂二期扩建工程(中央与地方合资,规模为2×30万千瓦)可行性研究报告通过审查;银川民航新机场、石嘴山黄河水厂、靖边——银川天然气输气管线、黄河河道综合治理等工程的前期工作也都取得了较大程度进展。

1992年宁夏基本建设投资额大幅度增加,投资完成情况好,优势发挥明显,重点建设项目按计划完成,各项事业得到较快发展,为宁夏经济增长发挥了重要作用。同时也存在一些需要研究解决的问题,如新开工项目较多,不少项目技术水平低,规模不合理,特别是在近年来工程造价难以把握,市场变化较大,经济评估困难的情况下,如何即不失机,又能避免失误地搞好基本建设,使宁夏有限的财力、物力发挥较好的效益,仍需要在今后的工作中探索研究。

(冯志强)

表3—89 1992年开工的主要地方项目情况 单位:百万元

项目名称	总投资额	当年投资额	计划竣工日期(年、月)	新增生产能力
宁夏水泥厂二期扩建	49.25	21.6	1994	23万吨
大(坝)古(窑子)铁路	291.98	45.00	1994	71公里
宁夏旅游宾馆	80.36	29.90	1994	300床
石沟驿煤矿	16.08	1.00	1994	15万吨
吴忠市集中供热	12.57	0.50	1993	59.51万平方米
灵武特种水泥厂	37.00	12.74	1994	10万吨
5233厂民品窗口项目	25.00	9.00	1995	荧光灯管700万只

表 3－90　1992 年竣工的主要地方项目　　单位：百万元

项目名称	总投资额	当年投资额	开工时间（年、月）	新增生产能力
大坝电厂新建	962	95	1987	2×30 万千瓦燃煤机组
宁夏炼油厂新建	283	30	1987	加工原油 75 万吨
银川化肥厂扩建	58	10	1989	合成氨由 4 万吨扩至 8 万吨、尿素由 6 万吨扩至 11 万吨
银川涤纶厂改扩建	44	13	1990	涤纶工业丝 2000 吨
青铜峡树脂厂续建	75	24	1990	烧碱 1.2 万吨，聚氯乙烯年产 1 万吨
泾河清真肉联厂新建	19	3	1991	分割牛肉 1290 吨，罐头 548 吨
石嘴山电厂扩建	190	37	1988	2×5 万千瓦机组
宁夏玻璃厂续建	16	2	1989	平板玻璃 32.4 万重量箱
银川市内电话扩容	16	1	1992	市话 1.7 万门
宁夏工学院续建	15	1	1985	在校学生 600 人/29878 平方米

二、1992 年宁夏自治区利用外资投资建设基本情况

（一）利用外资建设基本情况

1992 年，宁夏回族自治区各级党政部门的同志认真学习贯彻邓小平同志南巡重要谈话精神，解放思想，更新观念，积极探索进取，改善投资环境，抓住机遇，招商引资，使宁夏外商投资企业发展很快。一年来，先后批准外商投资企业 83 家，总投资 8696 万美元，合同外资金额 2825 万美元。其中中外合资企业 59 家，中外合作企业 7 家，外商独资企业 17 家。引进外资对改变宁夏经济的落后面貌，加速国民经济发展，缩短与经济发达地区的差距，将起到一定的积极作用。

宁夏引进外资的特点：

(1)外商投资企业成倍增长。据统计，截止 1992 年底，宁夏全区总计批准外商投资企业 105 家，总投资达 12429 万美元，合同外资金额为 4343 万美元。其中，中外合资企业 73 家，合同外资额 3022 万美元；中外合作企业 11 家，合同外资额 796 万美元；外商独资企业 21 家，合资外资额 525 万美元。1992 年新批准的外商投资企业 83 家，是过去 10 年批准外资企业总和的 3.8 倍，外商独资企业由 1991 年底的 4 家发展到 21 家，增长了 4.2 倍。

(2)外资来源地区扩大。1991 年来宁夏投资的外商有香港、澳门、美国、德国、意大利等 5 个国家和地区，1992 年来宁夏投资的外商已增加到 15 个国家和地区，新增加的有日本、加拿大、澳大利亚、马来西亚、新加坡、玻利维亚、俄罗斯、爱沙尼亚、匈牙利、台湾等 10 个国家和地区。

(3)外商投资的区域拓宽。1991 年底只有银川、吴忠、中卫、平罗、隆德等 5 个市县有外资企业。1992 年新增加了石嘴山、青铜峡、永宁、贺兰、中宁、同心及银川高新技术开发区等 7 个市县区。银川市领导在 1992 年的一年中，把发展外商投资

企业当作一件大事来抓，全年批准外商投资企业30家，比过去10年批准的总和增长了4.2倍；石嘴山市外商投资企业起步较晚，但1992年发展快，已达7家。宁夏的外商企业已发展到全区50%以上的县市。

(4) 外商投资结构趋于合理。1991年前外商在宁夏的企业都是工业生产项目，1992年外商除继续投资工业生产项目外，还投资到交通等基础设施以及饮食、游乐、贸易、广告、咨询、装饰、美容、园艺、房地产等第三产业来，投资领域扩大，结构得到进一步调整。

(5) 经营效益好，外商追加投资。1992年宁夏外商企业经营效益普遍看好，盈利水平有所上升。已有4家外资企业追加投资95.4万美元，其中2家外商独资企业当年批准，当年要求追加投资近40万美元。

(6) 外商资企业出口创汇大幅度增长。1992年，宁夏外商投资企业已出口创汇256万美元。其中隆湖铁合金有限公司出口创汇121.37万美元，占外商投资企业出口创汇总额的53.5%，全面完成了经贸部下达的出口创汇计划，比1991年同期增长54%。出口创汇的外资企业由过去的5家发展到13家，其中有4家是当年批准，当年生产，当年出口创汇。

宁夏回族自治区吸引外资，发展外资企业的经验是：

(1) 自治区党委和政府加强了对外商投资工作的领导，制定了一系列吸引外商投资的优惠政策，下放了外商投资项目审批权，并提出了发展外商投资企业的奋斗目标和具体措施，加快了我区外商投资企业的发展。

(2) 改善投资环境。宁夏的能源、通讯等硬环境有了明显改善，煤炭、电力的生产大幅度增长，除满足全区工农业生产和人民生活需要外，还有相当一部分煤炭、电力销往邻近省区。1992年完成邮电通讯固定资产投资近1亿元，使邮电通讯技术装备水平有了很大提高，全区地、市、县均实现了市话自动化，全区所有地(市)和61%的县(市)长途电话进入全国长途电话自动网。在软环境方面也有了较大改善，一是自治区下放了外商投资企业项目审批权；二是制定公布了新的鼓励外商投资的优惠政策；三是建立了银川高新技术开发区；四是区直各有关部门在审批项目时，提高了办事效率，改善了服务态度。

(3) 举办大型涉外经贸活动，积极招商引资。1992年，宁夏回族自治区先后在香港、西安分别举行了宁夏展览会和西北国际经济技术合作洽谈会。公布了一批新的利用外资项目，宣传宁夏的投资环境和对外商投资企业的优惠政策。主动与外商接触洽谈，银川、中卫等市县还在香港举行了新闻发布会和招商引资会，签定了30多个利用外资合同、协议和意向书，结识了一大批外商，为宁夏外商投资企业的发展起了推动作用。

(4) 充分发挥对外“窗口”的桥梁作用，宁夏已经在香港、美国、泰国、新加坡、马来西亚、埃及等国家和地区设立了对外经贸“窗口”，这些对外“窗口”企业既是宁夏了解世界的“窗口”，也是宁夏走向世界的桥梁，充分发挥这些“窗口”的作用，通过他们牵头搭桥，寻找合作伙伴，联合外商来宁夏投资，同样享受外商投资企业的优惠政策。

(二) 加速银川高新技术开发区建设

银川高新技术开发区位于银川市城区与新城区之间，区域面积5.2平方公里。规划分三个区：西部为产业区，面积2.4平方公里；东部为生活区，面积2.35平方公里；中部为行政、商业、金融、文化综合服务区，面积0.45平方公里。1992年，在改革开放的汹涌浪潮推动下，为加快实施宁夏回族自治区人民政府制定的经济发展规划，外引内联，加快改变落后面貌的步伐，缩短宁夏与沿海地区的差距，根据银川市的实际情况，自治区人民政府批准建立银川市高新技术产业开发区，并给予开发区自治区级经济管理权限。在区、市人民政府的直接领导和有关部门的积极配合下，开发区建设于1992年5月18日正式开工，到年底开发区建设初具规模。

1992年，银川新技术产业开发区全部投资3600万元，征地354亩。开工建筑面积6.43万平方米，竣工面积2.49万平方米，其中2.4万平方米的标准厂房已投入使用。建成宽50米，长700米的中心主干道；新建给水管道3964米，日供水能力2400吨；完成了起步区0.4平方公里的基础设施的“六通一平”。当年销售厂房回收资金2550万元，占全部投资的71%。进区企业83家，注册资金14281万元，其中，中外合资企业10家，引入外资907.5万美元。进区企业中国有企业17家、集体企业26家、有限责任公司26家、中外合资企业10家、股份公司2家、私营企业2家。进区企业中工业企业19家、农业企业1家、建筑业企业1家、技工贸企业24家，投资公司、商贸、房地产、服务等企业38家；已有6家企业开工生产，5家企业开始进行土建工程。

银川高新技术开发区在借鉴国内各开发区建设成功经验的同时，依据当地实际，采取了自力更生滚动发展的道路，制订了“三年打基础，五年迈大步”的指导方针，坚持“二条腿”走路，基建、招商同时并举。1992年计划投资7375万元，实际完成投资3600万元，占计划投资的48.8%。在已完成的全部投资中，区市财政拨款300万元、银行贷款2750万元、企业自筹550万元，分别占8.3%、76.4%、15.3%。为了加快开发区建设，充分发挥投资效益，开发区边建设、边招商，在完成征地、基础设施、标准厂房建设的同时，批准进区企业并进行工商企业注册登记，实现了土地完成“六通一平”后即大部售出，标准厂房建成验收合格后全部售完，使投入资金尽快收回，并投到新的建设中去，资金的快速流动，资金效益的充分发挥，用较少的资金投入基本完成了当年的投资计划。采取“投入——收回——再投入”的滚动发展方式，开发区打开了工作局面，并为下一步发展建设打下了良好的基础。

银川高新技术开发区依托自治区和银川市的能源、人力、技术环境和生产、生活服务设施，以优于沿海经济开发区的优惠政策，吸引外资，发展高新技术产业和高起点的传统产业。由于银川地处西北内陆，客观上限制了引进外资的范围和质量，开发区抓住时机宣传自己，积极主动的抓项目落实，用自己的诚意与客商沟通。开发区指挥部以极大的热情参加了香港洽谈会、深圳洽谈会、西北五省经洽会，带回了30个外商投资项目，在达成意向的基础上，已落实了10个项目，有一些项目还正在与外商洽谈。

建立高效服务的投资环境是银川高新技术开发区的一大优势。首批进区的迅波电器有限公司从11月11日递进区申请到工商营业执照到手前后只用了10天时间，12月26日即开工生产。从申请进区到开工生产只用了一个半月时间，优质高效的服务得到了进区企业的称赞。开发区企业实行“自筹资金，自愿结合，自主经营，自负盈亏，自我约束”的原则，给予进区依照合同、章程决定自身发展规划和生产经营计划，自行决定企业利润分配和财务收支、人员使用等。并允许外商在开发区从事土地成片开发，工业用地使用年限最长为60年，允许外商将合法利润和外资职工将税后合法收入通过开户银行自行汇出国外。

（冯志强 李荫和 郭刚健 钮丕民）

新疆维吾尔自治区

一、1992年新疆自治区投资建设基本情况

（一）投资建设情况综述

1992年，新疆在全国改革开放大潮的推动下，在国家石油开发战略目标西移的影响下，固定资产投资取得了令人瞩目的成果，为新疆今后的经济发展增添了后劲。

1992年，新疆全社会固定资产投资170.03亿元，比上年增加45.1亿元，增长36.1%。其中：国有单位投资152.63亿元，增长39.3%；城乡集体单位投资6.37亿元，增长18.2%；城乡个人投资11.03亿元，增长10.5%。

在国有单位投资中，基本建设投资105.49亿元，比上年增长43.4%；更新改造投资21.79亿元，增长20.2%；其它投资22.96亿元，增长42%；商品房投资2.39亿元，增长41.4%。

（二）投资特点

1. 国有单位投资比重仍占绝对优势，集体单位、城乡个人投资增长缓慢，比重远远低于全国平均水平。1992年国有单位投资152.63亿元，占全社会固定资产投资比重为89.8%，比上年提高2.1个百分点。集体单位投资6.37亿元，比重由上年的4.3%下降到3.7%，大大低于全国16.3%的平均水平，增长速度为18.2%，而全国平均增长速度为76.7%；城乡个人投资11.03亿元，比重由8%下降到6.5%，低于16.4%的全国平均水平。

2. 中央项目投资增幅较大，地方项目投资增长平稳。1992年全区中央项目投资112.89亿元，比上年增长39.5%。地方项目投资38.83亿元，增长35.7%，大大低于全国地方项目平均增长52%的水平。

3. 国内贷款、利用外资增长速度快，比重上升。1992年国有单位累计拨入资金中，国内贷款31.3亿元，比上年增长82%，所占比重由16%上升为19.6%；利用外资28.03亿元，增长203%，所占比重由8.6%上升为17.6%。地方项目中，国内贷款较上年增长67.2%，所占比重由25.6%上升为31.5%；利用外资0.66亿元，增长22.2%，所占比重由1.9%下降到1.7%。地方项目国家预算内投资3.47亿元，减少0.59亿元，下降14.5%，所占比重由14.3%下降到9%。

（三）投资结构

1. 改扩建项目投资增长速度加快，比重上升。1992年，国有单位改扩建项目投资58.19亿元，比上年增长56%，比重由34.1%上升到38.1%；新建项目投资61.99亿元，比重由44.7%下降到40.6%。

2. 按构成分，设备、工器具购置投资比重下降，建筑安装工程投资比重上升，其它费用成倍增长。国有单位投资中，设备、工器具购置投资33.04亿元，所占比重由上年的28.2%下降到21.8%；建筑安装工程投资106.03亿元，比重由66.2%上升为69.4%；其它费用投资13.56亿元，比上年增长122.2%，比重由5.6%上升到8.9%。

3. 第三产业投资比重上升。1992年，在国有单位投资中，第三产业投资31.88亿元，比上年增长55.2%，超过了第一产业、第二产业的增长速度，比重由上年的18.7%上升为20.9%，但与全国第三产业比重38.2%相比仍有差距。第一产业投资11.74亿元，增长34.2%，比重由8%下降到7.7%；第二产业投资109.01亿元，增长35.8%，比重由73.3%下降到71.4%。

4. 分行业看，能源工业仍保持较高比重，冶金、有色金属工业增长速度较快，第三产业中，交通运输邮电通讯业、商业金融科研的增长速度均在50%以上，文化教育卫生社会福利事业增速低，比重下降。1992年国有单位投资中，能源工业投资83.94亿元，比上年增加21.81亿

元，增长35.1%，占国有单位投资的比重为55%。能源工业中，石油工业投资74.23亿元，增长37.2%；煤炭工业投资3.56亿元，增长37.2%；电力工业投资6.14亿元，增长13%。冶金工业投资1.28亿元，增长64%，有色金属工业投资1.21亿元，增长107.5%；交通运输邮电通讯业投资12.52亿元，增长76.2%；商业、公共饮食业、物资供销和仓储业投资3.81亿元，增长56.2%；金融保险业投资1.06亿元，增长94.8%；科学研究和综合技术服务事业投资1.12亿元，增长26.4%，比重由上年的0.8%下降到0.7%；教育文化艺术和广播电视事业投资2.62亿元，增长7.4%，比重由2.2%下降到1.7%。

（四）投资建设主要成就

1992年，我区固定资产投资取得了巨大的成就，尤其是石油工业投资增幅大，国家对新疆境内的三大油田投资74.23亿元，比上年增加20.13亿元，增长37.2%。其中：塔里木盆地石油勘探开发投资24.68亿元，新增固定资产17.69亿元，新增原油开采能力40万吨，累计新增原油开采能力达100万吨；吐鲁番—哈密石油勘探开发投资19.76亿元，新增固定资产14.86亿元，累计新增原油开采能力88万吨；克拉玛依油田投资29.17亿元，新增固定资产22.18亿元，本年新增原油开采能力121.6万吨。另外自治区1992年新建成了一批对经济发展有重大影响的建设项目：兰新铁路乌鲁木齐至阿拉山口段于1992年10月建成交付使用，由此接通了东自连云港，西至鹿特丹的第二条欧亚大陆桥，这对新疆乃至全国的经济发展将有重要影响；建设规模40万千瓦的玛纳斯电厂一期工程于1992年4月全部建成；新疆最大的水电站和静大山口电站于1992年3月建成投产，新增发电能力8万千瓦；新疆水泥厂四号窑工程及其配套工程艾维尔沟石灰石矿山建成投产，新增水泥生产能力70万吨、石灰石生产能力120万吨。

1992年，新疆国有单位及城镇集体单位新增主要生产能力有：原煤51.85万吨；天然石油开采172.7万吨；炼铁11.4万吨；发电机组容量27.57万千瓦，输电线路长（11万伏及以上）357.5公里；水泥111万吨；棉纺锭6.95万锭；新建铁路正线交付营运里程460公里；新建公路109公里，改建公路2384公里；新建微波电路2019公里，市内电话交换机10220门，长途自动电话交换设备2204路端；新增耕地面积40.66万亩；水库容量0.3亿立方米，有效灌溉面积60万亩。

（五）投资建设存在的问题

1. 全区集体单位和个体投资水平与全国平均水平相比差距大。近年来，全国集体单位投资占全社会投资的比重已达16.3%，个体投资比重达16.4%，1992年全国集体单位投资增长速度达76.7%，相比之下我区1992年集体单位投资仅增长18.2%，远低于全国平均水平。从投资比重看，1992年我区集体单位投资占全社会投资的3.7%，个体占6.5%。

2. 国有单位更新改造投资增长速度慢。1992年新疆更新改造投资比上年增长20.2%，而全国平均水平是38.6%，从比重看，全国为18.7%，新疆只占12.8%。新疆相当一部分企业设备陈旧，技术落后，亟待进行更新改造，更新改造投资不足是新疆固定资产投资中亟待解决的问题。

3. 投资缺口大。随着自治区国民经济的发展以及资源的开发，需要大量的资金用于建设，但由于新疆本身可筹资金有限，再加上部分资金外流，致使许多项目受资金的制约，不能按合理工期组织建设。

（六）经验教训

1. 新疆地方投资规模要同可筹投资相适应。建设规模同可筹投资相适应，这是固定资产投资中最基本的一项原则，为了做到建设规模同可筹投资相适应，必须正确安排国民经济中的一些重要比例关系，高度重视投资的社会经济效益。在资金的筹措上，不但要考虑区力的可能，还必须考虑社会闲散资金的筹措，这两者结合，来确定合理适度的投资规模。

2. 大力提高投资效益，力争用有限的资金办更多的事。投资建设要以提高投资效益为前提，不能盲目追求高速度。

3. 投资建设要注意发挥优势，扬长避短。新疆幅员辽阔，由于自然条件的差异和历史的原因，区内各地区间的经济发展严重不平衡，要保证生产力和国民经济的较快发展，并取得较好的经济效益，就必须要根据当地的优势，发展经济。

4. 项目建设要根据区情、区力并积极引进先进技术。项目建设在坚持对外开放的同时，还必须强调一定时期内项目建设与当地的经济发展水平相适应，并注意引进沿海和国外先进的技术，加速新疆的开发建设。

5. 项目组织实施要建立各个环节不同形式的经济责任制。开展竞争，提高投资建设效率。

（张汉东）

表 3—91 1992年开工的主要地方项目 单位：百万元

项目名称	总投资额	当年投资额	计划竣工日期（年、月）	新增生产能力
乌苏县热电厂	43.5	18	1994.7	
新疆独山子乙烯工程	4276	382.8	1994.10	
哈巴河山口水电站	98	9	1995.10	

表 3—92 1992年竣工的主要地方项目 单位：百万元

项目名称	总投资额	当年投资额	开工日期（年、月）	新增生产能力
库尔勒—轮台送变电工程	19.8	11.8	1992.4	110KV，120 公里 2×6300KVA
和静大山口水电站	206.6	6.1	1986.10	3×2万千瓦
乌鲁木齐柴窝堡水源地引水工程	76.25	58	1991.10	8万吨/日供水
北疆铁路乌苏—阿拉山口段	485	70	1988.5	224公里

表 3—93 1992年新疆维吾尔自治区利用外资投向表 单位：万美元

类型＼投向	合计	农林牧渔业	工业	交通邮电	商业饮食物资供销	房地产公共服务事业	其它
借入外债	11628.91	1949.3	7195.61	2484			
投向（%）	100	16.76	61.88	21.36			
外商直接投资	1021.4	73.39	490	139.09	118.78	190.14	10
投向（%）	100	7.18	47.97	13.62	11.63	18.62	0.98
总计	12650.31	2022.69	7685.61	2623.09	118.78	190.14	10
投向（%）	100	15.99	60.75	20.74	0.94	1.5	0.08

二、1992年新疆自治区利用外资投资建设基本情况

党的十一届三中全会以来，在改革开放政策的指引下，新疆经济迅速发展，投资环境逐步改善，招商引资工作不断拓展，世界各地前来投资合作的项目日益增多，外商投资企业从无到有，逐步发展。到1992年底，全区累计设立了利用外资项目304个。其中：合资企业166家、合作企业14家、外资企业30家、合作开发项目1个、外国政府贷款项目28个、国际金融组织贷款项目9个、出口信贷项目23个、外国银行商业贷款项目8个、其它外国贷款项目3个、补偿贸易项目14个、来料加工项目3个、国际租赁项目5个。协议（合同）外资金额近11亿美元，实际利用外资金额5.9亿美元。

(一)1992年新疆利用外资工作发展较快

全年新批准外商投资企业164家，协议外资金额9500万美元，外商实际投入金额1021.4万美元，比上年分别增长15.4倍、2.1倍和0.9倍。新批准的外商投资企业数相当于前12年累计批准外商投资企业总数的3.6倍。全年借入外债11628.91万美元。其中：外国政府贷款3582.07万美元、国际金融组织贷款1709.36万美元、国外银行及其它金融组织贷款5028.26万美元、出口信贷1309.22万美元。利用外资的范围也从开放初期的香港地区逐步扩展到日本、美国、英国、法国、芬兰、丹麦、荷兰、瑞士、加拿大、比利时、西班牙、澳大利亚、德国、科威特、原苏联独联体国家以及澳门、台湾等30多个国家和地区。前来新疆直接投资举办外商投资企业的国家和地区已达25个，基本上实现了全方位、多渠道、多层次、多样化。

从投资结构来看，新疆利用外债项目主要是生产性项目，其中用于工业农业的项目占90%以上。外商投资在1992年以前基本上以举办出口创汇型生产企业为主。1992年，由于放宽了外商投资政策，外商投资举办第三产业的数量迅速增加，在新批准的外商投资企业中，第三产业79家，占48.1%。现有利用外资项目主要集中在乌鲁木齐、昌吉、米泉、石河子、奎屯、独山子、克拉玛依、伊宁等交通便利，工业基础较为雄厚，投资环境较好，对先进技术吸收消化能力较强的地区。

（二）利用外资促进地方经济的发展

新疆坚持对外开放，积极有效地利用外资，对于开发建设新疆，将其潜在的资源优势逐步转变为现实的经济优势和出口商品优势方面发挥了重要作用。具体表现以下几点：

1. 弥补了新疆建设资金的不足，使一些靠自己的力量在短期内难以上马的大型项目，如米泉大化肥厂、独山子乙烯工程、塔里木和吐哈油田的勘探与开发、乌鲁木齐石化总厂的聚酯项目以及塔里木灌溉与排水及环境保护等工程很快地开工兴建或投入生产，促进了自治区工农业生产的发展。

2. 引进了一批先进适用的技术和设备，加快了原有企业的技术改造步伐，促进了产品的升级换代，提高了产品的质量和档次，有的产品还填补了自治区的空白。

3. 增强了出口创汇能力，扩大了出口。1982年至1992年新疆外商投资企业累计出口创汇达2.1亿美元，年均占全区外贸出口总额的7—8%，成为新疆发展对外贸易的一支重要力量。

4. 兴建和改造了一些旅游饭店，旅游点，游乐场，改善了旅游环境，促进了旅游事业的发展，增加了外汇收入。

5. 增加了财政收入，增强了新疆财政自给能力。截止1992年底，全区外商投资企业累计实现利税5亿多元人民币，其中：利润3亿多元人民币，上缴税金（不含关税）2亿多元人民币。

6. 提供了就业机会。截止1992年底，全区外商投资企业累计安排就业人员1万多人，对促进社会的安定团结起了积极作用。

（三）利用外资的工作存在的问题

1. 与全国各地相比有很大差距。到1992年底，新疆外商投资企业数仅占全国的0.25%，投资总额只占全国的0.26%，实际投入金额只占全国0.15%。

2. 利用外资的结构中，外债比例过大。在1992年利用外资总额中，外债就占92%，因而直接债务负担比较重。

3. 外商直接投资合同履约率低，资金到位情况比较差。历年来，基本上能够按照合同规定的出资比例和出资期限投入资金的外商，大约只占合同总数的30%，截止1992年底资金到位率为42%，而1992年当年的资金到位率仅为11%。

（吴章济）

三、1992年新疆石油及石油化工工业投资建设基本情况

（一）新疆石油工业建设概况

新疆油气资源十分丰富，全区可供勘探的面积有92万平方公里，预测石油远景储量300——500亿吨。到1949年新疆解放时，全疆仅有出油井两口，职工150多名，每天产油2——3吨。经过30多年的勘探开发，新疆石油工业的面貌发生了深刻的变化，现已形成了分别直属中国石油天然气总公司领导的新疆油田、塔里木油田、吐哈油田三大油田体系。新疆石油管理局在准噶尔盆地和塔里木盆地西南共发现独山子、克拉玛依、齐古、百口泉、红山嘴、乌尔禾、夏子街、东排子、风成城、火烧山、北三台、三台、彩南、依奇克里克、柯克亚15个油气田，共探明含油面积843.8平方公里，探明含气面积64.1平方公里，已开发10个油田，共动用含油面积

481.4平方公里，“五五”至“七五”末，新疆石油管理局共完成勘探投资59.61亿元，钻井914口，钻井进尺195.74万米。

截止1991年底，新疆三大油田累计完成投资212.88亿元。

(二)1992年新疆石油工业投资建设基本情况

1. 投资情况

1992年，国家和新疆维吾尔自治区对三大油田石油勘探开发安排投资计划69.5亿元，比上年增长18.4%。到位资金占年度计划的89.8%。全年投资完成额为70.3亿元，占计划的101.2%。

表3—94　1992年新疆三大油田计划投资来源情况　单位：万元

资金来源	新疆油田	塔里木油田	吐哈油田	合计	占总数%
经营性基金	5000	6200	5984	17184	2.47
非经营性基金	400			400	0.06
建行基建贷款	26000	4079	18920	48999	7.05
利用外资	39750	159000	53000	251750	36.23
地质事业费	1800			1800	0.26
储量有偿使用费	43128	39560	114538	197226	28.38
石油勘探开发基金	125575	11391	3928	140894	20.29
油田维护费	25000	1550		26550	3.82
更新改造基金	10000			10000	1.44
合计	276653	221780	196370	694803	100

表3—95　1992年新疆三大油田投资完成情况　单位：万元

用途	部门＼投资结构	合计	建安工程投资	设备投资	待摊投资	转出投资	应核销投资
钻井工程	新疆油田	115798.3	111524.5				4273.8
	塔里木油田	126961.1	48435				78526.1
	吐哈油田	117401	100374.8				17026.2
	小　计	360160.4	260334.3				99826.1
建设工程	新疆油田	85275.7	66397.4	18878.3			
	塔里木油田	44586.5	44586.5				
	吐哈油田	52964.5	45339.7		5727.4	50	1847.4
	小　计	182826.7	156323.6	18878.3	5727.4	50	1847.4
民用建筑	新疆油田	13110	13008.5	101.5			
	塔里木油田	11582.2	11582.2				
	吐哈油田	14290.2	14234.3				55.9
	小　计	38982.4	38825	101.5			55.9

续表

用途 \ 部门 \ 投资结构		合计	建安工程投资	设备投资	待摊投资	转出投资	应核销投资
非安装设备	新疆油田	20178.4		20178.4			
	塔里木油田	24737.9		24737.9			
	吐哈油田	28066.1		28066.1			
	小　计	72982.4		72982.4			
应核销投资	新疆油田	13605					13605
	塔里木油田	10790.6					10790.6
	吐哈油田	10254.3					10254.3
	小　计	34649.9					34649.9
待摊投资	新疆油田	9118.8			9118.8		
	塔里木油田	4412.3			4412.3		
	吐哈油田						
	小　计	13531.1			13531.1		
合计	新疆油田	257086.2	190930.4	39158.2	9118.8		17878.8
	塔里木油田	223070.6	104603.7	24737.9	4412.3		89316.7
	吐哈油田	222976.1	159948.8	28066.1	5727.4	50	29183.8
	小　计	703132.9	455482.9	91962.2	19258.5	50	136379.3

1992年底三大油田基本建设支出合计116.3亿元，全年交付使用财产58.7亿元，占基建支出的50.5%。其中：新疆油田交付使用财产21.3亿元、塔里木油田交付使用财产19.25亿元、吐哈油田交付使用财产18.1亿元。年末在建工程为41.2亿元。

截止1992年底，新疆三大油田已累计投资275.2亿元，其中：新疆油田累计投资174.2亿元、塔里木油田累计投资63.6亿元、吐哈油田累计投资37.3亿元。累计完成投资283.2亿元，其中：新疆油田完成175.5亿元、塔里木油田完成67.6亿元、吐哈油田完成40亿元。

（三）取得的主要成果

1. 新疆油田

(1)勘探方面。1992年完成二维地震9352.92千米，完成计划的103%。完成三维地震509.86平方千米，完成计划任务的203%。探井开钻53口，完钻54口，钻井进尺150925米，上报地质储量6073万吨。

(2)产能建设及原油生产。1992年钻井公司利用科学钻井技术在21个新区，6个老区块奋战。钻井进尺再破百万米大关。全年开发井开钻1154口，完钻1145口，钻井进尺111.91万米。油田建设项目开工127项，竣工114项，竣工率为89.8%。新增原油生产能力121.6万吨。生产原油730.2万吨。新建住宅32.4万平方米。有5311户居民搬入新居。

2. 塔里木油田

(1)勘探方面。1992年塔里木油田勘探步伐加快，共完成地震测线8582公里。完钻探井43口，进尺20万米，新发现六个工业油气藏，探明五个油气田。

(2)产能建设和原油生产。全年开发井完钻44口，进尺21.8万米，建成投产了轮南油田100万吨产能建设，轮台—库尔勒输油管线。完成了桑塔木——解放渠东油田的设计工作。生产原油88.88万吨。在基本建设施工方面，安排91个单项工程，已竣工82项，竣工率达90%。库尔勒市石油基地等矿区建设，完成建筑面积9.2万平米。

3. 吐哈油田

(1)油气勘探。全年共完成二维地震4001千米，三维地震281.2平方千米。探井开钻44口，完钻45口，钻井进尺135029米，探明含油面积68.8平方千米。探明了鄯善、丘陵油田，基本完成了巴喀、温吉桑、米登三个油气的评价工作。

(2)产能建设和原油生产。全年开发井开钻190口，完成196口，进尺612508米。建成投产了鄯善油田

88万吨产能建设。生产原油58.58万吨，工程建设实际开工36项，竣工19项，竣工率达52.8%。

（四）新疆石油化工工业投资建设情况

随着新疆石油工业的发展，全区的石油化工工业也得到迅猛发展，新疆石油管理局现拥有大小炼油化工厂三座：克拉玛依炼油厂、独山子炼油厂、泽普石油化工厂。“七五”期间，新疆石油局投资5.8亿元，新建了克拉玛依、独山子炼油厂的一次加工装置，改造扩建了二次加工装置，完善了水、电、储运系统配套工程；1989年5月，投资5.4亿元新建了南疆泽普石化厂。“七五”末，新疆石油局已形成原油一次加工能力415万吨（克拉玛依炼油厂150万吨、独山子炼油厂250万吨、泽普石化厂15万吨）。拥有炼油、化工装置42套。

1992年7月1日，新疆14万吨乙烯工程在独山子开工建设。该工程是西北地区最大的石油化工项目。总投资42.76亿元。其中，外汇贷款3.95亿美元，人民币配套资金21.6亿元。投资由新疆维吾尔自治区和中国石油天然气总公司各承担一半，截止1991年底已投资1.2亿元。1992年下达计划2.6亿元，完成2.6亿元。新疆14万吨乙烯工程的建设，标志着新疆石油化工工业上了一个新台阶。

乌鲁木齐石油化工总厂是70年代兴建的石油化工企业。从1975年开始，乌鲁木齐石油化工厂先后投资8.55亿元，建成投产了年处理原油200万吨的炼油厂，年产30万吨合成氨、52万吨尿素的化肥厂，年产1700万条的塑料编织袋厂，年产1.5万吨聚丙烯厂和为生产服务的动力、机修、电修、仪修、供排水等辅助生产部门。“七五”期间，为充分发挥新疆的资源优势，经国家批准，在乌鲁木齐石化总厂区域建设聚酯及配套工程。由新疆维吾尔自治区和中国石化总公司各投资一半进行建设。工程分二期建设，第一期工程为年产4.2万吨聚酯切片、0.5万吨长丝、1.5万吨短丝以及5万千瓦的燃煤电站。工程总投资10.06亿元，其中，外汇贷款5266万美元，人民币配套资金7.1亿元，一期工程于1990年9月开工建设。截止1991年底，已累计投资4.4亿元。目前，乌鲁木齐石化总厂已成为具有一定规模的现代化的大型石油化工联合企业，在新疆石油化工工业中起主导地位。

1992年，中国石化总公司和新疆自治区下达乌鲁木齐石化总厂基建投资5.8亿元，其中：建设银行基建贷款2亿元，人民银行贷款500万元，企业债券8000万元，利用外资1.4亿元，产品集资7240万元，国家投资债券6150万元，企业自筹1393万元。全年投资完成5.85亿元。其中：建安工程投资2.38亿元，设备投资2.31亿元，待摊投资9972万元，其它投资1207万元，应核销投资349万元。

全年投资完成额中，聚酯一期工程完成5.6亿元，加氢精制装置1180万元，小型基建项目1393万元。

1992年底，乌鲁木齐石化总厂基建支出合计10.2亿元。其中：当年交付使用财产485.4万元，期末在建工程10.1亿元。截止1992年底，乌鲁木齐石化总厂已累计投资17.6亿元，其中：化肥工程投资5.9亿元，聚酯一期工程投资10.66亿元，炼油厂投资1.02亿元。

（五）新疆石油、石油化工投资建设的主要经验和问题

1. 主要经验

(1) 推行承包责任制，提高投资效益。1992年新疆油田在勘探开发上采用由项目经理部实行每米费用按定额投资包干或项目投资费用一次包干的办法，矿区建安工程，采取招标投标的办法。塔里木、吐哈两油田采用新的工艺技术和新型的管理体制，实行由会战指挥部对各钻井公司实行任务总承包，对开发井实行区块承包，一般探井实行单井承包，重点探井和特殊工艺井实行日费制承包，对地震、测井、测试、试油、固井、录井实行专业承包，实施了建井周期节约提成奖励政策。

(2) 实行竣工一次性结算，保证施工周期。对油田建安工程，实行竣工一次性结算，工程款和预付备料款由过去的拨款改为贷款，并制定了相应的奖惩措施，保证了施工周期的顺利进行。

2. 主要问题

(1) 石油、石油化工投资量大，但筹集资金困难很大，尤其是利用外资，年度资金到位不及时，每年度6——10月施工高峰期，资金却无法到位。

(2) 石油勘探开发贷款比重过大，企业负担过重，影响银行信贷资金及时回收。到1992年底，我区三大油田基建贷款余额已达80.89亿元，比上年增加25.89亿元，增加47.1%，企业利用贷款进行勘探开发，风险很大。

（曹向东）

四、1992年新疆口岸投资建设基本情况

改革开放以来，新疆的口岸开放工作取得了巨大成就，尤其是邓小平同志南巡讲话，为新疆口岸建设注入了新的活力，口岸的建设与开放呈现出一派欣欣向荣的景象。

在解放后的很长一段时间内，由于多种因素影响，新疆的口岸建设与发展十分缓慢。1992年以前新疆只有乌鲁木齐机场、红其拉甫、霍尔果斯、吐尔尕特和塔克什肯5个开放口岸。在邓小平同志南巡讲话和党的十四大精神鼓舞下，新疆加快了对外开放的步伐。截止1992年底，经有关部门批准开放或预备开放的口岸有14个。其中：对蒙古的有塔克什肯、老爷庙、乌拉斯台、红山嘴；对哈萨克斯坦的有霍尔果斯、阿拉山口、巴克图、吉木乃、阿黑土别克、都拉塔、木扎尔特；对吉尔吉斯斯坦的有吐尔尕特；对巴基斯坦的有红其拉甫；还有国际航空港乌

鲁木齐机场。乌鲁木齐机场、阿拉山口为国家一级口岸，其它均为地方一类口岸。

随着开放口岸的增加，国家及自治区对口岸的投入逐步增长。目前自治区已将口岸建设做为新疆建设的重点。1985年至1992年底，国家、自治区、地州市及各部门用于口岸建设投资累计已达2亿多元。其中：国家及自治区投资1.5亿元，完成房屋建筑面积5.2万平方米，在建6千平方米，仓储设施13.5千平方米。完成公路里程130公里，在建165公里。1983年恢复边境贸易以来，通过新疆口岸累计进出口货运总量达293万吨，出入境旅客逾100万人次，出入交通工具32.3万辆（列、架）次。

为加强口岸建设，自治区在1992年初成立了自治区口岸建设领导小组，加强了对口岸建设的统一管理和领导，自治区各地、州、市及有关部门在计划安排、资金筹集、土地征购、设计及施工力量调配、物资供应、建设条件落实等方面给予了积极支持和大力配合，经过各方面的努力，重点口岸过货能力已经形成，口岸基础设施及配套建设逐步展开和完善。

（一）口岸联检设施建设

为提高口岸的通过能力，国家和自治区先后投资5千万元重点进行了口岸的联检设施建设。阿拉山口、红其拉甫、霍尔果斯、老爷庙、塔克什肯、吐尔尕特等口岸已基本完成联检设施建设。

（二）口岸公路建设

随着对外开放的发展，各口岸过货量剧增，口岸公路建设已成为提高口岸过货能力的关键。近年来，自治区加快了口岸公路建设的速度。1992年自治区投资7250万元（其中：国家补助2690万元，自治区投资4560万元）安排清水河至霍尔果斯，塔城至巴克图，博乐至阿拉山口以及托帕至吐尔尕特等口岸的公路建设。1992年底，博乐至阿拉山口76公里沥青路面已完成铺油任务；清水河至霍尔果斯31公里新建公路已完成路基及桥涵工程；塔城至巴克图口岸18公里二级公路已完成路基、桥涵及部分路石工程；托帕至吐尔尕特口岸已完成19公里路基及桥涵工程。共完成工作量7016万元，为年计划的96.77%。

（三）口岸通信建设

口岸通讯建设是保证口岸功能发挥的重要条件之一。1992年自治区投资300多万元重点对霍尔果斯、阿拉山口口岸的通讯条件进行了改造和建设。完成了霍尔果斯口岸和阿拉山口口岸程控自动电话和特高频无线传输建设，实现了口岸通讯国际、国内直拨。

（四）电力及其它建设

1992年，自治区将精河电厂及输电线路工程列入了阿拉山口口岸建设的配套计划，当年安排投资2200万元。在各方面的努力下，6个月完成了73公里输电线路的勘测设计和架设工作，年内完成了精河电厂一台6000千瓦发电机组的建设安装任务，当年11月发电并向阿拉山口送电。

1992年，口岸开放和建设工作取得了前所未有的巨大成就，归结起来有以下几个特点：

1. 领导重视。邓小平南巡讲话发表以后，面对全国开放的大好形势，自治区各级领导提出了加快口岸建设的要求，并成立了口岸领导小组，从组织上加强了对口岸建设工作的领导。自治区有关领导还多次亲临口岸建设现场，研究和解决口岸建设中存在的问题，有力地推动了口岸建设工作的蓬勃发展。

2. 规划先行。为了适应改革开放的新形势，使口岸建设能够合理布局，自治区狠抓了口岸建设的规划工作。1992年完成了阿拉山口、霍尔果斯、都拉塔、木扎尔特、红山嘴、伊力克什坦、吐尔尕特7个口岸的总体规划，并已经自治区人民政府批准。

3. 发扬艰苦奋斗精神。我区的边贸口岸多数距离城市较远，基础设施，生活环境都比较差。口岸建设工地的工人、干部不怕困难，尽心尽力地为口岸建设无私奉献。许多口岸由于原有设施差，部分口岸甚至是一张白纸，改革的形势又要求口岸能尽早过货，一些口岸边建设、边过货。部分口岸所在地不是单纯地坐等上面拨款进行建设，而是发挥主观能动性，积极地筹措建设资金，在国家和自治区没有投资的情况下，依靠自己的力量，因陋就简，边建设、边过货，取得了良好的经济效益。

4. 通力合作。自治区各部门、各地、州、市对口岸建设工作给予了极大的重视。自治区计划、交通、邮电、电力、建设厅、外办等部门都把这项工作做为重点来抓，多次派人到口岸建设现场，会同地、州、市有关部门就口岸建设中的计划、资金到位、施工条件、原材料供应等问题进行协调和服务，收到了良好的效果。

（张汉东）

五、北疆铁路工程投资建设情况

兰新铁路西段——北疆铁路工程（以下简称北疆铁路工程）东起新疆乌鲁木齐西站，西至我国与哈萨克斯坦共和国交界的阿拉山口，全长460公里。该工程以铁道部第一勘测设计院为总体设计单位，以铁道部和新疆维吾尔自治区联合组建的北疆铁路公司为建设单位，施工单位主要有新疆生产建设兵团工一师、铁道部第十五工程局和第一工程局、人民解放军36117和36234部队等单位。工程于1984年12月6日经国家计委批准复建，1985年5月1日正式开工，1990年9月1日胜利通车到阿拉山口，历时5年零4个月。1992年10月14日正式通过国家验收。设计、施工质量总评均为优良。

（一）北疆铁路工程概况

1. 自然环境

北疆铁路从乌鲁木齐起，沿天山北麓、准噶尔盆地南缘西进，经昌吉、呼图壁、玛纳斯、石河子、沙湾、奎屯、乌苏、精河、博乐9个县市，从艾比湖南岸折向北，止于中国和哈萨克斯坦共和国交界的阿拉山口。线路地势东南高、西北低，高程在195～750米之间，中部为冲积平原。过精河后，地质多为植被稀少的戈壁、沙丘、盐碱地和沼泽。线路所经地区为大陆性气候，夏季酷热，干旱少雨；冬季严寒、降雪量大。年平均气温6至7℃，最低气温－40至－43℃，最高气温40至42℃。精河至阿拉山口段为大风区，每年8级以上大风天数32～164天，瞬时最大风速每秒55米。

2. 资金来源

北疆铁路工程总投资7.85亿元，由国家和新疆维吾尔自治区各承担建设投资的一半。具体资金构成为：国家投资3.9亿元，其中，银行贷款3.25亿元、煤代油资金4千万元、铁道部拨款1.5千万元、旧轨折价投资1.2千万元。新疆自治区投资3.9亿元，其中，利用原苏联商品贷款2.57亿元、银行贷款7.3千万元、新疆生产建设兵团集资5千万元、自治区拨款1.2千万元。

3. 主要工程量

全线铺轨556.53公里（其中正线459215公里、站线97.315公里），车站35个（其中区段站1个、边境换装站1个，中间站33个），土石方1118.5万立方米，桥梁5867延长米/124座（其中大桥11座、中桥38座、小桥75座），涵洞13093延长米/1076座，通讯干线线路458.116公里，信号设备21个站，供电线路557.7公里，供水所46处，房屋358千平方米。

4. 主要经济指标

线路每公里平均使用劳动力23290工日，水泥371.03吨，钢材180.28吨，木材105.56立方米。一期工程平均每公里造价127万元，二期工程平均每公里造价171万元。

5. 主要技术指标

乌鲁木齐西站至乌苏为Ⅰ级干线，乌苏至阿拉山口为Ⅱ级干线，全程单线，限制坡度6‰（博乐一阿拉山口中苏接轨点为7‰），最小曲线半径800米，内燃机牵引，牵引定数3500吨（近期2500吨），到发线有效长度850米，继电半自动闭塞。

（二）北疆铁路的建设历程

北疆铁路的修建经历了曲折的历史过程。早在1956年4月7日，我国就和原苏联政府签订了《关于修建兰州至阿克斗卡铁路和组织联运的协定》，并于当年在各自国内开始了勘测。我国1958年完成全部勘测设计并全面开工。担负施工任务的铁道部第一工程局提出"一年跨天山、二年通国境、三年扫尾交运营"的口号，掀起了建设高潮。但由于国际、国内的多种原因，兰新铁路于1962年铺轨到乌鲁木齐后就停止了西进。北疆铁路的建设被搁置了20多年。

1985年北疆铁路在改革开放的新形势下重新恢复建设。党中央、国务院对这条铁路的建设给予了极大的关心，在国家财力紧张，大力压缩基本建设的情况下，北疆铁路的建设资金得到了充分保证。

北疆铁路建设分两期进行。第一期工程由乌鲁木齐西站至乌苏，长236公里，1987年9月6日完成铺轨，1989年10月站后配套竣工，形成综合运输能力。第二期工程由乌苏至阿拉山口，长224公里，1988年5月1日开工，1990年8月9日铺轨到阿拉山口，1990年9月12日铺轨到边境与原苏联西土铁路接轨，1992年10月完成扫尾配套项目（当年完成投资7687万元）。至此，北疆铁路全线完工。

（三）主要经验

1. 中央与地方合资兴建，调动了两个积极性

北疆铁路建设由中央有关部委直接参与重大决策，并给予了具体的指导和支持。国家计委积极安排投资计划，并与财政部共同解决了北疆铁路的贷款补贴。铁道部不仅提供建设资金，还按铁路内部价格供应了大批的专用设备及器材，并调配了一大批有经验的铁路建设、运营管理干部支援北疆铁路建设。新疆维吾尔自治区党委、人民政府把北疆铁路建设作为开发建设新疆的一项重要战略措施，将其列为自治区必保的重点建设项目。在自治区经济基础薄弱而百业待兴的情况下，动员人力、物力、财力从各个方面保证北疆铁路建设的需要。自治区领导多次到施工现场视察，为工程建设及时排忧解难。自治区人民政府专门成立了征迁领导小组，沿线各地州市县和兵团师团都成立了支援铁路建设领导小组和办公室，铁路修到那里支援工作就做到那里，铁路需要什么就支援什么。沿线各族群众不惜牺牲个人利益主动让地、拆房、迁坟、砍树，表现了很高的觉悟和情操。铁路要穿过玛纳斯县乐土驿乡维吾尔、哈萨克、回三个民族的一片坟地，在县政协、县委统战部通过宗教界人士出面积极做工作后，阿不力米提阿訇到现场带领坟主迁坟，使84座坟茔仅用3天就全部迁走。5年中，铁路建设共新征土地15874亩，收回60年代已征土地30059亩，拆迁118户，全线一路绿灯。新疆维吾尔自治区采取的各项优惠政策共为北疆铁路建设节约投资近2亿元。

2. 边修建、边运营

北疆铁路在建设过程中，根据北疆铁路建设领导小组提出的"早开工、早铺轨、早运营、早收益"的建路方针，修一段用一段。1986年5月从昌吉站开始办理临时货运，以后随着铁路不断延伸，逐段开办了临时货运。1988年1月10日从乌鲁木齐至奎屯站开办临时客运，1991年7月20日中苏间通过阿拉山口——德鲁日巴铁路边境通道开办临时货运，1992年6月20日从中国乌鲁木齐到哈萨克斯坦共和国首都阿拉木图之间开行了13/14次国际旅客列车。

截止1992年底，累计完成货物运输量741.1万吨，旅客运输218.2万人，换算周转量17657万吨公里，

运输收入1.9亿元，取得了较好的社会效益和经济效益。

3. 实行投资包干，节约建设资金。北疆铁路工程建设是由北疆铁路公司同主管部门签订“包投资、包工期、包质量、包主要材料用量、包形成运输生产能力”的承包合同后，公司又以设计概算为依据，按单项工程分割概算编制施工图预算，对施工单位实行单项工程费用包干办法，一次包死，并以承包合同办理验工计价及竣工结算。使北疆铁路在保证工程质量的前提下，建设投资不仅没有因物价上涨因素突破，而且还节约了投资1000多万元，受到了各方面的好评。

（四）北疆铁路的重要地位

北疆铁路是我国西北地区与国外连接的唯一铁路通道，它的建成不仅使新疆从内陆封闭的“袋底”一跃成为向西开放的前沿，促进新疆的经济繁荣和对外开放，而且使东起我国连云港西至荷兰鹿特丹港横跨欧亚两大洲的国际铁路大通道贯通，在太平洋和大西洋之间架起了一座新的大陆桥。

北疆铁路所联接的欧亚大陆桥串联了我国苏、鲁、豫、皖、晋、川、陕、甘、宁、青、新11个省区和欧洲国家的许多重要城市和地区，是一条重要的国际贸易通道。它比欧亚两大洲原有的以俄罗斯东部的纳霍德卡港为起点通向欧洲各国的西伯利亚大陆桥，地理位置优越，可以不受严寒气候影响，保证全年营运。据专家预测，把西太平洋经济圈的货物从连云港经这座大陆桥运到欧洲各国，比绕道印度洋海运，运费和时间分别节省20%和70%左右，比经西伯利亚大陆桥运输，运输费用可节省1/3左右，由此可见北疆铁路所联接的大陆桥是欧亚两大洲之间最经济、最便捷的运输通道，它对新疆和内地各省区向西发展国际贸易具有重要意义。

（刘　永）

第四部分

项目投资

广西岩滩水电站

广西岩滩水电站工程是80年代中期国家开工建设的百万千瓦级大型水电工程。岩滩水电站建设，在改革建设管理体制，推行招标承包和合同管理，实行工程监理等方面积累了较为系统全面的经验，使工程建设提前一年截流，第一台机组提前9.5个月投产发电，经济效益、社会效益十分显著。

广西岩滩水电站位于红水河中游的大化瑶族自治县境内，距广西自治区首府南宁市236公里，地理位置适中，上接近期将开工的大型水电工程龙滩水电站，下衔已建成的大化水电站，成为国家进行红水河梯级开发的重要控制性骨干工程。岩滩水电站是以发电为主，兼有航运效益的建设项目，设计初期装机容量为121万千瓦(4台30.25万千瓦机组)，保证出力24.5万千瓦，年利用小时可达4680小时，年发电量56.57亿千瓦时，并可增加大化水电站和恶滩水电站保证出力5.7万千瓦。岩滩水电站建成后并入华南电网，成为华南电力系统中的主力电站之一，届时将是电力系统中容量最大，调节性能较好的水电站。电站坝址控制流域面积10.6万平方公里，工程坝高110米，坝顶长525米，总库容33.5亿立方米，调节库容15.6亿立方米，可改善航道166公里。工程静态投资16.32亿元。工程土石方开挖和回填量为1261亿立方米，混凝土浇筑量为342.5万立方米，耗用钢材13.4万吨，耗用木材25万立方米，耗用水泥86万吨。

岩滩水电站枢纽工程布置方式为重力坝坝后式地面厂房。主要建筑物有拦河坝、电站厂房、开关站和通航建筑物等。

岩滩水电站勘测工作开始于1959年，1983年9月国家审定初步设计，1984年7月开始工程施工准备，1985年列为国家重点建设项目，1985年11月，广西电力局与原水利电力部签定了《岩滩水电站建设项目包建合同》，实行工程总承包，1987年11月1日工程提前截流成功，1992年9月16日第一台机组提前正式并网发电。1993年将有两台机组投产发电，1994年一台机组投产发电，预计电站工程将提前一年全部竣工。

在进行工程建设不久，国家就在岩滩工程上改变了水电建设一直延袭下来的水电施工企业自营方式，进行水电建设管理体制改革的大胆尝试，实行业主责任制，由广西电力工业局负责电站的建设集资、建设管理、承担债务、生产经营和管理，以后又进一步成立了广西岩滩水电站工程建设公司，履行企业法人义务和责任，使电站建设体制得到了健全和完善。

建设单位在新的体制下，以甲乙方包建合同为依据，积极制定项目建设总规划、总目标和实施目标的具体年度计划及措施，实行目标管理，引进竞争机制。在建设过程中，建设单位针对不同情况，实行了招标承包、按概算一类费用切块承包、按施工图预算加2%预备费包干、议标发包和按概算投资降低5%包干等五种承包形式，取得了降低工程费用、缩短建设工期和保证工程质量的好成绩。

值得一提的是，建设银行岩滩水电站专业支行在项目建设和管理过程中，起到了积极促进作用，他们积极协助建设单位推行项目建设承包，取得了承包部分5.7亿元的承包价比概算价降低22.08%的好成绩；他们在无书本可循，无标准规章可鉴的条件下，积极主动进行非标准设备审查，跑遍国家有关部委和同类电站项目及生产厂家，搜集了大量第一手资料和数据，通过非标准设备审查，为国家节约建设资金1.1亿元；他们还起草了《材料节约奖励办法》和《岩滩水电站工程设计节约投资分成办法》以及工程主体混凝土浇注悬挂奖励法等，都得到建设单位认可和推行，取得了积极成效。

岩滩水电站移民，涉及5县16个乡镇，需安置人口约6.2万人。在移民工作中，面对移民量大、少数民族居多、移民资金有限和工程进度加快等困难，广西自治区人民政府组织成立了各级移民管理机构，负责引导、组织和管理，以试点引路，认真制定安置规划，加强移民培训，加强移民资金管理。安置中以大农业为主，调整产业结构，因地制宜，兼顾国家、集体、移民三者利益，使移民工作成效显著，配合了项目建设，已解决了5万余人的生产生活出路问题。

岩滩水电站在我国基本建设体制改革过程中，取得了高质量、高速度、高效益、低消耗的好成绩，成为全面推行改革开放政策和应用先进技术的典范，也是建设、施工、银行、监理、设计各方协调配合比较成功的典型，值得借鉴和推广。岩滩电站的建成投产，对于两广地区经济建设乃至港澳地区社会需求，都将发挥重要作用。

(郑绍平)

上海石洞口第二发电厂

上海石洞口第二发电厂是我国第一座拥有两台超临界大型发电机组的大型火力发电厂，容量大，技术新，效益高，污染小。经国务院批准，由华能国际电力开发公司与上海市政府合作建设和经营。

上海石洞口第二发电厂位于上海市宝山县境内。1987年11月国家计委批准可行性研究报告，1987年12月原水利电力部批准初步设计。工程设计装机容量为120万千瓦(2台60万千瓦机组)，年售电量为64亿千瓦时，工程总投资外资部分4.1亿美元，内资部分8.1亿元人民币，工程单位投资1950元/千瓦。工程投资外资部分由华能国际电力开发公司负责筹措，内资由上海市申能股份有限公司负责安排。

上海石洞口第二发电厂引进的机组，自动控制系统先进，可自动启动和停机，且调峰性能好，可在最大负荷30—100%间连续运行。上海石洞口第二发电厂建设的意义在于利用和推广国际先进技术，在我国实现最大限度地提高电厂生产效率，降低火电机组煤炭消耗，最小程度地影响环境，减少环境污染，推动电力生产争上新台阶。

上海石洞口第二发电厂项目建设1988年6月30日正式开工，经过四年半的建设，两台机组分别于1992年6月和12月移交投产，在我国无此类电厂建设经验可循的困难条件下，仍然取得了如期按质投产，一年投产两台大型机组的好成绩，并且在1992年10月以在中国开创性地应用超临界燃煤发电机组而荣获美国《国际电力》编辑部颁发的“1992年国际电厂奖”。电厂1号机组投产后运行状况良好，额定工况供电煤耗在每千瓦时300克以下，达到国际一流水平。预计上海石洞口第二发电厂将在10年内还清建设期间发生的债务，每年经济效益、社会效益非常可观。

上海石洞口第二发电厂的建设成功，大大缓解了上海电力供应的矛盾，积极支持了上海浦东开发区的建设；上海石洞口第二发电厂的建设成功，对电力工业建设具有重要意义，是引进外资，认真引进消化外国技术的成果，为电力行业利用外资工业积累了经验，促进了我国电力工业技术的提高，填补了我国电力行业一项空白，也是合资合作，集资办电工作上成功的典范。

（郑绍平）

元宝山发电厂第三期工程

元宝山发电厂位于内蒙古自治区赤峰市东郊元宝山区，距市区35公里，距元宝山火车站11公里，距老哈河0.7公里。电厂近期燃煤取自元宝山煤矿竖井褐煤，将来由元宝山露天煤矿供应。元宝山电厂煤、水、灰和路等生产条件布局合理，厂址占地基本是荒地，是一个比较理想的建设项目。

元宝山发电厂设计总装机容量为210万千瓦，机组容量大，技术比较先进，自动化程度较高，是我国东北电力系统中的大型坑口电站和骨干火力发电厂之一。国家计委于1974年9月批准元宝山发电厂建设计划任务书，元宝山电厂项目于1975年开工建设，1978年12月第一期第一台30万千瓦机组投产发电，1985年12月完成第二期一台60万千瓦机组工程建设，电厂装机容量已达到90万千瓦，已完工程总投资14亿余元，共形成固定资产11亿元。

元宝山发电厂第一、二期工程主体设备由国外引进，具有70年代国际先进水平。机组自动化程度较高，对减少集控操作人员，减轻劳动强度，防止误操作，保护主机安全，保证发电质量，提高机组经济效益，都具有较大优越性。

为进一步发挥元宝山发电厂的骨干电厂作用，发挥规模经济效益，国家决定对元宝山发电厂进行第三期扩建，1991年5月23日国家计委批准设计任务书，1992年5月8日能源部批准初步设计。元宝山发电厂第三期扩建工程建设规模为120万千瓦（两台60万千瓦机组），年需燃用选后褐煤约480万吨，概算静态投资为23.1亿元，动态投资为31亿元，每千瓦投资为1922.12元。

元宝山发电厂第三期工程于1992年10月28日正式破土动工，当年计划投资为1.84亿元。元宝山发电厂第三期扩建工程属于集资建设的国家重点建设项目，其中国家能源投资公司负责投资（建设银行贷款）40%，辽宁省投资30%，沈阳市、国家电力部东北电管局和内蒙古自治区赤峰市各投资10%。工程锅炉、汽轮机和发电机三大主机采用哈尔滨电站设备成套公司（哈尔滨锅炉厂、哈尔滨汽轮机厂和哈尔滨电机厂）生产的引进型60万千瓦机组。

元宝山发电厂第三期扩建工程为国家安排的煤炭电力联营工程，与元宝山露天煤矿建设相配套，建成后将进一步缓解东北地区电力紧张局面，保证电网供电安全，并对促进辽宁中部和内蒙古自治区东部工农牧业发展将起到重要的推动作用。

（郑绍平）

广州抽水蓄能电站

广州抽水蓄能电站是根据广东省国民经济迅猛发展的需要，为配合大亚湾核电站和大量火电厂调峰，国家于1988年批准开工建设的第一个以地方投资为主的大型水电建设项目，要求1992年底第一台机组达到具备发电能力。广州抽水蓄能电站是我国正在建设的第一座高水头、大容量抽水蓄能电站，对电网调峰有重要意义。

广州抽水蓄能电站位于广东珠江支流流溪河上游的从化县境内，距广州市直线距离90公里，电站设计总装机容量为240万千瓦（由8台单机30万千瓦机组构成），建成后将成为世界最大的抽水蓄能电站。

广州抽水蓄能电站工程1988年9月26日正式开工，1989年列为国家重点建设项目。工程建设分两期进行，第一期工程装机容量为120万千瓦，由4台单机30万千瓦机组构成，建成后将成为亚洲最大的抽水蓄能电站。电站工程总库容上库为1830万立方米，下库为2040万立方米；水库正常水位上库为810米，下库为283米；有效库容上、下库俱为1000万立方米；死水位上库为797米，下库为275米；死库容上库为700万立方米，下库为750万立方米；上下库高差为535米。电站年均抽水耗电31.4亿千瓦时，年均抽水2615小时，年均发电量23.8亿千瓦时，年均发电1983小时，综合效率为76%。

电站枢纽工程主要建筑物由上水库、下水库、大坝、引水系统和生产厂房系统组成。

电站第一期主体工程主要工作量有土石方明挖149万立方米，石方洞挖86万立方米，土石方填筑81万立方米，混凝土及钢筋混凝土25万立方米，帷幕灌浆7800米，固结灌浆47800米，金属结构安装3960吨及相应的机电设备安装。电站第一期工程建设工期为6年，第一台机组已按要求提前于1992年底具备发电调试能力，第一期工程将于1994年完工。

为适应投资体制改革和建设与经营的需要，广东省电力工业总公司、国家能源投资公司和广东核电投资公司三方联合组成了广州抽水蓄能电站联营公司，1988年3月正式成立，承担电站建设与生产运行一体化管理，目前项目建设管理人员只有40人。工程建设主要工作量由创造了鲁布革经验的中国水利水电工程总公司第十四工程局承担。电站成套机组设备经过国际招标，确定利用法国政府贷款，由法国CGEE—Alathom（现CEGELEC）公司提供。工程还聘请了几十人的监理队伍，负责工程全面质量监理任务。

广州抽水蓄能电站第一期工程建设投资内资为7.3亿元人民币，外资为2亿美元。工程内资80%部分由广东省筹集，外资由中央统借，广东省自还。电站建设造价约为1500元/千瓦，大大低于其他在建的大型水电项目。

广州抽水蓄能电站工程的建设，技术复杂，工期紧迫，任务艰巨，为今后蓄能电站的建设和发展积累了成功经验，在排风洞建设中创造了月进尺252.6米的高产记录。在无经验可循的情况下，建设与施工单位密切合作，严格管理，不断探索，积极采用新技术，使工程建设合格率达100%，优良率达91%，取得了蓄能电站按要求提前达到目标的好成绩，比国际同类项目工期提前了2至4年，创造了世界一流的施工水平，也创造了世界水电建设史上的奇迹。

（郑绍平）

哈尔滨铁路枢纽扩建工程

哈尔滨铁路枢纽位于黑龙江省哈尔滨市，是哈大、滨洲、滨北、滨绥、拉滨五条铁路干线的交汇点，是我国东北北部地区的铁路运输要冲。由于历史原因，哈尔滨铁路枢纽布局不合理，设备陈旧，建国后虽经多次技术改造，但仍满足不了运输发展的需要。

铁道部和哈尔滨铁路局早已把改造扩建哈尔滨铁路枢纽提到了重要议事日程。从1954年起到1982年先后7次编制了哈枢纽改造、扩建工程总图方案。1984年2月10日，铁道部向国家计委、经委提出了《关于哈尔滨铁路枢纽扩建工程设计任务书的报告》，经国家计委审定并报国务院批准后，国家计委于1984年10月4日，下达了《关于哈尔滨铁路枢纽扩建工程设计任务书的批复》，正式批准立项。

哈尔滨铁路枢纽扩建工程（一期）的规模为：新建哈南（哈达屯）编组站及其有关工程和东门货运站，改造哈枢纽有关卫星站，新建哈尔滨、哈尔滨东（三棵树）站房及相应的配套工程。设计总工作量为：征地3251市亩，路基土方629万立方米，铺轨192.64公里，特大、大桥5座，立交桥11座，中小桥涵33座，通信架空线28公里，埋没电缆11820公里，自动闭塞40.3公里，电气集中8站/621组道岔，电力线路81.43公里，电缆26.46公里，变电所10处，房屋150469平方米，给水深井7座，管路28733公里，水塔、水鹤各4座，水源1处，机务运用段1个，站修所及列检所各1处。

哈尔滨铁路枢纽扩建（一期）于1987年4月30日正式开工，到1992年7月28日完工，共计完成投资643.3万元，控制在调整概算以内，于1992年10月24日正式通过国家验收，投入使用。该工程建成后，哈枢纽日解编达到9267辆，综合运能由扩建前6800万吨/年提高到9700万吨/年，同时，哈尔滨铁路局年运输综合能力提高10%，缓解了哈枢纽多年来存在的运能与运量的矛盾，对黑龙江省经济的发展将产生重大作用。

哈尔滨铁路枢纽扩建工程一期结束后，上行系统的能力得到解决，但由于哈 南站不能解编，下行系统的能力仍感不足，这一问题有待于下一期工程解决。

（许明宇）

北京西客站

北京西客站是我国本世纪投资规模最大的铁路客运项目，又是具有90年代先进水平的现代化客站，建成后将与现在的北京站并驾齐驱成为首都的两大铁路门户。

目前的北京铁路枢纽以京广、京山、京沪、京秦、京承、京通、京包、京原、丰沙九条铁路线将首都和全国紧密相连；又以东南环线、东北环线、西北环线、丰沙线及枢纽组成环型铁路，将上述九条干线连接成为一个整体。

北京市现有的北京站、北京南站、北京东站向全国28个省、市、自治区开行130余对旅客列车（其中北京站80对），年发送旅客5000多万人；旅客候车、列车到发、机辆整备、广场交通设施等能力均已饱和。为了缓解北京站运量与运能的矛盾，铁道部早在1960年编制铁路枢纽总图时，提出建设北京西客站；

1974年又编制了北京西客站及其与北京站地下直径线;1982年铁道部、北京市人民政府联合上报并经国家计委审定了北京西客站设计任务书;1983年7月中共中央、国务院原则批准了《北京市区总体规划方案》,其中包括建设北京西客站;1991年3月2日国务院批准了北京市人民政府、铁道部、邮电部联合上报的《北京西客站修改设计任务书》。

北京西客站设在市西郊莲花池公园东北侧,占地约4000亩,呈东西向纵列布置。站房采用综合楼方案,设6座旅客站台。旅客流线采用上进下出、南北开口形式,下设连接南北广场的自由通道,供行人自由通行。站内还配有较先进的列车通告、客票及行包管理、向导显示等先进设备。

北京西客站已于1992年底开工,计划1995年末建成。建成后,将大大改变首都西郊的面貌,优化城市环境,提高铁路客运能力50%,同时,她也将成为首都重要的交通中心、商业中心、金融中心和娱乐中心。

(林绍礼 魏瑜)

大秦铁路二期工程

大秦铁路西起山西大同,经山西、河北、北京、天津四省市,穿越雁北高原、桑干河峡谷,沿官厅水库北岸,跨丰沙、京包、京承铁路后,紧依燕山山脉南麓向东延伸,直抵渤海之滨秦皇岛市,全长653公里,是我国第一条重载、单元、双线电气化运煤专用铁路,是晋煤外运的重要通道。

大秦铁路分两期进行建设。一期工程从大同至大石庄,再经联络线与京秦铁路的段甲岭车站相接,全长410.8公里,1984年12月开工,1988年底建成,并于1988年12月25日开出第一列运煤列车。二期工程从大石庄至秦皇岛,全长242.2公里,原计划按单线电气化铁路修建,预留复线。1989年根据山西煤炭发展规划,以及近期大力开发神木、东胜、准格尔煤田的安排,预测大秦线二期规划运量将有较大增加,决定二期下部工程按一次建成复线电气化铁路,1988年6月开工,1989年全面展开,1992年建成并开通运煤。

大秦铁路主要工程数量有:路基土石方6725万立方米,桥梁69.52双线公里,隧道68.15双线公里,房屋56.93万平方米,架设接触网导线3748条公里,以及车站、电气化工程、通信、信号、电力、给排水、机务、车辆等工程设施。

大秦线是我国铁路建设上的一大壮举。它具有以下四个特点:

一是现代化水平高。为适应年运量1亿吨和开行重载单元列车的要求,大秦铁路建设标准高,还有一系列重大技术装备与之相配套,其中包括"韶山4型"大功率电力机车、装有转动车钩的新型运煤专用敞车、光缆数字通信系统、微机化调度集中系统、AT供电系统、运营信息系统等,代表了我国新建铁路80年代水平。由于大秦线的建设与众多科研项目紧密结合,并引进大量先进的技术装备,因而被称为我国现代化铁路建设的一个窗口。

二是先进的施工方法。施工中广泛采用新奥法、喷锚支护、等差爆破、集中拌合、防水混凝土、注浆止水、桥梁滑模、无支架施工以及钢筋混凝土桥枕、岔枕和AT轨等新技术、新结构、新工艺、新材料;机械化程度高,路基填土采用重型机械震动辗压,压实密度达到95%以上,创建国以来路基工程质量最高水平;长大隧道形成开挖、喷锚、衬砌、通风机械化作业线、施工记录不断刷新。91项重大技术装备研制攻关和引进项目中,51项国内研制攻关项目已完成成果审查鉴定33项40个成果,属国内先进水平或填补国内空白的成果有16项。

三是建设中创造出的大秦精神。从1984年12月开工到1992年12月21日全线开通投入运营的8年间,7万建设大军以"能吃苦敢拼搏的奉献思想,讲科学争一流的创新意识,少投入多产出效益观念"的大秦精神,为克服"三边"带来的弊端,确定了"急而不乱、忙中有序"的建设方针,将科研、设计、施工三者有机地协调起来,全线统一部署,解决交叉作业的矛盾,协调设计与施工之间和各工序之间的关系,以避免互相干扰。

四是分期建设,分期投产,经济效益显著。一期工期于1988年底开通后,边配套边运煤,第二年就运煤2015万吨,1989~1992年4年间共完成晋煤外运1.3亿吨,创造了巨大的经济效益。1992年12月二期工程投产后,一条晋煤外运的大通路形成了,它必将为国民经济的腾飞发挥极其重要的作用。

(林绍礼 魏瑜)

京九铁路

纵贯我国南北的京九铁路,北起北京,南至深圳,联结九龙,途经京、津、冀、鲁、豫、皖、鄂、赣、粤九个省、市,正线全长2370公里,另加天津至霸州、麻城至武汉两条联络线,总长共计2538公里。该线是我国铁路建设史上规模最大、投资最多、一次建成线路最长的铁路干线。

京九铁路的建设,对于我国铁路运输适应改革开放和市场经济的发展,缓解南北运输的紧张状况,完善铁路路网布局,加快沿海和东部地区的对外经济交流,促进沿线革命老区的脱贫致富以及维护港九地区的稳定和繁荣,都具有十分重要的战略意义。京九铁路建设标志着我国铁路已进入一个全面大发展的新时期。

为此,党中央、国务院和全国人民十分关注这条铁路的建设,铁道部将其列为"八五"期间铁路建设的头号重点工程，向全体参建人员发出了“全力以赴，会战京九，大干三年，铺通全线”的号令。

京九铁路建设以其工程艰巨、工期紧迫、投资巨大、参建人多构成四大特点。

工程艰巨。全线需新建铁路正线1572公里，还要改扩建天津、阜阳、向塘西三大铁路枢纽，其主要工程量计有土石方1.93亿立方米，特、大、中桥549座共176022单线延米，隧道126座共60907单线延米。

工期紧迫。按照铁道部的安排部署，京九铁路要求在1995年年底全线铺通，1996年配套，并且要做到边配套，边分流。要在三年的时间建成这条长达2530余公里的长大干

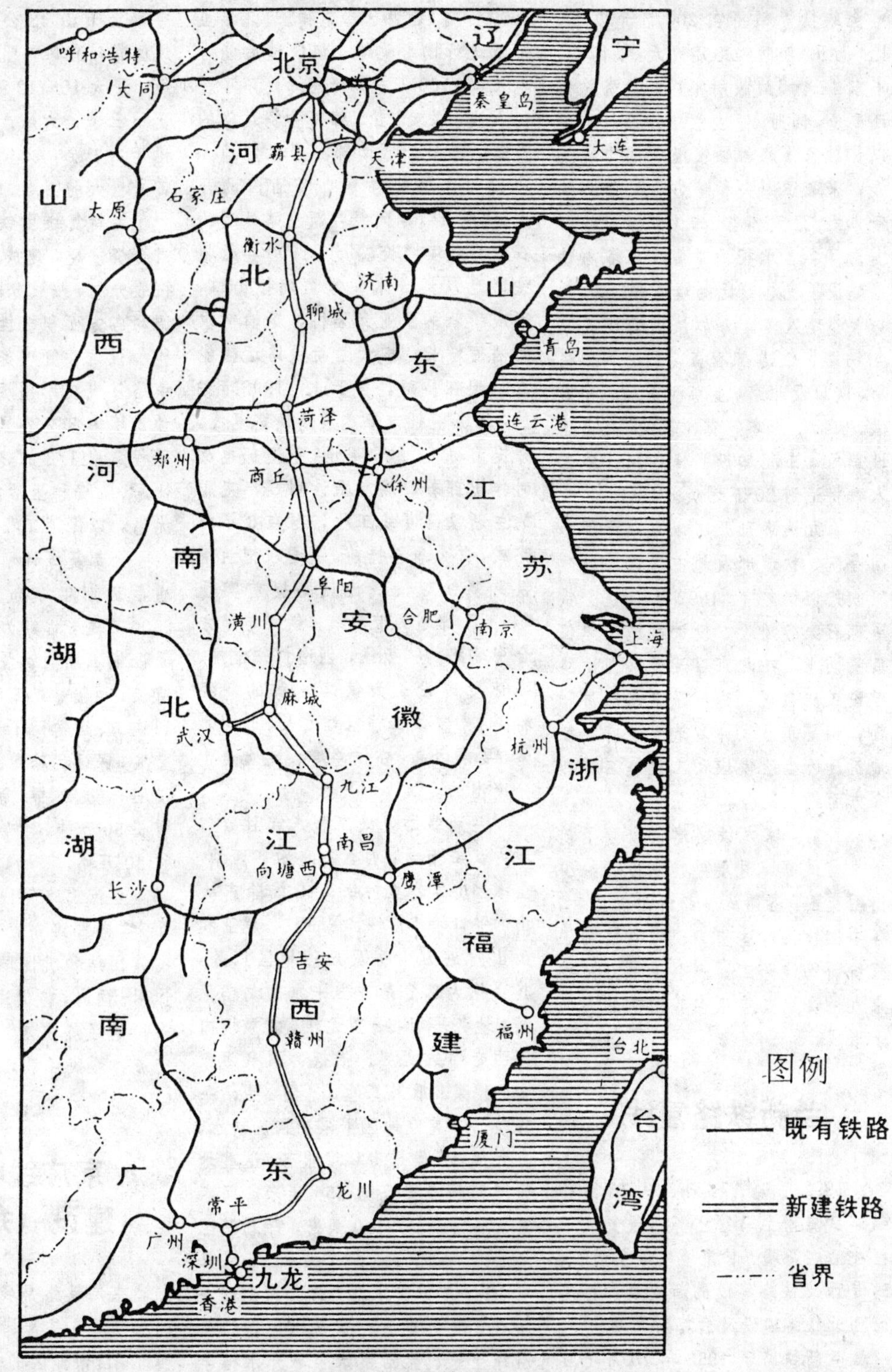

图4—1　京九铁路建设示意图

线，特别是其中的一些重点、难点控制工程，如颍河大桥、淮河大桥和赣江的两座大桥，施工期都不到两年，而长达4760米的五指山隧道，工期也只有两年左右，工期极其紧迫。

投资巨大。据初步估算，京九铁路全线投资额将在200亿元以上，比“七五”期间铁路建设大秦、衡广、华东“三大”战役所完成的投资总和还要多。同时，京九铁路建设打破了以往独家修路、独家经营的传统模式，采取了中央和地方合资建路的新方式。沿线各省、市人民政府纷纷提出了各自承担的本省、市境内铁路建设投资总额比例或投资额。

参建人多。为加快提前建成京九铁路，铁道部召集了16个工程局、院以及北京、上海两铁路局和安徽、江西、广东等省、市八、九个建设单位，工程建设高峰期预计施工人数将达到20万之众。

京九铁路自开工以来，受到了国务院、铁道部及地方各级人民政府的关切和支持。1992年10月，铁道部召集各建设、设计和施工单位负责同志，在北京召开了京九铁路建设工作会议，进行了紧急动员和具体部署。沿线许多地方政府在征地拆迁、生活供应和工程施工等各个方面给予配合和支持。

目前，京九铁路建设取得了前所未有的高速进展：勘测设计纷纷出图交图，各路人马纷纷进点盘营，各个区段及一些重点、难点控制工程纷纷鸣炮开工。一个千军万马战京九的会战态势正在我国南北大地上形成。

兰新铁路复线

1992年9月16日、19日，兰新铁路武威南至乌鲁木齐西段复线工程先后在新疆、甘肃境内破土动工。这是西北铁路建设的新发展，标志着西北铁路建设又掀起新高潮。

兰新铁路于1952年10月1日动工兴建，建设中分段投产，至1966年1月全部正式交付运营。近30年来，对西北地区经济、文化等各项事业的繁荣与发展，起到了极其重要作用。

兰新铁路是新疆通往内地的唯一通路。现为单线，年输送能力仅1000万吨，运力已趋饱和。近几年虽不断进行技术改造，但改造后能力也只有1100万吨，仍然满足不了新疆石油、煤炭、盐、棉等物资运输的需要。随着新疆南部塔里木盆地大油田和东部吐鲁蕃哈密油田的开发，“八五”期间经兰新铁路外运的石油将继续增长。另外，1990年北疆铁路已从乌鲁木齐修至阿拉山口，形成了新的欧亚大陆桥，运输需求大幅度增长，扩大兰新铁路运输能力已迫在眉睫。鉴于此，1992年2月，国务院批准修建兰新铁路复线，并提前动工、加快建设。铁道部也及时作出部署，确定原计划5年完成的兰新铁路复线工程，要在3年内完成，并力争再提前。还要求把兰新铁路复线建设成为铁路提前实现“八五”计划的带头线，铁路与地方合资建路的样板线，创造打破常规、高速度建设长大铁路复线的新经验。这条复线工程里程之长、时间之紧、要求之高，在铁路建设史上是十分突出的。

兰新铁路复线工程东起甘肃省境内武威南站，西至乌鲁木齐西站，全长1622公里。铁路沿线除东大山、平口峡、芨岭、黑山峡、尾亚和天山附近为山岳及丘陵地区以外，其余绝大部分是冲击平原的戈壁荒漠，地势平坦，一望无垠。甘肃境内河西走廊的武威、张掖、酒泉为粮食、蔬菜、瓜果基地，气候、生活条件较好，其他地区干旱少雨、缺水、多大风，气候恶劣环境艰苦。这些地区年降雨量最高为556毫米，而年蒸发量却高达8100毫米，疏勒河至乌鲁木齐，有113个车站和工区，只有16个地方有水源。疏勒河至烟墩间有338公里为严重缺水区。铁路沿线生产、生活用水全靠开水槽车专列供应。兰新铁路复线工程所经之地，不仅瀚海戈壁，还有闻名全国的四大风区，全长335公里，为复线总长的20.6%。这四大风区是：低窝铺至安北123公里为安西风区；山口至红桥31公里为烟墩风区；红旗坎至沙尔138公里为百里风区；吐鲁蕃至天山43公里为30里风区。风区常年狂风怒吼，风力最低7～8级，最大10～12级。刮风一般在春夏秋三季，大风严重地威胁着铁路行车的安全，无疑将会给复线施工带来极大的困难。

兰新复线由铁道部和新疆、甘肃合资修建，建成后实行地方运价、按股分红，按股分配新增运量。这对调动各方面积极性，加快建设速度和加强运营管理都十分重要。兰新铁路复线在新疆境内753公里，在甘肃境内869公里，两省区决定按里程拿出1/3的建设投资，在土地征用、物资和生活供应等方面，给予优惠，以保证工程顺利完成。

全部复线计划1995年建成，贯通后近期年综合运输能力可达到2500万吨，远期为5000万吨。为了保证施工期间运量不减少，并逐年增长，运输、施工部门密切配合，做到施工、运输两不误；施工采取分段交叉，保证运输重点区段先通，通一段用一段。这样，新疆境内年运量可增长50万吨，甘肃境内年运量可增长30万吨。

兰新铁路复线的建成，对振兴甘肃、新疆经济，开发大西北，促进民族团结和巩固国防，都具有重要作用。同时，将促进我国和亚欧各国人民的经济往来、增进友谊和文化交流，现代丝绸之路将大放异彩。

（林绍礼　魏瑜）

京广线电气化建设（郑武段）

京广铁路是我国南北铁路运输的大动脉，是首都通往华北、中南、西北、西南地区的咽喉要道，是晋煤南运的重要通路。京广线又是中国铁路网的脊梁，无论在既有路网结构中，还是远景规划的路网结构中，都是重要的南北干线。京广线全长2306公里，仅占全国铁路里程的4.3%，但承担的客货周转量却占全国铁路的15.4%，1991年全线平均客货运密度达9283万吨公里/公里，是全国铁路平均数的3.6倍。改革开放以来，国民经济发展赋予京广线的任务越来越重，要求也越来越高。京广线承担的客货运量迅速增长，使大部分区段通过能力已经饱和。

目前京广全线已建成复线，若再提高运输能力，唯一的措施是改造为电气化铁路。为此，1983年经国务院批准，从1986年开始分三段对京广线实施电气化建设，现在已取得阶段性成果。

第一段：郑州～武昌段。郑州至武昌段1961年虽已建成复线，但信阳至广水间线路跨越桐柏山区，坡度大，年输送能力仅为3200万吨，1980年实际已达3400万吨，能力已经饱和，成为京广线能力最紧张的区段。进行电气化改造以后，年输送能力可提高到6600万吨以上，运输紧张状况可得到缓解。

京文线郑武段电化北起郑州北站，南至武昌南站，全长547公里。包括郑州客站和郑州北站至武昌南站之间的正线，及孟庙至平顶山支线的全部技改及电化工程。主要工作量有站场改造66个站，路基土石方472万立方米，桥涵227座，电化接触网导线1941条公里，通信光电双缆1220公里，房屋约30万平方米。在设计上引进或采用8芯单模光缆、光电端机、微机联锁、无绝缘轨道电路，带有速度监督的四显示机车信号、期考特牵引变电器等新技术、新设备。已于1992年建成投产。

第二段：北京～郑州段。郑武段电化改造完成后，北京至郑州段成为京广线运输的控制区段；同时石太线增容扩能后的部分运量需要经过京郑段铁路外运，否则，效益也无法充分发挥。预计到2000年，该段运量最大区段客车将由目前的37对增至50对，货运量由5763万吨增至7000万吨，现有设备无法适应。京广线京郑段经电气化改造后的能力可满足以上客、货运输的需要。京郑段电化改造工程，全长695公里，客运自北京站（包括北京南站）到郑州站，货运自丰台西站（包括丰台站）到郑州北站。该段工程总投资为8.9亿元，其中拟争取利用世界银行贷款1.2亿美元。该段约需电源容量24万千瓦，110千伏及以上输变电工程也应由能源部配套同步建设。

第三段：武昌～广州段。京广线南面的武昌至广州段运量增长最快，特别是邓小平同志南巡谈话提出广东要在20年内赶超亚洲四小龙的目标后，广东省经济发展速度明显加快。1991年比1990年，全国旅客周转量增长8.4%，而京广线增长14.4%，其中武广段增长20.7%，全国货运周转量增长3.2%，京广线增长4.5%，其中武广段增长8.3%。从1988年衡广复线开通以来看，1992年比1988年，蒲圻口下行接入运量净增780万吨，平均每年增加近200万吨，坪石口接入量净增1370万吨，平均每年增加326万吨，而平均要车计划满足率只能达到40%。蒲圻、坪石口是全路最紧张的限制口之一，远远不能适应国民经济发展的需求。据预测，京广线的客货运量将持续增长，2000年在建成京九线分流的情况下，武广段最大区段将达到客车44对，货运6000万吨以上。

目前，京广线郑州至武昌南547公里、郴州至韶关153公里已建成电气化，北京至郑州695公里电气化已经开工。武昌南至郴州、韶关至广州两段911公里电化后，京广全线电力牵引开行5000吨级列车，信号实行6分钟布点、7分钟铺图，将大幅度提高运输能力，有利于与既有华北、西北、西南电气化铁路联成网络。　　（林绍礼　魏瑜）

建设中的南昆铁路

南昆铁路东起广西南宁，西至云南昆明，北接贵州红果，全长898公里，全线工程由四部分组成：新建正线863公里，昆明枢纽扩建改造工程，南宁枢纽扩建改造工程，全线电气化工程。该线设计年运输能力，近期为1000万吨，远期为2500～3000万吨，为国家I级干线铁路。

南昆铁路建成后，东经湘桂、黎湛、广茂铁路，可达广州市或湛江港，经南防铁路和在建的钦北铁路可达防城港和北海市，西经成昆铁路和在建广大铁路可达成都和大理，北经贵昆铁路和拟建的内昆铁路可达四川腹地成都、重庆及贵州省贵阳，在路网上将构成南方的东西向铁路干线，部分区段又兼有南北向铁路干线的意义，是沟通西南与华南沿海的主要通道，为云南、四川、贵州西南部出海的捷径，对分流贵昆、湘黔、湘桂铁路的运量，以及云贵两省的磷、煤外运，开发广西的铝矿资源，振兴西南及铁路沿线经济，发展外贸、巩固边防、增进民族团结都具有重要意义。

南昆铁路工程浩大，全线桥隧总长252公里，占线路总长的29.14%，其中隧道251座，1000米以上的55座，3000米以上的6座，桥梁360座，桥隧密集区段8个，比例最高的占线路总长的89、45%。最具代表性的有：9388米的米花岭隧道为全国目前最长单线隧道，南盘江桥墩高约97米，是全国铁路最高墩，清水河桥高198米，是全国跨谷最深的桥梁，板其2号大桥将建成我国铁路第一座弯梁桥，为解决高难度工程和复杂地质难题，铁道部确定将以南昆铁路为重点的铁路建设新技术的配套应用列为“八五”铁路技术进步规划，组织各方力量进行科研攻关，现已初步立项28个。

南昆铁路自1990年底正式开工以来，在铁道部和三省区领导和有关部门的关心支持下，经过建设、施工设计部门的共同努力，整个建设工作已全面展开，滇黔桂三头并进的局势已经形成，全线并工地段已达597公里。未开工地段的大型临时工程也已展开，会战态势已经形成，全线共有施工单位11个，施工人员已达2万余人。

1993年投资计划安排14.2亿元，全线已形成会战态势，为1994年进入施工高峰期奠定了基础。

（林绍礼　魏瑜）

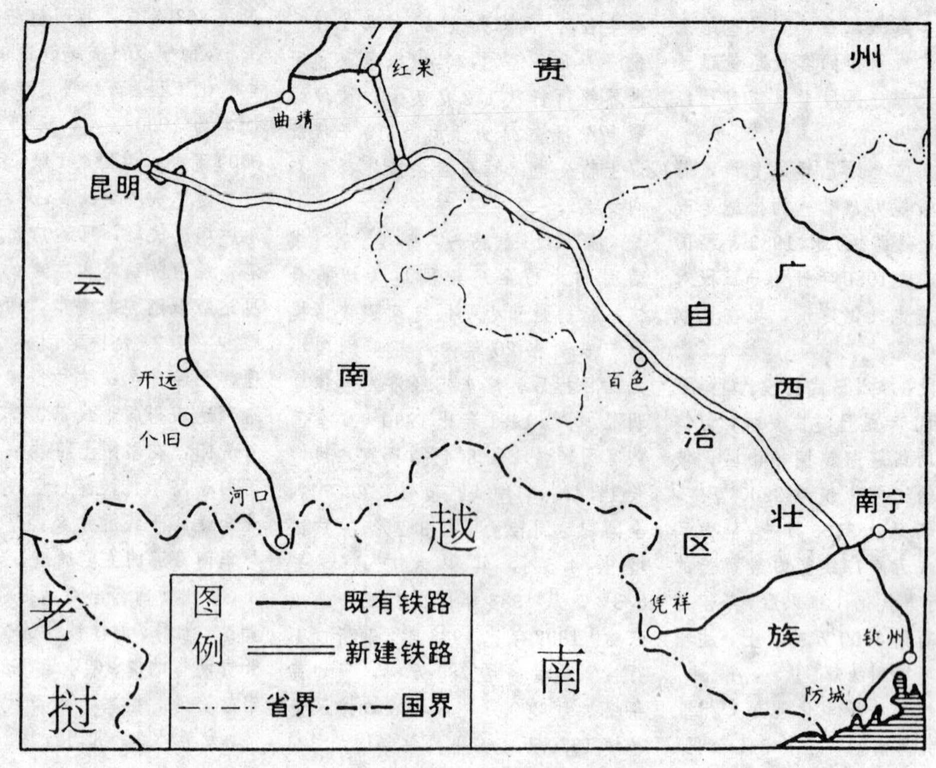

图4—2　南昆铁路建设示意图

建设中的宝中铁路

宝中铁路地处西北腹地，南连陇海铁路，北接包兰、干武、兰新铁路，是联接陕甘宁三省（区）乃至整个西北通往华北、华东、西南地区的一条新通道，是完善路网布局，沟通亚欧大陆桥的重要组成部分，列为国家“八五”期间重点建设项目。

宝中铁路大部分穿行于“老、少、边、穷”地区，沿线矿产资源丰富，是全国重点开发的煤炭和建材生产基地。尽快建成这条新通道，将大大提高路网的综合运输能力，对缓解西北地区多年来铁路运输紧张状况，推动陕甘宁三省（区）沿线矿产资源的开发，促进“陇兰经济带”的发展与沿线人民脱贫致富，加强民族团结和巩固国防，都具有非常重大的意义。

宝中铁路南起陇海铁路的虢镇车站，穿越陕西省的宝鸡、凤翔、千阳、陇县，甘肃省的华亭、崇信、平凉，宁夏回族自治区的固原、海原、同心、中宁、中卫等三省（区）的13个县市，北至包兰铁路的迎水桥车站接轨，全长498.19公里。其中，陕西省境内115.2公里，甘肃省境内96.3公里，宁夏回族自治区境内286.69公里。

宝中铁路设计为国家新建单线Ⅰ级干线电气化铁路，预留复线条件。设计年运输能力近期为1200万吨，远期为1800万吨，逐步实施扩能措施后，最终单线运输能力可达到2500万吨。

宝中铁路由铁道部第一勘测设

计院设计、中国铁路工程发包公司为建设单位，铁道部工程、建筑总公司及郑州、兰州铁路局所属工程部门为施工单位。兰州、乌鲁木齐铁路局为监理单位。

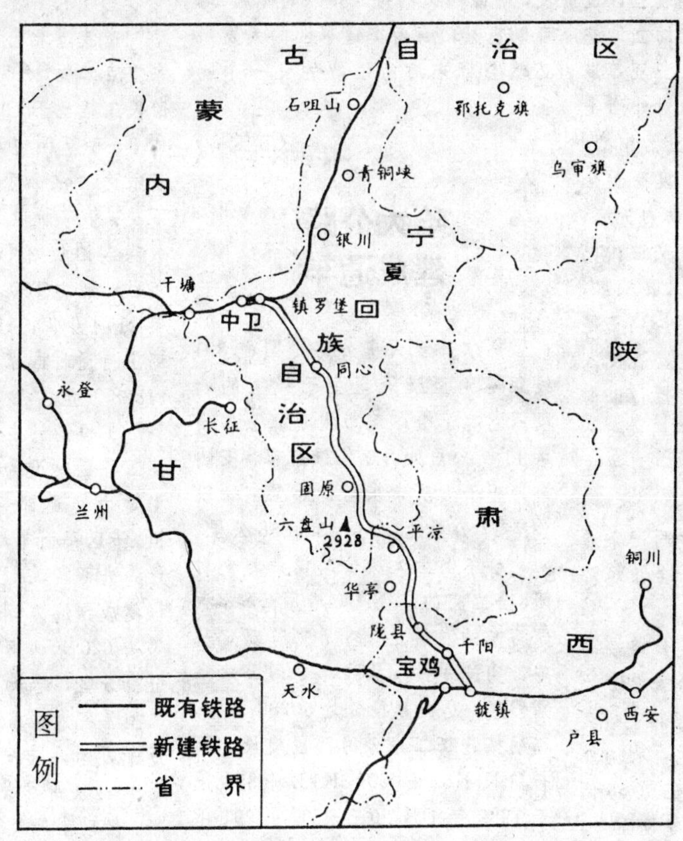

图 4—3　宝中铁路建设示意图

宝中铁路工程浩大，全线共有隧道 66 座，58632 延长米；特大桥和大中桥 210 座，29882 延长米；小桥涵 1400 余座；土石方 3300 万平方米；新建、改建车站 42 个、电力牵引变电所 13 个；房屋 34、3 万立方米。

全线重点工程为“一桥两端六隧”：一桥，黄河特大桥，1315 米；两端，宝鸡枢纽和迎水桥编组站；六隧，冯家山隧道 3119 米，西山隧道 4355 米，小坪隧道 2919 米，老爷岭隧道 3959 米，大寨岭隧道 3136 米，六盘山隧道 5240 米。

宝中铁路建设总工期为 5 年，1990 年 4 季度开始施工准备，部分重点工程开工，1991 年 2 季度末全线展开施工，经过 3 万多名建设者两年多的艰苦拼搏，工程进展顺利。预计 1994 年 6 月 30 日前全线铺通、1995 年 6 月全部建成投产的目标可以实现。

（林绍礼　师魏瑜）

海南环岛公路（东线）

海南省北隔琼州海峡与广东省相望，包括海南岛、西沙、南沙、中沙群岛的岛礁及其领海。新中国成立后设海南行政区，后划归广东省管辖，1988 年 4 月国务院决定设立海南省，并给予一系列优惠政策。全省面积 3.4 万平方公里，是全国面积最小的省，又是全国最大的经济特区。

海南岛是热带动植物的王国，

岛上高温多雨，植物生长繁茂，盛产橡胶、咖啡、椰子和香蕉等；岛上矿产丰富，有铜、钴、磷、钛铁、铝土、天然气等，南海还发现有储量可观的石油和天然气田。

海南原有的交通设施较差，近几年下大力气抓了海陆空的立体交通建设，初见成效。海口、三亚等港口的改扩建，增强了岛内对外海上运输的能力；以海口、三亚为中心，修建了全省公路网，其密度高于全国平均水平，大大畅通了岛内货流，密切了岛内各市县的经济交往；民航班机飞抵国内近30个主要城市，包机可达香港、泰国、新加坡等。建省5年来全省经济的飞速发展使人们看到了交通先行的重要性，以海口、三亚为轴心，建一条环岛东线公路和环岛西线公路，再做一条接连海口、三亚两市的中线公路，这样，环岛公路和中线公路就如同一条通畅不息的大动脉在运行，全岛经济这盘棋就活了。

海南省环岛东线高速公路按高速公路半幅进行建设，全长272公里，总投资10、56亿元，其中：交通部公路建设基金3亿元，利用外资2亿元，海南省自筹投资5、56亿元，工程从1987年开始建设至今，已完成投资6、79亿元。海南环岛东线高速公路分几段建设：(1)府城至黄竹段全长65、3公里，投资2、6亿元，工程于1992年底竣工通车。(2)黄竹至陵水大桥北段全长129公里，计划总投资5、3亿元，1992年开工，要求1994年底通车。陵水大桥北至三亚田独段全长57公里，设计概算投资2、11亿元，正在着手各项前期准备工作，于1993年4季度全线动工，1994年完成。(3)三亚出口路大东海至田独段全长9.5公里，计划投资3300万元，1993年底建成通车。上述黄竹至陵水至田独段总长186公里，已被列为国家重点建设项目，要求1994年底通车。根据高速公路建设需要及物价上涨等因素，概算需调增，预计调整后的总投资可达到17、74亿元。

海南省领导非常重视这条高速公路的建设，要求“1994年底全线开通的原定计划必须千方百计确保不变”。目前，海南环岛公路西线工程和中线工程已进入可行性研究阶段，可望不久的将来投入实际施工。可以想见，海南交通事业的大发展必然会带来海南经济的又一个腾飞。

(石玉梅)

哈大公路建成通车

哈尔滨至大庆公路是国道301线绥芬河至满洲里主干线上的一段。它起于哈尔滨市大耿家哈黑公路11.7公里处，途经肇东市、安达市，止于大庆市东出口卧里屯一级公路17公里处，全长132.858公里。

哈尔滨至大庆公路设计为全封闭、全立交的二级汽车专用公路，考虑将来的发展及为今后拓宽奠定基础，实施中按一级汽车专用公路半幅修建，总概算投资为60783万元。工程按施工工期分为两段建设，第一阶段K52＋000～K132＋858段于1989年4月20日开工，1991年10月25日完成；第二阶段K0＋000～K52＋000于1989年9月2日开工，1992年8月底完成。哈大路路基宽度14米，路面宽度7.5米，设计时速80公里/小时，路面面层除了15公里为沥青混凝土外，其余均为混凝土面层。整个工程共完成土方765万立米，大中桥33座，小桥4座，涵洞190道。

哈尔滨至大庆公路是交通部和黑龙江省“七五”跨“八五”两个五年计划的重点建设项目。它的建成对黑龙江省进一步改革开放，改善地区交通环境，发展经济建设，奠定了良好的基础，并将发挥其显著的经济效益。

(张宝胜)

宁波港北仑港区二期第二阶段工程

宁波港北仑港区二期工程是国家重点工程，分两个阶段建设。第一阶段工程已于1991年建成投产，建成3—5万级吨集装箱泊位1个和多用途泊位2个，年吞吐能力190万吨。第二阶段工程建成3—5万吨级煤碳泊位2个和杂货泊位1个，年吞吐能力160万吨。工程于1990年11月开工，1992年12月由交通部主持通过国家验收，工程总投资14528万元。

工程设计主要由交通部第三航务工程勘察设计院承担，工程施工主要由交通部第三航务工程局承担。港区平面布局合理，水工结构设计先进可靠，工程质量总评优良。工程建成预应力钢筋混凝土高桩梁板码头620米；钢筋混凝土板梁结构引桥3座，总长1426米；预应力折线型屋架大型屋面板仓库2座1.52万平方米；块石面层及简易面层堆场16.4万平方米；道路7.57万平方米；辅助生产及生活建筑2.67万平方米；16吨门座起重机3台及供电、供水、通讯等设施，功能齐全。

宁波港北仑港区二期两阶段工程均未超概算完成并有节余，是近几年大中型工程建设中仅有的项目，这是浙江北仑港建设开发部与设计、施工单位共同努力取得的成绩，但建设开发部起到了关键的作用。在建设管理过程中，建设开发部始终把控制投资、提高工程建设质量作为工程管理的两大目标，贯穿于工程建设的全过程和包含于工程管理的每一个方面。近几年建筑材料价格猛涨，难于控制，但建设开发部却很好的解决了这个矛盾，其关键措施是：(1)转换脑筋，强化市场意识，加强经营管理。每一项工程开工之前，建设开发部和设计单位共同商讨，比选出最为经济合理的方案并积极参与施工单位的施工管理。(2) 坚持原则，不扩大建设规模和建设标准。(3) 参照第一阶段工程采用的国际施工监理模式，进行全过程施工监理。(4) 严格的原材料采购制度。做到了"无质保书的不用，不合格的不用，未经核验的不用"。

（张继顺）

大连港大窑湾港区一期工程

大连港位于辽东半岛南端，地处渤海海峡北侧。港区分布在黄海大连湾和大窑湾内，港区浪小水深，不淤不冻，是我国东北地区的一个天然深水良港。1960年10月批准正式对外国籍船舶开放。现与世界上140多个国家和地区有贸易运输往来，辟有大连至上海、天津、青岛等数条客运航线，有定期班轮，并有大连到北京等30余条国内民航航线和到日本、独联体等数条国际航线。陆上有长（春）大（连）铁路、哈（尔滨）大（连）公路、沈（阳）大（连）高速公路等与东北各地相联。大连是我国东北地区海陆空交通的一个重要枢纽。

大连港经济腹地广阔，包括东北三省及内蒙古东部四盟，腹地人口一亿多人，面积约为124万平方公里。辽宁省是我国的重工业基地；吉林省和黑龙江为商品粮生产基地，原油、森林储量丰实。有钢铁、煤炭、汽车制造、造船、石油化工、电子、轻工、纺织等。我国东北地区经海上进出的物资，多年来大部分由大连港出入。货物主要流向"出口以原油、生铁、粮食、木材和成品油为主；进口以百杂货、矿石、钢材、海盐和粮食为主。

大连商港始建于1899年，1945年东北解放，苏联红军接管大连港。1951年1月由我国接管大连商港。1959—1985年，国家投资在香炉礁码头建成了四个泊位，扩建了寺儿沟油运设施，建设了鲇鱼湾大型深水原油出口专业码头等，1988年又在和尚岛建成年吞吐能力为340万吨的煤炭、特资和危险品3个深水泊位。多年来港口增添了大批装卸机械、铁路机车和车辆，以及汽车、港作船等，修建了大批仓库和油罐、吞吐量逐年上升。至1988年末全港共有生产用码头泊位55个（深水泊位26个），最大靠泊能力为10万吨级。另外，还有3个万吨级浮筒泊位。完成货物吞吐量为4852.6万吨(79%为出口)，旅客发送量为412万人次。

随着国民经济的发展需要和大连经济技术开发区建设的崛起，大连港的现有能力已无法适应"七五"及2000年吞吐量增长的需求，泊位不足，船舶在港时间越来越长，迫切需要建设新港区。为此，国家决定于1988年12月开工建设大连港大窑湾港区一期工程，共建设4个泊位，其中：3万吨级集装箱泊位2个，2.5万吨级多用途泊位2个，年吞吐能力260万吨，码头总长度1058米。总投资为人民币38768万元，外币9538万美元。资金来源为世界银行贷款和建行基建贷款（国内配套）。该工程投资回收期计划为11.99年，贷款偿还期为10.16年。经过3年艰苦建设，大窑湾一期工程4个泊位于1992年12月竣工投产，发挥了投资效益，明显缓解了集装箱运输的紧张形势。

大窑湾一期工程之后，大窑湾二期工程4个泊位已经正式开工，其中：2个万吨级杂货泊位，2个1.5万吨级钢铁泊位，1个5000吨级铁矿石泊位，1个散装化肥泊位。设计吞化能力为310万吨，总投资5亿元。"九五"期间，大窑湾计划建10个泊位，吞吐能力为500万吨等。

大连港自实行中央、地方双重领导以来，坚持贯彻"以港养港"的建港方针，港口生产和建设都取得了很大成绩，不仅体现了很好的社会效益，而且港口自身经济效益也很不错。

（石玉梅）

镇江港大港港区二期工程

镇江港大港港区二期工程是1992年完工，由交通部主持验收的大中型建设项目。港区位于京杭大运河与长江交汇处，水运发达，地理位置优越，是一个江海联运和江河联运的优良港区。承担工程设计主要任务的交通部第二航务工程勘察设计院，较好地解决了一、二期工程的码头衔接和库场及公用设施的公共利用，做到了平面布局设计合理，分区明确，码头水工结构可靠，装卸工艺满足生产需要。在施工过程中，交通部第二航务工程局等施工单位注重施工质量，克服台风、洪水和材料短缺等困难，使工程提前完工并保证工程质量优良。

工程建成深水泊位4个，设计年吞吐能力264万吨，分东西港区两部分建设。东港区建成2.5万吨级钢杂兼集装箱泊位、木材泊位和化肥泊位各一个，5千吨级江海轮泊位2个（码头结构和前沿水深与前3个泊位相同），码头总长797米，钢筋混凝土高桩梁板结构；引桥8座，总长332米。西港区建成1.6万吨级散货泊位和2千吨级泊位各1个，码头总长278米，钢筋混凝土高桩梁板结构；长江港池板桩码头318米。港区建设堆场13.4万平方米；道路5.05万平方米；生产辅助区地坪3.76万平方米；生产及生产辅助建筑4.0万平方米，其中化肥库9488平方米，粮食件杂库9488平方米，候工调度楼3703平方米；生活及其它建筑2.7万平方米；配备40吨集装箱装卸桥1台、10吨门座起重机6台、ZC900装船机1台、DCC—Ⅱ集装箱式化肥灌包机2台、港作兼作消防船1艘和其它流动机械及机修设备161台件。

港区后方新建3条道路，一条沿港区贯穿于一期和二期工程的后方，长1192米，宽40米，另两条垂直港区延伸于镇江市经济技术开发区一条长928米，宽16～14米；一条长1281米，宽12米。这3条道路使港区和经济技术开发区联成一体又互为体系，必将成为互为发展的基础和互为促进的条件。

（张继顺）

石臼港二期工程

石臼港位于山东省日照市，山东半岛的南部，东北距青岛65海里，南距连云港44海里。码头处自然水深13米，亚粘土覆盖层下为风化岩和基岩，码头座落在风化岩和基岩上。陆地岸线稳定，无泥沙来源，不冻不淤，是山东半岛上又一天然良港。

“六五”期间，作为国家重点建设项目之一，国家在这里兴建了石臼港煤码头一期工程。工程于1982年2月正式开工，1985年12月全部交付投产，次年通过国家验收，工程质量总评优良。设计年通过能力1500万吨(其中:外贸1000万吨，内贸500万吨)，是煤炭输出专用码头，主体工程由一个10万吨级泊位和一个2.5万吨级泊位（也可停靠10万吨级船舶)、堆存力120万吨的堆煤场和翻车机、螺旋卸车机系统组成。它是我国自行设计施工的开敞式大型煤炭输出专业化码头，为当时国内靠船吨位最大的煤炭码头。装卸工艺设备、煤炭取制样化验装置、配套车船和建设所用“三材”等系使用日本海外经济协力基金会的首批贷款，采用国际招标进口。石臼港一期煤码头的建成投产，使我国沿海港口市局更趋合理，不但为发展沿海工业和鲁南经济创造了有利条件，而且为国际煤炭贸易提供了大型泊位，解决了用大船出口煤炭的问题。同时大型船舶运输降低了单位用费，从而也增强了我国出口煤炭在国际市场上的竞争力。随着兖（州）石（臼）铁路的建成投产，石臼港成为鲁南、晋南、豫北和陕中等地区煤炭出口及其他货类运输的最为便捷的口岸，用户和港口都获得了很好的经济效益。

但是，由于当时单一的出口煤码头的思想影响，煤一期投产以来，港口只吐不吞，造成了海上空船进港和陆路大量空车皮出港的不合理现象，港口的经济效益和社会效益都未得到充分发挥。近年来，国际市场原油价格不断下跌，煤炭滞销，从而影响了我国煤炭的外贸出口。加上国内煤炭、运输价格没理顺等，石臼港必须走向综合性发展的路子才有希望。为此，1985—1986年11月，利用建煤一期的节余资金，投资1800万元建设了一个1万吨级的杂货泊位，年吞吐能力20万吨，使只吐不吞的专业港向综合港发展迈出了一步，弥补了煤码头投产初期的运量不足。1987年7月—1990年8月又兴建了1个木材码头，目的是接卸进口木材，改善港口功能，建有1.5万吨和2.5万吨级泊位各1个，年通过能力90万吨，提前半年简易投产，效益很好。

1992年春邓小平南巡讲话之后，全国掀起了建设社会主义市场经济的热潮，随之原本已十分窘困的交通运输形势更为严峻。为了增强国民经济后劲，国家决定于1992年6月动工建设石臼港二期工程。工程拟于1996年底建成投产，建设有5个深水泊位，其中：1万吨级杂货、散货泊位各1个，1.5万吨级杂货、散货、杂货兼集装箱泊位各1个，设计年吞吐能力200万吨，概算总投资403亿元，其中内币投资21710万元（含建贷7000万元），外币投资56.7亿日元（折合人民币18644万元）。

主要建设内容有：码头长884米，防波堤长1095米，陆域回填401万立方米，堆场道路19.6万平方米，装卸设备158台（套），港内铁路5.1公里，生产及生活用房7.4万平方米等。

石臼港二期工程已被列为国家重点工程，它建成后，空船进港和空车离港的现象将大大减少，港口的综合功能大为加强。到那时，它将不仅是北煤南运和煤炭出口的重要基地，而且是晋南、陕中等较不发达地区与沿海较发达地区联系的桥梁，为加快这些地区的发展作出贡献。

（石玉梅）

广州文冲船厂10万吨级船坞工程

广州文冲船厂是中国船舶工业总公司属下的一家全民所有制企业，是我国最大的修船基地，位于离广州市中心约31公里的广州东郊，北靠广深公路，南临珠江，西接广州黄埔港，东临香港约68海里，地理位置及气候条件均十分优越。

工厂1956年由63家小厂合并组建而成，并于1959年迁到现址。经过一、二、三期工程的扩建改造和“七五”期间的技术改造，现全厂部面积84万多平方米，其中厂区约64万平方米，生活区约20万平方米，工厂岸线长1616米。

工厂现修建的10万吨船坞是在原来的三期工程的基础上重新上马的。船坞设计尺度为：坞长295米，坞宽62米，坞深11.9米。在1978年以前国家已投资3300多万元，准备建设一个3.5万吨和一个5万吨级的修船坞，因基建下马使这两个船坞停建。现经审查确定10万吨船坞工程投资为19860万元。其中部门基金贷款9600万元，建设银行贷款6400万元，工厂自筹3860万元，施工期预计3年，1992年开工，计划1994年完工交付使用。按设计能力，此船坞建成后，增加职工490人。年修船3.5—10万吨级船舶62艘，年产值7035万元。每年增加税金281.4万元，利润1407万元。内部收益率为8.8%，投资回收期12.2年。由此可以看到该船坞的经济效益是比较好的。可以大大地增加广州文冲船厂的修船能力，由于工厂的地理位置比较优越，接近香港，因此比较容易占领东南亚甚至世界的部分修船市场。因而在社会效益方面十分显著，它可以在很大程度上提高我国的修船能力，预计每年可解决40余艘大吨位船舶的修理；可为国家每年节约1500万美元。另外可填补我国船坞的在吨位及尺度上的空白，增加我国的船坞容量，缓解我国船坞修理难的局面，此外还可以促进珠江航运业，带动广东地区及与修船有关的工业发展，可以吸收广州地区几百名社会劳动人员，解决一部分人的就业问题。

由于我国经济以前所未有的速度高速发展，将有大量的货物要通过水路运输，我国的造船业及修船业也将会有很大的发展，因此建造10万吨修船坞，已成为当务之急，将会有很大的经济市场。

（于丽洁）

广州长途电信枢纽工程

广州长途通信枢纽工程是国家“七五”期间的重点建设项目。该工程于1985年6月8日国家计委批准立项，1988年12月26日举行奠基仪式，12月28日正式破土动工，经过一年时间完成了地下室部分的施工，1990年12月26日结构封顶，至1992年10月全部竣工，历时三年零十个月。

广州长途电信枢纽楼工程总投资为9770万元，其中，建筑安装工程投资为6370万元，通信工艺设备安装投资为3400万元。资金来源为：国家拨款：5953.3万元，特种拨改贷为19万元，拨改贷3000万元，基建基金部门贷款25万元，建行贷款500万元，自筹资金250万元，动员内部资源资金22.7万元。

整个枢纽楼由主、副楼两部分组成，总建筑面积31460平方米。其中主楼面积为26150平方米，楼高105米，共21层（主楼16层、塔楼3层、地下室2层），两座副楼面积为5355平方米，均为4层。主楼内设有市话、长途交换机房，电话网络管理中心、计算中心、传输系统、电视电话会议系统、移动电话基地站以及我国第三国际电信出入口局交换设备。地下室有三个进线方向，共104个管孔。塔楼安装18米高的微波发射天线。副楼设有油机及高、低压电房、油库。

该工程按国家计委和邮电部实行招投标承包的要求，由广东省建筑设计研究院中标承担的土建及一般装修、动力、照明、防雷、空调、给排水、消防、环境保护以及平面范围内的道路、油库的设计和概算编制。土建施工由广东省第三建筑工程公司总承建。发电设备、空调、动力、电梯和消防系统分别引进了国外的先进设备。分别安装了美国卡特比勒柴油机组1600KW和500KW各一台；美国“特灵”空调主机300冷吨2台和130冷吨1台；美国“奥的斯”电梯4台，消防系统引进了西伯乐斯自动控制消防系统。

该工程建成后，首期将在二楼的市话机房安装4万门S1240市内程控电话交换设备，在6楼和10楼的长途机房安装1万路端长途程控交换设备和6000路端国际长途交换设备，1万路端传输设备，140MB光端系统20端。敷设了长一市中继光缆376.8芯公里，8管中同轴电缆1.813公里，新建通信管道600管孔公里。

广州长途通信枢纽楼的建成，为今后广州通信的大发展奠定了良好的基础，将大大增强广州作为华南地区长途通信枢纽和我国第三国际电信出入口局的实力，标志着广州长途通信的新发展，通信能力的大提高，对改善华南和广州到国内国际的长途通信起着重要作用。

（程秀霞）

南沿海光缆工程

国家“八五”期间重点建设项目——南沿海光缆工程是上海至福州、福州至广州两条光缆工程的简称，有时也称沪闽、榕穗光缆工程。在这两条光缆工程建设的同时，上海至南京光缆工程，即沪宁光缆工程也开工建设。

沪宁、沪闽、榕穗光缆工程总长2872公里，设80个增音站，途经93个市、县，跨越1000多条河流，通过10多座桥梁，是迄今为止中国最长的一条干线通信工程。

该工程主干线上敷设24芯光缆，采用140兆毕四次群系统，总投资4.64亿元。于1989年筹建，1990年初邮电部郑州设计院提供了初步设计。从国家批准立项到拿出初步设计仅用了8个月左右的时间。工程施工由中国通信建设总公司总承包，共调集了11个工程公司41个工程队，在地方政府的大力支持下，还调集了20多万民工参加电缆敷设。从首放第一缆到敷设完全线2800多公里光缆仅用了88天，从1991年初开工建设，至1992年11月24日全线开通仅用了1年零26天时间，整个工程提前一年建成投产。这是我国目前建设速度最快、距离最长、容量最大、技术领先的光缆干线。这条光缆途经江苏、上海、浙江、福建、广东四省一市。它北起南京，连通上海、杭州、福州、广州等城市。光缆干线沿线有我国经济最发达的长江三角洲、珠江三角洲、闽东经济走廊和深圳、汕头、厦门经济特区以及上海浦东开发区。这条干线开通投产后将上述地区的长途通信传输能力较过去提高10倍以上。这条光缆还将与正在建设和即将建设的京济宁、京沈哈、徐郑、郑西成、京汉广、西兰乌等光缆连通，从而形成我国以北京为中心，纵穿南北、横贯东西、环绕沿海、连接东中西部地区的光缆传输骨干网。这条光缆开通投入营运，将大大改善东南沿海地区和沿长江部分地区通信紧张状况，对促进这些地区的对外开放和经济发展发挥重要作用。

（王常贵）

北京19.7万门程控电话扩网工程

北京19.7万门程控电话扩网工程是国家重点建设项目，1989年元月开始设备安装，建设单位为北京市电信管理局。

本工程经过三年多的建设，于1992年9月竣工，1992年11月25日通过国家验收。本工程按设计规模要求建成，经过试运行，系统基本稳定，设备运转正常，各项功能符合技术规范书的要求，工程设计、施工质量优良。

该工程初步决算9.45亿元，其中利用外资6亿法国法郎。竣工后的新增生产能力包括：市内程控电话交换机19.7万门，汇接设备22800线，长途交换设备4700路端，以及传输光缆、电信管道、局房建设30000平方米等。

该工程的开通使用，使原11个局27460门的机电制设备拆除，从而使海淀中关村地区、昌平县城、沙河、南口、门头沟区府所在地、大兴县城等地全部实现程控化，同时使北京全部区县实现了程控电话联网。从根本上改造了北京市原有的电话网络结构，使首都电话传输网络进入了以数字化传输为主的新阶段，建立了一个由50多万门程控交换机、1000多条公里光缆和300多套光端机组成的以光系统为主要传输手段的现代化程控电话网。改善了通信条件，缓解了通信的紧张状况，促进了首都经济建设的发展，取得了较好的社会效益和经济效益。

（王贵常）

北京邮政枢纽工程

国家重点工程、全国最大的邮件集散地和处理中心——北京邮政枢纽，1992年完工，投入生产。

北京邮政枢纽位于北京火车站西北侧，占地4公顷，建筑面积9.33万平方米。该工程地上建筑由北中南西4座生产、办公和生活辅助楼组成；地下建筑为邮政枢纽直通北京火车站站台的880米邮件运输通道，可连接地上信函、包裹印刷品和报刊分封三个作业区。临长安街一侧的北楼为邮政枢纽主楼，白墙绿瓦，石栏飞檐，是一座既有时代气息又颇具民族风格的建筑。该楼一层的北京中心邮电局被称为“神州第一局”。它不仅因是全国邮政编码号数第一“100001”号，更因中心营业厅之大之高雅功能之齐全，而可称为神州第一了。中心邮电局分东西两个营业厅，总面积2000多平方米。西厅办理函件、包裹、特快专递、储蓄和汇兑等业务；东厅办理集邮、报刊、电报、电话、传真等业务。

北京邮政枢纽承担进出和经转北京的各类邮件的分拣、封发和运输任务，是北京邮政的心脏主干，对全国邮政通信网络起辐射作用。枢纽配有当今世界一流的信函自动分拣设备和国内领先的包裹印刷品分拣设备近1300台套。中心调度室凭借三级计算机网络，有线无线通信网络和闭路电视屏幕，完成对各生产环节的指挥、调度和监控，月吞吐邮件能力约11万袋捆。

北京邮政枢纽的建成投产，标志着我国邮政生产和管理进入了一个新的阶段。邮政生产从落后的单一的手工作业方式，开始全面向先进的机械化、自动化大规模生产转化；邮政生产组织管理从独立的各自为战方式，逐步向计算机网络信息化过渡。改善了劳动环境和条件，降低了工人劳动强度，提高了劳动生产率和邮件处理能力，加快了邮件传递速度，提高了社会效益和企业经济效益。

该项目的建成，带动了我国各省会邮政通信整体水平向更高层次迈进了一步。1993年陆续开始京广线、京沪线、京哈线的邮政枢纽改造项目，将学习北京邮政枢纽的先进经验，在设备的更新和利用计算机网络管理上下功夫，争取在“八五”末期把全国一、二级邮政中心局建好。在本世纪末把邮政运输手段进一步完善，使我国邮政事业在不久的将来达到世界邮政发达国家的水平。

（王常贵）

韶关冶炼厂二系统扩建工程

韶关冶炼厂位于广东省韶关市，有6公里铁路专用线与京广铁路在韶关南站相接。韶冶二系统是在原已有一系统基础上扩建的，主要原料来自凡口铅锌矿，凡口铅锌矿是我国最大铅锌矿之一，铅锌金属储量在500万吨以上，可以满足韶关冶炼厂需要。冶炼系统采用密闭鼓风炉工艺，用于处理凡口铅锌矿细粒嵌布难造铅锌矿，工艺成熟，技术先进。

韶关冶炼厂二系统，建设规模年产精馏锌5.8万吨，电铅2.54万吨，硫酸14.4万吨，批准修正概算79687万元，由四方出资建设，韶关冶炼厂自筹占10%，韶关市占10%，广东省占20%，中国有色总公司占60%。

韶关冶炼厂二系统由长沙有色冶金设计研究院设计，于1992年12月开工，1992年底累计完成投资9219万元。1992年主要进行三通一平及烧结主体车间土建施工。

韶关冶炼厂二系统是有色总公司第一个进行投资体制改革的试点单位。在建设体制上实行业主责任制、工程总承包和建设监理的管理体制。1991年7月成立了韶关冶炼厂铅锌二系统董事会，董事会即是业主，为执行业主的意志，在建设期间，董事会责成韶冶组成精干的业主工作班子，进行日常工程管理。为有利于投资管理与控制，业主工作班子要包括设计单位的人员，设计单位应进行限额设计，认真进行设计复查和优化设计，参与韶冶二系统投资管理与控制。

韶冶二系统分别由四个单位进行承包，烧结车间、厂区铁路和公路由中国有色金属工业南方工程承包公司承包；鼓风车间由长沙有色冶金设计研究院经理部承包；硫酸由南昌有色冶金设计研究院经理部承包；精馏、电解和公用设施及民用建筑等由韶关冶炼厂承包。工程的施工采用招标的方式，由承包单位将工程发包给施工单位。韶冶二系统主要由第十六冶金建设公司和有色第四建设公司施工。中国有色总公司鑫诚建设监理公司，受业主委托，对韶关冶炼厂二系统的工程施工进行监理。韶关冶炼厂二系统新管理体制的确定，为今后工程建设全面展开，奠定了坚实基础。

（刘剑华）

抚顺钢厂35万吨钢28万吨材配套项目

抚顺钢厂是全国重点特钢厂之一，始建于1937年，解放后几经改造、扩建，特别是在70年代末引进了三台真空冶炼设备，二台锻压设备和一批先进的检测仪器，提高了抚钢开发研制新钢种新材料的能力，每年承担国家安排的大量研制任务，为国家重点工程提供急需优质的材料，也提高了钢材的内在质量，如多年来难以攻克的高尖产品航空轴承钢、超低碳不锈钢、高温合金等八大钢种，棒、板、管、线等2千多个品种规格，产品用于能源、交通、石油化工、机械轻工、航天军工等领域，部分产品已打入国际市场，远销美国、西欧、东南亚等国，在国内外享有声誉。

但在80年代初，抚钢面临着潜在的危机，部分厂房老化，如一炼钢厂厂房在重负荷的冲击和高温的烘烤下历经50多年，已成为少见的危房，而且一炼的主要生产设备：5吨电炉，吨位小、效率低，污染严重，属淘汰的设备，如果不改造，用不上几年抚钢的生产规模将要萎缩，而国家的经济建设又急需大量的优质钢材，在这种严峻形势下，抚钢提出了宏伟的改造目标：“按钢35万吨材28万吨配套项目”。移地迁建一炼钢危房，迁建的同时，改造落后的生产工艺，瞄准先进的炼钢工艺即电炉——精炼——连铸的生产工艺，用具有国际80年代先进水平的电炉代替6台小电炉，配套LF炉、VD炉等精炼设备，用车铸代替坑铸，预留建设连铸机的位置，同时建设φ850初轧机，为大电炉大钢锭配套，满足抚钢生产高质量多品种的生产工艺要求。

抚钢在建设电炉上，采取严谨的科学态度，考察调查国内冶金厂家、科研院所，认为国内制造的高功率电炉与国际先进的超高功率电炉相比存在着较大差距，主要是能源消耗高、冶炼时间长，如国内某厂的50吨电炉吨钢耗电733KWH，冶炼时间每炉270分钟，其差距相当大。国内在制造超高功率电炉上无经验，处于研制阶段，抚钢本着改造要高起点一步到位的精神，决定从国外引进超高功率电炉。1988年12月与德国克虏伯公司签定了引进合同。

目前，国内有电弧炉1600多台，平均每台炉容量2.5吨，冶金系统条件较好的大型特殊钢厂平均每台炉容量5.4吨，炉子小、消耗高、效率低、生产工艺落后于国外发达国家，极待需要改造。抚钢引进的50吨超高功率电炉是国内第一台，采用了国际上先进的电炉技术，如：短网、电极横臂等距结构、管式水冷炉壁、管式水冷炉盖、大密闭罩烟气净化装置、偏心炉底不带炉渣出钢、留钢留渣操作、长弧泡沫渣冶炼，采用PLC逻辑程序控制与微机配合控制最佳功率输入及能量分配、电极移动、冷却水流量和温度控制，废钢预热等，该电炉投产后，主要经济技术指标在国内处于领先地位，将为国内特殊钢厂的电炉改造起到示范作用。

抚钢“按钢35万吨28万吨材配套项目”经国务院经贸委、冶金部批准列为国家重点技术改造计划，在立项实施过程中，得到冶金部计划司、北京钢铁设计研究总院、银行、省市政府的大力支持，包括工艺设备选型、技改规模、资金及现场服务。本项目由北京钢铁设计研究总院设计，由冶金部第三冶金建筑公司施工。1988年完成初步设计，1989年初开始了φ850初轧机的施工，1990年7月初轧机热试车成功，1990年上半年开始了炼钢车间的施工，1992年10月50吨超高功率电炉热试车成功。抚钢用一年半时间建成了φ850初轧机，完成投资1.2亿元；用二年半时间建成了一座现代化的炼钢车间，完成投资2.5亿元，二项合计投资3.7亿元。这是抚钢建设历史上前所未有的高速度。

四年的建设，动迁了3万平方米的原料置场，建成了2.1万平方米的初轧机主厂房，安装了4000吨的初轧设备，建成了2.5万平方米的炼钢主厂房，安装电炉、精炼炉及配套设备3000吨，扩建了总变电所，新建了净浊水泵房、水塔、冷却塔、锅炉房，铺设供排水管线12000多米、蒸汽管线2500米、氧气管线3000米，电缆1.7万米，筑铁路1.2公里，公路1.4公里。

在建设的同时，抚钢成立了四炼钢分厂的筹备机构，配备强有力的领导班子、技术骨干和生产骨干，有11名生产工人和技术人员到德国培训一个月，有60人到国内兄弟厂培训二个月，在设备安装调试阶段，技术人员和生产工人参预安装调试、岗位练兵、听外国专家讲课。热负荷试车前二个月，厂长多次亲自主持试车准备会议，落实了试车中一切可能采取的措施，做到了万无一失才热负荷试车。终于一次热试车成功，这在国内同类引进设备中是第一家。

自从1992年10月23日一次热试车成功，已试生产6个月，主要经济技术指标：每炉钢冶炼时间已达到94分钟，最好水平达到80分钟；吨钢耗电达到478KWH，均达到国际水平。

“按钢35万吨28万吨、材配套项目”的投产，为抚钢经济的腾飞奠定了坚实的基础，增加钢的生产能力20万吨，钢坯的生产能力17万吨，钢水的精炼化由15%提高到50%，经过精炼的钢水有害气体和夹杂物含量大大减少，纯洁了钢水，提高了钢材的内在质量。生产能力的提高、产品质量的提高将为抚钢取得更高的经济效益。1990年抚钢生产钢35万吨、材24万吨，工业总产值10亿元，实现利税2亿元。项目投产后的1993年抚钢将生产钢45万吨、材38万吨，工业总产值18亿元，实现利税3亿元，可用不到三年的时间收回全部投资。现在，抚钢正在全体总动员为达产达标而努力奋斗。

（曹萼明）

攀枝花钢铁公司二期工程

攀枝花钢铁公司（简称攀钢、下同）二期工程是在一期工程年产铁170万吨，钢110万吨，钢材110万吨的基础上，为充分利用我国攀西地区丰富的矿产资源于1986年开工建设的，是国家“七五”期间按合理工期组织建设的重点项目。工程建设总投资由最初确定的32.6亿元调整为84亿元包干建设，其中建设银行基建贷款50亿元。工程主要建设内容有：建成4号高炉、连铸和轧钢三大主体系统及相应的配套设施和生活福利设施。

1992年固定资产计划投资10.67亿元，其中，基本建设9.52亿元（工业9.07亿元，民用4500万元），技术改造1.15亿元。实际完成固定资产投资10.67亿元，其中，基建9.52亿元（工业9.07亿元，民用4500万元），技改1.15亿元。分别占1992年固定资产计划投资的100%，100.3%。

1992年计划安排施工项目122项（续建58项，新开工64项）。其中，基建76项（续建49项，新开工29项），技改46项（续建11项，新开35项）。全年竣工项目57项，其中基建24项、技改33项。

1992年计划投资多，难度大，施工任务重，在上级机关的大力支持下，特别是建设银行的建贷资金到位及时，对1992年基本建设的顺利进展起了保证性作用，创造了攀钢二期工程开工以来，完成年度计划投资的最好水平。

（刘云诗）

重庆钢铁公司 50^t 转炉工程

重庆钢铁公司是1938年建厂的老企业，50余年来，由于没有进行系统的技术改造，因此，发展步履十分艰难。为了在竞争中求生存与发展，重庆钢铁公司从“七五”期间开始。首先进行铁系统改造，于1989年竣工投产，使炼铁能力达到140万吨。第二步炼钢系统改造，其主体工程就是2×50^t转炉。1993年5月18日，以转炉为主的系统工程全部热负荷试车成功。这标志着重庆钢铁公司150万吨钢的综合生产能力已经形成，并开始投入规模生产，使重庆钢铁公司这个老企业焕发了青春。

重庆钢铁公司2×50^t转炉工程，国家计委1984年批准立项，冶金工业部1988年批准初步设计，1990年重庆钢铁设计研究院完成施工图设计，1991年6月冶金工业部同意7月1日开工建设。

2×50^t转炉工程的主要建设内容包括：50^t转炉两座；方坯、板坯连铸机各一台；散装料、铁合金、污泥处理、通风除尘、钢渣处理等系统；900^t混铁炉一座；中心控制楼；变电站。转炉及连铸机自动化系统采用了美国西屋公司WDPF分散型控制系统，实现仪电一体化控制。

主体工程占地7万平方米，厂房4万多平方米；土石方量20万立方米；砼8万立方米；钢结构1.7万吨；耗用钢材3万吨；水泥近3万吨；管道45km650吨；电缆300km；设备重量1万吨。

转炉主体工程总投资3.4亿元人民币。

在建设主体工程的同时，相应的配套工程同时建成。它包括总图运输的调整；电网改造；增配10000m^3制氧机；活性石灰；煤、燃气设施；供排水设施等。

配套项目总投资2.3亿元。

钢系统改造总投资为5.7亿元。

在工程建设的同时，为了投产后的正常生产而作了大量的生产准备工作。先后开办了各类技术培训班113个（次），培训职工1600多人。送武钢、首钢、宝钢、上钢等兄弟单位考察、学习、实习人数近500人（次）。职工参与设备安装、调试，为后来的正常生产打下了坚实的基础。

重庆钢铁公司转炉工程投产，是走老企业改造的结果，对老企业的发展有着重大影响。首先，重庆钢铁公司2×50^t转炉工程是依托老厂进行改造扩建，很多配套设施不需新建，因此可以大大地节约投资。整个钢系统改造工程投资5.7亿元，可增产钢80万吨，吨钢投资不到2000元，是新建相同规模炼钢厂投资的40%左右。象重庆钢铁公司这样的老企业，生产规模小，职工人数多，劳动生产率低。50^t转炉投产后，生产规模扩大了1倍，但重庆钢铁公司却未向社会招收新工人，完全由公司内部合理调整和配置，大大提高了劳动生产率。第二，重庆钢铁公司通过老企业改造，长期工序能力不配套的问题得到根本解决。重钢长期以来，一直是前面工序能力小、后步工序能力大的“倒宝塔”不合理状态。因此，从1984年进行技术改造，使炼铁能力达到140万吨。不足80万吨钢的生产能力严重制约了重钢的发展，为了解决这一关键环节，重钢迈出了第二步老厂改造的步伐——建设2×50ᵗ转炉。转炉投产后，炼铁、炼钢、轧钢工序能力不平衡的问题得到了根本的解决。同时也理顺了生产布局不合理的关系。这对发挥各工序能力，提高公司整体规模经济效益将起重大作用。第三，重庆钢铁公司通过老企业改造，主要工序的设备装备水平大大提高。重庆钢铁公司在“六五”期间，先后对中板轧机、型钢轧机进行改造，“七五”期间首先对铁系统进行改造，接着炼钢系统的改造，大大的提高了装备水平。2×50ᵗ转炉工程，采用了具有80年代技术水平的顶底复合吹炼、钢水吹氩和全连铸炼钢工艺，采用了计算机控制全过程。并将实施铁水预处理，钢水炉外精炼的先进技术，可以大大提高钢品质。同时在炼钢生产工艺上由平炉向转炉，模铸向连铸发展，有效地改善能耗结构。能力翻了一番，天然气耗量反而下降。

(陈奇)

山西铝厂二期工程

山西铝厂是国家重点建设项目之一。位于山西省河津县，其铝矿位于山西省孝义县。建设规模为年产氧化铝120万吨。

山西省孝义地区铝土矿已查明地质储量2亿吨，平均铝硅比5.1，占全国已探明铝土矿地质储量的13%。石灰石矿位于龙门山，储量近2亿吨。外部运输主要靠铁路，侯马至西安线从厂西侧通过，铝土矿由孝义经铁路运入厂。外部供电由新绛古后至河津赵家庄输变电工程降压运行，与铝厂自备电站联网。附近煤炭和水资源丰富。

工程分两期建设，一期建设规模为氧化铝20万吨，铝矿50万吨，石灰石100万吨，自备电铝3.6万千瓦，地下水源日供水4.6万立方米。修正概算投资88550万元。铝矿和石灰石矿均为露天开采，其中铝矿引进松土机松土，索道外运；氧化铝采用碱、石灰烧结法生产，主要设备有110米熟料烧成窑两台、φ2.7米熟料溶出唐三台和引进流态闪速熔烧炉一套。1973年铝矿开工，1983年7月厂区正式开工，1987年12月全部建成投产，1989年4月通过国家验收。

二期建设规模为氧化铝100万吨、铝矿165万吨、石灰石30万吨、自备电站7.5万千瓦、地下水源日供水14.1万立方米。二期工程分为两步建设，各为50万吨氧化铝，氧化铝采用联合法生产，主要设备有110米熟料烧成窑4台、引进高压溶出2组和闪速熔烧炉2套等。二期工程批准总投资38.74亿元，从1986年开工，到1992年累计完成投资22.49亿元，二期一步年产50万吨氧化铝工程，于1992年12月建成投产。二期二步工程，包括高压溶出、分解、闪速熔烧炉等土建工程基本完成；设备开始安装，计划1994年建成投产。一、二期达产时，将按混合联合法生产，其中拜耳法66万吨，烧结法54万吨。

(刘剑华)

平果铝业公司一期工程

平果铝业公司一期工程是国家重点建设项目，位于广西平果县，距南宁市138公里，有专用线2.5公里与正在施工的南昆铁路线在那里接轨。该工程由贵阳铝镁设计研究院负责设计并参与控制投资，勘察由有色长沙勘察院负责，设备供应和施工分别由有色西北设备供应公司和第11冶金建设公司、第14冶金建设公司、第7冶金建设公司、第23冶金建设公司、广西建筑总公司、长沙有色冶金设计研究院工程承包部等分别承包。一期工程建设规模为氧化铝30万吨，由解铝10万吨。电解铝引进部分单机。氧化铝采用拜耳法工艺流程，分别从法国、丹麦等国引进高压溶出、分解、赤泥输送堆存、液态闪速炉熔烧等设备或技术。1992年批准修正概算34.2亿元。1991年5月开工建设，1992年底累计完成投资69556万元。氧化铝和电解铝正在进行土建主体结构工程。

(刘剑华)

仪征化纤工业联合公司二期工程

仪征化纤工业联合公司建设工程(以下简称仪化工程)是在党的改革开放政策指引下，为发展我国化纤工业、减少进口用汇，满足国内人民衣着消费需要，国家在“六五”期间成套引进建设的特大型项目，也是国家按合理工期组织施工的大型重点建设项目。按总体设计规划，工程包括三个主体涤纶生产厂和水、电、汽、气生产配套工程以及科研、维修、运输、供销、行政、生活等一系列辅助配套工程。厂址位于江苏仪征市胥浦，占地936.32公顷。1977年开始进行选址、勘察规划，1978年10月23日国家正式批准建设列入计划。同年12月21日从原德意志联邦共和国吉玛公司引进8套年产6.3万吨聚酯成套设备合同正式签字。1980年11月因国民经济调整，该项目停缓建。

1981年6月国务院批准复建，确定了由国内集资和国外借款，统一规划，分期建设的方针，先上涤纶一分厂（三套聚酯生产装置共18.9万吨/年；8条涤纤生产线，共12万吨/年）及相应的供水、供汽、供电等配套工程（以上即，一期工程）。1981年10月10日国家外国投资管理委员会正式批准由纺织工业部与中国国际信托投资公司联合投资建设经营仪征化纤厂，成立仪征化纤工业联合公司。1982年1月一期工程正式列入国家计划开工建设。1982年4月1日，从日本东洋纺绩株式会社引进两条年产1.5万吨涤纶短纤维设备、工艺技术和设备制造技术合同正式签订。历经3年建设，于1984年12月30日按总体网络计划实现了第三单元聚酯切片生产线投料试车一次成功的目标。接着进入分线投料试车阶段，至1987年2月一期工程全面建成，形成年产18.3万吨聚酯切片和涤纶短纤维的生产能力。1988年9月正式通过国家验收，认定一期工程建设速度快、质量好、投资省，没有突破10亿元总概算。一期核心工程涤纶一分厂，获得国家优质工程银质奖和纺织工业部优质工程一等奖；热电厂和系统管线配套项目获得纺织工业优质工程一等奖。国产化1.5万吨涤纶短纤成套生产设备是国家“七五”重大装备攻关项目，制造成功受到国务院嘉奖。

二期工程主要包括涤纶二厂（规模同一厂）、涤纶三厂（两套聚酯装置，12.6万吨）及其配套工程的新、扩建部分。

1983年8月30日经国务院批准，国家计委以计轻（1983）1252号文批准二期工程设计任务书。参加二期工程勘察设计的单位共有11家。除成套引进装置界区内的设计由外商承担外，其余工程设计全由国内承担。总体设计单位是纺织工业部设计院，江苏省电力设计院承担热电厂二期工程设计，上海市政工程设计院承担水源及净水场二期工程设计，江苏省邮电设计所承担二期工程邮电通信扩建工程，交通部第三航务工程局设计院承担仪化码头二期扩建工程设计，南京市建筑设计院、吉林省林业设计院、冶金部鞍山焦化耐火材料设计院及仪化公司设计院承担了行政区部分工程及生活区的设计任务。

承担施工任务的主要有原核工业部华兴建设公司、原纺织工业部安装公司、中国纺织机械总公司、中石化二公司、江苏省电建一公司、扬州市建筑安装公司等共27个单位。全国28个省、市、自治区的558家企业提供了设备、仪器等，还有交通、运输、银行金融、设备材料供应以及海关、商检等各有关部门都为仪化工程的建设做出了贡献。仪化公司职工在负债经营建设的压力下，发扬勇挑重担，无私奉献的主人翁精神，创造了一个厂比一个厂工期快、质量好、投资省的建设成绩。

1984年3月6日国家计委批准仪化二期工程总体设计。1985年1月1日，仪化二期工程正式列入国家计划开工建设。为了确保工程进度，科学组织工程施工，纺织工业部与核工业部联合先后批准了仪化涤纶二厂与涤纶三厂建设网络计划大纲。既明确了各参建单位的分工与任务，又落实了相互间的施工任务衔接。经过2年零9个月的努力，涤纶二厂聚酯四单（涤纶一、二各三个单位装置、三厂有二个单元装置，即第七、八套聚酯装置。每套装置聚酯能力为6.3万吨/年）。于1987年9月27日正式按计划投料试车成功。后经分线开车，至1989年元月进入全面试生产阶段。涤纶三厂按计划于1987年7月经批准开工建设。在建设过程中面临建筑材料等价格上涨和供应紧张等不利因素，经建设单位和施工单位共同努力，想方设法，疏通渠道，落实货源，保证了工程按网络计划进行。1989年12月22日涤纶三厂聚酯七单元顺利投料试车，生产出合格切片。1990年10月13日聚酯八单元，投料试车成功。

1990年11月12日召开了仪化工程全面建成投产庆祝大会，国务委员邹家华，国务院副秘书长王书明代表国务院到会表示祝贺，国务院专门发了贺电。纺织工业部部长吴文英、江苏省省长陈焕友也到会祝贺。至此，仪化公司成为我国目前最大的化纤基地，形成了年产25.6万吨商品切片，24.4万吨涤纶短纤维的生产能力。产量（包括商品切片可生产的纤维）约占全国化纤总产量的1/3。涤纶纤维产量的1/2，相当于为国家新增1000万亩棉田，可纺成涤纶布50亿米，相当为全国人民每人提供两套新衣。

1991年仪化二期工程主要是工程收尾，污水处理二期二段，中试车间（现涤纶四厂）多品种聚酯及小试车间的建设，以及相应生活配套设施的建设收尾，在这一年还重点抓了装置达标工作，使整个生产尽快走入正轨。从年初开始，竣工验收准备工作也全面展开。

1992年仪化二期工程被列为国家重点项目收尾计划，计划投资6056万元，实际完成6060万元，累计完成投资184728万元。仪化二期工程资金来源为：国家拨款42457万元，中国工商银行贷款41800万元，中国银行国际商业贷款26420万美元（折合人民币10.2亿元）自筹资金2066万元。总计188323万元。

1992年除继续加强管理，稳定生产，抓好工程收尾外，重点做了二期工程验收准备工作。受国家计委委托，二期工程由纺织工业部组织国家验收，成立了以吴文英部长为主任的国家验收委员会，由国家有关部、委及江苏省、扬州市、仪征市45个单位的负责人组成。经过各方面的认真准备，1992年11月8—9日在仪征国家验收委员会对仪化二期工程进行验收，并顺利通过。

九江化纤厂两万吨粘胶短纤维工程

九江化纤厂建于1962年，距九江市区25公里。全厂占地约1平方公里，原有生产规模为年产15000吨棉浆粕，3500吨粘胶长丝、800吨全棉高级卫生纸。

2万吨粘胶短纤维扩建项目，是国家“七五”期间计划建设的纺织原料项目。我国粘胶装备除50年代曾在保定化纤厂成套引进过粘胶长丝技术装备外，以后，国内建设的长丝和短纤的技术装备均系采用国产的技术装备。该项目是我国第一个成套引进的大型粘胶短纤维技术装备，这对推动国内粘胶短纤维生产技术进步，赶上国际水平有样板作用，可为我国粘胶老企业改造提供借鉴。

国家计委于1986年9月22日批准项目建议书，1988年12月27日批准项目可行性研究报告，项目开始正式实施。该项目是利用瑞士政府混合贷款进行建设的，总用汇6314万瑞士法郎，其中中国银行配套贷款947.1万瑞士法郎。1989年3月28日，中国技术进出口总公司与瑞士毛雷尔工程公司在北京签订了引进设备和技术的商务合同，同年6月19日经两国政府批准正式生效。该项目应在合同生效后33个月内完成项目建设，并据此编制了工程建设网络计划。

江西省对该项目非常重视。在人力、物力、财力等方面给予了大力支持。省政府专门成立了“九江化纤厂2万吨粘胶短纤维项目建设领导小组”由于一位主管基本建设的副省长担任组长，并经常召开省长现场办公会议，协调解决建设中的重大问题。省纺织局组建了扩建工程指挥部，由一名负责基建工作的副局长兼作指挥长，坐阵指挥。工厂成立了“短纤工程处”，厂长亲自挂帅，上下一致以“要为国争光，为江西省争气，为工厂争效益”的“三争精神”，使项目建设成“高水平、高技术、高效益”的“三高工程”。

该项目由江西省纺织工业科研设计院与瑞士毛雷尔工程公司联合设计，采用毛雷尔公司的工艺技术及设备，具有80年代国际先进水平，其主要特点是：单机容量大，自控程度高，能量消耗低，“三废”排放量小，产品质量好。与国内设备相比，占地少，燃料、原材料消耗少，产品品种的适应性广，在劳动生产率、“三废”等方面，都有明显的先进性。

承担该工程土建任务的主要有江西省第二建筑工程公司，九江市第一建筑公司，承担安装任务的主要是江西省工业设备安装公司。其中纺丝工艺设备是由九江化纤厂自营安装的，不仅节约了投资，而且培养了人才。

1990年2月27日，江西省计委批准初步设计。经过各方面充分准备，同年5月由国家计委列入国家当年新开工项目计划，批准开工。1990年7月12日，江西省省长吴官正，副省长舒圣佑、黄智权等领导亲临工地，为主厂房开工奠基，拉开了工程建设的帷幕。在建设过程中克服了地质条件差，资金短缺，山体下滑等不利因素。1991年7月开始设备安装，1992年7月12日工程建设施工完成，开始调试，11月16日打通整个工艺流程，生产出合格产品。

1992年是工程建设的关键一年，计划投资12174万元，实际完成投资13077万元，在总投资中，除瑞士政府混合贷款与中行配套外汇贷款外，国内投资部分，同时安排建设银行贷款3700万元，还安排经营性基金1500万元。其余由江西省筹措解决。

该项目建成投产后，可生产2万吨粘胶短纤维等于40万担皮棉，相应需扩大棉田约40万亩。该项目对我国，尤其是解决江西省纺织原料短缺问题，和促进粘胶短纤维生产技术的进步都有积极作用。

余姚化纤棉纺织总厂扩建粘胶短纤维工程

余姚化纤厂棉纺总厂位于浙江宁波余姚市，该厂是从1964年开始化纤生产的，当时生产规模很小，仅年产300吨粘胶短纤维。以后依靠自己的力量，经过五次改扩建使企业逐步发展壮大起来，现已形成年产粘胶短纤维1万吨，同时配套生产1.2万吨浆粕，2000吨二硫化碳、2000吨焦亚硫酸钠、300吨玻璃纸的生产能力。并开发了“二次浸渍”工艺等新技术，大大降低了原料消耗。1991年每吨粘胶短纤维耗烧碱、硫酸、二硫化碳分别为466公斤、663公斤和147公斤，在全国处于先进水平。

为了进一步扩大生产能力，形成合理经济规模，1991年5月经纺织工业部核准，6月经宁波市计委、经委批准扩建5000吨/年粘胶短纤维项目建议书。浙江省环保局以1991年12月19日浙环开建(1991)60号文批准环境影响报告书。宁波市计委于1991年12月21日批准项目的可行性研究报告，于12月30日批准项目初步设计，总投资5742万元，其中国家通过机电轻纺投资公司安排工商行贷款2000万元，其余由宁波市、余姚市与企业分别筹措解决。1992年经宁波市计委批准开工建设，预计1993年内可建成投产。

在建设过程中，该项目十分重视技术进步，在原液制备部分采用本厂开发的并经国家专利局批准取得专利的“连续浸压粉二次浸渍”工艺，使烧碱、硫酸的用量节约25%，二硫化碳节约10—15%；借鉴国内有关厂引进熟成过滤技术，改三道过滤为二道过滤；脱泡采用连续式，取消静止脱泡等工艺，采用了上述技术起到了节约能源，降低消耗，还可以减少环境污染的效果。

为了节省投资，该项目发挥本厂的技术优势，自制如履带式老成箱，连续过滤机、纺丝机、切断机等设备，由于该项目工艺设备采取自行设计，自行组织加工制造、安装，可节省10—20%的投资。

为了保护环境，做好“三废”治理，该项目在废气处理上采用了国内先进的OTED装置，回收二硫化碳，一方面可大大减少环境污染，另一方面可回收利用二硫化碳，降低生产成本。在化纤废水处理方面采用浙江省环境工程公司的络合中和技术，使废水中锌离子含量降低到5毫克/立方米以下，达到国家排放标准。同时根据新老污水一并处理的原则，本次对浆粕废水采用成都应用技术研究所的物理化学凝聚法结合生化处理，可使浆粕废水达到国家排放标准。

1992年该项目计划投资12174万元，实际完成13077万元，其中国家安排建行贷款完成3700万元，经营性基金1500万元，原液部分已建完，于年底投入使用，为下一步理顺工艺流程，扩建纺织工程创造有利条件。该项目是在原有企业内，通过调整工艺布局，进行扩建的，一方面要保证生产的正常进行，另一方面要组织好危旧厂房的拆除和新建，组织管理的难度是很大的。但在各级各有关部门的支持下，进行的有条不紊，预计1993年11月底可投料试车。

抚顺洗涤剂化学厂

位于辽宁抚顺市的抚顺洗涤剂化学厂是我国目前最大的合成剂原料生产基地。1989年11月被国家列入“七五”期间国家重点建设项目。1990年4月，在全国重点建设工作会议上，被列入直接关系国计民生的20项“重中之重”的重大建设项目之一。项目总投资按初步设计批准概算为10.26亿元，1992年6月根据项目建设的实际情况，国家计委批准抚顺洗涤剂化学厂调整总概算为14.66亿元，其中：国内投资6.5亿元（基本建设经营性基金2.5亿元，建设银行贷款4亿元）；国外利用西班牙政府混合贷款1.74亿美元，合人民币8.16亿元。全厂总建筑面积为14.03万平方米。抚顺洗涤剂化学厂1992年底基本建成，并开始投料试车生产，1993年底可望竣工投产，交付使用。

抚顺洗涤剂化学厂于1984年3月国家正式批准立项。1987年国家计委批准项目可行性研究报告。1987年5月开始对外谈判，1988年分别同美国环球油品公司（UOP公司）、英国谢尔公司、日本三菱油化公司、西班牙欧洲控制公司（TR公司）签订了技术和商务合同，全部合同自1988年9月28日起正式批准开工建设，1990年3月30日破土动工。整个项目由轻工部设计院负责总体设计。生产界区内九套主生产装置设计和设备供应由西班牙TR公司总承包。通过招标，主生产装置由中国建筑总公司第一工程局和第八工程局承建。建设银行大力支持抚顺洗涤剂化学厂的建设，除投入4亿元的基本建设贷款外，还累计提供了近2亿元的周转贷款，保证了项目的顺利建设。截止到1992年底，项目已累计完成投资13.9亿元，占总投资的95%。主生产装置已建成并试运行。

自项目开工建设以来，工程指挥部就建立健全了质保体系，制定了创优规划，狠抓工程质量监督，严把工程设计审查关、设备制造关和施工质量关，开展了质量与安全大检查活动。整个工程质量的优良品率为91.6%，达到了工程质量“保金争银”的目标。

建成投产后可年产合成脂肪醇5万吨、直链烷基苯7.2万吨。每年可为国家创造产值8.27亿元，创利税3.96亿元。生产的产品提供给国内合成洗涤剂厂做原料，每年可生产100万吨合成洗涤剂，满足国内市场的需要。同时每年可为国家减少1亿多美元的外汇开支。这对于扭转我国洗涤剂原料长期依赖进口的局面具有重大的意义。

（廉　勇）

南通醋酸纤维有限公司二期工程

坐落于江苏省南通市东北角的南通醋酸纤维有限公司，是由“中国烟草总公司江苏省分公司”和美国“赫斯特—塞拉尼斯纤维有限公司”共同出资在江苏省南通市建设的生产烟用过滤嘴醋酸纤维丝束的中美合资企业。该公司经国家经贸部批准，于1987年3月成立。是全国20个最大的中外合资企业之一。

南通醋酸纤维有限公司一期工程设计能力为年产烟用醋酸纤维丝束1万吨，装置生产能力1.25万吨/年。公司注册资本2640万美元，其中中方出资1830万美元，占69.32%；美方出资810万美元，占30.68%。工程总投资3517.28万美元，固定资产投资2640万美元，流动资金877.28万美元。一期工程于1987年5月破土兴建，1989年9月一次试车成功，月产醋酸纤维丝束1000多吨，产品经检验和成型试验，质量均达到美国塞拉尼斯公司同类产品的各项技术指标。1990年5月15日，企业正式开工投产，产品已投入市场，由国家烟草公司专卖，供给国内各大烟厂。1990年南通醋酸纤维有限公司经营利润达到7600万元。目前南通醋酸纤维有限公司一期已进入安全、稳定、持续生产的阶段，填补了醋酸纤维丝束生产这一国内空白，结束了我国烟用醋酸纤维丝束全部依赖进口的局面。

近年来，随着过滤嘴香烟在我国消费者中的普及，国内烟用醋酸纤维丝束用量急剧增长，现消耗量为7万吨左右，而一期工程最大生产能力仅为1.25万吨/年，大部分仍需从国外进口。另外一期工程生产烟用醋酸纤维丝束的主要原料——二醋酸纤维素片，从美国塞拉尼斯纤维有限公司进口。为了加快我国醋酸纤维工业和丝束国产化的进程，提高企业的经济效益，降低成本，节省外汇。中国烟草总公司在南通醋酸纤维有限公司一期工程的基础上，提出了增资扩建工程（二期工程）的项目建议书，1988年12月30日，国家计委批准了建议书；1990年12月中国烟草总公司批准了南通醋酸纤维二期工程初步设计，批准总概算9665万美元。1991年初开工建设，1991年7月，根据国家计委《关于下达〈一九九一年基本建设新开工大中型项目计划〉的通知》的要求，建设单位委托设计院重新编制了项目总概算。中国烟草总公司批准调整后的总概算为10596万美元（折人民币55472万元）。总概算中，注册资本4500万美元，其中：中方3119.4万美元，折人民币16331万元，占注册资本的69%；美方1380.6万美元，占注册资本的31%。中方注册资本中，国家已安排经营性基金5000万元，中国烟草总公司自筹11331万元。注册资本以外的资金，建设银行提供基本建设贷款5000万元、建设银行外汇贷款3200万美元，其余由合资企业利用外资解决。

二期工程为技贸结合，以产顶进、增资扩建项目。工程的建设内容主要包括：扩建一套年产1.25万吨的醋酸纤维丝束生产装置；新建一套以木浆粕为主要原料，设计生产能力为年产2.5万吨二醋酸纤维素片的装置，与整个丝束装置相配套，满足生产2.5万吨醋酸纤维丝束的要求；自建热电站、扩建码头及公用工程等配套辅助工程。预留三期工程，提供醋酸纤维丝束产量扩大到年产4万吨，二醋酸纤维素片产量扩大到年产7.5万吨的基础设施。

1992年是南通醋酸纤维二期工程建设最关键的一年，年度投资为19600万元，其中经营性基金3600万元，建设银行贷款5000万元，自筹资金4000万元，引进设备已经抵达现场，热电站基本建成，码头扩建已进入尾声，整个工程土建工作量已基本完成。到1992年底二期工程工作量已完成总概算的85%。

南通醋酸纤维有限公司二期工程预计1994年一季度末投入试生产，并于1994年底全面投产，二期投产后，该公司正常生产能力扩大为2.5万吨/年烟用醋酸纤维丝束，并能自己生产烟用醋酸纤维丝束的主要原料——二醋酸纤维素片2.5万吨/年，满足了自身的需要，节省了大量的外汇，使烟用醋酸纤维丝束的成本降低，增强了企业产品的竞争力。

（廉　勇）

建设中的济南涤纶工程

济南涤纶工程（现名中国济南化纤总公司）是我国“七五”期间的一个大型纺织原材料建设项目，是与齐鲁30万吨乙烯工程配套的石油化纤工程。该工程的建成投产，对减少涤纶进口，调整我国，尤其是山东省纺织工业结构，都具有重大作用。

该工程位于济南市东郊，总投资原为87396万元。1990年10月12日由山东省建委批准调整为122145万元。占地53万平方米，总建筑面积18万平方米，设计总定员2865人，由四套主生产装置组成，其中：年产7.5万吨PTA（精对苯二甲酸）装置及从日本三井造船公司、三井油化公司引进技术与设备；年产6.6万吨PET（聚酯）装置系从日本日立公司、钟纺公司引进设备与技术；年产1.5万吨涤纶短纤维装置除计算机及少部分设备引进外，其余为国产设备；年产1万吨涤纶长丝装置，除干燥设备、侧吹风设备从德国引进、自动化包装线从日本引进外，其余为国产设备。生产区还建有铁路专用线供热锅炉、供水及水处理、循环水装置、容压、空分、冷冻、污水处理以及仓储、维修等配套公用工程、辅助生产设施和生活福利设施。主要产品为，年产商品切片3.8万吨，涤纶短纤维1.5万吨，涤纶长丝1万吨。

济南涤纶工程于1985年2月2日国家计委正式批准立项。1985年3月8日，由山东省济南市委批准，正式成立了涤纶工程建设指挥部。承担工程设计的有上海纺织设计院、上海医药工业设计院等12个设计单位。1986年7月7日国家计委批准该工程可行性研究报告。1986年12月底完成征地工作，并开始“三通一平”。PTA、PET两套引进装置分别于1987年2月19日、20日在北京人民大会堂举行合同签字仪式。

工程总体设计在山东省建委主持下，于1987年5月7日至8日进行预审查。国家计委于1987年7月18日予以批准。之后山东省建委于1988年2月2日及2月12日分两次批复了该项目的初步设计。

该项目是纺织工业大中型建设项目中率先通过招标投标选定施工单位的。工程建设指挥部从1986年8月就开始调查了解，筛选后发出邀请招标通知。在济南市建委主持下于1988年5月27日开标，经评选后，化工部第9化建公司、核工业部第23公司、21公司，中建8局分别中标，承担整个工程的土建、安装工程。中标单位分别于1988年7月至8月进入施工现场。由于坚持了改革方向，采用招标投标方式选择了好的施工队伍，使工程进度与质量都有了保证。经纺织工业部及山东省组织的多次工程质量检查，均较好。

机电部中国机械设备成套工程公司、中国自动化控制系统总公司承包了除工艺主机设备以外的设备供应任务。在组织分交，到货催运等方面都做了大量工作，为工程建设做出了应有的贡献。

1988年8月24日国家计委正式批准该工程开工建设。同时按领导不搞奠基仪式，真抓实干的指示精神，济南市政府即召开了工程开工协调大会，落实工程进度。工程建设指挥部根据纺织工业部的有关要示并吸取其它大型建设项目的经验，统筹规划，制订了较严密的工程建设总体网络计划。在此计划指导下，经全体建设者的共同努力，工程进度较为理想。1988年完成年计划的59%，1989年完成年计划的113.8%，1990年完成年计划的100%，1991年完成年计划的120%，工程建设基本按计划进行。至1991年6月底，所有配套公用工程全部投入稳定运行。为主装置投产创造了良好的条件。PTA装置于1991年6月30日开始投料试车，PET装置于7月9日，涤纶长丝装置于7月14日，涤纶短纤维装置于7月30日分别开始投料试车，取得了在一个月内，四套大型生产装置一次投料试车成功的好成绩。PTA和FET两套引进装置在合同期内分别于1991年9月16日至19日、1991年9月20日至23日顺利通过考核验收，并于1991年11月27日中日双方正式签字交接验收。

1992年该项目主要是工程收尾，计划投资3726万元，实际完成投资2315万元（如按新规定要求，包括建设期利息则为17228万元），自开始建设累计完成投资115688万元，其中国家安排建设银行贷款3.15亿元，利用外资4.3亿元及企业债券500万元全部完成。计划1993年完成竣工验收。

1991年9月7日国务院前总理兼国家计委主任邹家华在山东省省长赵志浩、前省长李春亭，济南市委书记、市长翟永陪同下，视察了济南涤纶工程，并题词“腾飞”祝贺济南涤纶工程蒸蒸日上，为我国化纤事业腾飞多做贡献。

（张其伟）

建设中的淄博、秦皇岛、茂名、浙江四个干法腈纶项目

腈纶纤维质轻，色彩鲜艳，柔软，手感好，可仿毛代棉，产品用途广泛，市场对腈纶需求日益增加，是近十年中我国进口化纤中数量及用汇量均最多的纤维品种。为根本扭转大量进口的局面，国家决定采用技贸结合方式，引进腈纶生产工艺技术及设备制造技术，用国产设备建设腈纶厂，以替代进口，节省外汇。为此，国家计委分别于1984年11月，1985年1月，1985年2月、6月批准了浙江、茂名、淄博和秦皇岛四个项目的项目建议书。

1986年6月6日，纺织工业部上报国家计委和国务院重大技术装备领导小组，提出腈纶技贸结合建议方案。同年8月29日国务院重大办，国家计委对腈纶技贸结合、设备国产化问题作了具体批示，并要求编制可行性研究报告报批。10月27日，纺织工业部报国家计委与国务院重大技术装备领导小组。具体方案为：抚顺（3万吨）、淄博（4.5万吨）、茂名（1.5万吨）、宁波（3万吨）、秦皇岛（3万吨），总规模为15万吨，总投资约18亿元，其中外汇1.5亿美元。

经国家批准同意，纺织工业部组织五个项目于1987年5月正式邀请美国、日本、意大利等国有关公司来京开始商务洽谈。经多方比较，最后确定购买美国杜邦公司干法腈纶的全套技术专利和设备制造技术。买进两条完整的生产线，分别置于抚顺与淄博两个项目，其余的设备则由中国纺织机械总公司利用引进技术组织制造供应各个项目。1987年8月14日由中国技术进出口总公司与美国康泰克公司在北京正式签订抚顺项目、淄博项目及中国纺织机械总公司引进制造技术，即CUD87093、CUD87094、CUD87095三个合同。总成交价6500万美元。其后，1988年9月茂名、秦皇岛二项目签订引进技术合同，1991年浙江腈纶厂签订了引进技术合同。

根据项目进度等情况，国家计委报经国务院同意，先后批复了这几个项目的可行性研究报告。具体是：淄博项目1987年6月5日批准；茂名项目同年12月2日批准，并将建设规模由1.5万吨/年改为3万吨/年，秦皇岛项目1988年2月15日批准；浙江腈纶项目1989年5月19日批准。至此，腈纶技贸结合项目都开始实施。这是纺织工业，尤其是纺机制造业最大的一项引进工程，不仅涉及五个建设项目，而且涉及众多的纺机制造厂及机、电、仪配套企业，还有军工企业也承担了任务，是一项复杂的系统工程。

山东淄博腈纶项目（现名山东淄博化学纤维总厂）是五个项目中建设规模最大的，年产腈纶4.5万吨，产品为1.2—1.5旦棉型短纤维1万吨，毛型3—10旦短纤维3.5万吨（其中毛条2万吨）。1987年12月31日，山东省建委批准总体设计，项目总概算63691万元（含外汇5500万美元）。在资金来源中，国家安排建贷19000万元及以中央利用外资额度山东省借6500万美元国际商业贷款。工程占地52.5公顷，总的建筑面积约18.9万平方米，其中生产性建筑10.66万平方米。腈纶生产主要设备（二条聚合生产线、五条纺丝生产线）中，从美国引进一条生产线的主机设备（包括一套聚合，一条纺丝生产线），其余一套聚合、四条纺丝生产线由中国纺织机械总公司组织大连523厂、邯郸纺机厂、经纬纺机厂、河南纺机厂、邵阳第二纺机厂、常州喷丝板厂、上海纺织机电厂、中国航天工业总公司11所等单位制造供应。毛条生产设备除引进意大利、德国的针梳机、拉断机、打包机外，主要设备中有9台拉断机由邯郸纺机厂引进技术制造供应，公用工程设备是由中国机械设备成

套工程公司为主，联合山东省成套局联合成套供应。

该项目总体设计单位是纺织工业部设计院。山西电力设计院、淄博市规划设计院、市建筑设计院、济南铁路局设计室、山东省邮电局设计室等参加了设计工作。

通过议标选定中建八局，市建筑工程公司承担施工任务（都为一级建筑企业）。由于缺乏严格的施工管理，工程被层层转包给乡镇企业施工，分包单位工人素质差，缺乏必要的装备，总包单位又没有及时技术指导及质量监督，至使一度施工质量差，发生质量事故。后经纺织工业部及山东省有关部门的督促帮助，调整了工厂领导班子及施工队伍，提高质量意识，健全质保体系和检查手段，对不合格的工程坚决推倒返工，此后工程进度大大加快，质量大大提高。

纺织工业部从1990年到1992年对该工程组织了三次土建及安装质量和生产准备的检查，对保证工程质量，加快项目进度起了推动作用。

1989年10月18日，经国务院批准，国家计委计投资（1989）1343号文正式将淄博腈纶项目列入当年新开工项目计划，批准开工后列为国家重点建设项目。同年12月5日，主车间正式开工建设。1991年7月开始设安装，1992年7月开始进行主工艺设备单机试车，9月开始联动试车调试。由于外方设计、设备及我方对工艺技术设备掌握等方面的问题，调试时间延长了。预计将于1993年上半年投料试车，打通工艺流程全线。

由于物价上涨等因素，1991年11月25日山东省建委批准调整概算，项目总投资为110459万元。投资安排中国家除利用外资指标外共安排投资45231万元。其中建设银行贷款31200万，债券10858万元。其余投资由山东省、淄博市筹集解决。截止1992年底已累计完成投资97430万元，国家安排投资已全部到位。

按计划，该项目1993年应全部建成投产。

秦皇岛腈纶项目是1988年11月22日河北省建委以冀建设(1988)455号文批准初步设计的。总投资3.85亿元，厂区占地31.6公顷，建筑面积7.45万平方米。由于国家控制基建规模，1989年列为预备项目，当年安排投资3000万元，其中国家安排工商银行贷款500万元，项目开始动工。经国务院批准，1990年5月21日国家计委正式列入当年新开工大中型项目计划，正式开工建设。

该项目由纺织工业部设计院，冶金部秦皇岛冶金矿山设计院、交通部——航局设计局等设计单位分别承担设计任务。秦皇岛冶金院负责总图及公用工程的设计。施工队伍是通过招标投标选定的，中建6局、冶金部22冶、秦皇岛市安装公司、交通部——航局5处等单位中标，承担建筑、安装任务。腈纶生产主工艺设备全部由中国纺织机械部公司成套供应，各制造厂负责安装调试。公用工程等的设备由河北省设备成套局成套供应。

该项目在开工前吸取了其它纺织大中型项目建设的好经验，制订建设方案，编制详细的总体建设网络计划，并协调好设计、施工的关系，做到了厂区建设先地下、后地上，文明施工，进而节约了投资，将工期大大提前。在列为预备项目的1989年，厂区道路、地下管网及部分仓库和辅助车间当年就建成并投入使用。

1991年根据物价上涨及工程进展的实际情况，经国家计委、纺织工业部、国家机电轻纺投资公司与河北省有关部门共同审核，12月16日省建委批准调整概算。投资由3.85亿元调整为68797万元（合外汇2495万美元），国家安排的工商银行贷款相应由1.4亿元调为2.4亿元。

1992年7月31日，秦皇岛腈纶厂聚合纺丝车间的回收装置开始试运转，至9月24日纺丝车间生产出第一包合格腈纶短纤维。后逐步调试出两条纺丝生产线。1万吨毛条生产能力已在年内全部形成。码头及丙烯腈输送管线也于年底建成投入使用，截止1992年底累计完成投资63700万元，其中国家安排投资完成23375万元。计划1993年全面建成投产。

广东茂名腈纶项目（现茂名腈纶化学工业公司）于1988年12月经纺织工业部、国家机电轻纺投资公司、建设银行总行及广东省建委等有关单位共同审查，广东省建委批准初步设计，厂区占地9.9公顷，建筑面积9.7万平方米，总概算35500万元（其中外汇2373.44万美元）。同样因国家控制固定资产投资规模，1989年该项目列为预备项目。经国务院批准1990年5月开工建设。为争取早日产生经济效益，将该项目中1万吨/年毛条车间先期开工建设，于1990年6月底设备全部安装完毕，7月开始试生产。毛条采用拉断工艺，全部设备由国外引进，包括德国塞德尔公司生产的拉断机6台，意大利圣·安德列公司生产的针梳机14台，意大利高尔奇兰尼公司生产的打包机1台。这是在几个腈纶项目中，毛条设备最早投产的一个，做到使投资尽可能早见效，并为主生产装置建设提供了资金。

该项目的主体工艺及配套设计由纺织工业部设计院承担，总图及公用工程则由兰州石油化工设计院结合丙烯腈装置统一规划设计。这在环境保护，经营成本，安全生产等方面将有较大的优势。

该项目的土建工程由茂名市建筑安装公司总承包，安装工程由中国石化总公司茂名石油工业公司建筑安装工程公司总承包。

经国务院批准，国家计委将该项目列入“1990年基本建设新开工大中型项目计划”，同年10月20日腈纶主车间破土动工开始建设。1991年底主装置土建完工。1992年计划投资26800万元，1992年实际完成投资38550万元，自1990年国务院批准开工至1992年底累计完成投资59157万元。

该项目的主工艺设备同秦皇岛腈纶项目一样，也是全部由国内制造供应，到1992年底，设备工作量完成90%，工艺管线完成70%，公用工程设备安装完成93%，工艺管线完成68%，配套热电站土建完成85%，铁路专用线完成59%，计划1993年二季度开始调试，1993年下半年投料试车。

浙江腈纶厂（位于浙江宁波市）建设规模为年产腈纶短纤维3万吨，其中毛条1万吨，是"七五"计划期间建设的五个技贸结合腈纶项目之一。1991年经国务院批准开工建设，批准调整概算77822万元。1992年计划投资19000万元，实际完成19105万元，自开工建设累计完成24055万元。

到1992年度，工程已全面转入安装，土建基本完工，主体工程质量比较好。由于采用省内几家与工程建设有关的部门抽调人员联合组成筹建班子。编制了详细的工程建设网络计划，各方面工作配合协调都较好。10个月基本完成近12万平方米的土建施工。1992年10月纺织工业部组织土建质量大检查，主体工程质量比较好。并与国家机电轻纺投资公司、浙江省计经委一起对该项目的概算根据工程进展及物价上涨情况进行了调整审查。如资金到位情况较好，可望1994年下半年正式投料试车。

（张其伟）

建设中的化工重点大中型项目

1. 涪陵816化肥厂

该厂新建以天然气为原料的年产30万吨合成氨和52万吨尿素两套装置。合成氨装置采用布朗工艺流程，吨氨能耗保证值为700万大卡，大致相当国际上80年代末水平。技术及设备由法国TP公司总承包。尿素装置采用意大利斯纳姆公司的氨汽提工艺，日产尿素1760吨。工程总投资82086万元，其中含外汇8950万美元。其中外汇部分利用法国政府混合贷款。截止1992年底，已完成工程投资80725万元，其中1992年完成22399万元。工程形象进度为，合成氨、尿素装置主要车间全部预试车，造粒塔实物造粒成功，水、电、汽、气等辅助工程已投入运行。全部工程将于1993年建成投入生产。

2. 河北省矾山磷矿

该矿位于河北省涿鹿县，是我国北方唯一的大型磷矿石采选联合企业。

建设规模：磷矿石采矿和选矿各120万吨/年。

主要产品：年产P_2O_5含量34%的磷精矿39万吨/年，折标矿44万吨/年，付产铁精矿14.3万吨/年。

工艺路线：开拓为中央主、副竖井开拓方案对角式通风，主、副竖井采用落地式多绳提升机从瑞典ASEA Brown Boveri公司引进，采矿方法为有底柱阶段崩落法和无底柱阶段崩落法。选矿为浮选——磁选联合流程。

基建总投资42766.81万元，其中央安排27383万元，河北省自筹15383.81万元。1988年4月1日开工，截止1992年底累计完成24243万元，其中，中央15934万元，地方8309万元。

主要建设内容：采矿、选矿、尾矿、机汽电修、仓库、炸药库、供排水、供热、通讯、生活福利等工程。主要实物井巷37887米，土建119620平方米（其中工业46224平方米，民用73395平方米）至1992年底设计批准内工程已全部开工，井巷累计完成20304米，为设计的53.59%，土建累计竣工71349平方米（其中工业46224平方米，民用73395平方米），为设计的59.65%。

主要形象进度。采矿工程副井卷扬机已完成安装，主井卷扬机正在安装，东部开拓运输系统基本形成，空压机站部分设备基础完工。选矿工程土建90%已开工，部分设备开始安装，尾矿工程主砂泵房、事故池土建完成，部分设备安装，坝基进行夯实，变电站、仓库、炸药库已竣工，供水、深井水源基本完工，泵房及管线全面施工，生活福利设施能满足目前需用。计划1994年建成投产。

存在主要问题：(1)投产后的产品外运问题。因基本建设资金所限"七五"期间减缓建设铁路专用线等部分程。投产后2000吨/日运量，只能用社会汽车外运。但装车倒运设备和卸矿站台等尚需进一步落实。(2)投产后生产需用电7315万度/年，用电负荷12900千瓦/年，至1992年底还有4614万度，11900千瓦未落实。

3. 云南磷肥工业基地

该厂位于云南省安宁县，是以云南有丰富的磷矿和水电资源为前提建设的大型农用化工项目。

建设规模：黄磷6万吨/年，磷酸12万吨/年，重钙40万吨/年。

主要产品：重钙40万吨/年。

工艺路线：黄磷采用原全苏化工机构进口公司(TMT)专有技术2条生产线，磷酸，采用德国伍德公司——赫斯特公司热法磷酸技术2套酸冷生产系列，重钙采用日本三井造船——英国罗斯海角公司料浆法技术。

基建总投资175453万元（中央国内配套资金6200万元，日本海外协力基金140亿日元，折人民币66552万元，地方自筹16207万元，待落实86494万元），1991年11月1日开工，于1992年累计完成投资15499万元［中央国内配套资金2900万元，日协1030万元（189万日元），地方自筹11569万元］。其中1992年完成5530万元。

主要建设内容：原料配制，黄磷、磷酸、重钙、辅助公用、热电站、铁路专用线，生活福利设施等工程。

主要工程形象进度：场地平整全部完成，厂前区各类仓库、道路、食堂均已竣工，净水厂土建收尾进入安装，铁路专用线已开工，设备修造厂的主车间已建成，生产主装置重钙合同开始履约，黄膦、磷酸已签订合同，三个主装置的招议标工作全部结束。

存在主要问题：(1)超原批准概算86494元资金尚待落实。(2)引进工作进展较慢。

4. 云南磷化学工业(集团)公司晋宁磷矿

该矿位于云南省晋宁县，是一采选联合大型企业。

建设规模：磷矿石采矿、选矿各100万吨/年。

主要产品：磷精矿90万吨/年，其质量P_2O_5≥30%，M_gO≤1%，R_2O_3，H_2O≤14%，粒度≤25Dr/m。

工艺路线：采矿为露天开采汽车运输方案，选矿为擦洗脱泥工艺，采场到擦洗厂13KM用高强度皮带输送。

基建总投资34079.47万元，其中中央安排32040万元，云南省自筹2039.47万元，1989年4月开工，到1992年底累计完成18919万元(中央17218万元，地方1701万元)，其中1992年完成5230万元。

主要建设内容：采矿、原矿运输，洗矿、尾矿、铁路专用线及辅助公用、生活福利等工程。

主要工程形象进度：采矿工程完成基建剥离38万立方米，原矿运输13千米皮带廊土建完工，擦洗厂建成并一次试车成功，尾矿坝初期坝完工可投入使用，国家计委要求1993年全部建成投产。

存在主要问题：要求建成投产后产品外运量能满足晋宁矿生产要求。

5. 贵州筑福磷矿

该矿位于贵州省福泉县，是一采选联合大型企业。

建设规模：磷矿石采矿，选矿各250万吨。

主要产品：磷精矿产量180～190万吨/年，质量P_2O>30%，M_gO<1.5%。

工艺路线：采矿为露天开采汽车运输方案，选矿为反浮选工艺，精矿用管运输送由美国PSI公司设计。

基建总投资103522万元，其中中央国内配套资金66951万元，世界银行贷款6270万美元，折人民币33874万元，贵州省自筹2700万元，1990年11月11日开工，到1992年底累计完成63610万元（中央国内配套资金45680万元，世界银行贷款3344.98万美元，折人民币17930万元)，其中1992年完成32383万元。

主要建设内容：采矿、选矿、尾矿、管道输送、铁路专用线、辅助、公用及生活福利等工程。

主要工程形象进度：基建剥离完成150.5万立方米，为设计总量的65.2%，土建施工76562平方米为设计的67.9%，选矿厂二粗中细碎土建完工，设备安装基本完工，磨浮、粉矿包、药剂制备车间主体框架完工，压滤、脱水，事故池、浓密池主体施工，精矿浆输送管道已完10千米，为设计的22.7%，供电工程和生活福利工程基本完工。

存在主要问题：该矿生产的磷精矿2/3为料浆经管道直接输送供筑福重钙厂作原料，重钙厂1993年才开工，筑福磷矿计划1994年投产，生产出来的磷精矿浆如何处理待研究。

6. 湖北省荆襄磷化学工业公司大峪口矿肥结合项目

该项目位于湖北省钟祥县，是我国第一批矿肥结合大型项目。

建设规模：年产磷矿石采矿，选矿各150万吨，硫酸53万吨，磷酸20万吨，重钙56万吨，氟化铝1万吨。

是终产品：重钙56万吨、氟化铝1万吨。

工艺路线：(1)采矿：为露天采汽车运输。(2)选矿：为正反浮选。(3)硫酸：采用沸腾焙烧，酸洗净化，接触法两转两吸工艺生产93%浓度的硫酸。硫铁矿焙烧部分采用瑞典波利登公司工艺技术，制酸部分采用美国孟山都公司工艺技术。两条生产线。(4)磷酸：采用美国雅格布公司的二水法工艺技术。(5)重钙：采用法国克雷布斯公司提供的化成法工艺技术。(6)氟化铝：采用奥地利凯米一林茨公司的工艺技术。

基建总投资202096万元，其中，中央国内配套资金71400万元，世界银行贷款9415万美元，折人民币51877万元，地方自筹26000万元，待落实52819万元。1991年6月20日开工，到1992年底累计完成36408万元（中央国内配套资金18238万元，世界银行贷款718万美元，折人民币3756万元，地方自筹4414万元)，1992年完成22368万元。

主要建设内容：采矿、选矿、尾矿、硫酸、磷酸、重钙、氟化铝、供排水，供电、通讯、总图运输、环保、机汽电仪修，铁路专用线，生活福利设施等，主要实物量，基建剥离量105万立方米，土建318840平方米。其中工业231317平方米，行政生活87523平方米。至1992年底除化肥装置区工程未开工外，其余已全面开工，基建剥离量完成102.4万立方米，为设计的97.5%，选矿工程已完成工厂前区、粗碎厂房、中间矿堆、精矿系统土建。筛分、磨浮、中细碎厂房及皮带廊基础完，110KV总降压站进入调试阶段，生活区已完工80%。

存在主要问题：(1)外事工作进展不快影响建设进度。(2)超原批概算的52819万元资金尚未落实。

7. 湖北省黄寿岭磷化工公司

该矿位于湖北省大悟县，是我国第一批矿肥结合大型项目。

建设规模：磷矿石采矿、选矿各100万吨/年，磷酸一铵18万吨/年，硫酸26万吨/年、磷酸9万吨/年，合成氨1.5万吨/年，氟硅酸钠6000吨/年。

主要产品：磷酸一铵18万吨/

年，氟硅酸钠 6000 吨/年。

工艺路线：采矿为露天开采汽车运输，选矿为正浮选，硫酸装置焙烧部分采用瑞典 BOLIDEN 磁性焙烧工艺，制酸部分采用法国 Krebs 的孟山都工艺，磷酸装置采用美国 JACOBS 公司乙二水法工艺，磷氨采用 JACOBS 公司的技术。

基建总投资：104577 万元，其中，中央国内配套资金 35660 万元，世界银行贷款 4285 万美元，折人民币 23113 万元，湖北省自筹 12525 万元，待落实 33278 万元。1990 年 7 月 8 日开工，至 1992 年底预计完成 32049 万元（中央国内配套资金 22038 万元，世界银行贷款 409 万美元折人民币 2103 万元，湖北省自筹 7908 万元）。其中，1992 年完成 17554 万元。

主要建设内容：采矿、选矿、尾矿、硫酸、磷酸、磷铵、合成氨扩建，辅助、公用、生活福利等工程。

主要工程形象进度：基建剥离完成 79 万立方米，为设计的 64.37%，选矿工程粗、中细磷、磨浮、脱水车间土建及设备安装基本完工，浓缩工段土建完成部分设备安装，辅助公用工程全面开工，土建完成设计的 87%，生活区基本完、合成氨厂的造气车间土建设备安装完，联合厂房土建完成 50%。磷铵成品库、氟硅酸钠装置土建完成 20%。

存在主要问题：(1) 外事工作进展不快影响建设进度。(2) 超原批准概算的 33278 万元资金尚未落实。

（马竟）

化工企业集团主要投资项目

1. 北京化学工业集团公司

1992 年共安排 3 个基建项目和 22 个技改项目，共完成投资 77617 万元。主要的基建项目是北京 14 万吨乙烯工程，完成投资 30977 万元，其次是怀北石灰石矿和北京焦化厂的二段炉工程。怀北石灰石矿 1992 年已建成投产，交付使用，焦化厂二段炉为新开工项目，1992 年主体生产装置还没有正式开工。

技术改造项目主要是北京焦化厂的丝炉翻建工程和化工八厂的 MDPO 工程，以及北京有机化工厂的醋酸乙烯工程。北京化工集团公司主要建设项目及投资完成情况如下：

建设单位	建设规模	总投资	至 1991 年底完成投资	1992 年完成	备注
北京焦化厂	二段炉扩建	20844	154	800	基建
北京焦化厂	一二号炉翻建	9761	1000	2500	技改
北京焦化厂	煤气精制	24714	0	4000	技改
怀北石灰石矿	制碱石及水泥	26938	18026	7682	基建
北京乙烯工程	乙烯等	338410	5186	30977	基建
北京化工八厂	MPPO 工程	9434	3370	5010	技改
北京化工实验厂	碳铵改尿素	17422	14637	2785	技改

2. 太原化工集团公司

1992 年共完成基本建设投资 16852 万元，主要建设项目是年产 2 万吨的甲基二异氮酸脂（即 TDI）项目和磷肥厂的 8 万吨/年硫酸装置。TDI 项目总投资 43687 万元，1990 年 4 月开工建设，是“七五”结转“八五”项目。TDI 生产装置是引进瑞典诺贝尔化学工程公司的技术。到 1992 年，按设计要求主体工程基本建成，已进入单体试车和仪表自控系统的调试阶段，造气系统已试车完毕具备送气条件。但由于瑞典诺贝尔工程公司宣告破产，致使原合同停止执行，试车计划被迫推迟。经与外方谈判，外方同意继续合作，但时间过去了，预计 1993 年 8 月份能建成投产。TDI 工程截止 1992 年底已完成投资 41247 万元，1993 年仍需投资 2440 万元方能投产。

8 万吨/年硫酸装置总投资为 5478 万元，主要为本公司磷肥配套。至年底工程投资已全部完成，新增生产能力 8 万吨硫酸。

3. 天津渤海化工集团公司

天津渤海化工集团公司是由天津碱厂、天津化工厂、大沽化工厂三家企业组成。该集团公司 1992 年底在建基本建设项目有 3 个，即天津化工厂的蛋氨酸和电站二期扩建、普通碱酸盐水泥以及大沽化工厂的电站扩建，技改项目有天津化工厂的 PVC 糊树脂、大沽化工厂的离子膜烧碱和天津碱厂的电站二期工程。具体项目及投资如下：

建设单位	建设规模	总投资（万元）	至1991年底累计完成投资（万元）	1992年完成投资（万元）	备注
天津碱厂	电站二期	12039	4011	5168	技改
天津化工厂	烧碱1.2万吨等	7131	2594	3372	技改
	蛋氨酸	52876	40051	6895	基建
	自备热电站	5663	3300	2213	基建
	水泥	3989	2219	1671	基建
大沽化工厂	自备热电站	8447	1136	3072	基建
	农药改造	5905	1272	3176	技改

4. 吉林化学工业集团公司

吉化公司1992年底共完成基建投资18499万元，技术改造投资28879万元。主要的大中型基建项目是电石厂丙烯酸及酯类、环氧丙烷及醇醚、吉化公司双吉管线工程和乙烯前期工程。其中丙烯酸及酯类装置于1992年12月份建成投产，环氧丙烷及醇醚、双吉管线工程是续建项目，30万吨乙烯工程为前期准备项目。具体情况如下：

建设项目	总投资（万元）	至1991年底累计完成（万元）	1992年完成（万元）	备注
丙烯酸及酯类	34198	17218	19007	基建
环氧乙烷及醇醚	44690	1200	11322	基建
双吉管线	13000	2385	2345	基建
乙烯工程	1214738	6600	22000	基建

5. 大连化学工业公司

1992年大连化学工业公司的基建项目是渣场工程，总投资12188万元，止1991年底累计完成投资8795万元，1992年完成投资3108万元。技改项目是30万吨合成氨先建工程，总投资6977万元，至1991年完成投资1541万元，1992年完成投资3653万元。合成氨改造工程将于1993年全面开工建成。

6. 锦西化工总厂

锦西化工总厂1992年的主要建设任务是30万吨合成氨和52万吨尿素项目，离子膜烧碱项目及其他小型基建项目。共完成基建投资38966万元，技改投资1871万元。具体项目如下：

建设项目	总投资（万元）	至1991年底累计完成（万元）	1992年完成（万元）	备注
大化肥工程	81245	58077	38966	基建
离子膜烧碱	9279	8663	1871	技改

7. 盘锦化工基地

盘锦化工区主要建设项目都是技术改造，包括盘锦有机化工厂的顺丁烯二酸酐、盘锦化工厂的烧碱，盘锦化肥厂的节能改造，以及盘锦天然气化工厂的乙烯装置完善。具体情况如下：

建设项目	总投资（万元）	至1991年底累计完成（万元）	1992年完成（万元）	备注
盘锦有机化工厂	14962	7607	6535	技改
盘锦化工厂	8110	7857	434	技改
盘锦化肥厂	3132	3657	378	技改
盘锦天然气化工厂	2929	0	1793	技改

8. 上海轮胎集团公司

上海轮胎集团公司是国内最大的轮胎生产企业。1992年该集团主要投资建设项目为30万套/年子午线轮胎和140万套子午线轿车胎装置。其项目投资及完成情况如下：

建设项目	总投资（万元）	至1991年底累计完成（万元）	1992年完成（万元）	备注
30万套子午胎	31860	24600	6960	投产
140万套轿车胎	29906	—	6816	续建
其他小型技改	9204	3140	3464	

9. 南京化学工业集团公司

该公司1992年共完成基本建设投资14732万元，完成技术改造投资5524万元。主要建设项目是中外合资的南京东方化工有限公司5万吨/年已内酰胺工程。该项目总投资72281万元，其中利用外资44665万元。工程从1990年7月开工，至1991年底已累计完成67812万元，1992年又投资6623万元，到年底建成试车，1993年将完成试车考核投入生产。

10. 衢州化学工业集团公司

衢化公司1992年共完成基建投资21897万元，完成技术改造投资14241万元。主要建设项目及投资情况如下：

建设项目	总投资（万元）	至1991年累计完成（万元）	1992年完成（万元）	备注
氟制冷剂	47454	6515	20373	基建
合成氨改造	5727	2535	2028	技改
烧碱	15638	3310	5053	技改
电石	6877	1636	3778	技改
热电厂	10888	10137	631	技改

11. 泸州天然气化学公司

该公司1992年共完成基建投资8810万元，完成技改投资1243万元。主要建设项目是3万吨/年脂肪酸及0.5万吨/年含氮衍生物装置。该项目1991年开工建设，至1992年底脂肪酸装置已基本建成，开始试车，含氮衍生物装置土建工程基本完。

工程总投资26159万元，到1992年底已累计完成投资18548万元，其中1992年完成投资8810万元。全部工程将于1993年底建成投产。

（马　竟）

北京水泥厂

北京水泥厂位于北京昌平高新技术开发区内，距市中心40公里，距县城6.5公里，距昌平火车站2公里，占地约56.983公顷，交通有公路和铁路专用线四通八达，通讯有国际国内直拨程控电话，水、电条件齐备，投资条件十分理想。经国务院批准，该厂于1992年9月28日正式开工。新建的北京水泥厂将建设一条日产2000吨熟料窑外分解生产线，年产水泥74万吨，其中：525号普通硅酸盐水泥60万吨，425号粉煤灰硅酸盐水泥14万吨。工程总投资39282万元。其工艺设备、环保设施和自动化控制都具有80年代国际先进水平，厂区规划与旅游区、高科技园区相互协调。

北京水泥厂建成后，不仅可以缓解北京水泥由于供应紧张所造成的运输、仓储等方面的问题，更重要的可以大大缓解北京市政建设、大型建筑等工程对高标号、高质量水泥供应紧缺的状况。

北京水泥厂达产后将年产水泥74万吨，按生产每吨109元成本，185元/吨售价测算，企业年销售收入1.37亿元，实现利税5700万元，利润4200万元，另按利用粉煤灰后北京市制定的优惠政策可减免一半产品税，可增加利润500万元，企业年利润总额可达4700万元。上缴财政税务1000万元，内部收益率为12.95%，超过基准收入率8%的要求，投资回收期9.27年。北京水泥厂具有每年还贷能力5700万元（包括部分固定资产折旧费），借款偿还期13.7年（包括建设期3年），短于基准回收期15年。从我国基础工业之一的水泥工业情况看，北京水泥厂的投资效益是比较好的，不论从历史上看，还是从全国现有64个大中型水泥厂的经济效益上看，北京水泥厂必是一个盈利的朝阳企业。

（徐京文）

大红山铜矿

大红山铜矿位于云南省新平县境内，距昆明市322公里。大红山铜矿建设条件较好，地质储量含铜为79万吨，平均品位0.81%。矿区生产及生活用水主要由距矿区西南9

公里的戛洒江供给；全矿供电负荷1.1万千瓦，由楚雄谢家河变电站供给；外部运输主要靠通过新平至楚雄的公路进行运输。大红山铜矿建设规模为年采选矿石79.2万吨，精矿含铜6831吨，含硫4879吨，铁精矿12.88万吨，以及副产金银等金属。1992年批准修正概算33895万元。大红山铜矿由昆明有色冶金设计研究院设计，勘察由昆明有色勘察院负责，矿山坑内掘进工程由专门矿务局自营队伍施工。大红山铜矿于1992年8月开工，1992年底累计完成投资2116万元，1992年投资重点保证矿山系统，矿山的主斜井、副斜井及总回风斜井等控制性工程，都超额完成计划，共完成1.59万立方米。地表工程完成场地整平15万立方米以及进行3.5万千伏安总降压变电所施工。

（刘剑华）

第一重型机器厂扩建工程

第一重型机器厂是我国“一五”时期建成投产的156项重点工程之一，是国内最大的重型机器厂之一。该厂“七五”基本建设和技术改造项目1992年竣工，并于同年8月27日通过了黑龙江省、机械部及国家机电轻纺投资公司等部门的验收。“七五”期间，国家批准这个厂的总投资为1.42亿元，其中基本建设4044.4万元，技术改造10155.6万元。到1990底，实际完成投资12485万元，其中基建3795万元，技改8690万元。工厂自筹资金6105万元，占投资总额的48.9%。按照实际需要，对“七五”规划进行调整之后，共结转“八五”投资5284万元，其中基建3795万元，技改2055万元。这个厂扩建了炼钢车间，添置了与美国合作生产的国内首台80吨电炉及8000平方米排烟除尘系统等配套设施；建成了高能射线探伤室，安装了九兆伏直线加速器及辅机；增加设备139台，其中进口45台，投资6815万元，占设备总投资的66%。对机床进行改造，提高老设备的精度，已在81台大型机床上安装了数显装置，有数显座标210个，占全厂金属切削机床总数的10%，大型镗精度可达+0.02mm，减少了辅助时间，提高了机床利用率。该厂“七五”期间，克服重重困难，基本上达到了改造总目标，概括起来取得以下成就：

1. 完成了大型成套产品的合作制造任务。“七五”期间，先后完成了宝钢二期工程的2050热连轧机和1900被坯连铸机合作生产任务，设备总重9000多吨。1900板坯连铸机一次试车成功，荣获国家特等科技进步奖。合作生产了两台23立方米电铲，总重1400多吨，在平塑安太堡煤矿运行几年，其性能不低于日本同类产品水平。此外，还合作生产3000吨立式弯板机一台，小松机械压力机十余台。

2. 促进了新产品开发。为舞阳钢铁公司生产1900板坯连铸机一台。1988年开发出热壁加氢反应器，已经生产4台。这种设备最大的内径3米、全长27米、壁厚200毫米、总重近400吨。1981年以来，这个厂共开发新产品54项，其中有14项获得国家、部、省优质产品称号，生产的船用铸锻件已得到英国劳埃德船级社的认可，还取得了国家一、二、三类压力容器的设计、生产许可证。

3. 提高了大型铸锻件生产能力和水平。电站铸锻件生产能力由150万千瓦提高到400万千瓦，等级从20万千瓦提高到30万千瓦，质量达到美国西屋电气公司标准。

4. 提高了产品设计和工厂管理水平。VAX—8530计算机系统，已于1989年10月投入运行，主要用于生产管理和成本控制方面。在1990年内共取得科研成果27项，系统投入使用后一年可收益200万元左右。

1989年新引进的五台系列工作站投入运行，开展了大量工作，几年来移植开发十多套设计软件，CAD已得到广泛应用。

第一拖拉机制造厂扩建项目

第一拖拉机工程机械公司（原第一拖拉机制造厂）是国家在“一五”时期兴建的156项重点工程之一，是我国工程农机行业唯一的特大型企业。

“七五”安排的100系列柴油机技术改造项目和微型泵基本建设项目，是国家重点建设项目。自1987年开工，经过5年多的建设，于1992年基本完成了国家批准的建设内容，达到了改造目标，1992年11月正式通过国家验收。

该项目主要通过调整产品结构，采用先进技术，使企业产品升级换代，节约能源，适应国内外市场的需求，同时提高企业经济效益。改造建设的纲领为：100系列柴油机生产能力由年产1万台提高到1.5万台，微型泵形成年产4万台的生产能力。

技改项目实际完成投资4269.59万元，外汇474.07万美元，完成土建面积16384.O1平方米，设备276台〔套〕，其中，进口设备16台〔套〕。新建了飞轮、飞轮壳、飞轮齿圈、油底壳、进气管、排气管等6条生产线，改造了装配试验台；采用了缸体珩磨、曲轴内铣、冷芯盒制芯、冲天炉一工频炉双联熔炼及成组技术等先进工艺和设备。100系列柴油机现已批量投入生产。

基建项目实际完成投资7999.38万元，外汇414.13万美元，完成土建面积27733.21平方米，设备504台〔套〕，其中：进口设备27台〔套〕。新建了低惯量油嘴车间、调速器车间及喷油器装配试验工段、自动机车间、销子及冷挤压车间、高架仓库等；采用了多工位中孔座面磨、多轴枪孔钻、配磨、超精端面磨、珩磨、多工位高频感应加热淬火、双室油气淬火及光亮淬火、超声波清洗等先进工艺和设备。微型泵现已投入试生产。

两个项目建成的单项工程共计21个，都达到合格标准，其中有14个为优良工程。

46项环保措施、四个方面的安全卫生改造及多项消防装置使工厂达到“安全级企业”标准和国家消防标准的要求。

通过这次建设、改造，工厂的生产建设、工艺装备水平和技术进步都又迈上了一个新台阶。被改造产品其性能指标均达到国际80年代先进水平，进一步增强了企业为用户配套服务的能力。企业实现了由单一履带式拖拉机生产，转变为履带式拖拉机及其工程机械变型、小四轮拖拉机、内燃机及配附件配套等多品种生产，服务领域进一步扩大，经济效益显著提高。

“七五”期间，工业总产值和实现利税年均递增分别为12.6%和8.3%。1991年销售收入14.4亿元，实现利税1.64亿元，出口创汇1160.5万美元，分别是改造前的2.59倍、2.22倍和31.71倍。

建设中的中国重型汽车集团公司“斯太尔”项目

中国重型汽车集团公司是国务院首批试点的55家大型企业集团之一，为国家首批计划单列企业集团。重型汽车集团公司成立于1983年，是我国最大的重型汽车生产基地，公司总部设在山东省济南市。现由16家全资生产性企业，10家全资经营性公司和5家控股子公司为紧密层，46家企业和科研单位为半紧密层或松散层组成的科、工、贸一体化的成员单位分布在全国14个省、市的全国性大型企业集团。重型汽车集团公司内紧密层各成员企业拥有固定资产原值25亿元，具备年产2.5万辆重型汽车的生产能力，是我国最大的重型汽车生产基地。1992年度集团公司共生产各种类型的重型汽车15773辆，柴油发动机23803台，汽车各类配件产值6.7亿元，实现销售收入42亿元，实现利润总额1.8亿元，创收外汇2544万美元。

根据国家批准立项，中国重型汽车集团公司自1986年起组织实施“斯太尔91系列重型汽车制造技术引进项目”，该项目是从奥地利引进具有80年代世界先进水平的“斯太尔”91系列重型汽车的整车全套生产制造技术，设计纲领为年产1万辆“斯太尔”重型汽车，1.5万台发动机，“斯太尔”项目总投资16.67亿元，并被国家列为“七·五”重点建设项目。1992年度国家安排“斯太尔”项目固定资产投资18365万元，其中：基建投资11416万元；技改投资6949万元，当年实际完成投资21917万元，其中：基建投资15084万元（含投资贷款利息）；技改投资6833万元。整个工程项目将于1995年全部建成并达到年产万辆“斯太尔”重型汽车的设计纲领。

经过“七五”、“八五”期间的技术引进，进行大规模的基建和技术改造，我国重型汽车工业达到了重型汽车产品的高水平、专业化、多品种，质量水平上了一个新台阶，拓宽了高水平重型汽车产品系列，实现了重型汽车产品的更新换代，满足了国民经济发展对重型汽车的需求，并扩大了整车出口，为迎接“复关”参与国际市场竞争奠定了基础。目前中国重型汽车集团公司生产的各类重型汽车产品主要有：“斯太尔”91系列重型汽车、以及“黄河”JN162型、“红岩”CQ30·290型、“红岩”CQ19·210型、“延安”SX1160型等8吨以上各种重型汽车，5吨以上军用越野车，“太脱拉”T815特种车，以及各类重型汽车的改装车、专用车、大客车底盘。同时还可以向用户提供160—225马力的各种柴油发动机、柴油发电机组和船用动力机组。

1993年度中国重型汽车集团公司的销售收入可达到60亿元，比1990年增长2.4倍；实现利税6亿元，比1990年增长3.4倍；利润达到3亿元以上。到1995年“斯太尔”重型汽车年产量达到设计纲领后，各类型的重型汽车产量将达到2.7万辆，各种发动机产品达到3.5万台，销售收入达到90亿元，利税达到10亿元，出口创汇可达到6亿元。

（王慧申）

第二汽车制造厂扩建工程

第二汽车制造厂位于鄂西北的十堰市，60年度中后期开始建设，设计规模为年产汽车10万辆（5吨车5.5万辆、2.5吨车2.5万辆、3.5吨车2万辆），总建筑面积286.84万平方米，主要生产线500条，主要工艺设备2.19万台。定员5.4万人，1986年初正式验收，项目建设总投资20多亿元。

1986年国家计委批准二汽进行改扩建并被国家列为“七五”期间的重点建设项目，总投资25亿元，其中基建投资15亿元（含统借统还国外设备工作量0.33亿元，自筹14.67亿元），技改投资10亿元（全部自筹）。汽车年生产能力由“六五”续建形成85000辆扩大到20万辆，其中5吨载重车13万辆，2.5吨和3.5吨越野车各5000辆，6.5吨柴油载重车4万辆，8吨柴油载重车2万辆，柴油机8.5万台。1992年经国家计委批准，生产纲领调整为15万辆，其中：中型车由年产18万辆调为14万辆（含越野车1万辆）、重型车由年产2万辆调整为1万辆。总投资由25亿元调整为25.3亿元，其中基建投资12.9亿元，技改投资12.4亿元。1992年二汽基本建设进入收尾阶段，当年安排投资计划为1.7亿元，其中建贷0.4亿元，企业债券0.9亿元，企业自筹0.4

亿元，当年已全部完成投资计划。柴油发动机厂、三铸厂设备安装已完成，动力厂土建收尾进入设备安装阶段，污水处理厂收尾完成。为实现生产纲领打下了良好的基础。经过23年的建设，截至1992年9月止，二汽职工总数已达8万余名，固定资产原值38亿余元，形成了年产15万辆中吨位卡车生产能力，年工业总产值（按1990年不变价格计算）51亿元。累计生产汽车110余万辆，向国家累计上缴利税37亿余元，相当于国家对二汽投资的2倍多。生产品种发展到7个基本车形，150多种变形车，形成了东风产品系列，成为国内汽车品种最多的生产企业。

二汽经过"六五"、"七五"的基本建设和技术改造，不仅生产能力成倍增长，而且产品质量也逐年提高，整车和发动机在连续三年被评为一等品的基础上，1991年主力车型EQ140—1和发动机又分别获国家优质产品奖和部优称号。企业规模和经营范围不断扩大，现已拥有10多家子公司，30多家合资企业，形成了融生产、开发、经营、进出口业务和集团内部融资为一体的，具有集团公司性质的特大企业。企业管理不断迈上新台阶，继1990年荣获国家二级企业后，1991年又被授予国家一级企业称号。

二汽对外贸易不断发展，已与世界上多个国家和地区的200多家企业建立了贸易关系。1983年，由国家经贸部批准，二汽享有外贸自主权，并在纽约、汉堡、香港等地设有商务处，引进国外先进技术和管理经验，开展合作生产，合资经营。由二汽控股，与法国雪铁龙公司合资的30万辆轿车项目—神龙公司已进入实质性建设阶段，整车和零部件出口数量、品种逐年增加，累计创汇1亿元美元，年出口创汇额近2000万美元，进口额3000万美元。

二汽在国内同行业中率先开展横向联合。目前，已发展成为以二汽为核心，拥有近300家成员企业、30余万职工、固定资产79亿元、工业总产值130多亿元的企业集团。为适应改革的需要，国民经济发展的要求，有利于企业集团的发展，促进对外经济交往，使企业走向国际市场，二汽已于1992年9月正式更名为东风汽车公司，该公司将建成十堰、襄樊、武汉三个现代化汽车生产基地，成为品种全、产量大、水平高，具有国际竞争能力的汽车公司。

（张　苹）

南京汽车工业联营公司"依维柯"项目

南京汽车工业联营公司是隶属于中国汽车工业总公司的国家大型一类企业，下设有25个生产厂、4个研究所和一个职工培训中心，目前南汽联营公司的主导产品是1吨和3吨轻型载货汽车和双排座客货两用车，全部产品分为三个系列车型，60多个品种，1992年各类型轻型汽车产量6万辆，实现销售收入28亿元，实现税利3亿元。

"七五"期间经国务院批准，南京汽车工业联营公司利用意大利政府2.1亿美元混合货款和1091万美元政府赠款，引进意大利"菲亚特"（FIAT）集团"依维柯"（IVECO）公司S系列轻型汽车设计制造技术。1985年中意双方签定了《轻型汽车许可证转让和技术援助合同》，南京汽车工业联营公司引进的"依维柯"（IVECO）项目自1986年开始实施建设，被国家列为按合理工期组织建设的国家重点建设项目。1992年度国家安排"依维柯"（IVECO）建设项目固定资产投资3.46亿元，其中：基建投资2.26亿元；技改投资1.2亿元。当年实际完成投资2.6亿元，其中：基建投资2.26亿元；技改投资3400万元。根据工期安排整个建设项目1994年全部竣工投产。

"依维柯"（IVECO）建设项目的总投资规模16亿元，其中：基本建设投资10.36亿元；技术改造投资5.6亿元，设计生产纲领为年产6万辆轻型汽车。引进具有90年代国际水平的意大利"菲亚特"（FIAT）集团"依维柯"（IVECO）公司的S系列轻型汽车制造技术来生产"得意—南京依维柯"轻型汽车。整个S系列轻型车共有33种车型，可组装载重量1.3—3吨的五个吨位级的乘用、货运轻型车，有单排座、双排座、厢式货车、乘用车、越野车等品种，车辆采用的发动机是引进意大利"菲亚特"集团"依维柯"公司先进的"索菲姆"（SOFIM）8140.27S型柴油发动机，使车辆具有良好的加速性、零部件结构紧凑、废气排放低、燃油消耗省。

1994年"依维柯"建设项目竣工投产后，南京汽车工业联营公司的各类型轻型汽车的年产量将达到9万辆，实现销售收入50亿元，利税将达到4.5亿元。1996年"依维柯"项目达到设计纲领后，南京汽车工业联营公司将成为国内最大的轻型汽车生产基地，形成轻型汽车产品的系列化、多品种、大批量的生产格局，年产各类型轻型汽车12万辆，年销售收入将达110亿元，实现税利11亿元。

（王慧申）

上海机床工业技术改造项目

上海是我国最早生产机床的老工业基地。早在30年代初就开始生产皮带车床和刨床，但在旧社会一直发展缓慢，到新中国成立后在中央和地方政府的领导下，才得到迅速发展，到了80年代上海机床工业的产量、产值已占全国的10%，在中国的机床工业中处于十分重要的地位。然而由于种种原因企业普遍存在产品落后、工艺装备落后，弄堂小厂危房多的问题，与日益提高的需求之间产生了矛盾，急需进行技术改造。

改革开放以来，国家对老企业进行有计划的技术改造，但由于国内资金有限，“杯水车薪”解决不了众多老企业技术改造对资金的需要。在改革开放的大潮中，上海市提出了要大胆利用外资。1984年国家计委批准上海机床工业利用世界银行贷款进行技术改造，之后经国务院批准，国家计委文转发《关于审批上海机床工业行业利用世界银行贷款进行技术改造的可行性报告的请示》通知。上海市建委批准了该项目的扩初设计。在此期间交叉完成了世界银行的选项评估等工作。1987年12月世界银行正式通过评估报告，整个项目开始执行。

项目利用外资1.25亿美元，按当时的汇率总投资为6亿人民币，按现行汇率总投资为9亿人民币。这是机床行业新中国成立以来最大的项目。技术改造内容如下：

	引进技术（项）	进口设备仪器（台套）	增国内设备仪器（台套）	新建面积（平方米）	精化设备（台）	淘汰设备（台）	空调面积（平方米）
机床公司	8	254	1571	39202	74	442	13472
机床厂	5	104	925	29050			14000

在一个项目中进口关键设备仪器358台，引进技术13项，新建和改建空调面积27472平方米，都是机床工业同期技术改造中最多的。

1. 产品水平得到提高

上海机床厂设计开发新品种54种（原设计考核52种），到1992年底共完成49种，1993年完成5种。在54种中达70年代末水平的24种，达到80年代水平的35种占64.8%，达90年代水平的有6种占11.2%。在54种中机电一体化产品占67%以上。上海机床公司先后设计开发86种新产品，已试制的72种，到1992年底累计完成82种。试制成功的新产品将全部达到80年代水平。上海机床厂引进了德国莱茨（LEITZ）计量型三座标测量机，达到了当代先进水平；引进美国兰迪斯（LANDIS）外园、曲轴、凸轮轴、阀门四大类34个品种制造技术，产品具有当代先进水平。上海第三、第四机床厂引进德国诺特（NORTE）立卧式加工中心，上海第八机床厂引进德国奥尔特（WALTER）电火花机床。产品都达到了较好的水平。

2. 工艺水平得到提高

铸造毛胚，被改造的上海机床厂铸造车间，上海铸造一、三、五厂普遍采用双炉熔炼，炉前用快速光谱仪测定化学成分，大、中型件造型采用呋喃树脂砂造型，小件造型采用气冲造型线，小件芯由三乙胺硬化工艺射芯机生产，大型芯由呋喃树脂砂生产线生产，清理用喷丸清理，最后由打磨机清理，这套工艺在国内机床行业是最先进的，在国际上也属先进水平。

板金冷作件，上海机床附件三厂将利用世界银行贷款与上海市重点科技攻关结合进行，采用了进口焊接设备、NC直角剪、NC折弯机、NC步冲、NC冲模回转头，并由数控冲模回转头压机与直角剪、有轨小车、高架仓库组成，板材加工FMS是国内冷作加工最先进的装备之一。冷作件改造前加工精度一般在1～3毫米，改造后达到±0.2毫米。

箱体加工，上海机床厂引进了数控立式镗铣床、加工中心、卧式座标镗床组成的柔性制造单元，采用可转位不重磨刀具。箱体加工孔距精度由改造前±0.01～±0.025毫米，改造后提高到±0.01～0.015毫米。上海第四机床厂世行改造与市科技攻关结合，建成了箱体加工柔性生产线，不仅为本厂加工箱体，还为机床公司兄弟厂加工箱体。

大件加工，有的用NC镗铣床，有的用五面加工中心，使工件一次装夹可完成五面上的钻、攻、铣、镗、铰多种工序。导轨的精度加工引进了意大利FAVRETTO导轨磨床，导轨加工精度从改造前0.007/300、0.01/1000、全长（4000）0.025，现提高到0.003/300、0.005/1000、全长（4000）0.015；配磨精度由≤60%提高到＞75%。表面粗糙度达到Ra＜0.4微米。

轴套加工，引进了数控车床、车削中心、高精度内园磨床，采用0.01微米的电感仪，普及不重磨刀具，使零件精度从改造前，主轴颈圆度0.5微米，内孔圆度2微米，改造后提高到，主轴颈圆度0.2微米，内孔圆度0.5微米。

齿轮加工，普遍采用蜗杆砂轮磨齿机，使齿轮精度从五～六级磨齿比例5%左右，提高到三～四级，磨齿比例达到50%以上。

热处理，引进变频感应淬火设备，真空淬火机等无污染设备，提高零件热处理质量。

装配，以上海机床厂为例，改造前装配与加工面积之比例为0.47∶1。改造后增加到0.7∶1。改造后采用全封闭调温车间，改善了装配环境，建立预装工地，推行二次装配、部件装配试车台、零件清洗间，提高了装配质量。

3. 打破封闭式车间推行成组工艺

上海机床行业齿轮集中生产，数控刀杆、防护罩等也实行专业化生产。

上海机床厂原是按产品组成封闭车间，这次改造打破了封闭车间，全厂按成组加工设置五个车间。在调整主要生产车间的同时还局部调整，完善有关配套车间，对全厂生产管理系统按专业化生产管理的要求，也作了重大改革，建立了新的工艺流程和管理方法。上海第二机床厂中小件加工也推行了成组技术，缩短生产技术准备时间，提高了效率。在企业内部组织结构调整的同时，上海机床公司在美国布兹·爱伦（BOOZ ALLEN）公司参与下对整个公司的管理信息系统进行了规划分析，为今后开展计算机管理打下基础。上海机床厂也在奥地利奥埃斯特·奥匹（VAIS）公司参与下进行了类似的工作，今年可望达到模拟运行阶段。

4. 提高了经济效益

上海机床公司	1984年实际	1993年计划	1993年预计	1984年/1993年
产值（万元）	17967	43120	55154	306%
利润（万元）	4182	11036	11036	260%
创汇（万美元）	513	1159	1972	337%
上海机床厂				
产值（万元）	5746	16526	19950	347%
利润（万元）	1777	6596	1500	84%
创汇（万美元）	114	537	540	473%

从产值上看，不论是上海机床公司还是上海机床厂，均将有大幅度增长，利润，从计算看，上海机床公司将超过原定目标，但上海机床厂将有一定困难。出口创汇均将超过原定目标。从调整产品结构看，五年来上海机床行业产量下降了近30%，锻压机械年产量下降50%，而产值却增长了25%。从宏观上讲，在当前能源、原材料紧张的情况下，全国如能根据市场需要调整产品结构，增加急需的中高档产品、出口产品，降低一般产品的产量，则会取得更大的经济效果。

上海项目现已通过预验收，但经济效益特别是利润指标与原批生产纲领还有较大的距离，要充分发挥已有设备（仪器）、厂房的能力，提高经济效益，还是今后更加艰巨的任务。

北大荒再展雄风

——农垦50亿公斤商品粮基地

昔日北大荒，经过黑龙江垦区40多年的艰苦奋斗，已建成我国目前规模最大的机械化国营农场群，是党政企社一体、工农商学、农林牧渔全面发展的社会经济区域。目前垦区年产粮豆400万吨，上交商品粮220万吨。昔日的北大荒如今变成了“北大仓”。

黑龙江垦区目前有102个国营农场，1803个工商建运服务企业，分布在黑龙江的48个市县境内。总人口155万人，职工73万人，现有土地总面积5.6万平方公里，有耕地近3000万亩，林地1138万亩，草原836　万亩，尚有可垦荒地1100万亩。

为使我国粮食生产尽快攀登上4500亿公斤和5000亿公斤两个台阶，以满足我国人口增长及畜牧业、加工业发展对粮食的需求，根据农业部提出在5—8年内全国农垦系统要纯增50亿公斤商品粮的规划，黑龙江垦区主动承担为国家生产50亿公斤商品粮任务，黑龙江垦区50亿公斤商品粮基地项目1990年已经国务院批准立项，国家计委1992年批复可行性研究报告。批准项目建设规模为改造中低产田2452万亩，开荒100万亩以及为生产服务的仓储、农机等配套建设；项目建设期为8年（“八五”后3年至“九五”末）；项目总投资29.3亿元，其资金来源为非经营性基金1.2亿元，经营性基金2.16亿元，除国家农业综合开发办公室安排的资金和争取银行贷款外，全部由垦区自筹，自筹资金可以争取部分外资。此项目建成后，黑龙江垦区每年可为国家上缴商品粮50亿公斤。

本项目自1991年起动实施，至1992年末已累计完成中低产田改造500万亩，开荒33万亩，并建成一批为生产服务的仓储设施、配套的水利设施和农机具购置，两年累计完成投资68826.9万元，完成总投资的23.4%，其中非经营性基金3000万元，农发基金9879万元，预算内经营性基金4871万元，小型农田水利投资7840万元，银行贷款14856.3万元，垦区配套资金28380.6万元。

自国家批准此项目后，垦区上下掀起第二次开发北大荒的热潮，对完成50亿公斤商品粮基地建设，具有很高积极性和必胜信心，50亿公斤商品粮基地建设作为垦区90年代经济生活中的头等大事，已经在垦区深入人心，家喻户晓，垦区上下都在为50亿公斤商品粮基地建设献策出力。

通过两年的实施，项目已初现效益。

1. 粮豆产量显著增长。1991、1992年是垦区遭受自然灾害最严重的年份之一，受灾程度相当于1981年，但1991、1992年粮豆产量仅次于1990年的特大丰收年（粮豆总产

460万吨）分别为366.6万吨和374.9万吨，为历史上的第二和第三个丰收年。

2. 农田基本建设使抗灾能力明显提高。项目建设中，除采取常规排水外，还采取了两沟一台、台条田以及明暗结合的排水方式，使一些原来低洼易涝，连年亏损的贫困地区改变了面貌。如291农场南部开发区16个生产队，21.5万亩耕地，亩盈利都在30元以上。

3. 基础设施加强，生产稳定增长，由于建设了粮食处理中心和购置了大马力拖拉机、联合收割机，使播种期缩短了5——7天，收获期缩短了10天左右，增强了粮食干燥、仓储等环节的抗灾能力，减少了损失浪费，种植业结构的调整，水稻面积的增加，充分发挥了抗灾、高产、稳产的优势。（李伟方 钟思现）

北京市潞河面粉公司

北京市潞河面粉公司（简称“潞河”），是国家大中型建设项目，被列为北京市重点建设工程，是我国目前最大的面粉、食品综合加工企业。“潞河”于1984年立项，1985年国家计委批准可行性研究报告（代计划任务书），1986年商业部批准了扩大初步设计。1989年5月经李鹏总理、田纪云、姚依林副总理同意，国家计划正式批准该项目开工建设。1992年1月，面粉车间一次试车成功。1992年7月1日，面粉车间、食品车间正式投入生产，全部项目于1992年12月竣工。

“潞河”座落在北京市通县运河东大街，占地6万平方米，建筑面积4万平方米，总投资1.3亿元，主要建设内容有面粉车间、食品车间、铁路专用线卸粮坑、混凝土筒仓、成品库、配电室、锅炉房、浴室、办公楼和职工宿舍等。面粉车间主要设备是从佐竹、罗宾逊（英国）有限公司引进，日处理小麦800吨，年产面粉15万吨；食品车间三条生产线分别为丹麦的曲奇饼、意大利的通心粉和夹层蛋糕，年产食品6520吨。北京市建筑设计院、商业部粮食工程设计院、北京市粮食局设计所承担了土建设计；中国自动化控制系统总公司承担了电气自动化控制系统的设计。

（汪 超）

表4—1 1992年基本建设全部建成投产大中型项目

(1992)

项目名称	新增生产能力名称	数量
农、林、牧、渔、水利业		
安徽茨淮新河	分洪流量	2000.00 立方米/秒
河南泌阳县板桥水库复建工程	水库容量（总库容）	6.06 亿立方米
	有效灌溉面积	15.00 万亩
河南陆浑灌渠	有效灌溉面积	52.00 万亩
	水力发电	1.03 万千瓦
煤炭采选业		
山西阳泉固庄煤矿	原煤开采	105.00 万吨/年
有色金属矿采选业		
安徽铜陵有色公司安庆铜矿	铜选矿：①处理原矿	115.50 万吨/年

续表

项目名称	新增生产能力名称	数量
	②铜精矿	3.70　万吨/年
	③铜含量	9800.00 吨/年
建筑材料及其他非金属矿采选业		
北京市怀北石灰石矿	水泥	25.00　万吨/年
内蒙古锡盟查干诺尔碱矿	烧碱	50000.00　吨/年
	纯碱	50000.00　吨/年
湖北宜昌磷化集团公司宜昌磷矿	磷矿开采	116.00　万吨/年
新疆水泥厂石灰石矿山工程	石灰石	120.00　万吨/年
木材及竹材采运业		
黑龙江东方红林业局	木材采运	39.00 万立方米/年
自来水生产和供应业		
黑龙江哈尔滨市自来水公司供水工程	自来水供水	33.20　万吨/日
江苏南京市自来水公司北河口水厂	自来水供水	40.00　万吨/日
江苏无锡市自来水公司水厂扩建	自来水供水	30.00　万吨/日
福建厦门市自来水公司高殿水厂	自来水供水	12.00　万吨/日
河南郑州市供水工程	自来水供水	50.00　万吨/日
广东汕头市第三水厂	自来水供水	20.00　万吨/日
食品制造业		
北京市潞河面粉厂	面粉加工	600.00　万吨/年
广东广州箭牌香口糖有限公司		
广东湛江市海康县客路糖厂	日处理原料	3000.00　吨
广西星星糖厂	机制甘蔗糖	2000.00　吨/年

续表

项目名称	新增生产能力名称	数量
	日处理原料	1000.00 吨
广西隆安县南墟糖厂	机制甘蔗糖	24000.00 吨/年
	日处理原料	2000.00 吨
天津富源食品有限公司肉鸡加工	肉加工品	13520.00 吨/年
广东肇庆市鼎湖区畜产品加工厂	肉加工品	18000.00 吨/年
河北万全县柠檬酸厂	无水柠檬酸	3000.00 吨/年
吉林新源玉米开发有限公司	淀粉	10.00 万吨/年
吉林黄龙食品工业有限公司玉米综合加工厂	淀粉	12.00 万吨/年
饮料制造业		
黑龙江哈尔滨啤酒厂	啤酒	50000.00 吨/年
安徽亳州市古井酒厂	白酒	2200.00 吨/年
湖南衡阳市啤酒厂	啤酒	50000.00 吨/年
饲料工业		
广西南宁正大畜牧有限公司饲料厂	饲料	18.00 万吨/年
纺织业		
上海新风色织厂引进剑杆织机	棉布织机	160 台
木材加工及竹藤棕草制品业		
吉林白河刨花板厂	刨花板	5.00 万立方米/年
福建邵武刨花板厂	刨花板	3.00 万立方米/年
造纸及纸制品业		
四川成都市纸浆厂	机制纸浆	1.70 万吨/年
新疆博湖造纸厂	机制纸浆	1.70 万吨/年

续表

项目名称	新增生产能力名称	数量
电力、蒸汽、热水生产和供应业		
天津大港发电厂二期工程	火力发电	64.00　万千瓦
河北邢台电厂五期工程	火力发电	40.00　万千瓦
山西太原市第一热电厂	火力发电	60.00　万千瓦
山西阳泉市河坡电厂	火力发电	10.00　万千瓦
辽宁沈阳沈海热电厂	火力发电	42.50　万千瓦
吉林长山热电厂油改煤工程		
黑龙江富拉尔基发电总厂五期工程	火力发电	5.00　万千瓦
黑龙江双鸭山发电厂二期工程	火力发电	42.00　万千瓦
黑龙江牡丹江热电厂	火力发电	5.00　万千瓦
江苏南京第二热电厂	火力发电	10.00　万千瓦
浙江长兴发电厂三期工程	火力发电	25.00　万千瓦
安徽蚌埠市热电厂	火力发电	5.00　万千瓦
安徽淮南平圩电厂	火力发电	120.00　万千瓦
江西九江电厂	火力发电	40.00　万千瓦
山东烟台黄海热电有限公司	火力发电	10.00　万千瓦
山东华能德州发电厂一期工程	火力发电	60.00　万千瓦
山东临沂发电厂	火力发电	10.00　万千瓦
山东菏泽发电厂一期工程	火力发电	25.00　万千瓦
河南平顶山市电厂	火力发电	5.00　万千瓦
河南鹤壁电厂	火力发电	40.00　万千瓦
河南焦作电厂三期工程	火力发电	40.00　万千瓦

续表

项目名称	新增生产能力名称	数量
河南永夏电厂	火力发电	5.00 万千瓦
湖南巴陵石化公司热电站	火力发电	3.70 万千瓦
湖南华能岳阳电厂	火力发电	72.40 万千瓦
广东深圳福田燃机电力有限公司	火力发电	6.27 万千瓦
广东汕头发电厂	火力发电	4.22 万千瓦
广东肇庆西江发电有限公司	火力发电	7.00 万千瓦
四川重庆华能珞璜电厂	火力发电	72.00 万千瓦
四川白鹤发电厂	火力发电	10.00 万千瓦
贵州遵义发电厂	火力发电	25.00 万千瓦
陕西渭河电厂一期工程	火力发电	60.00 万千瓦
甘肃酒泉钢铁公司热电工程	火力发电	5.00 万千瓦
甘肃永昌电厂	火力发电	10.00 万千瓦
甘肃靖远电厂一期工程	火力发电	80.00 万千瓦
宁夏大坝电厂	火力发电	60.00 万千瓦
新疆大山口水力发电厂	水力发电	8.00 万千瓦
新疆玛纳斯电厂一期工程	火力发电	40.00 万千瓦
河北潘家口电站	水力发电	21.00 万千瓦
吉林丰满发电厂二期工程	水力发电	17.00 万千瓦
吉林白山水电站二期工程	水力发电	60.00 万千瓦
浙江淳安县枫树岭镇电站	水力发电	3.20 万千瓦
福建良浅水电站	水力发电	3.00 万千瓦
福建泉州市龙门滩水电站	水力发电	4.40 万千瓦

续表

项目名称	新增生产能力名称	数量
湖南永州市南津渡水电站	水力发电	6.00 万千瓦
四川铜梁县安居水电站	水力发电	3.00 万千瓦
四川文峰电航工程	水力发电	3.00 万千瓦
四川射洪电航工程	水力发电	3.15 万千瓦
四川渠江广安四九滩航电工程	水力发电	2.55 万千瓦
四川省江口电站工程	水力发电	5.10 万千瓦
云南曲靖罗平县腊庄电站	水力发电	6.00 万千瓦
陕西安康水电站	水力发电	80.00 万千瓦
上海市电力局南桥——杨高50万伏输变电	输电线路长度	46.40 公里
上海市电力局武威50万伏输变电	输电线路长度	5.60 公里
湖北省电力局汉川电厂送出工程	变电设备	78.00 万千伏安
石油加工业		
天津石油化工公司炼油厂	石油加工：蒸馏设备	60.00 万吨/年
	裂化设备	10.00 万吨/年
	加氢精制设备	40.00 万吨/年
炼焦、煤气及煤制品业		
上海煤气公司吴淞煤气厂	煤气	60.00 万立方米/日
化学工业		
湖南衡阳烧碱厂	烧碱	20000.00 吨/年
福建三明化工总厂	合成氨	40000.00 吨/年
	氮肥	60000.00 吨/年
	尿素	60000.00 吨/年

续表

项目名称	新增生产能力名称	数量
宁夏化工厂	合成氨	300000.00 吨/年
	尿素	239200.00 吨/年
广东汕头市海洋聚苯树脂厂聚苯乙烯生产线		
甘肃银光化学工业公司TDI工程		
医药工业		
天津中美史克制药公司	医药中间体	150.00 吨/年
天津达仁堂制药厂	中成药	601.00 吨/年
化学纤维工业		
江西九江化纤厂粘胶短纤维工程	粘胶纤维	20000.00 吨/年
江苏仪征化纤工业公司一、二期工程	合成纤维	520000.00 吨/年
河南新乡化纤厂扩建锦纶丝工程	合成纤维	20000.00 吨/年
橡胶制品业		
上海轮胎橡胶（集团）公司子午线轮胎工程	轮胎外胎	30.00 万条/年
塑料制品业		
广东湛江市霞山区塑料工业集团公司	塑料树脂及共聚物	40000.00 吨/年
建筑材料及其他非金属矿物制品业		
河北三河燕美特种建材工业总公司水泥厂	特种水泥	6.70 万吨/年
辽宁大连华能小野田水泥有限公司	水泥	137.00 万吨/年
河南七里岗水泥厂	水泥	21.00 万吨/年
新疆水泥厂四吨窑工程	水泥	70.00 万吨/年
上海平板玻璃厂	平板玻璃	108.00 万重量箱/年
甘肃兰州炭素厂	石墨及炭素制品	35000.00 吨/年

续表

项目名称	新增生产能力名称	数量
贵州第七砂轮厂	磨料	40000.00　吨/年
黑色金属冶炼及压延加工业		
陕西汉江钢铁厂炼铁工程	铁矿石原矿开采	80.00　万吨/年
	炼铁	20.00　万吨/年
福建中国国际钢铁制品有限公司电炉炼钢厂	连铸	18.00　万吨/年
河南舞阳钢铁公司炼钢扩建工程	电炉钢	37.00　万吨/年
	连铸	38.40　万吨/年
湖北武汉钢铁公司“七五”工程	焦炭	55.00　万吨/年
辽宁凌源钢铁公司“七五”改扩建工程	铁矿烧结	22.00　万吨/年
海南鞍钢实业有限公司	热轧钢材	7.05　万吨/年
	冷加工钢材	0.20　万吨/年
	线材	7.25 万吨/年
四川成都无缝钢管厂	连铸	31.50　万吨/年
	热轧钢材	20.00　万吨/年
有色金属冶炼及压延加工业		
河南焦作市铝厂	电解铝	20000.00　吨/年
甘肃华兴铝业公司陇西铝厂一期工程	电解铝	9600.00　吨/年
河南中原黄金冶炼厂	金冶炼	7799.25　公斤/年
内蒙古包头铝厂	铝加工	3000.00　吨/年
金属制品业		
天津国际海运货柜工程有限公司集装箱工程	集装箱制造	20000　标箱/年
机械及电子工业		

续表

项目名称	新增生产能力名称	数量
黑龙江第一重型机器厂“七五”工程	火电铸锻件	250.00 万千瓦
河南第一拖拉机工程机械公司	微型泵	4.00 万吨
辽宁大连大华电子有限公司	磁鼓组件	50.00 万套/年
北京南口机车车辆机械工厂铁路轴承工程	车辆轴承	16.00 万套/年
上海飞利浦半导体公司		
交通运输业		
铁道部大桥局钱塘江二桥	新建铁路主线交付运营	2.90 公里
黑龙江哈尔滨铁路枢纽		
河南郑州站高架候车室		
铁道西陇海线电化	电气化铁路	673.00 公里
贵昆线	电气化铁路	640.00 公里
	增建铁路第二线	7.00 公里
商阜线	新建铁路主线正线	173.40 公里
	增建铁路第二线	6.40 公里
湖北襄樊汉江公路大桥	城市永久性桥梁	1 座
广东省高速公路公司	新建高速公路	22.60 公里
广东珠海市第二城市开发公司板樟山隧道		
广东中山市番中公路中山段工程	新建公路	15.34 公里
	新建独立公路桥梁	3650.00 延长米
广东广汕公路改造	改建公路	444.00 公里
天镇走马驿公路	新建公路	207.00 公里
浙江宁波港务局北仑二期工程	沿海港口吞吐能力	350.00 万吨/年

续表

项目名称	新增生产能力名称	数量
	泊位	6　个
广东深圳蛇口工业区港口二突堤	新（扩）建港口码头	500.00　万吨/年
	泊位	7　个
虹桥国际机场航站区扩建工程		
山东济南遥墙机场	民航机场跑道	1　条
	民航机场跑道	2600.00　米
河南南阳机场迁建工程	民航机场跑道	1　条
	民航机场跑道	1800.00　米
海南洋浦港务局		
邮电通讯业		
北京法国贷款通信工程	市内电话交换机	197000　门
	长途自动电话交换设备	4700　线
广州电信枢纽工程	长途电缆	17.00　延长公里
	长途自动电话交换设备	2000　路端
广州电信局一期瑞贷工程	市内电话自动交换机	70 000　门
广东深圳市电信发展公司无线移动电话扩容		
邮电部沪闽光缆工程	光缆	1464.00　延长公里
邮电部榕穗光缆工程	光缆	1383.00　延长公里
商业		
广东深圳华南冷藏制品有限公司	商业冷藏库	5.50　万吨
公用事业		
北京市南厢道路工程	城市道路	5.02　公里

续表

项目名称	新增生产能力名称	数量
教育事业		
中国政法大学	学生席位	5000 个
	建筑面积	133989.00 平方米
河南华北水电学院迁建工程	高等院校：学生席位	3000 个
	建筑面积	63621.00 平方米
湖北江汉石油学院	高等院校：学生席位	3900 个
	建筑面积	201900 平方米
科学研究事业		
中国科学院北京现代生物中心		
中国科技馆		

表4－2 1992年基本建设单项建成投产大中型项目

项目和单项工程名称	建设性质	新增生产能力
水 利		
上海防汛墙加固工程（地方项目）	新建	防汛加高加固57.3公里
武汉市堤防工程（地方项目）	改建	达标堤防3.17公里
四川中江县人民渠引水工程（地方项目）	新建	灌溉面积3万亩
四川南部县升钟水库（地方项目）	新建	灌溉面积10万亩
甘肃景泰电灌二期工程（地方项目）	扩建	灌溉面积9万亩
新疆拜城黑孜水库（地方项目）	新建	装机1.95万千瓦（#2#3#4机）
煤 炭		
河北邯郸矿区云驾岭矿井	新建	采煤60万吨

续表

项目和单项工程名称	建设性质	新增生产能力
山西大同矿区四老沟矿井	扩建	净增采煤150万吨
山西大同矿区大西沟矿井	扩建	净增采煤15万吨
山西阳泉固庄煤矿（司法部）	扩建	净增采煤105万吨
山西晋城矿区古书院二期	扩建	净增采煤120万吨
内蒙古准格尔项目一期工程	新建	装机10万千瓦（#1）
内蒙古霍林河矿区一号露天矿	新建	采煤700万吨
辽宁沈阳矿区红阳二井	扩建	净增采煤60万吨
辽宁铁法矿区大隆矿井	扩建	净增采煤90万吨
黑龙江鸡西矿区荣华立井	新建	采煤30万吨
黑龙江七台河铁西煤矿（司法部）	新建	采煤40万吨
安徽淮南矿区潘集三号井及洗煤厂	新建	采煤300万吨
安徽淮南矿区新庄孜矿井	扩建	净增采煤90万吨
山东龙口矿区梁家立井	新建	采煤180万吨
河南鹤壁矿区鹤壁四矿及洗煤厂	扩建	净增采煤45万吨
河南义马矿区耿村矿井	扩建	净增采煤120万吨
河南郑州矿区超化矿井	新建	采煤90万吨
陕西蒲白矿区白水矿井	扩建	净增采煤54万吨
甘肃靖远矿区王家山一井	新建	采煤45万吨
新疆哈密矿区三道岭露天矿	扩建	净增采煤30万吨
华能精煤公司神府东胜矿区乌兰木伦矿井	新建	采煤30万吨
石　油		
黑龙江大庆油田勘探开发	扩建	原油340万吨，装机20万千瓦

续表

项目和单项工程名称	建设性质	新增生产能力
华北油田冀中油田勘探开发	扩建	原油 36 万吨
辽宁辽河油田勘探开发	扩建	原油 180 万吨
华北油田二连油田勘探开发	扩建	原油 3 万吨
山东胜利油田勘探开发	扩建	原油 370 万吨，装机 20 万千瓦
华北油田二连油田呼和浩特炼油厂	新建	炼油能力 100 万吨
河南中原油田勘探开发	扩建	原油 50 万吨
青海油田勘探开发	扩建	原油 10 万吨
新疆油田勘探开发	扩建	原油 100 万吨
天津大港油田勘探开发	改建	原油 40 万吨
湖北江汉油田勘探开发	改建	原油 5 万吨
河南南阳油田勘探开发	扩建	原油 10 万吨
河北冀东油田勘探开发	扩建	原油 5 万吨
四川油气田勘探开发	扩建	天然气 5 亿立方米
玉门油田勘探开发	扩建	原油 1.1 万吨
吉林油田勘探开发	扩建	原油 30 万吨
陕甘宁长庆油田勘探开发	扩建	原油 10 万吨
天津渤海石油公司	扩建	天然气 1.4 亿立方米
江苏油田勘探开发	扩建	原油 10 万吨
电　力		
广州抽水蓄能电站电站部分	新建	装机 30 万千瓦（#1）
红水河天生桥坝索水电站电站部分	新建	装机 22 万千瓦（#1）
广西岩滩水电站电站部分	新建	装机 30.25 万千瓦（#1）

续表

项目和单项工程名称	建设性质	新增生产能力
四川铜街子水电站电站部分	新建	装机 15 万千瓦（#1）
天津军粮城电厂四期电厂部分	扩建	装机 20 万千瓦（#7）
河北宣化沙岭子电厂电厂部分	新建	装机 30 万千瓦（#2）
河北石家庄热电厂电厂部分	扩建	装机 5 万千瓦（#1#2）
河北秦皇岛电厂一期电厂部分	新建	装机 20 万千瓦（#1）
山西神头第二电厂电厂部分	新建	装机 50 万千瓦（#1）
山西大同第一电厂（地方项目）	扩建	装机 5 万千瓦（#1）
江苏利港电厂电厂部分	新建	装机 35 万千瓦（#1）
江苏戚墅堰电厂电厂部分	扩建	装机 20 万千瓦（#1）
内蒙古汇流河电厂（地方项目）	新建	装机 5 万千瓦（#1）
辽宁抚顺热电厂（地方项目）	新建	装机 2.5 万千瓦（#1）
河南郑州热电厂电厂部分（地方项目）	扩建	装机 20 万千瓦（#1）
广东沙角 A 电厂二期（地方项目）	扩建	装机 30 万千瓦（#4）
广东青溪水电站（地方项目）	新建	装机 7.2 万千瓦（#1#2）
广东珠海燃机电厂（地方项目）	新建	装机 6.8 万千瓦
西安西郊热电厂（地方项目）	新建	装机 2.5 万千瓦（#1）
铁　道		
滨洲复线	扩建	复线 73 公里
焦枝复线	扩建	复线 88 公里
阳涉线	新建	新线 43 公里
浙赣复线	扩建	复线 87 公里
钱塘江大桥及杭州枢纽	扩建	钱塘江第二大桥

续表

项目和单项工程名称	建设性质	新增生产能力
陇海线徐连复线	扩建	复线9公里
郑武线电化	改建	电化235公里
交　通		
南通港狼山港区二期工程	扩建	深水泊位1个，长江泊位4个，能力690万吨
大连港大窑湾港区一期工程	扩建	4个泊位，能力260万吨
西江航道整治贵港港	改建	煤炭泊位1个，能力180万吨
青岛港前湾港区一期	扩建	4个泊位，能力200万吨
西江航道整治马骝滩梯级水电站	改建	装机4.65万千瓦（#1#2#3）
江西南九公路及南昌大桥（地方项目）	改建	二级公路112.8公里
钢　铁		
四川攀枝花钢铁公司	扩建	轧材100万吨，装机10万千瓦（#1）
河南舞阳钢铁公司二期扩建工程	扩建	炼钢37万吨，连铸38万吨
有　色		
河津山西铝厂二期	新建	氧化铝50万吨
重庆西南铝加工厂二期	扩建	铝箔0.45万吨
贵阳贵州铝厂三期	扩建	电解铝4万吨
化　工		
吉林化学工业公司丙烯酸酯工程	扩建	丙烯酸酯3万吨
石　化		
石家庄炼油厂	新建	重整15万吨，加氢精制40万吨
北京燕山石化公司	扩建	间甲酚1.2万吨
大连石化公司	扩建	聚丙烯4万吨

续表

项目和单项工程名称	建设性质	新增生产能力
上海高桥石化公司	扩建	常减压250万吨
南京金陵石化公司	扩建	催化裂化100万吨，气体分馏15万吨
辽宁抚顺石化公司	扩建	丙烯腈5万吨
广东茂名石油工业公司	扩建	重整40万吨
森　工		
内蒙古大兴安岭林区满归林业局	扩建	木材1万立方米
内蒙古大兴安岭林区绰尔林业局	扩建	木材1万立方米
内蒙古大兴安岭林区莫尔道嘎林业局	扩建	木材2万立方米
内蒙古大兴安岭林区金河林业局	扩建	木材1万立方米
内蒙古大兴安岭林区绰源林业局	扩建	木材1.8万立方米
内蒙古大兴安岭林区阿里河林业局	扩建	木材1万立方米
内蒙古大兴安岭林区吉文林业局	扩建	木材2万立方米
内蒙古大兴安岭林区乌尔旗汉林业局	扩建	木材3万立方米
内蒙古大兴安岭林区阿龙山林业局	扩建	木材0.5万立方米
吉林长白山林区红石林业局	扩建	木材2万立方米
黑龙江大兴安岭林区十八站林业局	扩建	木材3.5万立方米
黑龙江沾河林业局	扩建	木材2万立方米
黑龙江东方红林业局	扩建	木材1万立方米
黑龙江兴隆林业局	扩建	木材2万立方米
四川南坪林区	扩建	木材0.5万立方米
四川雅砻江林区	扩建	木材1万立方米
云南金沙江林区	扩建	木材1万立方米

续表

项目和单项工程名称	建设性质	新增生产能力
汽 车		
南京汽车制造厂依维柯项目	扩建	轻型汽车5000辆
湖北第二汽车制造厂	扩建	重型汽车6000辆
重型汽车工业联合公司斯太尔项目	改建	重型汽车2200辆
建 材		
重庆四川陶瓷厂（地方项目）	改建	卫生洁具36万件
烟 草		
南通醋纤公司二期工程	扩建	丝束1万吨
城 建		
北京地铁复兴门至八王坟工程（地方项目）	新建	双线地铁1.8公里，大型车站1座
哈尔滨哈依煤气工程（地方项目）	新建	日供气60万立方米
成都市自来水六厂（地方项目）	新建	日供水20万吨
重庆九龙坡水厂（地方项目）	扩建	日供水20万吨
南京北河口水厂（地方项目）	新建	月供水20万吨

表4—3 1992年计划新开工大中型项目

项目名称	建设性质	建设规模
总计94项		
一、中央项目（38项）		
水利（1项）		
湖北洪湖分蓄洪工程	扩建	防御1954年型洪水，分蓄洪水160亿立方米
电力（14项）		

续表

项目名称	建设性质	建设规模
四川东西关水电站	新建	装机 18 万千瓦
山西榆社电厂	新建	装机 20 万千瓦
内蒙古元宝山电厂三期	扩建	装机 120 万千瓦
内蒙古伊敏煤电联营一期工程电厂部分	新建	装机 100 万千瓦
煤矿部分		采煤 400 万吨
内蒙古达旗电厂	新建	装机 66 万千瓦
辽宁绥中电厂	新建	装机 160 万千瓦
辽宁营口电厂电厂部分	新建	装机 60 万千瓦
送出部分		
黑龙江鹤岗电厂	新建	装机 60 万千瓦
上海外高桥电厂	新建	装机 120 万千瓦
江苏射阳港电厂	新建	装机 25 万千瓦
安徽马鞍山第二电厂	新建	装机 60 万千瓦
浙江嘉兴电厂	新建	装机 60 万千瓦
河南偃师电厂二期电厂部分	扩建	装机 60 万千瓦
送出部分		
广西柳州电厂	扩建	装机 40 万千瓦
铁道（5 项）		
北京西客站	新建	铁路车站、市政配套，邮政枢纽
其中：铁道工程		站房 5.5 万平方米，站台 6 座，到发线 11 股，西长正线 28 公里，接发列车 60 对

续表

项目名称	建设性质	建设规模
市政工程		站前广场，城市道路及相关的立交桥，以及市政公共交通，各种停车设施、供水、供热、排水、煤气、供电、通信、行政管理和治安用房等公用设施8万平米；改移河道及预埋地铁工程
邮政工程		北京西客站邮件处理中心，近期3万平米，年处理能力3000万袋
成达线	新建	成都一达县350公里
漳泉肖线	新建	湖头一泉州188公里
广大线	新建	广通一大理213公里
京广线北京至郑州	改建	北京至郑州段电气化
电化		695公里
交通（1项）		
山东石臼港二期工程	扩建	深水泊位5个，能力200万吨
邮电（1项）		
西安一成都光缆工程	新建	光缆1090公里
		18芯140MB/S
钢铁（4项）		
天津第二钢丝绳厂	扩建	中细钢丝绳4万吨
辽宁本溪钢铁公司	扩建	冷轧板50万吨
		热镀锌板20万吨
河北唐山钢铁公司二期工程	扩建	炼铁87.5万吨
		烧结矿171万吨
河南洛阳耐火材料厂	扩建	优质镁铬制品1万吨
有色（2项）		

续表

项目名称	建设性质	建设规模
广东韶关冶炼厂	扩建	铅锌冶炼 8.5 万吨
云南易门矿务局	新建	一期：日采选 2400 吨
新平大红山铜矿		铜含量 6831 吨
化工（1 项）		
四川金河磷矿	扩建	磷矿采矿 50 万吨
石化（1 项）		
安庆石化总厂	扩建	丙烯腈 5 万吨
丙烯腈/腈纶工程		腈纶 5 万吨
建　材（3 项）		
北京水泥厂	新建	水泥 74 万吨
安徽铜陵水泥厂	新建	水泥 69 万吨
		水泥熟料 60 万吨
沈阳东北耐火材料厂	扩建	年产 1 万吨镁质制品
森工（1 项）		
黑龙江绥化木材加工厂复合板车间	新	复合板 3 万立米
卫生（3 项）		
上海生物制品所疫苗生产线	扩建	麻疹、百日咳、白喉、破伤风疫苗生产线，建筑面积 2.1 万平方米
兰州生物制品所疫苗生产线	扩建	麻疹、百日咳、白喉、破伤风疫苗生产线，建筑面积 1.81 万平方米
昆明中国医科院生物医学所疫苗生产线	扩建	脊髓灰质炎疫苗生产线，建筑面积 0.77 万平方米
二、地方项目（56 项）		

续表

项目名称	建设性质	建设规模
北京南厢道路工程	新建	蒲黄榆一莱户营道路全长5.1公里，立交桥4座
北京交换系统有限公司	新建	数字程控交换机30万线
北京焦化厂两段炉工程	扩建	日供气60万立方米
北京首钢日电电子有限公司	新建	大规模集成电路5000万块
北京首钢煤气工程	新建	日供气100万立方米
北京乙烯工程	扩建	乙烯11.5万吨
		环氧乙烷/乙二醇4万吨
		EVA树脂4万吨
		丁辛醇7万吨
天津程控交换机项目	扩建	数字程控交换机30万线
河北石家庄化肥厂	扩建	合成氨6万吨，尿素11.4万吨
河北桃林口水库	新建	总库容8.36亿立方米
河北滦河电厂	扩建	装机10万千瓦
山西太钢热轧工程	新建	钢卷板135万吨
山西潞城水泥厂	新建	水泥75万吨
内蒙古中苏合资包头亚麻厂	新建	麻纺布400万米
吉林四平热电厂	新建	装机20万千瓦
长春热电一厂电厂部分	扩建	装机10万千瓦
热网部分		
辽宁抚顺醇醚化学厂	新建	醇醚6万吨，液体洗涤剂4万吨
沈阳石蜡化工工程	扩建	年加工能力50万吨

续表

项目名称	建设性质	建设规模
大连北海头热电厂二期	扩建	装机5万千瓦
大连东风水库	新建	总库容1.26亿立方米
哈尔滨市西泉眼水库	新建	总库容4.62亿立方米
上海杨浦大桥	新建	正桥长1200米
上海市焦化厂三联供气工程	扩建	日供气100万立方米，甲醇10万吨
上海金阳腈纶厂	扩建	腈纶1万吨
		其中：毛条5000吨
上海合成洗涤剂厂表面活性剂项目	新建	非离子表面活性剂3万吨
浙江肖山电厂	新建	装机25万千瓦
浙江杭甬高速公路	新建	杭州一宁波高速公路150公里
福建山仔水利枢纽工程	新建	总库容1.63亿立方米，装机4.5万千瓦
福建电话网工程	扩建	程控交换机5万门
江西九江化工厂	扩建	环氧丙烷2万吨，聚醚2万吨，丙二醇0.5万吨
江西信江航运工程	新建	三级航道344公里，五级航道49公里，港口吞吐量590万吨，装机3100千瓦
江西南车水库	新建	总库容1.53亿立方米，灌溉面积26.3万亩，装机1.2万千瓦
江西盐矿	扩建	精盐30万吨，无水芒硝2万吨
江西九江石油化工总厂大化肥工程	新建	合成氨30万吨，尿素52万吨
山东东明黄河公路桥	新建	大桥4142米
山东潍坊寒亭盐场	扩建	海盐100万吨
山东掖县盐场	扩建	海盐100万吨

续表

项目名称	建设性质	建设规模
河南中原乙烯工程	新建	乙烯14万吨，聚乙烯14万吨，聚丙烯4万吨
河南平顶山盐厂	新建	食用盐30万吨
河南濮阳热电厂二期	扩建	装机5万千瓦
湖北华新水泥厂	扩建	水泥67万吨
广东汕头燃机电厂	新建	装机10万千瓦
广东广宁造纸厂	新建	漂白竹浆板5.1万吨，特号胶版纸1.4万吨
广东电话网工程	扩建	程控交换机12.5万门
广东彩色显象管项目	新建	彩色显象管150万只
广西钦北铁路	新建	钦州—北海港铁路98.6公里
广西左江水利枢纽工程	新建	装机7.53万千瓦
海南环岛公路东线工程	新建	半幅高速公路272公里
四川乐山槽渔滩水利枢纽	新建	库容2720万立方米，装机6.75万千瓦
重庆渝港钛白粉有限公司	新建	钛白粉1.5万吨
重庆长江二桥	新建	正桥长1370米
贵州贵遵公路	改建	贵阳—遵义一级专用公路32公里，二级专用公路128公里
云南滇西水泥厂	新建	水泥32万吨
陕西西宝公路	新建	西安—宝鸡一级汽车专用公路145.43公里
西安市电话网工程	扩建	程控交换机6万门
新疆乙烯工程	新建	乙烯14万吨
		聚乙烯12万吨
		聚丙烯7万吨
		乙二醇4万吨

续表

项目名称	建设性质	建设规模
		顺丁橡胶2万吨
		甲醇3万吨
		甲苯叔丁基醚2.5万吨
		丁烯11万吨
		塑料加工1万吨
沪宁高速公路	新建	高速公路274公里，一级公路10.7公里
江苏段一期工程		高速公路137.1公里

建设银行上海市分行张恩照行长，于1989年2月28日，与27家国外银行组成的银团代表，为上海金山石化三十万吨乙烯工程融资，签订1.28亿美元的贷款协议。

建设银行上海市分行经办内外资融资和投资管理、已建成的上海金山石化三十万吨乙烯装置一角。

建设银行上海市分行张恩照行长向上海市市长朱镕基汇报工作。

中国人民建设银行

上海分行

奋进中的建设银行

海南省分行

改革开放以来尤其是建省办特区以来，建设银行海南省分行各项事业都取得了令人鼓舞的成果，实现了大特区建行事业的跳跃性发展，有力地支持了大特区的经济建设。截止 1993 年底，各项存款余额达 72.6 亿元，比建省前增加 8.94 倍；各项贷款余额达 31.78 亿元，比建省前增加 10 倍；实现利润 1.5 亿元，是 1991 年的 6.81 倍。国际金融业务发展也很快先后为三亚凤凰机场、海南锦纶丝厂和海南锦纶丝浸胶帘子布厂等重点项目引进外资 1.22 亿元，受到省政府表扬。外汇存款、贷款、结算量每年以较大幅度增长，居系统前列，已开始迈步走进了国际金融大舞台。目前，金融工具已基本完备，金融创新日益活跃，银行电子化步伐不断加快，现代金融服务逐步推进，全员素质不断提高，正阔步向商业银行过渡的道路上迈进。

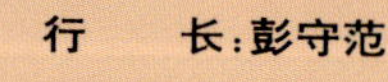
行　　长:彭守范

行　　长:彭守范
副 行 长:冯大安、邝锡惺、张明辉
纪检组长:林书尧
地　　址:海口市龙华路 17 号
电　　话:(0898)—211157
电　　挂:44003
传　　真:211322

中国人民建设银行 深圳市分行

深圳市建设银行大厦

分行领导成员　行长：惠小兵（中）；副行长：赖璞光（左二）、梁琼添（左一）、刘京保（左四）；纪检组长：王皎（右一）

建设银行深圳机场办事处营业厅

建设银行深圳市分行随着深圳经济特区的发展和金体制改革的不断深化，努力完善和强化银行功能，已由去只办理基建拨款和财务监督的财政职能为主的银行步发展成为一个资金实力较雄厚，功能较齐全，业务品多样，社会知名度较高，在特区金融业居重要地位的综性银行。

分行下设营业部、支行13间，营业网点66个。在编工2665人，具有高级职称29人、中级职称420人，初形成了一支朝气蓬勃、年富力强、敢于竞争、勇于开拓干部职工队伍。

1993年末，该行人民币一般性存款129.9亿元，比年增长4.3%，连续4年存款余额居深圳市金融同业之；人民币贷款余额70.04亿元，比年初增长26.67%；年现金净回笼15.5亿元。外汇业务有了较大发展，存余额5.228亿美元，比年初增长22.5%，贷款余额5亿美元。全年实现利润3.78亿元，比上年增长19%。续2年被深圳市评为纳税大户，为国家作出了较大的献。

中国投资银行深圳市分行
办理世界银行委托贷款，向国外筹集建设资金
深圳市建设银行住宅信贷部
服务住房制度改革，办理住宅存、贷款及代理业务
深圳市房地产建设开发公司
承办土地开发、房产经营及投资办实业
深圳市建设银行大厦管理处
办理写字楼租赁、旅业、餐厅等服务
经济咨询服务部
承接委托工程项目招标；编制标底和预结算；
建设项目可行性研究；地盘管理；
基建财务等技术经济咨询服务

地址：深圳市红岭南路金融中心建设银行大厦
电话：2246189 总机转各处室　电话传真：2246139、2246083
电传：分行办公室：420567 CBSZ CN　分行营业部：420510 CBSZ CN
国际业务部：420348 CBSZ CN　420433 CBSZ CN

愿同四方朋友携手共创拉萨美好的明天

中国人民建设银行拉萨市中心支行在改革开放的大潮中，开拓创新，励精图治，逐步走向兴旺发达。以其功能之完善，服务内容之周全，服务态度之诚信，效益之显著，引世人所瞩目。

诞生以来，她以独一无二的专业银行优势，既经营管理固定资产投资，又实行各种银行业务经营，将财政、银行双重职能行使的淋漓尽致，有力地支持了西藏地方经济建设。依照"存款立行"的信条，大力筹措建设资金，积极参与建设项目的经济和技术评估论证，审查工程预决算，实施基建财务管理和监督，重点支持了交通能源、通信、原材料等基础产业设施，以及文教、卫生、公共福利事业的建设和技术改造。

随着社会主义市场经济体制在西藏的建立和完善，建行拉萨市中心支行步入了新的发展阶段，迅速壮大资金实力，不断拓展业务领域，完善银行功能，努力向全方位、现代化、国际化的银行经营体系迈进。

目前，开展的业务并服务项目达数十种，提供办理国内其他金融机构能够办理的业务和服务。其中，有些项目颇具特色。

〇审查工程预决算，提供基建财务管理和监督

〇提供项目评估论证

〇以雄厚的资金实力，向社会提供多种类的信贷服务

〇代理发行各类投资、建设债券

〇以雄厚的技术力量及手段，向社会提供全面、完备的投资咨询服务

〇为境外投资、合资项目提供资金调剂、存放、工程预决算审批，以及工程资金使用监督等各个环节的服务

〇参与房地产开发及经济技术评价

〇发行"万事达"信用卡，为国内外顾客从事商务、旅游、结算支付和存取款项等需求提供服务

建设银行拉萨市中心支行以诚信为本，以求实、创新、进取精神一如既往地向社会提供优质、高效、热情、周到的服务。

忠心感谢您对我们的支持，为您提供服务是我们的荣幸！

地址：中国西藏拉萨市北京中路 169 号　　**TEL：32686(0891)**

行长：侯民兴　　**FAX：(0891)35319**

中国人民建设银行

云南省分行

云南省建设银行办公大楼

中国人民建设银行云南省分行成立于1954年10月1日，40年来，共办理基本建设、更新改造拨款、贷款、地质勘探经费拨款等784亿元，支持云南省建成了包括成昆铁路、昆明机场、鲁布革电站、云南天然气化工厂、昆明三聚磷酸钢厂、云南锡业公司、东川铜矿、玉溪卷烟厂等230个大中型项目在内的各类建设项目3万多个，为发展云南经济，改善人民生活，增强民族团结奠定了物质技术基础。

40年间，云南建设银行认真加强投资管理，努力提高投资效益，通过审查建设概算、工程预算、决算、制止不合理开支、提合理化建议等措施为国家节省投资16.2亿元；通过对391个项目实施评估审查，避免了22个项目12，749万元信贷资金的风险投入。

中共十一届三中全会后，云南建设银行本着解放思想、实事求是的精神，积极探索改革建设银行体制、完善建设银行功能、拓展业务领域。尤其是中共十四大后，各级建设银行主动面向市场，寻求存款的新支撑点和生长点，取得了较好的成效。到1993年底，云南建设银行已发展成为以中长期信贷业务为主，既经营国内金融业务，又经营国际金融业务的国家专业银行。云南省分行总经办任务239．17亿元中，各种委托贷款、信贷资金贷款已占58%。资产总额比1985年增长748%，存款余额69亿元，其中储蓄存款21.56亿元。发行和代理发行有价证券9.33亿元。房改金融业务蓬勃发展，存款15.91亿元，贷款余额5.43亿元。国际金融业务也有了长足进展。通过银行信用手段每年为云南省增加20亿左右投资，成为支持国家和云南经济建设的一支重要力量。

为了使建设银行在市场经济中能健康发展，云南建设银行注重机构和队伍建设。1993年底各类分支机构和营业网点达700多个，遍布全省各地市县及大中型项目所在地；干部中具有高级、中级、初级专业技术职务的人员占82.2%；仅1979年以来，全省建行先后有7人被上级授予劳动模范，14个先进集体和30名先进工作者受到总行、省政府表彰。一个多元化的建设银行经营体系和一支善于开拓进取、能吃苦耐劳、敢打硬仗的职工队伍已形成。

云南建设银行将按商业银行要求，积极开辟业务领域，完善服务功能，增加服务手段，增强经营活力，为云南经济建设作出新贡献。

叶萍行长

勇于探索

——广东建

几度寒暑嬗递，几经风霜雪。广东建设银行终于在改革开的大潮中，辟荆创新，励精图治，低谷走向兴旺发达，以其服务内之周全、服务态度之诚信、服务效之百倍增长，而引人关注。

公元一九七八年，华夏大地始了一场亘古未有的变革，广东风气之先，瞬即风云际会，海阔高。我们省建行在“千崖争秀，万争流”中，脱颖而出，得天时而先在握，凭地利而纵横捭阖，依人和决胜千里。其崛起之速，乃势使然。

“百事之举，非财不可”，广东行依托“银行职能”和“财政职能”两个轮子，驰骋于南粤大地，拓展一片片属于自己的蓝天，奉献出个个构思各异的作品。如今，已成一个全方位多功能、现代化的金

地处顺德的广东花宝空调器厂向建设银行借款5000万元进行技术改造后，税利成倍增长。

Huabao Air-conditioner Factory Guangdong Province located in Shunde, which borrowed 50 million yuan for improving the technology from Construction Bank. Profits are doubled and doubled.

开花结果

力支持祖国建设

团，活跃于南粤的经济金融舞台上，且屡受激励，深感中外各界人期望之重！收获的代价是付出，其，有血、有汗、有坎坷、有牺牲、有闷、有欢乐，经历几年、十几年的搏奋斗！螺旋而升，曲折而进，距目标还早、还远！

金融领域千变万化，唯一不变就是“变”。世人有言：“改革开放的广东创造了奇迹”，作为创造这奇迹的参与者，广东建行系统自不囿陈规、审势决策、因时善变，略相济，奋力开拓，把握龙腾云起机，实事巧做，积微而著，推陈出，填空补白，直挂云帆济沧海，在太金融行业中一显身手。沿着“务、开拓、进取”的创业之律，精心编为“四化”筹措资金“造血”、“输”的美丽花环，把祖国江山装扮得加妖娆！

湛江市建設銀行融通資金、支持南海西部油田開發。圖爲南海西部油田出油了。

Zhanjiang Construction Bank approves some funds and supports the oil field development in the west of South Sea. The picture shows us that the oil is gushing from the well.

湛江港油碼頭

The oil wharf of zhanjiang port

深圳市建设银行贷款支持的外向型企业——华加日铝业有限公司。铝型材产品出口日本等国。

This is sino-Japan Aluminum Limited Company, an external enterprise. Shenzhen Construction Bank allocates credit funds to buildit. All its products are exported to Japan and other foreign countries.

廣東健力寶運動飲料有限公司利用投資銀行貸款引進飲料紙包裝生產線獲成功、現已成爲國際上知名的運動飲料公司。

Guangdong Jianlibao Sports Beverage limited Company makes a good use of loa and appropriation funds to import an production line of paper packing, which is so succe ful that this company has became famous in the world.

中国人民建设银行

北京长安支行

建行北京长安支行是1993年9月成立的新机构，位于京西的复兴路甲65号，现有员工85人，平均年龄28岁，首任行长朱少军（经济师）。长安支行现有两个储蓄所，一个专柜，两个代办点，1994年初将在北京的北部、东部、南部设立三个办事处。

长安支行是一家兼有财政、银行职能的多功能、综合性银行，是指定承办军工、国防部门基本建设拨、贷款的专业支行，同时还为工商企事业单位办理信贷业务，为土地商品房开发企业办理房地产信贷业务，发放基本建设、技术改造等中长期贷款和储备贷款，办理外汇存款、贷款、结算、外币及外币票据兑换、外汇担保等业务，发行或代理发行各种债券、股票办理各种有价证券的转让，办理居民储蓄，办理投资贷款项目评估、概预决算审查、咨询、评定企业信用等级，以及其他的金融服务。

长安支行开业时间不长，业务发展十分迅速。在与传统客户保持良好关系的同时，又与许多客户建立了相互支持、共同发展的银企关系。为了向客户提供方便快捷周到的服务，长安支行在广泛使用计算机，努力提高业务技能，改善服务手段的基础上，开办了流动银行，为客户提供上门服务。近期还将开办电话银行、业务咨询、代保管箱等金融服务。

长安支行欢迎社会各界朋友前来办理业务，全行员工将向每一位客户提供优质服务，并请各界朋友予以监督。长安支行将在国有专业银行向真正商业银行转变的过程中，把握有利时机，办好政策性金融业务，发展开拓商业性金融业务，围绕带一流队伍，创一流管理，提供一流服务，建设一流支行的目标，不断进取，积极为祖国的国防建设事业和首都的经济建设作贡献。

长安支行行长　朱少

支行本

支行营业大厅

第五部分
证券投资

（一）1992年中国证券市场

1992年中国的证券管理体制

国务院证券委员会办公室　姜长龙

一、中国证券管理体制的演变

中国的证券管理体制是随着证券市场的发展而逐步建立起来的。从主管部门的变化来看，大体上可以分为以下几个时期。

1. 1981年——1985年，财政部独立管理时期。这一时期，国库券的发行主要由财政部组织和管理，管理的依据主要是国务院历年颁布的《国库券条例》，发行方式是以行政摊派为主，还没有建立国库券流通市场。

2. 1986年—1992年底，中国人民银行为主管机关的时期。这一时期中国的证券主管机关是中国人民银行，它负有全面管理股票与债券，管理金融机构和金融市场，制订有关金融法规和政策，制订金融规章制度的职责。1986年1月7日，国务院发布的《中华人民共和国银行管理暂行条例》第五条规定："中国人民银行是国务院领导和管理全国金融事业的国家机关，是国家的中央银行。

这一时期，随着经济体制改革的全面展开，证券市场得到相应发展，除国库券外，金融债券、企业债券、公司债券和股票相继推出，证券交易市场逐步展开。制订了有关证券市场的法规和政策。从管理体制方面看，有以下几个特点：

第一，以人民银行为主体，形成了按券种划分各部门分工的管理格局。在证券发行管理上，国家债券发行以财政部为主，人民银行参与管理；各类投资性债券主要由国家计委组织发行与管理，财政部、人民银行参与管理；金融债券和短期融资债券主要由人民银行负责；地方企业债券在1989年前主要由人民银行负责，人民银行总行下达年控制额度，由人民银行总行和地方分行按审批权限分别审批；企业发行股票处于试点阶段，地方政府曾批准了一些企业进行公开发行股票的试点。1990年5月以后，国家规定公开发行股票要由国家有关部门联合审批；证券交易市场管理主要由人民银行负责，财政部主要管理国债的转让。

第二，加强了债券的发行计划管理和宏观统一协调。1988年国家机关机构改革后，国务院制订了《国家计委、财政部、人民银行在宏观经济管理方面的分工意见》，对三大综合经济部门在金融市场管理方面的分工作了相应规定。根据《分工意见》，国家计委加强了在证券市场方面的管理职能，并与中国人民银行发布了《关于发行企业债券实行额度申报审批办法的通知》（1989年12月27日）。同时，从1989年起国家计委会同中国人民银行开展编制年度国内证券发行计划，报国务院批准后下达，从1992年起，证券计划正式纳入国民经济计划序列。对地方企业债券实行由国家计委、中国人民银行联合审查、审批制度。为了加强对股票的管理，经国务院批准，1990年在人民银行设立了由国家计委、财政部、国家体改委、国有资产管理局、国家税务局、经贸部、国家外汇管理局八个部门共同参加的国务院股票审批办公室（股票市场办公会议制度）。1992年6月，建立了国务院证券管理办公会议制度，在人民银行设立了证券管理办公室，以加强对证券市场的统一领导和协调。

第三，加强了对证券业的自律性管理。1991年8月28日，成立了中国证券发展史上第一个全国性的行业自律管理组织——中国证券业协会，它对促进中国证券业的健康发展，发挥证券业的整体功能，加强证券业之间的联系、协调、合作和自我控制，将发挥重要作用。同时，财政部成立了国债协会。两个民间证券业自律性组织的建立，标志着中国初步形成了政府管理与自律性管理相结合的证券管理体系。

3. 1992年底以来，以国务院证券委员会为主管机构的管理体制。为了加强证券市场的宏观管理，统一协调有关政策，建立健全证券监管工作制度，保护广大投资者的利益，促进中国证券市场健康发展，1992年10月，国务院决定成立国务院证券委员会（简称证券委）和中国证券监督管理委员会（简称证监会）。这是深化改革，完善证券管理体制的一项重要决策，对于保障证券市场健康发展有着重要意义。同时，1992年12月17日，国务院发布了《关于进一步加强证券市场宏观管理的通知》，对各部门证券管理的职责进行了明确分工，进一步理顺和完善了我国的证券管理体制。

证券委是国家对全国证券市场进行统一宏观管理的主管机构。作为国务院归口的议事协调机构，它由14个部委的领导同志组成委员会，共同研究决策证券市场的重大政策和问题。

证监会是作为证券委对证券业和证券市场进行监督、管理的执行机构，接受证券委的指导、监督、检查和归口管理。

证监会依法对证券业、证券市场进行全过程、全方位的监督、管理。

国家计委根据证券委的计划建议进行综合平衡，编制证券计划；中国人民银行负责审批和归口管理证券机构，同时在证券委备案；财政部归口管理注册会计师和会计师事务所，对其从事与证券业有关的会计事务的资格由证监会审定；国家体改委负责拟定股份制试点的法规并组织协调有关试点工作；上海、深圳证券交易所由当地政府归口管理，由证监会实施监督，设立新的证券交易所必须由证券委审核，报国务院批准；现有企业的股份制试点，地方企业由省级或计划单列市人民政府授权的部门会同企业主管部门负责审批，中央企业由国家体改委会同企业主管部门负责审批。新建和在建项目的股份制试点审批办法另行制定。

国债由财政部负责；金融机构债券、投资基金证券由中国人民银行负责审批；国家投资债券、国家投资公司债券由国家计委负责审批；中央企业债券由中国人民银行和国家计委负责审批；地方企业债券、地方投资公司债券由省级或计划单列市人民政府负责审批。

二、中国证券的发行管理

1、证券发行的计划管理。发行证券必须根据国家的宏观经济政策，正确处理直接金融与间接金融的关系，根据国家的投资计划和信贷计划，确定各类证券的年度发行额度，列入国内证券计划。

(1) 国库券、财政债券、保值公债和特种国债等国家债券，一般都由财政部根据当年的财政预算提出发行计划和发行办法。

(2)国家投资债券和国家投资公司债券等由国家计委会同有关专业银行，国家各专业投资公司根据国家重点建设的需要提出债券发行计划，并与人民银行共同拟订发行办法。

(3)中央企业债券由国家计委会同国家有关专业部门，根据相关行业投资的需要提出债券发行计划和办法。

(4)金融债券由各家专业银行总行根据各自偿还旧债的数额和发行特种贷款的实际需求量，制订本系统发行金融债券、发行特种贷款的计划和办法，报人民银行总行，人民银行总行根据国家综合信贷计划和当年偿还旧债的数额，统一确定金融债券发行的总额，同时批准下达各银行及其他金融机构发行金融债券和发行特种贷款的指标，各行执行时不得突破人民银行总行批准的发行额度。

(5)企业发行债券必须在发债的上一年度向所在地的省、自治区、直辖市和计划单列市人民银行、计委申报债券发行计划，人民银行分行和同级计委共同商定编制企业债券发行计划、报人民银行总行和国家计委，由人民银行总行和国家计委综合平衡后提出全国的企业债券年度发行计划，报国务院批准。全国的企业债券年度发行计划确定后，由人民银行总行和国家计委联合分别下达到各省、自治区、直辖市和计划单列市人民银行分行、计委，并据以严格执行，不得突破。其中用于固定资产投资的企业债券，还必须纳入国家下达的年度固定资产投资计划规模之内。

2.证券发行的审批程序。人民银行对企业发行债券实行“集中管理，分级审批”的制度。

发行金额在3000万元以上，及向全国公开发行的债券，发行主体应先向所在地的省、自治区、直辖市人民银行分行提出发行申请，当地人民银行初审后再报人民银行总行，经审查批准后发行。发行金额在3000万元以下的，债券发行主体应向其所在的省、自治区、直辖市人民银行分支机构提出发行申请，经审查批准后发行。

对于企业发行债券用于固定资产投资的，还应按现行固定资产投资审批权限规定，先报各有审批权的计委，由计委提出审查意见后再送同级人民银行审批。

申请公开发行股票，需按下列程序办理：

第一，申请人聘请会计师事务所、资产评估机构、律师事务所等专业性机构，对其资信、资产、财务状况进行审定、评估和就有关事项出具法律意见书后，按照隶属关系，分别向省、或者中央企业主管部门提出公开发行股票的申请。

第二，在国家下达的发行规模内，地方政府对地方企业的发行申请进行审批，中央企业主管部门在与申请人所在地地方政府协商后对中央企业的发行申请进行审批；地方政府、中央企业主管部门应当自收到发行申请之日起三十个工作日内作出审批决定，并抄报证券委。

第三，被批准的发行申请，送证监会复审；证监会应当自收到复审申请之日起20个工作日内出具复审意见书，并将复审意见书抄报证券委；经证监会复审同意的，申请人应当向证券交易所上市委员会提出申请，经上市委员会同意接受上市，方可发行股票。

三、中国的证券交易管理

对证券流通转让的管理，目前全国还没有一个统一的管理办法。这里主要介绍以下几个方面的内容：

1. 证券上市交易的种类。1985年以后发行的个人认购的国库券；国家投资公司债券和国家投资债券；各专业银行及其他金融机构发行的金融债券；各企业单位发行的企业债券；股份有限公司公开发行的股票。

2.证券交易的场所。中国证券交易市场初步形成集中交易和分散交易相结合的格局。集中的证券交易市场包括“两所”、“一网”、“三中心”。“两所”是指上海证券交易所和深圳证券交易所；“一网”即全国证券交易所自动报价系统；“三中心”是指天津证券交易中心、武汉证券交易中心和沈阳证券交易中心。在“两所”上市交易的主要是上市公司的个人股，北京STAQ系统同时进行国库券和法人股流通试点，“三中心”则主要是进行国库券和投资基金债券的交易。分散的交易市场是遍布在全国各地的3000多个证券营业网点，进行债券的柜台交易。

3. 证券上市交易的审批和条件。股票的上市程序，前面已讲过。债券的上市交易，除国债类的债券需由财政部和人民银行联合审批外，其他债券的上市一般是在批准发行时就规定是否可以上市交易。在具体上市时，一般要经过人民银行的批准。

四、中国证券管理体制的特征

中国证券管理体制既借鉴了其他国家的做法，又充分考虑了中国经济发展的实际。目前，中国的证券管理体制，归纳起来主要有以下几个特征。

1.中国的证券管理实行分级管理的模式。这表现在中央政府有关部门行使证券管理职能的同时，地方政府和人民银行也享有一定程度的证券管理职责和权力。此外，一些证券业自律机构如证券交易所、证券业协会也开始实施自律性管理，一个国家宏观管理和证券业自律性管理相结合的证券管理体系正在创立和形成之中。

2.在中国的证券管理体系中，政府主要是实行统一的宏观管理，不直接介入市场和进行过多干预。国务院证券委作为国家对证券业和证券市场进行统一宏观管理的主管机关，主要抓法规建设，管方针政策、规划及年度计划，指导、协调和监督检查各地区、各部门有关证券市场的工作，具体监管职能授权有关部门行使。设立了实行事业单位管理的证监会，作为证券委的监管执行机构，相对独立地依法行使对证券市场的监管职能。

3. 我国的证券管理体系十分重视发挥民间机构和证券行业自律性管理的作用。注册会计师及会计师协会、律师及律师事务所作为独立的法人组织，将依据国家的法律和规章，根据各自的职责，对证券市场实行社会监管。证券交易所和证券业协会依据国家的法律、规章和国际通行原则，对会员实行自律性管理和约束。

4.资信审查与规模控制并重，这是中国证券管理区别于国外证券管理的一个重要特点。中国证券管理既要进行必要的资信审查，又要根据全社会的固定资产投资计划和社会财力平衡要求，对全社会的证券发行总量和单个投资项目的证券筹资规模实行必要的计划控制。

5. 证券管理制度配套与现行的固定资产投资管理体制。传统的固定资产投资资金渠道主要有国家预算内投资、银行贷款、利用国外资金和企业自筹四个渠道。从1992年开始，证券筹资也成为固定资产投资的一个正式资金渠道。国家投资债券、中央企业债券等为弥补国家预算内投资的债券就由国家统一审批，并组织发行工作。地方企业债券按照固定资产投资审批管理权限分别由中央和地方进行审批管理。而对金融债券、内部债券和短期融资券等用于流动资金的债券则分别由人民银行总行和地方人民银行分行审批。

1992年中国证券市场的现状及发展

国务院证券委员会办公室　张育军

国债市场

一、1992年以前的国债市场

（一）发行市场

1. 国库券。在国债券发行中断了22年后，国务院决定从1981年开始，每年一次发行中华人民共和国国库券，截止到1991年底，累计发行704. 15亿元。

1981年至1984年发行的国库券，自发行后第六年起，一次抽签，分5年作5次偿还，每次还本付息20%，第10年全部还清本息。1985年至1987年发行的国库券，5年后一次还本付息。1988年以后发行的国库券期限又缩短为3年。

由于社会经济条件变化的影响，各年国库券的利率有所不同。1981年至1984年发行的国库券年利率，单位和个人分别为4%和8%，1985年分别调高为5%和9%，1986年再次分别调高为6%和10%，1989年和1990年又调高为14%。利息在偿还本金时一次付给，不计复利。

2. 国家重点建设债券。财政部于1987年首次发行了55亿元国家重点建设债券，期限为3年，到期一次还本付息。其中，向企、事业单位发行50亿元，年利率为6%；向个人发行5亿元，年利率为10. 5%。由中国人民建设银行及其分支机构代理发行和办理还本付息等事宜。

1988年又发行国家建设债券30亿元，向城乡个人、基金会组织以及金融机构发行，期限为2年，到期一次还本付息，年利率为9. 5%，由中国人民银行总代理，各专业银行及其他金融机构办理发行和还本付息等事宜。

3. 财政债券。财政部于1988年发行了财政债券66亿元。发行对象为各专业银行、综合性银行以及其他金融机构。财政债券计单利，到期一次还本付息。其发行和还本付息事宜由中国人民银行及其分支机构办理。截止1990年底，财政债券共发行137. 16亿元。

4. 基本建设债券。由国家能源投资公司、国家交通投资公司、国家原材料投资公司等国家专业投资公司及石油部、铁道部，于1988年发行80亿元基本建设债券。发行对象为各专业银行，债券还期5年，年利率7. 5%。到期一次还本付息。到1990年底，基本建设债券共发行95亿元。

5. 保值公债。1989年和1990年分别发行保值公债87. 43亿元和37. 40亿元。发行对象为城乡职工、居民、个体工商业者、各种基金会、保险公司以及有条件的某些公司。债券偿还期3年，期满后由财政部一次还本付息，债券利率随人民银行规定的3年定期储蓄利率浮动，加保值贴补率，外加一个百分点，债券由各级人民政府组织各专业银行、财政、邮政等部门办理推销，若未完成分配推销任务，由各级政府用地方财政预算外资金认购。

6. 特种国债。1989年发行特种国债43亿元。发行对象为经济条件较好的全民、集体和私营企业，金融机构、企业主管部门、事业单位、社会团体及全民企业职工退休养老基金、待业保险基金、交通部车辆购置附加费等管理机构。债券偿还期5年，利率为年息15%，到期一次还本付息。各单位的认购任务分别由财政部及地方政府分配，还本付息事宜由各地财政部门组织办理。特种国债统一采取收款单形式发行。1990年又发行特种国债32.39亿元。

1991年发行各类国债260亿元，其中：国库券100亿元、财政专项债券70亿元、转换债券70亿元。其他国债种类不再发行。1991年证券发行量中，国债占24.3%。

（二）交易市场

1986年8月5日，经中国人民银行沈阳市分行批准，沈阳市信托投资公司首先开办了有价证券的柜台转让业务。到1987年底，全国已有41个城市的证券公司、信托投资公司和城市信用社开办了有价证券转让业务，有价证券交易金额超过1亿元，其中自营买卖占90%，代理买卖占10%。

1988年4月，经国务院批准，开始进行开放国库券转让市场的试点。试点工作分两批进行，首批试点在沈阳、上海、重庆、武汉、广州、哈尔滨和深圳七城市进行。1988年6月又批准54个城市进行国库券转让试点。允许1985年和1986年发行的国库券上市转让。

1988年，有价证券交易额达26.3亿多元，其中自营买卖额达24.1亿元，占91.30%；代理买卖额达2.2亿元，占8.7%。按交易券种划分，国库券交易额达23.8亿元，占91.1%；企业债券交易额1.16亿元，占4.1%；股票交易额0.09亿元，占0.5%；金融债券交易额0.70亿元，占2.5%；基本建设债券交易额0.38亿元，占1.3%；大额可转让存单交易额0.13亿元，占0.5%。

到1988年底，国库券转让业务基本上在全国铺开，100多个城市办理了此项业务。1988年在自营买卖中，买入金融为15.1亿元，卖出金额为7.7亿元，卖出额占买入额的51%。

1989年证券交易总额为23.01亿元，比1988年减少13%，其中国库券交易量为20.94亿元，比上年减少12%。1989年证券交易减少的重要原因是没有允许新的券种上市转让，国库券转让仍限制为1985和1986年发行的国库券。另外，1989年开始对证券公司、信托投资公司等证券中介机构进行大规模清理整顿，砍掉了一批交易机构，对活跃国债交易也有一定影响。

1990年，我国的国债转让市场全面开放。2月，上海、重庆等地率先开办了1987和1988年发行的国库券转让业务，5月，武汉、青岛、西安、沈阳、北京、南京等城市和黑龙江、吉林、湖南、福建、广东、浙江、云南、安徽、江西、四川、河北、内蒙古等省、自治区陆续开办了1982至1984年、1987和1988年发行的国库券转让业务。在重庆、武汉、厦门、南京、沈阳、哈尔滨等地，1989年发行的国库券和保值公债券也进入转让市场。

据统计，1990年各种债券总成交额达118.5亿元，是1989年以前历年证券交易总额的2倍多。其中国债交易额达116亿元。

到1991年底，各种债券总成交额达460多亿元，比1990年再翻了4倍，其中国债交易额超过350亿元。

二、1992年的国债市场

1992年国库券计划发行310亿元，分两期发行，一期计划发行5年期国库券100亿元，二期计划发行3年期国库券210亿元，发行期分别为：一期从4月1日至5月31日；二期从7月1日至8月31日。另外还对金融机构发行50亿元的财政债券。

1992年国债发行采取承购包销的方式，实行块块承包，由财政部为发包方，各地方财政厅局为承购包销一方，然后地方财政厅局再作为发包方同承销机构签订合同，由承销机构承购包销并向社会公开发售。另外在一期的国库券发行中，财政部还委托“中国证券市场研究设计中心”试办了国库券的无券发行。

1992年发行国库券、财政债券两种，其中财政债券只对特定对象金融机构发行。1992年搞了三年期、五年期两个品种，分别从4月和7月搞两次发行。

到1992年底，实际发行国债410亿元，超过计划发行数100亿元。

国债交易总额达351亿元，其中，武汉证券交易中心、上海证券交易所、北京STAQ系统成为全国性的债券交易中心，特别是，上海证交所还推出了国债期货，改变了以前只有现货交易的单一交易形式。

企业债券市场

一、1992年以前企业债券市场

中国自1984年开始出现一些企业自发向社会和企业内部职工集资以来，据统计，截止1986年底，各种企业债券累计发行100亿元。1987年3月国务院颁布了《企业债券管理暂行条例》，正式将企业债券发行纳入全国资金计划。根据计划安排，1987年全国计划发行地方企业债券30亿元，重点企业债券45亿元。从执行情况看，地方企业债券计划基本完成，重点企业债券计划完成75%。1988年地方企业债券发行计划仍为30亿元，执行情况良好，基本完成计划。同年，为解决企业临时性、季节性的流动资金需要，在江苏、上海、浙江、重庆等地，进行了企业短期债券试点工作，累计发行额为10亿元。

1989年为了贯彻治理整顿国民经济的方针，控制固定资产投资规模和资金投放，年初没有安排可用于长期投资的地方企业债券发行计划。但为了解决企业短期流动资金的需要，人民银行在总结企业短期债券发行试点工作的基础上，制定了企业短期融资券管理办法，允许企业发行短期融资券。期限分为3个月、6个月、9个月三种，利率可在同期居民储蓄存款利率基础上上浮40%。当年全国发行总规模为50亿元，按余额掌握，可周转使用。但当年实际发行额为30亿元。

1988年下半年到1989年初，出现了企业内部乱集资，行政摊派，高息集资。据不完全统计，1987、1988和1989年初，未经人民银行批准的社会集资额达150亿元之多。为了加强企业内部集资管理，1989年3月国务院颁布了加强企业债券管理的通知，人民银行确定企业内部债券周转余额指标为30亿元。1989年企业内部债券，经人民银行批准，实际发行30亿元。1989年下半年为了解决部分续建扫尾和对外签约且符合国家产业政策企业投放和扩建项目的资金需要，又核定了12亿元的地方企业债券发行规模，支持了上海30万吨乙烯、南京汽车公司、辽宁抚顺盘锦乙烯工程等的建设。

经国务院批准，1990年地方企业债券发行规模为55亿元（包括企业发新还旧和企业内部债券规模）。企业短期融资新增规模为20亿元。

根据执行情况，1990年地方企业债券发行额50亿元，偿付额22亿元，待偿额96亿元。企业短期融资券年发行额50亿元，偿付额33亿元，待偿额44亿元。企业内部债券年发行额27亿元。偿付额23亿元，待偿额55亿元。

1990年人民银行总行批准了100多家大中型企业和重点项目发行地方企业债券达30亿元。其中，共批准宁夏大坝电厂、重庆珞璜电厂、青岛黄岛电厂、沈阳沈海热电厂、南京华能电厂等24家大中型电厂发行债券额达6.9亿元。批准上海30万吨乙烯、燕山石化总公司、茂名石化公司、洛阳炼油厂等11家石油化工大中型企业发行债券7.3亿元。批准武汉钢铁公司、马鞍山钢铁公司、重庆钢铁公司、宣化钢铁公司、邯郸钢铁公司、四川西南铝加工厂等13家冶金大中型企业发行债券3.2亿元。批准四川816化肥厂、佳木斯化工厂、重庆轮胎厂等14家化工企业发行债券2.3亿元。批准深圳国际机场发行债券1亿元。批准桦南水泥厂、丹东造纸厂、陕西第九棉纺厂、华北制药厂、金杯汽车股份有限公司、长春一汽轻型车、吉林新源玉米开发有限公司、吉林半导体厂等重点行业的大中型企业发行了债券。

1991年人民银行批准28家企业，发行以新还旧债券额达4.2亿元。

1988年下半年至1990年4月以前，3年期年利率为18%，2年期年利率为17%，1年斯年利率为15%。到1990年8月后，3年期债券利率下调到14%，2年期债券年利率下调到13%，1年期债券年利率下调到12%。

1991年经国务院批准，企业债券发行规模达264.05亿元，其中，地方企业债券发行规模142.9亿元；企业短期融资券周转指标90亿元。安排8.55亿元的清欠债券指标，7.68亿元的发新还旧债券指标，并批准安徽、江苏、黑龙江等省发行财政贴息担保的企业债券，用于抗洪救灾，恢复生产。

二、1992年企业债券市场

1992年，国家批准企业债券发行规模为350亿元。其中，包括国家投资公司债券30亿元，国家投资债券100亿元（包括技术改造债券20亿元），中央企业债券40亿元，共170亿元；包括地方公司债券15亿元，地方企业债券145亿元，住房建设债券10亿元，内部债券10亿元，共180亿元。

从1992年企业债券发行市场情况看，中央公司和中央企业债券发行比较困难，相反地方企业债券、企业短期融资券、地方投资公司债券发行比较顺利。

1992年，全国企业债券市场实际发行国家投资债券80亿元，国家投资公司债券34.2亿元，中央企业债券54亿元，地方公司债券13亿元，地方企业债券162.7亿元，企业内部债券10亿元，住房建设债券9亿元，企业短期融资券（计划外）170亿元，信托受益债券12.2亿元，投资基金证券9.8亿元。另外，在证券管理上，上海、广东、广州、海南、深圳、福建和厦门七个地区，实行特殊政策，在证券发行的额度控制上适当予以放宽，其规模没有列入证券计划。这7个地区实际发行企业债券74.2亿元。

1992年，全国企业债券市场的一个显著特征是，证券新品种不断出现，投资基金证券、信托受益证券、可转换债券等成为证券市场的宠儿，不仅发行市场非常畅销，而且成为证券流通市场上的中坚力量。据不完全统计，1992年，全国企业债券的交易量为50亿元左右。

金融债券市场

为了推动金融资产的多样化，经中国人民银行批准，还允许一些银行和非银行金融机构发行金融债券。金融债券的发行主体为银行及其他金融机构。全国各专业银行发行金融债券始于1985年，交通银行恢复后于1987年开始发行金融债券，其他金融机构于1988年开始发行金融债券。金融债券都由各行自行办理发行及还本付息事宜。债券均向个人公开发行。

金融债券的期限分别为1至5年不等。有累进利息债券和贴现债券两种。累进利息债券，利率为9—13%不等，期限越长的利率越高，并可对年支取。如1988年发行的3年期金融债券，利率为第一年9%、第二年10%、第三年11%，一年期满后随时可支取，但利息对年计算。由于经济条件的变化，通货膨胀，利率上升，金融债券的发行亦由固定利率改为浮动利率。如1989年发行的金融债券规定，1年和2年期的债券利率均按同期银行存款利率上浮2个百分点计算。而3年期的债券利率则与保值公债相同。

1986年12月工商银行上海市分行首次以90元发

行了100元票面值的贴现金融债券，期限为1年2个月。

金融债券所筹资金都用于发放特种贷款，贷款主要用途是经济效益好的在建项目工程扫尾、工程完工后的流动资金需要以及企业自有流动资金不足30%的部分。另外，经人民银行总行特批，建设银行可发放少量的国家计划内基本建设特种贷款，用于产品为社会急需、经济效益较好、再投入少量资金就可以竣工投产的国家计划内的项目。

1991年金融债券计划发行额为70亿元，实际完成计划96%，详见下表：

银行名称	计划发行额	用于发新还旧	新增特种贷款
工商银行	30亿	25亿	5亿
农业银行	10亿	7亿	3亿
中国银行	8亿	3亿	5亿
建设银行	15亿	10亿	5亿
交通银行	7亿	5亿	2亿

1992年，全国计划发行金融债券55亿。到1992年底，全国金融债券余额为148亿元。从金融债券发行以来，金融债券的交易量较小，流通市场不太活跃，主要原因是金融债券的通兑没有解决，而且利率条件也较好。

股票市场

一、中国股票市场的发展

1984年9月，北京市成立了全国第一家股份有限公司—天桥百货股份有限公司，发行了定期3年的股票。随后，上海飞乐音响公司部分公开向社会发行了不偿还股票。1985年1月，上海延中实业公司成立，全部以股票形式向社会筹资。与此同时，全国其他地区也出现了募股集资活动。这一时期股票发行具有以下特点：第一，发行股票的目的仅在于筹集资金，兴办集体企业或发展第三产业；第二，发行的单位较多，但发行规模较小；第三，多数是在企业内或系统内发行；第四，多数的发行是属债券型股票，可自由退股，定期归还；第五，股权不平等，持股的单位和个人之间收入分配不统一，一般个人股东的收益率高于单位股东，有的单位股甚至是不分红股票；第六，多数是没有印制要素齐全的股票票面。

1986年开始在一些国营企业进行股份制改革试点，公开发行股票，如上海的真空电子器件股份有限公司、飞乐股份有限公司、沈阳的金杯汽车股份有限公司。大中型国营企业开始股份筹资的尝试促进了我国股票发行市场的发展，并使股票发行市场逐步向规范化方向过渡。至1992年底，全国各类股票发行金额累计75亿多元。

全国股票交易市场的形成始于1986年。当时，上海市工商银行信托投资公司率先开办了股票的上市转让业务。其后，为保证股票市场持续稳定的发展，国务院明文规定了只有上海、深圳两市允许股票上市转让，从事股票的交易活动；人民银行同时也对股票的上市交易作出了一系列规定。目前我国只存在上海和深圳两个比较完整、同时具有股票发行和转让交易的市场。1990年12月19日，上海证券交易所成立，1991年7月，深圳证券交易所正式成立，1992年底，全国股票交易总额达1377.24亿元，标志着我国股票交易市场已经进入了一个新的阶段。

二、上海股票市场

1. 上海的股票发行市场。1984年飞乐音响公司首次部分公开发行不偿还股票，标志着上海股票发行市场初步形成。至1990年，上海共有11家企业（4家工业企业，4家商业企业，2家金融企业，1家房产业）进行了股份制试点，并向社会筹资入股。11家公司的股金总额为8.8713亿元。其中国家股6.6327亿元，占74.77%，法人股1.57535亿元，占17.76%、个人股0.66325亿元，占7.48%。在这11家股份制试点企业中，有7家公司公开向社会发行股票，并挂牌上市交易转让。其中5家在初次发行之后，又向社会进行了增资发行。到1990年底，这7家上市公司共有股份380余万股，股本总额2.4亿多元。在股本总额中，国家股1.63亿元，占66.8%，法人股0.15亿元，占6.1%，两者合计，公股份额占72.9%；个人股金0.66亿元，占27.1%。1992年，上海有53家企业公开发行股票，公开向社会个人发行的总面值为10亿元，共筹资114.4亿元。

2. 上海的股票交易市场。与股票发行市场相对应，上海的股票交易市场发育较早，管理措施也相对完善。上海市对个人公开发行的股票全部上市交易。1990年底，上市交易股票的总面额为6.752亿元。股价一般均比其面额高出3—4倍。上海市人民政府于1990年12月发布了《上海市证券交易管理办法》，对股票的交易活动作出了严格的规定。规定所有的股票交易必须通过证券交易所进行，股票的过户也由证券交易所统一办理。没有达到证券交易所所要求的最低交易量的股票交易可以在证券柜台上进行买卖。从1986年9月至1990年10月底，上海市已设有柜台16个，代理点40多个。

到1992年底，在上海证券交易所上市的证券品种有73个，其中：上市股票38个、国债4个、金融债券11个、企业债20个，上市股本总额达130.85亿元，市价总值为558亿元左右。特别是股票交易尤为活跃，成交量达497.14亿元。

三、深圳股票市场

深圳市根据特区经济发展和经济改革的需要，于

1986年开始进行股份制改革试点工作，并于1987年起向社会公开发行股票，形成了全国除上海之外又一个股票市场。到1990年底已有深圳发展银行、金田实业股份有限公司、万科企业股份有限公司、蛇口安达运输股份有限公司和原野实业股份有限公司共5家企业公开向社会发行股票。这5家企业的股份总额约为2.7亿元人民币。其中公股总额约1.8亿元，占股份总额的66%；个人持股9168万元，占股份总额的34%。1992年，深圳公开发行股票企业7家，公开发行个人股的总面值为10亿元。

随着股票的公开发行，深圳的股票交易转让也开始陆续进行，并于1990年下半年因股市涨势迅猛而一度形成备受海内外人士注目的国内股票市场。深圳的股票成交量1988年为400万元，1989年为2300万元，1990年为17.6亿元。1991年7月，深圳证券交易所的成立为深圳股票市场的发展提供极为有利的条件。

到1992年底，在深圳证券交易所上市的证券品种39个，其中：上市股票33个，国债4个，认股权证1个，企业债1个，上市股本总额26亿元，市价总值为483亿元。股票成交量为880亿元。

人民币特种股票市场

人民币特种股票又称B种股票，是以人民币标明面值，供境外投资者以外汇进行买卖的股票。

B种股票有以下特点：(1) B种股票的投资者和人民币股票的投资者一样，都是发行公司的股东，享受同等的权利，承担同等的义务；(2) B种股票由外国投资者和香港、澳门、台湾的投资者购买，可以由法人买卖，也可由自然人买卖；(3) B种股票由投资者用外汇进行买卖，外汇折算成人民币的汇率按外汇调剂市场价格计算，其中，上海以交易日前一个日历星期的外汇调剂加权平均价格计算，深圳则用交易日前一个营业日外汇调剂收盘价计算；(4) B种股票在上海或深圳证券交易所挂牌交易；(5) B种股票的股息、红利和交易收入，依法纳税后可到外汇调剂中心调剂成外汇汇出境外。

B种股票由证券经营机构组织承销团发行。承销团由主承销商和分销商组成，主承销商必须是境内证券经营机构，分销商主要是境外证券经营机构，分销商接受分销任务后，主要向海外投资者销售。经营B种股票的证券经营机构须由证券主管机关批准。

B种股票的交易。境外B种股票投资者要买卖B股可委托B种股票境外代理商或分销商办理。境外代理商再委托可经营B股业务的证交所会员到证券交易所买卖，境内可以买卖B股的投资者，可直接委托办理B股业务的证交所会员公司办理。

1991年，经全国股票市场办公会议批准，上海真空电子公司发行面值1亿元人民币的B种股票，深圳市中华自行车等11家企业发行面值2.8亿元人民币的B种股票。1992年底，上海共有9家企业发行B股，上市总额8亿多人民币，全年成交额为3.03亿元人民币。深圳11家发行B股的企业中，9家上市交易，交易量为16亿元。

中国有价证券的发行情况，参见表5—1、5—2、5—3。

表5—1　1981—1992年国内有价证券发行情况　单位：亿元

		1981年	1982年	1983年	1984年	1985年	1986年	1987年	1988年	1989年	1990年	1991年	1992年预计	合计
一、国债	发行额	48.66	43.83	41.58	42.53	60.61	62.51	117.87	188.88	187.25	234.16	280.00	472.00	1779.88
	兑付额						6.35	13.98	21.99	13.14	93.55	186.13	340.00	675.14
	期末余额	48.66	92.49	134.07	176.60	237.21	293.37	397.26	564.15	738.26	878.87	972.74	1104.74	
国库券	发行额	48.66	43.83	41.58	42.53	60.61	62.51	62.87	92.16	56.12	93.28	199.00	390.00	1193.15
	兑付额						6.35	13.98	21.99	13.14	63.77	180.26	340.00	639.49
	期末余额	48.66	92.49	134.07	176.60	237.21	293.37	342.26	412.43	455.41	484.92	503.66	553.66	

续表

		1981 年	1982 年	1983 年	1984 年	1985 年	1986 年	1987 年	1988 年	1989 年	1990 年	1991 年	1992 年预计	合计
财政债券	发行额								66.07	0.00	71.09	65.00	52.00	254.16
	兑付额													0.00
	期末余额								66.07	66.07	137.16	202.16	254.16	
国家建设债券	发行额								30.65	0.00	0.00	0.00	0.00	30.65
	兑付额										24.78	5.87	0.00	30.65
	期末余额								30.65	30.65	5.87	0.00	0.00	
国家重点建设债券	发行额							55.00	0.00	0.00	0.00	0.00	0.00	55.00
	兑付额										5.00			5.00
	期末余额							55.00	55.00	55.00	50.00	50.00	50.00	
特种国债	发行额									43.70	32.39	16.00	0.00	92.09
	兑付额													0.00
	期末余额									43.70	76.09	92.09	92.09	
保值公债	发行额									87.43	37.40			124.83
	兑付额													0.00
	期末余额									87.43	124.83	124.83	124.83	
转换债券	发行额												30.00	30.00
	兑付额													0.00
	期末余额									0.00	0.00	0.00	30.00	
二、国家投资债券	发行额											95.00	80.00	175.00
	兑付额													0.00
	期末余额											95.00	175.00	
三、国家投资公司债券	发行额							30.00	90.00	22.54	6.15	2.29	34.20	185.18
	兑付额											0.83	9.00	9.83
	期末余额							30.00	120.00	142.54	148.69	150.15	175.35	
四、中央企业债券	发行额												54.10	54.10
	兑付额													0.00
	期末余额												54.10	
五、金融机构债	发行额					5.00	30.00	60.00	65.00	60.66	64.40	66.91	76.98	428.95
	兑付额						5.00	30.00	40.00	70.11	50.07	33.67	30.00	258.85
	期末余额					5.00	30.00	60.00	85.00	75.55	89.88	123.12	170.10	
金融债券	发行额					5.00	30.00	60.00	65.00	60.66	64.40	66.91	55.00	406.97
	兑付额						5.00	30.00	40.00	70.11	50.07	33.67	30.00	258.85
	期末余额					5.00	30.00	60.00	85.00	75.55	89.88	123.12	148.12	
信托受益证券	发行额												12.18	12.18
	兑付额													0.00
	期末余额												12.18	
投资基金证券	发行额												9.80	9.80
	兑付额													0.00
	期末余额												9.80	
六、企业债	发行额						100.00	30.00	75.41	75.26	126.37	249.96	517.80	1174.80
	兑付额						16.23	27.42	46.72	43.94	77.29	114.31	195.00	520.91
	期末余额						83.77	86.35	115.04	146.36	195.44	331.09	653.89	
地方企业债券	发行额						100.00	30.00	30.00	14.83	49.33	115.25	225.00	564.41
	兑付额						16.23	27.42	46.72	15.32	22.05	25.34	50.00	203.08
	期末余额						83.77	86.35	69.63	69.14	96.42	186.33	361.33	
短期融资券	发行额								11.72	29.72	50.15	104.44	170.00	366.03
	兑付额									14.74	32.73	60.03	90.00	197.50
	期末余额								11.72	26.70	44.12	88.53	168.53	

续表

		1981 年	1982 年	1983 年	1984 年	1985 年	1986 年	1987 年	1988 年	1989 年	1990 年	1991 年	1992 年预计	合计
内部债券	发行额								33.69	30.71	26.89	30.27	100.00	221.56
	兑付额									13.88	22.51	28.94	55.00	120.33
	期末余额								33.69	50.52	54.90	56.23	101.23	
住宅建设债券	发行额												9.80	9.80
	兑付额													0.00
	期末余额												9.80	
地方投资公司债券	发行额												13.00	13.00
	兑付额													0.00
	期末余额												13.00	
七、股票	发行额							10.00	25.00	6.62	4.28	29.52	114.59	190.01
	兑付额											0.37	0.16	0.53
	期末余额							10.00	35.00	41.62	45.90	75.05	189.48	
合计	发行额	48.66	43.83	41.58	42.53	65.61	192.51	247.87	444.29	352.33	435.36	723.68	1349.67	3987.92
	兑付额	0.00	0.00	0.00	0.00	0.00	27.58	71.40	108.71	127.19	220.91	335.31	574.16	1465.26
	期末余额	48.66	92.49	134.07	176.60	242.21	407.14	583.61	919.19	1144.33	1358.78	1747.15	2522.66	
八、大额可转让存单	发行额								59.26	141.80	503.53	426.85	500.00	1613.44
	兑付额									77.96	231.63	391.60	300.00	1001.19
	期末余额								59.26	123.10	395.00	430.25	630.25	
总计	发行额	48.66	43.83	41.58	42.53	65.61	192.51	274.87	503.55	494.13	938.89	1150.53	1849.67	5619.36
	兑付额	0.00	0.00	0.00	0.00	0.00	27.58	71.40	108.71	205.15	452.54	726.91	874.16	2466.45
	期末余额	48.66	92.49	134.07	176.60	242.21	407.14	583.61	978.45	1267.43	1753.78	2177.40	3152.91	

说明：1. 地方企业债券、股票的头年数字中，含以前年度的发生额。

2. 1991 年的数字中，国债的发行额由财政部国债司提供；国家投资债券的发行额由中国工商银行、中国人民建设银行提供；国库券的兑付额为估计数。

表 5－2　1992 年大型地方企业和项目债券发行情况

发债企业项目名称	发行额（万元）	债券期限（年）
中原制药厂 4.5 万吨淀粉	9300	5
河南省建设投资总公司（焦作、鹤壁、郑州电厂）	15000	3
哈依煤气工程	10000	5
青岛市城市建设综合开发公司，用于环胶州湾公路	3500	3
长春市双阳水泥厂	4500	5
华北电力公司内蒙古分公司，用于丰镇、汇流电厂	8000	3
江西共青垦殖场	10000	2、3、5
上海正泰橡胶厂长春分厂	5500	5
太原电厂	10000	3
漳泽电厂	5000	3
大同水泥厂	3000	3
韶关冶炼厂	5000	4
唐山钢铁公司	5000	5
邯郸钢铁总厂	5000	5
雅安纸浆厂	4100	4
北京市公路工程公司	15000	2.5、4、5.5
辽宁省重点工程投资开发公司（抚顺乙烯）	4000	5
天津电房物业发展公司	5000	3
大连中国国际游艇俱乐部	7000	3

续表

发债企业项目名称	发行额（万元）	债券期限（年）
金杯汽车股份有限公司	5000	5
上海久事公司	20000	3
青岛市能源投资公司		
石家庄焦化厂	3000	3
哈三电厂	8000	4以上
北京市地下铁道总公司	20000	3.5
佳木斯热电厂	3000	3
贵阳市煤气气源厂	5000	3
天津无缝钢管厂	10000	3
辽宁抚顺电瓷厂	3000	3
山东菏泽电厂	3000	5
茂名腈纶化学工业公司	5000	3
哈尔滨市投资公司（哈热电）	3000	3
双辽电厂	3000	2
云南省电力局	10000	3
常熟电厂	5000	3
广州珠江电厂	15000	3
南京钢铁厂	3500	5
辽宁省重点工程投资开发公司	10000	5
浩良河水泥厂	4000	4以上
茂名腈纶化学工业公司	8600	3
福建日立电视机有限公司	5000	1
渭河电厂	5000	3
西安秦川机械厂	4000	2
漫湾水电站	10000	3
昆明钢铁公司	5000	3
上海石油化工总厂	49000	1
上海高桥石油化工公司	7000	3
长春热电一厂	5000	5
抚顺热电厂	3000	3
长春市双阳水泥厂	5000	3
秦皇岛腈纶厂	4000	3
威海电厂	5000	3
淄博化学纤维总厂（腈纶）	5000	3以上
威海市地方铁路管理局（桃威铁路）	3000	5
莱芜钢铁总厂	5000	3
鲁南化肥厂	4000	3以上
潍坊发电厂	5000	3
东风电站	3500	3
盘县电厂	4000	3
国营西北棉纺织厂	4000	2
南京汽车制造厂	4000	3

表 5—3　1992 年中央企业债券发行情况表

债券名称	发行企业	发行额(亿元)	利率(年%)	期限	代理发行人
电力债券	华北电力局等 20 多家	20	10.5	5	建设银行
石化债券	金山石化等 10 家	8	10.5	5	建设银行
汽车债券	二汽重汽等 5 家	3	12.5	10	建设银行
科技债券	沈阳等 10 家科技开发公司	2	9.5—10	2—3	证券公司等

上海证券交易所

1. 背景与性质

1990 年 11 月 26 日，作为我国推行改革开放政策以来建立的第一个证券交易所——上海证券交易所宣告诞生，同年 12 月 19 日正式投入运转。上海证券交易所的建立，是中国改革开放不断深化的客观要求，也是发挥上海金融中心地位，加快实现上海经济发展战略的迫切需要。

上海证券交易所是会员制非盈利性的事业法人，其宗旨在于为中国现代化建设服务，致力于造就一个公正、稳定、高效的市场，立足上海，面向全国，积极向国际化方向发展，并逐步发展为具有世界第一流水平的证券交易所。

2. 市场规模

上海证券交易所的上市证券包括政府债券、企业债券、金融债券、人民币股票（A 股）、人民币特种股票（B 股）、认股权证及各类信托受益凭证等。

上海证券交易所刚起步时，仅有上市证券 30 个，上市总值 27325 亿元人民币。挂牌交易的股票仅有 8 个，上市总额 2.61 亿元人民币。1991 年上市债券数目增加了 16 个，使上市证券数目达到 46 个，上市总值达到 45.914 亿元人民币。

1992 年底，上海证券交易所的上市证券品种扩充至 87 个，其中股票 39 个、国债 9 个、金融债 15 个、企业债 22 个，上市总值 130.51 亿元人民币，市价总额 646.75 亿元人民币。在全部上市证券中，公司股票的上市总值为 46942 亿元人民币，市价总值为 558403 亿元人民币。上市证券品种的扩充，有效地缓解了长期困扰股市的供求失衡问题。异地股票上市也有新的发展。在浙江凤凰化工股票上市的基础上，1992 年又推出了相当于数十个凤凰化工股票规模的金杯汽车股票及其认股权证的上市交易，开创了异地大型企业股票上市和依托上海市场筹资的先例。为推动国债市场的发展，摸索应用新的金融工具搞活交易，于 1992 年推出了国债期货交易，使上海证券市场从原来完全的现货市场进入了期货领域。

伴随着交投的日趋活跃，上海证交所的会员单位数量也迅速增长，1991 年仅有 29 家，1992 年发展到 106 家。会员数量的大幅度增加，扩大了市场辐射面，带动大批投资者进入市场。至 1992 年底，登记在册的投资者已近 130 万人，比 1991 年净增 100 万人左右，其中外地投资者约占 50%。市场规模和辐射面的扩大以及市场参与者的增多，进一步推动了交易的发展。一年来，证券累计成交近 200 万笔，比 1991 年增长 10.56 倍，交易额达到 648 亿元，比 1991 年增长 6 倍多。而且交易的增长表现出越来越快的趋势，第四季度的交易额占到全年交易额的 46.6%。交易结构也有明显的变化，股票的交易额和增长速度大大超过债券的交易。1992 年股票交易额达 494 亿元，比 1991 年增长了 30 多倍，占各类证券交易额的比重，从 1991 年的 17.7%提高到 76.3%，市场迅速从以国库券交易为主转变成以股票交易为主。

3. 交易设施

上海证券交易所的运作设施随着市场规模拓展而不断得以强化。开业之初，仅有交易大厅一个，席位 45 个，1992 年底，为适应市场发展的需要，开设第二交易大厅，并将交易席位扩充至 564 个。为了有效克服在市场扩张中出现的成交速度迟缓的瓶颈效应，1992 年年底，采用 HP——9000 系列 827 型计算机，更换了原有的微机联网交易系统，使电脑处理能力从原来的每秒 6 笔增至 300 笔，日处理配对能力达到 40 万笔。为市场的高速发展奠定了关键的技术基础。

4. 运作体系

上海证交所借鉴各国证券交易所的成功经验，自主开发，创立了独具特色的运作体系，旨在充分发挥集中竞价功能，为投资者提供一个极富流动性、低成本、高效率的市场。其独特之处主要体现在：

（1）高效的电脑自动交易——买卖指令通过场内终端申报输入，由计算机主机按照“价格优先、时间优先”的原则，自动配对成交。

（2）独特的股票自动过户——由于实行电脑自动交易，全部股东数据和成交数据均记录在交易所的电脑主机中，因此，电脑程序在撮合成交的同步即进行登记过户，按成交双方的股东编号自动划转股东户口中的股数，形成了股票交易、交收同步一体的框架。

（3）先进的无票交易——上海证交所开张伊始，就采用了场内集中竞价，电脑自动对盘的交易系统，并且在1991年上半年就全面实施了无纸化的股票交易制度，股票交易无纸化，股票持有者拥有股权以电子计算机数据体现，无票交易制度的实施，为交易清算的高效、安全提供了有效保障。

5. **交易所工作时间**

上海证券交易所市场每周一至周五开市，每日分前、后两市，北京时间上午9：30至11：30为前市，下午1：30至3：30为后市。周六及星期日、法定假日不开市。交易天数每年在255天左右。交易所职工的工作时间为每天上午9：00至下午17：00，星期日及法定假日休息。

6. **零股交易**

针对上市公司送配股以后股东持股发生散股的问题，上海证交所规定，每月的第一周周六上午为零股交易日，投资者可通过上海证交所各会员公司营业部委托卖出或买进以消化零股。迄今为止，零股交易还仅限于A种股票。

7. **上市公司信息披露**

股份有限公司公开发行股票、将其股票在证券交易场所交易，必须公开披露的信息包括：招股说明书；上市公告书；定期报告，包括年度报告和中期报告；临时报告，包括重大事件公告和收购与合并公告。根据上海证券交易所的规定，上市公司召开股东大会前30天同时公告海内外投资者，会议当日，股票自动停牌交易。上市公司公布中期报告和推出送红配股方案后24小时内，股票亦作停牌处理。公布年度报告，则停牌交易48小时。

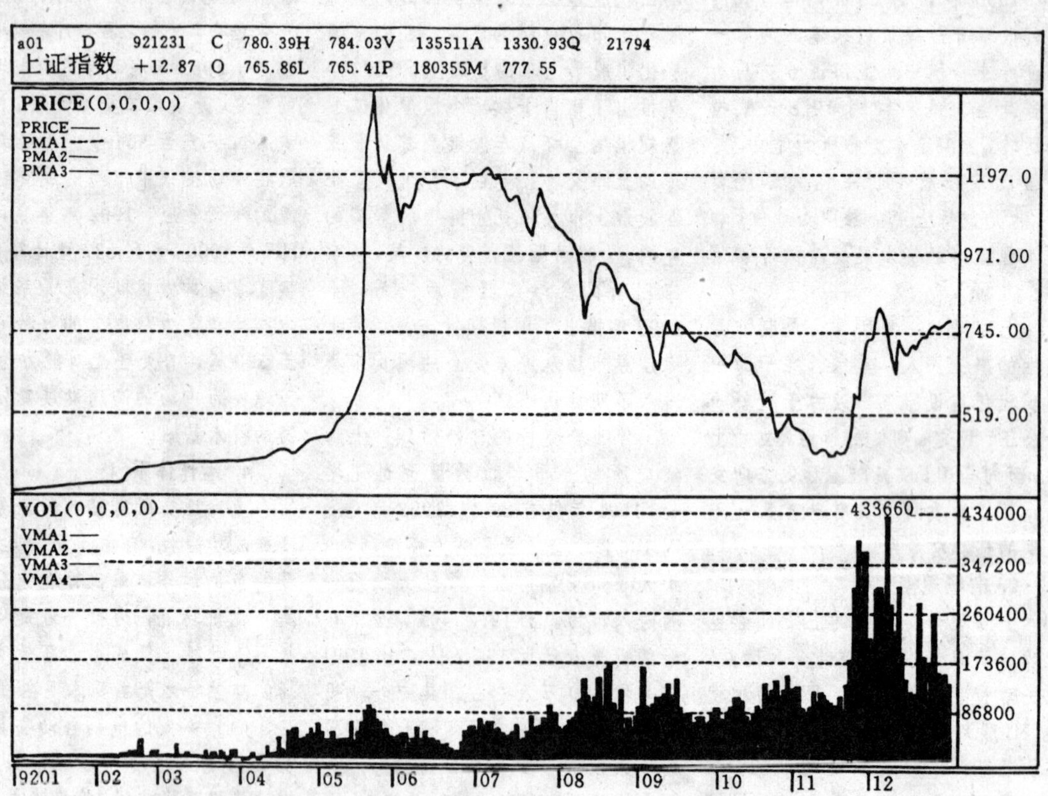

图5—1　上海证券交易所上证指数综合显示图

a02　D　921231　C　815.80H　820.34V　117566A　1455.45Q　21714
A 股指数　+14.74　O　799.47L　798.96P　171111M　812.72
PRICE(0,0,0,0)
PRICE
PMA1
PMA2
PMA3
1503.0
1261.0
1019.0
777.00
535.00
VOL(0,0,0,0)
VMA1
VMA2
VMA3
VMA4
418700
419000
335200
251400
167600
83800
9201
02
03
04
05
06
07
08
09
10
11
12

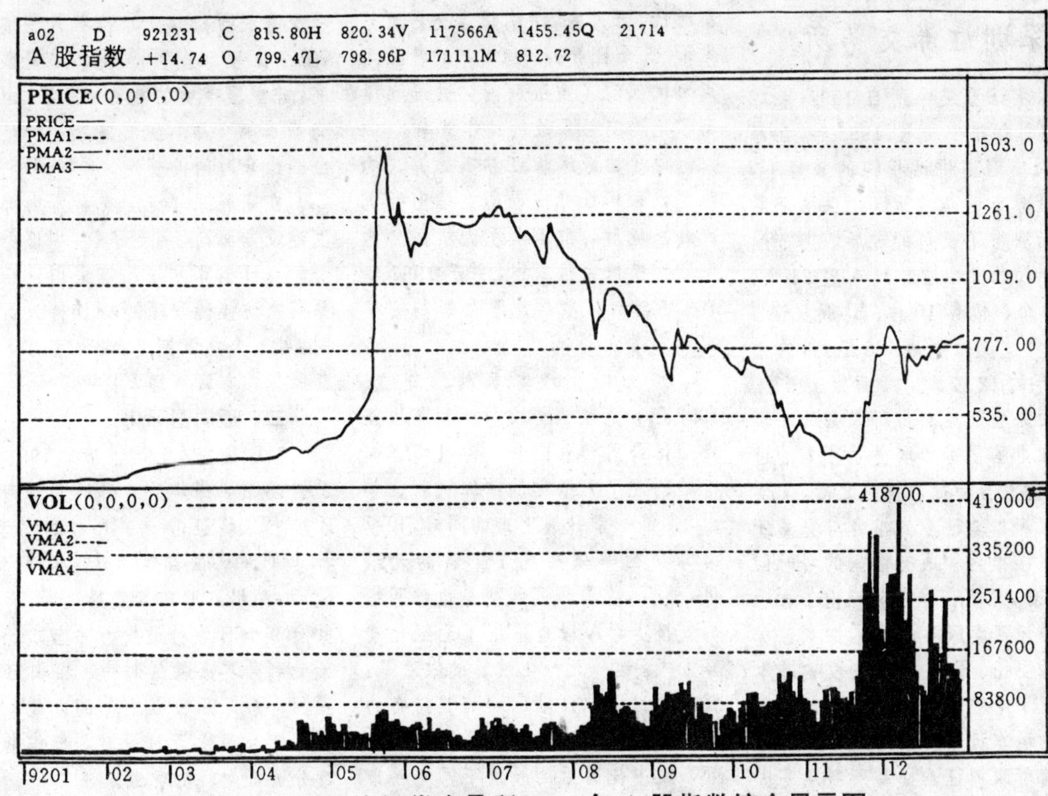

图 5—2　上海证券交易所 1992 年 A 股指数综合显示图

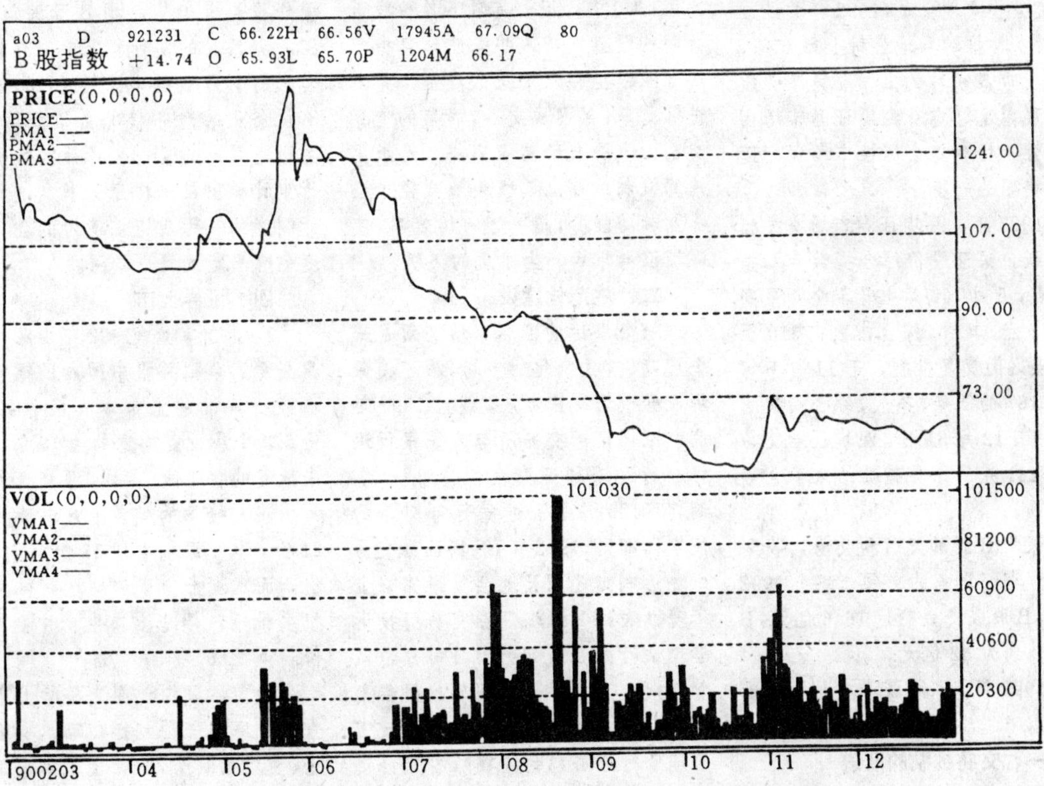

a03　D　921231　C　66.22H　66.56V　17945A　67.09Q　80
B 股指数　+14.74　O　65.93L　65.70P　1204M　66.17
PRICE(0,0,0,0)
PRICE
PMA1
PMA2
PMA3
124.00
107.00
90.00
73.00
VOL(0,0,0,0)
VMA1
VMA2
VMA3
VMA4
101030
101500
81200
60900
40600
20300
900203
04
05
06
07
08
09
10
11
12

图 5—3　上海证券交易所 1992 年 B 股指数综合显示图

（上海证券交易所供稿）

深圳证券交易所

深圳证券交易所自1992年12月1日开始集中交易。1992年，在邓小平同志南巡讲话精神的鼓舞下，深圳证券市场非常活跃，深圳证券交易所取得了长足的进展。上市股票由年初的6个增加到A股24个、B股9个、债券10种、认股权证1种。全年成交金额达438亿元，约为1991年的12倍。

由深圳证券交易所牵头的深圳证券业电脑化工作取得了可喜的进步。继电脑自动撮合推出之后，又实现了深圳本地证券商柜台与交易所联网直接报盘和成交数据的实时回报。接着，深圳证券业又推出了自动电话委托买卖服务。至此，深圳证券买卖的委托、撮合、清算、交割基本上实现了电脑化、无纸化，使深圳证券业的运作跃居世界先进行列。

随着深圳证券交易所新交易大厅的启用和改单机撮合为多机撮合，使吸收异地会员(1992年共批准158家)和推动异地公司上市(1992年已上市5家)的工作取得了实质性进展，这标志着深圳证券市场由地方性市场朝着全国性市场目标迈出了重要的一步。

1992年，深圳证券市场交投相当活跃，深证股价综合指数年初报110点，5月下旬，上升至全年最高点312点。其后，综合指数在310至250点之间反复盘整，于11月下旬跌至167的低点。不久，综合指数随即反弹，12月31日，深圳证券交易所以241点的综合指数结束了全年的交易。

深圳B股的发行和交易，收到了比预期好得多的交果。截止1992年底，B股成交金额达16.6亿元，B股市值约为32亿元。

1992年，深圳证券交易所主要抓了以下工作。

一、交易机制的改进

1. 证券交易电脑化。1992年2月25日深圳证券交易所推出了电脑自动撮合系统，电脑化作业的崭新时代。五月底，深圳证券交易所与本地25个证券公司(部)的营业网点之间实现了电脑联网，进一步提高了电脑交易系统的运作效率。

为了适应深圳证券市场腾飞的需要，深圳证券交易所在推出微机撮合系统后，立即着手大机撮合的论证和模拟实验工作，并于1992年9月底与台湾凌群电脑公司制定了实施方案。

2. 无纸化清算机制的建立。1992年，深圳证券交易所和深圳证券登记公司相互配合，为深圳证券市场创建了无纸化的清算机制。年内，在第一家B股上市的同时，B股清算交割率先实现了全面的无纸化，随后，在深圳同城交易电脑网络的支持下，A股也采用了无纸化清算方式。这一无纸化清算的做法是：股东通过证券公司(部)将其持有的实物股票委托证券登记公司集中托管，集中托管后的股票不再流入市场，而代之以电脑记帐；股东从证券公司(部)取得记录其名下各种股票数额的股票存折，并在证券商指定的专业银行存入足量的现金，凭之进行交易；买卖成交后，股票的清算交割由电脑自动转帐完成。无纸化清算机制的建立，极大地减轻了证券业劳动强度，提高了市场效率，使深圳证券市场产生了质的飞跃。

二、规范化建设

一个发达的证券市场必须是一个规范化、法制化的市场，为了使深圳证券市场有法可依，截止1992年底，深圳证券交易所与人民银行深圳分行和深圳证券登记公司一起，制定了30多个证券发行与交易的规定和细则。1992年，深圳证券交易所先后制定了《异地会员清算资金管理办法》、《深圳证券交易所投诉管理试行办法》、《上市公司日常监管细则》(讨论稿)、《可转换债券上市规则》(讨论稿)、《外地会员日常管理暂行办法》(讨论稿)，补充修定了《深圳证券交易所业务规则》，制定了《深圳证券交易所B股交易、清算业务规则》、《电脑自动撮合下对冲交易规则》、《上市推荐人制度》、《基金上市规则》等一系列规章制度，并根据市场的需要补充了“电脑交易系统交易所免责条款”和延长电脑撮合时间的规定。

在完善深圳证券交易所内部制度建设方面，又制定了《深圳证券交易所会计核算办法》、《深圳证券交易所来访接待程序》和《接待人员守则》等八个规章制度，使深圳证券交易所工作有章可循，提高了效率。

三、迈向国际化

1.B股的发行与上市。1992年2月28日，深圳首支B股——南玻B股在深圳证券交易所挂牌买卖，标志着深圳证券市场步入国际化。随后，深圳B股市场发展迅猛，年内共有9个B股相继发行并上市。由于受到外界条件的制约，深圳B股发行一般采用专业配售的方式，但在深宝公司发行B股时，也作出了部分公开发行的尝试。

2.B股的审计制度。为了增强境外投资者投资深圳B股的信心，在深圳B股的发行和上市中有着一套有别于A股的审计制度，即发行B股企业的财务状况必须经境外，主要是香港的注册会计师和律师进行审计和出具法律意见书。这种审计制度的采用对完善境内的会计制度也有一定的促进作用。

四、证券上市

1. 上市审查。1992年由深圳证券交易所草拟并报中国人民银行深圳分行审批的上市审查报告共22份，其中获批复同意的共18份，尚未批复的有4份。年内，深圳证券交易所正式接纳的股票上市申请共计21份，其中深圳本地13份，异地8份，而本地上市申请均已获得主管机关批准，异地上市申请中则有5份获得批准。

目前，深圳证券交易所上市审查的程序是一种包括初审、小组讨论、复议的制度，这使上市审查工作全面而细致。而审查异地上市申请时，深圳证券交易所更相应地增加了实地调查这一环节，力求掌握到第一手资料。

2. 建立上市推荐人制度。为规范上市工作和提高上市公司的素质，深圳证券交易所为股票上市建立了上市推荐人制度，以提高上市工作的质量和效率。对会员的上市推荐人资格申请，深圳证券交易所不但对会员单位，而且对其专业人才进行严格的审核，以确保上市推荐人的专业化水平。到1992年底已取得上市推荐人资格的有深圳特区证券公司等12家会员证券商。

3. 上市公司的监管。1992年深圳证券交易所在职权范围内加强了对上市公司的监管，并努力使上市公司监管工作规范化，如对证券实行分类管理等。上市监管工作的加强，使上市公司1991年度财务及经营业绩报告和1992年度中期业绩报告均送达深圳证券交易所审阅，并使绝大部分的业绩报告能在法定的时间内向社会公告。

为加强对上市公司重大、重要信息的披露管理，深圳证券交易所与《深圳商报》合作在该报设立了《上市公司公告》栏目，至1992年底共刊出3期。在审阅上市公司将发布的新闻稿件时，力求信息及时、准确、可靠，同时努力使上市公司的董事、监事和高级管理人员明白自己的责任，言行谨慎。

五、稽核工作

1. 会员监管。1992年，深圳证券交易所从基本档案资料入手，按户投置了本地及异地会员的基本情况表，并对异地会员深圳代办处(营业部)的筹建、股份清算、交易交收、通讯设备、电脑系统筹备等情况作了深入细致的了解，认真记录，设置了详尽的档案，加强了对会员经营的日常监管，使股民投诉大为减少。1991年交易所接待上访93人次，接受书面投诉136宗，其中涉及证券商违纪行为的较多，1992年受理书面投诉103宗，其中仅2宗涉及到证券商违纪行为。

2. 市场监管。深圳证券交易所拟定了《深圳证券交易所受理投诉试行办法》，以明确受理投诉的范围、时限、内容等。并派专人负责接待处理股民的投诉，同时形成详尽的档案记录。

截止1992年12月10日，深圳证券交易所收到股民投诉共103起，全部予以了适当的处理。

六、本地市场的成长

1. 本地会员业务的拓展。1992年深圳证券交易所深圳本地会员得到了进一步的发展。截止1992年12月31日，已营业的本地会员增至25家，其证券营业网点达到32个。为拓展业务，本地证券商一方面不断增设受理委托的窗口，另一方面又开发了电话自动委托业务及触摸屏输入，远程终端输入等委托方式，从而使深圳本地日接受委托能力超过3万笔。大大地减轻了深圳证券市场买卖股票难的压力。本地证券商在发展代理买卖业务的同时，还积极地拓展了证券承销、上市推荐等工作，业务范围不断扩大。

2. 市场调控朝着按经济规律办事的方向转化。

深圳股票、债券的价格已完全放开。证券市场的调控正朝着按经济规律办事的方向转化，即尽量利用经济杠杆进行调节，减少不必要的行政干预。

深圳广大股民经过狂涨暴跌的锻炼，股票投资的风险意识不断加强，深圳股价走势渐趋理性正是投资者迈向成熟的表现。

七、区域化进程

为把深圳证券交易所发展成为立足华南地区，辐射全国的证券交易中心，我们制定了“两个异地”的发展方针——内地符合条件的证券公司经过批准，可以成为深圳证券交易所的会员；内地符合条件经过批准的股票、债券可以在深圳证券交易所挂牌买卖。1992年，深圳证券交易所在区域化的进程中取得了一定的成绩。

1. 吸纳异地会员。1992年深圳证券交易所共吸纳了异地预备会员158家。它们遍布在除内蒙、河北、宁夏、青海、西藏和台湾省以外的国内24个省、市、自治区中的43个大中城市。截止1992年底，在这些异地会员中，已有来自广东、广西、海南、浙江、江苏、湖北、四川、陕西等地的30家证券商筹备就绪进场交易，此外，还有北京、上海、天津、厦门、大连、贵阳、长沙、郑州、江门、肇庆等地的异地会员接通了深圳证券交易所的实时行情传送系统，随时准备进场试业。

2. 异地公司上市。截止1992年底，共有五家异地公司在深圳证券交易所上市。其中四家来自海南省，一家来自武汉市。它们的上市股票均为A股。其面值共计491450176元人民币，占深圳证券交易所全部上市股票总面值的19.36%。

八、建立分类股价指数

自1991年4月3日深证股价指数发布以来，深圳证券交易所陆续吸纳了9个B股上市，B股在深圳证券市场中所占份额亦随之增大。由于A、B股交易处于两个不同的市场，股价的变动依托于不同的市场背景。原来的深证股价指数已不能全面反映市场股价变动的情况。为适应股市发展和A、B股投资者的需要，自1992年10月6日起，深圳证券交易所除发布深证综合股价指数外，还同时发布A、B股分类指数。

九、行情传送

在深圳本地，我们通过同城数据线路把深圳证券交易所实时行情传送至各个证券商的营业网点，并通过金融信息服务台以有线和无线两种方式向用户播送实时行情，此外，深圳证券交易所还通过各种传媒向广大投资者提供市场行情信息。在达成向异地会员所在地实时行情传送中，深圳证券交易所克服了重重困难，半年内，通过X.25分组交换网和数据专线等方式为30家异地会员开通了实时行情传送系统。另外，随着B股的发行和交易，在世界范围内更广泛地播送深圳证券交易所实时行情成为必要，深圳证券交易所除与 Telerate 合作已将深圳股市信息实时传送到全球150多个国家和地区，最近又与REUTER的IDN网络联网，以第二条渠道向全世界传送深圳股市行情。

十、政策研究

为服务于宏观决策，以及为业务部门提供理论支持，深圳证券交易所组建了调研室，1992年就市场运作中出现的问题写了论文数十篇，同时组织了一系列专题论证。

为了更好地吸收国外证券市场的成功经验，1992年，深圳证券交易所派员参加了三次国际研讨会并向大会提交了论文。此外，深圳证券交易所主办和协办了两次国际研讨会，其中有12月1日主办的“发展深圳证券市场国际研讨会”，参加该会的有来自世界11个国家和地区的6个交易所的总裁（副总裁）和金融证券专业人士，会间共收集到了国内外论文15篇，取得了较好的成果。

十一、建立交易所资料库和数据库

1992年下半年，深圳证券交易所组建了交易资料库，对深圳证券交易所的书刊和资料进行统一管理。同时还着手组建《深圳证券市场标准数据库》，使市场资料更便于查找和加工，同时为研究工作奠定了良好的基础。

十二、对外关系及大型公关活动

1. 国内外人士对深圳证券交易所的关注。1992年，深圳证券交易所引起了国内外各界人士的普遍关注，先后有近7000人（含海外3000多人）前来参观访问，其中5月份一个月来访人数就多达1000多人。洪学智副主席、田纪云副总理、邹家华副总理等领导同志视察了深圳证券交易所；美国证券委员会主席、世界银行副总裁、国际金融公司副总裁、法国前总理罗卡尔等一大批海外来宾也相继前来深圳证券交易所访问。

2. 大型公关活动。为了宣传普及证券知识，深圳证券交易所策划并组织了“92首届中国——深圳证券周”活动，这次活动以全国性的证券知识竞答、国际研讨会、证券交易所之夜晚会和电视有奖团体证券知识竞赛等四部分组成，全国及地方性的四家报纸、两个电视台参加了这次活动，来自全国29个省市自治区的参赛者参加证券知识竞答的角逐，这次活动影响广泛，收到了预期效果。

十三、出版物

为普及证券知识，1992年深圳证券交易所定期出版了6期《证券市场导报》。此外还编写并出版了《深圳证券投资手册》和《世界主要证券市场管理架构与法规》等书籍。

十四、交易所的建设

1. 交易大堂的搬迁。1992年下半年，深圳证券交易所着手进行位于深圳大剧院内的新交易大堂的建设，并于1993年1月3日正式启用。较之原交易大厅，新大厅优越性表现在：

(1) 新大厅席位达218个，是原交易厅的6倍；

(2) 新大厅三面巨幅股价揭示牌开足后，可同时揭示225种股票交易即时行情；

(3) 新大厅电脑机房是按标准机房建设，电脑系统由原先的Netframe400改为Netframe 450，硬件具有容错功能；

(4) 新大厅启用后，改单机撮合为多机撮合，可由10多台撮合机同时工作，撮合速度大大提高，每天可达数万笔。

2. 基建进度。为适应未来证券业发展的需要，使深圳证券市场成为双备份的证券交易中心，深圳证券交易所拟于福田开发区内兴建证券交易中心大厦。目前，市规划设计院已在福田规划新区中将证券交易中心大厦列为金融规划区的重点之一。

3. 优化人员素质。1992年，深圳证券交易所职员总数从1991年的44人增至73人。在受聘人员中有博士1人，硕士14人，学士28人，大专以上文化程度占职员总数的比例由1991年的72.7%增至78.%。在引进人才的同时，还进行了所内员工的培训，人员素质大大提高。

除了加强内部队伍建设以外，1992年深圳证券交易所还为会员单位培训出市代表和清算员600余名。召开了两次异地会员筹备工作会议，帮助全国各地的会员证券商尽快完成参与深圳证券市场的一系列准备工作。

1992年，在理事会领导和支持下，经过全所职员的辛勤劳动，交易所有了较大的发展。同时，也存在以下问题。

(1) 市场规模尚小，市场品种还不多；

(2) 现在使用的微机网络不适应业务进一步发展的需要，急待更新换代；

(3) 实现区域性证券市场的努力刚刚开始，要做的工作还很多；

(4) 对上市公司的监管和信息披露系统尚需完善提高。

（禹国刚）

分类	百万元人民币	占市场比率
(a) A股	41817.12	95.25%
(b) B股	1663.19	3.79%
(c)认股权证	407.78	0.93%
(d) 债券	13.26	0.03%

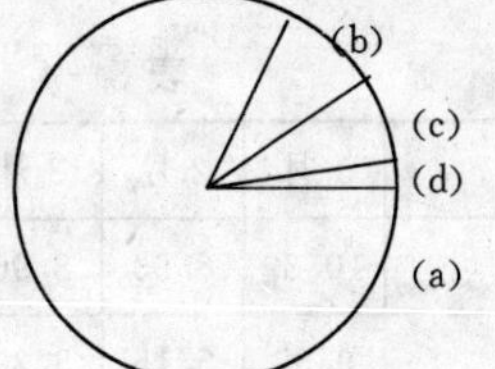

图5—4　深圳证券交易所成交额构成图

分类	百万元人民币	占市场比率
(a) A股	45753.72	92.44%
(b) B股	3220.82	6.51%
(c)认股权证	300.97	0.61%
(d) 债券	220.00	0.44%

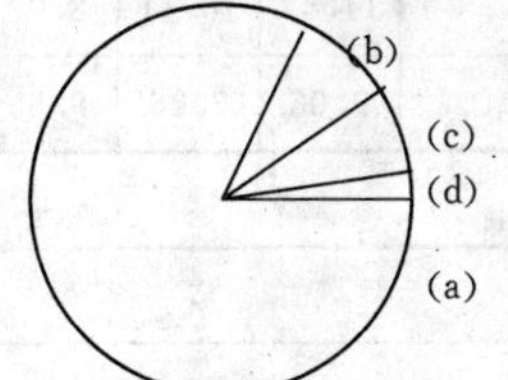

图5—5　深圳证券交易所市场总值构成图

分类	数目	比重
(a)本地会员	25	13.74%
(b) 异地会员	(c+d)	(c+d)
(c)进场会员	19	10.44%
(d) 预备会员	138	75.82%

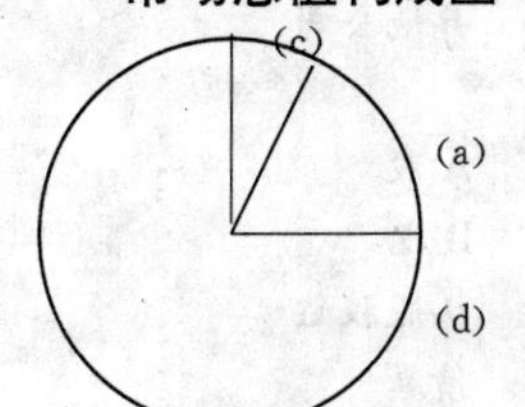

图5—6　深圳证券交易所会员构成图

分类	数目	比重
(a)本地公司	24	82.76%
(b) 异地公司	5	17.24%

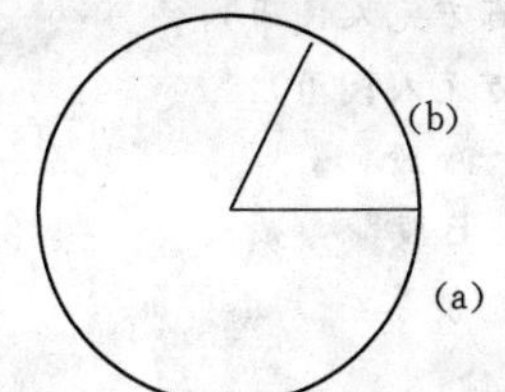

图5—7　深圳证券交易所上市公司构成图

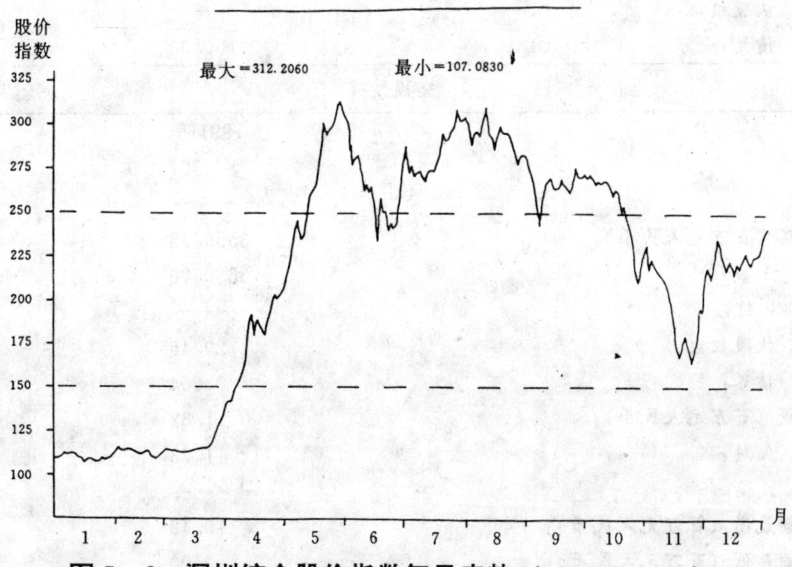

图5—8　深圳综合股价指数每日走势（1992.01—12）

表 5－4 深圳证券交易所 1992 年上市债券收益率

单位％

债券名称	1月	2月	3月	4月	5月	6月	7月	8月	9月	10月	11月	12月	平均值
盐田债券	10.39	8.63	8.96	9.88	7.54	5.32	7.14	6.05	6.60	8.64	11.51	13.14	8.70
机场债券	9.69	5.15	3.30	6.85	2.27	2.31	0.16	1.81	5.79	3.63			
物资债券	11.38	11.35	11.31	11.26	11.21	11.16	11.11	11.06	11.02	11.19			
蛇口债券	11.47	10.11	8.07	9.63	8.75	8.65	8.75	9.03	9.93	9.19			
深华债券	9.06	7.26	9.65	9.73	8.07	7.93	7.94	8.14	8.40				

表 5－5 深圳证券交易所市场概况

上市证券		1991 年	1992 年
上市公司数目：	本地公司	7	19
	异地公司	0	5
上市证券数目：		11	39
	A股	6	24
	B股	0	9
	认股权证	4	1
	债券	1	5
新上市公司数目：		5	18
被停牌公司数目：		0	1
总发行股本（百万元人民币）：		357.34	2656.51
集资总额（百万元人民币）：		659.20	1194.97
	A股	————	710.45
	B股	————	484.52
	债券	————	220.00
		1991 年 12 月 31 日	1992 年 12 月 31 日
市价总值（百万元人民币）：		8076.25	49495.51
	A股	————	45753.72
	B股	————	3220.82
	认股权证	————	300.97
	债券	100.00	220.00

交投情况		1991 年	1992 年
总交易日数：		301	257
B股交易日数：		————	209
全年总成交金额（百万元人民币）：		3559.53	43828.57
	A股：	3530.06	41744.35
	B股：	————	1663.19
	认股权证：	29.46	407.78
	债券：	0.004	13.26
日平均成交金额（百万元人民币）：		11.82	170.16
	A股：	11.73	162.08
	B股：	————	6.63
全年日成交金额最高（百万元人民币）：		110.42	514.16
全年日成交金额最低（百万元人民币）：		0.00	13.00

	1991 年	1992 年
全年总成交股数（百万股）：	311.45	1955.47
A 股（百万股）：	299.58	1766.39
B 股（百万股）：	————	146.60
认股权证（百万股）：	11.87	43.35
债券：	0.00	0.12

股价指数

深圳证券综合股价指数：	1991 年	1992 年
年初指数：	————	110.5371
年底指数：	110.3688	241.2055
最高指数：	136.9353	312.2060
最低指数：	45.6585	107.0830
A 股指数		
年初指数：	————	285.8364
年底指数：	————	255.0482
最高指数：	————	285.8364
最低指数：	————	169.0364
B 股指数		
年初指数：	————	142.0293
年底指数：	————	111.8660
最高指数：	————	142.0293
最低指数：	————	105.7204

市场比率

股票市盈率：	1991 年	1992 年
A 股平均：	26.71	57.52
最高：	40.60	119.70
最低：	19.08	35.60
B 股平均：	————	35.56
最高：	————	51.62
最低：	————	24.74

会员

	1991 年	1992 年
本地会员	15	20
B 股特许会员证券商：	————	6
上市推荐人会员：	————	12
异地会员：	————	157
异地进场会员：	————	16
异地预备会员：	————	141

B 股境外特许证券商

	1991 年	1992 年
B 股境外特许证券商	————	61
特许经纪商：	————	45
特许承销商：	————	34

*注释：此表中市盈率以深圳证券交易所发布的市盈率Ⅱ统计。

表5—6 深圳证券交易所1992年上市股票市盈率

股票名称	1月	2月	3月	4月	5月	6月	7月	8月	9月	10月	11月	12月	平均值
金田A股	28.99	29.98	29.42	38.60	39.67	36.33	39.79	40.74	38.80	37.50	28.82	37.09	35.60
万科A股	48.46	47.12	44.61	43.27	69.70	63.76	75.16	82.11	76.28	73.02	56.82	71.43	62.96
安达A股	46.63	46.06	44.96	61.81	55.27	52.40	61.55	67.14	62.45	59.08	43.69	56.27	54.98
原野A股	—	—	—	—	—	—	—	—	—	—	—	—	—
宝安A股	37.19	36.90	38.73	41.23	52.57	48.88	54.38	56.56	51.60	48.26	36.43	43.10	45.65
发展A股	24.06	25.66	26.01	33.50	48.15	41.45	45.84	46.26	45.10	45.40	37.13	43.82	38.77
南玻B股	—	—	22.53	20.23	48.46	47.96	47.34	46.14	38.67	36.27	32.71	32.15	37.03
南玻A股	—	—	34.22	50.45	74.62	76.24	86.76	90.00	80.07	74.62	55.64	69.57	68.90
康佳A股	—	—	16.60	31.25	45.64	44.89	49.82	50.54	45.70	43.14	31.56	39.29	42.05
康佳B股	—	—	10.15	16.53	32.64	30.46	31.32	32.24	25.04	22.25	20.43	21.48	25.57
物业A股	—	—	20.84	57.30	91.13	87.22	97.16	104.08	97.43	90.65	68.55	80.82	85.36
物业B股	—	—	12.03	29.77	58.92	58.96	58.67	61.82	54.93	52.41	48.30	45.08	51.62
中华A股	—	—	—	38.98	48.01	47.12	52.33	52.74	46.91	44.18	31.75	40.52	43.95
中华B股	—	—	—	18.37	32.37	32.75	30.65	31.04	24.00	19.52	18.41	16.85	24.74
达声A股	—	—	—	37.60	48.10	51.80	56.95	56.00	52.03	48.32	32.13	36.81	47.28
振业A股	—	—	—	42.31	65.07	67.46	53.52	55.24	51.02	48.19	29.84	39.25	50.98
华发A股	—	—	—	51.30	91.13	95.30	102.06	98.91	88.37	81.90	65.95	69.54	86.09
华发B股	—	—	—	25.37	54.63	57.25	56.05	56.27	41.88	41.88	35.83	26.38	45.84
石化A股	—	—	—	—	69.31	68.06	75.27	78.16	73.72	69.37	53.71	63.49	68.91
石化B股	—	—	—	—	47.35	45.64	42.42	42.49	36.75	32.23	29.18	28.96	37.94
锦兴A股	—	—	—	—	59.03	61.27	67.93	66.59	59.42	54.57	38.89	46.71	56.80
华源A股	—	—	—	—	—	61.12	71.53	69.09	60.63	55.31	41.53	50.96	58.68
中冠A股	—	—	—	—	—	81.25	98.34	92.55	82.80	76.50	61.78	65.56	79.80
中冠B股	—	—	—	—	—	48.06	49.67	46.07	36.29	31.77	30.05	24.91	37.38
中冠A股	—	—	—	—	—	67.47	94.16	88.17	79.13	72.95	56.37	61.74	75.29
中冠B股	—	—	—	—	—	36.39	47.81	47.02	35.69	34.46	30.86	30.59	37.73
深宝A股	—	—	—	—	—	—	—	—	—	68.83	58.99	59.81	61.81
深宝B股	—	—	—	—	—	—	—	—	—	22.46	21.67	22.47	22.19
鄂武商A	—	—	—	—	—	—	—	—	—	—	107.78	123.33	119.70
琼能源A	—	—	—	—	—	—	—	—	—	—	52.34	58.26	57.04
琼化纤A	—	—	—	—	—	—	—	—	—	—	72.57	65.94	65.64
琼港澳A	—	—	—	—	—	—	—	—	—	—	—	38.44	38.44
琼珠江A	—	—	—	—	—	—	—	—	—	—	—	35.94	35.94

(深圳证券交易所供稿)

沈阳证券交易中心

沈阳证券交易中心是在邓小平同志南巡讲话以后，为适应沈阳乃至辽宁地区证券业发展的需要，于1992年4月28日宣告成立并正式开业的。中心由中国人民银行辽宁省分行和沈阳市分行联合组建，以会员制方式组成，为非盈利性的事业法人。会员大会是中心的最高权力机构。中心理事会为会员大会日常事务决策机构，向会员大会负责。中心设总经理一名，副总经理二名，主持中心日常工作。中心的内部机构设置为四部一室，即市场管理部，工程信息部，沈阳证券编辑部，清算交割部，办公室。到1992年12月末，中心拥有会员43家，其中外省市会员22家，主要来自东北三省及北京、上海、深圳、海南等地。专业证券公司10家。本地会员21家。上市证券28种，其中国债4种、金融债4种、投资基金6种、地方企业债券14种。1992年末，累计成交量达7.76亿元。采用电脑竞价方式，由计算机系统自动撮合成交。

沈阳证券交易中心成立以来，把主要精力放在开展证券交易上，在发展过程中大致经历了两个阶段。第一阶段从开业到1992年6月末，主要是组织国库券、企业债券等22个品种的证券交易。累计成交量达4.96亿元，成交额达5.28亿元。

采取投标方式发行企业债券4000万元，为发债企业节省利息开支364万元。第二阶段从1992年6月29日沈阳市农业银行信托投资公司受益债券上市到1992年末，在这期间，富民、通发、兴沈、公众、万利投资基金陆续上市，交易开始活跃，市场得到迅速发展。广大投资者热情高涨，本地资金积极参与，外地资金大量介入，呈现出一派欣欣向荣的局面。在这两个阶段，竞价采取手工上板竞价方式，即交易员先进入报价区，之后将买卖意向填写在竞价板规定的位置上，以卖方（买方）擦掉另一个为成交。这种交易方式适应了交易中心建立初期，上市券种少，市场规模小的实际情况。1992年12月30日，中心电脑化系统顺利开通，实现了证券委托买卖、集合竞价、自动撮合、行情显示与校送，清算交割及开户，过户等过程的全部电脑化，为市场高速成长奠定了稳定的基础。由于实现了电脑化，成交量和成交金额成倍增长，交易行情大幅度上升。在这期间，一个区域性的投资基金交易中心已逐步形成。

沈阳证券交易中心上市交易的证券主要是投资基金，与上海、深圳股市相比，主要有以下特点：

1. 中心上市的投资基金具有较高的投资价值。在中心上市的6种投资基金，绝大多数是各专业银行证券公司和信托公司发行并管理的，回报率较高，大多在15%～22%左右。

2. 基金交易行情波动比较平稳，涨时买得进，跌时抛得出，适合中小投资者进入。

3. 投资基金市场受到沈阳投资者偏爱，目前中心拥有10万个基金交易帐户，有广泛的群众基础。

4. 中心有6种基金上市，上市量达2.5亿元，不论从品种，规模或影响面上看，都处于全国基金市场的中心地位。

（郭大东）

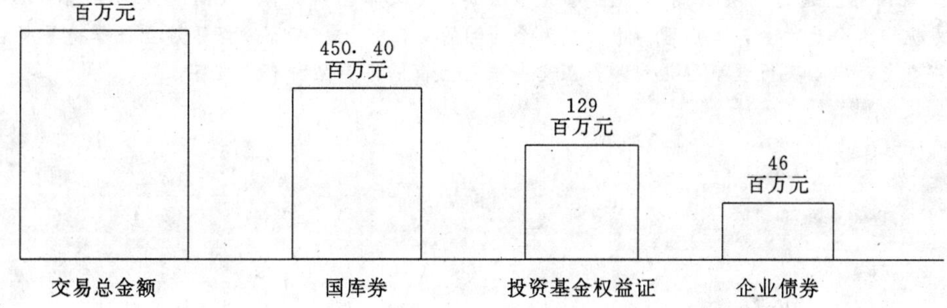

图5－9　沈阳证券交易中心1992年综合交易量显示图

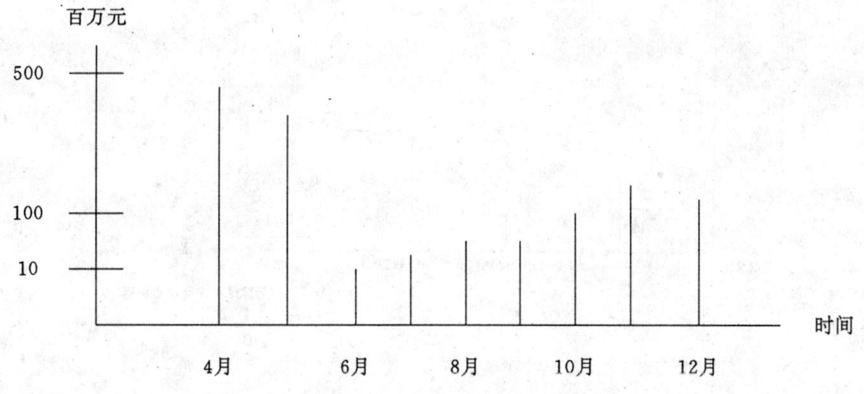

图5－10　沈阳证券交易中心月交易量图表

（沈阳证券交易中心供稿）

天津证券交易中心

小平同志南巡讲话后，改革开放的步伐加快，特别是1992年，天津证券市场有了较大发展。到年底止，全市已发行各种有价证券累计达115亿元，其中仅1992年就发行了45亿元，占累计发行量的41%。一级市场的发展活跃了二级市场。从1987年开始有柜台交易到1992年底止，全市累计交易量达41亿元，其中1992年交易量就达30亿元，占总交易量的75%。证券市场的蓬勃发展，对促进天津成为北方商贸金融中心发挥了重要作用，而天津要成为北方商贸金融中心，又要求天津证券市场向更规范方向发展。能够充分体现当代证券交易“三公”原则的集中公开交易场所——天津证券交易中心，经市政府和市人行批准，于1992年8月28日便应运而生了。

天津证券交易中心是按证券交易所模式筹建的，立足北方，面向全国，具有一定规模的有价证券集中交易场所。其宗旨是：坚持公开、公平、公正、高效的原则，发展和完善证券市场，保护投资者的合法权益，促进经济发展。

天津证券交易中心从成立伊始就坚持高标准，按国际惯例办事。组织机构采取国际上通行的会员制，最高权力机构为会员大会，下设理事会和监事会，中心实行理事会领导下的总经理负责制，下设业务部、综合部、登记部、清算部和电脑部；采取当今世界先进的无纸化交易方式，通过计算机集中公开竞价，自动撮合，自动过户，自动清算，充分体现价格优先、时间优先、委托优先的原则；章程、会员管理办法、上市证券管理办法、交易市场业务规则等规章制度，充分吸收了世界大证券交易所的通行做法，借鉴了上海、深圳证券交易所的经验，同时结合了天津实际情况，具有较强的通用性和可操作性。

天津证券交易中心面向全国吸收会员，已有会员144家，遍及全国23个省、市、自治区，其中90%以上是省级大公司，使天津证券交易中心成为全国性的交易中心。

在交易中心上市的证券品种有国家债券、金融债券、企业债券和基金债券等四大类17种。为了适应不同券种交易的需要；交易中心现采取两种交易方式，即基金类债券采取电脑自动撮合的方式，国债等其它债券交易采取口头唱报竞价方式。

天津证券交易中心为适应证券交易的需要，安装了先进的计算机交易系统，上市的基金类债券完全按照股票交易的程序运作，做到T+0完成一级清算，T+1完成二级清算。为适应今后股票上市的需要，把电脑化水平再提高一步，天津证券交易中心在当前微机联网的基础上，又经过反复论证，购进了美国IBM公司AS—400小型机两台，做好了建立证券交易所后上市股票的准备。

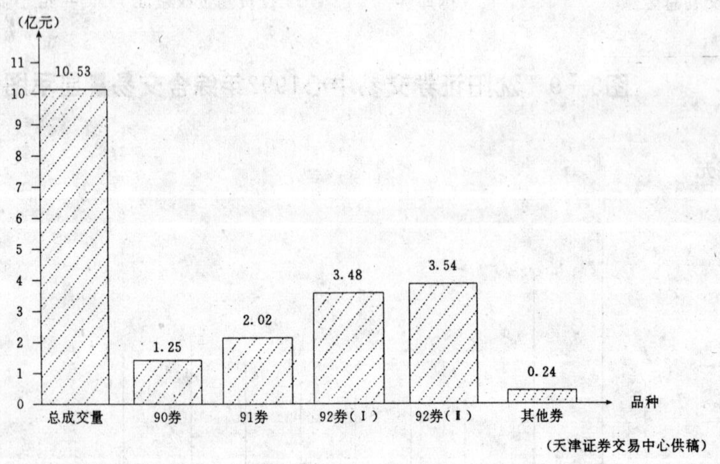

图5—11 天津证券交易中心1992年各种债券成交量统计图

武汉证券交易中心

武汉证券交易中心是由中国人民银行湖北省分行、武汉市分行联合组建的不以盈利为目的的有价证券集中交易场所，于1992年4月成立。中心设理事会，作为会员大会闭会期间的常设权力机构。中心所设监事会，对中心的业务、财务及其它事项进行监察。中心实行理事会领导下的总经理负责制，总经理为中心的法人代表。中心设有交易管理部、电脑部、清算财务部、证券交割部、经纪部、资产管理部六个职能部门，现有职工30人。

中心成立后，勇于探索，大胆创新逐步摸索出一套既规范又适合我国国情的证券集中交易模式。如：设置甲类会员和乙类会员，将有形市场和无形市场结合起来；设置中心经纪部，将会员委托和中心委托结合起来；实行电脑集中竞价和口头唱报竞价，把“静悄悄地交易”和有秩序的混乱结合起来，从而形成了自己的特色，促进了交易的迅速发展。

到1992年12月底，中心共拥有会员103家，其中正式甲类会员43家，临时乙类会员60家。中心会员东起上海、西到青海、南到海南、北抵哈尔滨，已经形成一个覆盖全国23个省市的会员网络。目前，已在中心上市交易的有国家债券、金融债券、企业债券、投资基金四大类20多个品种，其中国债交易异常活跃，1992年累计交易量达102亿元，居全国三大国债集中交易市场交易总量的首位。武汉证券交易中心已经成为全国最大的国债交易中心，中心的国债行情已经成为全国国债市场的指导行情。

(杨建国)

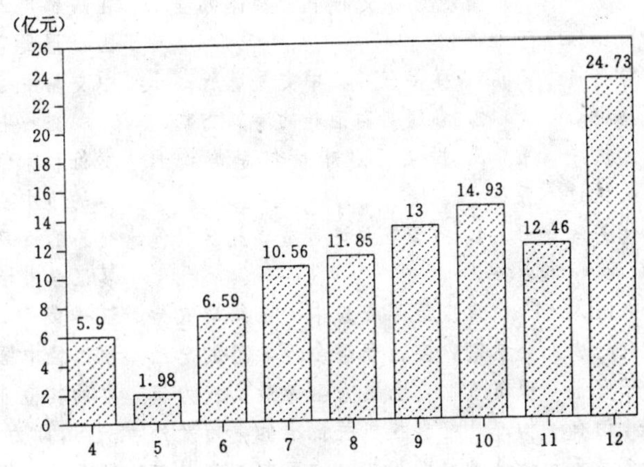

图5—12 武汉证券交易中心1992年月度交易量统计图

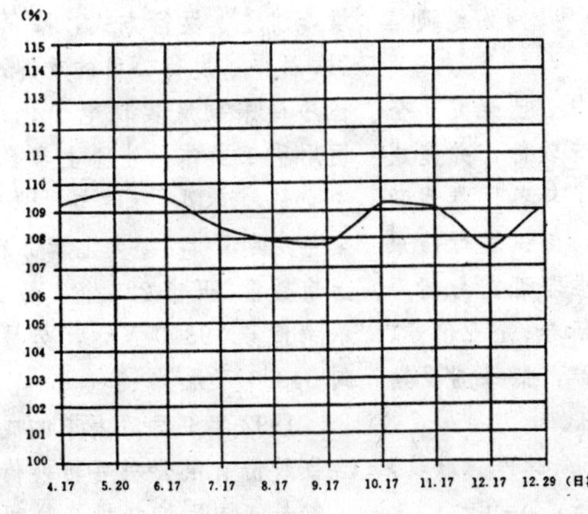

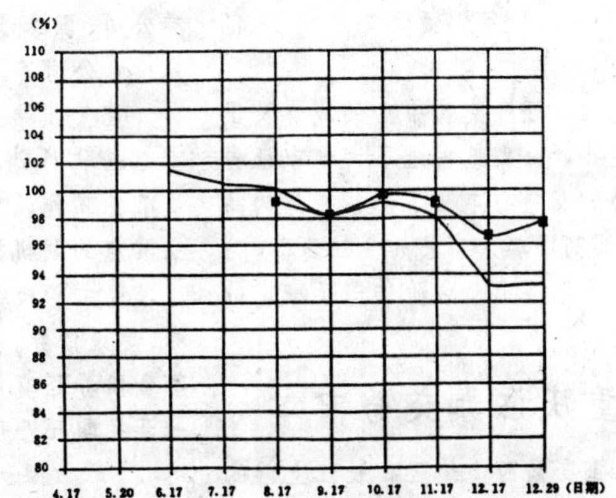

图5—13 武汉证券交易中心91券价格走势图 图5—14 武汉证券交易中心92券价格走势图

(武汉证券交易中心供稿)

大连证券交易中心

大连证券交易中心成立于1992年5月26日，10月27日证券交易电子化系统正式投入营运。

1992年初，邓小平同志南巡谈话发表以后，为了进一步促进大连地方经济的发展，搞活大连市的证券市场，促进证券一级市场的发展，为大连市的市民提供更加方便的投资条件和环境，在当地人民银行直接努力下，成立了大连证券交易中心。

大连证券交易中心目前有会员19家，设交易席位21个。交易中心和各会员单位全部联网，通过热线电话报盘，电脑实施录入无纸化过户，由电脑按价格优先、时间优先的原则自动配对成交。

大连证券交易中心是由中国人民银行大连市分行设立的。中心成立后，由中心自行提出业务开发报告，并设计电子交易网络系统，由有关电脑公司共同开发，电子交易系统设备运行稳定，良好。交易、清算、交割正常。

大连证券交易中心现有员工20人，目前交易的品种有：利民证券投资基金、可转换证券投资基金、信托投资受益证券、共同投资基金券、国际游艇俱乐部债券、90、91、92(一)(二)年国债。交易额13亿元。

大连证券交易中心的成立及正常运作，极大地促进了大连市证券市场的发展，丰富了证券交易的品种，提高了广大市民的金融意识，为大连市经济上新台阶作出了一定的贡献。

重庆证券交易中心

重庆是西南地区和长江上游的工业重镇和经济中心城市，也是全国首批金融体改试点城市之一。近年来，随着改革的不断深化，重庆金融市场业务得到了迅速发展，为了适应社会主义市场经济发展的需要，促进资金的合理高效的流动，经人民银行重庆市分行批准，重庆金融市场证券交易中心于1992年10月9日正式成立开业。开业当日进行了首场交易，交易额达10500万。

交易中心的宗旨是坚持“公平、公正、公开”原则，完善证券交易制度，规范证券交易市场管理，促进证券事业的健康发展，维护国家、企业社会公众的合法权益。

重庆证券交易中心具体办理以下业务：

1. 提供证券集中交易场所；
2. 办理买卖证券的清算交割；
3. 提供证券市场信息咨询服务；
4. 主管机关许可或委托的其他业务。

重庆证券交易中心组织形式为会员制，实行理事会领导下的总经理负责制，会员大会为最高权力机构。凡经有权机关批准的本市及外地证券经营机构，均可向本交易中心提出申请，符合条件的经主管机关批准即可成为交易中心的正式会员。本交易中心目前已有正式会员53家，其中外地会员27家，汇集了全国许多大证券经营机构，例如：上海万国证券公司、上海申银证券公司、中国农村信托投资公司、华夏证券公司、国泰证券公司、海南港澳信托投资公司等。

重庆证券交易中心已开发了全市电脑联网交易系统软件，并完成了准备工作，实现了与各证券商营业网点的联机操作，待试运行结束后，经主管机关批准即可交易国库券、建设债券、金融债券、企业债券、基金债券等有价证券，拟每周星期一至星期五为开市日。

(谭远胜　朱朝鲜　耿玫)

四川省金融市场证券交易中心

四川省金融市场证券交易中心由四川省和成都市两级共同组建，经人民银行四川省分行批准，于1991年9月正式对外营业。该中心是独立核算，依法纳税，自收自支的事业法人，为会员制的组织，实行企业化管理，是证券商进行有价证券承销与集中交易的服务场所。交易中心设交易部、发行部、财务部、证券登记部、综合部。凡经中国人民银行批准设置的经营证券业务的机构，均可申请成为会员，至1992年底已发展会员单位30家。该中心设在成都市人民南路省展览馆，为全国设置最早、实行会员制的证券集中交易中心之一。

交易中心主要任务：组织代理发行和承销有价证券；管理上市证券的集中交易；办理上市证券集中交易的清算与交割、登记与过户；开展证券市场的信息、咨询服务；处理证券发行单位和会员单位委托事项；经中国人民银行批准或委托交办的其他业务。交易中心成立的第一年，即为发行公司代办印制证券1亿多元，组织会员为省内企业承销证券1.4亿多元；组织证券集中交易累计交易额3亿多元。上市交易券种18个。其中：固定利率企业债券7种，浮动利率债券3种，各种国债及建设债券8种。

1992年交易中心制定了组织承销证券办法，健全了合同等具体手续，改进了发行方式，降低发行费用，赢得了发行公司的欢迎。在全套程序尚未彻底实现电子化运作前，运用手工操作，处理上市券种的集中交易、清算、交收与过户等工作。全年定期开市，扩大上市品种，增加上市数量，开市223个交易日，组织承销债券19300万元，交易总量达到34300万元。

1992年9月后上市的成都工益冶金股份有限公司可转换债券、四川省长江国际信托投资公司信托受益证券及成都市信托投资公司债券等3种浮动利率债券，仅55个交易日的110个交易时，即累计成交19703手(每手为1000元面值)，交易总额为4136万元。

1992年的四川省金融市场证券交易中心，因场地、交易手段、从业人员素质及国家宏观政策等因素，上市券种仍较单一，入市的证券商较少，交易效率不高且开市时间较短，记名式有价证券尚存在买难与卖难，非记名式有价证券存在交易量少。加上四川省地域较大，人口众多，投资于证券市场的热情较高，在1992年有了公开发行的股票及定向募集的股权证后，受集中交易的政策及技术制约，以致在成都、乐山、德阳、南充等市（地）出现了规模较大而且国内罕见的有价证券场外自发集中交易。为规范化操作，交易中心抓紧了电子化建设，积极创造条件，争取早日建成一个正规、高效、完善、优质的交易场所，成为西南地区的证券集中交易中心。

（文维虎）

海南证券报价交易中心

海南证券报价交易中心是中国人民银行海南省分行领导下的会员制非盈利性事业法人，是目前海南省有价证券集中报价交易的法定场所及法定证券登记机构。该中心于1992年1月20日成立，1992年3月9日正式开市，现有会员24家，其中本地会员18家，除股票外，其它证券均可在该中心挂牌交易。

交易中心的宗旨是：发展完善海南金融市场，为海南的经济建设探索一条筹措资金的新渠道，为深化企业体制改革创造市场条件，引导社会资金流向，优化经济结构，维护投资者权益维护社会公共利益，进一步促进海南经济发展。

交易种类及规模：交易中心目前挂牌交易的债券、投资券及投资基金券有：

1. 90国债；　7. 大通债；
2. 91国债；　8. 鞍钢债；
3. 港澳债；　9. 海台债；
4. 新能源债；10. 仙乐投资券；
5. 民源债；　11. 万国投资券；
6. 希克债；　12. 富岛投资基金券。

交易中心建立了一整套电脑系统，在登记、交易、清算、过户及内部管理各环节均实现电脑化。交易大厅至少有60个终端可供交易使用，电脑交易监控将完全排除非正常人为因素，保证交易公平、公开、公正进行，在登记、清算、过户等环节上，电脑处理能更准确、及时、快速，为证券商及投资者提供优良服务。

主要交易活动和特点：

交易中心是海南省的法定证券登记机构，负责办理海南证券的发行登记、托管、异地上市的托管、清算和过户等业务，即海南投资人在海南委托证券商买卖异地交易所的上市证券的登记、异地托管、转托管、清算、过户、分红派息，挂失、抵押和回购等有关手续。其特点是：按市场规律，对各类证券，债券、房产投资券、投资基金券，通过证券商进行买卖交易。在该交易中心参加集中交易的证券商共24家。

（林晓华）

中国证券市场研究设计中心与全国证券交易自动报价系统（STAQ）

一、中国证券市场研究设计中心

中国证券市场研究设计中心的前身是“证券交易所研究设计联合办公室”（简称“联办”），于1989年3月15日正式成立，它是在国家体改委、财政部、人民银行等主管部门的支持下，由9家全国性非银行金融机构共同发起成立的。1991年6月17日改为现名。

1. 建立集中统一的全国性证券市场的成功尝试。建立跨地区的证券交易报价系统是建设集中统一的现代化中国证券市场的基础工作之一。“联办”自筹人民币150万元，经过仅半年多的设计、筹建，证券交易自动报价系统（STAQ系统）于1990年11月实现全国通讯联网并投入试运行。同年12月5日，举行了开通典礼。STAQ系统是一个依托计算机网络进行有价证券交易的综合性场外交易市场，它的建立极大地便利了异地证券机构间的信息沟通、证券买卖及清算交割，提高了报价、交易和结算诸环节的准确、高效、安全和连续性，从而使中国证券市场由割断的区域性初级阶段一跃进入现代化的高级发展阶段。

截至1992年底，STAQ系统会员公司为146家，其中甲类会员43家、乙类会员73家、预备会员30家，在系统上市的国债、金融债和企业债共15种。1992年全年债券交易量63.5亿元，比上年增长7.5倍；法人股交易量为8606万股。

在建立STAQ系统的同时，“联办”还积极参与了上海证券交易所和深圳证券交易所的设计和筹建，为中国以“两所一网”为主体的二级流通市场格局的形成起了积极的促进作用。

2. 推动国债发行向市场化转轨。1991年4月20日，根据财政部国债司的委托，“联办”积极促成了财政部和1991年国库券承销团在人民大会堂正式签署“承销合同”。承销团由79家公司组成，承销总额27.74亿元，占计划发行总额1/4强，迈出了国债发行市场机制改革的第一步，带动了当年国债发行任务的顺利完成。1992年，“联办”再次受财政部委托担任国库券发行承销试点总协调，首次正式采用无券发行方式，并引入市场竞争机制组建承销团，实施了“联办”设计的“划款日竞标”方案。在各地证券机构的大力支持配合下，试点工作取得圆满成功。承销试点的意义在于它触及了国债发行的深层机制，为建立完整的证券市场，深化相关领域的改革创造了有利条件。

3. 开发金融市场新产品。金融产品开发是证券市场发展的重要前提。“联办”主持或参与了一系列有关这方面的研究设计项目：山东淄博乡镇企业基金、高新技术产业开发区企业股份制和风险投资机制改革方案研究设计、民源海南公司企业债发行承销试点、深圳发展基金筹建、企业集团股份制改造方案设计等。尤其是1992年11月正式成立的淄博基金将不仅有力地推动淄博地区乡镇企业的发展，而且作为中国境内第一个专门的乡镇企业基金将在金融改革深化方面产生广泛影响。

4. 法人股内部流通试点。法人股内部流通试点于1992年7月1日在STAQ系统开始运行。通过公有法人股的控投、参股和流通，实现国有资产股份化经营，不仅有助于真正转变全民所有制企业经营机制，集中资金支持国家战略产业，而且是保证公有制经济的主体地位，保证国有资产保值、增值的重要手段。流通试点开始运行以来，曾先后有恒通、玉柴、蜀都三只法人股上市，可交易量为1.4亿股，共有1300多家机构投资者参与，总成交量（截至1992年底）为8000多万股，“联办”为试点工作顺利进行付出了巨大的努力。

5. 创办《证券市场周刊》。“联办”主办的《证券市场周刊》于1992年3月15日正式创刊，7月5日向国内外公开发行。作为全国第一份全国性的证券专业杂志，它为广大投资者、融资者及管理层提供了及时，准确，广泛，有效的市场信息，为各方面做出适当的判断和决策提供了可靠的依据。

6. 建立中国证券业培训中心。“联办”从成立时起，就把推动我国证券专业人才的培训事业作为自身最重要的使命之一。1992年7月，经国家体改委批准，由“联办”主办的“中国证券业培训中心”正式成立，并于11月主办了证券业高级研讨会，中国证券业培训中心已经并仍将为培养我国高、中层次的证券专业人才，广泛开展国内、国际学术交流与合作提供机会。

总之，在“联办”理事会及有关主管部门的关心，指导，支持和监督下，经过全体同仁的共同努力，在短短的不足四年的时间里，“联办”为中国证券市场的迅速兴起，发展并走向规范化，办成了大量实事，肩负起了历史所赋予的责任。

二、全国证券交易自动报价系统

1. 基本情况。全国证券交易自动报价系统（STAQ系统）是一个依托计算机网络进行证券交易的综合性场外交易市场。系统中心设在北京，连接国内证券交易比较活跃的大中城市，系统为会员公司提供证券交易、结算等方面的服务，使分布在各地的证券机构间能高效、安全地开展业务。

STAQ系统是一家非营利性的会员制组织，全体会员大会是系统的最高权力机构。系统的日常事务由执行委员会主持，执委会下设市场运行部、管理部、销售部、技术支撑部、清算部等，分工负责对系统的日常运行进行管理监控。

STAQ系统具有四大功能：第一，即时报价功能。会员公司可以通过系统终端将本公司对“系统证券”的报价显示在所有终端上，同时可以在自已的终端上获取其他公司的报价信息。第二，辅助交易功能。会员公司终端通过计算机网络相互联系，进行证券买卖的询价、谈判，直至成交；每笔交易达成后，系统自动记录并打印输出交易过程和成交确认书为交易正式凭证；各会员公司也可以订单形式委托系统销售部代其撮合成交。第三，信息分析功能。STAQ系统设立系统历史数据库和经济信息库，供会员公司随时查询，为投资决策提供依据。第四，统一结算功能。会员公司可通过各自终端向系统结算中心发出结算指令。结算中心负责资金和证券的统一划拨和调配，简化了交割清算过程，保证了清算的高效和可靠。

2. 背景。STAQ系统是中国经济发展，经济体制改革的必然产物。1989年底，中国证券市场研究设计中心受中国人民银行体改办和财政部国债司的委托，组织专家对我国证券业发展进行了一次大考察，通过这次考察，“中心”认识到，只有通过启动证券市场分流资金才是改善财政收支，缓冲银行压力，调整产业结构，提高经济效益，推动经济持续增长的有效途径。而启动证券市场则要首先从发展完善国债市场入手。

当时由于通讯手段落后，信息传递不畅，公众金融意识淡薄，各地国库券存在明显不合理价差，交割结算也仍处于原始状态，黑市买卖大行其道，我国证券市场呈现出割断、独立式的分散交易情势。这既不利于公平交易，也不利于国家监管，更不利于保护广大投资者的利益。

针对这些现实问题，“中国证券市场研究设计中心”以促进中国证券市场统一化，规范化为主旨，于1990年3月开始设计筹建STAQ系统，在筹办过程中，“中心”本着“起点高、投资少、见效快”的方针，自筹人民币150万元，在半年时间内完成了从软件设计开发、调试运行到正式交付使用的一系列工作。1990年12月5日，全国证券交易自动报价系统正式开通运行。

3. 地位与作用。STAQ系统的建立并不意味着以一个系统来垄断区域性市场、取代交易所，而是试图通过STAQ系统的无界限性，与交易所共同构造多层次市场体系，创造高效、低耗的运行方式和市场机制为主导的管理模式，以吸引更多投资者参与证券市场，更快地推动上市、交易、清算等市场环节的规范化发展。

STAQ系统作为一个全国性场外交易市场，对推动中国证券市场的发展起了很大作用：第一，在信息集散上，由于系统网络覆盖全国，其即时报价功能为会员公司提供了准确及时的价格信息，这就促进了证券、资金的合理流动，缩小了地区差价，平抑了黑市；第二，在交易机制上普遍采用了做市商制度，由一批具有一定资金实力和经营经验的证券商承担做市责任，保证系统证券的流通性，市场价格的连续性和相对稳定性；第三，在清算交割上逐步采用电脑化结算方式，辅之以比较灵活的约定交割方式，大大提高了结算效率和资金运转的安全可靠性；第四，在市场组织上严格进行自律性管理，建立了一整套规章制度，保证市场运行“公正、公平、安全可靠”。这些对新兴的中国证券业都具有重要的探索意义。

为了促进中国证券市场的发展，STAQ 系统还进行了一系列开拓性的改革试点：

首先，在 1991 年和 1992 年，“中心”两次受财政部委托担任国库券发行承销的总协调，STAQ 系统协助“中心”组织进行了国债的承购包销、竞标包销，这改变了过去国债发行的行政方式，将经济手段引入国债发行机制，使其建立在供需双方自愿的基础上，从而有效地提高了国债和政府的信誉。

其次，是无券操作的推行。无券操作通过电脑记帐、转帐结算进行证券发行流通，免去了证券的印刷、包储、调运及兑付后的销毁环节，与实物券相比，具有先进，简捷，经济，安全等一系列优越性。STAQ 系统首先在国债发行与交易中采取无券操作方式，是我国清算交割体制和手段现代化的又一重要进展。

第三，法人股流通试点取得成功。目前，在深沪股市流通的只是个人股部分，法人股还未正式引入，导致了一系列问题的产生，法人股流通势在必行。1992 年 7 月 1 日，法人股流通转让试点在 STAQ 系统开始试运行，半年多来共成交 9000 多万股，金额达 4.5 亿元，显示了良好的流通性、稳定性和投资性。法人股流通转让对企业集团组建，生产要素的优化组合和有效配置，投资主体多元化以及国家产业政策的调整都有极其重要的意义。

4. 发展前景。STAQ 系统的建立，极大地便利了异地证券机构间的信息沟通，证券买卖清算交割，提高了报价、交易和结算诸环节的准确、有效性，安全可靠性，从而使中国证券市场由割断的区域性初级阶段跃进到现代化全国性高级阶段。系统两年来，取得了长足进展。在组织上，系统会员已由刚开通的 18 家增加到 1992 年底的 151 家，跨越地区由 6 个城市扩展到 40 多个城市，体现了跨地区跨部门的原则。在交易上，目前系统上市券种包括国债、金融债券、企业债券、法人股共四大类十五种，截止 1992 年末累计成交近 200 亿元，交易的活跃显示了系统在融通资金中的重要作用。

今后，STAQ 系统将不断扩充交易品种，增加会员数量，扩大系统覆盖范围。此外，还将与全国证券交易所、交易中心及国际财经信息网连接，进一步增强同国内外金融界的交流与合作，使其成为集证券发行、交易、清算和多方面信息服务为一体的国际性证券系统。

（中国证券市场研究设计中心供稿）

中国证券交易系统有限公司及全国电子交易系统（NETS）

一、全国电子交易系统的特征、功能和业务种类

1992 年 6 月，在亚洲开发银行技术援助项目的基础上，经过认真研究，充分论证，决定采用人民银行已建成的卫星通讯网，建立为证券交易提供多功能服务的证券市场全国电子交易系统。（National Electonic Trading Systm 英文简称 NEYS）。

全国电子交易系统是为证券交易提供服务的电子计算机网络系统。该系统具有以下几个特征：

（1）证券交易是在电脑交易系统完成，不需要集中的交易场所，是一个无形的市场。

（2）以卫星通讯网络支持该系统，系统具有运行速度快，效率高，覆盖面广的特点。

（3）以计算机为手段，自动撮合成交。

（4）证券交割实现无券化，使交割安全、迅速、低风险、低成本。

系统具有如下功能：

1. 自动交易功能。证券商在接到客户的买卖委托后，通过自已的终端机将委托指令输入交易系统，由交易中心计算机按照价格优先、时间优先的原则自动撮合成交。

2. 清算交割。各委托买卖指令经计算机撮合成交并经确认以后，即可办理交割，资金交割通过人民银行电子联行清算系统办理，证券交割在实物证券经过本系统托管后由交割系统中自动转帐。

3. 市场信息发布。证券交易系统将向各有关单位及公众提供连续实时的市场行情、市场信息和新闻。

该系统的软件开发已基本完成，经过异地联网调试，模拟运行，系统的质量和效果都良好。该系统首先连通广东、海南、福建、北京、厦门及广州。在此基础上逐步将网络扩大至天津、沈阳、武汉、南京、杭州、重庆、西安等大中城市。

二、全国电子交易系统的管理机构

为实施对全国电子交易系统的管理，经研究决定将原人民银行报价中心事业单位建制，改制为中国证券交易系统有限公司，负责该系统的开发、建设、操作和日常管理。中国证券交易系统有限公司是由人行、工行、农行、中行、建行、交行、保险公司及华夏、国泰、南方三大证券公司共同出资组建的有限责任公司。公司设立董事会，实行董事会领导下的总经理负责制，行政上挂靠人民银行，并接受国家证券主管部门的领导、管理和监督。公司主要办理：提供证券集中交易的网络系统和设施；管理上市证券的买卖；为证券交易提供报价、清算、交割服务，并负责监管；提供有价证券的托管服务；提供证券市场的投资咨询及信息服务等。公司设立上市部、交易部、清算部、托管部等业务部门以及

技术部、财务部和办公室。

（中国证券交易系统有限公司供稿）

1992年湖南省证券市场

1992年，湖南加快了改革开放步伐，经济迅速增长。为增强经济发展后劲，当地政府决定对现有企业进行大规模技术改造，但银行由于受信贷规模限制，信贷资金远远满足不了企业资金需求。一些精明的企业家，开始面向市场通过发行债券筹集资金。同时省政府决定从当地财政收入中拿出3000万元用于垫补企业债券利息费用与银行贷款利息差额，以鼓励和支持企业发行债券筹资行为。从而使湖南省企业债券发行市场得到了较快的发展。另一方面，湖南经过几年的改革开放，居民收入增多，社会闲置资金增多，广大居民金融意识逐渐浓厚，对闲置资金保值增值的愿望特别强烈，加上银行存款利率较低，而债券利率较高，为证券市场的发育提供了良好条件。此外，一些非银行机构特别是信托投资公司，由于受信贷规模控制，需要扩展其它业务，寻求资金出路，纷纷转向证券业务领域。在这种情况下，湖南从事证券业的金融机构迅速增多，企业债券与股权证的发行大量增加，国债交易和上市股票异地交易市场空前活跃，证券市场得到了迅速发展。主要表现在以下几方面：

1. 证券发行大量增加。从1981年到1992年底，湖南共发行各类有价证券168.65亿元，其中政府债券53亿元，地方企业债券21.6亿元。1992年一年，发行有价证券60.55亿元，其中地方企业债券发行13.37亿多元，年末，各种有价证券存量90亿元，比上年末增长25.9%。有价证券的种类从单一的国库券发展到国库券、国家公司债券、企业债券、金融债券、大额可转让定期存单和股票及投资受益证券等多个品种。

2. 证券交易市场空前活跃。1992年，全省各证券交易机构累计买卖证券成交额为18亿元，比上年增加11.4亿元，增长177%。上市交易证券品种增多，从单一的国库券交易发展到债券与股票交易。国库券交易从分散的柜台市场开始走向集中交易市场，证券机构除了参与全国国债集中交易市场外，湖南省组织了五次证券交易大会，国债集中交易成交6亿余元。上海、深圳股市在长沙开通后，上市股票异地买卖非常活跃，仅省证券公司一家4个多月内，实现股票交易3亿多元。

3. 股份制与股权证发行试点取得较大的进展。4月份，岳阳城陵矶经济技术开发区经有关部门批准设立了岳阳城陵矶房地产开发股份有限公司，定向发行内部股票4242万元被一抢而空，从而开始了湖南的股份制与股权证发行试点工作。到年底，全省共批准设立了定向募集股份有限公司36家，发行股权证102352万元，其中内部职工股21242万元。批准设立上市公司2家，股份总额3亿元，计划公开发行股票1亿元，年前各项上市发行准备基本就绪。此外，还批准设立了有限责任公司41家，股本总额近2亿元。

4. 证券机构相继设立，证券业开始形成。到1992年底，全省共有各类证券经营机构69家，其中证券公司2家，信托投资公司和交通银行、财务公司设立的证券营业部67家。这些证券经营机构有4家成为全国证券交易自动报价系统的会员，有不少证券经营机构参加了该系统国债集中交易活动。有5家成为深圳、上海证券交易所异地会员，还有10多家陆续提出了证交所异地会员申请。另外，有的还参加了武汉、天津、海南证券交易中心，成为这些中心的会员。湖南还着手建立证券交易中心的各项准备。各证券经营机构在全省各地还设立了近200个证券交易代办点，从而形成了全省证券交易网络。同时，为证券市场配套服务的证券中介机构也相继设立，如证券信用评级机构湖南省信誉评级委员会，从事证券法律服务的湖南金融经济律师事务所，从事股份制与股票咨询服务的湖南华龙企业有限公司等证券从业机构有的已开业，有的正在抓紧筹备中。这标志着湖南证券业正在逐渐形成。

表5—7 1992年底湖南证券机构统计表

类别／从业系统	证券经营机构		其中：证交所会员个数	证券交易代办点
	证券公司	证券交易营业部		
合计	2	67	6	239
专业公司	2		1	106
信托投资公司		62		123
其中：工商银行		15	0	29
农业银行		7	1	38
建设银行		15	0	27
中国银行		5		13
财政部门		15	0	16
国际信托		1	1	
财务公司		1	1	
商业银行		4	2	

湖南证券市场在1992年虽然获得了迅速发展，但在成长和发展过程中还存在不少缺陷。主要问题是：

1. 证券发行市场畸型发展。从发行种类看，公开发行的只有债券，上市股票一直未发行，债券发行期限结构单一化，一年期为主，中长期债券发行极少。内部股权证发行一开始很热，由于不能上市流通而逐渐由热变冷。

2. 各地区之间证券市场不平衡发展，证券发行和交易活动主要集中在省会城市和少数几个省辖市，其他地区证券发行和交易量极少，证券市场尚未正式形成。

3. 证券经营机构发展过快，小而分散，场地和设施落后，交易操作方式陈旧，从业人员素质跟不上，难以适应证券市场高起点高标准发展需要。

4. 现有股份制试点与股权证发行不够规范。不少定向募集公司实际上成了公众公司，其股权证发行大大超出了规定的范围，不利于股票市场健康发展。

5. 证券市场管理体制不够完善，部门分工不明，多头管理，手续繁琐，办事效率低，特别是管理方法仍采取指标管理等手段，重批轻管，市场管理顾此失彼，漏洞多。

6. 社会公众证券投资风险意识淡薄，证券投资带有盲从性。

湖南省有关部门正在采取积极措施，加快改革步伐，使湖南的证券市场与全国统一的证券市场接轨，从而促进湖南证券市场在1993年中得到大的发展。

（邹健荣、鲍　铖）

迅速发展中的深圳证券市场

深圳股份制改革正式开始于1986年。市政府颁布了《深圳经济特区企业股份化试点暂行规定》。1987年经市政府和中国人民银行总行批准，深圳发展银行作为第一家公众公司公开向社会发行股票。1988年该股票正式上市交易，从而拉开了深圳证券市场发展的序幕。经过8年的积极探索，深圳股份制改革和证券市场试验取得了突破性进展，开始步入稳步健康发展的轨道。

一、深圳证券市场发展的基本情况

1. 上市品种不断增多，市场规模逐渐扩大。到1992年底，上市公司23家，其中本地18家，异地5家。上市品种38种，其中A股23种，B股9种，债券5种，认股权证1种。总股本26.27亿元人民币，总市值481亿元。股票成交量1988年为400万元，1989年为2300万元，1990年为17.5亿元，1991年为35.07亿元，1992年为438亿元。证券交易所会员总数182家，其中异地157家。在册开户投资者83万人，其中本地23万人，异地60万人，证券从业人员1000多人。探索成立了3家投资基金管理公司，并发行了天骥基金，兰天基金、南山基金。待条件成熟后可批准基金上市交易。1992年，深圳宝安企业（集团）股份有限公司公开发行可转换债券5亿元和93年认股权证2640万股。深圳证券市场发展经历了4个阶段。1987年至1990年4月为启动阶段，当时发行量少、交投清淡，平均市盈率在3—4倍左右。1990年5月至1990年11月为股价持续上升的过热阶段，平均市盈率从4.8倍上升到56.6倍。1990年12月至1991年9月为股价下跌阶段，股价指数从100点下跌到46点。1991年10月至今是股价有升有跌，趋向稳定发展阶段。

2. 深圳证券市场开始迈向区域化和国际化。经过这几年的发展，深圳证券市场突破本地界限，面向全国，开始成为全国性证券市场。现有的深圳证券交易所157家异地会员，遍及全国20多个省市。深圳证券登记公司采取了集中式清算、分布式登记的体制，协助内地近30个大中城市建立了证券登记机构。

为了通过证券市场引进外资，深圳探索发行了人民币特种股票即B股，专供境外人士投资，从而使深圳证券市场开始对外开放，迈向国际化。到1992年底，共有9家B股上市交易，总股本4.16亿元人民币，市值37.6亿元，参与B股发行交易的境外证券商30多家，1992年全年成交量16.5亿元，通过发行B股吸收外资7.55亿元港币。

3. 初步建立了一套法规和运作管理体系，实现了向规范化、法制化转变，做到依法管理，间接调控，按国际惯例和市场规则运作。到目前为止，已制定颁布了10多个基本法规和40多个实施细则。主要有《深圳市股份有限公司暂行规定》、《深圳市股票发行与交易管理暂行办法》、《深圳市人民币特种股票管理暂行办法》、《深圳市上市公司监管暂行办法》、《深圳市证券机构管理暂行规定》、《深圳经济特区会计准则》等。在1990年12月份以前，深圳的股票都是在证券商柜台进行交易。1990年12月1日，深圳证券交易所试业之后，上市的股票都进入集中交易。1991年7月3日，深圳证券交易所正式成立。1991年11月，深圳证券登记公司正式开业，使股票的登记过户、分红派息等工作由过去的证券商代管变成由专门机构管理。在实践中逐步建立了以市证券管理委员会为领导决策机构，市人民银行为主管部门，证券交易所和证券登记公司为中介，证券商为基础的运作管理体系。

4. 交易手段和交易方式逐步趋向现代化。在交易方式上，最初采用现金和实物股票的方式，其后发展到现金存折和实物股票的方式，最后实现了现金存折和股票存折的交易方式。深圳证券登记公司从1992年初对所有实物股票进行集中托管，以后凭股票存折买卖，克服了过去“一户一票”、“一手一票”的弊病，实现了股票交易“无纸化”。深圳证券交易所在1992年2月启用电脑自动撮合系统取代手工操作，实现了证券交易电脑化。1992年在深圳证券商中发明和采用了电话自动委托交易系统。这些措施的采用和推广，方便了股民，提高了运作效率，保证了“公开、公平、公正”原则的实现，标志着深圳证券业在交易手段和方式上实现了现代化，跨入了世界先进行列。

5. 股份制和证券市场的作用得到初步发挥。通过股份制改革和建立证券市场，促进了企业转换经营机制，优化产业结构和产品结构；开辟了一条企业筹措长期发展资金的渠道；探索了引进外资的新渠道；有利于推动第三产业的发展，增加国家税收。调查表明：深圳上市公司通过股份制改造和上市，由于经营机制转换，其发展速度和效益远远高于其它企业。1992年深圳上市公司中半数以上利润超过50%。通过证券市场共为企业筹措资金近30亿元，仅1992年国家收印花税达2.4亿元。作为一项深层次的改革，它还促进了金融体制、投资体制改革的深化和人们思想观念的更新。

二、深圳证券市场存在的主要问题

尽管深圳证券市场在短短几年里发展迅速，在市场建设方面做了大量工作，但从总体来说，与国外成熟发达的证券市场相比，尚处在起步，形成的初级阶段，还存在不少问题需要加以解决。

1. 法规建设还不够完善和配套，管理体制有待进一步理顺。尽管深圳已制定和颁布了各种基本法规和一系列实施细则、业务规章，但还不够完善和配套。如还没有制订证券法，保护投资者条例，反内幕交易条例等。一些法规还缺乏配套的可供操作的实施细则。由于缺乏经验，还存在有法不依，执法不严的现象。深圳证券主管机关还没有制订一个目标明确、思路清晰、措施得力的发展战略规划，有些工作缺乏超前性，落实抓得不够。深圳市虽然成立了证券管理委员会，但还缺乏一个独立权威的集中管理机构。一些业务部门职能交叉，往往出现环节多效率低的情况。市证券管理委员会作为决策机构，其成员兼职多，专家少，不利于决策科学化。

2. 企业经营机制转换还有许多工作要做。一些上市公司运作还不大规范，会员大会、监事会、董事会的职能和作用发挥得不够充分，对经营班子监督制约不力。上市公司信息披露工作还未完全达到真实、及时、准确和全面的要求。个别企业筹资的使用出现与招股说明书不一致的情况。国有股尚未进入二级市场，国有资产没有实现优化组合和增值。

3. 基础设施建设滞后，证券机构和队伍素质不高。

深圳证券市场基础设施建设缺乏超前性，适应不了迅猛发展的市场的需要。证券交易大厦迟迟未开始筹建，目前交易席位较少。证券交易所电脑撮合容量小，需抓紧升级换代。证券商通讯存在困难，电话线路紧张，尤其是异地证券商迫切需要解决通讯难问题。深圳证券经营机构少而小，仅有三家具有独立法人资格的证券公司，其他为非独立法人的营业部。证券经营机构规模小，业务局限于委托代理买卖和承销，许多业务未开展起来，职能没有充分发挥，缺乏高素质的证券经营和管理人才。

4. 上市品种还不丰富，内在结构不尽合理。与成熟的市场相比，深圳证券市场上市品种显得太少，市场规模太小，难以给投资者提供充分的选择余地。B股与A股相比，在发行量及交易方面差距较大，经历了由热到冷的过程，目前价格下跌，成交萎缩。上市公司中行业比例还不尽合理，公用事业及工业、商业类股票偏少。市场中机构投资者比重较小，还没有成为市场支撑力量。个人投资者相对来说偏多。

（肖志家）

（二）证券管理监督机构

国务院证券委员会

1992年10月，国务院决定，撤销原国务院证券管理办公会议，成立“国务院证券委员会”（简称证券委），它是国家对全国证券市场进行统一宏观管理的主管机构。

国务院证券委员会委员单位有：中国人民银行、国家体改委、国家计委、财政部、经贸办、监察部、最高人民法院、最高人民检查院、经贸部、国家工商局、国家税务局、国有资产管理局、国家外汇管理局、国务院法制局等14个单位。这些部门的部长或局长组成国务院证券委员会的委员。证券委主任由国务院副总理朱镕基兼任，副主任由刘鸿儒、周道炯担任。

成立证券委员会的目的是为了加强证券市场的宏观管理，统一协调股票、债券、国债等有关政策，保护人民群众利益，使我国证券市场健康发展。

其主要职责是：

1. 负责组织拟订有关证券市场的法律、法规草案；

2. 研究制定有关证券市场的方针、政策和规章；

3. 制定证券市场发展规划和提出计划建议；

4. 指导、协调、监督和检查各地区、各有关部门与证券市场有关的各项工作；

5. 归口管理中国证券监督管理委员会。

为全面履行上述职责，国务院证券委员会下设办公室，负责日常工作，由国务院办公厅代管。办公室内设证券业务组、政策法规组、业务综合组，具体办理日常事务。

国务院证券委员会除承担上述职责外，还承担下列工作：

1. 统一安排和审批国内企业到海外公开发行股票和上市；

2. 审核申请设立的证券交易场所，报国务院批准；

3. 备案各类证券机构；

4. 备案各类上市公司；

5. 配合国家计委下达证券市场的年度规模；

6. 研究制订证券市场发展战略和规划；

7. 组织投资基金证券、可转换证券、信托受益证券等新品种的试点。

股票市场办公会议及国务院证券管理办公会议

从1981—1990年，我国共发行各类有价证券2600多亿元，有价证券的种类从单一的国库券发展到企业债券、金融债券、股票、企业短期融资券等多种形式，证券交易市场亦稳步发展，证券市场尤其是股票市场的管理问题日益突出。为了加强证券市场的统一管理，保护人民群众利益，使证券市场健康发展，1991年4月，中国人民银行向国务院请示建立股票市场办公会议制度，代表国务院行使对证券市场的日常管理职权。经国务院批准后，股票市场办公会议制度正式建立，并于1991年5月召开了第一次会议。股票市场办公会议由国务委员兼中国人民银行行长李贵鲜负责召集，办公会议的办事机构设在中国人民银行。股票市场办公会议的主要任务是：

1. 根据国家有关规定，拟定股票市场发展的重大方针、政策；

2. 根据国家计划审定股票发行规模；

3. 审定全国股票市场的管理办法；

4. 通报上海、深圳两个股票市场运转情况，研究解决有关重大问题；

5. 协调各部门关系。

股票市场办公会议的成员有：中国人民银行、国家体改委、国家计委、财政部、国家外汇管理局、国家税务总局、国有资产管理局；后又吸收了国务院经贸办、经贸部、国家工商行政管理局等单位参加。

为加强对股票发行的管理，由股票市场办公会议成员单位的具体工作人员组成了股票发行联合审议小组，其职责是对申请发行股票的企业进行论证审查，提出初步意见；对上海、深圳市股票发行市场有关章程、办法进行审议，提出修改意见；交流和沟通各部门有关股票市场的情况及意见，协调有关问题。

1992年我国证券市场得到了空前发展，全国普遍掀起了股票、债券热，为了进一步加强我国证券市场的管理，建立全国统一的证券管理体系，1992年6月，在股票市场办公会议的基础上，建立了国务院证券管理办公会议制度。

国务院证券管理办公会议为我国证券市场健康发展，起到了积极的指导和管理作用。并为筹建国务院证券委员会和中国证券监督管理委员会，最终对统一的证券管理体系的形成，起到了积极的促进作用。

1992年10月，国务院证券委员会成立，国务院证券管理办公会议同时撤销。

中国人民银行证券管理办公室

为加强对证券市场的宏观管理，发挥中央银行对金融市场的宏观调控作用，同时更好地为股票市场办公会议服务，根据国务院的指示精神，中国人民银行于1992年5月成立了证券管理办公室。证券管理办公室的职责是：贯彻执行国家有关方针、政策，研究制定有关证券市场法规、制度和办法，组织证券市场活动，维护投资者利益，培育证券市场健康发展。

证券管理办公室作为股票市场办公会议和国务院证券管理办公会议的办事机构，负责筹备办公会议，起草会议文件，建立会议档案，落实有关决议，组织股票发行联合审议小组日常工作，初审股票上市有关办法，并提出修改意见，对股票市场进行调查研究和综合反映。

1992年10月，国务院证券委员会成立，1992年11月，证券管理办公室撤销。

中国人民银行金融管理司

1986年，国务院颁发的《中华人民共和国银行管理暂行条例》确定了以中国人民银行为中央银行的金融体制，规定了中国人民银行有“管理企业股票、债券等有价证券”的职能。1987年国发21号《企业债券管理暂行条例》及国发22号《关于加强股票、债券管理的通知》中，又明确规定中国人民银行是企业债券、股票的主管机关，中国人民银行全面管理企业股票、债券的发行，转让工作，中国人民银行对企业发行股票、债券实行统一管理、分级审批的制度。这些确立了中国人民银行作为证券业的主管机关的地位。

中国人民银行代表国家政府领导和管理证券业的职能部门是金额管理司。

中国人民银行依据法律和政策管理证券发行与交易活动，其主要权限有：

1. 审查股票、债券的发行章程，批准股票、债券的发行，审定股票、债券样式（票面），认可证券的承销方式和价格。

2. 批准证券上市交易，暂停或取消证券上市交易的资格，确定上市公司应提供的有关文件。

3. 审批设立或撤销从事证券业务的机构，包括证券公司、信托投资公司以及证券评级机构、证券投资咨询公司和证券交易所等；审定其经营范围，要求其定期报送财务报表，提供经营状况报告，必要时责令其停止业务活动等。

4. 协调证券市场中的各方关系，依法批准设立和管理证券业公会（协会）、证券交易所。

5. 检查证券活动中各方行为。

6. 依法对证券活动中的违法行为执行经济处罚，建议其上级部门予以行政处理，直至向人民法院提出诉讼。

7. 其他有关证券活动的管理权。

总的来说，中国人民银行对证券的管理主要体现在对证券市场的管理及对证券机构的管理两大方面。下面分别阐述：

1. 对证券市场的管理

(1) 对债券市场的管理

目前债券的种类有四大类十几个券种。债券的主管部门是中国人民银行，财政部参与国家债券的发行管理，国家计委参与企业债券发行的管理。

①国家债券发行主体是财政部，主要种类有国库券、国家重点建设债券、财政债券、国家建设债券、保值公债、特种国债等。

②国家公司债券。主要为基本建设债券和重点企业债券。由国家计委会同国家各专业投资公司提出债券发行计划，并与中国人民银行共同拟订发行办法，报国务院批准后执行。

③金融机构债券。中国人民银行总行根据国家综合信贷计划和当年偿还旧债的数额，确定金融债券发行的总额，同时批准下达各银行及其他金融机构发行金融债券和发放特种贷款的指标，发行金融债券和发放特种贷款的办法由中国人民银行统一制订，包括：发行对象、偿还期限、债息率、特种贷款的用途及贷款利率、期限等。中国人民银行还负责批准金融债券的挂牌上市。

④企业债券分为企业债券和企业短期融资券。

企业债券的发行主体是国营和集体企业。企业发行债券，须报中国人民银行批准。中国人民银行实行集中管理、分级审批的制度。一个企业一次发行额在3000万元（含3000万元）以上的由中国人民银行总行审批，3000万元以下的，由中国人民银行省级分行审批。

中国人民银行总行每年年初向各地下达企业短期融资券的年度发行额，企业发行短期融资券必须报经当地人民银行批准。各地人民银行分行在中国人民银行总行下达的额度内，根据国家的产业政策和调整经济结构的要求进行审批。

(2) 对股票市场的管理

中国人民银行是国家授权负责管理股票发行的主管机关，负责批准企业发行股票，并规定企业通过发行股票筹集的资金所占其自有资产的比例和新建股份制企业发起人认购股票应占其企业全部股份的比例。

中国人民银行是审批各种有价证券上市交易的主管机关，未经中国人民银行批准，任何证券不得随意挂牌上市交易。1990年银发323号《关于严格控制股票发行和转让的通知》一文中明确：股票的公开发行和上市交易只限深圳、上海两地试点，未经中国人民银行总行同意，其他地区一律不准再批准发行新的股票，一律不得批准股票上市交易。

2. 对证券机构的管理

1988年7月，《中国人民银行关于设立证券公司或类似金融机构须经中国人民银行审批的通知》中强调：凡设立证券公司或类似的金融机构，必须由当地人民银行分行审核，报经中国人民银行总行批准。中国人民银行对其实行归口领导和管理。

1990年11月，经国务院授权，中国人民银行批准成立上海证券交易所，1991年4月，经中国人民银行批准，深圳证券交易所成立。目前，只在深圳、上海两地进行试点设立证券交易所，未经中国人民银行许可，任何人不得设立证券交易所。各种有价证券上市交易（除国家债券外）都须经中国人民银行审查同意。中国人民银行还负责收受证券交易所按规定比例交存的存款准备金和有关报表。

中国人民银行对证券的管理是经国务院授权而进行的宏观管理。1992年以前，对证券管理的职能部门是中国人民银行金融管理司，负有全面管理股票与债券、管理金融机构和金融市场、拟订有关金融法规和政策、制订金融规章制度的职责。1992年5月，中国人民银行设证券管理办公室，全面行使对中国证券业进行管理的职责。证券管理办公室下设证券办公室、股票处、债券处三个处室。1992年12月，据国务院指示，中国人民银行撤销证券管理办公室，部分证券管理业务上交至国务院有关部门。中国人民银行保留证券管理处，设在金融管理司内，目前，证券管理处的主要职责有：

(1) 负责审批和归口管理债券机构；研究、规划证券业的组织机构及业务活动；拟定有关证券机构的管理办法；监督证券机构行为，维护债券市场健康发展。

(2) 负责审批金融机构债券、短期融资券，会同国家计委审批中央企业债券；研究、规划债券市场发展，拟定债券管理办法和政策，保护投资人利益。

(3) 负责审批投资基金；研究、规划投资基金发展；拟定投资基金管理办法，保护基金券持有人利益。

财政部国家债务管理司

50年代初期，财政部曾代表国家举借内债和外债，当时财政部设专门机构管理国债。1968年实现了“无债之国”，财政部内主管国债的机构宣告撤销。1979年初，在财政部预算司下成立了债务处，负责内债、外债的“借、用、管、还”。随着国家建设事业的发展和改革开放进程的加快，举债规模日增，举债内容多样化，任务繁重，已非一个债务处所能承担。1987年12月30日，中共中央政治局通过决议，在国家政府机构改革的同时，成立“国家债务管理局”，统一管理国家的内债和外债。1988年5月，改为“国家债务管理司”，并列入经国务院批准的财政部“三定”方案中。

国家债务管理司的职责是：拟订政府的国内、国外债务政策和有关管理办法；制定国外贷款的国内转贷办法；编制政府债务的中长期计划和年度计划；汇编政府债务预算、决算；管理国家公债的发行并参与管理公债流通市场；建立和管理国内债务的偿债基金；根据国务院授权，负责我国政府在国际金融市场的筹资工作；办理政府债务的还本付息事项。

国家债务管理司下设内债处、外债处、综合处和办公室。

国家经济体制改革委员会

国家经济体制改革委员会（简称国家体改委），是国家进行经济体制改革的规划、组织、指导和协调的机构。中国金融市场的培育和发展过程，实际上是经济体制改革的深化过程。尤其是股票市场的发展，同企业的股份制试点紧密相关。根据1992年12月17日国务院颁发的《国务院关于进一步加强证券市场宏观管理的通知》，在目前的股份制试点中，"国家体改委负责拟订股份制试点的法规，并组织协调有关试点工作"；"现有企业股份制试点……中央企业由国家体改委会同企业主管部门负责审批"。此外，国家体改委还负责国内企业到香港或国外证券交易所上市的股份制试点和对1990年以前各地公开发行股票的股份制试点企业的规范化重新审批确认工作。

1992年以来，国家体改委会同有关部门制定了《股份制企业试点办法》、《股份有限公司规范意见》、《有限责任公司规范意见》等16个文件，重新审批确认了40余家1990年公开发行股票的股份制试点企业，并审批了若干家进行股份制试点的有限责任公司和定向募集的股份有限公司，目前还直接负责9家在国内、香港发行股票的股份制试点企业。

国家体改委在股份制试点中的职责主要是：制定法规、政策，进行指导、协调。国家体改委的具体职能如下：

1990年12月，《国务院办公厅关于向社会公开发行股票的股份制试点问题的通知》规定：除了上海、深圳两市外，凡向社会公开发行股票的试点企业，要上报国家体改委等部门重新履行审批手续；上海、深圳制定的有关向社会公开发行股票试点的规章制度和管理办法，要报国家体改委等部门审查批准后实施。

1992年4月，《国务院拟转国家体改委、国务院生产办关于股份制企业试点工作座谈会情况报告的通知》规定："国务院责成国家体改委会同有关部门抓紧修订组建股份制企业的规范意见的试点办法"。"向社会公开发行股票（不上市）的股份制试点，目前只在广东、福建、海南三省进行，其试点办法和发行股票的规模必须经中国人民银行和国家体改委批准。"

1992年5月，国家体改委、国家计委、财政部、中国人民银行、国务院生产办联合颁发的《股份制企业试点办法》规定："股份制试点企业的组建，由国家体改委或省、自治区、直辖市体改部门牵头，会同有关部门审批。"

国家计划委员会
财政金融综合计划司
（简称国家计委财金司）

国家计委财金司是根据1988年国家计委机构改革"三定"方案，在原国家计委财政金融计划局的基础上成立的。根据国务院机构编制委员会《关于国家计委、财政部和中国人民银行在宏观经济管理方面的分工意见》，国家计委在证券市场管理方面的主要职能是会同财政部和中国人民银行编制制定国内年度和中长期证券发行计划，进行国民经济综合平衡，负责与国家产业政策、国民收入分配政策和国家财政计划、信贷计划、年度国家固定资产投资计划、货币收支计划等方面的衔接，研究协调证券市场发展战略及政策，并通过改善证券发行和流通方式来促使货币政策机制的改善，从宏观上对证券市场进行管理，并会同中国人民银行管理固定资产投资性债券。下设证券处具体负责有关证券计划管理、政策协调和有关债券的审批工作。

1992年国务院发布了《关于进一步加强证券市场宏观管理的通知》，对国务院各部门和地方政府的职责分工作了新的界定，根据国务院规定，国家计委的职责分工是根据国务院证券委员会的计划建议进行综合平衡，编制证券发行计划，报国务院批准后会同国务院证券委员会下达各地和各部门。在证券发行管理方面，国家投资债券、国家投资公司债券由国家计委负责审批，中央企业债券由国家计委和中国人民银行共同负责审批。

其主要业务内容有：一是根据国务院证券委员会的计划建议和各地、各部门证券申报计划，综合考虑国家经济发展状况和证券市场情况，会同财政部和中国人民银行等有关部门编制中长期证券发行计划和年度证券发行计划，就证券发行总量、证券结构提出年度证券发行计划草案，上报国务院批准后执行；二是会同国务院证券委员会下达并组织实施年度分地区、分部门的证券发行计划（国家财政债券发行计划由财政部具体负责），在分解下达各项证券发行计划的同时，指导和协调各地、各部门执行证券发行计划；三是分析研究证券市场状况，参与国务院有关证券市场管理政策、法规的研究和制定工作；四是审批或会同中国人民银行审批国家投资债券、国家投资公司债券和中央企业债券等国家建设性债券，协调解决国家建设性债券发行过程中存在的问题，保证国家重点建设项目的资金需要；五是配合固定资产投资体制改革，促进企业经营管理机制转换，筹集长期建设资金，进行合股建设新企业的研究和试点工作，从基本建设项目的源头开始就按照股份制的有关要求进行筹备、建设和生产经营。这主要是通过选择一些国家重点建设项目进行股份制试点，探求利用股票方式筹集大规模建设资金的可行性，并针对筹资、建设和经营过程中存在的问题，制定相应的政策和措施。

近几年来，通过与财政、银行等有关部委的妥善协商，已初步建立了统一的证券发行计划，并纳入了国民经济和社会发展计划序列，使证券市场逐步走上了统一计划协调、分级分部门管理的轨道。首先在加强债券发行总量控制的同时，建立了固定资产投资性债券管理制度，对利用债券筹资进行固定资产投资的企业或建设项目，既纳入债券发行计划，还同时纳入固定资产投资计划，两者相衔接，防止利用债券筹资搞计划外投资项目，以避免投资膨胀，从而加强了对地方企业债券的管理工作，基本上结束了过去滥发债券的局面，债券管理逐步走向正规。1993年又将股票纳入证券发行计划，本着积极慎重、严格控制的原则，逐步推行公开发行股票的股份制试点工作，以保证社会金融资产总量和结构的相对稳定及证券市场的稳步发展。建设项目股份制试点工作已基本完成有关文件和管理办法的制定，开始进入实质性操作阶段。

国家外汇管理局外资管理司

国家外汇管理局设立于1979年，1982年始划归中国人民银行直接领导。国家外汇管理局在全国各级人民银行设立了同级外汇管理分支机构。国家外汇管理局下设办公室、综合计划司、政策法规司、管理检查司、外资管理司、外汇业务管理司。国家外汇管理局负责证券管理(主要为外币有价证券管理)的职能部门为外资管理司。在外资管理司内，设有外债管理处、投资管理处和综合处。

外资管理司的主要职责包括：负责登记、统计、监测全国对外负债，对地方、部门、企业使用的外债进行监督检查，并制定相应的管理办法；分析、预测对外负债形势；管理、监督、审查在境内外发行外币有价证券(除政府部门发债外)和借用国际商业贷款的期限、利率、币种等金融条件及外汇担保；负责外商投资企业和人员的外汇管理；负责驻外机构、企业和境外投资的外汇管理。

自80年代初以来，国家外汇管理局相继颁布了《外债统计监测暂行规定》、《境内机构借用国际商业贷款管理办法》、《境内机构对外提供外汇担保管理办法》以及在境外发债等系列管理措施。为使我国的外债能最大限度地发挥其积极作用，同时适度控制其规模，合理安排其结构，外债管理通过规模、效益和风险和管理方式，采用国际普遍使用的监控指标，并结合我国的具体情况形成我国现行的外债管理体系。外债(含外币债券)管理工作的主要内容是按照国家确定的方针、政策，对国家利用外资计划提出建议；审批对外筹措国际商业贷款和在境内外发行外币债券，具体内容还包括借款存放境外、借款抵押人民币贷款，借款参与调剂外汇，使用调剂外汇偿还外债等的审批；监督市场运行情况；收集、反映、分析国际金融市场行情，起草有关外币有价证券管理、外币资本市场管理的规定、文件；检查、监督外币有价证券使用情况，并进行调研；监督外币有价证券发行单位外汇资金的使用及投向，监督外币股票发行公司的还本付息等。

国家国有资产管理局

国家国有资产管理局是国务院设立的对国有资产行使所有权管理的专职机构。成立于1988年，内设综合司、法规司、企业司、行政事业司、境外司、办公室，两个事业单位是国有资产评估中心和国有资产科学研究所。国家国有资产管理局按照“统一政策、分级管理”的原则，几年来，逐步建立了从中央到地方的国有资产管理体系，统称为国有资产行政管理部门。

国家国有资产管理局作为国有资产的代表者，行使国家赋予的国有资产所有者的代表权、国有资产监督管理权、国家投资和收益权、资产处置权。其主要职责是：贯彻执行国家有关国有资产的方针、政策和法律、法规，拟定国有资产管理条例和各项管理制度，并组织实施；组织对中央和地方管辖的国有资产现状和变动情况的调查研究及登记管理工作，监督国有资产的保值与增值；参与国家投资的分配和回收投资的再分配；对国家各类投资公司、投资银行的经营活动进行稽核和监督，促进提高投资效益；对国有资产的使用情况实施检查，考核国有资本金效益，促进国有资产经营单位大大提高经济效益，实现国有资产的保值与增值；会同有关部门对国营企业进行发包、租赁、合资、参股经营和兼并、拍卖、破产清理等经济活动中涉及国有资产评估、产权变动和财务处理问题，审批行政事业单位国有资产产权转移、评估和财务处理问题；组织推动企业闲置国有资产的处理，提高国有资产的利用率；管理设在中国境外的国有资产，维护其合法权益。

国家国有资产管理局作为国务院证券管理委员会的成员单位之一，在股份制试点工作中承担着维护国家股权益、优化资产配置、实现国有资产保值增值的任务。其主要职责是贯彻执行国家有关股份制试点工作的方针、政策，拟定股份制企业国有资产管理办法并组织实施。目前已经制发的文件有：《关于对向社会公开发行股票的股份制试点企业重新审批的通知》、《关于从事证券业务的资产评估机构资格确认的规定》、《股份制试点企业国有资产管理暂行规定》、《股份制企业国家股利收缴办法》、《关于在股份制试点中加强维护国有资产权益的通知》、《企业所有权界定的暂行规定》、《国有资产评估管理办法》、《国有资产评估管理办法施行细则》。

国家国有资产管理局负责以上行政法规的实施，现阶段，国家国有资产管理局的主要工作是中央企业的股份制改造和《关于对向社会公开发行股票的股份制试点企业重新审批的通知》中规定的1990年5月23日以前，由地方政府批准向社会公开发行股票的股份制试点企业的重新规范和审批工作。其主要内容涉及资产评估、产权界定、确定投入股份制企业的国有资产范围、国有资产折股、国家股权设置、股权结构、溢价发行、国家股利收缴、国家股转让等。目前，操作工作分三个阶段进行：

第一阶段：国有资产的前期准备阶段。这一阶段的主要工作是资产评估和产权界定。

资产评估指全民所有制企业整体改组为股份制企业时的资产评估；全民所有制企业向股份制企业投资设立国有法人股的资产评估；有国家股的股份制企业的资产评估。评估程序如下：

1. 评估企业向同级国有资产行政管理部门提交资产评估立项申请书；

2. 同级国有资产行政管理部门自接到立项申请书起10日内进行审核，并作出是否准予资产评估立项的决定，通知申请企业；

3. 申请企业委托经国有资产管理部门认可、具有评估资格的资产评估公司、会计师事务所、审计事务所、财务咨询公司进行资产评估；

4. 受委托的评估机构向委托企业提出资产评估结果报告书；

5. 申请企业将评估结果报告书报同级国有资产行政管理部门予以确认。

国有资产产权界定指国有资产所有者、国有资产经营使用者的权益的界定，包括国家股与国有法人股的界定，中央产权与地方产权的界定，国家对企业减税让利资产的界定，国家允许企业税前还贷资产的界定，全民所有制企业除职工福利、奖励基金以外的各种专项基金的界定等。在国有企业进行股份制改组时，国有资产产权界定是一项必须进行的工作，它关系到投资各方的利益，政策性很强，国家国有资产管理局在这方面进行了积极的探索，并积累了一些经验。

第二阶段：确立国家股权阶段，即确定进入股份制企业的资产范围、国有资产折股、国家股权设置、股权结构以及国家股股权行使单位和行使方式。

确定进入股份制企业的资产范围指全民所有制企业整体改组为股份制企业时，资产评估、产权界定结束后，哪些资产必须进入股份制企业、哪些资产可进可不进、如何管理等问题；国有资产折股指按国有资产评估后的确认价值折股还是按帐面原值折股的问题，另一层含义是股份制企业的国有资产净值是否全部折成国家股或是部分折成国家股、部分进入资本公积金；国家股权设置指国有资产产权在不被任何企业持有的情况下，参与股份经营时，必须设国家股；股权结构指国家产业政策重点发展的能源、交通、通信等垄断性较强的行业，在进行股份制试点时，国家股份必须达到控股地位，其他股份制企业国家股比例是否合理；国家股股权行使单位指国有资产管理部门或其委托的控股公司、投资公司、企业集团的母公司，经济实体性总公司及某些特定部门。

第三阶段：对股份制企业的监督阶段，如股权结构的调整是否侵害了国家股的权益，股票溢价发行与国有资产评估价值的关系，国家股股利是否按时足额上缴，国家股的转让等。

中央企业在股份制试点时，须向国家国有资产管理局报送以下材料：

1. 申请进行股份制试点的报告；

2. 股份制企业设立方案草案；

3. 公司章程草案；

4. 发起人的企业法人证件；

5. 全民所有制企业近三年经注册会计师签证的财务报表。

属于重新审批的股份制企业，须向国家国有资产管理局报送以下材料：

1. 地方政府同意进行股份制试点的批复文件；

2. 股份有限公司设立方案；

3. 股份有限公司章程；

4. 募股说明书或募股章程；

5. 由注册会计师出具的资产评估报告和国有资产管理部门出具的确认文件；

6. 工商行政管理部门出具的企业法人证件；

7. 股份有限公司近三年经注册会计师签证的财务报表。

中国证券监督管理委员会

中国证券监督管理委员会经国务院批准，于1992年10月在北京成立。成立中国证券监督管理委员会的目的是为了加强证券市场的管理，统一协调有关政策，建立健全监管工作制度，保护广大投资者的利益。它的成立，对完善证券管理体制，保障证券市场健康发展有着重要意义。

中国证券监督管理委员会是国务院证券委员会对证券业和证券市场进行监督、管理的执行机构，接受国务院证券管理委员会的指导、监督、检查和归口管理。中国证券监督管理委员会由有证券专业知识和实践经验的专家组成，按国家事业单位管理。

中国证券监督管理委员会设主席、副主席。现任主席刘鸿儒（同时兼任国务院证券委员会副主任），副主席傅丰祥。中国证券监管理委员会下设八个职能部（室）和首席律师、首席会计师，并设立相对独立的发行审核委员会和咨询委员会。工作人员编制150人。根据需要，中国证券监督管理委员会还将在上海、深圳和其他一些中心城市设立派出机构。

中国证券监督管理委员会依法对证券业、证券市场进行全过程、全方位的监督、管理。其主要职责为：

1. 根据国务院证券委员会授权起草或制定有关证券业和证券市场管理的规则和实施细则，起草证券法规。

2. 监督、管理有价证券发行、上市、交易。

3. 对证券经营机构、证券清算、保管、过户登记机构、投资基金经营机构和证券从业人员的业务活动进行监管；会同有关部门制定证券从业人员的资格标准和行为准则，并进行监管。

4. 会同有关主管部门审定从事证券业务的律师、会计师事务所，颁发证券业从业许可证书；规定前述专业人员为证券发行、交易及对上市公司监管等业务所提供的专业性报告、意见书的格式和所应包含的内容。

5. 监督管理证券交易场所的业务活动。

6. 监管上市公司及其有关人员执行证券法规的行为；审查上市公司的有关报告；监管上市公司的收购、兼并活动。

7. 对境内企业直接或间接向境外发行股票和上市行为进行监管。

8. 对违反证券法规、实施细则和有关具体规则的行为进行调查、提出意见，并提交有关部门进行处罚。

9. 会同统计部门编制证券统计资料，研究分析证券市场形势，及时向国务院证券委员会报告证券市场运行中的重大问题并提出相应建议；向证券业和社会公众提供信息。

10. 从事对外交往与合作事宜。

11. 办理国务院证券委员会交办的其他事宜。

中国证券业协会

中国证券业协会，1991 年 8 月 28 日正式成立，是依法注册的具有独立社团法人资格的全国证券行业自律性管理组织。中国证券业协会的成立，顺应了深化改革、扩大开放、促进中国证券市场健康发展的需要，标志着中国证券业的发展逐步走向成熟。

中国证券业协会的宗旨是：根据发展社会主义市场经济的要求，贯彻执行国家有关方针、政策和法规，发挥政府与证券经营机构之间的桥梁和纽带作用，促进证券业的开拓发展，加强证券业的自律管理，维护投资者和会员的合法权益，建立和完善具有中国特色的证券市场体系。

中国证券业协会采取会员制的组织形式，凡依法设立并经特许可以从事证券业务经营和中介服务的专业证券公司、金融机构、证券交易所及类似机构，承认协会章程，遵守协会的各项规则，均可申请加入协会，成为协会会员。截至到目前，中国证券业协会已有团体会员 200 个，个人会员 36 个。

中国证券业协会的最高权力机构是会员大会，会员大会的执行机构是理事会和常务理事会。协会日常工作由秘书长负责主持。另外，协会还设监事会、财务管理委员会等若干专门委员会。协会第一届会长郭振乾；副会长（以英文字母为序）：陈元、黄达、金鑫、刘鸿儒、刘敏学、汤丙午、王春正、项怀诚、殷介炎、阎明复。协会第一届理事长金建栋，秘书长马忠智。

根据自律性管理组织的特点和参考国际惯例，结合中国证券市场的具体情况，中国证券业协会具有以下职能：

1. 根据党和国家的有关政策、规划进行证券业开拓发展和设计，拟定自律性管理规则，监督会员遵守证券法律、法规，加强行业管理。

2. 树立公平、公开、公正的原则，维护行业信誉。

3. 统一会员的交易行为，维护市场秩序，斡旋、调解会员间的纠纷；沟通本行业与其他行业或部门间的关系。

4. 接受主管部门的授权，调解或仲裁会员与顾客间的争议。

5. 统一组织场外交易市场，并提供统一的报价交易系统。

6. 监督、审查会员的营业及财务状况，并对会员进行奖励和处罚。

7. 组织从业人员的各类培训，实施统一的证券行业人员资格考试和资格审查，提高从业人员的业务技能和管理水平，并负责从业人员的奖励和处罚。

8. 开发证券市场，推广普及证券新业务、新知识。

9. 开展有关证券市场发展的调查研究，经常向主管机关和有关部门提出建议，反映会员要求。

10. 搜集、整理国内外证券行业信息，进行综合统计分析并组织出版专业刊物和书籍，向会员和社会公众提供有关的咨询服务。

11. 负责本行业的对外联络及国际间的交流与合作。

12. 接受主管机关和其他有关单位的委托事宜。

中国证券业协会自成立以来，在认真贯彻政府宏观经济政策，积极配合金融及证券监管当局的宏观调控和政策执行，加强证券行业自律管理，密切证券经营机构之间的合作，广泛开展国际交流等方面，做了大量富有成效的工作。它们主要包括：

1. 证券市场法规建设。协会参予了《中华人民共和国证券法》起草工作的讨论，并提出了修改意见。接受国务院证券委委托，负责起草了《证券从业人员行为守则》。

2. 加强协会内部建设。不断吸收新会员，壮大了协会力量，也满足了部分非会员单位申请入会的要求；同时在协会机构设置、管理制度完善和人员配置等方面也取得了很大的进展。

3. 证券从业人员业务培训。协会先后组织了各种形式的研讨会、培训班、国际研修班共 10 期，参加培训和研修人员达 1100 人，对介绍证券新知识、提高从业人员业务素质起到了很好的作用。

4. 广泛开展国际交流。协会于1992年3月首次派团参加了国际证券业协会第五届会议。除此之外，协会组织了两个赴美考察团和一个赴韩国考察团。同时，协会还接待了来华访问的日本、美国、英国、新加坡、韩国和台湾的同行，建立了广泛的国际关系。这些都为中国证券业登上国际舞台，加深外国对我国证券业的了解，并为今后开展国际合作创造了条件。

5. 开展证券市场研究，宣传普及证券知识。协会创办并编辑出版了《证券市场资料》和《证券市场动态》等刊物，组织编写了权威性的《中国证券市场年报（1993）》。协会还会同中央电视台联合组织摄制了6集电视社教片《证券与证券市场》。另外，协会配合人民银行组织了证券行业1992年10月份在广州举行的金融改革十年成果展览。

当前，中国的改革、开放和经济发展进入了一个新的历史时期。改革越是深入、经济越是发展，就越需要证券业更快、更大的发展。中国证券业协会将充分发挥行业协会的作用，积极配合协助国家证券业主管机关制定我国证券业发展战略，完善证券市场法规系统和管理制度；促进会员单位进一步开拓证券业务，加强行业管理和从业人员资格管理；结合中国国情，大胆学习和借鉴国际证券市场的有益经验，开展证券理论与政策研究；建立更广泛的国际协作和业务交流，为发展具有中国特色的社会主义证券市场作出贡献。

中国国债协会

经财政部和民政部批准，于1991年8月1日成立了中国国债协会，现有284家财政证券公司、国债服务部和经营国债业务的机构为团体会员。国债协会运用自律性管理的特点，发挥自身在行业管理中的积极作用，利用已形成的全国国债服务网络，把近千家国债中介机构凝聚成一个团体，使行业管理落到实处。

中国国债协会具有以下职能：

1. 在会员之间交流债券业务经验，沟通有关债券业务的信息，提高业务水平和服务质量，提高债券交易技术；

2. 协助、配合政府有关部门做好国债的发行、交易、兑付等方面的工作；

3. 研究我国债券投资的理论、政策、方法以及国家债券业发展中存在的问题，向政府主管部门提出建议；

4. 维护会员的合法权益，监督会员执行国家法律、法规、政策及合法经营，对违章会员提出处罚意见；

5. 同国际、国内其他证券机构或组织建立联系，进行交流和合作；

6. 组织实施国家债券业的行业管理，贯彻行业宗旨；

7. 组织学术交流、业务培训以及其他有关活动，提高全行业的经营管理水平；

8. 促进会员单位之间的团结、协作；

9. 接受政府和主管部门委托的其他工作。

中国国债协会组织机构如下：

1. 会员大会。会员大会是最高权力机构，每两年召开一次。会员大会的职责是：确定协会的活动方针和工作任务；制定和修改协会章程；听取和审议理事会的工作报告；选举或撤换理事会理事、常务理事；审查协会的经费收支情况；讨论和决定协会的重大事项。

2. 理事会。理事会是会员大会闭会期间的常设领导机构，理事会每年召开一次。理事会的职责是：执行会员大会的决议；制定协会的工作计划；选举会长、副会长、常务理事和秘书长；决定协会内部的机构设置；审查协会的年度财务预决算。

3. 常务理事会。常务理事会由理事会选举产生，是协会的常设机构。常务理事会的职责是：负责理事会闭会期间的日常工作；选聘协会副秘书长及其他工作人员；负责筹备召开会员大会和理事会；审查批准新会员。

4. 办事机构。办事机构负责办理会员代表大会及理事会的决议事项，处理日常工作。办公地址临时设在：北京阜成门外大街24号。

5. 第一届会长、秘书长、理事名单。会长：项怀诚（中华人民共和国财政部副部长）；副会长：金人庆（中华人民共和国财政部副部长）；副会长：童赠银（中国人民银行副行长）；副会长：朱福林（财政部综合计划司司长）；副会长：张加伦（财政部国家债务管理司副司长）；副会长：马守信（哈尔滨财政证券公司总经理）；副会长：李茂成（成都市财政局副局长）；秘书长：张加伦（兼）（财政部国家债务管理司副司长）；副秘书长：高坚（财政部国家债务管理司副司长）；副秘书长：宫成喜（中国经济开发信托投资公司总经理）；副秘书长：张玮（财政部国家债务管理司处长）。常务理事36名（名单略），理事101名（名单略）。

中国国债协会成立以来开展了以下的工作：

1. 作为国债发行的主渠道，国债协会全体会员积极完成国债的发行工作以及国债发行的改革。1991年财政部进行国债承购包销试点，国债协会全体会员都参与了这项重大改革工作，为保证这项重大改革的实施，起到了十分重要的作用。

2. 在全国证券市场中，国债交易约占全国同期证券交易总量的80%多，成为我国证券市场的主体。协会所属会员单位坚持服务宗旨，不以盈利为目的，广设网点，方便了群众，维护了国债信誉。

3. 1991年9月——12月，协会与财政部国债司、中央电视台共同举办了全国范围的证券知识竞赛。1992年3月，协会与财政部国债司、中国财经报联合举办“建设杯国债知识百题竞赛”。两次竞赛活动取得很好的社会效果。

4. 根据国债投资理论、政策、方法以及国家债券业发展中存在的问题，组织各会员单位，分课题研究。

5. 为借鉴国外证券管理先进经验，1992年8月组织了有26个会员单位参加的赴日本证券考察团，开拓了对外交流渠道。

6. 协会成立后，创办了《国债协会通讯》，办刊的方向是密切联系工作实际，普及国债知识，推广交流工作经验，为发展国债服务。聘请了50名从事国债工作的同志作为通讯员。

7. 为提高会员单位从业人员的业务水平，协会与大专院校合作，分别开办了理论班和财会班两期四个班，已培训200名会员。

8. 作为社会团体，积极响应中央号召。1991年10月为帮助水灾地区群众解决生活困难，组织会员单位捐款人民币100万元，支援灾区人民重建家园。

(三) 部分证券登记、咨询及信誉评级机构简介

中国投资咨询公司

中国投资咨询公司（以下简称公司）成立于1986年3月，是适应国民经济发展和经济体制改革的需要，在国务院发展研究中心和中国人民建设银行支持下成立，由建设银行总行直接领导，为中外投资、国内外经济合作提供投资及金融咨询服务的全国性投资咨询机构，已经在世界银行和联合 国工业发展组织办理注册手续。

公司具有独立法人资格，注册资本为人民币1300万元。公司遵照中华人民共和国有关法律、法令和条例，并遵循国际咨询行业公认的准则，根据国家的产业政策、投资动态和市场信息，为中外客户提供咨询服务。

公司依靠建设银行整体优势，建设银行系统的任何一家分行、支行、办事处都可以代理我公司的业务；此外，公司还聘请231名各学科专家组成“专家委员会”，指导我公司的咨询业务。

几年来，公司通过认真工作和锐意进取，有力地促进了我国投资决策的科学化、民主化，为国家宏观投资决策，特别是建设银行基本建设和更新改造贷款项目决策提供了优质的咨询服务。与此同时，公司还逐步开展了与国际金融组织的合作与交往，与国外金融界、产业界、咨询界建立了广泛的联系，世界银行特别信贷项目贷款用于我公司人员培训及购买计算机的项目正顺利进行。

公司在积极做好咨询服务工作的同时，还根据业务发展的需要，十分重视自身素质的提高。六年来，公司内部举办了多次业务培训，派专人脱产培训外语，派员出国考察和培训；大力提倡在各项业务工作中充分发挥计算机等现代化办公设备的作用。

咨询业在我国仍是一项新兴的事业，中国投资咨询公司在其六年的历程中，勇于探索、不断总结，已初步摸索出一条适合我国国情的发展咨询业的道路，并以其优质的服务和雄厚的实力，成为我国最大的咨询机构之一。随着改革开放的深入和经济建设的发展，中国投资咨询公司将赢得越来越大的服务空间，必将为我国投资决策的科学化、民主化作出更大的贡献。

北京长城资信评估事务所

北京长城资信评估事务所于1992年11月正式成立，是接受委托对企业资信和有价证券信誉进行评估评级，对金融、投资业务进行咨询服务的专业机构。

其宗旨是遵循公开、公平、公正的原则，通过资信评估及有关的业务活动，保护投资人和筹资人的合法权益，引导资金投向，促进有价证券和信用活动的健康运作，提高资金使用效益。

事务所是全民所有制法人，其经营范围包括：

1. 对全民、集体、股份制企业和“三资”企业资信状况进行评估，评定企业信誉等级。

2. 对企业发行的债券、融资券、股票等有价证券进行信誉评级。

3. 对企业发行的债券券别、数量、价格等进行策划，提供可行性报告、对发行章程办法的咨询服务。

4. 对股份有限公司的设立、招股、配售新股和股票上市方案等进行设计。

5. 对机构投资者买入或卖出证券的券别、方法和时间进行咨询服务。

6. 对境内外法人、自然人提供证券方面的条件、政策、知识等咨询服务。

7. 对证券发行企业和机构投资者提供应用技术及信息服务。

8. 对企业固定资产投资和技术及改造项目申请国家投资和银行贷款进行信用评估。

9. 对金融企业和其它企业的资产、负债及财务状况进行评估。

事务所下设信誉评级、咨询服务、电脑服务、国际合作、办公室5个职能部门，并拥有一支包括经济、金融、财务、科技、工程等学科在内的高层次的专家队伍，所有专家具有高级专业技术职称，确保评估结果具有较高的权威性。

（李刚）

天津市信誉评级委员会

天津市信誉评级委员会是根据人民银行《关于设立信誉评级委员会有关问题的通知》要求，经市政府确认，人民银行天津市分行批准，于1991年8月22日成立的。委员会由本市经济、金融、财政、科技、学术界知名专家、学者以及有丰富实践经验的专业人员组成。委员会下设办公室，负责办理日常工作。

委员会的宗旨是，适应社会主义市场经济和证券发行、管理规范化的需要，竭诚为投资者和筹资者服务，促进本市金融市场的健康发展。

委员会的工作范围：以对企业股票、债券及非银行金融机构进行信用评级为主，兼办一些有关项目的评估业务。

委员会自成立以来，共评定近20家股票的信用等级，股票面额为14亿元；评定61家债券的信用等级，债券总额为8.5亿元。同时还会同有关部门评定5家城市信用社的信用等级。以上评定的信用等级，均履行了企业提出申请、深入调查考核、写出评级报告、召开评级委员会会议审议等评级程序。先后共召开15次评委会议审议，等级评定以后，均颁发了信誉等级证书，并向社会公布。

（王德栋）

内蒙古自治区信誉评级事务所

内蒙古自治区信誉评级事务所是内蒙古自治区信誉评级委员会的办事机构。是经人民银行内蒙古自治区分行批准，在内蒙古自治区工商管理局登记注册，于1992年6月正式成立开业的实行独立核算、自负盈亏的金融事业单位。

为适应自治区经济，金融体制改革和经济建设发展的需要，根据人民银行总行的要求，由人民银行内蒙古分行牵头，出资、组建、批准，由自治区经济、金融、财政、科技、学术界专家、学者权威人士组成内蒙古自治区信誉评级委员会。评委会是自治区内评定和确认企业发行债券、股票，以及企业（含金融机构）信誉级别的权威机构。评委会内设顾问、主任各1人、副主任5人、委员19人。评委会下设办公室（对外称内蒙古自治区信誉评级事务所）。事务所设主任、副主任各1人、工作人员3人，负责办理日常工作。

为了加快业务发展，促进评信工作的广泛深入，事务所现已成为东北三省一区（内蒙古自治区）信誉组织网络成员，并与华北、西南、武汉等地的同行建立了业务联系。

评级事务所的业务范围主要是：(1)企业发行债券、股票的信誉评级；(2)企业信用度的评级；(3)金融机构资信度的评级；(4)固定资产投资项目贷款的评估；(5)人民银行和其它部门委托办理的业务。

对于债券信誉级别的评估，则根据发行者的信誉和财务状况将债券分为AAA级、AA级、A级、BBB级4个级别。对企业信誉评估，则按经济实力，支付能力，经营活力，发展能力4个标准将企业信誉分为A、B、C3等，每等又分3档，即3等9级。对企业的信用级别则根据企业的资金信用，经济效益，经营管理能力，企业发展前景等几个方面多项指标系列，对企业进行评分，然后按总分确定评级企业的信用级别。

从1992年6月截止到1992年12月底，事务所累计办理各类评估项目共八项，总投资合计为44224万元，其中评估中长期企业债券5400万元，短期融资券2500万元，企业内部股票136.8万元，黄金贷款744.78万元。收取业务手续费39500元。

（白金华）

辽宁省信誉评级事务所

辽宁省信誉评级事务所是为适应辽宁省经济体制改革和金融体制改革，金融市场向科学化、规范化发展的需要，根据人民银行《关于设立信誉评级委员会有关问题的通知》精神，经过辽宁省人民政府同意。人民银行辽宁省分行批准，于1991年8月12日正式成立。

辽宁省信誉评级事务所为辽宁省信誉评级委员会办事机构，负责处理日常评级事务工作。具有法人资格，注册资本金为人民币30万元。委员会由经济、金融、科技界权威人士组成，该委员会受省人民政府和省人民银行的委托，组成高级金融专家评估团，对辽宁省企业、企业股票、债券的信誉进行级别评定，业务上接受省人民银行的领导、管理、监督、协调与稽核、行政上挂靠省人民银行。

辽宁省信誉评级事务所职责：(1)受委托拟定统一的评级办法、评级标准；(2)负责领导、管理、协调、监督省、市评审部的工作；(3)代委员会审查省、市评审部递交的最高等级（AAA级）企业的评审报告。

经营范围：(1)受委托对企业信誉评级；(2)对省内发行的企业股票债券评级；(3)受委托对固定资产、技术改造贷款项目评级；(4)办理有关经济、金融咨询业务；(5)办理人民银行委托的其它金融业务。

辽宁省信誉评级事务所自成立以来，坚持以服务为宗旨，从对省内企业债券评估开始，发展到对人民银行专项贷款的评估。服务全省范围的冶金、机电、化工、纺织、港口、能源、卫生、商业等十多个行业。1991年评估项目32个，其中债券22个；专项贷款10项、金额3990万元，写出评估报告12.6万字。1992年评估项目57个，其中债券47个、专项贷款5项、股票2个、其它业务3项，评估报告近40万字，初步发挥了资信评估作用。

（邹建平　张文孝）

大连市信誉评级事务所

大连市信誉评级事务所前身为大连市评信公司，成立于1988年3月，1990年2月经大连市政府批准，更名为大连市信誉评级事务所，为大连市信誉评级委员会的办事机构，行政上挂靠人民银行大连市分行。是具有法人资格，实行自主经营、独立核算、自负盈亏的全民所有制事业单位。

事务所按照国家有关经济、金融政策和法律，坚持超脱性、权威性、公正性、科学性的原则和实事求是的态度开展信评业务。

事务所主要从事下列业务：(1)对工商、外贸、建安等各企业进行信誉评级；(2)对各类金融机构进行评级；(3)对企业发行的债券、股票进行评级；(4)对固定资产投资项目进行评估论证；(5)受委托对企业资本金进行验证；(6)办理有关经济、金融咨询服务。

在大连市信誉评级事务所，坚持为发展社会主义市场经济服务，各项业务有了长足的发展，1992年末资产总额已达241万元。

吉林省信誉评级委员会

吉林省的证券咨询、评级机构，早在1988年4月1日经人民银行总行批准成立，当时名称为“吉林省资信评估公司。1989年9月，根据国务院整顿公司的要求，暂停一段时间，后在1991年根据人民银行总行银发（1990）211号文件精神，经人民银行吉林省分行批准，于1991年4月1日在原基础上设立了吉林省信誉评级委员会。委员会由省内经济、财政、税务、科技、学术界等权威人士24人组成，主任委员付文令。信誉评级委员会下设办公室，对外称信誉评级事务所，从业人员8人，主任孙长祥、副主任杨强国。评级事务所为独立事业法人，实行独立核算、企业化管理。注册资本金为30万元。于1991年8月21日在吉林省工商行政管理局登记注册，并在税务部门办理了纳税手续。

主要业务范围：评定企业发行债券，包括短期融资债券的信誉级别；对各类企业的信誉度进行评级；评定各家专业银行及其他非银行金融机构的信誉级别；对企业固定资产投资及贷款项目进行评级；对股份制企业发行股票进行信誉评级；开展企业验资等咨询业务；提供经济、金融咨询服务；承办人民银行委托的其他业务。

机构建立以来，主要开展了以下几项工作：

(1) 对企业发行债券进行评级。到1992年底，共对56户企业、68个债券项目进行了评级，评级债券的总金额是6.3亿元。其中AAA级信誉度1户，AA级29户，A级34户，没确定级别的4户。

2. 对部分企业发行股票进行了评级。共评了东北华联贸易大厦等3户企业，股票金额1.17亿元。

3. 设立了金融机构信誉评级指标体系。

4. 开展了验资等其他业务。

该机构对债券股票的评级都是参照国际惯例结合实际，按中国人民银行金管字(1992)3号文进行的。该机构为使转制企业按规范意见要求做，正积极借鉴外省市的先进经验做法、会同体改委同志一起开展工作。

（张翠环）

黑龙江省信誉评级委员会

黑龙江省信誉评级委员会是黑龙江省唯一的一家证券咨询、评级机构（截止到1992年12月31日)。省信誉评级委员会是1991年6月经人民银行总行批准设立的。委员会由银行、计委、财政、科技等部门的专家组成。委员会下设办公室，具体负责日常工作，全省范围内凡拟公开发行的债券、股票均需经省信誉评级委员会进行评级，同时，委员会接受委托对工商企业及非银行金融机构进行信用评级，对固定资产贷款项目进行评估论证和开展评级业务咨询。委员会采用全国统一的指标体系，坚持超脱性、权威性、公开性、科学性原则，实事求是评级，并努力为维护我省证券市场健康发展，振兴全省经济服务。

该机构地址：哈尔滨市道里区北麟街13号，电话：411005—203、204。

哈尔滨市信誉评级委员会

哈尔滨市信誉评级委员会是由市经济、金融、科技、法律、学术等各界具有高级技术职称和较高知名度的部分专家、教授、学者及领导同志参加的组织，是哈尔滨市唯一的一家信誉评级机构。行政上挂靠市人民银行，受市政府和市人民银行的委托，接受企业的申请，组织领导信誉评级。

哈尔滨市信誉评级委员会经哈尔滨市编制委员会以哈编字（1991）第233号文件批准，于1991年8月正式成立。它主要对企业发行的各类债券、股票（含未上市股票)、短期融资券和各类专项贷款进行信誉评级，并对企业和金融机构的信誉进行评级。

哈尔滨市信誉评级委员会从1988年7月至1992年9月，已对34个企业发行的股票、债券、专项贷款，进行了信誉评级，金额达3.682亿元，评级结果：AAA级1个、AA级5个、A级26个、B级4个。

哈尔滨市信誉评级委员会评级工作的发展，有效地支持了企业经营机制的转换，为宏观决策部门提供各类审批依据，都起到了积极的作用。

（吕 静）

上海亚洲商务投资咨询公司

上海亚洲商务投资咨询公司是由在海内外工商界有广泛联系的专业人士组成的公司。

该公司成立于1988年8月，在投资项目、环境评估、市场分析、金融市场投资服务等方面有独到优势。主要经营范围为：为客户提供市场、技术、商品信息及可靠的数据统计资料；承接各类专题研究报告、市场调研报告、投资可行性分析；承办各类专题研究会、交流会、展览会、讲座和人才培训；为客户提供全套商务代理，申办工商营业执照，筹划会务和公关服务；定期出版有关证券、外汇期货等金融市场和房地产市场信息；销售自身开发的产品。

该公司已开拓的业务项目有：

一、证券咨询

1. 向会员单位（个人）发布《上海股市每日行情分析（明日投资方案)》。

2. 通过德励财资讯有限公司的全球网络向世界各国的主要金融机构和大公司每天发布“上海股市评

述”。

3. 为上海东方电台每日中午作“股市评论”专题专目。

4. 为企业订户编辑、发行每周三份的《商情与热线投资》。

5. 组织编写《股民实用丛书》。

二、专题调研

1. 1992 年《浦东开发评估报告》。

2. 1992 年《上海近三年房地产产业政策与市场调查》。

3. 系列录像片《上海投资导向》、《上海金融市场》、《上海房地产》。

三、商务沙龙

1. 亚洲友谊证券俱乐部：会员制，每周三、六两次活动，交流上海股市投资经验。

2. 亚洲证券投资研究会：会员制，每日投资咨询、行情分析、投资方案设计。

3. 亚洲商务沙龙：专题探讨交流外商适应上海投资环境中的问题。

（陈忠　舒鸿）

上海凯发投资咨询中心

上海凯发投资咨询中心是经上海市有关政府部门批准，由上海综合开发研究所牵头，建设银行上海投资研究所和上海交通大学国际经济研究所参加组建，为各类投资活动，为证券投资提供咨询和中介服务的具有独立法人地位的“头脑型”公司。

参加组建该中心的成员有上海许多著名的高级专家，有来自著名高等院校的各类专业技术人才，其中高中级职称共 50 余人，包括经济学、经济法、涉外经济贸易法律、国际贸易、国际金融、证券投资、房地产投资、工商管理、金融软件开发、软科学研究等各个领域从事研究或实践的富有经验的人员。

该中心于 1992 年 8 月成立后，展开证券咨询，房地产中介服务等方面的工作，成功地承办了上海市股份制企业上市公司联谊会的筹备组建工作并为 80 多家上市公司及证券机构提供长期的咨询服务；引进并开发代理的技术分析软件；举办定期的证券咨询研讨会、证券行情分析会，证券投资者俱乐部活动；定期出版证券周讯《沪股快讯》等刊物；开通电话咨询服务；举办证券投资技术分析、期货知识、涉外会计、涉外经济贸易法律等讲座。

（陈忠　舒鸿）

上海远东资信评估公司

上海远东资信评估公司是由上海社科院组建，经中国人民银行上海市分行批准成立的专业评估机构，公司最高决策机构董事会由上海社会科学院院部、世界经济研究所、部门经济研究所、法学研究所、社会经济法律咨询中心等有关方面领导成员组成，主要承接评估各类有价证券、企业资产、企业资信等级以及与主营有关的咨询培训业务，公司设有资信评估委员会，专门负责审定企业发行债券、融资券的资信等级评定。

自 1988 年开业以来，随着改革开放的深入，证券市场的发展，公司的业务量逐年增长，至 1991 年底，总共受理资信评估业务 234 笔，申请发行总金额为 46.2 亿元，其中企业债券资信 28 笔，融资券 200 笔，企业信用度及资产评估、重估 6 笔。

几年来，远东公司先后接待国内外有关资信机构几十批，对外影响逐步扩大，外刊认为，“上海远东资信为国内唯一独立的评估公司”，“目前已有一定权威性”。上海市有关方面赞扬该公司“是一个具有权威性的专家公司，已在国际上产生影响，对金融市场的发展起了重要作用。”

（陈忠　舒鸿）

中国银行上海信托咨询公司

中国银行上海信托咨询公司是中国银行的全资子公司，是从事证券咨询的兼营机构，从事资信调查、有价证券咨询等。

该公司是上海证券交易所首批正式会员。公司证券部积极参与各类证券的交易活动，引导三资企业走证券集资道路，为它们提供全方位的融资服务，使这些企业取得了良好的经济效益和社会效益。同时，该公司积极推动中外合资企业向股份制转轨，这是一项开拓性的试点工作，有利于加快我国利用外资的步伐，也有利于启动我国证券业走向国际化的进程。公司证券部在 1991 年底开展了对这一课题的专门研究，并成功的组织了一次由 100 多家国营大中型企业和中外合资企业参加的股份制改制讲座，研讨阐述由中外合资企业转化为股份制企业的有关规定、办法及申请过程等问题。公司证券部已着手开始办理若干经营效益好的三资企业的股份制转化工作。

（陈忠　舒鸿）

河南资信评估公司

河南资信评估公司是为适应社会主义市场经济的需要，经人民银行河南省分行批准，在当地工商行政部门注册，具有法人地位的河南省资信评估的最高权威机构。

公司属中立性的资信评估机构，坚持以公正性，科学性，导向性，超脱性，民间性，权威性为原则；不以盈利为目标，竭诚为提高投资效益服务，为维护投资者和筹集者双方的经济利益服务，为企业参与市场竞争提高资信知名度服务，为发展河南经济，金融事业服务。

公司经营以下业务：工商农企业及经营性公司的综合资信等级评定；金融机构资信等级评定；企业公开上市发行股票、债券、投资基金证券、信托受益证券等有价证券的信用等级评定；固定资产贷款项目可行性论证及还款能力的评估；企业担保和贷款抵押品的评估；受理有关部门和企业委托的资信评估；开展与资信有关的金融，投资，证券等咨询业务；办理河南省政府、人民银行河南省分行授权的其他资信评估业务。

(王传钧　张艳峰)

湖北企业评信事务所

湖北企业评信事务所是1992年4月8日经人民银行湖北省分行批准成立。属全民所有制事业法人单位。在行政上由中南财经大学领导,业务上接受人民银行的管理、协调、稽核和监督。最高决策机构是评信委员会,评委会主任周骏,所有评委都由省内知名的专家、教授、高级经济师、高级会计师、经济法学家、审计专家组成,由主任委员负责。委员会负责最后信誉等级的评定,日常业务和组织工作实行总经理负责制。

事务所的业务范围,接受省人民银行的委托对申请发行债券、股票等有价证券企业的素质、财务状况、发展前景、偿债能力和有关建设项目进行评估后提出评估报告,并根据企业要求向社会公告评估结论;接受委托对企业的综合信誉等级进行评定,并向社会公告信誉度等级;按受委托对企业贷款项目进行可靠性论证和还款能力提出评估报告;按国家有关政策评定银行和非银行金融机构的综合信誉等级,并向社会公告评信结论;开展证券投资,证券筹资,股份制企业资产评估等咨询业务,并从事经省人民银行批准的其它评信业务。

湖北企业评信事务所是全省第一家非盈利性的社会服务机构,按照"民间、公正、超脱、权威"的原则,对全省企业发行债券、股票等有价证券信誉评估和级位认定,同时接受有关部门委托对企业重大的投资贷款项目进行可靠性论证和偿债能力的评估等,以保障投资人的合法权益,引导社会资金的合理流向,促进商品经济的健康发展,为决策部门提供科学依据。从1992年5月25日开业至年底止,其受理债券评级的企业88家,发债总额共计6.14亿元,已评出企业80家,其中AAA级1家,AA级15家,A级63家,BBB级4家,BB级3家。

(葛力明)

湖南省信誉评级委员会及三湘信誉评级事务所

湖南省信誉评级委员会是适应证券市场发展需要,于1992年9月,经中国人民银行湖南省分行批准设立的湖南省具有权威性的,中立的企业信誉评级机构,该机构由省级各经济管理部的专家、教授组成。省政府顾问任评委会主任委员,省人民银行行长、省计委副主任、湖南财经学院副院长担任副主任委员。下设三湘信誉评级事务所作为该评委会办事机构。三湘信誉评级事务所行政上挂靠湖南财经学院,业务上归口人民银行湖南省分行领导与管理。湖南省信誉评级委员会及其办事机构主要业务范围:企业债券的信用评级;股票信用评级;企业资信评估;金融机构信用度评级;固定资产投资项目评估;投资咨询服务。省人民银行、省财政厅、省物价局对信誉评级机构信用评级收费标准作了统一规定。湖南省信誉评级委员会成立后,制订了各项信用评级办法和工作程序,建立了各项评级指标体系,并对企业债券的信用度开展了评级工作,到1992年底,为湖南省7家企业公开发行的近3亿元企业债券的信用级别进行了比较科学的评定,为当地证券主管机关审批债券的发行提供了参考依据,也为广大投资者提供了证券投资指导。此外,还对湖南省首家上市发行股票的中意电器股份有限公司进行了企业信誉评级,对股票信誉评级工作进行了一次尝试。

(邹健荣)

深圳证券登记有限公司

深圳证券登记有限公司是新中国第一家证券登记专业机构,是经中国人民银行总行和深圳市人民政府批准成立,由深圳金融及证券机构出资组建的股份制企业。其宗旨是为证券市场的健康发展提供准确、高效的服务,为政府和主管机关提供管理服务,保障国家和投资者的合法权益。目前,公司共有员工100余人,设7个部室,1个宝安分部以及一家全资下属公司——深圳证券电脑服务公司。

公司自1990年11月26日开业以来,一直致力于推进深圳证券市场的规范化与现代化运作。首先实现了从"一户一票"制发展到"一手一票"制,从分散登记发展到集中登记,为集中交易创造了条件。之后,在各方面协助下,设计并实施了集中托管与无纸化方案,使股票交易从实物交易逐渐向非流动化和非实物化交易过渡。在此基础上,又率先提出和推行双异地(异地上市公司、异地投资者)的股份登记、存管和清算方案,并帮助许多中心城市建立了法定登记处,为异地企业和投资者进入深圳证券市场铺平了道路。到1992年底,登记公司已为80多万投资者建立了证券帐户,指导和协助全国20多个大中城市建立了证券登记机构,成功地发挥了区域性证券市场的中央股份清算机构和深圳本地法定登记处的作用。

公司一贯注重自身运作手段和业务制度方面的不断完善,现已自行开发出国内首套股份登记、存管和清算电脑系统,实现了开户、登记、托管和清算业务的电脑化操作。同时开发出电话委托买卖等一批证券交易和管理软件系统。在业务设计上,成功地策划实施了A、B股登记、托管和清算流程,并正在与国内外有关机构共同酝酿深圳B股海外上市的登记、托管与清算等运作方案。

经过几年来的努力,深圳证券登记公司已从单纯的股份登记过户、分红派息发展到集中央存管、中央清算与中央交收为一体的综合性证券服务管理机构。因此,客观上已经具备了向中央结算公司发展的条件与实力。

总经理:柯伟祥; 地址:深圳红岭中路25号; 邮政编码:

518001；　电话：5567898；　传真：(0755) 5564759；　电挂：8832。

深圳新兰德证券投资咨询有限公司

深圳新兰德证券投资咨询有限公司是经深圳市人民政府和人民银行深圳经济特区分行批准成立的第一家证券投资咨询公司，于1992年1月16日注册成立。

公司为有限责任公司，公司最高权力机构为董事会，董事会授权总经理全权处理公司日常事务。

公司的宗旨是：为企业股份制改革和证券市场的健康发展提供客观、系统、高效的咨询服务；通过有组织地开展证券投资咨询工作，全面地系统地收集股份经济和证券市场方面的信息，从而为管理与调控证券市场提供科学的依据，当好主管机关的智囊；为企业股份化改组与证券市场运作提供咨询服务，做好上市公司和其他证券机构的参谋；向投资者传播股票知识、市场行情、投资技巧和证券法规等方面的信息，当好投资者的益友；向国内外传递我国股份经济改革与证券市场等方面的信息，便于海外投资者了解和进入中国证券市场；介绍和引进国外证券市场及其先进管理经验，从而促进我国证券市场的发展。

公司业务范围：

(1) 接受政府证券管理机关，有关业务部门和境内外机构的委托，提供股份经济及证券市场方面的研究分析报告和对策咨询服务。

(2) 接受境内外证券投资者委托提供股份制改造、证券投资、市场法规等方面的业务咨询。

(3) 接受公司委托，设计公司股份制改组和股票上市方案，策划上市公司B股发行方案，承当法律顾问。

(4) 接受证券经营机构的委托，策划有关证券事务方案，承当顾问。

(5) 编辑出版股份经济和证券市场方面的资料、刊物和书籍，组织培训证券业务员工及向社会公众普及证券知识。

董事长：林凌　副董事长：柯伟祥、孙永健　总经理：王师勤　副总经理：李肇文　公司地址：深圳市深南东路金融中心北座22层　电话：2248133　2264000－2230

海南资信评估咨询公司

随着海南省改革开放不断深入，为了更好地为发债企业降低筹资成本，提供投资信息咨询业务，在中国人民银行总行金融研究所及海南省人民银行的支持下成立了海南资信评估咨询公司。

经营范围：对企业股份制设立进行可行性论证及有关咨询服务；对企业发行的股票、债券及其他有价证券进行等级评定；对企业投资、融资及企业融资方式，融资方向提供咨询服务；对企业信用等级进行评定；就有关房地产金融投资提供咨询服务；接受委托人委托进行资产评估；对信贷投资项目进行评估，提出可行性报告；接受委托，对区域经济、金融发展战略和行业发展规划提供调研、论证、咨询服务；提供经济金融培训合作，尤其是对从事股票、债券发行与交易的专业人才的培训；接受委托对国际贸易、外汇交易业务提供合作及有关服务等。

（林晓华）

四川省信誉评级事务所

四川省信誉评级事务所是在四川省信誉评级委员会基础上改设而建立。为人民银行四川省分行批准而设立的办理信誉评级业务的金融事业单位。委员会由具有高级专业技术职称的经济、金融、财政、科技、学术界有一定知名度的权威人士组成，下设办公室，负责办理日常工作，业务上受人民银行四川省分行领导。1992年7月报送四川省工商行政管理局更为现名。所址在成都市北新街45号。

四川省信誉评级事务所服务宗旨：认真贯彻执行党和国家的经济、金融方针、政策，坚持客观、公正、科学的原则，以实事求是的态度进行评估和评定，通过信誉评级维护投资者和筹资者的合法权益，提高企业信用透明度，热忱为社会各界服务，为维护金融市场健康发展服务。

四川省信誉评级事务所的业务范围：评定企业发行股票、债券的信誉级别；评估企业的信誉状况；评定各家金融机构的信誉级别；对技术改造项目和基本建设贷款项目贷款偿还的评估审定。

1992年四川省信誉评级事务所评审企业债券31笔，发行总额为4.23亿元。其中：技术改造项目20个，基本建设项目11个。被评为AAA级的2个，AA级的8个，A级的21个。最大一个项目拟发行债券1亿元，发行债券最小一个项目为60万元。对19笔专项贷款涉及的1.24亿元总投资额进行了评估。接受有关主管部门的委托，对18户企业进行了审计。其中：企业结业审计5户，法人代表更换审计7户，年度财务审计6户。查出违规与违纪金额308万元，现该所在川内设有14个代理处、3家分所。

（文维虎）

成都市资信评级委员会

成都市资信评级委员会是成都市人民政府于1992年底批准成立的非盈利性信用评级机构。其宗旨是：促进企业加强经营管理，转换经营机制；促进证券市场健康发展，保护投资者、筹资者的合法权利，引导资金投向，提高资金使用效益。

资信评级委员会由成都市人民银行牵头，联合经济、金融、财政、科技、学术界有关权威人士组成，遵循客观、公正、权威的原则，实事求是地组织开展信用评级工作。

成都市资信评级委员会的工作范围：

对已在金融机构开户的企业信用评级；对企业债券、股票、短期融资券等证券的信用评级；对非银行金融机构（信托投资公司、信用社等）信用评级；参与1000万元以上固定资产投资项目的评估和咨询。

信用评级委员会在各专业银行设分支机构（即各专业银行的咨询部或咨询公司），各分支机构按照该委员会确定的分工范围、评级标准和工作程序开展企业信用评级业务。分支机构对企业的信用评级结果报委员会审定、核准，由委员会颁发统一的信用证书。

成都市资信评级委员会的工作职责：拟定信用评级办法、评级标准，并组织具体实施；审定委员会各分支机构制定的信用评级的具体实施细则；审定和统一发布委员会各分支机构的信用评级结果，签发信用等级证书；领导和组织信用评级各分支机构的工作，并负责协调各分支机构之间的关系；组织研究有关信用评级工作的政策，解答信用评级过程中的疑难问题。

信用评级委员会自1992年11月成立至当年底的两个月，共对成都蜀都大厦股份有限公司、前锋电子股份有限公司、红光股份有限公司、成都工益冶金股份有限公司、成都泰康化纤股份有限公司等5个企业进行企业信用评级工作，有力推动成都市股份制企业走上健康发展的轨道。

（蒋雯　张彤）

重庆信誉评级事务所

重庆市的信用评级业起步于1988年。当时，由重庆市人民银行牵头，组建了“重庆企业资信评级公司”，1989年该公司撤销，经重庆市体改委批准，建立“重庆市企业资信评级委员会”，下设办公室具体负责信誉评级工作。评委会从重庆市人民银行及各专业银行聘委员20名，办公室为重庆市人民银行下属处室。1991年初，组建了新的重庆市企业资信评级委员会，25名委员和3名顾问分别来自金融、科技、学术界和经委、计委、农委、财政、工商、税务、审计等部门，委员实行聘任制，任期两年。

重庆信誉评级事务所的前身即重庆市企业资信评级委员会办公室，是经重庆市人民银行批准，在重庆市工商局登记注册的企业化管理事业单位，为重庆市企业资信评级委员会的办事机构，行政上挂靠重庆市人民银行，实行独立核算、自负盈亏，具有事业法人资格。事务所注册资本金5万元人民币。事务所定员10人，现在职人员5人，外聘兼职评估人员20人。事务所按市评级委员会制定的统一收费标准，实行有偿服务。事务所主要业务范围：办理评级委员会日常事务，组织开展全市信用评级工作；对发债券企业评级；对金融企业评级；对固定资产投资项目评估；验证金融企业注册资金；办理与评信有关的咨询服务。

事务所组织开展了对95户（次）发行有价证券企业的评级工作，对不具备发行条件的企业和发行额度超过其债务承受能力的企业，提出评级意见，为市人民银行审批债券提供了可靠的依据，维护了投资者的合法权益。

事务所还组织开展了对245户工、商、农业企业信用评级。评定出AAA级企业35户，对发展商品经济，扩大对外开放，提高企业知名度，促进企业搞好经营管理起到了积极作用，企业对此反应良好。

重庆信誉评级事务所副主任（法人代表）：钱琳；　电话：333435、347370；　地址：重庆市中区新华路74号；　邮码：630011。

（耿　玫）

云南省资信评估公司

云南省资信评估公司经人民银行批准于1988年11月在昆明成立。1989年9月，按照当时国家有关清理整顿公司的要求撤消，改组为“云南省信誉评级委员会”，其具体办事机构为“云南省信誉评级事务所”。1992年底，报经有关部门批准又开始重新恢复组建“云南省资信评估公司”。公司现有人员13人，（其中具有高级职称的5人，中级职称5人，初级职称2人）设总经理1人，副总经理2人。下设证券评估部、项目投资部、企业信誉评级部以及综合部等4个部门。公司注册资本金为人民币62万元。

公司业务范围：对企业发行有价证券进行信用级别评定；对企业的综合信用进行评级；对固定资产投资项目进行评估；股份制企业的资信评估；股份制企业（改制）的可行性论证；证券投资咨询服务及其他金融业务咨询服务；经人民银行批准或授权的其他业务。

云南省资信评估公司属科技咨询机构，不以盈利为目的，按物价部门批准的收费标准实行有偿服务以保证业务的正常开展。截止1992年底止，共评估了云南省企业发行的债券9.17亿元，固定资产项目投资8.7亿元，对促进云南省证券市场的发展，维护正常金融秩序，坚持产业政策，加快边疆少数民族地区经济的发展作出了一定贡献，并取得了较好的社会效益。

（李　滨）

陕西省信誉评级委员会

陕西省信誉评级委员会、陕西省信誉评级事务所于1992年12月，经陕西省政府同意，陕西省人民银行批准成立。

陕西省信誉评级委员会是由省内经济、金融、科技、法律、学术等各界领导和专家组成的。是陕西省评定企业发行债券、股票等有价证券信誉、企业（含金融企业）信誉等级的权威机构。徐山林任信誉评级委员会名誉主任，牛春和任主任委员，王厚旺任副主任委员。

陕西省信誉评级事务所是全民所有制事业单位，注册资本金为30万元人民币，是实行自主经营、独立核算的事业法人，亦是陕西省信誉评级委员会的办事机构。内部设信誉评估部、咨询部、办公室，其业务范围主要是对企业面向社会公开发行的债券、股票等有价证券的信誉进行调查评级；对企业的信誉级别和金融企业的资信度进行调查评级；对企业的固定资产投资项目和贷款项目进行评估论证；对各类企业（含金融企业）进行验资，以及办理有关经济、金融咨询业务。事务所实行有偿服务。

（张 鹏 程平京）

陕西会计师事务所

陕西会计师事务所是1984年由省财政厅筹组和批准成立，经省工商行政管理局登记取得法人资格，内部机构和管理制度比较健全。有专职注册会计师11人，其中高级会计师9人，高级经济师2人；其他兼职的专家和技术人员8人，其中高级工程师4人，高级建筑师、工程师、建筑师、经济律师各1人。1991年12月26日省国有资产管理局批准该所执行股份制试点企业社会募集公司业务。

陕西会计师事务所已建立了风险准备基金。

多年来，陕西会计师事务所在执行注册会计师业务中，一直注重质量，讲究时效，业务不断拓宽，近3年为外商投资企业和国内各类企、事业单位承办查帐验资、资产评估、鉴定经济案件证据、可行性研究、股份制企业改造，及其他会计咨询等业务441项。其中：对西安杨森制药公司等外商投资企业和国内企业单位查帐157项；对西安维美德公司等外商投资企业和国内企事业单位验资268项；对西日本贸易珠式会社等外国商社费用支出审计6项；对44001彩虹工具分厂等单位资产评估5项，其中原值71780万元；对西安古都大酒店可行性研究1项；对陕西证券公司股份制改造资产评估、验资等4项。另外，还与毕马威华振会计师事务所合作，正在为长岭股份制集团股票上市进行审计。

陕西会计师事务所的宗旨是，向社会提供各项会计服务，改善投资环境，促进经济体制改革，加强经济管理，提高经济效益，以“质量求信誉，以信誉求发展”，依照法律、规定，坚持客观、公正、实事求是，认真负责，赢得了社会信誉，获得了发展。

（申庆琦 程平京）

陕西省秦军会计师事务所

陕西省秦军会计师事务所，1990年2月经陕西省财政厅批准成立，陕西省国有资产管理局授予资产评估资格，并经国家工商行政管理部门注册登记，具有依法独立承办注册会计师业务，为社会各界提供公证、优质服务，受国家法律保护、实行独立核算的全民所有制事业单位。

陕西省秦军会计师事务所以军工企业雄厚的专业业务技术人员为依托，拥有专职、兼职的执业人员62名，其中具有中国注册会计师资格的高级执业人员12名、高级会计师10名、高级经济师13名，高级机械、土建、化工等专业人员10名，金融、法律等专业人员4名，会计师及其它中级职称的执业人员13名。所内执业人员大都具有较高的专业理论水平和多年的实际工作经验，同时具备良好的职业道德。所内分设资产评估部，第一、二验资咨询部，培训部、外联部、业务部、办公室。建立了各项管理制度和严格的执业质量保证制度，适应了业务开展的需要。

陕西省秦军会计师事务所业务范围主要有：审查会计帐目、会计报表、验证资金；担任常年财会和企业经营顾问；参与企业兼并、解散、破产的清算事项；提供会计、审计、财务、税务等经营管理咨询，设计财会制度，承办资产评估，培训各类经济管理人员等。

陕西省秦军会计师事务所执业三年来，评估资产、验证资金数额23.65亿元；为20余户大中型企业担任常年会计顾问；举办各类培训班39期、共培训各类人员3100多名，取得了较好的社会信誉。

随着业务的开展，陕西省秦军会计师事务所与国内各地同仁建立了广泛的业务联系，并建立了一定数额的风险准备基金，具备了承担一定风险的能力。

（申庆琦 程平京）

西安资信评级委员会

西安资信评级委员会是专门对企业资信情况和企业发行的债券、短期融资券的信用程度进行评估定级的评估机构，由西安市人民政府于1988年6月批准成立。

该会的宗旨是：通过客观、公正、科学地评估企业信誉及债券的可信赖程度，促进企业及债券发行人顺利实现经营或筹资目标，维护投资者的合法权益，以引导社会资金的合理流动，推动西安市金融市场的健康发展。其业务范围是：

1. 对本市各级工业、农林、商业、外贸、建安、交通、房地产企业及非银行金融机构的资信程度进行评估定级；

2. 对本市企业向社会发行的债券、短期融资券的信用度进行评估定级；

3. 对各类金融机构的资本金或运营资金进行审验；

4. 接受市内外各单位委托，对指定企业的资产、负债经营，信用等进行特约征信调查。

西安资信评级委员会现有委员33人，分别由金融、财政、经济及科技部门和学术界推荐后聘任，任期三年。现任主任委员刘汉中、副主任委员黄尤一。1990年以来，该会已与全国29个省市的资信评估机构结成网络，实行统一的评级办法、评级标准和三等九级的等级划分。

西安资信评级委员会是非盈利性事业组织，实行自收自支，以收抵支的费用管理办法。委员会成立以来，已对34家本市企业向社会发行的46710万元债券进行了评级，对83家金融机构的资本金进行了审验，对本市13家工商企业和金融机构的信誉度进行了评级。

西安资信评级委员会的常设办事机构为办公室，办公室主任徐之椿，副主任为柳俊义。

地址：西安市西大街 378 号 3406 室

邮编：710002 电话（029）710696 转 3401、3406。

陕西岳华会计师事务所

陕西岳华会计师事务所是在原航空工业部（现中国航空工业总公司）西北会计学会创办的会计咨询服务部的基础上筹建的。1990 年 10 月陕西省财政厅批准成立“陕西岳华会计师事务所”（已报财政部备案），1990 年 10 月 12 日事务所正式对外营业。

陕西岳华会计师事务所是跨行业、跨部门，具有法人资格的全民所有制社会公证机构。根据执业范围建立了完整的执业标准、工作程序、质量保证体系和各项管理制度。内部组织机构健全、专业配套，具有现代化执业手段。事务所下设：查帐验资部、资产评估部、外资企业部、信息咨询部、业务培训部、经济法律部、办公室等 7 个业务部门，并分别在陕西汉中市、宝鸡市、咸阳市、西安市闫良区、西安北郊徐家湾和西安市高新技术开发区设立了 6 个业务部。全所现有执业人员 70 余人（其中有注册会计师 51 人），同时还聘任了一批高、中级会计、经济、工程等技术专家作为辅助执业人员。上述人员分别来自航空、冶金、医药、铁路、机械和纺织等工业系统，他们具有较高的理论水平和丰富的实践经验。

陕西岳华会计师事务所自成立以来，已开展了查帐验证业务 1147 户（含三资企业），资产评估业务 70 户（含 4 户股份制试点企业），业务咨询 25 户，培训财会、审计、税务和资产评估人员 841 人，开办培训新会计知识接轨学习班 13 期，培训人员达 1600 余人，并受托对 4 户百万元以上亏损企业的生产经营状况进行了审计诊断，取得了较好的成绩，受到了客户及有关主管部门的好评。事务所已建立了事业发展基金、风险准备金、住房基金等制度。

（申庆琦　程平京）

（四）部分证券公司、信托投资公司证券部名录（按地区排序）

（截止到1992年12月31日前注册登记）

表5—8　部分证券公司、信托投资公司证券部名录

省、市	公司名称	公司地址	邮编	电话	董事长	总经理	成立日期（年、月）	注册资本（万元）	从业人数	上海证交所会员单位	深圳证交所会员单位	STAQ成员
北京	华夏证券有限公司	北京海淀区白石桥路52号奥林匹克饭店	100081	8316688—501、502、503	黄玉峻	邵淳	1992.10	100000	80	✓	✓	✓
	北京证券公司	北京市西城区新街口外大街8号	100088	2049383	张克俭*			1500				
	工商银行北京信托投资公司证券营业部	北京市阜内大街216号	100045	6064060	边江*		1991.6	500	25			
	农业银行北京信托投资公司证券营业部	北京灯市口大街55号	100006	5242497	任曾和*		1991.11	500	48			
	中国银行北京信托咨询公司证券营业部	北京市崇文门西大街甲5号	100050	3014466—2409	吕志毅*		1991.6	500	23			
	建设银行北京信托投资公司证券营业部	北京市安定门外安定路8号	100013	49993230	张金明*		1991.6	500	130			
	北京国际信托投资公司证券营业部	北京工人体育馆	100027	5019988	马玉华*		1991.9	500	156			
	北京京华信托投资公司证券营业部	北京海淀体育馆	100027	5060277	陈宜*		1991.7	500	98			
	北京房地产信托投资公司证券营业部	北京阜成门内大街290号	100034	5124873	陈冰*		1991.6	500	60			
天津	天津市证券公司	天津市解放北路157号	300040	301721	葛子平	李振洲	1988.6	2000		✓	✓	✓
	天津信托投资公司证券部						1987.4	2000△		✓	✓	
	天津经济技术开发区信托投资公司证券部						1990.7	1000△		✓	✓	✓
	农业银行天津市信托投资公司证券部						1988.4	3000△		✓	✓	
	建设银行天津市信托投资公司证券部						1987.7	2000△		✓	✓	
	中国银行天津国际信托咨询公司证券部						1990	1000△				
	天津市国际信托投资公司证券部						1991	1000△		✓	✓	
	交通银行天津分行证券部							5800△		✓	✓	
	天津市金融市场证券部						1992.8	3000△				
	天津市城市信用社联社证券部						1992.10	1000△				

〔注〕*：法人代表（或负责人）；　△：营运资金。

续表

省、市	公司名称	公司地址	邮编	电话	董事长	总经理	成立日期(年、月)	注册资本(万元)	从业人数	上海证交所会员单位	深圳证交所会员单位	STAQ成员
河北	河北省证券公司	河北省石家庄市合作路81号			许国峰	武铁锁(副)	1988.6	1000	31	✓	✓	
	唐山市证券公司	河北省唐山市新华西道金融大厦	063004	215049	林凤桐	林继顺	1988.6	1000	45			
	河北省工商银行信托投资公司证券营业部	河北省石家庄市华都大厦								✓		
	建设银行河北省分行信托投资公司证券营业部											
山西	山西证券公司	山西省太原市五一路94号	030001	222037 222095		韩善述	1988.7	1000 (2050)△	35	✓	✓	
	大同证券公司	山西省大同市东华门19号	037004	224298	程凤藻	苏裕田	1988.7	1215	28	✓		
	农业银行山西省信托投资公司证券部						1987.11	15000 (公司)	9			
	中国银行山西省信托投资公司证券营业部	山西省太原市鼓楼街65号		444025	王毅*		1992	5000 (公司)				
	建设银行山西省信托投资公司证券部						1991.7	6000 (实有资本)		✓		
	山西省信托投资公司证券营业部						1985.4	60000 (公司)		✓		✓
内蒙古	内蒙古自治区证券公司	内蒙古自治区呼和浩特市					1992.6	1000	28		✓	
	工商银行内蒙古自治区信托投资公司证券交易营业部						1988.6	1000	26			
	农业银行内蒙古自治区信托投资公司证券交易营业部						1991.4	1500	7			
	内蒙古自治区信托投资公司国债服务部						1990.7	250	10			
	包头市信托投资公司证券交易部	内蒙古自治区包头市					1991.6	300	4			
辽宁	辽宁省证券公司	辽宁省沈阳市沈河区西顺城街73—1号	110013	448924		邵荣第	1988.5	1000				
	沈阳证券公司	辽宁省沈阳市沈河区大西路359号	110014	731700	赵淑珍*		1988.4	1800△	48	✓	✓	✓
	沈阳北方证券公司	辽宁省沈阳市沈河区市区大路263号	110014	710162	李纪荣	阎东升	1987.4	4000	111	✓		
	沈阳财政证券公司	辽宁省沈阳市沈河区沈阳路154号(第一营业部)	110011	442096		尤玉良	1988.4	1000		✓		✓
	南方证券有限公司沈阳分公司	辽宁省沈阳市和平区中山广场114号	110001	226184	施小宁*		1992.12	500△	10			
	国泰证券有限公司沈阳分公司	辽宁省沈阳市和平区十一纬路87号	110013	333910	康宁*		1992.11	800△	10	✓		✓
	沈阳市工商银行信托投资股份有限公司	辽宁省沈阳市和平区和平北大街48号	110014	228746	秦旭东*		1990.8	1000△	14			
	沈阳市农业银行信托投资公司	辽宁省沈阳市和平区南五马路97号	110005	372092	王智杰*		1988.5	750△	12			
	沈阳市中国银行信托咨询公司	辽宁省沈阳市和平区和平北大街77号	110014	225543	李学*		1991.3	500△	14			

续表

省、市	公司名称	公司地址	邮编	电话	董事长	总经理	成立日期（年、月）	注册资本（万元）	从业人数	上海证交所会员单位	深圳证交所会员单位	STAQ成员
辽宁	建设银行沈阳市信托投资股份有限公司	辽宁省沈阳市沈河区十一纬路145号	110014	220740	于海忠*		1987.3	550△	29	✓	✓	
	沈阳市合作银行	辽宁省沈阳市和平区北五经街38号	110008	728120	李殿明*		1992.6	2000△	10			
	沈阳市人民保险公司	辽宁省沈阳市和平区西滨河路	110003	379709	黄洪涛*		1992.6	2500△	5			
	沈阳市人寿保险公司	辽宁省沈阳市大东区东顺城路94号	110011	442730	郑书武*		1992.6	1000△	12			
	沈阳市信托投资公司	辽宁省沈阳市沈河区小西路27号	110013	726639	李德茂*		1986.8	1000△	15			
	沈阳市国际信托投资公司	辽宁省沈阳市沈河区市府大路263号	110014	711146	孙克财*		1991.4	500△	19			
	沈阳市风险信托投资公司	辽宁省沈阳市沈河区市府大路263号	110014	712055	王志平*		1992.6	1000△	9			
	北方财务公司	辽宁省沈阳市沈河区十三纬路58号	110014	729663	张中邦*		1992.6	1500△	10			
	沈阳科技银行	辽宁省沈阳市和平区南三好路63甲4号	110003	343594	谢猛*		1992.10	200	8			
	大连证券公司	辽宁省大连市中山区白玉街65号					1988.6	1000				
	大连财政证券公司	辽宁省大连市中山区玉光街59号		2641348			1990.12	2000	50			
	大连大建证券部						1987	1000		✓	✓	
	大连连通证券公司	辽宁省大连市中山区白玉街7号					1991.3	2000	27	✓	✓	✓
	鞍山证券公司						1988.5	1000	40	✓	✓	✓
	本溪证券公司					陈庆岭	1992.6	1000				
	丹东证券公司	辽宁省丹东市锦山大街崇建小区11号	118000	226429 227244	陶化甫	由振茂	1988.6	1000	18			
	锦州证券公司	辽宁省锦州市上海路三段68号	121000	222983		李玉忱（副）	1987	5000	68			
	工商银行大连市信托投资股份有限公司证券部	辽宁省大连市西岗区长江路628号					1988		21			
	农业银行大连市分行信托证券部						1991.6		17			
	大连市城市信用联社证券部	辽宁省大连市中山区吉庆街81号										
	平安保险（大连）公司证券部	辽宁省大连市中山区斯大林路10号					1992.5	1000	13			
	大连国际信托投资公司证券交易营业部	辽宁省大连市西岗区中山路189号					1992.4		9			
	中国银行信托证券部	辽宁省大连市上海路47号					1992.5		10			
	大连经济技术开发区信托投资公司证券部	辽宁省大连经济技术开发区					1991.4		12			
	瓦房店信托证券部	辽宁省瓦房店市北共济街3段1号					1990.6		10			
	中信实业银行大连分行证券部			2803115			1992.7	1000△	10			
	大连人寿保险股份有限公司			2645926			1992.9	1000	16			
	大连信托投资公司证券部						1987.9	2000	25			
	中国银行大连国际信托咨询公司						1992.5	1000	21	✓		

续表

省、市	公司名称	公司地址	邮编	电话	董事长	总经理	成立日期（年、月）	注册资本（万元）	从业人数	上海证交所会员单位	深圳证交所会员单位	STAQ成员
吉林	吉林省证券公司				林崇智	刘兴国	1988.5			✓		
	长春证券公司					王庆福	1991.3	1300	38			
	吉林省信托投资公司证券交易部						1988		38			
	吉林省国际信托投资公司						1985	8000				
	建设银行吉林省信托投资公司证券交易部						1988.3	1000	40			
黑龙江	黑龙江省证券公司						1988.8	3000				
	哈尔滨财政证券公司	黑龙江省哈尔滨市道里区买卖街47号	150010	493014	黄文深（副）	1988.4	2000	72	✓			
	齐齐哈尔市证券公司						1992.11	1000				
	牡丹江市证券公司	黑龙江省牡丹市东长安街与太平路交叉处				国久成	1992.11	1000				
	佳木斯市证券公司	黑龙江省佳木斯市顺和路中段					1992.11	1000				
	伊春市证券公司	黑龙江省伊春市伊春区通河路				康凯	1992.11	1000				
	黑河证券股份有限公司						1992.10	500				
	哈尔滨国际信托投资公司证券部						1990	12000 200万美元 （公司）				
	哈尔滨市建设银行信托投资公司						1987	15000		✓		
上海	国泰证券有限公司	上海浦东					1992.10	100000		✓	✓	✓
	上海万国证券公司	上海					1988.7	100000	1000	✓	✓	✓
	上海申银证券公司						1984	13500	200	✓	✓	✓
	上海财政证券公司						1988.4					
	上海海通证券公司					1987	3500 1000 万美元		✓	✓	✓	
江苏	江苏省证券公司	江苏省南京市水西门大街2号	210004	217814 217875	林振雄	鲍志强	1991.5	5000	100	✓	✓	✓
	无锡市证券公司	江苏省无锡市清扬路1号	214021	203474 221271	张荣坤	傅家训	1992.12	3200	42			
浙江	浙江省证券公司					李训	1990.4			✓	✓	
	宁波证券公司					潘东军	1991.6	2300		✓		
安徽	安徽省证券公司				汪斌	吴长久	1991.5	2100		✓	✓	✓
福建	福建闽发证券公司	福建省福州市华林路32号福桥大厦八楼	350013				1988.6	1530	56	✓		
	福建省华福证券公司	福建省福州市五四路中段国际大厦十层	350003				1988.8	1500		✓		✓
	厦门证券公司	福建省厦门市湖滨南路84号	361004	232943 252903		苏金龙	1988.7	1310	29	✓	✓	✓
	工商银行福建省信托投资公司证券交易营业部	福建省福州市古田路东段福建省工商银行大厦二楼	350004				1988					✓
	农业银行福建省信托投资公司证券交易营业部	福建省福州市鼓屏路95号	350003				1992.9	500		✓		

续表

省、市	公司名称	公司地址	邮编	电话	董事长	总经理	成立日期（年、月）	注册资本（万元）	从业人数	上海证交所会员单位	深圳证交所会员单位	STAQ成员
福建	建设银行福建省信托投资公司证券交易营业部	福建省福州市东街建兴大厦	350001				1990.4	1000		✓		
	交通银行福州支行证券交易营业部	福建省福州市国货路88号	350003				1991.6					✓
	福建华兴信托投资公司证券交易营业部	福建省福州市华林路华林坊16号华兴中心	350001				1988.6					✓
	福建兴业银行证券交易营业部	福建省福州市华林路17号	350003				1991					
江西省	江西省证券公司						1990.11	2250		✓	✓	✓
	中国工商银行江西省信托投资股份有限公司							3552	167	✓		
	中国银行江西省信托咨询公司							1600	206	✓		
	中国农业银行江西省信托投资股份有限公司							3800	98	✓		
	江西省国际信托投资公司											
	建设银行江西省信托投资公司						1987.11	2720	102	✓		
山东	山东证券公司						1991.12		51	✓	✓	
	青岛万通证券有限公司	山东省青岛市辽宁路98号	266021	236094 326058	李昭丰	冷学正	1988.6	4500	30	✓	✓	✓
	中国工商银行山东信托投资股份公司证券部						1988.7	15000		✓		
	建设银行山东信托投资公司证券部						1987					
	山东省国际信托投资公司证券部						1990.8					
	山东财政国债服务部						1991.8					
河南	河南省证券公司	河南省郑州市人民路		225370 225025		王树峰		1300				
	郑州市证券公司						1986	1000				
	洛阳市证券公司						1987.2	1000				
	开封市证券公司	河南省开封市迎宾路						1000				
	建设银行河南省信托投资公司证券交易营业部						1991.2	500	190			
湖北	湖北证券公司						1988.6					✓
	武汉证券公司					李永宽	1988.3	3400		✓	✓	
	工商银行湖北省信托投资公司证券部	湖北省武汉市武昌区姚家岭					1981.11	500△		✓	✓	
	农业银行湖北省信托投资公司证券部	湖北省武昌区中华路44号					1984.12	500△			✓	
	中国银行湖北省信托投资公司证券部	湖北省武汉市汉口中山大道1067—1号					1984.1	500△		✓		
	建设银行湖北省信托投资公司证券部	湖北省武汉市武昌中南路1号					1987.11	500△				
	湖北省国际信托投资公司	湖北省武汉市汉口南路2号					1981.6	3926 800万美元				

续表

省、市	公司名称	公司地址	邮编	电话	董事长	总经理	成立日期（年、月）	注册资本（万元）	从业人数	上海证交所会员单位	深圳证交所会员单位	STAQ成员
湖南	湖南省证券公司						1988.7	3500				
	湖南省长沙证券公司	湖南省长沙市五一西路17号	410005	446711	陈湫霜	周星单	1988.5	1200	44			
广东	南方证券有限公司		518001	2256728转	王景师	符史峰（总裁）	1992.12	100000		✓	✓	✓
	广东证券公司	广东省广州市北京路374号榕园大厦首层	510030	3340965	朱万里	伍颂敏	1989.6	3500	92		✓	✓
	广州证券公司						1988.3	1000	62			
	君安证券有限公司	广东省深圳市红桂路4号长城大酒店三层	518001	5583369转	黄盛业	张国庆	1992.8	5000 1000万美元	108	✓	✓	
	深圳经济特区证券公司	广东省深圳市友谊路友谊城B座三楼	518001	2232910	赖瑛光	廖熙文	1988.1	1130	300	✓	✓	✓
	深圳国际信托投资公司	广东省深圳市红岭中路国际信托大厦	518001	5564181	谢强	李南峰	1982.8	5813	148		✓	
	江门证券公司	广东省江门市建设路高成村12号	529000	353145 334013		顾曙阳	1988.7	1000	62		✓	
	农业银行广州市信托投资公司证券营业部						1990.11	1000	20	✓	✓	
	中国银行珠江信托咨询公司证券部	广东省广州市环市东路319号					1992.5		11	✓	✓	
	建设银行广州市信托投资公司证券交易营业部						1988.4					
	交通银行广州分行证券交易营业部						1988.8		13			
	广州经济技术开发区国际信托投资公司证券部						1991.8				✓	✓
	建设银行广东省信托投资公司证券部						1991.6			✓	✓	✓
广西	广西证券公司						1988.7	2000			✓	
	广西建设信托投资有限公司证券部	广西南宁市星湖路21号					1990.11	5000（公司）		✓		
海南	海南证券公司						1988.10		100	✓	✓	✓
	海南汇通国际信托投资公司证券部						1988.4	5000 1000万美元				✓
	海南赛格国际信托投资公司证券部						1991.6	10000（公司）		✓	✓	✓
	海南省国际信托投资公司证券部						1991	30000（公司）			✓	✓
	三亚中亚国际信托投资公司						1989.7	15000				
	海南华银国际信托投资公司证券部						1991.6	15000（公司）	15	✓		
	海南港澳国际信托公司证券部						1988.10	10000	25	✓	✓	
	海南省信托投资公司证券部						1991.4	15000（公司）	25	✓	✓	✓
	海南机设信托投资公司证券部						1992	15000（公司）				✓
	工商银行海南信托投资公司证券部						1991.5	6000（公司）				

续表

省、市	公司名称	公司地址	邮编	电话	董事长	总经理	成立日期（年、月）	注册资本（万元）	从业人数	上海证交所会员单位	深圳证交所会员单位	STAQ成员
海南	农业银行海南省信托投资公司						1991.5	5000（公司）			√	
	建设银行海南信托投资公司证券部						1991.5	5000（公司）	14			
	中国银行海口信托咨询公司证券部						1991.5	60000（公司）				
	交通银行海南分行证券部						1991				√	
	海南省富南国际信托投资公司证券部						1991					√
四川	四川省证券股份有限公司	四川省成都市同福巷1号	610015	661181	涂炯晞*		1988.4			√	√	
	成都证券公司	四川省成都市冻青树市场综合大楼东二楼	610016	673812	晏姚*		1990.12	1100	62	√	√	√
	成都市信托投资公司证券部	四川省成都市红星中路83号	610016	670517	姜润国*		1987.12	5000 500万美元 （公司）		√	√	√
	工商银行成都市信托投资公司证券部	四川省成都市物资宾馆9楼	610016	621252	龚蜀铮*		1988.3	5800（公司）		√		
	农业银行成都市信托投资公司证券部	四川省成都市东大街43号	610021	665424	傅成坤*		1988	5000（公司）		√		
	建设银行成都市信托投资公司	四川省成都市西玉龙街201号7楼	610031	624145	胥鸿第*		1987	7000（公司）				
	交通银行成都分行证券业务部						1990.8					
	成都市金通信托投资公司	四川省成都市西玉龙街	610015	624395	苏文中*		1991	5000（公司）				√
	重庆有价证券公司	四川省重庆市中区打铜街2号	630011	334179	吴大成	蒋　钢（副）	1988	3000		√	√	√
	成都市金融市场证券部	四川省成都市春熙路30号	610016	665572	庄元富*							
贵州	贵州证券公司						1988.6	3000				
	贵州实联信托投资股份有限公司						1988.8	5400				
	工商银行贵阳信托投资公司证券部						1988.8					
	农业银行贵州省信托投资公司						1988	3000				
	贵州省国际信托投资公司						1992.8	15000 15000万美元		√		√
云南	云南省证券公司						1988.9	6000	34	√	√	√
陕西	陕西证券有限公司				李嘉尤	吴全昌	1988	5000		√	√	
	西安证券公司	陕西省西安市西大街					1988.6	1000	95	√	√	√
	宝鸡证券公司	陕西省宝鸡市红旗路27号	721000	215040		王哲	1991.5	1000	12			
	陕西省国际信托投资公司									√	√	
	工商银行陕西省信托投资有限公司证券交易营业部						1991			√		

续表

省、市	公司名称	公司地址	邮编	电话	董事长	总经理	成立日期（年、月）	注册资本（万元）	从业人数	上海证交所会员单位	深圳证交所会员单位	STAQ成员
陕西	建设银行陕西省信托投资公司证券交易营业部						1990.8		40			
	工商银行西安市信托投资公司证券部						1988.4					
	农业银行西安市信托投资公司证券部						1988.6					
	建设银行西安市信托投资公司证券交易部						1987.10					
	西安市信托投资公司证券部						1988.6					
	交通银行西安分行证券业务部						1990.1	3000△				✓
甘肃	甘肃证券公司	甘肃省兰州市东岗西路342号		485971		瞿骥东	1988.8	1000	19			
青海	青海证券公司						1988.6	1000	20			
	工商银行青海省分行信托投资股份有限公司						1987.11	3550	11			
	建设银行青海省信托投资公司						1988.3	8000	36			
宁夏	宁夏证券公司						1991.10	1000				
	宁夏回族自治区信托投资公司证券部						1988	500				
	宁夏伊斯兰国际信托投资公司证券部							500				
	工商银行宁夏信托投资公司证券部						1988	500				
	农业银行宁夏信托投资公司证券部						1988.6	500				
	建设银行宁夏信托投资公司证券部						1988.6	500				
	银川市信托投资公司证券部						1988	500				
新疆	新疆维吾尔自治区证券公司						1992.3	3000	23	✓	✓	
	工商银行新疆信托投资公司证券部						1991.5	3000△	6			
	农业银行新疆信托投资公司证券部						1988.6	1200△	7			
	建设银行新疆信托投资公司证券部						1988.6	3000△				
	工商银行乌鲁木齐市信托投资公司证券部						1988.6	1000△				

（五）B股境外证券商名录

表5—9 上海B股境外承销商/经纪人名录（至1992年年底止）

序号	公司名称	营业地址	联系人	电话	传真	承销	经纪	承销B股类别
1	瑞士银行国际证券有限公司 SBCI FINANCE ASIA LTD.	香港康乐广场8号广场一座二十字楼	逄宗正	(852) 8446388	(852) 8106275	*	√	1991年真空 1992年胶带、中纺机、轮胎
2	新鸿基投资服务有限公司 SUN HUNG KAI INVESTMENT SERVICE LTD.	香港海富中心三楼	叶黎成	(852) 8225666 8225689	(852) 8225664	*	√	1991年真空 1992年中纺机、氯碱、轮胎、冰压
3	浩威证券亚洲有限公司 HOARE GOVETT ASIA LTD.	香港中环置地广场公爵大厦三十楼	梁硕彦	(852) 8680368	(852) 8104932	*	√	1992年二纺机
4	山一国际（香港）有限公司 YAMAICHI INTERNATIONAL (H.K) LTD.	香港金钟道八十八号太古广场第二期二十字楼	张慧玲	(852) 8260758	(852) 5232268	*	√	1992年中铝
5	惠嘉（远东）有限公司 W.I.CARR (FAR EAST)	香港交易广场一座四十三楼	梁世昌	(852) 8207373	(852) 8681524		√	
6	大和证券（香港）有限公司 DAIWA SECURITIES (H.K) LTD.	香港金钟道88号太古广场十一座二十六楼	山口亘	(852) 5250121 8484901	(852) 8451621 8106481	*	√	1992年氯碱、轮胎、冰压
7	霸菱证券（香港）有限公司 BARING SECURITIES (H.K) LTD.	香港中环贸易广场第三座八楼	黄卓光	(852) 8488429	(852) 8770709	*	√	1992年二纺机
8	美林证券（香港）有限公司 MERRILL LYNCH (H.K) SECURITIES LTD.	香港中环雪厂街2号，圣佐治大厦十四楼	伍步彰	(852) 8445830 8445731	(852) 8684396	*	√	1992年二纺机
9	大宇证券公司 DAEWOO. SECURITIES CO., LTD.	大韩民国汉城永登浦区汝矣岛洞34—3	CH01, MYUNG YUL	(822) 7683812	(822) 7840826		√	
10	渣打证券有限公司 STANDARD CHARTERED SECURITIES LTD.	香港中环花园道一号中银大厦23楼	杨佳锡	(852) 8016888	(852) 8450971	*	√	1992年二纺机、大众出租、中铝、氯碱、冰压
11	里昂证券有限公司（亚洲） CREDIT LYONNAIS SECURITIES (ASIA) LTD.	香港金钟道高日大厦奔达中心3301室	王淑庄	(852) 8109338	(852) 8680189	*	√	1992年冰压
12	兆富远东有限公司 SMITH NEW COURT FAR EAST LTD.	香港皇后大道中九号十五楼	董明	(852) 5331888	(852) 8101042	*	√	1992年氯碱
13	怡富证券有限公司 JARDING FLEMING SECURITIES LTD.	香港中环康乐广场一号怡和大厦一楼及四十四至四十七楼	刘志敏	(852) 8438418 8438351	(852) 8106558		√	
14	日富勤证券有限公司 REREGRING BROKERAGE LTD.	香港皇后大道中16—18号新世界大厦1601—1606室	邓升明	(852) 8251888	(852) 8459411 8455300		√	
15	王证券（私人）有限公司 ONG & COMPANY PRIVATE LTD.	76 SHENTON WAY——＃06——00 ONG BUILDING SINGAPORE 0207	王家泰	(852) 8017637	(852) 5217533		√	
16	柏毅证券有限公司 PBI SECURITIES H.K LTD.	香港遮打道中环3号A香港会所大厦704室	李明权	(852) 8014605	(852) 5267258 5256610		√	
17	太丰行融资有限公司 PACIFIC CAPITAL LTD.	香港中环交易广场第二期1101A至1104	张钧鸿	(852) 8453686	(852) 8772762	*	√	1992年中铝、氯碱
18	获多利——詹金宝（远东）有限公司 WARDLY — JAMES CAPEL (FAR EAST) LTD.	香港夏悫道10号和记大厦三楼	尚达人	(852) 5211661 5212646	(852) 8100145 5226362	*	√	1992年中纺机、氯碱、轮胎、冰压
19	野村国际（香港）有限公司 NOMURA INTERNATIONAL (H.K) LTD.	香港夏悫道16号远东金融中心46至48楼	道休诚一郎	(852) 5200380	(852) 8669600		√	
20	金英证券（私人）有限公司 KIMENG SECURITIES (PRIVATE) LTD.	新加坡珊顿道5号13楼联合工业大厦0106	史立夫	(65) 2209090	(65) 2245025		√	

续表

序号	公司名称	营业地址	联系人	电话	传真	承销	经纪	承销B股类别
21	吴玉钦证券（香港）有限公司 G.K GOH SECURITIES (H.K) LTD.	香港中环康乐广场八号交易广场第一座3108室	黄理斯·贝伊	(852) 8401331	(852) 5371928		√	
22	华莱证券投资有限公司 CHINALNES SECURITIES INVESTMENT LTD.	香港轩尼诗道199号东华大厦1903室	吴婉玲	(07) 7255282	(07) 7259753		√	
23	摩根建富亚洲证券（香港）有限公司 MORGAN GRENFELL ASIA SECURITIES (H.K) LTD.	香港中环皇后大道中九号十三楼	THOMAS WONG	(852) 8680388	(852) 8450228		√	1992年轮胎
24	日兴证券（亚洲）有限公司 THE NIKKO SECURITIES CO., (ASIA) LTD.	香港中环金钟道88号太古广场一座19楼	关荫雄	(852) 8421172	(852) 8400430		√	
25	劝角证券（亚洲）有限公司 KANKAKU SECURITIES (ASIA) LTD.	日本东京都千代田区丸之内1－6－1	毛玉亭	(852) 8100808	(852) 8452453		√	
26	东盛证券有限公司 TUNG SHING SECURITIES CO., LTD.	香港德辅道中十号八楼	李继昌	(852) 8423288	(852) 8452937		√	
27	发展银行证券新加坡私人有限公司 DBS SECURITIES SINGAPORE PRIVATE LTD.	新加坡发展银行证券大厦马六甲街22号	LI MENG CHUAN	(65) 5353218 5330012	(65) 5357785	*	√	1992年轮胎、冰压
28	唯高达香港有限公司 VICKERS BALLAS H.K LTD.	香港中环花园道3号万国宝通广场万国宝通大厦39楼	BOROTHY LAU	(852) 5236055		√		
29	富国证券株式会社 BOOKOOK SECURITIES CO., LTD.	大韩民国汉城市永登浦区汝矣岛洞34－2	JIN YOUNG KIM	(822) 7801010	(822) K		√	
30	力宝证券有限公司 LIPPO SECURITIES LTD.	香港中环金钟道89号力宝中心力宝大厦2302室	吴子惠	(852) 8457711	(852) 8452119		√	
31	巴克莱德胜（亚洲）有限公司 BARCLAYS DE ZOETE WEDD (ASIA) LTD.	香港金钟道88号太古广场二座16楼	吴炳昌	(852) 8415116	(852) 5217091	*	√	1992年氯碱、冰压
32	沙渲股票经纪（私人）有限公司 J.M.SASSOON & CO. (PRIVATE) LTD.	新加坡华联银行大厦莱佛士场1号，44楼	GEORGE E.K. TEO	(65) 5330638	(65) 5353902		√	
33	华侨证券私人有限公司 OCBC SECURITIES PRIVATE LTD.	新加坡华厦南楼6楼擦街18号邮区0104	余耀明	(65) 5325272 5390701	(65) 5340025		√	
34	双龙投资证券株式会社 SSANGYONG INVESTMENT & SECURITIES CO., LTD.	大韩民国汉城市中区2支路2街198	李东昱	(822) 02－7743694	(822) 02－7711895	*	√	
35	道亨证券有限公司 DAO HENG SECURITIES LTD.	香港中环毕打街二十号隆丰国际大厦十五楼	邓以旭	(852) 8779109	(852) 8459237		√	
36	施罗德证券有限公司 SCHRODER SECURITIES LTD.	英国 EC2V 6DS 齐普赛120号	梅敏仪	(852) 5211660 8437544	(852) 8453997		√	
37	大信证券有限公司 DAISHIN SECURITIES CO., LTD.	韩国汉城永都道34－8号	CHANG MOO SHIN	(822) 02－7692153	(822) 02－7847195		√	
38	所罗门兄弟国际有限公司 SALOMON BROTHERS INTERNATIOAL LTD.	英国伦敦白金汉宫道111号维多利亚广场		(071) 7213618		*		1991年真空
39	洛希尔父子（香港）有限公司 N M ROTHSCHILD & SONS (HONG KONG)	香港中环历山大厦十六楼	郭淳浩	(852) 8474423	(852) 8681728	*		1992年氯碱

续表

序号	公司名称	营业地址	联系人	电话	传真	承销	经纪	承销B股类别
40	获多利财务顾问有限公司 WARDLEY CORPORATE FINANCE LTD.	香港和记大厦7字楼	许亮华	(852) 8418393	(852) 8459047 8680065 8455654	*		
41	中国建设财务(香港)有限公司 CHINA DEVELOPMENT EINANCE CO., (H.K) LTD.	香港花园道1号中银大厦十楼		(852) 8266333		*		1992年轮胎
42	中芝兴业财务有限公司 CCIC FINANCE LTD.	香港花园道一号中银大厦三十八楼	吴成辉	(852) 8200888 8200859	(852) 8772105	*		1992年轮胎
43	高盛国际有限公司 GOLDMAN SACHS INTERNATIONAL LTD.	英国伦敦舰队街133号		(44) 7741315		*		1992年轮胎
44	荷兰银行(远东)证券有限公司 ABN－AMRO SECURITIES (FAR EAST) LTD.	香港金钟道88号太古广场一座十二楼1208室	钟汇文	(852) 5249093 8413661	(852) 8400619	*		1992年中纺机、轮胎

(此表由中国人民银行上海分行金管处提供)

表5—10　深圳B股特许境外证券商名录(至1992年年底止)

序号	公司名称	地址	联系人	电话	传真	承销	经纪	承销B股类别
1	百富勤融资有限公司 PEREGRINE CAPITAL LTD.	香港中环皇后大道16—18号新世界大厦23字楼	梁伯韬 高宝明	825—1821	845—5300	*	*	1991年:华发B股
2	里昂财务顾问(亚洲)有限公司 CREDIT LYONNAIS (ASIA) LTD.	香港金钟道89号奔达中心高日大厦3302室	纪奕敦	521—1008	877—0110	*		1991年:中厨B股 物业B股 石化B股 鸿华B股
3	渣打(亚洲)有限公司 STANDARD CHARTERED (ASIA) LTD.	香港中环怡和大厦33字楼	林怀汉	841—0333	810—0180	*		1991年:华发B股中华B股康佳B股 1992年:飞亚达B股赤湾B股
4	高诚证券有限公司 CRUSBY SECURITIES LTD.	香港金钟道88号太古广场第二期27字楼	N. MARTYROSSIAN	844—4988	845—5154	*	*	1991年:深宝B股
5	南华证券投资有限公司 SOUTH CHINA BROKERAGE RESEARCH CO., LTD.	香港中环花园道一号中银大厦28字楼	罗祥国 袁锦添	820—6323	845—5868	*	*	
6	广利证券有限公司 GUANG LEE SECURITIES LTD.	香港干诺道中57—59号辰达集团大厦21字楼	李若和	526—3145	537—1602	*		
7	新鸿基投资服务有限公司 SUN HUNG KAI INVESTMENT SERVICES LTD.	香港夏慤道18号海富中心三楼	邱小菲	822—5510	865—5877	*	*	1991年:物业B股 1992年:特力B股
8	里昂证券有限公司 CREDIT LYONNAIS SECURITIES (ASIA) LTD.	香港金钟道89号奔达中心高日大厦33楼3301室	卫淑庄	810—9338	868—0189		*	
9	获多利有限公司 WARDLEY LIMITED	香港夏慤道10号和记大厦7楼	黄伟明	841—8360	845—5654	*	*	1991年:中冠B股
10	太丰行融资(亚洲)有限公司 PACIFIC CAPITAL (ASIA) LTD.	香港中环交易广场第二座1101A	张钧鸿	845—3686	877—2762	*		1991年:华发B股
11	瑞士银行国际证券有限公司 SBCI FINANCE ASIA LTD.	香港交易广场第二座21楼	杨守雄 何瑞琴	844—6388 810—8275		*	*	
12	浩威证券亚洲有限公司 HOARE GOVETT ASIA LTD.	香港中环置地广场公爵大厦	徐艳萍	868—0368	810—4932	*	*	1991年:南玻B股 1992年:益力B股
13	沙宣证券公司 SASSON SECURITIES LTD.	36/地 ONE EXCHANGE SQUARE 8CONNAUGHT PLACE CENTRAL, HK	黎鸿基 郑棣添	810—4000	810—0300	*	*	
14	霸菱兄弟有限公司 BARING BROTHERS & CO., LTD.	香港交易广场三座703室	黄重立	848—9600	868—5343	*		1991年:深宝B股

续表

序号	公司名称	地址	联系人	电话	传真	承销	经纪	承销B股类别
15	霸菱证券（香港）有限公司 BARING SECURITIES (HK) LTD.	香港中环交易广场三座八楼	黄卓光	848—8429	868—5129		*	
16	东盛证券有限公司 TUNG SHNG SECURITIES CO., LTD.	香港中环德辅道中10号东亚银行大厦8字楼	李继昌	842—3288	845—9333		*	
17	振通有限公司 CHINTUNG LTD.	香港中环花园道一号中银大厦23楼	杨永全	801—6888	845—9060		*	
18	怡富集团有限公司 JARDIE FLEMING INTERNATIONAL INC.	P.O.3151, ROAD TOWN, TORTOLA, BRITISH VIRGIN ISIANDS	刘志敏 罗树生 王汝德	843—8418 843—8351	810—6558	*	*	1991年：中冠B股 1992年：招商港务B股
19	大宇证券股份有限公司 DAEWOO SECURITIES CO., LTD.	34 — 3, YOIDO — DONG, YONGDUNGOP — GU SEOUL, 150—010, GOREA	YO-SHIN SONG PLL-HYVN OH	(822) 768—3811	784—0828	*	*	
20	美国摩根士丹利 MORGAN STANLEY INTERNATIONAL	25CABOT SQUARE, CANARY WHARF, LONDON E14 4QA ENGLAND	PAUL THELL	(822) 848—5200	845—1012	*	*	
21	惠嘉（远东）有限公司 W.I CARR (FAR EAST) LTD.	香港雪花街二号圣佐治大厦21楼	梁世昌	820—7373	868—1524			
22	兆富证券有限公司 SMITH NEW COURT SECURITIES LTD.	英国伦敦法灵顿路二十号兆富大厦	董明 马德克	533—1888	810—1042	*		
23	兆富远东有限公司 SMITH NEW COURT FAR EAST LTD.	香港皇后大道中九号十五号	董明 马德克	533—1888	810—1042		*	
24	顺威投资有限公司 SAREWAY INVESTMENTS LTD.	香港九龙弥敦道589号广东银行大厦9楼902室	林心仪	770—1212	770—2239	*	*	
25	中国建设财务（香港）公司 CHINA DEVELOPMENT FINANCE CO., (HK) LTD.	香港花园道一号中银大厦十楼	陈秀山	826—6333	810—5980	*		
26	加拿大怡东融资有限公司 CEF CAPITAL LTD.	香港中环皇后大道中29号华人行16楼	余立友	846—3688	845—0173	*	*	
27	中茂证券有限公司 CHUNG MAO SECURITIES LTD.	香港中环德辅道中121号远东发展大厦201室	陈剑秋	542—8598	815—3719		*	
28	美林香港证券有限公司 MERRILL LYNCH HK. SECURITIES LTD.	14TH. FLOOR ST. GEORGE S BUILDING 21CE HOUSE STREET, HK.	曾玉煌	844—5830	810—6155		*	
29	华宝证券（远东）有限公司 S.G. WARBURG SECURITIES (FAR EAST) LTD.	香港中区遮打道16—20号历山大厦20号	吴维克	524—6113	845—2075		*	
30	柏毅证券有限公司 PBI SECURITIES HK. LTD.	香港中环遮打道三号A香港会所大厦704室	欧博	801—4600	525—6610	*	*	
31	傅任权股票公司 J.A.FU COMPANY	香港德辅道中199号维德广场1901室	林嘉智	545—0268	544—0498		*	
32	摩根建富亚洲证券（香港）有限公司 MORGAN GRENFELL ASIA SECURITIES (HK) LTD.	9TH. FLOOR. HUTCHISON HOUSE, 10HARCOURT ROAD, HK.	THOMAS WONG	868—0388	845—0228		*	
33	摩根建富亚洲（香港）有限公司 MORGAN GRENFELL ASIA (HK) LTD.	9HT. FLOOR. HUTCHISON HOUSE, 10HARCOURT ROAD, HK.	黄倩如	810—8686	845—9172	*		
34	顺隆（证券）行 SUNLOONG SECURITIES CO., LTD.	香港夏悫道海富中心第一座2502室	徐国炯	520—0111	865—7017	*	*	
35	大和证券（香港）有限公司 DAIWA SECURITIES (HK) LTD.	香港金钟道88号太古广场一座26楼	山口巨 郑纯智	525—0121 848—4901	845—1621 810—6481	*	*	
36	蓝登宝证券公司 LADENBOW SECURITIES INC.	540 MADISON AVENUE, NEW YORK, 10022, U.S.A.	HAWARD L.BL UM, 易楚奇	(212) 940—0100	(212) 888—4620	*	*	

续表

序号	公司名称	地　址	联系人	电话	传真	承销	经纪	承销B股类别
37	嘉里证券公司 KERRY SECURITIES LTD.	香港金钟道太古广场一座3701室	陈怡郾	524－8393	810－6892	*	*	
38	友联证券有限公司 U.B. SECURITIES LTD.	香港皇后大道中59－65号泛海大厦五楼	刘宪远 彭延伟	868－0455	868－5293		*	
39	美林国际有限公司 MERRILL LYNCH INTERNAT－IONAL LTD.	LONDON EC 2Y 9LY，ENGLAND.	曾玉煌 张利平	844－5830	810－6155	*	*	
40	东亚华宝有限公司 EAST ASIA WARBURG LTD.	香港中区遮打道16－20号历山大厦20楼	李国星	521－8168	845－2495	*		
41	洛希尔父子（香港）有限公司 N.M. ROTHSCHILD & SONS (HK) LTD.	香港中环历山大厦16楼	郭淳浩	525－5333	868－1728	*		
42	益群证券公司 UNICON SECURITIES & CO.	香港德辅道中156－164号通用商业大厦6楼503室	陈海树	541－5961 544－5121	541－6222	*		
43	博特华宝证券公司 POTTER WARBURG SECURITIES LTD.	LOVEL 9，530 COUINS STREET，MELBOURNE，VIC，3000	T.H.W. DEVAS	(03) 242－6445	(03) 242－6525	*	*	
44	中芝兴财务有限公司 CCIC FINANCE LTD.	香港中环花园道一号中国银行大厦38楼	邓国求	820－0847	877－2105	*		
45	海裕证券有限公司 SEAPOWER SECURITIES LTD.	ROOM 2207，WING ON CENTRE 111 CONNAYGHT ROAD，CENTRAL HK.	梁景源	868－3138 868－4280	523－9176	*	*	
46	巴克莱德胜（亚洲）有限公司 BARCLAYS DEZOETE WEDD (ASIA) LTD.	香港金钟道88号太古广场二座16楼	萧家赐	841－5189	521－7091	*	*	
47	东洋证券株式会社 TORG YANG SECURITIES CO.，LTD.	SUITES 3603A，ONE EXCHANGE SQ.8 CONNAUGHT PLACE，HK.	DONG-HOON SHIM	521－4016	521－8329	*	*	
48	东西证券株式会社 DONGSUH SECURITIES CO.，LTD.	SUITES1503，TWO EXCHANGE SQ.8 CONNAUGHT PLACE，CENTRAL，HK.	金元灼 李根宰	810－7616	845－0296	*	*	
49	富国证券株式会社 BOOKOOK SECURITIES CO.，LTD.	RM.603，NEW WORLD TOWER 18 QUEEN'S ROAD，CENTRAL，HK.	金镇英 曹平植	522－9330	596－0885	*	*	
50	山一国际财务有限公司 YAMAICHI INTERNATIONAL (HK) LTD.	香港金钟道88号太古广场第二期30字楼	周丽珠	826－0700	826－0765	*	*	
51	三和国际财务有限公司 SANWA INTERNATIONAL FINANCE LTD.	香港皇后大道中15号置地广场公爵大厦21字楼	曾焕义	533－4393	845－3518	*	*	
52	日兴证券（亚洲）有限公司 THE NIKKO SECURITIES CO.，(ASIA) LTD.	香港中环太古广场一座19楼	关荫雄	842－1072	840－0430	*	*	
53	万胜证券（远东）有限公司 MANSION HOUSE SECURITIES (F.E.) LTD.	香港花园道一号中银大厦37楼	潘大业	843－1424	845－9036	*		
54	信诚证券有限公司 PRUDENTIAL BROKERAGE LTD.	香港中环德辅道中61号华人银行大厦1804－5室	刘升昂	521－3251	845－7832		*	
55	和升国际有限公司 WORLDSEC INTERNATIONAL LTD.	香港中环夏悫道12号美国银行中心26字楼2室	包惠明	867－7288	810－0281		*	
56	中港国际证券有限公司 CHINA－HK INTERNATIONAL SECURITIES LTD.	香港中环干诺道中156－157号宝基大厦16楼	刘晓林	541－6866	542－2952		*	
57	法国兴业亚洲有限公司 SOCIETE GENERALE ASIA LTD.	香港毕打街告罗士打大厦24楼	何婉仪	844－5337	868－2368		*	
58	道亨证券有限公司 DAO HENG SECURITIES LTD.	香港中环毕打街20号会德丰大厦15楼	何荣昌	525－5091 525－5028	845－9237		*	

续表

序号	公司名称	地址	联系人	电话	传真	承销	经纪	承销B股类别
59	华莱证券投资有限公司 CHINALINES SECURITIES INVESTMENTS LTD.	香港轩尼诗道199号东华大厦1903室	李泰雄 吴婉玲	(07) 725—5281	(07) 725—9753		*	
60	唯高达香港有限公司 VICKERS BALLAS HK. LTD.	香港国环花园道3号万国宝通广场万国宝通银行大厦39楼	许达仁	878—8888 878—8878	868—1523		*	
61	野村国际（香港）有限公司 NOMURA INTERNATONAL (HK) LTD.	香港夏悫道16号远东金融中心46—48楼	道休诚一郎 杨耀华	520—0380	866—9600	*	*	

（此表由中国人民银行深圳经济特区分行金管处提供）

（六）上海、深圳证券交易所上市的部分股份公司名录

表5—11 上海证券交易所上市股份公司名录（截止1992年12月31日）

公司名称	公司地址	邮编	电话	董事长	总经理	成立日期（年、月）	注册资本（万元）	公司股本构成（万元）			
								国家股	法人股	个人股	人民币特种股
上海真空电子器件股份有限公司	上海市浦东新区即墨路95—97号2号楼4层	200120	8842216	薛文海	薛文海		30000	14891	199	14910	10000（计入个人股）
上海嘉丰股份有限公司	上海嘉定区西门外侯黄桥堍	201800	9530673	程介禄	孙再华		7063.18	5913.18	150	1000	
上海轻工机械股份有限公司	上海市南京西路1576号	200002	2566022	赵定再	赵定再		16516	15516		1000	
上海联合纺织实业股份有限公司	上海市吴兴路278号10楼A、B室	200030	4713165	张惠发	唐翔千		6176.63		5076.63	1100	
上海异型钢管股份有限公司	上海市龙华东路839号	200023	4311680	万梦兰	万梦兰		3610.6	2335.3	475.3	800	
金杯汽车股份有限公司	沈阳市铁西区兴工街67号	110025	5878920	赵希友	赵希友		118954	38037.83	14793.36	10000	
中国纺织机械股份有限公司	上海市长阳路1687号	200090	5432970	黄关从	黄关从		20810	11010	1300	1500	7000
上海大众出租汽车股份有限公司	上海市南京西路920号16楼	200041	2585099	杨国平	杨国平		8590	5090	500	500	2500
中国第一铅笔股份有限公司	上海市东汉阳路296号	200080	5416940	胡书钢	胡书钢		6400	2892.1	507.9	500	2500
上海永生制笔股份有限公司	上海武进路456号	200071	3250240	郭善淳	郭善淳		8104	4404	700	500	2500
上海胶带股份有限公司	上海高阳路683号	200080	5451587	张涛	张涛		6895	3395	500	500	2500
上海丰华圆珠笔股份有限公司	上海浦东新区文登路3601号	200127	8810279	蔡瑞兴	蔡瑞兴		5672	3872	1200	600	
上海第一食品商店股份有限公司	上海市黄浦区南京东路720号	200001	3229582	叶明华	叶明华		2838.65	968.65	1140	73	
上海联华合纤股份有限公司	上海嘉定区西门外徐塘桥	201800	9534839	梅寿春	廖超然		7288.6		6788.6	500	
上海飞乐音响股份有限公司	上海市江苏路61号	200042	2525566	秦其斌	曹益群	1984.11	500		70	430	
上海爱使电子设备股份有限公司	上海市江西中路323号	200002	3234534	童镇明	赵坤兴		270		81.5	188.5	
上海申华实业股份有限公司	上海市川沙县南桥路360号	201200	8983486	瞿建国	石月德		1000		140.402	859.598	
上海轮胎橡胶（集团）股份有限公司	上海市浦东即墨路97号	200120	3215612	宋壮飞	宋壮飞		62200.54	43200.54	400	1600	17000

续表

公司名称	公司地址	邮编	电话	董事长	总经理	成立日期（年、月）	注册资本（万元）	公司股本构成（万元）			
								国家股	法人股	个人股	人民币特种股
上海冰箱压缩机股份有限公司	上海市长阳路2555号	200090	5190000	宋彧群	宋彧群		11991	7991	3000	1000	
上海金陵股份有限公司	上海浦东陆家渡路367号	200120	8826300	佘宝庆	徐伟梧		5099		4499.3	600	
上海联农股份有限公司	上海南阳路183号1楼	200040	2477383	郭聪聪	郭聪聪		2500		1900	600	
上海延中实业股份有限公司	上海市巨鹿路685号	200040	2477369	周鑫荣	秦国梁	1985	2000		180	1820	
上海兴业房产股份有限公司	上海市长乐路333号	200040	4733170	唐相道	李之铭	1988	2000		1500	500	
上海第二纺织机械股份有限公司	上海市虹口区场中路265号	200434	5424102	郑克钦	郑克钦		30398.69	14078.69	800	3020	
上海飞乐股份有限公司	上海武夷路174号	200050	2521397	尹茂林	秦其斌		4866	1573	1300	420	
上海豫园旅游商城股份有限公司	上海旧校场路41号	200010	3110217	马金明	区福荣		11290.428	1619.411	8088.637	1582.38	
浙江凤凰化工股份有限公司	浙江省兰溪市大厥路18号	200010	23485	尹相泉	尹相泉		2563.52	1956.41	60.00	450.11	
上海氯碱化工股份有限公司	上海市龙吴路4747号	200241	4340000	徐荣一	徐荣一		83181	50538	7000	1643	24000
上海嘉宝实业股份有限公司	上海市嘉定区嘉定镇东门外	201800	9529052	叶祖成	卢万兴		10626.15		9626.15	1000	

表5—12 深圳证券交易所上市股份公司名录（截止1992年12月31日）

公司名称	公司地址	邮编	电话	董事长	总经理	成立日期（年、月）	注册资本（万元）	公司股本构成（万股）			
								国家股	法人股	个人股	人民币特种股
深圳万科企业股份有限公司	深圳市和平路50号	518001	5575900	王石	王石	1988.11		1559	2004	5673	
深圳蛇口安达实业股份有限公司	深圳市蛇口工业区碧涛中心	518067	6683888	周为民	吴云民	1989		1287	255.6	1382	
深圳金田实业股份有限公司	深圳市和平路56号	518001	5571807	黄汉清	蔡名熙	1988.2			2241	3099	
深圳市振业股份有限公司	深圳市红荔路四川大厦	518031	3345783	张立凡	杨振威	1989.4			1360	2183	
深圳发展银行	深圳市宝丰大厦	518001	5562119	罗显荣	刘自强	1987.11			6027	7443	
深圳市赛格达声股份有限公司	深圳市华强路赛格工业大厦5楼	518031	3352544	张万章	蓝天辅	1988.11		1249	290.7	1008	
深圳锦兴开发服务股份有限公司	深圳市东门南路食出大厦	518002	2235238	郭计景	郭计景	1989.8		950.4	287.15	1157.64	
深圳市宝安企业（集团）股份有限公司	深圳市深南中路宝安大厦	518031	3368441	曾汉雄	陈政立	1983.7		6510	8942	10951	
深圳市物业发展（集团）股份有限公司	深圳市国际贸易中心大厦	518014	2253020	马威礼	李宇明	1990.4		18601		4150	3000
中国南方玻璃股份有限公司	深圳市蛇口南玻大厦	518067	6686315	江波（法人代表）		1990.10			7123	2030	1600
深圳市石油化工（集团）股份有限公司	深圳市振华路11号	518031	3324057	俞永民（法人代表）		1991.11		10039		2350	1500
深圳华源实业股份有限公司	深圳市布心路	518019	5512888	张建强（法人代表）		1991			1108.2	738.8	809.5

续表

公司名称	公司地址	邮编	电话	董事长	总经理	成立日期（年、月）	注册资本（万元）	公司股本构成（万股）			
								国家股	法人股	个人股	人民币特种股
深圳中厨股份有限公司	深圳市八卦岭工业区八卦四路	518029	2262552	喻先培	刘继忠	1988.3			5995	1440	1200
中华自行车（集团）股份有限公司	深圳市水贝工业区布心路1号	518020	5516998	范惠明	施展熊	1991.11			4769	3280	12439
深圳康佳电子（集团）股份有限公司	深圳市华侨城	518053	6600869	钟云天	李志权	1991			5034.67	3015	5837.23
深圳中冠纺织印染股份有限公司	深圳市人民南路房地产大厦	518001	2200943	田志俊	石律德	1991.11			9187.92	1520	2000
深圳深宝实业股份有限公司	深圳市罗湖区文锦北路	518001	5507474	何　耀	关　照	1991			6991.29	1940	1800
深圳市华发电子股份有限公司	深圳市华发北路华发大厦	518031	3352207	王　奇	陆擎天	1991			13990（含外资）	2963	2350
武汉商场（集团）股份有限公司	湖北省武汉市解放大道358号	430022	565465	王炳炎	毛冬声	1986.12		5765	4507	3730	
海南港澳实业股份有限公司	海南省海口市海景湾花园	570005	774502	黄向农	黄向农	1991			8900	1900	
海南珠江实业股份有限公司	海南省海口市龙昆北路	570005	776023	梁洪钧	林瑞骏	1991			6079	2108	
海南化纤工业股份有限公司	海南省海口市城西仁里坡	571100	886284	秦　钢	卢劲松	1991.9			8017	1984	
海南新能源股份有限公司	海南省海口市龙舌湖椰林水庄商务公馆区	570003	790274	陈宇光	陈宇光	1990			4605	1534	

（七）各地部分股份公司名录*

表5—13　（截止至1992年12月31日）

省、市	公司名称	公司地址	邮编	电话	董事长	总经理	成立日期	注册资本（万元）
北京	北京天桥百货股份有限公司	崇文区天桥北里五号楼西侧	100062	5112767		任世安		
	北京天龙股份有限公司	崇文区永定门外琉璃井东街3号楼	100075	7212319		李冀中		
	北京旅行车股份有限公司	崇文区永外大红门西路26号	100075	7211557	周惠安	王金权		
	北京银建出租汽车股份有限公司	崇文区永外海惠寺100号	100075	9006613	杨　华	纪　军		
	北京中益出租汽车股份有限公司	左家庄后街3号	100028	4673450	赵从兴	张国栋		
	北京城乡贸易中心股份有限公司	复兴路甲23号	100036	8216582		王少庚		
	北京双合盛五星啤酒三环股份有限公司	密云县密云镇季庄村北	101500	9943019	赵　纯	于景芳		
	北京密日兴实业股份有限公司	密云县工业开发区	101500	9941811	张富南	刘兴亚		
	北京东方电子集团股份有限公司	酒仙桥路10号	100016	4363044		王东生		
	北京比特实业股份有限公司	海淀区中关村北一条10号	100080	2541354		刘戈建		
	北京多思科技工业股份有限公司	大兴县黄村清源路多思科技工业园	100081	8416016			刘大力	
	北京富帛实业股份有限公司	密云城西22号	101500	9943714		郑伯海		
	北京大禹工业泵股份有限公司	德胜门外大街97号	100088	2016803		张大勇		
	北京华云股份有限公司	密云县东门外	101500	9943339		张清武		
	北京佳乐实业股份有限公司	密云县城东行宫	101500	9944547 9944076		朱启昌		
	北京福道股份有限公司	海淀土地信息产业基地开拓路	100085	8386122		夏国洪		
	北京海鸿通信股份有限公司	海淀路87号	100080	2558241		马允康		

*：1992年12月31日前在上海、深圳两地证券交易所上市的股份公司名录见（六）上海、深圳证券交易所上市股份公司名录

续表

省、市	公司名称	公司地址	邮编	电话	董事长	总经理	成立日期	注册资本（万元）
天津	天津立达国际商场股份有限公司	天津市和平区南京路 211 号	300052	706223	葛子平	孙承英		
	天津劝业场股份有限公司	天津市和平区和平路 290 号	300022	704814	李志成	韩文斌		
	天津百货大楼股份有限公司	天津市和平区和平路 172－176 号	300020	705162	刘林	刘林		
	天津华联商厦股份有限公司	天津市和平区滨江道 200 号	300022	712310	刘建章	杜安华		
	天津市海运股份有限公司	天津市和平区吴家窑河沿路金家里 13 号	300070	345968	宋兴庭	宋兴庭		
	天津港储运股份有限公司	天津市塘沽区新港二号桥卡子门内	300456	976723	王恩德	杨世樵		
	天津轮船实业开发股份有限公司	天津市和平区南京路 305 号	300052	753720	陆鸿飞	朱文斌		
	天津塘沽房地产开发股份有限公司	天津市塘沽区烟台道 4 号	300450	984114	刘家骐	刘家骐		
	天津油墨股份有限公司	天津市南开区三马路 156 号	300100	220912	运首山	李兆龙		
	天津市房地产发展（集团）股份有限公司	天津市和平区常德道 80 号	300050	317185	王家瑜	王家瑜		
	天津农药股份有限公司	天津市北辰区铁路东	300400	590616	张英杰	宋秀清		
	天津万华股份有限公司	天津市南开区红旗路 208 号	300190	765157	丁建华	刘济华		
	天津中药集团股份有限公司	天津市和平区郑州道 36 号	300050	312858	乐鹤祺	乐鹤祺		
	天津玻壳股份有限公司	天津市西青区杨柳青李楼南路口	300380	792806	刘振铭	刘振铭		
	天津美纶股份有限公司	天津市北辰区引河桥南道	300400	692952	张春亭	张春亭		
	天津灯塔涂料股份有限公司	天津市北辰区朝阳路北头	300400	640772	袁学平	袁学平		
	天津津泰橡胶股份有限公司	天津市和平区哈密道 143 号	300020	705232	杨佑民	韩锡仁		
	天津市天仪数控机械股份有限公司	天津市河北区天纬路 107 号	300141	260126	苏振华	刘文涛		
	天津渤海化工集团股份有限公司	天津市河西区友谊路西园道 12 号	300061	359276	向伯鹏	蔡超群		
	天津大邱庄万全发展股份有限公司	天津市静海县蔡公庄乡大邱庄村	301606	949010	刘万全	杨星福		
	天津大邱庄尧舜发展股份有限公司	天津市静海县蔡公庄乡大邱庄村	301606	949102	禹作尧	禹作尧		
河北	唐山市自动焊接设备有限公司	唐山市长宁道 10 号	063020	225257	柳宝成	马继兴		
	河北涿州东方实业股份有限公司	河北涿州市长城桥北	072756	03234－333958	赵占亭	霍宗义		
	河北机械供销有限公司	石家庄市合作路 38 号	050051	0311－741286	焦兴礼	张君		
	邢台城乡综合服务有限公司	邢台市郭守敬大街 3 号	054000	0319－222354	王晓文	程品格		
	河北古威实业开发有限公司	石家庄市自强路 52 号	050051	903390	曹金章	郝建亭		
	冀联房地产开发股份有限公司	石家庄市长安西路 35 号	050011	644167	苏文义	苏文义		
	河北日清食品有限公司	河北邢台市新华路 346 号	054001	338415	师恒凯	冯国防		
	华北制药股份有限公司	石家庄市和平中路	050015	553355	陈贤丰	陈贤丰		
	河北威远建材股份有限公司	石家庄市中华中大街 19 号	050000	333227		张相华		
	河北马头电力股份有限公司	河北邯郸马头镇	056046	611588	吉辅	刘彭令		
	石家庄宝石电子玻璃股份有限公司	石家庄市长安东路 49 号	050031	553087	李明	董庆祥		
	石家庄神威药业股份有限公司	河北栾城县城内	051430	03218－831471	李振江	李振江		
	秦皇岛迎鑫有限公司	秦皇岛海港区灯具厂院内	066000	334505	贾林生	刘保华		
	沧州精细化工股份有限公司	沧州市杜林镇吴庄子	061028	862125	李红玉	李红玉		
山西	太原天龙集团股份有限公司	太原市迎泽大街 63 号	030001	443938	常双会			
	山西华康药业股份有限公司	万荣县城东大街	044200					
	山西左云秦嘉实业股份有限公司	山西省左云县店湾镇秦家山村	037100		傅　英			
	晋城金桥股份有限公司	晋城市凤台街 6 号	048000	222920 224598	在金宝	车成兴		
	晋城玛钢股份有限公司	山西省陵川县平城镇	048300	22596	张雷保	李双龙		
	山西中银实业股份有限公司	太原市古楼街 65 号	030002					

续表

省、市	公司名称	公司地址	邮编	电话	董事长	总经理	成立日期	注册资本（万元）
山西	山西利宏工程机械股份有限公司	文水县宜乡里洪村	032100	24510 22289	段马柱			
	山西杏花村义泉涌酒业股份有限公司	汾阳县杏花村	032200	03602—29633	常贵明			
	太原抗菌素股份有限公司	太原市河西区化工路1号	030021	666941				
	山西漳泽电力股份有限公司	长治市北郊漳电路19号	046031	412568 转漳电	卞学海			
	太原柳宾游乐城股份有限公司	太原市北城区柳巷北口12号	030002	221291	常贵明			
	太原热连轧带钢股份有限公司	太原市尖草坪朔城区平阳路2号	030003 038500	343790转	李成	李商亭		
	山西通宝能源股份有限公司	太原市并州北路66号 太原市并州路煤炭招待所五楼	030012		武三松	杨成义		
沈阳	金杯汽车股份有限公司	沈阳市铁西区兴工街67号	110025	5878920	赵希友	赵希友		
	沈阳物质开发股份有限公司	沈阳市沈河区风雨坛街144号	110014	2726722	蔡汝容	蔡汝容		
	沈阳东北输变电设备股份有限公司	沈阳市铁西区北二中路18号	110025	5850754	徐有畔	左长林		
	沈阳东北制药集团股份有限公司	沈阳市和平区和平大街79号	110002	2712783	吴挺宝	吴挺宝		
	沈阳长白计算机集团股份有限公司	沈阳市大东区大北关街2号	110041	8850193	祝福勋	祝福勋		
	永新—沈阳化工股份有限公司	沈阳市铁西区卫工北街46号	110026	5820516	洪建生	付守法		
	沈阳木兰电子集团股份有限公司	沈阳市和平区中华路汉口街40号	110001	3835471	孙峰	孙峰		
	沈阳五金商业集团股份有限公司	沈阳市沈河区文化路44号	110003	3893105		李开明		
	沈阳和平商场股份有限公司	沈阳市和平区太原南街1号	110001	3862742	张福荣	张福荣		
	沈阳房天股份有限公司	沈阳市沈河区彩塔街11号	110015	3891379	杨大勇	杨大勇		
	东北四联经济开发股份有限公司	沈阳市沈河区十纬路35号	110003	2714575	李经芳	董植		
	沈阳蓝田股份有限公司	沈阳市皇姑区松花江街3号	110032	6863455	翟道玉	翟道玉		
	沈阳东北国际实业股份有限公司	沈阳市沈河区北站路	110006	3853485	李盈柱	温伟		
	好猫股份有限公司	沈阳市南湖科技开发区	110003	9808888	单承仪			
	沈阳科微电子股份有限公司	沈阳市南湖科技开发区	110003	3890322	徐景辉	徐景辉		
	东北大学开放软件系统股份有限公司	沈阳市和平区文化路3巷11号	110003	3891081	刘积仁	刘积仁		
	沈阳自控设备股份有限公司	沈阳市和平区三好街甲6号	110015	3896164	单静明	李立新		
	沈阳东宇计算机工程股份有限公司	沈阳市和平区文翠路1号	110015	3894433	庄宇洋	李小明		
	沈阳贝尔燃气化工技术实业公司	沈阳市和平区三好街82号	110015	3899056—3580	王英民	李天凡		
	沈阳东政高新技术实业公司	沈阳市和平区三好街二段	110015	3896860	宁先杰	方昆凡 蔡宝生		
	沈阳津昌药业有限公司	沈阳市沈河区文翠路18号	110015	3841336	姜伟	高明宇		
	沈阳天利实业有限公司	沈阳市东陵区南塔街9号	110015	4833610	周国良	周国良		
	沈阳市华达染织有限公司	沈阳市和平区南五马路185巷5号	110005	3860668	蒋仁华	桂丙学		
	沈阳机床股份有限公司	沈阳市和平区文化路41号	110003	4848607	姚俊喜	姚俊喜		
	沈阳先达条码股份有限公司	沈阳市南湖科技开发区	110003	3842701	李金哲	朱俊英		
	沈阳雪花啤酒集团股份有限公司	沈阳市铁西区建设东路42号	110021	5873287	肖庆森	肖庆森		
	沈阳医药股份有限公司	沈阳市和平区中山路106号	110001	3834228	苏士义	李凤春		
	沈阳万众企业股份有限公司	沈阳市皇姑区泰山路18号	110031	6852288—158	朱文阁	鲁东勇		
	沈阳通信发展股份有限公司	沈阳市沈河区青年大街304巷4号	110013	3890169	杨德本	张建华		
	东北轻工股份有限公司	沈阳市和平区中山路62号	110001	3831139	陈兴国	王峰		
	沈阳出租汽车股份有限公司	沈阳市东陵区文化东路52号	110003	3872513	赵景堃	赵景堃		
	沈阳铁百股份有限公司	沈阳市铁西区兴华南街16号	110024	5853980		王万林		
	沈阳东亚商业广场股份有限公司	沈阳市和平区南十三纬路34号	110003	3872513	齐国相	齐国相		
	沈阳铜网股份有限公司	沈阳市铁西区北二东路24号	110025	5874532		王绍栋		
	中燃（沈阳）新技术实业有限公司	沈阳市东陵区南塔街107号	110015	2827530	于振忠	马运通		
	沈阳华丽空调股份有限公司	沈阳市大东区吉祥三路8号	110041	8891411		程介成		
	沈阳文化钟表股份有限公司	沈阳市沈河区中街路88号	110011	4849033		曲丛显		

续表

省、市	公司名称	公司地址	邮编	电话	董事长	总经理	成立日期	注册资本（万元）
大连	大连运动衣股份有限公司	沙河口区胜利路108号	110021	4602553	姜德荣	姜德荣	1992.8.8	4000
	大连万通服务股份有限公司	香炉礁码头	116033	2626851	王德护	王德护	1992.8.8	4000
	大连金鹏股份有限公司	甘井子区姚磊路	116031	6682366	袁钧盛	方志友	1992.8.8	3000
	大连大杨服装（集团）股份有限公司	普兰店市杨树房镇	116215	9450028	李桂莲	李桂莲	1992.8.8	4300
	大连通迅开发股份有限公司	中山区长江路271号	116001	2643798	吕启明	刘树莉	1992.8.8	1200
	大连万达股份有限公司	长江路541号	116011	3621915	王健林	冷传金	1992.8.8	8000
	大连松山股份有限公司	中山路143—2号	116001	3621818	孙育廷	孙育廷	1992.8.8	7000
	大连经济技术开发区信托投资公司	大连开发区长春路8号	116023	7611142	温雅光	关玉林	1992.9.18	14088
	大连沙河口百货股份有限公司	长生街175号	116021	4645579	张增仁	张增仁	1992.9.18	2045
	大连百货大楼股份有限公司	中山路天津街160号	116001	2634827	李贵	李贵	1992.9.18	2958
	大连铁龙实业股份有限公司	中山区新安街15号	116001	2645345	吴敬湘	晏平	1992.9.18	6000
	大连秋林股份有限公司	中山路108号	116001	3635003	王吉人	王吉人	1992.9.18	1964
	大连商场股份有限公司	青山街1号	116001	3635011	赵恒敏	牛刚	1992.9.18	5486
	大连万发股份有限公司	普兰店市皮口镇	116222	9402741	安万西	安万西	1992.11.6	2000
吉林	吉林轻工股份有限公司	长春市平治街5号	130041	866801	万殿卿	万殿卿	1992.8.1	
	东北化联股份有限公司	长春市大经路54号	130042	811434	贾庆云	张有智	1991.12.5	
	吉林省广播电视广告股份有限公司	长春市新民大街副5号	130021	653683	姜凤鹏	姜凤鹏	1992.9.25	
	吉林省经济技术合作股份有限公司	长春市新民大街副10号	130021	609387	关长玉	关长玉	1992.12.10	
	长春百货大楼股份有限公司	长春市斯大林大街59号	130061	822318	范士良	范士良	1992.10.19	
	长春市汽车城百货大楼股份有限公司	长春市东风大街20号	130011	55240	曹和平	曹和平	1992.5.28	
	长白山百货股份有限公司	长春市新发路1号	130051	828831	刘伟光	刘伟光	1992.12.1	
	长春长生实业股份有限公司	长春市同志街43号	132021	641352	张嘉铭	张嘉铭	1992.7.14	
	吉林吉诺尔股份有限公司	吉林市重庆街1号	132001	453809	韩志魁	韩志魁	1992.10.27	
	吉林制药股份有限公司	吉林市长春路99号	132012	243363	马井田	马井田	1992.10.20	
	吉林东方商厦股份有限公司	吉林市河南街131号	132011	222595	高国山	高国山	1992.8.29	
	吉林远东药业股份有限公司	吉林市北山小区8号	132021	221001	杜丽华	杜丽华	1992.10.8	
	辽源得亨股份有限公司	辽源市福兴路3号	136200	223931	于全德	刘志杰	1992.6.9	
	四平华银股份有限公司	四平市平东南路23号	136000	388933	张海龙	张海龙	1992.7.8	
	四平金丰股份有限公司	四平市铁东区平东路	136000	388063	王力	王永和	1992.7.8	
	四平百货大楼股份公司	四平市南仁兴街27号	136000	222794	高洪钧	高洪钧	1992.7.8	
	四平广兴贸股份有限公司	四平市铁东三马路124号	136000	388436	钟占吉	钟占吉	1992.7.6	
	公主岭中大股份有限公司	公主岭市工业大路28号	136100	213249	王林	王林	1992.12.20	
	珲春华春经济开发股份有限公司	珲春市新宾街	133300	513029	郭祖昌	郭祖昌	1992.10.12	
哈尔滨	哈医药集团股份有限公司	哈市道里区工厂街46号	150010	411187	阎喜棉	陈永真		
	哈同记股份有限公司	哈市道外区靖宇大街	150020	883870	陈万茂	王电文		
	秋林股份有限公司	哈市南岗区大直街93号	150010	344997	张芝礼	张芝礼		
	哈赛格股份有限公司	哈市道里区上海街5号	150010	413320	冯连弟			
	佛迪电站股份有限公司	哈市南岗区宣信街27号	150001	221137	张广武			
	哈银龙股份有限公司	哈市南岗区三杏街18号	150009	326065	张均哲			
	哈交通器材股份有限公司	哈市道里区工农大街57号	150070	407664	增召基			
	保利哈科技股份有限公司	哈市南岗区三浦街9号	150006	321000—3944	张虹			

续表

省、市	公司名称	公司地址	邮编	电话	董事长	总经理	成立日期	注册资本（万元）
上海	上海延中实业股份有限公司*							
	上海真空电子器件股份有限公司*							
	上海兴业房产股份有限公司*							
	上海第二纺织机械股份有限公司*							
	上海轻工机械股份有限公司*							
	上海嘉丰股份有限公司*							
	上海联合纺织实业股份有限公司*							
	上海异型钢管股份有限公司*							
	中国纺织机械股份有限公司*							
	上海大众出租汽车股份有限公司*							
	上海第一铅笔股份有限公司*							
	上海永生制笔股份有限公司*							
	上海胶带股份有限公司*							
	上海丰华圆珠笔股份有限公司*							
	上海冰箱压缩机股份有限公司*							
	上海第一食品店股份有限公司*							
	上海联华合纤股份有限公司*							
	上海氯碱化工股份有限公司*							
	上海联农股份有限公司*							
	上海金陵股份有限公司*							
	上海嘉宝实业股份有限公司*							
	上海轮胎橡胶（集团）股份有限公司*							
	上海复华实业股份有限公司	上海桂平路471号5号楼	200233	5485769	杨福家	陈苏阳		
	上海水仙电器股份有限公司	上海汶水路19号	200072	6651800	徐汉兴	徐汉兴		
	上海申达纺织服装股份有限公司	上海北京西路1700号七楼	200040	2550500—721	刘宗泰	刘宗泰		
	上海电器股份有限公司	上海福州路89号	200002	3216175	唐子平	唐子平		
	上海新世界贸易股份有限公司	上海南京西路2路	200003	3278336	侯鹤良	侯鹤良		
	上海棱光实业股份有限公司	上海龙吴路4900号	200241	4342772	吴永强	吴永强		
	上海龙头股份有限公司	上海杨树浦路2866号	200090	5431010	马灿贞	马灿贞		
	上海第一百货商店股份有限公司	上海南京东路830号	200001	3223344	钟华君	吴正林		
	上海华联商厦股份有限公司	上海南京东路635号	200001	3224466	张达夫	张达夫		
	上海双鹿电器股份有限公司	上海天山路651号	200035	2590400	张世杰	张世杰		
	上海海鸟电子股份有限公司	上海延安中路424弄35号	200041	3270811	盛志春	中原福盛		
	上海浦东大众出租汽车股份有限公司	上海浦东源深路1号	200120	8841441—372	杨国平	杨国平		
	上海三爱富新材料股份有限公司	上海龙吴路4411号	200120	4340930	滕名广	滕名广		
	上海广电股份有限公司	上海巨鹿路395号	200020	2581300	徐为沪	徐为沪		
	上海黄浦房地产股份有限公司	上海延安东路110号七楼	200002	3228888	于在志	于在志		
	上海金桥出口加工区开发股份有限公司	浦东金张路167号	201206	8991818	朱晓明	朱晓明		
	上海国脉实业股份有限公司	上海长安路1055号长安大厦3号楼28层	200070	3179957	程锡元	张　健		
	上海众成实业股份有限公司	浦东大道817号	200120	8872672	王安德	葛惠忠		
	上海申能股份有限公司	浦东大道580号	200120	2547439	鲍友德	陈光华		
	上海爱健股份有限公司	上海零陵路583号	200030	4396600	刘靖基	王仁中		

续表

省、市	公司名称	公司地址	邮编	电话	董事长	总经理	成立日期	注册资本（万元）
上海	上海望春花股份有限公司	上海哈密路400号	200335	2594628	李培佩	李培佩		
	上海国嘉实业股份有限公司	嘉定环城路2280号	201800	9528515	贺　争	吴　军		
	上海新亚快餐食品股份有限公司	上海天目西路488号长安大厦1号楼16层	200070	3174174	陈红军	王远荣		
	上海外高桥保税区开发股份有限公司	浦东杨高路3001号	200137	8622888	阮延华	阮延华		
	上海原水股份有限公司	唐山路923号木材大厦五楼	200217	5450688—501	蔡君时	包承忠		
	上海新锦江大酒店股份有限公司	上海长乐路161号	200020	4334488	钱学中	杨原平		
	上海飞乐音响股份有限公司							
	上海爱使电子设备股份有限公司							
	上海中华实业股份有限公司							
	上海飞乐股份有限公司							
	上海豫园旅游商城股份有限公司							
	上海南洋国际实业股份有限公司	上海新华路119号弄1号	200129	2511900	翁史烈	仰书纲		
	上海浦东强生出租车股份有限公司	浦东南路1680号	200120	8829559	张同恩	张同恩		
	上海陆家嘴金融贸易开发股份有限公司	上海浦东大道981号	200135	8878888	王安德	王安德		
	上海商业网点发展实业股份有限公司	浦东浦三路1260弄4号	200127	8891026	王相道	韩士章		
	上海沪昌特殊钢股份有限公司	上海同济路332号　、	200940	6600213—206	侯树庭	侯德根		
	上海良华实业股份有限公司	上海浦东沈家弄199号	200133	8873801	孙自立	施健侯		
	上海东方明珠股份有限公司	上海陆家路504弄2号	200120	2151050		盛亚飞		
	长江经济联合发展股份有限公司	浦东大道981号	200135			程秉海（副）		
南京	熊猫电子集团股份有限公司	南京中山东路301号	210002	407148	陈祥兴	陈祥兴		
	南京天龙股份有限公司	南京姜家园205号	210011	801538	崔兴盛	崔兴盛		
	南京新街口百货商店股份有限公司	南京中山南路3号	210005	405973	李韶华	美愉斌		
	南京中央商场股份有限公司	中山南路79号	210005	402766	徐敦源	吴毓淮		
	南京信业股份有限公司	南京管家桥49号	210005	742915	徐　斌	徐　斌		
	南京大方股份有限公司	南京高新开发区04幢	210032	793624	周传慎	李家俊		
	南京高新技术经济开发股份有限公司	南京高新开发区3029信箱	210032	791098	邵永昌	徐炳良		
	南京商厦股份有限公司	南京龙蟠路2号	210037	502425	刘滋生	刘滋生		
	南京中北汽车发展股份有限公司	南京大桥南路8号	210015	801877	王　毅	王　毅		
	南京力源强磁股份有限公司	溧水县王城镇小西门152号	211200		王正奎	王正奎		
	长江经济联合发展股份有限公司南京分公司	南京太平南路56号	210002	456367	李英俊	徐　飚		
	南京蓝天股份有限公司	南京光华东街6号	210007	407516	包际宇	包际宇		
	南京化纤股份有限公司	南京燕子矶伏家场	210038	456367	郝文礼	叶尚照		
浙江	金华国际大酒店股份有限公司	金华市中山路119号	321000	322996		吴月华		1250
	浙江医药药材股份有限公司	杭州市解放路132号	310001	728955	徐芳	徐芳		3824
	浙江中大股份有限公司	杭州市曙光路	310007	771424	钟山	钟山		9090
	浙江裕达国际贸易股份有限公司	杭州市延安路184号	310006	779944	刘新玉	诸向东		1500
	浙江东方股份有限公司	杭州市凤起路102号	310006	555145	方佩玲	方佩玲		11878
	金华市信托投资股份有限公司	金华中山路县府招待所	321000	325968		葛政		10000
	浙江省大通股份有限公司	兰溪市人民路5号	321100	822073		胡观海		8816
	浙江省普陀金三角股份有限公司	舟山沈家门中大街4号	316100	313112		王新伟		1088
	杭州梅苑股份有限公司	杭州市天目山路24号	310005	875524—201		鲁关根		3750

续表

省、市	公司名称	公司地址	邮编	电话	董事长	总经理	成立日期	注册资本(万元)
浙江	杭州医药站股份有限公司	杭州市中山北路439号	310003	559965	叶文瑜	叶文瑜		8000
	绍兴百货大楼股份有限公司	绍兴市解放南路	312000	535766	傅阿云	傅阿云		5000
	浙江凤凰化工股份有限公司*							
	浙江天目药业股份有限公司	临安县苕溪南路	311300	22876	钱永涛	钱永涛		5000
	浙江尖峰水泥集团股份有限公司	金华市罗店	321000	339804	杜自鸿	杜自鸿		7000
	浙江丰登化工股份有限公司	兰溪市城郊西路20号	321100	884550	张建卫	张建卫		7500
	温州顺生实业股份有限公司	温州市吴桥路41号	323008	225220		徐顺昌		1600
	轮峰自行车零件股份有限公司	兰溪市城郊西路22号	321103	822535		翟锦华		8898
	浙江广厦建筑集团股份有限公司	东阳市吴宁西路21号	322100	622708	楼忠福	楼忠福		6000
	杭州安琪儿置业股份有限公司	杭州市艮山西路168号	310004	645822	方青松	方青松		11100
	杭州洁翔实业股份有限公司	杭州市环城北路63号	310006	552593		陆国林		6001
	浙江东海石化实业股份有限公司	杭州市断河头69号	310009	775033		张国强		1000
	杭州解放路百货商店股份有限公司	杭州市解放路211号	310001	760891	胡崇杏	胡崇杏		7998
	杭州百货大楼股份有限公司	杭州市延安路260号	310006	577880	樊国强	董伟平		7817
	杭州百货股份有限公司	杭州市庆春路608号	310006	713017	蔡兰英	蔡兰英		7773
	余杭江南房地产股份有限公司	余杭县临平西大街	311100	221749	朱依忠	汪建敏		3000
	绍兴大越股份有限公司	绍兴市解放南路398号	312000	548238	毛水林	谢文敏		2250
	工商银行浙江省信托投资股份有限公司	杭州市体育场路131号	310003	556182		金维爱		10000
	金华市第一百货商店股份有限公司	金华市西市街56号	321000	323080		蒋国文		1270
	嘉兴市商贸会社股份有限公司	嘉兴市中山路58号	314000	285596	朱玉春	周建伟		5000
	嘉兴红楼商厦股份有限公司	嘉兴市吉杨路	314001	283343		沈建		3041
	浙江金牛股份有限公司	杭州市惠发路56号	310002	775246	李善德	洪子富		1500
	浙江工联大厦股份有限公司	杭州市延安路82号	310006	765145	周林本	孔迁祥		7588
	浙江银河股份有限公司	杭州市惠民路56号	310002	775366		汪国兴		4000
	全浙石化联合股份有限公司	杭州市秋涛路127号	310016	694272	王观泽	杨维新		4000
	杭州大自然音像股份有限公司	杭州市莫干山路北大桥	310011	529480	宋小春	宋小春		6661
	杭州万向股份有限公司	肖山市宁围镇	311202	556480	鲁冠球	鲁冠球		12710
	浙江中汇（集团）股份有限公司	杭州市解放路108号	310009	722123	应土歌	应土歌		10888
	浙江申达塑料机电集团股份有限公司	杭州市天目山路7号	310007	577900	何拜成	何拜成		8888
	杭州娃哈哈美食城股份有限公司	杭州市清泰街160号	310009	726360	宗庆后	宗庆后		20000
	浙江新晶制药股份有限公司	新昌县环城东路59号	312500	622860	金彪	金彪		7500
	浙江康恩贝股份有限公司	兰溪市溪西劳动西路	321100	884199	胡季强	胡季强		7500
	浙江新新实业股份有限公司	加善县中山路91号	314100	424351		吕为星		4578
	嘉兴三塔建材股份有限公司	嘉兴市三塔路71号	314001	283819	张翔元	张翔元		2500
	杭州大众出租汽车股份有限公司	杭州市莫干山路113号	310011	874404		张德生		2000
	浙江中宝实业股份有限公司	新昌县新东门外	312500	623376	吴良定	吴良定		3135
	浙江金绫股份有限公司	杭州市文一路88号	310033	873228	徐向东	徐向东		2500
	杭州南天邮电通讯发展股份有限公司	杭州市朝晖九区	310004	555700		蒋鸿森		5000
	杭州凯地丝绸股份有限公司	杭州市艮山门头营苍4号	310004	543113	杨炳芳	杨炳芳		15000
	浙江海山股份有限公司	舟山定海环城东路28号	316004	225132	赵廉宾	赵廉宾		5000
	兰溪一新制药股份有限公司	兰溪市云山新村1号	321100	823194	郑亚津	郑亚津		1100
	浙江高新开发股份有限公司	杭州市体育场路162号	310006	572103	尹明道	谢克刚		6000
	浙江机械工业投资开发股份有限公司	杭州大学路高官弄9号	310009	747526		宋景辉		5000
	浙江双牛橡胶股份有限公司	兰溪市	321100	824865	陈永斌	陈永斌		10000

续表

省、市	公司名称	公司地址	邮编	电话	董事长	总经理	成立日期	注册资本（万元）
宁波	宁波中元机械钢管股份有限实业公司	宁波市庄桥	315032	582357 355834	虞一新	虞一新		
	宁波华联集团股份有限公司	宁波市江厦街21号	315000	361088（总机） 367626	沈炜卿	王家兴		7200
	宁波百货股份有限公司	宁波市和义路45号	315000	367521	林云秀	林云秀		4000
	宁波南苑股份有限公司	宁波市灵桥路2号	315000	302183	江圣澜	刘波		3150
	宁波市城隍庙商城股份有限公司	宁波市县学街22号	31500	366926	陈吉伦	陈吉伦		3800
	宁波杉杉股份有限公司	宁波市百丈东路139号	315040	338333（总机）	郑永刚	郑永刚		2600
	宁波华通运输股份有限公司	宁波市大庆南路118号	315020	355948 355283	应祖亮	应祖亮		2500
	宁波富达电器股份有限公司	浙江省余姚市阳明西路521号	315400	633915（传真）	张传炎	徐来根		4000
福建	福联股份有限公司	福州市五一中路48号	350004	0591—835131	胡仪昌	林秋平		
	福建省耀华玻璃工业股份有限公司	福清市宏路福耀工业村	350301	05042—23561	王宝光	曹德旺		
	福建中闽建设发展股份有限公司	福州市湖东路40号8楼	350003	0591—832107	沈着	马忠寿		
	福州保税区建总股份有限公司	福建省福州市马尾君竹路162号建总大楼	350015	0591—682492	黄玉立			
江西	中国农业银行江西省信托投资股份有限公司	江西省南昌市西上渝亭街1号	330009	776133 776692	杨振中	邹淑香		
	江银租赁股份有限公司	江西南昌市子固路6号	330008	779449	盛长福	沈温良		
	江西长运股份有限公司	江西省南昌市八一大道21号	330003	227532 225745	张平	张平		
	中国工商银行江西信托投资股份有限公司	江西省南昌市北京西路134号	330046	225959 221550	杨茂生	魏裕泉		
	江西工程材料股份有限公司	江西省南昌市北京西路54号	330046	212121	王铭盘	马积泉		
山东	山东渤海集团股份有限公司	济南市顺河商业街3号楼	250001	(0531) 622457	李莆田	李莆田		
	山东鲁抗医药（集团）股份有限公司	济宁市太白楼西路173号	272121	(0537) 219816	章建辉	章建辉		
	济南金泰集团股份有限公司	济南市山大北路56号	250100	(0531) 803173	刘黎明	刘黎明		
	山东泰山石化集团股份有限公司	山东省泰安市东岳大街西段	271000	(0538) 229533	徐洪波	徐洪波		
	山东环宇集团有限公司	临沂市解放路中段北侧88号	276003	(0539) 225890	李光发	李光发		
	济南人民商场股份有限公司	济南市经四路13号	250001	(0531) 625196	郭兆刚	郭兆刚		
	济南百货大楼股份有限公司	济南市泉城路264号	250011	(0531) 614414	刘传俊	刘传俊		
	济南金钟电子衡器股份有限公司	济南市英雄山路147号	250002		刘云霁	刘云霁		
	山东台儿庄顺达典当拍卖股份有限公司	台儿庄镇兴中路	277400	612202	曹召勤	刘伟		
	枣庄市建设银行信托股份有限公司	光明东路	277100	313350	张廷龙	潘政		
	枣庄市建设银行房地产开发有限公司	光明东路	277100	313343	潘政	张继远		
	山东农药化工股份有限公司	山东淄博张店洪沟路	255000	213042	张景岩	张景岩		
	淄博电泵股份有限公司	山东淄博博山秋谷	255200	413551	高乃祥	高乃祥		
	山东泰山磨料磨具股份有限公司	山东淄博南定车站	255055	290151	孙致太	孙致太		
	山东合成纤维股份有限公司	淄博张店潘南东路22号	255030	311131	李乐孝	李乐孝		
	山东建设水泥股份有限公司	山东淄博博山北神头	255200	413043	傅庆馥	傅庆馥		
	烟台氯碱股份有限公司	芝罘区化工路	264002	241683	郝春浩	谷传香		
	烟台汽车运输集团公司	芝罘区青年路负13号	264000	143401 —886	张在政	张在政		
	烟台冰轮制冷空调集团公司股份有限公司	芝罘区西三路80号	264000	243451	顾德录	顾德录		

续表

省、市	公司名称	公司地址	邮编	电话	董事长	总经理	成立日期	注册资本（万元）
山东	烟台华联商厦股份有限公司	芝罘区南大街 261 号	264001	211773	孙德志	孙德志		
	胜利油田大明集团股份有限公司	东营市济南路 140 号	257000	222885	蒋捷敏	李荣兴		
	东营纸业集团股份有限公司	东营广饶大王镇	257335	881725	李建华	李建华		
	潍坊百货集团股份有限公司	潍坊市胜利大街 233 号	261001	323141				
	山东华洁股份有限公司	潍坊市跃进路北段 197 号	261031	234888	曹孝全			
	潍坊华光电子集团股份有限公司	潍坊市东风大街 142 号	261041	235397	王新华			
	潍坊百货大楼股份有限公司	潍坊市胜利大街 229 号	261011	324056	卞全凤			
青岛	交通银行青岛分行	青岛市威海路 18 号	266021	330439	陈崇焕	陈崇焕		
	工商银行青岛信托投资股份有限公司	青岛市新疆路 8 号	266011	224679	于福忠	汪自强		
	琴岛海尔股份有限公司	青岛市小白干路 135 号	266032	336825	张瑞敏	张瑞敏		
	青岛红星电器股份有限公司	青岛市兴华路 5 号	266041	442112	王建生	王建生		
	青岛利群百货股份有限公司	青岛市台东三路 44 号	266021	335465	孙红霞	徐恭藻		
	青岛华侨实业股份有限公司	青岛市热河路 37 号	266012	234357	仲崇辉	仲崇辉		
	青岛即东实业股份有限公司	青岛市长兴路 31 号	266021	339917	李兆阳	李兆阳		
	青岛装饰装璜股份有限公司	青岛燕儿岛路 7 号网点	266071	374545	张德忠	刘伟华		
	青岛水下高技术股份有限公司	青岛市鱼山路 2 号	266003	267599	余宁水	王慕洲		
	青岛通达建设股份有限公司	青岛市泉州路 5 号	266071	516069	宋小中	卢志强		
	青岛新立恒产股份有限公司	青岛市黄海路 18 号	266071	326638	王国元	王智		
	青岛食品股份有限公司	青岛云南路 127 号	266002	227900	李为旭	李为旭		
	青岛春湖环保机械股份有限公司	即墨市普东乡任家屯村	266234	普东总机	张秀平	张维坎		
	青岛东亚塑料股份有限公司	即墨市楼子疃乡	266228	818232	李健	王肖歧		
	青岛双金石材股份有限公司	莱西市大理石矿	266601	883338	赵先军	赵先军		
	青岛崂山百货大楼股份有限公司	青岛市崂山区向阳路 39 号	266100	794632	邵瑞芬	张贤存		
	青岛恒发实业股份有限公司	胶南市红石崖镇	266426	361145	张程远	张程远		
	青岛信锋实业股份有限公司	青岛经济技术开发区北江路 1 号楼	266555	697262	吴申贤	吴申贤		
	青岛宏宇实业股份有限公司	青岛市大港沿四号	266011	223053	常德传	常德传		
	青岛荣昌置业股份有限公司	青岛市太平角六路 2 号	266071	374008	李庆振	刘津南		
湖北	湖北众兴股份有限公司	沙市市航空路	434000	(0716) 212446	黄立新		1992.10	
	沙市活力二八（集团）股份有限公司	沙市市临江路	434000	(0716) 213591	藤继新		1992.12	
	湖北沙隆达股份有限公司	沙市市北京路	434001	(0716) 214802	罗海章		1992.8	
	湖北神电汽车电器股份有限公司	沙市市北京路	434001	(0716) 212419	张行舫		1992.12	
	华新水泥股份有限公司	黄石大道 399 号	435002	(0714) 224971	付本一		1992.10	
	东方商业股份有限公司	黄石大道 515 号	435000	(0714) 222398	许清明		1992.6	
	康赛服装股份有限公司	黄石市芜湖路	435000	(0714) 228237	童施建		1992.7	
	东风汽车财务股份有限公司	十堰市公园路	442000	(0719) 24388	汪正喜		1987.5	
	十堰市交通股份有限公司	十堰市十房路口	442000	(0719) 54026	周宝祥		1992.12	
	湖北幸福实业股份有限公司	潜江市幸福大道 1 号	443100	(0716) 240221	周作亮		1992.11	
	湖北恒康药业股份有限公司	沙市市江汉北路	434000	(0715) 213089	雷元盟		1992.12	
	湖北车桥股份有限公司	公安县城关荆江大道 178 号	434305	(07265) 25925	郭桂华		1992.12	

续表

省、市	公司名称	公司地址	邮编	电话	董事长	总经理	成立日期	注册资本（万元）
湖北	湖北天发企业（集团）股份有限公司	江陵县荆南路71号	434100	(0716) 467557	龚家龙		1992.8	
	湖北三梅集团股份有限公司	黄梅县黄梅镇	436500	(07238) 21380	赵胜茂		1992.12	
	恩施自治州人寿保险股份有限公司	恩施市官坡街6号	445000	(0718) 223092	刘善民		1992.10	
	猴王股份有限公司	宜昌市夷陵344号	443003	(0717) 551591	易继纯		1992.9	
	湖北全昌化工股份有限公司	当阳市锦屏大道	441000	(07273) 23144	阎志华		1992.11	
	宜昌钢琴股份有限公司	宜昌市东山经济开发区	443000	(0717) 447163	向华芳		1992.10	
	三峡银团实业股份有限公司	宜昌市桃花岭饭店3号楼	443000	(0717) 442244 转3203	董顺清		1992.12	
	宜昌市东山热电股份有限公司	宜昌市港窑路开发大楼	443003	(0717) 445951	余瀚浩		1992.12	
	宜昌鑫城房地产股份有限公司	宜昌市沿江大道247号	443000	(0717) 225091	谭明海		1992.11	
	湖北三峡柑桔罐头（集团）股份有限公司	宜昌县小溪塔镇	443100	(07271) 32145	江明新		1992.5	
	荆门市兴化股份有限公司	荆门市白庙路	434539	(07267) 33907	马金魁		1988.6	
武汉	武汉塑料工业股份有限（集团）公司	汉口新华路287号	430022	563459	法人：刘文彦		1988.11	
	武汉美佳服装机械股份有限公司	汉口惠济路附3号	430015	237170	法人：周远溪		1991.12	
	武汉长印（集团）股份有限公司	汉口民意四路101号	430022	533093	法人：李　东		1992.3	
	武汉双虎涂料（集团）股份有限公司	汉口古田路11号	430035	332792	法人：桂银山		1992.3	
	武汉数控机械股份有限公司	汉口台东路23号	430015	222982	法人：程　辉		1992.3	
	武汉凤凰股份有限公司	青山区凤凰山	430082	614968	法人：孙君贵		1992.4	
	武汉冰川实业（集团）股份有限公司	汉阳十里新村155号	430051	481042	法人：冯三九		1992.12	
	武汉钢电股份有限公司	青山红钢城	430082	691176	法人：刘　玠		1992.12	
	武汉粮油食品贸易中心（股份有限）	汉口解放公园路19号	430010	232086	法人：肖运祥		1984.6	
	武汉市武汉商场股份有限公司（集团）*							
	武汉市七大国营商场股份有限公司	中山大道805号	430021	562847	法人：盛平源		1986.11	
	武汉物资开发股份有限公司	汉口黄石路安静村33号	430021	213449	法人：尚全修		1988.7	
	武汉市汉阳商场（集团）股份有限公司	汉阳大道139号	430050	444118	法人：张宪华		1992.3	
	武汉中南商业（集团）股份有限公司	武昌中南路9号	430071	813571	法人：严规方		1992.3	
	武汉石油开发股份有限（集团）公司	江岸区惠济一路14号	430010	566197	法人：李银生		1992.7	
	武汉市六渡桥百货（集团）股份有限公司	中山大道799—805号	430021	562591	法人：盛平源		1992.7	
	武汉物资房地产股份有限公司	汉口洞庭街77号	430014	231504	法人：项晓光		1992.7	
	武汉中心百货（集团）股份有限公司	汉口江汉路129号	430021	230441	法人：胡廷福		1992.8	
	武汉市利济商场股份有限（集团）公司	中山大道358号	430031	567985	法人：徐万泰		1992.12	
	汉口商业大楼股份有限公司（集团）	江岸区花桥一村15号	430010	214363	法人：陈秀萍		1992.12	
	武汉市武昌商场股份有限公司（集团）	武昌解放路338号	430060	873883	法人：尹保国		1992.12	
	武汉车站路商场股份有限公司（集团）	汉口车站路70号	430014	231993	法人：揭智汉		1992.12	
	武汉黄鹤大厦股份有限公司（集团）	武昌中山路481号	430064	876532	法人：杨先明		1992.12	
	武汉汉通证券公司	解放大道845号	430016	215489	法人：张建刚		1992.12	
	武汉房地产开发股份有限（集团）公司	汉口青年路78号	430015	550129	法人：梅　荣		1992.6	
	武汉道博实业股份有限公司	江岸区竹叶山特1号	430010	242522	法人：周起宏		1992.7	

续表

省、市	公司名称	公司地址	邮编	电话	董事长	总经理	成立日期	注册资本（万元）
武汉	武汉市九头鸟房地产综合开发股份有限公司	汉口三眼桥 183 号	430015	218616	法人：徐绪沐		1992.7	
	武汉桥梁建设股份有限公司	汉口台北路 114 号	430015	213424	法人：张克孝		1992.9	
	武汉锦城房地产开发建筑股份有限公司	青年大道马场路 319 号	430015	563901	法人：郑淑考		1992.10	
	武汉房地产信托咨询股份有限公司	江岸惠西小区 4 号楼	430015	225857	法人：邵光顺		1992.12	
	武汉高技术创业发展股份有限公司	武昌武珞路 288 号附 2 号	430070	714980	法人：李火明		1991.10	
	武汉三特企业（集团）股份有限公司	武昌广八路邱家湾 42 号	430072	726210	法人：张海彭		1992.4	
	武汉四通高新技术股份有限公司	武昌珞瑜路 33 号	430070	716812	法人：陈乐平		1992.5	
	武汉中山实业（集团）股份有限公司	武昌珞珈山工农湾 4 号	430072	711838	法人：钱建平		1992.12	
	武汉大学甲乙木股份有限公司	武汉市阳逻	431415	61854	法人：王胜利		1992.12	
	武汉九通实业股份有限公司	汉口西马路 307 号	430015	232818	法人：刘学德		1992.5	
	武汉物业发展股份有限公司	汉口山海关路 2 号 3 楼	430010	237878	法人：王兴华		1992.8	
	武汉市江海发展（集团）股份有限公司	汉口惠济路 34 号	430010	210770	法人：冯传武		1992.8	
	武汉劳业综合开发股份有限公司	汉口江汉北路 162 号	430022	538919	法人：陈文浩		1992.8	
	长江经济联合发展股份有限公司武汉公司	汉口天津路 1 号	430014	222736	法人：夏康裕		1992.11	
	武汉新世纪开发中心	汉口建设大道竹叶山特 1 号	430010	274691	法人：刘中桥		1992.12	
湖南	湖南申湘汽车股份有限公司	长沙市八一东路 386 号	410001	438888	法人：李益民		1992.7	1600
	湖南银州股份有限公司	长沙市银盆南路 71 号	410006	850030	法人：龚光和		1992.8	10000
	湖南长沙湘发房地产股份有限公司	长沙市韶山路 17 号	410011	413132	法人：向荣旦		1992.8	1000
	湖南天海林实业股份有限公司	长沙市展览馆路 11 号	410005	413081	法人：黄敬群		1992.11	1000
	湖南证券股份有限公司	长沙市中山东路 2 号	410005	408240	法人：罗惠雄		1992.12	3500
	湖南鸿泰房地产股份有限公司	长沙市书院路 59 号	410002	555004	法人：潘笑风		1992.12	1123
	长沙高新技术产业开发区金海股份有限公司	长沙河西银盆南路 70 号五楼	410006	851448	法人：罗　特		1992.5	19000
	长沙星沙信用发展股份有限公司	长沙市蔡锷中路 79 号	410005	442711	法人：章伟民		1992.9	1000
	长沙中意电器股份有限公司	长沙市南郊慕云镇	410118	582808	法人：邓文金		1992.12	18787
	长沙高新技术产业开发区金鹏实验银行	长沙河西银盆南路 15 号	410006	852379	法人：梁柏丽		1992.12	10000
	湖南醴陵宏发金融股份有限公司	醴陵市渌江经济开发区滨河路	412200	231694	法人：贺新启		1992.11	1000
	株洲火炬火花塞股份有限公司	株洲市红旗北路 3 号	412001	223621	法人：刘勇舸		1992.12	8800
	湘潭百货贸易股份有限公司	湘潭市人民路 92 号	411100	223702	法人：陈　衡		1992.10	1200
	湘潭兴华房地产开发股份有限公司	湘潭市工商银行	411100	264092	法人：苏伯年		1992.8	1000
	湘潭高新房地产开发股份有限公司	湘潭市岚园窑宾馆前栋	411104	561823	法人：李泽民		1992.12	3000
	衡阳市飞龙再生资源股份有限公司	衡阳市解放路 131 号	421001	221311 222050	法人：尹书龙		1988.12	4633.25
	衡阳市经济发展股份有限公司	衡阳市解放路 85 号	421001	228428	法人：邹国富		1992.8	3200
	衡阳市电力发展股份有限公司	衡阳市船山路 1 号	421001	223451	法人：王诚信		1992.12	1000
	大庸市房地产开发股份有限公司	大庸市大桥路口	416600	224448	法人：杨泽忠		1992.9	2550
	郴州银河发展股份有限公司	郴州市城前岭	423000	223176	法人：罗年生		1992.7	2180
	郴州八达玻璃股份有限公司	郴州市城前岭经济技术开发区	423000	222698	法人：王　群		1992.8	4000
	湖南省娄底信托投资股份有限公司	娄底市码路 1 号	417000	314262	法人：罗凤帆		1992.7	5000
	益阳华强股份有限公司	益阳市南东路 78 号	413000	223553	法人：周　军		1992.7	1000
	沅江市洞庭实业股份有限公司	沅江市枫树杈路	413100	722559	法人：袁作弥		1992.8	1000
	湖南城陵矶房地产开发股份有限公司	岳阳市南湖大道	414000	215580	法人：李湘岳		1992.4	4242
	湖南城陵矶信托投资有限公司	岳阳市南湖大道	414000	220988	法人：张光国		1992.6	5000

续表

省、市	公司名称	公司地址	邮编	电话	董事长	总经理	成立日期	注册资本(万元)
湖南	岳阳市交通股份有限公司	岳阳市解放路7号	414000	222889	法人：曹 明		1992.8	1450
	岳阳市房地产综合开发股份有限公司	岳阳市巴陵东路余家垅	414000	212453	法人：颜应祥		1992.9	2800
	岳阳市洞庭信用发展股份有限公司	岳阳市巴陵西路2号	414000	219479	法人：潘健生		1992.11	2000
	怀化地区五丰股份有限公司	怀化市人民南路18号	418000	234861	法人：杨志源		1992.9	1300
	湖南石油实业股份有限公司	岳阳市洞庭北路8号	414000	215573	法人：朱隆超		1992.10	5100
	湖南省建长石化股份有限公司	岳阳市北区长岭炼油厂	414000	223611转	法人：蒋信成		1992.10	2000
	长沙东信发展股份有限公司	长沙市蔡锷中路40号	410005	447936	法人：魏绪渝		1992.12	1000
广州	南方大厦股份集团公司南侨食品有限公司	广州市东风西路134号之三、之四首层	510160	8826903		杨愉章		
	广州市金城房地产股份有限公司	广州市站南路16号	510010		张金秀	张金秀		
	广州敬修堂（药业）股份有限公司	广州市人民南路179号	510130	8889576	肖承	肖承		
	广州羊城药业股份有限公司	广州市白云区江村桥头	510450	6601100	梁志坚	梁志坚		
	广州流花宾馆股份有限公司	广州市环市西路194号	510017	6678398转	林金海	林金海		
	广州市东山百货大楼股份有限公司	广州市东山署前路3号	510080	7757916	梁力伟	梁力伟		
	广州友谊商店股份有限公司	广州市环市东路369号	510060	3336628—3518	郭振球	郭振球		
	广州市南方面粉股份有限公司	广州市员村二横路	510655	5524496	赖平	赖 平		
	深圳市艺丰实业股份有限公司	广州市环市东路339号十八楼1805—1807房	510060	346259	吴海棠	吴海棠		
	广州金通仪器实业股份有限公司	广州经济技术开发区港前工业区C栋	510730	2213034	马灿彬	伍健文		
	广州珠江实业开发股份有限公司	广州市华东路49号二楼	510060	3808496	董明训	谢汉秋		
	广州白云山制药股份有限公司	广州市白云区同和镇	510150	7706688	贝兆汉			
广西	广西北海市四川国际经济开发招商股份有限公司	广西北海市四川大酒店内	536000	335377	姚仲伟	姚仲伟		
	广西南宁印刷电影机械股份有限公司	广西南宁市建政路	530023	204938	张祖乾	张祖乾		
	广西河池化工医药股份有限公司	广西河池市新南路03号	547000	284500	韦铁成	韦铁成		
	广西桂冠电力股份有限公司	广西南宁市民主路6号	530002	201123	罗宏格	庞文广		
	广西中大股份有限公司	广西北洲市保险大厦内	536000	335480	邓中元	邓中元		
	广西振业（北海）股份有限公司	广西北海市北湾宾馆内	536000	225252	刘立志	蔡同芝		
	广西南宁联合投资股份有限公司	广西南宁市新竹路20号	530022	565713 210247	孙汉明	袁绪城		
	广西玉柴机器股份有限公司	广西玉林市天桥路	537005	223151	王建明	邓强		
	广西南宁建设股份有限公司	广西南宁市江南路19号	530031	220225	张 彪	廖千山		
	广西交通投资股份有限公司	广西南宁市新民路67号	530012	204465—2071	田经武	曹洪兴		
	广西北海元亨股份有限公司	广西北海市军分区招待所内	536000	225494	关长锦	外浩		
	广西北海四维置业股份有限公司	广西北海市劳联大厦	536000	337052	刘振亚	马小林		
	广西北海现代产业城股份有限公司	广西北海市农业银行	536000	334060	刘从军	阎春田		
	广西梧州市康达股份有限公司	广西梧州市北环路北山饭店	543000	223629	金路达	金路达		
	广西金宁实业股份有限公司	广西南宁市友爱路45号南宁地区农行	530001	335810	黄下雨	石镇宁		
	广西桂能电力股份有限公司	广西南宁市建政路12号	530023	209233—209	沙小勇	金沈瑜		
	广西市政工程股份有限公司	广西南宁市华西路42号	530011	223587	刘谓隆	慕俊荣		
	广西珠宝股份有限公司	广西南宁市桃源路65号	530021	229879	莫望云	莫望云		
	广西柳州锌品股份有限公司	广西柳州市白沙路	545001	224735	陈大伟	陈大伟		
	广西北海中鼎股份有限公司	广西北海市长青路10号	536000	338432	刘继忠	杨力立		
	广西南宁市百货大楼股份有限公司	广西南宁市朝阳路39号	530012	228313	覃本东	覃本东		
	广西玉林制药股份有限公司	广西玉林市城站路	537000	222812	马声宏	马声宏		

续表

省、市	公司名称	公司地址	邮编	电话	董事长	总经理	成立日期	注册资本(万元)
广西	广西玉林琴岛股份有限公司	广西玉林市中秀路	537000	223148				
	广西北海建联股份有限公司	广西北海市北部湾中路	536000	336523	黄代伟	苏洁新		
	桂林漓泉股份有限公司	广西桂林市翠竹路	541002	332078	孔繁健	孔繁健		
	广西北海银建投资股份有限公司	广西北海市谭屋村	536000	215146				
	广西北海国际经济发展股份有限公司	广西北海市	536000	333530		潘永立		
	广西北海长城高科技股份有限公司	广西北海市北部湾大酒店	536000	333530	沈太福	沈太福		
	广西南宁市五金交电化工股份有限公司	广西南宁市民生路86号	530012	222138	宋国新	宁国新		
海南	海南新能源股份公司*							
	海南化纤工业股份公司*							
	海南港澳实业股份公司*							
	海南民源现代农业发展股份有限公司	海口机场东路龙舌坡办公住宅区	570001	794713	马玉和			
	海南珠江实业股份有限公司*							
	海南国际投资股份有限公司							
	中国机械设备海南股份有限公司							
	海药股份有限公司							
	海口力神企业股份有限公司							
	三亚东方实业股份有限公司							
	南希实业股份有限公司							
	琼港摩托车股份有限公司							
	石梅湾旅游开发股份有限公司							
	万国商城股份有限公司							
	天涯海角股份有限公司							
	石化煤气股份有限公司							
	南洋船务股份有限公司							
	环岛置业股份有限公司							
	华凯实业股份有限公司							
	恒源信托投资股份有限公司							
	匹斯克(PSC)股份有限公司							
	顺风股份有限公司							
	海南航空股份有限公司							
	华侨宾馆股份有限公司							
	中海联股份有限公司							
	中兴实业股份有限公司							
	国邦企业股份有限公司							
	华通轮船股份有限公司							
	兴业聚酯股份有限公司							
	海南六合市场开发股份有限公司							
	海南华侨投资股份有限公司							
	赛格实业股份有限公司							
	海德纺织股份有限公司							
	中商旅业股份有限公司							

续表

省、市	公司名称	公司地址	邮编	电话	董事长	总经理	成立日期	注册资本（万元）
四川	四川峨眉山盐化工业集团股份有限公司	四川省乐山市五通桥	614000	52490	李剑文			
	四川天歌轻工集团股份有限公司	四川南充市溶江路	637000	223200	何　军			
	四川金顶（集团）股份有限公司	四川峨眉山市	614200		白德华			
	四川乐山市地方电力股份有限公司	四川乐山市	614000		黄玉林			
	四川金路股份有限公司	四川德阳市岷江西路	618000	224384	夏克勤			
	四川广华化纤股份有限公司	四川省广汉市	618400	222333	方小方			
	长城特殊钢股份有限公司	四川省江油市江东路	621700	653420	刘立中			
	四川长虹电器股份有限公司	四川省绵阳市跃进路	621000	23032	倪润峰			
	四川东新电碳股份有限公司	四川省自贡市	643000	226860	沈梦周			
	峨眉铁合金股份有限公司	四川省峨眉山市	614200		于占河			
	四川三峡物资产业股份有限公司	四川省万县市新城路	634000		陈太鑫			
	四川金桥股份有限公司	四海乐山市土桥街	614000	32358 32359	罗小平			
	四川省嘉蓉制药股份有限公司	四川省乐山市人民东路50号	641000	39053	黄德明			
	四川省华乐丝绸实业股份有限公司	四川省乐山市演武路68号	614000	34431	舒仁德			
	四川省长江企业集团股份有限公司	四川省成都市府青路	610062	333944	姜泽亭			
	四川洪雅钢铁股份有限公司	四川省洪雅县城东	612360	08429 4186	王嘉锐			
	乐山嘉粮企业集团股份有限公司	四川省乐山市嘉定中路140号	614000	34644	胡其云			
	成都国泰建设发展股份有限公司	四川省成都市市政府办公三区	610015	642888	罗源			
	四川通产物业股份有限公司	四川省乐山市人民南路80号	614000	34220	陈学文			
	四川长征制药股份有限公司	四川省乐山市柏杨路120号	614000	31301	孟德钧			
	四川省剑南春包装装璜股份有限公司	四川省绵竹县城关镇大东街	618200	23861	乔天明			
	四川四达生物工程产业开发股份有限公司	四川省成都市永丰路一号	610200		何栋贤			
	攀钢集团板材股份有限公司	四川省攀枝花市东区弄弄坪	617067	23949	赵中玉			
	四川恩威包装装璜股份有限公司	四川省郫县	611700		薛永新			
	四川华昌实业股份有限公司	四川省双流县西南航空港	610200					
	四川大渡河钢铁股份有限公司	四川省乐山市沙湾荣溪巷18号	614900	41974	李成伟			
	四川雅达药业股份有限公司	四川省洪雅县城东	612360	3975	杨克毅			
	四川永丰纸业股份有限公司	四川省沐川县永福镇	614500	2643	吴和均			
	四川蜀乐医药股份有限公司	四川省犍为县玉津镇	614400	21020	罗裕先			
	乐山大佛旅游开发股份有限公司	乐山市滨江路下段12号	614000	33801	梁思明			
	四川眉州金德股份有限公司	四川省眉山县东坡镇	612160	22403	王树涛			
	四川省房地产开发集团股份有限公司	成都市太南路	610010		张　俊			
成都	成都瑞达房地产开发股份有限公司	西玉龙街201号	610015	621857	曲以才		1992.4	
	成都兴业股份有限公司	东玉龙街34号	610017	622227	邵文库		1992.4	
	成都三电股份有限公司	宏济新路2号	610061	442222	赖成树		1992.4	
	前锋电子股份有限公司	府青路二段二号	610051	331301 —794	关克立		1992.4	
	成都人民商场股份有限公司	东御街11号	610011	764645	吕根旭		1992.4	
	成都海发（集团）股份有限公司	人民北路29号	610081	333888	江涛		1992.4	
	成华房地产开发股份有限公司	新鸿北支路3号	610051	449451	魏世荣		1992.6	
	成都华达实业股份有限公司	一环路西三段47号	610031	760389	何绍愚		1992.7	
	武侯城乡建设房屋开发股份有限公司	磨子桥商场南三楼	610041	459611	崔津生		1992.7	

续表

省、市	公司名称	公司地址	邮编	电话	董事长	总经理	成立日期	注册资本（万元）
成都	成都皮克高新技术股份有限公司	浆洗中街30号	610041	541882	刘纯武		1992.5	
	成都交通发展股份有限公司	东二巷24号	610015	678949	石全志		1992.8	
	成都蛇口泰山股份有限公司	成都郫县犀浦镇	611731	(08231) 61201	杨塞新		1992.8	
	成都鼎地股份有限公司	互助路解放西街8号	610081	325268	李琼章		1992.9	
	都江堰亚细亚游乐股份有限公司	成都都江堰市市政府内	611830	(08236) 82909	朱荣福		1992.9	
	成都恩威实业股份有限公司	成都郫县	611730	(08231) 62659	薛永新		1992.10	
	成都华西置业股份有限公司	福隆商场内	610000		罗天福		1992.10	
	成都倍特发展股份有限公司	高新技术产业开发区	610041	589022	张学果		1992.10	
	成都建工机械股份有限公司	外西营门口街46号	610000	768264	杨林		1992.12	
	成都泰康化纤股份有限公司	温江县新西路86号	611130	(0815) 22636	贺正康		1992.12	
	成都黄金州实业股份有限公司	蜀都大道东段成都饭店二楼	610066	448888—676	李冰		1992.12	
	成都海能实业股份有限公司	西御河沿街派出所内	610015	641926	石洪跃		1992.12	
	成都双流市场开发股份有限公司	双流县藏卫路	610200	(08202) 22480	谢华株		1992.12	
	四川亚都（集团）股份有限公司	玉林小区蓓蕾街东巷12号	610041	589055	白平		1992.12	
	成都红光实业股份有限公司	建设南支路4号	610015	443723	李铁锤		1992.12	
	成都信达电源股份有限公司	牛市口大街	610000	444902	谢成润		1992.12	
	成都通发电信股份有限公司	太升南路52号	610017	672318	侯蜀昌		1992.12	
	成都亚新置业股份有限公司	王家塘街9号	610031	642981	向其臣		1992.10	
	成都昌达实业股份有限公司	成年场北红山路	610081	331603	李德高		1992.12	
	四川关家实业股份有限公司	一环路东三段	610051	435512	谢福先		1992.12	
	成都菊乐企业股份有限公司	一环路西一段菊乐路	610000	589228	童思文		1992.12	
	成都华冠实业股份有限公司	钌锅巷31号	610000	625519	管金生		1992.11	
	成都企联工贸股份有限公司	百花潭四川社会科学院内	610000	769347—580	吴昌林		1991.3	
	成都西部汽车城股份有限公司	红牌楼洗车场旁	610041	459287	毛世福		1991.3	
	成都蜀都大厦股份有限公司	暑袜街北三街20号	610016	673888	谢道学		1988.	
	成都动力配件股份有限公司	二环路东三段40号	610051	443641—256	周天勤		1988.	
	成都市信托投资公司	红星中路83号	610016	670517	姜润国		1988.	
	成都量具股份有限公司	府青路东二段刃具厂路	610000	331923	刘国定		1988.	
	成都工益冶金股份有限公司	蜀都大道双桥路	610000	443412	陈心源		1992.	
贵州	安顺市信托投资股份有限公司	安顺市塔山东路9号	561000	(0853) 24706	涂灿云	王世恺	1988.7.31	887
	贵州实联信托投资股份有限公司	贵阳市富水南路281号	550002	(0851) 25212 524732	刘宜清	杜元武	1990.10	5400
	贵州航天汽车股份有限公司	遵义市北京路36号	563003	(0852) 226118	李国忠	李国忠	1993.10	70520
陕西	长岭（集团）股份有限公司	陕西省宝鸡市43号信箱	721006	(0917) 314433	王大中	王大中		
	陕西省国际信托投资股份有限公司	西安市环城东路8号	710048	333888	冯羡云	郝书林		
	黄河机电股份有限公司	西安市幸福北路8号	710043	331322	赵佩娣	赵佩娣		
	五环（集团）股份有限公司	西安市东郊纺织城	710038	364284	应治邦	应治邦		
	彩虹显示器件股份有限公司	陕西咸阳彩虹路1号	712021	710176				
	陕西精密合金股份有限公司	西安市枣园东路2号	710077	741194	罗忠林	罗忠林		
	宝鸡商场股份有限公司	宝鸡市经工路	721006	(0917) 215282	魏存功	魏存功		

续表

省、市	公司名称	公司地址	邮编	电话	董事长	总经理	成立日期	注资(万
陕西	陕西百货文化用品股份有限公司	西安市南新街28号	710004	718542	阎百古	阎百古		
	长安信息生产(集团)股份有限公司	西安市友谊东路15号	710054	335546	何廷祥	何廷祥		
西安	西安市解放百货股份有限公司	西安市解放市场6号	710001	776614	赵擎宇	赵擎宇		
	西安民生百货股份有限公司	西安市解放路103号	710005	715324	詹军道	詹军道		
	西安市秦川工贸股份有限公司	西安市陵园路中段西何家村	710068	55033	邢国基	邢国基		
	西安市三方工贸股份有限公司	西安市咸宁路东段	710043	332414	雷志忠	杜永仁		
	西安市冰王冷食冷饮工贸股份有限公司	西安市三桥新街西段	710086	45638	王凌跃	王凌跃		
	西安西京经贸股份有限公司	西安市东关正街50号	710048	771282	王德南	王克毅		
	西安机电设备股份有限公司	西安市莲湖路83号	710003	718267				
	西安飞龙医药股份有限公司	西安市端履门东柳巷8号	710001	710743	林华振	林华振		
	西安市新立食品工业有限公司	西安市三桥新街西段	710086	742708	王凌跃	王凌跃		
	西安欧亚贸易有限公司	西安市陵园路中段32号	710061	753129	郭志英	郭志英		
	西安市潜艇特种电线工贸有限公司	西安市东关八仙庵北火巷	710048	337692	吴轩	吴轩		
	西安力达锻压机械有限公司	西安市西大街490号	710002	772359	李炳成	王楚之		
	西安八达实业有限公司	西安市建华路(玉祥门)21号	710082	743764	赵丙田	花生魁		
	西安市工商业用房物业服务有限公司	西安市北院门170号付1号	710003	713877	刘明孝	李金初		
	西安建园五金有限公司	西安市东大街252号	710001	771070	程五一	程五一		
	西安翠华通信技术有限公司	翠华南路115号	710061	753667	李世鹤	伊桂村		
	西安三发实业有限公司	西安环城南路西段33号	710068	755055 呼5062	容克绍	容克绍		
	西安柯农产业服务有限公司	西安友谊西路23号	710068	752310	李 鹏	李 鹏		
	西安仁和工贸有限公司	西安市西窑坊95号	710032	773524	倪慧如	倪慧如		
	西安西京实业有限公司	电厂西路9号	710024	364259	韦生魁	韦生魁		
	西安金帝实业有限公司	东五路59号	710005	785404	金豫生	徐刚		
	华泰实业有限公司	长东中路21号	710043	338859	韩月贤	韩月贤		
	西安利康天然矿泉水饮料有限公司	建工路5号	710068	770631	潘凌利	潘凌利		
	西安市西宝工贸有限公司	西八路29号	710004	777080	刘永恒	于兰斌		
	西安天时城建技术开发有限公司	咸宁路5号	710048	335442 转047	赵跟年	赵跟年		
	西安海洋奇观有限公司	建国门外桥头	710001	713510	王 健	宋卫东		
宁夏	宁夏通商实业(集团)股份有限公司(金融业)	银川市高新技术产业开发区	750002	546790 625920	郝永祯	常民贤	1992.10.10	
	宁夏吉兴电子股份有限(集团)公司	银川市凤凰南街49号	750001	544445(总机)	王少英	王少英	1992.11.1	
	银川出租汽车股份有限公司	银川市民族南街36号	750001	625724	张包千	谢宗礼	1992.12.13	
	银川金豹股份有限公司(产业)	银川市新城区满城北街22号	750011	367417 366519	黄程锦	黄程锦	1992.12.17	
新疆	新疆中新实业集团股份有限公司	乌鲁木齐市明德路23号	830002	211453	张少为	王 亮		
	新疆银河房地产开发集团股份有限公司	乌鲁木齐市二道湾路35号	830001	211734	王宗海	司明林		
	新疆新峰股份有限公司	乌鲁木齐市东山区石化总厂厂区内	830019	292289	韩 富	应建华		
	乌鲁木齐城建开发股份有限公司	乌鲁木齐市克拉玛依东路42号	830000	442231	马占林	马占林		

中国人民建设银行
三峡工程专业分行

行长：许祥圣

简　介

中国人民建设银行三峡工程专业分行是中国人民银行总行批准设立的主管三峡工程投资的国家专业银行，于一九九二年十月日在湖北宜昌市成立。

建行三峡工程专业分行主要承担三峡工程建设资金的筹集、供应、结算和管理；办理国际金融、房地产、信托投资等金融业务；管理建设单位、施工企业和开发企业财务并实行财政监督；经营与三峡工程相关的其他金融业务。

建行三峡工程专业分行自成立以来，坚持以党的十四大精神为指针，以资金筹措为中心，以投资管理为重点，以服务三峡为宗旨，积极开拓业务，大力筹措资金，加强投资管理，保证了工程建设的资金需要，促进了三峡工程前期准备和库区移民工作的顺利进行，发挥了专业银行的职能作用。

建行三峡工程专业分行将竭诚与国内外金融界、企业实体及社会各界人士广泛接触，建立友好关系和业务联系，多渠道筹集资金，振兴建设三峡，振兴中华之大业。

成立大会

分行领导在研究筹资工作（右三：许祥圣行长，右二：李国民副行长，右一：郑永都 副行长）

四川省建行直属支行简介

四川省建行直属支行营业大厅

四川省建行直属支行成立于一九八七年，现有员工 110 人，其中大中专毕业生占 90%以上，平均年龄 26 岁，支行现设一室五科，二个办事处，十一个储蓄所（柜）。在省建行的领导下，经过六年多的探索、开拓和奋进，直属支行已从艰难的初创期进入迅猛发展时期。截止 1993 年底，存款余额达 12 亿元，是四川建行系统（除成、渝外）首家存款上 10 亿元的行，贷款余额为 7 亿多元。在自身实力不断壮大的过程中，支行始终不忘建设银行的专业特点，以服务重点建设为宗旨，全面拓展业务。几年来，经办了成渝高速公路，三峡库区移民工程，宝成铁路复线改造工程，达成铁路，华能太平驿、东西关、铜头，雨城电站等国家重点建设项目，累计发放贷款达 20 多亿元。

随着社会主义市场经济的发展，金融体制改革的深入，我行将以向商业化银行转轨为契机，大力吸收存款，壮大资金实力，加强信贷管理，优化资产质量，增强服务意识，强化内部管理，提高员工素质，不失时机地进行自我完善，自我发展，写好建行事业的新篇章，并为成都和四川的经济腾飞做出应有的贡献。

直属支行愿广交天下友，竭诚为新老客户提供更为优质的服务。

联系地址：成都市体育场路 1 号
电话：6660401　　6660417
邮编：610015

四川省建行直属支行行领导及中层干部合影
行　长　吴民豪（前排左三）　副行长　李　果

四川省建行直属支行营业办公楼

1993年6月28日，中国人民建设银行四川省分行铁道专业支行乔迁新址，省、市有关部门领导200余人光临祝贺，电视台、电台、报纸等新闻媒介广为宣传，支行的

立足铁路　面向社会
广交朋友　共同发展

中国人民建设银行四川省分行铁道专业支行是西南地区铁路建设投资管理的主办行，现有正式职工164人，设科室11个和办事处、分理处、国际业务代理处、投资代办处各1个以及储蓄网点20个。该行大力筹措资金，支持国家重点建设，加强改革力度，拓展业务范围，取得较好成绩。截止1993年末，一般性存款达7.5亿元，其中储蓄存款2.1亿元，贷款余额6.9亿元，当年实现利润1，800万元，人均创利11万元，支行连续七年保持无逾期呆滞贷款、无欠收利息。微机设备已更新换代，运用范围更加广泛；开通了先进的客户自动查询系统、计划统计、行长查询系统，服务质量和决策水平不断提高；充分发挥自身优势，铁路房改金融的经办地位已得到巩固；先进的多功能电视报警系统进一步保证了全行工作的正常运行。目前，该行领导班子团结，职工素质较高，信贷功能齐全，业务范围不断拓展，资产负债结构较为合理，“三性”原则得到统一，必将在西南地区铁路建设大会战中获得更大的发展。

四川铁道支行的兴行方针是：立足铁路，面向社会，广交朋友，共同发展。

行长：徐四新　电话：(028)3337270

支行地址：成都市北站西二路29号

支行电话(传真)：(028)3330557

邮编：610081

中国人民建设银行四川省分行铁道专业支行领导班子成员。行长徐四新（右二）、副行长刘长希（左一）、副行长夏尊冕（左二）、总稽核肖文宾（右一）。

中国人民建设银行三亚市分行

中国人民建设银行三亚市分行是以经办固定资产投资并广泛经营国内外金融业务的国家专业银行。现全行设有营业部、国际业务部、房地产信贷部、信用卡业务部及15个科室7个办事处和4个分理处，其网点遍布全市主要街道和红沙、大东海、凤凰国际机场；拥有一批中、初级金融、投资、财会、工程、电子等专业人才和现代电子设备。

主要业务范围：办理人民币及外汇存、贷款、汇款、票据交换和结算业务；发放国家大、中型项目固定资产贷款；办理基本建设、更新改造、建设安装、勘察设计等单位的拨款、存款、贷款及工商信贷业务；发放建筑业流动资金贷款、管理建筑业财务房地产金融业务。代编代审工程预决算、贷款项目调查评估；办理万事达信用卡业务。服务宗旨：以信誉至上求生存，以竭诚服务求发展。

行长：冷万山

副行长：殷冠丰、潘正利、吉祥英

纪检组长：黃春茂

地址：海南省三亚市解放三路012号

邮编：572000　电话：272751

三亚建设银行办公大楼

行长：冷万山

全国首家可生产多画面型机的三亚市电视机厂

正在建设的三亚凤凰国际机场候机楼

[illegible]建设的海[illegible]高速公路三亚出口处

行长　汤世生

海南 洋浦分行

简介

中国人民建设银行洋浦分行是在海南洋浦经济开发区内设立的国有商业银行，注册资本人民币5亿元，外汇1500万美元，该行于1993年5月6日全面开展各项业务。

洋浦建行下辖十二部一室和四个办事处，业务范围包括：本外币存款、贷款、投资、担保、国内、国际结算，国内、国际融资租赁与信托，国内、国际金融咨询与见证，自营和代理买卖证券等。

洋浦建行借鉴国外商业银行的管理经验与规范，按照《巴塞尔协议》的要求，全面推行资产负债管理和资产风险管理，实现资金流动性、安全性和盈利性的协调统一。

洋浦建行将立足洋浦，服务海南，辐射全国，面向世界，逐步建设成为规范化、集团化、现代化、国际化的综合性、多功能国有商业银行。

行长汤世生携全体员工本着"群策群力、共荣共辱、高质高效、创誉创利"的精神，愿为广大客户提供准确、快捷、全方位的金融服务。

浦建行支持高科技企业—海南星际电子工程有限公司发的Aec 电脑

洋浦分行办公大楼

浦建行支持开发的龙凤新城商住小区

洋浦建行支持建设的国家重点工程——洋浦港

中国人民建设银行

山西省分行

建设中的山西铝厂煤气分厂

1993年，建设银行山西省分行加快改革开放步伐，业务工作和职工队伍建设得到了更快发展，银行功能日益健全。在筹资方面，不断开辟新的吸存领域，资金实力日益壮大。随着筹资能力的增强，业务领域迅速拓展。国际金融业务健康快速发展，证券业务和信用卡业务迈出较大步伐，房地产及房改金融业务进一步发展。到年底，全行一般性存款余额达74亿元，利用信贷资金发放的各种贷款余额达163亿元。

建设银行山西省分行优先保证国家重点项目建设的资金供应，全力支持煤炭、交通、通讯、主要原材料等基础产业的发展。随着改革开放的进一步发展和社会主义市场经济体制的建立，我行将继续增强资金实力，开拓业务领域，提高经营服务水平，办成综合性、多功能、现代化的商业银行。

客户至上，信誉第一。建设银行山西省分行竭诚欢迎新老客户、社会各界洽谈业务，精诚合作，共促发展！

联系人：山西建行研究所　张宏富

电　话：6044941

已竣工的重点工程——孝柳铁路

万家寨水利纽工程是水利部属基建项目。坝在山西省偏关县家寨的黄河主段。总投资30多元，发电装机容6×18万千瓦，发电26亿度。

总经理　小岛壮

大连华能—小野田水泥有限公司(DHOC)是由中国华能原材料公司、大连水泥厂、日本国小野田水泥(株)、三井物产(株)四方合资兴建并经营的大型水泥生产企业。公司成立于1989年7月28日，同年12月16日动工兴建，1992年7月11日竣工投产，总投资1.88亿美元，注册资金6.278万美元。建设银行为该项目总共贷款3.5亿元人民币。该公司董事长李慧(中方)，总经理小岛壮(日方)。

大连华能—小野田水泥有限公司地处大连市北郊，距市中心20公里，占地面积50万平方米，日产熟料4,000吨、年生产水泥137万吨，是目前国内规模最大，设备最先进的水泥生产企业之一。公司有储量丰富、品质优良的石灰石矿山，生产线汇集了当今世界水泥制造业最先进的RSP五级窑外分解技术以及西德、法国、日本等工业发达国家先进的水泥制造设备，采用集散型计算机控制系统控制和指挥生产，并配备X荧光分析仪、原子吸收分光光度仪等先进的分析检测仪器，对生产过程和产品的质量进行严格的控制和检测。公司拥有自己的铁路专用线和散装水泥输出专用码头，公司可根据用户的要求，以美国ASTMC—150、英国BS12、日本JISR5210和中国GB175等标准生产各种型号的水泥产品。

目前，公司生产的“华日”牌水泥产品正源源不断地销往美国、日本、新加坡等国及国内各地，并以其优良的质量和可靠的信誉，在国际国内市场上赢得越来越多用户的青睐。

华能
田水
限公
4000
水泥
成5
SP塔

格尔木炼油厂全貌

100 万吨常压装置

格尔木炼油厂简介

格尔木炼油厂 1986 年 11 月 1日由国家计委批准立项，1991 年 8 月1 日在青海省格尔木市建设。是目前世界海拔最高的一座炼油厂，占地144 公顷，是国家“八五”期间的重点工程，设备、技术先进，年加工原油能力为 100 万吨。

一期工程常压蒸馏装置已于1993 年 7 月 17 日生产出合格产品。主要产品有：70#汽油、0#柴油——10#柴油——20#柴油、液化汽、丙烷等。欢迎各界联系洽谈业务。

厂长：周铭涛
厂址：青海省格尔木市通宁街
邮编：816000
电话：(0979)3788　3789
电挂：3550

化验人员测定汽油辛烷值

第六部分

投资法规

一、综合类

国务院关于发展房地产业若干问题的通知

1992年11月4日　国发〔1992〕61号

……

一、进一步深化土地使用制度改革。要逐步扩大城镇国有土地有偿有限期使用范围。目前，除对国家投资的党政军机关、行政事业单位办公用房、住宅建设用地，公共设施、公用事业和国营工业等建设用地，继续采用划拨方式供应外，其他新增建设用地，首先是商业、金融、旅游、服务业、商品房屋和涉外工程建设用地，要逐步采用土地使用权有偿有限期出让的办法。对外开放城市及地区土地使用制度改革的步子可适当加快。

城镇国有土地使用权的出让，必须严格执行《中华人民共和国城镇国有土地使用权出让和转让暂行条例》。出让土地使用权一定要与建设项目相结合，不要盲目地成片出让土地使用权。出让土地使用权的审批权限不得层层下放。

集体所有土地，必须先行征用转为国有土地后才能出让。农村集体经济组织以集体所有的土地资产作价入股，兴办外商投资企业和内联乡镇企业，须经县级人民政府批准，但集体土地股份不得转让。

二、积极推行土地使用权出让集中管理的办法。城镇国有土地使用权的出让，由县级以上人民政府代表国家依法行使出让权，以规划为前提，统一规划、统一征用、统一开发、统一管理、统一出让。城镇国有土地的出让和使用，必须符合城镇规划的要求。城镇总体规划应能指导土地的开发，详细规划应能为出让土地提供足够的依据。土地使用者应当按照城镇规划和土地使用权出让合同规定的要求，开发、利用、经营土地。

为了节约和合理利用土地资源，防止出现供求失调、竞相压价、收益流失的现象，各级人民政府要加强土地使用权出让的计划性。所有出让的土地，包括地块数、用地面积等都要纳入规划和计划；做到有计划出让。土地使用权出让的计划，按现行土地利用计划编制程序进行。

各级人民政府要切实加强对城乡土地的统一和集中管理，严格按照国家的法律、法规和文件审批、办理建设用地手续。国务院重申：不论开发区或非开发区，凡行政划拨、有偿出让的建设用地，耕地一千亩以上，其他土地二千亩以上的，必须依照有关法规报国务院审批。对违反国家法律、法规和文件及本通知规定的行为，应立即予以纠正，并按有关规定补办建设用地审批手续。

三、合理确定地价，提高土地利用效益。要根据土地不同的区位、使用性质、容积率、级差收益和供求状况等因素，由政府组织的评估机构合理确定基准地价，使之与本地区的经济发展以及宏观调控的要求相适应。土地使用权出让价格，要以基准地价为依据，并体现国家产业政策。城镇住宅建设用地价格，随着住宅商品化的推进，按照涉外商品房、商品房、微利房、福利房的性质实行不同价格。

四、加强开发区的审批和土地出让管理。设立经济、科技、工业等各类开发区，要进行充分论证，然后报国务院或省、自治区、直辖市人民政府审批。乡镇一级不设立开发区，但可以搞工业和乡镇企业集中连片开发。各地在制定开发区和招商的优惠政策时，不得超越国家有关规定的权限。开发区经政府批准后，再进行土地开发和出让。土地出让和开发要按照合理布局、节约用地的原则，尽量利用荒地，严格控制占用耕地。

五、加强土地使用权出让合同的管理。出让方和受让方要按规定的程序签订土地使用权出让合同。土地使用权出让的合同里，必须明确规定土地使用权出让年限、土地用途、投资开发期限、在规定期限内的开发程度、土地出让金额和支付方式等。如不能按期开发、不按规定用途使用，或土地闲置时间超过两年者，县级以上人民政府有权依法收回土地使用权。

六、加强对划拨土地使用权的管理。凡通过划拨方式取得的土地使用权，政府不收取地价补偿费，不得自行转让、出租和抵押；需要对土地使用权进行转让、出租、抵押和连同建筑物资产一起进行交易者，应到县级以上人民政府有关部门办理出让和过户手续，补交或者以转让、出租、抵押所获收益抵交土地使用权出让金。

七、继续深化城镇居民住房制度改革。要按照房屋商品化的原则，多方筹集建设资金，使住房的建设、分配、交换、消费进入良性循环。要运用经济调控手段，努力保持住房市场价格的相对稳定。各地要把解决城镇居民住房，特别是困难户的住房问题，作为房地产开发工作中的一项重要任务。认真搞好福利房、微利房和商品房的建设，加快危房的改造。加强综合开发，配套建设。通过住房制度改革，促进房地产业的发展，满足人民群众对住房的需求。

八、完善房地产开发的投资管理。房地产开发建设投资是固定资产投资的一个组成部分，必须纳入国家固定资产投资总规模（外商投资除外）。在计划管理上，要适应改革开放的新形势，不断加以改进，做到既有利于宏观调控，又有利于微观搞活。为了促进房地产业的发展，今后，凡地方自筹资金用于房地产开发的项目，一律由省、自治区、直辖市及计划单列市人民政府自行审批。允许各专业银行发放房地产开发贷款。银行贷款规模、发行债券额度等要列入信贷计划、证券计划和投资计划，实行总量控制。

九、正确引导外商对房地产的投资。外商投资房地产开发经营可弥补我国投资的不足，并可引进竞争机制。要按照国务院《外商投资开发经营成片土地暂行管理办法》等规定，引导外商结合建设项目进行房地产开发。要正确引导投资方向，使其主要投向与我国规定的鼓励类引进项目相配套的房地产开发，以及高难度高档次的房地产开发项目。

十、建立和培育完善的房地产市场体系。在房地产交易中应充分运用竞争机制。房地产一级市场即土地使用权的出让，要在城市总体规划指导下，尽量通过招标、拍卖等方式进行，减少协议出让。房地产二级市场即土地使用权出让后的房地产开发经营和三级市场即投入使用后的房地产交易，以及抵押、租赁等多种经营方式，要在国家宏观管理下，放开搞活，实行市场调节。土地使用权的转让和房产所有权的转移(包括涉外房地产)，必须依照规定到当地房地产市场管理部门办理过户手续。要建立与房地产市场配套的服务体系，建立房地产交易的中介服务代理机构、房地产价格评估机构和对市场纠纷的仲裁机构等，逐步形成规范、公开、有序的房地产市场。

十一、提高房地产开发企业的素质，严格资质审批。所有从事房地产开发经营的中、外资企业，都必须经过严格的资质审批。全民所有制房地产开发企业要通过贯彻国务院《全民所有制工业企业转换经营机制条例》，积极进行经营机制的转换。所有行政单位兼有房地产经营业务的，必须实行政企分开。各级政府部门都要转变管理职能，不直接干预企业的经营活动，不搞地方保护主义，简化各种办事手续，积极为企业服务。

十二、加强土地有偿使用收入的征收管理。目前，土地有偿使用收入(包括土地出让和房地产增值收益)的具体征收管理办法，由财政部依法制定。为防止房地产增值收益过多流向企业和个人，要逐步开征房地产增值税，把房地产增值收益中应当归国家所有的部分，通过税收的形式收归国有。房地产增值收益中的大部分目前可由地方人民政府掌握，连同现行的土地出让收益、城镇土地使用税、场地占用费一起，作为专项基金，主要用于城市基础设施建设、土地开发和发展农业。

十三、加强房地产业的法制建设。要从我国国情出发，逐步建立健全房地产法律体系。各地人民政府可按照现有的有关法规，根据本地的实际情况，先制定一些地方性法规。房地产业的干部、职工，要努力学习和掌握房地产开发经营的知识，熟悉有关法规，做到有法必依，依法办事。

十四、加强对房地产业的领导。我国房地产业的领导和管理体制，还处于探索阶段。各地人民政府可按照国务院的现行部门分工和本地具体情况，根据加强领导、统一管理、分工负责的原则，自行确定管理机构，不要求与中央的机构对口设置。要不断总结经验，积极探索，逐步形成或有效、合理的房地产业管理体制。

国务院住房制度改革领导小组
财政部 建设部
颁发关于住房资金的筹集、使用和管理的暂行规定的通知

1992年3月1日 (92)财综字第31号

附件：

关于住房资金的筹集、使用和管理的暂行规定

一、住房资金是指国家、企业、行政事业单位和个人按规定建立的城市住房基金、企业(单位)住房基金和个人住房基金，以及在住房制度改革中筹集的其他资金。

二、住房资金要按照政府、单位和个人共同负担的原则进行筹集，首先要立足于原有住房资金的转化，不足部分，按国务院国发[1988]11号文件的规定，要有控制地在成本和预算中列支；同时做好房改后新增住房资金的融通和管理工作，确保住房资金专项用于房改和住房建设。

三、住房资金的来源

(一)各级政府、各部门、各单位和企业按原有渠道列支的公有住房建设、维修、管理和房租补贴的资金；

(二)公有住房出租、出售收入及其统筹收入；

(三)企业可从留利中按一定比例提取住房资金，行政事业单位可从预算外收入中按一定比例提取住房资金；

(四)通过集资建房、收取租赁保证金和发放住房债券等形式筹集的住房资金；

(五)按照国务院国发[1988]11号文件规定，经各级财政部门核定并报各级政府批准，在成本和国家预算中列支的资金。本地区企业住房券进入成本要控制在20%以内(包括12%的房产税)，机关、事业单位发放的住房券，列入财政经费预算的部分一般要控制在50%以内；新房实转的住房券资金来源，企业可进入成本，机关、事业单位可列入财政经费预算；当地提取的住房房产税通过财政预算纳入城市住房基金。

(六)建立公积金制度筹集的资金。职工个人交纳的公积金由职工个人负担。国营企业交纳的公积金，由企业公有住房提取的折旧和其他划转的资金解决；不足部分经各级财政部门核定，可在成本中列支，本地区在成本中列支的公积金暂定不得超过企业缴纳公积金总额的20%。行政事业单位交纳的公积金，原则上由其自有资金和其他划转的资金解决，不足部分经各级财政部门核定后，可由国家预算适当安排，在预算中列支的公积金不得超过单位缴纳公积金总额的50%。

公积金的缴存比例，由房改、财政、房地产行政主管部门共同测算和确定，报经当地人民政府批准后执行。

（七）住房资金的利息收入；

（八）住房资金的经营收益；

（九）其他住房资金。

四、住房资金的使用范围

住房资金必须按来源渠道不同，分别专项用于住房制度改革的提租补贴和住房建设、维修与管理，专款专用，不得挪作他用。具体使用项目如下：

（一）用于发放提租补贴；

（二）用于缴纳或支付公积金本息；

（三）用于公有住房的维修和管理；

（四）解决住房困难户、危旧房改造等其他住房问题；

（五）用于发放住房专项贷款；

（六）用于新建、改建和购买住房；

（七）用于房改的其他支出。

五、住房资金的划转和管理

（一）在各级人民政府住房制度改革领导小组领导下，由财政部门会同有关部门核定和划转住房资金。核定划转后的资金分别计入各项住房基金，并存入当地人民政府指定和委托的房改金融机构，开立专户，专款专用。

（二）各部门、各单位和企业原有建房投资和用于住房的支出，按投资和支出金额计入各项住房基金，暂维持其来源渠道。预算内的有关支出，纳入统一的预算科目。

（三）各部门、各单位和企业原有用于公有住房维修和补贴资金的划转，各地可根据实际情况，采取划转或抵补的具体形式。

（四）住房资金，按其来源渠道，分别按预算内、预算外管理办法加强管理。城市住房基金按预算内资金管理办法管理，企业住房基金、行政事业单位住房基金等（不包括财政预算拨款的资金）按预算外资金管理办法管理。

（五）住房资金的预（决）算和财务管理办法，以及会计制度，由财政部另行制定。

六、住房制度改革对财政收支的影响，按现行财政体制和隶属关系，由中央和地方财政分别负担，并不得因此而调整地方财政包干体制和企业承包任务。

七、各级计划、财政、银行、房地产等有关部门要在当地人民政府住房制度改革领导小组的领导下，各尽其责，密切配合，共同搞好住房资金的筹集、使用和管理工作，推动住房制度改革的顺利进行。

八、过去有关住房制度改革的规定与本暂行规定有抵触的，一律以本暂行规定为准。

九、本暂行规定自发布之日起执行。

国家计划委员会　财政部
关于解决国家专业投资公司注册资本问题的通知

1992年2月15日　计投资［1992］155号

……

国务院国发［1988］45号文《关于投资管理体制的近期改革方案》中确定：中央一级成立能源、交通、原材料、机电轻纺、农业、林业六个国家专业投资公司，负责管理和经营本行业中央投资的经营性项目的固定资产投资。并明确各公司是从事固定资产投资开发和经营活动的企业，是组织中央经营性投资活动的主体，既具有控股公司的职能，使资金能够保值增值，又要承担国家政策性投资的职能。各公司实行独立核算，用经济办法进行管理。但是，六个专业投资公司自1988年成立以来，其注册资本一直是虚设的。按章程规定，能源、交通、原材料和机电轻纺投资公司注册资本各为人民币8亿元，农业、林业投资公司各为人民币4亿元，六个公司合计为40亿元。1989年初，经国务院同意，由国家计委出具资信证明，六个公司在工商部门进行了注册登记，但注册资本没有解决，这不利于六个公司开展投资业务，不利于投资管理体制改革的进一步深化。特别是在中央、地方、企业合资建设项目或者实行公有制股份制时，不利于维护中央的权益和中央对产权的控制。

鉴于以上情况，最近，国家计委和财政部商定，到1994年底，使六个公司（包括节能公司和轻纺产品出口公司两个子公司在内）的注册资本达到22亿元，具体分三种方式加以解决。现将解决意见通知如下：

一、仿照国际信托投资公司、海洋石油总公司等单位解决注册资本的办法，从国家已安排在建项目的基本建设基金中划转7亿元给六个公司（包括节能公司和轻纺产品出口公司两个子公司在内）作为注册资本。

二、采取分年划帐的办法，由六个公司根据各自的不同情况，分三年（1992、1993和1994年）从年度安排的建设项目的基本建设基金和三年回收的基金中划转，补充各公司所需总注册资本8亿元。

三、各公司注册资本的不足部分，由国家安排给各公司的每年自主安排的经营性基金中分三年补充7亿元。对六个公司注册资本分配数，由国家计委提出具体方案会商财政部后下达。

四、有关六个公司的财务体制和财务管理办法，请商建设银行后报财政部审批。

国家国有资产管理局
财　政　部
国家工商行政管理局
关于印发《国有资产产权登记管理试行办法》的通知

1992年5月11日　国资综发（1992）20号

……

附件：

国有资产产权登记管理试行办法

第一条　为了体现所有权与经营权适当分离的原则，保障国家对国有资产的所有权，落实占有、使用国有资产的企业单位的经营权和经营责任，提高国有资产的营运效益，巩固和发展全民所有制经济，根据《国务院关于加强国有资产管理工作的通知》的要求，制定本办法。

第二条　凡占有、使用国有资产的企业和实行企业化管理的事业单位（以下统称企业单位），都必须按照本办法的规定，向国有资产管理部门申报、办理产权登记手续。

第三条　国有资产产权登记是国有资产管理部门代表国家对国有资产进行登记，依法确认国家对国有资产的所有权以及企业单位占有、使用国有资产的法律行为。

国有资产管理部门核发的《国有资产授权占用证书》是企业单位对授予其经营管理的国有资产享有占有、使用和依法进行处分的权利的法律凭证。

第四条　产权登记主管机关是国家国有资产管理局和地方各级国有资产管理部门。

各级国有资产管理部门负责本级企业单位的国有资产产权登记。

对极少数特殊类别的国有资产，国家国有资产管理局可以委托有关机关办理产权登记手续。

尚无国有资产管理部门的地方，暂由财政部门办理产权登记手续。

第五条　企业单位办理产权登记，应按期限如实填报《国有资产产权登记表》，并由法定代表人签字。国有资产管理部门审查合格的《国有资产产权登记表》是核发《国有资产授权占用证书》的依据，也是企业单位对国家承担占有、使用国有资产经济责任的依据和国家对该企业单位占有、使用的国有资产拥有所有权的法律凭证。

第六条　各级国有资产管理部门应将本级企业单位占有、使用的国有资产产权登记情况定期报告上级国有资产管理部门，并抄送同级财政部门。

第七条　国家国有资产管理局负责统一制定《国有资产产权登记表》、《国有资产授权占用证书》。《国有资产产权登记表》一式三份，一份由国有资产管理部门保存，一份由企业单位保存，一份作为企业单位向工商行政管理机关申办企业登记的证明。根据财政部《关于委托国有资产管理部门办理资金信用证明的通知》（[92]财办字第3号），原来由财政部门或其认定部门办理资金信用证明的工作委托给国有资产管理部门办理。今后，由国有资产管理部门审核同意的《国有资产产权登记表》作为企业单位占有、使用国有资产的资金信用证明。

第八条　占有、使用国有资产的企业单位在申办产权登记时，应按要求附送有关文件、证件、报表等。

第九条　国有资产产权登记实行年度检查制度。企业单位应结合财务决算中国有资产的变动情况，每年填报一次《国有资产产权登记表》，并在规定的时间内由国有资产管理部门实行检查。

第十条　国有资产产权登记分为开办产权登记、变动产权登记、注销产权登记。

国有资产管理部门发现企业单位填报的内容与实际情况不符的，有权要求企业单位予以更正、延缓登记或不予登记。

第十一条　国有资产产权登记的主要内容为：

1. 单位名称；
2. 地址；
3. 负责人；
4. 经济性质；
5. 主管单位；
6. 资产总额；
7. 国有资本金总额；
8. 国有资产总额。

第十二条　用国有资产开办企业单位，应在审批机关批准后30日内，向国有资产管理部门申办开办产权登记后到工商行政管理机关办理企业登记。

第十三条　企业单位的名称、地址、负责人发生变化，应在工商行政管理机关核准变更登记后，向国有资产管理部门申报备案。名称变更的企业单位，须换领《国有资产授权占用证书》。企业单位的经济性质、主管单位需要变动，以及国有资产总额发生超过一定比例的变化，应在向国有资产管理部门申办变动产权登记后，向工商行政管理机关申请办理相应的变更登记和改变隶属关系的备案手续。

第十四条　企业单位分立、合并、迁移、撤销，应在主管部门或审批机关批准后30日内，向国有资产管理部门申办变动产权登记或注销产权登记。其中，企业单位因违法经营等原因，工商行政管理机关决定注销登记的，应在工商行政管理机关核准注销登记后进行相应的注销产权登记；企业单位因严重侵蚀国有资产权益，或按国家有关规定须对其进行关、停、并、转的，应在向国有资产管理部门申办变动产权登记后，向工商行政管理机关申请相应的变更登记或注销登记。企业单位办理变动或注销产权登记时，应按国家规定对其国有资产进行清查，做出价值评估，进行登记造册，办好交接手续。

第十五条　各级国有资产管理部门应妥善保管《国有资产产权登记表》，并建立产权登记档案，掌握国有资产的存量和变动状况。

第十六条　企业单位不按本规定办理产权登记的，工商行政管理机关不予办理相应的登记；国有资产管理部门有权依照《国务院关于违反财政法规处罚的暂行规定》，对企业单位和责任人员予以处罚、处理。

第十七条　企业单位办理产权登记时，应按国家有关规定向国有资产管理部门交纳产权登记手续费和证书工本费。

第十八条　境外国有资产，以及属于国家所有的土地、森林、矿藏等自然资源的产权登记管理办法，由国家国有资产管理局会同有关部门另行制定。

第十九条　军队和武警系统的国有资产产权登记管理办法，由中国人民解放军总后勤部和武警部队后勤部门参照本办法制定，并报送国家国有资产管理局备案。

第二十条　本办法由国家国有资产管理局负责解释。

第二十一条　本办法自发布之日起施行。以前其他有关国有资产产权登记的规定，凡与本办法抵触的，一律以本办法为准。

国家国有资产管理局
关于印发《国有资产产权登记管理试行办法实施细则》的通知

1992年6月10日　国资综发（1992）26号

……

附件：

国有资产产权登记
管理试行办法实施细则

第一条　根据国家国有资产管理局、财政部、国家工商行政管理局联合发布的《国有资产产权登记管理试行办法》（以下简称《试行办法》），制定本实施细则。

第二条　占有、使用国有资产，并已取得企业法人资格或申请取得企业法人资格的全民所有制企业和实行企业化管理的事业单位（以下统称“企业单位”），必须按照《试行办法》和本实施细则的规定，申办国有资产产权登记（以下简称“产权登记”）。

第三条　产权登记按照统一政策、分级管理的原则，由各级国有资产管理部门按企业单位财务隶属关系组织实施。

按财务隶属关系不便组织实施的，可结合行政隶属关系组织实施。

按财务和行政隶属关系均不便组织实施的，可结合属地关系组织实施。

不论按上述何种关系组织实施，都要贯彻国有资产产权登记不重不漏的原则。

第四条　国家国有资产管理局负责以下企业单位的产权登记管理：

一、国务院批准设立的全国性公司和在国家计划单列的企业集团公司。

二、国务院授权部门批准，由国务院各部门、各直属机构、各事业单位及全国性社会团体设立的直属公司和企业单位。

三、专业银行总行、保险总公司、国家级非银行金融机构。

第五条　第四条所述公司、企业单位下属的各级企业单位的产权登记，国家国有资产管理局可根据具体情况，依据产权关系，委托其主管单位办理，也可委托地方国有资产管理部门办理。具体委托事宜，由国家国有资产管理局商其主管单位或地方国有资产管理部门另行规定。

第六条　在国家计划单列的企业集团的核心企业，由国家国有资产管理局办理产权登记。通过资产纽带与核心企业形成母子公司关系的紧密层成员企业，不另进行产权登记，其办理工商登记所需的资信证明，由核心企业审查并经国有资产管理部门审定后出具。企业集团核心企业进行产权登记时应以汇总或合并的财务会计报表为依据。与核心企业无资产纽带关系，或资产纽带关系不能确认的成员企业，按本实施细则第三条的规定办理产权登记。

第七条　省、自治区、直辖市及计划单列市国有资产管理部门负责以下企业单位的产权登记管理：

一、省、自治区、直辖市及计划单列市人民政府批准设立的直属企业单位、企业集团公司。

二、省、自治区、直辖市及计划单列市人民政府授权部门批准，由政府部门、事业单位及社会团体设立的直属企业单位。

三、国家国有资产管理局委托办理产权登记的企业单位。

四、省级公司、企业单位下属各级企业单位的产权登记，可参照本实施细则第五、六条的精神，由省级国有资产管理部门具体规定。

第八条　省、自治区、直辖市及计划单列市以下各级国有资产管理部门，负责办理本级企业单位和上级国有资产管理部门委托的企业单位的产权登记。

第九条　产权登记分为开办产权登记、变动产权登记、注销产权登记和产权登记年度检查。《国有资产产权登记表》分为开办登记表、变动登记表、注销登记表和年度检查表。

企业单位申办产权登记，必须如实填报相应的《国有资产产权登记表》。

第十条 开办产权登记，适用于新开办企业单位。占有、使用国有资产的新开办企业单位，应在向工商行政管理机关申办工商注册登记前，申报开办产权登记。

申办开办产权登记时，应填报开办登记表，并提交以下文件资料：

一、批准设立的文件；

二、企业单位章程副本；

三、国有资产总额及来源证明；

四、其他需要提交的文件、资料。

第十一条 变动产权登记，适用于名称、地址、法定代表人、经济性质、主管单位发生变化，以及国有资产总额增减超过20%的企业单位。申办时，应填报变动登记表。

名称、地址、法定代表人变更的企业单位，在工商行政管理机关核准变更登记后30日内，应携带换领的《企业法人营业执照》副本，到国有资产管理部门申办相应的变动产权登记。其中，名称变更的，应换领《国有资产授权占用证书》及其副本；地址和法定代表人变更的，应换领《国有资产授权占用证书》副本。

经济性质、主管单位需要变更的企业单位，应在向工商行政管理机关申办变更登记前，申办变动产权登记。申办时，应提交有关部门批准文件、资料。

企业单位（不含专业银行、保险公司）国有资产总额增减变动超过上次产权登记数额20%的，应在向工商行政管理机关申办变更登记前，申办变动产权登记。申办时，企业单位应提交变动当期的会计报表及其他有关文件、资料。

第十二条 注销产权登记，适用于撤销、被合并、被兼并等需要终止的企业单位。申办时，应填报注销登记表，并提交下列文件、证件及有关资料：

一、有关部门或单位的批准文件；

二、终止财务决算报告及编制说明；

三、财产清理报告书；

四、国有资产管理部门下达的资产评估结果确认通知书；

五、资产处置请示及国有资产管理部门的批复；

六、资产处置结果报告；

七、原《国有资产产权登记表》、《国有资产授权占用证书》及其副本；

八、其它有关文件、资料。

第十三条 由不同全民所有制企业单位投资设立的联营企业，凡联营各方法人资格没有终止的，按产权关系，由投资各方分别进行登记。

以全民所有制企业单位为基础，吸收其它企业单位投资设立联营企业，凡联营各方原法人资格终止，组成新的经济实体，具备法人条件的，应在申办工商注册登记前申办开办产权登记，原全民所有制企业法人还应在此以前办理注销产权登记。此类联营企业占有、使用的国有资产总额及国有资本金，按参加联营的原全民所有制企业单位的国有资产总额、国有资本金如数登记。

第十四条 全民所有制企业单位改组设立股份制企业，应先在设立前申办变动产权登记。原全民所有制企业单位占有、使用的国有资产总额，应转为国家股股本，由国家股股权代表申办相应的产权登记。国家股股本在国有资本金总额栏目中反映；由企业所属的非经营性单位占有、使用的国有资产，如未转为国家股股本，仍在国有资产总额栏目中反映。

全民所有制企业单位在向股份制企业参股投资的股本及其权益，在该全民所有制企业单位的国有资本金和国有资产总额中单独反映。

有权代表国家投资的部门或机构投资设立股份制企业，由其委派的国家股股权代表申办相应的产权登记。

第十五条 全民所有制企业单位和行政、事业单位用国有资产在其它经济性质企业单位的投资，参照第十三、十四条规定的原则办理产权登记。

第十六条 国有资产管理部门按年度对企业单位进行产权登记检查，检查企业单位占有、使用国有资产情况，主要是：

一、是否按规定申办国有资产开办产权登记、变动产权登记；

二、国有资产的增减变动审批手续是否完备；

三、国有资产的保值增殖情况；

四、国有资产的合法权益是否受到侵害。

第十七条 产权登记年度检查时，企业单位应填报年度检查表；提交产权登记检查年度会计决算报表、国有资产增减变动审批文件及其它有关资料；提交《国有资产授权占用证书》副本。

第十八条 产权登记年度检查事宜，各级国有资产管理部门一般在每年5月底前办理完毕。企业单位应在工商年检前申办产权登记年度检查。

第十九条 凡在境外设有分支机构的企业单位，在办理产权登记和产权登记年度检查时，同时附送境外分支机构的产权登记表（复印件）及有关资料。

第二十条 产权登记按以下程序办理：

一、需申办产权登记的企业单位，向国有资产管理部门申报。经确认受理后，填写《国有资产产权登记表》。

二、申办的企业单位将产权登记表报主管单位审查并签署意见。

三、申办的企业单位携带有关文件、证件、资料及经主管单位审查后的产权登记表到国有资产管理部门办理审定手续。

四、国有资产管理部门对审查合格的企业单位，办理有关核发《国有资产授权占用证书》事宜。《国有资产授权占用证书》依据审定的开办登记表予以核发，依据审定的变动登记表予以换发，依据注销登记表予以收回，依据年度检查表签署产权登记年度检查意见。企业单位的法定代表人应在《国有资产授权占用证书》副本上签字。

《国有资产授权占用证书》由国家国有资产管理局统一印制。其管理办法另行制发。

第二十一条　国有资产管理部门应监督检查企业单位申办产权登记和产权登记年度检查的情况。对不按《试行办法》规定申办产权登记和产权登记年度检查的企业单位和责任人员，由国有资产管理部门或由其会同主管单位依照国家有关法律、法规、规章等进行必要的经济和行政处罚。

第二十二条　国有资产管理部门对其有关工作人员不按《试行办法》及本实施细则的规定办理产权登记，及在产权登记工作中严重失职或营私舞弊的，根据情节轻重给予相应的处分。

第二十三条　各级国有资产管理部门应妥善保管审定后的产权登记表及有关资料，并建立专门档案。

第二十四条　各省、自治区、直辖市及计划单列市国有资产管理部门，每年应于产权登记年度检查结束后两个月内，将产权登记检查情况报国家国有资产管理局。

第二十五条　中外合资、合作经营企业中的中方国有资产产权登记管理实施细则，由国家国有资产管理局另行制定。

第二十六条　本实施细则由国家国有资产管理局负责解释。

第二十七条　本实施细则自发布之日起施行。

二、投资资金管理类

(一) 拨　款

中国人民建设银行　财政部
关于中央级地质勘探拨款和
结算管理暂行办法

1992年1月3日　建总发字（92）第1号

第一章　总　　则

第一条　为了加强地质勘探（即地质勘查，下同）拨款管理工作，促进地质勘探工作计划的完成，提高地质工作成果和经济效益，增强地质工作的后劲，同国家重点建设协调发展，特制定本办法。

第二条　地质勘探行业的财务拨款工作以及各部门、单位有关地质勘探的各项资金，由中国人民建设银行（以下简称建设银行）代行财政职能，按照本办法的规定，进行管理和监督。

第三条　地质勘探主管部门和所属单位都应贯彻勤俭建国的方针，坚持以地质找矿为中心，保证基础地质，加强普查，择优详查，对口勘探，按照地质规律和程序办事。必须强化管理，建立严格的经济核算制度，遵守国家有关的政策法规和财经纪律，节约使用人力、物力和财力，保证完成地质勘探任务，为社会主义现代化建设服务。

第四条　建设银行在国家财政确定的地质勘探费支出预算范围内，分别对各地质勘探主管部门成立年度地质勘探费支出预算。各级建设银行要严格执行国家有关财务拨款制度，按照地质勘探工作的计划、程序、预算和进度拨款，切实保证资金供应，为地质勘探服务；同时要监督资金合理使用，充分发挥促进和监督作用。

第二章　地质勘探
拨款管理的范围

第五条　地质勘探行业下列各项资金，都应通过建设银行管理：

一、国家财政安排的地质勘探费预算拨款；

二、国家按矿种建立的各类地质勘探基金；

三、各部门和所属单位用于地质勘探工作的自筹资金；

四、由地方财政拨入的列入国家地质工作计划的资金；

五、国内合营的地质项目，其他部门、单位投入的资金；

六、承包其他部门、单位的地质勘探工作和工程勘察而收入的资金；

七、纳入地质勘探财务管理范围的工程勘察单位、附属企业、多种经营单位和自收自支单位的各项资金。

第六条　各地质勘探主管部门和所属管理机构、地质勘探单位，经批准在地质勘探费列支经费的事业行政单位，以及纳入地质勘探财务管理范围的工程勘察单位、附属企业、多种经营单位、自收自支单位，应根据实际情况，分别资金性质，在建设银行开立相应的帐户：

一、中央地质勘探限额存款户，即拨款户；

二、中央地质勘探基金存款户；

三、地质勘探单位存款户，即结算户；

四、专用基金存款户；

五、其他资金存款户。指工程勘察单位、附属企业、多种经营单位和自收自支单位的除专用基金外的各项资金，都通过本存款户办理收支和结算。

第三章　拨款依据

第七条　地质勘探单位必须向建设银行经办行提送下列文件：

一、根据《矿产资料勘查登记管理暂行办法》规定需要登记的地质项目，经地质矿产主管部门和石油工业、核工业主管部门批准发给的“勘查许可证”复印件；

二、批准的年度地质勘探工作计划(包括储量计划、工地建筑计划)；

三、地质项目设计的批准文件和设计预算；

四、批准的在地质勘探费列支经费的事业行政单位的年度经费预算（包括修缮计划)；

五、批准的年度财务计划和地质勘探单位据此编制的季度分月用款计划；

六、批准的更新改造、设备购置、劳动工资、奖金等计划和文件；

七、实行承发包的地质项目的经济合同副本。

附属企业、多种经营单位和自收自支单位除提送第六项文件外，可在存款余额范围通过建设银行办理收支和结算。

第八条　主管部门在国家批准的年度地质勘探工作计划和地质勘探费预算范围内，批准下达管理机构、地质勘探单位的年度地质勘探工作计划、财务计划和事业行政单位的年度经费预算等文件时，应当抄送建设银行总行以及省、自治区、直辖市分行和经办行。

实行分级管理的部门，其管理机构审核汇总的年度地质勘探工作计划和财务计划等文件，应送同级建设银行审查签证后，再上报主管部门；批准下达时，管理机构也应抄送同级建设银行和经办行。

第九条　建设银行在审查签证年度地质勘探财务计划和事业行政单位年度经费预算等文件时，发现问题应退回编制单位进行修正。如单位不同意修正时，建设银行应在签证时签注具体意见，同时上报总行、分行，与主管部门协商解决。

第十条　建设银行应依据本办法第七条规定的各项拨款依据文件，在地质勘探拨款限额和其他有关资金存款额度内，办理拨款。没有取得勘查许可证或没有提送勘查许可证复印件的地质项目，地质勘探单位不得开工，建设银行不得拨款。

年度开始时，国家地质勘探工作计划尚未下达前，可以按照隶属关系，暂凭各主管部门下达的季度地质勘探工作计划拨款。

第十一条　各项拨款依据的内容如有变更，应由经办行审查签证后，报经原审批机关批准，并抄送经办行。

第四章　地质勘探费预算拨款的结算

第十二条　地质勘探费是国家财政安排的预算拨款，实行限额管理。

第十三条　其费用、成本在地质勘探费中列支的单位，应在批准的年度财务计划范围内编制季度分月用款计划，经经办行审查同意后，据以分月分次预拨，按季结算。

预支款项的额度，由所在省、自治区、直辖市分行根据具体情况进行核定。预支和结算的款项，从拨款户转入结算户支用。不得以拨代支一次转入结算户或直接从拨款户支用。

第十四条　地质勘探单位应按照下列规定填制地质勘探工作价款预支结算帐单（附件)，办理拨款和结算：

一、自营的地质项目，按照工作进度和用款计划进行拨款和结算；

二、出包的地质项目或出包的部分工作项目（含系统内承包)，按照承包合同和工作进度，由承包单位填写地质勘探工作价款预支结算帐单，经出包单位签证认可，经办行审查同意后，办理拨款和结算；

三、地质项目中的工作项目(包括工地建筑)，凡能以实物工作量体现工作进度的，应按照实际完成的工作量和批准的预算（计划）单价进行结算。凡不能以实物工作量计算工作进度的工作项目，可按实际发生数在年度预算范围内进行结算。

除实行储量承包和招标承包的地质项目外，未按计划完成的实物工作量，超过主管部门规定可作为节约额度的部分，不得进行结算。

四、工地建筑是指根据野外地质勘探工作需要，修建简易结构的工地建筑物、简易公路、桥梁，购置帐篷、蒙古包、活动房以及上述工地建筑的维修等费用。有实物工作量部分，按完成工作量和计划单价拨款结算；不能计算实物工作量的部分按预算和季度分月用款计划拨款结算。要认真执行国家关于基建投资与其他费用划分的规定，严禁以工地建筑为名搞基本建设。大队部、基地等永久性建筑，不得在工地建筑项目下列支。

第十五条　地质勘探单位用地质勘探费预算拨款支付的“地质其他支出”，应根据国家有关规定，在年度地质勘探费预算范围内，按照实际发生数核实结算。没有发生的费用，不予结算。

地质勘探基金项目、社会地质工作项目、工程勘察项目、附属企业、多种经营单位等发生的“地质其他支出”性质的费用，应当分别核算，各自负担，不应全部在地质勘探费预算拨款中列支。

第十六条　经批准在地质勘探费列支经费的事业行政单位，在批准的年度经费预算范围内，按照季度分月用款计划核实拨款。

凡未经批准同意在地质勘探费列支经费的事业行政单位，一律不准挤占地质勘探费，建设银行不得拨款。

第十七条　地质勘探单位超过年度地质勘探工作计划和预算完成的工作量及支付的费用，应按审批权限和程序报主管部门、管理机构审批。由主管部门、管理机构在年度地质勘探工作计划和预算范围内进行调整，并将调整计划抄送总、分行和经办行，据以办理拨款结算。

第十八条　几种资金拼盘的地质项目，应按各项资金所占比例，分别进行拨款和结算，不得相互挤占。

第十九条　凡属下列情况，不得办理拨款结算：

一、不提供本条例第七条规定的各项拨款依据文件的地质项目和单位；

二、不按设计进行施工，不遵守操作规程，忽视工作质量而造成的损失和报废工作量；

三、争抢矿点、重复勘探的地质项目；

四、超过工资基金计划和超过奖金指标而未缴纳奖金税的部分；

五、计划外施工的地质项目和计划外的设备购置；

六、未按规定报经批准购置的专控商品；

七、地质勘探基金项目、社会地质工作项目、工程勘察项目、附属企业、多种经营单位的费用和亏损；

八、按规定应由事业发展基金、福利基金等自有资金和工会经费等其他资金渠道开支的各项费用（如职工医院、疗养院，实行劳保单位的医务人员工资等）；

九、集体所有制单位和农副业生产的费用开支；

十、其他不应由地质勘探费预算开支的费用。

以上各项，如有占用地质勘探费的，不得列决，并应用自有资金归还。

第五章　地质勘探基金的拨款结算

第二十条　各类地质勘探基金是国家用于特定矿种地质勘探工作的专项资金，应视同国家预算资金进行管理，并贯彻专款专用的原则，不得用于别的矿种的地质勘探工作，更不得挪作他用。

第二十一条　地质勘探基金不实行限额管理，而采用汇拨资金方式，由主管部门或归口管理部门，按照年度地质勘探工作计划，将资金分次汇拨给所属地质勘探单位在建设银行开立的地质勘探基金存款户。经办行应监督地质勘探单位按照年度地质勘探工作计划和财务计划合理使用资金。

第二十二条　实行储量承包的地质勘探基金项目，按下列规定办理拨款和结算：

一、储量承包合同应详细订明储量承包的地质项目、储量、单价、预付款额度和预付日期以及提交储量报告的日期等，明确双方的权利义务关系。签订合同时，应通知有关建设银行参加。合同副本应抄送有关建设银行，据以检查督促双方按照合同条款，履行各自的权利和义务；

二、储量承包的单价，不能不分工作阶段和储量级别实行统价，而应本着正确处理国家、集体、职工三者的利益关系，贯彻优质优价的原则，实行差别单价，即：按照普查、详查、勘探三个不同阶段和不同的储量级别，实行不同的储量结算单价；

三、由发包方按照储量承包合同，在地质勘探基金存款额度内，分次将预付款汇拨给承包方在建设银行开立的地质勘查基金存款户，由经办行监督承包方按照合同规定的用途合理使用；

四、承包方提交的承包储量报告，应经全国矿产储量管理委员会（或其授权机关）审定核收后，才能据以办理结算，多退少补；

五、凡用地质勘探费拨款完成的储量报告，不得作为地质勘探基金项目的储量，向地质勘探基金管理部门重复办理结算。地质勘探基金项目，原已由地质勘探费拨款支付成本的部分，应在承包合同中列明，并规定在决算价款时予以扣除。地质勘探基金归口管理部门和各级建设银行应严格审查把关，如有重复结算，其所得应全部上缴国家财政；

六、实行中央主管部门（包括管理机构）和地方主管部门总包时，这些部门总包价款超过分包价款的部分，不得作为主管部门本身的节约留成，也不得用于主管部门本身的各项开支。这部分资金应转入风险基金，继续用于该矿种地质勘探工作的投入和弥补储量承包中发生的风险损失。

第六章　其他各种拨款结算

第二十三条　社会地质工作系指地质勘探单位承包地方政府和外部单位委托的未纳入国家地质勘探工作计划的各项地质工作。

工程勘察系指工程勘察单位承包外部单位委托的工程地质勘察任务。

社会地质工作和工程勘察任务，根据与委托方签订的承包合同，通过建设银行办理工作价款的预收和结算。具体手续可按照第十四条第二款的规定办理。

第七章　跨省、自治区、直辖市的拨款

第二十四条　有的部门的管理机构管理范围跨越几个省级行政区域，为了与其管理体制相协调，对其所属地质勘探单位的地质勘探费拨款，由管理机构所在地的分行归口管理，并按照转拨的方式下达限额，不得汇

拨资金。

第二十五条 管理机构在对跨省、自治区、直辖市的地质勘探单位下达各种拨款依据时，应抄送经办行和其管辖分行。

归口管理的分行应向跨省、自治区、直辖市的经办行和其管辖分行，提送有关的拨款文件、规定、资料等。

跨省、自治区、直辖市的经办行上报的地质勘探拨款工作报告、报表、资料等，应同时报送其管辖分行和归口管理分行。

第二十六条 归口管理的分行与跨省、自治区、直辖市的经办行及其管辖分行可根据具体情况采用多种形式加强联系，互相配合支持，共同做好地质勘探拨款管理工作。

第八章 检查与监督

第二十七条 各主管部门、二级管理机构、单位和建设银行在工作中要互相支持协作，经常检查财经纪律和各项财政制度规定的执行情况。对于执行纪律和制度好的，要给予表扬，对于违反纪律和制度的，要按照国家有关规定予以纠正。

第二十八条 各主管部门、管理机构、单位要按期向建设银行提送会计、统计等报表资料，做好经济活动分析，检查国家地质勘探计划的完成、资金运用和成本费用开支等情况。对于存在的问题，应及时采取有效措施加以解决。

建设银行要按照有关规定审查会计报表，对于不符合制度规定的，要提出意见，督促纠正。对于不按规定提送会计报表的，要督促改进，限期补报。逾期仍不报送的，建设银行经省、自治区、直辖市分行同意，有权暂停拨款。

第二十九条 为使建设银行了解情况，做好服务工作，地质勘探单位、管理机构和主管部门要邀请建设银行参加有关业务会议，建设银行有权调阅有关计划、预算、报表、帐册、资料，各单位、管理机构和主管部门要积极支持予以提供。

第三十条 建设银行要设立地质勘探拨款工作岗位(分行和任务大的经办行要设立专职岗位)，办理地质勘探拨款工作。要经常深入基层和施工现场，进行检查和调查研究，协助单位提高管理工作。

各级建设银行要经常向总行、分行和有关部门反映情况，提出建议，做好地质勘探财务拨款工作。

第九章 附 则

第三十一条 地方级地质勘探拨款和结算，可由省、自治区、直辖市分行参照本办法，结合本地区的实际情况，与财政厅(局)制定具体办法，并报财政部、建设银行总行备案。

第三十二条 本办法自1992年1月1日起施行。(82)建总一字第847号文颁发的《地质勘探拨款暂行办法》同时废止。

(二) 贷 款

中国人民银行关于完善对国家银行贷款规模管理的通知

1992年2月9日 银发〔1992〕第38号

……

一、对国家银行信贷规模继续实行“双线”控制，即人民银行总行负责对各专业银行、交通银行、中信实业银行和人民银行上海、深圳市分行贷款规模的管理；各专业银行总行、交通银行总管理处、中信实业银行和人民银行上海、深圳市分行分别负责本系统(地区)内贷款规模的管理；人民银行各级分支机构负责监控辖区内专业银行的贷款规模。

二、统一贷款规模核批方式。从1992年起，人民银行总行核批和调整各专业银行、交通银行、中信实业银行及人民银行上海、深圳市分行贷款规模，各专业银行、交通银行、中信实业银行核批和调整其分支机构的贷款规模，一律使用一式四联的《贷款规模通知书》(样式附后)。《贷款规模通知书》经有关人员签字(章)并加盖“贷款规模通知书专用章”后寄发。专业银行总行、交通银行、中信实业银行、人民银行上海、深圳市分行凭人民银行总行《贷款规模通知书》载明的额度控制本系统(地区)贷款规模；各专业银行、交通银行、中信实业银行分行凭《贷款规模通知书》载明的额度发放贷款，没有其管辖行的《贷款规模通知书》，各行一律不得放款。确属特殊情况，需以其他形式核批贷款规模的，必须在事后及时补发《贷款规模通知书》，否则按超规模处理。

三、严格贷款规模的考核和监控。专业银行总行、交通银行总管理处、中信实业银行核批省、自治区、直辖市分行贷款规模时，必须将《贷款规模通知书》同时抄送人民银行省、区、市分行计划处。人民银行总行年初、季度汇总专业银行分地区的贷款规模不再下达给人民银行分行。各地人民银行分行根据各家银行总行寄发的《贷款规模通知书》监控各家银行贷款规模执行情况，并将有关数字用《银行贷款旬报》(报表代号444)报送人民银行总行。

四、专业银行总行、交通银行总管理处、中信实业银行及人民银行上海、深圳市分行应于每月5日前将截止上月末人民银行总行核批的贷款规模(累计数)、各家银行总行核批给省、自治区、直辖市及计划单列市分行的贷款规模（累计数）列表报送人民银行总行。

人民银行省、自治区、直辖市、计划单列市分行每月也要同所辖各家银行分行核对一次贷款规模。如有差异，应立即查找原因。

五、对按规定可以在年度间结转使用的贷款规模，各专业银行总行、交通银行总管理处、人民银行上海、深圳市分行均需在年初两个月内将上年应结转数报送人民银行总行，给人民银行总行核准并下达《贷款规模通知书》后，方能结转使用。

中国人民建设银行
建贷项目储备贷款管理暂行办法

1992年4月14日　建总发字（1992）第53号

……

第一条　贷款对象。建贷项目储备贷款的发放对象是建设银行用信贷资金安排的基本建设贷款项目。凡列入国家年度基本建设投资贷款计划、信贷计划的建行建贷项目，均可向建设银行申请建贷项目储备贷款。多种资金安排的建设项目所需储备资金，根据“谁投资、谁储备”的原则，按建设银行基建贷款占项目总投资的比例给予安排。当年竣工投产的建贷项目，原则上不予安排。

第二条　贷款用途。建贷项目储备贷款主要用于解决国家重点大中型建贷项目当年到货下年度使用的需要安装设备以及国家重点建设项目所需主要材料的款项。小型建贷项目根据储备贷款规模和资金等情况适当安排。

第三条　贷款条件。建贷项目申请储备贷款必须具备以下条件：

1. 必须是已正式列入国家基本建设投资贷款计划和信贷计划的建行建贷项目。

2. 需要安装设备必须是已列入国家批准的设计文件所附的设备清单，并已签订订货合同。当年到货当年不能安装的国内设备；材料储备系指按合理工期组织建设的国家重点项目工程建设所需的主要材料，并已签订订货合同。

3. 所需的储备资金必须是建设单位积极动员内部资源后不足的部分。

第四条　贷款的申请与审批。借款单位根据批准的年度基本建设投资贷款计划、信贷计划、设计文件和设备（材料）的订货合同以及动员内部资源等情况，于年初填写“建贷项目储备贷款申请书”（附式一），并附“建贷项目储备贷款计划表”(附式二)，向经办行申请贷款。

“建贷项目储备贷款计划表”由经办行审查签署意见后，逐级上报省、自治区、直辖市、计划单列市分行的基建贷款项目管理部门（以下统称分行）。分行审查后，按建设项目行业主管部门分项目编制“建贷项目储备贷款汇总计划表”(附式三)，并附借款单位“建贷项目储备贷款计划表”，于每年三月底前上报总行信贷部、计划部各一份。

总行根据当年建贷项目储备贷款发放能力，审查平衡后，重点、大中型项目对分行按项目下达年度贷款计划；小型项目“切块”下达贷款计划。分行根据总行批准下达的贷款计划和项目实际用款情况，对经办行下达贷款计划或贷款指标，经办行据此与借款单位签订借款合同，办理借款手续。

第五条　贷款管理。建贷项目储备贷款在信贷计划中采取“条块”结合的管理原则。国家重点、大中型项目按项目管理，每年由总行按项目核定发放数和回收数。

小型项目实行“切块”管理。总行每年在信贷计划中对分行核定年末余额增减指标，分行根据实际情况按照规定的要求自主安排，周转使用。

发放建贷项目储备贷款所需信贷资金由各分行自行筹措解决。

第六条　贷款期限与利率。贷款期限一般为一年，最长不得超过两年；贷款利率一年期年利率为8.64%，两年期年利率为9%。并按季结息。

第七条　借款合同。借款合同按建总函字（90）第416号文《关于印发<贷款管理若干问题处理意见>的通知》中规定的流动资金类借款合同文本格式签订；贷款本息根据借款合同规定和银行结息日期，按时从基建投资和储备贷款户或借款单位其他存款帐户中扣收。贷款利息不予挂帐。

第八条　贷款的使用与监督。经办行应根据有关规定逐笔审查发放，借款单位必须按规定的用途和批准的计划支用贷款，不得用储备贷款扩大工作量，弥补投资缺口或挪作他用。如发现挤占挪用，对挤占挪用部分罚息50%，并限期纠正，限期不改的，贷款银行可以提前收回部分或全部贷款。各分行应加强对贷款使用情况的检查监督，按规定时间向总行报送“建贷项目储备贷款情况报告单”(附式四)。

第九条　建贷项目储备贷款在“建贷项目储备贷款”科目内核算。

……

中国人民建设银行地质勘查行业
流动资金贷款管理暂行办法

1992年6月25日　建总发字（1992）第112号

第一条　根据《中华人民共和国银行管理条例》、《借款合同条例》及有关管理规定，制定本暂行办法。

第二条 为进一步支持我国地质勘查事业发展，支持地质勘查单位尽快查明国家急需的矿产资源，促进地质勘查行业队伍结构调整，开展多种经营、建设银行根据国家有关方针、政策，按照“区别对待，择优扶持”的原则，发放地质勘查行业流动资金贷款。

第三条 地质勘查行业流动资金贷款的对象是：

1. 地质勘查单位、地质勘查基金管理部门从事国家地质勘查工作或执行特定矿种储量承发包任务，由于季节性生产，材料、物资集中购置与储备等原因，出现资金周转不足时，可向建设银行申请地质勘查行业流动资金贷款。

2. 地质勘查单位、省级地质勘查管理机构兴办的多种经营单位（含地质附属厂，下同），为完成生产经营计划所需要的正常、合理的流动资金超过单位的实有流动资金时，可向建设银行申请地质勘查行业流动资金贷款。

第四条 申请地质勘查行业流动资金贷款的单位，必须符合以下条件：

1. 具有法人资格，实行独立核算，自主经营。

2. 已在建设银行开立基本结算户，通过建设银行办理资金往来。

3. 按照国家规定已拥有一定比例的自有流动资金，并建立了自有流动资金补充制度。

4. 经济效益较好，具有还本付息能力，并有贷款银行认可的经济担保或固定的还款来源。

第五条 贷款按以下程序申请和审批：

1. 申请多种经营和一般矿种地质勘查流动资金贷款的单位，应根据有关的年度计划，在充分挖掘资金潜力的基础上，按照实际需求向建设银行经办行提送借款计划及借款申请书，建设银行经办行审核签证后，报送建设银行各省、自治区、直辖市分行审批。各省级分行应根据经办行上报的贷款计划，审查汇总后于每年三月底以前编制贷款计划上报建设银行总行投资部、计划部各一份。

2. 执行特定矿种储量承发包任务的地质勘查单位所需流动资金，由其归口管理部门根据国家批准的年度地质工作计划及与有关部门、省、自治区、直辖市人民政府签订的储量承发包合同，编制地质勘查行业流动资金借款计划，填制借款申请书，报送建设银行总行审批。

第六条 建设银行总行对各省级分行报送的贷款计划和主管部门报送的借款计划进行审查，根据实际需求在年度贷款规模内平衡安排，下达年度贷款计划。

第七条 地质勘查行业流动资金贷款实行指标管理。

1. 用于多种经营和一般矿种地质勘查的流动资金贷款指标，由总行切块给建设银行各省、自治区、直辖市分行，由分行统筹安排，周转使用；

2. 用于特定矿种地质勘查工作的流动资金贷款，由总行将指标戴帽下达到建设银行各省、自治区、直辖市分行。分行负责发放、回收，并将回收的贷款如数上交总行，由总行重新安排。

第八条 建设银行经办行收到上级行下达的贷款指标后即可与借款单位签订借款合同，并按合同规定，将贷款转入借款单位在本行开立的存款帐户，借款单位通过存款户支用贷款。

借款合同采用建设银行统一制定的流动资金借款合同文本。

第九条 地质勘查行业流动资金贷款期限，一般为六个月，最长不超过一年。

第十条 地质勘查行业流动资金贷款利率，按照国家统一规定的流动资金贷款利率执行。贷款利息实行按季实收，不予挂帐。

第十一条 建设银行经办行依据贷款管理原则，检查监督借款单位的贷款使用情况。对借款单位未按合同规定用途使用贷款而挪作他用的，贷款银行将对挪用贷款部分加罚50%的利息，并限期纠正。限期内不改的，贷款银行可提前收回部分直至全部贷款。

第十二条 借款单位必须按合同规定及时还本付息。逾期不还的，建设银行经办行可直接从借款单位在本行开立的存款帐户（或结算户）中扣收或通知担保单位代为归还贷款本息。同时，对逾期贷款部分加收20%的利息。

第十三条 发放地质勘查行业流动资金贷款所需信贷资金由各分行自行筹措解决。

第十四条 本暂行办法由中国人民建设银行总行负责解释和修订。

第十五条 本暂行办法自颁布之日起执行。

中国人民建设银行房地产信贷部单位住房贷款暂行办法

1992年9月11日 建总发字（1992）第167号

第一章 总 则

第一条 根据《中华人民共和国银行管理暂行条例》、《借款合同条例》、及有关政策、法规，特制定本办法。

第二条 单位住房贷款是以支持住房制度改革、提高住房资金使用效益为目的，由房地产信贷部向单位发放、专门用于住房的贷款。

第三条 房地产信贷部根据国家有关方针、政策和批准的信贷计划，向符合贷款条件的单位发放住房贷款。任何单位和个人不得强令银行发放贷款。

第二章　贷款的种类和用途

第四条　单位住房贷款分为集资合作建房贷款、房改单位贷款、房管单位贷款、商品住房开发贷款和其它房改贷款五种。

第五条　集资合作建房贷款是为企事业单位和职工（包括住房合作社）共同集资合作建造住房提供的贷款。

第六条　房改单位贷款是为进行住房制度改革的企事业单位购买或建造住房提供的贷款。

第七条　房管单位贷款是为房管单位及其所属企业进行正常生产或经营提供的流动资金贷款。

第八条　商品住房开发贷款是为房地产开发企业开发商品住房提供的流动资金贷款。

第九条　其它房改贷款是为商品住房配套设施建设提供的贷款。

第三章　贷款的对象和条件

第十条　单位住房贷款的对象是：

一、住房合作社；

二、进行住房制度改革的企事业单位；

三、房管单位及其所属企业；

四、房地产开发企业。

第十一条　申请单位住房贷款的企事业单位，必须具备以下条件：

一、经有权部门批准，工商行政管理部门注册登记（行政事业单位除外），具有法人资格，实行独立核算。

二、有健全的财务管理和经济核算制度，按规定及时向房地产信贷部报送有关资料。

三、具有经有权部门批准的购建住房计划或商品住房及其配套设施开发计划。

四、申请集资合作建房贷款和房改单位贷款的单位，必须将全部房改资金存入建设银行房地产信贷部，并设立专项结算帐户。

五、申请流动资金贷款的单位，需有一定比例的自有流动资金，并建立了自有流动资金补充制度。

六、申请房管单位贷款的单位，必须在建设银行房地产信贷部开立基本结算帐户。

七、贷款用途正当，确有财产物资保证，具有按期偿还贷款本息的能力。

第四章　贷款期限和利率

第十二条　集资合作建房贷款的期限一般为一至三年，最长不超过五年；房改单位贷款的期限为一至三年；房管单位贷款、商品住房开发贷款和其它房改贷款的期限一般不超过一年。

第十三条　集资合作建房贷款的利率可以在同期基本建设投资贷款利率的基础上适当优惠，其下浮幅度不得超过10%；房改单位贷款的利率按同期基本建设投资贷款利率执行，房管单位贷款、商品住房开发贷款和其它房改贷款的利率按同期建筑业流动资金贷款利率执行。

第十四条　贷款利息每季结算一次。逾期贷款加息和挪用贷款罚息，均按人民银行有关规定执行。国家利率调整时，应从国家规定的统一调整贷款利率日起，执行新的贷款利率。

第五章　贷款的发放与回收

第十五条　贷款银行发放集资合作建房贷款的比例，一般不得超过该项合作建房投资额的40%；发放房改单位贷款、商品住房开发贷款和其它房改贷款的比例，一般不得超过该单位购建房投资额或该项目投资额的30%。

第十六条　借款单位应认真填写《单位住房借款申请表》（参见附式一），并附贷款条件中要求的材料，以及必要的文字说明。经贷款银行审核批准后，借贷双方签字借款合同（参见附式二）。

第十七条　借款合同是具有法律效力的文件，各方必须严格遵守。如有违反合同的现象，按合同中规定的条款处理；若合同中没有明确规定，按《借款合同条例》中有关规定处理。

第十八条　贷款银行一般应要求借款单位提供财产抵押或第三方不可撤销担保。实行租赁或承包经营的借款企业，必须办理财产抵押或第三方不可撤销担保。

第十九条　借款单位办理财产抵押手续，必须经公证机关公证，费用由借贷双方承担。抵押物必须办理保险，保险期限不得短于贷款期限，并需明确受益人为银行。抵押期间保单由贷款银行保存。保险及保管费用由借款单位承担。

第二十条　承担第三方不可撤销担保责任的保证人，必须具有足以偿还借款的财产。借款单位不履行合同时，由担保方连带承担偿还借款本息的责任。

第二十一条　贷款银行应按照合同规定的用款计划一次或分次将贷款转入借款单位帐户。因银行责任，未按合同规定提供贷款，应按违约数额和延期天数，每天付给借方万分之三的违约金。

第二十二条　借款单位有下列情况之一，经督促仍然未予纠正的，贷款银行可以收回部分以至全部贷款：

一、贷款用途与合同规定不相符。

二、违反结算纪律。

三、不按规定向贷款银行提供有关资料。

四、不按有关规定及时缴存购建房集资款或补充自有流动资金。

第二十三条 借款单位法人变更时，应提前三十天通知贷款银行。贷款银行要及时与变更后的法人、担保单位签定补充借款合同。补充合同签定以前，变更后的法人继续履行原法人所订合同规定的权利和义务。

第二十四条 贷款银行在贷款到期前三十天，应通知借款单位并认真检查还款资金落实情况，严格按合同规定的期限收回贷款本息。

第二十五条 借款单位所欠借款本息已到期，经催收仍不偿还的，贷款银行在通知借款单位后可直接从其存款帐户中扣收或用其抵押物清偿。采取第三方担保的，应通知第三方代为偿还。如担保方不履行担保责任，贷款银行可直接从其存款帐户中扣收或通过法律手段维护自身的权益。

第二十六条 借款单位归还到期借款有困难并要求展期的，必须提前提出展期申请。经贷款银行审查同意后，办理展期手续。由于借款单位主观原因造成贷款不能按期归还，贷款银行不予展期。

第二十七条 每一笔贷款只能展期一次，其期限不得超过原合同所规定的期限。展期后的贷款按总期限和现行利率计息。

第二十八条 借款单位资金宽裕时，可以提前归还借款，并提前十天通知贷款银行。

第六章 贷款管理与监督

第二十九条 贷款银行要加强单位住房贷款管理，严格按程序审批贷款，认真做好贷前调查、贷时审查、贷后检查和贷款回收工作。

第三十条 在借款合同有效期内，借款单位应按时向贷款银行提供财务计划、会计报表及其它有关资料，并为贷款银行定期检查、了解、监督其资金使用及生产或项目经营管理情况提供便利条件。

第三十一条 在房地产信贷部开立基本结算户的借款单位，除经贷款银行同意外，各项资金往来均须通过基本结算户办理。如违反上述规定，贷款银行有权收回部分或全部贷款。

第七章 附 则

第三十二条 本办法由中国人民建设银行总行解释、修改，各省、自治区、直辖市分行和计划单列市分行可根据本办法制定实施细则，并报总行备案。

第三十三条 本办法自颁布之日起执行。

……

附式二：

合同编号：（ 年）第 号

中国人民建设银行
房地产信贷部
单位住房借款合同
（ 贷款）

借款单位 贷款银行
地 址： 地 址：

签订日期： 年 月 日

借款单位（简称甲方）

立合同单位：

贷款银行（简称乙方）中国人民建设银行 行

房地产信贷部

甲方为 需要，依据《中国人民建设银行房地产信贷部单位住房贷款办法》，特向乙方申请借款，经乙方审查同意发放。为明确双方的权益和责任，特签订本合同，共同遵守。

一、甲方向乙方借款人民币（大写） 万元，保证用于 。借款期限为 年 个月，即从 年 月 日至 年 月 日。

二、乙方保证按以下用款计划供应资金：

年 月 日 万元
年 月 日 万元
年 月 日 万元
年 月 日 万元

三、甲方保证按以下还款计划归还贷款本金：

年 月 日 万元
年 月 日 万元
年 月 日 万元
年 月 日 万元

四、贷款利息，自支用贷款之日起，以转入结算户数额按月利率 ‰计算，按季结息。甲方不按期归还贷款，逾期部分加收利息 %，不按规定用途使用贷款，加收利息 %。

五、乙方未能按用款计划提供贷款，按违约数额和延期天数，每天付甲方万分之三的违约金。甲方不能按时付息，乙方有权从甲方帐户中扣收或暂时停止支付贷款。

六、在本合同有效期内，如国家调整利率，从调整之日起，乙方即按调整后的贷款利率计算利息，同时书面通知甲方和担保单位。

七、借款到期后甲方如不能按期偿还，乙方有权从甲方存款帐户中扣收或用其抵押物清偿。采取第三方担保的，由担保方代为偿还。担保单位在收到乙方还款通知一个月后仍未归还，乙方有权从其存款帐户中扣收或通过法律手段维护自身的权益。

八、在本合同有效期内，甲方保证按季向乙方提供统计、会计、财务等方面的报表及其它有关资料。乙方有权了解甲方生产或项目的经营管理活动，检查贷款使用情况。

九、甲方法人变更时，应提前三十天通知乙方，变更后的法人继续履行原法人所订合同规定的权利和义务。

十、甲方填报的借款申请书，抵押或担保协议书，均为本合同的组成部分。变更合同条款，需经甲乙双方协商一致，并签订借款合同补充文本。

十一、本合同自签订之日起生效，贷款本息全部偿清后失效。

十二、本合同正本三份，甲方、乙方和担保方各执一份；副本　　份，送

十三、补充条款：

借款单位（印鉴）　　　　贷款银行（印鉴）

法人代表（签字）　　　　法人代表或（负责人）（签字）

担保单位（印鉴）

法人代表（签字）

中国人民建设银行房地产信贷部职工住房抵押贷款暂行办法

1992年9月19日　建总发字（1992）第171号

第一章　总　　则

第一条　为配合住房制度改革，推进住房商品化，支持职工购、建（包括翻建，下同）自用住房，特制定本办法。

第二条　职工住房抵押贷款是为职工购、建自用住房而开办的专项贷款。

职工住房抵押贷款的原则是：先存后贷，存贷挂钩，抵押加保，整借零还。

第三条　本办法适用于已进行住房制度改革的全民或集体所有制单位的职工。

第二章　贷款对象及条件

第四条　贷款对象。凡城镇全民或集体所有制单位正式职工（包括参加住房公积金的“三资”企业的中方职工），均可申请职工住房抵押贷款。

第五条　贷款条件。贷款申请人需同时具备下列条件：

一、有当地正式城镇户口；

二、有购买住房的合同、协议，批准建房的证明文件或其他证明文件；

三、提出借款申请时，在贷款银行有相当于购买住房全部价款30%以上的存款（包括住房公积金存款），并以此作为购建住房的首付款；

四、有稳定的经济收入和归还贷款本息的能力；

五、同意将房产或贷款银行认可的有价证券抵押给贷款银行；

六、职工所在单位必须在建设银行房地产信贷部开立住户基金存款户；

七、借款人所在单位同意作为归还贷款本息的保证人。

第六条　借款人应向贷款银行提供以下需要审查的材料。

一、借款人具有法律效力的身份证明；

二、借款人所在单位出具的借款人固定经济收入的证明；

三、符合法律规定的购建住房合同、协议或其他证明文件；

四、抵押房产的估价报告书、鉴定书；

五、还款保证人的资信证明材料；

六、贷款银行要求提供的其他证明文件和材料。

第三章　贷款期限和利率

第七条　贷款期限应根据当地房改方案和职工承受能力来确定。以优惠价、标准价购房的，贷款期限最长不超过15年；以商品价购房的，贷款期限最长不超过20年。

第八条　贷款利率按借款人首期付款占房价款的比例和贷款期限的不同，实行档次利率。一年期贷款利率与房地产信贷部存款的平均月利率的利差不得低于1.5‰。首期付款比例越高，贷款利率越低；贷款期限越长，贷款利率越高（贷款利率参考表见附式一、二）。当国家调整利率时，利率随之作相应的调整。

第四章　贷款程序

第九条　借贷双方须严格履行下列程序：

一、借款人须填写职工住房抵押贷款申请表（附式三），并向贷款银行提交本办法第六条规定的各项证明材料；

二、贷款银行对借款人的借款申请及其他各项证明材料进行审查，审查合格后由贷款银行出具贷款承诺书；

三、借款人凭贷款银行出具的贷款承诺书与售房单位签定购房合同或协议；

四、借贷双方及保证人签定住房抵押贷款合同（附式四），并进行公证；

五、贷款合同签定并经公证后，银行将借款人的存款和贷款以转帐方式划入购房合同或协议指定的售房或建房单位在贷款银行开立的存款户。

第五章　贷款抵押

第十条　购买现货商品住房的借款人，应将所购房产的产权证书及保险单抵押给贷款银行；购买期货商品房的，当房屋在建时，可用银行认可的有价证券作为抵押。

第十一条　用于抵押的房产，必须经过贷款银行认可的资产评估部门进行估价。贷款本息不得超过抵押物估价值的百分之七十。

第十二条　抵押期间，借款人无权转移、变卖或再次抵押被抵押房产或购建房合同的权益。用有价证券进行抵押的，抵押人不得以任何理由挂失或追索证券本息及收益。

第十三条　抵押双方应正式签定抵押贷款合同并详细开列抵押物清单，抵押自抵押贷款合同签定起生效，至借款人还清全部贷款本息时止抵押解除。抵押解除后，银行将抵押物归还借款人。

第十四条　贷款到期并宽限期满后，借款人仍未还清贷款本息的，贷款银行有权以国家法律、法规允许的方式对抵押物进行处分，处分抵押物所得的金额不足以偿还以所欠银行贷款本息时，贷款银行仍有权追索债务。

第十五条　贷款期间若借款人工作单位变动，贷款合同应同时变更。

第六章　抵押物的保险

第十六条　借款人需在抵押贷款合同签定前到保险公司按银行指定的险种办理抵押物的保险。保险期不得短于贷款期限，投保金额不得低于贷款的全部本息，并应明确贷款银行为该抵押物保险的第一受益人。保险单不得有任何有损银行权益的限制条件，保险所需一切费用由借款人负担。在抵押期间，保险单交贷款银行保管，保险单享有的权益无条件地让渡给贷款银行。

第十七条　借款人用抵押贷款购买期货商品住房的，应由售房单位对售房合同指定的商品住房进行保险，保险费由房屋买方或卖方负担，保险单应交贷款银行保管。抵押期间，保险单的全部权益应让渡给贷款银行。

第十八条　抵押有效期内，借款人或售房单位不得以任何理由中断或撤销保险，如保险中断，银行有权代为投保，一切费用由借款人负担。

第七章　贷款的偿还和收回

第十九条　借款人须按贷款合同规定的还款方式与期限归还贷款本息。借款人所在单位作为保证人应协助和督促借款人偿还贷款本息。银行可委托借款人所在单位代扣贷款本息或直接从借款人的住房公积金存款帐中扣收。

第二十条　归还贷款本息的方法有二个方案，由各行根据当地情况选定。

第一方案：先还息，后还本等额偿还法，其公式是：

$$每月等额偿还贷款本息=\frac{AI\ (1+I)^{T}}{(1+I^{T})\ -1}$$

其中：A：贷款本金

T：贷款期限，按月计算

I：贷款月利率

第二方案：本息均还法，其公式是：

$$月均归还本金=\frac{借款额（元）}{借款期（月）}$$

月均还利息＝

$$\frac{[借款期（月）+1]\times 借款额（元）\times 月利率}{2\times 借款期（月）}$$

月均还款额＝月均归还本金＋月均还利息

第二十一条　贷款期内，借款人未按合同规定的期限偿还贷款本息，逾期一个月以内的，应于下月偿还贷款本息时一并归还，贷款银行不予处罚，但上述情况一年不得超过两次。逾期超过一个月或一年内发生两次以上逾期的，银行按超过的逾期天数，每天计收逾期额万分之三的罚息。

第二十二条　贷款全部到期后，借款人未能还清全部贷款本息的，有6个月的宽限期。在宽限期内，银行按逾期天数每天向借款人收取逾期额万分之三的罚息。借款人若提前归还全部贷款本息，银行应按提前的贷款期限调整提前归还部分的贷款利息，已计收的贷款利息不再退还。借款人若分次提前归还贷款本息，银行可相应减收提前归还贷款的利息,具体减收办法由各省级行确定。

第二十三条　借款人死亡或经有权部门宣布失踪，借款人财产的合法继承人应继续履行借款人签定的贷款合同。

第二十四条　发生下列情况之一时,银行有权收回部分或全部贷款。

一、借款人违反贷款合同规定的任何条款，经贷款银行提出，借款人未予纠正；

二、借款人发生任何导致不能按期归还贷款本息的变故。

第八章　其　他

第二十五条　贷款银行应按照贷款合同的规定办理住房抵押贷款,若由于银行的责任影响借款人按合同规定使用借款，银行应按影响天数和数额，每天付给借款人万分之三的违约金。

第二十六条　抵押物的评估费由借款人负担,贷款合同公证费由借款双方平均分担,贷款银行可以向借款人一次性适当收取抵押物保管费。

第二十七条　贷款合同借贷双方及保证人发生纠纷时，首先由当事人各方协商解决，协商无结果时可向当地仲裁机构申请仲裁或向人民法院提起诉讼。

第二十八条　贷款合同当事人的任何一方要求变更合同内容或解除合同需以书面形式提前通知合同的其他当事人，未达成协议前，原合同继续有效。

第二十九条　本办法由中国人民建设银行总行负责解释修订。各省、自治区、直辖市分行，计划单列市分行可根据本办法,结合本地区实际情况制定实施细则和补充规定报总行备案。

……

附式四：

中国人民建设银行房地产信贷部 职工住房抵押贷款合同

合同编号：

立合同单位：

借款方（即抵押人，以下简称“甲方”）

贷款方（即抵押权人，以下简称“乙方”）

现有甲方向乙方借款人民币(大写)　　　　元,用于购买、建造自用住房，售房单位(售房单位全称)，

　　　　为维护甲乙双方利益,根据国务院颁发的《借款合同条例》规定立此合同，并共同遵守以下条款。

一、甲乙双方共同遵守《中国人民建设银行房地产信贷部职工住房抵押贷款办法》及（贷款银行全称）

二、乙方向甲方提供的贷款,甲方只能用于购买、建造翻建自用住房。不得挪作他用。

三、甲方的借款由乙方以转帐方式划入售房单位或施工单位（翻建住房时）在乙方开立的存款户。

四、甲方以（抵押物名称）

交乙方作为借款的抵押(抵押物详细清单附后)。抵押物的现值为　　　　万元。担保　　　　万元贷款的偿还。

五、借款期限　　　　年,即由　　　　年　　月　　日起至　　　　年　　月　　日止。贷款利率为月息　　‰。

六、借款采用本金法按月归还本息，甲方必须于每月　　日前向乙方归还贷款，本息　　　元。

七、如遇国家统一调整存贷款利率时，按国家有关规定调整贷款利率，依此重新确定每月还本付息金额。

八、贷款期内，甲方未按本合同规定的时间偿还贷款本息，逾期一个月以内的，应于下月偿还贷款本息时一并归还，乙方不予处罚，但上述情况一年不得超过两次。逾期超过一个月或一年内发生两次以上逾期的，乙方有权按超过的逾期天数每天向甲方收取逾期额万分之三的罚息。

九、如遇下列情况之一者，乙方有权对抵押物进行处理。处理抵押物所得收益抵扣甲方所欠乙方贷款本息和处理抵押物引发的各项费用后，剩余部分退还给甲方,并限甲方按期搬出用于抵押的住房,不足部分由甲方所在单位负责在三个月内无条件偿还。

1. 甲方在贷款期内六个月内未按期归还贷款本息或全部贷款到期后六个月未还清全部贷款本息的；

2. 甲方在合同有效期内死亡或宣布失踪或移居国外,其法定继承人拒不继续履行甲方偿还贷款本息的义务或无力继续履行偿还贷款本息义务的；

3. 甲方违反本合同规定的任何条款的。

十、还款保证人（甲方所在单位）应积极协助乙方督促甲方按期偿还借款本息。在甲方不能按期归还借款本息且抵押处理不能履行时,还款保证人必须无条件地负责偿还甲方所欠乙方的借款本息。还款保证人接到乙方要求其代甲方偿还借款本息的通知后,应于三个月内无条件地代为归还借款本息。三个月后仍未归还的，乙方有权从其在银行开立的住房基金存款户或其他存款户中扣收。

十一、甲方在未还清全部借款本息前，甲方对抵押物享有的全部权益让渡给乙方,并不得对抵押物作任何有损乙方利益的处理。

十二、甲方需对抵押物办理保险，保险单交乙方保管，抵押物如遇意外毁损，甲方应负责立即通知保险公司和乙方，保险公司的赔偿金应首先用于归还借款本息。若保险赔偿金不足以归还借款本息的，不足部分仍由甲方负责归还。

十三、乙方应按合同规定办理贷款，如因乙方原因

影响甲方用款，乙方应按影响金额和天数，每天付给甲方相当于影响金额万分之三的违约金。

十四、甲乙双方任何一方不履行本合同条款，双方均有权按《民事诉讼法》第一百五十八条规定执行。

十五、本合同正本一式　　份，副本　　份，由甲乙双方及还款保证人（甲方所在单位）三方盖章并经法人代表签名、公证处公证后生效，至甲方还清乙方全部贷款本息之日起失效。

十六、补充条款：

甲方　　签名（章）：
地　　址：
电　　话：

乙方　　签名（章）：
地　　址：
电　　话：

还款保证人（甲方所在单位）
签名（章）：
地　　址：
电　　话：

（三）利率管理

司法部　国家计划委员会　财政部　中国人民银行　中国人民建设银行　关于劳改、劳教单位基建贷款利率和贴息问题的联合通知

1992年7月3日　司发〔1992〕007号

……

一、关于贷款投资问题。为尽快解决犯人、劳教人员坐吃闲饭和进一步缓解劳改、劳教经济的困难，“八五”期间，司法部劳改煤矿和地方劳改、劳教单位所需投资，继续实行贴息贷款的办法。包括1991年建设银行贷款在5亿元的基础上追加地方劳改、劳教单位的1.78亿元（已作为1992年第一批计划下达）；也包括从1992年起，每年增加的1.5亿元（即国家每年安排劳改、劳教单位6.5亿元基建投资贴息贷款）。

二、关于贷款利率和贴息问题。1991年4月21日之前的专项贴息贷款，按国务院国发(90)20号文件规定的利率和贴息办法执行。从1991年4月21日起，贷款利率由10.08%下调为8.46%后，按照国发(90)20号文件规定的贴息分摊比例：中央项目，财政部贴息4.23%、国家计委贴息1.68%、人民银行贴息1.81%；地方项目，由地方财政部门、计委贴息5.91%、人民银行贴息1.81%。其余0.74%由劳改、劳教单位自行消化。劳改、劳教单位自行消化确有困难的，由同级财政适当帮助解决。1991年4月21日至1991年9月20日的贴息，已按中国人民银行银发〔1991〕120号文件的贴息办法结息的，不再调整。今后，如果调整利率，仍按各家分担的贴息比例作相应的调整。

中国人民银行　关于特种贷款利率的通知

1992年7月15日　银发〔1992〕164号

……

一、发行五年期金融债券所筹集的资金发放的特种贷款利率，与五年期金融债券利率的年利差不得超过1.16%。

二、发行三年期金融债券筹集资金发放的特种贷款的利率仍按原规定执行。

中国人民银行　关于与住房改革配套的存、贷款利率问题的通知

1992年9月1日　银发〔1992〕211号

……

一、对与住房制度改革配套的存、贷款利率均按“低来低去”的原则确定。

（一）单位、个人集资暂存银行的建设商品房的存款，六个月以下的均按活期存款利率执行。六个月至一年期存款按年利率6.12%执行。建房的贷款利率最高不得超过8.46%。

（二）居民购房的存、贷款也要实行低利率政策。利率期限、利率档次可根据各地商品房出售办法，由人民银行省、自治区、直辖市分行自行确定。购买商品房的存款利率要低于同档次储蓄存款利率，贷款利率可在其同档次存款利率的基础上加1.8个百分点。

（三）各地房改基金管理部门存入的房改建房基金存款利率，可由各省、市、自治区人民银行分行，根据当地的实际情况自行确定，但最高不得超过年利率3.6%。

二、人民银行各省、自治区、直辖市分行，可根据总行确定的房改存、贷款利率原则，结合本地的实际情况，制定有利于促进住房改革的存、贷款利率具体办法。

（四）抵押管理

中国人民银行　中国工商银行
中国农业银行　中国银行
中国人民建设银行　交通银行
关于银行对三、四类企业贷款实行
财产抵押的通知

1992年5月14日　银发〔1992〕124号

……

为促进企业经营机制的转换和经济结构的调整，国家要求在企业兼并问题上要有所突破，提出了先破产后兼并的原则。

银行往往是企业的最大债权人。《中华人民共和国企业破产法（试行）》规定，在企业破产清偿债务时，银行债务与其他债务处于同等地位，这样，银行贷款将会受到很大损失。但有抵押的银行贷款在企业破产时可享有优先索债权。因此，请各分行今后对三、四类企业的贷款一律实行财产抵押。过去凡没有实行抵押的，必须重新签订合同，以保证银行信贷资产的安全。

中国人民建设银行
关于印发《贷款
抵押管理规定（试行）》的通知

1992年11月27日　建总发字（1992）第213号

……

一、各级行在办理各项贷款业务时，应增强银行风险管理的意识，正确使用抵押等担保方式，建立严格的内部管理制度，防范银行贷款风险。

二、经办行办理贷款的抵押担保，要对抵押人的资格及所提供抵押物等条件逐一进行严格审查，并提出初审意见，按照相应的贷款审批权限，报经批准。对不符合规定要求的，不予办理抵押手续。

三、经办行办理贷款抵押，应按照本行各职能部门的业务分工，严格履行各自职责，分工协作。

（一）贷款业务部门负责受理借款单位提交的有关文件，并提出审查意见；接受可挂失的有价证券作为抵押物时，负责向证券签开行发出电报通知或转知本行储蓄、证券业务部门；负责检查抵押人抵押物的占管、使用情况并作好记录；需要通过处分抵押物偿还贷款时，负责与有关管理部门联系处分抵押物，并办理贷款清偿手续；负责建立、管理有关贷款抵押文件的档案。

（二）投资调查部门负责在贷款项目评估时，对抵押物进行选择、鉴定、估价，提出合理的抵押率。

（三）贷款项目评审小组在审核贷款项目时，应对贷款提出抵押的条件进行审核，审定抵押率。

（四）财会部门负责贷款的开户、支用、还本付息的帐务处理；负责处分抵押物偿还贷款的财会处理。

（五）储蓄、证券业务部门负责接受贷款业务部门或其他行发来的告知有价证券已作抵押物，不得办理挂失的电报通知，及时转知本行所辖储蓄、证券柜台，并向电报发出行作出书面承诺。

（六）行政部门负责办理抵押物折价抵债冲还本行贷款的财产交接和登记、管理手续。

（七）稽核审计部门负责稽核业务部门办理贷款抵押是否按照有关规定执行，是否超越权限，是否符合抵押条件，是否履行职责；对执行中出现的违规现象，应向有关业务部门提出限期纠正的意见。

（八）各经办行应根据本行情况，对本行占管或保管的有价证券、财产保险单、财产所有权或经营权证明、土地使用证等票据、单证及各种实物财产，应按有价证券和财产的管理要求，指定专门部门严格保管，建立健全保管制度，严防丢失和坏损。

四、经办行执行本规定，依法处分抵押物用于清偿本行贷款本息的财务处理方式为：

（一）以拍卖、转让、兑现抵押物所得价款，在扣除处分抵押物所需费用后，直接转帐归还银行贷款；

（二）经办行将抵押物折价抵债的，按照财务管理权限报经上级行批准后，按抵押物处分时净值记入本行固定资产帐，用本行专用基金抵补贷款本息。

五、抵押是贷款的有效担保手段之一。本规定对贷款抵押的管理作出了规范性的原则要求。总行各业务部门和各省、自治区、直辖市和计划单列市分行可以结合具体贷款的管理要求和本地区的实际情况，相应制定操作规程或实施细则报总行备案。对执行中存在的问题，及时向总行反映。

以上各点请即研究贯彻执行。

附件：

中国人民建设银行贷款抵押
管理规定（试行）

第一章　总　则

第一条　为了加强建设银行各类贷款的风险管理，依法办理贷款抵押，依法处置抵押物，维护本行与借款人的正当权益，根据《中华人民共和国民法通则》、《中华人民共和国经济合同法》和国家有关法律、法规，特制定本规定。

第二条　本规定适用于建设银行发放的各类人民币贷款。

第三条 本规定所称贷款抵押是指借款人向本行申请贷款时，借款人或第三人愿以一定的财产作为抵押物并设定抵押权，当借款人不履行或不能履行其债务，按期偿还借款时，银行有权依照法律的规定，以抵押物折价或者以变卖抵押物的价款优先得到偿还。

第四条 本规定所称抵押物是指抵押人（借款人或第三方保证人，下同）为保证按期清偿银行贷款本息（含罚息）和各项费用，向贷款银行（抵押权人）提供的并经贷款银行认可，当抵押人不履行其债务时，贷款银行有权予以处分的财产。

第二章 抵押权的设定

第五条 抵押人对抵押物必须享有所有权或国家授予的经营管理权。对共有财产，抵押人按其所占份额，在取得其他共有人书面同意后方可设定抵押。

第六条 股份制企业、合资合营企业或承包经营企业的抵押行为须经企业董事会或发包人审议批准后方能确立。

第七条 借款人对贷款银行设定抵押权，双方应在签订借款合同时，相应签订抵押协议（见附件），作为借款合同的补充文件。抵押协议的内容应包括：

（一）抵押人的名称、企业性质；

（二）以抵押形式所保证的贷款种类、名称、金额、贷款期及借款合同编号；

（三）抵押物清单。包括抵押物的种类、名称、型号、数量、净值、处所、有效使用期及质量完好情况；

（四）抵押物的所有权属及使用权属；

（五）抵押物是否已设有抵押及抵押额，是否租赁等权利负担状况；

（六）抵押物的占管形式及占管费用的收取；

（七）抵押率和抵押期限；

（八）抵押双方的权利、责任；

（九）抵押人办理抵押财产保险及抵押期间如遇意外损失对保险赔偿处理的约定；

（十）处分抵押物的约定；

（十一）其他约定；

（十二）股份制企业或合资合营企业董事会、承包经营企业的发包人对财产抵押的审核意见；

（十三）抵押双方法定代表人签字并加盖本单位行政公章。

第八条 抵押双方当事人必须全面履行抵押协议所规定的权利与义务，任何一方不得擅自变更或解除协议。

第九条 有抵押内容的借款合同和抵押协议，在签订时均应办理公证。

第三章 抵押物及估价

第十条 本行接受以下财产的抵押：

（一）表示财产所有权和债权的各种有价证券。包括：各种记名或不记名债券、银行存款单证等；

（二）依法拥有或取得国家允许转让的土地使用权；

（三）房屋及其他建筑物；

（四）交通运输工具；

（五）机械设备；

（六）法律允许流通、转让的其他财产或权利。

第十一条 上条所列范围抵押财产，贷款银行可以根据其价值、风险、评估的技术条件等因素决定是否接受抵押。

第十二条 地方权力机关有明确规定的，可以按地方规定确定抵押范围。

第十三条 下列财产不能作为抵押物：

（一）法律禁止买卖转让的国有土地所有权、自然资源、文物等；

（二）已经使用的各项福利设施，如职工宿舍（职工住房抵押贷款除外）、医院、食堂、学校、幼儿园等；

（三）所有权和经营管理权有争议的财产，或未履行法定登记手续的财产；

（四）不能强制执行或处理的财产；

（五）依法被查封、扣押或采取诉讼保全措施的财产；

（六）金银及其制品；

（七）租用财产；

（八）国家法律、法规禁止设定抵押的其他财产或权利。

第十四条 本规定第十条中（一）、（二）、（三）、（四）项规定之抵押物，其使用期应长于贷款期；第（五）项规定的各类记名有价证券和银行存单，在抵押期间不得挂失。

第十五条 贷款银行接受记名债券、存单等可以挂失的有价证券作为抵押物后，应在三日内向有价证券（存单）的签开行发出电报通知，通知其不得对该有价证券（存单）予以挂失，并在收到有价证券（存单）签开行发出的承诺不予挂失的书面回复后方能设定抵押。

贷款银行接受抵押人以土地使用权和房产做抵押时，应向当地土地、房产管理部门办理登记手续，注明其所出具有土地使用权和房产证等文件不得挂失。

第十六条 贷款银行对自愿以抵押方式保证偿还银行贷款的借款单位，应对其法人、资格、企业性质、营业执照或建设单位批准文件以及所提供抵押物的财产所有权（或经营权）、财产价值、完好程度等项逐一进行严格审查。有权选择易于保管、转让、变卖（兑现）及适销适用、质量完好的财产作为抵押物。

第十七条 已设定的抵押物在抵押价值额内,不得重复抵押。一旦发现抵押人有重复抵押行为的,贷款银行有权要求借款单位作新的等额担保或收回贷款。抵押人在同一抵押物已设定的抵押价值额外再行设定抵押权之前,应书面通知贷款银行。

第十八条 抵押人应在设定抵押前办理抵押物的财产保险,财产的保险期不得短于抵押期。抵押期间,贷款银行为抵押财产保险的第一受益人。抵押物财产保险费用由抵押人支付。

第十九条 抵押物应按以下情况分别做出估价和认定:

(一)各类固定资产的价值,以该抵押物按照国家规定提足折旧后财产帐面净值减去抵押期间应计提的折旧额后确定;

(二)土地使用权按照国家土地管理机关规定的出让土地使用权的价格标准和方法确定;

(三)各类有价证券及存单以该种证券券面金额确定。也可以按设定抵押日本地证券市场平均买入价计算的金额确定;

第二十条 贷款银行应对所有抵押物的价值进行估价和认定。对抵押物的价值不易估计时,可由物价、国有资产管理部门出具估价证明材料,贷款银行据以认定抵押物的估价。

第二十一条 因抵押财产估价而发生的评估费用应由抵押人承担。

第四章 抵押率及抵押期限

第二十二条 抵押率是指贷款本息总额与抵押物价值之比,即:

$$抵押率=\frac{贷款本息总额}{抵押物价值}\times 100\%$$

第二十三条 银行可根据借款单位的资信程度、贷款期限、贷款风险、抵押物折旧率、抵押物的适用性以及价格变动等因素,分别确定不同的抵押率,一般应控制在70%左右。

第二十四条 抵押期限一般应与贷款期限相一致。原贷款经批准展期后,抵押期限也应随之调整,并续办财产保险、公证等手续。

第五章 抵押物的占管及处分

第二十五条 抵押物按下列原则占管:

(一)各类有价证券及存单由贷款银行占管;

(二)以土地使用权低抵押的,其由国家土地管理部门签发的"土地使用证"正本及其他证明文件应由贷款银行保管;

(三)本规定第十条(三)、(四)、(五)项之抵押财产,除当事人根据具体情况另有约定外均由抵押人占管、使用。可以证明抵押物所有权和经营管理权权属的有关文件原则上由贷款银行占管。抵押物财产保险单由贷款银行保管;

(四)按规定进行抵押财产登记的有关登记证明文件正本由贷款银行保管。

抵押物的占管方式应由抵押双方在抵押协议中予以确定。

第二十六条 抵押人对自己占管的抵押物必须妥善保管。在抵押期内负责其维修、保养、保证抵押物的完好。贷款银行有权随时进行检查和验证。贷款银行发现抵押人对所占管的抵押物保管不当或有减损其价值的行为时,贷款银行有权要求其恢复原状或提供其他等价的财产充当抵押物。抵押人不予执行的,贷款银行可以停止发放新贷款并收回部分贷款直至全部贷款。对抵押人未经抵押权人同意,迁移、出卖、质押、转移其占管的抵押物或重复设定抵押以致影响贷款银行行使抵押权的,一经发现,贷款银行可以实施直接占管或收回贷款,并按挪用贷款的规定予以罚息。

第二十七条 贷款银行对自己占管的抵押物,应专项登记,封存保管,不得随意动用。如因贷款银行过错造成抵押物损坏、遗失的,由贷款银行承担责任并赔偿损失。

第二十八条 贷款银行占管的抵押物及有关文件、凭证,应按照规定的银行保管箱业务取费标准向抵押人收取保管费。

第二十九条 抵押人未征得贷款银行的书面同意,不得以出租、出售、转借等形式处分自己所占管的抵押物。

第三十条 抵押物在抵押期间因意外灭失所得财产保险赔偿应交给贷款银行。是否将其偿还贷款或重新选择设定抵押物,按抵押双方协议约定办理。

第三十一条 已作为抵押物的有价证券在抵押期间到期,是否兑付并偿还贷款,由抵押双方协商确定。

第三十二条 以抵押作保证的借款合同期满,借款人未按合同约定偿还全部贷款本息的,贷款银行有权依照国家有关法律、法规处分抵押物。抵押期间,抵押人依法被宣告破产的,贷款银行应当积极申报债权,及时向有关部门提供财产抵押证明文件,确保优先受偿权。

第三十三条 贷款银行处分抵押物(除国家规定不得自行买卖之外)可采取下列形式:

(一)对抵押的各种财产,贷款银行可依照国家及本地区有关规定,移交本地拍卖机构或按法律规定通过其他形式拍卖处理;

(二)按规定经有权机关认可有偿转让给愿意接收抵押物的第三人;

（三）将各类有价证券兑付、贴现或转让；

（四）将抵押物折价抵债；

（五）抵押双方另行约定的处分方式。

第三十四条 贷款银行对依法处分抵押物所得价款，按下列顺序分配：

（一）支付处分抵押物所需费用（含税金）；

（二）支付贷款银行占管的抵押物保管费用；

（三）偿还借款人所欠贷款银行全部贷款本息及加、罚息；

（四）支付应由借款人支付贷款银行的其他有关费用；

（五）清偿上述款项后所余金额交还抵押人。

第三十五条 处分抵押物所得金额不足以偿还借款人所欠贷款银行贷款本息及有关费用的，贷款银行仍有权追索债务。

第三十六条 借款人按借款合同规定偿还银行全部贷款本息后，贷款银行应将自己占管的抵押物及有关文件退还抵押人。

第三十七条 抵押期间，各种抵押物的孳息归财产所有权人或经营管理权人所有，可作为还款来源之一。

第六章 附 则

第三十八条 贷款银行在办理贷款抵押业务中，除按本规定外，对抵押权的设立、抵押物的选择、审核登记、估价与处分，还应按照国家或本地有关土地、房产、国有资产管理等部门的规定掌握执行。

第三十九条 各行办理人民币担保业务中遇有抵押事宜的，亦应按照本规定办理。

第四十条 本行外汇贷款抵押业务的管理，另行规定。

第四十一条 本规定由建设银行总行负责解释。各省、自治区、直辖市和计划单列市分行可根据本规定，结合本地区实际情况制定实施细则，并报总行备案。

第四十二条 本规定自颁布之日起施行。在此之前本行制定的有关文件与本规定有抵触的，以本规定为准。

附：

抵押协议

（参考文本）

抵押人：________企业性质：________

立协议人：

抵押权人：中国人民建设银行________行

为了明确抵押人与抵押权人各自责任、权益和义务，恪守信用，根据《中华人民共和国经济合同法》等有关法律、法规和《中国人民建设银行贷款抵押管理规定（试行）》，特签定本《抵押协议》，以兹共同遵守。

一、抵押人自愿以“抵押物清单”（附后）所列之财产设定抵押权，担保借款人________与中国人民建设银行________行于____年____月____日签订之借款合同，按期履行债务偿还借款。该贷款种类为________，金额________万元，用于________。贷款期限为____年____月至____年____月。借款合同编号为________。

二、当借款人不能依合同约定按期偿还借款时，抵押权人有权依照我国法律规定以抵押物折价或者以变卖抵押物的价款优先得到偿还。

三、抵押人对“抵押物清单”中所列财产依照国家法律规定拥有________（所有权或经营管理权）。并在抵押期内将所有抵押财产的产权证书交由抵押权人占管。

四、________抵押物在此之前已设有抵押。抵押额为：________万元；抵押期限为：________。

五、经双方协商此项抵押的抵押额为________万元，抵押率为________%，抵押期限为________年。随________号借款合同变更、解除或终止。抵押人在已设定抵押物的抵押价值额内不得重复抵押。在抵押价值额外再行设定抵押权的，应在再行设定抵押数之前书面通知抵押权人。

六、根据协商，双方占管抵押物采取下列方式：

1. 下列抵押物由抵押人占管、使用：

抵押物名称	型号	数量

2. 下列抵押物及有关文件由抵押权人占管：

抵押物名称	型号	面值	单位	数量

产权证书：________。

共________件；

保险单________，

共________张。

保险金额：________万元；

证明文件：________，

共________份。3. 下列抵押物就地封存，不得使用：

抵押物名称	型号	数量

七、抵押人对自己占管的抵押物，在抵押期间负责维修、保养，保证抵押物的完好，并随时接受抵押权人的检查和验证。抵押人未征得抵押权人的书面同意，不得以出租、出售、转借等形式处分自己所占管的抵押物。抵押权人发现抵押人对所占管的抵押物保管不当或有减损其价值的行为时，抵押权人有权要求抵押人恢复原状或提供其他等价的财产充当抵押物。抵押人不予执行的，抵押权人可以停止发放新贷款或收回部分直至全部贷款。

八、抵押权人占管之抵押物，如因抵押权人过错造成抵押物及有关文件损坏、遗失的，由抵押权人承担责任并赔偿损失。

九、抵押权人占管、保管抵押物及有关文件、凭证，按照有关规定由抵押人向抵押权人交纳保管费________元，本协议生效后三十日内结清。

十、本抵押所保证的借款合同期满，借款人未按合同约定偿还全部贷款本息的，或在抵押期间抵押人依法被宣告被产的，抵押权人有权依照国家有关法律、法规采取______________方式处分抵押物。处分抵押物所得价款，按下列顺序分配：

（一）支付处分抵押物所需费用（含税金）；

（二）支付抵押人欠交抵押权人占管抵押物的保管费用；

（三）偿还借款人所欠抵押权人全部贷款本息；

（四）支付应由借款人支付贷款银行的其他有关费用；

（五）清偿上述款项后所余金额交还抵押人。

处分抵押物所得金额不足以偿还借款人所欠抵押权人贷款本息的，抵押权人仍有权追索债务。

十一、借款人按借款合同规定偿还全部贷款本息后，抵押权人将自己占管的抵押物及有关文件退还抵押人。

十二、抵押人应按照规定办理抵押物的财产保险，保险期不得短于抵押期。保险费用由抵押人支付。抵押期间，抵押权人为抵押财产保险的第一受益人。如遇意外损失，财产保险赔偿首先交由抵押权人处理。

十三、抵押期间，各种抵押物的孳息归财产所有人或经营管理权人所有。

十四、其他约定：

1.

2.

3.

（说明：其他约定中应包括抵押期间财产保险赔偿处理方式和有价证券到期是否兑付等约定）

十五、双方当事人必须全面履行本《抵押协议》所规定的权利与义务，任何一方不得擅自变更或者解除。

十六、本《抵押协议》为__________号借款合同的补充文件。一式______份，抵押人与抵押权人各执______份。

股份制企业，合资合营企业、承包经营企业董事会或发包人审核意见：

（签字、盖章）　　　　　年　月　日

抵押人（公章）：　　　　抵押权人（公章）：

法定代表人（签字）：　　法定代表人（签字）：

年　月　日　　　　　　　年　月　日

司法部关于抵押贷款合同公证程序细则

1992年12月31日　司发（1992）105号

第一条　为规范抵押贷款合同公证，保证办证质量，根据《中华人民共和国公证暂行条例》、《借款合同条例》、《公证程序规则（试行）》及有关规定，制订本细则。

第二条　抵押贷款合同公证是公证机关依法证明当事人签订的抵押贷款合同的真实性、合法性的活动。

第三条　本细则适用于银行或其他金融机构与以自己所有或经营管理的财产提供抵押担保的借款人之间签订的抵押贷款合同公证。

第四条　抵押贷款合同公证由当事人住所地或合同签订地的公证处管辖。

抵押物为不动产的，也可以由不动产所在地的公证处管辖。

第五条　申请人应填写公证申请表，并向公证处提交下列材料：

（一）法人资格证明和法定代表人身份证明及本人身份证件，代为申请的应提交授权委托书和本人身份证件；

（二）贷款方的《经营金融业务许可证》；

（三）抵押贷款合同草本及其附件；

（四）抵押财产清单、抵押财产所有权或经营管理权证明；

（五）抵押财产为土地使用权的，提交土地使用权证明；

（六）抵押财产为共有的，提交其他共有人同意抵押的证明；

（七）法律、法规或规章规定该项抵押需经有关主管部门批准的，提交有关主管部门的批准文件；

（八）公证员认为应当提交的其他材料。

第六条　抵押贷款合同应具备下列条款：

（一）借款人、贷款人的名称、地址、法定代表人或代表人的姓名、借款人的开户银行及帐号、合同签订日期、地点、合同生效日期；

（二）贷款的用途；

（三）贷款的币种、金额、期限和利率；

（四）贷款的支付及偿还本息的时间、方法；

（五）抵押财产的名称、数量、质量、规格、处所、使用权属及使用期限；

（六）抵押财产现值；

（七）抵押财产及其产权证书的占管方式、占管责任、毁损和灭失的风险负担和救济方法；

（八）抵押财产投保的险种、期限；

（九）抵押财产的处理方式和期限；

（十）违约责任及争议解决方法；

（十一）借贷双方商定的其他条款。

双方当事人可以在合同中约定，借款人违约时，贷款人可以申请公证机关出具强制执行证书，向人民法院申请强制执行借款人的抵押财产。

第七条 符合下列条件的申请，公证处应予受理，并书面通知当事人：

（一）申请人为该抵押贷款合同的借款人和贷款人；

（二）申请公证事项符合本细则第三条规定的范围；

（三）申请公证事项属于本公证处管辖；

（四）本细则第五条规定的材料基本齐全。

不符合前款规定条件的申请，公证处应作出不予受理的决定，通知当事人，并告知对不受理不服的复议程序。

受理或不受理的决定，应在本细则第五条所列材料基本齐全后的七日内作出。

第八条 公证员接待申请人，应按《公证程序规则（试行）》第二十四条的规定认真制作谈话笔录，重点记录下列内容：

（一）合同签订的有关情况；

（二）抵押财产的现值及归属、使用情况；

（三）各方对合同中规定的权利、义务及后果是否明确，有无修改、补充意见；

（四）公证员对合同的修改、补充建议及当事人对该建议的意见；

（五）公证费的负担及支付方式；

（六）公证员认为应当询问的其他情况。

第九条 办理抵押贷款合同公证，公证员应按《公证程序规则（试行）》第二十三条的规定进行审查，重点审查下列内容：

（一）本细则第五条所列材料是否齐全、属实；

（二）合同条款是否完善、合法，文字表述是否清楚、准确；

（三）贷款人是否具有发放本次贷款的权利；

（四）贷款的用途是否符合规定；

（五）借款人对抵押财产是否有所有权或经营管理权；

（六）抵押财产是否为法律所允许抵押；

下列财产不得抵押：

1. 法律、法规或规章禁止买卖或转让的财产；
2. 所有权有争议的财产；
3. 被依法查封、扣押或采取诉讼保全措施的财产；
4. 应履行法定登记手续而未登记的财产；
5. 无法强制执行的财产；
6. 法律、法规或规章禁止抵押的其他财产。

（七）抵押率是否符合有关规定；

（八）抵押财产是否有重复抵押，已设定抵押的，抵押财产的余值能否承担本次贷款的抵押责任；

（九）抵押财产为共有的，其他共有人是否同意；

（十）法律、法规或规章规定该项抵押需经有关主管部门批准的，是否已获批准；

（十一）合同中有强制执行约定的，当事人对该项约定的法律后果是否明确，意思表示是否真实。

第十条 公证员认为必要时，可以对抵押财产进行勘验、清点、评估。

第十一条 符合下列条件的抵押贷款合同、公证处应按《公证程序规则（试行）》规定的程序和期限出具公证书：

（一）贷款人、借款人符合贷款、借款的条件；

（二）当事人的意思表示真实；

（三）合同内容真实、合法。

合同中有强制执行约定的，公证处应赋予该公证书以强制执行的效力。

第十二条 不符合前条第一款规定条件的，公证处应当拒绝公证，拒绝公证的，公证处应在办证期限内将拒绝的理由书面通知当事人，并告之对拒绝不服的复议程序。

第十三条 公证处应设立抵押登记簿。对已办结公证的抵押贷款合同，公证处应对抵押财产的名称、数量、现值、处所、所有人或经营管理人、权益的有效期限等内容进行专项登记。

抵押登记可按规定查询。

第十四条 以第三人所有或经营管理的财产提供抵押担保的抵押贷款合同公证，参照本细则办理。

第十五条 本细则由司法部负责解释。

第十六条 本细则自下发之日起施行。

（五）其　他

中国人民建设银行关于三峡库区移民资金管理联行协作暂行办法

1992年9月23日　建总发字（1992）第174号

第一条　为认真贯彻中央提出的开发性移民方针，搞好库区移民资金的管理，保证移民资金专款专用，充分发挥移民资金的社会经济效益，根据国家有关政策规定和库区移民资金管理的要求，特制定本办法。

第二条　三峡库区移民资金联行由中国三峡工程开发总公司（简称三峡开发公司）和国务院三峡地区经济开发办公室移民组（简称三经办）开户的建设银行三峡工程专业分行（简称主办行）及三峡库区各省、地（市）、县移民局（办）开户的建设银行（简称经办行）组成。

第三条　移民资金联行工作，由“三峡库区移民资金管理联行领导小组”（简称联行领导小组）领导。联行领导小组由建设银行湖北省、四川省分行、重庆市分行和三峡工程专业分行组成。领导小组下设办公室，办公室主任由建设银行三峡工程专业分行行长担任。联行领导小组负责联行工作的组织、指导和实施，协调处理有关问题；检查联行工作的执行情况，研究解决联行管理工作中存在的问题，提出进一步开展工作的措施；定期召开联行领导小组会议，制定联行目标管理考核办法。

第四条　各联行成员要摆正服务与监督的关系，树立全心全意为库区移民服务的思想，协助当地移民局和政府部门为库区移民提供优质服务，各行都要坚持一业为主，多种经营，不断开拓新业务，在搞好库存移民资金管理的同时，广泛吸收存款，增强自我发展能力，更好地支持库区经济建设。

第五条　各联行之间，要根据移民资金使用的特点，建立经常的业务联系与协作，互通情况，交流经验，互相学习，共同搞好移民资金的管理工作。

第六条　建设银行湖北省、四川省分行、重庆市分行、涪陵、万县、黔江地区中心支行、鄂西州中心支行、宜昌市中心支行应积极支持联行经办行的工作，帮助他们建立健全机构，充实力量，努力改善他们的工作、生活条件，并切实负责协调好本地区各联行的关系，协助主办行顺利开展工作，参与所辖库区大中型开发移民项目的可行性研究，概（预）算审查以及竣工验收工作，不断总结经验，加强管理。

第七条　主办行职责

1. 承担三峡开发公司及三经办的移民资金和财务管理工作，在国家批准的年度移民计划和财务计划内及时供应资金。

2. 严格执行基本建设计划，控制基本建设投资规模，检查分析基本建设计划执行情况及移民资金使用情况，严格控制各项费用支出，制止各种摊派、挤占、挪用、浪费移民资金的现象。

3. 负责与三峡开发公司签订贷款协议或合同，并负责贷款的回收。

4. 加强与三峡开发公司及三经办的联系，协助建设单位建立健全财务管理制度，全面掌握移民资金的拨付及使用情况，审查、签证年度基本建设财务计划和财务决算。

5. 组织有关经办行参与库区开发性移民项目的选择和概（预）算审查，根据批准的概（预）算文件、年度投资计划，投资包干协议和工程进度拨付资金。

6. 会同三经办组织有关经办行检查移民项目的进度，参加大中型项目的竣工验收。

7. 根据联行领导小组和两省一市分行的工作要求，提出并组织实施移民资金联行工作计划，及时向经办行抄转有关三峡移民工作的规定和文件。

8. 积极支持联行经办行的工作，对联行工作中出现的问题及时研究协调解决或向有关部门反映，对重大情况和问题的调查报告要以情况反映形式及时上报总行和联行领导小组。

9. 建立健全移民资金管理及联行管理工作档案，负责定期向联行领导小组及上级行报送移民资金专户季报，并在年度终了30天内向总行和联行领导小组报送本年度联行工作执行情况的报告。

10. 根据工作需要及时向联行领导小组提出召开移民资金联行会议的建议，并负责搞好会议的各项准备工作。

第八条　经办行职责

1. 办理所在地区移民项目的资金拨（贷）款工作，搞好拨（贷）款管理。根据年度计划和工程进度，在下达的拨（贷）款额度内及时供应资金，管理和监督移民资金的合理使用。

2. 搞好移民项目的工程价款结算，坚持按合同、按预算、按进度进行工程价款的结算，参与项目竣工验收，审查经办项目的年度财务决算和竣工决算。

3. 按时完成主办行布置的各项工作，及时向上级行和主办行报送移民资金的使用情况。在年度终了20天内向上级行及主办行汇报联行工作执行情况和年度移民资金财务决算。

4. 参加本地区移民项目的立项、评估和投标、招标、评标工作，参与审查、签订承发包合同和包干协议。

5. 经常深入现场，进行调查研究，了解移民工作的进展情况。对工作中出现的新情况、新问题要尽量协助解决，对重大问题在分析原因后，及时报告上级行和主办行。

6. 审查、落实拆迁补偿费用，协助当地移民局搞好拆迁补偿和移民安置工作。对不符合移民政策及补偿标准的应坚决予以制止，在作好解释工作的同时及时向上级行及有关部门汇报。

第九条 拨（贷）款管理方式。库区移民资金无论是拨款还是贷款，均由主办行采取汇拨资金管理方式，由主办行根据年度移民计划和资金财务计划将资金汇拨到移民局在所在建设银行经办行开立的“其他资金存款——移民专项存款”户，由经办行按批准的计划和工程进度拨付。

第十条 拨（贷）款管理的依据。

1. 国家批准的库区年度移民计划是项目管理的主要依据。主管部门在下达三峡库区移民计划时，应同时抄送建设银行总行和湖北省、四川省分行、重庆市分行和三峡工程专业分行。

2. 三经办在转发和下达库区移民明细计划时，应同时抄送建设银行三峡工程专业分行及有关省、地（市）、县支行。三经办每年2月底以前应向建设银行三峡工程专业分行报送年度财务计划和移民资金使用计划，并按规定报送统计报表和财务决算报表。

3. 三经办与移民安置单位签订的合同（协议）、概（预）算文件、工程承包合同、分月用款计划均应抄送有关建设银行。

4. 开户建设银行根据工作需要，可向有关单位调阅有关资料和文件。

第十一条 由于三峡库区点多、线长、面广，为了库区移民资金联行工作顺利进行，及时沟通情况、交流信息，决定建立库区信息网络。

1. 信息网络的组成。库区信息网络由湖北省、四川省分行、重庆市分行、主办行、经办行等29个分支行组成，开发公司和三经办为特缴信息研究员单位。各成员单位推荐一名信息员（或联络员）兼职开展工作。

2. 信息交流的主要内容：

(1) 国家及有关领导对库区移民的重要政策及指示；

(2) 1985—1991年及今后各年移民试点经费使用情况、经验、教训；

(3) 移民项目典型调查报告，重大问题及重要情况的通报；

(4) 农村移民项目、土地开发及配套设施、建园质量控制、土地权属、利益分配；

(5) 参与选项、立项，加强投资管理的具体作法；

(6) 城镇迁建的选址，规划设计，标准控制、资金的使用；

(7) 文物古迹搬迁的设想和建议；

(8) 建设银行搞好移民投资管理设想，库区专项贷款、技改资金、建行信贷资金与移民资金相结合的经验；

(9) 三峡工程投资管理情况；

(10) 国内外水电建设项目投资管理的经验及做法；

(11) 中央各部门对口支援三峡库区建设的情况；

3. 信息网络联系及交流方式

(1) 信息网络在“联行领导小组”的具体领导下开展工作；

(2) 网络成员单位每月向主办行提交1—3篇材料或稿件；

(3) 信息稿件由主办行负责收信、审稿、编辑，定期（或不定期）发送各信息网络成员单位和有关部门；

(4) 信息网络原则上每年召开一次信息交流会，必要时也可增加会议交流次数。

4. 评选及奖励

主办行根据各成员单位信息的递送数量和质量，每年进行一次评选。评选出有代表性的先进信息成员单位和优秀信息员给予适当奖励。奖励标准另定。

5. 奖励基金的来源由联行领导小组、两省一市分行和三峡工程专业分行协商解决。

第十二条 库区各经办行可结合本地区库区移民工作的特点，经联行领导小组同意后，对本办法做必要的补充规定或制定实施细则，并报总行备案。

第十三条 本办法自下发之日起执行。本办法由总行负责解释和修订。

三、项目管理类

（一）项目评估

中国人民建设银行贷款项目后评价实施办法（试行）

1992年2月1日 建总发字（1992）第19号

第一章 总 则

第一条 为加强和完善建设银行贷款项目的管理，检验项目评估和贷款实施管理工作质量，总结贷款决策的经验教训，提高项目评估、贷款决策和贷款实施管理水平，促进贷款回收，特制定本办法。

第二条 项目后评价是对已全部建成投产的贷款项目建设实施和生产经营状况进行分析，并对未来经济效益进行预测和评价的工作过程，是贷款项目管理周期的重要组成部分。

第三条 项目后评价的对象，主要是利用建设银行信贷资金（含内、外资）发放贷款的基本建设项目和技术改造项目。后评价项目的选择范围主要是建设银行贷款数额较大的项目和其它能提供典型经验、教训的项目。

第四条 项目后评价的时机，一般在项目全部建成投产后3—5年进行，根据工作需要也可提前或推迟进行。

第五条　项目后评价工作应按照分级管理的原则，由各级建设银行投资调查部门负责组织实施，投资信贷部门、稽核审计部门配合。

第六条　项目后评价的程序为：

1. 确定后评价项目；

2. 组织项目后评价小组，制定后评价工作计划；

3. 收集项目建设和生产经营情况的资料和数据；

4. 根据本办法各项内容要求，对数据资料进行整理、计算、对比和分析；

5. 编写项目后评价报告；

6. 对项目后评价报告进行审查；

7. 将项目后评价中揭示的重要问题及其对策或建议反馈给有关部门。

第七条　项目后评价的内容主要包括：

1. 企业概况；

2. 项目建设实施情况后评价；

3. 生产条件及经营情况后评价；

4. 财务后评价；

5. 国民经济后评价；

6. 社会效益后评价；

7. 总结与评价。

第二章　企业概况

第八条　编制《企业概况表》(后评价表1)，进行必要的文字叙述。

第九条　企业的名称、性质、等级、主管部门、地理位置、企业的建立时间及其发展过程概况。

第十条　企业规模状况，主要包括：

1. 占地面积和建筑面积；

2. 固定资产原值、净值和流动资金平均占用额及其来源；

3. 主要设备台数及其技术水平；

4. 主要产品生产能力和投产后历年产量；

5. 职工人数及构成。

第十一条　企业经营管理情况。内容包括：

1. 企业的经营方式；

2. 企业享受的主要优惠政策；

3. 企业投产后历年生产计划完成情况，包括劳动生产率、产值、利润及税金等情况；

4. 企业在同行业和在地区经济、国民经济中的地位及其影响；

5. 企业是否实行全面质量管理（TQC），产品质量及其获奖情况；

6. 企业机构设置和人员（尤其领导人）素质情况；

7. 企业各项经营管理制度的建设情况；

8. 企业近几年新产品研制开发情况。

第十二条　企业资信情况，主要包括：

1. 产品在用户中的声誉和影响；

2. 企业负债及偿债（包括偿还建行贷款）情况。

第三章　项目建设实施情况后评价

第十三条　编制《项目建设概况表》(后评价表2)，并进行简要文字论述分析。

第十四条　编制《固定资产投资情况执行表》(后评价表3)和《实际固定资产投资超支原因分析表》(后评价表3—1)，进行必要的文字叙述。主要内容为：

1. 将项目实际固定资产总投资额与项目评估报告中固定资产总投资额估算数和最初批准的概算总投资额进行比较，计算出投资超支额或投资节约额。如投资超支额度大，则要分析引起超支的原因，应按预留投资缺口，设计方案变更；设计漏项，建设单位自行改变建设规模和提高建设标准，主要设备及建材价格变动，汇率、利率、工期、费用标准变动，损失浪费等类原因进行分析，计算各类因素占超支额总超支额的比例。

2. 根据“后评价表3”和“后评价表3—1”中的相关数据，计算实际固定资产总投资超概算率（或节约率），其公式如下：

$$\text{实际固定资产总投资超概算率（或节约率）}=\frac{\text{项目实际固定资产总投资额}-\text{最初批准概算总投资额}}{\text{最初批准概算总投资额}}\times 100\%$$

式中，项目实际固定资产总投资额应包括建设期利息(以下同)，一般应根据竣工决算报告中的数字进行分析后取得。

第十五条　落实投资管理责任制情况。项目是否实行了投资包干、工程招标承包责任制，并说明效果和存在的问题。

第十六条　编制《项目投资来源表》(后评价表4)，进行投资资金来源变化情况分析。

第十七条　项目建设工期情况分析。将项目实际建设工期与项目计划工期进行比较，分析变动的原因，计算建设工期延长（或缩短）时间。公式为：

$$\text{建设工期延长（或缩短）时间}=\text{实际建设工期（月）}-\text{计划工期（月）}$$

第十八条　固定资产形成率分析。

计算公式为：

$$\text{项目实际固定资产形成率}=\frac{\text{项目实际交付使用固定资产额}}{\text{项目实际固定资产总投资额}}\times 100\%$$

应将其计算结果与项目评估报告中固定资产形成率进行比较，也可与全国其它同类项目的固定资产形成率进行比较，分析产生差异的原因

第十九条 单位生产能力投资分析。计算公式为：

单位生产能力实际投资＝项目实际固定资产总投资额，/项目实际形成生产能力。

应将计算结果与评估报告中的预测数或可行性研究报告中的预测数进行比较，与同类型已竣工项目的实际数字进行比较，分析产生差异的原因。

第二十条 项目工程质量评价。项目工程质量较差时要说明导致工程质量差的主要原因，分析计算因工程质量差所造成的投资损失。

第二十一条 对贷款项目经办行在项目实施管理中的管理方法和措施及其管理水平进行评价。说明经办行针对项目实施中出现的问题采取了哪些必要措施，对控制投资提出了哪些合理化建议及其被有关部门采纳情况和实际效果，经办行在贷款实施管理工作上有哪些经验和教训？

第四章 生产条件及经营情况后评价

第二十二条 生产条件及经营情况后评价，是从计算项目建成投产后生产能力利用率入手，分别从产品销售市场、工艺技术及设备、原材料、燃料及动力供应、资金供应、管理等方面，分析影响和制约生产能力利用率的原因。

第二十三条 编制《产、销情况分析表》(后评价表5)，进行生产能力利用率分析。生产能力利用率计算公式为：

$$生产能力利用率=\frac{年实际产量}{设计年生产能力}\times 100\%$$

第二十四条 设备及工艺技术后评价，包括以下内容：

1. 生产工艺概述，分析其选用工艺是否先进、适用，前后工序布置是否合理？

2. 主要生产设备的技术性能、指标是否达到设计要求，设备运行是否正常？

3. 设备之间生产能力是否配套？项目采用了引进设备时，要着重分析引进设备与国产设备之间能力及工艺上是否配套？若不配套，则要分析其主要原因。

4. 产品质量和原材料、能源消耗指标水平，与国际、国内同类型企业先进水平的差距多大？

5. 项目采用先进技术的消化吸收情况。项目采用了引进技术时，要着重分析消化吸收引进技术的能力。

6. 职工素质是否与先进技术的要求相适应？

7. 根根国家有关规定，评价项目建设规模的经济性。

第二十五条 编制《原料、能源供求情况分析表》(后评价表6)，进行项目生产物资供应及其它生产条件情况分析，主要包括：

1. 项目生产用的主要原材料、辅助材料、燃料动力等的品种、质量、数量是否满足实际需要？

2. 流动资金供应是否满足生产的实际需要？企业自补能力如何？

第二十六条 产品销售市场情况分析，主要包括：

1. 项目投产以来的产品质量、销售量各为多少？其中出口量及主要销售范围。

2. 分析产品的市场竞争能力，包括产品质量对产品销售的影响，预测产品市场需求前景；针对产品市场销售可能存在的问题提出相应的对策。

3. 分析项目评估报告（或可行性研究报告）中市场需求预测的数字和结论与实际情况差异及其主要原因。

第五章 财务后评价

第二十七条 财务后评价是指按照项目实际发生的投入产出物价格和税率，计算项目已发生的实际费用和产生的实际效益，并站在新的时点上，依据国家现行财税制度和价格体系，预测项目计算期内未来时间将要发生的效益和费用，据以考察项目的财务盈利能力和财务清偿能力等财务状况。

第二十八条 财务后评价的内容包括基本财务报表编制和数据分析、财务盈利能力后评价和清偿能力后评价，财务后评价的主要评价指标为财务内部收益率、固定资产贷款偿还期和到期贷款偿还率。财务后评价辅助评价指标财务净现值、投资利润率、投资利税率。

第二十九条 财务后评价指标的结果应与项目评估或可行性研究报告中对应指标的数据进行对比，着重从项目固定资产投资、流动资金、建设工期、达产年限和达产率、产品销售量、销售价格、产品成本、汇率等因素的变化来分析其对评价指标的影响，找出影响评价指标的主要因素，并进一步分析引起这些主要因素变化的深层原因。

第三十条 财务后评价基本报表编制和数据分析。

1. 编制《总成本分析表》(后评价表7)。将后评价表7所提供的成本数字与评估报告（或可行性研究报告）中对应值相比较，找出影响成本变化的主要因素，分析其影响程度。除编制总成本表外，根据实际需要也可编制单位产品成本表(见后评价表7 —1)，将主要产品的实际单位成本与预测值进行对比分析。

2. 编制《税金与利润分析表》(后评价表8)。将后评价表8中的实际数与项目评估（或可行性研究报告）预测数相比较，着重从产品销售量、销售价格、成本、税率的变化等方面分析并找出引起税金、利润变化的主要原因。

3. 编制《贷款偿还期计算表》(后评价表9)。根据后评价表9的有关数字，并与评估报告中的数据进行对比，分析各项还款资金来源变化的主要原因。

4. 编制《财务现金流量表(全部投资)》(后评价表10)。该表是以全部投资作为计算考核基础,分析计算项目实际已发生的各年现金流量,并据此预测计算期内未来各年现金流量,用以计算后评价财务内部收益率和财务收益净现值。编制财务现金流量表,应按以下基本原则进行:

(1)建设期现金流量应根据批准的各年建设单位财务决算报表和竣工决算报表分析计算填列。实际生产期和预测生产期现金流量根据后评价各表有关数据填列。

(2) 流量表中现金流入项中的“退税”是指生产经营期按规定退还给企业的产品税等各种税金,应按实际发生数和实际发生时间填列;预测年份无退税依据时,可不填列。现金流出项的“上交销售税金”中不应再扣除退税额。

(3) 现金流入项的“基建收入”是指在基本建设过程中形成的各项工程建设副产品变价净收入,负荷试车和试生产收入以及其他收入。基建收入的计算执行现行有关规定。

(4) 在现金流出项“固定资产投资中”,包括了项目竣工时的结余资金和实现的全部包干节余。投资包干节余资金和固定资产投资结余资金用于上交或还款部分,需在现金流入项中反映。

(5) 进行现值分析时,已考虑资金的时间价值,现金流出项“固定资产投资”不包括用投资支付的利息、挂帐利息。

(6) 现金流出项“固定资产投资”应包括建设期任何借款支用,包括储备借款和周转借款的支出或占用,但用投资借款归还这些借款时应抵扣还款年的投资流出,以真实地反映投资流出的实际发生时间和数量。

(7) 现金流出项“固定资产投资”不应包括建设期设备材料溢价,因为这些材料设备仍被项目占用。

(8)停缓建的工程项目重新上马一般可视作重新决策,折现起点选择应为重新开工年份。对于折现起点以前年度已发生的投资支出及其形成的财产,原则上把已丧失市场价格的部分全部视作沉没成本不予考虑,仍可按市场价格出售的部分,则按市场价格作为折现起点的“固定资产投资”,不予折现。实际操作中,可对这些财产采用重置成本法估价。

(9) 现金流出项“经营成本”可根据总成本表按下式计算:

经营成本=销售成本-固定资产折旧费(或维简费、摊销费)-流动资金借款利息净支出-在产品、自制半成品期初余额+在产品、自制半成品期末余额

第三十一条 财务盈利能力后评价,包括以下指标:

(一) 财务后评价内部收益率(FIRRe),是指项目在计算期内各年净现金流量现值累计等于零时的折现率,表达式为:

$$\sum_{t=1}^{n} (CI-CO)\, t \cdot (1+FIRRe)^{-t}=0$$

式中:CI——现金流入量;

CO——现金流出量;

(CI—CO) t——第 t 年的净现金流量;

$\sum_{t=1}^{n}$——项目计算期总和 (t=1, 2, 3……n)

FIRRe——财务后评价内部收益率

项目计算期包括建设期和有效生产期。建设期根据项目已发生的实际情况确定,有效生产期根据主要生产设备的折旧年限和产品寿命期确定,一般工业项目有效生产期不宜超过20年。为便于与前评估相比较,计算期应尽可能与前评估一致。

财务内部收益率 (FIRRe) 可用插值法计算

$$FIRRe=i_1+(i_2+i_1)\frac{|NPV_1|}{|NPV_1|+|NPV_2|}$$

式中:i_1——试算时低折现率;

i_2——试算时高折现率;

$|NPV_1|$——对应于低折现率 i_1 的净现值(正值)的绝对值;

$|NPV_2|$——对应于高折现率 i_2 的净现值(负值)的绝对值。

试算时,i_1、i_2 两个折现率之差不超过5%。

后评价财务内部收益率与项目实际资金成本比较,若大于资金成本,表明项目在财务上达到或超过了资金成本所要求的最低盈利能力。后评价财务内部收益率还应与国家最新规定的行业或部门基准收益率比较,若大于基准收益率,则说明项目在财务上达到了国家对本行业项目最新的最低的财务收益能力的要求。后评价财务内部收益率还应与项目评估时的财务内部收益率进行比较。

(二)后评价投资利润率,是指项目投产后各年实际生产期内满负荷生产年份,实际利润总额与项目实际总投资之比率。计算公式为:

$$投资利润率=\frac{年实际利润总额}{项目实际总投资}\times 100\%$$

上式中:项目实际总投资=项目固定资产总投资(含建设期利息)+项目实际占用流动资金

若项目投产后实际生产期无满负荷年份,年利润总额则取实际生产年份中年利润总额最高值。

(三)后评价投资利税率,最指项目投产后实际生产期内满负荷生产年份的年实际利税总额与项目实际总投资之比率。计算公式为:

$$投资利税率=\frac{年实际利税总额}{项目实际总投资}\times 100\%$$

若项目投产后实际生产期仍无满负荷生产年份,年利税总额则选用实际生产年份中的年利税最高值。

第三十二条 贷款偿还情况后评价。主要分析贷款偿还期和到期贷款偿还率。

(一)到期贷款偿还率,是指从项目投入资金到后评价时止,企业实际偿还贷款额与按项目借款合同到期应偿还贷款额之比率。计算公式为:

$$到期贷款偿还率=\frac{到期累计已偿还贷款额}{到期应偿还贷款额}\times 100\%$$

到期贷款偿还率大于或等于1时,表明项目已按借款合同偿还贷款;当到期贷款偿还率小于1时,表明该项目未按借款合同偿还贷款。

(二)后评价贷款偿还期。它是指在国家财税制度规定及项目具体财务条件下,以项目投产后可用作还款的利润、折旧及其他收益偿还固定资产投资贷款本金和利息所需要的时间。后评价贷款偿还期一般采用列表法计算。见《贷款偿还期计算表》(后评价表9)。

计算后评价贷款偿还期时,后评价时点以前发生的贷款本息和还本付息,均按各年实际发生数填列。后评价预测年份应计利息,应根据借款合同和银行有关规定确定的计息方法,还本付息方法等计算。后评价贷款偿还期应与项目借款合同所确定的贷款期限进行比较,分析项目是否能按期归还本息。

计算后评价贷款偿还期时,应将后评价贷款偿还与评估时贷款偿还期进行比较,分析项目是否能按期偿还建设银行贷款。如不能按期偿还时,应分析原因,提出加快贷款回收的对策和建议。

第六章 国民经济后评价

第三十三条 国民经济后评价是从国民经济整体角度考察项目的效益和费用,采用不同时期的影子价格、影子工资、影子汇率和社会折现率等国家参数,对后评价时点以前各年项目实际发生的和计算期未来时间各年预测的财务费用、效益进行调整,计算分折项目给国民经济带来的净效益。

第三十四条 需要进行国民经济后评价的项目,一般是在评估(或可行性研究)时进行了国民经济评价的大中型建设项目,或有特殊需要的其它建设项目,项目评估时没有进行国民经济评估的项目,一般不做国民经济后评价。

第三十五条 国民经济后评价应遵循统一的费用、效益划分原则。项目的效益是指项目对国民经济所做出的贡献,包括直接效益和间接效益。项目的费用是指国民经济为项目所付出的代价,包括直接费用和间接费用。

第三十六条 国民经济后评价确定投入产出物的影子价格时,外贸货物、非外贸货物、特殊投入物的划分原则及影子价格的计算方法,按照《中国人民建设银行基本建设贷款项目评估实施办法》中的相应规定执行。

第三十七条 国民经济后评价时,后评价时点以前各年度实际发生的投入产出物,应采用对应年份的影子价格来计算费用效益;后评价时点以后的投入产出物影子价格,应遵循国家最新有关规定进行测算。

第三十八条 国民经济后评价时,影子汇率、贸易费用率、影子工资等重要评价参数,不同时期应采用国家统一发布的对应时期数值。

第三十九条 国民经济后评价时,不同时期社会折现率相差不大时,为简化现值计算,社会折现率可以采用国家最新颁发的数值。

第四十条 国民经济后评价的内容包括基本报表的编制与数据调整、国民经济后评价指标计算。

第四十一条 国民经济后评价基本报表编制与数据调整。

1. 编制《国民经济后评价数据调整汇总表》(后评价表11)。数据调整是指在财务后评价基础上按照投入产出物类型划分原则及国家参数选择原则,对项目的投资、销售收入和经营成本进行调整。数据调整和计算方法参照《中国人民建设银行基本建设贷款项目评估实施办法》中的相应规定执行。《国民经济效益、费用流量表(全部投资)》(后评价表12),是以全部投资作为计算基础,分析计算项目实际已发生的各年国民经济效益、费用流量、预测计算期内未来各年国民经济效益、费用流量,用以计算全部投资的经济内部收益率和经济净现值。编制国民经济效益、费用流量表(全部投资),应遵循下列原则:

(1)国民经济后评价时,国家对项目的各种补贴、企业向国家交纳的各项税金,国内借款利息及一些明显不属于国民经济消耗的摊派收费等,均属于国民经济内部转移支付,因此不计为项目的费用或效益。

(2)建设期应付款增加,反映项目占用国民经济其它部门可用资源,应作为费用流出;建设期应收款的增加反映被国民经济其它部门占用可用资源还未形成项目内部消耗或费用,根据费用、效益同口径的原则和转移支付不计为项目费用的原则,应收款可不作为费用流出。

(3)费用流量项中的“经营费用”不包括计入生产费用中的各种税金,包括房产税、印花税、土地使用税等。

(4)费用流出项中的“营业外净支出中的费用部分”,系指营业外支出中确应计为国民经济费用的部分,其它营业外收支均为转移支付不计为效益或费用。属国民经济费用的营业外支出一般有企业搬迁费、新产品试制失败损失、非常损失、治理“三废”支出等。

第四十二条 项目国民经济后评价指标计算。国民经济后评价指标只设置后评价经济内部收益率(EIRRe)和后评价经济净现值(ENPVe)

(一) 后评价经济内部收益率 (EIRRe)，是反映项目的国民经济净效益的相对指标，它是使项目计算期内经济净现值累计值为零时的折现率。其表达式为：

$$\sum_{t=1}^{n}(Be-Ce)_t\ (1+EIRRe)^{-t}=0$$

式中：Be——后评价时效益流量；

Ce——后评价时费用流量；

$(Be-Ce)_t$——第 t 年净效益流量；

n——项目计算期。

(二) 后评价经济净现值 (ENPVe)，是反映项目的国民经济净效益的绝对指标。它是用社会折现率将项目计算期内各年的净效益流量折算到项目实施初期的现值之和。其表达式为：

$$ENPVe=\sum_{t=1}^{n}(Be-Ce)_t\cdot at$$

式中：at——对应于第 t 年的折现系数，各年按统一最新社会折现率 i_e 折现时，at 为：

$$at=(1+i_e)^{-t}$$

第四十三条　国民经济后评价经济内部收益率应与国家最新发布的社会折现率进行比较，若大于最新社会折现率，则表明项目达到或超过了国家最新规定和要求达到的最低社会盈利水平。后评价经济内部收益率还应与评估(或可行性研究)时的经济内部收益率比较，若大于评估时经济内部收益率，则说明项目达到或超过了预期社会盈利能力。后评价经济净现值等于或大于零时，表明国家为项目付出代价后，除得到符合国家最新规定的社会折现率的社会盈余外，还得到了以净现值所表示的超额社会盈余。

第七章　社会效益后评价

第四十四条　项目社会效益后评价的主要内容包括：

1. 项目改善生产力布局，对本地区经济发展，环保及生态平衡、交通设施和城市建设的实际影响。

2. 项目对本地区、本行业技术进步的实际影响。

3. 项目对改善资源配置，促进资源综合利用的实际影响。

4. 项目能耗状况。一般可用近三年产值综合平均能耗指标来反映。计算公式为：

$$\text{产值综合平均能耗}=\frac{\text{近三年累计能耗}}{\text{近三年累计产值}}$$

式中，能耗应折成标准煤计算。对耗能大的产品也可用近三年单位产品平均能耗指标反映。

第四十五条　项目社会效益后评价指标数值应与评估报告（或可行性研究报告）中的评价结果进行比较和分析。

第八章　总结与评价

第四十六条　编制《项目财务及经济效益指标对照表》(后评价表 13)。后评价总结的内容包括：

1. 总结项目投资和贷款决策的主要经验和教训；

2. 总结项目建设过程中的主要经验和教训；

3. 总结贷款管理工作中的主要经验和教训。

第四十七条　评价贷款项目评估工作的成功与失误。

第四十八条　提出提高项目经济效益，加快贷款回收的措施和建议。

第九章　附　　则

第四十九条　项目后评价报告及有关的数据和资料是项目档案的重要组成部分，应归入项目档案妥善保管，注意保密。

第五十条　本办法由建设银行总行负责解释。各省、市、自治区分行，计划单列市分行可根据本办法精神制订实施细则。

第五十一条　本办法自发布之日起施行。(评价表 1—13 略)

中国人民建设银行
国家能源投资公司
关于使用建设银行贷款的节能（材）基本建设项目评估、贷款工作的通知

1992 年 6 月 17 日　建总函字（1992）第 226 号

……

一、对申请使用建设银行贷款的节能（材）基本建设项目，省、自治区、直辖市、计划单列市计委（计经委）和建设单位在进行可行性研究时，应请当地建设银行参与项目的评估工作，并提供建设项目的有关材料。建设银行根据企业负债和资信状况，着重测算项目的经济效益和还款能力。各省、自治区、直辖市和计划单列市计委（计经委）在向节能公司报送项目可行性研究报告时，应附计委的审查意见和当地建设银行的评审结论意见，同时抄报建设银行总行投资调查部和信贷部，作为建设银行总行和节能公司审查的依据。经节能公司和建设银行总行确认后，如项目未发生重大变化，当地建设银行不再进行评估。

二、确需使用建设银行贷款的城市煤气、集中供热等项目，如当地政府能明确用存入建设银行的城市维护费予以担保，可视同具有还款能力，审查、评估时适当放宽条件。

三、地方计委、建设银行应积极支持节能（材）项目建设，并按国家确定的优惠利率和商定的贷款额度发放贷款，及时供应资金。

（二）项目管理

国家计划委员会关于建设项目实行业主责任制的暂行规定

1992年11月9日 计建议〔1992〕2006号

……

一、实行业主责任制项目的范围

第一条 从1992年起，新开工和进行前期工作的全民所有制单位基本建设项目，原则上都实行项目业主责任制。

在建项目也应积极创造条件；实行项目业主责任制。

二、项目业主和业主组织形成

第二条 项目业主是指由投资方派代表组成，从建设项目的筹划、筹资、设计、建设实施直至生产经营、归还贷款及债券本息等全面负责并承担投资风险的项目（企业）管理班子。

第三条 项目业主可采取多种组织形式：1.原有企业投资进行建设的项目，业主就是原有企业的领导班子。2.不同投资方以合资方式投资的新建、扩建项目（鼓励有条件的项目组建符合规范的有限责任公司）成立董事会，董事会是业主。3.单一由政府投资的新建项目，设立管理委员会，管委会是业主。4.由投资各方协商组建的各类开发、联营公司的领导班子等也可以成为业主。

第四条 业主班了要保持相对稳定，如果需要政府有关部门任命的，可由投资各方联合推荐上报政府有关部门批准。

三、项目业主的组成

第五条 投资方在酝酿建设项目的同时即可组成业主班子。全部由政府投资以及由政府联合投资的项目，如果其项目建议书或可行性研究报告未经批准，业主班了应予解散。

项目建议书和可行性研究报告的申报和审批，按国家的有关规定执行。

第六条 业主班了的人数、主要负责人等，由投资各方协商确定。

四、项目业主的主要职责

第七条 项目业主的主要职责是：

1. 负责筹集建设资金。

2. 提出项目的建设规模、产品方案、厂址选择和需要落实的建设条件。

3. 负责组织工程设计、监理、设备采购和施工的招标工作，审定招标方案，自主确定设计、监理、设备和施工的投、中标单位。

4. 按照国家有关规定，审查或审定工程设计、概算、集资计划和用款计划。

5. 审定项目（企业）年度投资和建设计划，审定项目（企业）财务预算、决算。

6. 按合同规定，审定归还贷款和其它债务的数额，审定利润分配方案。

7. 根据项目的具体情况，业主可自行聘任和解聘项目（企业）总经理。如需经政府有关部门批准的，可由业主推荐上报政府有关部门批准。总经理的职责范围由业主确定。

8. 根据国家的有关规定，确定企业的产品、劳务价格。

9. 审定项目（企业）机构编制、劳动用工及职工工资福利方案。

10. 批准项目（企业）总经理工作报告。

11. 处理工程建设中的重大问题。

12. 业主需决定的其它事项。

五、项目业主与有关方面的关系

第八条 各投资方通过签定不同方式的投资合同，共同建设项目，共享利益，共担风险，并按投资比例分得相应的产权。属于国家统配的产品，交国家分配。

第九条 合资的建设项目，需要银行贷款和发行建设债券的，可由业主提出申请，按有关规定报批。由此形成的债务由业主承担。

第十条 业主通过招标确定的设计、监理、设备供应和施工等单位，与业主是经济合同关系，并为业主服务。

第十一条 政府依法对项目（企业）进行监督、协调和管理，并对有政府投资的项目进行审批。项目业主的建设、生产和经营权受法律保护。业主有权拒绝摊派，对非法干预行为有权予以拒绝或提起诉讼。

第十二条 各级政府要为项目（企业）建设和生产经营创造良好的外部环境。帮助项目业主协调解决征地拆迁、移民安置和社会治安等问题，并搞好其它各项服务工作。

第十三条　业主遵照国家产业政策和行业、地区发展规划，以自有和自行筹措的资金从事生产性建设，能够自行解决建设和生产条件的，在国家规定的审批权限以内由业主自主决定立项，报政府有关部门备案并接受监督。政府有关部门应当根据登记注册的会计师事务所或者审计事务所的验资证明，出具认可业主自行立项的文件。

第十四条　业主从事建设、超过国家规定的审批权限以及不能自行解决建设和生产条件或者需要政府投资的，报政府有关部门批准。项目批准后，业主如果认为无法按审批部门要求的内容执行的，可通过主要投资方向审批部门陈述理由，提出修改意见或申请撤销该项目；业主未提出修改意见和未提出撤销申请的，将视为业主同意政府部门的意见，由项目业主自行承担责任。政府有关部门在审批文件中承诺安排的有关建设条件和生产条件，应按时负责安排和落实。超出政府审批文件承诺范围的，由项目业主自行负责解决。

第十五条　项目业主在项目（企业）建设过程中，必须执行国家投资管理的各项规定，投资应纳入计划并按时填报统计报表和提供投资及经营信息资料。项目建成后，其生产经营的管理按照《全民所有制工业企业转换经营机制条例》的有关规定执行。

六、其　　他

第十六条　在保证质量、工期和效益的前提下，项目建成验收以后，按审批的概算，节约的建设资金由业主按一定比例提取奖励基金，其它资金可用于扩大再生产、归还银行贷款和用于流动资金等。

第十七条　项目在建设过程中，超过概算的投资，由业主自行筹措。项目建成投产以后，不能按期偿还贷款及债券本息的，业主必须将留归项目和留归企业支配的资金全部用于还款，直至债务全部还清为止。在此期间不得从事其它新的投资活动。

第十八条　因非客观原因造成项目（企业）重大损失浪费的，要依法追究业主的责任。

第十九条　本规定由国家计委负责解释。

国家计划委员会
关于核定大中型基本建设项目
总投资的通知

1992年4月4日　计投资〔1992〕382号

……

一、重新核定的范围是1992年在建的大中型基本建设项目（含1992年新开工项目）。重新核定的项目总资金，包括建设项目总投资和建成投产后所需的铺底流动资金。项目总投资包括建设项目概算投资、动态投资。建设项目概算和动态投资纳入年度基本建设投资计划。

大中型项目所需铺底流动资金总额应在重新核定项目总投资过程中予以核定，至于资金解决办法另行通知。

二、建设项目概算投资是指项目的建筑安装工程费用、设备工器具购置费用、其他费用等。概算编制的科目和标准按现行规定执行。动态投资包括两部分：1.建设期贷款利息，汇率变动部分以及建设项目需要交纳的固定资产投资方向调节税和国家新批准的税费；2.建设期价格变动引起的投资增加额。

三、凡需重新核定总投资的项目，先进行剩余工作量的设计复查，将剩余工作量的概算按1992年的价格进行调整，但基本预备费部分按规定不作调整。在此基础上，列出其中1993至1995年的剩余工作量，并核定1993至1995年的动态投资。在进行核定工作时要分年列出投资方向调节税和利息。

对1990至1991年已经进行过设计复查的项目，可不再进行剩余工作量的设计复查工作，但需把动态投资的计算年限改为1992至1995年。

四、动态投资中，固定资产投资方向调节税、建设期贷款利息和汇率变动部分，按国家规定如实计算。

建设期由于价格变动引起的投资增加额，系指项目建设期间的建筑安装工程费、设备和工器具购置费由于价格上涨而引起的投资增加数额，不包括基本预备费部分。计算时以国家计委公布的投资价格指数为准，核定后计入总投资。

五、动态投资中价格变动引起的投资增加额，单独控制使用，项目建成后按实际价格决算，结余部分退回投资方，不足部分进行调整。

六、1993年至1995年的投资价格指数按6%执行。

计算公式：

$$Pf=\sum_{t=1}^{n} It\left[(1+f)^{t-1}-1\right]$$

式中：pf——计算期价格变动引起的投资增加额

n——计算期年数

It——计算期第t年的建安工程费用和设备及工器具购置费

f——投资价格指数

t——计算期第t年（以1992年为计算期第一年）

七、动态投资（包括第二条的第1、2两部分）按每个五年计划进行测算，这次调整先计算到1995年。对1995年尚不能竣工的项目，待国家计委到期发布新的投资价格指数后，再行计算。收尾工程在按1992年价格进行设计复查调整概算时一次补足。

八、对项目原已考虑了价格上涨因素并已打入投资的，在调整中按6%投资价格指数计算后，不足的予以补足；超过的予以核减。

九、重新核定工作，按项目隶属关系由各部门、国家各专业投资公司和各省、自治区、直辖市及计划单列市计委（计经委）负责，国内合资项目由主要投资方负责。具体工作由项目原设计单位承担，并邀请银行等有关单位参加。各单位必须在八月底以前完成重新核定工作，核定结果报原概算审批单位审查批准，并将结果于九月底前报国家计委。

十、重新核定后的概算和动态投资，由项目投资各方按原出资比例分摊，资金来源渠道也按原资金来源渠道分别解决。

十一、动态投资部分，均不得作为各种取费的基数。

十二、项目总投资重新核定以后，各有关部门、单位都要严格认真执行，除发生人力不可抗拒的自然灾害和国家政策或计划有重大调整以外，"八五"期间除动态投资外，一律不再调整。所有建设单位都要同投资方签订投资包干合同，严格履行。各部门（公司）、地方凡不能按调整后的项目总投资落实资金的，一律不得安排新开工项目。

十三、建设单位不得支付国家规定税费以外的任何费用。各部门、地方、单位不得向建设项目摊派各种费用。

十四、小型和限额以下项目比照本通知执行。

十五、本通知自发布之日起执行。

四、概预算管理类

中国人民建设银行工程造价编审资格管理办法

1992年11月28日　建总发字（1992）第214号

第一章　总　　则

第一条　为加强对工程造价编审的人员的管理，提高工程造价编审质量和人员业务素质，根据《中国人民建设银行技术经济工作管理办法》，特制定本办法。

第二条　各级建设银行凡从事工程造价编审人员都必须通过考试（核），取得资格后，才能承担相应的编审工作。

第二章　资格认证

第三条　在建设银行从事工程造价编审工作二年以上的省、地（市）级行工程造价专职编审（含管理）人员、县级行工程造价专（兼）职编审人员、咨询机构以及其它岗位从事工程造价专职编审人员，均应参加资格认证。

第四条　资格认证采取考试、考核两种形式。

第五条　凡符合下列条件之一者可参加考核：

1. 连续从事工程造价编审工作十年以上者；

2.连续从事工程造价编审工作五年以上，并获得中级以上职称者；

3.年龄在五十岁以上，对工程造价编审工作具有丰富的实践经验，或发表过有一定水平的工程造价编审方面的论著者；

4. 参加省、自治区、直辖市分行统一组织的技术经济业务竞赛，取得前三名者。

不符合上述条件者应参加统一考试。

第六条　工程造价编审资格认证由本人申请，所在行同意，经地（市）级行考核通过并签署意见后，再参加省级行统一组织的命题考试（核）。考试（核）合格者报总行核发"工程造价编审资格证书"（以下简称资格证书）。

第七条　工程造价编审人员的专业设置为土建（含市政、园林、修缮）；一般安装（含给排水、采暖通风、煤气）；设备安装（含工艺管道、机械设备、热力设备、化学工业设备）；电气（含电讯、自控）四种专业。

第八条　持有资格证书的人员，可以承担相应专业的工程造价审查和定案工作。

第九条　参加资格认证考试（核）未取得资格证书者，可继续参加下一次考试（核）。省分行原则上每年组织一次未获证人员的考试（核）、审查、报批工作。

第三章　考试、考核的组织形式和内容

第十条　资格认证的具体考试（核）工作由各省、自治区、直辖市分行负责组织。省、自治区、直辖市分行应成立有主管行长参加的资格认证领导小组，负责考试（核）、审查、报批工作；地（市）级行应成立有主管行长参加的资格认证考核小组，负责考核、推荐工作。

第十一条　考核内容应包括政治思想、工作业绩和从事工程造价编审资历等。

第十二条　考试内容应包括工程技术、概预算基本知识、专业基础理论、施工图预算编制以及有关政策和规定等。

第十三条　工程造价编审人员的日常考核、管理等工作由所在行负责。

第四章　资格证书的管理

第十四条　资格证书由总行负责统一印制、统一编号和发放。具体工作由各级行建经或预算审查处（科）统

一归口管理。

第十五条　资格证书是建设银行审价人员从事编制、审查、管理工程造价的资格证明。证书只限于本人使用，不得转借、转让、涂改或利用证书谋取私利，不能作为个人对外承担审价工作的依据。

第十六条　持证人员必须坚持原则，严格执行国家的法规、法令、方针政策和各种定额标准。工程预结算书的封面应填写编、审人员的姓名和证书编号。

第十七条　未取得资格证书的人员，可在持证人员指导下参加编制、审查工作，在其所编审的预结算书上除应填写本人的姓名外，尚须签署给予指导的持证人员姓名及证书编号。否则，其编审的工程造价文件无效。

第十八条　因工作变动不再从事本专业工作或调离建行和离退休后不在本行系统从事审价工作者，其证书由各行收回并交省行保管备查。

第十九条　资格证书自发证之日起，原则上每两年复检一次，复检工作由各省、自治区、直辖市分行组织进行，在证书检查栏填写复检意见并加盖检验章。

第二十条　各级建设银行应加强对持证人员的检查、考核、管理工作，对工作突出的持证人员进行表彰和奖励，并将检查考核情况作为个人晋级、评定专业技术职务和聘用的主要依据。

第二十一条　持证人审查一份工程造价差错率在5%以上或编制一份工程造价差错率在7%以上者，应视具体情况给予批评教育，一年内连续发生三次者应停止其一年编审资格。对违反本办法第十五条规定者，吊销资格证书，同时视情节轻重给予相应的行政处分。

第五章　附　　则

第二十二条　建设银行各省、自治区、直辖市分行可根据本办法和实际情况制定实施细则，并报总行备案。

第二十三条　本办法由中国人民建设银行总行负责解释。

第二十四条　本办法自1993年1月1日起执行。

五、施工管理类

中国人民建设银行《国营大中型施工企业统一报告制度》

1992年4月17日　建总发字（1992）第56号

……

二、本制度所称国营大中型施工企业是指直接从事建筑安装工程任务，具有法人资格，实行独立核算并自行缴纳所得税，全部职工实有人数2000人以上（机械化施工公司1000人以上）的全民所有制经济组织。包括预算内和预算外的建筑公司、安装公司、工程公司（工程局）、房修公司、住宅公司、机械施工公司等施工企业，不包括附属于其他企业、行政事业单位内部的自营施工单位。

报告的对象和范围，以1991年末符合上述条件的全部企业为准并固定下来。1992年后如其中某些企业发生条件变化或其他企业符合上述条件，也暂不作增减企业变动，以保持有关指标年度之间的可比性。

三、各级建设银行分别本行辖区内中央、地方全部国营大中型施工企业报告的有关工作。企业内部机构分布在不同省、市、区县的，以企业基地为准确定其辖区。

四、报告的内容和方法：

1.报送国营大中型施工企业基本情况表。建设银行各经办行要及时收集、整理所辖企业组织机构、施工、生产、设备、材料、劳动、工资、财务、成本、经济效益等有关资料，建立完整详细的企业经济档案。在此基础上填制《国营大中型施工企业基本情况表》（附一），逐级上报省、自治区、直辖市、计划单列市分行（以下简称分行）。分行收集整理后，于1992年5月底前统一上报总行。总行、分行、地市支行三级管理行要以本表作为基础资料，分别建立本行辖区内全部国营大中型施工企业的经济档案，并逐步完善。

2.报送国营大中型施工企业综合情况表。各经办行财政驻厂员或财务专管员要经常深入企业，掌握企业经营管理的第一手资料，定期填制《国营大中型施工企业综合情况季报表》（附二，第　　年一、二、三季度填报）和《国营大中型施工企业综合情况年报表》（附三），逐级汇总上报分行，季报表于季度终了20日内，年报表于年终一个半月内由分行汇总上报总行。

总行将统一研制开发季、年报表微机汇总软件，建立总行、分行两级国营大中型施工企业数据库。季、年报表暂以报表方式报送，待汇总软件开发后再改按远程通讯或报盘方式报送。

3.报送国营大中型施工企业经营活动研究资料。各分行在上报《国营大中型施工企业综合情况年报表》的同时，应向总行报送综合研究资料；此外，每年至少应向总行挑选报送一份专题调查或专题研究资料。研究资料应着重分析企业经营管理的共性问题及其原因，提出切实可行的对策措施或改进意见。

总行定期公布全国国营大中型施工企业有关经济指标完成情况，并进行综合分析研究。

五、总行每年公布50户经济效益好的国营大中型施工企业及其经办行、管辖行名单，各行要大力推广这些企业的典型经验，并进一步给予有关倾斜政策支持；对经营管理较差，经济效益严重下降的国营大中型施工企业，有关行要重点协助其分析原因，反映情况，制订改进措施，促进其转化。

六、各省、自治区、直辖市、计划单列市分行可结合自己的实际情况做出补充规定。

(附件略)

六、投资财务管理类

财　政　部
关于提高国营企业固定资产单位价值标准的通知

1992年3月13日　(92)财工字第61号

……

一、国营企业固定资产单位价值标准原根据我部颁发的《国营企业固定资产折旧试行实施细则条例》规定，经国务院经济主管部门同财政部协商确定为200元、500元和800元的，可依照本通知规定分别提高到1000元、1500元和2000元。

国营企业提高固定资产标准后，固定资产目录需要调整的，应由中央和省、自治区、直辖市及计划单列市的主管部门审核，征得同级财政部门同意后执行。

二、提高固定资产单位价值标准后，国营企业原固定资产低于新标准的，应相应调整为低值易耗品，其原有净值可按目前低值易耗品摊销办法摊入成本。

三、由于提高固定资产价值标准而相应增加的成本支出属于企业各期损益的调整，企业不得因此而减少上交财政收入，不调整承包基数。

四、鉴于商贸金融企业固定资产原值价值标准已于1988年作了一次调整，商贸金融企业的固定资产单位价值标准是否需再次调整等问题，另行通知。

五、根据文教企业的实际情况，固定资产单位价值标准分别提高到600元、1000元和1500元，其他按本通知一至三条的规定执行。

六、有关固定资产标准的其他原则规定，仍应按《国营企业固定资产折旧试行条例实施细则》执行。

七、本规定从1992年7月1日开始执行。

中国人民建设银行
关于国家专业投资公司运用基本建设基金参股(合资)、合作投资财务管理的通知

1992年5月28日　建总发字(1992)第92号

……

一、参股、合作投资资金实行总额控制。投资公司用于参股、合作资金的总额由国家计委商建设银行确定，投资公司在此总额内落实具体项目。大中型项目报国家计委审批后列入年度计划，小型项目由投资公司按产业政策导向自主安排。

二、参股、合作项目选定后，投资公司应与项目签订经济合同，在相互自愿、平等协商和符合政策的基础上，明确双方的权利、义务、责任，收益共享，风险共担。经济合同的内容应符合国家有关规定，不能实行税前保股息，税后分红利的作法。投资公司应将有关经济合同(副本)连同有权机关批准的项目建议书、项目可行性研究报告、初步设计、年度投资计划、行业归口管理部门核定意见和效益测算表等一并提送建设银行总行，作为签订贷款合同的依据和有关建行经办行作为拨付资金及办理贷款的依据。

三、参股、合作资金按以下方式管理：

投资公司参股、合作的项目实行投资公司通过建设银行总行统借统还贷款的管理方式。在年度投资计划及参股、合作资金总额确定后，投资公司与建设银行总行签订统借统还借款合同，暂时执行原“拨改贷”利率。建设银行总行对投资公司核定统借贷款指标，用汇拨资金的方式直接汇到项目所在地的建设银行经办行。

投资公司应按季向建设银行总行报送参股、合作投资项目进度表和效益情况表，如实反映参股、合作投资的使用、经营情况。

四、参股、合作资金的利润分配应符合国家有关政策。投资公司应根据项目的经济效益情况及利率水平，合理计算参股、合作项目收益率，投资公司对参股、合作项目收回的股息、红利、收益，统一存入投资公司在建设银行总行开立“国家投资公司存款——参股、合作存款户”，因投资公司财务分配体制尚未确定，对投资公司参股、合作项目收回的股息、红利和收益，原则上不予动用。

五、建设银行总行在国家年度投资计划内和财政拨入的基建基金内适时保证投资公司参股、合作项目的资金供应。投资公司应按与建设银行总行签订的统借统还合同规定的期限和数额归还基建基金贷款。投资公司应在建设银行开立结算户并接受监督管理。

六、《基建基金管理办法实施细则》正式颁发后，本通知将据以修改补充。

财　政　部
关于住房资金的财务管理试行办法

1992年6月25日　(92)财综字第114号

……

一、住房制度改革所需资金要坚持立足于现有资金转化的原则，把用于住房建设、经营、消费的资金集中起来，变无序为有序，并使之合理化、固定化、规范化。

二、各级财政部门要按照国务院有关文件和国务院住房制度改革领导小组、财政部、建设部《关于住房资金的筹集、使用和管理的暂行规定》的有关规定，做好

原有住房资金的转化、新增住房资金的融通和管理工作。住房资金按其来源渠道，分别按预算内、预算外资金办法管理。

三、各级财政住房专项资金

(一)各级财政住房专项资金的来源是:各级政府用于住房建设和改造的投资(含国家预算内基本建设投资中用于住房建设和改造的资金)；各级财政原来用于住房维修和管理的资金；征自于住房的房产税；直管住房出售收入；征自于各部门、各单位自管旧住房出售收入的能源交通重点建设基金和国家预算调节基金；各级财政统筹的租金收入；预算安排的房改经费等。

各级财政用于住房方面的资金，凡是预算上有明确科目的，全部划转；预算上难以与其他经费划分开的，应确定划转比例。具体划转办法，地方财政的由各省、自治区、直辖市和各计划单列市财政部门自行确定；中央财政的由财政部确定。

(二)各级财政住房专项资金主要用于:补充行政事业单位发放提租补贴或缴纳公积金的不足；住房的维修和管理；住房建设和改造专项拨款或贷款；房改方面的其他支出。

中央单位的房改经费，由中央单位向当地财政部门提出使用计划或申请，经省、自治区、直辖市财政部门审核汇总上报财政部，由财政部向地方财政部门办理拨款或贷款手续，再由地方财政部门办理转拨或转贷手续。

四、城市住房基金

(一)城市住房基金的来源是:各级财政的拨款(财政原来用于住房的资金；住房房产税；直管住房出售收入；各级财政统筹的租金收入等)；直管住房租金收入；公积金的经营收益；城市住房基金的利息收入等。

(二)城市住房基金主要用于:补充行政事业单位发放提租补贴或缴纳公积金的不足；住房的维修和管理；住房建设和改造专项拨款或贷款；房改方面的其他支出。

(三)城市住房基金实行在预算上列收列支的管理办法。城市住房基金由各级财政部门管理，使用时由使用单位或部门提出的使用计划和申请，经财政部门审核后，办理拨款或贷款。

五、国营企业住房基金

(一)国营企业住房基金的来源和计提

国营企业住房基金的来源是:企业原来用于住房建设和改造的自有资金；住房的折旧费、大修理基金；自管和委托代管住房的租金收入；公有住房出售收入；收取的住房租赁保证金；从税后留利中按一定比例提取的资金；经财政部门核定在成本中列支的资金；上级主管部门下拨的住房资金；城市住房基金拨入和借入的资金；国营企业住房基金的利息收入；其他资金。

国营企业用于住房建设和改造的自有资金，由企业自行计提。住房的折旧费和大修理基金，按现行财务规定提取。原来用于自管住房的维修费、管理费，按房改前三年平均数计提。从留利中提取的房改资金，按同级财政部门核定的比例提取。其他各项资金按实际数计提。计提的各项资金，经当地财政部门核定，按现行财务制度列支后，全额纳入国营企业住房基金。

(二)国营企业住房基金主要用于:发放住房提租补贴和缴纳公积金；自管住房的维修、管理和改造；归还住房借款；住房建设；房改方面的其他支出。

(三)国营企业住房基金，按国务院国发〔1986〕44号文件的有关规定，实行预算外资金管理办法。国营企业须向同级财政部门报送住房基金的财务收支计划和决算。

六、行政事业单位住房基金

(一)行政事业单位住房基金的来源和划转

行政事业单位住房基金的来源是:单位原来自有资金用于自管住房的维修费、管理费；自收自支事业单位提取的住房折旧费和大修理基金；原有房租补贴资金；自管和委托代管住房的租金收入；留归单位的住房出售收入；租赁保证金收入；从预算外资金中按一定比例提取的资金；上级主管部门下拨的住房资金；城市住房基金中拨入或借入的资金；行政事业单位住房基金的利息收入；其他资金。

原来自有资金用于自管住房的维修费、管理费，以房改前三年平均数划转。自收自支事业单位的住房折旧费、大修理基金，按现行规定提取后，全额划转。从预算外资金中按一定比例提取的资金，全额划转。其他各项资金，按实际数划转。划转的各项资金，经当地财政部门核定，按现行财务制度列支后，全额纳入单位住房基金。

(二)行政事业单位住房基金主要用于:发放住房提租补贴和缴纳公积金；自管住房的维修、管理和改造；归还住房借款；住房建设；房改方面的其他支出。

(三)行政事业单位住房基金(不包括财政预算拨款部分)，按国务院国发〔1986〕44号文件的有关规定，实行预算外资金管理办法。采取由财政部门专户储存、计划管理、财政审批、银行监督的管理方式。行政事业单位须向同级财政部门报送住房基金财务收支计划和决算。

七、其他

(一)公积金、直管住房的租赁保证金、住房债券收入和集资建房、合作建房等其他形式筹集的收入等其他住房资金，凡未纳入各级财政住房资金、城市住房基金、国营企业住房基金和行政事业单位住房基金的，均按国务院国发〔1986〕44号文件的有关规定，实行预算外资金管理办法。采取由财政部门专户储存、计划管理、财政审批、银行监督的管理方式。

(二)财政住房专项资金的预算科目、城市住房基金的预算管理办法，以及住房资金的会计制度，由财政部另行制定。各级财政部门要建立住房资金的预决算制度。住房资金的预（决）算报表，由财政部另行布置。

（三）集体所有制单位住房基金的财务管理可参照本办法执行。

（四）各省、自治区、直辖市和计划单列市可根据本办法结合当地实际情况，制定具体实施办法，并报财政部备案。

（五）本办法由财政部负责解释。

（六）本办法自发布之日起执行。

企业财务通则

1992年11月30日

中华人民共和国财政部令第4号发布

第一章 总 则

第一条 为了适应我国社会主义市场经济发展的需要，规范企业财务行为，有利于企业公平竞争，加强财务管理和经济核算，制定本通则。

第二条 本通则是设立在中华人民共和国境内的各类企业财务活动必须遵循的原则和规范。

第三条 企业应当在办理工商登记或者变更登记之日起三十日内，向主管财政机关提交企业设立批准证书、营业执照、章程等文件或者变更文件的复制件。

第四条 企业财务管理的基本原则是，建立健全企业内部财务管理制度，做好财务管理基础工作，如实反映企业财务状况，依法计算和缴纳国家税收，保证投资者权益不受侵犯。

第五条 企业财务管理的基本任务和方法是，做好各项财务收支的计划、控制、核算、分析和考核工作，依法合理筹集资金，有效利用企业各项资产，努力提高经济效益。

第二章 资金筹集

第六条 设立企业必须有法定的资本金。资本金是指企业在工商行政管理部门登记的注册资金。

资本金按照投资主体分为国家资本金、法人资本金、个人资本金以及外商资本金等。

第七条 企业根据国家法律、法规的规定，可以采取国家投资、各方集资或者发行股票等方式筹集资本金。投资者可以用现金、实物、无形资产等形式向企业投资。

投资者未按照投资合同、协议履行出资义务的，企业或者其他投资者可以依法追究其违约责任。

第八条 企业在筹集资本金活动中，投资者缴付的出资额超出资本金的差额（包括股票溢价），法定财产重估增值，以及接受捐赠的财产等，计入资本公积金。

资本公积金可以按照规定，转增资本金。

第九条 企业筹集的资本金，企业依法享有经营权，在企业经营期内，投资者除依法转让外，不得以任何方式抽回。法律、行政法规另有规定的，从其规定。

第十条 企业的负债，包括长期负债和流动负债。

长期负债是指偿还期限在一年或者超过一年的一个营业周期以上的债务，包括长期借款、应付长期债券、长期应付款项等。

流动负债是指可以在一年内或者超过一年的一个营业周期内偿还的债务，包括短期借款、应付短期债券、预提费用、应付及预收款项等。

第十一条 长期负债的应计利息支出，筹建期间的，计入开办费；生产经营期间的，计入财务费用；清算期间的，计入清算损益。其中，与购建固定资产或者无形资产有关的，在资产尚未交付使用或者虽已交付使用但尚未办理竣工决算以前，计入购建资产的价值。

流动负债的应计利息支出，计入财务费用。

第三章 流动资产

第十二条 流动资产是指可以在一年内或者超过一年的一个营业周期内变现或者运用的资产，包括现金及各种存款、存货、应收及预付款项等。

第十三条 企业按照国家规定，可以计提坏帐准备金。发生的坏帐损失，冲减坏帐准备金。不计提坏帐准备金的，发生的坏帐损失，计入当期费用。

坏帐损失是指因债务人破产或者死亡，以其破产财产或者遗产清偿后，仍然不能收回的应收帐款，或者因债务人逾期未履行偿债义务超过三年仍然不能收回的应收帐款。

第十四条 存货是指企业在生产经营过程中为销售或者耗用而储备的物资，包括材料、燃料、低值易耗品、在产品、半成品、产成品、协作件以及商品等。

低值易耗品和周转使用的包装物等，在领用后，可以一次或者分期摊入费用。

存货盘盈、盘亏、毁损的净收益或者净损失，计入当期损益。其中，存货毁损的非常损失，计入当期损失。

第四章 固定资产

第十五条 固定资产是指使用期限超过一年，单位价值在规定标准以上，并且在使用过程中保持原有物质形态的资产，包括房屋及建筑物、机器设备、运输设备、工具器具等。

第十六条 固定资产变价收入扣除清理费用后的净收入与其帐面净值的差额，以及固定资产盘盈、盘亏、毁损的净收益或者净损失，计入当期损益。

第十七条 在建工程支出是指为购建固定资产或者对固定资产进行技术改造在固定资产交付使用以前而发生的支出，包括工程用设备、材料等专用物资，预付的工程价款，未完工程支出等。

在建工程完工以前因试运转发生的支出和营业性收入，一般计入或者冲减在建工程成本。

第十八条 固定资产的分类折旧年限、折旧办法以及计提折旧的范围由财政部确定。企业按照国家规定选择具体的折旧方法和确定加速折旧幅度。

固定资产折旧，从固定资产投入使用月份的次月起，按月计提。停止使用的固定资产，从停用月份的次月起，停止计提折旧。

第十九条 固定资产修理费用，计入当期成本、费用。修理费用发生不均衡、数额较大的，可以采取分期摊销或者预提的办法，并报主管财政机关备案。

第五章 无形资产、递延资产和其他资产

第二十条 无形资产是指企业长期使用但是没有实物形态的资产，包括专利权、商标权、著作权、土地使用权、非专利技术、商誉等。

无形资产从开始使用之日起，按照规定期限分期摊销。没有规定期限的，按照预计使用期限或者不少于十年的期限分期摊销。

第二十一条 递延资产是指不能全部计入当年损益，应当在以后年度内分期摊销的各项费用，包括开办费、租入固定资产的改良支出等。

开办费自投产营业之日起，按照不短于五年的期限分期摊销。

第二十二条 其他资产包括特准储备物资等。

第六章 对外投资

第二十三条 对外投资是指企业以现金、实物、无形资产或者购买股票、债券等有价证券方式向其他单位的投资，包括短期投资和长期投资。

短期投资是指能够随时发现、持有时间不超过一年的有价证券以及不超过一年的其他投资。

长期投资是指不准备随时变现、持有时间在一年以上的有价证券以及超过一年的其他投资。

第二十四条 企业以实物、无形资产方式对外投资的，其资产重估确认价值与其帐面净值的差额，计入资本公积金。

值的差额，为企业债券的溢价和折价，在债券到期以前分期摊销或者转销。

以购买股票方式对外投资的，实际支付款项中含有已宣告发放股利的，将实际支付款项扣除应收股利后的差额，作为对外投资。

第二十五条 企业对外投资分得的利润或者股利，计入投资收益，按照国家规定缴纳或者补交所得税。

企业收回的对外投资与其投出时的帐面价值的差额，计入当期损益。

第七章 成本和费用

第二十六条 企业为生产经营商品和提供劳务等发生的各项直接支出，包括直接工资、直接材料、商品进价以及其他直接支出，直接计入生产经营成本。企业为生产经营商品和提供劳务而发生的各项间接费用，分配计入生产经营成本。

第二十七条 企业发生的销售（货）费用、管理费用和财务费用，直接计入当期损益。

销售（货）费用包括销售产（商）品或者提供劳务过程中发生的应当由企业负担的运输费、装卸费、包装费、保险费、展览费、差旅费、广告费，以及专设销售机构的人员工资和其他经费等。

管理费用包括由企业统一负担的公司经费、工会经费职工教育经费、劳动保险费、待业保险费、董事会会费咨询费、诉讼费、税金、土地使用费、土地损失补偿费、技术转让费、技术开发费、无形资产摊销、开办费、摊销业务招待费、坏帐损失、上交上级管理费以及其他管理费用。

财务费用包括企业经营期间发生的利息净支出、汇兑净损失、银行手续费等。

第二十八条 企业的下列支出，不得列入成本、费用：为购置和建造固定资产、购入无形资产和其他资产的支出；对外投资的支出；被没收的财物；各项罚款、赞助、捐赠支出；以及国家规定不得列入成本、费用的其他支出。

第八章 营业收入、利润及其分配

第二十九条 营业收入是指企业在生产经营活动中，由于销售商品、提供劳务等取得的收入。

企业发生的销售退回、销售折让、销售折扣，冲减当期营业收入。

第三十条 企业的利润总额包括营业利润、投资净收益以及营业外收支净额。

营业利润是指营业收入扣除成本、费用和各种流转税及附加税费后的数额。

投资净收益是指投资收益扣除投资损失后的数额。

营业外收支净额为营业外收入减去营业外支出后的数额。

营业外收支净额为营业外收入减去营业外支出后

的数额。

第三十一条 企业发生的年度亏损，可以用下一年度的利润弥补；下一年度利润不足弥补的，可以在五年内用所得税前利润延续弥补。延续五年未弥补的亏损，用缴纳所得税后的利润弥补。

第三十二条 企业的利润按照国家规定做相应的调整后，依法缴纳所得税。

缴纳所得税后的利润，除国家另有规定者外，按照下列顺序分配：

一、被没收财物损失，违反税法规定支付的滞纳金和罚款。

二、弥补企业以前年度亏损。

三、提取法定公积金。法定公积金用于弥补亏损，按照国家规定转增资本金等。

四、提取公益金。公益金主要用于企业职工的集体福利设施支出。

五、向投资者分配利润。企业以前年度未分配的利润，可以并入本年度向投资者分配。

第九章 外币业业

第三十三条 企业的外币业务是指以记帐本位币以外的货币进行的款项收付、往来结算以及计价等业务。

企业以人民币为记帐本位币。业务收支以外币为主的企业，可以选定某种外币作为记帐本位币。

第三十四条 企业各种外币项目(不包括按照调剂价单独记帐的外币项目)的期末余额，除国家另有规定者外，按照期末国家外汇牌价折合为记帐本位币金额。期末国家外汇牌价折合为记帐本位币金额与帐面记帐本位币金额的差额，作为汇兑损益，计入当期损益。

第三十五条 企业发生的汇兑净损益，筹建期间发生的，计入开办费，自企业投产营业起，按照不短于五年的期限分期摊（转）销，或者留待弥补企业生产经营期间发生的亏损，或者留待并入企业的清算损益；生产经营期间发生的，计入财务费用；清算期间发生的，计入清算损益。其中，与购建固定资产或者无形资产有关的，在资产尚未交付使用或者虽已交付使用但尚未办理竣工决算以前，入购建资产的价值。

第三十六条 企业发生外币调剂业务时，外币金额按照调剂价折合为记帐本位币金额与帐面记帐本位币金额的差额，计入当期损益。

第十章 企业清算

第三十七条 企业按照章程规定解散或者破产以及其他原因宣布终止时，应当成立清算机构，对企业财产、债权、债务进行全面清查，编制资产负债表、财产目录和债权、债务清单，提出财产作价依据和债权、债务处理办法，妥善处理各项遗留问题。

第三十八条 清算期间发生的清算机构的人员工资、差旅费、办公费、公告费等，计入清算费用，由企业现有财产优先支付。

清算期间发生的财产盘盈或者盘亏、变卖，无力归还的债务或者无法收回的债权，以及清算期间的经营收入或者损失等，计入清算损益。

第三十九条 企业财产拨付清算费用后，按照下列顺序清偿债务：

一、应付未付的职工工资、劳动保险费等。

二、应缴未缴国家的税金。

三、尚未偿付的债务。

在同一顺序内不足清偿的，按照比例清偿。

第四十条 清算终了，企业的清算净收益，依法缴纳所得税。缴纳所得税后的剩余财产，按照投资者出资比例或者合同、章程规定进行分配。

第十一章 财务报告与财务评价

第四十一条 财务报告是反映企业财务状况和经营成果的总结性书面文件，包括资产负债表、损益表、财务状况变动表(现金流量表)、有关附表以及财务情况说明书。

企业应当定期向投资者、债权人、有关的政府部门以及其他报表使用者提供财务报告。

第四十二条 财务情况说明书，主要说明企业的生产经营状况、利润实现和分配情况、资金增减和周转情况、税金缴纳情况、各项财产物资变动情况；对本期或者下期财务状况发生重大影响的事项；资产负债表日后至报出财务报告前发生的对企业财务状况变动有重大影响的事项；以及需要说明的其他事项。

第四十三条 企业总结、评价本企业财务状况和经营成果的财务指标包括：流动比率、速动比率、应收帐款周转率、存货周转率、资产负债率、资本金利润率、营业收入利税率、成本费用利润率等。

第十二章 附 则

第四十四条 本通则由财政部负责解释并组织实施。

第四十五条 分行业的企业财务制度，由财政部依据本通则规定。

第四十六条 本通则自 1993 年 7 月 1 日起施行。

七、投资税收管理类

国家税务局
关于劳改、劳教单位建设投资征免投资方向调节税的通知

1992年1月30日　国税函发〔1992〕273号

……

对劳改、劳教单位在“八五”期间经国家计委、国务院生产办和省、自治区、直辖市计委（计经委）批准列入计划的固定资产投资，除国家限制发展的项目投资、劳改、劳教局机关办公设施和职工宿舍、劳改、劳教单位所建非干警用办公设施、宿舍的建设投资，以及非劳改、劳教场所的生产经营性投资外，都按零税率征收投资方向调节税。

中国人民建设银行
转发关于征收农村水电供电地区电力建设基金的通知

1992年2月9日　建总函字〔1992〕第33号

……

有关建设银行对农村水电发展基金的会计核算方法，规定如下：

1. 农村水电管理部门按规定征收的农电建设基金存入建设银行时，经办行在“261其他资金存款”科目下设“农电建设基金存款”专户核算。

2. 在“455地方其他委托贷款基金”科目下设“农电建设委托贷款基金户”；在“456地方其他委托贷款”科目下设“农电基金委托贷款户”。“农电建设基金”转作贷款基金时，由委托单位根据协议签开付款凭证，从农电建设基金存款户将资金转入“455地方其他委托贷款基金”科目“农电建设委托贷款基金”户。在委托贷款基金范围内发放的贷款，以“456地方其他委托贷款”科目“农电基金委托贷款户”核算。

为便于掌握情况，请各分行于每年一月份将上年度农电建设基金的征收、使用情况报总行投资部。

国家税务局
关于固定资产投资方向调节税代扣手续费的通知

1992年2月27日　国税函发〔1992〕411号

……

一些地区反映，固定资产投资方向调节税征收中仍有委托代扣的形式，需要明确代扣手续费的提支问题。由于固定资产投资方向调节税是由建筑税演革过来的，因此，固定资产投资方向调节税代扣手续费的提支，在没有新的规定之前，可以比照原建筑税的有关规定办理。

国家税务局
关于危房改造投资征收投资方向调节税的规定

1992年6月2日　国税发〔1992〕100号

……

一、危房拆除原地重建的投资，经当地计委（计经委）会同税务机关查核批准后，可扣除原建筑面积的恢复性投资，仅对其扩大面积部分的投资，按规定适用税率计税。

二、危房改造项目的产业属性属于国家严格限制，或以危房改造为名搞易地建设的，应按投资全额和规定适用税率计税。

三、有关单位在向房地产管理部门申请鉴定危房时，应将申请文件抄送当地计委（计经委）、税务机关。在危房鉴定过程中，税务机关要派员参与和了解掌握有关情况，并签署意见。

四、房地产管理部门下达危房鉴定书时，应抄送当地计委（计经委）、税务机关。

五、危房改造单位在危房改造动工前，凭有关计划和危房鉴定文件到税务机关办理纳税手续。

各地可结合本地实际情况，制定对危房改造征税和管理的具体规定。并报国家税务局和国家计委备案。

财　政　部
关于对税利分流试点企业免征能源交通重点建设基金和国家预算调节基金的通知

1992年11月6日　（92）财综字第192号

……

为了支持税利分流试点企业的技术改造，促进其转变机制，加快税利分流的改革步伐，理顺国家与国营企业的分配关系，现将免征税利分流试点企业的能源交通重点建设基金和国家预算调节基金（以下简称两项基金）的规定通知如下：

一、从1993年起，凡经财政部批准实行税利分流试点的企业，自试点年度起，免征两项基金。对于过去由财政部批准的税利分流试点企业，也从1993年起免征两项基金。已退出税利分流试点的企业或者实际未按原

核定试点方案执行的企业不适用此项政策。

二、在税利分流试点期间，企业免征的两项基金应全部用于发展生产。

八、证券投资管理类

中国人民建设银行
关于1992年国家投资债券
贷款问题的通知

1992年5月25日 建总函字（1992）第186号

……

一、1992年国家投资债券贷款借款期限为5年，利率为年息11．66%。

二、1992年国家投资债券贷款项目可由国家专业投资公司或主管部门，以及有偿债能力的经济实体担保。

三、投资债券将于7月1日在全国公开发行，各行要抓紧做好投资债券贷款项目的审查与贷前准备工作，以利适时发放贷款。

附件：

国家计委 财政部 中国人民银行
关于发行1992年国家投资债券
有关问题的通知

……

一、1992年由中国人民建设银行发行国家投资债券40亿元。

二、国家投资债券由中国人民建设银行作为债务人，由财政部提供担保。

三、国家投资债券期限定为5年。

四、国家投资债券采取经济发行方式，由城乡居民、企事业单位、金融机构自愿认购，债券年利率为10.5%，到期一次还本付息，不计复利，利息收入免交个人收入调节税。

五、购买的国家投资债券可以抵押，但不记名、不挂失、不得作为货币流通，发行期满后即可进入证券交易市场转让。

六、国家投资债券到期时，由中国人民建设银行负责做好还本付息工作。

七、发行国家投资债券所筹集的资金专项用于基本建设，贷款期限不得超过5年，贷款办法比照基本建设贷款管理办法办理。5年期贷款利率为11．66%，国家不予贴息。为保证债券到期能还本付息，对使用债券资金的建设项目竣工投产后新增生产能力生产的产品，按照使用债券资金的比例，实行还本付息价格，由建设单位按物价审批程序，报国家物价局核定。实行还本付息价格新增的物价指数，纳入年度物价总水平计划。

八、国家投资债券的具体发行办法由中国人民建设银行负责拟定。

中国人民建设银行
发行1992年国家投资债券实施办法

1992年6月4日 建总发字（1992）第98号

……

第一条 1992年全行计划发行投资债券40亿元。各分行的发行计划由总行根据各地使用债券资金项目和发行市场情况分配下达。

第二条 投资债券以人民币为计算单位，票面额分为500元和1000元两种。

第三条 建设银行是投资债券的债务人。投资债券由财政部提供担保。投资债券由建设银行总行统一组织调运、发行和还本付息工作。

第四条 投资债券于1992年7月起完全采取经济发行方式公开发行。城乡居民、企业、事业单位和金融机构自愿认购。

第五条 投资债券发行期为一个月，即于1992年7月1日起至1992年7月31日止，原则上，投资债券不延期发行。发行期结束后，即可进入证券交易机构转让。

第六条 投资债券期限五年，年利率10.5%，1992年7月1日起计息；1997年7月1日起到期一次还本付息，计单利；逾期不另计付利息；利息收入免交个人收入调节税。

第七条 投资债券可以抵押，但不记名、不挂失，不得作为货币流通。

第八条 投资债券到期后，全国建设银行通兑。

第九条 投资债券调拨时，由总行开据投资债券调拨单，分行持调拨通知单和单位介绍信及本人身份证到总行指定地点办理领券手续。

第十条 各分行在发售投资债券以前，要利用各种形式进行宣传。公布债券发行条件，内容要准确、全面。

第十一条 投资债券需在营业柜台和储蓄网点对外销售，原则上不得设临时销售网点。投资债券视同现金管理，发行时不再加盖戳记。单位用转帐支票购买时，购券人应持本单位介绍信到发行经办行营业柜台办理转帐及购券手续，在他行开户的单位购券，发行经办行在票据收妥后方可付券。储蓄网点不办理非现金购券业务。

第十二条 各行在发售投资债券前，必须全部查验、清点原封债券。如发现长短券，应将原捆、原把债券如数保管，清点人员写出现场清点情况，签名后连同有关材料立即逐级上报总行。

第十三条 投资债券的出入库、调拨、领发及发行、兑付核算按建总发字（1992）第77号文《关于印发“中国人民建设银行发行和兑付债券会计核算手续”的通知》办理。

第十四条 投资债券票样和暗记原则上发至省、自治区、直辖市及计划单列市分行。各分行可以根据需要分发所属和与债券反伪工作有关的部门。下发票样单位均要建立票样登记薄，分别载清下发票样单位，收票样单位及经办人等内容。票样暗记要存放在保险柜里，要有专人保管，严防泄漏。管理人员变更时，要办理交接手续。投资债券票样禁止流通。

第十五条 各分行证券管理部门要建立投资债券资金辅助帐和实物券台帐。资金辅助帐要按年度、券别、行处设户，用以反映发售、兑付投资债券资金的运行情况。实物券台帐在详细记载投资债券发行条件的同时，也需按年度、分券别和行处设户，用以反映未发售、已兑付实物的库存情况。

第十六条 投资债券采用按计划承销的发售方式。各行应在7月15日以前按发行计划的50%，上交投资债券资金，另外50%于7月31日前全部上交总行。应上交的债券资金，由总行采取联行划付的方式向各省、自治区、直辖市、计划单列市分行划款。

第十七条 发行投资债券所筹集的资金全部用于国家计划内的重点基础工业和基础设施的建设，经办行用投资债券资金发放的贷款，由总行通过调拨资金计划供应资金。即经办行按照贷款支用进度，通过调拨资金计划逐级向总行请领资金。总行审批后逐级向经办行调拨资金。贷款管理按建总函字〔1992〕第186号《关于1992年国家投资债券贷款问题的通知》办理。

第十八条 各分行证券主管部门在投资债券发行期内，除了每旬以电话形式向总行筹资部报告发行进度外，在有价证券统计月报中要按月反映“1992年投资债券”发行情况。发行工作结束后，各行要在一个月内将发行工作情况，存在的问题及建议书面报告总行筹资部。

第十九条 本办法解释权在建设银行总行。

中国人民建设银行代理发行
中国电力企业投资债券办法

1992年6月12日 建总发字（1992）第104号

……

第二条 能源部所属的中国华北、东北、西北电力联合公司（总公司）河北、山西、吉林、黑龙江、上海、江苏、浙江、安徽、福建、山东、河南、湖北、湖南、江西、广西、四川、贵州、云南、甘肃、宁夏、新疆等省、区、市电力公司（电力局）等二十四家企业为电力债券债务人。

第三条 能源部是二十四家电力企业上级主管部门。

第四条 国家能源投资公司提供担保。

第五条 中国人民建设银行代理向社会公开发行，发行金额计人民币19亿元，由建设银行总行统一组织发行和兑付工作。

第六条 电力债券票面值一律为人民币壹仟元。

第七条 电力债券期限五年，年利率10. 5%，计单利；1992年7月1日上市发行，发行期为一个月，发行期首日开始计息。1997年7月1日到期一次还本付息，逾期时间不另计付利息；利息收入免交个人收入调节税。

第八条 电力债券可抵押，发行期结束即可上市转让；但不记名、不挂失，不得作为货币流通。

第九条 电力债券发行时不另盖发售章。债券到期后，在全国建设银行通兑。

第十条 19亿元电力债券采用承购包销的方式发行。

1. 其中9.5亿元在建设银行系统内实行计划承销，由各分行根据本地市场情况，于6月20日前上报计划承销金额，总行平衡后确定各行的承销计划，并即组织调运债券。

2. 另外9. 5亿元对社会公开招标，通过划款日竞标确定承销团和各承销单位承销额，具体招标、投标，资金划付等办法按照《中国人民建设银行关于中国石化企业投资债券、中国电力企业投资债券、国家投资公司债券承购包销的招标公告》执行。

第十一条 建设银行系统内按计划承销部分由有关分行负责按本行承销额分二次将债券资金上划总行（帐号：609350012），7月15日上划30%，7月30日上划70%。

第十二条 债券发行劳务费为1. 45‰，发行期结束后，总行一次下拨。

第十三条 有关债券发行和资金核算等未尽事宜，按照建总发字（91）第179号《中国人民建设银行证券业务管理暂行办法》和建总发字（92）第77号《中国人民建设银行发行和兑付债券会计核算手续》执行。

第十四条 本办法解释权在总行。

中国人民建设银行代理发行
中国石化企业投资债券办法

1992年6月16日 建总发字（1992）第107号

一、为广泛筹措资金，加快石油工业建设，建设银行受石油化工总公司委托代理镇海石化总厂等十家企业发行中国石化企业投资债券（以下简称石化债券）8亿元。根据国家计委和人民银行有关文件及建设银行债券发行有关规定，特制定本办法。

二、中国石油化工总公司所属的镇海石化总厂、巴陵石化公司、辽阳石油化纤公司、福建炼油厂、洛阳炼油厂、乌鲁木齐石化总厂、齐鲁石化公司、大庆石化总厂、高桥石化公司、抚顺石化公司等十家企业为石化债券债务人。

三、中国石油化工总公司是本次石化债券的担保单位。

四、中国人民建设银行代理向社会公开发行，发行金额计人民币8亿元，由总行统一组织代理发行和还本付息工作。

五、石化债券票面值一律为人民币壹仟元。

六、石化债券期限五年，年利率10.5%；7月1日起上市发行，发行日期为一个月，发行期首日开始计息。到期一次还本付息，不计复利；逾期不另计付利息；利息收入免交个人收入调节税。

七、石化债券可抵押，发行期结束即可上市转让；但不记名、不挂失、不得作为货币流通。

八、石化债券发售时不另盖发售章。到期后，在全国建设银行通兑。

九、8亿元石化债券采用承购包销的方式发行；其中4亿元由债务人所在地区的分行计划承销；另4亿元对社会公开招标，承购包销。

十、计划承销石化债券的有关省、区、市分行要组织好发债企业所在地区的债券发行工作，并负责在7月15日和7月30日分别将债券资金的30%和70%上划总行（帐号：609600012）。

十一、承购包销，通过对划款日竞标确定承销机构。承销量最大的承销机构为承销团主干事。承销团主干事负责集中承销团成员的承销资金，并按合同规定时间向建设银行总行缴清。具体招标、投标、资金划付等办法按照《中国人民建设银行关于中国石化企业投资债券、中国电力企业投资债券、国家投资公司债券承购包销的招标公告》执行。

十二、债券发行手续费为1.45‰，发行期结束后，总行一次下拨。

十三、其它未尽事宜，按照建总发字（91）第179号《中国人民建设银行证券业务管理暂行办法》和建总发字（92）第77号《中国人民建设银行债券发行和兑付会计核算手续》执行。

十四、本办法解释权在总行。

中国人民建设银行
代理发行汽车企业投资债券实施办法

1992年7月2日　建总函字（1992）第248号

为了集中社会资金，支持汽车行业建设，中国人民建设银行受托代理第一汽车制造厂等五家汽车企业发行中国汽车企业投资债券（以下简称汽车债券），以用于本年度国家批准的基本建设项目投资。为做好汽车债券的代理发行和管理工作，根据《中国汽车企业投资债券的发行章程》及有关规定，特制定本办法。

第一条　中国人民建设银行代理发行汽车债券3亿元，其中1.5亿元主要由债务人所在地的建设银行发行，其余1.5亿元由上海申银证券公司承销。（详见附表）

第二条　汽车债券的债务人分别为：第一汽车制造厂、一汽——大众汽车有限公司、第二汽车制造厂、南京汽车制造厂和中国重型汽车集团公司等五家汽车企业。

第三条　国家机电轻纺投资公司为汽车债券提供偿还担保。

第四条　汽车债券期限10年，年利率12.5%。1992年7月20日上市发行，1992年7月20日起计息，计单利，逾期不计利息，利息收入免交个人收入调节税。

第五条　汽车债券发行期一个月，即1992年7月20日起至1992年8月20日止。发行期结束后，即可上市转让。

第六条　汽车债券2002年7月20日到期一次还本付息，并可在全国建设银行通兑。

第七条　汽车债券以人民币为计算单位，面额为1000元。汽车债券可以抵押，但不记名、不挂失、不得作为货币流通。

第八条　汽车债券的发行对象为城乡居民个人、企事业单位和金融机构。

第九条　汽车债券由建设银行统一组织印制、调运、发行和还本付息工作。

第十条　汽车债券的调运工作由财会、筹资、保卫等部门共同负责。押运人员要严格执行《中国人民建设银行押运员守则》。

第十一条　汽车债券调拨时，由总行开具汽车债券调拨单，分行持调拨单和单位介绍信及本人身份证到总行指定地点办理领券手续。

第十二条　汽车债券的出入库及发行、兑付核算按建总发字（1992）第77号文《关于印发“中国人民建设银行发行和兑付债券会计核算手续”的通知》办理。

第十三条　各分行证券管理部门要建立汽车债券资金辅助帐和实物券台帐。资金辅助帐要按年度、券别、行处设户，用以反映发售、兑付汽车债券的运行情况；实物券台帐在详细记载汽车债券发行条件的同时，也需按年度、分券别和行处设户，用以反映未发售、已兑付实物券的收发、上交、销毁及结存情况。

第十四条　汽车债券视同现金管理，发行时不加盖任何戳记。

第十五条　汽车债券的期限较长，各行在对外发行以前，要做好宣传工作。宣传的内容要全面、准确。

第十六条　汽车债券采取按计划承销的办法发行。

各行应在8月5日和8月20日分别将债券资金的30%和70%上划总行（帐号：609240012）。

第十七条　汽车债券发行手续费为发行总额的1.45‰。总行在足额收到分行上划款项后，按各行的实际发行额一次拨付债券手续费。

第十八条　各分行证券主管部门在汽车债券发行期内，除了每旬以电话形式向总行报告发行进度以外，在有价证券代理发行兑付统计月报"中央企业债券"栏目中，要加汽车企业投资债券名称，并按月统计。

第十九条　各行发行工作结束后，要将发行工作情况，存在的问题报总行筹资部。

第二十条　本办法未尽事宜按建总发字（91）第179号《关于印发"中国人民建设银行证券业务管理暂行办法"的通知》办理。

第二十一条　本办法解释权属总行。

中国人民建设银行代理发行中国铁路投资债券实施办法

1992年8月1日　建总发字（1992）第137号

……

第一条　中国人民建设银行代理发行铁路债券面值总额人民币20亿元，各分行的发行计划由总行根据铁路建设项目分布和发行市场情况分配下达。

第二条　铁路债券的债务人为中华人民共和国铁道部。

第三条　铁路债券期限3年，票面年利率为9.5%，不计复利。1992年8月15日上市发行，并开始计息。1995年8月15日起到期，逾期不计利息。利息收入免交个人收入调节税（此点不登报、不广播，不对外宣传，内部掌握执行）。

第四条　铁路债券发行期两个月，即1992年8月15日起至1992年10月15日止。发行期结束，即可上市转让。

第五条　铁路债券到期一次还本付息，1995年8月15日起可在全国建设银行通兑。

第六条　铁路债券以人民币为计算单位，面额分别为500元、1000元两种。铁路债券可以抵押，但不记名、不挂失、不得作为货币流通。

第七条　铁路债券的发行对象为城乡居民个人、企事业单位和金融机构。

第八条　铁路债券由建设银行统一组织印制、调运、发行、还本付息和销毁工作。

第九条　铁路债券的调运工作由建设银行筹资、财会、保卫等部门共同负责。押运人员要严格执行《中国人民建设银行押运员守则》。

第十条　铁路债券调拨时，由总行开具铁路债券调拨单，分行持调拨单和单位介绍信及本人身份证到总行指定地点办理领券手续。

第十一条　铁路债券的出入库及发行、兑付核算等工作按建总发字（1992）第77号文件《关于印发"中国人民建设银行发行和兑付债券会计核算手续"的通知》办理。

第十二条　各分行证券管理部门要建立铁路债券资金辅助帐和实物券台帐。资金辅助帐要按年度、券别、行处设户，用以反映发售、兑付铁路债券的资金运行情况；实物券台帐在详细记载铁路债券发行条件的同时，也需按年度、分类别和行处设户，用以反映未发售、已兑付实物券的收发、上交、销毁及结存情况。

第十三条　铁路债券视同现金管理，发行时不加盖任何戳记。

第十四条　各行在对外发行铁路债券以前，要做好宣传工作。宣传的内容要全面、准确。

第十五条　铁路债券采取按计划承销的方式发行。总行在8月30日和10月10日分别将债券资金的50%以联行划付的方式向各分行收取。

第十六条　铁路债券发行推销费为发行总额的1.6‰，由总行在足额收到分行铁路债券款项后，按各行的实际承销额，一次拨付给分行。

第十七条　各分行证券主管部门在铁路债券发行期内，除了每旬以电话形式向总行报告发行进度以外，在有价证券代理发行兑付统计月报"中央企业债券"栏目中，加铁路投资债券栏次，按月统计。

第十八条　各行发行工作结束后，要将发行工作情况、存在的问题等总结报总行。

第十九条　本办法未尽事宜按建总发字（91）第179号文件《中国人民建设银行证券业务管理暂行办法》办理。

第二十条　本办法解释权属总行。

（附件略）

九、涉外投资管理类

国家外汇管理局关于加强金融机构外汇业务管理工作的通知

1992年1月30日　（92）汇业函字第31号

……

加强金融机构外汇业务管理工作的意见

近年来，随着金融体制改革的不断深入和对外开放的扩大，我国经营外汇业务的金融机构和外汇业务量发展较快。到目前，经营外汇业务的各类金融机构已有

181家，其中银行11家，非银行金融机构126家，外资、合资金融机构44家。银行经营外汇业务的分支机构有1820家，外汇储蓄网点14500多个，外汇业务从业人员近20万人。外汇总资产超过1100亿美元。总的看，外汇业务的开展对广泛筹集外汇资金，积极引进外资，支持国内经济建设和对外贸易，促进国际交往的发展起到了积极的作用，做出了贡献。但在外汇业务发展过程中也存在一些值得高度重视的问题。有的金融机构超范围经营和违章经营，一定程度上造成金融秩序的混乱；有的金融机构内部管理不健全，经营不够稳健，盲目扩大规模，在投资、放款、租赁等外汇业务中逾期情况严重；有的金融机构忽视对国内、外金融市场情况分析，不研究金融资产结构和风险比率，搞多借、多贷、短资长用，导致外汇资金流动性差，周转困难；有的金融机构不注重资金使用效益和防范汇率风险，经营失误较多，外汇业务收益低，甚至造成亏损和严重损失。上述问题，除金融机构自身经营管理不善等原因外，主管部门的管理和检查监督工作没有及时跟上也是重要的原因。针对各金融机构外汇业务发展中存在的问题，现提出如下完善和加强管理的意见：

一、目前，我国开办外汇业务的金融机构和网点的数量及资金规模已基本上能够适应经济发展的需要，而改善各类金融机构外汇业务经营状况，提高管理水平是摆在我们面前的迫切任务。为此，今后对金融机构外汇业务管理工作的重点应从审批外汇业务转到加强对金融机构外汇业务的日常管理、检查、监督和指导方面，保证金融机构外汇业务的健康发展。

二、对金融机构开办外汇业务继续坚持从严审批的原则。内地在近期内原则上不再增加开办外汇业务的金融机构，沿海开放地区也要根据需要从严控制。我局对审批工作实行计划管理，具体意见附后。

目前尚有少数金融机构没有按规定申请换发《经营外汇业务许可证》，为尽快结束这项工作，今年六月底以前，各机构必须按规定的程序抓紧申办外汇业务验收换证工作，对到期仍不符合验收标准的机构，我局将暂时收回其《经营外汇业务许可证》，待该机构清理整顿验收合格后，重新申请经营外汇业务。

三、切实加强对金融机构外汇业务的监管工作。我局将尽快研究制定对金融机构外汇业务进行监管的规定和办法，明确对金融机构外汇业务进行检查的方式、方法和重点，使监管检查工作制度化、规范化和经常化。年内各分局要组织对辖内金融机构外汇业务进行一次检查工作，检查的范围、检查的重点和检查机构的数量由各分局根据具体情况确定。方法上要求以检查组自检为主（金融机构不搞自查），听取外汇业务经营情况汇报为辅，通过查帐、对帐、计算分析各种比例和调阅项目档案等，摸清各类金融机构外汇业务经营状况和存在的主要问题，特别要注意提高金融机构经营风险的意识。对检查中发现的违章违法经营问题要依法坚决纠正，对经营管理方面存在的问题要严格要求，提出切实可行的改进意见。要加强分类指导，特别要提高金融机构的效益意识，为农业和国营大中型企业服务，要加强监督和管理。各分局在三月底以前，将检查工作计划、安排报我局。我局将组织人员参加重点地区的检查工作。检查工作结束后，各地分局要认真总结检查工作的情况，并形成书面检查报告上报我局。

四、改进工作作风认真做好外汇业务的调查研究工作，完善外汇业务管理规章制度。目前对金融机构的管理尚缺乏一些必要的规章制度和比例分析、风险防范制度。通过深入细致的调查研究工作，全面了解和掌握当地金融机构外汇业务的开展情况，各项政策规定的执行情况。并对金融机构外汇业务发展过程中存在的突出问题做深入的研究工作，分清哪些问题是机构本身没有认真执行法规造成的；哪些问题是法规本身不合理造成的；哪些问题是现行法规存在漏洞造成的。各地分局在调查研究中发现的问题与改进的意见要及时上报我局，以便总局尽快补充、修改和完善有关外汇业务的管理办法和规定，使金融机构有法可依、有章可循，逐步推行对金融机构的风险资产比例管理。为金融机构创造一个良好的经营环境。各地分局要加强对金融机构日常外汇业务的窗口指导和柜台监督，使之成为管理的重要手段和方式。

五、加强对外资、合资金融机构外汇业务的管理。首先，尽快研究制定外资、合资金融机构外汇业务管理办法，使对外资、合资金融机构的管理制度化、规范化。其次，加强对外资、合资金融机构日常外汇业务的监督和检查，对资金外流较严重的少数机构应采取措施加以控制，防止一旦出现类似BCCI事件，外汇资金难以追回。第三，辖内有外资、合资金融机构的分局，年内要组织一次对外资、合资金融机构外汇业务的检查工作。这项工作政策性很强，各分局应于四月底前向我局提出检查计划，经我局核准后再进行，我局将派人员参与重点地区的检查工作。

六、加强金融机构外汇业务管理的基础工作。首先，要充实金融机构外汇业务的管理人员，并加强人员的培训，提高监管水平。其次，要督促各金融机构按规定及时准确地报送外汇业务报表，并认真汇总分析，形成定期分析制度。为便于总局及时了解和掌握各地外汇业务的发展情况，指导各地外汇业务管理工作，今后各分局每半年要向总局报告一次当地金融机构外汇业务的经营情况分析报告。

附件二：

对审批金融机构开办外汇业务的掌握原则

一、对金融机构开办外汇业务实行从严审批的原则。内地在近期内原则不再增加开办外汇业务的金融机构；经济特区和沿海开放城市、除个别特别需要外，亦要严格控制。暂不批准外汇指定银行县支行开办外汇业务。已开办外汇业务的外汇指定银行分支行不再增加外币储蓄网点。

二、各外汇指定银行总行，各外汇管理分局在一九九二年三月底前，分别将年内拟同意本系统和辖区内外汇指定银行分支行开办外汇业务的计划上报我局，由我局统一布局，综合平衡后核批。在未核批前，各地分局一律暂停审批银行外汇业务。外汇指定银行总行提出的计划，需列出现有经营外汇业务机构和拟增机构的名单；各地分局提出的计划需附拟增加经营外汇业务机构的可行性报告。

三、各分局在审批金融机构开办外汇业务时，要严格把关。(一)首先审查该机构拟承办的业务量及业务种类是否有必要及其是否有能力经营；(二)银行必须具备足额的资本金或营运资金；(三)银行必须建立严格的岗位责任制，并按岗位分配人员；(四)银行外汇业务的主管人员必须具备从事外汇业务三年以上的资历，一般业务人员也应经过六个月以上的业务培训或相应从事外汇业务的经历。要求各分局对上述人员进行进行政策水平、外汇业务知识和实际操作能力的考核，经考核合格后方可上岗；(五)制定严格的内部管理规章、制度，报当地分局批准后施行，同时报我局备案。

四、各分局审批外汇指定银行承办的外汇业务仍坚持如下原则：(一)支行一级只能批准其办理外汇存款、外汇汇款和经其上一级行授权的外汇放款；(二)分行一级可适当增加外汇业务，但境外借款、代客外汇买卖业务须经其总行和国家外汇管理局批准；(三)自营外汇买卖业务按我局“关于加强金融机构自营外汇买卖业务管理的通知”的规定报批。

国家环境保护局 对外经济贸易部 关于加强外商投资建设项目环境保护管理的通知

1992年3月14日　环法（1992）057号

……

一、外商在我国境内投资建设必须遵守我国的环境保护法律、法规和有关规定，防治环境污染和生态破坏，接受环境保护行政主管部门的监督管理。外商投资建设项目应符合国家环境保护技术政策和有关要求。

二、严格控制从国外引进严重污染环境又难以治理的原材料、产品、工艺和设备，防止国外污染源向我国转移。

禁止引进严重污染、破坏环境又无有效治理措施并且污染物排放超过国家规定标准的项目，限制引进可能造成严重污染、破坏环境或治理困难的项目。

对国内不能配套解决污染治理问题的项目，在引进时，应当同时引进先进生产工艺及相应的先进环境保护设施。

三、凡对环境有影响的外商投资建设项目必须遵守我国建设项目环境保护管理规定，执行环境影响报告书的审批制度。

中外合资、中外合作建设项目环境影响报告书按现行规定的审批权限和程序进行审批。

外资建设项目环境影响报告书的审批权限，由与批准设立外资企业审批机关同级的环境保护行政主管部门审批。

外资建设项目在办理企业设立申请之前，必须向有审批权限的环境保护行政主管部门提交建设项目的选址布局、规模、产品方案、工艺、污染物排放及治理措施等有关材料，并根据其要求办理环境影响报告书（表）的审批手续。

未经环境保护行政主管部门批准环境影响报告书（表）的外资建设项目，经贸部门或政府授权的其他审批机关不予办理企业设立的批准手续。

四、外商投资建设项目的环境保护设施应以环境影响报告书（表）及审批意见为依据，并按《建设项目环境保护设计规定》进行设计。执行防治污染及其他公害的设施与主体工程同时设计，同时施工、同时投产使用的“三同时”制度。项目建成后，其污染物排放必须达到国家和地方规定的标准。实行污染物总量控制的地区，还应符合当地污染物排放总量控制的要求。

五、在项目投料生产及正式投产、使用前，必须按照规定的程序和要求，报原审批的环境保护行政主管部门对其环境保护设施进行检查、验收。验收不合格的，不得投入生产、使用。

六、香港、澳门、台湾的公司、企业和其他经济组织或者个人投资的建设项目，参照本通知规定执行。

中华人民共和国外商投资企业财务管理规定

1992年6月24日　（92）财工字第294号

第一章　总　　则

第一条　为了实施对外商投资企业财务工作的管理和监督，保护国家、企业和投资人的利益，根据国家关于外商投资企业的法律、法规，制定本规定。

第二条 本规定适用于依照中国法律批准在中国境内设立的外商投资企业，包括中外合资经营企业（以下简称合营企业）、中外合作经营企业（以下简称合作企业）和外资企业。

外商投资企业的财务活动，遵守中国的有关法律、法规和本规定，并接受财政机关的检查和监督。

第三条 全国外商投资企业的财务工作由财政部统一管理。

省、自治区、直辖市和计划单列市财政厅（局）（以下简称主管财政机关）具体管理本地区所属外商投资企业的财务工作。

中央企业主管部门依法对其所属企业举办的外商投资企业的财务工作进行指导、帮助和监督。

第四条 外商投资企业在办理工商登记后30天内，向主管财政机关提交批准证书、营业执照、合同、章程等文件的复制件。

企业生产经营期间，投资人增资、转让投资权益或者改变合作条件的，在依法办理变更手续后30天内，向主管财政机关提交变更文件的复制件。

第二章 财务会计机构、人员和制度

第五条 外商投资企业应当在中国境内企业所在地设置财务会计机构。规模较小，设置财务会计机构确有困难的，可以不设，但须报知主管财政机关或中央企业主管部门。

企业应当配备合格的财务会计人员，依法办理财务会计工作。财会人员因故离职时，须办妥交接手续，不得中断财务会计工作。

企业财务会计机构的具体设置，由董事会（或联合管理机构，下同）依照健全、有效的原则确定。

企业根据实际需要，设置总会计师。总会计师协助企业负责人领导企业的财务会计工作。

第六条 外商投资企业根据中国有关法律、法规和本规定，结合企业具体情况，制定本企业的财务制度，包括财务收支、财产管理、成本费用管理、开支标准与审批程序、外币资金管理以及内部控制、稽核等项制度。

企业的财务制度，在投产营业前报主管财政机关或中央企业主管部门备案。

筹建时间在一年以上的企业，应先制定适用于筹建期间的财务制度。并在取得营业执照后3个月内，报主管财政机关或中央企业主管部门备案。

第七条 外商投资企业按财政部规定的格式、内容和时限，定期向主管财政机关或中央企业主管部门、当地税务机关报送财务会计报表和财务情况说明书。其中年度报表和清算报表应附有中国注册会计师的查帐报告。

企业的财务会计报表和附送的查帐报告与财政部规定要求不符的，须重新编报。

第三章 资本的管理

第八条 外商投资企业应督促投资人按国家法律和合同、章程的规定，如期缴清出资额或者提供合作条件，做好资产的评估与验收，确保企业生产经营的资金需要，投资人在资本投入中违约的，应依法承担责任。

投资人可以现金、实物或无形资产出资或提供合作条件。外国投资人以现金出资或提供合作条件的，应是外汇；但其从中国境内举办的其它外商投资企业分得的人民币利润也可作为资本出资或合作条件。

投资人以实物、无形资产出资或提供合作条件的，须出具拥有资产所有权和处置权的证明，或者依法出具其它有效证明。投资人不得以租赁的资产或者已设立担保物权的资产进行投资。

对于应当作价的出资或合作条件，投资人须依法进行资产的作价。外资企业无形资产的作价金额不得超过其注册资本额的20%。

合营企业投资人的出资比例，按合同约定时的国家外汇牌价或企业初次收到出资时的国家外汇牌价折算确定后，不因汇率的改变而改变。

第九条 外商投资企业在收到投资人的出资或提供的合作条件后，须聘请中国注册会计师进行验资，并出具验资报告。验资工作在出资或提供合作条件后60天内完成。

企业在验资工作完成后10天内，应将验资报告报送主管财政机关或中央企业主管部门。验资报告失实的，应重新验资。

第十条 合营企业和外资企业在经营期内，投资人不得以任何名义和方式抽回其注册资本。合作企业在合同中约定合作期满时企业的全部固定资产归中国投资人所有的，可以在合作企业合同中约定外国投资人在合作期限内先行回收投资的办法，但须按有关法律的规定和合同的约定，对合作企业的债务承担责任。合作企业合同约定外国投资人在缴纳所得税前回收投资的，须报经主管财政税务机关批准。

第十一条 企业的资本公积包括：投资人缴付的出资额大于注册资本的差额；因有关资产帐户与实收资本帐户所采用的折合汇率不同而产生的折合记帐本位币差额；接受捐赠的收入等。

资本公积可用于：企业发生特大亏损，以前年度未分配利润和储备基金、企业发展基金不足抵补时，经董事会决议，用于弥补亏损；根据董事会决议，在按规定办理增资手续后，用于增资等。

第四章 资产的管理

第十二条 外商投资企业的流动资产，包括现金、银行存款、短期有价证券、应收和预付款项以及存货等。

企业的现金应专人保管，不得坐支；银行存款应以企业的名义存入开户银行；预付款项和应收款项应按合同或协议的规定办理及回收。

各项外币资金的收付及存放应遵守国家外汇管理的有关规定。外币与记帐本位币之间的折算，按财政部的有关规定办理。

第十三条 外商投资企业的存货是指库存的、加工中的和在途的各种商品、原材料、燃料、包装物、低值易耗品、在产品、自制半成品、产成品等。存货须正确分类、合理计价、妥善保管，完善收发领退手续和定期盘点制度。

企业的存货按实际成本计价。

购入的存货，以买价加运输、装卸、保险等费用，运输途中的合理损耗，入库前的挑选整理费用和缴纳的税金作为实际成本。其中商业和服务业企业购入的商品以买价和缴纳的税金作为实际成本。

自制、自产或者自行开采的存货，以制造、生产或者开采过程中的各项实际支出作为实际成本。

委托外单位加工完成的存货，以实际耗用的原材料或者半成品成本加加工、运输、装卸和保险等费用以及缴纳的税金作为实际成本。其中商业和服务业企业委托外单位加工的商品，以加工前商品的进货原价、加工费用等和缴纳的税金作为实际成本。

接受捐赠的存货，按照发票帐单所列金额加企业负担的运输、保险、缴纳的税金等计价；无发票帐单的，参照同类实物的市场价格计价。

采用计划成本核算的企业，应计算存货的计划成本与实际成本的差异。

第十四条 企业发出或领用商品、自制半成品、原材料、产成品，以及领用低值易耗品、包装物等，应采用财政部规定的核算方法计算其实际成本或进行摊销。

企业存货的帐面价值与可变现净值背离较大，需要调整帐面价值的，经主管财政机关或中央企业主管部门核准，可以进行调整。

第十五条 外商投资企业以实物或无形资产向其它单位投资的，须对投出的资产重新进行估价。估价金额与帐面价值之间的差额，属于短期投资的，作为当期损益；属于长期投资的，作为递延投资损益，在投资期内逐年平均转销。

企业以债券投资的，按实际支付的款项计价。

企业以股票投资的，按实际支付的款项或者按用于投资的实物、无形资产的重估金额加经纪人的佣金等有关费用计价。

企业向其它单位投资实际收回的股利或利息收入和到期收回或中途转让、售出时的实收款项，与投出时的帐面成本和应收股利或应计利息之间的差额，作为投资损益。

外商投资企业拨付独立核算、不单独纳税的附属企业的资产，按实际拨付的金额或者实物、无形资产的帐面价值计价。

第十六条 外商投资企业的固定资产，包括使用年限在一年以上的房屋、建筑物、机器、机械、运输工具和其它与生产经营有关的设备、器具、工具等。不属于生产经营主要设备的物品，单位价值在2000元以上，且使用期限超过两年的，也应作为固定资产。

第十七条 外商投资企业的固定资产以原价计价。本规定所称固定资产原价分别是指：

作为资本或合作条件投入的固定资产，为合同、协议约定的合理价格，或者参照市场价格估定的价格加使用前发生的有关费用。其中投资人以设备投入企业的，在确定原价时，应提供设备制造商开具的原始发票。

购入的固定资产，为买价加运输、装卸、安装、保险等费用和缴纳的税金。

自制、自建的固定资产，为制造、建造过程中的实际支出。

以融资租赁方式租入的固定资产，为合同规定的价款加由企业负担的运输、装卸、安装、保险等费用和缴纳的税金。

接受捐赠的固定资产，为发票帐单或资产验收清单所列金额加由企业负担的运输、装卸、安装、保险等费用和缴纳的税金。如系旧的固定资产，应按其新旧程度估计累计折旧。

盘盈的固定资产，为重置完全价值，并按新旧程度估计累计折旧。

因技术革新、技术改造而增加价值的固定资产，按所发生的有关支出增加固定资产原价。

第十八条 外商投资企业固定资产的折旧一般采用直线法或者工作量法，从固定资产投入使用月份的次月起，按月计算；停止使用的固定资产，自停用月份的次月起，停止计算折旧。需要采用其它折旧方法或者改变现有折旧方法的，须依法履行报批手续。

第十九条 外商投资企业固定资产的应计折旧额一般按其原价和分类折旧率计算。

固定资产的折旧率按其原值、估计残值和折旧年限计算确定。估计残值应不低于原价的10%；如需低于10%的，应依法履行报批手续。

企业的固定资产按以下分类和年限分别计算折旧：

(一) 房屋、建筑物，不短于20年；

(二) 火车、轮船、机器、机械和其它生产设备，不短于10年；

(三) 电子设备和火车、轮船以外的运输工具，以及与生产、经营业务有关的器具、工具、家具等，不短于

5年。

企业经营期限或企业取得已经使用过的固定资产，其尚可使用的年限短于上述规定折旧年限的，经审核批准后，可分别按生产经营期限或尚可使用年限确定固定资产折旧年限。

第二十条 外商投资企业因扩充、更新、翻新和技术改造增加价值而调整原价的固定资产，按调整后的原价和估计残值、已提折旧和尚可使用年限计算折旧。

企业以融资租赁方式租入的固定资产以及以经营租赁方式租出的固定资产，应计提折旧。房屋、建筑物以外长期闲置未用的固定资产，不计提折旧。

固定资产折旧提足后，仍可继续使用的，不再计提；提前报废的，不补提折旧。

第二十一条 外商投资企业在工程购建前，应认真编制工程预算，合理购置所需设备物资，正确核算工程成本，努力节约工程支出，及时办理竣工决算。

自营工程的成本包括直接材料、直接工资、直接机械施工费以及所分摊的工程管理费等。

出包工程成本包括交付的工程价款和所分摊的工程管理费等。

设备安装工程，按所安装设备的原价、工程安装费用、工程试运转支出，以及所分摊的工程管理费等作为成本。

第二十二条 外商投资企业的无形资产包括工业产权、专有技术、场地（海域）使用权、经营特许权、著作权等。

投资人作为资本或合作条件投入的无形资产，按合同、协议或企业申请书的约定，以及由企业负担的有关费用作为原价。

购入的无形资产，按实际支付的款项作为原价。

自行开发的无形资产，按开发过程中发生的实际支出作为原价。

接受捐赠的无形资产，按所附单据或参照市场同类无形资产价格进行合理估价。

上述无形资产在计价时，须备有相关详细资料，包括所有权证书的复制件，作价的计算根据和标准等，其中专有技术、经营特许权和商誉的计价，应经有权认证的机构或中国注册会计师评估确认。

第二十三条 外商投资企业的无形资产应当自企业开始受益起，按照合同、协议或者企业申请书规定的期限分期平均摊销。没有规定期限的，按照预计的受益期分期平均摊销。受益期无法确定的，按照不少于10年的期限分期平均摊销。

第二十四条 外商投资企业的其它资产包括开办费、筹建期间的汇兑损失等，自投产营业起分期平均摊销，摊销期限不得短于5年。

从事开发经营成片土地业务的企业，其支付的土地出让金按所在地政府批准的土地使用权出让年限分期平均摊销。如企业因经营期限短于出让年限，需要缩短摊销期限的，须报经主管财政机关批准。

企业发生的其它递延支出，按预计的受益期分期平均摊销；受益期无法确定的，按不短于10年的期限分期平均摊销。

第五章 成本、费用的管理

第二十五条 外商投资企业发生的与生产经营有关的支出，应按规定计入成本、费用。

企业成本、费用的开支范围，制造业企业为直接材料、直接工资、制造费用、销售费用、管理费用和财务费用。

商业企业为进货原价、进货费用、销货费用、管理费用和财务费用。

服务业企业为业务支出，管理费用和财务费用。

企业发生的下列支出或损失不得列入成本、费用：

（一）为取得固定资产、无形资产和其它资产而发生的资本支出；

（二）资本的利息；

（三）高于一般商业借款利率的利息；

（四）支付给总机构的特许权使用费；

（五）在中国境内工作的职工的境外社会保险费；

（六）向其它单位的投资和向其关联企业支付的管理费；

（七）超过本规定第三十条和第三十二条规定标准的坏帐准备和交际应酬费；

（八）被没收财物的损失以及应在税后利润中支付的各项赔偿金、违约金、滞纳金、罚息和罚款；

（九）应在储备基金、企业发展基金、职工奖励及福利基金中开支的支出；

（十）国家法律、法规规定以外的收费；

（十一）与生产、经营业务无关的其它支出。

第二十六条 外商投资企业为取得经营业务收入而发生的销售（货）费用、管理费用和财务费用不计入生产（营业）成本，应单独核算，作为期间费用，从销售（营业）利润中直接扣除。

销售（货）费用包括在销售产（商）品或者提供劳务过程中所发生的应由企业负担的运输费、装卸费、包装费、保险费、差旅费、佣金、广告费，以及专设的销售机构的人员工资和其它经费等。

管理费用包括公司经费（人员工资和其它经费）、工会经费、董事会费、交际应酬费、税金（包括城市房地产税和车船使用牌照税等）、职工培训费、研究发展费、场地（海域）使用费、技术转让费、无形资产及其它资产摊销，以及商品在保管储运过程中所发生的费用等。

财务费用包括生产经营过程中发生的利息支出（减利息收入）、汇兑损失（减汇兑收益）、金融机构手续费及其它因筹集资金而发生的费用。

第二十七条 外商投资企业计入成本、费用的工资性支出的水平，由董事会依据国家有关外商投资企业劳动管理的规定，结合企业经济效益状况，遵循按劳分配、同工同酬的原则确定。

第二十八条 外商投资企业的下列支出从成本、费用中列支：

(一)参照国营企业的标准，提取的本企业中方职工在职期间的保险福利费用；

(二)按企业所在地政府规定的标准，提取的中方职工退休养老基金、待业保险基金；

(三)按主管财政机关和劳动部门核定的标准，提取的国家对中方职工的住房、物价等项补贴。

保险福利费用留在本企业，用于职工在职期间的医疗、保险及有关福利费用。

中方职工退休养老基金和待业保险基金，交由负责企业中方职工退休和待业保险的机构管理，专门用于中方职工的劳动保险，不得挪作他用。

住房补贴留给企业，作为中方职工住房补助基金，用于补贴修建、购置中方职工住房，物价等项补贴由企业上交当地财政机关。

第二十九条 外商投资企业发生的利息支出，应按同类业务的正常利率确定。

(一) 为取得固定资产和无形资产而发生的利息支出，在资产交付使用或办理竣工决算前，计入资产的成本；

(二) 筹建期间发生的利息支出，计入开办费；

(三) 生产经营期间发生的利息支出，作为财务费用。

在企业生产经营期间发生的下列差额，作为利息支出或收入，按以下原则处理：

(一)贴现应收票据时，应得款额与票据面值之间的差额，计入当期费用；

(二)贴现应付票据时，实得款额与票据面值之间的差额，在票据到期偿付时计入有关费用；

(三) 发行债券实际取得的收入与债券面值之间的差额，在债券到期前分期平均摊销；

(四)以债券进行投资，实际支付的款项与债券面值之间的差额，在债券到期前分期平均摊销。

第三十条 从事信贷、租赁等业务的外商投资企业，在依法履行报批手续后，可于年度终了，按照应收帐款、应收票据等应收款项或者放款的年末余额(不包括银行间拆借)，计提不超过3‰的坏帐准备。

企业实际发生的坏帐损失，超过上一年度计提的坏帐准备部分，列入当期的管理费用；少于上一年度计提的坏帐准备部分，从当期管理费用中扣除；收回已经确认的坏帐冲减当期管理费用。

前款所称坏帐损失是指应收款项由于债务人破产，在以其破产财产清偿后，仍然不能收回；或因债务人死亡，其遗产不够清偿，又无义务承担人，确实无法追还；或因债务人逾期未履行偿债义务，已超过两年，仍然无法收回造成的债权损失。

第三十一条 外商投资企业的固定资产在维修过程中实际发生的支出，列入当期成本费用。其中金额较大的支出作为待摊费用，分期摊销。

企业使用场地，须按所在地政府规定的收费标准，交纳场地使用费，列入当期的费用。企业使用海域，应按国家规定，向主管财政机关或其委托的部门交纳海域使用费，并进行摊销。

企业使用的场地（海域）如由中方投资人以场地(海域)使用权作为投资或合作条件的，其价值按本规定第二十三条分期摊入成本费用。

第三十二条 外商投资企业从成本费用中列支的与生产经营有关的交际应酬费，不得高于以下限额：

(一) 工业制造、种植、养殖、商业等企业，全年销售（货）净额在1500万元以下的，按不超过销售（货）净额的5‰提取；全年销售（货）净额超过1500万元的部分，按不超过该部分销售（货）净额的3‰提取。

(二) 旅游、饮食、运输、建筑、安装、设计、咨询、金融、租赁企业和其它服务性企业，全年业务收入总额在500万元以下的，按不超过业务收入总额的10‰提取；全年业务收入总额超过500万元的部分，按不超过该部分业务收入总额的5‰提取。

跨行业经营的企业，应分别按其销售（货）净额或业务收入计算交际应酬费列支限额；如收入难以分清的，可按其主要经营项目的所属行业确定。

第三十三条 外商投资企业的差旅费、误餐补助费、董事会费等项费用的标准和管理办法，由董事会作出合理的规定，报主管财政机关或中央企业主管部门备案。

外商投资企业每月按本企业职工实际工资总额的百分之二拨交工会经费，在成本费用中列支。工会经费由本企业工会按中华全国总工会的有关规定管理和使用。

企业在经营活动中按合同、协议收受的回扣（佣金)，增加经营业务收入或冲减有关成本费用；按合同、协议支付的回扣（佣金)，增加有关成本费用。

第三十四条 外商投资企业的资产发生盘盈、盘亏、报废、毁损等，按下列规定办理：

(一)盘亏或毁损的存货，在扣除过失人或保险公司等的赔款和残料价值后，计入有关费用，其中属于非常原因造成的净损失，列入营业外支出。盘盈的存货按同类存货的实际成本相应冲减有关费用。

(二)盘亏或毁损的固定资产，按原价扣除累计折旧和过失人或保险公司等赔款后的净损失，计入营业外支出。盘盈的固定资产，按原价扣除累计折旧后的净收益，计入营业外收入。因报废、变卖等原因而发生的固定资产清理净损益，计入营业外收入或营业外支出。

（三）企业在工程施工中发生的固定资产盘盈或盘亏，以及固定资产清理净损益，计入有关工程成本。

（四）在建工程发生的报废、毁损，在扣除残料价值和过失人或保险公司等赔款后的净损失，计入继续施工的工程成本；对于非常原因造成的报废、毁损，其净损失在筹建期间计入开办费，在投产营业后计入营业外支出。

第六章 收入、利润及其分配的管理

第三十五条 外商投资企业经营业务收入的实现一般为：产品或者商品已经发出，工程已经交付，服务或者劳务已经提供，价款已经收讫或者已经取得收取价款的权利。

企业下列经营业务收入可以分期确定：

（一）以分期收款方式销售产品或者商品的，可按交付产品或者商品开出发货票的日期确定收入的实现，也可按合同约定的购买人应付价款的日期确定收入的实现。

（二）建筑、安装、装配工程和提供劳务，以及为其它单位加工、制造大型机械设备、船舶等，持续时间在一年以上的，按完工进度或者完成的工作量确定收入的实现。

合作企业采取产品分成方式的，投资人分得产品时，即为取得收入，其收入额按卖给第三方的销售价格或者参照当时的市场价格计算。

外商投资企业出口产品（商品）的销售价格，除合同、章程另有规定者外，凡不由企业直接销售的，按产品（商品）的成本，加合理的费用和利润等方法确定。

第三十六条 外商投资企业的利润包括营业利润和营业外收支净额。

营业利润为基本业务利润减去销售（货）费用、管理费用和财务费用，加上其他业务利润的净额。

营业外收入包括：投资收益、处理固定资产收益、固定资产盘盈等。营业外支出包括：投资损失、处理固定资产损失、固定资产盘亏、非常损失等。

企业利润一般应当按月计算。不能按月计算利润的，在报经主管财政机关或中央企业主管部门同意后，按季或按年计算。

第三十七条 外商投资企业的所得利润依法缴纳所得税。

缴纳所得税后的利润按下列顺序分配：

（一）支付各项赔偿金、违约金、滞纳金、罚息、罚款；

（二）弥补企业以前年度亏损；

（三）提取储备基金、企业发展基金和职工奖励及福利基金；

（四）向投资人分配利润。

外商投资企业的储备基金、企业发展基金和职工奖励及福利基金的提取比例由董事会确定。其中，外资企业可不提取企业发展基金，其储备基金提取比例不得低于税后利润的百分之十，当提取金额达到注册资本的百分之五十时，可不再提取。

外商投资企业的储备基金，主要用于垫补企业的亏损。企业发展基金，主要用于扩大生产经营，经原审批机构批准，也可转作投资人增资，职工奖励及福利基金，用于职工非经常性奖励，补贴购建和修缮职工住房等集体福利。

第三十八条 外商投资企业的税后利润在按本规定第三十七条（一）、（二）、（三）款分配后的剩余部分，为可供分配的利润，按以下原则向投资人分配：

合营企业按照投资人的实际出资比例进行分配；

合作企业按照合同的约定进行分配；

外资企业按照章程的规定进行分配。

投资人在出资或者提供合作条件中违约，且尚未依照国家有关出资管理的规定纠正并承担违约责任的，不得参与利润的分配。

企业以前年度未分配的利润，可并入本年度的可供分配利润进行分配。

企业一般不得预分利润，但对效益较好，无到期债务，按规定预缴所得税后仍有较多利润的，经主管财政机关批准，可预分一部分利润。

第三十九条 外商投资企业以现金分配利润时，除合同、章程另有规定者外，原则上按企业经营所得的货币进行分配。投资人分得的人民币利润如需调剂成外币的，其汇兑损失由投资人自行负担。

外国投资人分得的利润，可依法汇出，也可用于在中国的再投资。中国投资人分得的利润按照国家的有关规定办理。

第七章 清算期间的管理

第四十条 外商投资企业因经营期届满等原因依法终止进行清算时，董事会应提出清算程序、原则和清算委员会人选。清算委员会应对企业的财产、债权、债务进行全面清理，编制资产负债表和财产目录，提出财产作价和计算依据，制定清算方案，提请董事会通过后执行，并报主管财政机关或中央企业主管部门备案。

第四十一条 清算财产的作价一般以帐面净值为依据，也可以重估价值或者变现收入等为依据。

企业在清算完结前，除拨付清算所必需的费用外，不得以任何方式处置企业财产。

企业结余的职工奖励及福利基金、中方职工住房补助基金和用这两项基金购置的各项财产、设施，不作为企业的财产进行清算。

第四十二条　外商投资企业清算债务的清偿顺序为：

（一）企业应支付的职工工资及保险福利费用等；

（二）企业应缴国家的税金以及其它款项；

（三）企业尚未偿付的有担保债务；

（四）企业尚未偿付的其它债务。

在同一顺序内不足清偿的，按比例清偿。

第四十三条　企业在清算中所发生的财产盘盈或盘亏、财产重估收益或损失，财产变现收益或损失以及无法归还的债务或无法收回的债权和在清算期间继续经营的损益等，作为清算收益或损失。

清算终了，企业的资产净额或剩余财产超过实收资本与储备基金、企业发展基金、资本公积及未分配利润之和的部分，视同利润，依法缴纳所得税。缴纳所得税后的剩余财产，按照本规定第三十八条的原则进行分配。

清算工作结束后，企业的清算方案、档案和有关财务会计资料，由原中方投资人或原企业主管部门保存，并将其清单抄送原主管财政机关。

第八章　法律责任

第四十四条　主管财政机关和中央企业主管部门有权对外商投资企业执行本规定的情况进行检查。对违反本规定的，除限期纠正外，给予书面警告，或者予以通报。

检查人员进行检查时，须持有财政部签发的检查证件，并负责对企业提供的资料保密。

第四十五条　外商投资企业未按规定期限交纳场地(海域)使用费或国家对中方职工的物价等项补贴的，除限期交纳外，从滞纳之日起，按日加收所滞纳金额的千分之二的滞纳金。

企业有下列行为之一的，除限期纠正外，给予5000元人民币以下的罚款：

(一)未按规定提交批准证书、营业执照、合同、章程等文件以及变动注册资本文件复制件的；

(二)未按规定办理验资手续的；

(三)未按规定报送企业财务会计制度、报表和财务情况说明书的；

(四)违反成本费用开支范围，随意摊提成本费用，弄虚作假的；

(五)未按规定交纳场地(海域)使用费和国家物价等补贴滞纳金的；

(六)未经主管财政机关批准，擅自预分利润的；

(七)其它违反本规定的行为，情节比较严重的。

第四十六条　外商投资企业对处罚决定不服的，可以在接到处罚通知之日起15日内，向上一级财政机关或中央企业主管部门申请复议；对复议决定不服的，可以在接到复议决定之日起15日内，向人民法院起诉。当事人也可以在接到处罚通知之日起15日内，直接向人民法院起诉。当事人逾期不申请复议或者不向人民法院起诉，又不履行处罚决定的，作出处罚决定的机关可以申请人民法院强制执行。

第九章　附　　则

第四十七条　本规定由中华人民共和国财政部负责解释。

各省、自治区、直辖市财政厅（局）和中央企业主管部门根据本规定制定具体实施办法，并报财政部备案。

第四十八条　本规定自发布之日起执行。《中华人民共和国中外合资经营企业财务管理规定》同时废止。

中国人民建设银行
关于加强我行境外投资
业务管理的通知

1992年7月25日　建总函字（1992）第321号

……

一、境外投资是一项风险大、政策性强的非经常性业务。各行开展境外投资，必须事先书面报经总行批准后，方可进行对外谈判和签订意向性协议，未经总行批准同意，各行不得与外方签订任何形式的意向书。

二、各行可以根据当地的实际情况及业务发展规划，向总行报告或推荐境外投资项目。

三、在本通知下发前已经开展境外投资业务的分行，必须在本通知下发之日起一个月内向总行补报有关材料。

四、由于境外投资企务风险大，为防范风险，保证我行外汇资金的安全使用，总行正在着手研究境外投资业务管理办法。在管理办法尚未公布之前，各行开展境外投资业务必须严格遵守本通知的各项规定。

以上规定，请转知所属，严格遵照执行。

中国人民建设银行
关于引进设备信用证保证金
转汇等问题的通知

1992年8月21日　建总函字（1992）第352号

……

随着我行国际金融业务的发展，目前我行已具备办理各项国际结算业务的条件，国家外管局已正式批准我行贸易留成代理业务并开设了外汇额度户。为了健全服务功能，为客户提供本外币一体化服务，进一步做好对国家建设项目的投资服务与管理工作，现将有关事项通知如下：

一、凡是通过我行经办的人民币货款项目项下的国际结算业务，各行都应尽量争取建设单位通过我行国际业务部门办理。请各行认真做好宣传和争取工作。

二、凡使用中央级或地方级外汇额度、进口代理外贸公司在北京，建设项目在外地的，其进口开证等国际结算业务，可通过总行国际业务部外汇营业部办理；凡使用中央级或地方级外汇额度，进口代理外贸公司和项目均在地方的，其进口开证等国际结算业务，可通过当地分行国际业务部直接办理。

三、建设项目通过总行国际业务部外汇营业部办理进口开证等国际结算业务时，其相应的人民币结算保证金应在开立信用证之前，由建设单位通过经办行上划给总行财会部进口开证人民币保证金专户，帐号：517650012。在人民币保证金上划总行的同时，其相应的外汇额度可到当地外管局填制外汇额度调拨单，直接上划总行在国家外汇管理局的外汇额度帐户，帐号为3019048325。

四、建设项目通过分行国际业务部直接办理进口开证等国际结算业务时，有关结算保证金（包括外汇额度和配套人民币）应由建设单位通过经办行及时划给当地分行。具体划转办法可由各分行与当地外汇管理部门研究确定。

五、本通知下发后，凡确定由我行办理国际结算业务的，均应按本通知执行，不再执行总行建总函字(91)第358号《关于引进设备信用证结算保证业务转汇问题的通知》的规定。

十、投资统计、审计类

（一）统　计

中国人民建设银行
关于下发建设银行证券业务
专业统计报表的通知

1992年1月18日　建总函字（1992）第16号

……

1987年以来我行证券业务有了很大发展，证券发行业务已初具规模。截止1991年全行发行、代理发行各种证券500多亿元；证券转让业务也正在兴起，累计交易额80多亿元。近两年来，为适应业务发展需要，我行执行人民银行及各专业银行联合签发的银发（1990）56号文所规定的证券业务统计制度，对推动我行证券业务的发展起了一定的作用。为进一步加强证券管理工作，掌握证券发行进度、资金、使用及证券兑付情况，根据我行的实际和对证券管理的具体要求，总行制定了新的统计报告制度，从1992年第二季度起执行。为及时、完整、准确地报送各类报表，现将有关事项通知如下：

一、本报表属建设银行专业性统计报表，适用于全国建设银行证券业务统计报告工作。凡属本系统（含分行、地市级支行信托投资公司等部门）发生的与证券有关的发行、转让、兑付等业务，均应纳入本报表。建设银行各分行筹资部门是分行一级证券业务统计工作的职能部门，负责本行证券统计数据的搜集、审查、汇总和向总行上报。分行所辖的信托投资公司证券部按规定将报表报到各分行筹资部门，由筹资部门统一向总行上报。

二、报表上报方式及时间：报表以远程通讯传输同时以邮寄形式上报总行一份。月报上报时间一律为报告期后15日内报出。半年报上报时间为报告期后20天内报出。

三、各分行要认真核实、汇总统计数字，确保所填各项数据准确无误、经计算机验平并先由负责人签字后再向总行传输和寄报。邮寄的报表必须由行长、处长、复核员及制表人签字并加盖行章，填注报告期，否则报表无效。

四、各类报表在上报总行筹资部的同时，送本行统计部门一份。

五、总行将从本套报表执行之日起，对各分行证券统计工作进行考核和不定期通报。

考核包括：

(1) 及时性：在规定的期限内报出。远程通讯报数按与总行对接通讯的时间为准；邮寄报表均按当地邮局邮戳日期为准。

(2) 准确性：报表中所填各项数据准确无误、无遗漏并满足平衡关系要求。

(3) 完整性：邮寄的报表有行章、报告期及领导、经办人签字。

加强统计的工作，是加强证券业务管理的重要环节。各行要加强领导，解决当前证券统计工作中的问题，切实把这项工作做好，以适应证券业务日益发展的需要。

(二) 审　计

审计署　中国人民银行关于对金融机构信贷资金进行审计有关问题的通知

1992 年 3 月 18 日　审金发 [1992] 68 号

……

一、加强领导，密切配合

对贷款管理与运用的审计，目的是为了总结经验，揭露问题，促进金融机构堵塞漏洞，完善内控制度，加强信贷管理和廉政建设，充分发挥金融宏观调控的职能作用。这项工作任务重，专业性、政策性强，难度大，各级审计机关和人民银行应加强领导，密切配合。工作中审计机关应主动与人民银行取得联系，对在审计中出现的新情况、新问题，应与人民银行共同研究解决，如遇到重大问题或难以处理的问题，要及时向上级反映。人民银行应积极支持审计机关开展工作，主动提供有关情况，帮助解决工作中的困难。

二、信贷审计定性的依据

1 国务院自 1985 年以来颁发的有关金融方针政策和产业政策等经济、金融政策；

2. 中国人民银行自 1985 年以来颁发的有关信贷资金管理办法、会计核算办法，1989 年以来颁发的有关信贷政策、利率政策；

3. 经中国人民银行授权或批准，由专业银行、交通银行总行总管理处自 1989 年以来，制定的有关信贷政策的补充规定，各项贷款办法和信贷管理内部控制制度，以及利率政策等。

三、审计处理的依据

审计定性后，按照《中华人民共和国审计条例》，《中华人民共和国审计条例施行细则》和中国人民银行、中华人民共和国监察部颁发的银发〔1989〕136 号文件《金融稽核检查处罚规定》有关规定处理。

四、审计处罚款项的处理

对违反金融法规处罚款项的处理，由审计机关同人民银行协商后，按照中国人民银行、监察部银发〔1989〕136 号文中第二十七条的规定和中国人民银行银发〔1989〕207 号文中“对处理违反金融法规问题中的罚息收入，包括占用或欠缴的准备金、超业务范围吸收存款或发放贷款的加息罚息(不含逾期贷款罚息)，按银行营业外收入处理；没收的回扣、好处费、奖金应上交财政”的规定办理。为便于审计机关了解金融保险机构执行审计决定的情况，有关金融保险机构根据审计机关作出的审计处理决定，将违反金融法规的罚息就地划交同级人民银行。由各级人民银行在“0363 营业外收入”科目下增设“审计罚息收入”帐户核算。

十一、现行有效重要投资法规、规章目录

法规、规章名称	文号	颁发日期
一、综合类		
国家建委、国家计委《关于缩短建设工期，提高投资效益的若干规定》	(82) 建发综字 76 号	1982 年 2 月 26 日
中国人民建设银行、中国投资银行关于两行业务关系和经费中一些问题的通知	(83) 建总会字第 108 号 (83) 中投字第 8 号	1983 年 3 月 4 日
国家计委、国家经委、国家统计局《关于更新改造措施与基本建设划分的暂行规定》	计资〔1983〕第 869 号	1983 年 6 月 20 日
国务院关于改革建筑和基本建设管理体制若干问题的暂行规定	国发〔1984〕123 号	1984 年 9 月 18 日
国务院批转国家经委《关于改进技术进步工作的报告》和《关于改进技术进步工作的若干暂行规定》	国发〔1985〕20 号	1985 年 2 月 8 日

续表

法规、规章名称	文号	颁发日期
国务院批转国家经委、财政部、人民银行《关于推进国营企业技术进步若干政策的暂行规定	国发〔1985〕21号	1985年2月8日
国家计委《关于加强基本建设调度工作的几项暂行规定》	计基〔1986〕第303号	1986年3月11日
国务院关于控制固定资产投资规模的若干规定	国发〔1986〕74号	1986年7月9日
国务院关于鼓励台湾同胞投资的规定	国务院令第7号	1988年7月30日
楼堂馆所建设管理暂行条例	国务院令第15号	1988年9月22日
中国人民银行贯彻《国务院关于当前产业政策若干要点的决定》的通知	银发〔1989〕第150号	1989年5月15日
建设部《建设监理试行规定》	(89)建建字第367号	1989年7月28日
国家计委关于建立国家固定资产投资项目管理信息系统的通知	计投资〔1990〕第779号	1990年6月26日
国家计委关于在基本建设领域开展“质量、品种、效益年”活动的通知	计建设〔1991〕第55号	1991年1月21日
财政部、国家体改委《国营企业实行“税利分流、税后还贷、税后承包”的试点办法》	(1991)财改字第4号	1991年8月14日
二、投资计划管理类		
(一)固定资产投资计划		
国务院关于加强基本建设计划管理控制基本建设规模的若干规定	国发〔1981〕30号	1981年3月3日
国家计委、中国人民建设银行、中国工商银行关于下放节能基建小型项目年度计划调整权的通知	计节〔1984〕第1281号	1984年7月6日
国务院批转国家计委《关于改进计划体制的若干暂行规定》的通知	国发〔1984〕138号	1984年8月31日
国家计委、国务统计局关于调整基本建设投资计划、统计范围口径的通知	计资〔1985〕第126号	1985年1月24日

续表

法规、规章名称	文号	颁发日期
（二）建设前期工作计划		
国家计委关于编制建设前期工作计划的通知	计基〔1982〕793号	1982年9月22日
国家计委关于编制建设前期工作计划的补充通知	计资〔1983〕117号	1983年2月2日
国家计委、城乡建设环境保护部关于加强重点项目建设中城市规划和前期工作的通知	（85）城规字446号	1985年8月3日
（三）建设用地计划		
国家计委、国家土地管理局印发《建设用地计划管理暂行办法》	计土〔1987〕第1921号	1987年10月15日
（四）商品房建设计划		
国家计委、城乡建设环境保护部、国家统计局关于加强商品房屋建设计划管理的暂行规定	计资〔1987〕第16号	1987年1月2日
三、项目管理类		
（一）项目管理		
国家计委关于取消向建设项目收取的11种费用的通知	计标〔1984〕第429号	1984年3月7日
国家计委、国家市计署、中国人民建设银行关于基本建设项目保险问题的通知	计资〔1985〕第1184号	1985年8月9日
国务院环保委、国家计委、国家经委颁发《建设项目环境保护管理办法》	（86）国环字第003号	1986年3月26日
国家档案局、国家计委印发《基本建设项目档案资料管理暂行规定》	国档发〔1988〕第4号	1988年3月17日
国家环境保护局印发《关于建设项目环境管理问题的若干意见》	（88）环建字第117号	1988年3月21日
中国人民建设银行重点项目财务资金管理办法	建总发字（90）第82号	1990年6月25日
国家计委关于加强国家重点建设项目及大型建设项目招标投标管理的通知	计建设〔1991〕第189号	1991年2月25日

续表

法规、规章名称	文号	颁发日期
（二）项目审批		
国家计委关于简化基本建设项目审批手续的通知	计资〔1984〕第1684号	1984年8月18日
国家计委关于简化限额以上技术改造项目审批程序的规定	计工〔1985〕第949号	1985年6月18日
国务院关于放宽固定资产投资审批权限和简化审批手续的通知	国发〔1987〕23号	1987年3月30日
国家计委、国家经委关于贯彻执行《国务院关于放宽固定资产投资审批权限和简化手续的通知》几个具体问题的通知	计资〔1987〕第866号	1987年6月2日
（三）项目评估与咨询		
国家计委关于建设项目进行可行性研究的试行管理办法	计资〔1983〕第116号	1983年2月2日
中国人民建设银行办理咨询业务的暂行规定	（86）建总办字第15号	1986年4月5日
国家计委、国家经委、财政部《工程咨询项目评估费用收支管理暂行办法》	计司〔1986〕第1103号	1986年6月25日
国家经委《工业企业技术改造项目经济评价方法》	经技〔1988〕第47号	1988年1月28日
中国人民建设银行基本建设贷款项目评估实施办法、中国人民建设银行技术改造贷款项目评估实施办法	建总函字〔1989〕第400号	1989年12月31日
四、投资资金管理类		
（一）拨款		
财政部、国家计委、建设部《基本建设拨款暂行条例》	（79）财基字第458号	1979年11月8日
（二）拨改贷		
国家计委、财政部、中国人民建设银行《关于国家预算内基本建设投资全部由拨款改为贷款的暂行规定》	计资〔1984〕第2580号	1984年12月14日
国家计委、财政部、中国人民建设银行关于调整国家预算内基本建设投资拨款改贷款范围等问题的若干规定	计资（1985）第2062号	1985年12月14日

续表

法规、规章名称	文号	颁发日期
国家计委、财政部、中国人民建设银行关于国家预算内基本建设"拨改贷"投资豁免本息有关问题的通知	计资（1986）第1826号	1986年9月26日
财政部、中国人民银行、中国人民建设银行关于附发《关于建设银行办理特种拨改贷的若干规定》的通知	（87）建总计字第11号	1987年4月22日
（三）基本建设基金		
国家基本建设基金管理办法	国发〔1988〕45号	1988年6月24日
国务院批转国家计委和机构改革办公室关于有关部门与国家专业投资公司职责划分意见的通知	国发〔1989〕59号	1989年8月27日
国家计委、中国人民建设银行、国家原材料投资公司、国家能源投资公司、国家交通投资公司、中国石油天然气总公司《关于国家专业投资公司债券资金管理的暂行规定》	建总发字（1989）第157号	1989年9月1日
（四）基本建设贷款		
中国人民建设银行基本建设贷款办法	1989年建设银行发布规章通告第6号	1989年8月23日
中国人民建设银行关于加强地方节能项目基建贷款管理的通知	建总函字（90）第90号	1990年3月29日
中国人民建设银行关于电力项目新增贷款与到期贷款实行还贷挂钩的暂行规定	建总发字（91）第43号	1991年3月22日
中国人民建设银行、石油天然气总公司关于加强石油天然气行业建行基建贷款管理的联合通知	建总发字（91）第71号	1991年4月28日
中国人民建设银行、国家原材料投资公司、国家机电轻纺投资公司、国家能源投资公司关于将1989年垫付债券资金的临时贷款转为建设银行基本建设贷款的通知	建总函字（91）第262号	1991年7月19日
中国人民建设银行关于加强扶贫专项贷款管理的意见	建总发字（91）第159号	1991年8月29日
（五）工交企业流动资金贷款		
中国人民建设银行工交企业流动资金贷款暂行办法	1989年建设银行发布规章通告第1号	1989年3月15日
（六）技术改造贷款		
中国人民建设银行技术改造贷款办法	（88）建总信字第67号	1988年10月28日

续表

法规、规章名称	文号	颁发日期
（七）建筑业流动资金贷款		
财政部、中国人民建设银行关于国营施工企业国拨流动资金转贷款的通知	（85）建总二字第13号	1985年2月18日
中国人民建设银行对外承包工程企业贷款暂行办法	（88）建总经字第15号	1988年5月11日
中国人民建设银行建筑业流动资金贷款办法	1991年建设银行发布规章通告第2号	
（八）房地产开发企业流动资金贷款		
中国人民建设银行城镇土地开发和商品房贷款办法	1989年建设银行发布规章通告第2号	1989年5月13日
中国人民建设银行关于将“土地开发和商品房贷款”改称为“房地产开发企业流动资金贷款”的通知	建总函字（90）第174号	1990年5月23日
（九）储备贷款		
中国人民建设银行中央级基本建设储备贷款管理暂行办法	1989年建设银行发布规章通告第7号	1989年11月6日
（十）自筹资金管理		
国家计委、财政部、国家审计署、中国人民建设银行《关于进一步加强自筹基本建设资金管理的规定》	计财（1987）第1427号	1987年8月25日
国务院关于按自筹投资一定比例购买重点企业债券的通知	国发（1988）第2号	1988年1月3日
中国人民建设银行关于认真贯彻国务院《楼堂馆所建设管理暂行条例》，加强楼堂馆所建设资金管理的通知	（88）建总办字第36号	1988年9月30日
中国人民建设银行关于转发国家计委等部门《关于继续实行按自筹投资一定比例购买重点企业债券和加强自筹投资管理的通知》的通知	（88）建总计字第215号	1988年10月28日
（十一）专项资金管理		
国务院以煤代油专用资金办公室、国家计委、财政部、对外贸易部、国家物资总局、中国银行、中国人民建设银行关于设立以煤代油专用资金的暂行办法的通知	煤代油办（1981）第6号	1981年7月28日
国务院以煤代油专用资金办公室、国家计委、财政部、中国人民建设银行《以煤代油专用资金管理暂行规定》	煤代油办（1981）第12号	1981年10月4日
国家计委《关于轻纺出口产品建设项目专项资金管理的暂行办法》	计轻（1987）第417号	1987年4月1日

续表

法规、规章名称	文号	颁发日期
中国人民建设银行、国务院以煤代油专用资金办公室关于以煤代油专用资金基本建设投资拨款改为贷款和拨款的有关几个问题的通知	(87) 建总计字第 145 号	1987 年 9 月 9 日
污染源治理专项基金有偿使用暂行办法	国务院令第 10 号	1988 年 7 月 28 日
财政部、国家计委、能源部《电力建设资金征收和使用监督管理办法》	(88) 财工字第 179 号	1988 年 9 月 26 号
国家计委《电力基本建设设备储备资金筹集办法》	计建设 (1988) 第 930 号	1988 年 11 月 29 日
中国人民建设银行、财政部、国家计委《关于使用财政专项资金解决因压缩基本建设规模给国家大中型建设项目造成损失的办法》	建总函字 (90) 第 371 号	1990 年 10 月 9 日
财政部《加强铁路建设基金管理的暂行规定》	(91) 财工字第 226 号	1991 年 6 月 28 日
中国人民建设银行、解放军总后勤部《军队离休、退休干部建房专项资金管理暂行规定》	建总发字 (1991) 第 169 号	1991 年 9 月 16 日
财政部《三峡工程建设基金收支使用管理办法》	(91) 财工字第 429 号	1991 年 10 月 15 日
财政部《加强煤炭开发基金管理的暂行规定》	(91) 财工字第 505 号	1991 年 11 月 16 日
(十二) 其他		
中国人民建设银行铁路投资管理联行协作办法	建总发字 (1989) 第 108 号	1989 年 6 月 29 日
中国人民建设银行、国家科委关于办理科技开发专项贷款有关事项的通知	建总函字 (1990) 第 230 号	1990 年 7 月 5 日
中国人民银行关于实行中央银行贷款金额管理的通知	银发 (1990) 第 207 号	1990 年 8 月 8 日
中国人民建设银行关于发放地勘行业流动资金贷款有关问题的通知	建总函字 (1991) 第 460 号	1991 年 11 月 21 日
五、设计、概预算管理类		
(一) 设计		

续表

法规、规章名称	文号	颁发日期
国家计委、财政部、劳动人事部《关于勘察设计单位试行技术经济责任制的若干规定》	计设〔1983〕第1022号	1983年7月12日
国务院《建设工程勘察设计合同条例》	国发〔1983〕122号	1983年8月8日
国家计委《基本建设设计工作管理暂行办法》、《基本建设勘察工作管理暂行办法》	计设〔1983〕第1477号	1983年10月4日
国家计委、城乡建设环境保护部《集体和个体设计单位管理暂行办法》	计设〔1985〕第422号	1985年3月5日
国家计委、城乡建设环境保护部《工程设计招标投标暂行办法》	计设〔1985〕第926号	1985年6月14日
国家计委《全国工程勘察、设计单位资格认证管理暂行办法》	计设〔1986〕第1137号	1986年6月30日
国家计委关于对国家重点建设项目进行设计复查的通知	计设〔1987〕第258号	1987年2月16日
国家计委、国务院环境保护委员会《建设项目环境保护设计规定》	(1987)国环字第002号	1987年3月20日
国家计委、财政部、中国人民建设银行、国家物资局关于设计单位进行工程建设总承包试点有关问题的通知	计设〔1987〕第619号	1987年4月20日
建设部、国家计委《关于工程项目建设标准编制工作暂行办法》	(90)建标字第519号	1990年10月25日
(二)概预算管理类		
国家计委、中国人民建设银行印发《关于改进工程建设概、预算定额管理工作的若干规定》等三个文件	计标〔1985〕第352号	1985年3月5日
国家计委《关于贯彻执行全国统一安装工程预算定额的若干规定》	计标〔1986〕第744号	1986年5月12日
财政部关于进一步加强建设银行审查工程预结算工作的通知	(87)财预字第158号	1987年11月18日
国家计委《关于控制建设工作造价的若干规定》	计标〔1988〕第30号	1988年1月8日
建设部、中国人民建设银行《关于改进建筑安装工程费用项目划分的若干规定》	(89)建标字第248号	1989年1月18日
中国人民建设银行技术经济工作管理办法	建总发字(91)第112号	1991年7月2日

续表

法规、规章名称	文号	颁发日期
六、施工管理类		
（一）工程承包管理		
建筑安装工程承包合同条例	国发〔1983〕122号	1983年8月8日
国家计委、建设部《工程承包公司暂行办法》	计施（1984）第2301号	1984年11月5日
国家计委、城乡建设环境保护部《建设工程招标投标暂行规定》	计施（1984）第2410号	1984年11月20日
城乡建设环境保护部《建筑安装工程总分包实施办法》	（86）城建字180号	1986年4月30日
（二）建筑业管理		
城乡建设环境保护部《建筑企业营业管理条例》	（84）城建字第84号	1984年3月10日
国家计委、城乡建设环境保护部《城乡建设综合开发公司暂行办法》	计设（1984）第2233号	1984年10月26日
城乡建设环境保护部、国家工商行政管理局关于加强城市建设综合开发公司资质管理工作的通知	（87）城房字第446号	1987年8月24日
建设部、国家工商行政管理局《建筑市场管理规定》	建法（1991）第798号	1991年11月21日
（三）工程竣工验收		
国家计委《建设项目（工程）竣工验收办法》	计建设（1990）第1215号	1990年9月21日
（四）工程质量监督		
城乡建设环境保护部《建筑工程质量监督站工作暂行规定》	（85）城建字第63号	1985年2月5日
国家计委、中国人民建设银行关于工程质量监督机构监督范围和取费标准的通知	计施（1986）第307号	1986年3月11日
建设部《建设工程质量监督管理规定》	（90）建建字第151号	1990年4月9日

续表

法规、规章名称	文号	颁发日期
七、投资财务管理类		
（一）建设单位财务		
国家计委、城乡建设环境保护部、劳动人事部、中国人民建设银行《基本建设项目投资包干责任制办法》	计基（1984）第2008号	1984年9月29日
中国人民建设银行关于基建单位离休干部活动经费列支问题的复函	（87）建总办便字第09号	1987年7月27日
中国人民建设银行关于借款合同公证费列支问题的复函	（87）建总办字第39号	1987年8月21日
中国人民建设银行、财政部关于基本建设财务管理若干问题的通知	建总发字（91）第203号	1991年10月22日
财政部《关于固定资产投资利用国外借款财务管理暂行规定》	（91）财国债字第069号	1991年11月9日
（二）基本建设收入		
中国人民建设银行、财政部《基本建设收入管理规定》	建总发字（91）第82号	1991年5月29日
（三）施工企业财务		
对外经济贸易部、财政部、中国人民建设银行《国营对外承包企业财务管理试行办法》	（82）建总企字第461号	1982年6月3日
国务院批转国家计委等五个部门关于制定《国营建筑施工企业百元产值工资含量包干试行办法》的报告	国发〔1986〕20号	1986年2月6日
财政部《国营对外承包企业财务管理办法实施细则》	（87）财外字第24号	1987年3月5日
中国人民建设银行《国营施工企业推行承包经营责任制有关财务问题的暂行规定》	（87）建总经字第86号	1987年10月15日

续表

法规、规章名称	文号	颁发日期
中国人民建设银行关于加强建筑业财务管理工作的通知	建总发字（89）第136号	1989年7月25日
中国人民建设银行《关于中央级建筑安装总公司财务管理的规定》	建总发字（90）第34号	1990年3月16日
财政部《国营对外承包企业财务管理办法补充规定》	（90）财补字第495号	1990年6月5日
中国人民建设银行《国营施工企业财务管理办法》（试行稿）	建总发字（91）第146号	1991年8月17日
（四）地质勘探财务		
中国人民建设银行、财政部《中央级地质勘探财务管理暂行规定》	（88）建总投字第264号	1988年10月4日
地矿部、劳动部、财政部、中国人民建设银行关于地质勘查单位实行退休费用统筹试点的通知	地发〔1989〕第182号	1989年5月12日
中国人民建设银行、财政部《中央级地质勘探财务管理补充规定》	建总发字（90）第202号	1990年12月20日
中国人民建设银行、财政部关于更正《中央级地质勘探财务管理补充规定》有关内容的通知	建投字（91）第4号	1991年1月16日
中国人民建设银行、财政部关于地质勘探财务管理若干问题的通知	建总发字（91）第187号	1991年10月4日
（五）城市综合开发企业财务		
财政部、中国人民建设银行《国营城市建设综合开发公司财务管理暂行规定》	（85）建总经字第53号	1985年11月22日
财政部、中国人民建设银行关于国营城市建设综合开发公司财务管理若干问题的补充规定	（87）建总经字第18号	1987年3月16日
中国人民建设银行《国营城市建设综合开发企业成本管理暂行办法》	（88）建总房字第9号	1988年8月31日
中国人民建设银行关于国营城市建设综合开发公司财务管理的补充规定	（88）建总房字第11号	1988年11月15日
（六）其他		

续表

法规、规章名称	文号	颁发日期
国家工商行政管理局、财政部《关于经济合同仲裁费和鉴证费收费标准及其使用范围的规定》	(84)工商1号	1984年1月18日
司法部、财政部、物价局《公证费收费规定》	(88)司发公字第047号	1988年2月11日
八、投资税收类		
(一)投资方向调节税		
中华人民共和国固定资产投资方向调节税暂行条例	91国务院第82号令	1991年4月16日
国家税务局《中华人民共和国固定资产投资方向调节税暂行条例实施细则》	国税发〔1991〕第113号	1991年6月18日
国家计委、国家税务局关于实施《中华人民共和国固定资产投资方向调节税暂行条例》的若干补充规定	计投资〔1991〕第1045号	1991年7月12日
(二)城市维护建设税		
中华人民共和国城市维护建设税暂行条例	国发〔1985〕19号	1985年2月8日
财政部关于贯彻执行《中华人民共和国城市维护建设税暂行条例》几个具体问题的规定	(85)财税字第069号	1985年3月22日
财政部关于城市维护建设税几个具体业务问题的补充规定	(85)财税字第143号	1985年6月4日
(三)耕地占用税		
中华人民共和国耕地占用税暂行条例	国发〔1987〕27号	1987年4月1日
财政部《关于颁发耕地占用税具体政策的规定》	(87)财农字第206号	1987年6月25日
国务院关于切实做好耕地占用税征收工作的通知	国发〔1989〕15号	1989年2月21日
(四)印花税		
国家税务局关于对借款合同贴花问题的具体规定	(88)国税地字第030号	1988年12月12日

续表

法规、规章名称	文号	颁发日期
（五）国家能源交通重点建设基金		
国务院《国家能源交通重点建设基金征集办法》	国发〔1982〕147号	1982年12月15日
财政部《国家能源交通重点建设基金征集办法实施细则》	(83)财税字第008号	1983年1月17日
国家计委关于地方超收留用的能源交通重点建设基金使用和审批办法的具体规定	计资〔1983〕第455号	1983年4月7日
财政部关于贯彻执行国务院决定提高国家能源交通重点建设基金征收比例的几个有关问题的通知	(83)财综字第36号	1983年9月5日
国务院关于扩大征集国家能源交通重点建设基金的规定	国发〔1987〕38号	1987年4月17日
财政部关于对征集国家能源交通重点建设基金若干问题的规定	(87)财税字第197号	1987年9月10日
九、证券投资管理类		
（一）国家债券		
国务院关于发行国家重点建设债券和重点企业债券的通知	国发〔1987〕第12号	1987年2月10日
中国人民银行、国家计委、财政部、中国人民建设银行《关于发行国家重点建设债券的规定》	银发（1987）第91号	1987年4月1日
财政部关于发行国家重点建设债券、重点企业债券和其他债券有关财务处理的规定	(87)财工字第101号	1987年9月21日
中国人民银行、财政部、中国工商银行、中国农业银行、中国人民建设银行、中国银行《银行办理国库券还本付息的几项具体规定》	银发（1988）第75号	1988年3月28日
中国人民银行、中国工商银行、中国农业银行、中国人民建设银行、中国银行、交通银行关于做好国家债券还本付息工作的通知	银发（1990）第135号	1990年5月21日
中国人民建设银行国家投资债券贷款暂行办法	建总发字（91）第164号	1991年9月7日
（二）金融债券		

续表

法规、规章名称	文号	颁发日期
中国人民银行关于1990年发行金融债券、发放物种贷款的规定	银发（1990）第31号	1990年2月9日
中国人民建设银行关于我行金融债券异地兑付有关事项的通知	建总发字（90）第108号	1990年8月10日
（三）企业债券		
国务院《企业债券管理暂行条例》	国发（1987）21号	1987年3月27日
国务院关于加强企业内部债券管理的通知	国发（1989）21号	1989年3月5日
（四）证券交易管理		
中国人民银行关于专业银行不得直接从事证券交易业务的函	银金管（1990）第26号	1990年8月11日
中国人民银行关于印发《证券公司管理暂行办法》的通知	银发（1990）第254号	1990年10月12日
中国人民银行关于印发《跨地区证券交易管理暂行办法》的通知	银发（1990）第260号	1990年10月19日
中国人民银行《证券交易营业部管理暂行办法》	银发（1990）第317号	1990年11月27日
中国人民建设银行证券业务管理暂行办法	建总发字（91）第179号	1991年9月20日
（五）债券贴现、代保管及其他		
中国人民建设银行开办有价证券代理保管业务试行办法	（87）建总计字第162号	1987年10月12日
中国人民建设银行开办债券贴现转让业务试行办法	（87）建总计字第176号	1987年10月24日
中国人民建设银行关于加强证券销毁管理工作的通知	建总函字（90）第373号	1990年10月9日
十、金融管理类		
（一）金融管理		

续表

法规、规章名称	文号	颁发日期
中国人民银行《中国人民银行货币发行管理制度（试行）》、《全国银行出纳基本制度（试行）》	银发（1988）第79号	1988年3月30日
中国人民建设银行转发中国人民银行“关于进一步落实控制总量、调整结构金融工作方针的几项规定”的通知	（88）建总计字第128号	1988年7月20日
现金管理暂行条例	国务院令第12号	1988年9月12日
中国人民银行《现金管理暂行条例实施细则》	银发（1988）第288号	1988年9月23日
（二）金融机构管理		
国务院批转中国人民银行关于各专业银行发放固定资产贷款分工问题的报告的通知	国发（1984）74号	1984年5月30日
中国人民建设银行关于转发中国人民银行《金融信托投资机构管理暂行规定》的通知	（86）建总信字第87号	1986年5月30日
国务院《中华人民共和国银行管理暂行条例》	国发（1986）1号	1986年1月7日
中国人民银行关于加强信托投资机构管理的通知	银发（1987）第140号	1987年5月11日
中国人民银行关于加强对我国金融机构在境外设立机构的审批和管理工作的通知	银发（1988）第231号	1988年7月25日
中国人民建设银行关于进一步加强信托投资公司管理的通知	建总函字（90）第341号	1990年9月24日
（三）信贷资金管理		
中国人民银行关于完善信贷资金管理办法的规定、中国人民银行对专业银行贷款管理暂行办法	银发（1986）第401号	1986年12月24日
中国人民银行、国家监察部《关于信贷、现金大检查中处理违反金融法规问题的办法》	银发（1989）第119号	1989年4月24日
中国人民银行《同业拆借管理试行办法》	银发（1990）第62号	1990年3月8日
中国人民建设银行资金拆借管理暂行规定	建总发字（91）第140号	1991年8月9日
（四）存款、储蓄管理		

续表

法规、规章名称	文号	颁发日期
中国人民银行关于开办特种存款的通知	银发（1988）第323号	1988年10月20日
中国人民银行《大额可转让定期存单管理办法》	银发（1989）第158号	1989年5月22日
中国人民建设银行大额可转让定期存单管理暂行规定	建总发字（89）第214号	1989年12月1日
中国人民建设银行《住宅储蓄存款和住宅借款暂行办法》	1989年建设银行发布规章通告第8号	1989年12月20日
中国人民银行《关于加强储蓄管理工作的暂行规定》	银发（1990）第120号	1990年4月25日
中国人民建设银行储蓄服务收费试行办法	建总函字（90）第304号	1990年8月22日
中国人民建设银行关于试办中国人民建设银行异地储蓄卡业务的通知	建总发字（90）第158号	1990年11月1日
中国人民建设银行关于印发信用卡业务有关管理办法的通知	建总发字（91）第197号	1991年10月17日
（五）利率管理		
中国人民银行关于储蓄存款利率规定的通知	银发（1987）第116号	1987年4月25日
中国人民银行关于外汇存贷款利率管理的通知	银发（1987）第145号	1987年5月14日
中国人民银行关于调整企业单位定期存款利率的通知	银发（1987）第142号	1987年5月14日
中国人民建设银行关于调整对外承包工程企业贷款利率的通知	（88）建总计字第27号	1988年3月20日
国家计委、中国人民银行关于调整部分行业基本建设银行贷款差别利率的有关规定	计投资（1989）第383号	1989年4月11日
中国人民银行关于城乡个体工商户贷款利率问题的通知	银发（1989）第180号	1989年6月20日
中国人民银行关于外贸企业贷款利率问题的通知	银发（1989）第187号	1989年6月30日
中国人民银行关于强化利率管理的通知	银发（1990）第33号	1990年2月12日

续表

法规、规章名称	文号	颁发日期
中国人民银行关于对部分优惠贷款利率补贴问题的通知	银发（1990）第117号	1990年4月18日
中国人民银行关于调整存贷款利率的具体规定的通知	银传（1990）第18号	1990年4月18日
中国人民银行《利率管理暂行规定》	银发（1990）第328号	1990年12月11日
中国人民银行关于实施《利率管理暂行规定》有关问题的通知	银发（1991）第84号	1991年4月5日
（六）合同管理		
国务院《中华人民共和国经济合同（仲裁条例）	国发（1983）119号	1983年8月22日
国务院《借款合同条例》	国发（1985）29号	1985年2月26日
中国人民建设银行借款合同管理暂行规定	建总发字（89）第164号	1989年9月6日
国务院清理固定资产投资项目领导小组、国家计委、建设部、国家工商行政管理局关于加强建筑安装工程承包合同管理的通知	工商（1990）第1号	1990年1月5日
中国人民建设银行《总行签署经济合同问题的暂行规定》	建总函字（90）第356号	1990年10月4日
（七）担保管理		
中国人民银行、中国工商银行、中国农业银行、中国人民建设银行、中国银行关于进口开证保证金问题的有关规定	银发（1986）第179号	1986年6月23日
中国人民银行《境内机构提供外汇担保的暂行管理办法》	银发（1987）第18号	1987年2月5日
中国人民建设银行借款合同担保办法	（87）建总办字第32号	1987年7月15日
中国人民建设银行关于引进设备信用证结算保证业务转汇问题的通知	建总函字（91）第358号	1991年9月19日
中国人民建设银行担保业务暂行办法	建总发字（91）第210号	1991年11月5日
中国人民建设银行担保业务计划管理暂行办法	建总发字（91）第253号	1991年11月14日

续表

法规、规章名称	文号	颁发日期
（八）资金调拨		
中国人民建设银行业务资金管理办法	建总发字（90）第167号	1990年11月14日
（九）呆帐装备金		
中国人民建设银行关于实施财政部《关于国家专业银行建立贷款呆帐装备金的暂行规定》的通知	（88）建总办字第32号	1988年9月1日
（十）房改金融		
城乡建设环境保护部、国家计委关于商品住宅建设问题的通知	（86）城住字第115号	1986年3月11日
国务院印发在全国城镇分期分批推行住房制度改革实施方案	国发（1988）11号	1988年2月25日
中国人民建设银行关于承办房改业务的几点意见	（88）建总房字第5号	1988年4月29日
国家计委、建设部、中国人民建设银行、审计署、国家统计局关于加强商品住宅建设管理的通知	计投资（1990）第1090号	1990年8月18日
中国人民银行关于清理整顿专业银行房地产开发公司有关政策问题的通知	银发（1990）第222号	1990年9月3日
中国人民建设银行房地产信贷部管理暂行规定	建总发字（91）第127号	1991年7月23日
（十一）建设工程结算		
中国人民建设银行建设工程价款结算办法	1989年建设银行发布规章通告第4号	1989年7月25日
十一、涉外投资管理类		
（一）涉外机构管理		

续表

法规、规章名称	文号	颁发日期
中国人民银行关于经济特区外资银行、中外合资银行业务管理的若干暂行规定	银发（1987）第185号	1987年6月17日
境外金融机构管理办法	1990年中国人民银行令第1号	1990年4月13日
（二）外汇资金管理		
中国人民银行《非银行金融机构外汇管理办法》	银发（1987）第308号	1987年9月28日
中国人民银行下达国家外汇管理局《关于外汇调剂的规定》的通知	银发（1988）第49号	1988年3月9日
国家外汇管理局关于发布并贯彻《境外投资外汇管理办法》的通知	（89）汇管条字第119号	1989年2月28日
国家外汇管理局《外汇额度、现汇使用计划管理办法》	（90）汇管计字第3号	1990年1月4日
国家外汇管理局《境外投资外汇管理办法实施细则》	（90）汇管投字第381号	1990年6月26日
国家外汇管理局《外汇指定银行外汇业务管理规定》	（90）汇管条字第764号	1990年12月5日
中国人民建设银行外汇资金管理暂行办法	建总发字（91）第63号	1991年4月17日
（三）外汇存、贷款管理		
中国人民建设银行外币存款和外汇贷款办法	（88）建总外字第29号	1988年3月23日
中国人民建设银行固定资产外汇贷款暂行办法	1989年建设银行发布规章通告第3号	1989年7月17日
中国人民建设银行外汇流动资金贷款暂行办法	1990年建设银行发布规章通告第1号	1990年2月28日
（四）外资、外债管理		
国务院《关于华侨投资优惠的暂行规定》	国发（1985）49号	1985年4月2日
国务院关于鼓励外商投资的规定	国发（1986）95号	1986年10月11日

续表

法规、规章名称	文号	颁发日期
国家外汇管理局关于对专业银行短期对外借款管理的通知	(90)汇管债字第455号	1990年7月23日
国务院关于鼓励华侨和香港澳门同胞投资的规定	国发(1990)43号	1990年8月19日
中国人民银行关于短期对外借款实行余额外债管理的通知	银发(1990)第243号	1990年10月5日
(五)三资企业管理		
中华人民共和国外资企业法	1986年4月12日六届人大四次会议通过	1986年4月14日
国家计委关于中外合资、合作经营企业计算基本建设规模的暂行规定	计资(1986)第1550号	1986年8月25日
国家外汇管理局关于制止外商投资企业在境外的保险公司投保的通知	(88)汇管条字第330号	1988年4月28日
国务院关于授权省、自治区、直辖市、经济特区和计划单列市人民政府审批外资企业的通知	国发(1988)36号	1988年6月9日
(六)外汇抵押及担保管理		
中国人民银行关于开办外汇抵押人民币贷款业务几项补充规定的通知	银发(1988)第244号	1988年8月12日
中国人民建设银行外汇担保办法(暂行)	1989年建设银行发布规章通告第5号	1989年8月15日
(七)其他		
国家计委,对外经济贸易部《中外合作设计工程项目暂行规定》	计投(1986)第840号	1986年5月26日
财政部《利用国外贷款的预决算编报和财务管理暂行办法》	(87)财综字第124号	1987年10月13日
国家外汇管理局关于审批专业银行分行开办外汇业务若干问题的通知	(88)汇管条字第614号	1988年7月19日
国家外汇管理局关于专业银行开办外汇业务问题的通知	(88)汇管条字第615号	1988年7月20日

续表

法规、规章名称	文号	颁发日期
十二、基本建设物资管理类		
国家计委、国家经委、国家物资局、中国人民建设银行《按合理工期组织建设的重点项目物资计划、供应和管理办法	(83) 物基字第 618 号	1988 年 11 月 19 日
国家物资局印发国家重点建设项目物资配套承包供应三个补充办法	(84) 物基字第 367 号	1984 年 8 月 2 日
国家计委、城乡建设环境保护部、中国人民建设银行、国家物资局《基本建设材料承包供应办法》	(84) 物基字第 533 号	1984 年 11 月 15 日
国家计委、国家物资局《关于改进基建物资计划管理的若干规定》	(86) 物基字第 150 号	1986 年 4 月 30 日
物资部关于加强和改进基建物资配套承包供应工作的通知	(1990) 物基包字第 71 号	1990 年 3 月 13 日
物资部《建设工程设备招标投标管理暂行办法》	(1991) 物成字第 115 号	1991 年 6 月 13 日
十三、投资统计、审计及其他类		
(一) 统计		
国家统计局、国家计委、国家经委《关于固定资产投资统计范围、口径的几项暂行规定》	(83) 统固字第 172 号	1983 年 9 月 7 日
中国人民银行、中国工商银行、中国农业银行、中国银行、中国人民建设银行、交通银行关于加强证券市场统计工作的通知	银发 (1990) 第 56 号	1990 年 3 月 6 日
中国人民建设银行《固定资产投资统计年报表编制方法》	建总发字 (90) 第 151 号	1990 年 10 月 29 日
中国人民建设银行印发《建筑经济工作统计表》的通知	建总函字 (91) 第 1 号	1991 年 1 月 4 日
(二) 审计		
审计署、财政部、中国人民银行关于执行审计机关做出的缴款、扣款、停止财政拨款和银行贷款处理决定的联合通知	(85) 审研字第 219 号	1985 年 12 月 11 日
审计署、国家计委、中国人民建设银行关于开展对自筹基本建设资金审计的联合通知	(86) 审基字第 79 号	1986 年 3 月 28 日

续表

法规、规章名称	文号	颁发日期
审计署、关于继续开展对自筹基本建设资金审计的通知	(87) 审基字第53号	1987年3月6日
国务院办公厅转发审计署关于对停缓建固定资产投资项目跟踪审计情况报告的通知	国办发 (1989) 50号	1989年9月30日
审计署、国家计委关于基本建设项目审计检查有关共性问题的处理意见	审基发 (1990) 第252号	1990年8月18日
审计署、国家计委、中国人民建设银行《基本建设项目竣工决算审计试行办法》	审基发 (1991) 第430号	1991年12月23日
(三) 其他		
国务院《国家建设征用土地条例》	国发 (1982) 80号	1982年5月14日
国家计委、审计署、中国人民建设银行关于基本建设项目保险问题的通知	计资 (1985) 第1184号	1985年8月9日
国家档案局、国家计委《基本建设项目档案资料管理暂行规定》	国档发 (1988) 4号	1988年3月17日
国家土地管理局《关于国家建设用地审批工作的暂行规定》	(1988)国土(建)字第169号	1988年11月22日

青铜峡铝厂简介

青铜峡铝厂是中国有色金属工业总公司直管企业，全国重点铝厂之一。

青铜峡铝厂位于宁夏回族自治区青铜峡市境内，地处“塞上江南”银川平原的南端。厂区东傍黄河，北靠火车站，包兰铁路从厂西侧通过，交通便利，地理位置优越。

青铜峡铝厂现有固定资产5亿元。下设8个分厂，27个处室，一个公司。现有职工近6000人，各类专业技术人员874人，其中具有工程师以上职称者255名。经过二十多年的生产建设，已形成年产8.2万吨电解铝、6万吨炭素制品、3千吨铝型材加工的生产能力。

青铜峡铝厂主要产品有：各种普通铝锭、硅铝合金、稀土铝合金、6063合金棒、铝盘元、铝母线、压铸件、高五铝、电工铝及各种铝型材、铝门窗、家俱等，且可根据用户需要生产其它品种。

青铜峡铝厂铝型材分厂系引进意大利挤压机、模具机和日本立吊式氧化着色设备及木纹技术，生产的带木纹铝型材产品为全国第一家。

青铜峡铝厂是国家二级企业，国家一级计量单位，年年都被列入全国500家最大型工业企业之中。

青铜峡铝厂竭诚希望与国内外厂家客商进行广泛的合作。

址：中国·宁夏·青铜峡市
DDRESS：
话：(0953)341133
ELEPHONE：
传：750053　NXQAP CN
ELEX：
报：1115
ABLE：
真：(0953)341133—530
AX：
编：751603
P CODE：

建设中的国家重点项目——平果铝业公司

厂区一角

地址：广西平果县
电话：（0771）223129 转
电挂：0617　　邮编：531400

平果铝业公司是中国有色总公司和广西自治区政合兴建和经营的大型铝冶金联合企业。规划分三期建一期工程于一九九一年五月七日正式开工，静态总投27.3亿元，其中利用外资1亿美元。生产规模为年产铝30万吨，电解铝10万吨；三期工程全部建成后，将年产120万吨氧化铝、50万吨电解铝、30万吨铝型材合生产能力。

平果铝铝土矿均化库总容积为35000立方米左右，采用跨度45米拱架结构，结构新颖，造价低。45米跨度在有色金属工业中首先采用，属国内少数大跨度同类厂房之一。

平果铝地处亚热带，这里山清水秀、风景优美，气候宜人。四个生活小区分布在右江两岸，给职工提供了理想的生活环境。生活区远眺。

正在制安中的电解车间

电解厂房采用160千安中间下料预焙槽技术，技术水平达到九十年代国际水平。两栋厂房共安装电解槽

深圳经济特区汇华集团有限公司轻纺进出口部成立于1992年1月1日，主营纺织品、轻工产品等出口业务，是汇华集团公司出口创汇的龙头，执深圳纺织品出口之牛耳。1992年，仅纺织品一项出口创汇即达1570万美元，销售额满1.5亿元。1993年纺织品出口增畅更大，加之其他产品的出口，全年实现创汇3360万美元，销售额近4亿元，使集团公司一跃成为深圳市十大创汇大户。两年来，贸易品种不断增加，除原有的纺织品、轻工产品外，还发展了服装、鞋子、食品、劳保用品、小五金、家电等产品，逐步形成以纺织品、轻工产品为主的规模经营体系。产品主要销往非洲、中东、南美、日本、俄罗斯等地。

该出口部的狮牌、星五牌、白天鹅牌大提花布和仿蜡花布在西非市场深受客户青睐，劳保用品在德国等地享有很高的声誉，食品罐头在日本、南韩有很大的市场。目前已经在西非的冈比亚和多哥注册了华非贸易有限公司和华丰贸易有限公司，并把触角伸向中东、东非、南美等地。

近年来，该出口部在努力开拓国际市场的同时，对国内生产基地的建设也十分重视，先后采取投资、参股、合作、合资等多种形式，和国内一大批大中型纺织企业建立起牢固的关系，稳定了销售渠道，保证了货源质量。目前与江浙一带的杭州印染厂、上海新丰印染厂、宁波印染厂、苏州印染总厂等都与建立了长期的合作关系；同时，还把业务发展到北方，如天津、山东；西北如陕西；西南如四川简阳；中南如湖北襄樊、荆州、武汉等地。以这些厂为后盾，出口货源极为稳定。

该出口部在国内的下属机构主要有宁波的华通工贸总公司和武汉的华江工贸公司。华通工贸公司负责华东地区所有的投资经营项目，下设华鹏开发公司（主营各类电器、房地产等）、温州永利鞋业有限公司（生产、经营各种鞋类产品）、温州永丰食品有限公司（生产、经营饼干等食品）、华达印染有限公司（与苏州印染总厂合资、主要生产全棉大提花布及T／C布）、华越纺织品有限公司（组织、经营大提花坯布的生产）、浙江园艺发展有限公司（与浙江省林业种苗服务中心合资、主营树苗、花卉、土畜产等出口）。华江工贸公司，主要与我部在纺织品贸易上进行配套服务，以贸易带动长江航运的发展，并通过航运来发展多种贸易，逐步成为中南地区各项投资经营项目的龙头企业。除此之外，还将在西安建立纺织品生产基地，使基地建设更加完善。

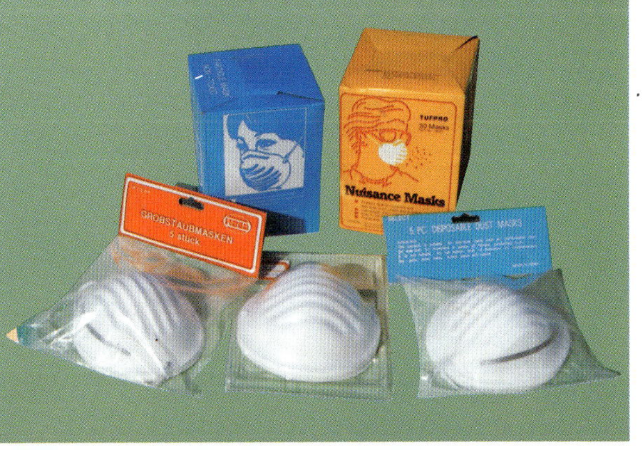

樂興BOPS片材
LEXING BOPS FILM

总经理　姜才兴

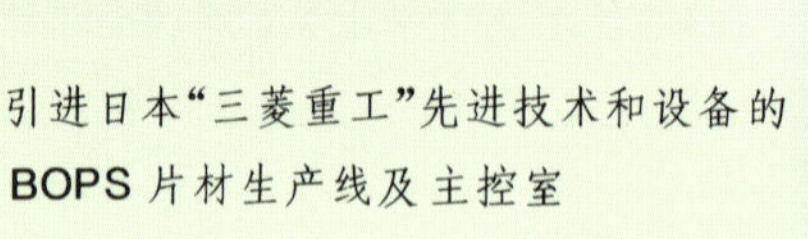

引进日本“三菱重工”先进技术和设备的BOPS片材生产线及主控室

公 司 简 介

中美合资宁波乐兴包装材料有限公司是宁波梅墟工业区经济开发总公司与美国C&C公司合资经营的企业。总投资为1483万美元，注册资金为500万美元。占地面积为23440平方米，建筑面积为11087平方米。主设备引进日本“三菱重工”，年产8000吨双向拉伸聚苯乙烯片材（简称BOPS）的包装材料公司。

BOPS片材是以聚苯乙烯为原料，经过特殊加工处理而成的一种透明的无毒无味的片材，是当前世界上正在急速发展的最新颖的包装材料。我公司BOPS的投产，填补了我国在无毒无害包装材料上的一项空白。

宁波乐兴包装材料有限公司是中国外资企业协会会员，也是中国包装协会会员。设备先进，技术力量雄厚，测试手段齐全，地理位置极佳——地处宁波市东郊新辟梅墟工业区，西临市中心7公里，东距北仑港28公里，南离宁波机社飞机场25公里，背靠甬江，面对江南高速公路，交通运输四通八达，工作生活十分方便，是海内外各界同仁志士理想的合作伙伴。

中美合資寧波樂興包裝材料有限公
總　經　理　姜才興　電話：(0574) 8483
營銷部經理　樂世君　電話：(0574) 8483
地址：浙江省寧波市梅墟工業開發區
郵編：315103　傳真：(0574) 8483918
電掛：0277　總機：(0574) 8483338

朝阳二建总公司简介

公司地址：辽阳市宏伟区宏伟路 41 号
法人代表：韩志刚
电　　话：568789
传　　真：568398
联 系 人：李　祝

朝阳二建总公司现为国家二级、资源一级的大型建筑施工企业，有 40 多年的工业与民用建筑施工历史，有较雄厚的经营管理和技术管理力和现代化的施工机械设备，所承建的工程以速度快质量好著称于省内外。

公司现有职工 6000 余人，有各类专业技术管理人员 600 余人，其中受过中高等教育的占 75%，工人平均技术等级 6.8 级，拥有固定资产 4200 万元，年施工能力 1.8 亿元。

50 年代，该公司承建了我国 156 项重点工程建设项目之一的辽宁锦西杨村子矿务局选矿厂及井口设施等矿山建设工程；承建了沈阳冶炼厂、苏家屯有色金属加工厂等大型工业建筑工程。60 年代至 70 年代中期，建成了辽西化工厂、机械厂、热电厂、电站等工程。70 年代中期参加了辽阳石油化解总厂建设，完成了辽化文化宫、体育馆、少年宫、辽阳宾馆、鞍钢体育馆、鞍山工商大厦，大连疗养院，辽化高中等大型公用工程；建成了辽化煤电站、大丙纶、双高制氧、锦州纺织厂、铁岭发电厂等大型工业工程；并完成了辽化大面积的住宅工程。同时，不断开拓国际通讯市场，先后承建了伊拉克加油站、埃及军官宿舍楼、肯尼亚邦都师范学院、巴布亚新几内亚体育中心、塞舌尔国家游泳池等项目的建设。

长期以来，该公司广大职工恪守“服务第一、质量第一、信誉第一”的经营宗旨，发扬“艰苦创业、团结拚搏、改革求实、无优不取”的企业精神，坚持百年大计、质量第一的方针，自 1979 年以来，创建了辽宁省第一个质量样板工程——辽化文化宫、荣获国家优质工程银质奖的辽化体育馆等市以上优质工程 117 项。几年来，企业连续获得省质量管理先进单位，省六级企业、省文明单位、全国企业整顿先进单位、全国经济效益的企业、省双增双节效益杯竞赛优胜企业，全国先进施工企业、中国建筑业百强等国家、部、省授予的荣誉称号 30 余种。

朝阳二建广大职工竭诚为国内外广大用户服务。

鞍山工商大厦，建筑面积 $24289m^2$

轴承厂

西北轴承厂

简 介

西北轴承厂是国家大型一档企业，也是我国最大的轴承生产厂家之一，固定资产原值1.6亿元，年产值3.2亿元，占地面积680000平方米，职工7800人，主要生产设备1300余台，能按ISO标准生产外径40－2250mm，NXZ牌的各种滚动轴承及按客户要求的非标、特殊结构轴承，广泛用于石油、铁路、冶金、化工、矿山、纺织、建筑、农机、汽车及军工等行业。

西北轴承厂是国家一级计量单位，具有先进的设备及工艺和完善的质保体系，有11种轴承获得国家金奖和可靠产品称号。

竭诚欢迎国内外客商洽谈订购。

大型分厂轴承装配间

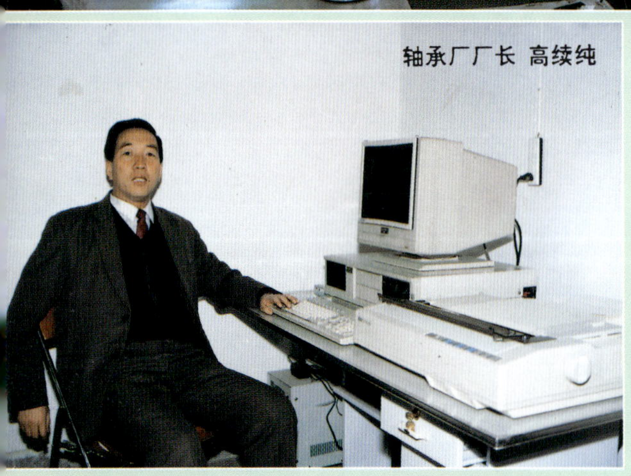

轴承厂厂长 高续纯

经营厂长 姚永文

地址：宁夏银川市新市区北京西路

邮编：750021

电挂：6519　传真：0086－951－274710

电话：0951－274710，277219，277020

经销处电话：276131、276226

①优质工程——朝阳市邮电局电讯大楼

②省优工程——辽宁省体育训练中心举重馆

③优质工程——朝阳市建设银行营业大楼

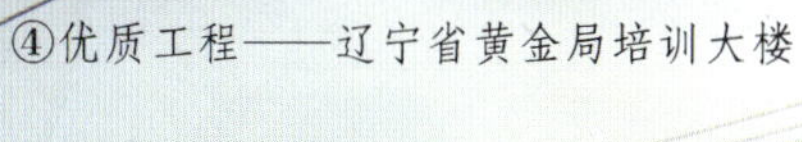

④优质工程——辽宁省黄金局培训大楼

⑤群体优质工程——辽宁省体育训练中心全景

辽宁省朝阳市第三建筑工程公司

辽宁省朝阳市第三建筑工程公司，是一级建筑施工企业、省级先进企业、省文明单位、特级资信单位、省级重合同守信用单位。

该公司现有职工4000余人，有各类专业技术职称人员358名，其中具有高、中级职称的69名。公司拥有固定资产2500万元，各种大中型机械设备700多台，是一个技术力量雄厚、施工经验丰富、现代化设备齐全、能独立承担各种高层建筑、高级装饰、大型工业厂房、空间钢结构网架和商品房屋开发的建筑施工企业，是朝阳市建筑业的三大骨干企业之一。

十多年来，该公司以“信守合同、重视质量、确保工期、取费合理”为经营宗旨，不断开拓了建筑市场，先后进驻沈阳、抚顺、铁法、锦西、大连等市地施工，承建了国家和省市级重点工程项目百余个，创出甲乙级优质工程52个，获沈阳、长春、哈尔滨三市创优质工程竞赛金牌5枚。尤其是所承建的辽宁省体育训练中心工程，提前一年竣工投入使用，不但确保了全国第二届青少年运动会在辽宁如期召开，而且创出两项甲优和两项乙优工程，其它工程均为优良，得到国家体委和省市领导们的高度赞扬，荣获辽宁省政府授予的“二青会最佳服务单位”证书。该公司所承建的沈阳音乐学院音乐厅，是我国目前唯一的一座现代音乐厅，1991年10月中旬，闻名世界的美国李斯特音乐节在这个音乐厅里举行，音乐厅的质量及音响效果得到音乐专家的好评，认为达到世界一流水平。该公司还连续7年获沈阳市政府授予的“信守合同，工程优良企业”和“外埠进沈施工先进单位”称号；获朝阳市政府授予的“重合同守信用单位”证书和“为建筑业再立新功”的奖旗。

近几年来，该公司努力开拓国际市场，发展多种经营。自1991年开始，选派百余名技术工人赴美国关岛施工，不但获得了良好的经济效益，而且为祖国争得了荣誉。此外，还与香港开盛物产有限公司合资在中、港开发商品住宅，提高了公司的两个效益。公司还投资兴办了高效节能灯具厂、金属门窗制品厂、高级装饰公司，均获得了较高的经济效益。

由于该公司不断深化企业经营机制的改革，充分调动了管理干部和全体职工的积极性，所承建的工程任务进度快、质量好，赢得了良好的社会信誉，施工范围不断扩大，企业实力不断增强。1993年，该公司首次突破亿元产值大关，完成施工产值1.15亿元，工业产值490万元，全员劳动生产率达3.1万元，获利税800多万元，开创出6项甲乙级优质工程，各项主要经济技术指标在全省同行中均居上游，提前2年完成了该公司制订的“八五”期间计划指标。

公司经理：张贺洲

地址：辽宁省朝阳市新华路一段78号

电话：213742　212593

驻沈阳地址：沈阳市东陵区南塔街80巷1号

电话：393953　391135　395349

电传：395349

撰文、摄影：姜明书

成都 西藏饭店

TIBET HOTEL CHENGDU

成都西藏饭店是西藏自治区人民政府在进藏要道成都兴建的一座现代化、多功能涉外旅游饭店，是展示西藏经济、风情、民俗和旅游的一个“窗口”，使四方宾朋未入西藏便先得藏风藏情。

成都西藏饭店位于成都市中心，交通十分方便，驱车到火车站仅需5分钟，去机场仅30分钟。主楼高十七层，拥有各类豪华套房、标准间、单人间382套，配有中央空调、国际卫星闭路电视、高级音响设备和国际国内直拨电话。

饭店设有可供1000余人同时用餐的各类餐厅、宴会厅、酒吧、供应川菜、粤菜、藏餐、西餐和各种风味小吃。饭店在全国首家推出藏式贵族宴，并开设红宫歌舞餐厅，伴以欢快的高原民间歌舞，特色浓郁。

饭店还设有现代化的商务中心、购物中心、康乐中心。典雅、豪华又具有西藏风情的星光歌舞，享誉中外。为方便四方宾朋进藏旅游，西藏自治区人民政府在此设立了旅游办事处，专门办理海外散客、团队进藏手续。饭店设立了电脑售票中心，及时提供赴藏和全国各地机票，并代办西藏各地旅游，涉外饭店的食、宿预订。

地址：四川成都市人民北路10号
总经理：何盛秋
Tel：3333988
Fax：3333526(028)

客房标准间

藏式餐厅

第七部分

投资大事记

1988 年

一 月

2日 李鹏在全国政协茶话会上致新年贺词，提出1988年要继续推进计划体制、投资体制、物资体制、金融体制和外贸体制改革。

2日 国务院批准在成都至重庆间新建一条高标准的成渝公路：工程总投资为11.4亿元，这将是迄今为止国家批准的投资最多的公路建设项目。

3日 我国第一座由中央和地方集资兴建的工程项目——山东省龙口电厂二期工程第一台20万千瓦机组，经试运行于1988年元旦并网发电，比国家计划提前了三个月。在此之前，一期工程的两台10万千瓦机组已建成投产。

5日 国务院批准，国家机械委所属一大型军工企业正式移交给国际信托投资公司管理。将政府部门所属的大型企业移交给企业集团，在我国尚属首次。

5日 国家"七五"重点建设项目浙江北仑港发电厂破土动工。火力发电的北仑港电厂位于深水良港北仑港南岸，设计总装机容量为240万千瓦，是我国目前最大的火力发电厂之一，被称为"展望中的南方火力发电基地"。

6日 中国投资咨询公司在军事博物馆召开专家鉴定会。由北京工业学院、清华大学、核工业部、建设银行计算中心等20个单位的专家组成的鉴定委员会，对该公司研制的计算机应用软件《项目评估数据管理系统》予以鉴定。

8日 中国人民建设银行总行正式成立房地产部，统一管理房地产开发、经营及与住房改革有关的信贷、结算业务。

10日 我国最大的硫铁矿生产基地——广东云浮硫铁矿通过国家验收，被评为质量优良工程。

11日 国家"七五"期间重点引进建设项目——陕西彩色显像管总厂扩建工程举行奠基典礼。此项工程1990年年底竣工。投产后，该厂将成为全国最大的彩管生产基地。

12日 谷牧在外国投资工作座谈会上说：我们应该按照党的十三大提出的扩大对外开放的要求，让外资可以按照国际惯例在我国投资；吸引外资要靠良好的投资环境。

12日 中国国际信托投资公司在伦敦同18家国际银行签署了一项发行150亿日元(1.07亿美元)的欧洲日元债券协议。这是中国首次在欧洲金融市场发行日元债券。

17日 山东省列入国家和省建设规划的13个续建、扩建和新建海盐工程项目陆续动工或加紧开工前准备工作。

18日 国务院召开的首次全国住房制度改革工作会议，18日在北京闭幕。会议认为，住房制度改革是我国经济体制改革的重要组成部分，是一项全新的开创性工作。

会议讨论确定了1988年"房改"工作的任务，主要是：(1)改革方案已经出台的城市要继续做好工作，解决好新出现的问题，不断取得新的经验。(2)原定的试点城市和各省（区、市）选的试点城市要进行住房制度的全面改革。(3)省会城市一般都要起步，但不要求都进行全面改革，可在有限的范围内起步，先取得经验，为今后进一步改革打好基础。(4)面上各城市，有些大企业可以先行一步；新房新租，旧房超标加租等单项改革，也可根据实际情况自行安排。(5)各省（区、市）可选一二个县镇进行试点。

22日 李鹏、姚依林在听取中国人民银行全国分行长会议汇报时指出：银行是国家进行宏观调控的重要手段，应在控制预算外投资上发挥应有作用，在贷款方面严格把关。

26日 李鹏在第二次全国建材行业工作会议上提出，建材产品要提高质量，增加新品种，特别是墙体材料，希望在两三年内取得成果。

28日 上海举办大规模房产交易会，开幕第一天就抛出30万平方米商品房。

29日 在全国建设银行工作会议上宣布：国家决定从1988年开始实行基本建设基金制，由建设银行负责管理。

二 月

2日 国家决定今年内动工修建横贯陕甘宁三省区的宝中铁路，采用电力机车，一次实现电气化，全长500公里。

3日 姚依林在会见美国贸易代表克莱顿·尤特时说：中国准备把珠江三角洲和闽南三角洲作为全面改革开放的试点，逐渐实行价格完全放开，并以更好的条件欢迎外国投资。

4日 国内现代化铁路物流中心在上海真如建成。这项工程工期一年半，总投资1332万元，年运输量可达30万吨。

抚顺与加拿大鲁姆斯公司签订引进乙烯、聚乙烯生产设备协定，年生产乙烯11.5万吨，聚乙烯8万吨，利用加拿大政府混合贷款，采用补偿贸易方式，1991年投产。

6日 中央政治局第四次全会提出，今年组织实施沿海地区经济发展战略，不能贻误战机。

11日 海南建省筹备组负责人说：将来海南的经济结构主要是中外合资、合作和外商独资企业，实行境外人员、资金进出自由，货物进出基本自由。

12日 天津最大的工业项目——天津无缝钢管总厂，经国家批准建设。该厂技术、设备从联邦德国、意大利、美国引进，总投资35亿元。

13日 李鹏在企业承包座谈会上说，今年经济工作的四件大事是：稳定物价；组织实施沿海地区发展战略；推行企业承包经营制；严格控制社会集团购买力。

15日 经中国人民银行批准，

建设银行1988年在全国范围内发行金融债券10亿元，其中贴水债券4亿元，累进利率债券6亿元，所筹资金全部用于发放特种贷款。

21日 铁路建设三大战役获决定性胜利：大秦铁路年底可建成运煤；衡广复线下半年建成开通；华东铁路建设取得积极进展。

23日 国家外汇管理局批复建设银行总行开办外汇业务，并颁发了《经营外汇业务许可证》。批准开办的外汇业务有：(1)外汇存款；(2)境外外汇借款；(3)外汇贷款；(4)转贷外国政府和国际金融组织的贷款和办理出口信贷业务；(5)外汇汇款；(6)外汇担保和见证业务；(7)征信调查和咨询服务。

26日 建设银行下达了1988年利润留成改革办法：(1)财务体制实行总行、省、地、县分支行四级核算；(2)按"三、三、四"的比例计算留成，即留利额中利润因素占30%，业务量占30%，人员因素占40%。同时规定了计算利润留成比例的依据，计算方法和核定程序。

三　月

3日 中国人民建设银行总行党组批准在原外事部基础上成立国际业务部。

4日 国务院原则批准上海市《关于深化改革，扩大开放，加快上海经济向外向型转变的报告》同意上海实行财政基数包干，一定五年不变。

4日 国务院召开沿海地区对外开放会议，讨论实施发展外向型经济战略。

6日 谷牧在全国人大常委会议上说。国务院建议把海南岛建设为全国最大的经济特区，对外商投资可以给予比现有其他经济特区现行规定更加优惠的待遇，经济管理也可以更加灵活，这是为了创造对外商有较大吸引力的投资环境，加快开发建设。

10日 新华社报道：国务院办公厅最近转发了国务院住房制度改革领导小组《关于鼓励职工购买公有旧住房的意见》，要求各地区、各部门结合实际情况贯彻执行。

10日 国务院发展研究中心、国家体改委及建设部在京召开"房地产产业政策研讨会"，探讨在我国建立房地产市场的有关理论与基本政策等问题。

15日 国务院批准广东为综合改革试验区，广东将全面实行城镇住宅商品化，实行提租补贴，立足实转，因地制宜，分步实施的方法，并实行国有土地有偿使用制度，拓展房产市场。

17日 "七五"期间我国重点建设项目之一的洛阳炼油厂500万吨常减压蒸馏炼油工程建成投产。它是我国迄今最大的一座单系列炼油厂。

17日 谷牧在深圳说，沿海开放地区发展外向型经济时，一定要吃透中央制订的一系列有关政策，把它们用好、用到家，以吸引更多的外商到中国投资。

18日 上海市确定将郊区乡镇和国营农场全部列为对外开放区，享受对外开放的优惠待遇。目前全郊区已批准中外合资、合作企业达60个，直接吸收外资1亿多美元。

19日 秦山核电站安全壳开始封顶，进入内部装修、安装。该工业部副部长赵宏宣布，我国第一座核电站的建设者有信心在1990年如期建成电站。

22日—24日 55城市建设银行资金融通网络第二次全体会议在广州市召开。

24日 李鹏会见世界银行行长科纳布尔时说，从今年开始，我国投资体制将有很大变化，由政府直接投资 转变为由若干投资公司经营。他还说，我们进行大规模建设，需要资金，既要自筹，又要利用外资 。

30日 1988年10亿元金融债券的设计、印刷及向全国17个省市发运的工作全部完成。

31日 经中国人民银行总行批准，香港南洋商业银行将在海南设立分行，成为在海南的第一家外资银行。

31日 建设银行全国房改暨房地产工作会议在郑州市召开，会议主要任务是学习贯彻国务院关于推行住房制度改革的方针政策，总结交流几年来全行支持房改试点工作和开发房地产业务的工作情况，提出今后的工作任务，明确有关政策、措施。

四　月

5日 中国银行与美国大通银行、英国米兰银行等二十家银行组成的国际银团签署了一项贷款1.72亿英镑的协议，用于重点工程湖南岳阳电厂扩建两台35万千瓦火力发电机组。

7日 距大同市15公里的湖东编组站第一阶段工程完工，总投资1.4亿元，这是我国目前最大的、现代化程度最高的重载铁路编组站。

10日 我国重点建设项目之一——内蒙古准格尔煤田一期开发工程已正式拉开序幕，它将以煤、电、路同步建设的模式展开。实行新颖的管理体制。一期工程矿区部分投资33.6亿元。

15日 全国住房制度改革财务工作会议强调，住房制度改革不能增加国家和企业的负担。

20日 国务院批转了国家经济体制改革委员会提出的《1988年深化经济体制改革的总体方案》。

21日 被列为"七五"期间我国重点建设工程的钱塘江第二大桥开始全面动工。这是新中国诞生以来，继武汉长江大桥、南京长江大桥、长东黄河大桥之后，我国又一项重要的大桥工程。

27日 建设银行总行下发"关于国家专业投资公司债券资金临时管理办法的通知"，确定了投资公司债券筹资的核算方法，增设了投资公司存款及委托贷款等8个会计科目。

五　月

3日　建设银行总行发出"关于建设银行购买1988年国家基本建设债券、财政债券的通知"，并根据人民银行分配给建设银行购券6.51亿元的任务，下达给各分行。

4日　大秦铁路二期工程开工，全长652公里。其中，二期工程全长242公里，投资约10亿元，计划1991年建成。

4日　国务院发布了关于鼓励投资开发海南岛的规定。国务院的这个规定表明，国家对境内外的企业、其他经济组织或者个人投资开发海南岛，兴办各项经济和社会事业实行鼓励政策，并依法保护投资者的利益。

7日　中英最大合资项目——上海浮法玻璃生产线投产，总投资4亿多元，标志我国玻璃生产技术进入世界先进行列。

16日　我国潍坊、唐山、连云港三大碱厂经过两年的建设，已全部进入设备安装阶段。三大碱厂均为"七五"期间国家重点工程，设计能力都是年产60万吨纯碱，预计1989年上半年全部建成。

16日　国务院批准建立山东半岛经济开放区，山东半岛将实行全方位的对外开放。山东省政府即日推出多项灵活优惠的政策措施，欢迎国内外朋友前去投资合作，共同开发这一地区。

20日　北京市决定以中关村地区为中心，在海淀区划出100平方公里左右的区域，建立外向型、开放型的新技术产业开发试验区。"试验区"的暂行条例已经国务院批准，自即日起施行。

20日　我国最大的铝工业基地——长城铝业公司，已经国家批准在河南兴建。这个项目包括氧化铝、铝锭、铝材、矿山、水泥厂和自备电厂等，建设投资相当于"七五"期间全国有色金属企业投资的总和。这个基地建成投产后，年产铝相当于1987年全国铝产量的总和。

20日　邓小平会见朝鲜军事代表团时强调，改革开放的一个重要步骤是，沿海地区要加快对外开放，使这个拥有两亿人口的广大地带较快地发展起来。从而带动内地更好地发展。

23日　我国最大跨度的桥梁——子牙河特大桥主体工程日前胜利竣工。这座大桥，全长1615.3米，桥墩高14米，共52个桥墩。其中两个桥墩建在7米多深的河中，其桥梁跨度达40米，是我国目前最大跨度的桥梁。

27日　李鹏主持召开国务院第六次常务会议，讨论了在京楼、堂、馆、所建设项目的清理问题，决定停建一批，缓建一批，以利压缩首都基本建设规模。停建项目，取消立项；、缓建项目，保留立项，可以继续做前期工作，但一般在"七五"期间不准开工。这批停缓建项目，要予以公布，接受群众监督。

27日　中国人民银行全国分行行长会议，强调金融工作要继续执行从紧方针。

六　月

1日　我国建设史上一个新的尝试——国家定点的一汽、二汽和上海三大轿车基地引入以企业为投资主体的新型投资体制。

2日　我国首次对建设用地实行计划管理，耕地剧减局面开始得到控制。今年将扩大计划管理范围，非耕地占用也将受计划指标严格控制，建设占用耕地指标为300万亩。

6日—10日　建设银行总行任超顾问赴上海参加宝钢二期工程第六次办公会议。会议决定由建设银行为宝钢工程提供周转贷款1亿元，以解决因债券资金不能及时拨付发生的用款时间差问题。

8日—30日　经国家外汇管理局批准，建设银行总行陆续将外汇资金调往境外，已在日本东京银行、香港南洋商业银行、香港广东省银行合计存入1200万美元。

12日　国务院批准利用外资，扩建新建5个钢铁工业项目，加上早些时候批准的6个同类项目，到1992年将增加900万吨的生产能力。这些新建扩建的项目，分别分布在鞍山、太原、马鞍山、武汉等老钢铁基地和湄州湾、珠江等新的钢铁基地。

14日　武汉钢铁公司与海南省签订20年风险共担合同，合资在琼岛昌江县兴建钢铁基地。这是海南省目前拟定开发建设的最大项目，第一期工程年产钢铁各35万吨，3年建成投产，远景规划年产钢铁各100万吨，连铸坯32万吨，建筑钢材30万吨。

16日　国务院向各省、自治区、直辖市人民政府发出了关于清理楼堂馆所建设项目的通知。国务院的通知要求：(1)各地要充分认识清理楼堂馆所建设项目的重要意义，把这项工作列入议事日程，省长、自治区主席、直辖市市长要亲自抓，务求抓出成效。(2)对在建项目、准备建设项目和规划设计项目（包括旅游宾馆，下同）要全面、认真地进行清理，一个项目一个项目地讨论，不得走过场，要坚决停一批，缓一批。(3)从现在起，楼堂馆所建设项目的投资，不论筹资渠道如何，一律先存入建设银行，接受监督，不得存入其他银行。(4)今后审批楼堂馆所建设项目，必须按基建程序办理，不准各级领导者个人批条子上项目。

16日　新的国家计委正式成立，在人员组成上实行委员会制，以加强宏观调控、提高办事效率，主要职能是进行宏观调控、平衡、协调、服务。从经济总量和结构上做好计划综合平衡与宏观调节和控制；对经济决策和经济运行提供服务和必要的协调。

18日　我国投资管理体制正在

实行重大改革，新组建的6个国家专业投资公司，将采取经济办法，管理我国经营性的投资。

这6个专业投资公司是：能源、原材料、交通、机电轻纺、农业和林业投资公司。

专业投资公司成立后，作为宏观管理部门的国家计委，对固定资产投资的管理着重从宏观上进行控制：一是抓大中型和限额以上项目的立项审批；二是抓国家投资的切块，将切块的投资安排给专业投资公司直接经营管理。

18日 我国三大轿车生产基地之一的长春第一汽车制造厂轿车先导厂动工兴建。第一期工程计划3年建成年产3万辆轿车。

18日 被誉为水电资源富矿的红水河上将建设天生桥、龙滩两座大型水电站。能源部、国家能源投资公司和广东、广西、贵州三省区昨天在南宁签订了合资建设这两座水电站的协议书和意向书。据了解，由国家和省区合资建立大型水电站，在国内还是第一次。

22日 投资30多亿元的齐鲁石化公司30万吨乙烯二期工程，包括烧碱等七套装置，提前一个月胜利建成。年产20万吨碱装置合闸送电成功，与其配套的氯乙烯、聚氯乙烯等装置亦同步开车。

24日 国务院举行第九次常务会议。会议原则通过的《关于投资管理体制的近期改革方案》提出，"七五"计划期间的后三年，着重从以下方面进行改革：(1)对重大的长期的建设投资实行分层次管理。(2)扩大企业的投资决策权，使企业成为一般性建设的投资主体。(3)建立基本建设基金制，保证重点建设有稳定的资金来源。(4)成立专业投资公司，用经济办法对投资进行管理。(5)简政放权，改进投资计划管理。(6)强化投资主体自我约束机制，改善宏观调控体系。(7)实行招标、投标制，充分发挥市场和竞争机制的作用。

26日 国家建设部正式成立。国务院批准建设部的定职能、定机构、定编制的"三定"方案。方案明确指出，建设部不是一个专业部，而是国务院领导下主管全国建设工作的一个综合职能部门，管理范围包括四个方面：即对全国各部门、各地区工程建设的标准定额、勘察设计、建筑施工进行综合管理和监督；规划和指导全国城市建设和村镇建设；归口管理全国建筑业和房地产开发经营；组织开拓国外建筑市场，归口管理全国对外工程承包和有关的劳务合作业务，带动建筑材料和机械设备出口。

26日 我国第一条最长的光纤通信线路——武汉至荆州、沙市架空光缆通信工程，日前在武汉经邮电部验收合格。汉—荆沙架空光缆工程全长244.8公里，采用全套国产光纤通信设备建成。

26日—7月1日 建设银行总行在黄山召开体制改革座谈会。会议讨论了《关于研究制订建设银行中近期改革规划的若干问题》和《关于1988——1995年投资体制改革的初步构想》。

29日 国务院发布《中华人民共和国私营企业暂行条例》、《中华人民共和国私营企业所得税暂行条例》、《国务院关于征收私营企业投资者个人收入调节税的规定》。

七 月

1日 渤海石油公司深圳赤湾导管架制造场竣工。该场具有先进的装备，可制造用于水深达120米的导管架，是国内第一个大型深水海上平台制造场，它的建成，对开发南海油气有重要意义。

2日 国家"七五"重点工程——湖南东江水电站已开始发挥效益。东江水电站第二台12.5万千瓦机组正式并网发电，第一台机组同时完成半年试运行，从建设者手中移交给国家。

3日 "七五"期间国家重点建设项目华中电网重要枢纽——郑州50万伏超高压变电站工程日前完成24小时试运行，正式投产送电。

5日 新华社报道：国务院发出通知，授权省、自治区、直辖市、经济特区和计划单列市人民政府审批外资企业。

6日 国务院发布《关于鼓励台湾同胞投资的规定》。

6日—24日 应英国米特兰银行和香港汇丰银行的邀请建设银行周道炯行长率团赴伦敦、香港考察访问。访问期间，与米特兰银行签订了业务合作协议和代理行协议，与汇丰银行、标准渣打银行、嘉华银行、东亚银行签订了代理行协议。

8日 一家实行股份制的全国性金融企业——中国工商信托投资公司成立，经营国内、国际信托投资业务。

8日 上海第一块土地有偿出让国际招标的决标公布，日本孙氏企业有限公司以美元支付相当于人民币1.0416亿元的出让金获得上海虹桥开发区内26号地块12900平方米土地50年的使用权，成为中国第一个以国际招标方式出让土地使用权的得标者。

13日 国务院第十二次常务会议决定，13省市今年起财政包干，同时通过征收城镇国有土地使用税的暂行条例（草案）。

17日 李鹏在国务院第二次全体会议上说，下半年经济工作要坚持以改革总揽全局，继续贯彻"深化改革、稳定经济"方针。

17日 由国务院统一部署的黄淮海平原大规模开发建设已相继展开。国家土地开发建设基金管理领导小组与冀鲁豫苏皖五省人民政府就黄淮海平原农业综合开发建设项目在京举行了协议书签字仪式。

22日 国务院下放吸收外商投资审批权，内地省区单列市和国务院有关部门权限扩大。

22日 李鹏主持召开国务院第14次常务会议，讨论和原则通过了《中华人民共和国城镇国有土地使用权出让和转让暂行条例（试行草案）》。

30日　沿黄河四省区经济协作带成立，各省区将广泛开展资金转移，物资串换等协作，目前已达成各类合作协议百余项。

八　月

1日　大庆30万吨乙烯工程投产。

1日—3日　中国投资学会在黑龙江省镜泊湖召开“投资经济学科建设委员会”第一次会议。

6日—8日　全国第一次“火炬”计划工作会议在京举行。3年内全国将创办2000个高技术产业，大批科技人员将投入高技术产业。

8日　宝山钢铁联合（集团）公司在上海成立。这个集团以宝钢为主体，参加的有国内工业、科研、金融、外贸等行业50个单位。我国四大银行上海分行及中外合资企业上海大众汽车有限公司、上海易初摩托车有限公司、福建中国国际钢铁制品有限公司也参加了这个集团。

10日　建设部、国家物价局和工商管理局联合发出通知，要求各地各部门采取措施加强对房地产交易市场的管理，维护交易市场秩序，保护合法的房地产交易活动，促进我国房地产业健康发展。

12日　国家批准立项的山东潍坊市寒亭百万吨盐场正式通过了国家计委、中国国际投资咨询公司等53个单位的100多名专家参加的可行性研究论证，进入设计阶段。这是目前我国第4个百万吨盐场，投产后年产值可达9300万元，年利税达3767万元。

13日　上海经济区兴起科技风险投资业，为科技和经济结合架设桥梁，目前已投资建立新产品推广和中间试验基地等10个项目。

13日　我国目前最大的内河航运建设工程——汉江整治工程经国家计委批准，筹备工作基本就绪，即将展开大规模施工。

13日　建设银行总行发出《关于严格控制下半年基本建设支出的通知》，通知中提出5条措施：(1)加强管理，从严控制基建支出；(2)突出重点，努力控制地方财政安排的自筹基建；(3)抓紧落实债券资金，保证重点建设；(4)抓紧完成回收“拨改贷”计划；(5)积极配合清理，压缩楼堂馆所建设。

16日　新华社报道：中国人民银行决定，从9月1日起提高银行各项存款，贷款利率。工商银行、农业银行、中国银行、建设银行也联合发出通知，从9月1日起调高存款利率。

17日　新华社报道：国务院批转了中国人民银行《关于控制货币、稳定金融几项措施的报告》，并要求各地区、部门遵照执行。同日，《人民日报》报道：上半年全国金融形势严峻，货币投放过多，贷款增加较猛。储蓄存款出现滑坡现象。

18日　海南省海甸岛东部开发区今天破土兴建。这是海南特区目前投入建设的最大综合性开发区。

19日　海南省政府主要负责人透露，海南将把洋浦开发区建设成“自由港”。

19日　农业部“菜篮子工程”规划中拟建的我国第一个蛋氨酸工厂，从国外引进成套技术设备的合同在京签字。

19日　投资3000万元的玻璃棉生产线建成。这项从日本引进的工程是北京市“七五”重点建设项目，年产玻璃棉3300吨，全部技术达到80年代先进水平。

20日　北京六〇五厂从英国引进的石英光导纤维生产线，正式投产。这条目前国内产量最高的生产线，每年能生产单模、多模光纤1万公里。

20日　我国规模最大、设备先进的石油气具系列产品厂在广东省顺德县投产，投资总额达1.2亿元。

23日　上海市政府利用外资进行城市基础设施建设的五大工程之一，苏州河治理工程近日开工，总投资16亿元人民币，其中向世界银行贷款1.45亿美元，预计1992年建成。

25日　建设银行与人民银行、工商银行、农业银行、中国银行等4家单位联合下发《关于建设银行与其他专业银行相互代收汇票的通知》，从此解决了建设银行汇票跨系统通汇问题。

28日　《中华人民共和国和日本国关于鼓励和相互保护投资协定》在京签定。通过给予投资、与投资有关的业务活动和投资财产以良好的待遇和保护，进一步加强中日两国的经济合作和技术交流。

30日　中国海洋石油总公司与美国格蒂石油公司、日本南海珠江、华南石油开发株式会社在北京签订《中国南海珠江口盆地15/31合同区石油合同》。合同区面积1276平方公里，勘探期第一阶段外商承诺两口初探井。

九　月

1日　我国自行设计建造的秦山核电站的核心设备之一——反应堆压力容器顺利地吊装成功。这一设备的吊装标志着秦山核电站工程建设土建阶段基本结束，进入全面安装阶段。

2日　中央办公厅国务院办公厅发出通知，重申严格控制建立纪念设施，各地凡不符合规定的在建项目一律停建。

3日　中国人民银行根据国务院常务会议决定，从1988年9月10日起对城乡居民3年期以上定期存款予以保值。10日，新华社报道：中国银行总行发出通知说，9月10日未到期的和新存入的3年以上华侨定期储蓄均享保值。

7日　为了认真落实国务院和中央银行关于控制信贷规模和货币投放、稳定金融、深化改革的决定，建设银行总行召开了全国建设银行电话会议。周汉荣副行长通报了全行7个月信贷计划执行情况，并提出了贯彻落实该决定的三项具体措施，第一，控制各类贷款规模，把超计划发放出去的流动资金贷款和其他贷款压缩到计划指标内；第二，配合有关部门开展楼堂馆所清理工作；第三，大力吸收存款，优先保证国家重点建设项目的资金供应。

7日 建设银行总行扶贫领导小组决定对总行扶贫点——陕西安康县的3个项目进行贷款扶持，这3个项目是安康县酒厂、安康县印刷厂和安康县制鞋制件厂。

9日 物资部部长柳随年说，为了稳定物价，明年钢材等重要生产资料的分配和价格都不放开。

10日 据《人民日报》报道：上海第一家房产股份制企业兴业房产股份有限公司8月上旬正式营业，这是上海房产业进行深层次改革一大突破。

13日 建设银行总行颁发了《转发中国人民银行关于进一步控制1988年货币投放、信贷规模的具体规定》和《关于调整1988年信贷计划的通知》，提出了稳定金融压缩贷款的各项严格措施，并对各行全年的建贷规模做了重新调整。

14日 全国债券、股票额累计已达900亿元，其中股票发行额20亿元，向社会公开发行的企业债券近200亿元。预计年底全国债券、股票的发行额将突破1000亿元。

15日 新华社报道：经国务院批准的投资管理体制近期改革方案确定，我国“七五”后3年，建设项目领导体制实行董事会制或管理委员会制。

15日 新华社报道：国家土地管理局局长在全国城镇国有土地申报登记工作会议上说，凡是在城镇国有土地上从事生产经营的企事业单位和个人，都需到当地政府土地管理部门办理申报登记。国有土地使用申报登记工作要在今年年底完成。

18日 我国首次依靠借债集资兴建的大型化纤企业——仪征化纤工业公司，一期工程正式通过国家验收并交付使用。这项工程是我国“六五”期间22个大型引进项目之一，总概算为10亿元，除前期国家拨款3亿元外，其余7亿元靠借款筹资。

20日 中共建设银行党组(88)建总党任字20号文批准正式成立中国人民建设银行海南省分行。

22日 李鹏总理签署国务院第15号令，发布《楼堂馆所建设管理暂行条例》，自发布之日起施行。25日，国务院发言人受国务院委托发表谈话，强调清理楼堂馆所工作要抓到底，对违者要严加惩处。

27日 李鹏总理签署国务院第17号令，发布《中华人民共和国城镇土地使用税暂行条例》，自1988年11月1日起施行。

27日 李鹏主持召开第一次国务院清理固定资产投资项目领导小组会议。

30日 国家将重点投资开发松辽平原，从现在至1990年，国家和吉林省将向该平原投资3. 8亿元，综合治理中低产田500万亩，增加粮食生产能力5亿公斤。

30日 国家重点工程——陇海线郑州至宝鸡电气化铁路的三门峡西至西安东复线234公里区段正式通车。

十　月

1日 中共十三届三中全会发表公报，提出“治理经济环境、整顿经济秩序、全面深化改革”的指导方针和政策、措施，原则通过《关于价格、工资改革的初步方案》和《中共中央关于加强和改进企业思想政治工作的通知》。

1日 全程415公里的中巴公路国内段竣工。

2日 李鹏总理在看望银行职工时说，治理经济环境和整顿经济秩序，金融界是关键环节之一，金融界的职工肩负重任，希望腰杆要硬。

2日 经国家验收被评为优良的天津铁路枢纽改造工程全面竣工通车。这项改造工程包括天津客站、南仓编组站、增建北环复线、新建南曹联络线4个项目的国家重点工程，建成后客运能力由46对车增加到95对，货运能力也增加一倍以上。

2日 国家重点工程——陇海线郑州至宝鸡电气化铁路的三门峡至西安东复线234公里区段，正式建成通车。至此，由电力机车牵引的列车可以从郑州直达西安。

3日 中共中央、国务院作出关于清理整顿公司的决定：(1)这次清理整顿的重点是1986年下半年以来成立的公司，特别是综合性、金融性和流通领域的公司。(2)坚决纠正公司政企不分的问题，取消公司的政府行政职能。(3)各级机关（包括各级党的机关、国家权力机关、行政机关、审判机关、检察机关，下同），均不得用行政费、事业费、专项拨款、预算外资金和银行贷款投资开办公司。(4)严格执行中央、国务院关于党和国家机关干部不得经商办企业的规定。(5)各类公司必须按照核定的经营范围依法经营，严禁转手倒卖重要生产资料和紧俏耐用消费品，赚取非法利润。(6)所有公司都必须依法纳税。(7)严格公司审批手续。(8)本决定同时适用于工会、妇联、共青团、文联和各种协会、学会、基金会等群众组织、社会团体及其人员。(9)公司的清理整顿工作，由各省、自治区、直辖市人民政府和中央各部门分别负责。(10)各级人民政府要采用一般清理和重点整顿相结合的方法，突破重点，推动全局。

6日 国务院发出《关于清理固定资产投资在建项目、压缩投资规模、调整投资结构的通知》

7日 国务院清理固定资产投资项目领导小组办公室主任陈光健发表谈话，要求各地区、各部门全面清理固定资产投资，坚决停建一批在建项目。

8日 海南省农业开发公司与泰国正大集团所属的海南正大投资有限公司在海口市签订了投资3亿美元兴办25万亩养虾场的合同。这是目前海南省农业最大的中外合资企业。

9日 我国7项重点工程建设设备进行国际招标，7个国家和地区的39家公司投入竞争。

9日 年产1.5万吨有机玻璃原料的大型丙酮氰醇生产装置在大庆石化总厂建成投产成功。至此，大庆30万吨乙烯工程的项目全部建成。它是我国第一个直接以油田生产的轻烃为主要原料的大型石油化工联合企业。

10日 为适应业务发展，建设银行总行财会部修订了有关会计制度，增设“个体存款”科目，核算个体经济户存入的各种资金。

12日 国务院发出《关于全面彻底清查楼堂馆所的通知》，要求各地区、部门对在建和拟建的楼堂馆所项目分期分批进行清查，重点清查在建项目，要求城市11月底前查完。

14日 党中央国务院作出决定，清理整顿全国各类公司，解决政企不分、官商不分和转手倒卖牟取暴利等问题，要在今年年底前基本结束清理整顿工作。

18日 北疆铁路一期工程乌鲁木齐至乌苏段已投入运行，二期工程乌苏至阿拉山口段已于5月1日动工，计划1990年与苏联接轨。

28日 国内最长最先进的轿车生产流水线在中外合资的上海大众汽车有限公司建成投产。每天可装配上海桑塔纳轿车200辆。平均7.5分钟即可装配一辆轿车。

29日 我国第一条全电熔彩色浮法玻璃生产线日前在昆明正式投产。这条生产线中日熔化量120吨的玻璃电熔窑是目前世界上第二大电熔窑。

29日 在渤海辽东湾，由渤海石油公司自营勘探的锦州9—3—1井获工业油气流，测试日产原油184方。这个油田离岸近、水浅、原油性质好，有利于开发。

十一月

1日 国家“七五”重点建设项目——重庆至成都高级公路工程投入建设。这一工程总投资11.4亿元，其中世界银行贷款1.25亿美元，其余资金由交通部和四川省、重庆市筹集。

2日 被列为国家重点工程的京杭大运河续建工程之一——泗阳县复线船闸通过验收，正式启闸通航。

3日 东北地区最大的机场，国家“七五”期间重点建设项目——沈阳桃仙机场工程竣工试航。

7日 物资部将推出系列整顿措施，对4种钢材和3种有色金属实行专营。

9日 新华社报道：我国房地产交易市场初步形成，目前，全国共有275个房地产交易所，近3年达成房地产交易17万起。

9日 国家土地管理局提出要控制建设用地，压缩基建规模。

11日 黄河上游又一座大型的李家峡水电站工程开始全面施工，这座电站是“七五”重点建设工程，装机容量200万千瓦。

13日 国务院批准在河南濮阳市兴建中原14万吨乙烯工程，全部工程包括年产14万吨聚乙烯、4万吨聚丙烯、1.2万吨丁烯等7套装置，总投资16.1亿元，投产后年销售总收入达10.3亿元，年税利达4.8亿元，预计1993年投产。

17日 陕西省决定兴建10大农业项目，包括农田水利基本建设、化肥、农药、农业机械、育种和地膜等先进技术，工程总投资8.9亿元。

17日 新华社报道：国家组建国有资产管理局。按照新批准的“三定”方案，国家国有资产管理局将管理国内和境外的国有资产；拟定国有资产的各项管理制度；制定国有资金投资的利润分配办法；会同有关部门进行国有资产的发包工作；处理企业在实行承包、租赁、联营和拍卖清理中有关国有资产的问题；监督检查国有资产的使用情况，推动国有资产的管理工作。

23日 建设银行上海市分行国际业务部向美国、日本、西德、法国、意大利等国及中国国内14个国家、地区的46家银行和金融机构发出询价书，为上海30万吨乙烯一阶段完善工程筹资1.8亿美元。

28日 世界第三大规模的潮汐电站——我国浙江省江厦双向发电潮汐试验电站，目前已完成5台3200千瓦的机组安装，电站装机总容量为3900千瓦。

29日 国务院召开的全国计划会议、全国经济体制改革工作会议在京开幕，李鹏主持会议，姚依林作题为《认真贯彻十三届三中全会精神，安排好1989年计划》的报告。

30日 建设银行湖北省分行自行研制成功的储蓄业务微机实时处理系统，已在襄樊、黄石、荆门等市的13个储蓄所办理储蓄业务。该系统具有通存通取以及记帐、登卡、扎帐、结算到编表等储蓄会计系统全过程的功能。储户在一个储蓄所开户，可在任意一联网所办理续存、支取和挂失业务。

十二月

5日 建设部发出紧急通知，要求各有关单位在认真清理在建项目的同时搞好停建、缓建项目的善后工作，力争把损失减到最低限度。

5日 李鹏在全国计划会议和全国经济体制改革工作会议闭幕会上强调，治理经济环境，整顿经济秩序、要做多方面的工作，首先要确保明年的物价上涨幅度明显低于今年。明年改革和建设的各项工作都要服从和服务于这个目标。

10日 我国目前最大的水电工

程——长江葛洲坝水力发电厂宣告基本建成。至此，这家电厂总容量为271.5万千瓦的21台机组基本建成。

12日 全国最大的投资引进项目——宝钢冷轧厂的负荷试车仪式在宝钢举行。总计6.8万吨重、共48台机组的这套冷轧设备，除热镀锌机组以外，已全面投入负荷试车。这意味着这个年产210万吨冷轧板的建设项目开始进入试生产阶段。

12日 辽宁省政府最近与国家土地开发基金小组、农业部、财政部达成了1988～1990年开发建设辽河三角洲的协议。我国这项重点农业综合开发建设工程将陆续开工。

14日——17日 建设银行总行任超同志赴上海参加宝钢二期工程第七次办公会议。为支持重点工程建设，缓解宝钢资金紧张的矛盾，建设银行再次提供给宝钢储备贷款3000万元。

17日 衡广复线通车。复线开通对湘粤及华南地区经济发展有重要意义。

18日 四川对公路建设和公路养护实行承包，实行建设和养护的责任制，以加快建设速度，四川是继河南之后，我国第二个实行公路建设大包干的省份。

19日 李鹏、姚依林连续听取了国务院清理投资项目各检查组的汇报，强调全面清理固定资产投资项目的工作要坚定不移地深入进行下去。检查组的工作要继续加强。10个检查组将于本月20日左右再度分赴各地，督促协助各省、自治区、直辖市和计划单列市进一步清理在建项目，切实压缩投资规模、调整投资结构。

21日 国家重点建设项目——北京10万门程控电话工程正式通过国家验收。该工程是我国目前建设规模最大的现代化市内电话工程。它包括市话交换机10万门、汇接设备45270线、国内长途电话交换机2000路及与其配套的一系列设备。

24日 国务院调整外资领导小组。组长为田纪云，副组长为国家计委副主任甘子玉。

25日 王丙乾在全国财政工作会议上指出，明后两年财政工作必须坚决实行紧缩政策，抑制资金需求，压缩财政支出，增强宏观调控，力争把财政赤字压缩到最低限度。

26日 李鹏、姚依林在接见财政工作会议代表时指出，要适当集中资金，强化预算概念。紧缩财政的同时须开辟新财源。

29日 我国第一条重载单元双线电气化的现代化铁路——大秦铁路一期工程建成通车。

29日 胜利油田又发现一个储量上亿吨的大油田，它标志中国浅海石油勘探取得了重大突破。该油田被命名为呈岛油田。

30日 国家“七五”重点项目——耗资几亿元的陇海线郑州至宝鸡段电气化技术改造工程建成。至此，全长1187公里的陇海铁路西线，全部改为电气化铁路，成为我国最长的干线电气化铁路。

30日 上海第二条黄浦江隧道——延安东路隧道试通车成功。该隧道长2261米，双车道路面宽7.5米，车道净高4.5米，可通行无轨电车，设计最大客运量每小时5万人次，混合交通每小时1000辆。

30日 在流经广州城区的珠江河上建成第六座跨江桥——海卯大桥。主桥长346米，宽35米，是我国目前最宽的双塔单索面斜拉桥。

31日 第七届全国人民代表大会常务委员会第七次会议，通过关于修改《中华人民共和国土地管理法》的决定。

1989年

一　月

1日 经国务院批准，国务委员兼财政部部长王丙乾签署了中华人民共和国财政部第1号令，发布《开采海洋石油资源缴纳矿区使用费的规定》。《规定》明确原油和天然气的矿区使用费由税务机关负责征收管理。此《规定》从1989年1月1日起施行。

1日 大庆油田108亿元固定资产全部实现计算机网络信息管理，这在我国大型企业尚属第一次。

1日 国家重点工程黄浦江水底公路隧道通车，从而成为连接浦东和浦西的交通枢纽。设计最大客运量为每小时5万人次。

5日 国务院清理项目领导小组负责同志在今天召开的国务院各有关部门、直属单位清理办负责人会议上，传达贯彻国务院《关于进一步清理固定资产在建项目的通知》。

5日 国务院副总理田纪云主持召开国家土地开发基金管理领导小组会议。部署近期农业开发工作。

6日 财政部今年核定中央级“拨改贷”本金回收计划19亿元，比去年增加26.7%。为确保计划完成，建设银行总行下发《关于落实1989年中央级预算内“拨改贷”和设备储备贷款还款计划的通知》。

7日 我国第一座自行设计建造的秦山核电站水下第一期工程日前胜利竣工。

9日 国务院重申，除了已经国务院批准的轿车生产点以外，在全国范围内不再安排新的轿车生产点。

10日 中国第一家采用具有国际80年代先进水平的计算机控制机组运行的电厂——华能南通电厂第一台35万千瓦机组凌晨2点并网发电。

12日 国务院发出《关于加强借用国际商业贷款管理的通知》主要内容包括：(1)严格控制对外借款规模。(2)对借用短期国际商业贷款实行余额管理，未经国家批准，不得超过核准的余额。(3)在国外发行债券，必须在国家利用外资计划内，由中国人民银行批准发行债券的金融机构办理。(4)加强对外汇担保的管理。(5)严格审查借款项目。(6)收紧借用外债的窗口。(7)进一步完善外债登记和统计监测系统。(8)合理安排对外债务结构。

14日 国家计委最近再次发出关于限制国内消费和生产易拉罐等一次性包装饮料具体实施措施的通知。

16日 国家审计署审计长吕倍俭在全国审计工作会议上指出，1989年审计机关要把财政资金、信贷资金的管理和使用，作为审计监督的重点。

16日 中国和联邦德国政府关于上海地铁第一阶段工程的财政合作协定在波恩签字。协定规定，联邦德国政府提供4.6亿马克的长期低息贷款，偿还期40年，宽限期10年，利率为0.75%。

20日 由中国人民建设银行和中国五金矿产品进出口总公司、日本国野村证券株式会社、三井物产株式会社合资创办的“友联国际租赁有限公司”在北京签订合资合作合同。周道炯行长在合同上签字。该公司注册资本1000万美元，建设银行投资300万元，主要业务是以金融租赁形式，引进国内急需的设备技术和相应的资金，重点支持现有企业进行技术改造。

21日 香港普豪投资有限公司获上海一块土地在50年内的使用权，该块土地在上海虹桥经济技术开发区内，面积约3600平方米。

23日 经贸部新闻发言人称中国在压缩基建规模中对外商投资项目采取保护政策，对已签定合同的项目认真履行合同。

24日 国务院规定，从1989年起，国家统计局、国家计委、财政部和中国人民银行联合建立按月按季公布分地区八项重要经济指标的制度。增强中国经济生活的透明度。这8项指标是：固定资产投资额、银行贷款余额及增加额、职工工资总额、工业全员劳动生产率、工业销售利税率、工业资金利税率、工业可比产品成本降低率、工业能源消耗综合降低率。

27日 我国大型能源企业集团——中国华能集团公司正式成立，该公司总投资200多亿元，利用外资24亿美元。

31日 投资银行赵洪副行长与世界银行第五笔贷款评估团扎法康团长在北京共同签署《世界银行对投资银行第五笔贷款项目备忘录》。

二 月

1日 经国务院批准，人民银行从今日起，调整各项存贷款利率。

1日 国务院贫困地区经济开发领导小组召开第7次全体会议。会议决定：(1)采取有力措施，实现“七五”期间解决大多数贫困地区群众温饱问题的目标；(2)扶持解决温饱的贫困县转入以发展区域经济为主的经济开发新阶段；(3)集中用好现有的扶贫资金和物资，充分发挥经济效益；(4)办好扶贫经济实体，发展横向联合，建立高效益的投入产出机制；(5)加强领导、健全办事机构，继续搞好干部培训工作。

2日 吉林长白山电厂油改煤工程项目由意大利安萨多公司与中国哈尔滨锅炉厂集团中标，该项目是我国利用亚洲开发银行贷款的第一个工业项目。

2日 中国海洋石油总公司与英国BP石油开发有限公司在北京签订《中国渤海10/15合同区初探井合同》，合同区面积为2825平方公里，合同期为1年半。

9日 国务院举行常务会议，讨论了国务院有关部门与国家专业投资公司的职责划分问题，并作出了相应的决定。

10日 财政部发布《清理整顿公司财务的规定》。《规定》指出，公司要与主办机关财务脱钩。

11日 建设银行总行颁发《中国人民建设银行固定资产管理办法》(试行)。

13日 国务院在北京召开全国基础研究和应用基础研究工作会议。宋健提出要逐步提高对基础研究的投资比例。

15日 北京市首批商品房开始登记出售。

19日 国务院清理项目领导小组和国家计委联合发出通知，要求严格控制今年新开工项目。

25日 厦门市政府举行国有土地使用权有偿出让竞投会，共1.4万多平方米的地块使用权被外商中标买走。

27—3月1日 中国投资学会和中国基本建设研究会在京召开座谈会，分析当前经济形势，探讨清理在建项目、压缩投资规模，调整投资结构等问题。周义荣副行长在会上对如何治理投资规模失控。投资结构失调、投资效益下降等问题发表了看法。

28日 上海市建设银行为国家重点项目上海30万吨乙烯第一阶段工程筹措外资，今天又与29家国外银行就总额1.28亿美元的两项银团贷款达成协议，举行了签字仪式。

三 月

2日 李鹏签署国务院第30号令，发布《中华人民共和国1989年国库券条例》。1989年，国库券发行数额为55亿元。

2日 国务院批复关于开发利用莺歌海崖13-1气田天然气问题：同意海洋石油总公司与美国阿科公司合作开发崖13-1气田；同意海洋石油总公司与美、日两国有关公司合资建设液化天然气厂；同意由海洋石油总公司建设输气管道。请国家计委、能源部会同有关部门和地方人民政府，抓紧落实天然气分配方案和利用项目。

4日 葛洲坝将向华东送电，目前全长1080公里的输电线路已建成，输送容量为60万千瓦。

4日 国务院批转国家体改委关于1989年经济体制改革要点的通知。经济体制改革的要点是：(1)把深化企业改革、提高经济效益作为首要任务。(2)逐步建立有利于总量平衡和结构优化的宏观调控体系。(3)抑制和引导消费，缓解分配不公，促进分配机制转换。(4)整顿市场秩序，促进市场发育。(5)加强改革中期规划的研究制订工作，继续抓好综合改革试点。

6日　我国《境外投资外汇管理办法》从即日起开始生效。

7日　三峡工程可行性研究报告在论证领导小组第十次扩大会议上原则审议通过，待上报国务院审查。

9日　国务院决定今年开征的国家预算调节基金，按中央和地方分得额的10%用于农业投入，对301个贫困县免征国家调节基金。

10日　包头到神木铁路开通运煤，这条铁路全长172公里，总投资3亿多元，设计年运量1000万吨。

10日　中国人民银行公布，全国1.73万个施工企业到去年末被建设单位拖欠的工程款已达69.86亿元，主要原因是建设单位资金不足。

10日　一条年加工能力为300吨纯兔毛纱的生产线，在山东淄博的华联毛纺织有限公司正式投产，从此结束了中国不能生产纯兔毛纱的历史。

13日　中国第一个全国性民间扶贫社团——中国贫困地区发展基金会在北京成立。

13日　国务院最近对长江上游水土保持重点防治区立项给予批复，并决定每年向长江上游水土保持重点防治区投资5000万元。

14日　由河南省和中国石油天然气总公司合资筹建的河南中原14万吨乙烯工程商务合同签字仪式在罗马举行，该工程总投资16.1亿元，其中2.5亿美元由意大利政府提供。

14日　滇西第一条输油管线建成并开始供油，该线全长200公里，年输油量18万吨。

15日　海南省首府海口市决定投资2.09亿元兴建一批市政设施，这笔巨资相当于建国以来该市在这方面投资的总和。

15日　国务院发布《关于当前产业政策要点的决定》及附件，内容包括以下几个重要方面：(1)制定当前产业政策的原则。(2)产业发展序列。(3)保障政策和组织实施。决定强调，当前和今后一个时期制定产业政策、调整产业结构的基本方向和任务是：集中力量发展农业、能源、交通和原材料等基础产业，加强能够增加有效供给的产业，增强经济发展的后劲；同时控制一般加工工业的发展，使它们同基础产业的发展相协调。

16日　国家"七五"期间重点工程之一的20万吨级船坞建设工程在大连造船厂香炉礁新区开工。该坞总长365米、宽80米、深12.7米，配备900吨大型龙门吊和400米长的系泊码头，最大可以建造28万载重吨船舶。计划于1992年完成坞体工程。1995年全部工程竣工。它是中国目前最大的一座造船坞。

17日　建设银行加入北方国际租赁有限公司的签字仪式在人民大会堂举行，李锡奎副行长出席，大连市分行李早航同志代表我行在协议上签字。该公司由中、英、日合资经营，原有资本金300万美元，增股后增加到500万美元，其中建设银行投资100万美元。目前是东北地区唯一的国际租赁公司。

18日　建设银行总行发出《关于1989年发行金融债券发放特种贷款的通知》。1989年建设银行发行金融债券10亿元。

19日　海南省人民政府设立境外投资委员会，将为引进外资和引进后的管理提供"一条龙服务"，以吸引外资进琼成片承包开发。

19日　国家"七五"期间重点建设项目——商(丘)阜(阳)铁路全线铺通，它是华东地区第二条通道，全长167公里。

20日　国务院总理李鹏在第七届全国人民代表大会第二次会议上作了题为《坚决贯彻治理整顿和深化改革的方针》的政府工作报告。其中指出，压缩固定资产投资规模，使它同国力承担的可能相适应；控制消费基金的过快增长，使它同国民收入的增长相适应。

21日　国务院副总理兼国家计划委员会主任姚依林，在第七届人民代表大会第二次会议上作《关于1989年国民经济和社会发展计划草案》的报告。提出1989年计划的主要目标和任务。其中指出，全社会固定资产投资总规模，比上年压缩20%以上，并按照国家产业政策，进一步改善投资结构。

21日　国务委员兼财政部部长王丙乾在第七届人民代表大会第二次会议上作《关于1988年国家预算执行情况和1989年国家预算草案》的报告。1989年国家预算安排的主要原则是：在适当集中资金，增加财政收入的同时，坚决实行紧缩的财政政策，抑制资金需求，压缩财政支出，控制财政赤字。

25日　全国政协香港委员胡应湘将单独投资35亿美元在珠江口外的内伶仃岛兴建一个660万千瓦的发电厂，以缓解广东省缺电状况。

27日—29日　中国投资学会与福建投资学会在厦门联合召开《沿海地区建设银行支持外向型经济发展战略座谈会》，周汉荣副会长、任超顾问到会并讲话。

28日—31日　建设银行1989年10亿元金融债券印刷、发运工作顺利完成。

31日　上海人民机械厂引进美国高斯技术生产的PJBC914型卷筒纸胶印机进行鉴定并通过验收。填补了中国报纸印刷中型胶印机的缺口。

四　月

1日　中国人民建设银行向全国城乡个人发行10亿元累进利率金融债券。

1日　按照人民银行统一部署，新的银行结算办法开始施行，旧的银行结算办法同时停止执行。建设银行开始参加同城票据交换。

3日　国务院批准在贵州省瓮福兴建年采选能力为750万吨磷矿石的磷化工基地。预计投资7亿元人民币，其中世界银行贷款6263万美元。

3日　国家“七五”重点工程闽江双塔特大铁路桥架设成功，全长796米。

4日　全国农业商品基地建设会议在昆明召开。农业部副部长陈耀邦指出：由国家和地方共同投资兴建的“七五”第一批576个农业商品基地县（项目）已取得显著成效，今明两年“七五”第二批229个农业商品基地的建设任务已经确定。

10日　我国“六五”重点工程项目山西铝厂一期工程通过国家验收，被批准正式投产。

11日　国务院批转国家体改委提出的《1989年经济体制改革要点》。规定预算内外投资都要纳入各级计划，对现有国家专业投资公司，要逐步向国家控股公司的方向发展。

11日　中国银行今天在日本东京资本市场发行了200亿日元债券。这笔债券票面利率5.3%，期限为10年。

12日　国务院决定从1989年至1991年拿出价值6亿元的中低档工业品以工代赈，继续帮助贫困地区修筑道路、桥梁和人畜饮水工程。

14日　中日互换投资保护协定生效通知书的仪式今晚在东京都赤坂迎宾馆举行。协议将于5月14日正式生效。

16日　“中国国际信托投资业十年成果展览会”在京开幕。中国115家国际信托投资公司拥有资产人民币达122.4亿元，外币达63.7亿美元。

20日　国家“七五”重点科技攻关项目——固定资产投资项目管理信息系统，通过在上海等6省3市试点，已取得初步成效。

22日　国务院最近发出通知，决定从1989年起，将压缩固定资产投资规模的任务作为指令性指标下达给各地区、各部门。

27日　台胞大陆投资协会成立。该协会主要宗旨是：保护台胞在大陆投资的合法权益，提高台胞在大陆投资的积极性。

五　月

1日　建设部发出通知，要求对面临基建规模压缩和治理整顿双重考验的建筑业施工队伍进一步加强管理。

1日　我国最大的钾肥生产厂青海钾肥厂的一期工程投料试生产，该厂设计总规模年产钾肥100万吨。

4日　世界银行宣布，通过其所属的国际开发协会向中国提供3940万特别提款权（约合5200万美元）的信贷。贷款用于一项为期5年的地方卫生服务网建设计划。此项贷款为无息贷款，偿还期35年，包括10年宽限期。

4日—6日　建设银行总行周道炯行长率团出席亚洲开发银行第22届北京年会。会议期间，建设银行分别与英国米特兰银行、瑞士信贷银行签订了出口信贷协议。

5日　李鹏总理签署国务院第35号令，今年发行50亿元特种国债，本金偿还期为五年，利率为年息15%。

9日　为筹措广州从化电站的建设资金，中国银行在京与法国里昂信贷银行等四家法国银行组成的银团，签署总额为9450万美元的买方信贷协议，贷款期15年，年利率8.3%。

13日　财政部一位发言人说，世界银行1989财政年度共向中国提供21.2亿美元，比上年增加24%，这些贷款用于18个项目的建设。

13日　中国冶金建设公司和南斯拉夫莫格尔公司联合集团经过国际投标，以1.44亿人民币的价格夺得第一标，将从今年7月起，开工建设南昌至九江汽车专用公路。

15日　全国最大水电工程——二滩电站的前期工程全面铺开。该站设计总装机容量为330万千瓦，年发电量170亿度。

22日　国家重点煤矿建设项目之一的东荣煤田的开发建设拉开战幕。该煤田已查明地质储量11亿吨，可采储量5.5亿吨。

23日　第一条金钢丝轮胎生产线，在辽宁轮胎厂建成并投入正式生产。

23日　国家“七五”计划重点建设项目京广线漯河至广水段铁路电气化工程动工兴建。

25日　中国海洋石油总公司与日本日中石油开发株式会社合作开发建设的渤海渤中28-1油田建成投产。油田距塘沽约190公里，水深约22米。总投资为1.27亿美元，其中日方投资0.6亿美元，中方投资0.65亿美元。

30日　世界银行向中国投资银行提供的第五笔工业贷款3亿美元获得世界银行执董会批准。

六　月

3日　国家“七五”期间重点技改项目，重庆钢铁公司1200立方米高炉点火投产。

5日　中国石化总公司、浙江省和上海市三方联合投资兴建30万吨乙烯工程，开创了一条联合建设大型骨干项目的新路子。

7日　龙羊峡水电站第4台水轮发电机组顺利通过运行，至此，由东方电机厂制造提供的龙羊峡水电站4台共128万千瓦发电机组全部建成发电。

13日　中共中央、国务院在中南海召开各部门负责人会议。李鹏总理要求各部门当前要做好以下工作：继续做好稳定物价的工作；争取今年农业有个好收成；继续压缩基本建设投资；舆论界要做出应有的贡献；对外开放的政策不会改变；坚持一个“中心”两个“基本点”。

17日 国务院清理投资项目领导小组发出通知，对今年新开工项目重新作出规定，要继续严格控制新开工项目。

21日 国家统计局提供统计资料表明，5月份中国国民经济发展比较平稳。工业：速度略有减慢，结构继续趋好；投资：规模有所缩小，结构仍不合理；市场：商品销售减缓，物价有所回落；对外经济：出口增势低缓，进口增势仍猛；金融：存贷差在缩小，货币回笼较好。

24日 由中国自行设计施工、年生产能力为150万吨的现代化矿井——山东滕南矿区蒋庄煤矿通过国家级验收并正式投产。

27—7月3日 中国和保加利亚政府间经济、贸易、科技合作委员会第四届会议在索非亚举行。这是在中共十三届四中全会后国家派出的第一个政府代表团。中保签署鼓励和保护投资协定，开辟了发展两国经贸关系的新途径。

七　月

1日 国务院决定发行1989年保值公债。

2日 中国远洋运输公司与英国迪施国际有限公司、香港海通有限公司和广州海运局在南通船厂合资建设我国最大的大型远洋船舶修理基地。

4日 建设银行总行周道炯行长、周汉荣副行长出席在香格里拉饭店举行的建设银行与美国西方化学与资源集团公司组建合资投资公司意向书的签字仪式。

11日 以雷祖华副行长为团长的中国银行代表团与法国国家信贷银行代表中法两国政府，在巴黎签署了中、法1989年第一个财政议定书的执行总协议。法国国家信贷银行将向中国银行提供8.3亿法国法郎的政府贷款，用于广东核电站、上海地铁等项目。

12日 中国海洋石油总公司南黄海石油公司与地矿部上海海洋地质调查局联合钻探的东海黄岩7—1—1井/残雪1井获工业油气流，测试折日产天然气75.8万立方米、凝析油52.8立方米。这一成果表明东海陆架盆地具有丰富的油气资源。

12日 神府煤田的大动脉——神朔铁路一期工程全部完成，达到铺轨要求，铁路全长270公里，计划于1992年建成通车。

12日 甘肃省第一座现代化的特大型公路隧道工程——甘川公路七道梁隧道建成通车。

15日 北京地铁西单站破土动工。地铁西单站是北京新修建的12公里长地铁线上的一座大型车站。

16日 千里黄河上的又一座公路桥——青铜峡黄河大桥开工兴建，预计投资2600万元，1991年9月建成。

22日 广东、广西合作开发长洲水电枢纽工程，总投资20多亿元，枢纽工程规划装机62万千瓦，年发电量27亿度。

27日 河南开封黄河公路大桥合龙。至此，北京至广州的106线国道全部沟通。

28日 我国第一座高架公路浮桥在上海郊区建成通车。这座浮桥全长219米，桥宽9.33米，总投资360万元。

31日 国家“七五”重点项目北同蒲铁路的最后一段电气化工程原平——朔县段电网一次送电成功，从而使北同蒲电气化工程全线贯通。

八　月

1日 冀东最大的水利枢纽整治——唐山陡河水库保坝加固主体工程顺利完成，达到设计标准。

2日 “七五”期间国家重点建设项目——上海朱家门煤码头，通过竣工验收并投入使用，这对缓解上海及华东地区煤炭供应紧张局面将起重要作用。

2日 中国水电建设史上的一个里程碑——长江葛洲坝水利枢纽工程全部建成，除向华中电网送电外，本月上旬还将向中国重要工业基地上海送电。大坝全长2605.5米，最大坝高53.8米。葛洲坝水利枢纽工程是目前中国建成的最大水电站。

5日 中国人民银行全国分行行长会议召开。下半年将继续抽紧银根。

6日 国家“七五”期间重点项目，东北地区桥孔跨度最大的公路大桥——佳木斯松花江公路大桥正式合龙贯通。

8日 天津开发区土地局将向美国MGM商业公司出让一块面积为5.3平方公里的土地，供其划片开发，出让期限为70年。这是天津市迄今最大的外国投资项目。

9日 国家“七五”计划重点工程湄洲湾炼油厂第一期工程完工。至此，国家开发建设湄洲湾的序幕已经拉开。

10日 《人民日报》报道：今年在全国又安排了320个国家级“星火计划”项目，将大力加强科技服务体系、产业集团“星火”技术密集区的建设，以推动农村支柱产业形成和发展。

16日 我国自行设计、自行建设，年产能力为400万吨原煤的特大型东滩矿井，首采出煤，这是目前华东地区最大的矿井。

20日 第二汽车制造厂将和法国雪铁龙汽车公司合资开发轿车，合资企业定名“东风——雪铁龙”汽车有限公司。建设规模为年产轿车30万辆，发动机40万台。

22日 “七五”期间国家重点工程南同蒲复线高显至侯北编组站顺利开通。对缓解晋煤外运，加速我国能源基地建设，将起到重要作用。

26—9月12日 世界银行向建设银行贷款的预评估会议在京举行。世界银行代表团对会谈结果表示满意。

28日 国务院通知要求，进一

步清理固定资产投资项目，确保治理整顿工作的顺利进行。

30日　中国海洋石油总公司渤海石油公司自营钻探的辽东湾锦州9-2-1井获工业油气流，测试折合日产原油341立方米、天然气36万立方米。这一成果表明辽东湾北部是一个油气富集区。

31日　建设银行一般性存款超过1000亿元大关，达1010.77亿元，当年新增47.7亿元。

九　月

1日　建设银行与国家计委、国家有关专业投资公司、中国石油天然气总公司联合下发《关于国家专业投资公司债券资金管理的暂行规定》，对债券资金的解交，委托管理及使用、计划执行、贷款利息、贷款资金归还等问题作了原则规定。

2日—7日　第一次全国建设银行技术改造贷款工作会议在乌鲁木齐市召开。会议总结交流了工作经验，研究部署了当前工作任务和工作要求。

5日　建设部、国家计委、监察部、审计署、工商行政管理局和建设银行联合召开电话会议，交流整顿建设市场情况，以推进治理整顿工作的深入开展。

5日　联接苏联哈萨克和中国新疆的铁路线开始动工，计划在1992年通车。

6日　国务院批准对铁西工业区实行总体改造，总投资规模将达到40亿元。

7日　湘桂、黎湛线铁路无缝线路的铺设工程全线完成。至此，北起湖南冷水滩，经广西桂林、柳州、黎塘，至广东湛江，全长909公里的无缝线路连成一体。

7日　中国海洋石油总公司与美国西方石油远东公司、澳大利亚石油勘探有限公司、AGL石油（中国）有限公司在北京签订《关于中国南海珠江口盆地17/15合同区石油合同》。合同区面积为6260平方公里，由美国西方石油远东公司当作业者。

8日　由一汽、二汽、东方电站、一拖、哈尔滨电站、洛阳矿山、洛阳轴承、四联、西安联合电器、新大制冷设备、白马、白鸽、常州柴油机、徐州工程机械、北方车辆15个大型企业集团组成的中国机械企业集团联谊会成立。这是中国第一个集团企业联合组织。

9日　山东省推出开荒植棉新步骤，决定在无棣、沾化、阳信三个县联合投资4050万元，开荒植棉27万亩。

9日　我国最大的石膏生产矿井湖北应城石膏矿4号井建成投产，年产石膏25.9万吨。

13日　全国最大的胶印新闻纸技术改造工程，在吉林造纸厂竣工并通过国家级验收。这项工程建成投产后，每年可以增产胶印新闻纸4.4万吨。

13日　中共中央政治局常委、国务院副总理姚依林在人民大会堂会见了以香港新界乡议局主席刘皇发为团长的新界乡议局访京团全体成员。

刘皇发强调指出，内地和香港要加强经济合作。他表示深信，香港的繁荣要靠自己努力；内地有稳定，香港才有稳定；内地发展快，香港才能发展快。他说，香港全力支持内地的改革开放和经济建设。他主张在香港的华资、中资和外资也要加强合作。

姚依林表示赞同刘先生的上述观点。他说，只要大家都抱这种态度，事情就好办。姚依林希望香港在内地积极投资，以使内地更快地发展。

16日　中国西北铁路最长的双线隧道——蛇口峁隧道正式开工。蛇口峁隧道位于陕西榆林地区，全长5804双线米，是继大瑶山、军都山、南岭之后的第4座长大双线隧道。

20日　建设银行总行下发《关于调整调拨资金利率的通知》，规定自9月1日起，总分行之间相互占用调拨资金的利率由一个档次改为两个档次。计划内存借差资金利率仍为月息8.7‰，超计划相互占用的调拨资金利息由月息8.7‰提高到9.9‰，临时借款利率也相应作了调整。

21日　《中国人民建设银行基本建设贷款办法》正式施行。

25日　国家“七五”重点建设项目攀钢四号高炉正式投产，工程总投资13亿多元，其中外资2.1亿美元。

25日　华东地区最大的水电工程——福建水口电站截流成功。

26日　国家重点建设项目——商（丘）阜（阳）铁路全线贯通。

27日　中国海洋石油总公司南海西部石油公司自营钻探的北部湾涠10—2—1井获工业油气流，测试折合日产原油824立方米、天然气2.2万立方米。这一成果表明北部湾涠西南地区是一个油气富集区。

28日　中国投资银行与法国巴黎银行签订了1000万美元的贷款协议。

30日　国家“七五”重点建设项目内蒙古丰镇发电厂第一台20万千瓦机组并网发电。

十　月

5日　座落在青海省海南藏族自治洲共和县境内的沟后水库开始投入使用。这是中国海拔最高的钢筋混凝土面板堆石坝水库。

5日　中国海洋石油总公司与美国阿莫科东方石油公司在北京签订《中国南海珠江口盆地29/16合同区石油合同》。合同区面积分别为4480平方公里、3200平方公里。

6日　国家“七五”重点工程，全长37.365公里的哈尔滨至阿城全封闭、立体交叉的一级汽车专用公路建成通车。

8日　我国最大的风力发电站在乌鲁木齐市郊的柴窝堡风区建成，并开始发电。这个风力电站设备由丹麦政府无偿提供，装机容量4000千瓦。

8日　国家"七五"重点公路建设项目，烟台市公路部门自行设计的烟台至青岛一级公路烟台段建成通车，全长107.8公里。

9日—14日　以庞萨兰为团长的世界银行监督团访问投资银行，调查该行经办项目的综合效益，并就有关问题交换了意见。

10日—14日　加纳临时全国保卫委员会委员、部长委员会主席奥斌访问我国。访问期间，李鹏总理同奥斌主席举行会谈；江泽民总书记和杨尚昆主席先后会见奥斌一行。12日，中加签署中国向加纳提供无息贷款及鼓励和相互保护投资协定。

12日　国家"七五"重点建设项目靖远电厂一期工程1号机组建成并网发电。工程总投资8.45亿元，将于1992年竣工。

13日　我国设计的第一座大型冷烧结矿生产基地在鞍钢建成。这是鞍钢"七五"重点技术改造项目之一，全部投产后可产300万吨冷烧结矿。

15日　建设银行总行下发《关于南京、成都、长春市实行计划单列有关事项的通知》，要求3市分行与省分行划清信贷基数，分别上报1990年信贷计划。

17日　中国海洋石油总公司与美国派克顿东方公司在北京签订了《中国南海珠江口盆地28/28合同区石油合同》和《中国南海珠江口盆地27/06区物探协议》。合同区面积分别为4508平方公里、10909平方公里。

18日　国务院召开全国农田水利基本建设电话会议，陈俊生宣读了《国务院关于大力开展农田水利基本建设的决定》，田纪云讲话要求各方增加农田水利投入，切实抓出成效。

19日　建设银行总行转发国家计委、人民银行、财政部和审计署联合下发的计投资（1989）1245号文《关于进一步加强自筹资金管理的补充规定》，强调各级部门、企业、事业单位的自筹基建存款不属于专业银行和其他金融机构业务交叉范围，必须统一存入建设银行管理，坚持执行先存后批、先批后用，存足半年才能使用的规定。

20日　中国海洋石油总公司与英国BP石油开发有限公司在北京签订《珠江口盆地航空激光萤光遥感勘测协议》，协议区面积为18.8万平方公里，期限18个月。

21日　总投资约为1.1亿元的我国第一个年产6万辆轿车的油漆车间，在上海大众汽车有限公司建成。

31日　由我国自行设计、制造、安装的第一台国产乙烯裂解炉，在辽阳石油化纤公司投入使用。该炉年设计能力为2万吨。

十一月

2日　建设银行总行向国务院提出《关于建设单位拖欠工程款情况的报告》。报告指出，根据对15991户施工企业统计调查，截止6月底，建设单位拖欠工程款总计达86.05亿元，比上年同期增加33.63亿元，增长64.2%。

2日—4日　建设银行全行系统投资研究所所长工作会议在长沙召开。苏文川副行长出席了会议。会议总结了近年来的工作，交流了理论研究和办刊工作的经验。

2日　中国石油天然气总公司在京宣布：新疆塔里木盆地蕴藏着丰富油气资源已获得进一步证实，中国石油工业后续接替有望。

4日　国家"七五"重点项目之一的国产第1台单机容量最大的60万千瓦火力发电机组——安徽省淮南平圩电厂一号机，完成带负荷调试任务。正式由安徽电建二公司移交平圩电厂投入试生产。

5日　中国与澳大利亚合资建设的西澳恰那铁矿一次试车成功，投入试生产，预计1990年可出铁矿石300万吨。

5日　安徽省铜陵发现"黄马式"金矿床，矿体沿走向长1150米，厚4—6米，平均含金量6克/每吨，最高达100多克/每吨。

8日　国家重点工程项目南通港二期工程经国务院批准正式开工。该项目总投资2.1亿元。

8日　贯穿海南省南北的高速公路，总长272公里的东线半幅高速公路经国务院批准开始动工，该项目总投资额为9.3亿元。

9日　中国外商投资企业成果展览会9—15日在北京举行。参展的有来自39个省、自治区、直辖市、经济特区、计划单列市的850多个外商投资企业，涉及能源、交通、机械、化工、电子、纺织、农林牧渔、旅游服务等行业，包括港澳及美、日、英、法、联邦德国、澳大利亚等40多个国家和地区的投资者。国务院总理李鹏为开幕式剪彩。中共中央总书记江泽民、中共中央政治局常委宋平参观了展览会。

15日　全长87.8公里，总投资1.08亿元的山东省水利工程——梁济运河挖河筑堤泄洪工程开工。这项工程具有防洪、排涝、灌溉、航运等综合效益。

16日—23日　中国新技术创业投资公司副总经理陈伟力一行3人应苏联国家科委邀请赴苏访问。陈伟力与苏联国家科委副主任、中苏科技合作委员会苏方主席叶什科夫就合作事宜进行了会谈，并签定了《苏联国家科委和中国新技术创业投资公司科技合作意向书》，就开展科技合作达成了协议。

17日　由波兰负责设计并提供成套设备的年入洗原煤400万吨的中国最大的现代化选煤厂——开滦钱家营选煤厂竣工验收，这对于满足国内对炼焦煤的需要和扩大炼焦煤的出口将起到重要作用。

20日　国家"七五"重点工程项目之一的河南省洛宁县上宫金矿采选厂正式投产。日选矿石250吨，年产黄金1.2万两，白银1.6万两。

20日 建设银行总行下发《关于当前资金供应问题的紧急通知》，根据四季度向财政部和人民银行领(借)入资金255亿元(相当全年计划60%)的情况，分析了各行资金消化能力和有关指标结余数额，采取临时借款办法，利用利率杠杆作用，促进全行资金合理运营。

22日 我国目前设备最先进的直升机场在珠海竣工投入使用。该机场占地210亩，可容纳30架直升飞机，并装备了现代化电子跟踪、盲降等通讯导航设备

23日 全国最大的花岗岩板材加工生产线，在黑龙江省牡丹江市建成投产。年生产能力可达13万平方米，产品80%出口，年产值2503万元，可创汇665万美元。

25日 江南又一大型货物列车编组站——衡阳北编组站投入运营。这个站采用了一系列先进设备，是目前中国唯一的投产使用时功能齐全的集中作业站。至此，衡广复线主体和配套工程全部建成。

25日 上午9点30分，引黄济青工程全线正式通水。滔滔黄河水沿着全长290公里的水道，流经山东4个地区10个县市，源源涌入青岛棘江滩水库。至此，中国继引滦济津后，又一项规模最大的跨流域引水工程——引黄济青宣告全线正式通水。

25日 宝钢二期工程热连轧机建成，进入热负荷试车，在此前后，一号、二号连铸机分别于7月28日和12月19日进入热负荷试车。

26日 国家统计局、国家计委、财政部、中国人民银行发布的1—10月重要经济指标显示：治理整顿取得了进一步成效，主要表现为固定资产投资继续压缩，职工工资增势进一步趋缓，银根有所松动。但是工业经济效益不理想的状况仍未改变。

28日 国务院第一次直接审查批准新建、改建、扩建43项小型节能、节材工程。这43项工程所需8.5亿元投资已全部落实。其中国家能源投资公司节能公司投资3.5亿元，地方自筹投资5亿元。

十二月

1日 国家重点工程秦皇岛港丙丁码头的组成部分丁东南码头竣工并通过验收。该码头有1.5万吨级杂货泊位1个，码头长202米，年通过能力为30万吨的杂货码头。

1日 秦山核电站2×60万千瓦的二期工程已经国务院批准立项，辽宁、上海、广东等省市正在做兴建核电站的前期工作。

1日 建设银行和中国石油化学工业总公司为上海30万吨乙烯二期工程筹措5600万美元银团贷款的签字仪式在人大会堂举行，周道炯行长、许乃炯顾问出席签字仪式。国务院副总理田纪云、国务委员、人民银行行长李贵鲜以及中外宾客150余人也参加了签字仪式。

3日 包头铝厂扩建工程在试产一年后，通过国家验收全部投产，年产铝锭将由2.5万吨提高到7万吨。

3日 设计能力为年产210万吨原煤的国家重点工程之一的淮南潘集第二煤矿最近通过国家验收，正式投产。矿井服务年限为112年，可采储量为3.3亿吨。

5日—14日 苏联工业建设银行代表团应中国人民建设银行邀请来华访问。代表团先后与行内、外领导就有关事宜进行了会谈，在此期间还访问了北京、上海、哈尔滨。14日国务委员、财政部长王丙乾接见了代表团一行。

11日 5时45分，上海30万吨乙烯装置经过16小时15分连续运转，顺利产出了合格产品。以世界最好水平一次投料试车成功。从而使我国乙烯的生产能力新增18%，达到世界第9位。

14日 中国海洋石油总公司与英国BP石油开发有限公司在北京签订《中华人民共和国莺歌海盆地联合研究协议》。协议区面积为13500平方公里，期限为360天。

20日 年设计生产能力为400万吨的山西晋城矿务局成庄煤矿正式开工兴建。

21日 建设银行与英国标准渣打银行在京签定代理信用卡业务协议书，苏文川副行长出席签字仪式。

21日 建设银行以邮签方式与英国巴克莱银行签订了代理旅行支票协议。

22日 建设银行正式向万事达国际信用卡集团递交入会申请书，成为该集团的正式会员。苏文川副行长出席了在京举行的入会仪式。

22日 上海宝山钢铁公司二期连铸工程全部建成。

24日 国家重点建设项目之一，年设计生产能力400万吨的山东济宁二号煤矿正式开工。

25日 主要由中国自行设计、全部由国内组织施工的年入洗原煤450万吨的特大型现代化选煤厂——山西大同矿务局燕子山选煤厂正式投产。

28日 建设银行与北京香港美食城有限公司在京签订了100万美元和900万元人民币的贷款合同及抵押担保书。周道炯行长、周汉荣副行长出席签字仪式。

28日 贯穿南北的运输大动脉——衡广铁路复线通过国家正式验收，将于1990年1月1日起交付广州铁路局正式营运使用。

29日 国家"七五"重点建设项目的秦皇岛港煤码头三期工程正式通过国家级验收。它的建成投产使秦皇岛港成为世界能源输出第一大港。

31日 1989年度建设银行与66家境外银行建立了代理行关系，使建设银行的境外代理行增至102家。

1990年

一　月

3日　新华社报道，经过对现有基本建设项目进行清理和整顿，国家确定1990年全国将有580多项大中型基建工程继续进行建设。能源建设占有最突出的位置，正在建设的大中型项目达200多项。

4日　国家计委发出通知，强调凡需用自筹资金安排建设的单位，在计划审批前，必须将自筹基建资金交存建设银行。

4日　我国国产第一条具有80年代先进水平，每小时5000公斤烟草制丝生产线，在许昌卷烟厂正式通过鉴定。

5日　建设银行云南省分行和省造纸工业公司在昆明举行云南思茅纸浆厂贷款意向书签字仪式。

6日　《经济日报》报道：中国跨度最大的跨海大桥——大连普兰店湾大桥主体工程竣工。主桥全长1206米，宽25米。

9日　国务院“七五”重大技术装备项目、第一台2万吨级国产化新型乙烯裂解炉在辽阳石油化纤公司建成投产，通过国家级鉴定验收。

10日　首次全国国有资产管理工作会议闭幕。王丙乾强调，要把加强国有资产管理作为巩固发展社会主义制度的一项重要工作抓起来。

12日　李贵鲜在全国银行分行行长会议上强调，要继续坚持紧缩银根方针，坚持总量控制，把重点放在调整信贷结构，加快资金周转，提高效益和搞好适时调节上。

12日　我国第一条自行设计、设备全部国产化的漂平玻璃纸生产线，在新乡化纤厂建成投产。

13日　四川重庆机场主体工程竣工。重庆机场总面积达4507亩，跑道长2800米，宽60米，可起降巨型客机。从而结束了“雾都”重庆冬天大雾封闭机场的历史。

13日　建设银行全国分行行长会议开幕。会议认真总结了1989年工作，研究了全行治理整顿、深化改革规划，并对1990年的工作任务和信贷计划作了安排。

15日　财政部部长王丙乾签署中华人民共和国财政部第3号令，发布施行《中外合作开采陆上石油资源缴纳矿区使用费暂行规定》。

19—24日　李鹏总理在江苏省进行调查研究时指出，1990年要把经济工作的重点放到调整结构、提高效益、发展生产上来。要切实加强农业的基础地位，继续控制社会需求，合理控制财政信贷，努力增加社会有效供给，实现国民经济持续稳定、协调发展。

19日　国务院批转国家土地管理局关于部分地方政府越权批地情况报告的通知。《通知》指出，各地区和有关部门对清查出来的越权批地问题要进行严肃处理，并将清理情况和处理结果于1990年6月底前报国家土地管理局。

22日　新建成渝公路一期国际招标合同在成都正式签约。

22日　由国产韶山3型电力机车牵引的一列货物列车，在鹰厦铁路中段永安一来舟间运行，标志着华东第一条电气化铁路第二段正式开通。

二　月

2日　建设银行吉林省分行与友联国际租赁有限公司签订业务合作协议。从此，吉林省分行成为友联国际租赁有限公司在吉林省开展租赁业务的代理单位。

5—8日　国务院在深圳召开经济特区工作会议，李鹏总理专程到会听取汇报并讲话。他指出：兴办经济特区，进一步开放沿海地区是中国改革开放的重要部署。特区经过10年开发建设，外向型经济已有了一定的基础，初步打开了局面，方向是正确的，成绩是显著的。他要求总结经验，把经济特区办得更好。

5日　《经济日报》报道：中国高原第一条原油大动脉——青海省花土沟至格尔木输油管道工程建成通油。这是世界上海拔最高的一条原油管道，从此，柴达木油田结束了汽车拉原油的历史。

7日　上海市投资信托公司在香港与法国、荷兰等5家银行签订了一个2000万美元的贷款协议。

7—11日　国务院总理李鹏在广东深圳、惠州等地考察时强调指出，中央关于经济特区的基本政策不会改变，经济特区在治理整顿、深化改革和发展外向型经济中应该办得更好、更有生气。

9日　国家“七五”重点科技攻关项目，我国自行设计制造的30万千瓦大火力发电机组微机监测系统，在安徽洛河电厂通过国家技术鉴定。

10日　占地1.67平方公里的深圳福田保税工业区动工兴建，香港台商协会与深圳签定20亿港元的投资协议，参与开发1/4的土地。

10日　建设银行与澳大利亚西太平洋银行在京签订1000万美元商业贷款协议，周汉荣副行长出席签字仪式。

12日—20日　王岐山率建设银行代表团赴美国参加万事达卡国际组织年会，其间就“796”问题与美国安全太平洋银行总部进行了接触，并拜访了美洲银行、摩根银行及汉华银行。

24日—27日　国务院总理李鹏在厦门经济特区进行了为期四天的考察。他说，经济特区和沿海开放地区要进一步贯彻对外开放政策，大力发展外向型经济，要为外商、港澳台同胞和海外华侨投资创造良好的环境。

27日　中国人民银行总行决定，增加80亿元信贷资金，用于支持大中型骨干企业流动资金急需。

27日　世界银行批准一笔对中国的6000万美元的贷款。这笔贷款将用于江西农业发展项目。这是世界银行在本财政年度向中国提供的第二笔贷款。

三　月

1日　由新加坡贝克公司总承包，中国海洋石油公司分包，年产量50万吨的南海北部湾11—4油田投入建设。

1日　农业部宣布：中国农垦系统第一个利用世界银行贷款的农业建设项目——黑龙江农垦项目，已全部建成，达到预期的生产目标；还贷进展顺利，1990年内可以通过还贷高峰期。

1日　建国以来中国自行设计开采的最大的煤炭开发项目——准格尔煤电运综合工程破土动工。该项目投资41.4亿元。煤田面积1300多平方公里，探明储量272亿吨。

9日　中国投资银行与奥地利汇划中心等6家国外金融机构建立代理行关系。当日，国家外管局批准投资银行在境外开立16种币别的清算帐户。

10日　国家重点建设项目，大同至包头铁路复线工程全线开通。

14日　位于南京长江北岸、国家投资66.8亿元的扬子乙烯工程，经过5年多建设，已全部按时建成投产。投料试车成功的45万吨芳烃联合装置是工程全部10套大型装置中最后建成投产的，也是目前国际上同类装置中规模最大的一套。

扬子乙烯工程是中国一个完整的石化原料基地，每年40亿元产值，实现利税约20亿元。

14日　中国人民银行等召开全国银行电话会议，部署上半年金融工作，决定适当扩大贷款规模和降低贷款利率。

14日　中国基本建设经济研究会在湖南长沙召开了第三次会员代表大会暨第五届年会。

17日　中国第一座海洋石油深水钻采平台基础工程——惠州21—1导管架在深圳赤湾港举行竣工典礼。

19日　上海30万吨乙烯一阶段工程(金山部分)的最后一套大型装置——年产12万吨乙二醇装置投料试车成功，产出合格产品。

21日　国务委员兼国家计划委员会主任邹家华在第七届全国人民代表大会第三次会议上指出，1990年全社会固定资产投资规模计划4100亿元，并切实按照国家产业政策，进一步调整投资结构。

23日　国家重点工程岩滩电站工程，采用对国家投资、工期、质量、消耗、安全总承包方式，并实行工程监理制，使工程进度提前1年。

24日　西北地区最大的水利建设工程——引大入秦工程已全面开工。该工程是截引发源于清海省的大通河水，东调至兰州川北60公里处的秦王川盆地。总投资10.65亿元，其中世界银行贷款1.23亿美元。

28日　建设银行与法国巴黎国民银行在京签订1.28亿法国法郎出口信贷总协议，周汉荣副行长出席签字仪式。

31日　上海30万吨乙烯吴泾工程开通全流程，这是由地方企业自筹17亿元建设的。

四　月

4日　第七届全国人民代表大会第三次会议通过了《关于修改〈中华人民共和国中外合资经营企业法〉的决定》。该决定对中外合资企业的国有化和征收，合资企业的审批，董事会的设置和人员组成，纳税优惠待遇，外汇管理，利润分配，合营期限，合同的终止等方面进行了修改，作了新的规定。该决定从1990年4月4日起施行。

7日　国务院召开第57次常务会议，讨论了关于“八五”计划和十年规划的拟定工作问题，讨论并原则通过了《吸收外商投资成片土地综合开发经营暂行管理办法》。

8日　国务院决定把商品房屋的建设投资纳入投资计划，1990年计划商品房屋建设投资为240亿元。

14日　国务院总理李鹏第二次视察秦山核电工程。李鹏在和浙江省、嘉兴市的领导座谈时说，当前的一个问题是如何在保持适当的发展速度和保持物价的稳定之间找到一个确当的结合点，采取相应的具体措施，从根本上解决市场销售疲软，保证工业生产和整个经济适度稳定增长的问题。

15日　经国务院批准，中国人民银行适当降低存款利率。(1)城乡居民和企事业单位定期存款(不含8年期)年利率在现行基础上降低1.26个百分点，8年期存款利率降低1.44个百分点；(2)4月14日以前对个人发行的大额可转让定期存单，仍执行原利率，直至存款到期；(3)4月14日以前经人民银行批准已经发行的1至3年期金融债券，仍执行原利率，直至债券到期；(4)存款利率调整之后，对3年以上城乡居民定期储蓄存款仍实行保值。

16日　中国海洋石油总公司与英国石油开发有限公司(BP)在北京签订《中国渤海10/15合同区石油合同》、《中国珠江口盆地珠二坳陷联合研究协议》。渤海10/15合同区面积为6021平方公里，珠二坳陷联合研究协议区面积为13600平方公里。

17日　宝钢二期工程冷轧连铸投产及热轧负荷正式试车。

18日　李鹏总理在上海大众汽车有限公司成立5周年大会上的讲话中宣布：中共中央、国务院同意上海市加快浦东地区的开发，在浦东实行经济、技术开发区和某些经济特区的政策。李鹏指出：开发浦东、开放浦东，对于上海和全国都是一件具有重要战略意义的事情，是深化改革、扩大开放作出的又一个重大部署。上海市准备开发的浦东地区，是指黄浦江以东、长江口西南、川扬河以北的紧靠市区的一块三角形地区，面积约350平方公里，现有人口110万人，有一定的工业基础。

19日 建设银行周道炯行长、周汉荣副行长在沪听取上海市分行的工作汇报后决定，建设银行在浦东设立分行。

21日 总投资40.9亿元的准格尔煤电运综合项目中的矿建准备工程正式开工。

24日 中国投资银行从意大利信贷银行借入1000万美元的贷款协议在京签字。

24日 大（同）秦（皇岛）铁路输煤系统的主要配套项目——秦皇岛港煤码头三期工程已投入试生产。从此，秦皇岛港将一跃成为世界能源输出第一大港。

25日 国家重点建设能源建设项目——哈尔滨发电厂二期工程全面开工。

28日 中国首列国际招标空调客车在唐山机车车辆工厂举行竣工剪彩仪式。国际招标客车是铁道部利用第二批日本政府贷款由中技总公司通过国际公开招标购买168辆新型客车的项目。

28日 建设银行发行"万事达信用卡"新闻发布会在广州举行。苏文川副行长到会并讲话。

30日 上海市政府召开浦东开发新闻发布会。黄菊副市长宣布，上海浦东开发建设的蓝图已经绘成。第一家被批准在上海浦东开发区投资的大型中美合资企业——上海杜邦农化有限公司宣布成立。

30日 继"引滦入津"之后，中国华北地区第二个大型综合水利工程"引青济秦"应急工程（东线工程），经过200天日夜奋战于近日通水。青龙河水进入秦皇岛市，使中国北方这一重要沿海开放城市的"水荒"大为缓解。这项工程是1989年10月1日正式开工的。

30日 第十一届亚运会比赛场馆建设工程全部竣工。几年来，建设银行累计为亚运会工程建设办理投资拨款和贷款13亿元，发放周转贷款1.06亿元，发放流动资金贷款2.1亿元，为工程顺利建设做出了应有贡献。

五　月

1日 中国北煤南运的枢纽秦皇岛港煤码头三期工程正式投入使用。至此，秦皇岛港拥有3座现代化的大型煤码头，年煤炭输送能力达6000万吨，整个港口的吞吐量跃居国内港口第二位，成为中国北方第一大港。秦皇岛港煤码头三期工程是1984年4月1日正式动工兴建的。

4日 中国引进技术自己制造单机容量最大的首台60万千瓦发电机组——淮南平圩电厂一期工程一号机组，正式投产发电。

4日 国家外汇管理局公布，1989年末，中国外债余额为413亿美元，其中中长期债务余额为370.3亿美元，短期债务余额42.7亿美元。同日，国家外汇管理局负责人答记者问时说，中国外债结构合理，状况良好，偿债能力有充分保证。

5日 中国"七五"期间重点建设项目，年产30万吨合成氨、52万吨尿素的大型化肥厂——河南省中原化肥厂投料试车成功，中原化肥厂是中国建设的第一套采用最新技术的节能型大型化肥厂。

7日 长江中上游防护林工程从今年开始全面展开，这是继"三北"防护林体系建设工作之后的又一项造福后代的生态建设工程。

8日 建设银行河北省分行国际业务部为衡水地区棉纺织厂纯涤纶缝纫线项目正式同总行签订商业借款转贷款合同，合同金额为272万美元。该项目是全国建行系统第一个利用出口信贷建设的项目，总投资880万美元。其中：利用瑞士信贷银行出口信贷608万美元，建设银行商业借款272万美元。

12日－17日 江泽民在海南省进行为期6天的调查研究。他指出：中央关于举办海南经济特区的战略决策是正确的，在海南实行的各项政策不变。海南省吸引外商投资，进行成片开发，党中央和国务院是支持的。江泽民充分肯定了海南建省办经济特区两年多来取得的成绩。

15日 国家计委、中国人民银行等单位联合发出《关于1990年发行重点企业债券的通知》，国家继续实行按自筹投资一定比例认购重点企业债券，总额为20亿元。

19日 国务院发布《外商投资开发经营成片土地暂行管理办法》。成片土地开发是指，外商在取得国有土地使用权后，依照规划对土地进行综合性的开发建设，平整土地、建设供排水、供电、供热、道路交通、通信等公用设施，经营公用事业；或者进而建设工业厂房以及相配套的生产和生活服务设施等地面建筑物，并对这些地面建筑物从事转让或出租的经营活动。本办法规定，外资开发企业依法自主经营管理，但在其开发区域内没有行政管理权。

19日 国务院发布实施《中华人民共和国城镇国有土地使用权出让和转让暂行条例》。发布实施本条例是为了改革城镇国有土地使用制度，合理开发、利用、经营土地，加强土地管理，促进城市建设和经济发展。

21日 中国最大外商独资炼油厂——海口高丰综合炼油厂在海口奠基。该炼油厂由英国海口高丰综合炼油厂有限公司独立投资，是目前中国一次建成的规模最大的炼油企业。一期投资6.3亿美元，年加工原油600万吨。

21日－25日 全国建设银行重点项目财务资金管理工作会议在京召开。国务委员王丙乾、李贵鲜、中顾委常委张劲夫，国务院经济技术社会发展研究中心总干事马洪同志及有关部门领导应邀出席。王丙乾、李贵鲜同志作重要讲话，周道炯行长作了题为《做好资金供应，加强财务管理，大力支持国家重点建设》

的报告。

23日 我国最大的晋煤外运铁路，大同—秦皇岛铁路开行万吨列车试验成功，标志着我国铁路重载技术和运输组织向现代化迈出重要一步。

24日 中国煤炭工业最大的建设项目准格尔煤田会战拉开序幕。

30日 国务院发布施行《中华人民共和国1990年特种国债条例》。条例称："为了筹集资金，支援国家建设，促进经济协调发展，决定发行1990年特种国债"。特种国债发行数额为45亿元。特种国债本金偿还期为5年，利率为年息15%。

30日 国务院发布施行《中华人民共和国1990年国库券条例》。国库券发行数额为55亿元，本金偿还期为3年，利率年息为14%。国库券可以转让，但不得作为货币流通。

30日 南京扬子30万吨乙烯工程建成投产，总投资达66.8亿元，其中利用外资45亿元。

六　月

4日 建设银行宁夏区分行国际业务部代理英国巴克莱银行首次出售国外银行旅行支票8万美元。销售量居建行代售旅行支票十省市分行之首。

5日 位于重庆市郊的我国目前最大最长的公路隧道——中梁山隧道正式动工修建。

7日 中国人民银行发出《关于调整固定资产贷款利率的通知》。基本建设贷款利率调整为：一年以下年利率10.08%、一年以上至三年10.80%、三年以上至五年11.52%、五年以上11.88%。技术改造贷款，不论期限长短，其利率均为年利率10.08%。基本建设贷款一律按年计息，利随本清，不计复利。技术改造贷款，一律按季结息，每季末月的20日为季度结息日。

7—8日 李鹏总理、江泽民总书记先后会见日本日中投资促进机构会长、日本兴业银行董事长池浦喜三郎一行。7日，中日投资促进委员会在北京成立。委员会特别顾问、国务院副总理田纪云到会祝贺并发表讲话。

8日 建设银行与法国兴业银行、里昂信贷银行、欧洲联合银行、东方汇理银行在京签订出口信贷总协议。

8日 我国最大的钾矿采选联合生产企业——青海钾肥厂一期工程竣工投产。

10日 中国海洋石油总公司与日本日中石油开发株式会社合作开发建设的渤海渤中34－2/4油田建成投产。油田位于中日渤西南石油合同区内，距塘沽约180公里、水深约20米，高峰年产量为50万吨。

12日 我国铁路系统最长的光纤通信电缆顺利飞架武汉长江大桥。至此，"七五"重点工程——京广铁路郑州至武昌电气化改造工程的572公里干线光缆已全部铺通。

14日 中国海洋石油总公司所属的渤海石油公司在辽东湾锦州21—1构造钻的预探井，测试折合日产原油116立方米、天然气29万立方米、凝析油35立方米。其后钻的评价井，测试折合日产原油276立方米、天然气3.3万立方米。这一发现揭示了辽东湾辽中凹陷的含油气前景。

16日 第一座由国产新型建筑材料建成的涉外宾馆——北京龙都宾馆正式交付使用。

20日 北京市第一家实行股份制的综合性银行——交通银行北京分行正式对外营业。

27日 年设计生产能力400万吨的山西古交马兰矿井正式投产。

28日 国家"七五"重点工程项目的中原制药厂，在河南省郑州市正式动工兴建。该工程是建国以来投资规模最大的医药建设工程。

29日 中国投资银行受辽宁省政府委托，为其筹措外资500万美元，签字仪式在沈阳举行。这笔从意大利信贷银行筹措的资金将用于国家重点建设项目锦州铁合金厂引进钛白粉生产技术及关键设备。

七　月

2日 由大陆"海峡两岸经贸协调会"和台湾"海峡两岸商务协调会"共同主办的第一个大型海峡两岸贸易投资研讨会在北京举行。来自海峡两岸的1200多名工商界人士共商贸易合作，洽谈近1400个投资项目。吴学谦代表国务院到会祝贺。江泽民、李鹏等会见了出席会议的全体代表。

2日 国务院发出关于加强国有资产管理工作的通知。《通知》就加强国有资产管理的有关问题决定如下：(1)在全国范围内有计划地开展清查资产、核实国家资金、摸清国有资产"家底"(简称清产核资)的工作。次一切应归国家所有的资产，都纳入国有资产管理轨道。(2)坚决防止和纠正损害国有资产产权的行为。(3)完善企业的国有资产产权管理机制，继续深化企业改革。(4)改进、完善企业经济效益考核内容。(5)切实加强对国家固定资产投资的管理。(6)在深化经济体制改革中，逐步建立与社会主义有计划商品经济相适应的新型的国有资产管理体制。(7)按照统一领导、分级管理的原则，逐步建立和健全国有资产管理机构。(8)按照经济发展和改革的要求，建立国有资产管理体系。

3日 济青公路正式开通。济青公路西起济南，向东直达青岛，全长318公里，这是经国务院批准，中国第一次利用世界银行贷款修建的里程最长的高等级汽车专用公路。

5日 目前国内最大的汽车、工程车内胎厂——天津市国际联合轮胎有限公司内胎厂，在天津市落成投产。

6日 国务院举行会议，听取长江三峡工程论证领导小组关于三峡工程论证情况的汇报。会议由国务院副总理姚依林主持，李鹏总理到会听取汇报。出席汇报会的有三峡工程论证领导小组成员，14个专家组的专家，国务院28个有关部委和3个有关省的负责同志，民主党派有关人士及特约代表等。

7日 《人民日报》报道：中国大型运载火箭发射设施一期工程在西昌卫星发射中心建成，已投入使用。

8日 中国目前技术最先进、生产规模最大的粘胶短纤维生产线在九江化纤厂开工建设。这条生产线年产粘胶短纤维2万吨，相当于40万担棉花，由瑞士毛瑞尔公司提供全套设备。

9日 国务院批准我国第一个大型煤电联营项目——伊敏河煤电联营一期工程建设。该项目总规模为煤碳年产1000吨，发电装机200万千瓦，其中一期工程投资29.07亿元，于1995年完成。

11日 我国北煤南运系统工程项目之一的福州煤炭专用码头重载联动试车一次成功，并投入试生产。

12日 截至6月底全国各省市区内的“三角债”已清理784亿元。国务院决定8月1日起开始全国清理“三角债”工作，并决定投入一部分资金，对基本建设拖欠进行重点清理。中国人民银行还将安排一定信贷资金支持这项工作。

14日 国务院办公厅转发建设部关于进一步清理整顿房地产开发公司意见的通知。

14日 国家重点工程项目、总投资2.68亿元的拉萨贡嘎机场扩建工程正式开工。

15日 我国最长的伸长式铁路枢纽——兰州铁路枢纽建成。

16日—21日 中苏经济、贸易、科技合作委员会第5次会议在北京举行。21日，双方签署了会议纪要、中苏关于鼓励和保护投资的协定和避免所得双重征税的协定。李鹏总理和姚依林副总理分别会见和宴请由部长会议第一副主席马斯柳科夫率领的苏联政府代表团。

17日 中国海洋石油总公司与日本新南海、新华南、日矿珠江口石油开发株式会社在北京签订《南海珠江口16/06合同区陆丰13—1油田开发补充协议》。油田开发区面积为10平方公里，开发投资比例为每方各占25%。

17日 总投资40.9亿元的准格尔煤电运综合项目，包括年产1200万吨原煤的露天煤矿和相应能力的选煤厂、装机容量为20万千瓦的坑口电站以及丰准电气化铁路，已正式开工。

17日 国家“六五”、“七五”重点工程之一的贵昆铁路电气化技术改造工程已全部竣工，实现了全线通车。

18日—21日 建设部主办的“中国建设工程先进造价管理协会成立大会”在贵阳召开。

19日 由建设银行上海市分行作为牵头行，由中国银行上海市分行、中国工商银行上海市分行、中国农业银行上海市分行、中国国际信托投资公司上海分公司和上海爱建金融信托投资公司组成的银团，同投资建设上海太阳广场大厦项目的日本孙氏企业集团举行贷款签约仪式，向该企业集团发放外汇贷款1000万美元。这是建设银行上海市分行首次牵头组织国内金融机构向海外投资者发放外汇贷款。

21日 北京正负电子对撞机工程正式通过国家验收。这项投资2.4亿元，由上万台件精密复杂设备组成的尖端科学工程竣工和投入使用，使中国跨越了世界上50至70年代建造打静止靶高能加速器的阶段，直接进入建造高难度对撞机的80年代国际先进水平。

24日 由海峡两岸工程界合作投资的大陆第一座台商工业城将在上海漕河泾新兴技术开发区兴建。

25日 国务院批准增加银行基本建设贷款50亿元，其中37亿元由建行按指令性计划全部用于能源、交通、原材料等国家重点工程和大中型项目。

26日 国务院发出关于贯彻国家产业政策，对若干产品生产能力的建设和改造加强管理的通知。《通知》规定：凡国家产业政策规定停止生产的产品，一律不得按原产品新建、扩建和改造生产线；凡国家严格限制生产、建设和改造的产品，一般也不应按原产品新建、扩建和改造生产线。对国家需要加强控制的少数产品的固定资产投资项目，在按规模分限额以上及限额以下分级审批办法的基础上，实行按照国家产业政策的建设改造规模相结合的审批办法。

30日 执行世界银行的技术援助计划，中国投资银行副行长赵洪率领部分分行行长组成15人的代表团，前往加拿大、美国，参加由世界银行和加拿大联邦开发银行联合为投资银行举办的高级干部研修班。

八　月

3日 据海关统计，1990年上半年我国外商投资企业出口达29.9亿元，比1989年同期增长63.4%。

3日 年设计生产能力240万吨的河南永城矿区陈四楼煤矿正式开工，拉开了多国又一个大型优质无烟煤生产基地、永城煤田开发的序幕。

3日 经济日报报道：中国自行设计安装的功率为10千瓦的太阳能电池实验发电站，近日在西藏建成，并且正式发电。这是中国自行设计安装的功率最大的一座太阳能电池发电站，也是世界上最高的一座光电站。

7日 新华社报道：国务院发出关于贯彻国家产业政策，对若干产品生产能力的建设和改造加强管理的通知。

8日 中国海洋石油总公司与美国阿莫科东方石油公司在北京签订《关于中国南海珠江口盆地40/06合同区石油合同》。合同区面积为27000平方公里，水深为200—500

米。

8日　目前国内最大的古墨加工企业——内蒙古林浩石墨制品有限公司，由内蒙古自治区与台湾商人林美莹女士合资兴办，并投料试生产。这是内蒙古与台湾第一家合资企业的项目，总投资2476万元，生产能力为年产酸化石墨540吨，石墨板200吨。

10日　“七五”重点公路建设项目之一的三铜公路全面开工，该公路南起陕西省三原县，北至铜川，全长66.35公里，总投资2.8亿元，其中世行贷款3500万美元，是采用国际招标修建的一级公路。

10日　国务院举行第66次常务会议，原则通过《中华人民共和国固定资产投资方向调节税暂行条例(草案)》。

10日　经济日报报道：中国第一个能够大量生产汽车玻璃钢制品的基地——北京汽车玻璃钢制品总公司，由国家机电轻纺投资公司和国家建材局合资建成。

11日　一项可载入北京市道路建设发展史的宏伟的建设工程——西厢工程，举行了开工典礼，拉开了全面开工的序幕。西厢工程，北起复兴门立交桥南端，向西经西便门、天宁寺、广安门，折向东至右安门，道路全长11公里。沿途新建四座互通式立交桥和五座简易立交桥，敷设各类地下管线约60公里，同时整治西南护城河。

11日　国家计委发出《关于对固定资产投资自筹资金来源实行审查制度的通知》，提出各地区、各部门、各企业事业单位从1991年开始，在上报固定资产投资计划时，必须对自筹投资部分做出相应的自筹投资资金来源计划同时上报。

12日　国家“七五”期间能源重点建设项目的华能上安电厂第一台35万千瓦机组投产。

15日　总投资为2970万元的湿法聚氨酯合成革生产线，在石家庄第一塑料厂正式投产。年产量达400万平方米。湿法合成革质轻、坚韧、耐磨、耐热、透气、透湿、不透水，用途非常广泛。

17日　中国人民银行决定增加1990年基本建设贷款规模50亿元，主要用于国家能源、交通、原材料等行业80余个近期内就可以竣工投产的国家计划内重点项目。

18日　被国家列为开发重点的青海省农业开发区，青海柴达木盆地和黄河谷地大规模的绿州农业开发拉开了序幕，第一期7个开发项目中已有5项开工。

18日　中国第一个远程无线电导航台组在北京通过国家鉴定。远程无线电导航台组分布在南海地区千里海岸线上，整个工程占地2700多亩，铁塔天线高达240多米。

19日　国务院总理李鹏签署中华人民共和国国务院第64号令，发布施行《国务院关于鼓励华侨和香港澳门同胞投资的规定》。

20日　国务院清理“三角债”领导小组决定，从8月20日开始，对全国500多个重点基本建设项目按“谁投资、谁还债”原则进行集中清理。

20日　中国“七五”计划重点建设项目的沈阳至大连高速公路全线通车，成为目前国内最长的一条高速公路。沈大公路全长375公里，全线贯穿辽东半岛，连接沈阳、辽阳、鞍山、营口及大连5大工业城市。设计时速100—120公里，全线总投资22亿元。

21日　经国务院批准，中国人民银行调整了存、贷款利率。(1)城乡居民和企、事业单位的活期存款年利率在现行基础上平均下调0.72个百分点；城乡居民和企事业单位定期存款年利率在现行基础上平均下调1.74个百分点；对城乡居民三年以上定期储蓄存款，仍实行保值。(2)一年期流动资金贷款和技术改造贷款年利率由现行10.08%下调到9.36%。

22日　国务院同意增加1990年重点建设投资50亿元，其中银行贷款30亿元，其余20亿元由银行借给财政，按增加国家预算内基建基金办法办理。

25日—28日　中国投资学会第二届会员代表大会暨理论讨论会在银川召开。周道炯会长作了题为《治理整顿，深化改革，大力提高投资结构》的主报告。

30日　中国目前规模最大、设施最现代化的贸易发展中心——中国国际贸易中心，举行了全面开业的庆祝典礼。国务院总理李鹏、全国人大常委会委员长万里为开业典礼剪彩。国贸中心占地面积42万平方米，耗资4.5亿美元。

31日　海南筹建农业综合开发区，欢迎国内外投资者去承包建设种植园、养殖场。

31日—9月2日　全国建设银行证券信息网络成立大会在上海召开。会议决定：自8月31日起，全行证券信息网络正式成立，该网络常务理事会秘书处设在总行信托投资公司。

九　月

1日　新疆维吾尔自治区隆重举行庆祝大会，热烈庆祝兰新铁路乌鲁木齐至阿拉山口段胜利建成通车。正在新疆考察工作的中共中央总书记江泽民出席了庆祝大会并为开往阿拉山口的首趟列车剪彩。兰新铁路乌鲁木齐至阿拉山口段，全长460公里，是举世瞩目的第二座欧亚大陆桥的重要组成部分。

1日　国务院总理李鹏与全国农田水利基本建设工作会议代表座谈。他指出，水利在农业发展中占据重要的位置，要集中人力、物力、财力，加强对大江大河的治理，大力开展农田水利基本建设，以促进农业的进一步发展。要从战略高度来认识水利的地位和作用，要把水利作为国民经济的基础设施和基础产业，并在“八五”计划安排中加以发现。

1日　国务院批准由安徽省和

国家建材局合资并利用世行贷款兴建铜陵市水泥厂。

1日 京津公路郑楼至引河桥拓宽改造工程、天津机场新航站楼举行竣工典礼。全长15.11公里的京津公路经过拓宽改造工程改形成路面宽24米的一级公路。

2日 国家“七五”重点工程二汽试车场一期工程竣工并交付使用。

3日—17日 以宋昆先生为团长的世界银行项目监督代表团来华，检查世行对中国投资银行第二、三、四、五贷款项目的进展情况。代表团还会见了财政部和国家计委的官员，就信贷、财务、项目等情况与投资银行交换了意见，并参观和检查了投资银行个别分行的经营情况。

4日 建设银行与日本债券信用银行在沈阳合资组建租赁公司意向书签字仪式在钓鱼台国宾馆举行。周道炯行长、日债银颖川史郎会长、沈阳市张瑞昌副市长分别在意向书上签字。

5日 国家重点建设项目常熟发电厂工程开工。

6日 国务院对扶贫工作提出新要求，作出新决策。(1)对贫困地区资源开发实行倾斜政策，有重点地安排一批骨干项目；(2)继续增加扶贫资金和物资投入，现有的各项扶贫资金物资规模不变；(3)制订促进贫困地区发展的区域性特殊政策；(4)继续动员国家机关和社会各界开展扶贫的活动，每个部都要确定一片扶贫地区；(5)进一步加强对扶贫开发工作的领导，健全稳定扶贫机构。

7日 中国在海外最大的投资项目——中澳合营恰那铁矿日前在京举行隆重的竣工投产庆祝会。到1998年铁矿石产量将达1千万吨，成为中国最大的海外铁矿石供应基地。

8日 国务委员兼中国人民银行行长李贵鲜发布中国人民银行令(第2号)，公布《上海外资金融机构、中外合资金融机构管理办法》，本办法于1990年9月7日经国务院批准，自发布之日起施行。

10日 国务院有关部门和上海市政府宣布了开发、开放浦东新区的具体政策规定。它们包括：《上海外资金融机构、中外合资金融机构管理办法》、《关于上海浦东新区鼓励外商投资减征、免征企业所得税和工商统一税的规定》、《中华人民共和国海关对进出上海外高桥保税区货物、运输工具和个人携带物品的管理办法》和《鼓励外商投资浦东新区的若干规定》等。

10日 经济日报报道：国内首条芦笋罐头瓶生产线——山东东方玻璃有限公司引进荷兰PLM公司芦笋罐头瓶生产设备生产线，最近建成投产。此举将改变中国出口芦笋包装靠进口罐头瓶的局面。

10日 由国务院三线建设调整改造规划办公室和川、滇、黔3省根据国家计委的统一部署，攀西——六盘水将建成以能源、原材料资源开发为主的重要工业区。

11日 国家计委向各地方、各部门印发《建设项目(工程)竣工验收办法》。对建设项目竣工验收范围、验收依据、验收程序、验收要求，以及验收组织等方面作了具体规定。

12日 中国兰新铁路与苏联土西铁路接轨，第二座亚欧大陆桥全线贯通。

13日 中国海洋石油总公司与ACT集团(意大利阿吉普、美国雪弗龙、德士古)合作开发建设的惠州21—1油田建成投产。油田位于南海珠江口盆地16/08合同区内，距香港东南160多公里，高峰年产量为100万吨。

13日 我国第1个年产百万吨原油的海上油田——惠州21—1油田正式投产出油。它标志着我国南海东部的油田已进入勘探、开发和生产并进的新阶段。

17日 国家“七五”重点项目、大庆30万吨乙烯工程通过国家验收。

20日 首都钢铁公司与日本电气公司合资建设的大规模集成电路项目、天津中环计算机公司和日本电气公司合资建设的程控电话交换机项目，同时在北京人民大会堂签字。李鹏、邹家华、陈希同等出席了签字仪式。这两个项目共需资金2亿多美元，主要利用日本输出入银行的长期贷款和国际商业贷款。

20日 中国首家国际性的综合饮料中心——津美饮料有限公司在天津正式开业。该中心由中国与美国可口可乐公司合资兴办，投资总额2270万美元。

20日 根据国务院要求，纺织部作出决定：今后棉纺、毛纺、化纤“三大能力”的新增、改造项目，一律由地方归口上报、由纺织部审批，其他任何部门和个人无权批准新增项目。

21日 国家“七五”重点建设项目，烟台港西港池一期工程6个万吨级深水泊位，经过5年多的紧张施工通过国家验收。总投资为4.2亿元的烟台港西港池一期工程，设计年通过能力为390万吨，是烟台老港区年通过能力的1.26倍。

22日—10月7日 建设银行周道炯行长率建设银行代表团赴美国，参加世界银行和国际货币基金组织年会。

23日 中国冶金建设公司对外承包的巴基斯坦山达克铜金工程，在北京与巴基斯坦资源开发公司签署合同。中华人民共和国主席杨尚昆和巴基斯坦伊斯兰共和国总统古拉姆·伊沙克·汗出席了签字仪式。山达克铜金工程是巴基斯坦自行开发建设的第一个大型金属矿山，总投资额为2.85亿美元。

23日 经济日报报道：由北京耐火材料厂和法国西普公司共同创办的北京耐火材料有限公司，日前在京成立。这是中国第一家电熔耐火材料中外合资企业。

25日 中国“七五”攻关项目膜法水处理技术取得突破性进展，建立了一批海水、苦咸水淡化应用试验基地。初步形成了具有中国特色的膜法水处理技术新兴产业。

25日　国家"七五"重点引进科技项目之一的北京射线应用中心辐照设备，日前投入试运行。这套大型现代化辐照设施从瑞士引进，是中国目前首次装源量最大的一套全自动辐照设备，建设过程得到国际原子能机构的支持和肯定。

25日　国家"七五"和"八五"期间的重点建设项目——成渝高等级公路在成都龙家驿毛家口工地开工。这是我国目前在建公路项目中施工里程最长、建设规模最大、工程技术条件最复杂的高等级公路工程，全长340．2公里。

27日　中国"七五"重点科技攻关项目韶山5型高速客运电力机车研制成功。机车总功率为3200千瓦，最高时速可达160公里，是中国目前运行速度最快的电力机车。

30日　华东通往华中的捷径、国家"七五"铁路重点工程——大沙铁路，经铁道部第四工程局艰苦奋战，正式交付国家运营。

30日　国家"七五"期间重点建设的27条公路中最长的一条，大(同)运(城)公路胜利建成通车。该路全长737公里，二级公路标准，概算总投资6．9亿元。

十　月

2日　广西迄今最长的一条高等级公路南宁市至北海市公路近日全线通车，结束了桂南无高级公路的历史。

3日　国家"七五"铁路重点工程、华东通往华中的捷径——大沙铁路正式交付运营。

6日—10日　全国建设银行贷款管理工作会议在广西桂林市召开。会议讨论了《建设银行贷款监测考核办法》、《关于贷款管理中有关问题的规定》两个文件。

7日　中国投资学会学科建设委员会在桂林召开座谈会，就投资的概念、学科的名称及投资专业教材体系等问题进行研讨。

12日　装机容量为240万千瓦的大型火力发电厂——吉林省双辽电厂正式开工。

15日　我国第二大铁路编组站——徐州铁路枢纽编组站及附属配套工程全面建成投入使用。

15日　国家能源建设重点项目的元宝山煤矿正式动工兴建。它是我国采用连续工艺的第一个大型现代化露天煤矿。

17日　建设银行上海市分行与美洲银行在新锦江大酒店举行460.5万美元美国出口信贷签约仪式。这笔贷款将用于上海高桥石油化工公司ABS项目。这是上海浦东分行经办的第一个外资项目。总行周汉荣副行长、市府汪道涵顾问和美洲银行执行副总裁莱雷·格林柏格及上海市分行领导出席了签字仪式。

20日　我国煤炭工业战略西移的重要基地——宁东煤田开始大规模开发。煤田位于宁夏东部、毛乌素沙漠西北缘，面积2400平方公里，探明煤炭储量273亿吨，相当于我国东北3省煤碳储量的总和。

20日—23日　亚洲开发银行主计长助理S·拉曼先生等一行来华，了解中国投资银行第一笔贷款的项目承诺和提款情况。期间，与投资银行就其中的有关情况和技术性问题广泛交换了意见。

22日—24日　全国建设银行55城市资金融通网络第三次年会在南京召开。

23日　党中央和国务院决定从1990年至1992年拿出价值15亿元的工业品以工代赈，扶助老少边穷地区脱贫致富和经济开发。

25日　已经在我国国民经济中发挥重大作用的大秦铁路一期工程正式通过国家验收，从11月1日起正式交给北京铁路局。

25日　我国目前规模最大、技术最先进的金刚石采选工程，在辽宁省瓦房店市竣工投产。

31日　在江西省召开的全国原材料投资工作座谈会提出：国家原材料投资公司及各地投资公司在确保国家及地方重点工程建设投资的同时，将进一步加强对建设资金的回收工作，逐步扭转过去工程建设投资只贷不还的倾向。"八五"期间，将主要依赖资金的回收来进行再投资。

十一月

1日　建设银行试办"中国人民建设银行异地储蓄卡"业务，25个大中城市行的50个储蓄所（柜）被列为第一批试点单位。

5日—9日　中国投资学会与基本建设经济研究会联合在四川成都召开第二届中青年投资问题讨论会。会议就我国投资领域进一步治理整顿的形势、10年投资体制改革反思、投资领域计划与市场调节相结合、投资宏观调控体系、投资主体与投资运行机制等问题进行了探讨。

6日　我国最大的高碳石墨选矿厂在黑龙江鸡西市柳毛石墨矿建成投产。这座选矿厂年产高碳石墨可达1万多吨，占全国高碳石墨总量的1/4。

8日　地矿部吉林石油普查勘探指挥所在松辽盆地南部施工的"松南二井"于白垩系砂岩中钻获天然气。经测试，日产天然气70万立方米，国务院总理李鹏、国务委员邹家华都对此作了重要批示。"松南二井"的这一重大突破，展示了松辽盆地南部的油气前景，对今后松辽盆地南部的油气勘察与开发，对吉林经济的发展将具有重大意义。

8日　李鹏会见参加中国外商投资企业协会第二届会员代表大会的全体代表，表示中国将根据自己的产业政策和发展经济的重点吸收更多的境外资金，并欢迎更多的外商来华投资，促进中国经济的繁荣和发展。

8日 国家重点建设项目宝(鸡)中(卫)电气化铁路工程正式动工修建。

8日 目前世界上同类桥型单孔跨度最大的钢筋混凝土中水式拱桥——宜宾南门大桥在宜宾市建成。

10日 由华能精煤公司开发的神(府)东(胜)煤田第一期工程建设已全面展开。

12日 为了进一步推广鲁布革工程管理经验,建设部、国家计委、劳动部等5部委决定扩大试点范围,将试点企业由原来的18家扩展为50家。

12日 辽宁铁法矿区竣工验收。

12日 仪征化纤公司宣告,仪化工程全面建成投产,形成年产50万吨聚酯生产能力,成为中国最大的化纤及其原料生产基地。国务院为此致电表示祝贺。

13日 国务院批准金(华)温(州)铁路合资建设。这是我国引进境外投资建设的第一条地方铁路。

20日 第一汽车制造厂与德国大众汽车公司合资合同签约仪式在京举行。

20日 铁法矿区大兴立井和三台子一井移交投产,为国家重点建设工程铁岭发电厂提供了充足的煤炭资源。

20日 中国汽车行业规模最大的合资项目——第一汽车制造厂和德国大众汽车公司合资年生产15万辆普及型轿车的项目在北京签约。该项目总投资42亿人民币,合资期限25年。

20日 建设银行租用的路透社信息系统和交易系统正式开通,有关资金交易和代客外汇买卖业务已通过该系统进行。

23日 人民银行与建设银行联合发出《关于用好银行贷款清理基本建设拖欠款的通知》,就银行注入清欠贷款的基本原则、清欠贷款项目的审定和下达、清欠贷款的发放和管理以及加强跟踪检查工作等提出了明确要求。

25日 由法国东方汇理银行亚洲投资有限公司牵头组织,11月9日在上海和香港同时宣布成立的"上海基金",是以股权转让方式吸引境外来华投资的国际性基金。这是国外金融机构首次尝试运用发行证券的形式帮助中国筹措外资。

26日 国家"七五"重点建设项目——津沪穗改扩建电话网工程竣工。

30日 国家"七五"计划重点工程——川黔铁路赶(水)南(宫山)段电气化改造工程全面竣工,并交付运用。

十二月

5日 全国证券交易自动报价系统正式开通,在人民大会堂举行开通典礼。首批参加报价系统的有北京、上海、沈阳、武汉、广州和海口的18家证券公司、信托投资公司。中国人民建设银行总行信托投资公司参加了该报价系统。

7日 东胜煤田马家塔露天矿投产。

9—19日 以科雷西先生为团长的亚洲开发银行考察团一行4人来华,考察该行对中国投资银行第一笔贷款的执行情况。期间,考察团就投资银行第一笔贷款的有关问题与人民银行和国家审计署交换了意见,还考察了投资银行有关分行及部分项目。

10日 中国投资银行转贷德国政府混合贷款2700万马克的协定在法兰克福签字。

11日 建设银行外汇证券交易业务正式开办。第一笔交易业务是与日本山一证券公司做的日元现先交易,金额25亿日元,期限5天,收益率0.025%。

11日 中国人民银行发出《利率管理暂行规定的通知》,自1991年1月1日起实行。中国人民银行1988年10月5日印发的《关于加强利率管理工作的暂行规定》以及与本规定相抵触的其他有关规定同时废止。

12日 由国家计委、国家税务局联合召开的固定资产投资方向调节税工作会议在北京开幕。

13日 我国企业介入国际投资市场,在海外开办非贸易性企业764家,我方投资约10亿美元。

14日 四川泸州天然气化工厂大、中型化肥装置节能增产技术改造工程通过国家验收。

15日 "七五"期间最后一批重点建设项目之一的潍坊发电厂工程破土动工。这项工程是山东半岛对外开放地区最大的火电建设项目,规划容量120万千瓦,1994年建成后,年发电90亿度,为目前本地区发电负荷的10倍。发电和供电将配套建设。

17日 建设银行总行周道炯行长发出贺电,祝贺牡丹江中心支行中心储蓄所存款余额突破5,000万元。这是全行第一个存款过5,000万元的储蓄所。

17日 国家重点项目上海港宝山、关港作业区和南京新生圩二期工程验收。

18日 北京地铁复兴门至西单贯通。

19日 西北最大输变电工程安康水电站的主要配套工程,安康水电站到西安南郊的输电线路,提前全线架通。

19日 第十一届亚运会工程验收鉴定会在京举行。

19日 设在浦江饭店的上海证券交易所开张营业。上海市副市长黄菊、香港贸易发展局主席邓莲如、国家体改委副主任刘鸿儒共同为上海证券交易所铜标揭牌。上海市市长朱熔基在开业典礼致词中说:这"表明我们在振兴上海,开发浦东的过程中,十分重视发展金融事业,采取国际上通用的形式,利用证券筹措资金,为社会主义建设服务。"

20日 中国二汽与法国雪铁龙

合资生产轿车项目在巴黎签约。这个项目最终目标为年产30万辆普通型轿车，合资期35年，1994年投产，投资41亿元人民币（含外汇4.8亿美元），法国政府准备为此提供贷款。

20日　中国海洋石油总公司与澳大利亚BHP石油（中国）有限公司和德士古石油玛茨莎皮（荷兰）BV公司签订《渤海勃南地区联合研究协议》。协议区面积为10000平方公里。

20日　国家重点项目的新华社技术业务楼在京验收。

22日　鹰潭铁路枢纽编组站正式开通。新开通的编组站具有国内一流设备，其编组能力提高到每昼夜6000辆。

22日　沪杭高速公路上海段建成通车。

24日　ACT作业集团（意大利阿吉普、美国雪弗龙、德士古）在珠江口16/08合同区内惠州32—2构造钻的预探井获高产油流，测试折合日产原油2464立方米。

25日　我国铁路新线建设的又一条大动脉——南昆铁路在南宁西郊的零公里处破土动工。

26日　年设计能力为300万吨的兖州鲍唐洗煤厂正式投产。

27日　国家"七五"重点公路建设项目的西安至临潼高速公路建成通车。这是我国西部地区第一条高速公路。

31日　年设计洗煤能力为340万吨的平顶山一矿洗煤厂正式投产。

31日　建设银行全年信贷收支计划圆满完成。全行一般存款余额达到1512．3亿元，新增400．8亿元，成倍地超额完成了128亿元的存款计划。是存款增长最多的一年。

1991年

一　月

1日　满载塔里木原油的第一列火车，从南疆库尔勒市正式外运。它标志着塔里木盆地在油气勘探连续取得重大突破的基础上，油田初期开发工作已取得实质性进展。

3日　据报道，全国已有总投资为670多亿元的200多个建设项目实施了监理试点。

4日　石塘河金城港斜拉管桥在无锡太湖北岸凌空而起。这是目前亚洲最大的斜拉管桥。

5日　经国务院同意，国家计委批准了黄河流域黄土高原水土保持专项规划，规划今后每年治理水土流失保存面积4000平方公里。

8日　广东大亚湾核电站二期海上工程全面竣工，成为核电站全面竣工的首项工程。

9日　我国高技术领域第一家大规模生产和经营光纤光缆的中外合资企业——西古光纤光缆有限公司，通过国家验收，并举行了全面开工典礼。

13日　我国目前最大容量的长距离干线通信光缆——宁汉光缆通信工程已全部竣工并通过国家验收，全线正式开通运行。

14日　我国目前跨径最大的全空式石拱桥——湘西凤凰县乌巢河大桥建成通车。

15日　我国第一条跨省高速公路——京津塘高速公路北京至天津杨村段试通车，正式向社会开放。

15日　由香港齐来贸易有限公司投资兴建的，也是上海迄今最大的土地批租项目——"台商工业城"在漕河泾开发区破土动工。该项目总投资8　000万美元，在偿使用期为50年。

22日　石（家庄）太（原）铁路线大规模牵引供电设备改造工程全部竣工。

24日　中国海洋石油总公司和美国阿莫斯公司签订协议，决定共同开发南海流花11—1油田，中美双方投资5亿美元，其中中方占51%，外方占49%，油田将于1995年初投产，年产量为250万吨。

25日　连接欧亚大陆桥最大的铁路集装箱基地在郑州东站建成交付使用。

30日　总投资达9亿多元的全国最大的农业地面工程安徽淠史杭巢湖灌区外资配套工程已基本建成，标志着耕地面积1100多万亩的淠史杭——巢湖地区成为国内旱涝兼治的大型灌溉农业区之一。

30日　哈尔滨三大动力厂发电设备制造建设项目今天正式通过国家验收。这标志着中国发电设备制造行业已发展到可生产30万千瓦、60万千瓦高参数、大容量、高效率发电设备的新阶段，从而跨入世界先进行列。

30日　中国第一条70公里无中继系统的光纤通信线路正式开通使用。它标志着中国光纤数字通信研制和生产达到了国际当代先进水平。

二　月

1日　中国石油天燃气总公司散发的一份材料中披露，在古老的丝绸之路和兰新铁路新疆吐鲁番—哈密盆地处，发现了一个大油田。

5日　国务院批准了中国海洋石油总公司与英荷壳牌公司合资建设南海石化项目建议书。这个总投资为25亿美元的大型项目将进入可行性研究阶段。

7日　中国投资银行发出《关于印发〈中国投资银行转贷外国政府贷款暂行规定〉的通知》。规定指出，借款企业向投资银行申请转贷外国政府贷款的项目，必须具备下列条件：(1)贷款项目已列入国家建设计划；(2)贷款项目的国内配套资金来源落实；(3)借款企业需要引进的外国技术和设备先进适用，能创造较好的经济效益；(4)贷款项目生产的产品适销对路，且有一定比例外销，借款企业有外汇收入，具备还汇能力；(5)贷款项目产品所需原材料供应有可靠的来源；(6)有担保资格及外汇收入足以承担履行偿还贷款本息能力的担保单位提供还款担保，借款企业必须在贷款合同规定的期限内按时还本付息，贷款期一般不超过5年，最长不超过10年。

8日　中国最大的中外合资企业——一汽大众汽车有限公司成立。

13日　一个拥有电子、精密仪器、生物工程、新材料等新技术产品和食品加工等行业的新技术产业开发试验区在贵阳建立。

14日　总投资1800万美元的中美合资仪征阿莫斯织物有限公司在江苏仪征破土动工。

17日　我国第一条穿越塔克拉玛干沙漠的公路开工，其中轮南到塔里木河段已基本建成。

20日　具有80年代末世界先进水平的PTC热敏电阻生产线在丹东无线电18厂建成投产。

22日　北京市第一个涉外房地产项目——亚运村运动员公寓正式推向市场出售。

三　月

1日　我国第一条最长液氨地下管道在秦皇岛建成，管道长82.5公里，管道口径133毫米，设计能力为年输液氨10.5万吨。

3日　国务院批准上海市住房制度改革实施方案，建立国家、集体、个人三结合的筹资建设住宅机制。

4日　全封闭式的武（汉）黄（石）一级“汽车专用公路”正式通车

5日　中国人民银行正式受理6家外资银行在上海设立分行的申请。这6家银行为美国花旗银行、美国美洲银行、日本兴业银行、日本三和银行、法国里昂信贷银行和法国东方汇理银行。

5日　国务院批准建设上海至南京的高速公路。该公路全长274公里。

12日　中国投资银行召开分行长会议，投资银行今年外汇贷款初步确定为新增余额1.2亿美元，其中新增固定资产贷款余额2400万美元，流动资金贷款9600万美元，回收外汇贷款1.3亿美元，同时安排人民币贷款余额新增12.4亿元。世界银行也将贷款1.5亿美元，用于采购材料及设备。

12日　国家“七五”重点科技攻关项目，DS—30中大容量程控数字市话交换机在上海通过鉴定。

16日　国务院确定海南国际科技工业园为国家高新技术产业开发区。海南国际科技工业园坐落在海口市西南的永万工业开发区内，首期工程占地800多亩，由国家科委，海南省人民政府、四川省人民政府和港澳国际投资有限公司四方合办。

17日　济青高速公路奠基仪式在青岛举行。至此，济青公路已全线动工。济青公路全长318.3公里，最低时速100公里，整个工程1994年竣工。

19日　中国银行向广东大亚湾核电站提供4亿美元商业贷款协议签字仪式在京举行。

21日　国务院正式批准冶金部和河南省共同投资4.4亿元，联合建设开封碳素厂。

22日　中国人民建设银行证券营业部正式开业。该营业部主要办理发行和代理发行各种有价证券，自营和代理债券、股票、大额定期存单等证券买卖转让，办理证券抵押、签证、登记过户等业务。

23日　列入“七五”国家重点科技攻关项目的中期数值天气预报系统通过国家验收。该系统已达到国际80年代中后期水平。

25日　经国务院批准，福建省将以征收铁路建设附加费的办法，建设从江西横峰到福建南平的第二条入闽铁路和省内的漳（平）泉（州）肖（厝）铁路。

27日　由铁道部、山东省和威海市合资修建的桃（村）威（海）铁路全面开工。铁路正线全长138.5公里，工程总投资2.26亿余元，工程预计1993年完工。

四　月

1日　国务际批准茂名石油工业公司在“八五”期间建设30万吨乙烯工程。这项工程的建设，将使这个公司发展成为以炼油、石油化工为主体的特大型企业集团。

4日　全国国债会议在西安市召开。1991年国家将继续发行国库券100亿元、特种国债20亿元，合计共120亿元。财政部决定，今年将在小范围进行国库券承购包销试点，并全面开放地市级以上城市的国债流通市场。

9日　中美合资上海施乐复印机有限公司二期工程，在上海闵行经济技术开发区竣工。这是迄今为止美国在沪投资额最大的工业性合资项目，也是中国仪器仪表行业中规模最大的合资企业。

11日　世界银行所属的国际开发协会宣布，已批准向中国提供5　360万美元的贷款。这笔贷款用于支持江苏省的交通建设计划。

12日　中国人民银行、国家计委发出《关于基本建设项目建设期银行贷款计收利息问题的通知》。从1991年起，各银行利用信贷资金新发放的基建贷款，除特批项目外，一律按规定按年结息和收息，不现挂帐。

15日　国务院发布实施《中华人民共和国1991年特种国债条例》。特种国债的发行总额为20亿元。本金偿还期为5年，年利率为9%。特种国债的收款单，可以记名、挂失、不得作为货币流通。

16日　国务院发布《中华人民共和国固定资产投资方向调节税暂行条例》。

18日　全长5240米的六盘山隧道工程已全面铺开，这项工程是国家“八五”期间重点工程——宝（鸡）中（卫）铁路的控制工程。

21日　大秦铁路重点配套工程——姜家湾和上深涧隧道全面完工，全长1332米的上深漳隧道和216米的姜家湾隧道地处大同市新荣区以东。

29日　国务院确定今年新开工大中型基建项目56个。

30日　经中国人民银行批准，中国人民建设银行将从5月起面向城乡居民发行10亿元金融债券。偿还期限为二年，年利率为9.2%。

五　月

1日　上海市房改方案正式实施，上海市建设银行承办了全市房改金融业务。

1日　厦门大桥试通车。全桥为为主桥、集美立交桥和高崎引道三部分，总长6 599米，主桥2 070米，是中国目前首座跨海公路大桥。

2日　我国第一条录像机生产线在南京无线电厂正式投产。

3日　拉萨建成我国最长飞机跑道，长4000米，宽60米，可起降波音747大型客机。

4日　全长305公里，投资10亿元的合肥至九江铁路，在合肥西站举行了隆重的开工奠基典礼。铁路将由沿线地方政府和大企业采用集资和贷款方式修建，拉开了中国由地方和企业集资修建铁路的序幕。

8日　国家“八五”重点工程——大冶钢厂170无缝钢管工程破土动工。该工程总投资4.47亿元，1993年建成投产。主要生产外径20—210毫米的中厚壁高精度无缝钢管、轴承管等，年产量可达10万吨。

14日　中国最大的水电站——二滩水电站正式开工。这座投资约100亿元，位于四川境内金沙江最大的支流雅砻江上的水电站，将建240米高的大坝，这在世界同型坝中居第三位。

15日　由国务院批准兴建的天津陈塘庄热电厂正式开工。电厂初期年发电量为6.5亿度，新增供热面积170万平方米，总投资近3亿元。

15日　我国第一个股票市场管理条例——《深圳市股票发行与交易管理暂行办法》，经国务院委托中国人民银行批准，今天由深圳市人民政府正式颁布。于6月1日起实施。

16日　我国最长的横贯内蒙古自治区中部的地方铁路——集（宁）通（辽）铁路已开始铺轨。这是我国“八五”计划的重点建设项目，全长943公里。

19日　国务院颁布了《中华人民共和国固定资产投资方向调节税暂行条例》，自1991年度起施行。

22日　财政部、国家计委、国务院生产委员会发出《关于下达实行加速折旧的部分大中型骨干企业名单的通知》。《通知》规定，列入名单的896户企业生产线上使用的机器设备，其折旧年限要在《国营企业固定资产折旧试行条例》规定的折旧年限的基础上，加速10—30%。实行加速折旧的企业按上述规定增提的折旧基金，在国家规定的额度内免缴能源交通重点建设基金和预算调节基金。

26日　国家“七五”重点工程，徐州至京杭大运河上最大煤炭中转港邳县港67公里铁路复线建成开通。

26日　我国第一家中苏合资企业——包头苏蒙特亚麻纺织合营有限公司诞生，总投资额1.55亿元，中方投资比例为62.9%，苏方投资为37.1%。

27日　中国自行研制、生产、建设的第一条具有80年代中后期国际同类产品先进水平的直埋光缆长途通信干线，“七五”国家重点科技攻关项目——合肥至芜湖光缆通信系统试验工程，在安徽省合肥市正式通过验收。

27日　由中美合资的中国目前最大的计算机合资企业——华普信息技术有限公司正式开业。华普公司是中国唯一生产计算机工作站的高科技企业，投资总额为900万美元。

29日　京津塘高速公路北京至河北段41公里，在北京人民大会堂举行了竣工签字仪式。这是中国第一条经国际监理验收合格的高速公路区段，它标志着中国公路建设部门具备了参与国际竞争修建高速公路的能力。

六　月

12日　上海市建设银行、上海市投资信托公司和法国兴业银行三方合资的上海联合财务有限公司举行开业典礼。

12日　国家重点建设工程武汉长飞光纤光缆有限公司的光纤已投产，公司总投资为250万荷兰盾及5600万元人民币，可年产15万公里光纤，8000公里光缆能力。

16日　我国第一个利用世界银行贷款、率先实行国际招标竞争的国家重点工程——云南鲁布革水电站全部完工。

20日　中国第一座脉冲反应堆在中国核动力研究设计院建造成功。该堆的建成使中国成为世界上第二掌握此堆型的设计、建造技术的国家。

24日　齐鲁30万吨乙烯工程顺利通过了国家竣工验收。至此，齐鲁石化公司已成为中国目前最大的原油加工、塑料、橡胶、烧碱生产基地之一。

24日　中国目前规模最大的公路立交桥——青岛流亭立交桥建成通车。全桥展开长4 300米，桥面建筑面积44 500平方米。这标志着联结烟台、青岛两城市的快速通道——烟青一级公路正式通车。

25日 我国继引滦入津、引黄济青之后又一项大的引水工程——从青龙河取水至秦皇岛市区的引青济秦水利工程胜利竣工。总投资2.39亿元。

28日 财政部发出《关于颁发〈加强铁路建设基金管理的暂行规定〉的通知》。《暂行规定》是根据《中华人民共和国国民经济和社会发展十年规划和第八个五年计划纲要》中对专项开发基金在预算中列收列支、专款专用、加强使用监督的精神，为管好用好铁路建设基金而制定的。《暂行规定》共9条。其中规定，铁路建设基金是国家用于铁路建设的预算内专项资金，必须纳入国家预算管理，专款专用，免征国家能源交通重点建设基金和国家预算调节基金。

28日 中国银行向石油天然气总公司提供12亿美元贷款协议签字仪式在中南海紫光阁举行，国务院总理李鹏、副总理邹家华、朱镕基、国务委员李贵鲜等出席，王德衍行长和王涛总经理分别在协议上签字。

28日 本溪钢铁公司冷轧项目继去年与日本银团签订第一笔2000万美元避税商业贷款后，今年又在深圳签订第二笔2000万美元避税商业贷款。

29日 宝钢二号高炉试生产进行点火。这是中国第一座以自己为主设计、建设、安装，容积达4 063立方米的特大型高炉。这标志着宝钢二期工程已基本完成。

30日 李鹏总理签署国务院第85号令，发布《中华人民共和国外商投资企业和外国企业所得税法实施细则》。该细则自1991年7月1日起施行。

30日 国家“八五”期间重点建设项目——国道310线开封至洛阳新建工程正式动工。这是河南省第一条高等级公路，连接河南省的郑州、洛阳、开封三个中心城市，全长201.4公里，计划五年完成。

七　月

6日 我国重点建设项目、引滦水利枢纽主要配套工程——河北省潘家口大型抽水蓄能电站，首台机组已正式运转发电。这座水电站是我国利用外资、引进国际先进技术的重点水利工程项目。

11日 中国投资银行首次被《欧洲货币》杂志排入世界500家大银行之列，位居第488位。至此，中国大陆共有5家银行进入了世界500家大银行之列。

12日 横跨大半个山东的九市地干线数字微波工程开通。至此，山东省干线微波站已有55个，微波线路长达1670公里，形成了规模庞大的“空中通信走廊”，居全国领先地位。

14日 世界上第一套用户电报和公众自动转报二合一TM203电报交换系统，通过邮电部组织的专家验收，在山东省济南市电信局正式投入使用。这套系统是中国邮电部和瑞士哈斯拉公司合作开发研制的。

18日 作为“八五”期间我国铁路复线建设的最大项目——兰新线武威南至乌鲁木齐西段复线，经国务院正式批准兴建。复线全长1622公里，总投资30多亿元。

22日 由金杯汽车股份有限公司和香港华博财务有限公司、海南华银国际信托投资公司共同投资组建的合资企业——沈阳金杯客车制造有限公司在沈阳成立。

24日 国务院发出《关于发行1991年国家投资债券有关问题的通知》。《通知》宣布1991年国家投资债券计划发行100亿元，其中用于基本建设80亿元，由中国人民建设银行发行；用于技术改造20亿元，由中国工商银行发行。以上两项均由财政部提供担保。国家投资债券期限定为3年，完全采用经济发行方式，由城乡居民、企事业单位、金融机构自愿认购，债券利率与同期限国库券利率相同，到期一次还本付息，不计复利，利息收入免缴个人收入调节税。购买的国家投资债券可以抵押，但不记名、不挂失、不得作为货币流通，从发行期满后的第4个月起可以进入证券市场转让。

29日 海南省永桂工业区正式开工，区内第一个项目是由鞍山钢铁公司与海南江通公司合办的轧钢厂和垫镀锌焊管厂。总投资1亿元，年产量分别为7.5万吨和5万吨。

30日 中国人民建设银行筹资储蓄业务电子计算机远程通讯网络正式开通。

八　月

1日 中国国债协会在京成立。作为首家全国性的国债行业民间机构，中国国债协会旨在架起政府主管部门和国债经营服务机构之间的桥梁，以促进中国国债事业的发展。

4日 全国重点建设工作会议在上海召开。会议强调严格控制建设规模，加强建设规模管理，决定今年新开工的建设项目，特别是集团项目，原则上都要实行董事会、管委会制度。

6日 国家科技攻关项目——铁道部北京轨道动力学试验开工兴建。这项工程由世界银行提供贷款，计划1992年底建成。

10日 我国西北地区最大的铁路集运站——禅术北站由铁道部17局开工建设。

17日 我国建筑施工企业首次独立总承包建造的超高层钢结构工程——京城大厦，在北京东郊亮马河路落成。

20日 中国第一眼煤层气井——“安阳一号井”，在河南省安阳市西北40公里处开钻。直接开发利用煤层气是世界上一项新技术，目前只有少数国家能掌握。

26日 中国目前最大的中外合

资绵纶项目——烟台华润绵纶有限公司，在烟台经济开发区建成试产。项目由香港华润集团公司、山东省国际信托投资公司和烟台市纺织工业公司联合投资兴建。

28日　中国证券业协会在京成立。这是新中国证券业发展史上第一个全国性的行业自律管理组织，表明中国证券业进入一个新的发展时期。

28日　唐山首次开通海上航道，结束了沿海城市没有港口的历史。

九　月

1日　黄河小浪底水利枢纽前期工程正式动工。小浪底水利枢纽工程位于黄河中游最后一段峡谷出口处，处于承上启下、控制黄河水沙的关键部位，控制流沙面积69.4万平方公里，占黄河流域总面积的92.3%。这项工程以防洪、防凌、减淤为主，兼顾供水、灌溉、发电，在治理开发黄河的主体布局中具有重要战略地位。

5日　又一条南北钢铁大动脉——京九铁路开始全面建设，其中的黄河大桥（全长6 673.9米，其中正桥长3 626.1米，是一座双线铁路桥）今日开工。京九铁路北起北京、天津，经衡水、商丘、阜阳、麻城、九江、向塘、吉安、赣州、龙川至深圳。

5日　西北地区最大的国际航空港咸阳机场通往古城西安的汽车专用公路，已试车通车。公路全长19公里。

6日　中国人民银行发出《关于改进和加强人民银行专项贷款管理的通知》。要求各行严格把握和控制专项贷款的投向，认真做好贷款项目的评估论证工作，加强专项贷款的清理和检查。

6日　国家重点水电站建设工程安康水电站第二台20万千瓦水轮发电机组正式并网发电，多发电3.5亿千瓦时，多创工业产值17.5亿元。

11日　我国第一家生产光通信数字传输设备的合资企业——上海爱梯恩梯通信设备有限公司生产线日前正式开工。

13日　我国第一条年产800吨彩色钢板涂料生产线在内蒙古包头市油漆厂建成投产，已通过鉴定。

16日　在海南省海口市，海南省投资促进委员会和熊谷组（香港）有限公司的代表，在《关于投资开发经营洋浦开发区30平方公里土地项目意向书》上先后签字。这是目前国内由外商独家承租经营的最大的区域。

19日　远东国际租赁有限公司开业典礼在沈阳举行。该公司是由中国人民建设银行、中国化工进出口总公司、株式会社日本债券银行、日本皇冠租赁株式会社、南朝鲜产业租赁株式会社共同投资组建的。

23日　中国人民银行发出《贯彻落实国务院关于继续严格控制固定资产投资新开工项目精神的通知》。要求严格控制新开工项目，一律不准以各种名义建新的楼堂馆所。

十　月

1日　雄居世界第三、亚洲第一的天津广播电视塔全面竣工并投入使用。天津广播电视塔总高度为415.2米，仅次于加拿大多伦多和苏联莫斯科电视塔。中央政治局常委李瑞环为天津广播电视塔的落成使用剪彩。

4日　由大连耐火材料厂与英国摩根集团公司合资兴办的大连摩根耐火材料有限公司正式竣工投产。这是目前世界上规模最大、现代化水平最高的不定型耐火材料生产厂家。

9日　贵州境内总长度为1008公里的3条电气化铁路全部建成通车。

9日　中国铁路第一条60公里无中继光缆工程开通。它沟通了蚌埠、商丘、阜阳、淮南、亳州、郑州的通信网络。

9日　西藏拉萨首次安装的5000门程控电话交换机开工。该工程由我国和比利时政府合作完成。比利时政府赠款530万比利时法郎从比利时购买主机设备，我国投资960万元人民币负责配套设备。

12日　由邓小平题写站名的深圳新火车站建成启用。李鹏总理为深圳机场通航剪彩。深圳机场占地面积为全国之最，达7800亩。

12日　中国人民银行批准中信公司在东京市场发行150亿日元浮动利率债券，期限5年。中信公司作为中国政府企业在东京市场发行此种债券，在国内尚属首次。

17日　秦山核电站安全壳建造成功，今天通过设计、建造、整体结构性能和密封性能试验技术成果鉴定，该项成果不仅填补了国内空白，而且技术上已达国际水平。

18日　扬子30万吨乙烯工程通过国家验收。

20日　国家重点建设项目武汉钢铁公司新三号高炉，顺利流出第一炉铁水。这是中国目前技术水平最高的现代化大型高炉，可年产生铁224万吨，在国内生产能力仅次于宝钢一、二号高炉。

21日　国家“七五”重点工程的包神府二级公路全线竣工。这条全长303公里的二级公路，起于内蒙古的包头市，经陕西神木至府谷县城，将号称世界八大煤田之一的神府东胜煤田各矿区连在一起，是整个煤田矿区交通运输的一大动脉。

27日　新建的宣（州）杭（州）铁路在长兴与长杭线接轨。至此，华东第二通道全线贯通。从河南商丘开岔，经安徽阜阳、淮南、合肥、芜湖、宣州至浙江的这条铁路全长838公里。

十一月

2日　中国跨度最长的承压舟浮桥在山东省惠民县清河镇黄河公路渡口建成通车。浮桥长553.8米，宽12米，由50对85型双体承压舟联接而成。可通过载重量为40吨的车辆。

3日　世界银行在纽约通过了一笔总额为6700万美元的对华贷款用于海南省大广坝综合开发项目。主要包括：建一个装机容量24万千瓦的水电站和一个水利灌溉系统，开发1.27万公顷土地，以安置2万多移民。

6日　国家“七五”重点项目——SAN树脂装置在兰州化学工业总公司合成橡胶厂建成投产，年生产能力1.5万吨。

6日　浦东新区首次对外有偿出让土地使用权的协议昨天签字。这意味着浦东开发迈出了新的一步。这项土地使用权出让合同是由上海市土地管理局与香港纽士威（国际）有限公司、中国房地产开发总公司上海公司签订的。出让使用权的这块土地面积为5270平方米，使用年限为50年。

8日　中国人民建设银行与法国、意大利和英国的八家银行在北京签署了总投资1亿美元的国际银团贷款协议。该协议是建设银行为北京11.5万吨乙烯工程引进意大利和荷兰的设备与技术而向国外筹集的。

11日　中国第一台60万千瓦超临界发电机组在上海石洞口第二电厂点火成功。

12日　南海惠州26—1油田建成并投入生产。该油田年生产能力为150万吨，是目前中国最大的海上油田。

13日　地处闽、浙、赣三省结合部的公路隧道——福建省浦城五显岭隧道工程正式破土动工，工程总投资4000多万元，计划两年半建成通车。

15日　中国现代化水平最高的电气化铁路——大秦线二期工程全线铺通。从大石庄抵秦皇岛全长242、232双线公里。

18日　川黔铁路北段通信工程竣工，至此川黔铁路电气化改造通信工程全线完工。

19日　上海市区第一座跨黄浦江的大桥——南浦大桥举行建成典礼，国务院总理李鹏为大桥建成剪彩。

20日　我国目前最大的硫酸镁厂在山东省莱州市玉石矿建成投产。该厂年硫酸镁可逾万吨。

21日　世界银行在华盛顿批准一笔总值为1.25亿美元的对华贷款，用以改善北京市的环境状况，加强环境管理能力。

28日　国家“七五”重点建设工程的青海省西宁机场通过验收正式启用，可供图—154、MD—82等类型飞机使用。

28日　长江葛洲坝水利枢纽第二期工程在湖北宜昌通过国家正式验收。至此，长江葛洲坝水利枢纽工程已宣告全部竣工，全面发挥效益。

30日　经中国人民银行批准，上海首次发行总计1亿元面额，共100万股的人民币特种股票（B种股票）。股票由上海真空电子器件股份有限公司向境外发行。B种股票的发行在我国国内尚属首次。

十二月

6日　国务院副总理邹家化，人大常委会副委员长、中信公司董事长荣毅仁在人民大会堂出席了广州黄浦新沙港煤炭矿石码头项目中标签字仪式。该项目由世界银行贷款，通过国际招标，由中国国际信托投资公司和机电部所属重型机械总公司联合以4100万美元的最低价夺得设备标，总包港口项目。这个项目将建设一个3万吨级的煤炭泊位，一个2万吨级的煤炭矿石泊位，设计吞吐能力为970万吨，计划1994年投入使用。

9日　中国200多名桥梁专家，对已建成的中国最大跨径的斜拉索桥——南浦大桥进行评估后认为，大桥的设计和施工水平领先于世界。

9日　中国科研机构数据库建成并投入运行。该数据库包容了国内各种科研机构的主要研究方向、研究范围、研究成果等，可提供技术援助以及对外合作项目等各种信息资料，并通过全国各地的100余个终端，为全国各种用户服务。

9日　中国第一条并入亚洲道路网的干线公路、北京至深圳107国道最长的一段——湖南段改建工程完工，并举行了竣工通车仪式。该段工程全长644公里，建成后行车时间比原来缩短一倍。

11日　全国电力重点项目山东华鲁电厂一期工程两台30万千瓦发电机组全部建成。整个工期28个月零7天，创造全国同类机组施工最快纪录和一流的施工质量。

13日　北京通往深圳的国家干线公路107国道的一部分——京石公路三期工程竣工通车。该工程全长13.88公里，是全封闭、全立交的高速公路。

14日　中国最大的年生产能力500万吨的特大型矿井——大同矿务局四台沟矿井正式投产。

14日　中国首届海峡两岸高新技术合作项目洽谈会在厦门举行。大陆约有近500多个高新技术及产品参加了这次洽谈。

14日　北京正负电子对撞机土建工程通过科技成果鉴定，鉴定委员会认为，该工程施工技术达到国际先进水平。

15日　安徽省铜陵长江大桥举行开工典礼，大桥主跨跨径432米，为亚洲当今第二大双索斜拉桥。

16日　“七五”重点工程营口鲅鱼圈港一期工程竣工并通过了国家验收。该港口设计年吞吐能力为196万吨的6个万吨级散杂货深水泊位。这标志着东北第二大港现已初具规模。

17日　中国渤海石油公司在渤中28－1油田，打出国内目前最深的高难度水平井，也是世界上进尺深、位移大、难度大的水平井之一。

18日　中国大陆第一座核电站——秦山核电站并网发电，标志着中国自己建造的核电站投入试运行。

18日　中共中央总书记江泽民等中央领导在汕头参加汕头海湾大桥开工典礼，为大桥建设奠基。这是目前中国规模最大的跨海大桥。江泽民为大桥题字。

20日　厦门"海峡第一桥"正式通车。江泽民剪彩并题写桥名。

20日　经财政部、中国人民银行批准，中国经济开发信托投资公司在北京宣布成立。

20日　国家"八五"期间重点建设项目集宁至通辽铁路东段铺轨完工。至此，内蒙古阿鲁科尔沁旗告别了不通火车的历史。

21日　钱塘江第二大桥建成竣工。它不仅开1340米的正桥连续无接缝的世界先例，也是世界上在强涌潮河段所建的第一座大桥。

21日　南昆铁路云南境内全长285公里的西段正式动工兴建。这标志着南昆铁路进入全面大规模兴建阶段。整个工程全长898公里，是沟通西南和华南沿海的重要通道。

21日　列入"八五"计划的"西安黑河引水工程"正式开工。预计到1993年底完工通水。

23日　大连石油化工公司建成中国第一套年产4万吨聚丙烯装置，达到国际先进水平。

23日　宁沪二级公路建成通车。该公路是国家骨架公路213国道的重要路段，全长288公里。

25日　国家"七五"重点工程的大屯、煤电公司孔庄煤矿扩建及选煤厂建设工程，通过国家竣工试生产验收，洗选的优质精煤将直接供应宝钢等重点企业。

26日　全长315公里，总投资10亿多元的西安——延安铁路正式修通。

27日　北京——石家庄——郑州铁路光缆通信系统全线建成投入使用。这是中国目前在铁路上投入运行的距离最长、容最最大的光纤通信系统。

27日　国家"七五"期间重点建设工程，大庆热电厂一号机组建成投产。工程于1989年6月开工，有3台20万千瓦机组。

28日　国家"七五"重点建设工程从重庆到贵阳、全长415公里的川黔电气化铁路全线通车。该项目总投资7．7亿元，其中利用世界银行贷款9000万美元。

30日　铁路"中取华东"重点项目——黄渡特大立交桥建成。大桥位于上海嘉定县境内，整个工程包括特大立交桥1座、中小桥涵27座。

1992年

一　月

1日　国务院办公厅批转了国务院住房制度领导小组《关于全面推进城镇住房制度改革的意见》。

3日　建设银行、财政部联合颁发了《中央级地质勘探拨款和结算管理暂行办法》。该《暂行办法》共九章计32条，自1992年1月1日起施行，原（82）建总一字第847号文颁发的《地质勘探拨款暂行办法》同时废止。

7日　经国家计委批准，总投资8．8亿美元的江阴长江大桥正式立项。这座桥的设计长度、跨度均名列长江各桥之首。

16日　中国人民建设银行与西班牙国家信贷协会政府贷款总协议在京签署。王丙乾、李贵鲜国务委员出席，周道炯行长签署了协议。

20日　财政部最近印发《国营建设单位使用国外借款有关会计核算的规定》的通知，要求建设单位对国外借款业务的会计核算以人民币为记帐本位币。将外币折合为人民币所采用的记帐汇率和帐面汇率，由建设单位根据实际情况自行规定。

21日　在全国汽车工业会议上，国务院决定今后一段时间内将采取措施调整我国汽车工业结构，不再上新项目，铺新摊子。

24日　中国人民建设银行行长周道炯宣布：1992年新增60亿元住房贷款，重点支持个人购房，集资建房。

26日　中原铁路交通枢纽工程——郑州火车站一期改建工程经过两年多的奋战竣工并投入使用。

31日　历经三年的全国清理固定资产投资项目的任务基本完成，投资规模调整到位，投资结构得到改善。

二　月

1日　《中国人民建设银行贷款项目后评估实施办法（试行）》正式印发。

7日　北京积极推进住房制度改革，房改面积已达4200万平方米，占市属住房面积九成，回收资金2．3亿元。

15日　建设部部长侯捷宣布：我国村镇建设成就举世瞩目，43％的农户迁入新居，人均住房面积增加近一倍。

16日　广东扩大对外开放，改善投资环境，利用外资规模空前，改革开放以来吸引外资150多亿美元。

18日　为促进"星火计划"再上新台阶，中国农业银行今年对"星火计划"新增信贷资金10亿元，其中乡镇企业5亿元，农业4亿元，商业1亿元。

23日　年吞吐量达55万个标准箱的深圳集装箱码头在蛇口港交

付使用，填补了华南地区无深水集装箱码头的空白。

24日 江苏省治理淮河、太湖的28项工程全面开工，建设速度之快、质量之高为建国以来少有。

25日 乌鲁木齐至我国最西端的阿拉山口的铁路线正式开行，全长640公里。是亚欧大陆桥的重要组成部分。

27日 我国自1986年加入亚洲开发银行以来，亚行对华贷款的投资已达10.16亿元，技术援助贷款2462万美元。

28日 内蒙古发挥优势，打破封闭，积极建设北方开放带，十几个国家和地区在开放带投资与合作项目达200项，引进外资达3亿多美元。

三 月

1日 总投资达10亿元的西藏“一江两河”工程，去年开工的20多个项目已基本完成，该流域包括拉萨、山南、日喀则三个地方，对西藏经济发展有重要意义。

1日 国务院住房制度改革领导小组、财政部、建设部颁发《关于住房资金的筹集、使用和管理的暂行规定》。

4日 我国在上海证交所首次向海外发行1亿元的人民币B种股票，成为上海全方位开放的新标志。

10日 我国开放度最大的自由贸易区——上海外高桥保税区投入运营，总面积10平方公里，首期开发0.453平方公里。

13日 中外合作开发南海崖13—1气田并向香港供气20年的协议在人民大会堂签定，揭开了南海油气开发新的一页。

14日 北京市建行与联想集团职工房产抵押贷款合同签字，贷给该集团72户购房户职工600万元，期限15年，年息7.36%。

15日 国务院住房制度改革领导小组、建设部和国家税务局联合颁发《城镇住宅合作社管理暂行办法》。凡具有城镇正式户口、家庭为中低收入并愿意改善居住条件的居民户，均可以自愿申请加入住宅合作社。合作建房可不受固定资产投资规模的限制，其所需要建设指标和建筑材料要列入地方年度计划，土地管理部门要及时划拨建设用地。国家对用于社员居住的合作住宅，在税收政策上给予减免优惠。建设合作社住宅，原则上应当纳入住宅小区的统一规划，实行综合开发，配套建设。合作住宅不得向社会出租、出售。

16日 国务院批准设立温州新技术开发区。

16日 国务院常务会议经过认真讨论，建议将兴建三峡工程列入国民经济和社会发展十年规划。并向全国人民代表大会送交了《国务院关于提请审议兴建长江三峡工程的议案》

议案提出，经过多年的研究、论证和审查，三峡工程坝址选在湖北省宜昌县三斗坪镇。工程的拦河大坝全长1983米，坝顶高185米，最大坝高175米。水库正常蓄水位175米，总库容393亿立方米。水电站总装机容量1768万千瓦。工程静态总投资570亿元（1990年价格）。主体工程建设工期预计15年。工程建设第9年即可发电受益，预计在工程建成后不太长的时间里，即能偿还全部建设资金。

18日 建设银行转发中国人民银行《〈关于加强国家投资债券转让管理的请示〉的复函》的通知。通知指出，从1992年1月1日起，1991年国家投资债券可陆续在全国建设银行各证券交易机构挂牌上市；投资债券应实行保护价格，原则上不得低于同期限国库券的价格；要制止投资债券的黑市交易，做好转让债券的鉴别工作；全国建设银行证券信息网络增加1991年投资债券转让价格的报价等。

22日 为了支持浦东开发，上海市政府日前宣布，从4月1日起发行5亿元人民币的浦东建设债券。首次公开发行的浦东建设债券，由上海久事公司、上海市投资信托公司、申能电力开发公司发行，由万国、申银、海通3家证券公司牵头组成承销团公开发售。本次债券期限5年，年利率10.8%，免征个人收入调节税。本市和外省市个人均可购买。发行结束后，经批准即可上市买卖。

四 月

2日 审计署、国家计委、建设部联合印发了《固定资产投资项目开工前审计暂行办法》。《办法》共12条，自1992年5月1日起执行，由审计署负责解释。审计署、国家计委审基（89）419号通知同时废止。

3日 全国人大七届五次会议通过了三峡工程列入国民经济和社会发展十年规划的决议，由国务院根据国民经济发展的实际情况和国家财力、物力的可能，选择适当时机组织实施。标志着中国历史上最大水利工程进入实施阶段。

4日 中国人民银行、国家计委、国务院生产办、财政部、国务院清理“三角债”领导小组联合发出《关于收回固定资产投资项目清欠贷款有关问题的通知》。

8日 上海石油化工总厂三十万吨乙烯工程建成。至此，该厂成为全国最大的聚烯塑料生产基地。

8日 中国人民建设银行为广州聚丙稀项目组织的3083万美元银团贷款签字仪式在广州举行。该项目是近年来广州市利用国外银团贷款的大型项目之一。

14日 建设银行印发《建设银行建贷项目储备贷款管理暂行办法》。该办法明确了建贷项目储备贷款的对象、用途、条件、申请与审批、管理方式、期限与利率，借款合同、使用与监督、会计核算科目等有关事项，共11条，从颁布之日起施行。

16日　两项国家重点工程项目——洛阳轴承厂和洛阳矿山机器厂技术改造、基建工程正式通过国家验收。

18日　总投资172亿元的宝山钢铁总厂二期工程全部建成投产。至此，宝钢作为具有世界先进水平的现代化钢铁联合企业，已成为我国拥有钢、铁、坯、材完整生产系列的工业基地。

18日　中国人民建设银行与鞍山钢铁公司齐大山采选扩建工程筹资协议书签字仪式在首都宾馆举行。

18日　中国人民建设银行转贷法国政府混合贷款2900万法郎签字仪式在京举行，此笔贷款用于山东引黄工程水处理项目建设。

20日　我国第一条高速列车干线——福建新干线将在福建投入建设，总投资约8亿美元，由日本一家财团提供。新干线由福建到厦门，全长约250—280公里，时速280公里。

21日　经贸部宣布，我国已实际利用外资额约8百亿美元。其中对外借款占66%，其余为外商直接投资和其它投产，部分弥补了我国现代化建设中资金不足的问题。

21日　全国建设银行房改金融及房地产开发工作会议在福州市召开。会议的中心议题是：根据邓小平同志重要谈话精神和全国第二次房改工作会议精神，总结经验，研究全行房地产金融业务和房地产开发业务发展的政策措施。

22日　建设总行决定新增120亿元贷款用于支持全国房地产开发和住房制度改革。

25日　全国55城市建行资金融通网络第八次理事会在天津召开。天津理事会总结了网络1991年重庆年会以来的工作情况。会议讨论修改了网络章程及同业拆借、银团贷款、证券交易的组织实施等问题。

28日　我国第一套年产20万吨合成氨的国产化装置在四川化工总厂建成。国产化程度高达82%，总投资2.5亿元。

五　月

1日　我国目前最大的光纤、光缆生产企业在武汉建成投产，光纤年产量可望超过5.5万吨，光缆达5000公里。

5日　建设银行上海市分行受上海市公积金管理中心委托，首次运用房改资金向职工个人发放住房抵押贷款的签字仪式在上海举行。

8日　香港合和集团宣布集资20亿港元投资广东，主要用于基础设施建设。

10日　第一座由群众自筹资金建设的长江大桥在江苏破土动工，桥长1172米，总投资6500万元。

11日　国家国有资产管理局、财政部、国家工商行政管理局印发《国有资产产权登记管理试行办法》。

12日　国家重要铁路枢纽——津浦铁路滁河段防洪自保工程破土动工。它标志着这项由国务院批准修建的铁道部“一号”重点防洪工程开始实施，该段全长13.5公里。

13日　我国第一条1.55微米无中继光缆通信系统——南京至芜湖段全长110公里通过国家验收、标志着我国光通信技术又上新台阶。

15日　国家体政委、国家计委、财政部、中国人民银行、国务院生产办印发《股份制企业试点办法》通知。

15日　上海在日本发行150亿日元债券的签字仪式在东京举行，期限为5年，主要用于上海市基础设施建设。

18日　我国目前长江上最长的一座公路铁路两用桥——九江长江大桥完工，全长4476米。

20日　中国工商银行总行将向社会发行本年国家投资债券20亿元，金融债券17亿元。两种债券期限均为五年，年利率为10.5%。

22日　为支持高新技术开发，建设银行将发放4亿元专项贷款，国家科委推荐的174个备选项目正在调查评估中。

23日　经中国人民银行上海市分行批准，上海证券交易所股票价格全部放开，交易活动频繁，风险性增大。

26日　中央在京党政机关房改方案出台，该方案采取新房新租、现住房分步提租、超标加租、无人例外的原则。

26日　建设银行代理石化总公司发行石化企业投资债券签字仪式在人民大会堂举行。

26日　中国银行从六月份起向国内居民发行8亿元人民币金融债券。债券分别为3年期和5年期两种，年利率分别为9.5%和10.5%。

28日　上海市区第二条横跨黄浦江的特大型桥梁——上海杨浦大桥浦西主塔封项，主塔高208米，工期仅为34天。

六　月

2日　财政部发布1992年第二期国库券公告，发行总额为210亿元，期限三年，年利率9.5%。

4日　深圳股票交易额突破100亿元大关。

16日　国家体改委宣布：我国股份制组建和试点的一整套政策法规已基本形成，这标志着我国股份制企业已走上规范化道路。

17日　由北京市政府和中石化联合建设的北京乙烯工程动工。总投资29.8亿元，1994年试车。该项目被列为国家“八五”重点建设项目。

18日　中国石化企业债券、中国电力企业债券和国家投资公司债券的招标承购包销的开标仪式在京举行。共有24家证券中介机构参与竞标，投标总金额为88.6亿元。此次招标的33亿元债券全部被中证券中介机构承购包销。这是建设银行首次运用招标方式发行债券。

19日 经国务院批准，国家计委下达了21个大中型电力基本建设新开工项目，计划总投资219亿元，其中利用外资21亿美元，全部建成后新增装机容量1054万千瓦。

20日 由上海市建设银行筹措内外资的上海三十万吨乙烯工程全面竣工庆功典礼在金山石化总厂举行，20家国外银行的34名代表出席了庆典活动。该项工程总投资66.7亿元，历时5年，使我国乙烯产量突破200万吨，上升到世界第8位。

22日 天津20万吨聚酯工程经国务院批准正式立项，总投资80亿元。这是“八五”期间批准建设的三大化纤项目之一。

22日 由建设银行深圳市分行牵头、工商银行、农业银行、中国银行、深圳发展银行、招商银行、交通银行、中信实业银行等八家银行参与组团向平南铁路发放2.3亿银团贷款的签字仪式在深圳举行。

23日 中国电力企业投资债券发行签字仪式在人民大会堂举行。建行将代理中国华北电力联合公司等24家电力企业发行5年期电力企业债券19亿元。

25日 建设银行将代理中国第一汽车制造厂等5家汽车企业发行10年期汽车企业债券3亿元；将代理镇海石油化工总厂等10家石化企业发行5年期石化企业债券8亿元。此外，还将发行3年期建设银行金融债券12亿元；将发行5年期建行投资债券40亿元。

27日 建设银行代理国家原材料投资公司等四家投资公司发行19.5亿元国家投资公司债券的签字仪式在人民大会堂举行。

28日 国务院办公厅发出《关于建立国务院证券管理办公会议的通知》。为加强证券市场统一管理，根据国务院决定，在原股票上市办公会议的基础上，建立国务院证券管理办公会议。其代表国务院行使对证券工作的日常管理职权。办公会议的办事机构设在人民银行。

七　月

4日 新疆14万吨乙烯工程开工。总投资36.7亿元，预计1994年底建成投产。

28日 建设银行与西班牙、中美洲等6家国外银行签订1.6亿美元武汉钢铁公司双700吨炼钢项目西班牙出口信贷协议的签字仪式在京举行。

八　月

4日 秦皇岛港煤码头四期工程获国务院和国家计委批准即将开工，年输出能力3000万吨，工程总投资9.36亿元。

5日 由中国人民建设银行信托投资公司、香港新世界发展有限公司和建设银行上海市房地产公司三家合资组建的中外合资新世界建设(集团)有限公司在上海举行组建合同签约仪式。

6日 建设银行上海市分行牵头、22个省市的建设银行信托投资公司、房地产公司共同发起成立的大型房地产公司——上海建银房地产有限公司签字仪式在上海举行。公司注册资本为3亿元。公司成立后计划运作资金达30亿元。投入浦东开发和旧区改造。

7日 建设银行浙江开发浦东房地产总公司在上海浦东举行开业典礼及起步工程——银桥大厦开工典礼。

11日 《人民日报》报道国务院近日召开会议决定对海南省进一步放宽政策。海南省的固定资产投资规模仍由国家计委核定，但可放宽。总投资额在2亿元人民币或3000万美元以下的建设项目，由省里自行审批。

11日 建设银行周道炯行长出席辽化二期聚脂项目商务合同签字仪式。该项目是“八·五”期间国家重点项目之一。内外资均由建设银行经办，其中利用外资1·2亿美元，主要用于从法国、德国引进技术设备。

12日 川藏公路整治的骨干项目——二郎山隧道工程获交通部批准，全长2000米，总投资2亿元。

15日 由建设银行信托投资公司、中国房地产开发公司和香港刘绍钧产业测量师行有限公司合资组建的建银房地产业咨询有限公司开业典礼在人民大会堂举行。

19日 年产30万吨合成氨的九江大化肥工程经国家计委批准正式立项，总投资15亿元。

19日 建设银行总行对各分行发出《关于下达长期融资任务和调整调拨资金利率的通知》。核定1992年第一批长期融资任务为60亿元，于9月底前完成。

25日 抚顺大伙房水库引水济沈工程竣工，总投资6亿元，水质达到世界水平。

29日 铁道部将发行中国铁路投资债券20亿元，期限3年，年利率9.5%。

九　月

1日 邹家华在全国基本建设项目管理座谈会上宣布：“我国投资建设将进行重要变革，今后新开工项目都要实行项目业主责任制，使我国的投资效益有一个根本改观。”

2日 世界银行宣布批准向中国提供1亿美元的贷款，用于福建省水口水电站建设的二期工程。

5日 中共中央、国务院发出《关于加强对固定资产投资和信贷规模进行宏观调控的通知》。

5日 我国第一条高原电气化铁路——兰(州西)至武(威南)建成通车。

10日 人民银行总行正式批准成立国泰证券公司。国泰证券公司由人民银行、财政部、建设银行、工商银行、农业银行、中国银行、交通银行、保险公司共同发起并投资，是一个跨行业、跨部门、跨系统、跨地区的全国性证券公司。

12日—15日　全国55城市建行融资网络第五次年会在西安举行，会上办理短期拆借20.22亿元，证券交易3.24亿元，发放银团贷款和融资租赁3.07亿元。

17日　我国第4个超百万千瓦大型水电站——岩滩水电站并网发电。工期4年，年发电量121万千瓦。

26日　国家计委推出重大改革步骤，将大幅度减少各行业指令性计划，建立国家订货制度，把推进第三产业发展放到重要位置。

27日　北京二环快速路全线贯通，全程33公里无红绿灯，有29座立交桥和20多个过街桥地道。

十　月

3日　湖北省全力服务三峡工程，初步形成了开发性移民、后勤保障和配套服务三个方面的服务体系，共137个项目，总投资95亿元。

5日　华东铁路投资最多、规模最大、战线最长的项目——华东铁路南北第二条通道开通，全长838公里。累计投资20余亿元。

6日　由大连经济技术开发区与日本合资开发大连工业团地项目正式签约，总面积约为2.1695平方公里，转让使用期为50年。

8日　建设银行三峡工程专业分行成立大会在宜昌举行。

8日　中国诚信证券评估公司创立签字仪式在京举行。该公司是我国首家全国性证券评估公司，注册资本金为人民币1000万元。由中国农村发展信托投资公司、中国人民建设银行信托投资公司和中国审计事务所牵头组建，16家单位参股。

9日　我国铁路建设史上规模最大、投资最多、线路最长的一级干线——京九线勘测设计工作全面展开。该线全长2364公里，跨越9个省市。

12日　国务院办公厅发出《关于成立国务院证券委员会的通知》。为加强证券市场的宏观管理，统一协调股票、债券、国债等有关政策，使我国证券市场健康发展，国务院决定成立国务院证券委员会，6月28日成立的国务院证券管理办公会议撤销。同时，为了建立健全证券监管工作制度，国务院决定成立中国证券监督管理委员会，受国务院证券委员会指导、监督检查和归口管理。

22日　引大（通河）入秦（王川）工程中规模最大的工程，世界上最长的引水隧道——甘肃盘道岭隧道通过国家验收。全长15.72公里。

22日　建设银行和石化总公司、国泰证券有限公司等单位在京举行“发行1992年第二期石化企业投资债券签字仪式”。

26日　建设银行上海市浦东分行、上海永丰贸易公司、香港泰和投资公司合资参股的国内首家参与国际期货交易的期货公司——上海润丰商品期货有限公司，正式进入实务运作，下单交易。浦东分行除作为参股单位参与公司决策和管理外，还为公司的交易清算提供金融配套服务。

十一月

1日　国务院批准建立海口保税区，将实行比特区更加优惠的政策。

2日　国家重点工程安徽淮南潘三矿建成投产，年设计生产能力300万吨。

4日　国务院发出关于发展房地产业若干问题的通知。在通知中要求各地进一步深化土地使用制度改革。要逐步扩大城镇国有土地有偿有限期使用范围。

10日　仪征化纤联合工业公司二期工程正式通过国家验收，使仪化公司化纤和化纤原料生产能力达到50万吨。公司规模居世界同行业第四。

12日　经中国人民银行总行批准，国内首家投资基金——淄博乡镇企业投资基金设立，总规模3亿元人民币，期限8年。

16日　建设银行为辽化项目利用德国出口信贷5870万德国马克贷款协议签字。

16日　国家“八五”建设项目——秦皇岛热电厂一号机组投产发电，总投资9.4亿元。

25日　国家“八五重点工程，建设速度最快，距离最长，容量最大，技术最先进的南沿海光缆干线开通。全长2896公里。

27日　国家“八五”重点工程——大秦铁路二期电气化工程全面展开，全长242公里。

27日　由河北省建设银行房地产开发公司和香港旭日集团共同投资组建的河北金旭房地产综合开发有限公司在石家庄开业。该公司注册资本为500万美元，年开发能力在10万平方米以上，是目前该省最大的合资房地产开发企业。

28日　中国投资银行3200万美元银团贷款签字仪式在京举行。

28日　国务院正式批准建立青岛保税区，总面积250公顷，内设贸易、金融、仓储和加工四大功能。

30日　亚洲目前水头最高的中型水电站——桂林天湖水电站一期工程建成发电，电站集中落差1074米，年发电量1.85亿千瓦时。

30日　国务院在批复中同意海南省与熊谷组（香港）有限公司签订的《海南省洋浦经济开发区国有土地使用权出让合同》，出让位于海南岛西北部洋浦半岛、面积为27·353平方公里土地，建立洋浦经济开发区。出让期限为70年。

十二月

1日　新亚欧大陆桥首列列车从连云港开出，行程一万多公里，途经阿拉木图、莫斯科等地，最后到达圣彼得堡。

4日　建设银行为广东茂名30万吨乙烯工程筹措3.5亿美元贷款和转贷款签字仪式在广州举行。

6日　经国家计委、中国人民银行总行批准，我国最大的房地产开发企业——中国房地产开发总公司发行首批住宅建设债券5000万元。期限三年，年利率10.2%。

8日　由建设银行上海市分行牵头，中国银行上海市分行、工商银行上海市分行、交通银行上海市分行、投资银行上海市分行、上海市投资信托公司及法国里昂信贷银行上海市分行、香港汇丰银行上海市分行、上海联合财务有限公司等9家金融机构共同组成的银团，与上海化学纤维总公司在沪举行上海市聚脂项目2000万美元银团贷款协议签字仪式。

9日　“七五”国家重点项目的河南中原化肥厂通过验收，设计年生产能力30万吨合成氨，52万吨尿素。

17日　国务院发出《关于进一步加强证券市场宏观管理的通知》。《通知》提出，(1)要理顺和完善证券市场管理体制，国务院证券委员会是国家对全国证券市场进行统一宏观管理的主管机构，证监会是证券委员会的监管执行机构；(2)严格规范证券发行上市程序；(3)进一步开放证券市场；(4)抓紧证券市场的法制建设；(5)加强证券市场管理，保障证券市场健康发展。

18日　由国务院批准、国家原材料投资公司承担的45亿元化肥专项建设项目完成。该项目包括改扩建一批中小型化肥厂和磷、硫矿山。新增标准化肥生产能力400到600万吨。

19日　我国首条利用外资修建的金华—温州铁路破土动工。全长251公里，总投资为1.95亿美元。

22日　大同—秦皇岛铁路二期工程全线开通。总投资66.5亿元。是我国建成的第一条电气化双线重载专用运煤线路。全长为242.2公里。

23日　中国第一家由工业企业办的商业银行——华夏银行开业。注册资本10亿元。

24日　京广线郑州—武汉段完成电气化改造，使京广铁路进入电气化时代。年输送能力提高到6500万吨以上。

27日　国家“七五”重点工程的新疆大山口水电站并网发电。年发电量3亿多千瓦，总投资2亿元。

28日　国家“八五”重点工程、进出福建的第二条通路——横南铁路破土动工。北起浙赣线横峰站，南与外福线接轨，全长260公里，总投资14亿元，1996年建成。

31日　我国最长的双线铁路桥——京九铁路滹沱河大桥动工兴建。全长4060.1双线米，位于河北饶阳县境内。

第八部分

经济与投资统计资料

一、国民经济综合统计

1. 中国自然状况及资源

项　　目	1992 年	项　　目	1992 年
一、自然状况		林业用地面积	26743 万公顷
1. 国土		宜林荒山荒地	7661.46 万公顷
国土面积	960 万平方公里	草地面积	40 000 万公顷
海域面积	472.7 万平方公里	可利用草地	31333 万公顷
海洋平均深度	961 米	2. 林木资源	
海洋最大深度	5377 米	活立木总蓄积量	108.68 亿立方米
岸线总长度	32000 多公里	森林面积	12863 万公顷
大陆岸线长度	18000 多公里	森林蓄积量	93.1 亿立方米
岛屿岸线长度	14000 多公里	森林覆盖率	13.40%
岛屿个数	5000 多个	3. 水利资源	
岛屿面积	8 万平方公里以上	大陆	
2. 气候		地表水资源总量	26500 亿立方米
热量分布(积温＞＝0℃)		地表径流	19800 亿立方米
黑龙江北部及青藏高原	2000－2500℃	地下(浅层)水量	6200 亿立方米
东北平原	3000－4000℃	冰川融水量	500 亿立方米
华北平原	4000－5000℃	水力资源蕴藏量	6.67 亿千瓦
长江流域及以南地区	5800－6000℃	可开发量	3.78 亿千瓦
南岭以南地区	7000－8000℃	淡水总面积	1664 万公顷
降水量		可养殖面积	503 万公顷
台湾中部山区	≥4000 毫米	已养殖面积	305 万公顷
华南沿海	1600－2000 毫米	海洋	
长江流域	1000－1500 毫米	海洋能源理论蕴藏量	6.3 亿千瓦
华北、东北	400－800 毫米	海岸带面积	28 万平方公里
西北内陆	100－200 毫米	海涂面积	2.08 万平方公里
塔里木盆地、吐鲁番盆地		海水可养殖面积	260.13 万公顷
和柴达木盆地	≤25 毫米	已养殖面积	41.35 万公顷
气候带面积比例(国土面积＝100)		浅海滩涂可养殖面积	242.07 万公顷
湿润地区(干燥度＜1.0)	32%	已养殖面积	27.77 万公顷
半湿润地区(干燥度＝1.0－1.5)	15%	4. 矿产资源(保有储量)	
半干旱地区(干燥度＝1.5－2.0)	22%	煤	9833.12 亿吨
干旱地区(干燥度＞2.0)	31%	铁矿石	489.69 亿吨
二、自然资源		磷矿石	157.65 亿吨
1. 土地资源		钾盐	4.85 亿吨
耕地面积	9540 万公顷	盐	3999.83 亿吨
荒地面积	10800 万公顷		
宜农荒地	3535 万公顷		

注：1. 自然资源部分未包括台湾省；2. 气候资料为多年平均值；3. 土地、水利资源，均为以前清查数，有待进一步勘测；4. 森林资源为 1988—1992 年调查数。

2. 国民经济主要指标

指　　标	单　位	1978 年	1980 年	1985 年	1990 年	1991 年	1992 年
一、人口							
年底总人口	万人	96259	98705	105851	114333	115823	117171
二、劳动力(年底数)							
劳动力资源人数	万人	48530	52885	62114	69732	70982	72120
社会劳动者人数	万人	40152	42361	49873	56740	58360	59432
职工人数	万人	9499	10444	12358	14059	14508	14792
三、国民生产总值	亿元	3588	4470	8558	17695	20236	24036
四、国民收入	亿元	3010	3688	7020	14384	16557	19845
五、社会总产值	亿元	6846	8534	16582	38035	44142	55842
工农业总产值	亿元	5634	7077	13335	31586	36405	46151
六、固定资产投资							
1. 全社会固定资产投资总额	亿元	668.72	910.85	2543.19	4449.29	5508.80	7854.98
生产性	亿元			1544.10	2768.28	3453.39	5166.14
非生产性	亿元			999.09	1681.01	2055.41	2688.84
住宅	亿元			641.63	1164.48	1417.41	1716.91
2. 国有单位固定资产投资	亿元	668.72	745.90	1680.51	2918.64	3628.11	5273.64
基本建设投资	亿元	500.99	558.89	1074.37	1703.81	2115.80	3012.65
更新改造及其他固定资产投资	亿元	167.73	187.01	606.14	1029.26	1261.86	1754.91
3. 集体单位固定资产投资	亿元		45.95	327.46	529.48	697.80	1359.35
城镇	亿元		22.95	128.23	163.38	203.83	364.49
农村	亿元		23.00	199.23	366.10	493.98	994.86
七、国家财政							
1. 国家财政收入	亿元	1121.1	1085.2	1866.4	3312.6	3610.9	4153.1
中央	亿元	164.6	209.8	707.9	1367.9	1399.7	1649.2
地方	亿元	956.5	875.5	1158.5	1944.7	2211.2	2503.9
2. 国家财政支出	亿元	1111.0	1212.7	1844.8	3452.2	3813.6	4389.7
中央	亿元	521.0	650.7	836.5	1372.8	1517.7	1817.9
地方	亿元	590.0	562.0	1008.2	2079.4	2295.8	2571.8
3. 预算外资金收入	亿元	347.1	557.4	1530.0	2708.6	3243.3	
八、物价总指数(上年＝100)							
1. 家副产品收购价格总指数	％	103.9	107.1	108.6	97.4	98.0	103.4
2. 零售物价总指数	％	100.7	106.0	108.8	102.1	102.9	105.4
3. 职工生活费用价格总指数	％	107.7	107.5	111.9	101.3	105.1	108.6
九、工资							
1. 职工工资总额	亿元	568.9	772.4	1383.0	2951.1	3323.9	3939.2
2. 职工平均货币工资	元	615	762	1148	2140	2340	2711
十、居民消费水平	元	175	227	403	723	803	935
农民	元	132	173	324	524	570	648
非农业居民	元	383	468	727	1477	1676	1983

续2

指　　标	单　位	1978年	1980年	1985年	1990年	1991年	1992年
十一、农业							
1. 农业总产值	亿元	1397	1923	3619	7662	8157	9085
2. 主要农产品产量							
粮食	万吨	30477	32056	37911	44624	43529	44266
棉花	万吨	216.7	270.7	414.7	450.8	567.5	450.8
十二、工业							
1. 工业总产值	亿元	4237	5154	9716	23924	28248	37066
2. 主要工业产品产量							
原煤	亿吨	6.18	6.20	8.72	10.80	10.87	11.16
原油	万吨	10405	10595	12490	13831	14099	14210
发电量	亿千瓦小时	2566	3006	4107	6212	6775	7539
钢	万吨	3178	3712	4679	6635	7100	8094
成品钢材	万吨	2208	2716	3693	5153	5638	6697
水泥	万吨	6524	7986	14595	20971	25261	30822
3. 国有独立核算工业							
企业全员劳动生产率	元/人·年	11131	12081	15080	18639	32304	36074
4. 国有独立核算工业							
企业主要财务指标							
年底固定资产原值	亿元	3193.4	3730.1	5956.2	11610.3	13556.8	15669.8
资金总额	亿元	3273.0	3663.7	5604.1	12088.6	14067.6	16094.7
年底固定资产净值	亿元	2225.7	2528.0	3980.8	8088.3	9507.2	10982.6
定额流动资金年平均余额	亿元	1047.3	1135.7	1623.3	4000.3	4560.4	5112.0
利润和税金总额	亿元	790.7	907.1	1334.1	1503.1	1661.2	1944.1
十三、运输邮电							
1. 货物周转量	亿吨公里	9829	12026	18126	26207	27986	29218
铁路	亿吨公里	5345	5717	8126	10622	10972	11576
公路	亿吨公里	274	764	1693	3358	3428	3755
水运	亿吨公里	3779	5053	7700	11592	12955	13256
2. 旅客周转量	亿人公里	1743	2281	4437	5628	6178	6949
铁路	亿人公里	1093	1383	2416	2613	2828	3152
公路	亿人公里	521	730	1725	2620	2872	3193
水运	亿人公里	101	129	179	165	177	198
3. 沿海主要港口货物吞吐量	万吨	19834	21731	31154	43229	47117	53329

续 2

指　　标	单　位	1978 年	1980 年	1985 年	1990 年	1991 年	1992 年
4. 邮电业务总量	亿元	11.65	13.34	29.60	81.65	204.38	290.94
十四、能源生产与消费(标准煤)							
能源生产总量	万吨	62770	63735	85546	103922	104844	107256
能源消费总量	万吨	57144	60275	76682	98703	103783	108900
十五、国内商业							
1. 社会商业商品购进总额	亿元	1739.7	2263.0	3532.5	8221.2	9347.9	10653.7
工业品	亿元	1263.4	1567.6	2462.3	5871.2	6767.2	8071.7
农副产品	亿元	459.9	677.0	1033.2	2258.6	2453.2	2427.5
2. 社会农副产品收购量							
粮食	万吨	5072.5	6129.0	10762.8	13995.2	13635.5	13246.4
棉花	万吨	209.6	261.0	431.9	409.1	529.0	435.8
3. 社会商品零售总额	亿元	1558.6	2140.0	4305.0	8300.1	9415.6	10993.7
4. 农业生产资料销售量							
化学肥料(标准量)	万吨	4087.5	5531.1	6231.8	10023.6	10702.2	10119.4
化学农药	万吨	146.4	152.7	65.3	61.5	62.6	53.8
农用动力机械	万千瓦	1037.1	639.8	723.4	898.1	983.6	1154.7
十六、对外经济贸易和旅游							
1. 进出口总额	亿美元	206.4	381.4	696.0	1154.4	1356.3	1656.1
进口额	亿美元	108.9	200.2	422.5	533.5	637.9	806.1
出口额	亿美元	97.5	181.2	273.5	620.9	718.4	850.0
2. 利用外资							
签订利用外资协议额	亿美元			98.67	120.86	195.83	694.39
实际利用外资额	亿美元			46.47	102.89	115.54	192.02
外商直接投资	亿美元			16.61	34.87	43.66	110.07
3. 旅游							
来华旅游人数	万人		570.25	1783.31	2746.18	3334.98	3811.49
旅游外汇收入	亿美元		6.17	12.50	22.18	28.45	39.47

注:1. 本表价值指标均按当年价格计算。

2. 国有独立核算工业企业全员劳动生产率按 1980 年不变价格计算。

3. 1979 年起,货物周转量中公路运输包括社会车辆完成数,1984 年起还包括私营运输完成数量。

4. 1990—1992 年沿海主要港口货物吞吐量如包括龙口、威海等中型港口应为 48321、53220 和 60380 万吨。

5. 邮电业务总量,1991 年后按 1990 年不变价格计算,1981 年—1990 年按 1980 年不变价格计算,以前按 1970 年不变价格计算。

3. 国民生产总值和指数

年份	国民生产总值	国内生产总值	第一产业	第二产业	工业
绝对值(亿元)					
1978	3588.1	3588.1	1018.4	1745.2	1607.0
1979	3998.1	3998.1	1258.9	1913.5	1769.7
1980	4470.0	4470.0	1359.4	2192.0	1996.5
1981	4773.0	4775.1	1545.6	2255.5	2048.4
1982	5193.0	5182.3	1761.6	2383.0	2162.3
1983	5809.0	5787.0	1960.8	2646.2	2375.6
1984	6962.0	6928.2	2295.5	3105.7	2789.0
1985	8557.6	8527.4	2541.6	3866.6	3448.7
1986	9696.3	9687.6	2763.9	4492.7	3967.0
1987	11301.0	11307.1	3204.3	5251.6	4585.8
1988	14068.2	14074.2	3831.0	6587.2	5777.2
1989	15993.3	15997.6	4228.0	7278.0	6484.0
1990	17695.3	17681.3	5017.0	7717.4	6858.0
1991	20236.3	20188.3	5288.6	9102.2	8087.1
1992	24036.2	24020.2	5744.0	11575.2	10128.4
指数(1978年为100)					
1978	100.0	100.0	100.0	100.0	100.0
1979	107.6	107.6	106.1	108.2	108.7
1980	116.0	116.0	104.6	122.9	122.4
1981	121.2	121.2	111.9	125.2	124.5
1982	131.8	131.2	124.8	132.1	131.7
1983	145.5	144.9	135.1	145.8	144.5
1984	166.9	166.0	152.6	166.9	166.0
1985	188.2	187.4	155.4	197.9	196.2
1986	203.5	203.3	160.5	218.2	215.2
1987	225.7	225.9	168.1	248.1	243.6
1988	251.2	251.3	172.3	284.1	280.8
1989	262.1	262.2	177.6	294.8	295.0
1990	272.7	272.4	190.7	304.1	304.9
1991	295.0	294.2	195.2	344.7	346.9
1992	333.4	333.0	203.1	416.6	418.1
指数(以上年为100)					
1978	111.7	111.7	104.1	115.0	116.4
1979	107.6	107.6	106.1	108.2	108.7
1980	107.9	107.9	98.5	113.6	112.7
1981	104.4	104.5	107.0	101.9	101.7
1982	108.8	108.5	111.5	105.6	105.8
1983	110.4	110.2	108.3	110.4	109.7
1984	114.7	114.5	112.9	114.5	114.9
1985	112.8	112.9	101.8	118.6	118.2
1986	108.1	108.5	103.3	110.2	109.6
1987	110.9	111.1	104.7	113.7	113.2
1988	111.3	111.3	102.5	114.5	115.3
1989	104.4	104.3	103.1	103.8	105.1
1990	104.1	103.9	107.3	103.2	103.4
1991	108.2	108.0	102.4	113.3	113.8
1992	113.0	113.2	104.1	120.9	120.5

4. 1992 年分地区国内生产总值

单位：亿元

地区	国内生产总值	第一产业	1. 农业	第二产业	2. 工业	3. 建筑业	第三产业	4. 交通运输、邮电通讯业	5. 商业饮食、物供仓储业
全　国	23900.05	5785.22	5785.22	11498.39	10047.62	1450.77	6616.44	1255.81	1506.15
北　京	709.10	48.67	48.67	345.91	292.97	52.94	314.52	34.87	86.01
天　津	411.24	30.26	30.26	230.61	210.00	20.61	150.37	35.38	41.05
河　北	1155.05	257.08	257.08	573.15	517.75	55.40	324.82	64.96	74.62
山　西	519.80	82.94	82.94	289.29	259.44	29.85	147.57	30.64	27.05
内蒙古	378.62	126.86	126.86	152.56	120.85	31.71	99.20	29.91	7.96
辽　宁	1297.65	194.58	194.58	741.90	661.19	80.71	361.17	72.99	70.20
吉　林	514.58	130.82	130.82	257.01	227.17	29.84	126.75	30.60	14.14
黑龙江	855.93	171.28	171.28	493.13	440.03	53.10	191.52	49.40	28.07
上　海	1065.94	34.16	34.16	677.39	636.68	40.71	354.39	83.16	92.22
江　苏	1971.60	393.82	393.82	1119.26	1017.94	10.32	458.52	88.43	109.11
浙　江	1220.69	262.67	262.67	653.43	581.73	71.70	304.59	54.09	97.30
安　徽	724.82	230.51	230.51	333.00	293.01	39.99	161.31	31.86	19.76
福　建	694.70	197.90	197.90	291.60	241.78	49.82	205.20	44.56	49.67
江　西	559.52	200.81	200.81	199.40	168.14	31.26	159.31	21.06	26.01
山　东	1982.02	534.62	534.62	999.11	889.59	109.52	448.29	78.32	89.51
河　南	1213.23	353.92	353.92	545.21	481.11	64.10	314.10	57.89	62.47
湖　北	1001.37	303.00	303.00	444.61	402.59	42.02	253.76	51.99	67.37
湖　南	920.13	323.91	323.91	347.89	295.38	52.51	248.33	48.20	55.92
广　东	2293.54	465.83	465.83	1053.63	861.12	192.51	774.08	127.15	162.68
广　西	572.30	229.13	229.13	187.48	161.44	26.04	155.69	34.06	33.90
海　南	141.68	54.13	54.13	38.34	20.36	17.98	49.21	8.52	8.56
四　川	1481.22	480.27	480.27	608.99	504.87	104.12	391.96	57.53	116.02
贵　州	331.67	121.18	121.18	122.62	106.41	16.21	87.87	15.97	17.92
云　南	510.03	186.80	186.80	219.03	193.90	25.13	104.20	12.35	38.67
西　藏	33.29	16.59	16.59	4.46	2.56	1.90	12.24	1.84	3.80
陕　西	493.49	127.02	127.02	222.71	188.66	34.05	143.76	36.94	13.70
甘　肃	301.64	74.21	74.21	128.66	110.22	18.44	98.77	14.78	49.73
青　海	84.32	19.44	19.44	36.31	26.69	9.62	28.57	4.12	7.88
宁　夏	78.62	18.31	18.31	34.05	27.74	6.31	26.26	5.08	4.46
新　疆	382.26	114.50	114.50	147.65	106.30	41.35	120.11	29.16	30.39

5. 国民收入

年份	国民收入总额（亿元）	农业	工业	建筑业	运输业	商业	按人口平均的国民收入（元）
1952	589	340	115	21	25	88	104
1953	709	374	156	28	29	122	122
1954	748	388	174	26	32	128	126
1955	788	417	179	30	33	129	129
1956	882	439	212	55	37	139	142
1957	908	425	257	45	39	142	142
1958	1118	440	401	68	59	150	171
1959	1222	376	527	76	78	165	183
1960	1220	332	565	79	84	160	183
1961	996	432	345	25	48	146	151
1962	924	444	303	32	38	107	139
1963	1000	448	337	40	39	96	147
1964	1166	549	422	50	44	101	167
1965	1387	641	505	53	58	130	194
1966	1586	692	606	58	66	164	216
1967	1487	703	505	55	52	172	197
1968	1415	714	449	44	49	159	183
1969	1617	722	587	60	62	186	203
1970	1926	778	789	80	74	205	235
1971	2077	808	891	91	80	207	247
1972	2136	808	942	88	84	214	248
1973	2318	886	1020	92	89	231	263
1974	2348	922	1015	99	85	227	261
1975	2503	946	1152	113	96	196	273
1976	2427	940	1106	120	92	169	261
1977	2644	913	1263	124	106	238	280
1978	3010	986	1487	125	118	294	315
1979	3350	1226	1628	130	121	245	346
1980	3688	1326	1804	185	126	247	376
1981	3941	1509	1840	193	131	268	397
1982	4258	1723	1948	209	147	231	422
1983	4736	1921	2136	259	166	254	463
1984	5652	2251	2516	303	205	377	545
1985	7020	2492	3163	409	259	697	668
1986	7859	2720	3573	514	320	732	737
1987	9313	3154	4262	637	384	876	859
1988	11738	3818	5416	783	460	1261	1066
1989	13176	4209	6241	774	547	1405	1178
1990	14384	5000	6610	839	787	1148	1267
1991	16557	5269	7703	1009	887	1689	1439
[illegible]992	19845	5795	9805	1475	957	1813	1703

1[illegible] 按当年价格计算。

注：本表[illegible]

6. 国民收入部门构成

（以国民收入总额为100）

年份	农业	工业	建筑业	运输业	商业
1952	57.72	19.52	3.57	4.24	14.94
1953	52.75	22.00	3.95	4.09	17.21
1954	51.87	23.26	3.48	4.28	17.11
1955	52.92	22.72	3.81	4.19	16.37
1956	49.77	24.04	6.24	4.20	15.76
1957	46.81	28.30	4.96	4.30	15.64
1958	39.36	35.87	6.08	5.28	13.42
1959	30.77	43.13	6.22	6.38	13.50
1960	27.21	46.31	6.48	6.89	13.11
1961	43.37	34.64	2.51	4.82	14.66
1962	48.05	32.79	3.46	4.11	11.58
1963	44.80	33.70	4.00	3.90	9.60
1964	47.08	36.19	4.29	3.77	8.66
1965	46.21	36.41	3.82	4.18	9.37
1966	43.63	38.21	3.66	4.16	10.34
1967	47.28	33.96	3.70	3.50	11.57
1968	50.46	31.73	3.11	3.46	11.24
1969	44.65	36.30	3.71	3.83	11.50
1970	40.39	40.97	4.15	3.84	10.64
1971	38.90	42.90	4.38	3.85	9.97
1972	37.83	44.10	4.12	3.93	10.02
1973	38.22	44.00	3.97	3.84	9.97
1974	39.27	43.23	4.22	3.62	3.67
1975	37.79	46.02	4.51	3.84	7.83
1976	38.73	45.57	4.94	3.79	6.96
1977	34.53	47.77	4.69	4.01	9.00
1978	32.76	49.40	4.15	3.92	9.77
1979	36.60	48.60	3.88	3.61	7.31
1980	35.95	48.92	5.02	3.42	6.70
1981	38.29	46.69	4.90	3.32	6.80
1982	40.47	45.75	4.91	3.45	5.43
1983	40.56	45.10	5.47	3.51	5.36
1984	39.83	44.52	5.36	3.63	6.67
1985	35.50	45.06	5.83	3.69	9.93
1986	34.61	45.46	6.54	4.07	9.31
1987	33.87	45.76	6.84	4.12	9.41
1988	32.53	46.14	6.67	3.92	10.74
1989	31.94	47.37	5.87	4.15	10.66
1990	34.76	45.95	5.83	5.47	7.98
1991	31.82	46.52	6.09	5.36	10.20
1992	29.20	49.41	7.43	4.82	9.14

注：本表按当年价格计算。

7. 1992 年分地区国民收入(按当年价格计算)

单位:亿元

地 区	总 计	一、农业	二、工业	三、建筑业	四、运输邮电业	其中:邮电业	五、商业饮食业	其中:外贸
全 国	19852.88	5799.94	9915.40	1441.80	860.29	117.48	1837.45	47.30
北 京	507.23	46.26	312.42	51.16	25.63	7.63	71.76	5.04
天 津	344.25	31.36	205.07	21.15	28.97	2.47	57.70	7.95
河 北	949.80	256.07	513.47	55.74	42.62	3.55	81.90	2.52
山 西	406.06	83.51	227.80	29.59	23.75	2.48	41.41	0.07
内蒙古	306.48	121.42	111.62	32.44	24.38	1.99	16.62	0.35
辽 宁	1060.68	201.08	651.66	77.51	53.51	5.02	76.92	11.96
吉 林	434.52	132.31	224.70	27.68	17.58	2.77	32.25	0.30
黑龙江	702.65	181.13	390.61	55.61	26.34	2.48	48.96	1.28
上 海	881.00	36.04	623.73	41.46	58.94	8.41	120.83	35.33
江 苏	1697.00	395.71	1025.03	100.23	61.85	6.93	114.18	1.57
浙 江	1071.09	256.65	594.92	74.51	37.46	5.74	110.55	1.13
安 徽	665.38	244.10	301.73	51.49	20.67	2.51	47.39	5.48
福 建	590.02	197.41	248.21	49.81	32.37	6.22	62.22	7.38
江 西	465.90	201.88	176.41	26.60	20.31	3.41	40.70	2.48
山 东	1685.58	523.39	881.29	106.24	61.41	4.55	113.25	12.99
河 南	1017.32	350.26	462.38	68.73	40.31	3.45	95.64	7.75
湖 北	823.34	302.71	379.02	45.35	27.13	3.66	69.13	3.24
湖 南	767.38	324.02	284.82	53.18	38.81	3.53	66.55	4.64
广 东	1793.59	464.33	878.66	172.77	80.50	22.73	197.33	11.13
广 西	483.88	232.54	168.66	27.05	16.46	2.63	39.12	0.07
海 南	111.06	57.73	20.06	17.71	5.07	1.14	10.49	0.48
四 川	1263.85	488.53	500.70	105.01	37.63	4.83	131.98	0.54
贵 州	270.50	117.97	102.01	16.16	8.70	0.54	25.66	1.01
云 南	446.67	182.53	185.10	25.39	7.90	2.78	45.75	1.91
西 藏	28.18	17.76	2.24	3.41	1.22	0.02	3.55	0.70
陕 西	398.91	126.87	187.06	35.44	27.09	2.38	22.45	3.61
甘 肃	265.78	74.49	110.88	18.08	14.24	0.85	48.14	0.36
青 海	62.41	19.20	22.98	8.92	1.86	0.32	9.45	0.49
宁 夏	60.37	18.09	26.38	6.55	3.28	0.44	6.07	0.14
新 疆	292.05	112.59	95.83	39.83	14.30	2.01	29.50	1.12

8. 国民收入使用结构

单位:亿元

年份	国民收入使用额	积累额	固定资产	流动资产	消费额	居民消费	农业居民	非农业居民	社会消费
1952	607	130	57	73	477	434	298	136	43
1953	727	168	85	83	559	508	332	176	51
1954	765	195	109	86	570	527	348	179	43
1955	807	185	109	76	622	575	389	186	47
1956	888	217	179	38	671	613	397	216	58
1957	935	233	140	93	702	649	412	237	53
1958	1117	379	280	99	738	683	435	248	55
1959	1274	558	372	186	716	641	339	302	75
1960	1264	501	399	102	763	683	346	337	80
1961	1013	195	148	47	818	755	418	337	63
1962	948	99	96	3	849	781	459	322	68
1963	1047	183	133	50	864	793	487	306	71
1964	1184	263	203	60	921	841	539	302	80
1965	1347	365	253	112	982	895	581	314	87
1966	1535	470	307	163	1065	969	637	332	96
1967	1428	304	202	102	1124	1026	679	347	98
1968	1409	298	166	132	1111	1020	670	350	91
1969	1537	357	278	79	1180	1068	705	363	112
1970	1876	618	419	199	1258	1145	770	375	113
1971	2008	684	468	216	1324	1195	804	391	129
1972	2052	648	479	169	1404	1263	824	439	141
1973	2252	741	502	239	1511	1364	898	466	147
1974	2291	741	553	188	1550	1396	915	481	154
1975	2451	830	648	182	1621	1450	946	504	171
1976	2424	748	623	125	1676	1502	965	537	174
1977	2573	832	645	187	1741	1553	974	579	188
1978	2975	1087	783	304	1888	1673	1043	630	215
1979	3356	1161	838	323	2195	1910	1212	698	285
1980	3696	1165	893	272	2531	2223	1384	839	308
1981	3905	1106	778	328	2799	2473	1572	901	326
1982	4290	1236	969	267	3054	2688	1737	951	366
1983	4779	1421	1125	296	3358	2957	1941	1016	401
1984	5701	1796	1453	343	3905	3395	2232	1163	510
1985	7507	2628	1883	745	4879	4240	2728	1512	639
1986	8496	2944	2196	748	5552	4773	2994	1779	779
1987	9684	3298	2718	580	6386	5502	3381	2121	884
1988	12269	4231	3360	871	8038	6995	4166	2829	1043
1989	13596	4591	2835	1756	9005	7761	4558	3203	1244
1990	14383	4720	3008	1712	9663	8202	4713	3489	1461
1991	16314	5345	3768	1577	10969	9244	5172	4072	1725
1992	19866	6822	5639	1183	13044	10888	5931	4957	2156

9.1992 年分地区国民收入使用结构

单位：亿元

	国民收入使用额	积累额	固定资产	流动资产	消费额	居民消费	农业居民	非农业居民	社会消费
全国总计									
北　京	564.29	329.93	222.72	107.21	234.36	157.67	38.57	119.10	76.69
天　津	356.21	159.21	117.15	42.06	197.00	143.12	37.71	105.41	53.88
河　北	879.48	310.90	188.67	122.23	568.58	498.13	322.80	175.33	70.45
山　西	411.25	147.84	88.03	59.81	263.41	225.62	115.11	110.51	37.79
内蒙古	361.70	138.08	102.27	25.81	223.62	186.74	88.88	97.86	36.88
辽　宁	1023.12	374.38	270.19	104.19	648.74	559.25	181.35	377.90	89.49
吉　林	443.02	142.46	81.93	60.53	300.56	266.90	101.16	165.74	33.66
黑龙江	694.91	227.93	135.49	92.44	466.98	396.25	131.45	264.80	70.73
上　海	751.65	354.27	248.65	105.62	397.38	348.27	82.03	266.24	49.11
江　苏	1582.19	758.96	437.05	321.91	823.23	723.15	451.01	272.14	100.08
浙　江	1024.78	444.65	272.07	172.58	580.13	496.40	336.15	160.25	83.73
安　徽	677.26	242.58	180.82	61.76	434.68	385.24	260.44	124.80	49.44
福　建	588.24	196.73	133.95	62.78	391.51	344.85	234.78	110.07	46.66
江　西	502.51	169.28	88.59	80.69	333.23	292.56	191.89	100.67	40.67
山　东	1609.85	733.93	461.81	272.12	875.92	722.44	436.64	285.80	153.48
河　南	989.98	407.62	182.33	225.29	582.36	502.73	340.70	162.03	79.63
湖　北	798.25	251.01	131.18	119.83	547.24	464.86	268.28	196.58	82.38
湖　南	787.04	224.37	150.90	73.47	562.67	501.26	333.82	167.44	61.41
广　东	1755.58	688.07	499.04	189.03	1067.51	910.87	446.99	463.88	156.64
广　西	503.71	163.43	86.16	77.27	340.28	307.93	202.27	105.66	32.35
海　南	159.20	74.47	57.42	17.05	84.73	70.07	41.53	28.54	14.66
四　川	1261.37	351.34	234.12	117.22	910.03	827.22	551.20	276.02	82.81
贵　州	278.38	68.74	53.39	15.35	209.64	180.56	121.09	59.47	29.08
云　南	490.23	169.04	131.21	37.83	321.19	285.80	195.71	90.09	35.39
西　藏	41.26	16.12	13.79	2.33	25.14	20.23	11.46	8.77	4.91
陕　西	432.89	138.56	106.97	31.59	294.33	241.04	128.95	112.09	53.29
甘　肃	302.77	106.96	66.04	40.92	195.81	158.30	86.32	71.98	37.51
青　海	80.00	26.44	17.46	8.98	53.56	44.71	21.41	23.30	8.85
宁　夏	73.98	28.19	19.87	8.32	45.79	36.77	18.74	18.03	9.02
新　疆	378.97	180.32	132.24	48.08	198.65	170.79	65.87	104.92	27.86

10. 国民收入积累额及构成

年份	积累额（亿元）	固定资产积累（亿元）			流动资产积累（亿元）			以积累额为100		以积累额为100	
			生产性	非生产性		生产性	非生产性	生产性积累	非生产性积累	固定资产积累	流动资产积累
1952	130	57	31	26	73	35	38	50.8	49.2	43.8	56.2
1953	168	85	42	43	83	41	42	49.4	50.6	50.6	49.4
1954	195	109	64	45	86	34	52	50.3	49.7	55.9	44.1
1955	185	109	72	37	76	23	53	51.4	48.6	58.9	41.1
1956	217	179	132	47	38	22	16	71.0	29.0	82.5	17.5
1957	233	140	99	41	93	38	55	58.8	41.2	60.1	39.9
1958	379	280	236	44	99	76	23	82.3	17.7	73.9	26.1
1959	558	372	315	57	186	170	16	86.9	13.1	66.7	33.3
1960	501	399	340	59	102	148	—46	97.4	2.6	79.6	20.4
1961	195	148	121	27	47	32	15	78.5	21.5	75.9	24.1
1962	99	96	73	23	3	—10	13	63.6	36.4	97.0	3.0
1963	183	133	99	34	50	18	32	63.9	36.1	72.7	27.3
1964	263	203	144	59	60	16	44	60.8	39.2	77.2	22.8
1965	365	253	185	68	112	73	39	70.7	29.3	69.3	30.7
1966	470	307	227	80	163	97	66	68.9	31.1	65.3	34.7
1967	304	202	150	52	102	100	2	82.2	17.8	66.4	33.6
1968	298	166	126	40	132	108	24	78.5	21.5	55.7	44.3
1969	357	278	206	72	79	66	13	76.2	23.8	77.9	22.1
1970	618	419	329	90	199	115	84	71.8	28.2	67.8	32.2
1971	684	468	357	111	216	164	52	76.2	23.8	68.4	31.6
1972	648	479	358	121	169	152	17	78.7	21.3	73.9	26.1
1973	741	502	378	124	239	168	71	73.7	26.3	67.7	32.3
1974	741	553	419	134	188	140	48	75.4	24.6	74.6	25.4
1975	830	648	494	154	182	115	67	73.4	26.6	78.1	21.9
1976	748	623	461	162	125	132	—7	79.3	20.7	83.3	16.7
1977	832	645	479	166	187	111	76	70.9	29.1	77.5	22.5
1978	1087	783	583	200	304	198	106	71.8	28.2	72.0	28.0
1979	1161	838	540	298	323	204	119	64.1	35.9	72.2	27.8
1980	1165	893	502	391	272	133	139	54.5	45.5	76.7	23.3
1981	1106	778	393	385	328	125	203	46.8	53.2	70.3	29.7
1982	1236	969	487	482	267	87	180	46.4	53.6	78.4	81.6
1983	1421	1125	586	539	296	160	136	52.5	47.5	79.2	20.8
1984	1796	1453	829	624	343	227	116	58.8	41.2	80.9	19.1
1985	2628	1883	1156	727	745	484	261	62.4	37.6	71.7	28.3
1986	2944	2196	1350	846	748	537	211	64.1	35.9	74.6	25.4
1987	3298	2718	1690	1028	580	457	123	65.1	34.9	82.4	17.6
1988	4231	3360	2012	1348	871	708	163	64.3	35.7	79.4	20.6
1989	4591	2835	1701	1134	1756	1386	370	67.2	32.8	61.8	38.2
1990	4720	3008	1685	1323	1712	1203	509	61.2	38.8	63.7	36.3
1991	5345	3768	2176	1596	1577	1084	493	60.9	39.1	70.5	29.5
1992	6822	5639	4182	1457	1183	810	373	73.2	26.8	82.7	17.3
“一五”时期合计	998	622	409	213	376	158	218	56.8	43.2	62.3	37.7
“二五”时期合计	1732	1295	1085	210	437	416	21	86.7	13.3	74.8	25.2
1963—1965年合计	811	589	428	161	222	107	115	66.0	34.0	72.6	27.4
“三五”时期合计	2047	1372	1038	334	675	486	189	74.5	25.5	67.0	33.0
“四五”时期合计	3644	2650	2006	644	994	739	255	75.3	24.7	72.7	27.3
“五五”时期合计	4993	3782	2565	1217	1211	778	433	67.0	33.0	75.7	24.3
“六五”时期合计	8187	6208	3451	2757	1979	1083	896	55.4	44.6	75.8	24.2
“七五”时期合计	19784	14117	8438	5679	5667	4291	1376	64.3	35.7	71.4	28.6

注：本表按当年价格计算。

11. 社会总产值

单位：亿元

年份	社会总产值	农业	工业	建筑业	运输业	商业
1952	1015	461	349	57	35	113
1953	1241	510	450	85	42	154
1954	1346	535	515	82	48	166
1955	1415	575	534	86	50	170
1956	1639	610	642	146	56	185
1957	1606	537	704	118	60	187
1958	2138	566	1083	202	90	197
1959	2548	497	1483	235	121	212
1960	2679	457	1637	248	131	206
1961	1978	559	1062	90	76	191
1962	1800	584	920	74	62	160
1963	1956	642	993	97	66	158
1964	2268	720	1164	151	72	161
1965	2695	833	1402	177	91	192
1966	3062	910	1624	197	102	229
1967	2774	924	1382	155	86	227
1968	2648	928	1285	132	83	220
1969	3184	948	1665	222	99	250
1970	3800	1021	2117	217	117	274
1971	4203	1068	2414	311	128	282
1972	4396	1075	2565	323	136	297
1973	4776	1173	2794	335	144	330
1974	4859	1215	2792	376	142	334
1975	5379	1260	3207	437	160	315
1976	5433	1258	3278	435	155	307
1977	6003	1253	3725	462	179	384
1978	6846	1397	4237	569	205	438
1979	7642	1698	4681	645	209	409
1980	8534	1923	5154	767	250	440
1981	9075	2181	5400	747	257	490
1982	9966	2483	5811	912	286	474
1983	11131	2750	6461	1053	318	549
1984	13171	3214	7617	1263	388	689
1985	16582	3619	9716	1656	488	1103
1986	19045	4013	11194	2038	598	1202
1987	23034	4676	13813	2431	702	1412
1988	29807	5865	18224	2967	837	1914
1989	34519	6535	22017	2834	990	2143
1990	38035	7662	23924	3043	1535	1871
1991	44142	8157	28248	3629	1674	2434
1992	55842	9085	37066	5196	1805	2690

注：本表按当年价格计算。

12. 社会总产值部门构成

（以社会总产值为100）

年份	农业	工业	建筑业	运输业	商业
1952	45.42	34.38	5.62	3.45	11.13
1953	41.10	36.26	6.85	3.38	12.41
1954	39.75	38.26	6.09	3.57	12.33
1955	40.64	37.74	6.08	3.53	12.01
1956	37.22	39.17	8.91	3.42	11.29
1957	33.44	43.84	7.35	3.74	11.64
1958	26.47	50.65	9.45	4.21	9.21
1959	19.51	58.20	9.22	4.75	8.32
1960	17.06	61.10	9.26	4.89	7.69
1961	28.26	53.69	4.55	3.84	9.66
1962	32.44	51.11	4.11	3.44	8.89
1963	32.82	50.77	4.96	3.37	8.08
1964	31.75	51.32	6.66	3.17	7.10
1965	30.91	52.02	6.57	3.38	7.12
1966	29.72	53.04	6.43	3.33	7.48
1967	33.31	49.82	5.59	3.10	8.18
1968	35.05	48.53	4.98	3.13	8.31
1969	29.77	52.29	6.97	3.11	7.85
1970	26.87	55.71	7.13	3.08	7.21
1971	25.41	57.44	7.40	3.05	6.71
1972	24.45	58.35	7.35	3.09	6.76
1973	24.56	58.50	7.01	3.02	6.91
1974	25.01	57.46	7.74	2.92	6.87
1975	23.42	59.62	8.12	2.97	5.86
1976	23.15	60.33	8.01	2.85	5.65
1977	20.87	62.05	7.70	2.98	6.40
1978	20.41	61.89	8.31	2.99	6.40
1979	22.22	61.25	8.44	2.73	5.35
1980	22.53	60.93	8.99	2.93	5.16
1981	24.03	59.50	8.23	2.83	5.40
1982	24.91	58.31	9.15	2.87	4.76
1983	24.71	58.05	9.46	2.86	4.93
1984	24.40	57.83	9.59	2.95	5.23
1985	21.82	58.59	9.99	2.94	6.65
1986	21.07	58.78	10.70	3.14	6.31
1987	20.30	59.97	10.55	3.05	6.13
1988	19.68	61.14	9.95	2.81	6.42
1989	18.93	63.78	8.21	2.87	6.21
1990	20.14	62.90	8.00	4.04	4.92
1991	18.48	63.99	8.22	3.79	5.51
1992	16.27	66.38	9.30	3.23	4.82

注：本表按当年价格计算。

13.1992年分地区社会总产值(按当年价格计算)

单位:亿元

地区	总计	一、农业	二、工业	三、建筑业	四、运输邮电业	其中:邮电业	五、商业饮食业	其中:外贸
全国	56,051.87	9,085.07	37,019.63	4,894.69	1,922.51	240.36	3,129.97	125.32
北京	1,481.02	84.52	1,085.37	157.74	55.12	12.30	98.27	8.16
天津	1,332.79	62.16	997.91	80.78	74.83	4.37	117.11	9.88
河北	2,578.77	419.82	1,733.60	194.44	96.85	9.60	134.06	4.04
山西	1,100.35	131.43	744.11	99.04	58.25	4.68	67.52	0.89
内蒙古	744.23	180.27	363.72	104.39	55.68	3.28	40.17	0.30
辽宁	3,216.29	340.75	2,337.85	268.98	127.88	12.35	140.83	8.01
吉林	1,168.58	204.39	767.81	98.09	33.48	5.92	64.81	0.49
黑龙江	1,725.68	285.20	1,103.10	187.92	56.84	6.86	92.62	0.79
上海	2,999.93	80.01	2,429.96	165.68	144.34	14.19	179.94	41.11
江苏	6,069.70	673.82	4,673.57	373.02	143.55	12.80	205.74	3.07
浙江	3,345.45	404.79	2,447.62	249.33	73.78	11.97	169.93	0.44
安徽	1,703.51	390.05	995.81	168.82	42.39	5.40	106.44	6.72
福建	1,504.62	300.72	915.51	137.94	60.65	11.27	89.80	9.54
江西	1,145.21	298.35	646.19	91.63	42.30	5.09	66.74	3.91
山东	5,141.17	840.71	3,553.72	377.38	149.57	12.88	219.79	7.50
河南	2,667.68	573.65	1,628.63	241.15	84.86	8.21	139.39	0.14
湖北	2,143.19	435.42	1,373.66	149.34	63.16	8.10	121.61	5.22
湖南	1,862.99	471.22	1,006.79	177.26	78.03	7.82	129.69	6.76
广东	5,340.43	737.11	3,479.39	601.61	169.27	43.36	353.05	35.88
广西	1,111.60	333.12	582.81	88.51	37.22	4.99	69.94	1.82
海南	250.32	87.16	75.54	59.03	10.19	2.82	18.40	0.80
四川	3,222.07	744.79	1,849.82	336.30	92.50	10.54	198.66	2.10
贵州	585.10	176.72	301.49	50.47	23.07	1.59	33.35	0.12
云南	912.33	250.35	477.07	100.57	23.20	4.96	61.14	1.18
西藏	49.48	22.45	4.97	11.00	2.53	0.28	8.53	1.89
陕西	1,000.11	205.34	599.54	99.73	47.76	5.17	47.74	2.83
甘肃	653.29	122.70	369.27	53.99	30.20	2.47	77.13	0.95
青海	141.91	27.26	68.22	26.85	6.20	1.26	13.38	0.70
宁夏	158.65	28.37	89.36	23.69	7.82	0.84	9.41	0.05
新疆	695.42	172.42	317.22	120.01	30.99	4.99	54.78	1.59

14. 社会商品零售总额

（按用途和对象、城乡分）

单位：亿元

年份	社会商品零售总额	按用途和对象分				按城乡分	
		消费品	售给居民	售给社会集团	农业生产资料	城镇	乡村
1952	276.8	262.7	237.9	24.8	14.1	125.6	151.2
1953	348.0	328.8	294.0	34.8	19.2	168.2	179.8
1954	381.1	356.1	317.5	38.6	25.0	178.6	202.5
1955	392.2	364.0	325.1	38.9	28.2	183.2	209.0
1956	461.0	424.0	371.0	53.0	37.0	227.0	234.0
1957	474.2	441.6	395.3	46.3	32.6	238.4	235.8
1958	548.0	481.2	425.2	56.0	66.8	255.9	292.1
1959	638.0	556.5	488.0	68.5	81.5	322.8	315.2
1960	696.9	595.4	513.6	81.8	101.5	370.1	326.8
1961	607.7	537.7	483.7	54.0	70.0	351.1	256.6
1962	604.0	543.7	500.4	43.3	60.3	318.5	285.5
1963	604.5	544.8	501.6	43.2	59.7	304.9	299.6
1964	638.2	572.7	522.4	50.3	65.5	323.0	315.2
1965	670.3	590.1	537.1	53.0	80.2	338.9	331.4
1966	732.8	632.8	574.8	58.0	100.0	362.8	370.0
1967	770.5	679.1	615.6	63.5	91.4	382.0	388.5
1968	737.3	649.2	595.0	54.2	88.1	373.2	364.1
1969	801.5	698.2	634.2	64.0	103.3	393.5	408.0
1970	858.0	728.8	666.7	62.1	129.2	400.0	458.0
1971	929.2	776.9	692.7	84.2	152.3	436.7	492.5
1972	1023.3	853.5	754.8	98.7	169.8	495.6	527.7
1973	1106.7	917.7	810.1	107.6	189.0	531.3	575.4
1974	1163.6	967.4	859.2	108.2	196.2	560.2	603.4
1975	1271.1	1046.4	922.8	123.6	224.7	606.9	664.2
1976	1339.4	1099.0	965.9	133.1	240.4	645.4	694.0
1977	1432.8	1174.3	1036.6	137.7	258.5	687.9	744.9
1978	1558.6	1264.9	1121.2	143.7	293.7	748.2	810.4
1979	1800.0	1476.0	1311.7	164.3	324.0	815.2	984.8
1980	2140.0	1794.0	1608.0	186.0	346.0	950.3	1189.7
1981	2350.0	2002.5	1798.5	204.0	347.5	1026.0	1324.0
1982	2570.0	2181.5	1956.1	225.4	388.5	1090.0	1480.0
1983	2849.4	2426.1	2169.5	256.6	423.3	1179.4	1670.0
1984	3376.4	2899.2	2574.5	324.7	477.2	1377.1	1999.3
1985	4305.0	3801.4	3391.4	410.0	503.6	1788.0	2517.0
1986	4950.0	4374.0	3912.0	462.0	576.0	2094.0	2856.0
1987	5820.0	5115.0	4562.0	553.0	705.0	2470.0	3350.0
1988	7440.0	6534.6	5869.6	665.0	905.4	3217.6	4222.4
1989	8101.4	7074.2	6376.4	697.8	1027.2	3533.9	4567.5
1990	8300.1	7250.3	6509.1	741.2	1049.8	3735.0	4565.1
1991	9415.6	8245.7	7358.5	887.2	1169.9	4371.2	5044.4
1992	10933.7	9704.8	8621.3	1083.5	1288.9	5286.5	5707.2

15. 社会商品购买力来源、分配及构成

指　　标	绝　对　额　（亿元）				
	1988 年	1989 年	1990 年	1991 年	1992 年
一、货币收入总额	**9603.0**	**10817.6**	**11904.4**	**13615.5**	**17530.1**
1. 国有单位职工工资	1807.0	2050.3	2324.1	2594.9	3090.4
2. 城镇集体单位职工工资	487.6	534.4	581.0	658.6	743.2
3. 各种合营单位职工工资	21.5	33.9	46.0	7.4	105.6
4. 城镇个体劳动者净货币收入	220.0	264.0	301.0	367.2	495.7
5. 其他职业者收入	81.1	98.2	118.4	32.2	158.0
6. 农民从集体统一经营中得到的收入	555.0	635.8	668.8	759.1	977.2
7. 农民从经济联合体得到的收入	31.0	29.8	21.9	19.7	21.2
8. 农民出售农副产品的收入	2860.0	3230.2	3524.0	3940.3	4264.0
9. 农民从事工业和手工业的净货币收入	145.0	142.0	125.5	120.5	122.7
10. 农民劳务净收入	835.0	915.2	906.0	953.1	1250.5
11. 居民从国家财政得到的收入	122.0	135.5	147.5	187.6	199.5
12. 银行和信用社农贷净增加额	4.2	43.7	112.6	129.6	137.4
13. 居民其他货币收入	1672.3	1961.5	2224.3	2706.9	4769.8
14. 外宾购买消费品的货币	33.3	17.6	37.1	53.1	71.1
15. 社会集团购买公用消费品的货币	665.0	697.8	741.2	887.2	1083.5
16. 村(队)购买农业生产资料的货币	26.0	27.7	25.0	35.1	40.3
二、货币支出总额	**8343.0**	**9327.0**	**9766.4**	**11117.8**	**14198.4**
1. 购买商品支出	7440.0	8101.4	8300.1	9415.6	10993.7
2. 居民文化生活服务支出	416.0	519.7	629.7	746.7	1030.7
3. 居民向国家缴纳的各种税金	62.3	84.0	93.8	96.9	119.0
4. 银行和信用社农贷净减少额					
5. 居民其他货币支出	424.7	621.9	742.8	858.6	2055.0
三、年末结余购买力总额	**5494.6**	**6985.2**	**9123.2**	**11620.9**	**14952.6**
1. 居民储蓄存款	3801.5	5135.0	7034.0	9110.3	11544.7
2. 居民手存现金	1693.1	1850.2	2089.2	2510.6	3407.9

续 15

指　　标	构　成　(%)				
	1988 年	1989 年	1990 年	1991 年	1992 年
一、货币收入总额	**100.0**	**100.0**	**100.0**	**100.0**	**100.0**
1. 国有单位职工工资	18.8	19.0	19.5	19.1	17.7
2. 城镇集体单位职工工资	5.1	4.9	4.9	4.8	4.2
3. 各种合营单位职工工资	0.2	0.3	0.4	0.5	0.6
4. 城镇个体劳动者净货币收入	2.3	2.4	2.5	2.7	2.8
5. 其他职业者收入	0.8	0.9	1.0	1.0	0.9
6. 农民从集体统一经营中得到的收入	5.8	5.9	5.6	5.6	5.6
7. 农民从经济联合体得到的收入	0.3	0.3	0.2	0.1	0.1
8. 农民出售农副产品的收入	29.8	29.9	29.6	28.9	24.4
9. 农民从事工业和手工业的净货币收入	1.5	1.3	1.1	0.9	0.7
10. 农民劳务净收入	8.7	8.5	7.6	7.0	7.1
11. 居民从国家财政得到的收入	1.3	1.3	1.2	1.4	1.1
12. 银行和信用社农贷净增加额	0.4	0.4	0.9	1.0	0.8
13. 居民其他货币收入	17.4	18.1	18.7	19.9	27.2
14. 外宾购买消费品的货币	0.3	0.2	0.3	0.4	0.4
15. 社会集团购买公用消费品的货币	6.9	6.5	6.2	6.5	6.2
16. 村(队)购买农业生产资料的货币	0.3	0.3	0.2	0.3	0.2
二、货币支出总额	**100.0**	**100.0**	**100.0**	**100.0**	**100.0**
1. 购买商品支出	89.2	86.9	85.0	84.7	77.4
2. 居民文化生活服务支出	5.0	5.6	6.4	6.7	7.3
3. 居民向国家缴纳的各种税金	0.7	0.9	1.0	0.9	0.8
4. 银行和信用社农贷净减少额					
5. 居民其他货币支出	5.1	6.7	7.6	7.7	14.5
三、年末结余购买力总额	**100.0**	**100.0**	**100.0**	**100.0**	**100.0**
1. 居民储蓄存款	69.2	73.5	77.1	78.4	77.2
2. 居民手存现金	30.8	26.5	22.9	21.6	22.8

注:1988 年—1992 年有关农村收支指标只包括农民生产、消费性收支,不包括村(队)生产性收支,与 1985 年以前数字不可比。

16. 各种物价总指数(Ⅰ)

(1950年＝100)

年份	全国零售物价总指数	城镇居民生活费用价格总指数	农副产品收购价格总指数	农村工业品零售价格总指数	工农业商品综合比价指数(以农副产品收购价格总指数为100)
1951	112.2	112.5	119.6	110.2	92.1
1952	111.8	115.5	121.6	109.7	90.2
1953	115.6	121.4	132.5	108.2	81.7
1954	118.3	123.1	136.7	110.3	80.7
1955	119.5	123.5	135.1	111.9	82.8
1956	119.5	123.4	139.2	110.8	79.6
1957	121.3	126.6	146.2	112.1	76.7
1958	121.6	125.2	149.4	111.4	77.6
1959	122.7	125.6	152.1	112.4	73.9
1960	126.5	128.8	157.4	115.5	73.4
1961	147.0	149.6	201.4	121.2	60.2
1962	152.6	155.3	200.1	126.6	63.3
1963	143.6	146.1	194.4	125.3	64.5
1964	138.3	140.7	189.5	122.9	64.9
1965	134.6	139.0	187.9	118.4	63.0
1966	134.2	137.3	195.8	115.0	58.7
1967	133.2	136.4	195.5	114.1	58.4
1968	133.3	136.5	195.2	113.8	58.3
1969	131.8	137.8	194.9	112.1	57.5
1970	131.5	137.8	195.1	111.9	57.4
1971	130.5	137.7	198.3	110.2	55.6
1972	130.2	137.9	201.1	109.6	54.5
1973	131.0	138.0	202.8	109.6	54.0
1974	131.7	138.9	204.5	109.6	53.6
1975	131.9	139.5	208.7	109.6	52.5
1976	132.3	139.9	209.7	109.7	52.3
1977	135.0	143.7	209.2	109.8	52.5
1978	135.9	144.7	217.4	109.8	50.5
1979	138.6	147.4	265.5	109.9	41.4
1980	146.9	158.5	284.4	110.8	39.0
1981	150.4	162.5	301.2	111.9	37.2
1982	153.3	165.8	307.8	113.7	36.9
1983	155.6	169.1	321.3	114.8	35.7
1984	160.0	173.7	334.2	118.4	35.4
1985	174.1	194.4	362.9	122.2	33.7
1986	184.5	208.0	386.1	126.1	32.7
1987	198.0	226.3	432.4	132.2	30.6
1988	234.6	273.1	531.9	152.3	28.6
1989	276.4	317.6	611.7	180.8	29.6
1990	282.2	321.7	595.8	189.1	31.7
1991	290.4	338.1	583.9	194.8	33.4
1992	306.1	367.2	603.8	200.8	33.3

17. 各种物价总指数(II)

(上年=100)

年份	全国零售物价总指数	居民生活费用价格总指数	城镇居民生活费用价格总指数	农民生活费用价格总指数	农副产品收购价格总指数	农村工业品零售价格总指数	工农业商品综合比价指数(以农副产品收购价格总指数为100)
1951	112.2		112.5		119.6	110.2	92.1
1952	99.6		102.7		101.7	99.5	97.8
1953	103.4		105.1		109.0	98.6	90.5
1954	102.3		101.4		103.2	101.9	98.7
1955	101.0		100.3		98.8	101.5	102.7
1956	100.0		99.9		103.0	99.0	96.1
1957	101.5		102.6		105.0	101.2	96.4
1958	100.2		98.9		102.2	99.4	97.3
1959	100.9		100.3		101.8	100.9	99.1
1960	103.1		102.5		103.5	102.8	99.3
1961	116.2		116.1		128.0	104.9	82.0
1962	103.8		103.8		99.4	104.5	105.1
1963	94.1		94.1		97.2	99.0	101.9
1964	96.3		96.3		97.5	98.1	100.6
1965	97.3		98.8		99.2	96.3	97.1
1966	99.7		98.8		104.2	97.1	93.2
1967	99.3		99.4		99.9	99.2	99.3
1968	100.1		100.1		99.8	99.7	99.9
1969	98.9		101.0		99.8	98.5	98.7
1970	99.8		100.0		100.1	99.8	99.7
1971	99.3		99.9		101.6	98.5	96.9
1972	99.8		100.2		101.4	99.5	98.1
1973	100.6		100.1		100.8	100.0	99.2
1974	100.5		100.7		100.8	100.0	99.2
1975	100.2		100.4		102.1	100.0	97.9
1976	100.3		100.3		100.5	100.1	99.6
1977	102.0		102.7		99.8	100.1	100.3
1978	100.7		100.7		103.9	100.0	96.2
1979	102.0		101.9		122.1	100.1	82.0
1980	106.0		107.5		107.1	100.8	94.1
1981	102.4		102.5		105.9	101.0	95.4
1982	101.9		102.0		102.2	101.6	99.4
1983	101.5		102.0		104.4	101.0	96.7
1984	102.8		102.7		104.0	103.1	99.1
1985	108.8	109.3	111.9	107.6	108.6	103.2	95.0
1986	106.0	106.5	107.0	106.1	106.4	103.2	97.0
1987	107.3	107.3	108.8	106.2	112.0	104.8	93.6
1988	118.5	118.8	120.7	117.5	123.0	115.2	93.7
1989	117.8	118.0	116.3	119.3	115.0	118.7	103.2
1990	102.1	103.1	101.3	104.5	97.4	104.6	107.4
1991	102.9	103.4	105.1	102.3	98.0	103.0	105.1
1992	105.4	106.4	108.6	104.7	103.4	103.1	99.7

注:本表零售物价总指数,居民生活费用价格总指数是包括牌价、议价和市价的指数。农副产品收购价格总指数是包括牌价、议价和超购加价(1985年起为合同订购价、比例价和议价等市场收购价)的指数(下同)。

18. 国家财政收支总额及宏观分析指标

年　份	财政收入(亿元)		财政支出(亿元)	收支差额(亿元)	财政收入占国民收入%	收支差额占财政支出%
	总收入	国内收入				
1950	65.19	65.19	68.08	－2.89		－4.2
1951	133.14	124.97	122.49	10.65		8.7
1952	183.72	173.94	175.99	7.73	29.5	4.4
1953	222.86	213.24	220.12	2.74	30.1	1.2
1954	262.37	253.53	246.32	16.05	33.9	6.5
1955	272.03	255.46	269.29	2.74	32.4	1.0
1956	287.43	286.26	305.74	－18.31	32.5	－6.0
1957	310.19	310.04	304.21	5.98	34.1	2.0
1958	387.60	387.60	409.40	－21.80	34.7	－5.3
1959	487.12	487.12	552.86	－65.74	39.9	－11.9
1960	572.29	572.29	654.14	－81.85	46.9	－12.5
1961	356.06	356.06	367.02	－10.96	35.7	－3.0
1962	313.55	313.55	305.25	8.30	33.9	2.7
1963	342.25	342.25	339.63	2.62	34.2	0.8
1964	399.54	399.54	399.02	0.52	34.3	0.1
1965	473.32	473.32	466.33	6.99	34.1	1.5
1966	558.71	558.71	541.56	17.15	35.2	3.2
1967	419.36	419.36	441.85	－22.49	28.2	－5.1
1968	361.25	361.25	359.84	1.41	25.5	0.4
1969	526.76	526.76	525.86	0.90	32.6	0.2
1970	662.90	662.90	649.41	13.49	34.4	2.1
1971	744.73	744.73	732.17	12.56	35.9	1.7
1972	766.56	766.56	766.36	0.20	35.9	0.0
1973	809.67	809.67	809.28	0.39	34.9	0.0
1974	783.14	783.14	790.75	－7.61	33.4	－1.0
1975	815.61	815.61	820.88	－5.27	32.6	－0.6
1976	776.58	776.58	806.20	－29.62	32.0	－3.7
1977	874.46	874.46	843.53	30.93	33.1	3.7
1978	1121.12	1121.12	1110.95	10.17	37.2	0.9
1979	1103.27	1067.96	1273.94	－170.67	31.9	－13.4
1980	1085.23	1042.22	1212.73	－127.50	28.3	－10.5
1981	1089.46	1016.38	1114.97	－25.51	25.8	－2.3
1982	1123.97	1083.94	1153.31	－29.34	25.5	－2.5
1983	1248.99	1211.16	1292.45	－43.46	25.6	－3.4
1984	1501.86	1467.05	1546.40	－44.54	26.0	－2.9
1985	1866.40	1837.16	1844.78	21.62	26.2	1.2
1986	2260.26	2184.52	2330.81	－70.55	27.8	－3.0
1987	2368.90	2262.42	2448.49	－79.59	24.3	－3.3
1988	2628.02	2489.41	2706.57	－78.55	21.2	－2.9
1989	2947.87	2803.81	3040.20	－92.33	21.3	－3.0
1990	3312.55	3134.34	3452.20	－139.65	21.8	－4.0
1991	3610.88	3430.75	3813.55	－202.76	20.7	－5.3
1992	4153.05	3944.14	4389.68	－236.63	19.9	－5.4

注:财政收入占国民收入比重中的财政收入未作口径调整。

19. 国家财政分项目收入

单位:亿元

年 份	收入合计	各项税收	企业收入	企业亏损补贴	能源交通重点建设基金收入	预算调节基金收入	债务收入	其他收入
1950	65.19	48.98	8.69				3.02	4.50
1951	133.14	81.13	30.54				8.18	13.29
1952	183.72	97.69	57.27				9.78	18.98
1953	222.86	119.67	76.69				9.62	16.88
1954	262.37	132.18	99.61				17.20	13.38
1955	272.03	127.45	111.94				22.76	9.88
1956	287.43	140.88	134.26				7.24	5.05
1957	310.19	154.89	144.18				6.99	4.13
1958	387.60	187.36	189.19				7.89	3.07
1959	487.12	204.71	279.10					3.31
1960	572.29	203.65	365.84					2.80
1961	356.06	158.76	191.31					5.99
1962	313.55	162.07	146.22					5.26
1963	342.25	164.31	172.68					5.26
1964	399.54	182.00	212.93					4.61
1965	473.32	204.30	264.27					4.75
1966	558.71	221.96	333.32					3.43
1967	419.36	196.63	218.47					4.26
1968	361.25	191.56	166.73					2.96
1969	526.76	235.44	286.74					4.58
1970	662.90	281.20	378.97					2.73
1971	744.73	312.56	428.40					3.77
1972	766.56	317.02	445.69					3.85
1973	809.67	348.95	457.02					3.70
1974	783.14	360.40	407.26					15.48
1975	815.61	402.77	400.20					12.64
1976	776.58	407.96	338.06					30.56
1977	874.46	468.27	402.35					3.84
1978	1121.12	519.28	571.99					29.85
1979	1103.27	537.82	492.90				35.31	37.24
1980	1085.23	571.70	435.24				43.01	35.28
1981	1089.46	629.89	353.68				73.08	32.81
1982	1123.97	700.02	296.47				83.86	43.62
1983	1248.99	775.59	240.52		93.00		79.41	60.47
1984	1501.86	947.35	276.77		122.45		77.34	77.95
1985	1866.40	2040.79	43.75	−507.02	146.79		89.85	52.24
1986	2260.26	2090.73	42.04	−324.78	157.07		138.25	156.95
1987	2368.90	2140.36	42.86	−376.43	180.18		169.55	212.38
1988	2628.02	2390.47	51.12	−446.46	185.93		270.78	176.18
1989	2947.87	2727.40	63.60	−598.88	202.18	91.19	282.97	179.41
1990	3312.55	2821.86	78.30	−578.88	185.08	131.21	375.45	299.53
1991	3610.88	2990.17	74.69	−510.24	188.22	138.53	461.40	268.11
1992	4153.05	3121.55	59.97	−444.96	157.11	117.47	669.68	472.32

注:企业亏损补贴包括按规定从预算收入中退库拨补的工业企业、农垦农牧水产企业、商业企业、粮食企业、文教卫生企业等的亏损补贴。

20. 各省、自治区、直辖市财政收入

单位:亿元

地区	1987年	1988年	1989年	1990年	1991年	1992年	1988—1992年平均增长(%)
北京	63.61	68.11	72.40	76.19	89.77	81.65	5.1
天津	55.87	44.81	46.49	44.88	58.09	63.05	2.4
河北	57.62	64.78	76.12	81.15	99.30	99.67	11.6
山西	33.61	41.07	50.58	53.75	72.76	57.98	11.5
内蒙古	19.43	24.13	28.67	32.98	39.40	39.08	15.0
辽宁	108.00	115.88	133.88	129.28	161.54	151.57	7.0
吉林	37.52	43.32	49.40	50.68	62.46	56.99	8.7
黑龙江	53.76	62.58	72.32	76.58	94.74	84.55	9.5
上海	165.13	146.76	152.66	157.72	191.88	176	1.3
江苏	107.17	117.96	126.39	136.20	143.29	152.31	7.3
浙江	76.36	85.55	98.21	101.59	121.26	118.36	9.2
安徽	38.84	43.55	52.42	54.50	54.23	55.14	7.3
福建	33.16	40.16	53.01	57.06	69.70	75.35	17.8
江西	28.21	32.29	37.49	40.62	50.55	49.39	11.9
山东	72.79	86.43	100.94	109.11	142.97	139.22	13.9
河南	63.15	70.98	80.97	85.97	104.73	104.03	10.5
湖北	65.35	69.02	77.27	77.85	95.09	94.14	7.6
湖南	54.38	56.54	70.80	72.35	96.13	92.78	11.3
广东	95.88	107.57	136.87	131.02	192.09	222.64	18.4
广西	30.54	33.89	41.89	47.61	61.47	61.2	14.9
海南		4.82	6.25	7.39	10.01	14.97	32.8
四川	75.86	91.55	114.83	119.82	148.35	141.36	13.3
贵州	21.54	25.96	32.14	36.08	45.62	47.28	17.0
云南	37.49	50.53	63.27	77.43	99.78	109.32	23.9
西藏	—0.04	0.02	0.14	0.18	0.64	1.09	
陕西	28.18	33.88	42.42	44.40	54.17	50.95	12.6
甘肃	22.58	24.98	31.52	34.21	39.98	39.73	12.0
青海	4.01	5.07	6.69	7.24	8.79	8.16	15.3
宁夏	4.11	5.07	6.33	6.73	8.30	7.73	13.5
新疆	11.58	15.46	19.46	21.78	26.47	26.07	17.6

注:(1)表列数字为负责组织征收的收入,收入中未包括调入资金数。

(2)计算各省、自治区、直辖市1988—1992年财政收入平均增长速度时,没有剔除不可比因素。

21．国家财政主要支出项目

单位：亿元

年份	基本建设支出	增拨流动资金	挖潜改造资金和科技三项费用	地质勘探费	工、交、商业部门事业费	支援农业生产支出和各项农业事业费	文教、科学卫生事业费	抚恤和社会福利救济费	国防费	行政管理费	债务支出	价格补贴支出
1950	12.50						5.02		28.01		0.03	
1951	27.03						10.56		52.64		0.42	
1952	46.68	18.56					13.47	2.95	57.84	14.54	3.92	
1953	70.34	13.78		0.68	6.39	2.99	19.03	3.62	75.38	17.53	0.91	
1954	84.28	26.30	1.82	0.75	6.91	3.98	19.70	6.04	58.13	18.26	2.21	
1955	88.53	30.81	3.09	3.66	10.08	5.82	19.82	4.94	65.00	18.73	6.56	
1956	139.58	10.79	2.48	5.17	10.80	7.70	23.90	5.67	61.17	24.16	7.22	
1957	123.71	20.82	2.29	6.27	12.36	7.99	27.76	5.29	55.11	21.68	8.26	
1958	229.38	25.66	0.83	6.90	16.25	9.34	28.64	3.22	50.00	21.56	9.04	
1959	302.34	54.28	2.20	8.96	14.98	22.05	36.47	4.41	58.00	26.62	9.69	
1960	354.45	67.47	2.55	10.25	19.58	33.73	50.46	7.94	58.00	27.98	10.46	
1961	110.18	29.39	2.67	6.47	13.54	31.01	41.23	10.09	50.00	26.76	10.93	
1962	55.65	47.78	14.65	4.79	10.29	19.29	36.74	8.14	56.94	21.72	10.37	
1963	80.21	36.65	18.28	4.68	7.89	22.19	37.96	10.15	66.42	23.50	7.58	
1964	123.83	23.35	20.86	6.43	12.71	20.92	43.34	17.04	72.86	25.17	5.23	
1965	158.49	27.55	25.23	7.71	15.91	17.29	45.59	10.94	86.76	25.34	6.36	
1966	191.04	40.28	27.54	7.95	16.40	19.11	51.68	9.21	101.01	25.90	3.91	
1967	161.25	29.10	10.32	7.71	12.01	16.12	48.56	8.16	83.02	22.80	2.01	
1968	117.85	12.03	5.66	6.35	6.80	12.89	40.96	5.61	94.09	22.91	2.00	
1969	206.22	26.61	10.74	8.07	6.37	14.87	40.97	6.67	126.18	24.78		
1970	298.36	31.23	14.78	8.76	6.58	15.91	43.65	6.53	145.26	25.27		
1971	309.56	35.30	26.40	10.30	6.49	19.65	52.31	6.83	169.47	30.89		

续表 21

年份	基本建设支出	增拨流动资金	挖潜改造资金和科技三项费用	地质勘探费	工、交、商业部门事业费	支援农业生产支出和各项农业事业费	文教、科学卫生事业费	抚恤和社会福利救济费	国防费	行政管理费	债务支出	价格补贴支出
1972	309.09	42.95	25.46	11.29	7.55	25.10	62.01	8.15	159.39	34.63	0.50	
1973	317.17	53.82	25.49	12.20	8.90	35.49	69.88	9.97	145.39	35.58	0.50	
1974	312.83	44.76	27.20	13.09	10.09	38.23	76.49	9.16	133.39	36.92	0.50	
1975	326.96	41.84	31.47	14.16	12.76	42.53	81.29	12.88	142.46	38.83		
1976	311.25	45.36	34.34	15.96	13.12	46.01	85.49	24.07	134.45	41.01		
1977	300.88	65.68	39.45	17.26	14.43	50.68	90.20	18.76	149.04	43.32		
1978	451.92	66.60	63.24	20.15	17.79	76.95	112.66	18.91	167.84	49.09		
1979	514.69	52.06	72.02	21.67	21.04	90.11	132.12	22.11	222.66	56.87		
1980	419.39	36.71	80.45	22.57	22.85	82.12	156.26	20.31	193.84	66.79	28.58	
1981	330.63	22.84	65.30	21.85	23.68	73.68	171.36	21.72	167.97	70.88	62.89	
1982	309.15	23.63	69.02	23.05	23.83	79.88	196.96	21.43	176.35	81.60	55.52	
1983	382.81	12.89	78.71	23.60	27.88	86.66	223.54	24.04	177.13	102.20	42.47	
1984	488.93	9.96	111.77	26.22	30.66	95.93	263.17	25.16	180.76	125.23	28.91	
1985	583.80	14.30	103.42	29.58	35.16	101.04	316.70	31.15	191.53	130.58	39.56	
1986	671.82	9.94	129.85	30.60	36.56	124.30	379.93	35.58	200.75	168.03	50.16	257.48
1987	628.12	12.06	124.93	30.29	33.13	134.16	402.75	37.40	209.62	179.33	79.83	294.60
1988	633.37	9.59	151.01	32.51	38.95	158.74	486.10	41.77	218.00	220.89	76.75	316.82
1989	625.76	12.09	146.30	33.16	45.01	197.12	553.33	49.60	251.47	261.86	72.36	373.55
1990	725.60	10.90	153.91	36.19	46.93	221.76	617.29	55.04	290.31	303.10	190.40	380.80
1991	739.75	13.08	180.81	38.34	52.41	243.55	708.00	67.32	330.31	343.60	246.80	373.77
1992	764.81	10.63	223.62	44.07	64.58	269.04	792.96	66.45	377.86	424.58	438.57	321.64

22. 各省、自治区、直辖市财政支出

单位：亿元

地区	1987年	1988年	1989年	1990年	1991年	1992年	1988—1992年平均增长(%)
北京	49.67	52.93	60.85	68.70	80.73	72.80	7.9
天津	31.16	34.99	39.26	40.20	47.47	46.52	8.3
河北	53.33	67.52	77.30	87.29	97.30	99.69	13.3
山西	41.95	45.51	53.12	56.90	76.89	64.29	8.9
内蒙古	45.56	51.01	55.81	60.90	66.62	72.07	9.6
辽宁	80.37	95.18	114.29	122.24	151.45	148.51	13.1
吉林	53.23	61.26	67.14	71.67	79.12	80.02	8.5
黑龙江	66.00	74.05	85.36	92.71	110.07	102.46	9.2
上海	50.15	64.62	73.10	75.69	101.52	85.53	11.3
江苏	68.00	81.45	92.25	100.97	128.18	125.86	13.1
浙江	51.24	63.13	74.77	80.23	97.32	95.31	13.2
安徽	44.53	47.81	55.25	61.57	84.97	74.11	10.7
福建	39.99	49.29	60.48	68.45	78.13	84.50	16.1
江西	37.79	42.35	48.71	50.76	64.68	68.38	12.6
山东	75.22	97.82	113.67	123.85	141.95	145.70	14.1
河南	65.26	76.22	87.67	91.92	108.32	116.49	12.3
湖北	60.98	68.67	79.97	84.82	99.53	98.97	10.2
湖南	55.93	64.89	76.16	82.36	101.84	99.10	12.1
广东	96.59	115.17	141.16	150.69	182.48	219.61	17.9
广西	47.70	53.27	58.22	65.77	75.89	78.48	10.5
海南		9.25	13.81	17.42	19.94	25.36	28.7
四川	87.76	103.10	127.18	142.71	162.86	159.86	12.7
贵州	31.60	36.14	45.89	48.58	55.88	60.63	13.9
云南	53.86	64.84	81.89	90.76	110.82	121.59	17.7
西藏	9.13	10.48	11.92	12.92	15.46	16.61	12.7
陕西	37.81	44.58	54.24	57.12	67.31	65.27	11.5
甘肃	31.36	36.38	41.26	45.94	51.32	53.48	11.3
青海	12.26	14.28	15.67	17.13	18.23	18.62	8.7
宁夏	11.84	13.82	14.66	14.96	17.20	15.86	6.0
新疆	33.69	38.91	42.01	47.82	52.53	56.09	10.7

注：计算各省、自治区、直辖市1988——1992年财政支出平均增长速度时，没有剔除不可比因素。

23. 各部门挖潜改造资金

单位:亿元

项　　　目	1987 年	1988 年	1989 年	1990 年	1991 年
合　　计	74.33	96.96	87.17	90.44	107.49
工业企业	41.33	50.41	43.93	50.67	63.65
建筑工程企业	0.33	0.07	0.05	0.29	0.11
交通运输部门	2.97	3.57	3.04	3.10	3.30
农林、水利、气象等部门	1.13	3.42	2.29	2.36	2.19
商业、粮食、外贸等部门	4.97	7.56	4.93	6.40	6.70
文教、科学、卫生部门	1.02	1.40	2.27	1.70	1.37
其他部门	22.58	30.53	30.66	25.92	30.17

24. 国家财政债务收入

单位:亿元

年　份	合　　计	国内债务	国外借款	国内其他债务
1950	3.02	3.02		
1951	8.18	0.01	5.94	2.68
1952	9.78		9.78	
1953	9.62		9.62	
1954	17.2	8.36	8.84	
1955	22.76	6.19	16.57	
1956	7.24	6.07	1.17	
1957	6.99	6.84	0.15	
1958	7.98	7.98		
1979	35.31		35.31	
1980	43.01		43.01	
1981	73.08		73.08	
1982	83.86	43.83	40.03	
1983	79.41	41.58	37.83	
1984	77.34	42.53	34.81	
1985	89.85	60.61	29.24	
1986	138.25	62.51	75.74	
1987	169.55	63.07	106.48	
1988	270.78	92.17	138.61	40.00
1989	282.97	56.07	144.06	82.84
1990	375.45	93.46	178.21	103.78
1991	461.40	199.30	180.13	81.97
1992	669.68	395.64	208.91	65.13

注:1. 1981 年国库券收入 48.66 亿元,弥补了 1980 年和 1981 年的预算赤字,未列入当年预算,因而 1981 年债务收入中不包括此项数字。1987 年由财政负责偿还的重点建设债券 54 亿元和 1989 年发行的保值公债 125 亿元未列入当年债务合计中。

2. 国内其他债务 1951 年为向银行借款,1988 年以后为财政专项债券、特种国债等。

25. 国家财政债务支出

单位:亿元

年份	合计	国内债务还本付息	国外债务还本付息	归还人民银行借款和利息
1950	0.03	0.03		
1951	0.42	0.40	0.01	0.01
1952	3.92	0.58	0.23	3.11
1953	0.91	0.65	0.26	
1954	2.21	0.89	1.32	
1955	6.56	1.58	4.98	
1956	7.22	1.25	5.97	
1957	8.26	2.18	6.08	
1958	9.04	1.81	7.23	
1959	9.69	2.58	7.11	
1960	10.46	3.73	6.73	
1961	10.93	4.35	6.58	
1962	10.37	3.95	6.42	
1963	7.58	4.72	2.86	
1964	5.23	4.27	0.96	
1965	6.36	5.66	0.70	
1966	391	3.91		
1967	2.01	2.01		
1968	2.00	2.00		
1972	0.50	0.50		
1973	0.50	0.50		
1974	0.50	0.50		
1980	28.58		24.40	4.18
1981	62.89		57.89	5.00
1982	55.52		49.62	5.90
1983	42.47		36.56	5.91
1984	28.91		22.74	6.17
1985	39.56		32.59	6.97
1986	50.16	7.98	34.49	7.69
1987	79.83	23.18	51.96	4.69
1988	76.75	28.44	42.58	5.73
1989	72.36	19.30	45.83	7.23
1990	190.40	113.75	68.21	8.44
1991	246.80	156.69	80.22	9.89
1992	438.57	342.42	80.26	15.89

26. 预算外资金分项目收入

单位：亿元

年　份	合　计	地方财政预算外资金	事业行政单位预算外资金	国营企业和主管部门的预算外资金
1952	13.62	12.53		1.09
1953	8.91	1.40	2.07	5.44
1954	14.23	2.07	3.34	8.82
1955	17.02	3.27	3.68	10.07
1956	21.42	5.00	3.85	12.57
1957	26.33	5.66	3.80	16.87
1958	55.99	17.59	9.29	29.11
1959	96.55	35.39	11.78	49.38
1960	117.78	23.39	23.13	71.26
1961	57.40	13.29	15.61	28.50
1962	63.63	20.50	15.21	27.92
1963	51.85	7.19	11.99	32.67
1964	65.86	8.87	16.07	40.92
1965	75.56	9.47	18.74	47.35
1966	81.13	10.36	20.00	50.77
1967	83.61	9.72	22.00	51.89
1968	77.44	9.96	24.00	43.48
1969	87.42	12.19	26.00	49.23
1970	100.94	13.45	28.00	59.49
1971	118.56	14.72	30.00	73.84
1972	134.24	23.28	31.66	79.30
1973	191.29	24.14	32.57	134.58
1974	219.72	22.65	34.60	162.47
1975	251.48	27.86	42.30	181.32
1976	275.32	28.35	48.81	198.16
1977	311.31	30.76	56.84	223.71
1978	347.11	31.09	63.41	252.61
1979	452.85	39.94	68.66	344.25
1980	557.40	40.85	74.44	442.11
1981	601.07	41.30	84.90	474.87
1982	802.74	45.27	101.15	656.32
1983	967.68	49.79	113.88	804.01
1984	1188.48	55.23	142.52	990.73
1985	1530.03	44.08	233.22	1252.73
1986	1737.31	43.20	294.22	1399.89
1987	2028.80	44.61	358.41	1625.78
1988	2360.77	48.94	438.94	1872.89
1989	2658.83	54.36	500.66	2103.81
1990	2708.64	60.59	576.95	2071.10
1991	3243.30	68.77	697.00	2477.53
1992	3854.92	90.88	885.45	2878.59

27. 预算外资金分项目支出

单位:亿元

项目	1982年	1983年	1984年	1985年	1986年	1987年	1988年	1989年	1990年	1991年	1992年
支出合计	734.53	875.81	1114.74	1375.03	1578.37	1840.75	2145.27	2503.10	2707.06	3092.26	3649.90
固定资产投资	366.02	374.44	449.38	571.28	576.45	740.43	815.28	864.86	925.91	1054.47	1343.64
更新改造支出	269.32	299.93	357.39	450.20	422.84	490.03	567.51	632.50	658.45	734.29	902.04
基本建设支出	96.70	74.51	91.99	121.08	153.61	250.40	247.77	232.36	267.46	320.18	441.60
大修理支出	105.62	119.88	133.30	149.62	172.88	199.68	229.86	280.35	302.40	389.16	493.11
简易建筑费支出	3.27	5.92	4.82	5.13	5.45	6.47	5.38	2.30	1.81	2.25	2.79
福利支出	68.99	77.32	103.52	91.51	106.19	130.68	174.39	211.15	239.92	283.44	272.88
奖励支出	41.05	57.26	94.43	91.43	109.68	114.43	115.18	124.01	108.52	116.67	125.90
养路费支出	16.72	31.75	44.05	63.39	83.66	92.22	110.91	119.73	134.37	147.78	175.53
城市维护支出	24.39	28.62	29.06	28.40	31.28	38.89	45.23	33.70	35.43	38.85	49.85
科技三项费用支出	5.44	5.71	13.24	13.71	11.88	13.28	11.60	14.85	15.74	20.70	27.88
增补流动资金支出	6.11	2.91	5.55	13.56	23.17	28.66	38.59	56.79	46.25	46.45	43.89
事业费支出	37.46	32.98	37.92	56.04	70.68	91.88	115.89	140.40	172.33	201.90	253.05
行政支出	6.69	5.86	7.40	8.69	10.70	15.69	19.06	13.35	14.77	19.38	22.63
上缴国家能源交通重点建设基金		69.55	100.70	123.33	126.58	154.10	165.83	186.85	175.76	189.84	149.70
上缴国家预算调节基金								118.30	115.57	129.67	110.56
弥补盈亏包干不足								15.86	38.10	22.24	33.16
奖金税								4.20	4.10	3.34	1.97
投资方向调节税								11.18	12.96	11.65	6.79
其他支出	52.77	63.61	91.37	158.94	249.77	214.34	298.07	305.22	363.12	414.47	536.57

注:1. 弥补盈亏包干不足是指按规定用预算外资金弥补承包或包干任务不足的支出及实行租赁经营企业弥补亏损的支出。

2. 1989、1990年“投资方向调节税”栏内数为“建筑税”。

28. 预算内国有企业固定资产原值和净值

单位:亿元

年份	原值		净值	
	企业合计	其中:工业企业	企业合计	其中:工业企业
1952	240.6	107.3	167.1	71.1
1953	281.2	127.6	193.9	86.0
1954	342.0	166.3	240.6	115.6
1955	389.6	191.2	276.8	133.5
1956	454.7	227.4	325.9	163.3
1957	522.9	274.0	382.0	200.0
1958	644.2	373.4	484.9	284.2
1959	847.8	520.1	655.7	407.3
1960	1024.9	658.9	802.4	522.4
1961	1143.0	738.5	881.2	574.6
1962	1209.3	786.0	926.5	606.5
1963	1274.8	830.8	962.3	630.5
1964	1365.1	898.8	1020.4	674.8
1965	1445.8	969.8	1078.0	725.1
1966	1549.7	1046.0	1150.6	774.7
1967	1619.3	1098.9	1184.7	798.7
1968	1675.8	1143.1	1214.4	823.4
1969	1762.9	1209.1	1265.5	859.3
1970	1967.7	1367.3	1413.8	966.7
1971	2327.2	1570.6	1692.0	1128.8
1972	2576.1	1747.2	1875.4	1256.0
1973	2845.8	1922.9	2073.6	1381.6
1974	3106.3	2097.1	2250.7	1493.5
1975	3414.3	2314.2	2462.2	1636.1
1976	3728.1	2522.9	2678.2	1772.3
1977	4052.9	2753.4	2890.3	1920.8
1978	4488.2	3042.4	3201.4	2114.5
1979	4892.5	3294.8	3448.5	2244.8
1980	5311.1	3522.8	3701.7	2366.5
1981	5769.2	3813.5	3984.3	2539.4
1982	6258.8	4151.3	4299.9	2750.1
1983	6833.3	4502.8	4694.5	2994.6
1984	7370.5	4736.9	5051.8	3132.5
1985	8004.9	5238.5	5457.9	3470.8
1986	9041.8	5939.3	6224.5	3975.0
1987	10200.5	6724.8	7067.3	4524.5
1988	11787.1	7697.9	8237.7	5234.1
1989	13394.7	8753.8	9339.4	5985.1
1990	15352.2	9961.2	10835.9	6840.0
1991	17856.0	11580.8	12647.8	7999.3
1992	18681.0	13280.1	13110.1	13110.1

29. 各地区国有企业固定资产原值

单位：亿元

地区	1988 年	1989 年	1990 年	1991 年	1992 年
北京	244.03	256.05	316.04	362.63	438.12
天津	209.57	210.47	227.36	255.07	272.71
河北	241.52	288.06	331.07	403.20	451.19
山西	181.10	203.07	225.30	251.98	280.37
内蒙古	170.78	199.70	222.49	248.40	289.83
辽宁	624.12	633.37	719.97	666.67	750.51
吉林	232.45	269.43	308.00	363.58	400.92
黑龙江	307.23	341.93	377.91	379.24	413.14
上海	353.00	393.36	443.53	507.72	526.14
江苏	381.34	446.13	512.64	589.53	667.43
浙江	195.13	225.64	258.65	308.21	347.78
安徽	170.78	196.08	223.37	270.57	303.97
福建	132.27	152.51	173.08	195.28	222.71
江西	136.53	153.46	172.93	191.08	210.66
山东	309.92	371.67	445.63	527.88	617.28
河南	246.06	283.29	320.74	393.17	450.82
湖北	316.71	343.79	379.69	425.73	518.09
湖南	217.41	246.02	276.40	317.22	354.13
广东	347.34	424.35	499.91	580.80	660.14
广西	138.65	164.70	185.58	215.34	240.81
海南	26.62	33.97	37.99	45.70	50.48
四川	395.88	451.08	507.77	582.60	647.85
贵州	86.55	95.75	106.06	120.66	135.81
云南	155.41	174.75	194.54	220.03	244.75
西藏				14.11	15.91
陕西	150.93	169.64	192.01	208.73	210.50
甘肃	111.61	124.90	123.43	136.82	146.02
青海	47.31	51.92	57.93	64.05	70.39
宁夏	28.79	32.89	35.69	40.04	45.08
新疆	82.76	94.05	107.42	127.80	144.37

30. 各地区国有企业固定资产净值

单位:亿元

地　区	1988 年	1989 年	1990 年	1991 年	1992 年
北　京	167.15	173.57	219.06	251.21	315.56
天　津	141.13	145.44	156.89	176.40	184.20
河　北	171.15	206.29	238.68	296.55	332.00
山　西	120.28	133.43	148.67	165.98	185.95
内蒙古	123.86	145.74	162.73	180.22	208.15
辽　宁	415.00	422.19	484.62	459.49	510.17
吉　林	164.92	191.67	224.23	265.83	287.72
黑龙江	207.76	231.43	258.56	257.65	279.67
上　海	231.30	254.27	289.85	334.26	346.89
江　苏	268.51	313.73	363.49	418.51	474.77
浙　江	140.53	160.12	183.23	219.56	246.99
安　徽	115.94	133.03	153.92	189.33	211.08
福　建	93.12	106.09	122.08	143.73	158.79
江　西	92.72	103.50	117.65	130.22	143.64
山　东	222.49	267.22	331.08	393.19	457.64
河　南	164.30	188.98	216.01	273.61	314.65
湖　北	215.59	230.94	257.71	287.00	353.87
湖　南	148.35	166.21	187.20	215.78	240.71
广　东	252.78	311.36	369.91	428.19	485.44
广　西	92.95	117.26	134.26	156.63	172.13
海　南	25.04	26.12	28.72	34.63	37.78
四　川	266.87	301.78	342.07	389.54	439.81
贵　州	60.86	65.75	73.75	83.83	94.32
云　南	110.88	122.98	136.81	153.98	169.76
西　藏				9.61	10.79
陕　西	100.97	112.84	129.11	139.80	141.11
甘　肃	74.81	83.25	85.55	94.03	99.10
青　海	33.43	36.25	41.44	45.32	49.85
宁　夏	20.76	23.51	25.35	28.19	31.81
新　疆	58.02	65.40	75.38	91.11	103.22

31. 各地区国有工业生产企业固定资产折旧率

单位：%

地　区	1988 年	1989 年	1990 年	1991 年	1992 年
北　京	5.7	5.5	5.4	5.7	5.9
天　津	5.3	5.6	5.0	5.1	5.1
河　北	5.2	5.2	5.1	5.4	5.4
山　西	4.8	5.6	5.1	4.5	5.7
内蒙古	4.6	4.6	4.6	5.1	5.1
辽　宁	6.1	5.3	5.2	5.7	5.7
吉　林	5.2	4.8	5.5	5.4	5.7
黑龙江	5.0	5.1	4.8	5.5	5.5
上　海	5.7	5.7	5.6	6.1	7.5
江　苏	5.8	5.8	5.5	6.0	6.1
浙　江	5.9	5.8	5.9	6.4	6.3
安　徽	5.5	5.4	5.3	5.6	5.3
福　建	5.3	5.3	5.2	5.4	5.4
江　西	5.2	5.3	4.9	5.1	5.3
山　东	5.4	5.4	5.4	5.5	5.5
河　南	5.5	5.6	5.4	5.7	6.0
湖　北	5.5	5.5	5.4	5.7	6.3
湖　南	5.5	5.4	5.4	5.6	6.0
广　东	5.2	5.3	5.3	5.4	5.6
广　西	4.8	5.0	4.8	5.1	5.6
海　南	4.3	3.6	5.0	5.2	5.8
四　川	5.6	5.8	5.7	6.1	6.0
贵　州	4.7	4.6	4.5	4.9	4.7
云　南	4.7	4.9	4.9	5.5	5.7
西　藏				4.0	4.0
陕　西	5.2	5.2	5.1	5.3	5.3
甘　肃	4.5	4.5	4.5	4.6	5.1
青　海	4.6	5.3	4.9	4.9	5.0
宁　夏	4.9	4.9	4.8	5.0	5.2
新　疆	4.4	4.7	4.8	4.8	4.6

32. 国有企业流动资金情况

单位：亿元

年　份	定额流动资金占用		自有流动资金	
	企业合计	其中：工业企业	企业合计	其中：工业企业
1952	171.7	37.3	57.1	25.5
1953	230.7	46.1	79.0	33.6
1954	295.6	54.3	107.1	44.3
1955	347.2	60.5	142.0	47.7
1956	337.5	64.8	152.7	52.1
1957	401.8	82.3	160.3	57.3
1958	505.4	125.1	151.4	61.2
1959	704.4	221.7		
1960	801.6	312.1		
1961	775.9	300.7	235.1	174.1
1962	739.0	302.3	377.1	239.9
1963	796.4	323.6	425.2	257.6
1964	832.4	340.1	439.1	262.6
1965	915.9	382.7	453.9	276.6
1966	1049.5	437.7	466.2	287.9
1967	1126.1	508.2	476.7	296.4
1968	1237.1	575.1	489.7	302.4
1969	1287.3	599.8	525.2	321.3
1970	1469.8	668.9	582.0	360.8
1971	1693.0	782.3	665.6	392.6
1972	1829.4	880.7	766.4	488.4
1973	2028.4	958.9	871.1	558.5
1974	2168.3	1015.5	953.9	606.0
1975	2298.6	1070.1	1008.4	646.4
1976	2384.7	1138.9	1066.9	680.0
1977	2569.1	1200.9	1114.7	706.0
1978	2853.4	1285.4	1237.4	765.6
1979	3060.5	1380.8	1313.0	811.4
1980	3222.8	1423.8	1295.8	786.6
1981	3402.8	1466.2	1296.8	780.4
1982	3635.4	1514.1	1314.1	794.8
1983	3749.4	1407.8	1257.7	704.8
1984	3915.1	1561.4	1260.4	700.8
1985	3969.8	1883.3	1130.9	669.3
1986	4566.5	2155.1	1203.4	742.8
1987	5005.6	2427.4	1237.2	774.9
1988	6015.1	2958.4	1246.6	722.0
1989	7402.3	3699.1	1518.3	890.3
1990	8176.1	4188.0	1663.0	954.4
1991	9087.7	4635.6	1830.0	1029.8
1992	9710.3	5275.5	2103.3	1134.0

33. 国有工业生产企业基建借款和专用借款情况

单位:亿元

年 份	借 入	归 还	年末余额
1981	73.60	28.20	100.00
1982	110.30	46.80	171.90
1983	111.02	62.66	231.87
1984	187.21	85.22	352.08
1985	284.60	127.22	525.74
1986	434.74	166.78	846.77
1987	569.14	253.05	1219.11
1988	774.07	383.80	1699.92
1989	714.33	398.39	2137.17
1990	877.94	427.39	2753.95
1991	1281.36	575.73	3675.29
1992	1412.04	728.07	4538.40

34. 国有企业税前利润还贷情况

单位:亿元

年 份	企业合计	其中:工业生产企业
1978	11.91	10.89
1979	15.42	14.50
1980	17.80	17.02
1981	21.11	20.29
1982	34.62	29.36
1983	48.16	38.54
1984	66.32	52.31
1985	98.26	77.84
1986	138.71	97.01
1987	164.14	132.95
1988	239.97	183.52
1989	241.54	179.34
1990	199.31	141.14
1991	201.22	162.29
1992		206.02

35. 中国货币概览

单位:10亿元

	1986	1987	1988	1989	1990	1991	1992
国外资产(净)	3.89	26.13	30.25	37.14	92.67	137.36	154.98
中国人民银行	3.70	18.10	20.89	32.94	68.48	131.74	119.51
黄金	1.20	1.20	1.20	1.20	1.20	1.20	1.20
外汇	3.81	13.21	15.84	26.45	59.95	122.81	110.19
国际金融机构资产	−1.31	3.69	3.85	5.29	7.33	7.73	8.12
中国银行	0.19	8.03	9.36	4.20	24.19	5.62	35.47
外汇	31.42	45.83	52.76	54.17	91.39	113.86	147.05
国家银行其他负债	31.23	37.80	43.40	49.97	67.20	108.24	111.58
国内信贷	725.59	877.98	1071.93	1271.85	1572.87	1961.45	2614.68
贷款	811.67	976.17	1142.50	1346.95	1653.93	1981.03	2403.76
政府借款(净)	5.85	20.80	41.58	36.65	60.29	85.49	146.82
外汇贷款	31.69	33.39	47.99	73.44	92.85	117.22	203.55
其他(净)	−123.62	−152.38	−160.14	−185.19	−234.20	−222.29	−139.45
货币和准货币	672.10	834.97	1009.96	1194.96	1529.37	1934.99	2540.21
货币	474.57	571.46	695.05	734.71	879.32	1086.66	1501.57
流通中货币	121.84	145.45	213.40	234.40	264.44	317.78	433.60
活期存款	352.73	426.01	481.65	500.31	614.88	768.88	1067.97
准货币	197.53	263.51	314.91	460.25	650.05	848.33	1038.64
定期存款	25.11	30.90	31.24	42.04	65.06	88.46	109.81
居民定期储蓄	172.42	232.61	283.67	418.21	584.99	759.87	928.83
外汇存款	54.70	63.60	84.66	107.06	127.05	150.61	213.18
发行金融债券	2.68	5.54	7.56	6.97	9.12	13.21	16.27
资产=负债	729.48	904.11	1102.18	1308.99	1665.54	2098.81	2769.66

36. 国家银行资产负债表

单位：10 亿元

	1986	1987	1988	1989	1990	1991	1992
资　产							
贷　款	746.06	880.12	1024.57	1206.40	1475.98	1759.48	2108.17
工业贷款	189.35	221.23	260.46	330.49	421.02	493.03	580.69
商业贷款	308.43	349.97	409.55	476.66	575.72	668.07	743.17
建筑企业贷款	36.94	46.65	49.47	60.13	67.15	71.50	90.61
城镇集体企业贷款	41.48	53.56	63.64	69.25	81.53	93.33	134.48
个体经营户贷款	1.06	1.55	1.93	1.54	1.55	1.64	2.28
农业贷款	52.80	65.41	77.93	86.02	99.97	116.72	141.73
农村信用社贷款	4.27	3.75	3.48	3.46	3.80	4.17	3.08
固定资产贷款	88.62	111.89	138.71	157.02	198.15	274.41	357.12
其它贷款	23.11	26.11	19.40	21.83	27.09	36.61	55.01
现　金	7.77	7.64	10.36	12.79	14.38	15.85	23.85
准备金	56.34	65.83	80.96	100.85	133.66	173.48	222.45
在中国人民银行存款	47.45	40.52	37.55	64.50	115.77	169.99	121.50
外汇贷款	31.69	33.39	47.99	73.44	92.85	117.22	203.55
购买政府债券			11.04	11.99	18.22	27.29	45.77
资产总额	889.31	1027.50	1212.47	1469.97	1850.86	2263.31	2725.29
负　债							
存　款	463.54	573.87	668.61	798.23	1045.94	1329.97	1748.43
企业存款	223.94	268.77	293.21	308.13	399.26	504.95	696.45
活期	198.83	237.87	262.01	267.04	335.52	418.65	589.84
定期	25.11	30.90	31.20	41.09	63.74	86.30	106.61
储蓄存款	146.39	202.79	258.89	363.01	500.87	647.10	819.68
活期	27.96	41.01	59.75	61.37	76.43	101.70	154.83
定期	118.43	161.78	199.14	301.64	424.44	545.40	664.85
乡镇企业存款	4.57	5.59	6.22	5.99	7.09	9.23	14.33
农村集体存款	1.10	1.23	1.84	1.67	1.92	2.45	3.94
农村信用社存款	50.21	56.26	58.79	63.86	75.89	91.78	107.07
其它存款	37.33	39.23	49.66	55.57	60.91	74.46	106.96
对中国人民银行负债	268.39	274.99	336.12	416.33	508.29	590.56	670.99
外汇存款	54.70	63.60	84.66	107.06	127.05	150.61	213.18
发行金融债券	2.68	5.54	7.56	6.97	9.12	13.21	16.27
自有资金	74.13	81.46	91.44	94.36	102.26	113.64	131.30
其它负债	25.87	28.04	24.08	47.02	58.20	65.32	54.88
负债总额	889.31	1027.50	1212.47	1469.97	1850.89	2263.31	2725.29

37. 国家银行分地区存款情况

（1989—1992 年）

单位：亿元

地　区	1989		1990		1991		1992	
	存款合计	企业存款	存款合计	企业存款	存款合计	企业存款	存款合计	企业存款
总　行	318.8	148.2	361.7	229.1	437.36	227.74	267.01	203.67
北　京	678.1	372.2	845.9	430.6	1080.98	537.04	1355.50	752.16
天　津	178.8	68.1	235.4	85.3	296.12	103.33	374.41	141.77
河　北	435.2	109.3	555.4	136.8	698.69	155.58	879.55	222.54
山　西	249.1	74.4	314.3	84.8	381.41	101.31	469.48	130.33
内蒙古	136.2	38.2	169.8	42.5	205.72	46.83	262.84	76.42
辽　宁	507.1	128.3	630.1	158.7	775.98	181.53	1045.01	305.52
吉　林	204.5	47.8	252.5	53.8	316.66	64.77	409.00	103.14
黑龙江	348.4	96.0	436.3	104.8	538.30	123.41	690.11	182.51
上　海	450.9	186.8	571.8	244.3	711.70	302.51	1089.19	536.94
江　苏	481.5	139.2	647.2	194.1	841.13	244.79	1140.00	383.63
浙　江	336.0	104.2	457.8	149.0	586.23	185.82	762.34	281.08
安　徽	198.8	60.9	250.2	76.1	330.92	99.19	410.31	139.40
福　建	226.7	78.6	298.0	100.2	389.23	121.19	533.33	184.19
江　西	167.3	47.7	217.5	61.5	269.31	72.80	348.30	99.51
山　东	531.4	144.8	687.2	182.2	845.06	210.02	1073.02	298.22
河　南	360.6	90.3	467.3	110.8	603.71	136.37	730.12	191.26
湖　北	327.2	110.0	401.5	130.6	497.61	154.03	622.28	216.26
湖　南	238.7	67.0	319.8	87.5	413.35	109.18	527.27	147.67
广　东	862.9	327.8	1141.6	420.1	1566.15	574.31	2446.16	1012.63
广　西	174.0	54.1	235.0	71.8	298.53	83.67	418.42	132.48
海　南	64.0	23.4	87.5	31.2	113.12	38.77	275.77	150.58
四　川	442.8	143.8	566.1	179.6	727.24	221.69	924.57	310.64
贵　州	107.5	41.9	134.8	51.4	174.46	64.18	210.07	79.24
云　南	198.5	76.9	265.6	99.9	236.52	120.22	423.47	170.13
西　藏	19.6	6.1	20.1	7.9	24.42	8.91	24.92	10.02
陕　西	214.1	59.5	279.3	74.3	349.26	91.85	436.97	119.93
甘　肃	123.8	39.6	159.2	48.6	200.08	60.34	257.23	88.19
青　海	45.7	18.1	56.1	19.6	64.70	20.33	72.37	21.89
宁　夏	38.3	11.2	48.5	12.5	59.77	15.12	73.30	19.37
新　疆	167.6	52.4	223.3	71.7	284.17	80.17	338.71	104.46
交通银行	162.5	108.5	298.4	230.7	426.22	336.40	—	—
中信银行	17.8	8.5	28.0	16.1	45.02	24.70	—	—
全国总计	**9014.4**	**3084.8**	**11663.2**	**3998.1**	**14879.12**	**4918.10**	**18891.05**	**6815.77**

注：1992 年各地区的存款中均含交通银行、中信实业银行数字。

38. 国家银行分地区贷款情况

（1990—1992 年）

单位:亿元

地区	1990			1991			1992		
	贷款合计	其中 流动资金贷款	其中 固定资产贷款	贷款合计	其中 流动资金贷款	其中 固定资产贷款	贷款合计	其中 流动资金贷款	其中 固定资产贷款
总行	793.6	340.1	231.9	810.2	356.6	295.5	1013.18	438.50	370.09
北京	552.2	400.9	94.7	632.7	451.3	115.9	769.43	533.23	151.37
天津	389.1	315.1	51.9	450.0	347.8	73.9	539.53	391.59	105.67
河北	631.7	512.7	77.0	740.1	585.1	102.8	891.87	675.53	140.31
山西	357.3	275.4	57.2	427.5	310.8	89.0	514.17	357.90	120.71
内蒙古	272.9	224.4	33.2	326.8	257.9	50.3	395.15	297.67	72.11
辽宁	929.1	735.0	133.9	1123.5	852.7	196.2	1363.33	1014.22	243.71
吉林	507.0	412.6	55.4	629.1	500.5	77.0	761.35	594.11	100.68
黑龙江	651.7	527.2	72.2	798.9	629.3	103.4	948.09	736.70	132.27
上海	804.8	634.2	121.5	949.5	716.4	172.4	1239.93	922.85	220.09
江苏	823.2	687.3	86.1	978.3	795.5	11.51	1230.06	963.68	159.69
浙江	481.7	394.3	60.2	566.5	452.1	78.1	705.36	549.84	100.59
安徽	400.8	316.4	56.0	495.1	371.4	80.7	599.48	438.18	108.77
福建	320.1	226.9	56.9	272.4	257.9	67.9	469.55	312.94	83.18
江西	339.1	256.8	52.6	419.1	309.1	71.2	517.23	372.67	92.05
山东	936.3	740.8	130.7	1113.4	853.7	173.1	1324.32	986.95	219.46
河南	635.1	513.3	76.3	772.0	598.4	110.1	909.84	678.89	150.76
湖北	723.8	576.1	102.6	839.0	650.9	132.4	981.54	730.47	177.54
湖南	457.7	375.2	57.7	549.7	438.0	71.6	664.83	513.12	96.32
广东	1275.1	1013.6	163.0	1470.2	1155.8	197.7	1860.04	1446.27	237.88
广西	278.2	190.9	56.8	329.0	221.1	70.9	411.21	268.91	93.41
海南	119.9	76.6	21.5	145.1	92.5	26.8	209.97	134.33	34.11
四川	771.8	608.9	112.0	965.0	715.3	178.4	1192.75	848.97	241.95
贵州	173.1	122.8	33.8	218.2	150.9	46.7	265.21	176.81	60.38
云南	251.1	189.9	37.5	295.4	217.0	50.8	373.20	267.27	68.90
西藏	16.7	15.7	0.4	16.1	14.9	0.4	16.34	14.59	0.43
陕西	385.7	287.4	72.2	462.6	335.0	94.6	561.22	397.23	122.41
甘肃	202.1	143.3	43.2	250.9	166.9	62.8	302.11	199.80	76.75
青海	72.2	44.2	22.8	87.5	51.1	30.8	105.14	59.71	38.51
宁夏	69.5	45.7	17.7	83.8	52.8	24.3	98.86	62.80	28.09
新疆	234.4	160.0	45.4	300.4	209.0	56.9	381.21	258.21	76.38
交通银行	290.7	219.8	19.2	394.5	300.4	26.7	—	—	—
中信银行	18.8	14.4	0.3	31.7	24.0	0.2	—	—	—
全国总计	**15166.5**	**11597.9**	**2246.1**	**18044.2**	**13442.1**	**3044.6**	**21615.53**	**15643.22**	**3924.55**

注:1992 年各地区的贷款中均含交通银行、中信实业银行数字。

39.1979—1992年我国固定资产贷款增长情况

单位：亿元

年　份	国家银行贷款余额	固定资产贷款余额	比重(%)	国家银行贷款增长速度(%)	固定资产贷款增长速度(%)
1979	2039.63	7.92	0.39		
1980	2414.30	55.50	2.30	18.37	600.76
1981	2764.67	83.37	3.02	14.51	50.22
1982	3052.27	151.98	4.98	10.40	82.30
1983	3431.05	195.93	5.71	12.41	28.92
1984	4419.57	289.66	6.55	28.81	47.84
1985	5905.51	705.32	11.94	33.62	143.50
1986	7590.40	1005.76	13.25	28.53	42.60
1987	9032.35	1286.75	14.25	19.00	27.94
1988	10551.33	1559.23	14.78	16.82	21.18
1989	12409.27	1775.96	14.31	17.61	13.90
1990	15166.36	2245.75	14.81	22.22	26.45
1991	18043.95	3044.36	16.87	18.97	35.56
1992	21615.53	3924.55	18.16	19.79	28.91

40. 国家银行现金收入

单位：亿元

项　目	1980年	1985年	1988年	1989年	1990年	1991年	1992年
收入总计	**2033.2**	**5499.1**	**12810.5**	**15057.6**	**17171.1**	**21465.1**	**31248.0**
商品销售收入	1365.3	2863.7	5216.3	5482.5	5690.6	6602.1	8316.5
服务事业收入	142.7	321.6	651.0	786.9	958.9	1200.6	1668.3
税款收入	6.3	36.1	80.2	110.2	126.8	156.3	192.8
农村信用社收入	123.0	580.4	1049.9	1113.2	1353.6	1662.7	2076.3
乡镇企事业收入		84.2	229.4	237.1	270.6	359.6	531.3
个体经营收入		36.1	110.7	115.3	138.6	191.9	263.3
储蓄存款收入	291.6	1242.0	4336.1	5726.7	6910.5	8996.2	14174.8
其他金融机构收入			138.4	206.7	281.4	404.9	637.2
汇兑收入	37.3	82.5	187.5	225.0	293.3	405.8	637.7
其他收入	67.0	252.5	811.0	1054.0	1146.7	1485.0	2749.8

41. 国家银行现金支出

单位:亿元

项目	1980年	1985年	1988年	1989年	1990年	1991年	1992年
支出总计	**2111.7**	**5694.8**	**13490.0**	**15267.6**	**17471.4**	**21998.5**	**32406.2**
工资及对个人其他支出	896.6	1786.5	3178.7	3680.1	4177.5	4863.6	6104.1
农副产品采购支出	272.4	834.8	1496.1	1535.0	1744.3	1874.2	1857.4
行政企业管理费支出	133.6	364.8	796.8	925.1	1100.2	1392.8	2082.2
农村信用社支出	457.9	1094.8	1934.3	1805.2	1946.7	2438.1	3339.2
乡镇企事业支出		169.3	458.5	460.4	508.1	667.6	977.2
个体经营支出		57.0	181.8	191.5	216.8	292.7	457.3
储蓄存款支出	225.0	1008.9	4057.3	5025.5	5817.9	7948.7	13315.4
其他金融机构支出			188.0	226.6	264.9	344.0	628.6
汇兑支出	47.1	93.2	198.6	231.9	272.9	361.0	570.2
其他支出	79.1	285.5	999.9	1186.3	1422.1	1816.0	3074.6

42. 国家银行现金投放回笼差额

单位:亿元

年份	现金收入	现金支出	投放	回笼	年份	现金收入	现金支出	投放	回笼
1953	296.3	308.2	11.9		1973	1032.4	1047.3	14.9	
1954	340.0	341.8	1.8		1974	1074.1	1084.6	10.5	
1955	381.9	381.0		0.9	1975	1128.2	1134.2	6.0	
1956	470.6	487.6	17.0		1976	1162.0	1183.4	21.4	
1957	516.7	512.2		4.5	1977	1242.2	1233.6		8.6
1958	596.0	611.0	15.0		1978	1336.0	1352.6	16.6	
1959	747.4	754.7	7.3		1979	1626.4	1682.1	55.7	
1960	759.9	780.7	20.8		1980	2033.2	2111.7	78.5	
1961	667.2	697.0	29.8		1981	2402.2	2452.3	50.1	
1962	633.2	614.0		19.2	1982	2819.6	2862.4	42.8	
1963	597.5	580.9		16.6	1983	3428.7	3519.4	90.7	
1964	639.2	629.3		9.9	1984	4207.6	4469.9	262.3	
1965	675.7	686.5	10.8		1985	5499.1	5694.8	195.7	
1966	725.1	742.8	17.7		1986	6613.3	6843.9	230.6	
1967	757.8	771.2	13.4		1987	8779.6	9015.7	236.1	
1968	725.1	737.3	12.2		1988	12810.5	13490.0	679.5	
1969	793.3	796.3	3.0		1989	15057.6	15267.6	210.0	
1970	812.8	799.3		13.5	1990	17171.1	17471.4	300.4	
1971	872.0	884.6	12.6		1991	21465.1	21998.5	533.4	
1972	966.3	981.3	15.0		1992	31248.0	32406.2	1158.2	

43. 农村信用合作社资产负债表

单位:10亿元

	1986年	1987年	1988年	1989年	1990年	1991年	1992年
资　产							
贷　款	56.85	77.13	90.86	109.49	141.09	180.86	245.40
集体农业贷款	4.46	7.20	8.01	10.73	13.41	16.99	22.27
乡镇企业贷款	26.59	35.93	45.61	57.19	75.91	100.73	147.18
农户贷款	25.80	34.00	37.24	41.57	51.77	63.14	75.95
转存银行存款	49.33	59.13	57.97	65.82	77.36	91.59	108.05
资产总额	106.18	136.26	148.83	175.31	218.45	272.45	353.45
负　债							
存　款	96.23	122.52	139.98	166.95	214.45	270.93	347.76
集体农业存款	8.39	8.99	9.84	9.23	10.66	13.59	21.52
乡镇企业存款	9.17	10.47	12.83	12.62	14.99	19.17	30.18
农户储蓄存款	76.61	100.57	114.23	141.21	184.10	231.66	286.73
活期	22.62	29.74	35.08	33.25	38.72	43.37	59.23
定期	53.99	70.83	79.15	107.96	145.38	188.29	227.50
其它存款	2.06	2.49	3.08	3.89	4.70	6.51	9.33
向银行借款	4.15	3.77	3.60	3.77	4.19	5.08	6.06
其他负债	5.80	9.97	5.25	4.59	−0.19	−3.56	−0.37
负债总额	106.18	136.26	148.83	175.31	218.45	272.45	353.45

44. 城市信用合作社资产负债表

单位:10亿元

	1986年	1987年	1988年	1989年	1990年	1991年	1992年
资　产							
贷　款	1.95	6.34	13.39	19.63	24.89	31.62	49.74
集体企业贷款	1.33	4.16	8.49	12.79	16.15	20.27	38.36
个体经营户贷款	0.23	0.68	1.22	1.74	2.46	3.26	4.54
其它贷款	0.39	1.50	3.68	5.10	6.28	8.09	6.84
缴存准备金	0.13	0.46	1.43	2.28	3.13	4.66	8.19
在银行存款	1.10	2.17	3.22	5.71	7.76	10.70	17.89
其他资产	0.03	0.85	2.30	0.80	1.43	9.39	34.65
资产总额	3.21	9.82	20.34	28.42	37.21	56.37	110.47
负　债							
存　款	2.94	7.56	15.70	22.08	30.98	44.78	82.93
集体企业存款	1.74	3.44	6.42	7.73	10.04	13.20	38.71
个体经营户存款	0.35	0.62	0.95	1.14	1.68	2.52	4.74
储蓄存款	0.09	0.81	2.07	4.95	8.56	13.46	21.40
活期	0.04	0.31	0.90	1.62	2.57	4.16	7.70
定期	0.05	0.50	1.17	3.33	5.99	9.30	13.70
其他存款	0.76	2.69	6.26	8.26	10.70	15.60	18.08
向银行借款	0.10	0.69	1.27	1.46	1.43	1.37	2.84
其他负债	0.17	1.57	3.37	4.88	4.80	10.22	24.70
负债总额	3.21	9.82	20.34	28.42	37.21	56.37	110.47

45. 金融信托投资公司资产负债表

单位:10 亿元

	1986 年	1987 年	1988 年	1989 年	1990 年	1991 年	1992 年
资　产							
贷　款	21.78	43.96	66.06	69.44	89.06	121.10	169.71
委托贷款	6.92	13.80	28.13	32.34	41.71	55.56	77.07
其中:固定资产贷款	3.64	9.37	15.45	16.24	16.46	20.55	24.54
信托贷款	8.45	20.28	28.21	26.28	32.05	38.86	32.96
其中:固定资产贷款	5.52	9.12	10.57	9.66	9.15	10.21	9.15
其他贷款	6.41	9.88	9.72	10.82	15.30	26.68	59.68
缴存准备金	0.16	0.93	2.35	1.66	2.19	3.31	3.59
在中国人民银行存款	1.94	3.27	2.63	3.11	5.37	6.41	7.77
同业往来	5.40	8.91	11.41	12.78	19.97	32.30	41.87
购买政府债券			0.94	1.15	1.53	4.32	7.94
资产总额	29.28	57.07	83.39	88.14	118.12	167.44	230.88
负　债							
存　款	12.98	29.90	49.18	52.17	67.36	97.33	126.42
委托存款	8.13	16.92	32.36	36.97	45.67	63.58	85.42
信托存款	4.01	10.65	13.84	10.47	15.41	22.70	21.44
其他存款	0.84	2.33	2.98	4.73	6.28	11.05	19.56
发行债券	0.83	1.66	1.31	1.09	1.63	3.46	7.43
向中国人民银行借款	0.53	1.22	1.44	1.24	3.17	4.02	4.18
同业往来	7.47	10.71	10.63	11.49	19.33	36.29	66.94
其他负债	7.47	13.58	20.83	22.15	26.63	26.34	25.91
负债总额	29.28	57.07	83.39	88.14	118.12	167.44	230.88

46. 财务公司资产负债表

单位：10亿元

资产	1992年	负债	1992年
流动资金贷款	6.80	企业存款	2.96
工业贷款	2.30	活期存款	1.72
商业贷款	0.56	定期存款	1.24
固定资产贷款	0.51	委托存款	4.94
委托贷款	5.72	保证金存款	0.11
其他贷款	0.54	其他存款	2.34
贷款合计	13.57	存款合计	10.35
投资	0.57	发行金融债券	0.02
融资租赁	0.14	代理发行债券	0.08
有价证券	0.37	同业往来	4.25
国家债券	0.03	呆帐准备金	0.04
在人民银行存款	0.33	资本金	2.34
缴存准备金	0.33	结益	0.17
同业往来	3.01	其他	1.07
资产总额	18.32	负债总额	18.32

47. 其他银行资产负债表

单位：10亿元

资产	1992年	负债	1992年
各项贷款	22.82	各项存款	25.53
流动资金贷款	12.10	企业存款	13.90
工业贷款	5.04	城镇储蓄存款	3.45
商业贷款	4.70	定期	1.56
建筑及基建企业贷款	0.21	活期	1.68
承包及个体户贷款	0.13	农村存款	0.39
三资企业贷款	2.02	信托存款	0.57
农业贷款	0.27	委托存款	6.45
固定资产贷款	2.17	其他存款	0.77
委托贷款	5.65	金融债券	0.18
信托贷款	0.54	代理发行债券	0.21
其他贷款	2.09	同业往来	4.35
投资及租赁	1.62	呆帐准备金	0.13
有价证券	0.82	资本金	4.23
其中：政府债券	0.03	结益	0.38
缴存人行存款准备金	2.14	其他	−0.18
在人行存款	2.66		
同业往来	4.77		
资产总额	34.83	负债总额	34.83

48. 全国城乡储蓄存款年末余额

单位：亿元

年　　份	总　　计	城镇储蓄			农户储蓄	
			定　　期	活　　期		定　　期
1952	8.6	8.6	4.8	3.8		
1953	12.3	12.2	6.8	5.4	0.1	
1954	15.9	14.3	9.8	4.5	1.6	
1955	19.9	16.9	13.3	3.6	3.0	
1956	26.7	22.4	15.6	6.8	4.3	
1957	35.2	27.9	19.6	8.3	7.3	
1958	55.2	35.1	23.9	11.2	20.1	
1959	68.3	47.3	31.6	15.7	21.0	
1960	66.3	51.1	37.3	13.8	15.2	
1961	55.4	39.2	29.7	9.5	16.2	
1962	41.1	31.4	25.6	5.8	9.7	
1963	45.7	35.6	29.4	6.2	10.1	
1964	55.5	44.8	37.0	7.8	10.7	
1965	65.2	52.3	43.4	8.9	12.9	
1966	72.3	57.7	46.9	10.8	14.6	
1967	73.9	59.8	48.9	10.9	14.1	
1968	78.3	62.3	50.3	12.0	16.0	
1969	75.9	61.0	49.4	11.6	14.9	
1970	79.5	64.5	53.8	10.7	15.0	
1971	90.3	73.3	61.4	11.9	17.0	
1972	105.2	85.1	69.6	15.5	20.1	
1973	121.2	94.1	77.7	16.4	27.1	
1974	136.5	105.8	86.7	19.1	30.7	
1975	149.6	114.6	94.5	20.1	35.0	
1976	159.1	122.2	100.6	21.6	36.9	
1977	181.6	135.1	111.7	23.4	46.5	
1978	210.6	154.9	128.9	26.0	55.7	
1979	281.0	202.6	166.4	36.2	78.4	
1980	399.5	282.5	228.6	53.9	117.0	76.3
1981	523.7	354.1	289.4	64.7	169.6	107.0
1982	675.4	447.3	365.2	82.1	228.1	154.1
1983	892.5	572.6	463.9	108.7	319.9	218.4
1984	1214.7	776.6	615.3	161.3	438.1	285.5
1985	1622.6	1057.8	841.2	216.6	564.8	384.0
1986	2237.6	1471.5	1189.3	282.2	766.1	539.9
1987	3073.3	2067.6	1647.9	419.7	1005.7	708.4
1988	3801.5	2659.2	2045.2	614.0	1142.3	788.3
1989	5146.9	3734.8	3102.5	632.3	1412.1	1079.6
1990	7034.2	5192.6	4396.2	796.4	1841.6	1455.
1991	9110.3	6790.9	5715.6	1075.3	2319.4	1826.3
1992	11545.4	8678.1	7035.4	1642.7	2867.3	2273.9

49. 全国分地区城乡居民储蓄存款情况

（1992 年）

单位：万元

地区＼项目	城乡储蓄		城镇储蓄	其中：定期	农户储蓄	其中：定期
	合计	其中：定期				
全国总计	**115453689**	**92882196**	**86790846**	**70132285**	**28672843**	**22749911**
北京	3894284	3423216	3298135	2908819	596149	514397
天津	2018259	1749003	1606714	1406463	411545	342540
河北	7518417	6196112	4808605	3877662	2709812	2318450
山西	3595629	3139270	2514604	2191791	1081025	947479
内蒙古	1764727	1366984	1497659	1180329	267068	186655
辽宁	7275125	6140630	5894855	4944410	1380270	1196220
吉林	2961806	2393129	2519361	2051439	442445	341690
黑龙江	4689603	3838051	4121992	3383589	567611	454462
上海	4139276	3809188	3688381	3361947	450895	447241
江苏	7601803	6866809	5567373	5013599	2034430	1853210
浙江	4842755	4014976	2991217	2551220	1851538	1463756
安徽	2585853	2093227	1913675	1581495	672178	511732
福建	3182051	2578683	2532318	2059432	649713	519251
江西	2387453	1924987	1898641	1557115	488812	367872
山东	8629151	7412816	5851323	4985517	2777828	2427299
河南	5746430	4632843	4260955	3450081	1485475	1182762
湖北	3766060	3065527	3068902	2493442	697158	572085
湖南	3885879	3153679	2864170	2349093	1021709	804586
广东	14662561	9025635	9743908	5946117	4918653	3079518
广西	2728126	1915944	2124880	1540053	603246	375891
海南	1075346	628643	915469	535719	159877	92924
四川	5813001	4800696	4226386	3498829	1586615	1301867
贵州	990050	752687	840111	661559	149939	91128
云南	1952213	1556508	1557662	1258094	394551	298414
西藏	61679	50364	61679	50364		
陕西	3273951	2699997	2517781	2045767	756170	654230
甘肃	1592938	1295106	1347863	1113369	245075	181737
青海	394392	324303	369004	305499	25388	18804
宁夏	496711	411139	420975	347949	75736	63190
新疆	1928180	1622044	1756248	1481523	171932	140521

50.1987—1992年国内有价证券发行情况

单位:亿元

项目 \ 年份		1987年	1988年	1989年	1990年	1991年	1992年	1981—1992年合计
一、国债	发行额	117.87	188.88	187.25	234.16	280.00	455.90	1,763.78
	兑付额	13.98	21.99	13.14	93.55	186.13	154.12	489.26
1. 国库券	发行额	62.87	92.16	56.12	93.28	199.00	392.79	1.195.94
	兑付额	13.98	21.99	13.14	63.77	180.26	0.00	299.49
2. 财政债券	发行额		66.07	0.00	71.09	65.00	63.11	265.27
	兑付额							0.00
3. 国家建设债券	发行额		30.65	0.00.	0.00	0.00	0.00	30.65
	兑付额				24.78	5.87	0.00	30.65
4. 国家重点建设债券	发行额	55.00	0.00	0.00	0.00	0.00	0.00	55.00
	兑付额				5.00			5.00
5. 特种国债	发行额			43.70		16.00	0.00	92.09
	兑付额				32.39			0.00
6. 保值公债	发行额			87.43	37.40			124.83
	兑付额							0.00
二、国家投资债券	发行额					95.00	27.74	122.74
	兑付额						0.69	0.69
三、国家投资公司债券	发行额	30.00	90.00	22.53	6.15	2.29	8.01	158.98
	兑付额					0.83	2.04	2.87
1. 基本建设债券	发行额		80.00	14.59	0.00	0.02	0.00	94.61
	兑付额							0.00
2. 重点企业债券	发行额	30.00	10.00	7.94	6.15	2.27	0.00	56.36
	兑付额					0.80	0.83	1.63
四、银行金融债券	发行额	60.00	65.00	60.66	64.40	66.91	46.36	398.33
	兑付额	30.00	40.00	70.11	50.07	33.67	35.42	264.27
五、企业债	发行额	30.00	75.41	75.26	126.37	249.96	663.71	1,320.71
	兑付额	27.42	46.72	43.94	77.29	114.31	192.76	518.67
六、股票	发行额	10.00	25.00	6.62	4.28	29.52	116.59	192.01
七、大额可转让存单	发行额		59.26	141.80	503.53	426.85	553.06	1,684.50
	兑付额			77.96	231.63	391.60	358.62	1,059.81
总计	发行额	247.87	503.55	494.12	938.89	1,150.53	1,871.37	5,641.05
	兑付额	71.40	108.71	205.15	452.54	726.54	743.65	2,335.57
	期末余额	583.61	978.45	1,267.42	1,753.77	2,177.76	3,305.48	

51.1982—1992 年中国海外债券发行情况

	发行时间	发行者	发行额	年限(年)	票面利率(%)	发行价格
1	1982 年 1 月	中国国际信托投资公司	100 亿日元(私募)	12	8.7	100
2	1983 年 8 月	福建投资企业公司	50 亿日元(私募)	10	8.5	100
3	1984 年 11 月	中国银行	200 亿日元	10	7.0	99.65
4	1985 年 1 月	中国国际信托投资公司	300 亿日元	10	6.6	99.55
5	1985 年 4 月	中国银行	200 亿日元	10	7.1	100
6	1985 年 6 月	中国银行	1.5 亿元西德马克	7	7.0	100
7	1985 年 8 月	中国国际信托投资公司	3 亿港币(私募)	5	9.375	99.90
8	1985 年 9 月	中国银行	2 亿美元	5	Libor	100
9	1985 年 10 月	中国银行	300 亿日元	10	6.1	99.85
10	1985 年 10 月	中国国际信托投资公司	1.5 亿西德马克	6	6.625	99.75
11	1985 年 10 月	中国银行	1.5 亿美元(将军债)	10	10.0	100
12	1985 年 12 月	福建投资企业公司	100 亿日元	10	7.1	100
13	1985 年 12 月	中国国际信托投资公司	1 亿美元(将军债)	10	9.625	100.75
14	1986 年 2 月	上海市投资信托公司	250 亿日元	10	6.6	100
15	1986 年 2 月	中国国际信托投资公司	400 亿日元	10	6.3	99.70
16	1986 年 4 月	中国银行	200 亿日元/美元(双重货币)	10	7.2	101.50
17	1986 年 4 月	中国银行	500 亿日元	10	5.3	100
18	1986 年 7 月	中国银行	2 亿美元	10	Libor+1/16%	100
19	1986 年 9 月	广东国际信托投资公司	200 亿日元	10	6.1	100
20	1986 年 10 月	中国国际信托投资公司	4 亿港币(私募)	7	7.875	100
21	1986 年 11 月	福建投资企业公司	0.5 亿美元(亚洲美元)	10	8.0	101
22	1986 年 12 月	天津市国际信托投资公司	100 亿日元	10	6.0	100
23	1987 年 1 月	中国国际信托投资公司	200 亿日元/美元(双重货币)	5	7.875	101.50
24	1987 年 3 月	中国国际信托投资公司	100 亿日元(亚洲日元)	5	1.0(1～2 年)	101.875
					7.875(3～5 年)	
25	1987 年 4 月	中国国际信托投资公司	300 亿日元	10	4.9	100

续表 51

	发行时间	发行者	发行额	年限(年)	票面利率(%)	发行价格
26	1987 年 5 月	中国银行	2 亿美元(亚洲美元)	10	Libor+1/16%	100
27	1987 年 7 月	福建投资企业公司	100 亿日元	10	4.8	99.75
28	1987 年 8 月	中国银行	150 亿美元	5	5.2	99.70
29	1987 年 8 月	广东国际信托投资公司	0.5 亿美元(欧洲美元)	5	8.5	100.50
30	1987 年 10 月	中国银行	2 亿美元(欧洲美元)	5	Libor+1/16%	100
31	1987 年 10 月	中华人民共和国财政部	3 亿西德马克(欧洲马克)	5	6.0	100
32	1988 年 1 月	中国国际信托投资公司	150 亿日元(欧洲日元)	5	5.625	102.625
33	1988 年 3 月	中国银行	150 亿日元(欧洲日元)	51/4	5.0	101.875
34	1988 年 5 月	广东国际信托投资公司	200 亿日元(欧洲日元)	5	5.125	101.875
35	1988 年 6 月	上海市投资信托公司	150 亿日元(欧洲日元)	71/4	5.25	101.625
36	1988 年 7 月	交通银行	2 亿港元	5	5.3	100
37	1988 年 8 月	交通银行	1 亿美元(亚洲美元)	5	9.375	101.50
38	1988 年 8 月	中国国际信托投资公司	150 亿日元(亚洲日元)	51/4	5.25	101.875
39	1988 年 9 月	福建投资企业公司	150 亿日元	10	5.9	101.30
40	1988 年 11 月	中国银行	2 亿西德马克(欧洲马克)	5	Libor+1/16%	100
41	1988 年 12 月	天津市国际信托投资公司	100 亿日元	10	5.1	100.90
42	1989 年 4 月	中国银行	200 亿日元	10	5.3	101.35
43	1991 年 7 月	中国银行	200 亿日元	5	7.7	
44	1991 年 11 月	中国国际信托投资公司	150 亿日元(浮动利率)	5	Libor+50BP	100.50
45	1992 年 2 月	天津市国际信托投资公司	100 亿日元	5	6.5	100.65
46	1992 年 4 月	中国国际信托投资公司	200 亿欧洲日元	$5\frac{1}{4}$	6.4	101.50
47	1992 年 5 月	上海市投资信托公司	150 亿日元	5	6.4	100.30
48	1992 年 6 月	交通银行	7000 万美元(亚洲美元)	5		
49	1992 年 7 月	广东国际信托投资公司	150 亿日元	5	6.3	100.10
50	1992 年 7 月	中国银行	150 亿日元	5	6.2	100.55
51	1992 年 10 月	中国银行	1.5 亿美元(亚洲美元)	5	Libor+50BP	
52	1992 年 12 月	中国人民建设银行	1.5 亿美元(欧洲美元)	5	Libor+55BP	100
53	1992 年 12 月	上海投资信托公司	200 亿日元	3	4.8	99.80

注:①根据日兴证券株式会社提供的资料翻译整理。

②Libor(londoninter－bankofferedrate),为伦敦银行同业拆放利率。

52. 我国进出口贸易情况

年份	按人民币计算(亿元)				按美元计算(亿美元)			
	进出口总额	出口总额	进口总额	差额	进出口总额	出口总额	进口总额	差额
1950	41.5	20.2	21.3	-1.1	11.3	5.5	5.8	-0.3
1951	59.5	24.2	35.3	-11.1	19.6	7.6	12.0	-4.4
1952	64.6	27.1	37.5	-10.4	19.4	8.2	11.2	-3.0
1953	80.9	34.8	46.1	-11.3	23.7	10.2	13.5	-3.3
1954	84.7	40.0	44.7	-4.7	24.4	11.5	12.9	-1.4
1955	109.8	48.7	61.1	-12.4	31.4	14.1	17.3	-3.2
1956	108.7	55.7	53.0	2.7	32.1	16.5	15.6	0.9
1957	104.5	54.5	50.0	4.5	31.0	16.0	15.0	1.0
1958	128.7	67.0	61.7	5.3	38.7	19.8	18.9	0.9
1959	149.3	78.1	71.2	6.9	43.8	22.6	21.2	1.4
1960	128.4	63.3	65.1	-1.8	38.1	18.6	19.5	-0.9
1961	90.7	47.7	43.0	4.7	29.4	14.9	14.5	0.4
1962	80.9	47.1	33.8	13.3	26.6	14.9	11.7	3.2
1963	85.7	50.0	35.7	14.3	29.2	16.5	12.7	3.8
1964	97.5	55.4	42.1	13.3	34.7	19.2	15.5	3.7
1965	118.4	63.1	55.3	7.8	42.5	22.3	20.2	2.1
1966	127.1	66.0	61.1	4.9	46.2	23.7	22.5	1.2
1967	112.2	58.8	53.4	5.4	41.6	21.4	20.2	1.2
1968	108.5	57.6	50.9	6.7	40.5	21.0	19.5	1.5
1969	107.0	59.8	47.2	12.6	40.3	22.0	18.3	3.7
1970	112.9	56.8	56.1	0.7	45.9	22.6	23.3	-0.7
1971	120.9	68.5	52.4	16.1	48.4	26.4	22.0	4.4
1972	146.9	82.9	64.0	18.9	63.0	34.4	28.6	5.8
1973	220.5	116.9	103.6	13.3	109.8	58.2	51.6	6.6
1974	292.2	139.4	152.8	-13.4	145.7	69.5	76.2	-6.7
1975	290.4	143.0	147.4	-4.4	147.5	72.6	74.9	-2.3
1976	264.1	134.8	129.3	5.5	134.3	68.5	65.8	2.7
1977	272.5	139.7	132.8	6.9	148.0	75.9	72.1	3.8
1978	355.0	167.6	187.4	-19.8	206.4	97.5	108.9	-11.4
1979	454.6	211.7	242.9	-31.2	293.3	136.6	156.7	-20.1
1980	570.0	271.2	298.8	-27.6	381.4	181.2	200.2	-19.0
1981	735.3	367.6	367.7	-0.1	440.3	220.1	220.2	-0.1
1982	771.3	413.8	357.5	56.3	416.1	223.2	192.9	30.4
1983	860.1	438.3	421.8	16.5	436.2	222.3	213.9	8.4
1984	1201.0	580.5	620.5	-40.0	535.5	261.4	274.1	-12.7
1985	2066.7	808.9	1257.8	-448.9	696.0	273.5	422.5	-149.0
1986	2580.4	1082.1	1498.3	-416.2	738.5	309.4	429.0	-119.6
1987	3084.2	1470.0	1614.2	-144.2	826.5	394.4	432.2	-37.8
1988	3822.0	1766.7	2055.3	-288.6	1027.9	475.2	552.8	-77.6
1989	4155.9	1956.0	2199.9	-243.9	1116.8	525.4	591.4	-66.0
1990	5560.1	2985.8	2574.3	411.5	1154.4	620.9	533.5	87.5
1991	7225.8	3827.1	3398.7	428.4	1356.3	718.4	637.9	80.5
1992	9123.6	4679.4	4444.2	235.2	1656.1	850.0	806.1	43.9

注：1. 本表1979年以前为外贸业务统计数，1980年以后为海关进出口统计数。

2. 进出口差额负数为入超。

53. 我国利用外资概况

年份	总计		对外借款		外商直接投资		外商其他投资	
	项目(个)	金额(亿美元)	项目(个)	金额(亿美元)	项目(个)	金额(亿美元)	项目(个)	金额(亿美元)
签订利用外资协议(合同)额								
1979—1992	**91543**	**1911.00**	**752**	**746.97**	**90791**	**1104.62**		**59.41**
1979—1982	949	205.48	27	135.49	922	60.10		9.89
1983	522	34.30	52	15.13	470	17.32		1.85
1984	1894	47.91	38	19.16	1856	26.51		2.24
1985	3145	98.67	72	35.34	3073	59.32		4.01
1986	1551	117.37	53	84.07	1498	28.34		4.96
1987	2289	121.36	56	78.17	2233	37.09		6.10
1988	6063	160.04	118	98.13	5945	52.97		8.94
1989	5909	141.97	130	51.85	5779	56.00		6.94
1990	7371	120.86	98	50.99	7273	65.96		3.91
1991	13086	195.83	108	71.61	12978	119.77		4.45
1992	48858	694.39	94	107.03	48764	581.24		6.12
实际利用外资额								
1979—1992		**988.30**		**606.54**		**343.55**		**38.21**
1979—1982		124.57		106.90		11.66		6.01
1983		19.81		10.65		6.36		2.80
1984		27.05		12.86		12.58		1.61
1985		46.47		26.88		16.61		2.98
1986		72.58		50.14		18.74		3.70
1987		84.52		58.05		23.14		3.33
1988		102.26		64.87		31.94		5.45
1989		100.59		62.86		33.92		3.81
1990		102.89		65.34		34.87		2.68
1991		115.54		68.88		43.66		3.00
1992		192.02		79.11		110.07		2.84

注:1. 1979—1990 年对外借款项目及总计项目中包括重复签约项目 94 个。

2. 由于汇总所使用单位和位数取舍不同,有的年份分项之和不等于总计。

54.1992年我国利用外资国外地区结构

单位:万美元

国别（地区）	合计		对外借款		外商直接投资及其他	
	金额	占总计比重%	金额	占总计比重%	金额	占总计比重%
总计	**1920233**	**100**	**791071**	**100**	**1129162**	**100**
亚洲						
缅甸	283	…			283	…
朝鲜	594	…	50	…	544	…
香港	841653	43.8	71041	9.0	770612	68.2
印度尼西亚	2017	0.1			2017	0.2
伊朗	12	…			12	…
以色列	8	…			8	…
日本	317994	16.6	243167	30.7	74827	6.6
科威特	1435	0.1	760	0.1	675	0.1
老挝	41	…			41	…
黎巴嫩	11	…			11	…
澳门	27342	1.4	7060	0.9	20282	1.8
马来西亚	2467	0.1			2467	0.2
菲律宾	1905	0.1	250	…	1655	0.1
新加坡	14065	0.7	1472	0.2	12593	1.1
韩国	12025	0.6			12025	1.1
泰国	8432	0.4			8432	0.7
阿联酋	222	…			222	…
越南	902	…			902	0.1
台湾	105335	5.5			105335	9.3
非洲						
利比里亚	1	…			1	…
利比亚	110	…			110	…
马达加斯加	171	…			171	…
毛里求斯	11	…			11	…
尼日利亚	13	…			13	…
斯威士兰	10	…			10	…
欧洲						
比利时	1507	0.1	1061	0.1	446	…
丹麦	2471	0.1	1256	0.1	1215	0.1
英国	21553	1.1	17703	2.2	3850	0.3
前联邦德国	25665	1.3	16537	2.1	9128	0.8
法国	77696	4.0	73004	9.2	4692	0.4

续表 54

国别（地区）	合计		对外借款		外商直接投资及其他	
	金额	占总计比重%	金额	占总计比重%	金额	占总计比重%
爱尔兰	100	…			100	…
意大利	26743	1.4	24077	3.0	2666	0.2
卢森堡	1177	0.1	1107	0.1	70	…
荷兰	3746	0.2	905	0.1	2841	0.3
西班牙	15524	0.8	15359	1.9	165	…
奥地利	16819	0.9	16230	2.0	589	…
芬兰	1033	…	1017	0.1	16	…
匈牙利	306	…			306	…
挪威	1013	…	507	…	506	…
罗马尼亚	8	…			8	…
瑞典	12359	0.6	11358	1.4	1001	0.1
瑞士	14704	0.8	11760	1.5	2944	0.3
俄罗斯	1627	0.1			1627	0.1
南斯拉夫	127	…			127	…
拉丁美洲						
阿根廷	176	…			176	…
巴哈马	46	…			46	…
伯利兹	17	…			17	…
玻利维亚	370	…			370	…
巴西	195	…			195	…
哥斯达黎加	300	…			300	…
巴拿马	819	…			819	…
巴拉圭	58	…			58	…
秘鲁	12	…			12	…
维尔京群岛	400	…			400	…
北美洲						
加拿大	27496	1.4	21589	2.7	5907	0.5
美国	58114	3.0	6170	0.8	51944	4.6
百慕大	29	…			29	…
大洋洲						
澳大利亚	3516	0.2	11	…	3505	0.3
新西兰	282	…			282	…
巴布亚新几内亚	30	…			30	…
汤加	13	…			13	…
其他	137103	7.1	117600	14.9	19503	1.7
国际组织						
世界银行	109704	5.7	109704	13.9		
农业发展基金	1541	0.1	1541	0.2		
亚洲开发银行	18775	1.0	18775	2.4		

55.1992年我国利用外资国内地区结构

单位:万美元

地区	合计		对外借款		外商直接投资及其他	
	金额	占总计比重%	金额	占总计比重%	金额	占总计比重%
省市总计	1305937	100	205218	100	1100719	100
北京	36159	2.8	1174	0.6	34985	3.2
天津	26259	2.0	15481	7.5	10778	1.0
河北	11309	0.9			11309	1.0
山西	5384	0.4			5384	0.5
内蒙古	828	0.1	308	0.1	520	…
辽宁	68012	5.2	16370	8.0	51642	4.7
吉林	7534	0.6			7534	0.7
黑龙江	7269	0.6	52	…	7217	0.7
上海	89929	6.9	40568	19.8	49361	4.5
江苏	146324	11.2			146324	13.3
浙江	27664	2.1	3686	1.8	23978	2.2
安徽	5466	0.4			5466	0.5
福建	146561	11.2	4197	2.0	142364	12.9
江西	12179	0.9	2207	1.1	9972	0.9
山东	102685	7.9	2343	1.1	100342	9.1
河南	5316	0.4			5316	0.5
湖北	21057	1.6	744	0.4	20313	1.8
湖南	13521	1.0	250	0.1	13271	1.2
广东	474641	36.3	104530	50.9	370111	33.6
广西	19881	1.5	1680	0.8	18201	1.6
海南	51480	3.9	6225	3.0	45255	4.1
四川	11214	0.8			11214	1.0
贵州	1979	0.1			1979	0.2
云南	2875	0.2			2875	0.3
陕西	4553	0.3			4553	0.4
甘肃	35	…			35	…
宁夏	352	…			352	…
青海	68	…			68	…
新疆	5403	0.4	5403	2.6		

56.1992年我国利用外资国内部门结构

单位:万美元

部门	合计		对外借款		外商直接投资及其他	
	金额	占总计比重%	金额	占总计比重%	金额	占总计比重%
部门总计	614296	100	585853	100	28443	100
经贸部	158955	25.9	155525	26.5	3430	12.1
财政部	108035	17.6	108035	18.4		
农业部	1541	0.2	1541	0.3		
海洋石油总公司	25013	4.1			25013	87.9
国际信托投资公司	55873	9.1	55873	9.5		
石油天然气总公司	6158	1.0	6158	1.1		
华能电力公司	122	…	122	…		
中国银行	227824	37.1	227824	38.9		
中国人民银行	18775	3.1	18775	3.2		
中国投资银行	5000	0.8	5000	0.9		
中国交通银行	7000	1.1	7000	1.2		

57. 我国对外承包工程和劳务合作情况

单位:亿美元

年　份	签订合同的国家(地区)数(个)	合同数(份)	合同金额	完成营业额
总　计	**168**	**33652**	**256.05**	**150.56**
1976—1978	2	7	0.02	
1979	8	36	0.51	
1980	16	172	1.85	1.70
1981	36	363	5.04	
1982	38	314	5.07	3.48
1983	40	460	9.24	4.52
1984	52	740	17.37	6.23
1985	71	923	12.65	8.35
1986	83	944	13.59	9.73
1987	95	1449	18.89	12.60
1988	103	2126	21.72	14.30
1989	124	3100	22.12	16.86
1990	122	5175	26.04	18.67
1991	147	8438	36.09	23.63
1992	159	9405	65.85	30.49
一、对外承包工程		**7480**	**205.81**	**124.71**
1976—1978		6	0.02	
1979		27	0.33	
1980		138	1.40	1.23
1981		250	2.76	
1982		195	3.46	1.89
1983		280	7.99	3.15
1984		344	15.38	4.94
1985		465	11.16	6.63
1986		486	11.89	8.19
1987		616	16.48	11.14
1988		642	18.13	12.53
1989		776	17.81	14.84
1990		920	21.25	16.44
1991		1171	25.24	19.70
1992		1164	52.51	24.03
二、对外劳务合作		**26172**	**50.24**	**25.85**
1976—1978		**1**		
1979		9	0.18	
1980		34	0.45	0.47
1981		113	2.28	
1982		119	1.61	1.59
1983		180	1.25	1.37
1984		396	1.99	1.29
1985		458	1.49	1.72
1986		458	1.70	1.54
1987		833	2.41	1.46
1988		1484	3.59	1.77
1989		2324	4.31	2.02
1990		4255	4.78	2.23
1991		7267	10.85	3.93
1992		8241	13.35	6.46

58. 我国国际收支概况

单位:亿美元

项　　目	1985 年	1989 年	1990 年	1991 年	1992 年
一、经常项目差额	**－114.17**	**－43.17**	**119.97**	**132.72**	**64.02**
(一)对外贸易差额	－131.23	－56.20	91.65	87.43	51.82
1. 出口	251.08	432.20	515.19	589.19	695.68
2. 进口	－382.31	－488.40	－423.54	－501.76	－643.86
(二)非贸易往来差额	14.63	9.23	25.58	36.98	0.63
1. 货运收入	8.67	13.94	21.63	15.20	17.80
货运支出	－12.92	－25.69	－22.33	－24.06	－41.51
2. 港口供应与劳务收入	3.60	3.00	2.89	3.38	3.68
港口供应与劳务支出	－3.00	－3.70	－11.06	－3.15	－4.49
3. 旅游收入	12.50	18.60	22.18	28.40	39.47
旅游支出	－3.14	－4.28	－4.70	－5.11	－25.12
4. 投资收支差额	8.41	2.29	10.56	8.40	2.49
(1)利润收入	0.06	0.06			
利润支出	－0.14	－0.07	－0.46	－0.10	－0.22
(2)利息收入	4.84	2.47	6.68	7.47	6.14
利息支出	－0.68	－3.94	－3.80	－8.70	－18.86
(3)银行收入	8.97	16.41	23.50	29.72	49.81
银行支出	－4.64	－12.64	－15.36	－19.99	－34.38
5. 其他非贸易往来收入	6.68	10.49	11.84	22.80	31.54
其他非贸易往来支出	－6.17	－5.42	－5.43	－8.88	－23.23
(三)资金转让差额	2.43	3.80	2.74	8.31	11.57
1. 侨汇收入	1.80	0.75	1.24	2.07	2.29
侨汇支出	－0.03	－0.03	－0.05	－0.18	－0.15
2. 无偿援助捐赠收入	1.96	1.10	0.59	2.14	2.12
无偿援助捐赠支出	－1.45	－0.49	－0.76	－0.10	
3. 国际组织往来收入	0.62	1.20	0.84	1.92	1.73
国际组织往来支出	－0.41	－0.38	－0.15	－0.09	－0.33
4. 居民其他收支差额	－0.06	1.65	1.03	2.55	5.91
二、资本往来项目差额	**89.72**	**34.41**	**32.56**	**80.32**	**－2.50**
(一) 长期资本往来差额	67.01	49.50	64.54	76.70	6.56
长期资本流入	95.31	119.93	116.11	128.58	276.42
长期资本流出	－28.30	－70.33	－51.57	－51.88	－269.86
1. 外国在华直接投资	16.59	33.92	34.87	43.66	111.56
我国在海外直接投资	－6.29	－7.80	－8.30	－9.13	－40.00

续表 58 单位:亿美元

项　　目	1985 年	1989 年	1990 年	1991 年	1992 年
2. 外国在华证券投资	7.64	1.40		5.65	3.93
我国在海外证券投资	－22.63	－3.20	－2.41	－3.30	－4.50
3. 外国政府贷款	4.86	9.54	14.41	10.26	15.01
偿还外国政府贷款		－1.48	－5.78	－3.42	－6.29
4. 国际组织贷款	5.31	12.46	13.11	13.41	15.83
偿还国际组织贷款		－2.17	－2.12	－2.74	－2.02
5. 银行对外借款	26.92	11.42	13.46	27.43	27.68
银行偿还借款	－5.21	－32.21	－8.99	－16.46	－59.96
6. 延期付款差额	－1.62	0.11	2.42	1.19	0.80
7. 延期收款差额	－7.03	－0.15	－0.51	0.22	0.84
8. 地方、部门对外借款	2.41	38.85	21.36	9.70	6.59
地方、部门偿还借款	－0.39	－10.22	－9.69	－4.37	－29.30
9."三来一补"外商提供设备	2.70	3.17	2.37	2.93	2.76
偿还"三来一补"设备款	－0.71	－2.57	－2.10	－2.35	－8.14
10. 国际租赁应付设备款	0.27	6.19	6.19	6.87	7.97
11. 我国对外提供贷款	－2.25	－1.93	－1.95	－1.30	－1.47
收回对外贷款本金	0.23	0.37	0.48	0.63	0.07
12. 其他资本往来差额	0.98	0.35	0.31	0.19	－32.11
(二)短期资本往来差额	22.71	－15.19	－31.98	3.62	－9.06
1. 延期付款差额	0.29	－2.31	0.72	－0.71	
2. 延期收款差额	－2.93	－0.93	－0.64	－1.30	
3. 银行借还款差额	25.17	－5.82	－27.62	5.58	24.41
4. 地方、部门借还款差额	0.68	0.50	－1.15		1.40
5. 其他资本往来差额	－0.50	－6.63	－3.29	0.05	－34.87
三、误差与遗漏	**0.92**	**3.25**	**－31.31**	**－67.92**	**－82.74**
四、储备资产增减额	**23.52**	**5.51**	**－121.22**	**－145.12**	**21.22**
(一)外汇	25.07	5.27	－115.72	－140.71	22.69
(二)在国际货币基金储备	－0.77			－0.03	－3.25
(三)特别提款权	－0.77	0.24	－0.58	－0.15	1.78
(四)对基金信贷的使用			－4.92	－4.12	
(五)黄金储备				－0.11	

注:1. 进出口皆为离岸价。
2. 储备资产增加为"－"。

59. 人民币对主要外币年平均汇价

外币名称	外币单位	1990年		1991年		1992年	
		买价（人民币元）	卖价（人民币元）	买价（人民币元）	卖价（人民币元）	买价（人民币元）	卖价（人民币元）
澳大利亚元	100	372.68	374.55	413.19	415.26	404.64	406.67
奥地利先令	100	42.14	42.36	45.65	45.88	50.17	50.42
加拿大元	100	408.44	410.49	462.19	464.51	456.16	458.45
瑞士法郎	100	345.71	347.44	371.68	373.54	392.68	394.65
德国马克	100	296.42	297.90	320.88	322.48	353.27	355.04
丹麦克朗	100	77.35	77.74	83.25	83.67	91.36	91.82
芬兰马克	100	124.98	125.60	132.15	132.81	123.44	124.06
法国法郎	100	88.00	88.44	94.40	94.87	104.17	104.69
荷兰盾	100	263.02	264.34	284.94	286.37	313.58	315.15
挪威克朗	100	76.41	76.79	82.12	82.53	88.78	89.22
新加坡元	100	263.59	264.92	306.97	308.51	337.41	339.10
瑞典克朗	100	80.77	81.17	87.98	88.42	94.86	95.33
英镑	100	852.32	856.59	938.13	942.83	971.71	976.58
美元	100	477.18	479.57	530.94	533.60	550.11	552.87
港元	100	61.24	61.54	68.27	68.62	71.06	71.42
意大利里拉	10000	39.96	40.15	42.91	43.13	44.87	45.09
日元	100000	3314.97	3331.59	3950.31	3970.11	4349.87	4371.67
比利时法郎	10000	1433.07	1440.24	1558.84	1566.66	1715.45	1724.05

二、固定资产投资统计

1. 全社会固定资产投资

指　　标	1985年	1988年	1989年	1990年	1991年	1992年
一、投资总额(亿元)	**2543.19**	**4496.54**	**4137.73**	**4449.29**	**5508.80**	**7854.98**
1. 按经济类型分						
国有单位	1680.51	2762.76	2535.48	2918.64	3628.11	5273.64
基本建设	1074.37	1574.31	1551.74	1703.81	2115.80	3012.65
更新改造	449.14	980.55	788.78	830.19	1023.23	1461.10
其他固定资产投资	157.00	207.90	194.97	199.07	238.64	293.81
集体单位	327.46	711.71	569.99	529.48	697.80	1359.35
城镇	128.23	254.97	185.63	163.38	203.83	364.49
农村	199.23	456.74	384.36	366.10	493.98	994.86
城乡个人	535.22	1022.08	1032.26	1001.17	1182.88	1221.99
城镇	56.79	156.85	140.23	124.70	140.32	216.47
农村	478.43	865.23	892.03	876.47	1042.56	1005.52
2. 按资金来源分						
国家预算内投资	407.80	410.01	341.62	387.65	372.95	334.20
国内贷款	510.27	926.68	716.36	870.88	1292.19	2152.02
利用外资	91.48	258.99	274.15	278.26	316.27	457.14
自筹投资	1533.64	2900.87	2355.50	2329.49	2878.61	4024.63
其他投资			450.09	583.01	648.79	886.99
3. 按构成分						
建筑安装工程	1655.46	2938.28	2812.57	2962.84	3594.26	5018.65
设备、工具、器具购置	718.08	1236.33	1048.71	1148.39	1435.21	2063.91
其他费用	169.65	321.92	276.45	338.08	479.33	772.42
4. 按用途分						
生产性建设	1544.10	2865.43	2571.97	2768.28	3453.39	5166.14
非生产性建设	999.09	1631.11	1565.76	1681.01	2055.41	2688.84
住宅	641.63	1067.02	1063.84	1164.48	1417.41	1716.91
二、房屋建筑面积(万平方米)						
施工面积	148859	168951	131788	137171	152813	172173
竣工面积	122084	135943	105749	107793	119107	114800
住宅	90972	104801	83197	86289	94002	85017

注:1. 其他固定资产投资包括油田维护、开发和采掘采伐工业开拓延伸工程投资,用公路养路费进行的公路、桥梁改建工程和用简易建筑费建造的仓库工程投资。

2. 1989～1990年投资中不含未列入计划的2～5万元零星固定资产投资。

3. 1990、1991和1992年投资总额和国有单位投资中分别含商品房建设投资185.57亿元、250.45亿元、506.08亿元。

2.1992 年全社会固定资产投资及构成

指　　标	总　计	国有单位	基本建设	更新改造	其他投资	集体单位	农村	城乡个人	农村
一、绝对数									
1. 投资总额(亿元)	**7854.98**	**5273.64**	**3012.65**	**1461.10**	**293.81**	**1359.35**	**994.86**	**1221.99**	**1005.52**
①按资金来源分									
国家预算内投资	334.20	332.44	307.87	20.11	1.38	1.76			
国内贷款	2152.02	1601.41	831.48	604.56	8.98	499.22	340.48	51.39	51.39
利用外资	457.14	421.16	334.15	53.15	9.64	35.98			
自筹投资	4024.63	2457.58	1242.92	722.56	261.40	539.30	387.30	1027.75	811.28
其他投资	886.99	461.06	296.24	60.73	12.40	283.08	267.08	142.85	142.85
②按构成分									
建筑安装工程	5018.65	3127.54	1889.39	620.64	229.67	781.10	598.58	1110.01	893.54
设备工具器具购置	2063.91	1432.37	667.34	715.34	44.19	552.90	392.99	78.64	78.64
其他费用	772.42	713.73	455.92	125.12	19.95	25.35	3.29	33.33	33.33
③按用途分									
生产性建设	5166.14	3688.21	2117.59	1258.92	276.17	1167.28	861.71	310.64	283.94
非生产性建设	2688.84	1585.43	895.06	202.18	17.64	192.06	133.15	911.34	721.57
住宅	1716.91	793.44	327.29	83.88	5.53	55.18	24.85	868.29	678.52
2. 房屋建筑面积(万平方米)									
施工面积	172173	59933	32709	10816	589	19174	13762	93065	83392
竣工面积	114800	26576	15134	5209	442	13213	10446	75011	65338
住宅	85017	13801	6919	1751	154	2188	1435	69028	60442
二、构成(%)									
①按资金来源分									
国家预算内投资	4.3	6.3	10.2	1.4	0.4	0.1			
国内贷款	27.4	30.4	27.6	41.3	3.1	36.7	34.2	4.2	5.1
利用外资	5.8	8.0	11.9	3.6	3.3	2.6			
自筹投资	51.2	46.5	41.3	49.5	89.0	39.8	38.9	84.1	80.7
其他投资	11.3	8.7	9.8	4.2	4.2	20.8	26.9	11.7	14.2
②按构成分									
建筑安装工程	63.9	59.3	62.7	42.5	78.2	57.5	60.2	90.8	88.9
设备工具器具购置	26.3	27.2	22.2	49.0	15.0	40.7	39.5	6.5	7.8
其他费用	9.8	13.5	15.1	8.5	6.8	1.8	0.3	2.7	3.3
③按用途分									
生产性建设	65.8	69.9	70.3	86.2	94.0	85.9	86.6	25.4	28.2
非生产性建设	34.2	30.1	29.7	13.8	6.0	14.1	13.4	74.6	71.8
住宅	21.9	15.1	10.9	5.7	1.9	4.1	2.5	71.1	67.5

注:总计及全民所有制单位投资中含商品房建设投资 506.08 亿元。

3.1992年各地区全社会固定资产投资

单位:亿元

地　区	投资总额	国有单位	基本建设	更新改造	其他固定资产投资	集体单位	城乡个人
全　国	**7854.98**	**5273.64**	**3012.65**	**1461.10**	**293.81**	**1359.35**	**1221.99**
北　京	263.38	227.80	114.88	72.91	6.32	26.94	8.64
天　津	174.41	137.81	80.14	45.72	7.36	28.89	7.71
河　北	322.19	200.39	113.31	71.69	4.07	54.08	67.72
山　西	162.79	131.99	88.19	36.80	1.81	15.63	15.17
内蒙古	138.55	113.05	81.96	25.14	2.13	6.50	19.00
辽　宁	431.04	360.38	170.92	115.28	28.51	39.94	30.72
吉　林	151.30	121.67	62.08	34.01	11.25	8.46	21.17
黑龙江	244.29	215.87	104.33	44.36	47.29	6.81	21.61
上　海	356.39	275.60	129.60	126.77	6.52	62.25	18.54
江　苏	740.32	280.61	148.45	93.73	8.01	296.39	163.32
浙　江	443.80	155.33	79.03	48.30	3.76	140.36	148.11
安　徽	189.01	121.14	66.51	43.92	3.51	24.92	42.95
福　建	194.70	123.99	70.86	29.40	2.35	22.04	48.67
江　西	123.92	82.33	41.56	30.37	2.76	13.20	28.39
山　东	597.55	342.74	174.28	85.84	45.14	184.00	70.81
河　南	310.32	189.15	101.03	58.56	20.78	41.13	80.04
湖　北	245.17	177.95	109.49	52.06	3.85	28.49	38.73
湖　南	234.40	146.40	87.58	49.17	2.24	30.61	57.39
广　东	938.51	600.98	336.38	128.57	10.46	204.08	133.45
广　西	140.22	92.68	52.21	34.17	1.76	15.40	32.14
海　南	87.04	79.42	43.36	5.31	0.52	3.98	3.64
四　川	401.94	280.88	160.22	84.46	18.55	49.15	71.91
贵　州	68.53	57.92	34.36	19.99	1.29	2.68	7.93
云　南	148.28	101.53	61.43	32.21	3.37	20.65	26.10
西　藏	14.63	11.89	11.85	0.04	0.00	0.16	2.58
陕　西	133.16	93.17	51.11	33.40	3.21	13.01	26.98
甘　肃	83.85	66.23	39.22	21.61	2.44	6.32	11.30
青　海	30.56	27.45	17.68	3.67	5.52	1.03	2.08
宁　夏	33.60	26.25	16.60	7.96	0.12	2.96	4.39
新　疆	171.77	151.66	105.47	21.74	22.05	9.31	10.80
不分地区	279.37	279.37	258.56	3.95	16.87		

4.1981—1992年全社会在建项目投资总规模和增长速度

	指　　标	1981年	1982年	1985年	1988年	1989年	1990年	1991年	1992年
1	一、绝对数(亿元)								
2	全社会在建投资总规模	5495.00	5869.00	8498.00	13402.31	13959.50	15260.52	19214.30	27632.12
3	国有单位	5085.00	5309.00	7308.00	10936.56	11653.70	13100.09	16544.52	23598.87
4	基本建设	4555.00	4569.00	5955.00	7647.00	8501.30	9127.59	11657.20	15670.32
5	更新改造	530.00	740.00	1196.00	2744.25	2617.50	2678.27	3132.70	5033.30
6	其他固定资产投资			157.00	545.31	534.90	644.73	874.75	1011.56
7	商品房建设投资						650.30	879.87	1883.68
8	集体单位	232.00	349.00	655.00	1443.67	1273.54	1158.46	1486.90	2811.27
9	城镇	64.00	85.00	255.00	530.19	504.82	426.26	498.94	1816.41
10	农村	168.00	264.00	400.00	913.48	768.72	732.20	987.96	994.86
11	城乡个人	178.00	211.00	535.00	1022.08	1032.26	1001.17	1182.88	1221.99
12	城镇	12.00	12.00	57.00	156.85	140.32	124.70	140.23	216.47
13	农村	166.00	199.00	478.00	865.23	892.03	876.47	1042.56	1005.52
14	二、增长速度(%)以上年为基期								
15	全社会在建投资总规模	14.1	6.8	25.1	15.1	4.2	9.3	25.9	43.8
16	国有单位	10.5	4.4	24.0	12.6	6.6	12.4	26.3	42.6
17	基本建设	9.4	0.3	20.5	3.9	11.2	7.4	27.7	34.4
18	更新改造	20.5	39.6	45.5	27.3	−4.6	2.3	17.0	60.7
19	其他固定资产投资			18.0	177.8	−1.9	20.5	35.7	15.6
20	商品房建设投资							35.30	114.1
21	集体单位	141.7	50.4	34.2	27.6	−11.8	−9.0	12.7	89.1
22	城镇	28.0	32.8	84.8	32.6	−4.8	−15.6	17.1	264.1
23	农村	265.2	57.1	14.3	24.9	−15.8	−4.8	34.9	0.7
24	城乡个人	49.6	18.5	30.8	28.4	1.0	−3.0	18.1	3.3
25	城镇	33.3	0.0	90.0	56.1	−10.6	−11.1	12.5	54.3
26	农村	50.9	19.9	26.1	24.4	3.1	−1.7	18.9	−3.6

注:城乡个人的投资总规模是以年度投资代替的。

5. 历年国有单位固定资产投资

单位:亿元

年份	投资总额	基本建设投资		更新改造投资	其他固定资产投资
			国家预算内投资		
1953	91.59	90.44	75.49	1.15	
1954	102.68	99.07	83.43	3.61	
1955	105.24	100.36	93.66	4.88	
1956	160.84	155.28	147.12	5.56	
1957	151.23	143.32	131.48	7.91	
1958	279.06	269.00	216.44	10.06	
1959	368.02	349.72	272.07	18.30	
1960	416.58	388.69	301.75	27.89	
1961	156.06	127.42	93.87	28.64	
1962	87.28	71.26	60.25	16.02	
1963	116.66	98.16	84.69	18.50	
1964	165.89	144.12	123.96	21.77	
1965	216.90	179.61	163.09	37.29	
1966	254.80	209.42	188.30	45.38	
1967	187.72	140.17	124.86	47.55	
1968	151.57	113.06	103.79	38.51	
1969	246.92	200.83	181.60	46.09	
1970	368.08	312.55	272.73	55.53	
1971	417.31	340.84	282.77	76.47	
1972	412.81	327.98	264.41	84.83	
1973	438.12	338.10	282.20	100.02	
1974	463.19	347.71	289.76	115.48	
1975	544.94	409.32	335.58	135.62	
1976	523.94	376.44	310.93	147.50	
1977	548.30	382.37	299.23	165.93	
1978	668.72	500.99	389.21	167.73	
1979	699.36	523.48	396.92	175.88	
1980	745.90	558.89	300.11	187.01	
1981	667.51	442.91	222.62	195.30	29.30
1982	845.31	555.53	232.48	250.37	39.41
1983	951.96	594.13	295.97	291.13	66.70
1984	1185.18	743.15	359.85	309.28	132.75
1985	1680.51	1074.37	381.18	449.14	157.00
1986	1978.50	1176.11	417.39	619.21	183.18
1987	2297.99	1343.10	438.52	758.59	196.30
1988	2762.76	1574.31	381.66	980.55	207.90
1989	2535.48	1551.74	323.33	788.78	194.97
1990	2918.64	1703.81	363.59	830.19	199.07
1991	3628.11	2115.80	348.45	1023.23	238.64
1992	5273.64	3012.65	307.87	1461.10	293.81

注:1. 1980年及以前年份其他固定资产投资包括在更新改造投资中。

2. 1990年、1991年及1992年投资总额中分别含商品房建设投资185.57亿元、250.45亿元和506.08亿元。

6.1953—1992年我国国有单位投资总量宏观分析

单位:亿元

年份	投资总额	国民收入使用额	投资占国民收入使用额比重(%)	国家预算内投资	国家预算内投资比重(%)
1953	91.59	727	12.60	76.64	83.68
1954	102.68	765	13.42	85.60	83.37
1955	105.24	807	13.04	97.08	92.25
1956	160.84	888	18.11	150.10	93.32
1957	151.23	935	16.17	134.06	88.65
1958	279.06	1117	24.98	216.44	77.56
1959	368.02	1274	28.89	272.07	73.93
1960	416.58	1264	32.96	301.75	72.44
1961	156.06	1013	15.41	93.87	60.15
1962	87.28	948	9.21	72.78	83.39
1963	116.66	1047	11.14	99.17	85.01
1964	165.89	1184	14.01	139.52	84.10
1965	216.90	1347	16.10	186.11	85.80
1966	254.80	1535	16.60	214.74	84.28
1967	187.72	1428	13.15	135.23	72.04
1968	151.57	1409	10.76	110.21	72.71
1969	246.92	1537	16.07	186.50	75.53
1970	368.08	1876	19.62	277.18	75.30
1971	417.31	2008	20.78	295.01	70.69
1972	412.81	2052	20.12	275.22	66.67
1973	438.12	2252	19.45	294.37	67.19
1974	463.19	2291	20.22	303.84	65.60
1975	544.94	2451	22.23	350.85	64.38
1976	523.94	2424	21.61	324.90	62.01
1977	548.30	2573	21.31	317.61	57.93
1978	668.72	2975	22.48	415.69	62.16
1979	699.36	3356	20.84	440.56	62.99
1980	745.90	3696	20.18	333.09	44.66
1981	667.51	3905	17.09	257.50	38.58
1982	845.31	4290	19.70	265.43	31.40
1983	951.96	4779	19.92	336.80	35.38
1984	1185.18	5701	20.79	417.95	35.26
1985	1680.51	7507	22.39	403.00	23.98
1986	1978.50	8496	23.29	438.49	22.16
1987	2297.99	9684	23.73	472.15	20.55
1988	2762.76	12269	22.52	409.92	14.84
1989	2535.48	13596	18.65	338.70	13.36
1990	2918.64	14383	20.29	382.17	13.09
1991	3628.11	16314	22.24	368.55	10.16
1992	5273.64	19866	26.55	329.36	6.25

7.1992年国有单位固定资产投资总规模与完成情况

单位:亿元

	实际需要的总投资	计划总投资	自开始建设至本年底累计完成投资	本年完成投资	累计新增固定资产	不增加固定资产投资	未完工程	全部建成尚需投资	未完工程占用率(%)	建设周期(年)
全国总计	21715.19	19321.68	10780.89	4767.56	6313.68	436.23	4030.98	10934.30	84.6	4.6
一、按隶属关系分										
1. 部直属项目	9358.27	8891.63	5050.70	1798.52	3199.11	246.30	1605.29	4307.56	89.3	5.2
2. 部直供项目	849.54	806.07	456.66	126.50	306.27	16.30	134.08	392.88	106.0	6.7
3. 地方项目	11507.38	9623.97	5273.53	2842.53	2808.30	173.63	2291.60	6233.85	80.6	4.0
省　属	3926.50	3774.87	1954.71	889.99	954.10	69.55	931.05	1971.79	104.6	4.4
地市属	5680.99	4065.19	2164.22	1176.34	1166.93	67.28	930.01	3516.77	79.1	4.8
县　属	1899.88	1783.91	1154.59	776.21	687.26	36.79	430.54	745.29	55.5	2.4
二、按建设性质分										
1. 新建	9630.99	8256.15	4400.49	1591.34	2232.52	171.02	1996.95	5230.50	125.5	6.1
2. 扩建	7502.66	7370.86	4144.52	1838.18	2612.39	159.96	1372.18	3358.14	74.6	4.1
3. 改建	3586.41	2874.85	1657.02	953.56	1076.47	68.53	512.02	1929.39	53.7	3.8
4. 单纯建造生活设施	505.37	325.12	220.07	146.03	137.92	6.85	75.30	285.30	51.6	3.5
5. 迁建	242.45	221.04	157.78	59.19	93.19	4.98	59.61	84.67	100.7	4.1
6. 恢复	19.64	18.30	13.27	6.51	7.37	0.71	5.19	6.37	79.8	3.0
7. 单纯购置	227.67	255.36	187.74	172.76	153.82	24.18	9.74	39.93	5.6	1.3
三、按三次产业分										
1. 第一产业	778.44	753.22	308.57	132.31	165.12	26.86	116.58	469.87	88.1	5.9
其中:农业	778.44	753.22	308.57	132.31	165.12	26.86	116.58	469.87	88.1	5.9
2. 第二产业	13237.54	12643.07	7153.91	2807.73	4330.74	300.83	2522.33	6083.63	89.8	4.7
1. 轻工业	1855.67	1764.09	1094.31	577.70	642.71	34.74	416.85	761.36	72.2	3.2
2. 重工业	11217.90	10723.65	5965.78	2181.76	3615.72	263.36	2086.70	5252.12	95.6	5.1
3、第三产业	7699.21	5925.39	3318.41	1827.52	1817.82	108.54	1392.07	4380.80	76.2	4.2
四、按投资规模分										
1.500万元以下	1110.92	1157.77	855.26	688.35	612.53	19.97	222.76	255.66	32.4	1.6
2.500—1000万元	655.62	626.13	438.43	303.74	265.82	15.42	157.19	217.19	51.8	2.2
3.1000—3000万元	1667.19	1776.44	1004.95	613.16	570.15	34.21	400.59	662.24	65.3	2.7
4.3000—5000万元	1082.75	1019.61	625.53	325.81	345.40	23.41	256.72	457.22	78.8	3.3
5.5000万元—1亿元	1563.06	1466.41	909.87	432.50	492.59	35.94	381.34	653.19	88.2	3.6
6.1亿元—5亿元	3487.34	3527.54	2064.22	815.74	1165.97	85.63	812.62	1423.12	99.6	4.3
7.5亿元—10亿元	1793.88	1714.59	1081.18	378.45	682.05	43.87	355.26	712.71	93.9	4.7
8.10亿元以上	10354.43	8033.20	3801.46	1209.81	2179.18	177.79	1444.49	6552.98	119.4	8.6

注:本表不含商品房建设投资。

8.1992 年各地区国有单位施工项目固定资产投资总规模与完成情况

单位：亿元

地区	实际需要的总投资	计划总投资	自开始建设至本年底累计完成投资	本年完成投资	累计新增固定资产	不增加固定资产投资	未完工程	全部建成尚需投资	未完工程占用率(%)	建设周期(年)
全国总计	20365.74	17948.40	10494.29	4527.04	6119.79	405.66	3968.97	9873.30	87.7	4.5
北京	835.81	797.71	435.51	185.22	224.61	17.39	193.51	400.30	104.5	4.5
天津	470.49	762.56	282.52	130.60	117.74	16.07	148.70	187.97	113.9	3.6
河北	669.88	640.42	432.06	186.85	271.67	25.28	135.10	237.83	72.3	3.6
山西	606.64	563.20	420.21	125.19	275.71	15.26	129.24	186.43	103.2	4.8
内蒙古	534.57	486.96	302.41	108.59	198.36	15.44	88.62	232.16	81.6	4.9
辽宁	1165.43	1086.35	691.77	309.67	414.86	30.52	246.40	473.66	79.6	3.8
吉林	400.53	357.55	234.19	103.76	163.40	8.38	62.40	166.34	60.1	3.9
黑龙江	867.08	761.89	397.63	193.36	292.24	14.26	91.12	469.45	47.1	4.5
上海	1040.67	1009.07	564.78	249.40	280.26	11.68	272.83	475.89	109.4	4.2
江苏	873.17	982.65	557.35	247.78	342.07	14.73	200.55	315.81	80.9	3.5
浙江	411.23	394.76	235.30	128.18	130.09	5.64	99.57	175.92	77.7	3.2
安徽	498.01	476.06	289.74	111.69	162.05	6.53	121.16	208.27	108.5	4.5
福建	416.51	407.12	210.58	100.80	101.63	16.85	92.10	205.93	91.4	4.1
江西	290.40	265.73	172.36	74.17	105.16	9.08	58.12	118.04	78.4	3.9
山东	1369.97	1219.80	748.31	299.55	516.90	16.29	215.12	621.66	71.8	4.6
河南	722.95	675.91	435.42	177.16	274.28	20.03	141.11	287.53	79.7	4.1
湖北	587.10	555.36	334.48	158.43	176.73	12.44	145.31	252.62	91.7	3.7
湖南	1335.20	469.83	304.90	136.21	191.39	8.02	105.50	1030.30	77.5	9.8
广东	2324.61	1428.35	887.82	445.19	422.25	32.04	433.52	1436.79	97.4	5.2
广西	268.36	250.71	154.08	84.47	84.47	4.02	65.59	114.28	77.6	3.2
海南	164.41	156.91	74.64	47.58	40.65	4.01	29.98	89.76	63.0	3.5
四川	1135.60	1042.29	615.80	258.06	339.99	25.10	250.71	519.80	97.2	4.4
贵州	310.23	234.98	157.65	54.42	85.00	7.71	64.93	152.59	119.3	5.7
云南	355.66	324.43	189.93	95.15	102.09	8.60	79.39	167.58	83.3	3.8
西藏	26.86	26.46	17.89	11.63	12.98	2.48	2.43	8.96	20.9	2.3
陕西	431.48	403.14	245.77	85.93	150.43	8.78	36.56	185.71	100.7	5.0
甘肃	257.53	234.95	171.13	62.57	89.95	8.33	72.85	86.40	116.4	4.1
青海	154.24	134.14	86.36	26.30	58.62	5.01	22.73	67.88	86.4	5.9
宁夏	126.22	127.37	77.18	24.37	56.18	3.85	17.16	49.04	70.4	5.2
新疆	498.24	491.23	249.37	126.65	174.66	8.89	65.82	248.87	52.0	3.9
不分地区	1216.64	1180.52	517.12	178.15	263.35	22.95	230.82	699.52	129.6	6.8

9.1985—1992年基本建设投资及构成

指　　标	1985年	1988年	1989年	1990年	1991年	1992年
一、投资总额(亿元)	**1074.37**	**1574.31**	**1551.74**	**1703.81**	**2115.80**	**3012.65**
1. 按资金来源分						
国家预算内投资	381.18	381.66	323.33	363.59	348.45	307.87
国内贷款	187.92	284.66	293.00	378.62	527.07	831.48
利用外资	73.52	218.31	221.45	224.45	239.96	334.15
自筹投资	339.99	488.75	495.03	529.92	746.73	1242.92
其他投资	91.76	200.92	218.91	207.62	253.59	296.24
2. 按隶属关系分						
部直属项目	481.66	778.17	747.87	836.39	966.76	1215.19
部直供项目	93.58	95.54	89.84	82.76	93.68	126.50
地方项目	499.13	700.60	714.03	784.66	1055.37	1670.96
3. 按构成分						
建筑安装工程	726.71	1010.15	998.73	1045.37	1308.83	1889.39
设备、工具、器具购置	217.39	372.61	380.94	453.76	521.22	667.34
其他费用	130.27	191.55	172.07	204.69	285.75	455.92
4. 按建设性质分						
新建	481.42	726.65	708.49	822.96	983.06	1484.57
扩建	350.29	566.59	569.54	610.99	778.86	1003.45
改建	171.60	179.30	159.49	175.28	230.39	351.45
5. 按用途分						
生产性建设	611.34	1038.08	1064.07	1235.58	1510.41	2117.59
非生产性建设	463.03	536.22	487.67	468.23	605.39	895.06
住宅	215.18	204.37	189.39	170.32	236.18	327.29
6. 按大中小型分						
大中型项目	394.24	746.85	729.70	896.31	1058.23	1322.43
小型项目	627.60	714.66	686.59	702.56	935.54	1528.32
7. 按国民经济行业分						
农业	35.91	47.46	50.65	67.22	85.00	112.70
工业	446.49	812.58	822.48	952.60	1147.21	1458.31
轻工业	63.44	123.26	123.09	121.79	152.30	217.40
重工业	383.05	689.32	699.39	830.81	994.9	1240.90
能源工业	205.30	411.56	446.38	558.27	646.14	803.61
运输邮电业	170.95	212.17	166.51	207.16	330.62	448.25
二、新增固定资产(亿元)	**733.16**	**1112.13**	**1179.03**	**1362.61**	**1498.73**	**1975.00**
三、建设项目(个)						
施工项目	87766	77475	66382	67842	77704	90609
大中型项目	961	952	969	1059	1053	1153
全部建成投产项目	44477	41289	35370	36502	41783	50633
大中型项目	121	121	95	152	148	158
四、房屋建筑面积(万平方米)						
施工面积	37029.20	28413.79	24744.18	23236.54	27262.61	32709.19
住宅	18893.90	11334.02	9749.94	9259.90	11309.23	13399.25
竣工面积	17161.20	13307.84	11611.55	11245.93	12604.48	15133.72
住宅	9565.10	6008.99	5064.20	4824.78	5687.92	6919.15

注:1. 按资金来源分的投资额是根据基本建设财务拨款额按资金来源分组数字的比例推算的。

2. 改建投资含单纯建造生活设施投资。

10.1953—1992 年基本建设投资总额及资金来源结构

年份	投资额（亿元）					比重（以合计数为100）			
	合计	国家投资	国内贷款	利用外资	自筹和其他投资	国家投资	国内贷款	利用外资	自筹和其他投资
1953	90.44	75.49			14.95	83.5			16.5
1957	143.32	131.48			11.84	91.7			8.3
1958	269.00	216.44			52.56	80.5			19.5
1962	71.26	60.25			11.01	84.5			15.5
1963	98.16	84.69			13.47	86.3			13.7
1965	179.61	163.09			16.52	90.8			9.2
1966	209.42	188.30			21.12	89.9			10.1
1970	312.55	272.73			39.82	87.3			12.7
1975	409.32	335.58			73.74	82.0			18.0
1976	376.44	310.93			65.51	82.6			17.4
1978	500.99	389.21		28.16	83.62	77.7		5.6	16.7
1980	558.89	300.11	41.22	53.65	163.90	53.7	7.4	9.6	29.3
1982	555.53	232.48	72.87	57.41	192.77	41.9	13.1	10.3	34.7
1985	1074.37	381.18	187.92	73.52	431.75	35.5	17.5	6.8	40.2
1988	1574.31	381.67	284.66	218.31	689.67	24.2	18.1	13.9	43.8
1989	1551.74	323.33	293.00	221.45	713.95	20.8	18.9	14.3	46.0
1990	1703.81	363.59	378.62	224.05	737.54				
1991	2115.80	348.45	527.07	239.96	1000.32	16.5	24.9	11.3	47.3
1992	3012.65	307.87	831.48	334.15	1539.16	10.2	27.6	11.1	51.1
一五时期	588.47	531.18			57.29	90.3			9.7
二五时期	1206.09	944.38			261.71	78.3			21.7
1963～1965 年	421.89	371.74			50.15	88.1			11.9
三五时期	976.03	871.28			104.75	89.3			10.7
四五时期	1763.95	1454.71			309.24	82.5			17.5
五五时期	2342.17	1696.40	46.53	111.27	487.96	72.4	2.0	4.8	20.8
六五时期	3417.09	1492.10	437.72	296.04	1191.23	43.7	12.8	8.7	34.8
七五时期	7349.07	1924.53	1411.87	912.36	3100.31	26.2	19.2	12.4	42.2

11. 1981—1992年基本建设在建项目投资总规模

年份	投资总规模		自开始建设累计完成投资(亿元)	年度投资	全部建成尚需投资(亿元)	建设周期(年/月)	年度投资占在建总规模的比重(%)
	绝对数(亿元)	增长速度(以上年为100)					
1981	4555.39	-6.0	2763.93	442.91	1791.46	10/3	9.7
1982	4569.14	0.3	2887.62	555.53	1681.52	8/2	12.1
1983	4317.38	-5.5	2771.62	594.13	1545.76	7/3	13.8
1984	4939.72	14.4	2816.18	743.15	2123.54	6/7	15.0
1985	5955.38	20.6	3316.51	1074.37	2638.87	5/6	18.0
1986	6897.65	15.8	3807.50	1176.11	3090.15	5/10	17.1
1987	7361.01	6.7	4015.24	1343.10	3345.77	5/5	18.2
1988	7647.02	3.9	4591.65	1574.31	3055.37	4/10	20.6
1989	8501.30	11.2	5269.08	1551.74	3232.22	5/5	18.3
1990	9127.59	7.4	5987.10	1703.81	3140.49	5/4	18.7
1991	10509.64	15.1	6103.49	2115.80	4406.15	5/0	20.1
1992	15670.32	49.1	7768.34	3012.65	7901.98	5.2	19.2

12. 1981—1992年基本建设在建大中型项目投资总规模

年份	在建项目		自开始建设累计完成投资(亿元)	年度投资	全部建成尚需投资(亿元)	建设周期(年/月)	年度投资占在建总规模的比重(%)
	个数(个)	投资总规模(亿元)					
1981	742	2443.70	1521.90	169.18	921.80	14/5	6.9
1982	819	2652.99	1659.67	219.49	993.32	12/1	8.3
1983	814	2781.43	1655.83	262.46	1125.60	10/7	9.4
1984	821	2902.04	1710.02	313.25	1192.02	9/3	10.8
1985	961	3533.94	2149.43	394.17	1384.51	9	11.2
1986	930	3683.18	2106.39	482.82	1576.79	7/8	13.1
1987	932	3799.99	2157.10	619.61	1642.89	6/2	16.3
1988	952	4353.68	2561.30	746.85	1792.39	5/10	17.2
1989	969	4755.66	2995.37	729.70	1760.29	6/6	15.3
1990	1059	5654.84	3797.15	896.31	1857.69	6/4	15.9
1991	1053	6667.62	4076.46	1058.23	2591.16	6/4	15.9
1992	1153	8636.73	4516.36	1322.43	4120.37	6/4	15.3

13. 1985—1992年基本建设施工项目计划总投资及完成情况

指　　标	1985年	1988年	1989年	1990年	1991年	1992年
计划总投资(亿元)	5141.29	6593.73	7344.21	8233.39	10509.64	14497.31
自开始建设至本年底累计完成投资(亿元)	2892.31	4055.22	4656.56	5551.20	6103.47	7583.16
本年完成投资	974.36	1412.99	1416.29	1598.87	1993.77	2850.75
本年新开工项目投资	280.75	280.81	207.39	263.47	462.07	784.33
累计新增固定资产	1717.60	2312.25	2647.53	3352.21	3495.65	4216.17
不增加固定资产的投资	164.28	198.77	200.13	239.02	242.75	281.08
未完工程	1010.43	1544.20	1808.90	1959.98	2365.09	3085.91
全部建成尚需投资(亿元)	2248.98	2538.51	2687.65	2682.19	4406.17	6914.15
未完工程占用率(%)	103.7	109.3	127.7	122.6	118.6	108.2
建设周期(年/月)	5/3	4/8	5/2	5/2	5/3	5/1

注:1991年以后计划总投资为实际需要总投资。

14. 1985—1992年基本建设施工大中型项目计划总投资及完成情况

指　　标	1985年	1988年	1989年	1990年	1991年	1992年
计划总投资(亿元)	3533.94	4353.68	4755.66	5654.84	6667.62	8636.73
自开始建设至本年底累计完成投资(亿元)	2149.43	2561.30	2995.37	3797.15	4076.46	4516.36
本年完成投资	394.17	723.83	729.70	896.16	1058.23	1322.43
本年新开工项目投资			53.04	78.25	118.46	113.41
累计新增固定资产	1330.28	1446.03	1733.28	2342.68	2341.44	2401.29
不增加固定资产的投资	176.10	147.10	134.33	171.90	168.99	184.21
未完工程	643.04	968.16	1127.75	1282.57	1566.03	1930.86
全部建成尚需投资(亿元)	1384.51	1792.39	1760.29	1857.69	3244.49	4120.37
未完工程占用率(%)	163.1	133.8	154.5	143.1	148.0	146.0
建设周期(年/月)	9/0	6/0	6/5	6/4	6/11	6/6

注:1991年以后计划总投资为实际需要总投资。

15.1992年各地区基本建设施工项目实际需要总投资及完成情况

单位:亿元

地区	实际需要总投资	自开始建设至本年底累计完成投资	本年完成投资	本年新开工项目投资	累计新增固定资产	不增加固定资产的投资	未完工程	全部建成尚需投资
全国	**14497.31**	**7583.16**	**2850.75**	**784.33**	**4216.17**	**281.08**	**3085.91**	**6914.15**
北京	589.16	299.36	107.76	26.88	140.49	11.16	147.71	289.80
天津	331.22	205.17	79.88	8.07	74.20	11.83	119.15	126.05
河北	477.44	315.38	112.28	37.33	208.02	18.32	89.04	162.06
山西	474.56	319.26	87.29	9.65	199.28	10.94	109.04	155.30
内蒙古	463.11	254.06	81.81	20.26	166.89	13.96	73.20	209.05
辽宁	777.00	431.86	168.32	39.81	244.34	11.12	176.40	345.14
吉林	293.11	159.75	59.61	19.62	108.04	6.32	45.39	133.36
黑龙江	517.58	240.70	103.58	38.98	163.41	9.67	67.62	276.88
上海	647.33	343.95	127.72	27.51	145.12	5.10	193.73	303.38
江苏	635.85	414.19	148.05	45.77	245.52	9.42	159.24	221.66
浙江	281.12	160.16	78.20	29.35	81.82	3.83	74.51	120.96
安徽	370.90	206.06	65.65	15.77	112.88	4.54	88.63	164.84
福建	340.63	161.83	70.06	21.33	68.50	14.89	78.44	178.80
江西	202.86	120.98	41.45	11.48	74.75	5.89	40.35	81.88
山东	854.88	537.30	171.94	51.81	360.52	12.61	164.16	317.58
河南	492.99	288.38	100.57	32.84	170.85	11.19	106.34	204.61
湖北	426.00	232.72	105.00	29.71	104.68	9.27	118.77	193.28
湖南	352.02	208.40	86.33	28.74	131.94	4.57	71.90	143.62
广东	1941.07	685.58	313.40	88.64	299.65	24.31	361.62	1255.49
广西	174.56	97.29	49.89	20.43	48.49	2.28	46.52	77.27
海南	156.34	67.84	42.65	18.21	35.79	3.81	28.24	88.49
四川	815.41	436.46	158.63	42.43	241.12	13.99	181.35	378.95
贵州	230.44	112.44	33.34	6.81	55.78	6.38	50.28	118.00
云南	249.11	129.09	60.47	17.97	62.08	6.65	60.35	120.02
西藏	26.83	17.87	11.61	4.55	12.96	2.48	2.43	8.96
陕西	314.43	179.65	50.79	10.19	112.18	5.52	61.95	134.79
甘肃	195.94	128.97	39.00	8.45	67.28	5.11	56.58	66.96
青海	132.18	72.15	17.22	3.37	49.74	4.29	18.12	60.03
宁夏	101.47	56.83	16.54	5.61	41.12	2.01	13.70	44.64
新疆	452.22	215.42	104.35	16.22	150.23	7.90	57.29	236.80
不分地区	1179.54	484.05	157.34	47.53	238.51	21.71	223.83	695.49

16.1992 年各地区基本建设施工大中型项目实际需要总投资及完成情况

单位:亿元

地　区	实际需要总投资	自开始建设至本年底累计完成投资	本年完成投资	本年新开工项目投资	累计新增固定资产	不增加固定资产的投资	未完工程	全部建成尚需投资
全　国	**8636.73**	**4516.36**	**1322.43**	**113.41**	**2401.29**	**184.21**	**1930.86**	**4120.37**
北　京	213.89	80.28	38.23	13.15	34.67	2.99	42.62	133.61
天　津	266.22	168.77	63.56	2.99	52.37	10.51	105.89	97.45
河　北	273.18	186.43	40.04	3.30	125.31	14.47	46.65	86.75
山　西	330.71	218.89	49.81	1.39	135.27	7.60	76.02	111.82
内蒙古	368.52	190.51	51.19	4.93	120.78	12.31	57.41	178.01
辽　宁	506.18	264.78	74.67	2.39	141.78	6.67	116.33	241.40
吉　林	194.34	97.52	24.88	1.09	65.90	4.76	26.87	96.82
黑龙江	296.16	136.90	40.94	3.12	92.74	6.05	38.12	159.26
上　海	373.23	211.92	60.14	5.71	81.83	1.97	128.11	161.31
江　苏	304.18	195.20	52.90	2.01	91.96	4.47	98.77	108.98
浙　江	134.15	74.10	28.84	1.41	34.29	0.92	38.89	60.05
安　徽	264.02	149.07	37.23	4.66	80.90	3.44	64.73	114.95
福　建	200.65	81.37	29.10	4.57	29.33	12.46	39.58	119.28
江　西	111.76	63.73	16.84	1.10	41.94	1.78	20.01	48.03
山　东	525.04	317.59	76.14	10.79	205.28	7.43	104.88	207.45
河　南	353.61	204.10	52.44	6.94	120.43	8.87	74.80	149.51
湖　北	246.80	124.62	50.99	7.06	40.83	5.76	78.03	122.18
湖　南	175.21	91.40	26.75	1.32	57.94	1.94	31.52	83.81
广　东	573.81	348.91	126.28	9.45	136.35	13.19	199.36	224.90
广　西	79.18	38.95	15.40	1.20	16.25	0.68	22.02	40.23
海　南	61.90	20.29	10.10	1.19	9.08	2.06	9.15	41.61
四　川	533.47	257.63	68.86	6.06	133.61	9.47	114.55	275.84
贵　州	150.68	74.00	16.77	0.49	34.63	5.48	33.89	76.68
云　南	137.37	62.57	23.81	2.67	27.13	3.73	31.70	74.80
西　藏	11.82	7.44	3.93	0.69	4.81	2.00	0.63	4.38
陕　西	193.76	101.82	19.49	0.86	66.95	3.52	31.36	91.94
甘　肃	124.36	81.47	19.22	0.70	43.08	3.14	35.25	42.89
青　海	77.11	24.51	8.22		11.76	0.15	12.60	52.60
宁　夏	63.13	37.77	5.21		30.23	1.21	6.33	25.36
新　疆	357.80	155.94	69.30	0.81	119.33	3.47	33.14	201.86
不分地区	1134.49	447.89	121.18	11.37	214.53	21.71	211.65	686.60

17. 更新改造及其他固定资产投资

时　期(年份)	投资总额（亿　元）	国家财政拨款	国内贷款	自筹和其他
“一五”时期	23.11	12.30		10.81
“二五”时期	100.91	12.53		88.83
1963－1965年	77.56	53.06	3.30	21.20
“三五”时期	233.06	52.58	13.40	167.08
“四五”时期	512.42	64.57	21.86	425.99
“五五”时期	844.05	135.45	95.87	612.73
“六五”时期	1920.38	188.58	1212.28	519.52
1981	224.60	34.88	142.43	47.29
1982	289.78	32.95	190.09	66.74
1983	357.83	40.83	232.44	84.56
1984	442.03	58.10	277.25	106.68
1985	606.14	21.82	370.07	214.25
“七五”时期	4958.74	116.94	1451.14	3390.65
1986	802.39	21.10	249.83	531.46
1987	954.89	33.63	308.90	612.36
1988	1188.45	28.26	381.63	778.55
1989	983.75	15.37	235.66	732.72
1990	1029.26	18.58	275.12	735.56
“八五”时期				
1991	1261.86	20.10	419.27	822.50
1992	1754.91	21.49	613.54	1119.88

18. 1985—1992 年更新改造投资主要指标

指　　标	1985 年	1988 年	1989 年	1990 年	1991 年	1992 年
一、投资总额(亿元)	**449.14**	**980.55**	**788.78**	**830.19**	**1023.23**	**1461.10**
1. 按资金来源分						
国家预算内投资	19.69	27.02	14.15	17.56	17.36	20.11
国内贷款	186.75	378.72	233.21	269.55	411.2	604.56
利用外资	5.55	26.01	26.73	33.85	36.49	53.15
自筹投资	226.08	501.18	440.69	455.37	508.62	722.56
其他投资	11.07	47.61	74.00	53.87	49.53	60.73
2. 按构成分						
建筑安装工程	196.23	477.76	377.25	372.95	426.33	620.64
设备、工具、器具购置	224.94	430.87	355.89	397.36	513.35	715.34
其他费用	27.97	71.92	55.64	59.92	83.54	125.12
3. 按建设性质分						
新建	23.06	58.08	38.87	45.62	42.82	71.63
扩建	194.45	462.78	345.54	370.35	460.93	659.72
改建	191.16	402.41	363.49	364.57	448.46	642.35
4. 按用途分						
生产性建设	380.70	818.52	660.21	702.33	876.80	1258.92
增产	160.35	394.78	303.08	291.95	359.43	496.47
节约能源	17.37	30.55	25.25	27.28	33.49	41.38
其他节约	1.50	2.93	2.32	2.65	4.43	5.16
增加品种	61.30	140.12	119.00	130.10	165.75	225.97
提高产品质量	26.58	48.38	39.38	52.00	73.48	107.66
三废治理	9.08	16.79	14.99	14.76	19.56	23.33
其他生产性	104.52	184.98	156.19	183.59	220.66	358.94
非生产性建设	68.44	162.02	128.57	127.86	146.43	202.18
住宅	25.25	78.79	62.75	58.97	65.71	83.88
二、新增固定资产(亿元)	**316.79**	**690.53**	**636.88**	**722.94**	**858.30**	**1105.03**
三、房屋建筑面积(万平方米)						
施工面积	8784.45	13963.02	10616.70	9179.22	9270.12	10815.77
住宅	2447.56	4820.65	3825.33	3386.48	3306.25	3530.70
竣工面积	4596.04	6930.15	5403.15	4738.65	4793.31	5208.79
住宅	1434.01	2467.93	1995.63	1771.70	1694.35	1750.73

注：1988 年施工及竣工房屋面积中不包括商品房购置面积。

19.1981—1992年更新改造在建项目投资总规模

单位:亿元

年份	在建项目投资总规模		自开始建设累计		全部建成尚需投资	建设周期(年/月)	年度投资占在建总规模的比重(%)
	绝对数	增长速度	完成投资	年度投资			
1981	499.84		352.80	195.30	147.04	2/6	39.1
1982	700.10	40.1	473.10	250.37	227.00	2/8	35.8
1983	756.03	8.0	487.22	291.13	268.81	2/6	38.5
1984	821.56	8.7	522.51	309.28	299.05	2/7	37.6
1985	1196.12	45.6	713.47	449.14	482.65	2/7	37.5
1986	1659.25	38.7	1009.93	619.21	649.31	2/7	37.3
1987	2155.93	29.9	1290.21	758.59	865.71	2/8	35.2
1988	2744.25	27.3	1651.11	980.55	1093.14	2/8	35.7
1989	2617.50	—4.6	1695.24	788.78	922.26	3/3	30.1
1990	2678.27	2.3	1884.23	830.19	794.04	3/2	31.0
1991	3132.70	17.0	2050.71	1023.23	1081.99	3/1	32.7
1992	5033.30	60.7	2525.3	1461.10	2501.76	3/1	29.0

20.1985—1992年更新改造在建的限额以上项目建设总规模

年份	在建项目投资总规模		自开始建设累计完成投资(亿元)	年度投资	全部建成尚需投资(亿元)	建设周期(年/月)	年度投资占在建项目投资总规模的比重(%)
	绝对数(亿元)	增长速度					
1985	152.27		145.90	71.89	153.25	4/2	24.0
1986	220.25	44.6	111.48	57.59	108.77	3/10	26.1
1987	354.68	61.0	179.56	86.91	175.12	4/10	24.5
1988	468.83	32.2	258.47	117.43	210.36	4	25.0
1989	568.97	21.4	340.51	117.33	228.46	4/10	20.6
1990	664.55	16.8	446.02	150.19	218.53	4/5	22.7
1991	675.87	1.7	459.32	157.84	216.55	4/4	23.4
1992	854.47	26.4	509.20	194.44	345.27	4/5	22.8

21.1985—1992 年更新改造施工项目计划总投资及完成情况

指标	1985 年	1988 年	1989 年	1990 年	1991 年	1992 年
计划总投资(亿元)	1196.12	2744.25	2617.50	2678.27	3132.70	5033.30
自开始建设至本年底累计完成投资(亿元)	713.47	1651.11	1695.24	1884.23	2050.71	2525.54
本年完成投资	449.14	979.51	788.78	830.19	1023.23	1461.10
累计新增固定资产	453.65	1006.66	1031.54	1203.80	1343.91	1616.42
不增加固定资产的投资	33.02	63.51	64.35	72.77	78.19	91.98
未完工程	226.80	580.93	599.35	607.67	628.60	817.14
全部建成尚需投资(亿元)	482.65	1093.14	922.26	794.04	1081.99	2507.76
未完工程占用率(%)	50.5	59.3	76.0	73.2	61.4	55.9

注:1991 年以后计划总投资为实际需要总投资。

22.1985—1992 年更新改造施工限额以上项目计划总投资及完成情况

指标	1985 年	1988 年	1989 年	1990 年	1991 年	1992 年
计划总投资(亿元)	299.15	468.83	568.97	664.55	675.87	854.47
自开始建设至本年底累计完成投资(亿元)	145.90	258.47	340.51	446.02	459.32	509.20
本年完成投资	71.89	117.44	117.33	150.79	157.84	194.44
累计新增固定资产	72.99	136.99	171.68	257.00	267.20	298.71
不增加固定资产的投资	10.28	6.65	16.96	13.57	14.84	16.16
未完工程	62.63	114.83	151.87	175.46	177.28	194.32
全部建成尚需投资(亿元)	153.25	210.36	228.46	218.53	216.55	345.27
未完工程占用率(%)	87.1	97.8	129.4	116.4	112.3	99.9

注:1. 更新改造限额以上项目的限额标准:能源、交通、原材料工业项目计划总投资为 5000 万元以上,其他行业为 3000 万元以上。表 5—41、5—46、5—47 同。

2. 1991 年以后计划总投资为实际需要总投资。

23.1980—1992年各地区更新改造投资额

单位:亿元

地区	1980	1982	1985	1988	1989	1990	1991	1992
全　国	137.38	250.37	449.14	980.55	788.78	830.19	1023.23	1461.10
一、按经济地带沿海地区及东部	70.62	125.68	244.21	551.24	429.62	449.86	583.98	857.69
中部	39.04	72.73	119.69	257.38	218.83	228.87	268.54	374.39
西部	21.27	43.45	78.59	160.22	133.37	144.85	166.70	225.09
二、按地区分								
北　京	5.97	7.61	21.18	42.90	33.36	39.29	47.35	72.91
天　津	4.93	9.46	20.62	29.54	24.72	23.15	32.71	45.72
河　北	9.26	9.47	17.22	42.62	39.06	41.85	46.60	71.69
山　西	4.59	6.93	14.31	25.02	24.57	24.99	30.36	36.80
内蒙古	1.85	4.51	7.41	14.49	14.13	15.04	18.15	25.14
辽　宁	13.58	22.61	42.52	93.29	75.67	67.97	88.19	115.28
吉　林	3.64	9.40	12.15	25.46	21.40	22.57	25.40	34.01
黑龙江	9.72	13.22	14.95	39.32	35.24	35.18	39.20	44.36
上　海	11.30	14.41	35.61	78.04	62.93	71.77	95.21	126.77
江　苏	5.50	13.75	24.73	54.15	41.12	41.53	58.92	93.73
浙　江	3.39	8.08	11.17	25.45	22.61	22.32	30.22	48.30
安　徽	2.29	6.87	12.60	25.22	23.22	23.11	25.90	43.92
福　建	2.27	3.85	8.49	15.05	15.43	16.57	19.98	29.40
江　西	2.92	4.77	7.72	18.04	15.54	17.52	20.64	30.37
山　东	8.89	13.24	21.20	59.84	43.67	45.01	63.26	85.84
河　南	4.50	11.12	16.30	39.48	30.43	32.53	40.19	58.56
湖　北	4.74	8.59	18.22	38.93	30.02	32.69	37.46	52.06
湖　南	4.79	7.32	16.03	31.42	24.28	25.24	31.24	49.17
广　东	3.72	18.49	34.35	79.22	48.29	59.10	74.87	128.57
广　西	1.81	4.71	7.12	27.39	19.53	16.96	22.07	34.17
海　南				3.75	3.23	4.34	4.60	5.31
四　川	8.86	15.49	31.09	61.89	50.83	54.72	60.88	84.46
贵　州	2.03	2.92	7.63	13.57	11.69	12.19	13.74	19.99
云　南	1.94	6.57	9.77	23.07	15.65	17.57	25.79	32.21
西　藏	…	0.07	0.47	0.20	0.15	0.18	0.03	0.04
陕　西	2.70	6.08	11.73	23.80	21.77	22.88	24.12	33.40
甘　肃	2.41	3.84	7.78	15.23	11.62	14.64	15.69	21.61
青　海	0.38	1.00	1.42	2.83	2.78	2.25	2.90	3.67
宁　夏	0.89	1.16	2.59	4.30	4.57	5.15	5.41	7.96
新　疆	2.06	6.32	6.11	15.33	14.31	15.27	18.14	21.75
不分地区	6.45	8.51	6.65	11.70	6.99	6.62	4.01	3.95

24.1992年各地区更新改造施工项目实际需要总投资及完成情况

单位：亿元

地区	实际需要总投资	自开始建设至本年底累计完成投资	累计新增固定资产	不增加固定资产的投资	未完工程	全部建成尚需投资	本年完成投资	未完工程占用率(%)
全　国	**5033.30**	**2525.54**	**1616.42**	**91.98**	**817.14**	**2507.76**	**1461.10**	**55.9**
北　京	234.76	127.95	79.98	5.17	42.81	106.80	72.91	58.7
天　津	141.91	73.37	40.77	2.75	29.85	68.54	45.72	65.3
河　北	186.83	112.11	61.73	6.24	44.15	74.72	71.69	61.6
山　西	128.70	99.24	75.44	4.16	19.63	29.47	36.80	53.3
内蒙古	64.44	43.84	27.51	1.38	14.94	20.61	25.14	59.4
辽　宁	345.49	211.73	134.48	8.76	68.48	133.76	115.28	59.4
吉　林	94.11	62.44	44.33	1.08	17.02	31.67	34.01	50.0
黑龙江	119.63	72.71	51.09	3.83	17.79	46.92	44.36	40.1
上　海	395.96	226.73	142.89	6.77	77.07	169.23	126.77	60.8
江　苏	230.93	136.42	91.97	5.23	39.22	94.51	93.73	41.8
浙　江	125.38	73.43	47.58	1.82	24.04	51.94	48.30	49.8
安　徽	123.72	80.01	46.96	1.43	31.63	43.71	43.92	72.0
福　建	73.12	46.64	31.83	1.86	12.96	26.48	29.40	44.1
江　西	84.05	49.09	28.99	2.07	18.02	34.97	30.37	59.3
山　东	284.62	122.40	82.61	2.74	37.05	162.22	85.84	43.2
河　南	164.25	111.58	74.88	4.71	32.00	52.66	58.56	54.6
湖　北	158.58	98.09	69.53	3.16	25.40	60.49	52.06	48.8
湖　南	981.04	94.43	58.64	3.21	32.58	886.61	49.17	66.3
广　东	297.58	196.31	120.84	8.56	66.91	101.27	128.57	52.0
广　西	90.63	55.48	35.95	1.42	18.11	35.15	34.17	53.0
海　南	8.50	7.18	5.39	0.20	1.59	1.32	5.31	29.9
四　川	260.34	151.74	89.95	4.33	57.45	108.61	84.46	68.0
贵　州	74.53	42.81	27.74	1.34	13.73	31.72	19.99	68.7
云　南	98.85	55.62	37.30	1.61	16.71	43.23	32.21	51.9
西　藏	0.05	0.04	0.04	0.00	0.00	0.00	0.04	0.0
陕　西	110.19	60.96	35.06	2.23	23.67	49.23	33.40	70.9
甘　肃	55.16	38.87	21.23	2.53	15.12	16.29	21.61	70.0
青　海	11.10	5.90	3.34	0.09	2.47	5.20	3.67	67.3
宁　夏	25.15	20.24	14.90	1.87	3.47	4.92	7.96	43.6
新　疆	43.64	31.96	23.40	1.00	7.56	11.68	21.75	34.8
不分地区	20.05	16.20	10.04	0.46	5.70	3.85	3.95	144.3

25.1992年各地区更新改造限额以上项目实际需要总投资及完成情况

单位：亿元

地区	实际需要总投资	自开始建设至本年底累计完成投资	累计新增固定资产	不增加固定资产的投资	未完工程	全部建成尚需投资	本年完成投资	未完工程占用率（%）
全国	**854.47**	**509.20**	**298.71**	**16.16**	**194.32**	**345.27**	**194.41**	**100.0**
北京	94.96	45.67	28.53	1.16	15.98	49.30	20.77	76.9
天津	39.62	20.09	6.59	0.36	13.14	19.53	9.68	135.7
河北	45.92	26.77	8.27	0.92	17.57	19.15	10.69	164.3
山西	6.01	5.48	3.57	0.13	1.79	0.54	1.44	124.6
内蒙古	17.31	9.52	3.42	0.32	5.79	7.79	3.58	161.7
辽宁	86.94	53.06	25.78	1.61	25.66	33.88	20.48	125.3
吉林	30.59	23.75	18.44	0.30	5.01	6.84	6.80	73.7
黑龙江	34.80	20.31	13.81	1.08	5.42	14.49	6.35	85.4
上海	110.13	54.59	38.50	1.86	14.23	55.54	25.69	54.9
江苏	31.92	20.71	13.59	1.00	6.12	11.21	7.67	79.8
浙江	11.58	8.17	5.25	0.15	2.77	3.41	2.76	100.5
安徽	22.98	17.11	5.40	0.24	11.48	5.87	8.52	134.7
福建	7.75	5.12	4.73	0.19	0.20	2.63	1.03	19.4
江西	5.04	3.05	1.94	0.16	0.95	1.99	1.26	75.4
山东	10.81	5.93	4.92	0.11	0.89	4.88	3.25	27.4
河南	23.83	18.44	12.89	1.02	4.53	5.39	3.44	131.6
湖北	34.06	18.99	14.47	0.38	4.14	15.07	5.01	82.6
湖南	38.49	19.82	13.22	0.39	6.21	18.67	7.39	84.0
广东	57.60	42.41	23.64	1.31	17.46	15.19	20.53	85.0
广西	10.04	7.67	5.82	0.09	1.76	2.36	2.13	82.6
海南	0.71	0.47	0.00	0.00	0.47	0.23	0.47	99.1
四川	36.89	26.83	14.79	0.24	11.80	10.06	8.25	143.0
贵州	10.85	5.49	2.80	0.15	2.54	5.37	1.91	133.0
云南	33.18	13.90	10.19	0.79	2.93	19.28	5.37	54.6
西藏	0.00	0.00	0.00	0.00	0.00	0.00		
陕西	23.65	13.67	5.84	0.54	7.28	9.99	3.93	185.2
甘肃	5.67	4.23	1.11	1.18	1.93	1.45	1.58	122.2
青海	1.82	0.74	0.73	0.01	0.01	1.08	0.21	4.7
宁夏	0.30	0.13	0.09	0.00	0.04	0.17	0.11	34.8
新疆	0.95	0.90	0.35	0.02	0.53	0.05	0.17	311.8
不分地区	20.05	16.20	10.04	0.46	5.70	3.85	3.95	144.5

26.1990—1992 年各地区商品房建设投资

单位:亿元

商品房投资	投资额			其中:住宅		
	1990年	1991年	1992年	1990年	1991年	1992年
全国总计	185.57	250.45	506.08	151.90	201.88	376.73
北京	22.54	23.69	33.70	13.73	16.93	19.99
天津	2.49	3.24	4.58	2.21	2.72	3.40
河北	3.88	5.47	11.32	3.30	4.84	9.17
山西	2.85	3.26	5.19	2.46	2.71	4.20
内蒙古	1.17	2.15	3.82	0.99	1.99	3.10
辽宁	19.58	22.33	45.67	18.28	19.54	38.21
吉林	6.48	7.73	14.33	4.37	6.39	10.31
黑龙江	6.35	8.94	19.90	5.12	7.72	16.11
上海	8.15	7.59	12.71	7.30	7.32	11.73
江苏	11.75	17.23	30.42	10.91	14.53	23.40
浙江	9.54	11.73	24.23	8.26	9.89	19.49
安徽	4.20	4.31	7.20	3.38	3.50	5.27
福建	9.04	12.91	21.38	6.52	9.03	13.71
江西	2.88	4.80	7.65	2.06	3.80	5.98
山东	9.20	16.14	37.48	7.69	12.21	23.68
河南	3.42	4.07	8.78	2.92	3.25	6.27
湖北	5.94	7.87	12.55	4.70	5.34	8.03
湖南	2.14	3.20	7.42	1.75	2.56	5.03
广东	32.70	49.75	125.57	27.45	40.72	101.13
广西	2.19	2.33	4.54	1.82	1.76	3.41
海南	4.14	10.86	30.22	3.33	7.33	17.73
四川	6.70	8.01	17.66	6.09	7.25	13.48
贵州	0.91	1.29	2.28	0.78	1.04	1.74
云南	2.06	3.35	4.51	1.91	3.02	3.45
西藏	0.00	0.00	0.00	0.00	0.00	0.00
陕西	1.85	3.33	5.46	1.53	2.29	2.96
甘肃	1.86	1.93	2.95	1.62	1.52	2.23
青海	0.32	0.36	0.58	0.25	0.31	0.53
宁夏	0.28	0.92	1.58	0.24	0.86	1.25
新疆	0.95	1.64	2.39	0.90	1.49	1.74

27.1981—1992年国有单位其它固定资产投资主要统计指标

单位:亿元

	1981年	1982年	1985年	1988年	1989年	1990年	1991年	1992年
投资总额	29.30	39.41	157.00	207.90	194.97	199.07	238.64	293.81
1.按资金来源分								
油田维护费		22.42	93.33	107.26	135.00	130.71	166.88	202.80
采掘开拓延伸费		5.03	10.89	15.83	16.35	14.07	14.41	19.16
公路养护费			11.34	29.76	40.87	49.00	45.31	64.96
简易建筑费			3.03	2.54	2.75	5.29	12.04	6.88
零星固定资产投资	29.30	11.96	38.41	51.70				
2.按隶属关系分								
部直属项目	16.75	22.80	82.53	124.74	124.45	132.58	164.72	212.88
地方项目	12.55	16.61	74.47	83.16	70.52	66.49	73.92	80.93
3.按建设性质分								
新建	4.15	0.58	8.34	10.20	17.13	13.72	25.36	35.14
扩建	4.69	6.31	72.21	100.73	104.79	119.26	146.83	175.01
改建	18.65	25.08	37.98	78.81	72.84	65.72	65.94	83.34
4.按构成分								
建筑安装工程	21.09	29.50	108.45	149.83	154.30	162.77	187.54	229.67
设备、工具、器具购置	7.00	8.07	42.89	39.74	27.39	22.73	35.26	44.19
其它费用	1.21	1.84	5.66	18.33	13.27	13.56	15.84	19.94
5.按用途分								
生产性建设	25.54	35.47	132.40	171.44	189.33	192.27	229.80	276.17
非生产性建设	3.76	3.94	24.60	36.46	5.63	6.80	8.84	17.64
住宅			8.07	15.55	1.34	1.85	2.91	55.53
6.按国民经济行业分								
工业	21.45	8.54	12.08	138.98	151.35	147.49	182.78	224.49
煤炭采选业					8.70	9.80	8.38	9.25
石油和天然气开采业					135.00	130.71	165.63	202.68
黑色金属矿采选业					2.60	2.37	3.02	6.28
有色金属矿采选业					1.20	1.65	2.63	3.45
建筑材料及其他非金属矿采选业					0.19	0.26	0.25	0.17
其他矿采选业					0.01			
木材及竹材采运业					3.65	2.71	2.62	2.56
交通运输、邮电通讯业	3.28	1.31	15.17	32.90	40.87	46.29	42.21	62.37
交通运输业	3.28	1.31	15.17	29.76	40.87		42.21	62.37
商业、公共饮食、物资供销和仓储业	1.11	0.56	8.45	7.61	2.75	5.29	11.99	6.87
商业					2.29	3.50	6.15	4.97
公共饮食业					0.02	0.02		0.01
物资供销业					0.04	0.05	0.05	0.08
仓储业					0.40	1.72	5.78	1.81
其他行业	3.46	29.00	121.30	28.42			1.66	0.09

注:1.1985年投资中包括用育林基金安排的投资0.08亿元。

2.从1989年开始其他固定资产投资中不含零星固定资产投资。

28. 1981—1992年各地区国有单位其它固定资产投资

单位：亿元

地　区	1981年	1982年	1985年	1988年	1989年	1990年	1991年	1992年
全国总计	29.30	39.41	157.00	155.39	194.97	199.07	238.64	293.81
北　京	1.05	0.27	1.61	0.73	3.11	5.36	5.02	6.32
天　津	1.56	1.18	3.62	3.24	6.03	6.48	9.56	7.36
河　北	1.31	4.29	10.81	2.67	3.51	3.18	2.99	4.07
山　西	0.75	0.46	2.53	2.80	2.90	2.31	1.82	1.81
内蒙古	0.60	0.36	4.06	2.12	0.83	0.84	1.57	2.13
辽　宁	2.51	2.51	9.83	11.39	16.72	21.92	20.00	28.51
吉　林	0.80	0.71	3.58	5.06	7.66	8.77	12.03	11.25
黑龙江	1.72	8.06	25.00	24.51	29.83	26.04	38.46	47.29
上　海	2.32	3.58	3.26	1.05	3.43	3.77	3.91	6.52
江　苏	1.81	1.40	6.49	3.69	3.61	3.02	3.86	8.01
浙　江	0.69	0.36	1.94	1.35	2.66	2.77	3.55	3.76
安　徽	0.60	0.49	1.99	2.74	2.09	3.05	3.00	3.51
福　建	0.54	0.12	1.76	0.92	1.09	0.89	1.45	2.35
江　西	0.65	0.27	0.98	1.08	1.17	0.75	1.76	2.76
山　东	1.46	3.09	30.57	31.03	33.01	36.03	43.36	45.14
河　南	1.51	2.14	11.87	12.60	15.04	19.99	20.30	20.78
湖　北	0.93	0.41	2.54	2.48	2.95	2.72	3.49	3.85
湖　南	0.78	0.32	2.06	1.18	1.33	1.52	3.10	2.24
广　东	0.85	0.35	4.54	4.76	4.39	4.95	3.63	10.46
广　西	0.42	0.23	0.73	1.37	1.12	0.72	0.94	1.76
海　南					0.06	0.04	0.03	0.52
四　川	1.85	3.35	11.14	8.56	11.06	11.95	14.29	18.55
贵　州	0.47	0.71	1.23	1.78	2.21	2.47	1.78	1.29
云　南	0.60	0.70	2.38	1.25	2.91	3.58	3.54	3.37
西　藏			0.06					
陕　西	0.54	0.40	1.76	1.86	3.06	3.71	3.16	3.21
甘　肃	0.48	0.25	1.70	0.56	0.57	0.58	1.73	2.44
青　海	0.08	0.18	0.34	1.98	2.95	3.18	3.15	5.52
宁　夏	0.13	0.15	0.52	0.12	0.10	0.23	0.35	0.12
新　疆	1.32	2.85	6.70	10.32	14.90	10.28	14.69	22.05
不分地区	0.97	0.22	1.40	12.21	14.63	7.97	12.09	16.87

29.1981—1992年城乡集体所有制单位固定资产投资及构成

主要指标	1981年	1982年	1985年	1988年	1989年	1990年	1991年	1992年
一、投资总额1亿元								
1. 按城乡集体所有制单位分	115.24	174.28	327.46	711.71	569.99	529.48	697.80	1359.35
城镇	31.57	42.89	128.23	254.97	185.63	163.38	203.83	364.49
农村	83.67	131.39	199.23	456.74	384.36	366.10	493.98	994.86
2. 按用途分								
生产性	86.44	127.20	246.98	585.59	440.56	413.62	557.59	1167.28
非生产性	28.80	47.08	40.48	126.12	129.43	115.86	140.21	192.06
住宅			30.59	53.60	42.65	34.18	38.31	55.18
3. 按国民经济行业分								
农林牧渔水利业			22.32	44.94	46.24	63.74	73.88	90.43
工　业			187.47	482.77	348.19	313.67	431.51	956.48
8.89建　筑　业	11.68	30.49	25.95				17.31	10.05
14.20运输、邮电通讯业	17.26	33.31					20.65	18.95
卫生及社会福利业			28.63	24.29	43.79	45.84	54.05	26.77
教育文化事业				13.46	12.88	14.51	17.72	57.99
二、比重(以投资总额为100)								
1. 按城乡集体所有制单位分	27.4	24.6	39.2	35.8	32.6	30.9	29.2	26.8
城镇	72.6	75.4	60.8	64.2	17.4	69.1	70.8	73.2
农村								
2. 按用途分								
生产性	75.0	73.0	75.4	82.3	77.3	78.1	79.9	85.9
非生产性	25.0	27.0	24.6	17.7	22.7	21.9	20.1	14.1
住宅			9.3	7.5	7.5	6.5	5.5	4.1
3. 按国民经济行业分								
农林牧渔水利业			6.8	6.3	8.1	12.0	10.6	6.7
工　业			57.2	67.8	61.1	59.2	61.8	70.4
建　筑　业			7.9	2.4	1.8	1.7	1.7	2.2
运输邮电通讯业				2.9	3.3	2.7	2.5	2.5
卫生及社会福利业			8.7	3.4	7.7	8.7	7.8	2.0
教育文化事业				1.9	2.3	2.7	2.5	4.3

30. 1980—1992 年城镇集体所有制固定资产投资主要统计指标

单位：亿元

	1980 年	1982 年	1985 年	1988 年	1989 年	1990 年	1991 年	1992 年
投资总额	22.95	42.89	128.23	254.97	185.63	163.38	203.83	364.49
1. 按资金来源分								
国家预算内拨款	2.95	2.65	4.80	4.81	2.91	2.23	2.00	1.76
国内贷款	6.27	14.02	59.14	111.59	60.80	57.42	83.15	158.74
利用外资	0.41	0.38	2.92	11.33	16.74	12.26	13.66	35.98
煤代油投资			0.00					0.06
自筹投资	13.32	25.84	61.37	127.24	105.18	91.47	105.02	152.00
其他投资								15.95
2. 按隶属关系分								
部直属项目					2.92	2.82	2.99	3.61
地方项目					182.71	160.56	200.83	360.88
3. 按构成分								
建筑工程			71.28	120.92	93.34	75.40	96.35	168.43
安装工程				10.84	9.56	9.41		14.09
设备、工具、器具购置			51.20	104.57	72.27	69.18	84.84	159.91
其它费用			5.75	18.65	10.45	9.39	12.48	22.05
4. 按建设性质分								
新建				69.63	54.71	42.03	41.85	84.50
扩建				119.27	79.31	73.33	93.56	176.62
改建				38.00	30.99	28.12	42.83	69.50
单纯建造生活设施				10.08	7.75	8.38	9.47	12.09
5. 按用途分								
生产性建设	18.53	31.02	96.53	209.69	151.11	132.35	165.37	305.57
非生产性建设	4.42	11.87	31.70	45.28	34.52	31.03	38.46	58.91
住宅	3.28	9.22	16.91	26.23	21.05	10.90	10.30	30.33

31. 1980—1992年各地区城镇集体所有制单位固定资产投资

单位：亿元

地区	1980年	1982年	1985年	1988年	1989年	1990年	1991年	1992年
全国总计	22.95	42.89	128.23	254.97	185.63	163.38	203.83	364.49
北京	1.03	1.43	5.35	7.35	5.95	6.15	5.24	6.88
天津	0.83	1.49	4.35	2.48	1.93	1.08	1.34	1.62
河北	1.00	1.73	4.00	9.64	7.75	5.80	8.03	13.14
山西	0.27	0.96	2.86	4.56	3.21	2.96	3.06	3.97
内蒙古	0.24	0.41	1.38	2.43	2.06	1.33	1.98	3.21
辽宁	2.35	3.03	8.15	12.92	9.68	7.51	9.03	17.33
吉林	0.41	0.83	1.92	3.79	2.51	1.80	2.69	4.35
黑龙江	0.62	1.65	2.44	3.85	2.74	1.49	1.96	2.73
上海	0.57	1.05	3.40	6.84	4.06	3.91	4.20	8.74
江苏	3.08	7.43	19.60	34.32	23.29	20.79	27.46	55.23
浙江	1.16	2.63	10.01	17.71	13.89	12.41	20.00	35.12
安徽	0.45	0.80	3.69	6.60	4.73	4.62	4.40	7.82
福建	0.38	0.72	2.46	3.46	3.38	3.04	3.81	6.33
江西	0.33	0.51	1.01	2.60	1.69	1.46	2.33	3.25
山东	3.12	4.38	8.65	35.46	19.68	18.63	25.12	42.27
河南	0.47	1.16	4.03	9.42	9.09	8.50	7.55	11.88
湖北	1.31	2.80	6.98	12.81	6.82	6.00	8.35	11.86
湖南	1.33	2.40	4.24	9.30	5.84	4.71	6.70	10.05
广东	1.12	3.64	13.83	38.50	31.05	28.16	33.35	77.70
广西	0.38	0.48	1.44	4.56	4.26	2.86	3.35	5.93
海南				0.53	0.44	0.43	0.69	0.88
四川	1.31	1.54	9.71	10.14	7.37	7.61	9.95	17.06
贵州	0.13	0.24	0.57	1.36	1.35	0.97	0.87	1.17
云南	0.40	0.41	3.85	5.23	6.18	5.29	5.41	7.67
西藏			0.03					
陕西	0.37	0.71	1.31	1.92	1.52	1.58	2.12	2.50
甘肃	0.08	0.16	1.12	1.94	0.98	0.86	1.19	1.23
青海	0.04	0.09	0.30	0.74	0.47	0.29	0.18	0.35
宁夏	0.04	0.07	0.60	1.01	0.39	0.51	0.76	1.19
新疆	0.13	0.14	0.94	3.50	3.33	2.64	2.69	3.05

32. 1980—1992年农村集体所有制单位固定资产投资主要统计指标

单位：亿元

	1980年	1982年	1985年	1988年	1989年	1990年	1991年	1992年
一、投资总额	23.00	131.39	199.23	456.74	384.36	366.10	493.98	994.86
1. 按资金来源分								
①自有资金	23.00	106.19	135.23	187.57	186.35	173.42	228.37	387.30
②银行、信用社贷款		25.20	64.00	146.58	91.45	88.19	137.81	340.48
③群众集资、借款				46.55	43.16	42.21	54.43	95.07
④应付款				10.94	7.16	12.82	11.48	22.59
⑤国家扶持资金				21.79	15.93	23.01	25.11	36.18
⑥外来投资				19.39	19.68	11.71	18.00	52.10
⑦其他借贷性资金				23.92	20.63	14.73	18.79	61.13
2. 按用途分								
生产性建设	16.84	96.18	150.45	375.90	289.45	281.27	392.22	861.71
非生产性建设	6.16	35.21	48.78	80.83	94.91	84.83	101.75	133.15
住宅	1.64	9.37	13.67	27.38	21.60	16.37	17.34	24.85
3. 按国民经济行业分								
其中：农林牧渔业		52.05	20.73	42.90	43.81	62.29	72.04	87.88
生产用房及建筑筑物						7.62	14.70	15.25
役畜及产品畜						0.76	1.27	1.32
大中型铁木农具						3.14	2.53	2.67
农牧渔业机械						19.68	24.38	23.06
农田水利基本建设						25.68	26.64	40.95
工业		39.95	101.31	288.27	208.58	190.98	281.87	692.85
建筑业				13.70	8.31	7.01	8.95	24.43
交通运输邮电业			16.55	13.53	12.70	8.10	9.46	16.81
商业、公共饮食、物资供销和仓储业		4.18				9.48	11.20	24.22
卫生及社会福利业		11.57	26.10	11.87	11.54	12.97	15.62	23.62
文化教育事业				22.72		44.28	52.00	55.39
其他行业		23.64	34.54	63.75	99.42	30.99	42.83	69.70
二、施工房屋面积(万平方米)					8232.00	8400.00	8792.00	33762.00
其中：本年新开工						6790.00	7101.00	30824.00
三、竣工房屋面积(万平方米)		8281.00	9924.00	9924.00	6399.00	7182.00	7785.00	30446.00
其中：住宅		3428.00	2640.00	2640.00	1425.00	1295.00	1252.00	1435.00

33.1982—1992年各地区农村集体所有制单位固定资产投资

单位:亿元

	1982年	1985年	1988年	1989年	1990年	1991年	1992年
全国总计	131.39	199.23	456.74	384.36	366.10	493.98	994.86
北　京	2.73	10.76	13.67	13.00	26.32	26.26	20.06
天　津	1.67	3.04	6.53	5.75	9.47	10.85	27.27
河　北	17.44	13.71	37.58	27.73	15.19	25.09	40.94
山　西	4.38	10.10	7.49	6.86	8.82	10.50	11.66
内蒙古	1.32	1.13	1.40	1.01	1.74	2.74	3.29
辽　宁	6.31	7.59	11.31	8.27	14.62	12.57	22.61
吉　林	1.55	2.48	3.00	1.77	1.02	3.29	4.11
黑龙江	4.16	3.26	4.18	2.88	4.03	3.98	4.08
上　海	4.06	7.04	22.19	20.04	14.38	23.62	53.51
江　苏	13.41	14.50	59.10	44.14	54.32	82.49	241.16
浙　江	7.43	21.28	42.39	34.80	44.16	65.21	105.24
安　徽	3.89	2.24	12.11	7.52	7.58	8.03	17.09
福　建	3.23	6.43	7.87	7.84	9.12	11.78	15.71
江　西	4.12	3.44	6.00	5.61	4.78	7.38	9.95
山　东	19.00	21.57	67.10	66.49	52.88	79.68	141.73
河　南	7.15	11.50	12.39	9.98	15.51	16.62	29.25
湖　北	5.66	10.46	12.47	11.07	10.84	6.81	16.63
湖　南	3.56	7.24	15.63	5.92	7.84	11.81	20.56
广　东	7.86	10.90	66.83	65.40	28.17	40.32	126.38
广　西	1.32	1.03	3.66	3.04	2.61	3.05	9.47
海　南			0.76	1.13	5.19	0.91	3.10
四　川	4.20	16.73	26.32	16.18	8.39	17.59	32.09
贵　州	0.84	1.19	1.28	1.37	0.66	0.52	1.51
云　南	1.17	3.58	6.18	3.89	6.57	8.34	12.98
西　藏		0.04	0.28	1.43	1.53	1.45	0.16
陕　西	2.09	2.96	3.04	6.40	5.32	7.27	10.51
甘　肃	0.91	2.81	1.75	1.71	1.97	1.72	5.09
青　海	0.82	0.69	1.26	0.20	0.25	0.38	0.69
宁　夏	0.14	0.39	1.17	1.02	0.75	1.00	1.77
新　疆	0.97	1.15	1.80	1.90	2.06	2.69	6.26

34.1982—1992 年各地区城乡个人固定资产投资

单位:亿元

地　区	1982 年	1985 年	1988 年	1989 年	1990 年	1991 年	1992 年
全国总计	210.81	535.22	1022.08	1032.26	1001.17	1182.88	1221.99
北　京	1.43	5.54	8.35	10.99	6.31	9.32	8.64
天　津	1.53	4.47	8.56	9.19	5.75	7.75	7.71
河　北	15.03	32.80	80.77	77.56	50.15	85.61	67.72
山　西	4.05	11.03	17.32	17.49	20.00	23.37	15.17
内蒙古	1.71	10.81	11.26	10.07	10.94	14.31	19.00
辽　宁	5.69	16.04	32.39	34.23	22.80	35.19	30.72
吉　林	3.05	20.37	17.27	17.90	23.75	22.38	21.17
黑龙江	3.62	16.90	16.39	23.18	22.74	21.19	21.61
上　海	4.60	12.41	35.93	41.29	16.56	14.87	18.54
江　苏	19.79	38.77	132.37	138.04	156.21	169.63	163.32
浙　江	10.91	34.69	100.35	97.25	122.74	143.07	148.11
安　徽	8.46	33.11	52.01	39.91	45.07	42.55	42.95
福　建	4.64	9.11	26.85	26.37	31.69	34.36	48.67
江　西	4.74	14.00	30.30	26.17	17.28	22.50	28.39
山　东	18.33	62.79	75.06	88.17	78.70	101.06	70.81
河　南	12.11	46.86	76.61	68.99	75.45	88.01	80.04
湖　北	6.01	23.81	32.20	29.92	31.50	26.74	38.73
湖　南	8.88	28.19	47.95	39.71	39.62	46.46	57.39
广　东	23.57	30.75	76.19	89.39	80.91	91.58	133.45
广　西	3.38	15.57	16.26	18.05	21.93	29.02	32.14
海　南	0.00	0.00	4.90	4.15	2.99	2.06	3.64
四　川	7.71	25.03	45.86	54.47	43.11	59.74	71.91
贵　州	2.88	10.14	13.90	4.47	7.81	8.51	7.93
云　南	2.55	7.41	17.58	19.66	20.27	23.12	26.10
西　藏	0.00	0.65	2.78	1.20	1.35	3.78	2.58
陕　西	3.90	14.73	21.09	22.13	24.56	32.14	26.98
甘　肃	1.26	3.97	6.82	5.51	7.29	8.94	11.30
青　海	0.18	1.56	2.32	1.31	1.79	1.89	2.08
宁　夏	0.32	0.74	2.89	3.30	3.21	3.28	4.39
新　疆	0.48	2.97	9.53	12.20	8.69	10.45	10.80

注:1982、1985 年分地区数字中及有包括农村个人购置生产性固定资产的投资,故分地区投资数相加不等于合计。

35. 各地区城镇和工矿区私人建房投资

单位：亿元

地区	1982年	1985年	1988年	1989年	1990年	1991年	1992年
全国总计	12.28	56.79	156.85	140.23	124.70	140.32	216.47
北京	0.03	0.36	0.77	1.01	1.19	1.87	1.12
天津	0.11	0.42	1.45	2.58	1.32	1.07	1.69
河北	0.53	3.00	8.59	9.20	8.32	8.91	13.91
山西	0.22	2.29	3.04	3.82	3.55	3.14	3.43
内蒙古	0.37	2.07	3.47	2.94	2.82	3.28	5.84
辽宁	0.49	1.08	5.43	6.54	5.28	6.02	7.78
吉林	0.80	2.15	4.65	4.44	4.07	3.72	3.08
黑龙江	1.06	2.36	6.12	6.76	5.06	3.67	4.71
上海	0.29	0.20	0.66	0.64	0.60	0.70	0.55
江苏	0.76	2.77	13.53	13.99	13.49	16.34	22.37
浙江	0.69	6.08	20.87	15.46	14.27	14.41	28.89
安徽	0.46	2.65	3.82	3.12	3.29	3.30	5.13
福建	0.46	2.29	6.47	5.15	6.80	6.02	15.86
江西	0.21	1.79	3.39	3.08	2.72	2.55	3.60
山东	0.87	5.18	11.81	11.56	11.24	15.32	17.71
河南	0.86	2.54	6.88	7.01	6.53	6.92	13.30
湖北	0.64	3.84	8.70	6.13	4.88	5.16	7.79
湖南	0.36	2.81	8.83	4.99	4.29	5.17	10.28
广东	2.04	5.39	19.93	14.21	9.52	15.39	21.60
广西	0.24	1.88	3.77	3.71	3.11	4.69	6.47
海南	0.00	0.00	0.72	1.61	1.01	0.80	0.97
四川	0.18	1.45	3.89	3.58	3.03	3.42	7.14
贵州	0.18	0.76	1.21	0.59	0.53	0.78	1.83
云南	0.05	0.84	2.84	2.83	2.12	2.29	3.28
西藏	0.00	0.03	0.43	0.00	0.24	0.26	0.31
陕西	0.14	1.38	3.02	2.95	3.23	3.23	4.64
甘肃	0.07	0.36	0.87	0.79	0.71	0.69	0.92
青海	0.06	0.21	0.25	0.28	0.32	0.27	0.32
宁夏	0.03	0.12	0.32	0.21	0.10	0.12	0.47
新疆	0.08	0.49	1.10	1.06	1.07	0.76	1.47

36. 各地区农村个人固定资产投资

单位:亿元

地 区	1982 年	1985 年	1988 年	1989 年	1990 年	1991 年	1992 年
全国总计	198.53	478.43	865.23	892.03	876.47	1042.56	1005.51
北 京	1.41	5.18	7.57	9.98	5.12	7.46	7.51
天 津	1.41	4.05	7.12	6.61	4.43	6.68	6.02
河 北	14.50	29.80	72.18	68.36	41.83	76.70	53.81
山 西	3.82	8.74	14.29	13.67	16.46	20.23	11.74
内 蒙 古	1.34	8.74	7.79	7.13	8.13	11.03	13.16
辽 宁	5.20	14.96	26.96	27.69	17.52	29.17	22.94
吉 林	2.25	18.23	12.62	13.46	19.68	18.66	18.09
黑 龙 江	2.00	14.53	10.27	16.43	17.68	17.52	16.90
上 海	4.32	12.21	35.27	40.64	15.97	14.17	17.99
江 苏	19.02	36.00	118.84	124.04	142.72	153.30	140.95
浙 江	10.23	28.61	79.48	81.79	108.47	128.65	119.22
安 徽	7.99	30.46	48.19	36.79	41.78	39.25	37.82
福 建	4.19	6.82	20.37	21.22	24.90	28.34	32.81
江 西	4.53	12.21	26.90	23.09	14.56	19.95	24.79
山 东	17.46	57.61	63.24	76.61	67.46	85.74	53.10
河 南	11.24	44.31	69.73	61.99	68.92	81.08	66.74
湖 北	5.37	19.97	23.50	23.79	26.62	21.58	30.94
湖 南	8.52	25.38	39.12	34.72	35.33	41.29	47.11
广 东	21.53	25.37	56.26	75.18	71.39	76.18	111.85
广 西	3.14	13.69	12.49	14.34	18.82	24.33	25.67
海 南	0.00	0.00	4.18	2.54	1.98	1.27	2.67
四 川	7.54	23.57	41.97	50.88	40.08	56.32	64.77
贵 州	2.70	9.38	12.69	3.88	7.28	7.73	6.10
云 南	2.50	6.58	14.75	16.82	18.15	20.82	22.82
西 藏	0.00	0.62	2.35	1.20	1.11	3.52	2.27
陕 西	3.76	13.35	18.08	19.18	21.33	28.91	22.34
甘 肃	1.19	3.61	5.94	4.72	6.58	8.24	10.38
青 海	0.12	1.35	2.07	1.03	1.47	1.61	1.76
宁 夏	0.30	0.62	2.57	3.10	3.11	3.15	3.92
新 疆	0.40	2.48	8.43	11.14	7.62	9.69	9.33

注:1982 年数字中没有包括个人购置生产性固定资产的投资,故分地区数相加不等于合计。

37.1981—1992年国有单位国民经济各行业固定资产投资及构成

行业	1981	1982	1985	1988	1989	1990	1991	1992
一、绝对数(亿元)								
全国总计	667.51	845.31	1680.51	2762.76	2535.48	2733.07	3377.66	4767.56
农、林、牧、渔、水利业	34.66	42.49	44.60	63.31	62.16	77.29	101.39	132.31
工业	380.43	467.43	913.65	1726.53	1597.01	1747.58	2113.21	2759.47
地质普查和勘探业	2.81	2.83	7.62	4.98	5.41	5.17	7.86	10.81
建筑业	11.63	15.06	30.13	28.03	21.50	18.11	21.11	37.45
交通运输、邮电通讯业	65.63	88.94	226.54	317.73	271.74	333.67	485.08	701.63
商业、公共饮食业、物资供销和仓储业	36.58	49.49	66.16	95.28	71.26	71.26	114.59	202.58
房地产管理、公用事业、居民服务和咨询服务业	20.86	29.60	139.75	187.65	148.43	117.90	166.88	276.36
卫生、体育和社会福利事业	7.88	10.93	25.86	36.71	31.13	38.44	36.05	49.77
教育、文化艺术和广播电视事业	29.40	34.75	85.16	108.70	104.65	107.17	125.01	157.42
科学研究和综合技术服务事业	11.12	11.72	23.47	26.24	24.33	23.21	25.42	34.72
金融、保险业	3.82	7.31	8.60	22.75	17.66	16.81	20.91	34.62
国家机关、政党机关和社会团体	27.65	59.46	57.95	89.13	64.52	69.15	97.02	154.49
其他行业	35.04	25.30	51.02	55.72	115.69	107.31	63.13	215.93
二、构成(%)								
全国总计	100.0	100.0	100.0	100.0	100.0	100.0	100.0	100.0
农、林、牧、渔、水利业	5.2	5.0	2.7	2.3	2.5	2.9	3.0	2.8
工业	57.0	55.3	54.4	62.5	63.0	63.9	62.6	57.9
地质普查和勘探业	0.4	0.3	0.5	0.2	0.2	0.2	0.2	0.2
建筑业	1.7	1.8	1.8	1.1	0.8	0.7	0.6	0.8
交通运输、邮电通讯业	9.8	10.5	13.5	11.5	10.7	12.2	14.4	14.7
商业、公共饮食业、物资供销和仓储业	5.5	5.9	3.9	3.5	2.8	2.6	3.4	4.2
房地产管理、公用事业、居民服务和咨询服务业	3.1	3.5	8.3	6.8	5.9	4.3	4.9	5.8
卫生、体育和社会福利事业	1.2	1.3	1.5	1.3	1.2	1.4	1.1	1.0
教育、文化艺术和广播电视事业	4.4	4.1	5.1	3.9	4.1	3.9	3.7	3.3
科学研究和综合技术服务事业	1.7	1.4	1.4	0.9	1.0	0.8	0.8	0.7
金融、保险业	0.6	0.9	0.5	0.8	0.7	0.6	0.6	0.7
国家机关、政党机关和社会团体	4.1	7.0	3.4	3.2	2.5	2.5	2.9	3.2
其他行业	5.3	3.0	3.0	2.0	4.6	3.9	1.9	4.5

注:此表不含商品房建设投资。

38. 国有单位按农轻重和运输邮电业分的固定资产投资

单位：亿元

时　期(年份)	农　业	轻工业	重工业	#能源工业	运输邮电业
"六五"时期	209.11	610.89	2 284.77	1 173.08	652.51
1981	34.66	88.54	270.45	141.24	65.63
1982	42.49	107.69	351.20	173.36	88.94
1983	41.78	107.93	414.28	214.40	114.46
1984	45.58	116.46	525.46	277.67	156.94
1985	44.60	190.27	723.38	366.41	226.54
"七五"时期	303.93	1 653.54	6 046.85	3 184.37	1 477.82
1986	43.26	268.61	891.21	443.96	257.28
1987	54.91	313.88	1 093.28	543.01	282.66
1988	63.31	409.18	1 317.34	645.02	317.73
1989	62.16	322.22	1 274.79	705.64	271.74
1990	80.29	339.65	1 470.23	846.74	348.41
"八五"时期					
1991	101.39	414.20	1 699.02	956.75	485.08
1992	132.31	577.70	2 181.76	1 164.10	701.63

39. 国有单位按用途和建设性质分的固定资产投资

单位：亿元

时　期(年份)	按用途分			按建设性质分	
	生产性建设	非生产性建设	住　宅	新建项目	扩、改建项目
"六五"时期	3 515.98	1 814.49	885.98	1 707.75	3 300.68
1981	430.38	237.13	131.63	240.98	398.12
1982	536.92	308.39	169.91	293.69	513.08
1983	625.27	326.69	167.06	292.11	583.58
1984	798.97	386.21	168.87	366.19	746.30
1985	1 124.44	556.07	248.51	514.78	1 059.60
"七五"时期	9 139.61	3 353.75	1 415.83	3 711.00	7 952.32
1986	1 376.67	601.83	242.85	593.26	1 286.50
1987	1 670.93	627.06	256.97	659.53	1 503.02
1988	2 031.55	731.20	292.33	782.12	1 789.92
1989	1 913.61	621.87	253.49	764.49	1 629.91
1990	2 146.85	771.79	370.19	911.60	1 742.97
"八五"时期					
1991	2 635.66	992.45	494.77	1 051.24	2 046.72
1992	3 688.21	1 585.43	793.44	1 591.34	2 937.76

注：扩、改建项目中含单纯建造生活设施的投资。

40.1953—1992年国民经济各行业基本建设投资及构成

	1953	1970	1978	1980	1990	1991	1992
一、绝　对　数(亿元)							
全国总计	90.44	312.55	500.99	558.89	1703.81	2115.80	3012.65
农、林、牧、渔、水利业	7.74	26.26	53.34	52.03	67.22	85.00	112.70
工　业	28.34	189.04	273.16	275.61	952.60	1147.21	1458.31
地质普查和勘探业	1.93	2.31	11.65	3.03	4.76	7.49	10.35
建筑业	3.60		8.84	11.22	10.41	12.60	23.25
交通运输、邮电通讯业	10.70	60.85	68.04	62.34	207.16	330.62	448.25
商业、公共饮食业、物资供销和仓储业	2.72	6.07	15.29	28.57	42.78	73.34	145.83
房地产管理、公用事业、居民服务和咨询服务业	2.50		15.39	33.81	81.69	121.78	210.41
卫生、体育和社会福利事业	1.55	3.46	14.02	5.71	35.28	32.83	45.56
教育、文化艺术和广播电视事业	6.21		7.76	20.38	102.52	119.39	151.34
科学研究和综合技术服务事业				18.20	21.03	23.13	31.56
金融、保险业					15.09	18.80	32.21
国家机关、政党机关和社会团体					62.10	87.75	141.65
其他行业	25.15	24.56	33.50	47.99	101.18	55.85	201.24
二、构　成(%)							
全　国　总　计	100.0	100.0	100.0	100.0	100.0	100.0	100.0
农、林、牧、渔、水利业	8.6	8.4	10.6	9.3	3.9	4.0	3.7
工　业	31.3	60.5	54.5	49.3	55.9	54.2	48.4
地质普查和勘探业	2.1	0.7	2.3	0.6	0.3	0.4	0.3
建筑业	4.0		1.8	2.0	0.6	0.6	0.8
交通运输、邮电通讯业	11.8	19.5	13.6	11.2	12.2	15.6	14.9
商业、公共饮食业、物资供销和仓储业	3.0	1.9	3.1	5.1	2.5	3.5	4.8
房地产管理、公用事业、居民服务和咨询服务业	2.7		3.1	6.0	4.8	5.8	7.0
卫生、体育和社会福利事业	1.8	1.1	2.8	1.0	2.1	1.6	1.5
教育、文化艺术和广播电视事业	6.9		1.5	3.6	6.0	5.6	5.0
科学研究和综合技术服务事业				3.3	1.2	1.1	1.0
金融、保险业					0.9	0.9	1.1
国家机关、政党机关和社会团体					3.6	4.1	4.7
其他行业	27.8	7.9	6.7	8.6	5.9	2.6	6.7

注:1980年目前行业为9个门类,1985年以后行业调整为13个门类。

41. 各个计划时期农业、轻工业、重工业基本建设投资

（按国民经济行业分）

时　期（年份）	绝对数（亿元）			比重（以投资总额为100）		
	农　业	轻工业	重工业	农　业	轻工业	重工业
"一五"时期	41.83	37.47	212.79	7.1	6.4	36.2
"二五"时期	135.71	76.59	651.71	11.3	6.4	54.0
1963—1965年	74.46	16.47	193.71	17.6	3.9	45.9
"三五"时期	104.27	42.62	498.89	10.7	4.4	51.1
"四五"时期	173.08	103.03	874.94	9.8	5.8	49.6
"五五"时期	246.08	156.25	1 075.46	10.5	6.7	45.9
"六五"时期	171.81	234.45	1 312.52	5.0	6.9	38.5
1981	29.21	43.38	172.63	6.6	9.8	39.0
1982	34.12	46.45	214.15	6.1	8.4	38.5
1983	35.45	38.75	243.53	6.0	6.5	41.0
1984	37.12	42.43	299.16	5.0	5.7	40.3
1985	35.91	63.44	383.05	3.3	5.9	35.7
"七五"时期	242.50	549.51	3 252.58	3.3	7.5	44.3
1986	35.06	82.25	449.39	3.0	7.0	38.2
1987	42.11	99.12	583.67	3.1	7.4	43.5
1988	47.46	123.26	689.32	3.0	7.8	43.8
1989	50.65	123.09	699.39	3.3	7.9	45.1
1990	67.22	121.79	830.81	3.9	7.1	48.8
"八五"时期						
1991	85.00	152.30	994.91	4.0	7.2	47.0
1992	112.70	217.40	1 240.90	3.7	7.2	41.2

注：1985年以后按新行业划分，农业不包括气象，气象划为综合技术服务事业。

42. 各个计划时期能源工业和运输邮电业基本建设投资

（按国民经济行业分）

时　期（年份）	绝对数（亿元）		比重（以投资总额为100）	
	能源工业	运输邮电业	能源工业	运输邮电业
"一五"时期	73.01	90.15	12.4	15.3
"二五"时期	205.68	163.30	17.1	13.5
1963—1965年	63.79	53.78	15.1	12.7
"三五"时期	155.07	150.01	15.9	15.4
"四五"时期	310.89	317.59	17.6	18.0
"五五"时期	489.90	302.45	20.9	12.9
"六五"时期	695.73	455.13	20.4	13.3
1981	94.64	40.47	21.4	9.1
1982	102.23	57.21	18.4	10.3
1983	127.60	78.04	21.5	13.1
1984	165.96	108.46	22.3	14.6
1985	205.30	170.95	19.1	15.9
"七五"时期	2 023.35	956.38	27.5	13.0
1986	267.08	180.81	22.7	15.4
1987	340.06	189.73	25.3	14.1
1988	411.56	212.17	26.1	13.5
1989	446.38	166.51	28.8	10.7
1990	558.27	207.16	32.8	12.2
"八五"时期				
1991	646.14	330.62	30.5	15.6
1992	803.61	448.25	26.7	14.9

43.1980—1992年国民经济各行业更新改造投资及构成

行　业	1980年	1982年	1985年	1988年	1989年	1990年	1991年	1992年
一、绝对数(亿元)								
全国总计	137.38	250.37	449.14	980.55	788.78	830.19	1023.23	1461.10
农、林、牧、渔、水利业	1.21	8.40	6.07	12.40	11.51	10.07	16.33	19.54
工业	113.89	170.84	351.05	774.97	623.19	647.49	783.23	1076.67
地质普查和勘探业	0.14	0.23	0.28	0.24	0.23	0.41	0.37	0.46
建筑业	1.07	4.35	6.97	11.21	7.66	7.69	8.51	14.20
交通运输、邮电通讯业	12.17	30.42	40.42	72.66	64.37	80.22	112.25	191.01
商业、公共饮食业、物资供销和仓储业	4.02	12.95	11.14	33.37	23.37	23.20	29.26	49.88
房地产管理、公用事业、居民服务和咨询服务业	2.28	9.29	20.46	47.60	36.44	36.22	43.64	65.95
卫生、体育和社会福利事业	0.23	1.38	1.78	3.33	2.83	3.16	3.22	4.22
教育、文化艺术和广播电视事业	0.50	3.26	2.91	4.57	4.31	4.65	5.62	6.08
科学研究和综合技术服务事业	0.43	1.17	2.36	2.35	2.35	2.18	2.29	3.16
金融、保险业	0.06	1.37	0.97	2.66	2.07	1.72	2.11	2.42
国家机关、政党机关和社会团体	0.99	3.84	3.24	9.16	6.19	7.05	9.22	12.81
其他行业	0.39	2.87	1.49	6.03	4.26	6.14	7.20	14.69
二、构成(%)								
全国总计	100.0	100.0	100.0	100.0	100.0	100.0	100.0	100.0
农、林、牧、渔、水利业	0.9	3.4	1.4	1.3	1.5	1.2	1.6	1.3
工业	82.9	68.2	78.2	79.0	79.0	78.0	76.5	73.7
地质普查和勘探业	0.1	0.1	0.1	0.0	0.0	0.0	0.0	0.0
建筑业	0.8	1.7	1.5	1.1	1.0	0.9	0.8	1.0
交通运输、邮电通讯业	8.9	12.2	9.0	7.4	8.2	9.7	11.0	13.1
商业、公共饮食业、物资供销和仓储业	2.9	5.2	2.5	3.4	3.0	2.8	2.9	3.4
房地产管理、公用事业、居民服务和咨询服务业	1.6	3.7	4.6	4.9	4.6	4.4	4.3	4.5
卫生、体育和社会福利事业	0.2	0.6	0.4	0.3	0.4	0.4	0.3	0.3
教育、文化艺术和广播电视事业	0.4	1.3	0.6	0.5	0.5	0.6	0.5	0.4
科学研究和综合技术服务事业	0.3	0.5	0.5	0.2	0.3	0.3	0.2	0.2
金融、保险业	0.0	0.5	0.2	0.3	0.3	0.2	0.2	0.2
国家机关、政党机关和社会团体	0.7	1.5	0.7	0.9	0.8	0.8	0.9	0.9
其他行业	0.3	1.1	0.3	0.6	0.5	0.7	0.7	1.0

44.1980—1992年我国投资效益宏观分析

单位:亿元

项目 年份	国民生产总值	比上年增加	全社会投资总额	投资效果系数(%)
1980	4470.0	471.9	910.85	51.8
1981	4773.0	303.0	961.01	31.5
1982	5193.0	420.0	1230.40	34.1
1983	5809.0	616.0	1430.06	43.1
1984	6962.0	1153.0	1832.87	62.9
1985	8557.6	1595.6	2543.19	62.7
1986	9696.3	1138.7	3019.62	37.7
1987	11301.0	1604.7	3640.86	44.1
1988	14068.2	2767.2	4496.54	61.5
1989	15993.3	1925.1	4137.73	46.5
1990	17695.3	1702.0	4449.29	38.3
1991	20236.3	2541.0	5508.80	46.1
1992	24036.2	3799.9	7854.98	48.4

45. 1986—1992 年国民经济各行业基本建设新增固定资产及交付使用率

行业	1986 年	1987 年	1988 年	1989 年	1990 年	1991 年	1992 年
一、新增固定资产(亿元)	929.88	959.09	1112.13	1179.03	1362.61	1498.73	1975.00
第一产业	29.60	29.82	30.61	36.62	44.28	50.24	62.94
农业	5.16	4.59	4.43	4.18	6.11	7.93	9.80
水利业	15.59	14.11	13.45	20.61	25.81	26.96	34.12
第二产业	448.43	498.42	566.33	621.80	751.73	841.24	1009.46
工业	427.36	479.21	551.82	604.33	737.46	824.10	976.34
第三产业	451.85	430.85	515.19	520.61	566.59	607.25	902.60
交通运输、邮电通讯业	133.93	124.30	177.06	125.53	156.82	196.30	254.98
交通运输业	126.01	111.46	164.04	108.17	131.25	171.63	209.91
铁路运输	64.71	62.06	104.60	36.96	35.72	79.91	39.32
公路运输	18.14	16.49	31.78	34.88	47.20	46.47	84.85
水路运输	27.63	22.99	19.26	24.70	41.95	29.60	54.53
邮电通讯业	7.92	12.84	13.02	17.37	25.57	24.67	45.07
商业、公共饮食业、物资供销和仓储业	33.73	34.96	42.92	41.48	35.84	55.28	85.20
商业	22.07	24.06	32.48	30.57	27.50	42.15	70.61
公共饮食业	0.54	0.57	0.61	0.83	0.57	1.61	2.47
物资供销业	4.15	3.90	5.51	6.01	4.36	4.68	6.10
房地产管理、公用事业、居民服务和咨询服务业	85.77	61.82	75.94	73.05	59.93	91.26	130.45
房地产管理业	50.23	28.34	40.01	38.08	13.28	13.53	30.12
公用事业	20.11	16.58	17.10	14.58	17.24	43.65	57.52
卫生体育和社会福利事业	17.72	21.78	22.03	22.65	40.08	30.11	35.02
卫生事业	13.85	15.01	15.48	15.48	17.39	24.68	27.83
教育、文化艺术和广播电视事业	73.12	80.56	81.59	81.96	98.25	102.14	120.40
教育	63.02	69.09	66.01	71.46	83.68	88.71	102.39
科研和综合技术服务事业	16.80	19.18	17.05	17.46	21.61	19.75	18.79
金融、保险业	5.76	9.55	12.97	14.61	12.59	15.61	24.15
国家机关、政党机关和社会团体	44.54	46.92	56.00	54.18	57.55	68.16	102.34
其他行业	40.48	31.78	29.63	89.70	83.93	28.63	131.27
二、交付使用率	79.1	71.4	70.6	76.0	80.0	70.8	65.6
第一产业	84.4	70.8	64.5	72.3	65.9	59.1	55.9
农业	73.8	70.1	76.2	82.2	68.4	67.2	60.8
水利业	89.8	66.6	56.9	69.8	63.5	53.7	49.3
第二产业	80.5	70.6	68.0	73.9	77.7	72.1	67.7
工业	80.4	70.2	67.9	73.5	77.4	71.8	67.0
第三产业	77.4	72.4	74.2	78.9	84.7	70.3	64.1
交通运输、邮电通讯业	74.1	65.5	83.5	75.4	75.7	59.4	56.9
交通运输业	75.3	64.2	84.8	75.1	72.7	57.2	53.4
铁路运输	76.4	71.4	102.1	68.3	53.6	66.4	34.1
公路运输	67.6	50.0	73.9	80.4	85.8	57.9	49.8
水路运输	74.9	59.3	58.4	69.1	91.2	47.3	79.2
邮电通讯业	58.6	80.2	69.6	77.1	95.8	80.1	81.7
商业、公共饮食业、物资供销和仓储业	80.5	73.2	79.1	91.9	83.8	75.4	58.4
商业	79.2	68.0	79.9	90.5	83.1	74.9	57.7
公共饮食业	27.1	54.8	69.8	66.9	57.0	125.7	77.3
物资供销业	87.4	68.8	68.1	90.8	90.3	75.5	55.7
房地产管理、公用事业、居民服务和咨询服务业	78.0	66.8	56.7	65.2	73.4	74.9	62.0
房地产管理业	91.8	79.0	75.7	96.3	88.2	48.5	53.4
公用事业	71.3	64.2	55.6	59.4	54.1	71.1	52.1
卫生体育和社会福利事业	71.3	76.3	69.2	80.0	113.6	91.7	76.9
卫生事业	76.8	78.5	75.7	85.7	85.6	94.2	77.7
教育、文化艺术和广播电视事业	79.8	83.1	81.3	81.7	95.8	85.6	79.6
教育	83.4	86.6	81.9	84.6	96.3	87.7	83.2
科研和综合技术服务事业	66.2	72.5	72.9	79.4	102.7	85.4	59.5
金融、保险业	70.2	72.5	68.6	93.7	83.4	83.0	75.0
国家机关、政党机关和社会团体	88.6	78.2	75.7	92.9	92.7	77.7	72.2
其他行业	79.9	79.0	65.0	80.5	83.0	51.3	65.2

46. 基本建设新增主要产品生产能力

时　期(年份)	铁矿开采(万吨)	炼　铁(万吨)	炼　钢(万吨)	煤炭开采(万吨)	发电机组容量(万千瓦)	石油开采(万吨)
“一五”时期	1 388	306.9	278.9	6 376	246.9	131.2
“二五”时期	2 102	1 088.7	939.3	9 676	865.6	815.8
1963—1965 年	304	9.5	76.7	2 155	213.7	674.6
“三五”时期	4 032	1 030.7	727.6	6 915	860.3	2 777.1
“四五”时期	4 587	920.2	589.6	8 121	1 743.2	4 104.7
“五五”时期	2 097	360.0	583.0	6 493	1 929.1	3 975.3
“六五”时期	1 341	93.0	30.0	8 127	2022.9	5 013.1
1981	475			1 373	264.0	518.9
1982	310	25.0	18.0	820	294.3	636.5
1983	30	17.0	6.0	1 852	449.1	810.8
1984	46			2 435	377.9	1 309.7
1985	480	51.0	6.0	1 647	637.6	1 737.2
“七五”时期	2 367	685.5	522.3	12 694	4 631.7	7 743.8
1986	993	308.4	385.5	2 105	663.8	1 548.5
1987	525	56.5	61.5	2 106	874.4	1 640.0
1988	224	92.8	24.9	3 302	1 117.0	1 581.0
1989	300	206.8	39.9	2 845	1 060.9	1 649.9
1990	325	21.0	10.5	2 336	915.6	1 324.4
“八五”时期						
1991	983	370.0	459.2	3 340	1 137.3	1 308.7
1992		11.3	40.9	2 792	1 378.9	1 452.1

续表 46

时　期(年份)	天然气开采(亿立方米)	硫　酸(万吨)	合成氨(万吨)	化学肥料(万吨)	纯　碱(万吨)	烧　碱(万吨)	塑　料(万吨)
“一五”时期		32.3	15.7	9.26	24.6	6.8	
“二五”时期	13.96	125.7	42.5	69.18	36.7	26.7	3.75
1963—1965 年	11.69	63.7	81.6	127.40	16.5	5.2	3.47
“三五”时期	19.61	152.0	126.9	116.36	17.0	34.9	18.70
“四五”时期	66.69	219.4	429.2	372.37	16.4	29.6	7.38
“五五”时期	95.60	88.1	592.5	473.84	18.9	30.6	53.50
“六五”时期	33.51	24.9	172.6	162.02	9.6	3.0	4.50
1981	6.22	3.5	37.5	32.28		0.7	0.10
1982	6.27	9.7	72.5	65.32		0.9	2.01
1983	4.75		11.7	8.25		0.5	0.75
1984	5.47	4.5	7.7	12.57	2.0	0.5	0.11
1985	10.80	7.2	43.2	43.60	7.6	0.4	1.53
“七五”时期	35.65	87.3	77.8	150.13	244.7	27.4	84.33
1986	5.37	34.6	47.2	44.27	25.5	2.4	0.50
1987	4.40	5.0	9.5	24.06	36.4	0.4	27.21
1988	13.50	33.1	4.2	6.44	37.0	1.6	46.80
1989	5.31	8.6	12.2	23.77	84.5	22.5	6.10
1990	7.07	6.0	4.8	51.59	61.3	0.5	3.72
“八五”时期							
1991	7.21	7.6	47.8	132.08	4.0	2.7	40.09
1992	10.68	12.0	61.0	109.82	5.0	11.9	

续表 46

时　期(年份)	木材采运(万立方米)	水　泥(万吨)	化学纤维(万吨)	棉纺锭(万锭)	自行车(万辆)	缝纫机(万架)	手　表(万只)
"一五"时期	409.0	261.3	0.50	190.3	50.0	7.4	
"二五"时期	649.4	1 173.6	0.90	203.9	50.2	40.8	52.0
1963—1965 年	274.9	222.1	2.69	144.6	35.4	24.7	39.0
"三五"时期	415.9	1 533.0	1.23	197.9	68.0	40.0	46.0
"四五"时期	611.6	1 128.3	12.03	94.4	67.4	36.0	307.4
"五五"时期	361.4	1 119.6	25.35	201.2	239.5	251.2	688.4
"六五"时期	202.7	1 327.4	32.04	157.0	245.5	130.5	293.0
1981	29.8	154.4	7.95	51.0	127.5	64.8	146.0
1982	33.3	236.8	2.91	51.0	38.0	40.0	76.0
1983	44.7	345.7	5.13	31.3		21.0	68.0
1984	54.9	474.0	2.60	13.1	50.0	4.7	3.0
1985	40.0	116.5	13.45	10.6	30.0		
"七五"时期	156.1	1 975.9	51.58	173.1	190.0	451.2	
1986	43.8	513.5	15.42	12.8	80.0		
1987	26.0	451.9	13.44	33.9	60.0	448.1	
1988	29.8	275.5	11.40	41.2		0.1	
1989	21.9	451.9	7.43	46.7	50.0	1.0	
1990	34.6	283.1	3.89	38.5		2.0	
"八五"时期							
1991	30.2	189.5	4.63	45.1	44.0		
1992	29.7	393.8	3.95	19.3	146.1		

续表 46

时　期(年份)	显像管(万只)	机制糖(万吨)	原　盐(万吨)	机制纸及纸板(万吨)	新建铁路交付营业里程(公里)	新建公里(公里)	沿海港口吞吐能力(万吨)
"一五"时期		62.0	151.3	24.9	4 162	83 403	765
"二五"时期		109.7	644.7	112.7	6 120	37 047	1 783
1963—1965 年		22.5	16.3	9.8	1 096	12 629	425
"三五"时期		23.4	56.8	36.2	3 894	31 223	1 311
"四五"时期		44.4	149.3	34.9	4 866	40 065	4 650
"五五"时期	15	71.6	159.7	34.6	3 776	40 344	6 980
"六五"时期	452	158.1	144.9	32.9	2 238	8 352	9 983
1981	162	25.1	29.4	6.7		1 554	336
1982	168	34.5	30.6	5.9	31	751	2 000
1983	50	33.1	15.0	9.2	601	1 462	1 773
1984		36.6	67.4	7.8	1 247	1 443	918
1985	72	28.8	2.5	3.3	359	3 142	4 956
"七五"时期	536	69.0	87.0	33.2	2 561	18 995	14 506
1986		12.4	1.0	1.1	910	4 073	4 646
1987		17.0	6.0	10.7	4.22	4 833	1 255
1988		12.5	12.0	7.5	434	4 046	1 041
1989	131	16.0	42.0	8.5	414	2 999	4 542
1990	405	11.1	26.0	5.4	381	3 044	3 022
"八五"时期							
1991	570	17.7	4.1	7.9	346	2 909	770
1992	80	3.6	33.9	3.3	1 057	4 458	3 117

注:石油和天然气开采能力中包括更新改造和其他投资增加的能力。

47.1986—1992年国民经济各行业更新改造新增固定资产及交付使用率

行　　业	1986年	1987年	1988年	1989年	1990年	1991年	1992年
一、新增固定资产(亿元)	468.58	582.62	690.53	636.88	722.94	858.30	1105.03
第一产业	6.43	8.00	9.34	9.46	9.18	15.02	14.79
农业	2.89	3.01	3.92	2.82	3.09	6.59	7.59
水利业	0.72	0.73	1.40	0.92	0.04	3.45	2.08
第二产业	364.00	451.19	550.84	501.53	568.33	665.44	818.76
工业	356.02	442.76	541.45	494.28	561.26	657.05	805.56
第三产业	98.13	123.43	130.35	125.89	145.43	177.84	271.49
交通运输、邮电通讯业	44.18	53.71	48.98	48.47	67.45	97.11	153.42
交通运输业	37.99	44.64	39.66	35.47	42.71	57.94	81.41
铁路运输	19.67	23.70	20.98	18.92	18.84	25.59	0.00
公路运输	8.13	12.55	10.66	9.18	12.29	14.50	0.00
水路运输	7.53	6.14	6.35	6.62	7.13	10.01	0.00
邮电通讯业	6.20	9.07	9.26	13.00	24.74	39.17	72.01
商业、公共饮食业、物资供销和仓储业	13.95	19.34	24.85	22.10	24.07	22.49	35.64
商业	10.23	15.19	19.86	17.94	18.47	17.77	29.71
公共饮食业	0.46	0.45	0.40	0.55	0.65	0.45	1.14
物资供销业	2.34	2.63	3.31	2.85	3.93	3.11	3.59
房地产管理、公用事业、居民服务和咨询服务业	24.98	30.31	35.02	34.60	33.41	34.00	49.02
房地产管理业	4.87	9.29	9.36	8.29	8.16	7.97	9.14
公用事业	16.55	16.73	21.55	23.26	22.44	22.59	35.84
卫生体育和社会福利事业	2.30	2.30	2.49	2.72	3.05	2.86	3.49
卫生事业	1.99	2.16	2.12	2.54	2.47	2.64	3.16
教育、文化艺术和广播电视事业	3.66	3.02	3.26	3.81	3.53	4.96	5.36
教育	2.21	2.12	2.22	2.75	2.32	3.29	3.64
科研和综合技术服务事业	1.76	1.80	1.59	2.12	1.58	1.50	2.81
金融、保险业	1.22	1.60	2.09	2.23	1.45	1.85	2.03
国家机关、政党机关和社会团体	4.24	8.99	7.63	5.46	5.48	7.12	10.05
其他行业	1.84	2.37	4.43	4.39	5.41	5.95	9.68
二、交付使用率	75.7	76.8	70.4	80.7	87.1	83.9	75.6
第一产业	85.2	83.1	75.3	82.2	91.2	92.0	75.7
农业	86.7	88.8	79.5	86.7	89.0	85.5	84.1
水利业	91.4	77.3	100.5	58.7	48.2	114.4	43.6
第二产业	74.7	75.9	70.0	79.4	86.7	84.0	75.0
工业	74.3	75.7	69.9	79.6	86.7	83.9	74.8
第三产业	78.8	79.5	71.8	86.2	88.4	82.8	77.5
交通运输、邮电通讯业	80.6	83.5	67.4	75.3	84.1	86.5	80.3
交通运输业	84.4	82.6	67.0	80.9	83.1	88.9	78.7
铁路运输	82.3	79.0	65.1	72.3	71.5	82.9	0.0
公路运输	83.1	88.1	61.5	101.4	96.7	93.6	0.0
水路运输	91.3	91.9	84.0	96.0	92.1	93.7	0.0
邮电通讯业	63.1	88.3	69.1	63.3	85.9	83.3	82.2
商业、公共饮食业、物资供销和仓储业	81.7	74.9	74.5	94.6	103.8	76.9	71.4
商业	81.2	75.7	75.6	94.4	98.9	75.1	71.0
公共饮食业	76.4	61.1	52.0	121.8	157.8	66.7	58.3
物资供销业	85.7	71.7	66.8	94.7	130.3	88.9	83.5
房地产管理、公用事业、居民服务和咨询服务业	71.9	74.6	73.6	95.0	92.2	77.9	74.4
房地产管理业	86.3	88.9	74.8	92.6	95.5	89.5	70.2
公用事业	70.5	67.8	71.8	93.8	90.7	73.3	76.9
卫生体育和社会福利事业	94.3	83.1	74.9	96.0	96.5	88.8	82.2
卫生事业	95.8	86.3	73.3	99.6	89.1	92.7	88.5
教育、文化艺术和广播电视事业	90.0	71.9	71.3	88.4	75.9	88.3	88.2
教育	86.3	74.5	73.0	92.8	78.6	91.1	101.3
科研和综合技术服务事业	75.7	74.9	67.7	90.3	72.5	65.5	88.8
金融、保险业	79.8	82.8	78.6	107.6	84.3	87.7	84.0
国家机关、政党机关和社会团体	89.8	98.0	83.3	88.2	77.7	77.2	78.1
其他行业	84.8	60.0	73.5	103.0	88.1	82.6	66.0

48. 更新改造新增主要产品生产能力

能　力　名　称	计算单位	1985 年	1988 年	1989 年	1990 年	1991 年	1992 年
铁矿开采	万吨/年	65.00	118.00	191.00	494.00	75.00	
铁选矿:1. 处理原矿	万吨/年	58.00	100.00	494.00	33.00	36.00	
2. 精矿粉	万吨/年	84.50	0.90	41.35	16.70	9.45	
铁矿烧结	万吨/年	76.50	90.00	851.55	401.10	336.33	804.45
炼焦	万吨/年	26.33	113.20	80.36	114.10	74.16	
炼铁	万吨/年	114.61	98.80	162.13	115.94	354.45	127.67
炼钢	万吨/年	213.32	160.10	199.57	148.78	123.73	347.25
初轧	万吨/年	63.43	135.00	61.95	95.50	58.35	38.07
电炉铁合金	万吨/年	5.36	15.64	7.36	13.28	9.90	4.16
铜选矿:处理原矿	万吨/年	1.80	117.00	3.30	172.65	37.10	37.66
铜精矿	吨/年	312.00	9 299.00		80 294.00	26 408.00	29 300.00
精矿含铜	吨/年	50.00	1 756.00		11 348.00	2962.00	1 557.24
煤炭开采	万吨/年	416.34	273.80	295.40	340.72	164.20	273.29
天然石油开采	万吨/年	9.88	163.70	61.00	91.07	3.90	
硫酸	万吨/年	8.63	187.48	124.45	61.13	46.95	69.52
纯碱	万吨/年	12.91	16.00	13.11	11.63	10.20	19.08
烧碱	万吨/年	7.74	37.38	32.92	27.19	21.36	32.68
合成氨	万吨/年	41.60	109.36	103.79	148.79	118.37	90.34
化肥	万吨/年	25.66	66.10	44.10	127.33	155.93	157.00
乙烯	吨/年	31 880.00	7 990.00	23 980.00	1 200.00	1 400.00	50 000.00
塑料	吨/年	43 146.00	79 139.00	44 547.00	65 975.00	33 966.00	
轮胎:内胎	万条/年		292.10	163.80	114.70	111.00	438.00
外胎	万条/年		1 123.80	414.32	213.80	424.35	1 526.85
发电机组容量	万千瓦	16.53	62.20	44.45	109.47	82.39	86.76
火电	万千瓦	4.19	6.10	5.04	15.25	51.28	67.99
水电	万千瓦	7.89	42.00	26.56	76.08	16.61	8.73
其他发电	万千瓦	4.45	11.30	10.75	13.91	13.75	10.04
汽车制造	辆/年	41 089	115 930	60 343	77 530	105 108	105 700
载重汽车制造	辆/年	6 765	53 933	16 654	15 400	41 096	65 780
拖拉机制造	混合台/年	23 914	47 926	13 150	14 050	26 000	96 702
手扶拖拉机制造	混合台/年	44 802	43 051	20 205	47 000	68 500	29 000
蒸汽锅炉	台/年	614	253	345	150	157	224
蒸汽锅炉蒸发量	小时吨/年	36 762	2 335	238 818	300	3 438	2 407
电动机	万千瓦/年	344.23	260.00	328.52	419.50	788.58	
金属切削机床制造	台/年	1 409	4 854	8 834	13 221	15 636	7 000
金属切削机床制造	吨/年	3 123	9 234	10 573	64 741	32 891	
重型机械制造	吨/年	4 086	15 022	9 101	76 124	84 566	
民用船舶制造	吨/年	12 900	5 035	8 340	537	59 300	
民用船舶制造	艘/年	58	6	52	7	74	29
胶合板	万立方米/年	4.84	6.80	5.69	5.86	460.94	2.34
水泥	万吨/年	957.01	1 209.50	961.57	793.51	686.73	1 313.29
化学纤维	吨/年	43 975.00	62 945.00	58 545.00	46 702.00	69 487.00	112 203.00
棉纺锭	万锭	41.16	146.63	115.13	116.45	278.39	61.53

续表 48

能　力　名　称	计算单位	1985 年	1988 年	1989 年	1990 年	1991 年	1992 年
棉布织机	台	16 178	17 617	10 026	14 545	9 803	10 134
印染布	万米/年	48 969.00	42 172.00	36 468.97	36 420.00	43 260.00	38 366.00
毛纺锭	锭	46 023	84 432	54 229	37 526	39 904	28 969
机制糖(年生产)	万吨	36.40	23.10	20.36	30.20	78.85	30.13
机制糖(日处理原料)	吨	38 586.00	22 708.00	19 278.50	24 369.75	42 121.02	23 700.00
卷烟	万箱/年	164.29	318.90	252.50	429.11	329.22	356.98
酒	万吨/年	91.08	134.66	55.73	69.64	91.77	128.68
糖果	吨/年	60 360.00	48 112.00	22 538.00	16 240.94	15 218.00	27 915.28
奶粉	吨/年	14 699.00	6 040.00	25 706.00	6 940.00	8 425.00	69 184.00
原盐	万吨/年	5.04	88.90	54.38	61.09	151.34	78.38
机制纸及纸板	万吨/年	33.63	61.64	34.15	51.28	63.65	66.85
肥皂	万箱/年	4.37	5.11	1.79	7.91	1.11	5.93
合成洗涤剂	万吨/年	8.81	17.66	19.00	11.01	8.27	7.42
制革	万张/年	473.03	648.50	519.00	265.83	115.25	436.74
皮鞋	万双/年	324/30	1 012.50	796.50	319.50	707.23	654.07
日用搪瓷	万件/年	331.00	195.00	2 278.40	158.10	1 300.00	
日用陶瓷	万件/年	7 655.00	24 304.00	19 106.51	14 090.80	32 586.10	16 863.00
热水瓶	万个/年	1 409.90	2 187.00	795.00	664.00	1 889.00	500.00
灯泡	万只/年	8 639.00	3 488.00	8 863.00	15 822.00	20 786.00	10 255.09
自行车	万辆/年	134.00	271.00	165.07	77.30	67.00	125.60
缝纫机	万架/年	26.40	8.20	4.12	10.63	4.35	10.91
手表	万只/年	838.00	114.00	244.00	281.50	376.50	250.00
电冰箱	万台/年	21.30	114.66	49.08	77.50	8.10	37.01
电视机	万台/年	414.02	268.12	134.47	180.70	0.12	179.10
录音机	万台/年	304.68	147.62	43.70	189.02	0.22	138.01
洗衣机	万台/年	22.00	59.60	50.00			25.00
新建铁路交付营业里程	公里	11.30	42.60	0.60	14.84	26.63	2.80
新(扩)建港口码头	年吞吐量万吨	352.40	473.20	405.30	390.00	350.00	320.80
新(扩)建港口码头	泊位个	18	28	31	52	24	24
新建公路	公里	345.50	366.90	276.26	187.32	88.45	223.40
改建公路	公里	1 283.10	891.00	996.73	881.89	859.52	1 080.19
市内电话交换机	万门	26.12	67.53	91.93	115.17	157.84	279.00
商业石油库	万立方米	20.78	8.60	14.33	20.24	18.23	15.79
物资储备石油库	万立方米	5.79	2.30	3.46	15.26	4.45	3.75
商业冷藏库	万吨	4.40	7.00	3.77	3.26	3.15	18.66
粮食仓库	万平方米	12.99	15.39	9.36	24.35	26.73	18.55
粮食仓库	万公斤	30 104.00	38 317.00	21 246.36	77 692.78	73 766.75	40 794.00
商业饮食服务网点	处	984	1 760	1 741	956	1 110	1 139
商业饮食服务网点	万平方米	73.80	179.41	139.75	126.80	94.12	136.45
大专院校学生席位	个	2 750	3 133	2 590	400	1 050	550
医院病床床位	个	4 498	10 464	8 918	7 685	9 526	6 112
自来水供水能力	万吨/日	89.99	150.40	176.98	245.83	143.80	135.65

49.1981—1992年全社会竣工房屋面积

	1981年	1982年	1985年	1988年	1989年	1990年	1991年	1992年
全社会竣工房屋面积	86325	90289	122084	135943	105749	107793	119107	134800
国有单位	16545	19404	23360	22710	17281	20234	22154	26576
基本建设	12941	14357	17161	13959	11612	11246	12604	15134
更新改造	3604	5047	4596	7091	5403	4739	4793	5209
国有其他			1603	1660	266	301	498	442
商品房屋	—	—	—	—	—	4038	4258	5792
集体单位	6191	9917	12670	13614	8877	9153	9898	33213
城镇	1208	1636	2746	3422	2478	1970	2113	2767
农村	4983	8281	9924	10192	6399	7182	7785	30446
城乡个人	63589	60968	86054	99619	79591	78316	87055	75011
城镇	1929	2139	7081	10527	8565	7181	7554	9673
农村	61660	58829	78973	89093	71026	71136	79501	65338

50.1981—1992年全社会竣工住宅房屋建筑面积

指标	1981年	1982年	1985年	1988年	1989年	1990年	1991年	1992年
一、全社会竣工住宅面积	69444	71459	90972	104801	83196.72	86288.79	94001.55	85016.8
（万平方米）								
国有单位	9343	11128	11586	9899	7113.32	10053.12	11109.31	13801.0
基本建设	7904	9020	9565	6579	5064.20	4824.78	5687.92	6919.2
更新改造	1439	2108	1434	2599	1995.63	1771.70	1694.35	1750.7
其他固定资产投资			587	721	53.49	65.70	85.91	154.2
商品房屋	—	—	—	—	—	3390.94	3461.13	4976.9
集体所有制单位	2486	4089	3537	4671	2126.80	1931.02	1891.00	2187.6
城镇	443	661	897	1002	701.80	636.17	639.00	752.6
农村	2043	3428	2640	3669	1425.00	1294.85	1252.00	1435.0
城乡个体	57615	56242	75849	90232	73956.60	74304.65	81001.24	69028.2
城镇	1875	2041	6307	9433	7822.60	6492.93	6808.24	8586.2
农村	55740	54201	69542	80799	66134.00	67811.72	74193.00	60442.0

51. 建国以来国民经济主要行业重大工程建设情况

①"一五"时期156个重点项目的建设情况

项目名称	建设地址	开始建设年月	全部建成投产年月	自开始建设至建成累计投资(万元)	新增生产能力		
					名称	计算单位	数量
煤炭工业							
河北							
峰峰中央洗煤厂	峰峰	57	59	2.486	洗煤	万吨	200
峰峰通顺三号立井	峰峰	57	61	6.640	采煤	万吨	120
山西							
大同鹌毛口立井	大同	57	61	5.840	采煤	万吨	120
潞安洗煤厂	潞南	56	58	3.254	洗煤	万吨	200
辽宁							
辽源中央立井	辽源	50	55	5.770	采煤	万吨	90
阜新平安立井	阜新	52	57	8.334	采煤	万吨	150
阜新新邱一号立井	阜新	54	58	4.056	采煤	万吨	60
阜新海州露天矿	阜新	50	57	19.472	采煤	万吨	300
抚顺西露天矿	抚顺	53	59	19.091	采煤	万吨	300
抚顺龙凤矿	抚顺	53	58	2.860	采煤	万吨	90
抚顺老虎台矿	抚顺	53	57	3.862	采煤	万吨	80
抚顺胜利矿	抚顺	53	57	4.200	采煤	万吨	90
抚顺东露天矿	抚顺	56	61	12.807	油母页岩	万立方米	700
吉林							
通化湾沟立井	通化	55	58	2.587	采煤	万吨	60
黑龙江							
兴安台二号立井	鹤岗	56	61	7.178	采煤	万吨	150
鹤岗东山一号立井	鹤岗	50	55	6.512	采煤	万吨	90
鹤岗兴安台十号立井	鹤岗	52	56	7.178	采煤	万吨	150
兴安台洗煤厂	鹤岗	57	59	1.204	洗煤	万吨	150
城子河洗煤厂	鸡西	57	59	1.480	洗煤	万吨	150
城子河九号立井	鸡西	55	59	3.184	采煤	万吨	75
双鸭山洗煤厂	双鸭山	54	58	3.113	洗煤	万吨	150
安徽							
淮南谢家集中央洗煤厂	淮南	57	59	1.486	洗煤	万吨	100
河南							
平顶山二号立井	平顶山	57	60	3.156	采煤	万吨	90
焦作中马村立井	焦作	55	59	1.582	采煤	万吨	60
陕西							
铜川王石凹立井	铜川	57	61	8.372	采煤	万吨	120

注：本表未列出军工项目

续表 51—①

项目名称	建设地址	开始建设年月	全部建成投产年月	自开始建设至建成累计投资（万元）	新增生产能力		
					名称	计算单位	数量
石油工业							
辽宁							
抚顺第二制油厂	抚顺	56	59	17.500	页岩原油	万吨	70
甘肃							
兰州炼油厂	兰州	56	59	19.385	炼油	万吨	100
电力工业							
北京							
北京热电站	北京	56	59	9.380	发电机组容量	万千瓦	10
河北							
石家庄热电站(一、二期)	石家庄	55	59	6.872	发电机组容量	万千瓦	4.9
山西							
太原第二热电站	太原	55	58	6.180	发电机组容量	万千瓦	5
太原第一热电站	太原	53	57	8.371	发电机组容量	万千瓦	7.4
内蒙古							
包头四道沙河热电站	包头	55	58	6.120	发电机组容量	万千瓦	5
包头宋家壕热电站	包头	57	60	5.538	发电机组容量	万千瓦	6.2
辽宁							
阜新热电站	阜新	51	58	7.450	发电机组容量	万千瓦	15
抚顺电站	抚顺	52	57	8.734	发电机组容量	万千瓦	15
大连热电站	大连	54	55	2.538	发电机组容量	万千瓦	2.5
吉林							
丰满水电站	丰满	51	59	9.634	发电机组容量	万千瓦	42.25
吉林热电站	吉林	55	58	11.200	发电机组容量	万千瓦	10
黑龙江							
富拉尔基热电站	富拉尔基	52	55	6.870	发电机组容量	万千瓦	5
佳木斯纸厂热电站	佳木斯	55	57	2.975	发电机组容量	万千瓦	2.4
河南							
郑州第二热电站	郑州	52	53	1.971	发电机组容量	万千瓦	1.2
洛阳热电站	洛阳	55	58	6.797	发电机组容量	万千瓦	7.5
三门峡水利枢纽	陕县	56	69	69.324	发电机组容量	万千瓦	110
湖北							
青山热电站	武汉	55	59	8.987	发电机组容量	万千瓦	11.2
湖南							
株洲热电站	株洲	55	57	2.165	发电机组容量	万千瓦	1.2

续表 51—①

项目名称	建设地址	开始建设年月	全部建成投产年月	自开始建设至建成累计投资（万元）	新增生产能力		
					名称	计算单位	数量
四川							
重庆电站	重庆	52	54	3.561	发电机组容量	万千瓦	2.4
成都热电站	成都	56	58	5.033	发电机组容量	万千瓦	5
云南							
个旧电站(一、二期)	个旧	54	58	4.534	发电机组容量	万千瓦	2.8
陕西							
西安热电站(一、二期)	西安	52	57	6.449	发电机组容量	万千瓦	4.8
鄠县热电站(一、二期)	鄠县	56	60	9.188	发电机组容量	万千瓦	10
甘肃							
兰州热电站	兰州	55	58	10.850	发电机组容量	万千瓦	1.0
新疆							
乌鲁木齐热电站	乌鲁木齐	52	59	3.275	发电机组容量	万千瓦	1.9
钢铁工业							
河北							
热河钒钛矿	承德	55	58	4.640	钛镁	吨	7.000
					钒铁	吨	1.000
内蒙古							
包头钢铁公司	包头	56	62	91.877	生铁	万吨	160
					钢	万吨	150
辽宁							
鞍山钢铁公司	鞍山	52	60	268.500	生铁	万吨	250
					钢	万吨	320
					钢材	万吨	250
本溪钢铁公司	本溪	53	57	32.137	生铁	万吨	110
吉林							
吉林铁合金厂	吉林	53	56	6.300	铁合金	万吨	4.35
黑龙江							
富拉尔基特钢厂(一、二期)	富拉尔基	53	58	31.684	特钢	万吨	16.6
湖北							
武汉钢铁公司	武汉	55	62	131.206	生铁	万吨	150
					钢	万吨	150
					钢材	万吨	110

续表 51—①

项目名称	建设地址	开始建设年月	全部建成投产年月	自开始建设至建成累计投资（万元）	新增生产能力		
					名称	计算单位	数量
有色金属工业							
辽宁							
抚顺铝厂(一、二期)	抚顺	52	57	15.619	铝锭	万吨	3.9
					镁	万吨	0.12
杨家杖子钼矿	杨家杖子	56	58	11.387	钼精矿	吨	4.700
吉林							
吉林电极厂	吉林	53	55	6.976	石墨制品	万吨	2.23
黑龙江							
哈尔滨铝加工厂(一、二期)	哈尔滨	52	58	32.681	铝材	万吨	3
江西							
大吉山钨矿	虔南	55	59	6.723	采选	吨/日	1.600
西华山钨矿	大余	56	59	4.782	采选	吨/日	1.856
岿美山钨矿	定南	56	59	4.691	采选	吨/日	1.570
河南							
洛阳有色金属加工厂	洛阳	57	62	17.550	铜材	万吨	6
湖南							
株洲硬质合金厂	株洲	55	57	4.695	硬质合金	吨	500
云南							
锡业公司	个旧	54	58	25.883	锡	万吨	3
甘肃							
白银有色金属公司	白银	55	62	44.697	电铜	万吨	3
					硫酸	万吨	25
化学工业							
山西							
太原化工厂	太原	54	58	11.670	硫酸	万吨	4
					烧碱	万吨	1.5
太原氮肥厂	太原	57	60	19.500	合成氨	万吨	5.2
					硝酸铵	万吨	9.8
吉林							
吉林染料厂	吉林	55	58	11.461	合成染料及中间体	吨	7.385
吉林氮肥厂	吉林	54	57	25.722	合成氨	万吨	5
					硝酸铵	万吨	9
吉林电石厂	吉林	55	57	4.989	电石	万吨	6
甘肃							
兰州合成像胶厂	兰州	56	60	11.664	合成橡胶	万吨	1.5
兰州氮肥厂	兰州	56	59	23.317	合成氨	万吨	5.2
					硝酸铵	万吨	9.8
机械工业							
辽宁							
沈阳第一机床厂	沈阳	53	55	6.043	车床	台	4.000
沈阳风动工具厂	沈阳	52	54	1.893	各种风动工具	万台/吨	2/554
沈阳电缆厂	沈阳	54	57	9.031	各种电缆	万吨	3
沈阳第二机床厂	沈阳	55	58	3.188	各种机床	台/万吨	4.497/16
吉林							
长春第一汽车厂	长春	53	56	60.871	汽车	万辆	3

续表 51—①

项目名称	建设地址	开始建设年月	全部建成投产年月	自开始建设至建成累计投资（万元）	新增生产能力		
					名称	计算单位	数量
黑龙江							
哈尔滨锅炉厂（一、二期）	哈尔滨	54	60	14.981	高中压锅炉	吨	4.080
哈尔滨量具刃具厂	哈尔滨	53	54	5.565	量刃具	万付	512
哈尔滨仪表厂	哈尔滨	53	56	2.494	电气仪表	万只	10
					汽车仪表	万套	5
					电度表	万只	60
哈尔滨汽轮机厂（一、二期）	哈尔滨	54	60	12.042	汽轮机	万千瓦	60
哈尔滨电机厂汽轮发电机车间	哈尔滨	54	60	4.356	汽轮发电机	万千瓦	60
富拉尔基重机厂	富拉尔基	55	59	45.849	轧机、炼钢、炼铁设备	万吨	6
哈尔滨炭刷厂	哈尔滨	56	58	1.662	电刷和炭素制品	吨	100
哈尔滨滚珠轴承厂	哈尔滨	57	59	3.869	滚珠轴承	万套	655
河南							
洛阳拖拉机厂	洛阳	56	59	34.788	拖拉机	万台	1.5
洛阳滚珠轴承厂	洛阳	54	58	11.306	滚珠轴承	万套	1.000
洛阳矿山机械厂	洛阳	55	58	8.793	矿山机械设备	万吨	2
湖北							
武汉重型机床厂	武汉	55	59	14.612	机床	台	380
湖南							
湘潭船用电机厂	湘潭	57	59	1.502	电机	万千瓦	11
陕西							
西安高压电瓷厂	西安	56	62	3.228	各种电瓷	万吨	1.5
西安开关整流器厂	西安	56	61	12.164	高压开关	万套	1.3
西安绝缘材料厂	西安	56	60	2.455	各种绝缘材料	吨	6.000
西安电力电容器厂	西安	56	58	1.510	电力电容器	万只	6.1
					100千伏安		
甘肃							
兰州石油机械厂	兰州	56	59	14.381	石油设备	万吨	1.5
兰州煤油化工机械厂	兰州	56	59	7.005	化工设备	万吨	2.5
轻工业							
黑龙江							
佳木斯造纸厂	佳木斯	53	57	10.199	水泥纸袋	万吨	5
					铜网	万平方米	6
医药工业							
河北							
华北制药厂	石家庄	54	58	7.626	青霉素、链霉素等	吨	1.15
					淀粉	万吨	1.5
山西							
太原制药厂	太原	54	58	1.916	磺胺	吨	1.200

②1972年成套引进的26个项目的建设情况

项目名称	建设地址	引进国别	开始建设年月	全部建成投产年月	自开始建设至建成累计投资(万元)	新增生产能力名称	计算单位	数量
电力工业								
天津			74.12	79.10	45.873	发电机组容量	万千瓦	64
北大港电厂	天津	意大利						
河北								
			73.12	78.3	58.672	发电机组容量	万千瓦	75
唐山陡河电厂	唐山	日本						
内蒙古			74.9	78.12	37.194	发电机组容量	万千瓦	30
元宝山电厂	赤峰	法国、瑞士						
冶金工业								
江苏			78.1	80.12	13.611	铁矿烧结	万吨	30
南京钢铁公司氯化球团工程	南京	日本						
湖北								
武汉钢铁公司一米七轧机工程	武汉	日本、原西德						
其中:第二炼钢厂			72.3	79.12	6.827	炼钢	万吨	150
冷轧薄板厂			75.5	79.12	83.816	冷轧钢板	万吨	100
连铸车间			75.7	79.12	28.164	初轧	万吨	150
硅钢片厂			75.5	79.12	42.687	硅钢片	万吨	7
热轧厂			75.1	80.3	115.306	一次精轧	万吨	301
化学工业								
北京			69.3	76.12	131.798	乙烯	万吨	30
石油化工总厂	房山	日本、原西德			17.367	高压聚乙烯	万吨	18
其中:乙烯工程					12.252	聚丙烯	万吨	8
高压聚乙烯工程								
聚丙烯工程								
北京化工二厂	北京	联邦德国	74.10	77.12	12.473	氯乙烯	万吨	8
						聚氯乙烯	万吨	5
						烧碱	万吨	5
河北			73.7	77.4	24.312	合成氨	万吨	30
沧州化肥厂	沧州	美国、荷兰				尿素、	万吨	48
辽宁			73.6	77.12	34.342	合成氨	万吨	30
辽河化肥厂	盘山	美国、荷兰				尿素	万吨	48
吉林								
吉林化学工业公司			77.9	83.12	14.269	乙烯	万吨	11.5
其中:乙烯装置	吉林	原西德、日本	76.12	83.12	19.878	乙醇	万吨	10
乙醇装置			77.1	83.12	27.027	丁辛醇	万吨	5
丁辛醇装置			79.11	83.12	6.203	乙醛	万吨	6
乙醛装置			80.11	83.12	1.430	醋酸	万吨	3.5
醋酸装置								
黑龙江					267.447			
石油化工总厂	大庆		74.6	77.6	12.820	合成氨	万吨	30
其中:合成氨工程		美国	74.5	77.6	6.451	尿素	万吨	48
尿素工程		荷兰						
江苏			74.9	81.2	32.128	合成氨	万吨	21
南京栖霞山化肥厂	南京	法国				尿素	万吨	36
安徽			74.3	82.6	40.526	合成氨	万吨	24
安庆石油化工厂	安庆	法国				尿素	万吨	42

续表 51—②

项目名称	建设地址	引进国别	开始建设 年 月	全部建成投产 年 月	自开始建设至建成累计投资（万元）	新增生产能力 名称	计算单位	数量
山东								
胜利石油化工总厂	淄博	日本						
其中：合成氨工程			74.4	76.7	}26.303	合成氨	万吨	30
尿素工程			74.4	76.7		尿素	万吨	48
湖北								
宜昌化肥厂	枝江	美国、荷兰	74.10	79.8	29.875	合成氨	万吨	24
						尿素	万吨	38
湖南								
洞庭化肥厂	岳阳	美国、荷兰	74.4	79.11	31.329	合成氨	万吨	24
						尿素	万吨	38
广东								
广州石油化工总厂	广州	法国	74.12	82.10	50.739	合成氨	万吨	24
						尿素	万吨	42
四川								
四川化工厂	成都	日本	74.5	76.12	11.855	合成氨	万吨	30
其中：合成氨工程			74.5	76.12	4.157	尿素	万吨	48
尿素工程								
泸州天然气化工厂	泸州	美国、荷兰						
其中：合成氨工程			74.8	77.3	14.163	合成氨	万吨	30
尿素工程			74.4	77.3	6.479	尿素	万吨	48
贵州								
赤水天然气化工厂	赤水	美国、荷兰						
其中：合成氨工程			76.1	78.12	11.964	合成氨	万吨	30
尿素工程			76.7	78.12	5.221	尿素	万吨	48
云南								
天然气化工厂	水富	美国、荷兰						
其中：合成氨工程			75.1	77.12	13.215	合成氨	万吨	30
尿素工程			75.1	77.12	5.544	尿素	万吨	48
轻工业								
江苏			76.10	81.12	26.875	烷基苯	万吨	5
南京烷基苯厂	南京	意大利				洗衣粉	万吨	2.5
纺织工业								
天津			77.6	83.11	135.819	合成纤维单体	万吨	8.1
天津石油化纤厂	天津	日本、原西德				化学纤维	万吨	5.2
						发电机组容量	万千瓦	3.6
辽宁			73.9	81.12	290.423	合成纤维单体	万吨	13.1
辽阳石油化纤厂	辽阳	法国、意大利、原西德				化学纤维	万吨	4.5
上海			74.1	78.12	209.175	维纶	万吨	3.3
石油化工总厂一期工程	上海	日本、原西德				腈纶	万吨	4.7
						涤纶	万吨	1.4
四川			72.2	81.12	96.131	合成纤维单体	万吨	4.5
						化学纤维	万吨	4.5
长寿维尼纶厂	长寿	法国、日本				甲醇	万吨	9.5

③1978年成套引进的22个项目的建设情况

项目名称	建设地址	引进国别	开始建设年月	全部建成投产年月	自开始建设至1985年底累计投资(万元)	建设规模或新增生产能力		
						名称	计算单位	数量
煤炭工业								
河北								
开滦矿区钱家营矿井	唐山	联邦德国	77.9		20.373	采煤	万吨	800
开滦矿区范各庄洗煤厂	唐山	联邦德国	77.4	84.12	18.856	洗煤	万吨	800
内蒙古								
霍林河煤矿	哲里木盟	联邦德国	81.9		41.903	采煤	万吨	2.000
石油工业								
黑龙江								
大庆30万吨乙烯工程	大庆	日本	78.9		235.905	乙烯	万吨	30
山东								
齐鲁乙烯工程	淄博	日本、英国、原西德	84.4		129.404	乙烯	万吨	30
冶金工业								
上海								
宝山钢铁总厂	宝山	日本、原西德意大利、瑞士	78.12		1,347.768	炼钢	万吨	670
						炼铁	万吨	650
						钢材	万吨	547
江西								
贵溪冶炼厂	贵溪	日本、美国、芬兰	79.6		63.256	铜采选	万吨/日	15
						铜含量	万吨	20
						冶炼	万吨	20
贵州			79.10	83		电解铝	万吨	8
电解铝厂	贵阳	日本						
化学工业								
北京								
东方化工厂	通县	日本	80.4		25.164	丙烯酸酯	万吨	3
山西								
山西化肥厂	潞安	联邦德国、日本	81.7		95.651	合成氨	万吨	30
						硝酸磷肥	万吨	90
						硝酸	万吨	54
吉林								
吉林化学公司乙烯工程	吉林	联邦德国	77.9	83.12	14.269	乙烯	万吨	11.5
江苏								
南京乙烯工程	南京	日本、联邦德国	84.4		128.109	乙烯	万吨	60
浙江								
浙江化肥厂	镇海	日本、荷兰	80.9	85.12	49.088	合成氨	万吨	30
						尿素	万吨	52
宁夏								
宁夏化肥厂	银川	日本	80.3		13.542	合成氨	万吨	30
						氯化铵	万吨	60
						纯碱	万吨	60
新疆								
新疆化肥厂	乌鲁木齐	日本、联邦德国	79.10		54.369	合成氨	万吨	30
						尿素	万吨	52

续表 51—③

项目名称	建设地址	引进国别	开始建设年月	全部建成投产年月	自开始建设至1985年底累计投资(万元)	建设规模或新增生产能力		
						名称	计算单位	数量
纺织工业								
上海								
石油化工总厂二期工程	金山	联邦德国、英国、日本	79.10		215.227	聚酯	万吨	18
						涤纶短纤维	万吨	9
						长丝	万吨	1
江苏								
仪征化纤总厂一分厂	仪征	日本、联邦德国	81.10		98.620	聚酯	万吨	48
						涤纶短纤维	万吨	36
						切片	万吨	12
河南								
平顶山帘子布厂	平顶山	日本	79.11	82.3	32.756	锦纶帘子布	万吨	1.3
轻工业								
山东								
烟台合成革厂	烟台	日本	80.4	84.12	41.068	合成革	万平方米	300
						异氰酸酯	万吨	1
云南								
昆明三聚磷酸钠厂(一期)	昆明	联邦德国	80.11	85.12	51.451	五钠	万吨	7
						洗衣粉	万吨	2.5
						黄磷	万吨	3
电子工业								
陕西								
咸阳彩色显象管厂	咸阳	日本、瑞士、意大利	78.3	82.12	71.103	彩色显象管	万只	96

④50年代北京“十大工程”建设情况

项目名称	建设地址	开始建设年月	全部建成投产年月	自开始建设至建成累计投资(万元)	建筑面积(万平方米)
北京人民大会堂	北京	58.10	59.9	11.951	17.78
北京中国革命历史博物馆	北京	58.10	59.7	3.820	6.95
北京火车站	北京	59.1	59.9		
北京工人体育场	北京	58.9	59.8	1.961	8.05
北京全国农业展览馆	北京	59.1	59.8	1.406	2.95
北京迎宾馆	北京	58.10	59.8	2.706	6.74
北京民族文化宫	北京	59.1	59.8	1.238	3.10
北京民族饭店	北京	58.10	59.9	1.648	3.46
北京华侨大厦	北京	58.5	59.10	436	1.34
北京中国人民革命军事博物馆	北京	58.10	59.7	2.877	6.06

三、建筑业主要统计指标

1. 历年全社会建筑业总产值和净产值

年份	建筑业总产值（亿元）	建筑业总产值增长速度（%）		建筑业净产值（亿元）	建筑业净产值增长速度（%）	
		以上年为基期	以1952年为基期		以上年为基期	以1952年为基期
1952	57.00	——	——	21.00	——	——
1953	85.00	49.1	49.1	28.00	33.3	33.3
1954	82.00	−3.5	43.8	26.00	−7.1	23.8
1955	86.00	4.9	50.9	30.00	15.4	42.9
1956	146.00	69.8	156.1	55.00	83.3	161.9
1957	118.00	−19.2	107.0	45.00	−18.2	114.3
1958	202.00	71.2	254.4	68.00	51.1	223.8
1959	235.00	16.3	312.3	76.00	11.8	261.9
1960	248.00	5.5	335.1	79.00	3.9	276.2
1961	90.00	−63.7	57.9	25.00	−68.4	19.0
1962	74.00	−17.8	29.8	32.00	28.0	52.4
1963	97.00	31.1	70.2	40.00	25.0	90.5
1964	151.00	55.7	164.9	50.00	25.0	138.1
1965	177.00	17.2	210.5	53.00	6.0	152.4
1966	197.00	11.3	245.6	58.00	9.4	176.2
1967	155.00	−21.3	171.9	55.00	−5.2	161.9
1968	132.00	−14.8	131.6	44.00	−20.0	109.5
1969	222.00	68.2	289.5	60.00	36.4	185.7
1970	271.00	22.1	375.4	80.00	33.3	280.9
1971	311.00	14.8	445.6	91.00	13.8	333.3
1972	323.00	3.9	466.7	88.00	−3.3	319.0
1973	335.00	3.7	487.7	92.00	4.5	338.1
1974	376.00	12.2	559.6	99.00	7.6	371.4
1975	437.00	16.2	666.7	113.00	14.1	438.1
1976	435.00	−0.5	663.2	120.00	6.2	471.4
1977	462.00	6.2	710.5	124.00	3.3	490.5
1978	569.00	23.2	898.2	125.00	0.8	495.2
1979	645.00	13.4	1031.6	130.00	4.0	519.0
1980	767.00	18.9	1245.6	185.00	42.3	781.0
1981	747.00	−2.6	1210.5	193.00	4.3	819.0
1982	912.00	22.1	1500.0	209.00	8.3	895.2
1983	1053.00	15.5	1747.4	259.00	23.9	1133.3
1984	1263.00	19.9	2115.8	303.00	17.0	1342.9
1985	1656.00	31.3	2805.3	409.00	30.7	1785.7
1986	2038.00	23.1	3475.4	514.00	25.7	2347.6
1987	2446.00	20.0	4191.2	619.00	20.4	2847.6
1988	2967.00	22.0	5105.3	783.00	22.9	3628.6
1989	2834.00	−4.5	4871.9	774.00	−1.1	3585.7
1990	3043.00	7.4	5238.6	839.00	8.4	3895.2
1991	3700.00	21.6	6391.2	1055.00	25.7	4923.8
1992	5196.00	40.4	9015.8	1475.00	39.8	6923.8

2. 建筑业在国民经济中的地位

年　份	建筑业总产值占社会总产值的比重(%)	建筑业净产值占国民收入的比重(%)	建筑业从业人员占社会劳动者的比重(%)	国有建筑业企业占国有企业年末拥有固定资产的比重(%)		国有建筑业企业占国有企业年末定额流动资金的比重(%)
				原　值	净　值	
1952	5.6	3.6	1.4	0.7	0.1	2.2
1957	7.4	5.0	3.1	4.1	4.7	4.9
1962	4.1	3.5	——	2.5	2.7	2.1
1965	6.6	3.8	2.0	1.6	1.6	2.0
1970	7.1	4.1	——	1.3	1.3	1.1
1975	8.1	4.5	——	1.4	1.3	1.3
1978	8.3	4.1	2.2	1.6	1.6	1.4
1980	9.0	5.0	2.4	2.6	2.7	1.8
1981	8.2	4.9	2.4	3.0	3.3	2.0
1982	9.2	4.9	2.6	2.8	3.1	2.1
1983	9.5	5.5	2.8	2.8	3.0	2.2
1984	9.6	5.4	3.5	2.8	3.0	2.6
1985	10.0	5.8	4.1	2.8	3.1	3.3
1986	10.7	6.5	4.4	3.0	3.2	3.7
1987	10.6	6.8	4.6	2.9	3.2	3.8
1988	10.0	6.7	4.7	2.8	2.9	3.5
1989	8.2	5.9	4.4	2.6	2.7	3.4
1990	8.0	5.8	4.3	2.5	2.5	3.6
1991	8.1	6.1	4.3	2.3	2.3	3.0
1992	9.3	7.4	4.5			

3. 建筑施工企业概况

年份	总计	国有企业合计	建筑安装企业	自营施工单位	城镇集体建筑施工企业	农村建筑队
一、企业单位数(个)						
1980	57404	1996			4608	50800
1981	55627	2586			4741	48300
1982	61684	2808			5076	53800
1983	66653	2885	2215	670	6768	57000
1984	90141	3017	2338	679	6724	80400
1985	93750	3385	2586	799	7765	82600
1986	88771	3608	2752	856	8977	76186
1987	87474	3788	2972	816	9837	73849
1988	87224	3798	2929	869	10336	73090
1989	80106	3927	2991	936	9179	67000
1990	74145	4275	3223	1052	9052	60818
1991	73094	4638	3378	1260	9187	59269
1992	77857	4985	3709	1276	9551	63321
二、从业人员(万人)						
1980	982.7	481.8			166.2	334.7
1981	1034.0	509.3			175.9	348.8
1982	1154.3	532.9			200.1	421.3
1983	1285.3	544.5	482.2	62.3	258.1	482.7
1984	1531.2	554.2	493.5	60.7	293.5	683.5
1985	1701.4	576.7	514.3	62.4	334.8	789.9
1986	1800.6	617.3	537.2	80.1	376.4	806.9
1987	1852.5	618.2	539.4	78.8	405.9	828.4
1988	1899.4	623.5	546.9	76.6	421.3	854.6
1989	1773.4	614.7	538.1	76.6	390.1	768.6
1990	1716.7	621.0	536.8	84.2	389.7	706.0
1991	1783.3	638.9	552.0	86.9	419.4	725.0
1992	1961.2	681.2	589.4	91.8	476.3	803.6
三、总产值(亿元)						
1980	346.98	220.90			66.03	60.05
1981	352.58	213.70			68.60	70.28
1982	445.71	258.03			87.30	100.38
1983	555.74	298.54	264.36	34.18	121.00	136.20
1984	733.69	371.56	330.87	40.69	145.59	216.54
1985	985.10	474.51	426.00	48.51	200.59	310.00
1986	1330.80	566.83	498.29	68.54	241.24	522.73
1987	1603.61	660.11	583.29	76.82	292.54	650.96
1988	1959.42	776.96	688.68	88.28	354.69	827.77
1989	2169.48	878.57	774.57	104.00	404.41	886.50
1990	1947.58	935.19	813.07	122.12	409.82	602.56
1991	2284.78	1062.48	923.63	138.85	501.85	720.45
1992	3298.70	1432.13	1247.58	184.54	742.31	1124.26

注:本表资料系根据现行建筑业统计制度规定的范围汇总的。

4. 建筑施工企业主要经济指标

指　　标	单　　位	1991 年			1992 年		
		合　计	国有企业	城镇集体企业	合　计	国有企业	城镇集体企业
施工企业〔或单位〕个数	个	13825	4638	9187	14536	4985	9551
年底全部职工实有人数	万　人	1058.27	638.91	419.36	1157.58	681.24	476.34
全部职工年平均人数	万　人	1061.18	657.03	404.15	1192.28	707.24	485.04
年底自有固定资产原值	亿　元	746.04	609.36	136.68	861.4	684.4	177.0
年底自有固定资产净值	亿　元	520.10	424.58	95.51	599.2	472.8	126.4
年底自有机械设备台数	万　台	252.8	152.0	100.8	253.2	141.0	112.2
年底自有机械设备原值	亿　元	422.2	348.7	73.5	482.3	386.4	95.9
年底自有机械设备净值	亿　元	272.2	221.4	50.9	314.7	246.5	68.2
年底自有机械设备总功率	万千瓦	4250.2	3248.9	1001.3	4431.9	3314.6	1117.3
总产值	亿　元	1564.3	1062.5	501.9	2174.4	1432.1	742.3
施工产值	亿　元	1524.4	1034.7	489.7	2124.5	1397.5	727.0
增加值	亿　元				614.6	415.2	199.3
净产值	亿　元	471.4	326.9	144.5	628.4	426.2	202.2
利润	亿　元	35.1	23.4	11.7	52.4	35.6	16.8
税金	亿　元	52.1	33.5	18.5	69.6	43.1	26.6
工资	亿　元	258.9	172.5	86.4	339.0	219.6	119.4
职工福利基金	亿　元	21.3	14.5	6.8	30.4	20.3	10.0
利息	亿　元	15.0	11.8	3.2	18.3	14.1	4.2
其他	亿　元	89.1	71.2	17.9	118.6	93.4	25.2
固定资产折旧	亿　元	38.7	30.6	8.1	47.7	37.0	10.6
施工面积	万平方米	41054.2	21395.4	19658.8	51885.4	25896.1	25989.3
竣工面积	万平方米	20256.3	9566.2	10690.1	24045.5	10968.0	13077.5
利润总额	亿　元	28.5	15.9	12.6	46.0	25.5	20.5
上缴税金	亿　元	50.6	32.1	18.5	66.2	40.0	26.2
全员劳动生产率							
按总产值计算	元/人	14741	16171	12417	18238	20250	15304
按施工产值计算	元/人	14366	15748	12117	17819	19760	14988
技术装备率	元/人	2572	3465	1213	2719	3618	1433
动力装备率	千瓦/人	4.0	5.1	2.4	3.8	4.9	2.3
房屋建筑面积竣工率	%	49.3	44.7	54.4	46.3	42.4	50.3
工程质量优良品率	%	31.5	41.5	20.8	32.6	43.4	21.8
产值利润率	%	1.8	1.5	2.5	2.1	1.8	2.8

5. 国有建筑施工企业个数及职工人数

(1992 年)

地区及部门	施工企业个数(个)	年底全部职工人数(万人)	工人	全部职工平均人数(万人)	扣除其他人员	扣除其他人员后的职工占全部职工比重(%)
全国	**4985**	**681.24**	**496.94**	**707.24**	**649.50**	**91.8**
一、地方所属单位合计	**3867**	**424.64**	**317.11**	**442.28**	**413.55**	**93.5**
北京	91	29.53	22.51	31.01	29.87	96.3
天津	52	10.30	6.19	11.85	10.24	86.4
河北	183	18.93	14.67	21.27	19.70	92.6
山西	124	11.19	8.55	12.98	11.97	92.2
内蒙古	133	11.84	8.71	12.93	12.20	94.4
辽宁	283	33.26	24.46	37.77	35.70	94.5
吉林	282	17.97	13.74	21.92	20.84	95.1
黑龙江	434	26.02	20.67	29.67	27.22	91.7
上海	80	14.31	8.94	20.49	18.82	91.8
江苏	176	17.42	12.41	17.66	16.37	92.7
浙江	102	8.72	6.68	8.49	7.80	91.9
安徽	80	10.86	8.09	10.25	9.73	94.9
福建	56	8.13	6.15	7.69	7.30	94.9
江西	119	8.91	6.76	8.50	7.79	91.6
山东	85	11.33	8.17	12.30	11.78	95.8
河南	134	15.90	12.56	15.25	14.42	94.6
湖北	142	16.44	11.87	16.14	14.89	92.3
湖南	87	11.17	8.63	9.98	9.42	94.4
广东	239	30.85	24.80	28.58	26.86	94.0
广西	60	11.48	8.37	10.85	10.41	95.9
海南	48	2.59	2.31	2.88	2.81	97.6
四川	335	42.94	31.01	37.61	35.08	93.3
贵州	62	6.28	4.90	5.64	5.38	95.4
云南	111	12.64	9.24	11.46	10.53	91.9
西藏	14	0.72	0.55	0.74	0.66	89.2
陕西	62	10.61	7.73	10.41	9.51	91.4
甘肃	63	8.24	6.50	9.07	8.51	93.8
青海	43	3.19	2.48	4.17	4.00	95.9
宁夏	102	4.71	3.54	5.28	5.01	94.9
新疆	85	8.16	5.91	9.44	8.72	92.4
二、中央部直属单位合计	**1118**	**256.60**	**179.83**	**264.96**	**235.95**	**89.1**
中国建筑工程总公司	61	18.99	12.70	12.26	18.10	94.0
冶金部	13	23.18	14.44	22.70	20.35	89.6
有色金属总公司	12	12.04	8.32	11.92	10.74	90.2
中国石油化工总公司	5	3.29	2.19	3.33	2.99	89.8
能源部	321	105.87	73.21	110.13	99.30	90.2
化学工程总公司	13	6.55	4.28	6.43	5.75	89.4
水利部	3	0.26	0.20	0.26	0.25	96.2
机械电子工业部	11	0.45	0.33	0.45	0.42	93.3
林业部	18	1.73	1.19	1.91	1.71	89.5
国家建筑材料工业局	1	0.59	0.37	0.59	0.56	94.9
铁道部	76	57.52	35.59	58.80	48.38	82.3
交通部	9	9.12	6.08	9.50	8.91	93.8
邮电部	6	0.59	0.38	0.86	0.83	96.5

6. 城镇集体建筑施工企业个数及职工人数

(1992 年)

地区	施工企业个数(个)	年底全部职工人数(万人)	工人	全部职工平均人数(万人)	扣除其他人员	扣除其他人员后的职工占全部职工比重(%)
全国	**9551**	**476.34**	**411.48**	**485.04**	**444.50**	**91.6**
北京	59	25.12	21.86	24.46	24.00	98.1
天津	18	1.44	1.09	1.50	1.33	88.7
河北	312	20.51	18.30	20.61	19.67	95.4
山西	279	6.68	5.75	6.86	6.47	94.3
内蒙古	447	13.16	11.59	16.92	14.47	85.5
辽宁	1312	60.69	52.19	77.82	58.79	75.5
吉林	326	11.51	10.28	13.48	12.85	95.3
黑龙江	967	25.17	21.89	27.85	26.58	95.4
上海	59	13.68	12.64	13.98	13.08	93.6
江苏	251	32.35	26.35	30.07	28.63	95.2
浙江	421	23.40	20.44	21.25	19.71	92.8
安徽	217	12.34	10.56	12.00	11.37	94.8
福建	164	8.93	7.51	8.58	8.40	97.9
江西	373	12.50	10.58	11.49	10.65	92.7
山东	227	21.50	18.23	20.60	19.85	96.4
河南	323	15.60	14.12	14.62	14.03	96.0
湖北	419	16.09	13.98	16.27	15.21	93.5
湖南	354	15.10	12.25	13.62	12.91	94.8
广东	632	55.66	47.89	51.68	49.21	95.2
广西	155	7.38	6.45	7.12	6.92	97.2
海南	72	3.26	2.94	3.11	3.00	96.5
四川	946	38.65	34.20	35.51	34.15	96.2
贵州	327	9.14	7.91	8.69	8.44	97.1
云南	230	5.07	4.49	4.76	4.26	89.5
西藏	23	0.38	0.16	0.37	0.18	48.6
陕西	143	6.32	5.30	6.20	5.82	93.9
甘肃	159	4.99	4.27	4.90	4.59	93.7
青海	41	1.60	1.43	1.64	1.58	96.3
宁夏	97	2.13	1.78	2.66	2.50	94.0
新疆	198	5.99	5.06	6.45	5.85	90.7

7. 国有建筑施工企业总收入

(1992 年) 单位:万元

地区及部门	产品销售收入和劳务收入	工程价款收入	产品销售收入	作业销售收入	材料销售收入与成本差额	其他收入
全国	**14633097**	**13102195**	**860086**	**364631**	**54986**	**251199**
一、地方所属单位合计	**8733831**	**7082407**	**541011**	**240753**	**39826**	**109834**
北京	647385	551534	28310	28193	132	39216
天津	258426	240936	8654	6007	896	1933
河北	362943	332870	19066	7835	502	2670
山西	183204	170450	6226	5676	109	743
内蒙古	230545	209178	14221	4379	204	2563
辽宁	859336	778795	45948	24171	1179	9243
吉林	419095	384287	22886	10179	338	1405
黑龙江	515372	471498	26887	6441	2556	7990
上海	585227	501779	49353	27452	3989	2654
江苏	395743	335718	37036	13038	4434	5517
浙江	213449	188432	13689	5290	2651	3387
安徽	157436	141468	11976	2526	136	1330
福建	172741	147926	17834	4755	445	1781
江西	118035	105279	8951	2308	211	1286
山东	303191	271896	20048	7935	717	2595
河南	235601	211395	17329	5112	530	1235
湖北	260755	232387	18851	5316	3138	1063
湖南	174349	157545	9781	4984	1043	996
广东	905629	828977	47518	20488	2781	5865
广西	155258	124403	20501	6168	3528	658
海南	58691	57059	654	107	58	813
四川	590906	537462	35242	11485	2259	4458
贵州	63347	59906	1943	1222	121	155
云南	210178	188974	7796	7055	4474	1879
西藏	19979	17973	647	1068	20	271
陕西	164922	142816	12402	4181	204	5319
甘肃	144523	132609	5585	3567	2113	649
青海	63815	57622	3154	2289	312	438
宁夏	90294	82276	5606	1511	91	810
新疆	173456	138957	22917	10015	655	912
二、中央部直属单位合计	**5899266**	**5299788**	**319075**	**123878**	**15160**	**141365**
中国建筑工程总公司	479011	451334	12930	12241	329	2177
冶金部	492115	377521	85255	9790	4354	15195
有色金属总公司	198980	183535	9768	3890	847	940
中国石油化工总公司	93880	85763	3068	1476	39	3534
能源部	2427767	2211169	112600	37053	4468	62477
化学工程总公司	4820	4523	166			131
水利部	136141	121855	7930	5889	248	219
机械电子工业部	18903	16801	1927	91	44	40
林业部	20326	17780	1325	464	120	637
国家建筑材料工业局	15422	9822	5302	267	10	21
铁道部	1445972	1286222	59352	25804	3570	71024
交通部	356868	301203	22678	18066	885	14036
邮电部	14812	11949	1439	340	26	1058

8. 城镇集体建筑施工企业总收入

(1992 年) 单位:万元

地区	产品销售收入和劳务收入	工程价款收入	产品销售收入	作业销售收入	材料销售收入与成本差额	其他收入
全国	**7121968**	**6593149**	**268273**	**70926**	**49907**	**139713**
北京	419675	379400	11043	1992	4065	23175
天津	37648	33187	1477	1037	3	1944
河北	253715	238820	8276	2217	446	3956
山西	74676	69495	3437	880	237	627
内蒙古	210735	195195	9463	993	2686	2398
辽宁	1008873	924826	41987	12259	1794	28007
吉林	190744	179530	6139	1691	471	2913
黑龙江	400334	378966	10886	2063	520	7899
上海	383135	349082	18749	5689	4327	5288
江苏	521956	455133	34389	7052	7293	18089
浙江	366888	329748	19165	7612	4478	5885
安徽	126659	116813	5879	1370	296	2301
福建	127316	126180	294	293	9	540
江西	135399	128720	4074	1308	475	822
山东	343389	315692	17774	3832	4483	1608
河南	153708	138890	7847	1253	1549	4169
湖北	175486	163389	8746	1246	667	1438
湖南	199606	186021	8384	1353	531	3317
广东	1015554	983161	11859	3362	11999	5173
广西	98182	93781	2950	266	327	858
海南	39797	39442	104	4	10	237
四川	395836	351391	22936	9730	2434	9345
贵州	79507	77258	1291	462	64	432
云南	70174	67349	1268	511	235	811
西藏	2236	2067	21	3	1	144
陕西	68069	64675	959	815	50	1570
甘肃	60667	57211	2000	650	108	698
青海	15875	15367	366	43		99
宁夏	40672	36040	910	459	74	3189
新疆	105457	96320	5600	481	275	2781

9. 国有建筑施工企业固定资产和流动资金

(1992 年)

地区与部门	年底自有固定资产(万元)		定额流动资金平均占用额(万元)	每百元产值占用定额流动资金(元)	资金利润率(%)
	原值	净值			
全国	**6844374**	**4728036**	**4514602**	**31.5**	**2.8**
一、地方所属单位合计	**3218772**	**2238891**	**2930559**	**33.4**	**3.0**
北京	217111	140704	285305	45.1	2.3
天津	143458	111352	88636	32.6	0.2
河北	127028	89253	121181	32.5	3.0
山西	79792	56236	79561	41.5	0.4
内蒙古	88277	63348	73535	32.4	2.0
辽宁	307836	221144	274165	31.4	3.7
吉林	145629	102102	124599	30.5	5.6
黑龙江	176750	124027	129462	25.1	4.6
上海	155229	98196	185629	31.7	1.4
江苏	162136	112848	161863	40.4	3.8
浙江	86554	63691	48943	24.4	5.0
安徽	67477	44483	57460	37.9	—0.4
福建	54379	37464	47893	29.3	4.5
江西	50493	27472	53464	43.0	0.7
山东	112609	82542	80534	27.7	6.3
河南	95591	69385	76544	30.7	2.6
湖北	100042	69455	100143	39.0	0.3
湖南	78215	52538	71879	40.7	1.1
广东	229687	159352	336277	37.5	6.7
广西	70200	49637	56674	28.2	3.4
海南	21232	16199	16131	27.5	4.1
四川	232056	162401	168229	28.3	2.7
贵州	30758	21683	18769	28.0	—4.1
云南	77494	51061	50496	23.1	5.6
西藏	9970	6163	2967	14.2	4.4
陕西	77571	50796	59199	36.7	0.8
甘肃	59640	41200	43946	30.8	0.8
青海	32720	21282	32005	50.7	—2.0
宁夏	43209	33337	27728	30.6	0.2
新疆	85629	59540	57342	37.2	
二、中央部直属单位合计	**3625602**	**2489145**	**1584043**	**28.5**	**2.5**
中国建筑工程总公司	143903	93143	121281	25.5	3.2
冶金部	293029	191936	137159	33.8	0.7
有色金属总公司	111283	75172	75116	39.1	0.2
中国石油化工总公司	70959	53059	29080	30.2	7.1
能源部	1706655	1192260	709847	30.7	2.9
化学工程总公司	89018	57956	32281	25.9	5.0
水利部	5791	4529	1036	21.1	
机械电子工业部	9116	6358	7957	42.7	4.7
林业部	21585	15319	12013	65.8	—2.7
国家建筑材料工业局	15133	10200	4259	27.8	8.7
铁道部	744969	565195	387973	30.2	0.2
交通部	466835	279020	77593	25.5	1.6
邮电部	9298	6612	2565	10.7	12.4

10. 国有建筑施工企业利润和税金

（1992 年）

地区及部门	利润总额（万元）	工程成本降低额（万元）	税后利润（万元）	上缴税金（万元）	工程成本降低率（%）	产值利润率（%）
全　国	**254613**	**101007**	**182106**	**399977**	**0.8**	**1.8**
一、地方所属单位合计	**154259**	**25754**	**105393**	**245065**	**0.4**	**1.8**
北　京	9607	1221	6611	17814	0.2	1.5
天　津	319	－3605	1136	6271	－1.6	0.1
河　北	6360	340	3297	9773	0.1	1.7
山　西	524	－2694	1122	5106	－1.6	0.3
内蒙古	2675	1525	2120	6022	0.8	1.2
辽　宁	18381	3171	10196	24289	0.4	2.1
吉　林	12712	3950	7915	11957	1.1	3.1
黑龙江	11562	2319	7551	14012	0.5	2.2
上　海	3891	－397	3662	16778	－0.1	0.7
江　苏	10448	1113	6246	10758	0.4	2.6
浙　江	5602	2752	3122	5386	1.7	2.8
安　徽	－394	－3810	1342	2942	－3.0	－0.3
福　建	3831	－897	1661	5317	－0.7	2.3
江　西	568	581	622	3080	0.5	0.5
山　东	10282	4502	4232	10763	1.8	3.5
河　南	3816	－20	2566	6179		1.5
湖　北	580	441	1953	5070	0.2	0.2
湖　南	1316	768	1324	5030	0.5	0.7
广　东	33307	10761	19188	32765	1.4	3.7
广　西	3573	621	3269	5528	0.5	1.8
海　南	1323	－329	768	1394	－0.6	2.3
四　川	8992	4362	5886	16240	0.9	1.5
贵　州	－1661	－2269	190	1594	－3.9	－2.5
云　南	5649	3865	3314	4829	2.1	2.6
西　藏	402	－255	190	495	－1.4	1.9
陕　西	857	－373	1696	3774	－0.3	0.5
甘　肃	696	－2320	510	3908	－1.9	0.5
青　海	－1064	－1197	703	1745	－2.2	－1.7
宁　夏	140	－1203	938	2258	－1.5	0.2
新　疆	－35	2831	2063	3988	2.1	
二、中央部直属单位合计	**100354**	**75253**	**76713**	**154912**	**1.6**	**1.8**
中国建筑工程总公司	6878	1645	3579	16829	0.4	1.4
冶金部	2422	2809	3175	15392	0.8	0.6
有色金属总公司	337	970	598	6061	0.6	0.2
中国石油化工总公司	5825	3457	4840	4304	4.1	6.0
能源部	55357	48566	47489	63683	2.4	2.4
化学工程总公司	4503	3229	3518	5499	3.0	3.6
水利部		225	41	91	5.0	
机械电子工业部	678	780	526	599	5.2	3.6
林业部	－731	－628	91	315	－3.8	－4.0
国家建筑材料工业局	1255	1333	640	887	9.5	8.2
铁道部	2039	9623	3114	27672	0.8	0.2
交通部	5594	7700	2772	11452	2.9	1.8
邮电部	1134	324	789	476	1.5	4.7

11. 城镇集体建筑施工企业固定资产、利润和税金

（1992 年）

地区	年底自有固定资产（万元）		利润总额（万元）	税后利润（万元）	上缴税金（万元）	工程成本降低率（%）	产值利润率（%）
	原值	净值					
全国	**1769931**	**1263975**	**205132**	**85616**	**262461**	**1.2**	**2.8**
北京	73802	49808	20123	9834	19102	3.0	4.5
天津	7272	4394	178	73	920	2.1	0.5
河北	66330	50805	6528	2996	10630	1.0	2.3
山西	30813	16221	1378	433	2634	−0.4	1.7
内蒙古	46825	33569	2572	1896	6784	1.3	1.2
辽宁	247669	177071	31640	15742	38080	3.0	3.2
吉林	40917	39328	4078	1828	8256	1.4	2.1
黑龙江	101108	73432	6557	3641	13015	−0.3	1.6
上海	48441	32035	11578	4709	12289	3.1	3.4
江苏	126579	91413	11054	4370	17109	2.8	2.0
浙江	99499	76656	7750	3923	13353	−0.1	2.0
安徽	33587	23999	1103	1034	3618	−0.5	0.8
福建	27970	20175	2677	719	5828	2.1	1.8
江西	39724	25563	1771	766	4388	0.3	1.2
山东	96198	68015	11309	4767	14468	2.5	3.1
河南	46970	33294	3095	1951	5375	2.0	1.9
湖北	57249	36947	3945	2267	5265	−0.5	2.0
湖南	51399	32440	3252	1752	6630	1.2	1.6
广东	258281	192595	57903	14641	40688		5.3
广西	24663	18163	2198	1091	4471	1.4	2.0
海南	11657	9304	1358	670	1294	1.4	3.1
四川	119321	87721	7397	3506	13323	1.6	1.7
贵州	18450	13914	916	398	2769	−0.3	1.1
云南	16226	10982	833	433	2286	−5.0	1.1
西藏	1401	1206	160		69		7.7
陕西	21076	14829	−197	294	2055	−1.4	−0.3
甘肃	18110	12979	614	277	2010	−0.3	1.0
青海	4839	3263	−133	42	494	−0.4	−0.8
宁夏	8623	6621	1145	386	1543	−40.5	2.7
新疆	24932	17233	2350	1177	3715	7.0	2.2

12. 国有建筑施工企业净产值及其构成

(1992 年)　　　　单位:万元

地区及部门	合计	净产值及其构成					
		利润	税金	工资	职工福利基金	利息	其他
全国	**4261890**	**356448**	**430707**	**2196494**	**203378**	**141111**	**933752**
一、地方所属单位合计	**2519743**	**203316**	**265688**	**1304426**	**119127**	**89828**	**537358**
北京	208048	12924	20078	102520	7384	5820	59322
天津	54315	1161	6749	32425	2276	754	10950
河北	97601	8977	10637	53438	4973	2862	16714
山西	56168	945	5770	29576	2668	3259	13950
内蒙古	69532	3983	7244	38377	3923	2756	13249
辽宁	248597	21416	24854	121979	10667	10999	58682
吉林	109728	11383	12676	57431	6189	4983	17066
黑龙江	150945	15289	14419	75922	8558	6954	29803
上海	125006	7558	17394	66613	4982	4649	23810
江苏	117564	12748	12088	60029	6392	2339	23968
浙江	51320	7082	5268	26308	2230	564	9868
安徽	42349	－407	4325	24772	2097	1862	9700
福建	50282	3493	5699	27665	1767	1857	9801
江西	38586	2147	3809	20741	1665	1776	8448
山东	88556	11945	10999	40373	4313	3038	17888
河南	74144	7581	6527	36611	2818	3184	17423
湖北	81385	4392	6974	39034	3247	3915	23823
湖南	56377	2496	5636	26474	2804	2549	13418
广东	251885	30643	32910	129440	12876	4884	41132
广西	61135	4186	6145	32239	2932	2005	13628
海南	17656	1933	1592	9332	773	255	3771
四川	189785	16273	17468	100636	9618	4841	40949
贵州	19454	－1273	1668	12607	1032	935	4485
云南	56910	4933	4825	30411	2912	593	13236
西藏	5164	647	622	3155	306	69	365
陕西	54212	3815	4820	25506	2787	3990	13294
甘肃	46018	2116	4446	24712	2375	2581	9788
青海	19186	－393	1919	11903	1018	1326	3413
宁夏	24638	2184	2503	13321	1204	1095	4331
新疆	53197	3139	5624	27876	2341	3134	11083
二、中央部直属单位合计	**1742147**	**153132**	**165019**	**892068**	**84251**	**51283**	**396394**
中国建筑工程总公司	145324	8530	17095	68729	4737	4771	41462
冶金部	157647	15210	16331	78206	7058	4871	35971
有色金属总公司	73992	7433	7513	33783	3621	3419	18223
中国石油化工总公司	30787	5095	4197	13398	1510	389	6198
能源部	776283	73567	63689	389862	38265	26646	184254
化学工程总公司	45613	6057	5499	21040	1777	952	10288
水利部	1534	205	91	585	104	54	495
机械电子工业部	6875	922	625	2807	519	244	1758
林业部	7052	－371	299	4743	509	472	1400
国家建筑材料工业局	6045	1092	887	2507	312		1247
铁道部	342918	9663	26064	199593	16419	12498	78681
交通部	90333	6426	11757	47907	3862	1105	19276
邮电部	7460	1129	508	3245	408	90	2080

13. 城镇集体建筑施工企业净产值及其构成

(1992 年) 单位：万元

地区	合计	净产值及其构成					
		利润	税金	工资	职工福利基金	利息	其他
全国	**2021636**	**167864**	**265514**	**1193725**	**100494**	**41669**	**252370**
北京	132193	15047	19617	73353	5035	984	18157
天津	6554	237	1100	4110	289	182	636
河北	72507	6430	10335	44435	3821	1654	5832
山西	21531	1236	2652	13459	1455	620	2109
内蒙古	56530	2621	6976	37074	3694	878	5287
辽宁	293701	29570	37592	172104	15409	4689	34337
吉林	53275	3331	6639	34048	3708	842	4707
黑龙江	114418	5775	13463	67316	6865	2348	18651
上海	99995	12688	13124	55379	4752	1252	12800
江苏	153246	12514	18140	86356	8103	2042	26091
浙江	99508	9737	12891	59577	4441	1505	11357
安徽	33508	870	3868	20628	1802	1033	5307
福建	41189	2513	5726	23933	1498	268	7251
江西	37965	2563	4597	23685	1670	1012	4438
山东	100850	10633	13937	50006	5271	3483	17520
河南	39697	3480	5331	22792	2219	1335	4540
湖北	48781	4367	5781	27829	2754	1847	6203
湖南	54579	3632	6856	32241	2985	1754	7111
广东	280986	22978	41853	168948	10943	8069	28195
广西	26627	2183	4361	15803	1213	312	2755
海南	12338	1279	1392	8099	579	152	844
四川	116007	7653	13882	73375	5213	2177	13707
贵州	22548	825	2881	16127	1032	245	1438
云南	17760	934	2304	11455	786	403	1878
西藏	1067	170	72	538	113	2	172
陕西	20561	228	2192	10999	1030	1326	4786
甘肃	17677	1103	2116	11109	1094	509	1746
青海	5349	-130	506	4236	238	141	358
宁夏	10776	1253	1395	6289	671	232	936
新疆	29913	2144	3935	18422	1818	373	3221

14. 历年国有建筑施工企业按施工产值计算的劳动生产率

年　份	劳动生产率(元/人)		全员劳动生产率增长速度(%)		扣除其他人员后的劳动生产率增长速度(%)	
	全部人员	扣除其他人员后的	以1952年为基期	以上年为基期	以1952年为基期	以上年为基期
1952	2315	3550	—	—	—	—
1953	2708	3893	17.0	17.0	9.7	9.7
1954	2851	4764	23.2	5.3	34.2	22.4
1955	2797	4379	20.8	−1.9	23.4	−8.1
1956	3034	4338	31.1	8.5	22.2	−0.9
1957	2865	4386	23.8	−5.6	23.6	1.1
1958	3230	4674	39.5	12.7	31.7	6.6
1959	2805	4234	21.2	−13.2	19.3	−9.4
1960	3055	4954	32.0	8.9	39.5	17.0
1961	1731	2804	−25.2	−43.3	−21.0	−43.4
1962	1924	3306	−16.9	11.1	−6.9	17.9
1963	2709	4384	17.0	40.8	23.5	32.6
1964	3237	5189	39.8	19.5	46.2	18.4
1965	3091		33.5	−4.5		
1972	2311	2964	−0.2		−16.5	
1973	2598	3568	12.2	12.4	0.5	20.4
1974	2620	3662	13.2	0.8	3.2	2.6
1975	3035	4364	31.1	15.8	22.4	18.7
1976	2672	3887	15.4	−12.0	9.5	−10.6
1977	3117	4723	34.6	16.7	33.0	21.5
1978	3704	3898	60.0	18.8	9.8	−17.5
1979	3858		66.7	4.2		
1980	4257		83.9	10.3		
1981	4061		75.0	−4.8		
1982	4574		97.6	12.9		
1983	5148	5528	122.4	12.5	55.7	
1984	6234	6703	169.3		88.8	
1985	7630	8180	229.6	22.4	130.4	22.0
1986	8608	9255	271.8	12.8	160.7	13.1
1987	9839	10539	325.0	14.3	196.9	13.9
1988	11545	12517	398.7	17.3	252.6	18.8
1989	13027	14050	462.7	12.8	295.8	12.2
1990	13812	15243	496.6	6.0	329.4	8.5
1991	15748	17017	580.2	14.0	379.4	11.6
1992	14988	16356	547.4	−4.8	360.7	−3.9

注：1982年(含1982年)的扣除其他人员的劳动生产率是建筑安装工人的劳动生产率。

15. 国有建筑施工企业劳动生产率

（1992 年）

地区及部门	按总产值计算的劳动生产率（元/人）		按施工产值计算的劳动生产率（元/人）		人均竣工面积（平方米/人）
	全部职工	扣除其他人员	全部职工	扣除其他人员	
全　国	**20250**	**22050**	**19760**	**21516**	**15.5**
一、地方所属单位合计	**19814**	**21191**	**19281**	**20621**	**20.1**
北　京	20423	21200	19856	20611	16.3
天　津	22905	26524	22373	25907	18.0
河　北	17508	18903	16953	18303	23.1
山　西	14758	16007	14520	15749	16.1
内蒙古	17569	18622	17291	18327	14.5
辽　宁	23132	24474	22566	23875	20.5
吉　林	18615	19579	18282	19229	22.2
黑龙江	17408	18975	16918	18440	17.3
上　海	28620	31169	27579	30036	21.9
江　苏	22691	24475	21787	23499	22.4
浙　江	23611	25715	22558	24568	18.6
安　徽	14805	15606	14366	15144	19.3
福　建	21302	22431	20819	21923	19.9
江　西	14634	15953	14188	15467	22.8
山　东	23615	24663	22967	23986	20.9
河　南	16355	17292	15950	16863	22.6
湖　北	15887	17220	15506	16807	23.4
湖　南	17678	18725	17325	18351	20.1
广　东	31356	33371	30661	32631	25.7
广　西	18519	19304	17352	18087	21.0
海　南	20374	20911	20016	20543	21.0
四　川	15831	16971	15451	16564	20.0
贵　州	11874	12441	11750	12311	16.5
云　南	19049	20719	18634	20268	19.8
西　藏	28400	31587	27948	31085	22.3
陕　西	15483	16949	15327	16779	17.5
甘　肃	15719	16737	15286	16277	19.2
青　海	15136	15802	14816	15468	17.3
宁　夏	17156	18063	16874	17766	15.5
新　疆	16333	17679	15693	16987	16.8
二、中央部直属单位合计	**20976**	**23555**	**20558**	**23085**	**7.8**
中国建筑工程总公司	24683	26259	24264	25814	23.4
冶金部	17879	19945	16769	18706	5.1
有色金属总公司	16117	17875	15864	17593	7.7
中国石油化工总公司	28927	32225	28297	31523	3.1
能源部	21013	23305	20681	22936	4.8
化学工程总公司	19379	21670	19058	21311	2.8
水利部	19149	19507	19020	19376	6.0
机械电子工业部	20676	22245	19282	20746	0.2
林业部	9538	10655	9497	10609	7.7
国家建筑材料工业局	26211	27162	26211	27162	0.0
铁道部	21838	26542	21595	26247	5.8
交通部	32005	34124	30979	33031	3.4
邮电部	28023	28854	25653	26413	0.0

16. 城镇集体建筑施工企业劳动生产率

（1992 年）

地区	按总产值计算的劳动生产率（元/人）		按施工产值计算的劳动生产率（元/人）		人均竣工面积
	全部职工	扣除其他人员	全部职工	扣除其他人员	（平方米/人）
全　国	**15304**	**16700**	**14988**	**16356**	**27.0**
北　京	18191	18537	17879	18219	25.6
天　津	24568	27656	24131	27163	40.3
河　北	13553	14202	13276	13912	30.4
山　西	11774	12481	11604	12301	23.1
内蒙古	12628	14764	12455	14561	18.9
辽　宁	12571	16641	12441	16469	16.0
吉　林	14322	15024	14188	14883	24.3
黑龙江	14363	15053	14208	14890	23.7
上　海	24679	26379	24082	25741	25.7
江　苏	18622	19556	17731	18620	27.8
浙　江	18672	20135	18179	19604	29.6
安　徽	11105	11723	10604	11194	25.2
福　建	17133	17504	17017	17385	35.1
江　西	12921	13941	12707	13711	32.3
山　东	17870	18544	17249	17900	29.8
河　南	11366	11847	11014	11479	30.9
湖　北	12103	12948	11635	12448	30.4
湖　南	14910	15721	14523	15313	31.7
广　东	21086	22147	20954	22008	37.5
广　西	15372	15800	15080	15500	36.4
海　南	14017	14499	13980	14461	24.1
四　川	12185	12668	11757	12223	29.1
贵　州	9410	9684	9294	9565	25.4
云　南	15927	17780	15521	17327	35.1
西　藏	5629	11852	5596	11784	21.9
陕　西	11374	12123	11187	11925	24.2
甘　肃	12774	13617	12553	13381	22.9
青　海	9754	10149	9613	10003	18.8
宁　夏	15737	16747	15449	16441	31.4
新　疆	16399	18064	16028	17655	28.5

17. 国有建筑施工企业工程成本构成

指　　标	单　位	1985 年	1988 年	1989 年	1990 年	1991 年	1992 年
工程成本合计	**亿元**	**389.7**	**646.1**	**723.0**	**782.6**	**904.4**	**1204.3**
一、直接费	亿元	331.4	545.7	609.0	657.6	771.6	1035.3
人工费	亿元	41.6	73.4	82.7	91.6	115.3	157.5
材料费	亿元	243.9	397.0	439.9	469.6	537.9	717.6
机械使用费	亿元	31.5	51.5	58.4	65.7	78.7	107.1
其他直接费	亿元	14.4	23.9	28.0	30.6	39.6	53.1
二、施工管理费	亿元	58.3	100.4	114.0	125.0	132.9	169.0
工程成本构成比重							
一、直接费	%	85.0	84.5	84.2	84.0	85.3	86.0
人工费	%	10.7	11.4	11.4	11.7	12.7	13.1
材料费	%	62.6	61.4	60.8	60.0	59.5	59.6
机械使用费	%	8.1	8.0	8.1	8.4	8.7	8.9
其他直接费	%	3.7	3.7	3.9	3.9	4.4	4.4
二、施工管理费	%	15.0	15.5	15.8	16.0	14.7	14.0
工程成本上升幅度(以上年为100)							
一、直接费	%	26.2	15.5	11.6	8.0	17.3	34.2
人工费	%	27.6	22.9	12.7	10.8	25.9	36.6
材料费	%	25.3	14.4	10.8	6.8	14.5	33.4
机械使用费	%	30.7	10.8	13.4	12.5	19.8	36.1
其他直接费	%	29.7	25.8	17.2	9.3	29.4	34.1
二、施工管理费	%	21.7	19.2	13.5	9.6	6.3	27.2

18. 国有建筑施工企业主要经济效益指标

年　份	按建筑业总产值计算的全员劳动生产率(元/人)	按建筑业净产值计算的全员劳动生产率(元/人)	人均竣工面　积(平方米/人)	利润总额(亿元)	上缴税金(亿元)	人均创利(元/人)
1980	4485		13.1	12.81		260
1981	4254		12.9	11.79		235
1982	4819		12.8	19.69		239
1983	5424	1512	13.2	27.66	6.86	503
1984	6568	2035	14.0	27.39	7.98	484
1985	8070	2361	14.6	31.65	8.82	538
1986	9069	2561	14.2	28.30	8.47	453
1987	10345	3003	14.4	27.98	11.68	439
1988	12168	3577	13.9	31.8	19.44	498
1989	13820	3992	14.4	26.43	22.82	416
1990	14509	4205	14.5	9.13	15.14	142
1991	16171	4975	14.6	12.56	18.49	191
1992	20250	6026		25.5		361

续18　　单位:%

年　份	工程成本降低率	产　值利润率	资　金利润率	工程质量优良品率	房屋建筑面积竣工率	工　期完成率
1980	6.0	6.9	5.9	60.0	46.7	
1981	5.8	6.3	5.0	58.2	47.5	
1982	6.4	8.4	7.1	65.1	45.7	
1983	7.8	9.3	8.9	65.9	45.7	
1984	7.0	7.4	8.0	71.1	47.2	
1985	6.5	6.9	8.2	65.3	44.4	75.4
1986	4.8	5.0	5.9	58.8	43.8	66.0
1987	4.2	4.2	5.2	58.0	43.5	79.3
1988	3.2	4.1	5.5	51.5	70.3	72.0
1989	1.8	3.0	4.0	46.7	73.0	74.9
1990	0.4	1.8	2.3	44.0	46.1	81.1
1991	0.4	1.5	2.0	41.5	44.7	80.2
1992	0.8	1.8	2.8	43.4	42.4	

19. 历年国有建筑施工企业技术装备情况

年　份	自有机械设备净值（万元）	年末自有机械设备总功率（万千瓦）	技术装备率（元/人）		动力装备率（千瓦/人）	
			全部职工	其中：工人	全部职工	其中：工人
1953	2933			57		0.3
1954	5000			126		0.4
1955	6839			221		0.6
1956	9986			214		0.8
1957	12240			278		1.3
1958	30834	61.2	250	286	0.6	0.7
1959	44922	89.2	284	291	0.6	0.7
1960	61693	91.5	388	412	0.6	0.7
1961	55211	109.8	515	609	1.0	1.0
1962	52229	115.6	785	946	1.8	2.5
1963	12583	30.4	733	1246	1.8	3.0
1964	9955	23.0	635	1145	1.5	2.6
1965	15657	28.7	649	1215	1.2	2.2
1966	14022	27.2	727	1288	1.4	2.5
1967	12546	24.0	739	1423	1.4	2.7
1968	13877	25.4	727	1307	1.3	2.4
1969	14523	28.8	672	1179	1.3	2.4
1970	15374	30.7	682	1176	1.3	2.4
1971	19861	41.7	638	1060	1.3	2.2
1972	52163	109.5	739	1223	1.5	2.6
1973	79086	175.9	869	1354	1.9	3.0
1974	93100	203.7	1017	1385	2.2	3.0
1975	108835	235.0	1133	1572	2.4	3.4
1976	118907	250.7	1167	1600	2.4	3.4
1977	159351	334.2	1273	1648	2.6	3.5
1978	169226	357.7	1253	1635	2.6	3.5
1979	202122	416.7	1249		2.6	
1980	1160736	2001.4	2333	3144	4.0	5.4
1981	1188924	2030.5	2428	3327	4.1	5.7
1982	1244578	2191.5	2374	3287	4.2	5.7
1983	1237464	2140.9	2359	3247	4.0	5.6
1984	1257275	2147.7	2338	3232	4.0	5.5
1985	1406249	2482.8	2494	3500	4.4	6.2
1986	1683842	2835.2	2789	3768	4.7	6.3
1987	1816980	2839.1	2939	3994	4.6	6.2
1988	1799706	2804.4	2887	3969	4.5	6.2
1989	1908938	2938.0	3105	4382	4.8	6.7
1990	2034742	3061.3	3277	4565	4.9	6.9
1991	2213621	3248.9	3465	4737	5.1	7.0
1992	2464943	3314.6	3618	4960	4.9	6.7

注：1953—1979年是原国家建工总局所属建筑施工企业的资料。

20.1992 年国有建筑施工企业技术装备

地区及部门	年底自有机械设备总功率（万千瓦）	年底自有机械设备价值		技术装备率（元/人）		动力装备率（千瓦/人）	
		原值（万元）	净值（万元）	全部职工	工人	全部职工	工人
全国	**3314.6**	**3864219**	**2464943**	**3618**	**4960**	**4.9**	**6.7**
一、地方所属单位合计	**1631.1**	**1761600**	**1142108**	**2690**	**3602**	**3.8**	**5.1**
北京	98.7	129262	73274	2481	3255	3.3	4.4
天津	42.6	51850	29514	2866	4767	4.1	6.9
河北	72.8	74121	47512	2510	3238	3.8	5.0
山西	42.9	42046	27528	2461	3218	3.8	5.0
内蒙古	46.6	48396	33397	2821	3833	3.9	5.3
辽宁	158.5	172641	116756	3511	4772	4.8	6.5
吉林	83.0	75938	50648	2818	3686	4.6	6.0
黑龙江	115.7	95731	64515	2479	3121	4.4	5.6
上海	67.8	105820	62894	4396	7036	4.7	7.6
江苏	70.8	84306	56042	3217	4514	4.1	5.7
浙江	43.5	49340	34316	3937	5134	5.0	6.5
安徽	35.6	37556	23151	2131	2863	3.3	4.4
福建	29.0	29892	18855	2319	3068	3.6	4.7
江西	24.5	21824	14461	1623	2140	2.8	3.6
山东	44.1	56558	37639	3323	4606	3.9	5.4
河南	49.4	49912	35276	2218	2809	3.1	3.9
湖北	52.8	57594	38441	2339	3239	3.2	4.4
湖南	35.7	44429	29325	2624	3397	3.2	4.1
广东	110.1	134880	86232	2795	3478	3.6	4.4
广西	42.3	39630	26584	2315	3176	3.7	5.1
海南	11.6	13834	10781	4168	4664	4.5	5.0
四川	119.8	134469	89832	2092	2897	2.8	3.9
贵州	18.4	16928	11697	1863	2388	2.9	3.8
云南	48.1	43798	26035	2059	2819	3.8	5.2
西藏	8.2	5097	2287	3162	4126	11.4	14.8
陕西	44.1	43787	26897	2534	3480	4.2	5.7
甘肃	30.9	31149	20340	2469	3130	3.8	4.8
青海	19.3	15090	9245	2901	3733	6.1	7.8
宁夏	24.0	18517	13330	2832	3762	5.1	6.8
新疆	40.4	37205	25304	3099	4285	4.9	6.8
二、中央部直属单位合计	**1683.4**	**2102619**	**1322835**	**5155**	**7356**	**6.6**	**9.4**
中国建筑工程总公司	67.8	83706	47247	2487	3720	3.6	5.3
冶金部	107.5	147887	83212	3589	5763	4.6	7.4
有色金属总公司	51.1	53025	32603	2709	3919	4.2	6.1
中国石油化工总公司	14.9	26665	16125	4895	7373	4.5	6.8
能源部	849.6	998143	654869	6186	8945	8.0	11.6
化学工程总公司	31.9	42380	21834	3333	5106	4.9	7.5
水利部	4.0	3291	2533	9910	12502	15.6	19.7
机械电子工业部	4.7	3835	2320	2578	3463	5.2	7.0
林业部	10.9	9668	7130	4122	5973	6.3	9.1
国家建筑材料工业局	6.8	8954	5623	9584	15363	11.6	18.5
铁道部	339.9	364661	243156	4227	6833	5.9	9.6
交通部	119.4	399347	207130	25509	34067	14.7	19.6
邮电部	2.4	3092	2116	3595	5620	4.0	6.3

21. 城镇集体建筑施工企业技术装备

(1992 年)

地区	年底自有机械设备总功率(万千瓦)	年底自有机械设备价值		技术装备率(元/人)		动力装备率(千瓦/人)	
		原值(万元)	净值(万元)	全部职工	工人	全部职工	工人
全国	**1117.3**	**959180**	**682455**	**1433**	**1659**	**2.3**	**2.7**
北京	45.1	50712	33776	1345	1545	1.8	2.1
天津	4.7	3803	1982	1373	1823	3.2	4.3
河北	62.8	42795	33148	1616	1811	3.1	3.4
山西	16.3	12895	9010	1349	1568	2.4	2.8
内蒙古	35.0	26334	18687	1420	1612	2.7	3.0
辽宁	171.5	148766	104662	1725	2006	2.8	3.3
吉林	26.5	21881	14773	1283	1436	2.3	2.6
黑龙江	66.1	57170	41460	1647	1894	2.6	3.0
上海	21.9	26863	18414	1346	1456	1.6	1.7
江苏	68.2	68324	49859	1541	1892	2.1	2.6
浙江	47.0	48467	35893	1534	1756	2.0	2.3
安徽	18.8	15202	10419	844	987	1.5	1.8
福建	19.9	11721	7372	825	982	2.2	2.6
江西	28.5	17052	11696	936	1105	2.3	2.7
山东	47.8	50265	35335	1643	1939	2.2	2.6
河南	38.3	23464	17007	1090	1205	2.5	2.7
湖北	38.1	24689	16873	1049	1207	2.4	2.7
湖南	29.9	21964	14016	928	1144	2.0	2.4
广东	144.1	143424	106200	1908	2217	2.6	3.0
广西	14.8	10516	7489	1014	1161	2.0	2.3
海南	8.5	6723	5454	1673	1857	2.6	2.9
四川	71.5	65887	47366	1225	1385	1.8	2.1
贵州	17.3	10070	7423	812	939	1.9	2.2
云南	9.9	7825	5047	996	1123	2.0	2.2
西藏	0.5	523	372	984	2270	1.4	3.3
陕西	16.1	10436	7002	1107	1322	2.5	3.0
甘肃	16.7	10983	7397	1483	1734	3.4	3.9
青海	4.4	2409	1434	1089	1216	2.7	3.1
宁夏	4.4	4097	2948	1382	1657	2.1	2.5
新疆	22.6	13920	9641	1609	1906	3.8	4.5

22. 建筑施工企业房屋建筑面积

(1992 年)

单位:万平方米

地区	合计		国有企业		城镇集体企业	
	施工面积	竣工面积	施工面积	竣工面积	施工面积	竣工面积
全国	**51885.4**	**24045.5**	**25896.1**	**10968.0**	**25989.3**	**13077.5**
北京	2774.3	1234.4	1627.9	609.4	1146.4	625.0
天津	901.6	344.8	786.5	284.2	115.0	60.5
河北	2787.8	1298.9	1530.2	673.2	1257.6	625.7
山西	1097.2	457.4	792.2	298.9	305.0	158.6
内蒙古	1084.4	535.5	521.9	215.0	562.5	320.4
辽宁	4162.5	2132.6	1981.1	887.7	2180.8	1244.9
吉林	1446.4	866.0	1002.9	538.7	443.5	327.3
黑龙江	2032.5	1256.4	1026.2	596.9	1006.3	659.4
上海	2083.6	860.5	1285.8	501.4	797.8	359.1
江苏	2738.2	1284.0	1049.9	446.6	1688.3	837.4
浙江	1932.6	800.6	432.6	170.8	1500.0	629.8
安徽	1398.0	578.6	717.8	275.8	680.1	302.8
福建	1078.1	475.4	440.7	174.6	637.4	300.8
江西	1469.4	614.8	672.4	243.1	797.0	371.7
山东	2085.7	974.1	856.1	359.6	1229.6	614.5
河南	1934.1	878.6	1090.1	426.7	844.0	451.9
湖北	2128.4	1002.8	1190.4	508.4	938.1	494.4
湖南	1554.0	711.3	699.4	279.8	854.6	431.5
广东	6657.2	2727.5	2086.0	791.4	4571.2	1936.1
广西	1131.0	496.7	580.6	237.7	550.4	259.0
海南	244.9	136.3	118.4	61.2	126.5	75.0
四川	4055.2	1934.5	2099.8	899.5	1955.4	1035.0
贵州	906.0	393.3	473.4	172.5	432.6	220.8
云南	862.7	429.5	557.7	262.2	305.0	167.3
西藏	37.1	27.3	28.0	19.2	9.1	8.1
陕西	979.5	389.8	637.1	239.8	342.4	150.1
甘肃	731.2	331.4	505.7	219.4	225.5	112.0
青海	194.7	107.9	145.6	76.9	49.1	30.9
宁夏	267.3	167.2	151.2	83.6	116.1	83.6
新疆	1129.9	597.8	807.9	414.0	321.9	183.7

23. 国有建筑施工企业工程质量

(1992 年)

地区及部门	竣工产值(万元)	验收鉴定的单位工程(个)	优良品	验收鉴定的单位工程优良品率(%)	验收鉴定的房屋建筑面积(万平方米)	优良品	验收鉴定的房屋建筑面积优良品率(%)
全国	**10085747**	**119590**	**51902**	**43.4**	**10660.2**	**4142.3**	**38.9**
一、地方所属单位合计	**6239938**	**78129**	**26878**	**34.4**	**8664.1**	**3211.8**	**37.1**
北京	503912	2664	818	30.7	498.0	221.6	44.5
天津	202970	1614	499	30.9	215.2	108.6	50.5
河北	272503	4483	1771	39.5	489.3	183.8	37.6
山西	119916	2438	571	23.4	211.0	64.5	30.6
内蒙古	165957	2328	816	35.1	185.0	51.9	28.1
辽宁	625782	4789	1593	33.3	771.8	363.7	47.1
吉林	313165	3941	1122	28.5	478.4	140.5	29.4
黑龙江	373162	4918	1290	26.2	486.5	199.2	41.0
上海	335440	4378	1623	37.1	414.8	183.0	44.1
江苏	272585	4769	1992	41.8	391.7	164.5	42.0
浙江	135292	2179	849	39.0	135.5	47.4	34.9
安徽	99623	1712	388	22.7	196.1	31.8	16.2
福建	116300	1256	385	30.7	153.1	36.8	24.0
江西	79970	1648	228	13.8	191.2	43.1	22.5
山东	194799	1864	606	32.5	251.8	106.6	42.3
河南	199320	2425	730	30.1	330.7	109.9	33.2
湖北	185314	2092	479	22.9	343.8	85.2	24.8
湖南	124531	2211	551	24.9	199.7	64.4	32.2
广东	618635	4427	2628	59.4	694.4	327.5	47.2
广西	131714	1889	461	24.4	270.3	77.0	28.5
海南	51335	966	283	29.3	59.8	18.3	30.6
四川	436547	5625	1819	32.3	730.5	303.7	41.6
贵州	39857	740	166	22.4	90.9	31.0	34.2
云南	156106	6500	3874	59.6	206.4	84.7	41.1
西藏	24786	203	69	34.0	16.5	5.9	36.0
陕西	136577	1040	276	26.5	179.4	40.5	22.6
甘肃	109432	1402	504	35.9	168.0	54.4	32.4
青海	43712	637	126	19.8	68.2	16.3	23.9
宁夏	57807	1267	177	14.0	78.8	14.1	17.9
新疆	112889	1724	184	10.7	157.4	31.7	20.2
二、中央部直属单位合计	**3845809**	**41461**	**25024**	**60.4**	**1996.1**	**930.5**	**46.6**
中国建筑工程总公司	370359	1892	768	40.6	454.4	274.9	60.5
冶金部	234862	1138	887	77.9	74.5	53.9	72.4
有色金属总公司	123683	1008	730	72.4	68.2	48.9	71.7
中国石油化工总公司	71785	716	647	90.4	8.7	3.5	40.6
能源部	1616021	12015	8518	70.9	452.3	214.3	47.4
化学工程总公司	54134	654	501	76.6	15.2	7.3	48.2
水利部	2905	79	13	16.5	1.5	0.3	21.7
机械电子工业部	18099	2568	1990	77.5	0.2	0.2	100.0
林业部	16795	314	73	23.2	14.8	6.7	45.1
国家建筑材料工业局	5744	122	118	96.7			
铁道部	902315	12765	11241	88.1	283.1	206.1	72.8
交通部	169655	525	441	84.0	11.0	7.3	66.4
邮电部	16335	280	280	100.0			

24. 城镇集体建筑施工企业工程质量

(1992 年)

地　区	竣工产值（万元）	验收鉴定的单位工程（个）	优良品	验收鉴定的单位工程优良品率(%)	验收鉴定的房屋建筑面积（万平方米）	优良品	验收鉴定的房屋建筑面积优良品率(%)
全　国	**6103741**	**119319**	**25993**	**21.8**	**12816.6**	**3685.9**	**28.8**
北　京	312417	4756	644	13.5	624.3	191.0	30.6
天　津	25988	278	46	16.5	60.5	15.2	25.1
河　北	210058	4684	1027	21.9	649.6	193.1	29.7
山　西	56302	2280	481	21.1	141.2	27.1	19.2
内蒙古	163755	4909	929	18.9	344.1	87.6	25.5
辽　宁	1432899	16846	3699	22.0	1232.4	515.9	41.9
吉　林	163150	4747	682	14.4	311.6	74.0	23.7
黑龙江	321844	5604	1308	23.3	607.8	218.1	35.9
上　海	181149	3493	632	18.1	309.5	102.0	33.0
江　苏	393474	9492	3804	40.1	833.5	305.6	36.7
浙　江	266608	6542	1786	27.3	571.3	194.7	33.9
安　徽	92515	2804	185	6.6	287.5	24.7	8.6
福　建	109665	1694	314	18.5	303.8	66.7	22.0
江　西	100931	3125	451	14.4	367.8	48.4	13.2
山　东	268681	4607	1349	29.3	609.6	198.9	32.6
河　南	117247	3365	771	22.9	434.4	92.5	21.3
湖　北	148490	3585	485	13.5	481.5	81.0	16.8
湖　南	147522	3708	514	13.9	418.9	94.0	22.4
广　东	819444	9384	2719	29.0	1908.6	590.8	31.0
广　西	73539	2528	256	10.1	253.5	41.0	16.2
海　南	34653	817	276	33.8	73.7	25.5	34.6
四　川	318320	8073	2013	24.9	1053.2	321.4	30.5
贵　州	62791	2131	233	10.9	214.2	34.4	18.4
云　南	53681	2066	264	12.8	162.2	26.0	16.0
西　藏	2086	112	44	39.3	8.1	2.6	32.1
陕　西	47098	1148	231	20.1	145.9	40.0	27.4
甘　肃	48214	1402	256	18.3	104.8	24.5	23.4
青　海	13734	434	37	8.5	30.0	2.3	7.7
宁　夏	35071	1370	124	9.1	83.1	17.6	21.2
新　疆	82361	3335	433	13.0	187.1	24.1	12.9

25. 国有建筑施工企业产值价格指数

单位:%

年份	施工产值价格指数	直接费价格指数				其他费用价格指数
			材料费	人工费	机械使用费	
1981	105.1	104.2	104.5	102.9		107.2
1982	102.9	102.7	103.1	100.7		103.3
1983	102.6	103.1	103.3	102.4	102.3	100.7
1984	105.8	106.7	107.5	105.0	103.7	101.9
1985	109.4	110.6	112.5	105.5	102.9	105.2
1986	110.0	111.3	112.3	108.0	108.1	105.9
1987	108.4	108.8	109.4	108.1	105.6	107.3
1988	113.8	114.5	116.3	110.5	118.1	111.0
1989	111.7	112.6	113.0	110.6		108.9
1990	106.9	107.6	106.6	105.8		104.4
1991	108.4	109.0	108.3	115.0	108.6	106.4
1992	114.5	116.6	117.2	116.5	112.5	107.4

续表25

年份	三大材料价格指数				地方材料	其他材料
		钢材	木材	水泥		
1981		104.0	113.9	105.5	104.1	
1982		102.9	109.1	103.2	102.2	
1983	104.4	109.1	108.9	104.5		102.6
1984	109.8	109.2	112.0	109.4	105.9	105.6
1985	116.5	116.8	118.1	114.7	109.5	109.4
1986	115.2	111.4	114.3	124.7	109.3	110.3
1987	110.8	108.8	122.8	109.8	108.1	108.2
1988	118.4	116.5	132.4	117.3	116.4	113.9
1989	113.0	112.8	116.7	111.6	113.3	112.9
1990	106.7	109.2	101.9	104.1	105.6	107.9
1991	110.1	110.8	106.1	110.6	105.6	107.2
1992	120.8	124.6	112.6	115.8	109.3	113.8

四、建设银行和投资银行主要业务统计

1.1985—1992 年建设银行资产负债表

单位：百万元

年　　度	1985 年	1986 年	1987 年	1988 年	1989 年	1990 年	1991 年	1992 年
资产								
现金	108	160	288	944	1436	1699	1959	4180
在人民银行存款	31594	34294	23057	20871	29399	45235	82326	79189
1. 一般存款	15345	12906	10815	7794	12482	20760	49043	34281
2. 缴存准备金	14287	19421	10004	11668	14505	20551	27972	39923
3. 缴存财政存款	1962	1967	2238	1409	2412	3924	5311	4985
存放同业	2479	1758	5589	9026	13630	35977	48113	55499
证券			14	775	794	2303	5842	14370
贷款	55232	77387	99267	121297	149952	192805	260021	345345
1. 固定资产贷款	26234	38630	54951	66260	76852	102072	158794	207801
2. 流动资产贷款	11649	16050	23069	31588	37010	46595	58042	73593
3. 其他贷款	17349	22707	21247	23449	36090	44138	43185	63951
应收款项	217	224	1461	2794	4821	3934	6222	9955
政府投资	62268	86842	109137	119303	127968	139887	159413	170281
委托贷款	14858	23480	23196	54116	65285	81071	95687	121166
经营投资	104	956	1801	3256	3331	3735	4067	6203
固定资产	592	867	1234	1829	2601	3661	4976	6748
累计折旧	−32	−65	−113	−183	−287	−435	−654	−965
其他资产	1423	3800	2860	5418	8563	7966	1770	4416
资产总额	168843	229703	267800	339446	407493	517838	669742	816387
负债								
存款	57611	69562	82351	96860	115157	158049	211638	323581
1. 企业存款	49424	61188	71434	76018	75817	93791	128446	195398
2. 储蓄存款		97	2327	11672	29627	51050	73817	107946
3. 其它存款	8187	8277	8590	9170	9713	13208	9375	20237
同业存放		825	4076	9161	13703	22303	34320	21110
向人民银行借款	5937	13034	6019	10503	25273	43962	73290	93634
债券资金			1062	1982	1933	2761	9002	14481
政府投资基金	63966	85780	105504	114309	128159	140002	164764	166664
委托代款基金	16709	24415	34744	55416	67535	83777	98448	122848
保证款项			638	1319	2562	3419	4012	4685
应付及期付款项	1011	1823	2337	5451	12201	19937	27633	23957
其他负债	5307	13224	14823	16293	11132	11237	11955	8207
负债总额	150441	208663	251554	311294	377655	485447	635062	779167
资本金	17142	19742	24583	26314	27900	30229	32495	35124
呆帐准备金				161	203	239	305	526
本年纯益	1260	1298	1663	1677	1735	1923	1880	1570
净值总额	18402	21040	26246	28152	29838	32391	34680	37220
负债和净值总额	168843	229703	277800	339446	407493	517838	669742	816387

2. 1985—1992 年建设银行企业存款情况

单位:亿元

	1985 年	1986 年	1987 年	1988 年	1989 年	1990 年	1991 年	1992 年
企业存款合计	577.70	768.89	813.61	855.30	869.15	1029.80	1319.25	1992.47
自筹基建资金存款	224.86	245.45	231.06	199.07	206.25	273.02	359.82	442.17
技术改造资金存款	40.65	51.43	50.08	46.61	36.68	48.70	59.37	78.73
建安企业存款	94.72	131.91	142.15	135.99	124.44	149.60	194.71	279.14
开发承包企业存款	21.25	34.72	47.45	45.95	36.17	43.30	58.95	146.97
工商企业存款	0.00	0.00	2.44	10.00	17.12	34.05	59.07	148.91
单位定期存款	0.06	6.70	7.61	23.95	37.55	53.56	67.63	83.37
专用基金存款	28.58	37.71	38.76	37.53	37.04	45.85	61.79	66.68
单位借入资金存款	30.51	50.49	48.56	52.92	42.29	50.18	69.79	100.78
信托资金存款	75.70	86.74	85.90	80.16	57.88	53.36	6.07	4.91
其它企业存款	61.37	123.74	159.60	223.12	270.73	278.18	382.05	640.81

注:本表数字来源资金平衡表,不含外汇部分。

3. 1985—1992 年建设银行储蓄存款情况

单位:亿元

	1985 年	1986 年	1987 年	1988 年	1989 年	1990 年	1991 年	1992 年
储蓄存款合计	0.00	0.06	22.62	116.30	296.28	510.50	738.17	1079.50
活期储蓄存款	0.00	0.01	8.12	45.88	77.62	119.04	176.67	290.74
定期储蓄存款	0.00	0.04	10.83	50.58	125.97	200.42	283.08	482.91
保值定期储蓄存款	0.00	0.00	0.00	10.16	84.83	142.41	208.59	139.44
住宅储蓄存款	0.00	0.01	3.67	9.68	7.86	7.52	6.49	9.83
个人大额存单	0.00	0.00	0.00	0.00	0.00	41.11	63.34	156.58

注:本表数字来源资金平衡表,不含外汇部分

4.1985—1992 年建设银行贷款情况

单位:亿元

	1985 年	1986 年	1987 年	1988 年	1989 年	1990 年	1991 年	1992 年
①贷款合计	552.30	824.41	992.31	1199.75	1501.24	1857.89	2505.75	3236.41
建行基建贷款	176.28	269.48	327.59	399.53	472.89	689.23	1090.62	1480.47
技术改造贷款	122.14	190.56	232.14	263.07	295.63	331.49	415.90	478.49
建筑业流动资金贷款	117.11	175.71	200.16	254.47	283.74	316.72	363.66	436.22
工商企业流动资金贷款	10.76	15.88	30.71	61.40	86.44	149.22	216.75	295.73
住宅储蓄贷款	0.00	0.00	0.00	4.20	6.31	9.69	13.50	16.58
特种贷款	0.00	0.00	10.52	19.58	28.16	33.30	37.98	42.50
国家投资债券贷款	0.00	0.00	0.00	0.00	0.00	0.00	79.95	119.75
中央基建设备储备贷款	73.76	101.98	114.57	115.24	117.99	125.64	125.77	126.30
地方基建设备储备贷款	8.60	15.12	20.41	20.20	21.25	63.20	110.42	122.25
信托贷款	29.72	35.60	34.79	33.86	33.58	33.35	1.29	1.87
其它贷款	13.93	20.62	21.42	28.20	155.25	106.05	49.91	59.10
专项贷款	0.00	0.00	0.00	0.00	0.00	0.00	0.00	17.75
建贷项目储备贷款	0.00	0.00	0.00	0.00	0.00	0.00	0.00	39.40
②建筑业流动资金贷款	117.11	175.17	200.16	254.47	283.74	316.72	363.66	436.22
建安企业流动资金贷款	76.77	114.75	95.70	118.26	141.53	163.50	183.85	209.24
房地产开发企业流动资金贷款	25.45	40.09	49.18	66.46	62.34	69.77	86.86	119.78
对外承包工程企业贷款	5.72	7.11	8.45	8.47	8.81	9.36	8.91	9.98
国拨流动资金转贷款	0.00	0.00	28.29	27.83	27.67	27.50	27.50	27.48
其它建筑业流动资金贷款	9.17	13.22	18.54	33.45	43.39	46.59	54.54	69.74
③中央预算基建贷款	378.10	462.34	576.49	676.50	657.84	639.44	612.46	578.10
地方预算基建贷款	176.64	110.08	125.51	131.05	144.96	155.55	177.37	150.29
国家基建基金贷款	0.00	0.00	0.00	0.00	148.57	313.63	457.48	581.89
国家投资公司委托贷款	0.00	0.00	0.00	83.41	209.30	343.56	455.46	541.36
中央委托贷款	3.96	5.64	7.73	9.89	10.81	12.16	13.09	15.94
地方委托贷款	25.03	38.38	71.78	118.09	154.39	256.54	296.44	408.51
煤代油基建贷款	13.02	44.29	80.36	126.58	159.24	197.95	230.39	262.23
人行委托贷款	10.26	25.28	38.91	55.15	62.83	75.90	86.17	98.14

注:本表数字来源资金平衡表,不含外汇部分

5.1986－1992 年建设银行现金收入与支出

单位:亿元

	1986 年	1987 年	1988 年	1989 年	1990 年	1991 年	1992 年
一、商品销售收入	8.03	23.78	65.19	121.60	177.64	277.30	493.93
其中:县及县以下	2.43	8.32	17.44	29.98	40.85	58.42	106.74
二、服务事业收入	1.33	4.36	11.63	26.81	48.76	78.18	143.51
三、税款收入	0.08	0.15	0.36	1.09	1.87	3.16	6.27
四、农村信用社收入	0.00	0.02	0.26	0.45	0.30	0.88	1.10
五、乡镇企事业收入	0.31	1.67	6.76	14.13	26.05	44.79	85.62
其中:商品销售收入	0.13	0.76	3.12	5.05	8.26	13.10	25.10
服务事业收入	0.00	0.17	0.52	1.24	2.14	3.60	7.21
六、城乡个体营业收入	0.01	0.44	3.09	8.85	18.62	27.97	45.07
七、储蓄存款收入	1.03	25.05	165.30	470.03	872.25	1298.02	2198.37
八、其它金融机构收入	0.00	0.62	4.04	8.80	14.03	19.93	43.92
九、汇兑收入	0.03	0.26	2.10	1.35	3.80	4.72	10.80
十、其它收入	12.41	22.73	69.07	118.73	160.02	235.30	517.92
十一、债券收入	0.00	17.45	19.39	17.02	21.25	44.89	75.56
收入合计	23.23	96.53	347.19	788.86	1344.59	2035.14	3622.07
(投放)	161.64	255.53	304.89	265.92	316.72	375.19	448.47
一、国家工资支出	68.85	109.71	141.71	190.85	246.01	303.01	403.91
二、国家职工奖金支出	11.63	21.35	28.32	33.21	42.33	53.83	79.17
三、国家对个人的其它支出	16.32	26.17	37.67	44.92	59.02	75.96	118.59
四、部队存款支出	0.26	1.37	1.31	2.15	2.02	3.71	3.04
五、城镇集体单位工资奖金支出	47.74	73.08	95.66	109.50	136.18	175.90	258.38
六、城镇集体单位对个人其它支出	0.00	9.25	16.72	21.61	28.40	37.11	63.36
七、农副产品采购支出	0.73	1.57	5.52	8.01	12.01	21.30	36.06
八、工矿产品采购支出	2.21	6.03	13.14	13.34	18.47	28.65	52.70
九、行政企业管理费支出	13.92	27.29	44.13	55.76	83.03	113.26	202.58
十、农村信用社支出	0.02	0.23	1.26	1.66	1.22	1.87	3.26
十一、乡镇企事业支出	10.53	25.77	40.26	46.09	60.68	91.84	156.67
其中:工资性支出	6.21	16.09	21.06	22.48	25.46	33.06	50.72
十二、城乡个体经营支出	0.23	1.16	4.92	10.29	21.08	32.86	58.20
十三、储蓄存款支出	0.63	16.95	133.19	383.05	745.27	1187.22	2116.49
十四、其它金融机构支出	0.00	2.79	13.59	18.46	23.85	32.07	46.75
十五、汇兑支出	0.04	0.18	0.46	2.07	1.90	3.85	8.78
十六、其它支出	11.76	27.19	68.50	103.26	160.31	225.33	425.13
十七、债券支出	0.00	1.97	5.72	10.55	19.53	22.56	37.47
支出合计	184.87	352.06	652.08	1054.78	1661.31	2410.33	4070.54
(回笼)							

6.1986—1992 年建设银行国际金融业务发展情况

单位:万美元

年份	外汇存款				外汇贷款			国际结算量	资本金	代理行(个)
	合计	企业存款	储蓄存款	其它存款	合计	现汇贷款	境外筹资			
1986 年	655				423	423			1000	
1987 年	9209				3483	3483		5754	1218	20
1988 年	31350				37511	37511		36669	17000	35
1989 年	55867	46539	5451	3877	79692	79692		90600	19200	80
1990 年	110791	88198	13460	9134	109744	109744		135516	45689	120
1991 年	139415	104055	20248	15112	171126	118638	52488	248802	60590	160
1992 年	285712	221716	30092	33904	319957	228259	91698	518084	67378	181

7.1987—1992 年建设银行房地产信贷业务情况

单位:亿元

年份	住宅储蓄存款	房地产信贷部存款	其中:房改存款	住宅储蓄贷款	房地产信贷部贷款	其中:房改贷款	设房地产信贷部总数(经人行批准)
1987 年	4.31			0.90			
1988 年	9.55			4.12			
1989 年	7.80			6.30			
1990 年	7.66	29.40	24.72	9.70	16.27	10.17	769
1991 年	6.56	103.09	87.18	13.66	41.70	37.10	1238
1992 年	9.83	378.74	295.94	16.58	234.63	176.06	2266

8.1992年建设银行经办拨款任务情况

单位:亿元

项目	户数(个)	经办任务数	比重(以合计为100%)
合计	142332	1810.51	100.00
一、国家预算内投资	31100	243.07	13.43
二、利用外资	212	72.83	4.02
三、煤代油	34	1.62	0.09
四、自筹投资	82309	951.72	52.57
其中:财政自筹	14707	102.28	
五、地质勘探开发	2194	49.75	2.75
六、其它	26483	491.52	27.15

9.1992年建设银行经办贷款任务情况

单位:亿元

项目	户数(个)	经办任务数	比重(以合计为100%)
合计	288482	3059.70	100.00
一、国家预算内投资贷款	4722	146.91	4.80
二、煤代油贷款	154	42.18	1.38
三、机动财力基建贷款	471	9.83	0.32
四、建行基建贷款	8261	533.89	17.45
五、更改措施贷款	16544	170.23	5.56
六、设备储备贷款	7587	198.50	6.49
七、流动资金贷款	137238	1056.71	34.54
八、财政委托贷款	29981	188.05	6.15
九、部门、企业委托贷款	34370	335.02	10.95
十、信托贷款	869	0.88	0.03
十一、其他贷款	48285	377.50	12.34

10. 1985—1992 年建设银行贷款行业分布

单位：%

1985 年	1986 年	1987 年	1988 年	1989 年	1990 年	1991 年	1992 年	
合计	100	100	100	100	100	100	100	100
一、农业	3.50	1.63	1.61	1.30	1.79	1.37	1.01	1.05
二、轻工业	9.30	12.08	14.06	13.00	13.31	9.38	13.06	12.60
三、重工业	35.00	51.31	47.83	39.90	44.18	47.31	46.66	40.05
其中：冶金工业	4.10	6.85	7.09	5.20	6.27	6.79	6.76	5.18
电力工业	10.00	17.43	15.00	13.80	14.50	14.35	13.89	11.03
煤炭工业	5.40	7.21	5.52	5.30	6.17	5.95	5.33	3.99
石油工业	3.60	4.35	4.65	3.30	3.24	6.69	5.78	4.78
化学工业	4.10	5.46	5.53	4.50	5.44	5.28	6.00	5.66
四、建筑安装和勘探设计	10.80	10.13	11.07	11.60	12.05	10.38	9.01	9.08
五、运输邮电	11.20	6.69	4.90	3.50	4.28	5.28	5.91	5.18
六、城市建设	8.60	6.08	7.64	8.20	6.30	4.61	5.89	6.96
七、其他	21.60	12.09	12.89	22.50	18.09	21.67	18.46	25.08

11. 1992 年竣工投产项目实际经济效益情况

项　目	竣工投产项目个数	贷款总额（万元）	实际经济效益（万元）			
			产　值	利　润	税　金	创　汇
总　计	2086	2847350	3018972	210242	313102	70984
一、基本建设项目	549	2570658	1974552	114765	212135	50158
1. 大中型项目	61	2285123	1427173	69280	178755	42140
2. 小型项目	488	285535	547379	45485	33380	8018
二、技术改造项目	1537	276692	1044420	95477	100967	20826
1. 投资 1000 万元以上	49	111962	202318	17079	38185	3662
2. 投资 1000 万元以下	1488	164730	842102	78398	62782	17164

12.1985—1992年建设银行审查工程预、决算情况

单位:亿元

年 度	审查价值	其中:		净核减价值	其中:	
		预 算	决 算		预 算	决 算
1985年	521.70	156.90	136.83	21.80	7.95	5.82
1986年	682.50	203.87	160.90	23.70	12.43	7.59
1987年	764.30	216.26	199.09	31.09	14.35	10.73
1988年	807.47	241.01	230.38	35.16	13.22	11.75
1989年	753.50	218.49	274.28	36.60	13.43	16.61
1990年	872.43	219.79	330.00	47.45	12.11	25.56
1991年	1162.34	286.66	412.33	57.65	16.71	22.35
1992年	1385.06	372.32	471.73	46.23	20.40	26.30

13.1985—1992年建设银行管理建设资金节约情况

单位:万元

年 度	金额合计	合理化建议		柜台、现场审查不合理开支情况	
		被采纳建议(项)	节约投资额	笔(件)数	拒付和追回金额
1985年	153895	1454	27398	37692	126497
1986年	229350	1801	79891	38814	149459
1987年	335290	3141	151530	44646	183760
1988年	216401	2151	73719	43841	142682
1989年	231551	2139	59269	38376	172282
1990年	189209	2952	71134	36336	118075
1991年	283296	3575	93467	52427	189829
1992年	325201	3866	121139	46267	204062

14.1992 年建设银行信用担保业务情况

单位:万元

种　类	保函情况		保证金存款	反担保金额
	份　数	金　额		
总　计	1570	370818	45694	211430
一、付款担保	215	127041	14427	65351
1. 预收款退款担保	119	51680	2750	50449
2. 分期付款担保	70	26383	6699	7727
3. 引进国外设备信用证结算担保	26	48968	4978	7175
二、履约担保	897	132472	28938	84465
1. 工程招、投标担保	556	47792	14729	17742
2. 工程承包担保	327	79725	13914	62492
3. 工程维修担保	14	4955	295	4231
三、债务担保	458	111305	2329	61614
1. 借款担保	348	92666	2217	48057
2. 租赁担保	110	18639	112	13557

15.1985—1992 年建设银行机构和人员统计表

单位:人

年　度	机构总数(个)	职工总数	其中:					
			拨贷款部门	建经部门	会计部门	计划统计	人事教育	储蓄人员
1985 年	2828	56891	14254	5578	12718	5200	2133	
1986 年	2848	67596	15773	6643	16063	6871	2627	
1987 年	3095	94526	22058	9289	22462	9608	3673	
1988 年	4096	141318	16339	7777	33332	6221	3280	
1989 年	4616	195804	16062	9410	40289	6175	3686	41795
1990 年	4750	216601	16552	11276	44840	6326	4017	56674
1991 年	4935	238789	16872	11797	49700	6484	4376	63769
1992 年	5539	280214	18326	13177	57867	6955	4764	68881

16.1985—1992年建设银行专业技术人员统计表

单位:人

技术种类	1985年	1986年	1987年	1988年	1989年	1990年	1991年	1992年
专业技术人员合计	9030	28927	70927	96287	108944	83495	94031	107096
一、工程技术人员	1991	4604	5023	6877	8453	7586	8612	9765
其中:高级工程师	2	2	126	163	171	229	234	212
工程师	532	567	1560	1819	1990	2489	2827	3194
助理工程师	928	1027	1872	2311	2715	3683	4176	4847
技术员	529	652	622	763	833	1185	1375	1512
二、经济专业人员	3714	3837	34136	42931	47157	39554	43145	46980
其中:高级经济师			554	662	635	836	742	629
经济师	775	746	6761	7289	7184	9247	11541	13016
助理经济师	1266	1250	12577	13345	13696	20843	21255	22984
经济员	1673	1841	5609	5996	6299	8628	9607	10351
三、会计专业人员	3155	17787	29234	42843	49210	34693	40577	48744
其中:高级会计师			112	117	116	162	139	109
会计师	351	341	3082	3290	3363	4034	5018	6102
助理会计师	1051	1124	8265	9219	10091	15717	17012	20193
会计员	1753	2024	7293	8550	9133	14780	18408	22340
四、统计专业人员	170	2258	1707	2170	2467	1662	1697	1607
其中:高级统计师								
统计师	15	15	139	157	166	221	262	313
助理统计师	56	69	705	750	841	1053	1058	973
统计员	99	122	398	441	474	388	377	321

17.1985—1992 年建设银行损益表

单位：百万元

年　度	1985 年	1986 年	1987 年	1988 年	1989 年	1990 年	1991 年	1992 年
收入								
利息收入	3191	5243	6967	9889	15528	17739	21412	31332
手续费收入			18	32	107	133	290	343
其它收入	10	17	17	35	26	48	51	60
收入合计	3929	5260	7002	9956	15661	17920	21753	31735
支出								
利息支出	788	1354	1937	4081	8902	9995	12878	20498
管理费支出	107	149	360	784	1108	1517	2267	3774
呆帐准备金				161	46	45	87	1161
税金	169	212	368	426	672	757	855	1191
其它支出	65	217	73	204	483	676	846	1086
支出合计	1129	1932	2738	5656	11211	12990	16933	27710
利润	2800	3328	4264	4300	4450	4930	4820	4025
所得税及调节税	1540	2030	2601	2623	2715	3007	2940	2455
本年纯益	1260	1298	1663	1677	1735	1923	1880	1570

18.1987—1992 年中国人民建设银行信托投资公司资产负债表

单位：万元

	1987 年	1988 年	1989 年	1990 年	1991 年	1992 年
资产						
委托贷款及投资	6655	49080	72547	72885	85545	106879
信托贷款及投资	46781	53947	48345	52599	48602	39926
租赁占款			3289	3536	15743	26325
投　资	4131	5051	4641	5134	7319	14204
同业折出	25800	16106	9606	38455	54940	17060
银行存款	7605	1622	9268	7567	6146	2257
缴存准备金	1644	7582	5539	11587	18457	11347
其他资产		6818	6818	12176	63353	150317
资产总额	92616	144142	160053	203939	300105	368315
负债						
委托存款	18532	57154	74661	75797	135004	146241
信托存款	45700	46809	38640	86400	92500	42526
借入款	3000	4000	4500		8720	18000
其他负债		1739	2538	3135	19773	113322
负债合计	67232	109702	120339	165332	255997	320089
净值						
资本金	24131	30275	35077	35077	39029	45207
呆帐准备金			87	87		
利润	1253	4165	4637	3443	5079	3019
净值合计	25384	34440	39714	38607	44108	48226
资产和净值总额	92616	144142	160053	203939	300105	368315

19.1986—1992年中国投资银行资产负债表

单位:万元

	1986年	1987年	1988年	1989年	1990年	1991年	1992年
资产							
现金及银行存款	77932.6	74868.7	113552.4	93591.1	180196.3	192946.6	242533.0
应收及暂付款	6481.1	3837.0	6580.2	6155.7	9168.7	4384.2	20607.1
同业拆放				64987.1	117451.1	158106.7	213337.8
待摊款项	289.0	266.7	244.7				
投资贷款	170829.3	279067.2	443475.6	765706.2	912427.6	1150615.2	1592318.8
投　资	680.1	1395.1	3205.6				
固定资产	194.8	366.9	731.9	1069.8	1549.6	2796.7	3426.6
其他资产	719.2	23211.9	102646.0	32572.5	83382.1	133427.4	245140.9
应收保证款项				36834.2	58231.5	101074.2	92086.1
资产总额	257126.1	383031.5	670436.4	1000916.6	1362406.9	1743351.0	2409450.3
负债							
存款	2014.0	6660.6	85401.0	135862.6	186641.1	298285.4	613472.4
应付及暂收款	2645.3	4917.0	3927.7	8060.8	18337.6	15445.1	26104.2
同业拆入				53159.1	90105.5	115249.5	225265.0
借入款	131923.1	186897.7	311654.8	491686.3	710152.7	847564.7	955923.6
其他负债	19976.1	48458.1	118174.0	103945.3	105911.8	170250.8	290624.2
应付保证款项				36834.2	58231.5	101074.2	92086.1
负债合计	156558.5	246933.4	519157.5	829548.3	1169380.2	1547869.7	2203475.5
净值	100567.6	136080.1	151278.9	171368.3	193026.7	195481.3	205974.8
负债及净值总额	257126.1	383013.5	670436.4	1000916.6	1362406.9	1743351.0	2409450.3

20.1986—1992 年中国投资银行损益表

单位:万元

	1986 年	1987 年	1988 年	1989 年	1990 年	1991 年	1992 年
收入							
利息收入	13827.1	22079.7	38169.3	62366.8	83987.9	85974.3	103733.2
其他收入	27.4	424.9	1523.2	665.8	1584.8	2238.1	5770.8
合计	13854.5	22504.6	39692.5	63032.6	85572.7	88212.4	109504.0
支出							
业务费用	7423.7	12940.5	23905.1	45105.1	71551.2	73926.0	92553.4
管理费用	530.0	127.5	124.4	1923.0	2143.5	2634.1	4438.3
费用合计	7953.7	13068.0	24029.5	47028.1	73694.7	76560.1	96991.7
本年利润	5900.8	9436.6	15663.0	16004.5	11878.0	11652.3	12512.3

21.1991 年中国投资银行贷款行业分布

行　业	贷款比重(%)	行　业	贷款比重(%)
食品工业	3.89	建材业	5.34
纺织业	22.15	冶金业	6.77
包装工业	5.61	机械工业	7.56
石油化工业	8.10	服务业	6.53
医药业	2.48	农牧渔业	0.13
轻工业	13.92	其他	3.99
电子机械、器件及仪器仪表业	13.53	合计	100.00

22.1992 年中国投资银行固定资产贷款行业分布

行　业	贷款比重(%)	行　业	贷款比重(%)
轻工业	24.9	食品工业	2.3
建材业	4.2	包装工业	0.6
纺织业	23.1	机械工业	8.4
电子工业	12.1	冶金业	4.6
化学工业	11.8	服务业	4.8
医药业	1.9	其他	1.3

(“经济与投资统计资料”部分,参与总体研究设计的有林犹恭、文明、刘钧、虞孝芸、丁延生、滕敏、张中华、马耕之等;参与资料分析、整理的有国家统计局丁延生、邱晓华、刘成相、刘丽萍、滕敏、戴桂芳、孙道君、倪春海、王雁美、财政部苑广睿、刘金云,中国人民银行熊小伍,中国投资银行汤志德,中国人民建设银行张擎、方国宝、高冬梅、王经训、李芳青、蔡红怡、马耕之等。)

第九部分

中国人民建设银行与国家专业投资公司机构名录

中国人民建设银行总行行部级领导人名录

办公地点：北京市海淀区复兴路丙12号

邮政编码：100810

电话总机：8514488

值班电话：

电　　传：

行　　长：周道炯　电话：8515318

副 行 长：周汉荣　电话：8515314

苏文川　电话：8515311

刘淑兰　电话：8515312

石春贵　电话：8513101

李早航　电话：8513121

工会主席、特邀顾问：

赵玉琢　电话：8515313

特邀顾问：武博山　电话：8515317

任　超　电话：8515316

许乃炯　电话：8516308

投资银行行长：

吕咸林　电话：8514700

办公室

主　任：赵　林　电话：8514488—3182

副主任：李吉平　电话：8514488—3185

朱晓黄　电话：8514488—3185

政策研究室

主　任

副主任：席德炎　电话：3272357

史瑞培　电话：8514488—1322

计划部

主　任：侯建杭　电话：8514488—4151

副主任：郦锡文　电话：8514488—4142

筹资部

主　任：魏仕贵　电话：8514488—5041

副主任：罗　林　电话：8514488—5043

方　忱　电话：8514488—5042

信贷部

主　任：林　丛　电话：8514488—5092

副主任：徐世忠　电话：8514488—5091

徐企颖　电话：8514488—5091

投资部

主　任：刘正凡　电话：8514488—4171

副主任：缪礼煊　电话：8514488—4172

冀忠实　电话：8514488—4172

建经部

主　任：张青云　电话：8514488—5101

副主任：于妍玲　电话：8514488—5103

俞小平　电话：8514488—5151

房地产信贷部

主　任：赵济洪　电话：8514488—5102

副主任：于永顺　电话：8514488—5102

国际业务部

主　任：**李早航（兼）**

副主任：倪　纯　电话：8514488—4241

副主任：毛裕民　电话：8514488—4243

财会部

主　任：邓海魁　电话：8514488—5132

副主任：陈维忠　电话：8514488—5131

调查部

主　任：谢祝龄　电话：8514628

副主任：张仲启　电话：8514628

计算机中心

主　任：

副主任：朱裕峰　电话：8514488—3281

杨应辉　电话：8514488—3282

审计部

主　任：甘征求　电话：8514488—1142

副主任：陈力中　电话：8514488—1142

主任级审计员：

侯金印　电话：8514488—1141

副主任级审计员：

钟元凤　电话：8514488—1142

人事部

主　任：许文茂　电话：8514488—4021

副主任：辛树森　电话：8514488—4013

张天保　电话：8514488—4022

思想政治工作办公室

主　任：辛树森　电话：8514488—4013

教育部

主　任：张　衡　电话：8514488—5221

行政部：

主　任：刘亚晶　电话：8514488—1061

副主任：李德然　电话：8514488—1062

贾岱声　电话：8514488—1062

基建办公室

主　任：

副主任：任铁铮　电话：8099672

监察室

主　任：孙志新　电话：8514488—1132

副主任：刘步云　电话：8514488—1131

张荣廷　电话：8514488—1132

袁　石　电话：8514488—1132

老干办

主　任：

副主任：刘连营　电话：8514488—1032

机关党委

书　记：

副书记：张睦伦　电话：8514488—5261

系统工会

主　任：

副主任：金学理　电话：8514488—1101

投资研究所

所　长：

副所长：刘慧勇　电话：8215577—2507

文　明　电话：8215577—2606

马海滨　电话：8215577—2505

信托公司

总经理：刘大为　电话：8515966

副总经理：崔淑玲　电话：8515955

庄心一　电话：8515955

李文棠　电话：8515955

投资银行

副行长：卫锡根　电话：8514422—1442

秦克让　电话：8514422—1443

中国人民建设银行 省、直辖市、自治区、计划单列市分行行级领导人名录

北京市分行

办公地点：北京市宣武区广安门外马连道北路甲1号

邮政编码：100055

办公室电话：3265361

电　传：3265301

行　长：石春贵　电话：3263434

副 行 长：肖其增　电话：3265343

武　青　电话：3265327

田国立　电话：3265315

郑之杰　电话：3265307

纪检组长：陈海山　电话：3265347

总经济师：于学龙　电话：3265356

工会主任：张金昌　电话：3265305

天津市分行

办公地点：天津市和平区解放北路104号

邮政编码：300040

办公室电话：3313184

电　传：3313184

行　长：贾祥玉　电话：305967

副 行 长：胡山岭　电话：312879

吴木根　电话：520604

总经济师：马树勋　电话：317889

总会计师：李世纯　电话：317889

工会主任：张省吾　电话：301129

河北省分行

办公地点：石家庄市石邑路11号

邮政编码：050051

办公室电话：333152

电　传：333152

行　长：杨舜尧　电话：335609

副 行 长：李俊英　电话：335149

高燕增　电话：335418

杜亚军　电话：322747

纪检组长：张印茂　电话：335147

总经济师：薛礼英　电话：321881

工会主任：王茂春　电话：322714

巡视员　陈志坚　电话：335148

山西省分行

办公地点：太原市迎泽西大街6号

邮政编码：030024

办公室电话：6041156

电　传：6044730

行　长：黄政云　电话：640531

副 行 长：于志勇　电话：640532

郭　耀　电话：640256

副行长（兼）：梁福成　电话：431692

纪检组长：

总经济师：关恒林　电话：640226—290

内蒙古自治区分行

办公地点：呼和浩特市新城西街75号

邮政编码：010010

办公室电话：661438

电　传：665476

行　长：刘佩勇　电话：667328

副 行 长：周士杰　电话：661668

肖福贵　电话：661216

王永珍　电话：663191

纪检组长：姜雨亭　电话：663486

总经济师：朱洪君　电话：663757

总会计师：李洪年　电话：661332

辽宁省分行

办公地点：沈阳市和平区南京北街 99 号
邮政编码：110002
办公室电话：2820827
电　　传：2711905

行　　长：	赵志良	电话：228130
副 行 长：	解明君	电话：700901
	袁景祥	电话：228107
	白国祥	电话：228270
纪检组长：	蒋振江	电话：704969
总经济师：	冯世才	电话：704970
总会计师：	邢瑞昌	电话：704970

吉林省分行

办公地点：长春市长春大街 138 号
邮政编码：130041
办公室电话：871065
电　　传：872329

行　　长：	张振铎	电话：829014
副 行 长：	于春明	电话：821450—583
	袁　明	电话：821450—582
	顾有春	电话：821450—582
纪检组长：	关克敏	电话：828805
总经济师：	周福根	电话：826957
工会主席：	刘永俭	电话：829529

黑龙江省分行

办公地点：哈尔滨市南岗奋斗路 327 号
邮政编码：150001
办公室电话：3622527
电　　传：3625552

行　　长：	袁纯嘏	电话：326488
副 行 长：	王相义	电话：321238
	张凯文	电话：323436
	杜建中	电话：325617
总会计师：	朱立人	电话：321742
工会主任：	李菊妤	电话：321918

上海市分行

办公地点：上海市滇池路 97 号
邮政编码：200002
办公室电话：3291749
电　　传：3232666

行　　长：	张恩照	3291765
副 行 长：	沈言正	3212062
	吴盛裕	3211671
	张建华	3216616
	傅建华	3211842
	宁黎明	3237350
总经济师：	潘步云	3237350

江苏省分行

办公地点：南京市中山南路 248 号
邮政编码：210005
办公室电话：4403305
电　　传：4403316

行　　长：	周金伦	电话：402471
副 行 长：	唐新国	电话：403319
	杨海泉	电话：402470
	封　竞	电话：402470
纪检组长：	江兆禄	电话：402470
总经济师：	周广益	电话：403272
总经济师：	张士兴	电话：403272

浙江省分行

办公地点：杭州市劳动路 127 号
邮政编码：310002
办公室电话：7062635
电　　传：7020766

行　　长：	徐金惠	电话：762621
副 行 长：	徐志芳	电话：762625
	袁德贤	电话：762627
	张杭松	电话：552365
总经济师：	黎以罗	电话：762635

安徽省分行

办公地点：合肥市屯溪路 105 号
邮政编码：230022
办公室电话：336932
电　　传：334973

行　　长：	李献臣	电话：337051 333618—3176
副 行 长：	郭　伟	电话：337043
	姬德勤	电话：337043
总工程师：	曹景祺	电话：336921
总经济师：	段庆生	电话：336921
总会计师：	王亚明	电话：336921

福建省分行

办公地点：福州市古屏路 142 号
邮政编码：350003
办公室电话：821770
电　　传：856865

行　　长：	周耀彬	电话：837109
副 行 长：	赖锦辉	电话：856872
	朱范予	电话：856872
纪检组长：	陈文海	电话：822471

江西省分行

办公地点：南昌市井岗山大道255号
邮政编码：330002
办公室电话：251793
电　　传：251763
行　　长：韩乃英　电话：251606
副 行 长：张卓群　电话：252036
　　　　　熊　毅　电话：251322
　　　　　姜乔生　电话：251247
纪检组长：王仁宇　电话：251247
总经济师：万玉媛　电话：251322
工会主任：张长生　电话：252076

山东省分行

办公地点：济南市经四路74号
邮政编码：250001
办公室电话：6912955
电　　传：6912956
行　　长：王建亭　电话：612984
副 行 长：于恩泽　电话：612983
　　　　　李庆振　电话：612953
　　　　　赵树棠　电话：612951
　　　　　郭周祥　电话：612958
纪检组长：耿殿佑　电话：612918
总经济师：王炳和　电话：613168

河南省分行

办公地点：郑州市丰产路8号
邮政编码：450002
办公室电话：3942255—2278
电　　传：3943451
行　　长：李荷君　电话：342721
副 行 长：王金贵　电话：342735
　　　　　余效生　电话：343309
　　　　　张合运
纪检组长：陈新国　电话：345207
总经济师：赵玉林　电话：342255—2291
总会计师：韩少华　电话：342255—2241
工会主任：王淑芳　电话：324255—2296
巡 视 员：陈炳顺　电话：342630

湖北省分行

办公地点：武汉市中南路1号
邮政编码：430071
办公室电话：713706—2509
电　　传：715618
行　　长：何光昶　电话：713706—
副 行 长：王惠生　电话：713706—
　　　　　凌玉明　电话：713706—
　　　　　王乔生　电话：713706—
纪检组长：朱时清　电话：713706—
总会计师：王廷言　电话：713706—
总经济师：刘建生
工会主任：符谨芳　电话：713706—
三峡分行行长：许祥圣　电话：0717—447341

湖南省分行

办公地点：长沙市韭菜园19号
邮政编码：440011
办公室电话：4431796
电　　传：4447403
行　　长：易良友　电话：428288
副 行 长：肖业璋　电话：429225
　　　　　吕国治　电话：436882
　　　　　罗清琦　电话：28998
纪检组长：杜士田　电话：424215
总经济师：郭雄武　电话：427401
总会计师：陈伯坤　电话：752362
工会主任：杜甫田　电话：436879
巡 视 员：陈代满　电话：414166

广东省分行

办公地点：广州市东风东路577号
邮政编码：510051
办公室电话：
电　　传：
行　　长：董虎臣　电话：3836167
副 行 长：李国维　电话：3832720
　　　　　刘雄弼　电话：3845369
兼纪检组长：蔡映明　电话：3847468

广西壮族自治区分行

办公地点：南宁市桃源路82号
邮政编码：530021
办公室电话：207378
电　　传：207566
行　　长：曾国坚　电话：211129
　　　　　　　　　电话：201691—318
副 行 长：岑时一　电话：201691—300
　　　　　陈家强　电话：201691—399
　　　　　廖世兴　电话：201691—398
　　　　　全　忠　电话：201691—319
纪检组长：张汝光　电话：201691—319
总经济师：黄筱传　电话：201691—319
总工程师：刘训才　电话：201691—319

海南省分行

办公地点：海口市龙华路17号
邮政编码：570005

办公室电话：211192
电　　传：211322
行　　长：　彭守范　　电话：226072
副 行 长：　冯大安　　电话：221041
　　　　　　邝锡煋　　电话：225437
　　　　　　张明辉　　电话：226512
纪检组长：　林书尧　　电话：229306
工会主任：　祝圣儒　　电话：226109

四川省分行

办公地点：成都市蜀都大道蜀都大厦
邮政编码：610016
办公室电话：6673888—51008
电　　传：6625054
行　　长：　傅德芝　　622504
副 行 长：　杨通华　　626734
　　　　　　薄堃敏　　673888—51114
　　　　　　黄叔平　　673888—51009
　　　　　　赵富高　　673888—51009
纪检组长：　张继毓　　673888—51007
工会主任：　周秀明　　673888—51001

贵州省分行

办公地点：贵阳市人角岩省府大院4号楼
邮政编码：550004
办公室电话：623635
电　　传：625887
行　　长：　刘久荣　　电话：627168
副 行 长：　梁盛海　　电话：62440
　　　　　　刘国梁　　电话：628762

云南省分行

办公地点：昆明市东风西路41号
邮政编码：650031
办公室电话：5152142
电　　传：5152296
行　　长：　叶　萍　　电话：5152203
副 行 长：　李允武　　电话：5152663
　　　　　　帅晋昆　　电话：5152359
　　　　　　黄继林
总经济师：　范京云

西藏自治区分行

办公地点：拉萨市北京西路244号
邮政编码：850001
办公室电话：33718
电　　传：36818
行　　长：　王心德　　电话：26732
副 行 长：　贾映楷　　电话：25882
　　　　　　张桂兰　　电话：25883
　　　　　　罗布桑珠　电话：
工会主席：　索朗平措　电话：

陕西省分行

办公地点：西安市大学东路副53号
邮政编码：710068
办公室电话：7212547
电　　传：7219656
行　　长：　王为强　　电话：712546—230
　　　　　　　　　　　7535387
副 行 长：　陈金友　　电话：712546—226
　　　　　　陈一三　　电话：712546—221
　　　　　　雷锁定　　电话：712546—235
纪检组长：　高俊昌
总会计师：　顾秀琴　　电话：712546—243
总经济师：　吕长根

甘肃省分行

办公地点：兰州市东方红广场统办2号楼
邮政编码：730030
办公室电话：8418293
电　　传：8418086
行　　长：　张宗祥　　电话：418282
副 行 长：　张承炎　　电话：418277
　　　　　　麻惠杰　　电话：418338
　　　　　　李国栋　　电话：418336
纪检组长：　吴立中　　电话：418343
总经济师：　汪元国　　电话：417273
工会主任：　马逢春　　电话：418365

青海省分行

办公地点：西宁市西大街16号
邮政编码：810000
办公室电话：47862
电　　传：47126
行　　长：　王守仁　　电话：47134
副 行 长：　张柏良　　电话：47104
　　　　　　王若明　　电话：47638
　　　　　　陈新树　　电话：48763
纪检组长：　边印玺
总经济师：　秦桂馥　　电话：47090
总会计师：　杨凤章　　电话：

宁夏回族自治区分行

办公地点，银川市胜利街108号
邮政编码：750004
办公室电话：631945
电　　传：631165
行　　长：　周秋英　　电话：631101
副 行 长：　王玉明　　电话：631136
　　　　　　李学智　　电话：631214
纪检组长：　王中山　　电话：631477
总经济师：　薛士堃　　电话：631144

新疆维吾尔自治区分行

办公地点：乌鲁木齐市西河坝后街139号

邮政编码：830002

办公室电话：217845

电　　传：218454

行　　长：陈月霞　电话：217399

副 行 长：刁会藻　电话：

李　谦　电话：217692

玉素甫·哈斯木电话：217383

刘　平

纪检组长：傅汉民　电话：217030

总经济师：孙坤伯　电话：217280

总会计师：刘佩芳

大连市分行

办公地点：大连市中山区解放路48号

邮政编码：116001

办公室电话：2638443

电　　传：2804560

行　　长：王　军　电话：2649027

副 行 长：孙善庆　电话：2649014

郑金堂　电话：2649027

总会计师：胡义泽　电话：2649014

纪检组长：丁　一

电话：2649028

沈阳市分行

办公地点：沈阳市沈河区顺通路60号

邮政编码：110014

办公室电话：2706325

电　　传：2706319

行　　长：吴永昌　725321

副 行 长：李兆文　725327

刘长军　725336

李英俊　725323

马述鹏　725340

田德会　725274

总 稽 核：杨景和　224575

哈尔滨市分行

办公地点：哈尔滨市道里区新阳路81号

邮政编码：150010

办公室电话：4693141—8616

电　　传：4693405

行　　长：陈书芬　493357

副 行 长：郭英涛　493362

刘晓民　493113

总经济师：李桂生　493449

纪检组长：陈武生　493415

工会主任：田志超　493241

长春市分行

办公地点：长春市西安大路16号

邮政编码：130061

办公室电话：883490

电　　传：883489

副 行 长：徐昆伦　电话：883486

杨　森　电话：883483

兰晋东　电话：883485

王铁军　电话：883476

纪检组长：董诚行　电话：883484

青岛市分行

办公地点：青岛市中山路93号

邮政编码：266001

办公室电话：2879296

电　　传：2860157

行　　长：任有山　电话：279193

副 行 长：闫立宝　电话：279193

刘津南　电话：279854

副 书 记：靳忠海　电话：279854

纪检组长：张继乐　电话：279951

总 稽 核：孙福清　电话：265082

工会主任：周文美　电话：264798

宁波市分行

办公地点：宁波市大庆南路16号

邮政编码：315020

办公室电话：7353492

电　　传：7353492

行　　长：吴再鸣　电话：386811

副 行 长：顾志斌　电话：355084

葛建刚　电话：353599

调 研 员：车文之　电话：353599

纪检组长：洪志焕　电话：354319

总 稽 核：陈定海　电话：353492

行长助理：陈伟民　电话：354319

厦门市分行

办公地点：厦门市湖滨南路8号

邮政编码：361004

办公室电话：238953

电　　传：236263

行　　长：卓开明　236265

副 行 长：沈文碰　236264

林回福　236274

南京市分行

办公地点：南京市汉中路117号

邮政编码：210029

办公室电话：7742644

电　　传：7742624

行　　长：鞠秋荣　741218

副 行 长： 刘玉珍 742094
张援朝 742602
朱邦喜 742620
周绍如 742607
纪检组长： 张腊元 742607

武汉市分行

办公地点：武汉市汉口胜利街2号
邮政编码：430014
办公室电话：235839
电 传：212654
行 长： 宋熙春 电话：214795
副 行 长： 徐学敏 电话：210172
韩小军 电话：231586
陈汉华 电话：236900
纪检组长： 危芳荣 电话：213402
总会计师： 黄世毅 电话：233830
工会主任： 宗良辉 电话：214797

深圳市分行

办公地点：深圳市红巅路金融中心东座建行大厦14楼
邮政编码：518001
办公室电话：2246143
电 传：2246144
行 长： 惠小兵 电话：2246136
副 行 长： 杨燮仪 电话：2246135
赖璞光 电话：2246133
梁京添 电话：2246134
刘京宝 电话：2246032
纪检组长： 王 皎 电话：2246132

广州市分行

办公地点：广州市沿江西路139号
邮政编码：510120
办公室电话：8886471
电 传：8886361
行 长： 黄泰刚 电话：8862240
副 行 长： 曹永祺 电话：8862152
杨形静 电话：8862226
郭中坚 电话：8862126
何国炳 电话：8887156

重庆市分行

办公地点：重庆市中区打铜街14号
邮政编码：630011
办公室电话：331808
电 传：334305
副 行 长： 解红兵 电话：346829
陈本忠 电话：336939
沈季原 电话：331808
总经济师： 邓良诚 电话：331808
纪检组长： 代怀永 电话：336939

成都市分行

办公地点：成都市四道街7号
邮政编码：610031
办公室电话：6643918
电 传：6646521
行 长： 刘明生 电话：647956
副 行 长： 刘俊田 电话：644152
龚娟娟 电话：630587
刘进泰 电话：649754

西安市分行

办公地点：西安市莲湖路35号
邮政编码：710003
办公室电话：7270784
电 传：7216360
行 长： 张优军 电话：733638
副 行 长： 王耀乾 电话：733287
任林明 电话：734292
钱卫民 电话：733421
总经济师： 王冰剑 电话：733904

国家能源投资公司机构名录

国家能源投资公司 THE STATE ENERGY INVESTMENT CORPORATION OF THE PEOPLE'S REPUBLIC OF CHINA (SEIC)

办公地点：北京市海淀区五棵松路91号
邮政编码：100039
电话总机：8213355
值班电话：8211360
电 传：222765 SEIC CN

总经理： 王文泽 电话：8211889
副总经理： 陈 钝 电话：8211896
张曾熙 电话：8211830
吴敬儒 电话：8211820
沈德琛 电话：8213825
总工程师： 刘成铨 电话：8211841
总经济师： 曾 念 电话：8211036
总会计师： 郭纪明 电话：8212681

办公厅

主 任： 戴必青 电话：8212614
副主任： 朱仕国 电话：8211836
张长友 电话：8211836

财务部

主　任：　谢　恒　电话：8211835

副主任：　关云泽　电话：8211835

外事局

局　长：

副局长：　黄元鼎　电话：8211833

刘惠斌　电话：8211833

张续超　电话：8211833

条法部

主　任：　张宝印　电话：8211846

党委办公室

主　任：　李锡光　电话：8211844

煤炭计划部

主　任：　葛广琛　电话：8211686

副主任：　段之吉　电话：8211686

李克勤　电话：8211096

煤炭项目部

主　任：

副主任：　王可敏　电话：4217766 转 24505

许振元　电话：4217766 转 24511

张志德　电话：4217766 转 24509

煤炭技术开发部

主　任：　许忠良　电话：4217766 转 24505

副主任：　郑宗焯　电话：4217766 转 22457

电力计划部

主　任：　张建贤　电话：8214247

副主任：　王超宗　电话：8214247

朱淑珍　电话：8214247

电力工程部

主　任：　郑君衡　电话：8214237

副主任：　汪存纲　电话：8211032

严永泰　电话：8214237

水电项目部

副主任：　董述春　电话：8214294

孙家康　电话：821012

孙耀增　电话：8211012

经营部

副主任：　张立俊　电话：8213827

节能公司

总经理：　怀力田　电话：8214287

副总经理：　刘俊鳌　电话：8211623

总工程师：　郑秀云　电话：8211623

国能煤炭实业开发公司

总经理　张福同　电话：8214516

副总经理　冯士栋　电话：8211832

国能电力实业开发公司

总经理　徐健方　电话：8214516

副总经理　刘光秀　电话：8214516

国能中型水电实业开发公司

副董事长　匡建夫　电话：8211812

总经理　张道富　电话：8211812

副总经理　邹逸桥　电话：8211812

国家交通投资公司机构名录

国家交通投资公司　THE STATE COMMUNICATIONS INVESTMENT CORPORATION OF THE PEOPLE' S REPUBLIC OF CHINA (SCIC)

办公地点：北京市海淀区五棵松路 91 号

邮政编码：100039

电话总机：8213355

值班电话：8212675

电　传：222803　SCIC CN

总经理：　徐荣初　电话：8212033

副总经理：　曹汝价　电话：8212038

刘东富　电话：8212035

叶　汇　电话：8212046

总工程师：　顾敏浩　8212679

总经济师：　高琪平　8212622

总会计师：　李金国　8212622

办公厅

主　任：　张化波　电话：8212623

副主任：　闫若峰　电话：8212623

综合业务部

主　任：　高琪平（兼）　电话：8212617

副主任：　徐锡元　电话：8212617

郑云林　电话：8212617

资金财务部

主　任：　李金国（兼）　电话：8212068

副主任：　王宁生　电话：8212068

梅家祥

物资经营部

主　任：　李本初　电话：8212674

副主任：　赵玉珊　电话：8212625

国际开发合作部
主　任：　电话：8212034

水运项目部
主　任：　韩世奇　电话：8212036

民航项目部
主　任：　电话：8212678
副主任：　姜铁军　电话：8212678
　路佩仁　电话：8212041

公路项目部
主　任：　顾敏浩（兼）　电话：8214276
副主任：　刘占宝　电话：8214276

党委办公室
主　任：　李　连　电话：8214283

国家原材料投资公司机构名录

国家原材料投资公司（STATE RAW MATERIAL INVESTMENT CORPORATION PEOPLE' S REPUBLIC OF CHINA）（SRMIC）

办公地点：北京市海淀区五棵松路 91 号
邮政编码：100039
电话总机：8213355
值班电话：8213872
电　　传：222804　SRMIC CN

总经理：　邝业梅　电话：8211890
副总经理：　邹泽宇　电话：8212039
　陈铁林　电话：8212871
　胡采棋　电话：8212685
总工程师：　王兴夫　电话：8211893
总经济师：　朱　昕　电话：8214228

办公厅
主　任：　陈锦鸿　电话：8212873
副主任：　王雪光　电话：8214569

综合业务部
主　任：　余天德　电话：8212868
副主任：　吴炳璐　电话：8212868
　姚建培　电话：8212868

项目一部
主　任：
副主任：　高建军　电话：8213878

项目二部
主　任：　刘家林　电话：8211627
副主任：　李秉祥　电话：8211627

项目三部
主　任：　李昌顺　电话：8212872
副主任：　杨延琮　电话：8212872
　汤晓春　电话：8212872

项目四部
主　任：　汪章鹏　电话：8213881
副主任：　曾凡树　电话：8213881
　郑承有　电话：8213881

项目五部
主　任：　王楚模　电话：8212869
副主任：　徐志铨　电话：8212869
　徐永洙　电话：8212869

物资经营部
主　任：　黄建国　电话：8221049
副主任：　郭立扬　电话：8221062
　吴光宏　电话：8221062

资金财务部
主　任：　邹士洪　电话：8214227
副主任：　王锡荣　电话：8214227
　穆淑兰　电话：8214227

国际开发合作部
主　任：　宋汉军　电话：8214518
副主任：　李保平　电话：8214518
　顾炳熙：　电话：8214518

招标设计部
主　任：　廖运臣　电话：8211019
副主任：　凌安仁　电话：8211024
　周美瑜　电话：8211024

党委办公室
主　任：　韩盛起　电话：8212045

国家机电轻纺投资公司机构名录

国家机电轻纺投资公司

STATE MACHINERY ELECTRONICS LIGHT & TEXTILE INDUSTRIES INVES TMENT CORPORATION（SMELT）

办公地点：北京市海淀区五棵松路 91 号
邮政编码：100039
电话总机：8213355
值班电话：8213869

电　　传：222805　SMELT CN
总经理：　肖永定　电话：8212055
副总经理：　唐自元　电话：8211847
　　凌治泽　电话：8211856
　　应沧强　电话：8212878
总工程师：　李运棠　电话：8213868
总经济师：　孙慧敏　电话：8211382
总会计师：　王祖耀　电话：8211855

办公厅

副主任：　余海龙　电话：8211852
　　谭天孝　电话：8211857
　　王小康　电话：8211857

综合计划部

主　任：　叶佛容　电话：8211020
副主任：　沈孝生　电话：8211020

资金财务部

副主任：　安　惠　电话：8214527

物资经营部

主　任：　沈忠康　电话：8211054
副主任：　王国泰　电话：8211055
　　田景禧　电话：8211055

国际合作部（外事局）

主　任：　孙义华　电话：8214562
副主任：　张　娴　电话：8214562

党委办公室

主　任：　于世莹　电话：8211883

机械业务部

主　任：　周连科　电话：8214245
副主任：　钱忠康　电话：8214514

电子业务部

主　任：　汪致果　电话：8211058
副主任：　赵良田　电话：8211057
　　姬巧玲　电话：8211057

汽车船舶业务部

主　任：　张宁　电话：8211848
副主任：　詹同震　电话：8211043
　　高大义　电话：8211043

轻工业务部

主　任：　莫显勋　电话：8211843
副主任：　陈　瑜　电话：8211843
　　刘玉兰　电话：8211843

纺织业务部

主　任：　王如燧　电话：8211069
副主任：　杨德康　电话：8214216
　　陈德章　电话：8214216

机电出口产品投资公司

总经理：　徐　沙　电话：8214260
副总经理：　翟孟生　电话：8214262
　　钟　灵　电话：8214259

中国高新轻纺投资公司

总经理：　孙慧敏（兼）　电话：8211382
副总经理：　赵青华　电话：8211378
　　张承源　电话：8211378

国家农业投资公司机构名录

国家农业投资公司

STATE AGRICULTURE INRESTMENT CORPORATION (SAIC)

办公地点：北京海淀区五棵松路91号
邮政编码：100039
电话总机：8213355
值班电话：8212615
电　　传：222806
总经理：　涂逢俊　电话：8212063
副总经理：　宋一鸣　电话：8212056
　　刘峻明　电话：8211635
　　青先春　电话：8212052
总工程师：　高立础　电话：8213873

办公厅

主　任：　朱好生　电话：8214250
副主任：　林志英　电话：8212064
　　李树林　电话：8214256

综合计划部

主　任：　缪树群　电话：8212608
副主任：　张诗蕴　电话：8212048
　　黄月恒　电话：8212048

项目一部

主　任：
副主任：　姚　静　电话：8214253
　　宓丽华　电话：8212611

项目二部

主　任：　戴祖旬　电话：8221068
副主任：　符文渝　电话：8212061
　　胡乃钧　电话：8212061

项目三部

副主任：　纪卓才　电话：8221068

资金财务部

主 任：

副主任： 毕德智 电话：8212611

国际合作部

主 任： 李大成 电话：8212071

党委办公室：

主 任： 刘志东 电话：8214257

国家林业投资公司机构名录

国家林业投资公司

STATE INVESTMENT CORPORATION OF FORESTRY (SICOF)

办公地点：北京市海淀区五棵松路 91 号

邮政编码：100039

电话总机：8213355

值班电话：8212373

电 传：222807 SICOF CN

总经理： 肖成俊 电话：8212866

副总经理： 姜凤章 电话：8212050

颜士中 电话：8212059

总工程师： 刘志雕 电话：8214234

总经济师： 肖宗英 电话：8211370

总会计师：

办公厅

主 任： 党 彤 电话：8214271

副主任： 吴锦康 电话：8212065

杨 耀 电话：8212053

综合计划部

主 任：

副主任： 王振亚 电话：8214209

梁国栋 电话：8214209

资金物资部

主 任：

副主任： 铁顺建 电话：8214235

冉素英 电话：8214235

林业森工项目部

主 任：

副主任： 刘玉海 电话：8211629

王黔声 电话：8211629

林产工业项目部

主 任： 张力君 电话：8211383

副主任： 李世峰 电话：8214536

国际合作部（外事局）

主 任（局长）：

副主任（副局长）： 笪祖富 电话：8212376

雷培玺 电话：8212376

陈奎玉 电话：8212053

党委办公室

主 任： 吴锦康 电话：8212065

国家专业投资公司行政管理局机构名录

国家专业投资公司行政管理局

办公地点：北京市海淀区五棵松路 91 号

邮政编码：100039

电话总机：8213355

值班电话：8213823

电传：222802

局长： 吴福章 电话：8213874

副局长： 张有根 电话：8211887

党委书记： 薛国荣 电话：8213880

党委副书记： 吕友钧 电话：8213824

谷春元 电话：8213824

副局级： 屈增明 电话：8214285

肖勤 电话：8214532

中国人民建设银行机构名录

行名	详细地址	邮政编码
总行	北京市复兴路丙 12 号	100810
北京市分行	北京市宣武区广安门外马连道北路甲 1 号	100055
北京前门支行	北京市前门大街 75 号	100051
北京东四支行	北京市东城区甘雨胡同甲 20 号	100006

北京西四支行	北京市西单北大街 34 号	100032
北京石景山支行	北京市石景山区古城南里	100043
北京海淀支行	北京市海淀区知春路 96 号	100086
北京城市建设开发专业支行	北京市宣武区虎坊桥高家寨 10 号楼	100052
北京燕山石化专业支行	北京市房山区燕山迎风街 1 号	102500
北京铁道专业支行	北京市西城区和平门内西中胡同 28 号	100031
北京丰台支行	北京市丰台区东大街甲 18 号	100071
北京朝阳支行	北京市朝阳区南三里屯路中纺街甲 30 号	100020
北京宣武支行	北京市宣武区枣林前街 35 号	100053
天津市分行	天津市和平区解放北路 104 号	300040
天津市分行营业部	天津市和平区常德道 10 号	300050
天津和平支行	天津市和平区解放北路 88 号	300040
天津河东支行	天津市河东区六纬路 54 号	300171
天津河西支行	天津市河西区气象台路 48 号	300074
天津红桥支行	天津市红桥区勤俭道子牙河桥北东侧	300130
天津南开支行	天津市南开区西湖道西头 27 号	300190
天津河北支行	天津市河北区狮子林大街望海南里 9 号	300010
塘沽支行	天津市塘沽区浙江路 27 号	300450
汉沽支行	天津市汉沽区新开南路	300480
天津经济技术开发区分行	天津市经济开发区生活区南 5 号路	300457
大港支行	天津市大港区永明路	300270
油田支行	天津市大港区 3 号院	300280
河北省分行	石家庄市石邑路 11 号	050051
河北省分行营业部	石家庄市石邑路 11 号	050051
华北石油专业分行	河北任邱市渤海路	062552
邯郸中心支行	邯郸市人民路东段	056002
邢台中心支行	邢台市南园路一号	054001
沙河市支行	沙河市建设路	054100
石家庄中心支行	石家庄市中山东路 154 号	050000
辛集市支行	辛集市内	052360
藁城市支行	藁城市内	052160
保定中心支行	保定市东风路副 52 号	071051
涿州市支行	涿州市范阳路	072750
涿州石油物探专业支行	涿州市石油物探局院内	072750
衡水中心支行	衡水市胜利西路	053000
沧州中心支行	沧州市新华中路 121 号	061000
沧县支行	沧州市志强路	061000
黄骅市支行	黄骅市市内	061100
任丘市支行	任丘市雁山道	062550
河间市支行	河间市署光路 5 号	062450
泊头市支行	泊头市裕华路	062150
廊坊中心支行	廊坊市金光道 30 号	102800
霸州市支行	霸州市	302700
唐山中心支行	唐山市北新道	063000
秦皇岛中心支行	秦皇岛市海港区建设路	066000
秦皇岛港口专业支行	秦皇岛市海港区海滨路 63 号	066002
张家口中心支行	张家口市东安大街 32 号	075000
承德中心支行	承德市车站西路新居宅	067000

山西省分行	太原市迎泽西大街6号	030024
山西省铁道专业支行	太原市迎泽西大街6号	030024
太原市支行	太原市迎泽大街34号	030001
古交矿区专业支行	太原古交市	030201
太原南郊区支行	太原市南郊小店北大街	030032
太原北郊区支行	太原市北郊区柴村镇	030023
大同市支行	大同市振华南街	037006
大同矿区专业支行	大同市新平旺	037003
阳泉市支行	阳泉市北大街6号	045000
阳泉市矿务局专业支行	阳泉市矿务局办工楼内	045000
阳泉市郊区支行	阳泉市郊区萌营镇	045011
长治市支行	长治市紫金西路11号	046000
山西化肥专业支行	潞城县山西化肥厂指挥部	047507
晋城市支行	晋城市泽洲路新华书店	046000
晋城矿区专业支行	晋城矿务局内	048006
朔州市支行	朔州市新建路45号	038500
朔城区支行	朔城区新建大街	038500
神头电厂专业支行	朔州市神头电厂内	038500
雁北地区中心支行	大同市雁同东路	037044
雁北地区铁道专业支行	大同市雁同东路	037044
雁北铁道专业支行	大同县党留庄乡	037300
忻州地区中心支行	忻州市长征路17号	034000
忻州市支行	忻州市长征路17号	034000
轩岗矿区专业支行	原平县轩岗镇	034114
吕梁地区中心支行	离石县滨河北路12号	033000
晋中地区中心支行	榆次市道北街	036000
榆次市支行	榆次市西顺城街7号	030600
榆次铁道专业支行	榆次市道北街	030600
临汾地区中心支行	临汾市古楼东大街60号	041000
临汾市支行	临汾市古楼东大街60号	041000
临钢专业支行	临钢生产区基建设备材料处办公楼	041000
霍州矿务局专业支行	霍州市桥乐街矿务局院内	031400
运城地区中心支行	运城路建设路11号	044000
运城市支行	运城市红旗西路	044000
山西铝厂专业支行	河津县山西铝厂单身宿舍2号楼	043300
内蒙古自治区分行	呼和浩特新城西街	010010
内蒙古自治区分行营业部	呼和浩特新城西街75号	010010
呼和浩特铁路专业支行	呼和浩特新城区车站东街	010050
准格尔煤田专业支行	呼和浩特市薛家湾	010069
呼伦贝尔盟中心支行	海拉尔市胜利三路	021008
海拉尔市支行	海拉尔胜利三路	021008
牙克石专业支行	牙克石市铁西六道街	022150
扎兰屯市支行	扎兰屯市中央南路	162650
满洲里市支行	满洲里市树林街	021400
扎赉诺尔专业支行	满洲里市扎赉诺尔矿区新局址	021410
兴安盟中心支行	乌兰浩特市兴安街	137400
乌兰浩特市支行	乌兰浩特市乌兰大街	137400
哲里木盟中心支行	通辽市科尔沁大街	028000

通辽市支行	通辽市科尔沁大街	028000
通辽电厂专业支行	通辽市发电总厂	028011
霍林河煤田专业支行	霍林郭勒市珠斯花街	029200
赤峰市中心支行	赤峰市红山区昭乌达路	024000
赤峰红山区支行	赤峰市红山区昭乌达路中段	024000
赤峰郊区支行	赤峰市郊区穆家营镇木兰街	024030
平庄专业支行	赤峰市元宝山区平庄镇	024076
元宝山专业支行	赤峰市元宝山区元宝电厂门前	024070
锡林郭勒盟中心支行	锡林浩特市满都拉街	026000
锡林浩特市支行	锡林浩特市察哈尔街	026000
二连油田专业支行	锡林浩特市华油大街	026000
二连浩特市支行	二连浩特市	012600
乌兰察布盟中心支行	集宁市桥东新体路170号	012000
集宁市支行	集宁寺桥东新体路170号	012000
丰镇市支行	丰镇市城关镇马桥街	012100
丰镇电厂专业支行	丰镇市城关镇南沙地	012100
巴彦淖尔盟中心支行	临河市新华街	015000
临河市支行	临河市胜利路	015000
伊克昭盟中心支行	东胜市建设路237号	017000
阿拉善盟中心支行	阿拉善左旗巴彦浩特镇新浩特雅布赖路	750306
呼和浩特市中心支行	呼和浩特市新城西街29号	010010
呼和浩特市第一支行	呼和浩特新城西街29号	010010
呼和浩特市第二支行	呼和浩特市中心西路东顺城街4号楼	010030
呼和浩特市第三支行	呼和浩特市新城区锡林北路28号	010050
呼和浩特市第四支行	呼和浩特市中山西路东顺城街4号	010030
呼和浩特郊区支行	呼和浩特市新城区呼伦南路	010020
包头市中心支行	包头市昆都伦区金融大厦	014010
包头市中心支行营业部	包头市昆都伦区金融大厦	014010
包头市包钢专业支行	包头市昆都伦区钢铁大街24号街坊	014010
乌海市中心支行	乌海市海渤湾区新华西街	016000
辽宁省分行	沈阳市和平区南京北街九十九号	110002
辽宁省分行营业部	沈阳市和平区南京北街九十九号	110002
鞍山市分行	鞍山市铁东区南胜利路40号	114002
鞍山钢铁公司专业支行	鞍山市铁东区南中华路263号	114003
抚顺市分行	抚顺市新抚区浑河北路21号	113006
辽宁发电厂专业支行	抚顺市露天区章党街辽宁发电厂大门外	113007
本溪市分行	本溪市昭山区解放路新华街	117000
本溪钢铁公司专业支行	本溪市平山区人民路	117000
丹东市中心支行	丹东市元宝区中富小区7号楼	118000
丹东太平湾水电专业支行	宽甸县太平湾	118216
锦州市中心支行	锦州市古塔区宜昌路东三保街92号	121000
锦州电厂专业支行	锦州市太和区八角台兴隆街	121006
锦州铁路专业支行	锦州市凌河区延安东路铁道部党校后院	121000
营口市中心支行	营口市站前区渤海大街化工厂里89号	115000
阜新市中心支行	阜新市海州区经纬路19号	123000
阜新煤矿专业支行	阜新市海州区中华路西段113号	123000
阜新铁路支行	阜新市海州区创业路110号	123002
辽阳市中心支行	辽阳市民主路西关49号	111000

辽阳石油化纤专业支行	辽阳市宏伟区宏伟路	111003
铁岭市中心支行	铁岭市银州区广裕街	112000
铁法煤矿专业支行	铁法市调兵山镇兀术街	112700
清河电厂专业支行	铁岭市清河区红旗街	112003
开原市支行	开原市开原镇新华路	112300
铁岭电厂专业支行	铁岭市银州区银岗小区 57 号楼	112000
朝阳市中心支行	朝阳市新华路二段 72 号	122000
北票市支行	北票市南山文化路	122100
盘锦市中心支行	盘锦市兴隆台区石油街	124010
盘锦市天然气化工专业支行	盘锦市双台子区辽河街	124021
辽河石油专业支行	盘锦市兴隆台区振兴街	124010
辽河石油专业支行于楼支行	盘锦市兴隆台区于楼街	124120
辽河石油专业支行欢喜岭支行	盘锦市兴隆台区欢喜岭西街	124114
锦西市中心支行	锦西市连山大街	121500
兴城市支行	兴城市兴海路二段	121600
绥中电厂专业支行	绥中县前所蚕种厂院内	121705
沈阳市分行	沈阳市沈河区顺通路 60 号	110014
沈阳市分行营业部	沈阳市沈河区顺通路 60 号	110014
沈阳市铁路专业支行	沈阳市和平区胜利街三段 2 号	110001
大连市分行	大连市中山区解放路 48 号	116001
大连市分行营业部	大连市中山区解放路 48 号	116001
吉林省分行	长春市长春大街 138 号	130041
吉林省分行营业处	长春市斯大林大街 80 号	130051
吉林市分行	吉林市北京路 103 号	132011
吉林铁路专业支行	吉林市吉林大街 12 号	132001
丰满水电专业支行	吉林市丰满赤丰街 5—1 号	132108
蛟河市支行	蛟河市蛟河镇蛟河大街 29 号	132500
桦甸市支行	桦甸市桦甸镇桦甸大街 38 号	132400
四平市中心支行	四平市新华大街中央西路 15 号	136000
公主岭市支行	公主岭市河北东五马路	136100
辽源市中心支行	辽源市南康大街 142 号	136200
通化市中心支行	通化市玉泉路 20 号	134001
浑江市中心支行	浑江市八道江区浑江大街	134300
白城地区中心支行	白城市海明西路 8 号	137000
延边朝鲜族自治州中心支行	延吉市爱丹路 5—1 号	133000
长春市分行	长春市西安大路 16 号	130061
黑龙江省分行	哈尔滨市南岗奋斗路 327 号	150001
哈尔滨第三电厂专业支行	呼兰县哈尔滨第三电厂	150502
齐齐哈尔市分行	齐齐哈尔市龙沙区新生路 48 号	161005
齐齐哈尔铁路专业支行	齐齐哈尔市站前大街 6 号	161000
鸡西市支行	鸡西市鸡冠区和平大街	158100
鹤岗市支行	鹤岗市向阳区红军路	154100
双鸭山市支行	双鸭山市尖山区新兴大街站前路	155100
牡丹江市中心支行	牡丹江市紫云街	157000
密山市支行	密山市密山镇永富路 48 号	158300
大庆市分行	大庆市萨尔图区卡尔加里路	163312
佳木斯市中心支行	佳木斯市沿江路	154002
七台河市支行	七台河市桃山区大同路	154600

松花江地区中心支行	哈尔滨市南岗区通达街 9 号	150006
尚志市支行	尚志市尚志镇中央大街	150601
双城市支行	双城市双城镇民主大街 13 号	150106
黑河地区中心支行	黑河市兴隆街 136 号	164300
黑河市支行	黑河市中央大街 105 号	164300
北安市支行	北安市头道街	164000
五大连池市支行	五大连池市	164500
绥化地区中心支行	绥化市中直北路 39 号	152053
绥化市支行	绥化市中兴东路 124 号	152052
海伦市支行	海伦市雷炎大街路北	152300
安达市支行	安达市北引路北四道街	151400
肇东市支行	肇东市肇东镇南八道街	151100
伊春市分行	伊春市伊春区通山路	153000
铁力市支行	铁力市铁力镇正阳街	152500
大兴安岭地区中心支行	加格达奇区林海路	165000
农场专业支行	佳木斯市保卫路东段	154002
哈尔滨市分行	哈尔滨市道里区新阳路 67—95 号	150010
哈尔滨铁路专业支行	哈尔滨市南岗区公司街 43 号	150006
哈尔滨市城市建设开发专业支行	哈尔滨市道里区红霞街 1 号	150010
上海市分行	上海市滇池路 97 号	200002
上海市石化专业支行	上海市石化地区蒙山路 15 号	200540
上海市浦东分行	上海市浦东东昌路 538 号	200120
江苏省分行	南京市中山南路 248 号	210005
扬子乙烯专业支行	南京市大厂区九村 35 幢	210048
无锡分行	无锡市人民路 230 号	214001
江阴市支行	江阴市寿山路 25 号	214400
宜兴市支行	宜兴市人民南路 271 号	214200
徐州市中心支行	徐州市建国东路 485 号	221003
新沂市支行	新沂市南京路 34 号	221400
常州分行	常州市西下塘 25 号	213001
溧阳市支行	溧阳市新华街 8 号	213300
苏州分行	苏州市人民路 216 号	215005
常熟市支行	常熟市虞山镇金童子巷 7 号	215500
常熟电厂专业支行	常熟吴市乡吴泾村	215536
张家港市支行	张家港市杨舍镇杨舍西街	215600
张家港港口专业支行	张家港市港区镇	215633
昆山市支行	昆山市玉山镇前进东路	215300
南通分行	南通市姚港路 12 号	226006
南通市电厂专业支行	南通市天生港镇	226003
启东市支行	启东市汇龙镇人民中路工商巷 79 号	226200
如皋市支行	如皋市环城南路	226500
连云港分行	连云港市新浦区解放中路 81 号	222003
连云港市开发区专业支行	连云港黄九埝	222047
淮阴市中心支行	淮阴市健康西路 132 号	223001
宿迁市支行	宿迁市幸福中路 68 号	223800
淮安市支行	淮安市南门大街 80 号	223200
盐城市中心支行	盐城市建军中路 60 号	224001
扬州市中心支行	扬州市三元路文昌阁东侧	225002

江苏油田专业支行	江都县邵伯镇（江苏石油勘探开发公司大院内）	225261
泰州市支行	泰州市府前路76号	225300
仪征市支行	仪征市国庆路	211400
兴化市支行	兴化市英武路	225700
高邮市支行	高邮市邮兴公路	225600
镇江市中心支行	镇江市中山东路395号	212001
镇江大港专业支行	镇江市丹徒县大港镇	212132
丹阳市支行	丹阳市云阳路1号	212300
南京市分行	南京市汉中路117号	210029
浙江省分行	杭州市劳动路127号	310002
肖山市支行	肖山市城厢镇文化路	311200
温州市分行营业部	温州市九山北路	325005
瑞安市支行	瑞安市万松新路	325200
嘉兴市中心支行	嘉兴市中山东路23号	314000
海宁市支行	海宁市硖石镇勤俭路7号	314400
湖州市中心支行营业部	湖州市红旗路137号	313000
绍兴市中心支行	绍兴市人民路181号	312000
金华市中心支行	金华市八一北路39号	321000
东阳市支行	东阳市吴宁东路22号	322100
义乌市支行	义乌市保联西路10号	322000
衢州市中心支行	衢州市县学街	324000
江山市支行	江山市城关镇中山路16号	324100
台州地区中心支行	临海市回浦路	317000
临海市支行	临海市回浦路	317000
椒江市支行	椒江市青年路	317700
黄岩市支行	黄岩市青年路	317400
丽水地区中心支行	丽水市大洋路350号	323000
丽水市支行	丽水市解放路28号	323000
舟山市中心支行	舟山市定海区昌国路26号	316000
△宁波市分行	宁波市大庆南路16号	315020
慈溪市支行	慈溪市浒山镇环城西路解放路口	315300
余姚市支行	余姚市人民西路144号	315400
奉化市支行	奉化市大桥镇东门路64号	315500
安徽省分行	合肥市屯溪路105号	230022
合肥市支行	合肥市寿春路	230001
合肥铁路专业支行	合肥市蚌埠路935号	230011
蚌埠市支行	蚌埠市淮河路555号	233000
淮南市支行	淮南市洞山	232001
淮北市支行	淮北市淮海中路70号	235012
安庆市支行	安庆市孝萧路185号	246004
芜湖市支行	芜湖市九华山路82号	241000
马鞍山市支行	马鞍山市湖东中路26号	243000
铜陵市支行	铜陵市石城路	244000
黄山市分行	黄山市屯溪区延安路34号	245011
阜阳地区中心支行	阜阳市颖州路	236091
亳州市支行	亳州市新华路55号	236802
界首市支行	界首市生产街14号	236502
阜阳铁路专业支行	阜阳市人民西路	236038

宿县地区中心支行	宿州市胜利西路	234016
滁县地区中心支行	滁州市车站路 31 号	239000
六安地区中心支行	六安市皖西路	237005
巢湖地区中心支行	巢湖市巢湖路 22 号	238000
巢湖市支行	巢湖市人民路北段	238000
宣城地区中心支行	宣州市鳌峰路	242000
池州地区中心支行	贵池市	247100
淮北煤炭专业支行	宿州市汴河东路	234000
福建省分行	福州市古屏路 142 号	35003
福建省铁路专业支行	福州市古屏路 13 号	350003
沙溪口水电站专业支行	福建省南平市、沙溪口水电站内	353001
水口水电站专业支行	福州市古屏路 13 号	350003
福建炼油厂专业支行	福建炼油厂生活区（惠安县后龙乡田里村）	362113
福州市中心支行	福州市广达路 12 号	350005
三明市中心支行	三明市列东	365000
永安市支行	永安市大同路 25 号	366000
漳州市中心支行	漳州市胜利路 15 号	363000
泉州市中心支行	泉州市东大路	362000
莆田市中心支行	莆田市城厢区荔城路 21 号	351100
南平地区中心支行	南平市中山路	353000
南平市支行	南平市八一路	353000
邵武市支行	邵武市华光路	354000
武夷山市支行	武夷山市桥东	354300
龙岩地区中心支行	龙岩市九一南路 36 号	364000
龙岩市支行	龙岩市九一北路 111 号	364000
宁德地区中心支行	宁德市蕉城南路	352100
宁德市支行	宁德市蕉城南路	352100
福安市支行	福安市城关	355000
厦门市分行	厦门市湖滨南路 8 号	361004
江西省分行	南昌市井岗山大道 255 号	330002
南昌市中心支行营业部	南昌市永叔路 2 号	330003
南昌铁路专业支行	南昌市井岗山大道 265 号	330002
景德镇市中心支行	景德镇市连社南路 7 号	333000
萍乡市中心支行	萍乡市八一街跃进路 70 号	337055
新余市中心支行	新余市赣新东路	336525
鹰潭市中心支行	鹰潭市胜利西路 12 号	335000
鹰潭铁路专业支行	鹰潭市环城东路 23 号	335000
江西铜基地专业支行	贵溪县城江西铜基地指挥部	335424
九江市中心支行	九江市环城路 162 号	332000
瑞昌市支行	瑞昌市赤乌中路	332200
赣州地区中心支行	赣州市文清路 74 号	341000
赣州市支行	赣州市文清路 74 号	341000
吉安地区中心支行	吉安市下永叔路 133 号	343000
井岗山市支行	井岗山市茨坪南山路 4 号	343600
吉安市支行	吉安市后河西路 27 栋	343000
宜春地区中心支行	宜春市东风大街 110 号	336000
丰城市支行	丰城市解放南路 94 号	331100
宜春市支行	宜春市环城西路 34 号	336000

樟树市支行	樟树市药都路125号	331200
上饶地区中心支行	上饶市赣东北大道86号	334000
上饶市支行	上饶市赣东北大道86号	334000
德兴市支行	德兴市银城镇北大街36号	334200
江西永平铜矿专业支行	铅山县永平镇永平铜矿主干道	334505
江西德兴铜矿专业支行	德兴铜矿	334225
抚州地区中心支行	抚州市赣东大道90号	344000
抚州市支行	抚州市赣东大道92号	344000
山东省分行	济南市经四路74号	250001
济南市分行	济南市经三路纬十路4号办公楼	250021
济南市铁路专业支行	济南市经二路纬一路144号	250001
济南市化纤专业支行	济南市东郊丁家庄北涤纶工程指挥部院内	250100
淄博市分行	淄博市张店区新村西路	255020
齐鲁石化公司专业支行	淄博市临淄区金岭镇南山	255411
枣庄市分行	枣庄市解放南路1号	277138
枣滕矿区专业支行	滕州市柴里煤矿内	277519
枣庄市分行兴隆办事处	枣庄市君山路195号	277136
东营市分行	东营市济南路	257016
烟台市分行	烟台市芝罘区南大街9号	264001
莱州市支行	莱州市城府前街东段	261400
莱阳市支行	莱阳市和平路南	265200
潍坊市分行	潍坊市潍城区工农路87号	261041
潍坊市纯碱厂专业支行	寿光县大家洼镇	262737
济宁市分行	济宁市共青团路38号	272119
曲阜市支行	曲阜市东环城路	273100
泰安市分行	泰安市渿河东路	271000
莱芜钢铁厂专业支行	莱芜市城子坡	271104
新泰市支行	新泰市	271200
威海市分行	威海市公园路6号	264200
荣成市支行	荣成市内	264300
日照市分行	日照市海曲中路	276800
惠民地区中心支行	滨州市黄河三路	256600
滨州市支行	滨州市黄河三路	256600
德州地区中心支行	德州市湖滨北路33号	253020
聊城地区中心支行	聊城市兴华路	252000
临清市支行	临清市红星东路	252600
临沂地区中心支行	临沂市临西二路	276000
临沂市支行	临沂市红旗路中段	276000
菏泽地区中心支行	菏泽市丹阳东路235号	274015
菏泽市支行	菏泽市中华东路23号	274033
青岛市分行	青岛市中山路93号	266001
即墨市支行	即墨市振华街134号	266200
胶州市支行	胶州市郑州东路37号	266300
胶南市支行	胶南市向阳路15号	266400
平度市支行	平度市人民路	266800
莱西市支行	莱西市黄海路21号	266600
青岛市经济技术开发区支行	青岛市经济技术开发区长江新村204号	266555
河南省分行	郑州市丰产路8号	450002

濮阳市支行	濮阳市人民路	457001
中原油田专业支行	濮阳市大庆路北段	457001
安阳市支行营业部	安阳市文峰大道	455000
鹤壁市支行	鹤壁市奔流街西段	456650
新乡市支行	新乡市平原路东头	453003
卫辉市支行	卫辉市新马路建委楼	453100
辉县市支行	辉县市北街 9 号	453601
焦作市支行	焦作市建设东路	454151
中州铝厂专业支行	焦作市中州铝厂院内	454174
沁阳市支行	沁阳市建设路北段	454550
济源市支行	济源市宣化大街 29 号	454650
商丘地区中心支行	商丘市文化中路 3 号	476000
商丘市支行	商丘市凯旋南路 269 号	476000
开封市支行	开封市寺后街 75 号	475000
郑州市支行	郑州市金水路 29 号	450053
巩义市支行	巩义市文化街 6 号院	451250
郑州铁路专业支行	郑州市京广北路 7 号	450052
洛阳市支行	洛阳市中州中路 235 号	471000
三门峡市支行	三门峡市崤山路中段	472000
义马市支行	义马市新市区商业街	472300
周口地区中心支行	周口市七一路东段	466000
周口市支行	周口市中州路中段	466000
许昌市支行	许昌市井园街 27 号	461000
禹州市支行	禹州市滨河路	452570
平顶山市支行	平顶山市中兴路南段湛河大酒店	467001
平顶山市煤炭专业支行	平顶山市建设路西段	467000
午钢市支行	午钢市垭口温州路中段	462500
汝州市支行	汝州市五十米大道	467500
漯河市支行	漯河市黄河路	462000
驻马店地区中心支行	驻马店市沿溪路	463000
驻马店市支行	驻马店市解放路东段	463000
南阳地区中心支行	南阳市新华西路 14 号	473054
南阳市支行	南阳市梅溪路 20 号	473055
南阳油田专业支行	河南油田五一村	473132
邓州市支行	邓州市新华东路	474150
信阳地区中心支行	信阳市中山路 82 号	464000
信阳市支行	信阳市东方红大道 7 号	464000
湖北省分行	武汉市中南路 1 号	430071
黄石市分行	黄石市市府路延伸段	435000
十堰市分行	十堰市公园路 30 号	442000
沙市市分行	沙市市航空路 35 号	434000
宜昌市分行	宜昌市福绥路 40 号	443000
枝城市支行	枝城市陆城镇城乡路	443300
当阳市支行	当阳市玉阳镇长坂路 205 号	444100
荆门市分行	荆门市象山一路	434501
鄂州市分行	鄂州市名塘路 33 号	436000
襄樊市分行	襄樊市长征路 117 号	441000
枣阳市支行	枣阳市油房巷	441200

随州市支行	随州市沿河大道 75 号	441300
老河口市支行	老河口市胜利街 13 号	441800
黄冈地区中心支行	黄州市黄州镇清源门 2 号	436100
黄州市支行	黄州市黄州镇考棚街 18 号	436100
武穴市支行	武穴市武穴镇车站路	436400
麻城市支行	麻城市陵园路	431600
孝感地区中心支行	孝感市城站路 31 号	432100
孝感市支行	孝感市文化路	432100
应城市支行	应城市东大街 4 号	432400
应城化工专业支行	应城市东马坊滕西街 38 号	432407
安陆市支行	安陆市紫金路	432600
广水市支行	广水市城关南门 129 号	432700
汉川电厂专业支行	汉川县新河镇	432321
咸宁地区中心支行	咸宁市温泉镇石硼路 62 号	437100
咸宁市支行	咸宁市永安淦河大道 99 号	437000
蒲圻市支行	蒲圻市沿河大道	437300
荆州地区中心支行	江陵县荆州镇张居正街 160 号	434100
天门市支行	天门市人民大道 30 号	431700
仙桃市支行	仙桃市交通路 53 号	443000
潜江市支行	潜江市东风路 56 号	433100
江汉油田专业支行	潜江市广华寺	433124
洪湖市支行	洪湖市新堤镇育沙路	433200
石首市支行	石首市绣林镇	434400
郧阳地区中心支行	十堰市人民路 46 号	442000
丹江口市支行	丹江口市均州路 2 号	441900
葛洲坝专业支行	宜昌市东山大道 36 号	443002
清江开发专业支行	宜昌市东山大道 36 号	443002
鄂西土家族苗族自治洲中心支行	恩施市舞阳坝	445000
恩施市支行	恩施市三意宫 40 号	445000
利川市支行	利川市清江大道 226 号	445400
神农架林区专业支行	神农架林区松柏镇	442400
武汉市分行	武汉市汉口胜利街 2 号	430014
武汉青山专业分行	武汉市青山区任家路 42 街坊 11 号	430081
武汉武钢专业支行	武汉市青山区厂前	430083
武汉电力专业支行	武汉市解放公园路 38 号	430010
湖南省分行	长沙市韭菜园 19 号	440011
长沙市分行	长沙市解放东路 17 号	410001
株洲中心支行	株洲市新华西路	412000
湘潭市中心支行	湘潭市韶山西路	411100
湘乡市支行	湘乡市南正街	411400
韶山市支行	韶山市清溪镇	411300
衡阳市中心支行	衡阳市蒸湘北路 71 号	421001
耒阳市支行	耒阳市城关镇	421800
邵阳市中心支行	邵阳市西湖路滑石村	422000
岳阳市中心支行	岳阳市城东路	414000
汨罗市支行	汨罗市城关镇大众路	414400
常德市中心支行	常德市滨湖中路	415000
津市市支行	津市北大路 63 号	415400

益阳地区中心支行	益阳市桃花仑	413000
益阳市支行	益阳市桃花仑	413000
沅江市支行	沅江市琼湖镇	413100
郴州地区中心支行	郴州市北街91号	423000
郴州市支行	郴州市飞虹路	423000
资兴市支行	资兴新区	423400
零陵地区中心支行	永州市中山路73号	425000
娄底市中心支行	娄底市长青中街38号	417000
娄底市支行	娄底市乐平东街18—1号	417000
冷水江市支行	冷水江市建设路	417500
涟源市支行	涟源市人民路019号	417100
怀化地区中心支行	怀化市迎丰中路58号	418000
怀化市支行	怀化市人民路	418000
洪江市支行	洪江市巫水路	418200
怀化铁道支行	怀化市人民北路	418000
湘西自治州中心支行	吉首市城陵路	416000
吉首市支行	吉首市武陵路	416000
湖南铁道专业支行	长沙市解放路12号	410001
湖南电力专业支行	长沙市雨花亭	410007
东江专业支行	资兴市东江	423403
广东省分行	广州市东风东路577号	510051
珠海市分行	珠海市吉大路	519000
汕头市分行	汕头市长平路15号	515041
佛山分行	佛山市汾江南路79号	528000
中山市分行	中山市石岐湖滨路32号	528402
江门市分行	江门市西区大道6号	529000
阳江市分行	阳江市东风二路50号	529500
茂名市分行	茂名市油城四路92号	525000
茂名石油支行	茂名市厂前路茂名石油工业公司内	525011
湛江市分行	湛江市赤坎跃进路79号	524038
肇庆市分行	肇庆市建设二路85号	526060
清远市分行	清远市清城先锋街46号	511500
韶关市分行	韶关市新华路7号	512026
东莞市分行	东莞市莞城镇运河西一路19号	511700
惠州市分行	惠州市南坛东路二街七号	516001
河源市分行	河源市下角公园西路	517000
汕尾市分行	汕尾市大马路车站西路	516611
潮州市分行	潮州市西河路12号	515600
梅州市分行	梅州市江南路69号	514021
广州市分行	广州市沿江西路139号	510120
深圳市分行	深圳市红巅南路金融中心东座建行大厦14楼	518001
海南省分行	海口市龙华路17号	570005
海口市分行	海口市海府路69号	570003
三亚市分行	三亚市解放三路	572000
通什市支行	通什市	572200
广西壮族自治区分行	南宁市桃源路82号	530021
岩滩水电站专业支行	大化瑶族自治县岩滩水电站	530811
南宁铁道专业支行	南宁市明秀西路102号	530003

平果铝专业支行	平果县平果铝基地	531400
柳州铁道专业支行	柳州市鹅山路3区49号	545007
南宁中心支行	南宁市江南路19号	530031
柳州中心支行	柳州市北站路2号	545001
桂林中心支行	桂林市解放东路110号	541001
梧州中心支行	梧州市蝶山路46号	543002
北海中心支行	北海市四川南路	536000
玉林地区中心支行	玉林市东门路40号	537000
玉林市支行	玉林市民主路29号	537000
贵港市支行	贵港市贵城镇西五街802号	537100
百色地区中心支行	百色市中山一路47号	533000
百色市支行	百色市新兴路39号	533000
钦州地区中心支行	钦州市建设路2号	535000
四川省分行	成都市蜀都大厦	610016
自贡市中心支行	自贡市解放东路5号	643000
攀枝花市分行	攀枝花市炳草岗新华街	617000
泸州市中心支行	泸州市白招牌3号	646000
德阳市中心支行	德阳市绵远街5号	618000
绵阳市中心支行	绵阳市东风路45号	621000
江油市支行	江油市中坝镇金轮大街3号	621700
广元市中心支行	广元市政府街14号	628000
遂宁市中心支行	遂宁市遂州南路119号	629000
内江市中心支行	内江市人民路88号	641000
乐山市中心支行	乐山市市中区嘉定南路128号	614000
乐山铜街子水电专业支行	乐山市新华铜街子水电站	614907
万县地区中心支行	万县市高升塘53号	634000
涪陵地区中心支行	涪陵市兴华东路10号	648000
涪陵市支行	涪陵市高笋塘	648000
宜宾地区中心支行	宜宾市咸熙街1号	644000
宜宾市支行	宜宾市东街31号	644000
南充地区中心支行	南充市人民南路127号	637000
南充市支行	南充市人民南路129号	637000
华蓥市支行	华蓥市滨河东路11号	638650
阆中市支行	阆中市官菜园街5号	637400
达县地区中心支行	达县市荷叶街	635000
达县市支行	达县市来凤路77号	635000
雅安地区中心支行	雅安市小北街13号	625000
黔江地区中心支行	黔江土家族、苗族自治县联合镇环城路51号	648700
阿坝藏族羌族自治州中心支行	马尔康县团结街3号	624000
甘孜州中心支行	康定县西大街	626000
凉山彝族自治州中心支行	西昌市长安中街	615000
西昌市支行	西昌市胜利南路	615000
成都市分行	成都市四道街7号	610031
重庆市分行	重庆市中区打铜街14号	630011
贵州省分行	贵阳市八角岩	550004
白云专业支行	贵阳市白云区艳山红	550014
贵阳市中心支行	贵阳市瑞金南路99号	550003

铁道专业支行	贵阳市双峰路14号	550043
遵义地区中心支行	遵义市万里路狮子桥头	563000
遵义市支行	遵义市万里路狮子桥头	563000
安顺地区中心支行	安顺市中山东路356号	561000
六盘水市中心支行	水城特区建设路	553001
水城钢铁厂专业支行	水城特区（水城钢铁厂内）	553028
六盘水土城专业支行	六盘水市盘县特区土城（盘县电厂内）	561619
黔南州中心支行	都匀市剑江中路76号	558000
黔东南州中心支行	凯里市永乐路3号	556000
毕节地区中心支行	毕节县中山路32号	551700
铜仁地区中心支行	铜仁市红卫路7号	554300
黔西南州中心支行	兴义市毕山路8号	562400
云南省分行	昆明市东风西路41号	650031
云南省分行直属中心支行	昆明市金碧路293号	650021
昆明市支行	昆明市环城南路中段	650041
东川市支行	东川市新村古铜路	654100
昭通地区中心支行	昭通市东后街453附2号	657000
昭通市支行	昭通市东后街453附2号	657000
曲靖地区中心支行	曲靖市麒麟东路	655000
曲靖市支行	曲靖市南宁北路	655000
玉溪地区中心支行	玉溪市西站北路7号	653100
玉溪市支行	玉溪市玉江西路3号	653100
红河哈尼族、彝族自治州中心支行	个旧市	661400
个旧市支行	个旧市	661400
开远市支行	开远市东风路20号	661000
文山壮族苗族自治州中心支行	文山县开化镇爱民河东岸	663000
思茅地区中心支行	思茅县思茅镇振兴路62号	665000
西双版纳傣族自治州中心支行	景洪西路31号	666100
楚雄彝族自治州中心支行	楚雄市新市街23号	675000
楚雄市支行	楚雄市鹿城东路	675000
德宏傣族景颇族自治州中心支行	潞西县芒市青年路	678400
畹町市支行	畹町市	678500
丽江地区中心支行	丽江县大研镇新义街积善巷89号	674100
大理白族自治州中心支行	大理市下关福兴路8号	671000
大理市支行	大理市下关建设西路3号	671000
保山地区中心支行	保山市保岫西路	678000
保山市支行	保山市隆阳路	678000
怒江傈僳族自治州中心支行	泸水县六库镇	673100
迪庆藏族自治州中心支行	中甸县建塘路	674400
临沧地区中心支行	临沧县南塘街109号	677000
西藏自治区分行	拉萨市北京西路244号	850001
西藏拉萨市中心支行	拉萨市北京中路169号	850000
西藏日喀则地区中心支行	西藏日喀则县	857000
西藏昌都地区中心支行	西藏昌都县	854000
西藏山南地区中心支行	西藏乃东县泽当镇	856100
西藏那曲地区中心支行	西藏那曲县	852000
西藏林芝地区中心支行	西藏林芝地区八一镇	850400
陕西省分行	西安市大学东路副53号	710068

铜川市中心支行	铜川市七一路 017 号	727000
宝鸡市中心支行	宝鸡市红旗路 4 号	721000
咸阳市中心支行	咸阳市渭阳西路	712021
咸阳机场专业支行	咸阳市机场内	712035
渭河电厂专业支行	渭河电厂内	712085
渭南地区中心支行	渭南市东风路西段 29 号	714000
韩城市支行	韩城市新城区太史路	715400
华阴市支行	华阴市东岳路	714200
汉中地区中心支行	汉中市石灰巷 16 号	723000
汉中市支行	汉中市人民路	723000
813 工程专业支行	汉中 36 信箱 48 分箱（南郑县 813 厂）	723100
陕西飞机制造公司专业支行	城固县陕西飞机制造公司（山上）	723215
405 工程专业支行	汉中 241 信箱 47 分箱（洋县 405 厂）	723300
安康地区中心支行	安康市新安路东段	725000
安康市支行	安康市金州路	725000
安康水电专业支行	安康市张岭	725011
商洛地区中心支行	商州市北新街中段	726000
延安地区中心支行	延安市中心街	716000
榆林地区中心支行	榆林市曹辣肉下巷	719000
神府煤炭铁道专业支行	神木县北东兴街路东 1 号	719300
西安市分行	西安市莲湖路 35 号	710003
向阳专业支行	西安市 159 信箱 8 分箱转建行	710500
甘肃省分行	兰州市东方红广场统办 2 号楼	730030
兰州市支行	兰州市金昌路 47 号	730030
嘉峪关市支行	嘉峪关市新华南路 33 号	735100
金昌市支行	金昌市金川路 182 号	737103
天水市支行	天水市秦城区大众路 65 号	741000
白银市支行	白银市纺织路	730900
酒泉地区中心支行	酒泉市仑门街	735000
玉门市支行	玉门市北坪四村	735200
张掖地区中心支行	张掖市县府街 47 号	734000
武威地区中心支行	武威市西大街 148 号	733000
定西地区中心支行	定西县西门外正龙街	743000
临夏州中心支行	临夏市团结路	731100
甘南州中心支行	夏河县合作镇人民街 86 号	747000
陇南地区中心支行	武都县南桥路教场坝 280 号	746000
平凉地区中心支行	平凉市西大街 138 号	744000
庆阳地区中心支行	西峰市西一路南段 6 号	745000
兰州铁路专业支行	兰州市和政东路 32 号	730000
兰州电力专业支行	兰州市七里河桥北街七号	730050
长庆石油专业支行	庆阳县庆城北关上街 16 号	745100
青海省分行	西宁市西大街 16 号	810000
青海铝厂专业支行	大通县青海铝厂院内	810108
西宁市支行	西宁市北大街 2 号	810000
海东地区中心支行	平安县平安镇兰青路 238 号	810600
海西蒙古族藏族自治州中心支行	德令哈市人民路 1 号	817000
德令哈市支行	德令哈市青新路	817000
格尔木市支行	格尔木市昆仑路	816000

海南藏族自治州中心支行	共和县恰卜恰镇团结北路8号	813000
海北藏族自治州中心支行	门源回族自治县浩门镇	810300
黄南藏族自治州中心支行	同仁县隆务镇中山街	811300
玉树藏族自治州中心支行	玉树县结古镇民主路57号	815000
果洛藏族自治州中心支行	玛沁县大武镇	814000
宁夏回族自治区分行	银川市胜利街108号	750004
银川市支行	银川市自强巷43号	750001
宁夏化工厂专业办事处	银川市新市区宁夏化工厂生活区	750026
吴忠市支行	吴忠市裕民东街14号	751100
青铜峡市支行	青铜峡市小坝镇	751600
新疆维吾尔自治区分行营业处	乌鲁木齐市西河坝后街139号	830002
乌鲁木齐钢铁专业支行	乌鲁木齐市头屯河区	830022
伊宁市支行	伊宁市斯大林街7号	835000
奎屯市支行	奎屯市乌鲁木齐路	833200
塔城地区中心支行	塔城市新华路	834700
博尔塔拉蒙古自治州中心支行	博乐市东风路	833400
昌吉市支行	昌吉市文化西路	831100
石河子市支行	石河子市建国路	832000
喀什地区中心支行	喀什市解放南路14号	844000
和田地区中心支行	和田市纳瓦克街17号	848000
阿勒泰地区中心支行	阿勒泰地区公园路40号	836500
克孜勒苏柯尔克孜自治州中心支行	阿图什市天山路	845350
阿克苏地区中心支行	阿克苏市北屯大街	843000
巴音郭楞蒙古自治州中心支行	库尔勒市建设路	841000
新疆塔里木石油支行	库尔勒市火车西站	841000
库尔勒市支行	库尔勒市建设路	841000
哈密地区中心支行	哈密市中山北路37号	839000
吐鲁番地区中心支行	吐鲁番地区青年路	838000
新疆石油专业分行	克拉玛依市东风新村红旗路	834000
铁道专业支行	乌鲁木齐新市区北京南路57号	830011

第十部分

投资理论研究与学科建设

1992 年投资理论研究

田椿生

1992 年投资理论工作者和实际工作部门的同志，围绕着市场经济这一主题，对投资领域的诸多方面展开了有益的讨论，提出了一些好的思路和建议。

一、股份制与证券投资

1992 年春邓小平同志南巡重要谈话解开了股份制姓“资”姓“社”的迷团以后，股份制进入了全国范围的扩大试点，证券市场、证券投资获得雨后春笋般地发展。对股份制、证券投资与证券市场的有关理论与主张也如百花齐放、争奇斗艳，丰富和发展了社会主义的证券理论与实践。

(一)股份制产生的经济基础

丁任重同志提出股份经济产生于社会化大生产和以商品经济发展为基础的观点。① 随着资本主义生产社会化程度的逐步提高，由技术性质决定的企业规模不断扩大，经营和创办一个企业的最低资本限额在不断提高，已非单个资本家所能胜任，这时，不同的资本家联合起来共同投资创办企业的一种生产组织形式——股份公司便应运而生了。马克思指出：“在工业上运用股份公司的形式，标志着现代各国经济中的新时代。……它显示出过去料想不到的联合的生产力，并且使工业企业具有单个资本家所不能及的规模”。②

其次，商品经济的发展是股份经济产生的经济基础。在古代社会中，也有过象埃及金字塔之类的大工程，却没有出现股份公司，这是因为古代大型工程的建设，依靠的是政权的力量和超经济的手段。而现代社会中大型工程的建设，依靠的则是经济的力量和经济的手段，这种经济的力量和经济的手段，就是商品经济和货币经济的充分发展。建立股份公司要发行一定种类和一定数量的股票，而股票的发行、流通，又要依靠票据市场、信用制度、证券市场等的建立与完善。而这些内容正是商品经济发展到一定阶段上的必然产物。所以没有商品经济发展为基础，股份经济就不可能出现和发展。

(二)股份制既不姓“资”也不姓“社”

蒋一苇同志在文章③ 中指出，股份制作为一种处理产权关系的方式方法，既不姓“资”也不姓“社”。它既可以为资本主义的私有制服务，也可以为社会主义的公有制服务。私有制企业如果所有者是多元的，当然要算清彼此的股权有多少，实行股份制可以有效地解决这个问题。公有制企业如果所有者只是一个，就没有必要实行股份制；如果所有者也是多元的，例如组建跨部门、跨地区以及跨所有制的企业集团，如果要把产权关系弄清楚，也只有采取股份制的方法才能解决。

有人说，如果股票公开发行，允许私人买股票，等于搞“私有化”，还说不姓“资”吗？允许不允许私人持股是国家的政策问题。它是我国处于社会主义初级阶段，党和国家的政策允许少量私有制作为补充成分而存在并适当发展，因此也必然允许私人购买开发行的股票。对于股票本身来说，它不会自己跑去找私有者，它躺在交易所的柜台上，“嫁鸡随鸡，嫁狗随狗”，所以股票本身仍是中性的事物。我们在海外的国有公司，同样可以去买资本主义企业的股票，这种股票被我国国有企业买了也就成为我国国有的股份了。

(三)实行股份制有什么好处

蒋一苇同志的文章说，第一，明确产权关系，有利于企业的横向联合；特别是组建企业集团，实行股份制才有可能突破“三不变”(所有制不变，隶属关系不变，财税渠道不变)真正发挥集团的整体优势。第二，有利于集资，进行企业的改造与发展。股份有限公司通过发行股票而增资，有限责任公司也可以吸收企业法人或社团法人的投资。这些集资方式，比向银行借款或发行债券都更有利于企业的发展。第三，吸收职工入股，联股联心，是调动职工主人翁责任感十分有效的方式。第四，不论是有限责任公司还是股份有限公司，公司的组织规范化，股东对企业的所有权和企业对资产的法人占有权相分离，是促使政企职责分开的有效途径，有利于真正转换企业的经营机制，使企业真正成为自主经营、自负盈亏的社会主义商品生产者和经营者。

(四)买卖股票证券是否属于投资范畴

一种主张认为不应将证券买卖列入投资范畴，购买证券同经济学所讲的投资引为是不同质的事物。两者的区别是：(1)行为主体不同。投资行为主体是购建实物资产的经济主体，证券购买中的行为主体是证券购买者；(2)行为目的不同。经济学讲的投资是为了创造未来更多消费而建立物质基础，证券购买的目的是储蓄或投机；(3)行为过程不同。投资要经过勘察设计、建筑安装等活动完成对实物资产的购建，证券购买仅是对纸质资产的取得；(4)行为性质不同。投资是投入资源和产出新的资源，证券购买只是资金在不同经济人之间的转移性支付；(5)行为结果不同。投资形成实物资产，证券购买只得到了纸面资产。把证券购买包括在投资范围，还存在

---

① 《马克思股份经济论与当代改革》丁任重，《山西财专学报》1992 年第 3 期。
② 《马克思恩格斯全集》第 2 卷，第 87 页。
③ 《关于股份制的若干认识问题》蒋一苇，《人民日报》1992 年 5 月 29 日第 5 版。

投资量重复计算的问题。

另一种意见认为应当将证券购买列入投资范畴。其理由是:(1)证券投资是实物投资发展到一定阶段的产物。现代经济的发展,仅靠一般的个别资本很难从事较大项目的投资,必须依赖于证券投资才能筹集到足够的资本;(2)证券投资使资金使用权与所有权分离,这是商品经济发展的必然,也是我国经济体制改革的取向;(3)证券的初始购买是为筹资人用于物质资产购建的,是完成实物投资的必要手段,不能认为证券购买不是为了创造未来消费而建立物质基础;(4)证券二级市场的发展,既纸面资产的转移,既有投机的一面,也是为了促进一级市场的育成和发展,同时,也能满足不同投资者对多种金融资产的选择;(5)在当今发达国家间接融资已占融资量一半甚至更多的情况下,把证券投资剔除在投资范畴以外是脱离实际的。

(五)发展证券市场需要处理好的十个关系

熊应明同志提出应处理好以下十个方面的关系①

1. 债券市场与股票市场的关系。发展我国证券市场,要债券市场与股票市场并举。目前我国证券市场债券占绝对优势,股票市场的发育滞后。今后,要在发展债券市场的同时,以更快速度发展股票市场。

2. 发行市场与流通市场的关系。当前一方面要改变过多依赖行政手段发行为社会自愿发行,另一方面放宽流通限制,扩大证券交易。发行市场开辟了筹资、投资的渠道,流通市场则为投资者提供转让证券的场所,并完成对资本效率的衡量和增殖量的确定,由此促进资源的优化配置。所以,发展证券市场,必须坚持一级市场与二级市场协调发展。

3. 统一市场与区域市场的关系。目前,我国证券发行市场与流通市场很不协调,发行市场发育超前,已建立起全国性的统一市场;而流通市场呈明显的区域性封闭状态,东南沿海流通市场的债券交易量占全国交易量70%以上,股票交易占95%以上,西部及内陆地区流通市场明显滞后且发育不良。当前的政策选择应当是允许并促进局部的和地方性的证券市场按统一规范适当发展,以便为全国统一市场的最终建立奠定基础。

4. 国内市场与国际市场的关系。一是要参照国际经验,把证券市场运行的一般规律与我国具体国情相结合,少走弯路,及早实现规范化管理。二是要运用证券市场扩大引进外资。

5. 证券流通与证券管理的关系。一是规范证券市场主体;二是完善证券投资工具;三是健全证券市场组织和发行企业、机构的行为;四是制定证券交易法规;五是建立以中央银行为主体的多层次、多方式、多工具的宏观调控体系。

6. 扩充规模和优化结构的关系。要逐步扩大证券规模,使直接融资获得迅速发展,但要同优化结构相结合,一是优化期限结构、提高长期证券比重;二是优化空间结构、加快内地证券的发展;三是优化投资主体结构,让效益好的企业步入证券市场;四是优化品种结构,提高股票比重;五是优化一二级市场的接轨;六是优化交易方式结构,逐步采用信用交易、期货交易、期权交易和股票指数交易等方式。

7. 计划导向与市场机制的关系。对证券发行总量、各种证券的比例、间接融资与直接融资的比例等宏观指标要实行计划指导,加强宏观调控。对证券市场要按照价值规律来健全其内在机制。主要要发挥利率机制、竞争机制、风险收益相联系的机制等。

8. 与市场管理与法制约束的关系。当务之急要建立以下机制。一是组织机制,成立"国家证券市场委员会承担起拟定证券法规政策、证券监管等职能;二是法制机制。尽快制订全国统一的《证券法》、《证券交易法》、《证券从业人员守则》、《公司法》等法规;三是自律机制。发挥中国证券同业协会的纽带作用和桥梁作用,加强证券机构间的联系、协调、合作和行业自我管理;四是价格管理机制。逐步建立全国证券市场报价体系,并按照市场利率,资金供求和通货膨胀情况调节证券价格。

9. 直接管理与间接管理的关系。近期加强证券市场管理应以直接管理为主,实施必要的国家行政干预。伴随着证券市场的发育成长逐步过渡到以间接管理为主。

10. 人才培养与提高全民金融意识的关系。既要加紧培养从事证券业和与证券业有关的专业人才,又需要全民金融意识的提高和对证券市场的参与。

二、投资体制的改革思路

党的十四大确立我国实行社会主义市场经济体制,投资体制改革如何与市场经济相适应,理论界与实际工作部门对此发表了一些新的见解。

(一)确立以企业为国家的重要投资主体

徐荣初同志提出② 企业应成为发展社会生产力的重要投资主体。企业在国家产业政策和行业、区域规划指导下,按照国家法律和国务院有关规定,能源、原材料供应和运输等建设、生产条件能自行平衡或自已设法解决的,有权用自有资金从事生产性建设及职工住宅等生活福利设施建设。这类项目不论大小,不论基建、技改,由企业自主决定立项和开工。属于大中型的基本建设项目也只要报国家计委备案,抄报行业主管部门。企业有权以自有资

① 《发展我国证券市场要处理好十个关系》熊应明,《投资研究》1992年第10期。
② 《积极推进投资体制改革》徐荣初,《中国计划管理》1992年第12期。

金、实物、工业产权和非专利技术等向国内其他企事业单位投资，有权购买和持有其他企业股份，经过批准也可向境外投资。

在扩大企业投资决策权时，应明确和完善这类投资主体的职能作用。如地方政府投资主体主要应发挥其创造良好投资环境为职能作用；中央政府投资主体主要负责建设关系国计民生的重大基础设施、重大基础工业项目等。按政企分开的原则，国家专业投资公司应逐步成为中央投资主体的主要代表。

长期以来，我国国营企业没有自我积累资金的所有权，没有激励自我积累的积极性，这是影响企业作为重要投资主体的一个重要原因。苏简亚同志的文章① 对传统观念和做法提出挑战。

文章指出，长期以来国营企业无论是亏损还是盈利，都采取由国家包下来的办法。这是目前国营企业难以搞活、搞好的症结之一。明确国营企业自我积累的所有权是解决这一问题得关键。

在商品经济条件下，任何一个国营企业都是一个相对独立的经济实体，与非国营企业一样，也应当有自身的利益追求，不同之处是它占用了一定量的国有资产。但这可以通过向国家交纳税收和国有资产占用费来解决。交纳税费以后，亏损应由企业自己负责，即要用它的自有资金来弥补，盈利了国家也不能平调，应该作为企业的自有资金由企业加以分配使用。实行股份制，这个关系是明确的。国家股通过参与分红或收取股息，体现国家所得。企业股（法人股）、职工个人股的股息红利则归法人和个人所有。并不是把税后的利润统统划归国家所有。

明确国营企业自我积累资金归企业所有的好处：一是有利于推动企业提高整体素质。企业不负盈，也难以负亏，归根结蒂还是吃国家的“大锅饭”。实行自我积累归已所有后，盈了归自己（纳税费后），亏了也要自己拿。这就形成内部动力，有助于促进企业提高管理水平，追求科技进步，争取更大的经营效益。二是有利于增强企业内在的扩大积累的积极性。用于积累所形成为资产统统归国家所有，对企业和劳动者没有多少直接利益关系。改变自我积累的归属后，企业为了确保资产增值率不低于社会平均水平，为了在激烈的市场竞争中立于不败之地，必须通过追加投资、以提高自身的有机构成，提高产品的科技含量，求得更好的经济成果。

（二）投资资金体制的改革设想

在市场经济条件下，投资资金体制是投资体制的核心，1992 年围绕资金体制展开了在我国有没有单独设置政策性长期投资银行的讨论。这个讨论是 1991 年争论的继续，中国投资学会第二届理事会第二次会议暨投资理论讨论会对完善我国银行长期信用体系提出了看法。② 代表们指出，从我国国情和日本等国的经验来看，对银行长期信用实行相对集中的管理较为合适。这样做有利于集中和协调多种资金来源，执行国家的产业政策，保证重点建设；有利于对年度固定资产贷款规模进行定量分析，控制投资贷款总量，合理安排信贷投资结构；有利于实行专业化管理，提高投资效益。代表们强调指出，从我国的现实看，建设资金短缺是今后一段时期国民经济发展中的突出矛盾之一，因此，问题的关键不在于在资金供应上展开竞争，而在于如何科学、合理、有效地组织资金的供应。在目前投资主体行为还不很规范，市场机制不健全的情况下，对专业性较强、国家宏观调控任务较重的投资活动，实行由一家专业银行统一管理尤为必要。

根据我国金融体系的沿革及现存分工格局，文章指出，以中国人民建设银行为主体或完善我国的长期信用体系较为可行，这是因为，建设银行自成立之日起就是管理固定资产投资的专业银行。30 多年来，尤其是改革开放以来，在我国固定资产投资领域里，建设银行一直居于银行长期信用的主体地位。目前，建设银行不仅继续经办国家财政投资的拨、贷款业务，各种自筹投资的大部分也由建设银行拨付管理，拨、贷款业务量 1990 年占全民所有制单位固定资产投资的 70%以上。到 1990 年底止，全国银行固定资产贷款余额中建设银行占 50%（基本建设贷款则占 86.7%），而在建设银行贷款余额中，属于固定资产贷款以及与固定资产投资相关的基建设备储备贷款和建筑业流 动资金贷款三项占全部贷款余额的 87.8%。建设银行实际上已经是具有中国特色的长期信用银行。

在以建设银行为主体的长期信用体系中，对长期信贷业务要实行相对集中的管理。即：中长期金融债券由建设银行统一发行；各专业银行按新增存款的一定比例认购建设银行的金融债券；邮政储蓄和社会保险机构保险金扣除日常周转部分，集中到建设银行；中央银行按照年度新增基础货币数额的一定比例，以再贷款形式向建设银行提供资金；建设银行可在国际资本市场筹集长期资金，基本建设贷款和一定限额以上的技术改造项目贷款统由建设银行办理，一定限额以下的技术改造项目贷款实行包括建设银行在内的银行间交叉办理；与投资活动直接相关的建筑由融资业务以及房地产政策性金融业务由建设银行统一办理。建设银行执行国家的产业政策，承担相应的投资调控职能，同时实行企业化管理。

（三）建立国家宏观调控基金的建议

在新体制下国家宏观经济管理

① 《试议国营企业自我积累资金的所有权》苏简亚，《经济日报》1992 年 9 月 1 日，第 3 版。
② 《完善我国银行长期信用体系》颧伟国，《金融时报》1992 年 7 月 27 日第 3 版。

机关面临两个新任务，一是调节市场环境。影响企业经营方向和调整企业经济行为；二是维持市场秩序。贾放同志的文章认为① 要完成这两项任务的一个重要举措就是要建立国家宏观调控基金，从广义讲，我国的财政资金和银行资金都程度不同地属于国家宏观调控资金的范围。但是，绝大部分财政资金和银行资金是有特定用途的，不是专门用来干预和调节市场的。从调控市场的要求出发，国家需要筹措必要的用于改变企业所处市场环境的宏观调控资金。这项资金主要用于：(1)通过买卖物资和外汇以平准物价。国家介入市场的物资、外汇供求，一旦当物价和外汇价格过于下跌时，国家运用资金按市场价格公开吃进，不使价格过分下跌，以保证企业的正常生产和经济核算；反之，当物价过分上扬时，国家可以抛出物资和外汇，以抑制价格上扬，维持了市场秩序，限制了市场投机。国家可以运用这项资金发展物资和外汇期货市场；通过低价买、高价卖也可使这项基金增殖壮大。通过国家间接干预市场，对影响企业的投资、生产经营活动，将能发生重大的作用。(2)进行贴息和补贴。西方国家的通常作法是，税基是平等的、公开的，银行利率也是一样的，没有什么特别的优惠，为了支持和扶助某些产业、企业(或产品)的发展，运用财政手段给予补贴和贴息。我国财政收不抵支，完全依靠财政来扶持是困难的。可以运用这项基金通过补贴和贴息的方式鼓励和支持那些国家急需发展的行业、企业(或产品)获得更快的发展。文章建议，通过出售部分国有企业的股票，无偿转作国家宏观调控基金。

(四)银行可否向企业投资的讨论

1992年4月27日《金融时报》发表杨凯生同志写的《深化金融改革的几点设想》，文中提出“要增大银行与企业的利益相关程度，允许银行对一些企业集团与大型企业直接投资”此后，应宜逊同志著文反对这一观点。② 文章认为，目前我国尚不具备允许银行向企业直接投资地客观条件。他认为，杨凯生文章中提出的“银行已不再是简单的‘中介人’。银行资本是可以和工业资本相融合的。马克思的这一观点……也用样适用于社会主义银行”，这种见解本身并无不妥，只是杨文没有看到问题的另一重要方面。银行资本与工业资本的融合，是具有独立产权的银行资本与具有独立产权的工业资本的融合；而我国目前的专业银行与工商企业都还不是真正的企业，都不具有独立的产权。也就是说，我国目前还不具备产生金融资本的客观条件。目前应当努力将企业推向市场，使其成为完备的市场主体；努力使专业银行企业化，从“资金供给者”变成真正的“信贷中介人”。做到这一步后，才能考虑允许专业银行向企业投资的问题。

目前银行与企业的利益相关程度已经过大，弊端甚多，应当努力缩小而不是增大。现在，国营企业定额流动资金中的银行贷款比重已达90%左右；多数企业的全部资金来源中，银行贷款比重超过50%，个别企业甚至超过80%，国外银行贷占企业资金来源比重最高的日本，也不过1/3。

三、生产、消费与投资的关系

80年代末期我国国民经济进入治理整顿。1989年开始，连续两年一方面维持工业生产的中速增长，一方面则大力压缩固定资产投资需求和人民生活的消费需求。1989年我国工业生产较上年增长8.9%(按不变价格计算，下同)，作为生产消费的固定资产投资则下降22.6%；作为生活消费的社会商品零售总额下降7.6%，这是自1962年以来27年所未曾有的。1990年工业生产较上年增长7.8%，固定资产投资需求仅增长2.1%，社会商品零售总额增长0.36%。针对国民经济生产与消费极不平衡所带来的市场连续疲软、产品大量积压、“三角债”屡清屡欠、亏损增加、盈利减少、经济效益不断滑坡的情况，理论界在1992年较多开展了对生产、消费、投资关系的研究的探讨。

1992年6月6日周冠五同志在人民日报发表题为《消费是发展生产的动力》一文，提出了“生产与消费的关系中，消费是第一位的，消费应当走在生产的前头”的观点，向传统提出挑战。主张在国民经济实践中，应当啟动需求，包括投资需求与消费需求，以与生产供给相平衡，使国民经济早日摆脱被动的局面。

此后，有关生产、消费、投资的文章渐次见于报刊杂志。较有代表性的如，李锡奎同志在《论投资与社会再生产》③ 一文中提出：社会再生产中的消费划分为生产消费和个人消费。没有相应的生产，则不存在相应的消费；相反，没有必要的消费，也就限制了必要的生产。投资经济活动本身是生产消费，是消费需求的重要内容之一。在一定的现实生产条件下，投资需求过大和结构不尽合理，将会限制生产的正常发展，也会因得不到相应的生产资料消费而拖延工期，造成投资消费。但为投资需求过小和结构不是合理，将会出现某些生产资料由于不能及时进入消费环节而积压，影响消费的正常进行。进而阻碍了现实生产的发展。

周汉荣等同志在《论生产、消费与投资》④ 一文中提出，在生产与消费的关系中，重视生产是对的，忽视

① 《建立调控基金，加强宏观调控》贾放，《中国计划管理》1992年第12期。
② 《目前专业银行不宜向企业投资》应宜逊，《金融时报》1992年9月1日第3版。
③ 《论投资与社会再生产》李锡奎，《投资研究》1992年第8期。
④ 《论生产、消费与投资》周汉荣等，《投资研究》1992年第10期。

消费、把消费放在无足轻重的地位或放在第二、其次的位置则是不对的。文章认为，投资与生产的关系，既要从投资为生产提供新的能力去把握，也要从投资是生产消费，是生产资料和生活资料的消费，投资所形成的巨大需求，是推动生产发展的动力去理解。世间任何经济行为无一不是投入与产出的结合，无一不是生产与消费的结合。

投资是由生产提供投资品的投入行为，经过加工，形成固定资产，产出新的产品；投资的产出又是生产的投入，生产的产出，又是投资的投入。而每一次产出与其投入相比都要形成一个增量，这就是社会赖以进步的积累产生的过程。无数个生产、投资的投入与产出的有机错综的结合，形成国民经济整体。文章认为，必须保持生产、消费、投资发展速度的协调一致，保持合理的比例关系，才能使经济发展进入良性循环而健康发展。

四、对固定资金与流动资金的新解

1988年4季度国民经济进入治理整顿。1989、1990年连续两年在大幅度压缩固定资产投资的同时，国家增加大量的流动资产投资。1989年国家增加流动资金贷款1641亿元，1990年增加2073亿元，两年都以近20%的幅度递增。加上产业、产品结构的不协调，国民经济出现了市场需求不振、产品积压，拖欠严重、效益滑坡的情况。从1991年开始，陆续采取增加固定资产投资，盘活资金存量，限制长线产品生产，压缩“三项资金”等措施，到1991年8月，国务院明确提出“压贷挂钩”(即压缩流动资金占用与增加技术改造贷款相挂钩)，“限产压库”重大政策，国民经济才逐渐摆脱被动而转入正常运行。为了总结这段时间由压“固”增“流”而转到压“流”增“固”的经验，理论界对流动资金和固定资金的性质作了新的探讨，有了新的认识。比较有代表性的是田椿生同志在《从压“固”增“流”到压“流”增“固”引出的理论思考》① 一文中归集了多方面的意见所提出的。

首先是对我国金融财政界的一些同志往往把流动资金看作是维持简单再生产资金，而不属于扩大再生产资金提出疑义。田文认为，如果把资金划分为简单再生产资金和扩大再生产资金的话，流动资金则同固定资金一样，既是简单再生产资金，又是扩大再生产资金。作为正在运行的流动资金和固定资金，当它们所推动的生产保持原有规模时，它们是作为简单再生产资金发挥作用的；已投入为流动资金和固定资金由于发挥了马克思所说的资本潜能而使生产规模有所扩大时，它们又具有扩大再生产资金的作用；当运用新投入(新增加)的流动资金和固定资金以扩大生产规模时，新投的资金，包括“流”和“固”，都应当具有扩大再生产资金的性质。有些同志从流动资金属于简单再生产资金性质出发，不把流动资金看作是投资的构成，看作是社会积累的构成，看作是社会需求的构成。这是治理整顿期间压缩需求只压缩固定资产需求而不压缩流动资产需求的认识根源之一。

其次，文章认为尽管流动资金同固定资金一样，具有简单或扩大再生产资金的性质。但不能因此而否认它们两者在生产流通中的作用的差别。

文章认为，我国资金潜力很大。固定资产存量有积压，消费大，流动资产存量的积压更多，潜力更大。我国目前的“固”“流”比，大体在1∶0.7。即1元固定资产要0.7元流动资产与之匹配，而工业发达国家此项指标大体为1∶0.04。我国的流动资金占用要高出10倍以上，尽管这里有许多不可比因素，也有经济发达不同阶段的客观影响，但流动资金的积压浪费是无法否认的。应当把国务院在1991年提出的“限产压库”方针在今后一段时间内坚持贯彻下去，使之获得实效。

(作者单位：中国人民建设银行总行投资研究所)

中国投资学科建设

陈启中

我国的投资学科在旧中国是一个空白。新中国成立以后，为了适应社会主义经济建设对基本建设管理人才的需要，1952年，国家首先在中国人民大学开办了“基本建设拨款与贷款”班，中南财经学院亦于1956年连续两年招收基本建设长期信贷专业本科班，当时所用教材基本上都是翻译苏联的。1958年“大跃进”，建设银行机构被撤销，基本建设拨款与贷款班以及基本建设长期信贷专业均停止招生，有关基本建设经济和财务的内容均合并到有关部门经济和财政专业有关课程内。这一时期，虽未建立投资学科，但已初步介绍了苏联的有关专业知识，培养了少数从事基本建设经济与财务的教师和专业人才，为投资学科的发展打下了初步的基础。1963年财政部教材编审委员会基本建设财务与信用教材编写组结合我国的实际，编写了我国第一本《基本建设与信用》高等财经院校试用教材，比较系统地阐述了基本建设财务与信用的一般理论和业务内容，在学科建设上迈开了第一步。

1974年由于我国经济的发展和中国人民建设银行的恢复，急需培养大批基本建设经济与财务信用管理人才，财政部和建设银行首先在辽宁财经学院和湖北财经学院创办了“基本建设财务与信用”专业。随后又集中一批师资队伍，在财政部教材编审委员会和中国人民建设银行总行的领导和组织下，制订了基建财务信用专业大中专教材的编写

① 《从压“固”增“流”到压“流”增“固”引出的理论思考》田椿生，《投资研究》1992年第5期。

出版规划，并于1978年后，陆续出版了《基本建设财务与拨款》、《基本建设预算》、《建筑工程概论》、《基本建设会计学》等高等财经院校试用教材。

1978年中国人民大学在我国第一个成立"基本建设经济"专业，此外中央财政金融学院、上海财经学院、江西财经学院等院校也先后开办了"基本建设财务与信用"专业，同时，各省财政、建设银行等部门的中专学校也先后开办了该专业。在教学和科研中不仅培养了一大批从事基本建设经济管理的专门人才，而且在教材编写和学科建设上也有较大的发展。为了研究和解决在我国基本建设中的理论问题和实际问题，1979年1月国家基本建设委员会、中国社会科学院正式成立了"中国基本建设经济研究所"。1980年7月成立"中国基本建设经济研究会"，首先提出要建立一门新的学科——基本建设经济学，这对推动基本建设经济学科的建设，大力开展基本建设经济问题研究，加强基本建设经济管理起到了积极的作用。随后，国家教委在专业目录中，正式增设"基本建设经济"专业，湖北财经学院、辽宁财经学院、中央财政金融学校、江西财经学院的"基本建设财务信用"专业也先后改为"基本建设经济"专业，专业教师队伍大大增加，建立起本专业所需要的《基本建设经济学》、《基本建设财务信用学》、《建设单位会计》、《施工企业会计》、《建筑经济学》、《建筑企业管理》、《工程概预算》、《建设银行会计》等教材，并发表一批具有较高质量的学术论文，基本上建立起一门比较完整的基本建设经济学科体系、理论体系、教材体系和专业体系。

1985年7月"中国投资学会"的成立标志着我国投资学科建设和投资研究发展到一个新的阶段，从过去主要研究基本建设领域发展到研究整个投资领域。在此以前，中国人民建设银行总行已于1982年成立了"投资研究所"，此后，大部分省、市、自治区相继成立投资学会和投资研究所。中国人民建设银行总行和中国投资学会编辑出版《投资研究》和《中国投资管理》杂志，各省、市、自治区建设银行也相继办起投资理论研究刊物，中国基本建设经济研究会和国家计委投资研究所也出版发行《中国投资与建设》杂志，这对推动我国投资理论研究和投资学科建设起到了重要的作用。中国投资学会成立以后，多次召开投资理论研讨会，例如1986年5月中国投资学会与中国基本建设经济研究会，国务院发展研究中心、中南财经大学联合举行了全国中青年投资理论研讨会；7月，中国投资学会和黑龙江省投资学会联合召开投资信用理论讨论会；9月中国投资学会与安徽省投资学会联合召开了投资与银行改革研讨会；1987年9月在山东烟台市召开长期资金市场研讨会等。

为了推动我国投资学科建设，1987年9月在山东省烟台市召开的中国投资学会第一届理事会第二次全体会议，决定在中国投资学会领导下成立"投资经济学科建设委员会"，作为建立和健全这门学科的学术组织。委员会由中国投资学会副会长、中国人民建设银行副行长周汉荣担任主任委员，委员会由有关院校、部门的专家、学者组成，并争取两年内编写一部《社会主义投资经济学》作为蓝本。1988年8月1日至3日，中国投资学会投资经济学科建设委员会在黑龙江省牡丹江市召开首次投资经济学科建设研讨会，全国投资理论研究机构和设有投资经济专业的部分大专院校等19位专家、学者参加了会议。研讨会围绕我国投资学科建设问题开展了广泛而热烈的讨论。1990年10月，中国投资学会投资经济学科建设委员会在广西桂林市召开第二次学科建设讨论会，学科建设委员会主任周汉荣、副主任景宗贺、田椿生、林森木等20多名委员和邀请代表参加了会议，周汉荣同志在大会上作了"紧密结合经济实践，深入探讨投资运动规律"的专题报告。两次会议对建立我国投资学科的必要性和紧迫性、投资学科的性质、研究对象、研究内容、学科体系、投资学科与其他关联学科的联系和区别、投资学科的研究方法等问题进行了较深入的研讨。会后，《投资研究》杂志于1991年第4期出专辑刊登中国投资学会第二次投资学科建设讨论会的10篇论文。两次会议对下列主要问题取得了比较一致的认识：

1. 建立我国投资学科的必要性。推进投资学科建设是为建立适应社会主义初级阶段的投资经济理论所必需；为建立完整的、系统的、科学的投资经济理论体系所必需；为指导投资实践所必需；为提高教育质量，加速人才培养所必需。

2. 投资学科的性质。由于在我国社会再生产过程中客观存在着投资领域和投资活动，而投资活动具有特殊的运动规律、经济关系和管理方法，因此投资学科是区别于其他经济学科的一门独立的经济学科，是研究投资领域的学科总称。

3. 投资学科研究的对象和内容。大多数同志认为我国投资学科应以整个投资领域为范围，以投资运动规律、投资领域的经济关系，以及投资管理体制和管理方法作为研究对象。投资的定义和内容是投资学科建设中首先必须解决的关键问题。投资学科研究的内容不仅要包括直接投资，也应包括间接投资；不仅应包括生产性投资，也应包括非生产性投资，具体应包括固定资产投资（基本建设投资和技术改造投资）、流动资产投资和证券投资等。投资学科的任务就是要依据马克思主义的基本原理，密切结合我国投资与建设的实践，研究投资运动的基本原理、各种投资运动的规律、经济关系和管理体制、管理方法，以便更好地指导实践，促进投资与建设事业的顺利发展。

4. 投资学科体系。投资学科是

研究投资领域的学科总称，是由研究投资领域不同的具体对象和内容，或研究同一具体对象而从不同的侧面或不同的管理方法的各门具体学科组成。投资学科体系的建立应以投资学科的对象和内容为范围，各门学科应有合理分工，形成合理的体系结构。有的同志主张投资学科体系应包括五大类：(1)投资学原理类。包括中国投资学原理、西方投资学原理；(2)投资经济类。包括固定资产投资经济学、流动资产投资经济学、证券投资经济学、财政投资学、投资信用学、国际投资学等；(3)投资管理类。包括宏观投资管理、投资项目管理、投资财务会计管理、投资银行经营管理、投资统计、投资审计、外国投资管理、投资法等；(4)投资技术经济类。包括投资技术经济、投资可行性研究、投资项目评估、投资概预算等；(5)投资史类。包括中国投资史、外国投资史。也有同志主张分为四类：(1)理论经济学科。包括投资学概论；(1)应用经济学科。包括投资管理学、投资信用学、财政投资学、项目评估学、投资概预算、投资会计学、投资统计学、投资审计学、投资法等；(3)比较经济学。包括比较投资学；(4)历史经济学科。包括投资史、投资思想史、投资学说史等。在中国投资学会投资学科建设委员会第二次讨论会上，大家认为投资学科体系的分类可多种多样，但主干分支学科应包括：投资学(或投资学原理)、投资管理学、财政投资学、投资信用学、投资项目评估学、投资会计学、投资统计学、投资概预算、国际投资学、投资史等。

5.投资学科的研究方法。大家认为应以马克思主义的辩证唯物主义作为哲学基础，以马克思主义的政治经济学作为理论指导，但也要运用西方市场经济的理论。

6.投资学科与相邻学科的关系。投资学科是在基本建设经济学科的基础上建立和发展起来的，但两类学科既有联系，又有区别，不能互相代替。投资学科主要研究全部投资的运动规律，而基本建设经济学科则主要研究基本建设的经济运动规律。

7.投资学科与投资专业的关系。投资学科体系与投资专业课程体系既有联系，又有区别，不能把两者等同起来。投资专业的课程设置既要以投资学科为基础，又要根据人才培养的需要，专业培养目标的要求和课程时数、课程分工的要求来确定。

投资学科建设的发展，大大推动了投资专业和教材的建设。1987年国家教委颁发的《普通高等学校社会科学本科专业目录》规定设置“投资经济管理”专业，中国人民大学、中央财政金融学院、东北财经大学、中南财经大学、上海财经大学均先后将“基本建设经济”专业改为“投资经济管理”专业，招收本科生和硕士研究生。中南财经大学还增开了“国际投资”专门化和“建筑经济与房地产”专业。1985年，中国人民建设银行总行成立了哈尔滨投资专科学校；1987年9月新成立的中国金融学院开设投资系。1992年，我国开设“投资管理”专业的高等院校已有20余所，除以上介绍的几所以外，还有西南财经大学、西北大学、福州大学、北方交通大学、武汉大学、云南财贸学院、贵州财经学院、湖南财经学院、浙江财经学院等。财政部和中国人民建设银行总行根据投资管理专业的培养目标，及时组织力量制订投资经济管理专业的教学计划，并采取招标投标的方式组织编写主干教材，先后新编教材有：《投资学教程》、《社会主义投资学》、《投资学概论》、《社会主义投资管理学》、《投资信用学》、《建设项目评估》、《证券与投资市场》、《国际投资》、《投资会计》、《投资统计》、《投资审计》、《建设银行外汇会计》等，这对培养投资管理专业人才起到了重要的作用。

1992年年初邓小平同志视察南方发表了重要讲话，精辟地分析了当前国际国内形势，科学地总结了十一届三中全会以来党的基本实践和基本经验，明确地回答了困扰和束缚理论和思想的许多重大认识问题，要求思想更解放一点，改革开放的胆子更大一点，建设的步子更快一点；进一步明确判断姓“社”姓“资”，应该主要看是否有利于发展社会主义的生产力，是否有利于增强社会主义国家的综合实力，是否有利于提高人民的生活水平。提出必须大胆吸收和借鉴人类社会创造的一切文明成果，吸收和借鉴当今世界各国包括资本主义发达国家的一切反映现代化生产规律的先进经营方式、管理方法。1992年10月中国共产党第十四次全国代表大会总结了我国14年的实践经验和建设有中国特色社会主义理论的主要内容，确定了90年代改革和建设的主要任务，明确提出我国经济体制改革的目标是建立社会主义市场经济体制，要求加快经济改革步伐，加速科技进步，加快我国国民经济的发展。上述精神和要求对投资学科建设提出新的课题，即如何根据社会主义市场经济的要求来建立新的投资学科、体系和更新投资学科的内容。并且根据社会主义市场经济的要求，加快和加深投资学科建设的研究，为深化和加快投资体制改革，加快投资管理人才培养发挥更大的作用。

1992年投资学科建设的主要工作：

1.加强投资学科基础理论的研究。并且围绕改革开放，扩宽投资学科研究的范围。除了对投资规模、投资结构和投资效益等问题进行深入研究以外，进一步扩大研究投资体制改革，地方、产业、企业投资、证券投资、金融体制改革与金融市场、房地产投资与开发、投资决策、利用外资和国际投资等方面的研究，这对更新投资学科的内容将起到重要的作用。

1992年6月在河南省郑州市举行中国投资学会第二届理事会第二

届年会暨全国建设银行科研工作会议。这次会议是学习、总结、动员的大会，在会上交流了学习邓小平同志南巡讲话的体会，交流了科研成果，制定了科研规划，这对开展投资学科研究将起到重要的推动作用。

2. 修改投资专业教学计划。各有关学校，根据培养适应社会主义市场经济人才的要求，修改投资专业的教学计划。在课程设置方面增设国内外投资、证券投资、房地产经济等有关课程。

3. 更新教材内容，加快教材建设。过去编写的投资专业教材，基本上满足了当时的教学需要，但是已不适应社会主义市场经济的要求，各校根据新教学计划的要求，对部分教材在内容上进行更新，对新增设的课程组织力量进行编写。

财政部为了加强对教材建设工作的领导，保证“八五”教材建设任务的完成，于1992年7月30日印发了第三届财政部教材编审委员会及下属各专业编审小组成员名单，在教材编审委员会下设本科投资经济管理专业编审小组，由中南财经大学陈启中教授任组长、中央财政金融学院林犹恭教授任副组长。中国人民建设银行教育部也积极配合财政部共同搞好部属院校投资经济管理专业的教材建设。

（作者单位：中南财经大学投资系）

1992年部分投资管理著作介绍

《基本建设预算》 韩双林著。东北财经大学出版社，1992年10月出版，40.7万字。

本书是全国财经类通用教材。主要阐述基本建设预算编制的理论和业务知识。全书共分五篇十三章，主要内容包括：基本建设预算概论、定额与单位估价表的编制与使用，单位工程施工图预算的编制、单位工程概算、综合及总概预算的编制、应用微机编制概预算方法、基本建设概预算的审查。

《建筑安装企业财务管理》 张世刚著。东北财经大学出版社，1992年9月出版，30.8万字。

本书比较系统、完整地论述了建筑企业财务管理的基础知识、基本理论、原则和方法，较翔实地介绍了建筑业经济活动分析的内容、程序和具体做法。全书共十二章，有建筑安装企业固定资金的管理、流动资金的管理、材料供应的管理、工资管理、工程成本管理、商品劳务结算、专项资金管理、利润管理等等。本书曾作为全国财经系统会计师、经济师岗位培训教材。

《投资可行性研究与项目评估》 栾德君著。东北财经大学出版社，1992年8月出版，12.9万字。

本书主要探索成功企业进行项目投资的内在规律。这些规律在商品经济发达的西方工业国的实业界和金融界已成为投资者所必须自觉遵循的法则。在我国也日益为企业界和金融界所认识和接受。这就是在投资前所必须花大气力要研究的：拟建项目在技术上是否先进可行，在经济上是否合理，建设条件是否具备，产品市场前景如何，资源、人、财、物力是否落实，财务能否盈利，需要多少投资，资金如何解决等。作者结合我国企业管理人员的素质和市场发育情况，根据国家有关规定，在总结国内外成功经验基础上，为解决上述问题提供了一整套简明和行之有效的科学方法。

《建设银行资产负债管理》 张擎、于瑞丰主编。中国财政经济出版社，1992年12月出版，27万字。

本书本着理论联系实际的原则，立足我国国情，在简要介绍国外银行资产负债管理理论的演变过程的基础上，比较全面地介绍了建设银行资产负债管理活动的有关内容。本书具体内容包括：建设银行资产负债管理意义、性质、原则和方法；建设银行资产业务管理、负债业务管理、资产负债总量管理、资产负债结构管理、资产负债风险性管理、资产负债盈利性管理、资产负债管理组织与方法等。

《国际投资学概论》 李东阳 祖砚馥 编著。中国财政经济出版社1992年6月出版，21万字。

本书主要介绍了国际投资的基础理论及基本知识，论述了国际直接投资和间接投资的有关理论及各国有关国际投资的政策和法律，探索了我国参予国际投资和引进外资等有关问题。全书共有14章，可分五部分：第一部分主要论述国际投资的有关基本问题，包括国际投资学的研究对象、方法以及与相邻学科的关系，国际投资的历史发展与特征，国际投资环境等；第二部分主要论述国际直接投资的有关理论和实际问题，包括国际直接投资的类型、跨国公司及其运行机制，西方国际直接投资理论比较研究，国际直接投资中的技术转让等；第三部分主要论述国际间接投资的有关理论和实际问题，包括国际间接投资的类型，跨国银行及其运行机制，国际资本市场等；第四部分主要论述各国关于国际投资的政策和法律；第五部分术要探索我国对外投资和引进外资的有关问题。本书对于开展我国参与国际投资和引进国外资金工作具有一定的参考价值。

《贷款操作规程》 中国人民建设银行信贷部编。中国财政经济出版社1992年11月出版，28万字。

本书紧密结合信贷工作的特点，从贷款管理程序入手，对现行的政策法规、管理办法、内部规程进行了系统的归纳整理，并总结了各级银行在执行政策法规中的经验做法。本书根据贷款项目管理的特点，按先后工作顺序详细介绍各个环节的操作方法，重点解决贷款管理工作做什么、怎么做的问题。本书具体内容包括：建设银行贷款的基本原则，建设银行贷款程序，信贷计划和贷款项目计划管理，贷款审批制度；信贷人员管理工作规则；建设银行基本建设贷款；技术改造贷款；工商企业流动资金贷款；其他类贷款；委托贷款，信用保证业务；借款合同管理；贷款综合管理。

《投资信用学》　林犹恭主编。中国财政经济出版社 1992 年 4 月出版，25 万字。

本书着重阐述了投资信用的基本理论和基本业务，比较全面地介绍了投资信用管理的发展历史，同时吸收了国外投资信用理论中的合理因素和投资信用管理中的某些方法。本书共分 14 章，比较系统地阐述投资信用的基础理论和基本业务，包括投资信用的实质及其任务、作用，投资信用的组织管理，投资信贷计划，银行存款，投资贷款，国际投资信贷，金融信托租赁与补偿贸易，投资证券市场以及投资信用经济效益等内容。本书力求全面反映投资信用管理的历史、现状和改革方向，探讨投资信用的概念，投资管理体制、投资管理体系、投资信贷制度、投资证券市场以及其它投资管理理论与业务的发展沿革和方向展望问题，使读者从历史发展的演进中观察认识投资信用及其管理的经验与教训。本书力求从投资信用管理的国际横向比较中，探讨国际投资中的政府贷款、国际金融组织信贷、国际银行投资信贷、出口信贷、项目贷款以及国际投资证券市场的形成发展及其管理问题，便于读者从投资管理的比较中开阔思路，探索提高我国投资信用管理水平的方法与措施。

《现代投资学》　〔美〕罗伯特·A·哈根著，郭世坤等译。中国财政经济出版社 1992 年 2 月出版，49.7 万字。

本书展示了现代西方投资理论和实务，是美国最新畅销的金融投资专著。本书较为系统地介绍了现代投资学的产生和发展，详细论述了证券投资组合理论，分析了证券组合形成的特征及单指数和多指数模型，深入研究了资本资产定价理论及已定风险下的收益最大化；专门讨论了期权行为特征、期权定价模型、福沃德和费切斯期货合约定价的理论和模型，以及高效市场的理论和实证；阐述了如何利用期权和期货合约避免投资危险，以获得超额盈利。本书为我国投资理论界研究我国社会主义市场经济体制下的金融投资问题有着一定的借鉴作用。

《新中国投资史纲》　曹尔阶　李敏新　王国强　著。中国财政经济出版社 1992 年 11 月出版，36 万字。

本书运用辨证唯物主义和历史唯物主义的方法，对建国 40 年投资概况及其对中国经济发展的影响，各个时期的投资规模、投资结构、投资布局、投资速度、投资效益、投资体制等，作了较为详尽的分析。诸如，为什么中国一开始就选择了高度集中统一的经济体制和投资体制，它的成就和矛盾是什么；"大跃进"中如何从体制改革的探索转到"左"的冲击；我国三次投资包干、四次投资规模膨胀和五次经济调整的情况，投资概念是如何从基本建设投资衍变到固定资产投资；改革开放以后建设方针如何从速度型的外延扩大再生产为主转向效益型的内涵扩大再生产为主；投资如何从国家拨款改为银行贷款，又如何从"拨政贷"到建立投资基金制；经济体制改革如何引发出投资主体多元化、投资渠道多源化和投资方式多样化；银行信贷如何冲破"一女二嫁"的禁条介入投资领域；投资金融领域如何从贷款竞争转到吸收存款的竞争；横向经济联合如何呼唤资金融通出现资金市场；证券和证券市场是如何发展的；1985—1988 年新的投资膨胀的成因及其经济机制，以及建设银行如何从单一的银行职能转到财政和银行双重职能，又如何在改革开放后从学会按银行办法办银行走向拓宽金融业务、完善银行功能的发展道路；等等。同时，本书也提出了投资领域有待进一步研究解决的新情况和新问题。

《西方投资学》　戴玉林　编著。中国财政经济出版社 1992 年 1 月出版，38.9 万字。

本书是一部系统介绍、分析和评价西方主要发达国家投资运行制度、理论、方法与实务的著作。全书分为 5 篇 20 章。其主要内容包括：西方投资学的性质与研究对象及其产生与发展，西方投资运行调节机制；西方证券市场总论，西方证券发行市场，西方证券流通市场，西方证券市场业务；固定收益证券及其评估，普通股及其评估，期货合约及其评估，期权及其评估，不动产投资；国民经济运行宏观分析，财务报表分析，技术分析，股票市场价格特性分析，传统投资获利方法分析；投资结构选择，资本资产定价，资本资产定价实证。

本书较为系统地展示了西方国家投资运行的制度背景、方法和技巧，介绍了西方证券投资中传统的、现代的理论与模型。

《外商投资企业外汇管理指南》　张丰正　刘学胜　仪明海　潘倍彤编著。中国金融出版社 1992 年 9 月出版，17.7 万字。

本书主要介绍了外商投资企业的设立、管理，外商投资企业的外汇管理，现汇帐户的管理、外债、对外担保、外汇抵押人民币贷款，外汇调剂、国内货币结算、中方投资者的外汇管理，以及外商投资企业报表管理等内容。

《通俗证券知识丛书》　盛慕杰　洪葭管　蒋铁柱主编。中国金融出版社 1992 年 2 月出版。该套丛书共由 10 本书组成，总字数为 65.2 万。

该套丛书几乎囊括了全部证券知识并连带介绍了相关的经济、金融常识。其中《证券买卖的诱惑》介绍并分析了证券的投资与投机；《生财有道》传授证券投资的选择技巧；《证券中的大家族》介绍了债券知识；《第三百六十一行》介绍证券经营机构的职能、运行机制和有关政策；《厂长借钱新术》讲解企业利用证券筹资的策略；《谁给企业评分》介绍的是企业资信与证券评级；《曲线的奥秘》传授对股市分析的方法和技巧;《资金运筹的好帮手》讲的是证券投资信托基金的有关知识;《红马甲、黄马甲》介绍上海证券交易所;《环球股市巡礼》是世界著名股票市场的浏览。每分册书一般五、六万字,是一套有关证券知识的小百科全书。

《通俗证券知识丛书》荣获1992年全国十佳经济图书奖。

《投资知识百科全书》 徐文通 林森木 李锡奎主编。中国金融出版社1992年10月出版。全书字数为424.9万。

本书囊括中外投资理论与实务,分为投资理论与学说、宏观投资管理、投资来源与运用、产业投资、投资项目管理、工程价格与财务、投资效益考核、附录等八大部分,包括投资理论、投资学科、投资战略、投资规模、投资结构、投资布局、投资体制、投资法、投资源泉、财政投资、自筹投资、信贷投资、证券投资、风险投资、国际投资、产业投资一般、城市建设投资、房地产投资、环境保护工程投资、重点建设工程投资、项目管理、工程价格、投资效益、投资统计、投资审计、投资机构等44个分卷,5000多个条目。

《中国信托投资机构(1)》 金建栋 马鸣家主编。中国金融出版社1992年9月出版,字数为43.2万。

该书作为第一部综述我国信托业的书籍,全面叙述了我国信托业的历史发展,汇集、整理了全国信托投资机构基本情况及其业务状况统计资料,选编了重要的信托法规与政策,还附有大事记。该书具有权威性和资料性的特点,随着我国信托业的发展,作者将根据需要再读新篇。

《赚钱之术—个人投资技巧》 (美)威恩·F·纳尔逊著,焦瑾璞 汪钦 朱文祥译。中国金融出版社1992年2月出版,字数为10.3万。

该书首先介绍了有关证券的基础知识,接着对个人资产组合的合理性问题发表了一系列独到的见解,然后对如何管理好您的有价证券,如何转让、买卖、抵押有价证券,如何获得预期最大收益进行了系统、完整的阐述,并提供了一系列可供选择的方案。

《中国投资银行业务手册》 吕咸林主编。经济管理出版社,1992年5月出版,101.6万字。

本书对中国投资银行十年发展历程进行了科学的总结。第一部分,为中国投资银行十年发展历程;第二部分,介绍了世界银行和亚洲开发银行概况,及中国投资银行办理世界银行贷款的程序和做法;第三、四部分选编了世界银行和亚洲开发银行的主要法律文件;第五部分介绍了与投资银行建立代理行关系的各家外国银行的情况;最后一部分,汇集了与投资银行有关的各项规章制度。

《日本的投资管理》 杨书臣主编。经济管理出版社,1992年10月出版,20.3万字。

本书分为十章。分别为概论、政府投资管理、私人企业投资管理、涉外投资管理、日本固定资本投资资金的筹集、银行对投资的监督与管理、日本建筑工程的科学管理、战后日本投资管理的历史回顾、日本的投资效益及评价指标、日本投资管理对我国的启示。本书力图用马克思列宁主义的立场、观点和方法,研究和总结战后日本投资管理现代化过程中正反两方面的历史经验,介绍其科学的管理方法,为深化我国投资管理体制的改革提供借鉴。

《固定资产投资财务管理百题》 郦锡文等编著。经济管理出版社,1992年3月出版,13.4万字。

本书紧扣固定资产投资方面的最新财务制度和政策,从一些最常见、最基本的实际操作问题入手,围绕建设、施工、地勘等建设单位和建设银行如何办理存款、拨款、贷款、结算,如何进行财务、资金、会计核算、决算管理等具体业务,精选了100个问题做了详细的解答,以期有助于各级建设单位财务管理人员和建设银行基层干部尽快熟悉、掌握国家的投资政策和财务管理法规,提高财务管理技能和工作水平。

《中外投资大全》 田椿生、张仲敏、王加春主编。中国人民大学出版社1992年4月出版,253万字。

全书包括31卷,共收入2600余词条,其内容包括投资经济基础理论;投资项目的评估论证、可行性研究、房地产开发、旅游、环保等投资实务方面的基本知识;工程规划、设计、施工组织等专业技术方面的知识;财务、信贷、会计、统计、市计等投资经济管理知识,以及对投资管理、教学机构和投资学的介绍等

《投资经济学》 张仲敏、任淮秀主编,中国人民大学出版社1992年8月出版,37.4万字。

投资经济学是投资经济专业的主导专业课程,也是该专业其他诸经济学科的业务理论基础。

本书内容可分为三部分。第一部分(一至三章)介绍了投资与投资经济学的基本概念,并从宏观角度阐述投资体制这一投资研究的根本性问题;第二部分(四至九章)论述了投资的集资运用(投资规模、投资结构、投资布局、投资项目决策)以及投资的实施与回收;第三部分研究了国际投资、投资调控、投资的经济效益等问题。

本书适应当前教学之需,为人民大学投资系教材。

《国际投资学》 任淮秀、汪昌云编著,中国人民大学出版社1992年4月出版,27.9万字。

本书共分十三章,前三章重点研究和介绍与国际资本形成、国际投资资金融通有关的理论和业务;第四章至第六章主要阐述各种国际通用的投资方式的概念、程序和方法;第七章介绍跨国公司的国际投资活动;第八章重点介绍国际投资风险的概念及风险管理的程序和方法;第九章至第十一章实征考察世界各国的国际投资活动及其对本国经济、区域经济和世界经济的影响,

第十二章阐述和评价西方国际投资理论;第十三章介绍我国的对外投资。

《企业筹资与投资》　黎谷主编,和宏明副主编。中国人民大学出版社 1992 年 7 月出版,21.5 万字。

本书共分三篇十八章。第一篇从整体上介绍了企业筹资与投资的基本理论和主要研究内容,以及对企业筹资与投资环境的分析、评估;第二篇首先论述了企业筹资的策略,然后对国家贷款、银行贷款、股票和债券、租赁和承包、动员企业内部资金、企业利用外资等重要的企业筹资方法进行介绍和评述,并简介了举债购买、出售特权、商业信用等其他筹资方法。第三篇研究企业投资问题,首先讨论企业投资的策略,而后对企业直接经营投资、企业固定资产投资、房地产投资、股票与债券投资、企业对外投资等主要的投资方法作了介绍和评述,也介绍了企业贷放投资、信托投资、保险投资等几种其他投资方法。

《如何更好地使用世界银行贷款》　中国国际工程咨询公司工程咨询研究所编。中国经济出版社出版,1992 年 8 月第 1 版 25.4 万字。

本书通过对世界银行贷款项目执行的各个环节的分析,旨在明确其中存在的问题,研究造成这些问题的原因,探讨解决这些问题的方法与途径。

《金融业务管理与操作》　李银波等编。中国经济出版社出版,1992 年 4 月第 1 版,62.2 万字。

本书共分上、中、下三篇。上篇共十一章,主要阐述了中央银行的自身业务管理;中篇共五章,主要阐述了中央银行对专业银行和其它金融机构的管理;下篇共九章,主要阐述了专业银行业务的管理。金融管理是国家进行宏观金融调控的重要内容。金融管理工作是人民银行行使中央银行职能以来遇到的新工作。书中论述了新金融体系形成后金融管理理论、方法、技能不断发展、补充、完善的过程,注重基本理论、基本业务知识、基本业务技能的编写,较为系统,全面地介绍了金融管理理论与经验。

《金融证券市场》　李根长著。中国经济出版社出版,1992 年 7 月第 1 片,21.6 万字。

本书通过对金融证券及其交易的介绍与分析,旨在提高和普及全社会的金融证券意识,推动我国金融体制改革和金融事业的发展。本书在大量实证分析的基础上,比较系统地介绍了金融证券市场的运作情况,以利于企业和个人通过金融证券市场筹资成投资。本书还对国际上较有名气的金融证券市场作了概括介绍,作为发展我国金融评券市场的借鉴。

《银行资产负债管理》　姚中民等编。中国经济出版社出版,1992 年 8 月第 1 版,26 万字。

本书在认真总结我国银行资产负债管理经验的同时,介绍了西方商业银行资产负债管理的理论和方法。本书根据我国专业银行实行企业化管理的基本特点,分别对中外银行负债管理、资产管理的经验进行了系统的论述。利用对称性管理原理,对我国银行资产负债总量对称、结构对称、利率对称等问题进行了研究。

《中国期货市场》　张延衡等编。中国经济出版社出版,1992 年 2 月第 1 版,21.2 万字。

本书从历史和现实的角度,集中研究和阐明了中国期货市场的起步、转换与发展。期货市场是商品经济条件下社会主义市场体系的一个重要组成部分。它的建立和发展,对于我国经济的长期稳定、协调发展有着十分重要的意义。本书由起步篇、转换篇、发展篇及附录四部分构成。

《建设银行经营活动分析》　崔锦书等编。中国经济出版社出版,1992 年 9 月第 1 版,21.2 万字。

本书阐述了建设银行经营活动分析的基础理论和基本内容,为正确认识和掌握建设银行的经营过程及经营成果,揭示建设银行经营活动的客观规律提供了基本方法。书中以建设银行经营活动分析的意义、对象、任务和方法,信贷计划执行情况的分析、拨款贷款业务的分析、建筑经济与建筑企业财务管理情况综合分析等为主要内容,为建设银行运用科学的思维方法,全面认识和掌握建设银行经营活动的客观规律,进行科学的决策,提供了一种很有价值的分析方法。

1992年部分投资经济论文目录

一、投资基础理论与政策

论文题目	作者姓名	报刊名称	刊期
投资定义新探	曹尔阶	投资研究	第2期
投资与投资学	林森木	投资研究	第4期
论投资与社会再生产	李锡奎	投资研究	第8期
论生产、消费与投资	周汉荣 田椿生	投资研究	第10期
当前投资研究的任务	林森木	中国投资与建设	第4期
“八五”期间我国投资倾斜政策研究	文 明 顾伟国 郭玉华 王丽达	投资研究	第6期
投资政策协调设计的准则	黄磊	投资研究	第6期
加强政策性贷款管理的政策建设	齐岩慧	金融时报	2月3日

二、投资体制改革

论文题目	作者姓名	报刊名称	刊期
基建投资的拨改贷	欧林宏	中国财经报	1月11日
基本建设基金制	郦锡文	中国财经报	1月11日
股份制与企业投资主体塑造	刘立峰	金融时报	7月7日
股份制与企业投资主体的塑造	张国平 蒋敦福	投资研究	第5期
如何完善城镇私人固定资产投资系统	范成祥 张丽	中国统计信息报	1月13日
公有制股份投资:关于深入投资体制改革的思考	叶佛容	中国投资与建设	第4期
企业投资主体问题辨析	王志勉	投资研究	第2期
转换专业投资公司的经营机制	关云泽	中国投资与建设	第6期
从广东经验看我国投资体制改革目标模式	黄宇光	金融时报	8月4日
试论财政投资的客观必然性	范一飞	财政研究	第4期
论双重信贷投资体制改革	晓华	财政研究	第4期
对“拨改贷”的思考	陈彩虹	财政研究	第6期
非均衡条件下计划与市场相结合投资模式研究	蔡万田 李光华 王俊挺	投资研究	第2期
在产权一体化和投资经营机制的基础上健全国有投资体制	王子林	投资研究	第1期

论文题目	作者姓名	报刊名称	刊期
论完善固定资产投资资金筹集与管理体制	柳忠民　莫德旺	投资研究	第2期
我国投资运行机制中的深层次问题及其改革选择	张玉堂　冯剑松	投资研究	第4期
试论投资机制、企业机制的转换	赵玉琢	投资研究	第7期
建设资金筹集方式市场化与投资体制的战略性转变	翟应龙	中国投资管理	第10期
试论我国投资体制改革的模式和发展方向	兰普东	中国投资管理	第12期
我国投资领域改革与发展的几个现实问题	徐荣初	中国投资与建设	第4期
投资体制改革的目标模式	彭朗辉	中国投资与建设	第4期
公有制股份投资——关于深化投资体制改革的思考	叶佛容	中国投资与建设	第4期
探索投资计划管理新路	张培恩	中国投资与建设	第6期
改善投资的宏观调控体系	仉永康	中国投资与建设	第6期
全面改革投资与建设管理体制	河南省计经委	中国投资与建设	第6期
切实转变投资计划职能	姚松林	中国投资与建设	第6期
完善大城市的投资机制	龙跃永	中国投资与建设	第6期
完善投资指导性计划的基础条件	泰明	中国投资与建设	第6期
深化投资体制改革的几个问题	姚振炎	中国投资与建设	第7期
投资公司向控股公司发展的问题	李博　黄颖	中国投资与建设	第7期
转换专业投资公司的经营机制	关云泽	中国投资与建设	第6期
努力办好计划单列市的投资公司	武汉建设投资公司	中国投资与建设	第7期
把投资公司办成经济实体的几点建议	韩德平	中国投资与建设	第10期
完善基金制建立投资回收机制	宓丽华　于春玲	中国投资与建设	第10期
如何确立企业的投资主体地位	赵曦	中国投资与建设	第11期
试论国营企业的投资主体	熊小奇	中国投资与建设	第11期

论文题目	作者姓名	报刊名称	刊期
国家控股公司与世行模式的异同	张立俊等	中国投资与建设	第11期

三、投资规模、结构与布局

论文题目	作者姓名	报刊名称	刊期
从地方投资看当前的投资规模和结构	李英禄等	中国投资与建设	第11期
投资规模与通货膨胀	阿思奇	经济研究	第9期
对“八五”期间适度固定资产投资规模的思考	王一楠	投资研究	第1期
对适度固定资产投资在建总规模的研究	王一楠　李万茂	投资研究	第9期
固定资产投资规模管理改革设想	刘群心	中国投资管理	第9期
对投资规模宏观调控的几点思考	木工	中国投资与建设	第2期
投资规模应由单控变为双控	王树静　孙铁牛	中国投资与建设	第7期
资源约束下的适度投资增长速度	张宗平	中国投资与建设	第10期
从地方投资看当前的投资规模和法构	李英禄　水启城　赵进华	中国投资与建设	第11期
经济发展与电子工业投资	廉勇　朱艳君	中国投资管理	第1期
对改革以来我国农业投资状况的评价与分析	琦章　俞明	投资研究	第3期
由“趋同”走向“趋异”——90年代地区产业结构变动趋势分析	郭万清	经济研究	第12期
建立新的积累机制　强化基础产业建设	杨晓辉	投资研究	第9期
基础产业投资活动的不同类型和筹资方式探讨	朱家良	投资研究	第8期
我国水利投入问题研究	文秋良　罗永席	投资研究	第3期
建立风险投资基金　加速高新技术产业化	刘国新　万君康	投资研究	第5期
基础产业筹资战略的思考	刘慧勇	中国投资与建设	第5期
国家投资少的地区如何加速经济发展	陈文宪	人民日报	7月28日
城市基础设施投资资金的筹措	李扬	经济研究	第10期
90年代的生产力布局与区域经济	陈栋生	投资研究	第1期
投资与经济增长区域间的传递	徐大鹏	投资研究	第5期
外部冲击与欠发达地区投资战略的重构	徐大鹏	投资研究	第11期
关于沿海地区投资结构的思考	任有山	中国投资管理	第12期

论文题目	作者姓名	报刊名称	刊期
浅议少数民族边疆落后地区的投资环境与投资对策	杨福东	中国投资管理	第12期
加快开发浦东振兴上海经济	黄菊	中国投资与建设	第8期
湖北长江经济带开发开放的设想	郭树言	中国投资与建设	第8期
发挥区域优势为浦东和沿江地区开发开放服务	葛洪升	中国投资与建设	第8期

四、投资金融管理与改革

论文题目	作者姓名	报刊名称	刊期
利用投资基金促进乡镇企业发展	中国农村发展信托投资公司	经济日报	1月18日
建设银行资产负债研究	史瑞培　缴远　吴兴华	中国投资管理	第4期
论金融业在投资体制中的地位与作用	东传睦	中国投资管理	第1期
建设银行资产负债管理问题初探	于端丰	中国投资管理	第1期
浅谈建行资产负债管理的实施	李旋安　杨冠雄	中国投资管理	第1期
试论特区建设银行资产负债管理	张穗军　黄道平	中国投资管理	第1期
要加快建设银行电子化进程	周道炯	中国投资管理	第1期
关于建设银行电子化问题的探讨	李旱航	中国投资管理	第1期
“拨改贷”回收难的原因及对策	周发清　刘锡忠	中国投资管理	第1期
拨改贷存在问题及建设	刘文锦	中国投资管理	第1期
深化金融改革的几点设想	杨凯生	金融时报	4月27日
向资产负债管理过度的几点认识与建议	解明君	中国投资管理	第2期
对建设银行资产负债管理的思考	邓国栋	中国投资管理	第2期
完善银行长期信贷体制的思考	陈敦瑾　史瑞培　刘桂峰	金融时报	1月27日
努力转换经营机制健全银行的资产负债管理	李祥瑞	中国金融	第4期
“七五”时期建设银行改革发展的评价与思考	王进	中国投资管理	第4期
对信贷资金财政化的现实思考	谢宏华　邹修清	金融研究	第4期
我国信贷制约机制的确立问题	鲁先胡　何曙光	中国投资管理	第2期
谈谈贷款目标管理问题	林丛	中国投资管理	第2期
建立健全基础产业筹资机制	周汉荣　刘慧勇	投资研究	第4期
共同基金的特点、种类及其借鉴	王经训	投资研究	第3期

论文题目	作者姓名	报刊名称	刊期
对计划金融与市场金融的再认识	李玉堂	金融时报	7月14日
中央银行直接融资与间接融资的综合平衡	朱元梁	金融研究	第8期
关于直接融资和间接融资关系的几点意见	马建堂	金融研究	第9期
完善中国长期信用银行体制的思考	郦锡文	中国投资与建设	第9期
直接融资发展后的金融宏观调控问题	李扬	金融研究	第10期
对共同基金的初步探讨	陈国进	中国投资与建设	第11期
改进我国信贷资金管理体制的探讨	汪斌	金融研究	第12期
90年代中国的金融问题及金融体制改革	戴根有	经济研究	第6期
建设银行的改革创新思路	惠小兵	金融研究	第12期
试论建设银行的筹资战略	魏仕贵　栗宏刚	投资研究	第1期
中国有没有长期投资银行	郦锡文　朱晓黄	投资研究	第5期
关于建设银行国际业务发展战略的几点思考	倪纯　姜国云 陈彩虹	投资研究	第5期
在改革开放中完善中国的长期信贷银行体制——关于建设银行体制改革的思考	颜光植　郦锡文	投资研究	第7期
短存长贷与短借长用辨析	刘慧勇	中国投资管理	第5期
企业股份化与银行应采取的对策	孙铁铮　吴立高	中国投资管理	第9期
关于发展股份银行的探讨	卢桂融	中国投资管理	第9期
企业机制转换与建设银行在长期资金市场中的作用	郝利缠　卫新江	中国投资管理	第10期
论储蓄转化为长期投资	魏仕贵　李春信	中国投资管理	第10期
改革银行基建贷款计划管理的探讨	田振渠	中国投资管理	第8期
论银行信贷风险与抑制对策	张汉东	中国投资管理	第9期
审贷分离:目标、障碍与过渡	刘　捷　姜　韬	中国投资管理	第9期
改革现代信贷计划管理体制的思考	张广飞	中国投资管理	第10期
建设银行信贷结构调整的难点和对策	王庚泉	中国投资管理	第11期
浅谈建设银行信贷投资结构调整与发展趋向	孙大鸿	中国投资管理	第12期
"七五"时期建设银行改革发展评价与思考	王　进	中国投资管理	第4期
建设银行"八五"改革规划设想	建设银行总行体改办	中国投资管理	第6期
要办好有中国特色的长期投资信用银行	周道炯	中国投资管理	第9期

论文题目	作者姓名	报刊名称	刊期
大发展大变革的中国经济与改革创新的建设银行	惠小兵	中国投资管理	第12期
市场经济是建设银行改革与发展的目标取向	赵玉林 薛春利	中国投资管理	第12期
建设银行筹资业务发展战略构想	建设银行总行筹资部、研究所联合课题组	中国投资管理	第2期
中国住房金融与建设银行发展战略研究	建设银行总行房贷部、研究所联合课题组	中国投资管理	第3期
建设银行企业存款发展战略研究	建设银行总行筹资部、研究所联合课题组	中国投资管理	第4期
建设银行资产负债研究	建设银行总行体改办资产负债管理课题组	中国投资管理	第4期
建设银行推行资产负债管理的经验、成效及对策	史瑞培	中国投资管理	第7期
建设银行信贷资产负债管理构想	王贵亚	中国投资管理	第7期
关于建设银行资产负债管理的认识及其调整思路	邓学明	中国投资管理	第11期
略谈建设银行资产负债管理	林扬平	中国投资管理	第11期
在经营计划的指导下加速建设银行发展	傅建华	中国投资管理	第12期
试论建设银行资产负债管理	彭利方	中国投资管理	第12期
建设银行资产负债管理模式探讨	徐鹏程	中国投资管理	第12期
对建立建设银行现代化管理体系的两点看法	冯跃春	中国投资管理	第10期
改进基层建行信贷管理体制的探讨	梁柿生	中国投资管理	第11期
对搞好银行成本管理工作的探讨	何巨风	中国投资管理	第8期
对建立银行责任会计的探讨	刘炳锋 王鹿雅 贺定球	中国投资管理	第10期
浅谈如何加强建行会计分析	张银书	中国投资管理	第10期

五、投资项目决策与管理

论文题目	作者姓名	报刊名称	刊期
建议三峡工程早决策早开工	莫文祥、张忱等	人民日报	2月16日
兴建三峡工程是我国国力能够承受的	刘国光	人民日报	2月20日
论三峡工程的经济合理性	李京文	人民日报	4月1日

论文题目	作者姓名	报刊名称	刊期
投资项目经济效益和择优标准	杨青	投资研究	第2期
项目净投资决策指标体系的提出和应用	梁敢雄　陈竟全	中国投资与建设	第5期
我对长江三峡工程的认识	钱正英	求是	第6期
投资项目决策的现实及改进对策	李文龙	投资研究	第1期
投资项目的择优汰劣法	赵景文	投资研究	第7期
论投资项目的技术宏观评价	詹志洁	投资研究	第8期
谈建设项目投资控制	徐大图	投资研究	第12期
深化大型水电建设项目投资管理的探讨	陈任贤　陈仁和	中国投资管理	第5期
论中间评估与五大平衡相结合	罗仁杰	中国投资管理	第8期
浅谈产品寿命周期理论及其在项目评估中的作用	孟君	中国投资管理	第8期
差额投资方案比选方法研究	傅治谦	投资研究	第11期
建立项目董事会的成功尝试	王敏	中国投资与建设	第1期
完善项目建设组织管理形式的探讨	任树本等	中国投资与建设	第2期
项目经济评价失真不容忽视	聂子永	中国投资与建设	第2期
浅谈三峡工程	杨溢	中国投资与建设	第3期
世行水电贷款项目财务评估方法	寇日明　王克明	中国投资与建设	第3期
建设三峡工程前急需完成长江中下游防洪工程	何格高	中国投资与建设	第4期
我国推广建设项目监理制度的时机和条件	李宝荣	中国投资与建设	第5期
浅议总体控制网络项目管理模式	王旭昇	中国投资与建设	第9期
项目净投资决策指标体系的提出和运用	梁敢雄　陈竟全	中国投资与建设	第9期
实施项目业主责任制的几个问题	芮杏文	中国投资与建设	第10期
如何搞好项目监督检查	鲁静	中国投资与建设	第10期
确定重点建设项目应注意的问题	刘光华	中国投资与建设	第10期
切勿忽视项目的技术评估	陈浩军　秦奏凯　李振和	中国投资与建设	第11期
建设项目后评价应规范化制度化	侯萍佳	中国投资与建设	第11期

六、房地产投资与改革

论文题目	作者姓名	报刊名称	刊期
积极推进城镇国有土地使用制度改革	国务院研究室宏观经济组	人民日报	9月26日
中国城市土地利用与管理国际研讨会综述	康立	经济日报	1月7日
住房债券:筹措住房资金的希望之星	凌晓	中国投资与建设	第12期
论我国土地产权制度的改革	吕益民　王进才	经济研究	第12期
我国城市土地开发过程中的实物地租	王育琨	经济研究	第10期
论我国城镇住房制度改革	王育琨	经济研究	第1期
城镇土地使用的双轨制及隐形市场	陈洪博	经济研究	第3期
坚持住房资金划转是减轻财政负担的有效途径	徐放鸣　娄曲果　胡定荣	财政研究	第9期
建立我国住房融资机制的思考	张恩贤	金融研究	第12期
坚持社会主义方向　深化住房制度改革	黄菊	求是	第2期
怎样改革城镇住房投资体制	黄小虎	求是	第10期
建立新的住房运行机制的实践与体会	徐景仁	求是	第12期
论我国城镇住房制度改革的难点及对策	陆岷峰	投资研究	第6期
住宅贷款均衡还本付息函数及其应用	彭一青	中国投资管理	第3期
政策性房改信贷基金特点析	王惠来	中国投资管理	第5期
开办房地产抵押贷款之我见	程能平	中国投资管理	第6期
论建设银行在住房投资体制转换中的作用	兰晋东　吴　遇	中国投资管理	第6期
住宅储蓄存款和住宅借款的额度关系分析	商静涛	中国投资管理	第6期
也谈住宅贷款的均衡还贷	周德杰	中国投资管理	第7期
办好我国房改金融业务的几点思考	郑修建	中国投资管理	第7期
试析我国房改金融的历史走向	王用生	中国投资管理	第9期
建设银行住房金融业务发展战略的思考	李宪恩　朱晓磊	中国投资管理	第9期
关于建行房改信贷与住宅开发业务融合发展问题的探讨	李英为	中国投资管理	第9期
建设银行房地产开发业务发展问题的研究	赵玉林	中国投资管理	第10期
发展住房信贷业务促进住房制度改革	周道炯	中国投资管理	第11期

论文题目	作者姓名	报刊名称	刊期
“三位一体”发展房地产业务	陈书芬	中国投资管理	第11期
中国房地产业改革与发展的思考	张元端	中国投资与建设	第6期
住宅合作社是推进房改的好形式	大兴县人民政府	中国投资与建设	第7期
开展社会化集资建房	巩义市人民政府	中国投资与建设	第7期
采取多种方式推进住房改革	刘士余	中国投资与建设	第3期
“租售建管”综合并举	江西铅山县政府	中国投资与建设	第3期
新房三方集资旧房有偿分配	武汉铁路分局	中国投资与建设	第3期
银行发展住房金融业务的对策	郭东明　刘晓博	中国投资与建设	第3期

七、证券投资

论文题目	作者姓名	报刊名称	刊期
稳定发展居民储蓄积极开拓证券市场	田鸣	金融时报	12月8日
发展证券市场与稳定居民储蓄	葛华勇	中国金融	第5期
证券化是投资体制改革的新模式	沈彬	金融时报	7月14日
组建建设银行集团推进建行证券业务大发展	王玉明	中国投资与建设	第10期
也谈证券市场的投资与投机	李春信	金融研究	第6期
国家投资债券的效应问题建议	刘涛	中国投资与建设	第7期
中国有计划扩大股票交易市场	朱白桦	人民日报	3月13日
建立具有中国特色的社会主义证券市场	刘鸿儒	金融时报	1月6日
证券投资对宏观货币政策的影响	刘静	金融时报	1月21日
关于我国证券业发展战略的探讨	陈印岐	经济日报	5月5日
股票从哪里来——关于中国股市现状及走势的评述	中国人民银行政策研究室	经济日报	5月25日
如何看待股票收入的经济性质	于纪渭	经济日报	6月9日
股份、债券热中急需研究的问题	江漫	光明日报	10月3日
如何增强股东中长期投资的信心	朱圣韬	证券市场周刊	第8期
证券买卖条件下的金融宏观调控对策	王自力	中国金融	第9期
中国大众证券投资热潮扫描	沈培钧	中国投资与建设	第7期

论文题目	作者姓名	报刊名称	刊期
关于股份制与“股票热”的备忘录	丁宁宁	金融研究	第8期
关于股份制改造和股市开放的几点分析	金碚	金融研究	第8期
论证券热	秦池江	金融研究	第8期
论经济证券化与商品经济高层次阶段的关系	顾铭德	经济研究	第8期
积极稳妥地发展我国的证券投资信托	闻岳春	投资研究	第5期
股票投资理论的主要流派	刘克峰	投资研究	第8期
股票投资规模收益论	刘恒保	投资研究	第8期
国家公债与金融体系几个相关问题和我国国债政策的选择	李杰	投资研究	第9期
深圳股票市场的现状及其完善对策	李晖　杜朝霞	投资研究	第9期
论合作投资基金社	刘恒保	投资研究	第9期
发展我国证券市场要处理好十个关系	熊应明	投资研究	第10期
证券市场的投资调节效应	韩双林　张庆昉	投资研究	第11期
金融机构与债券投资	曲立峰	投资研究	第12期
证券投资与证券投机的区别	邵以智	投资研究	第12期
关于发行国家投资债券的几点设想	高新国　范勇宏	中国投资管理	第5期
证券筹资:转换住房资金来源机制的着力点	吴锋	中国投资管理	第6期
证券市场的兴起对银行储蓄的影响	黄少青	中国投资管理	第7期
国家投资债券贷款利弊析	杨顺卿　李仁其	中国投资管理	第7期

八、国际投资

论文题目	作者姓名	报刊名称	刊期
对外开放和利用资本主义	方生	人民日报	2月23日
再论对外开放和利用资本主义	方生	人民日报	4月20日
企业跨国经营发展趋势	谷源洋	人民日报 8月28日	
跨国直接投资流向的变化	李长久	人民日报	11月17日
略论我国沿边开放的特点	龙宣熙	人民日报	12月4日
美国对外直接投资新特点	郭世贤	经济日报	1月6日

论文题目	作者姓名	报刊名称	刊期
为外商投资创造宽松环境	刘觐军　王以成	经济日报	3月10日
边境贸易与对外投资	邹蓝	经济日报	11月28
国际投资流向分析及我国的对策	许心舒　潭小峰	金融时报	2月18日
我国海外投资事业的发展	尹忠明	中国投资与建设	第1期
国际资本流动的新特点与我国利用外资的策略	张美玲	金融研究	第5期
关于外商在中国大陆投资成片开发问题的研究	常修泽	经济研究	第6期
改善投资环境促进对外开放	孙明泉	光明日报	11月28日
利用外资要与产业结构调整相适应	庄俊鸿	投资研究	第2期
略谈利用世界银行贷款	吕咸林	投资研究	第2期
美国和日本投资体制的比较研究	田椿生　黑爱堂 王加春　姜国云 王建林	投资研究	第4期
我国外商投资企业存在的问题及对策	章忠诚　梅永存	投资研究	第4期
我国利用外资的回顾与展望	吕咸林	投资研究	第5期
海峡两岸外商直接投资比较研究	李鸿阶	投资研究	第8期
优化外资投资决策的方法	侯以莅	投资研究	第10期
影响外商来华投资的问题及对策	黄进冲	投资研究	第12期
对建设银行发展国际金融业务的再思考	邓万凰　车国成	中国投资管理	第5期
对建设银行开展境外投资业务的思考	王启新　尹先龙	中国投资管理	第10期

九、投资效益

论文题目	作者姓名	报刊名称	刊期
财政资金运用与提高投资效益问题研究	郭道词　任显成	财政研究	第2期
深化体制改革　调整利益机制　提高投资效益	景宗贺　王经训 王建林	投资研究	第7期
论马克思的固定资本效益观	钟成勋	投资研究	第1期
投资效果系数计算中的时滞问题	戴玉林　张传吉	投资研究	第5期
国民经济长期投资的动态效益分析	匡永祝	投资研究	第6期
优化固定资产投入与提高投资效益的对策研究	武汉投资效益调查组	投资研究	第8期
1990年建成投产大中型基建项目效益分析	向木	中国投资与建设	第2期

论文题目	作者姓名	报刊名称	刊期
提高乙烯工程投资效益的途径	郭辉	中国投资与建设	第2期
贯彻“共同利益”原则提高宏观投资效益	张进华	中国投资与建设	第2期
全民建安企业经济效益为何下降	河北省统计局	中国投资与建设	第2期
提高引进项目的经济效益	吴多莉	中国投资与建设	第4期
积极推行业主责任制努力提高投资效益	邹家华	中国投资与建设	第10期
关于提高企业技改投资效益的探讨	辛酉	中国投资管理	第9期
提高电子行业投资效益的途径与对策	杨金龙　王建林	投资研究	第3期
提高电力行业投资效益的途径与对策	电子投资效益课题组	投资研究	第3期
巩固成果，调整结构，提高效益	姚振炎	中国投资与建设	第1期
日本提高投资效益的主要途径	杨书臣	中国投资与建设	第2期
加强基建财务决算管理，促进提高投资效益	郦锡文	中国投资管理	第1期

1992年大专院校投资学科专业及博士、硕士学位授予点介绍

中国社会科学院研究生院投资系

中国社会科学院研究生院投资系，原名基本建设经济系，1990年改为现名，行政关系隶属于国家计划委员会投资研究所，在研究生培养工作上受中国社会科学院研究生院领导。该系的投资经济专业是国务院学位委员会于1981年首批批准的博士学位、硕士学位授予点，迄今为止仍是国内唯一有投资经济学博士学位授予权的单位。投资系共开设了投资理论与实践、投资管理、建设项目管理、区域经济与生产力布局、环境经济等五个应用性较强的研究方向。至今已有六届毕业生，获得学位的有25人，其中博士学位4人，硕士学位21人。另外，1988年以来接受外单位申请硕士学位14人，均已经研究生院评定授予学位。两项合计共授予学位39人。

投资经济专业的培养目标是：坚持党的基本路线，能用马克思主义经济理论和方法分析问题、解决问题，对我国国民经济的历史和现状有较全面的认识，通过在校的学习和实践，系统地掌握投资经济的理论和实务。能熟炼地运用现代化管理和决策技术，具有独立从事专业研究和实际工作的能力。

由于投资经济学是一门应用性很强的学科，投资系所在的研究所又是国家计委领导的专业研究机构，大部分研究成果要直接为领导部门决策服务，所以从建系开始就打破了经院式的教学体系，在学科建设和教学方式上独辟蹊径，特别注重培养研究生理论联系实际的学风。不但注意教学内容的科学性，更强调内容的现实性和针对性。

投资系(所)在十几年科研成果的基础上，进一步加强的投资经济学的学科建设，从我国的国情和实际出发，总结中国投资与建设领域或正反两方面的经验教训，借鉴国外的有关成果，探索符合我国经济改革和建设实践的客观规律，自编教材，建立和发展了具有中国特色的投资经济学科。

历届系主任，现任博士、硕士导师情况如下：

一、历届系主任

薛葆鼎	研究员 博士生导师	原国家计委重工业司司长、中国国际工程咨询公司董事长，现任国务院发展研究中心顾问
林森木	研究员 博士生导师	原国家计委投资研究所所长 现任中国基本建设经济研究会常务副理事长
田江海	研究员 博士生导师	现任国家计委投资研究所所长 中国基本建设经济研究会常务理事

张汉亚 副研究员 硕士生导师 现任国家计委投资研究所所长助理、科研组织处处长

二、现任博士生导师

林森木 男,1930 年出生在浙江绍兴。历任中国城乡建设经济研究所副所长、所长,国家计委基本建设经济研究所所长,国家计委投资研究所所长。现任国家计委投资研究所研究员、中国社会科学院研究生院教授,中国基本建设经济研究会常务副理事长。主要研究方向为投资理论与实践,如基本建设方针、政策与管理等问题。

田江海 男,1933 年出生在辽宁省辽中县。现任国家计委投资研究所所长、研究员,中国社会科学院研究生院教授;中国计划学会理事,中国投资学会理事。主要研究方向为固定资产再生产问题、国民经济计划管理和宏观技术经济等问题。

三、现任硕士生导师

姓名	年龄	职称	职 务	研究专长
姜广新	59	副研究员	副所长	项目管理
金敏求	68	研究员		项目管理
丁 华	68	研究员		项目管理
张汉亚	47	副研究员	所长助理 处长	技术经济项目管理
沈志群	40	副研究员	所长助理 副主编	投资管理
罗云毅	43	副研究员	研究室主任	投资管理
邱全宁	34	副研究员	研究室副主任	投资管理
程 选	38	副研究员	研究室副主任	区域规划

投资系现有硕士生导师8人。另外还曾经聘请了国家环保局局长曲格平,国家环保局环境政策研究中心主任李金昌,中国社会科学院工业经济研究所陈栋生等三位研究员兼任硕士生导师。

财政部科研所研究生部财政学专业固定资产投资研究方向

一、财政部科研所研究生部财政学专业固定资产投资研究方向简况

财政部科研所从 1978 年开始招收研究生,目标是培养我国从事实际财政、经济工作的高级业务骨干和进行科学研究、教学工作的高级专门人材。经国务院学位委员会批准,财政部科研所是第一批可以授予硕士学位和博士学位的单位之一。1982 年,成立研究生部。1992 年设置有财政学和会计学两个专业。财政学专业包括财政政策理论、国家财政与企业财务关系、固定资产投资、国家税收 4 个研究方向。会计学专业包括会计理论、西方会计、会计电算化 3 个研究方向。到 1992 年底为止,先后共招收 15 届硕士研究生共 337 名,其中 281 名已获硕士学位;9 届博士研究生共 28 名,其中 12 名已获博士学位。1992 年底在校硕士生 37 名,博士生 16 名。根据国家教委有关规定,财政部科研所还可以接受在职人员申请硕士、博士学位。

研究生部目前设有教务处、办公室、学生处、招生办、学位办、财政教研室、会计教研室、外语及基础理论教研室、图书馆等机构,从事教学、教学辅助及行政管理工作;拥有电子计算机、语音实验室等先进设备和丰富的中外文期刊、图书、研究资料,可以满足各专业学生学习和从事科研的需要。

财政学专业的固定资产投资研究方向主要研究社会主义固定资产投资理论与实践。包括投资的特点,投资的全过程,投资在国民经济与社会发展中的地位和作用,固定资产再生产的规律,投资的宏观管理和微观管理,财政信贷与投资的关系,固定资产投资管理体制的改革等等。为贯彻理论与实践结合的方针,在学生学习期间,还专门安排一定时间进行调研实习和论文调查,以培养和提高学生调查研究、综合分析、写作和实践方面的能力。

固定资产投资研究方向从 1979 年开始招生,至 1992 年底,先后共招收 41 名硕士研究生,4 名博士研究生,3 名进修生,其中已毕业并获硕士学位 33 人,获博士学位 2 人。毕业研究生主要被分配到建设银行系统及财政系统,从事实际业务工作和理论研究、教学等工作。

二、1992 年固定资产投资研究方向博士生培养情况

财政部科研所 1983 年获财政专业博士学位授予权,至 1987 年开

始招收固定资产投资研究方向的博士生，培养目标是能从事固定资产投资方面教学、科研和实际工作的高级专门人才或学科带头人。至1992年底，先后共招收4名博士生，已有两名毕业并获博士学位(其中一名在1992年通过答辩获得博士学位)，尚有90级、91级两名博士生在校。博士生导师为财政部科研所陶增骥研究员。

目前，固定资产投资研究方向的博士生学位课程设置有：第一外语、第二外语、马克思主义理论研究、专业理论研究、西方经济学研究等。学习方法采取系统讲授、导师辅导、以及自学、小组讨论相结合的方式。博士生在读学位课程的同时，还要在导师的指导下，围绕所里的重点课题进行科研活动，要求他们在科研过程中，运用马克思主义基本原理，进行社会调查和社会实践，观察和分析现实经济生活中的问题，寻求解决问题的正确思路和方法。科研所和研究生部提供科研和学术经费，博士生能够经常参加各种全国性的学术交流会议和重点科研课题的研究。

三、1992年固定资产投资研究方向硕士生培养情况

财政部科研所1978年获财政学专业硕士学位授予权，1979年开始招收固定资产投资研究方向硕士生。1992年该研究方向新招收硕士研究生4名，在校硕士研究生共11人。

硕士研究生的学制为三年，第一学期至第四学期的第10周进行课程学习，第四学期第11——18周进行调研实习，第五、六学期从事论文写作。课程按学位必修课和选修课两部分设置，学位必修课共7门，包括马克思主义经济理论、社会主义经济问题研究、社会主义财政理论研究、中国社会主义财政史、第一外语、社会主义投资理论问题，中华人民共和国经济建设。选修课设有税收理论研究、经济法、西方经济学、国际金融与国际贸易、计算机原理与应用、第二外语等16门课程。研究生必须学完全部学位必修课程，并选修若干选修课程，达到规定的学分标准，方可申请论文答辩。同时，研究生还必须在第四学期的调研结束时写出调研报告。

1992年固定资产投资方向有3名硕士研究生通过毕业论文答辩并取得硕士学位。

中国人民银行
研究生部投资研究方向

经国家教委批准，中国人民银行金融研究所于1981年建立了研究生部，由中国人民银行总行直接领导，并先后得到了中国工商银行、中间农业银行、中国银行、中国人民建设银行和中国人民保险公司的共同支持与指导。

研究生部成立时，在货币银行学(含保险)及国际金融两个专业内有权授予硕士学位。1986年起，并在以上两个专业内有权授予博士学位。最初，在货币银行学专业内设有货币银行理论与实践、农村金融、中国金融史和保险等研究方向。从1986年起，为了适应我国长期金融发展的需要，研究生部在货币银行学专业内，增设了银行长期信用研究方向，在国际金融专业内增设了国际投资理论与实践研究方向。硕士研究生在校学习与撰写论文时间为两年半，博士研究生为三年。自1986年起投资研究方向硕士研究生已先后毕业四批，共计20余人。

在学习期间，投资方向研究是撰写的毕业论文，具有围绕长期金融重大问题进行选题，针对性较强，理论与实践并重的特点。

中国人民大学投资经济系

中国人民大学投资经济系的前身是50年代初设立的我国第一个投资经济专业系科——中国人民大学财政系基本建设拨款与贷款专业。1951年基建拨款与贷款专业开始招收本科生和研究生。1958年以后，随着我国投资管理体制的变化，基本建设拨款与贷款专业也随之停止招生。该专业教师成建制转入中国人民大学函授学院，1959年专业改名为“建筑经济”，主要进行成人教育。1966年文化大革命后，建筑经济专业和学科建设受到严重摧残，1972年国家宣布中国人民大学停办。1978年中国人民大学复校后，为适应建设事业发展的需要，以原五、六十年代专业教师为主，吸收了一批年轻教师，在全国首先创立了“基本建设经济”专业，成为人民大学工经系两个主要专业之一，并恢复招收本科生和硕士研究生。1988年3月，又在原基本建设经济专业的基础上，拓宽了专业范围，加强了适应市场经济需要的业务内容，创建了投资经济系。设投资经济、项目管理、房地产与工程估价、技术经济四个教研室和资料室、试验室、计算机房，以及一个系属研究所和一个咨询公司。现有教授9名，副教授7名。第一届行政负责人是系主任郎荣燊教授、系副主任任准秀副教授。

投资经济系是培养投资经济与管理等各级专门人才的教学机构。学生毕业后宜在各级投资与基本建设管理部门、各级投资金融机构、投资与房地产咨询机构施事投资规划，实施、管理和咨询等工作；也适宜在科研机构、院校从事理论、政策研究和教学工作。

投资经济系本科开设的主要课程有：政治经济学、西方经济学、产业经济学、投资经济学、货币银行学、投资银行实务、西方投资理论、证券投资、建设项目管理、投资项目评估、房地产经济、会计学、统计学、高等数学、计算机应用等。

投资经济系是硕士学位授予点，每年招收投资经济与管理、建设项目管理、证券投资、房地产经济、建筑业发展战略和工程造价管理等6个方向的硕士研究生8—10名，学制三年。现任硕士生导师的教授有：邰以智、张仲敏、郎荣燊、龚维丽、叶

毅、周惠珍、陈祖仁;副教授级导师有:张阿娜、毕宝德、王志儒、刘凤英、任淮秀、刘宗福。1990年开始,定向招收工商管理硕士(MBA),学制二年半。1978年以来,毕业的硕士研究生86名,MBA6名。

为提高教学与科研质量,增强研究生和高年级本科生研究实际问题解决实际问题的能力,投资经济系经常组织学生参与课题的研究,同时,重视科学研究和教材建设的工作。1978年以来,投资经济系共公开出版教材、专著、译著62种、论文60余篇,通过成果鉴定12项。

中南财经大学投资经济系

投资经济系的前身基建经济系正式成立于1979年,1988年正式更名为投资经济系。早在50年代,随着我国大规模经济建设高潮的兴起,该校曾设置过"基建财务与信用"专业,并招生两届,为我国培养了第一批基建经济方面的高级专门人才。1975年恢复重建该专业,现已发展为拥有一个专业"投资经济管理"和两个专门化"国际投资管理"、"建筑经济管理"的投资系科。现任系领导有系主任赵宋仁、系副主任付治谦,张中华。投资经济系下设"投资经济","基建会计","投资信用","基建工程预算"四个教研室,以及工程实验室,资料室和系办公室。

投资经济系实行教学和科研相结合,以教学带动科研,科研促进教学的系统化教学管理制度,发挥了群体优势进行学术攻关,已公开出版的教材、专著及译著有40余本;校内印刷版30余册;辞典、工具书8册;公开发表论文320余篇。12项获奖优秀科研成果。有5名青年教师先后出国访问学习,并参与世界银行等机构的工作。同时,在兄弟院校师资培训,学位授予,及对口部门高级职称的评审方面做了大量的工作。

投资经济系现有教职工60人,其中有正教授4人,副教授18人,讲师19人。取得博士学位的有1人,取得硕士学位的有13位。

投资经济管理专业是研究社会投资经济领域中各种经济规律和固定资产投资、证券投资管理的学科。本专业培养德、智、体全面发展的,能适应在各级建设银行、投资银行、证券公司,投资管理部门、投资公司、国际信托投资公司,建设单位,建筑业管理部门和建筑企业,对外建筑工程承包企业以及教学、科研单位从事投资经济、投资金融、建筑经济与房地产管理实务和理论工作的高级专门人才。本专业还开设国际投资管理专门化和建筑经济与房地产管理专门化。

本专业本科学制为四年。开设的主要课程有投资学、证券投资、投资信用学、投资财务与信用,建筑工程概论、建筑工程预算、建设项目评估、会计学、建设银行会计、财政学、货币银行学,计算机应用、国际投资,国际金融、国际贸易、银行经营管理、房地产经营与管理等。

1980年国务院颁布研究生招收管理条例后,投资经济系成了全国高校同类专业中最早招收硕士研究生的单位之一。为此,系成立了研究生导师组,制定适应不同生源的研究生全程教学计划,编写出供研究生用的教材和教纲,设置了"投资经济研究"、"投资金融研究","投资财会研究","建筑经济研究",四个研究方向,其中的"投资经济研究"和"建筑经济研究"常年招生。

投资经济专业硕士研究生的培养,目标是:具有运用马克思列宁主义的观点,立场和方法从事科学理论研究、并能运用经济理论和方法,对投资与建设的经济活动进行预测、分析、判断、规划和决策的能力;能够胜任高等院校本专业的教学工作;具有独立进行科研的能力;掌握一门外国语,能熟练地阅读和准确地翻译专业书刊。研究生的培养实行导师制,采取导师负责与教研室集体培养相结合,以自学为主、课堂教学与导师个别指导并重的方式进行。

硕士重学制为三年。开设的主要课程有:投资经济理论研究、固定资产再生产原理、投资金融、建筑业经济学、建筑企业管理研究,对外建筑承包管理学、房地产经济学、国际投资、建设项目经济评价方法研究、投资财会研究、证券分析、计算和应用、第二外国语等。

该系92届本科毕业生共计110人,全部合格毕业,走上工作岗位。92届硕士毕业生有六位,全部合格毕业并授予硕士学位。其中有三位在建行工作,一位在交通银行,另两位在深圳的大公司任职。

东北财经大学投资经济系

东北财经大学是财政部直属的一所多学科综合性财经大学,校址在辽宁省大连市。投资经济系前身是基本建设经济系,成立于1974年,现已发展成为全国高等财经院校同类专业中规模最大的一个系。

1992年,该系的办学层次有:招收研究生、本科生、专科生、干部专修生、函授生;所设专业由原来的一个专业(基本建设财务信用专业)发展为投资经济管理、投资会计专门化和房地产经营与管理专门化等三个专业。其中,投资经济管理专业是财政部部属院校的重点专业。

全系现设投资经济、投资管理、投资财务信用、投资会计、投资统计、投资概预算、房地产经济等七个教研室和一个投资研究所。为了适应教学和科研的需要,该系还设有计算机室和图书资料室,并拥有微机16台、复印机2台、图书11050册、各类期刊130余种。

全系有教工78人,其中教师65人,教师中有教授6人,副教授14人,讲师35人;22人具有硕士学位,2人具有博士学位,3人正在攻读博士学位,4人在加拿大、瑞士等国进修。部分教师在全国、省、市学术团体中任会长、副会长、常务理事等职务。全系教师全年共发表论文 93 篇，出版教材、专著 21 部，承担国家、省级科研项目 6 项；在全国金融类本科教材招标中，有 6 部教材中标，占招标教材总数的 46%。

1992 年末在校生 951 人，其中研究生 22 人，本科生 778 人。当年招收研究生 8 人，本科生 244 人，专科生 100 人；当年毕业研究生 7 人，本科生 232 人。毕业生分配的主要去向是建设银行系统、其他专业银行系统、投资公司、房地产公司、计委、施工管理部门、大专院校、科研部门等。

投资经济系从 1982 年起开始招收投资经济专业硕士学位研究生，它是全国高校同类专业中最早招收研究生的单位之一。现有研究生导师 8 人，主要研究方向有两个：投资经济理论、证券投资。开设的主要学位课有：中国货币银行学理论研究、国际投资理论研究、中国证券投资理论、西方投资理论等；研究方向课有：证券组合理论、证券分析学、投资经济管理、投资的监测与预警等。

本科生开设的主干专业课有：工程概预算、投资学、投资项目管理学、投资财务信用学、投资会计学、投资统计学、投资项目评估学、证券投资学。

投资会计专业专科生开设的主干专业课有：投资学、会计学基础、建设单位会计、施工企业会计、管理会计、审计学原理与投资审计。

西南财经大学投资经济管理专业

西南财经大学是直属中国人民银行总行，以财经学科为主、文、法、工相结合，多学科、多层次的综合性财经大学。1988 年开始正式招收投资经济管理专业本科生，在此之前投资经济管理是财政学本科专业的重要内容。截止 1992 年已培养出本科毕业生 59 人，现有在校本科生 90

年在财政学专业中设投资经济研究方向，截止 1992 年该方向共招收硕士研究生 12 人，毕业并获得硕士学位 5 人。1992 年投资经济学正式从财政中分离出来，向国务院学位办申报硕士学位授予权。在博士研究生层次，我校于 1986 年财政学专业批准为博士点时，就设有投资经济研究方向。该方向共招收博士生 2 名，其中一人毕业并获得博士学位。

投资经济管理专业本科的培养目标为：掌握现代金融投资、基本建设投资、社会投资理论和管理知识，在投资规划、实施与管理等方面具有较强的解决实际问题能力和从事教学科研的高级专门人才。该专业设有：政治经济学、马克思主义哲学、货币银行学、财政学、投资经济学、银行经营管理学、工程概论、建设项目评估与管理、基本建设财务信用学、基本建设定额与预算、建筑识图、会计学、基本建设会计、银行会计、基本建设统计、建筑经济与建筑企业管理、房地产投资开发、信托与租赁、证券与投资市场、国际投资学、西方经济学、西方投资理论、国际金融、国际贸易、电子计算机应用、投入产出分析财务管理、财务电算化、经济法、外语等课程。毕业生适宜各级银行、金融机构、基本建设管理部门、房地产开发、建筑企业中的投资规划与实施、财务管理等工作，也可在学校科研部门从事教学科研工作。

投资经济硕士生专业课程设有：当代财政理论、投资理论、税收理论与实践、房地产投资、基本建设概预算研究、证券投资理论、西方投资理论、投资项目管理研究、基本建设财务与信用、银行经营管理、财务理论、建设项目评估研究、政府投资行为研究。

投资经济管理专业，坚持科学研究为经济建设服务的宗旨，先后在《投资研究》、《经济学家》、《财经科学》等刊物发表论文 89 篇。出版专著教材 13 本、获部委级二等奖 2 项，三等奖 3 项，获省直辖市级一等奖 2 项，二等奖 2 项，三等奖 4 项。

该方向的一名博士生毕业后获国家教委颁发的中国有突出贡献的博士、硕士学位获得者荣誉证书。

上海财经大学投资经济管理专业

上海财经大学投资经济管理专业，其前身为基本建设财务与信用专业，设立于 1979 年 9 月，1987 年根据国家教委修订的专业目录，正式改为现名。1992 年，该专业设有投资经济管理和建筑技术经济两个教研室，共有师资力量 28 人，其中，正教授 1 人，副教授 5 人，讲师 19 人，三分之一以上教师具有硕士以上学位。1979—1991 年专业负责人为俞文青教授，现任负责人为金德环副教授。

投资经济管理专业在培养学生类型方面，已形成了硕士研究生、本科生、专科生，以本科生为主的多层次培养结构，1982 年到 1992 年，该专业共为国家培养了各类毕业生 1300 多名，其中，硕士研究生 14 名，四年制本科生 440 多名，两年制专科生 160 多名，两年制干部专修科毕业生 200 多名，三年制夜大学专科毕业生 430 多名，函授专科毕业生 80 多名。

投资经济管理专业本科生开设的主要课程有。投资经济学、银行投资管理学、国际投资学、建设项目管理学、投资项目可行性研究、房地产投资学、证券投资学、房地产开发与经营、建筑企业管理学、房地产开发企业财务会计、施工企业财务会计、工程概论、投资项目概预算及工程设计与施工等。

投资是国民经济活动的重要组成部分，随着社会经济发展和对外开放的扩大，投资经济管理已成为当代中国最热门的专业之一。上海财经大学投资专业的培养方向是：投资宏观调控、投资项目管理、以及国际投资、房地产投资和证券投资方面的专业人才。该专业除招收本科生外，还开设了房地产经济和建筑企业管理两个专门化。招收两年制专科生。毕业生的分配去向主要是七个方面：一是到金融系统担任各类投资管理工作；二是到政府综合经济管理部门、投资公司、投资咨询公司、设计院等单位担任投资管理、投资咨询、可行性研究与项目评价等工作；三是到房地产开发公司，从事各类地产和房产的投资、开发和经营管理工作；四是到证券公司，从事证券发行、证券交易、基金操作、资产管理等工作；五是到大型企业、集团公司担任投资计划财务，可行性研究等工作；六是到施工企业担任计划、财务、会计、统计、预算编制等工作；七是到有关的大中专院校和科研机构担任教学与研究工作。

投资经济管理专业招收建设项目管理和建设财务两个方向的硕士研究生。主要研究国民经济中投资活动规律，探索投资项目管理的理论与方法，为国家和企业研究制订投资政策与策略。学制两年半。

投资经济管理硕士生开设的主要课程有：西方经济学（英文、原版教材）、投资专业外语、投资经济理论与政策、建设项目管理专题、货币银行学专题、财政学专题、建设财务专题、西方投资理论、国际投资管理等。硕士生培养的方向为：适应国民经济各部门投资管理与投资研究需要的高级复合型人才。已毕业的研究生分配去向主要是：大学、银行和证券公司。

中央财政金融学院投资经济管理系

中央财政金融学院是财政部直属的一所综合性财经学院，校址在北京。该院1980年开始招收基建财务与信用专业本科学生，1984年11月该专业从原财政系划出，成立基本建设经济系，1988年起招收投资经济管理专业本科学生，1991年改系名为投资经济管理系。该系现有投资理论，基建会计、工程预算等三个教研室和一个资料室，现任系主任林犹恭。

该系主要培养在大学本科、专科学生，1985年起招收基建财务会计研究方向的硕士研究生，1991年设投资经济硕士研究生点，增设投资经济管理，建设项目管理研究方向。目前在校本科生220人，专科生约100人，硕士研究生10人。该系开设的主要课程有投资经济学、工程概论、基建预算、投资信用、投资项目评估、基建财务、基建会计、国际投资、投资审计、国外工程承包、证券市场与证券投资等。毕业生适宜于建设银行、投资银行等各级金融机构，各级基本建设管理部门，建筑部门，国家专业投资公司，房地产开发企业以及相应的教学、科研机构从事投资规划、实施、管理、咨询和教学科研等工作。

该系师资力量较强，现有教授2人，副教授8人，讲师13人。在努力提高教学质量的同时，该系还注重科研与教材建设，本年完成专著2本，教材、工具书9本，论文多篇。为进一步适应我国经济建设和经济体制改革的需要，该系拟增设房地产投资与建筑经济管理两个新专业，并扩大投资经济管理专业的招生规模，为社会主义经济建设培养更多更好的高级专门人才。

中国金融学院投资专业

中国金融学院投资经济管理专业从1988年开始招收本科生。培养目标是：按党的教育方针和“三个面向”的要求，完成投资经济理论的学习和基本知识技能的训练，系统掌握投资理论及投资经营管理知识，具有分析和解决实际问题的能力，并能胜任在金融系统，投资管理部门，从事投资经济方面的教学，科研和实际工作的高级专门人才。

投资经济管理专业的师资力量，共有4名教授，2名副教授，8名讲师，2名助教。开设的主要课程有政治经济学、西方经济学、数学、外语、会计学、统计学、计算机等七门基础课和投资经济管理、投资信贷管理、证券投资、国际投资学、投资法学等专业课程。

1992年投资经济管理专业开设了国内本科院校第一个证券投资专业方向，经人民银行教育司批准，从1993年开始招生。证券投资专业的培养目标是：掌握马克思经济理论、熟悉西方金融理论，具有投资和国际金融理论基础，以及证券投资能力和国际金融市场竞争能力。

证券投资专业开设的主要课程，除上述7门基础课外，主要专业课为：证券投资学、投资法学、国际投资学、投资风险分析、金融市场学、跨国公司与跨国银行、股份公司概论、证券期货与期权、企业资信与债券评级。

中国金融学院投资专业从1988年到1992年底，共招收190名本科学生。八八级已经毕业，大部分被分配到银行系统工作。

武汉大学投资经济管理系

武汉大学继国际金融及保险学系之后，根据市场经济和国内外投资业发展的需要，在湖北省建行的大力支持下，又成立了投资经济管理系，专业方向为国际投资和房地产经营管理。首届国际投资专业本科生已毕业。

投资经济管理系设有“硕士研究生学位点”，主要研究方向为：投资预测与投资项目评估、国际投资（含证券投资）、投资管理（含房地产经营管理）。每年除招收一定数额的计划和委培硕士研究生外，还面向社会招收在职“研究生班”，为投资及金融行业培养在职的高层次的专门人才。

为了提高教学质量，加强教材建设，武汉大学投资经济管理系教师通过投标招标参加了中国人民银行教育司关于投资与金融专业统编

江西财经学院
投资经济管理专业

江西财经学院投资经济管理专业始建于1979年，当时为财政金融系基建财务信用专业，每年招收本科生50多人，学制四年。1985年基建财务信用专业从财政金融系分离出来，单独成立投资经济系，基建财务信用专业改为投资经济管理专业，每年招生1—2个本科班，每班45—55人，学制四年。1990年投资经济系扩大为投资金融系，财政金融系的金融专业分离出来，合并到投资金融系，设投资经济管理和金融两个专业，每年招生2—3个本科班，每班50—58人，学制四年。1993年投资金融系设有投资经济管理、金融、国际金融专门化三个专业本科班，每班50—55人，学制四年。1988年本系开始招生财政专业投资经济管理研究方向的硕士研究生，现扩大到招生财政专业投资经济管理、金融学、国际金融三个研究方向的硕士研究生，每年招硕士研究生2—8人。截止1992年，投资金融系共招收本科生20个班，累计招生1000多人，其中投资专业12个班，600多人，金融专业8个班，400多人；1988—1993年招收财政专业投资经济管理研究方向的硕士研究生22人；为建设银行和其他专业银行培训干部1000余人。

投资金融系现有专职教师32人，其中教授2人，副教授5人，讲师14人，助教11人，并聘请了一批教授、专家为兼职教授。为了保证教学和科研的需要，本系设有投资经济教研室、投资财务信用教研室、投资会计教研室、工程经济教研室、金融教研室、国际金融教研室、资料室、实验室、计算机机房。

投资经济管理专业的任务是：培养在各级投资建设管理部门、建设部门、建设银行、投资银行、建设工程咨询机构以及学校、科研单位从事投资经济管理及教学、研究工作的德才兼备的高级专门人才，其开设的主要课程有：投资经济学、投资财务信用学、国际投资学、投资金融学、投资会计学、建设银行管理学、证券与投资市场、投资电算化等。金融专业的主要任务是：培养能在银行、其他金融机构、学校和科研单位从事银行经营管理及教学、科研工作的德才兼备的高级专门人才，其开设的主要专业课程有：货币银行学、银行信贷管理学、银行经营管理学、银行会计学、国际结算、外国银行制度、金融市场学、保险学、金融电算化等。国际金融专门化的主要任务是：培养能在银行、其他金融机构、涉外经济部门从事国际金融业务及教学、科研工作的德才兼备的高级专门人才，其开设的主要课程有：国际金融、国际结算、外汇银行会计、国际金融函电、国际投资、国际贸易、国际商法等。

本系教材建设，根据专业的发展需要，以学术带头人为指导，发挥群体力量，编写并公开出版了几十部专著和教材，发表了一批学术论文。同时，承担了部、省级重点课题的研究任务。